Schwerpunktbereich Birk/Desens/Tappe · Steuerrecht

Schwerpunkte

Eine systematische Darstellung der wichtigsten Rechtsgebiete anhand von Fällen
Begründet von Professor Dr. Harry Westermann †

Steuerrecht

begründet von

Dr. Dieter Birk

em. Professor an der Westfälischen Wilhelms-Universität Münster,
Rechtsanwalt und Steuerberater

fortgeführt von

Dr. Marc Desens

Professor an der Universität Leipzig

Dr. Henning Tappe

Professor an der Universität Trier

22., neu bearbeitete Auflage

C.F. Müller

Bibliografische Information der Deutschen Nationalbibliothek
Die Deutsche Nationalbibliothek verzeichnet diese Publikation in der Deutschen Nationalbibliografie; detaillierte bibliografische Daten sind im Internet über http://dnb.d-nb.de abrufbar.

ISBN 978-3-8114-4756-1
Telefon: +49 89 2183 7923
Telefax: +49 89 2183 7620
E-Mail: kundenservice@cfmueller.de

www.cfmueller.de
www.cfmueller-campus.de

Satz: preXtension, Grafrath
Druck: CPI books, Leck

Vorwort

Wenn das Steuerrecht heute in Bewegung gerät, geht dies häufig nicht auf politischen Gestaltungswillen, sondern auf punktuelle äußere Einflüsse zurück. Ein Beispiel ist etwa die vom Bundesverfassungsgericht erzwungene Reform der Grundsteuer. Die steuerpolitisch prägenden Akteure sitzen auch nicht mehr nur in Berlin, sondern zunehmend in Brüssel und Straßburg. Obwohl eine Stärkung des europäischen Gedankens auch im Steuerrecht grundsätzlich erfreulich ist, überrascht dieses neue Aktionszentrum. Denn die EU-Verträge enthalten keinen Auftrag zur Harmonisierung der direkten Steuern, und das Steuerrecht soll – so die Lissabon-Entscheidung des BVerfG – zum unübertragbaren Kernbereich mitgliedstaatlicher Kompetenzen gehören. Gleichwohl reizen Kommission und EU-Parlament ihre engen Steuergesetzgebungsbefugnisse aus. So soll die *BEPS-Richtlinie* (ATAD) zur Sicherung des Funktionierens des Binnenmarkts erforderlich sein (notwendig für eine Kompetenz aus Art. 115 AEUV), obwohl sie Binnenmarktsachverhalte schlechter stellt als rein innerstaatliche Konstellationen. Die sinnvolle *Streitbeilegungsrichtlinie* ist mangels echten Umsetzungsspielraums eigentlich eine Verordnung, hätte als solche aber nicht auf Art. 115 AEUV (ermächtigt nur zu Richtlinien) gestützt werden können. Die vorerst gescheiterte *EU-Digitalsteuer* sollte eine *indirekte Steuer* sein (notwendig für die Kompetenz aus Art. 113 AEUV), obwohl Steuerschuldner und -träger konzeptionell identisch gewesen wären (Google sollte die Steuer nicht nur zahlen, sondern selbstverständlich auch selbst tragen – nicht die Suchanfragenden).

Gleichwohl bleibt eine europäische Harmonisierung des Steuerrechts rechtspolitisch wünschenswert, wenngleich für die wichtigsten Projekte – etwa eine gemeinsame (konsolidierte) Körperschaftsteuer-Bemessungsgrundlage (G[K]KB) – auch in Europa die Kraft zu fehlen scheint.

Für die Neuauflage wurden bis Ende Juli 2019 abgeschlossene Gesetzesänderungen sowie bis dahin veröffentlichte Rechtsprechung und BMF-Schreiben berücksichtigt. In einigen wichtigen Bereichen finden sich aber auch Hinweise auf noch laufende Gesetzgebungsvorhaben.

Bedanken möchten wir uns bei *Hendrik Prinz* (Universität Leipzig) sowie *Patrik Deutsch, Ruth Greve* und *Hans Zilles* (Universität Trier) für vorbereitende Unterstützung und die technische Betreuung des Manuskripts. Hinweise auf Fehler und Verbesserungsvorschläge erbitten wir an steuerrecht@uni-leipzig.de oder steuerrecht@uni-trier.de.

Leipzig und Trier, im August 2019 — *Marc Desens* und *Henning Tappe*

Aus dem Vorwort zur 1. Auflage

Obwohl an guten Lehrbüchern zum Steuerrecht kein Mangel herrscht, fragen doch immer wieder Studierende nach einem Einführungswerk, welches den Zugang zum Steuerrecht ermöglicht, den Anfänger vom Umfang, aber auch vom Inhalt her nicht überfordert, zugleich jedoch dem Anspruch Rechnung trägt, ausreichend auf die Wahlfachprüfung im Examen vorzubereiten. Hier war es bislang immer schwierig, Empfehlungen abzugeben, da die vorhandenen Lehrbücher entweder nur Teilgebiete abdeckten oder einen Stoffumfang hatten, der dem Studierenden zur Bewältigung einer Wahlfachprüfung (in Nordrhein-Westfalen zehn Minuten im ersten Staatsexamen) kaum zuzumuten war.

Dieses Lehrbuch zum Steuerrecht möchte deshalb eine Lücke in der steuerrechtlichen Ausbildungsliteratur schließen und alle prüfungsrelevanten Teilgebiete des Steuerrechts in einem Band anbieten. Die Darstellung versucht, die Strukturen der Teilgebiete deutlich zu machen und fallbezogen in die schwierige Welt der einzelnen Steuerarten einzuführen. Das Buch ist überwiegend aus meinen Skripten hervorgegangen, die ich jahrelang vorlesungsbegleitend zu meinen steuerrechtlichen Vorlesungen herausgegeben habe. Die steigende Nachfrage nach diesen Skripten hat mich ermutigt, den Studierenden ein auf ihre Bedürfnisse zugeschnittenes Lehrbuch an die Hand zu geben. Wer das Buch – vorlesungsbegleitend – durchgearbeitet hat, müsste für die Wahlfachprüfung im ersten Staatsexamen bestens gerüstet sein.

Wer unter (Examens-)Zeitdruck steht, dem empfehle ich, mit dem dritten Teil (Steuern vom Einkommen und Ertrag) zu beginnen und dann Teil 2 (Allgemeines Steuerschuld- und Verfahrensrecht) anzuschließen. Das dürfte das Hauptprogramm für das Examen sein und sollte vom Examenskandidaten im Wesentlichen beherrscht werden. Verfassungsrechtliche Grundlagen der Besteuerung sowie Internationales Steuerrecht (Teil 1) und Umsatzsteuerrecht (Teil 4) sind zwar nicht minder wichtig, werden aber im Ersten Juristischen Staatsexamen selten geprüft.

Münster, im August 1998 *Dieter Birk*

Inhaltsverzeichnis

3. Teil
Steuern vom Einkommen und Ertrag

Abkürzungsverzeichnis

aA	andere(r) Ansicht
aaO	am angegebenen Ort
AB	Anfangsbestand
ABl	Amtsblatt
Abs.	Absatz
Absch	Abschnitt
abzgl.	abzüglich
AdV	Aussetzung der Vollziehung
aE	am Ende
AEUV	Vertrag über die Arbeitsweise der Europäischen Union
aF	alte/r Fassung
AfA	Absetzung für Abnutzung
AfaA	Absetzung für außergewöhnliche technische oder wirtschaftliche Abnutzung
AG	Aktiengesellschaft
agB	außergewöhnliche Belastungen
AktG	Aktiengesetz
Alt.	Alternative
Anm.	Anmerkung(en)
AO	Abgabenordnung
AöR	Archiv für öffentliches Recht (Zeitschrift)
arg. e	argumentum ex
Art.	Artikel
AStG	Außensteuergesetz
Aufl	Auflage
ausf	ausführlich
Az	Aktenzeichen
BA	Betriebsausgaben
BB	Der Betriebs-Berater (Zeitschrift)
BBEV	Berater-Brief NWB Erben und Vermögen
BE	Betriebseinnahmen
BerlinFG	Berlin-Förderungsgesetz
BewG	Bewertungsgesetz
BFH	Bundesfinanzhof
BFHE	Sammlung der Entscheidungen des Bundesfinanzhofs
BFH/NV	Sammlung amtlich nicht veröffentlichter Entscheidungen des Bundesfinanzhofs
BFH/PR	Bundesfinanzhof/Praxisreport (Zeitschrift)
BgA	Betrieb gewerblicher Art
BGB	Bürgerliches Gesetzbuch
BGBl	Bundesgesetzblatt
BGH	Bundesgerichtshof
BGHSt	Entscheidungen des Bundesgerichtshofs in Strafsachen
BGHZ	Entscheidungen des Bundesgerichtshofs in Zivilsachen

BierStG	Biersteuergesetz
BMF	Bundesministerium der Finanzen
BR-Drs	Drucksachen des Bundesrates
BranntwMonG	Branntweinmonopolgesetz
bspw	beispielsweise
BStBl	Bundessteuerblatt
BT-Drs	Drucksachen des Deutschen Bundestages
BV	Betriebsvermögen
BVerfG	Bundesverfassungsgericht
BVerfGE	Amtliche Sammlung der Entscheidungen des Bundesverfassungsgerichts
BVerfGG	Bundesverfassungsgerichtsgesetz
BVerwG	Bundesverwaltungsgericht
BVerwGE	Entscheidungen des Bundesverwaltungsgerichts
bzgl	bezüglich
BZSt	Bundeszentralamt für Steuern
bzw	beziehungsweise
ca	(lat. circa) ungefähr
DB	Der Betrieb (Zeitschrift)
DBA	Doppelbesteuerungsabkommen
ders.	derselbe
dh	das heißt
Dok	Dokument
DÖV	Die Öffentliche Verwaltung (Zeitschrift)
DRV	Deutsche Rentenversicherung (Zeitschrift)
DStJG	Deutsche Steuerjuristische Gesellschaft (Jahrbuch)
DStR	Deutsches Steuerrecht (Zeitschrift)
DStZ	Deutsche Steuerzeitung (Zeitschrift)
DVBl	Deutsches Verwaltungsblatt (Zeitschrift)
EB	Endbestand
ebda	ebenda
EBITDA	Earnings before interest, taxes, depreciation and amortisation (betriebswirtschaftliche Kennzahl), deutsch: Gewinn vor Zinsen, Steuern, Abschreibungen auf Sacheinlagen und Abschreibungen auf immaterielle Vermögensgegenstände
EBK	Eröffnungsbilanzkonto
EFG	Entscheidungen der Finanzgerichte (Zeitschrift)
EG	Vertrag zur Gründung der Europäischen Gemeinschaft (s. a. AEUV); Europäische Gemeinschaft (s. a. EU)
EigZulG	Eigenheimzulagengesetz
EK	Eigenkapital
EnergieStG	Energiesteuergesetz
ErbSt	Erbschaftsteuer
ErbStG	Erbschaftsteuer- und Schenkungsteuergesetz
ESt	Einkommensteuer
EStB	Der Ertrag-Steuer-Berater (Zeitschrift)
EStDV	Einkommensteuer-Durchführungsverordnung
EStG	Einkommensteuergesetz
EStR	Einkommensteuer-Richtlinien

etc	et cetera
EU	Europäische Union; Vertrag über die Europäische Union (s. a. EUV, AEUV)
EuG	Gericht der Europäischen Union – 1. Instanz
EuGH	Europäischer Gerichtshof
EuGHE	Amtliche Sammlung der Entscheidungen des Europäischen Gerichtshofs
EUV	Vertrag über die Europäische Union (Vertrag von Lissabon)
EuZW	Europäische Zeitschrift für Wirtschaftsrecht (Zeitschrift)
eV	eingetragener Verein
evtl	eventuell
EWG	Europäische Wirtschaftsgemeinschaft
EWS	Europäisches Wirtschafts- und Steuerrecht (Zeitschrift)
FA	Finanzamt
FAG	Finanzausgleichsgesetz
f, ff	folgende
FG	Finanzgericht
FGO	Finanzgerichtsordnung
FinArch	Finanzarchiv (Zeitschrift)
Fn	Fußnote
FördG	Fördergebietsgesetz
FR	Finanz-Rundschau (Zeitschrift)
FS	Festschrift
FVG	Finanzverwaltungsgesetz
G	Gesetz
GbR	Gesellschaft bürgerlichen Rechts
G.d.E.	Gesamtbetrag der Einkünfte
gem.	gemäß
GewStDV	Gewerbesteuer-Durchführungsverordnung
GewStG	Gewerbesteuergesetz
GG	Grundgesetz
ggf	gegebenenfalls
GlE	Gleich lautende Erlasse der obersten Finanzbehörden der Länder
GmbH	Gesellschaft mit beschränkter Haftung
GmbH & Co. KG	Kommanditgesellschaft mit GmbH als Komplementärin
GmbHG	Gesetz betreffend die GmbH
GmbHR	GmbH-Rundschau (Zeitschrift)
GoB	Grundsätze ordnungsmäßiger Buchführung
grds	grundsätzlich
GrESt	Grunderwerbsteuer
GrEStG	Grunderwerbsteuergesetz
GrS	Großer Senat
GrSt	Grundsteuer
GrStG	Grundsteuergesetz
GS	Gedächtnisschrift
GuV-Konto	Gewinn- und Verlustkonto
GV	Gemeindeverbände
GVBl	Gesetz- und Verordnungsblatt
GVG	Gerichtsverfassungsgesetz

hA	herrschende Ansicht
HFR	Höchstrichterliche Finanzrechtsprechung (Entscheidungssammlung)
HGB	Handelsgesetzbuch
hM	herrschende Meinung
Hrsg	Herausgeber
HS	Halbsatz
HStR	Handbuch des Staatsrechts
IAS	International Accounting Standards
idF	in der Fassung
idR	in der Regel
idS	in diesem Sinne
iE	im Einzelnen
iErg	im Ergebnis
ieS	im engeren Sinne
iHd	in Höhe der/des
iHv	in Höhe von
INF	Die Information (Zeitschrift)
insb	insbesondere
InvZulG	Investitionszulagengesetz
iRd	im Rahmen des/der
iS	im Sinne
iSd	im Sinne des/der
ISR	Internationale Steuerrundschau (Zeitschrift)
IStR	Internationales Steuerrecht (Zeitschrift)
iSv	im Sinne von
iÜ	im Übrigen
iVm	in Verbindung mit
iwS	im weiteren Sinne
JStG	Jahressteuergesetz
Jura	Juristische Ausbildung (Zeitschrift)
JuS	Juristische Schulung (Zeitschrift)
JZ	Juristenzeitung (Zeitschrift)
KaffeeStG	Kaffeesteuergesetz
KAG	Kommunalabgabengesetz
KapEst	Kapitalertragsteuer
KG	Kommanditgesellschaft
KGaA	Kommanditgesellschaft auf Aktien
KOM	Kommission
KÖSDI	Kölner Steuerdialog (Zeitschrift)
krit	kritisch(en)
KSt	Körperschaftsteuer
KStG	Körperschaftsteuergesetz
KStR	Körperschaftsteuer-Richtlinien
lit.	(lat. littera) Buchstabe
LStDV	Lohnsteuer-Durchführungsverordnung
LStR	Lohnsteuer-Richtlinien

maW	mit anderen Worten
mE	meines Erachtens
mind	mindestens
Mio	Million(en)
Mrd	Milliarde(n)
mwN	mit weiteren Nachweisen
MwSt	Mehrwertsteuer
MwStSystRl	Mehrwertsteuersystemrichtlinie
mWz	mit Wirkung zum
Nds	Niedersachen/niedersächsisches
nF	neue Fassung
NJW	Neue Juristische Wochenschrift (Zeitschrift)
Nr	Nummer
NRWLT-Ds	Drucksachen des Landtags Nordrhein-Westfalen
NVwZ	Neue Zeitschrift für Verwaltungsrecht (Zeitschrift)
OECD	Organization for Economic Cooperation and Development
OECD-MA	OECD-Musterabkommen
OFD	Oberfinanzdirektion
og	oben genannt(en)
OHG	offene Handelsgesellschaft
OWiG	Gesetz über Ordnungswidrigkeiten
RA	Rechtsanwalt
RAO	Reichsabgabenordnung
RAP	Rechnungsabgrenzungsposten
RBStV	Rundfunkbeitragsstaatsvertrag (15. ÄndStV)
rd	rund
REStG	Reichseinkommensteuergesetz
Rev.	Revision
RFH	Reichsfinanzhof
RFHE	Entscheidungen des Reichsfinanzhofs
RGBl	Reichsgesetzblatt
RIW	Recht der Internationalen Wirtschaft (Zeitschrift)
rkr	rechtskräftig
RL	Richtlinie (iSd Art. 288 AEUV)
Rn	Randnummer
Rspr	Rechtsprechung
Rz	Randziffer
S.	Seite/in Fußnoten zu Satzbeginn auch Siehe
s.	siehe
Sa	Sonderausgaben
SBK	Schlussbilanzkonto
SchaumwZwStG	Gesetz zur Besteuerung von Schaumwein und Zwischenerzeugnissen
SDAP	Sozialdemokratische Arbeiterpartei
S.d.E.	Summe der Einkünfte
SE	Societas Europaea (Europäische Gesellschaft)
s. o.	siehe oben
sog.	sogenannte/r

SolZG	Solidaritätszuschlagsgesetz
StAnpG	Steueranpassungsgesetz
StB	Der Steuerberater (Zeitschrift)
Stbg	Die Steuerberatung (Zeitschrift)
SteuerStud	Steuer und Studium (Zeitschrift)
StGB	Strafgesetzbuch
StPfl	Steuerpflichtige/r
StPO	Strafprozessordnung
str	strittig
stRspr	ständige Rechtsprechung
StuB	Steuern und Bilanzen (Zeitschrift)
StuW	Steuer und Wirtschaft (Zeitschrift)
StW	Die Steuer-Warte (Zeitschrift)
TabStG	Tabaksteuergesetz
Tz	Textziffer
ua	unter anderem, und andere
uä	und ähnliche/s
Ubg	Die Unternehmensbesteuerung (Zeitschrift)
uE	unseres Erachtens
UG	Unternehmergesellschaft
UmwG	Umwandlungsgesetz
UmwStG	Umwandlungssteuergesetz
UR	Umsatzsteuer-Rundschau (Zeitschrift)
Urt.	Urteil
US-GAAP	Generally Accepted Accounting Principles
UStG	Umsatzsteuergesetz
usw	und so weiter
uU	unter Umständen
v.	vom
Var.	Variante
Vb	Verfassungsbeschwerde
VersStG	Versicherungssteuergesetz
verst	versteuerndes
vGA	verdeckte Gewinnausschüttung
VGH	Verwaltungsgerichtshof
vgl	vergleiche
Vorb	Vorbemerkungen
vs.	(lat. versus) gegen
VuV	Vermietung und Verpachtung
VVDStRL	Veröffentlichungen der Vereinigung der Deutschen Staatsrechtslehrer
VwGO	Verwaltungsgerichtsordnung
VwVfG	Verwaltungsverfahrensgesetz
VwZG	Verwaltungszustellungsgesetz
VZ	Veranlagungszeitraum
WG	Wirtschaftsgut
wg	wegen
WRV	Weimarer Reichsverfassung

zB	zum Beispiel
ZErb	Zeitschrift für die Steuer- und Erbrechtspraxis
ZEV	Zeitschrift für Erbrecht und Vermögensnachfolge
ZgS	Zeitschrift für die gesamte Staatswissenschaft
ZIV	Zinsinformationsverordnung
ZPO	Zivilprozessordnung
ZRP	Zeitschrift für Rechtspolitik
zT	zum Teil
zust	zustimmend
zutr	zutreffend
zzgl.	zuzüglich

Im Übrigen werden die allgemein gebräuchlichen Abkürzungen verwendet. Ferner wird verwiesen auf *Kirchner*, Abkürzungsverzeichnis der Rechtssprache, 9. Aufl 2018.

Verzeichnis häufig zitierter Literatur

Birk, Dieter/ Desens, Marc/ Tappe, Henning	Klausurenkurs im Steuerrecht, 5. Auflage Heidelberg 2018 (zit.: *Birk/Desens/Tappe*, Klausurenkurs, Fall)
Frotscher, Gerrit	Internationales Steuerrecht, 4. Auflage München 2015 (zit.: *Frotscher*, Internationales Steuerrecht, Rn)
ders.	Körperschaftsteuer, Gewerbesteuer, 2. Auflage München 2008 (zit.: *Frotscher*, Körperschaftsteuer, Rn)
Haase, Florian	Internationales und Europäisches Steuerrecht, 5. Auflage Heidelberg 2017 (zit.: *Haase*, Internationales und Europäisches Steuerrecht, Rn)
Herrmann, Carl/ Heuer, Gerhard/ Raupach, Arndt	Einkommensteuer- und Körperschaftsteuergesetz, 21. Auflage Köln 1998 (Loseblatt, Stand: 284. EL, April 2018) (zit.: *Bearbeiter*, in: HHR, § Anm.)
Homburg, Stefan	Allgemeine Steuerlehre, 7. Auflage München 2015 (zit.: *Homburg*, Steuerlehre, S.)
Hübschmann, Walter/ Hepp, Ernst/ Spitaler, Armin	Kommentar zur Abgabenordnung und Finanzgerichtsordnung, 9. Auflage Köln 1993 (Loseblatt, Stand: 246. EL, März 2018) (zit.: *Bearbeiter*, in: HHSp, § Rn)
Jacobs, Otto H./ Scheffler, Wolfram/ Spengel, Christoph	Unternehmensbesteuerung und Rechtsform, 5. Auflage München 2015 (zit.: *Jacobs/Scheffler/Spengel*, Unternehmensbesteuerung, S.)
Jakob, Wolfgang	Abgabenordnung, 5. Auflage München 2010 (zit.: *Jakob*, Abgabenordnung, Rn)
ders.	Einkommensteuer, 4. Auflage München 2008 (zit.: *Jakob*, Einkommensteuer, Rn)
ders.	Umsatzsteuer, 4. Auflage München 2009 (zit.: *Jakob*, Umsatzsteuer, Rn)
Kirchhof, Paul/ Seer, Roman	EStG-Kommentar, 18. Auflage Köln 2019 (zit.: *Bearbeiter*, in: Kirchhof/Seer, EStG, § Rn)
ders.	Bundessteuergesetzbuch, Heidelberg 2011 (zit.: *Kirchhof*, Bundessteuergesetzbuch, Rn)
Kirchhof, Paul/ Söhn, Hartmut/ Mellinghoff, Rudolf	Einkommensteuergesetz, Kommentar (Loseblatt, Stand: 287. EL, Mai 2018) (zit.: *Bearbeiter*, in: KSM, § Rn)
Knobbe-Keuk, Brigitte	Bilanz- und Unternehmenssteuerrecht, 9. Auflage Köln 1993 (zit.: *Knobbe-Keuk*, Unternehmenssteuerrecht, S.)
Rau, Günter/ Dürrwächter, Erich	Umsatzsteuergesetz, Kommentar (Loseblatt, Stand: 176. EL, Mai 2018) (zit.: *Bearbeiter*, in: Rau/Dürrwächter, UStG, § Rn)
Reding, Kurt/ Müller, Walter	Einführung in die Allgemeine Steuerlehre, München 1999 (zit.: *Reding/Müller*, Steuerlehre, S.)
Reiß, Wolfram	Umsatzsteuerrecht, 16. Auflage Münster 2018 (zit.: *Reiß*, Umsatzsteuerrecht, Rn)
Schmidt, Ludwig	Einkommensteuergesetz, 38. Auflage München 2019 (zit.: *Bearbeiter*, in: Schmidt, EStG, § Rn)

Schulte, Wilfried/ Birnbaum, Mathias	Erbschaftsteuerrecht, 2. Auflage Heidelberg 2017 (zit.: *Schulte/Birnbaum*, Erbschaftsteuerrecht, Rn)
Stadie, Holger	UStG, Kommentar, 3. Auflage Köln 2015 (zit.: *Stadie*, UStG, § Rn)
Tappe, Henning/ Wernsmann, Rainer	Öffentliches Finanzrecht, 2. Auflage Heidelberg 2019 (zit.: *Tappe/Wernsmann*, Öffentliches Finanzrecht, 2019, § Rn)
Thiel, Jochen/Lüdtke-Handjery, Alexander	Bilanzrecht, 6. Auflage Heidelberg 2010 (zit.: *Thiel/Lüdtke-Handjery*, Bilanzrecht, Rn)
Tipke, Klaus	Die Steuerrechtsordnung, Bd. I, 2. Auflage 2000, Bd. II, 2. Auflage 2003, Bd. III, 2. Auflage Köln 2012 (zit.: *Tipke*, Steuerrechtsordnung I, II, III, S.)
Tipke, Klaus/Kruse, Heinrich Wilhelm	Abgabenordnung und Finanzgerichtsordnung, 16. Auflage Köln 1996 (Loseblatt, Stand: 151. EL, März 2018) (zit.: *Bearbeiter*, in: Tipke/Kruse, § Rn)
Tipke, Klaus/ Lang, Joachim	Steuerrecht, 23. Auflage Köln 2018 (zit.: *Bearbeiter*, in: Tipke/Lang, § Rn)
Weber-Grellet, Heinrich	Bilanzsteuerrecht, 16. Auflage Münster 2018 (zit.: *Weber-Grellet*, Bilanzsteuerrecht, Rn)

1. Teil

Einführung

Steuern zahlen heißt, den wirtschaftlichen Erfolg mit dem Gemeinwesen teilen. Das ist ethische Verpflichtung und Last zugleich, die man gerne vermeiden möchte. Aber ohne Steuern kann der Staat seine Aufgaben nicht erfüllen, der Einzelne in der Gemeinschaft seine Fähigkeiten nicht entfalten und seine Rechte nicht wahrnehmen. Steuern sind somit allem, was das Leben in der staatlichen Gemeinschaft ermöglicht, vorgelagert. Ein Staat ohne Steuern mag auf den ersten Blick paradiesisch anmuten, in der Realität wäre der Verzicht auf Steuern das Ende staatlicher Ordnung. Steuerverweigerung ist deshalb nicht nur unsolidarisch, sie ist in einem sozialstaatlich organisierten Gemeinwesen auch eine Kampfansage gegen die Grundlagen der staatlichen Ordnung[1]. 1

Steuern als der **finanzielle Beitrag** des Einzelnen **zur staatlichen Gemeinschaft** bedürfen der rechtlichen Ausformung, um für den Staat eine planbare Größe zur Bestimmung des Umfangs seiner Aufgaben und zur Festlegung des finanziellen Spielraums seiner Aufgabenerfüllung zu sein (Haushalt)[2]. Für den Einzelnen müssen Steuern ein vorherseh- und kalkulierbarer Belastungsfaktor bei der Wahrnehmung seiner wirtschaftlichen Freiheiten (berufliche und unternehmerische Entfaltung) sein. Erst die Verbindung mit dem Recht macht die Steuern zum Teil der staatlichen Ordnung, erst das Steuer*recht* ermöglicht die Orientierung der Verteilung steuerlicher Lasten an der Gerechtigkeitsidee. 2

Die elementare Bedeutung der Steuern für das Funktionieren der staatlichen Gemeinschaft und der durch das Recht formulierte Anspruch, den *gerechten* Beitrag des Einzelnen festzulegen, machen es reizvoll, sich mit dem Steuerrecht zu beschäftigen[3]. Das Steuerrecht sagt nicht nur etwas aus über die **Gerechtigkeitsvorstellungen**, die der staatlichen Ordnung zugrunde liegen, es sagt auch etwas aus über die staatlichen Ziele, die staatlich definierten Werte und das Verhältnis des Staates zum Bürger[4]. 3

Die Güte des Steuerrechts und des Steuersystems prägen entscheidend die **Beziehung der Bürger zu ihrem Staat** und somit die allgemeine **Steuermoral**. Bereitschaft zur Steuerehrlichkeit gründet nicht auf staatlicher Kontrolle und Strafe, sondern vor allem auf einem verständlichen und an nachvollziehbaren Regeln orientierten Steuersystem. Für den Staat und seine Machtträger sind die Steuern eine ständige Versuchung, Einnahmen zu schöpfen und Verhalten zu beeinflussen. Es ist daher nicht verwunderlich, dass die Steuer ein begehrtes Instrument der Politik ist und den Gesetzgeber immer wieder dazu verleitet, sie für vielfältige Zwecke zu instrumentalisieren. Die nie endende Steuerreformdiskussion zeigt, dass das staatspolitische Grundverständnis sehr unterschiedlich sein kann, ein Konsens schwer erreichbar ist und deshalb das Steuerrecht wohl immer in Bewegung bleiben wird. 4

1 Dazu *Bryde*, Steuerverweigerung und Sozialstaat, in: FS von Zezschwitz, 2005, S. 321 ff.
2 Dazu näher *Tappe/Wernsmann*, Öffentliches Finanzrecht, Rn 28 ff.
3 Dazu *Birk*, Ad Legendum 2015, 269 ff.
4 Dazu *Birk*, StuW 2011, 354 ff; *Weber-Grellet*, DStR 2018, 1398 ff.

5 Die **Steuerarten** sind vielfältig und für den nicht Kundigen kaum übersehbar. Zur Zeit gibt es ca 30 Steuern[5], die an vielfältige Formen echter oder vermuteter Zahlungsfähigkeit oder an bestimmtes Verhalten anknüpfen. Die Zahl variiert aber stark danach, ob man sich an Steuertypen, an Einzelsteuern oder an Erhebungsformen orientiert.

6 Schon die Vielzahl der Steuern mag den Einzelnen irritieren. Es wird ihn wenig trösten, wenn man ihm sagt, dass er nicht von allen diesen Steuern betroffen ist. Dazu kommt ein **Orientierungsproblem**. Die Vorstellungen über die gerechte Steuerlast, über das richtige Steuersystem, über die Art und Häufigkeit des steuerlichen Zugriffs gehen weit auseinander. Dem Steuerrecht fehlt es – nicht nur in Deutschland – an Beständigkeit, Übersichtlichkeit und Verständlichkeit. Wenn der Einzelne keine Planungssicherheit in seinen persönlichen wirtschaftlichen Dingen erhält, wenn er auf die Steuerrechtsordnung nicht vertrauen kann, wenn er gar das Steuerrecht nicht mehr versteht, wie soll er dann ein rechtsethisches Gefühl entwickeln können, den ihm obliegenden Beitrag leisten zu müssen? Wenn die Vorschläge zur Steuerreform täglich wechseln, dann wird die Steuerrechtsordnung der politischen Beliebigkeit preisgegeben. Der Bürger reagiert darauf, indem er versucht, sich seinen Pflichten zu entziehen.

7 Steuerrecht ist **Pflichtenrecht**. Wer die Notwendigkeit seiner steuerlichen Pflichten nicht einsieht, wer sich ungerecht belastet sieht, wer vor der Kompliziertheit kapituliert, wer keine Regeln im Steuerrecht erkennt, der wird dieses Pflichtenrecht nicht akzeptieren. Ohne **Akzeptanz** erleidet das Steuerrecht aber einen Funktionsverlust, der auch durch staatliche Zwangsmaßnahmen nicht aufgeholt werden kann. Steuerrecht ist als Pflichtenrecht auf Akzeptanz angewiesen[6]. Diese Akzeptanz kann es nur gewinnen, wenn es nachvollziehbare Strukturen aufweist und auf überzeugenden Prinzipien beruht, die sich am Postulat der steuerlichen Lastengerechtigkeit orientieren.

§ 1 Geschichtliche Grundlagen, Prinzipien und System der Besteuerung

A. Der geschichtliche Hintergrund der heutigen Steuerrechtsordnung

8 Wie jedes Recht ist auch das Steuerrecht geschichtlich bedingt und Strömungen der Zeit ausgesetzt. Die Idee von der idealen, richtigen oder gerechten Besteuerung wurde zu unterschiedlichen Zeiten ganz unterschiedlich gesehen[1]. Wer sich unbefangen und ohne steuerliche Vorkenntnisse Gedanken darüber macht, wie der staatliche Fi-

5 Eine Übersicht der in Deutschland erhobenen Steuern findet sich auf der Internetseite des BMF. Dort ist die Broschüre „Steuern von A bis Z" als Download verfügbar (http://www.bundesfinanzministerium.de → Service → Publikationen → Broschüren).

6 *Fuest*, Steuerakzeptanz und Steuerwiderstand als Herausforderung an die Steuergesetzgebung, in: Brandt, Mitverantwortung von Bürger und Staat für ein gerechtes Steuerrecht, 2007, S. 87.

1 *Birk*, StuW 2011, 354.

nanzbedarf auf die Bürger verteilt werden kann, wird wahrscheinlich über *zwei Fragen* nachdenken: Er wird nach einem Maßstab suchen, nach dem die **Lasten verteilt** werden sollen, und er wird sich fragen, wie dieser Maßstab am besten umgesetzt werden kann. Optimal wird diese Umsetzung sein, wenn jeder nach der Besteuerung feststellen kann, wie hoch sein Anteil im Verhältnis zu den Anteilen anderer ist und ob er maßstabsgerecht ausgefallen ist. Eine solche **Transparenz** bei der Verteilung der steuerlichen Lasten ist aber nur möglich, wenn die steuerliche Belastung durch *eine* Steuer bewirkt wird. Eine Vielzahl der Steuern, wie wir sie heute kennen, erschwert die Einsicht, dass der eigene Beitrag für das Gemeinwesen angemessen ist.

I. Alleinsteuer- und Vielsteuersystem und das Postulat der Steuergerechtigkeit

Es kann deshalb nicht verwundern, dass in der Geschichte der Besteuerung die Idee einer Alleinsteuer, sozusagen der Zuteilung **einer Steuersumme** immer wieder auftauchte. Durchgesetzt hat sie sich freilich nie, weil es keine Steuer gibt, die für sich allein tauglich wäre, den gesamten Finanzbedarf des Staates zu befriedigen. Jede staatliche Steuerrechtsordnung beruht auf einer Vielzahl von Einzelsteuergesetzen, die nicht rational „als System" geplant und ausgestaltet, sondern Ergebnis einer geschichtlichen Entwicklung sind und deswegen häufig als Konglomerat, manchmal sogar als Chaos bezeichnet werden[2]. 9

Immerhin wird von der Statistik regelmäßig die Belastung eines durchschnittlichen Arbeitnehmers durch Steuern und Sozialversicherungsbeiträge ermittelt. Für Deutschland ergibt sich nach Berechnungen der OECD für 2018 eine Abgabenquote von 49,5 %[3]. Eurostat gibt die Steuerquote (ohne Sozialversicherung) für 2016 mit 31 % an[4]. Und der Bund der Steuerzahler hat für das Jahr 2019 errechnet, dass der Steuerzahler im Durchschnitt bis zum 15. Juli nicht für sich, sondern für den Staat gearbeitet habe („Steuerzahlergedenktag")[5].

Wenn es auch heute niemanden mehr gibt, der die Idee der **Alleinsteuer** vertritt, so lohnt sich doch ein kurzes Nachdenken über diese „steuerpolitische Utopie", die vor allem im 17. und 18. Jh Anhänger gefunden hat. Steuerordnungen, die aufgrund kriegerischer und revolutionärer Ereignisse immer mehr zu bloßen staatlichen Zugriffstechniken verkamen, die unaufhaltsame Vermehrung der Steuerarten und die „Eigenmächtigkeiten brutaler Steuerbeamter oder korrupter Steuerpächter", haben die Idee gefördert, die Vielfalt staatlicher Zugriffsmöglichkeiten durch eine einzige vernunftgeleitete Zwangsabgabe zu ersetzen[6]. Damals wie heute bestach die Idee, dass nur einfaches Steuerrecht gerecht sein kann, da nur einfaches Steuerrecht die Belastung für den Bürger nachvollziehbar macht. 10

2 *Tipke*, StuW 1971, 2.

3 OECD, Taxing Wages 2019, https://read.oecd-ilibrary.org/taxation/taxing-wages-2019 tax wages-2019-en#page25.

4 http://appsso.eurostat.ec.europa.eu/nui/show.do?dataset=earn_nt_taxrate&lang=de.

5 https://www.steuerzahler.de/steuerzahlergedenktag/.

6 Dazu näher *Mann*, Steuerpolitische Ideale, 1937, S. 166 ff.

Die entworfenen Pläne waren von utopischer Kühnheit. In Frankreich wurde zB 1649 eine Allein-Abgabe vorgeschlagen, die sich auf einen Sou täglich für alle Wohlhabenden beschränkte. Damals schätzte man, es gebe 6 Millionen Menschen, die diese Steuer zahlen könnten. Man ging davon aus, dass der König jährlich daraus eine Summe erhalte, die sogar den Finanzbedarf überschreite und ihn in die Lage versetze, die Schulden zu tilgen. Der französische Staatswissenschaftler *François Véron de Forbonnais* soll davon so begeistert gewesen sein, dass er darüber schrieb: „Wenn alle Staatsbewohner Arbeit hätten und wohlhabend genug wären, um nicht nur einen Sou, sondern durchschnittlich 4 Sou täglich zu zahlen, bestände eine ideale Wechselwirkung zwischen Volkszahl, Wohlstand und Staatseinkünften: je mehr Einwohner, desto größere Einnahmequellen; je allgemeiner der Wohlstand, desto leichter die Steuererhebung“[7].

11 Die Idee einer Alleinsteuer blieb aus nahe liegenden Gründen Utopie. Kein Staat ist je in der Lage gewesen, auf ein **Vielsteuersystem** zu verzichten. Gerade der moderne Staat, der eine Vielzahl von Aufgaben an sich gezogen hat, wäre nicht in der Lage, seinen Bedarf aus einer einzigen Steuerquelle zu decken. Die Steuersätze müssten so hoch sein, dass der Steuerwiderstand das Aufkommen gefährden, wenn nicht zunichtemachen würde. Der Staat ist deshalb darauf angewiesen, verschiedene Steuern zu „erfinden“ und aus vielen Steuerquellen zu schöpfen. Wenn aber das Steuersystem zwangsläufig ein Vielsteuersystem sein muss, dann haben sich die wissenschaftlichen und politischen Bemühungen vor allem auf die **Gerechtigkeit** dieser Steuervielfalt zu konzentrieren. Und tatsächlich hat diese Frage der gerechten Ausgestaltung der Steuern und gegenseitigen Abstimmung der unterschiedlichen Anknüpfungsmerkmale die Finanzwissenschaften, Staatswissenschaften und zuletzt auch die Rechtswissenschaft beschäftigt[8].

Schon die Ausführungen zur Idee der Alleinsteuer zeigen uns aber, dass es nie allein um die gerechte steuerliche Belastung ging. Triebfeder der Idee der Alleinsteuer war auch die Einfachheit, Überschaubarkeit, Akzeptanz und Effizienz. Im Steuerrecht gilt das Paradoxon: Wer nur Gerechtigkeit will, wird sie gänzlich verfehlen. Aufgrund der Vielfalt der Lebensverhältnisse wird er sich verstricken in der Vielfalt möglicher Differenzierungen und damit die Grundlagen des einst als gerecht konzipierten Systems zerstören.

12 Dass es bei der Besteuerung nicht allein um die gerechte Belastung gehen kann, hat niemand besser formuliert als der *Klassiker* **Adam Smith**. Er hat in seinem 1776 erschienenen Werk „Der Wohlstand der Nationen“ *vier Grundprinzipien* eines rationalen Steuersystems beschrieben, die heute noch Gültigkeit besitzen: Es sind die Grundsätze der *Steuergleichheit*, der *Bestimmtheit* des Steueranspruchs, der *Bequemlichkeit* und der *Effizienz* der Steuererhebung[9]. Wenn auch *Smith* die Steuergleichheit an erster Stelle nennt, so hat er doch erkannt, dass eine funktionierende Steuerrechtsordnung in einem Zielkonflikt steht und nicht allein das Gleichheitspostulat verfolgen darf.

7 Vgl *Mann*, Steuerpolitische Ideale, 1937, S. 168 mwN.

8 Herausragend im 19. Jh: *Wagner*, Finanzwissenschaft, Zweiter Theil: Theorie der Besteuerung, 2. Aufl 1890, S. 199 ff.

9 *Smith*, Wohlstand der Nationen, 5. Aufl 1789, Neudruck 1978, S. 703 f.

II. Einige Stationen der Steuergeschichte

1. Objektsteuern, Kopfsteuern, Luxussteuern und Verbrauchsabgaben

Steuern gibt es, seitdem Menschen in Gemeinschaften zusammenleben und sich daraus gemeinschaftliche Bedürfnisse entwickeln, die durch Abgaben aller finanziert werden müssen. Steuern als Mittel zur Befriedigung von Gemeinschaftsbedürfnissen haben also ihren Ursprung im Gemeinschaftsleben. Schon die frühen Ackerbauern und Viehzüchter kannten solche Gemeinschaftsbedürfnisse und dementsprechend Leistungspflichten an die Gemeinschaft[10]. Die Bücher Mose (3. Buch, 27, 32) berichten im 13. Jh v. Chr von der Abgabe jedes Zehnten (Frucht-, Fleisch-, Most-, Öl- und Honig-Zehnt)[11]. Auch das religiöse Opfer lässt sich als archaische Urform der direkten Steuer ansehen[12]. 13

Zu den ältesten Steuern zählen die **Objektsteuern** (Rn 65), insb die Besteuerung des Grund und Bodens. Landverpachtungen an sesshaft gewordene Bauern oder Hirten gegen regelmäßige Abgaben und Tribute (sog. Wollsteuer) sowie Abgaben für die Benutzung von Häfen und Kanälen (sog. Fischsteuer) sind hier zu nennen[13]. 14

Im antiken Griechenland existierte bereits eine Vielzahl von Steuern, Zöllen, einfachen Ertragsteuern, Verbrauchsteuern und Fremdenabgaben. Zur Finanzierung ihrer Kriege erhoben die Athener im 4. Jh v. Chr eine 1 %ige **Vermögensteuer**, die ausschließlich von den Wohlhabenden aufzubringen war und die weitgehend freiwillig erbracht wurde. Erzwingbare direkte Steuerlasten galten als Zeichen der Unfreiheit[14]. Im Römischen Reich fanden zur selben Zeit bereits **Steuerveranlagungen** (census) statt. Besteuert wurde vornehmlich das Grundvermögen, eine Form, die ursprünglich als Bürgersteuer der Römer gedacht war[15]. Die Eroberung neuer Gebiete führte dazu, dass die römischen Bürger zunehmend zu Beute- und Tributempfängern wurden, die keine eigene Steuerzahlung mehr zu leisten hatten. Auf den Ausbau der römischen Provinzen folgte die Schaffung und Eintreibung römischer Provinzsteuern[16]. Die Steuern in den römischen Provinzen waren *vielfältig*: Es gab Grundsteuern, Steuern auf den landwirtschaftlichen Ertrag, Kopfsteuern, Vermögensteuern und indirekte Steuern. Die Steuerpflichtigen mussten Steuererklärungen abgeben. Der Einzug der Steuern erfolgte über Steuerpächter[17]. 15

---

10 S. *Pausch*, Kleine Weltgeschichte der Steuerzahler, 1988, S. 12.

11 Dazu *Schultz*, Mit dem Zehnten fing es an, Eine Kulturgeschichte der Steuer, 1986, S. 7 ff.

12 *Häuser*, Opfer und Steuer, in: Schultz, Mit dem Zehnten fing es an, Eine Kulturgeschichte der Steuer, 1986, S. 13 (18).

13 *Pausch*, Kleine Weltgeschichte der Steuerzahler, 1988, S. 18.

14 *Pausch*, Kleine Weltgeschichte der Steuerzahler, 1988, S. 36; *Meier*, Wie die Athener ihr Gemeinwesen finanzierten, in: Schultz, Mit dem Zehnten fing es an, Eine Kulturgeschichte der Steuer, 1986, S. 25 ff.

15 *Pausch*, Kleine Weltgeschichte der Steuerzahler, 1988, S. 38.

16 *Pausch*, Kleine Weltgeschichte der Steuerzahler, 1988, S. 38 ff; *Baatz*, „Gebt dem Kaiser, was des Kaisers ist" – Steuern im Römerreich, in: Schultz, Mit dem Zehnten fing es an, Eine Kulturgeschichte der Steuer, 1986, S. 38 ff.

17 *Bringmann*, Steuern und Fremdherrschaft, in: Schultz, Mit dem Zehnten fing es an, Eine Kulturgeschichte der Steuer, 1986, S. 51 ff.

16 In den mittelalterlichen Schriftquellen tauchen die Steuern zunächst als „annua dona“, als Jahresgaben an die Könige oder Kaiser[18], später als „Bede“[19] oder „stiure“, „steura“[20] auf. Es handelte sich also um Gaben oder Hilfen an den König, die zunächst als „Dargabe“ freiwillig entrichtet, später aber eindeutig erwartet wurden und sich schließlich zu regelmäßigen Pflichtabgaben („Hergabe“ oder „Abgabe“) entwikkelten[21]. Im Fränkischen Reich hatten die Besitzenden vor allem die Grundsteuer zu zahlen, während man die Besitzlosen einer Kopfsteuer unterwarf. Kopfsteuerpflichtig war also jeder, der nicht über Grund- oder Hausbesitz verfügte[22]. In der italienischen Stadt Florenz existierte bereits im 14. Jh ein System, bestehend aus direkten und indirekten Steuern (Rn 44), das auf einer Art Selbstveranlagung beruhte und das in der berühmten **Florentiner Steuerreform** zur Perfektion gelangte. Diese sah neben der Versteuerung des Kapitalwerts von Immobilien die Steuerfreiheit selbst genutzter Wohnhäuser sowie die Verpflichtung zur Zahlung einer Kopfsteuer für Arme und Lohnarbeiter vor[23].

17 Mit dem Aufschwung der mittelalterlichen Marktsiedlungen zu Handelsstädten entwickelten sich neben den an den König zu leistenden Steuerzahlungen auch die Steuern der Städte. Ab dem 14. Jh wurden sog. **Akzisen** auf Genuss- und Lebensmittel bezahlt (Mahl- und Schlachtsteuern). Versuche, im 15. und 16. Jh eine reichseinheitliche direkte Steuer („Gemeiner Pfennig“) einzuführen, scheiterten am Widerstand der Reichsstände[24].

18 Beliebt waren im 16. bis 18. Jh vor allem sog. **Luxussteuern** bzw Einfuhrzölle auf Luxuswaren, wie überhaupt Luxussteuern neben den Kopfsteuern als rohe Form der direkten Steuern zu den ältesten Besteuerungsformen zählen. Im Testament des Herzogs *Johann Albrecht von Mecklenburg* vom 22. Oktober 1573 heißt es, dass Abgaben von Waren zu erheben seien, „die zu pracht, wollust und überfluss in die Lande geführet und dadurch böse sitten und unnötige geldspildung verursachet werden“[25]. *Johann Heinrich Gottlob von Justi* berichtet in seinem „System des Finanzwesens“ von 1766 von Kleidersteuern, die „wider eine gewisse Mode oder Classe der Pracht in der Kleidung gerichtet“ waren[26]. Teilweise war die Abgabe auch ein Mittel, um sich von einem Luxusverbot freikaufen zu können. So ist in Württemberg im 17. Jh der „Saufgulden“ erhoben worden, durch den man sich von den Beschränkungen des Alkoholkonsums freikaufen konnte[27].

18 *Pausch*, Kleine Weltgeschichte der Steuerzahler, 1988, S. 52.
19 *Hartung*, Deutsche Verfassungsgeschichte vom 15. Jahrhundert bis zur Gegenwart, 9. Aufl 1969, S. 51.
20 Vgl *Brunner*, Land und Herrschaft, 5. Aufl 1965, S. 273.
21 *Pausch*, Kleine Weltgeschichte der Steuerzahler, 1988, S. 52.
22 *Orth*, Vom Königsschatz und Kataster – Die Entwicklung der Steuer im fränkischen Reich, in: Schultz, Mit dem Zehnten fing es an, Eine Kulturgeschichte der Steuer, 1986, S. 74 (78).
23 *Von Müller*, Zwischen Verschuldung und Steuerrebellion – Die mittelalterliche Stadt an den Beispielen Florenz und Köln, in: Schultz, Mit dem Zehnten fing es an, Eine Kulturgeschichte der Steuer, 1986, S. 100 (107).
24 *Moraw*, Der „Gemeine Pfennig“, in: Schultz, Mit dem Zehnten fing es an, Eine Kulturgeschichte der Steuer, 1986, S. 130 ff.
25 *Hartung*, Der deutsche Territorialstaat des 16. und 17. Jahrhunderts nach den fürstlichen Testamenten, in: ders., Volk und Staat, 1940, S. 105.
26 *Von Justi*, System des Finanzwesens, 1766, § 851.
27 Dazu *Stolleis*, Pecunia Nervus Rerum, Zur Staatsfinanzierung in der frühen Neuzeit, 1983, S. 58.

Steuern müssen aus Sicht des Staates Ertrag bringen. Erst in der **Zeit der Aufklärung** hat man sich näher dem Gedanken zugewandt, dass sie auch gerecht verteilt sein sollen. Die Auflehnung der französischen Bürger gegen die Steuerwillkür des Absolutismus und gegen die Steuerungleichheit der alten Feudalherrschaft führte zur Französischen Revolution[28]. Die Revolutionäre bekannten sich in der Erklärung der Menschen- und Bürgerrechte zur Allgemeinheit und Gleichheit der Besteuerung. Dort heißt es in Art. 13: „Für den Unterhalt von Polizei und Armee und für die Kosten der Verwaltung ist eine allgemeine Abgabe unerlässlich; sie soll gleichmäßig auf alle Bürger ihrem Vermögen entsprechend verteilt werden"[29]. Die Aufhebung der Steuerprivilegien von Adel und Geistlichkeit, wie sie 1789 die Versammlung der französischen Generalstände in Versailles vollzogen hatte, erfolgte in Deutschland allerdings erst im 19. Jh[30]. 19

Nach der Französischen Revolution wurden eine Reihe von Verbrauchsteuern abgeschafft und zunehmend direkte Steuern erhoben. Neben eine Grund-, Personal-, Mobiliar- und Gewerbesteuer trat 1798 eine Tür- und Fenstersteuer. Man glaubte, aus der Anzahl der Türen und Fenster Rückschlüsse auf die steuerliche Leistungsfähigkeit ziehen zu können[31]. Aber der Siegeszug der Einkommensteuer, die die Leistungsfähigkeit am Einkommen des Einzelnen misst und danach die Steuer zuteilt, war nun nicht mehr aufzuhalten.

2. Besteuerung des Einkommens

Die erste **Einkommensteuer** wurde 1799 in Großbritannien durch *William Pitt d. J.*, der damals Finanzminister (Chancellor of Exchequer) war, eingeführt. Sie enthielt bereits einzelne Einkunftsarten (schedules), Regeln über die Einkünfteermittlung sowie Regelungen, die die subjektive Leistungsfähigkeit des Steuerpflichtigen berücksichtigen sollten (Abzug von Unterhaltslasten durch Freibeträge)[32]. Wenn sich die Steuer auch zunächst nicht durchsetzen konnte und bereits zwei Jahre später wieder abgeschafft wurde, so wurde doch bereits 1803 der zweite erfolgreichere Versuch unternommen. *Henry Addington*, der Nachfolger *Pitt*s, erließ ein geändertes, auf verschiedenen „schedules" aufgebautes Einkommensteuergesetz, das heute noch die Grundstrukturen des britischen Einkommensteuerrechts bildet[33]. 20

In **Deutschland** hat die Herausbildung der Einkommensbesteuerung länger auf sich warten lassen. Zwar wurde in Preußen vier Jahre nach der ostpreußischen Einkommensteuer (1808–1811) 1812 der Versuch gemacht, nach englischem Vorbild eine Einkommensteuer einzuführen, sie wurde jedoch bereits zwei Jahre später wieder abgeschafft[34]. 1820 wurde neben den bestehenden direkten Steuern (Grund-, Gebäude- und Gewerbesteuer) eine **Klassensteuer** eingeführt, die – um ein Eindringen in die Einkommens- und Vermögensverhältnisse zu vermeiden – die Bevölkerung in Steuerklassen einteilte[35]. Der Gedanke, eine Einkommensteuer zu schaffen, die unabhän- 21

28 *Pausch*, Kleine Weltgeschichte der Steuerzahler, 1988, S. 88.
29 Zit. nach *Frotscher/Pieroth*, Verfassungsgeschichte, 17. Aufl 2018, Rn 60.
30 *Wolf*, „... zu Einführung einer Gott wohlgefälligen Gleichheit auf ewig ...", in: Schultz, Mit dem Zehnten fing es an, Eine Kulturgeschichte der Steuer, 1986, S. 162 (173).
31 *Wagner*, Finanzwissenschaft, Dritter Theil: Specielle Steuerlehre, 1889, S. 465.
32 *Sabine*, A Short History of Taxation, 1980, S. 116 ff; *Tiley*, Revenue Law, 1981, S. 39.
33 *Sabine*, A Short History of Taxation, 1980, S. 118; *Tiley*, Revenue Law, 1981, S. 39.
34 *Großfeld*, Die Einkommensteuer, 1981, S. 32 ff; *Mathiak*, FR 2007, 544.
35 *Großfeld*, Die Einkommensteuer, 1981, S. 35.

gig von den gesellschaftlichen Klassen existiert, befand sich jedoch nun im Vordringen. Im Zuge der Revolution **1848/49** erhielt er großen Auftrieb, und ihr Gelingen hätte die Einführung einer modernen Einkommensteuer in Deutschland wahrscheinlich beschleunigt[36].

22 1851 trat in Preußen das „Gesetz, betreffend die Einführung einer Klassen- und klassifizierten Einkommensteuer" in Kraft[37]. Insb in den Staats- und Finanzwissenschaften des 19. Jh wurde die Einkommensteuer als richtige Form der Besteuerung nach der Leistungsfähigkeit lebhaft diskutiert und befürwortet[38], die Arbeiterbewegung in der zweiten Jahrhunderthälfte forderte sie als Instrument der Umverteilung. Bekannt geworden ist die **Lassalle'sche Steuerstreitschrift** von 1863, in der die Abschaffung der unsozialen indirekten Steuern und die Einführung der Einkommensteuer und Erbschaftsteuer gefordert wird[39]. Im Eisenacher Programm der SDAP von 1869 wurde deshalb auch die „Abschaffung aller indirekten Steuern und die Einführung einer einzigen Einkommensteuer und Erbschaftsteuer"[40] gefordert. In der Finanzwissenschaft hat *John Stuart Mill* 1848 den Grundsatz der Gleichheit der Steueropfer formuliert, der nur über eine Einkommensteuer realisiert werden könne. *Adolph Wagner* hat in seiner 1880 erschienenen Steuerlehre den sozialpolitischen Umverteilungszweck der Einkommensteuer betont, die die Einkommens- und Vermögensverteilung korrigieren solle[41].

23 Nach einigen Anläufen zur Einführung von Einkommensteuern in verschiedenen deutschen Ländern[42] gelang **1891** in **Preußen** die Einführung einer Einkommensteuer, die das Prinzip der Besteuerung nach der Leistungsfähigkeit verwirklichte und zur wichtigsten Einnahmequelle des Staates wurde. Sie beruhte auf Vorstellungen, die *Johannes von Miquel*, der damalige preußische Finanzminister, zusammen mit seinem Staatssekretär *Bernhard Fuisting* entwickelt hatte[43]. Dem preußischen EStG von 1891 lag die sog. **Quellentheorie** (zu deren Bedeutung im geltenden Recht s. Rn 589, 602) zugrunde[44], dh besteuert wurde nur das Einkommen, das aus vier Quellen, nämlich Kapitalvermögen, Grundvermögen, Handel und Gewerbe sowie gewinnbringender Beschäftigung stammte. Die erwerbsbezogenen Aufwendungen waren bei der Einkommensermittlung abzuziehen (objektives Nettoprinzip). Die existenzsichernden Aufwendungen wurden durch ein in den Tarif eingebautes Existenzminimum berücksichtigt[45]. Mit der Einführung der preußischen Einkommensteuer ging die Bedeutung der indirekten Steuern am Steueraufkommen zurück. *Miquel* hatte sich gegen *Otto von Bismarck*, der sich in einer Reichstagsrede im Jahre 1878 als „Feind der direkten Steuern" bezeichnete, durchgesetzt[46].

---

36 *Kempny*, Die Staatsfinanzierung nach der Paulskirchenverfassung, 2011, S. 294 f.
37 Dazu *Mathiak*, StuW 2001, 324.
38 Dazu *Birk*, Das Leistungsfähigkeitsprinzip als Maßstab der Steuernormen, 1983, S. 14 ff mwN.
39 *Lassalle*, Die indirekte Steuer und die Lage der arbeitenden Klassen, 1863, S. 126.
40 Punkt III Unterpunkt 9 des Programms.
41 *Wagner*, Finanzwissenschaft, Zweiter Theil, 1880, S. 288.
42 *Großfeld*, Die Einkommensteuer, 1981, S. 36 ff.
43 Dazu *Pausch*, Persönlichkeiten der Steuerkultur, 1992, S. 10 ff; *Kassner*, Der Steuerreformer Johannes von Miquel, 2001.
44 Dazu *Fuisting*, Die preußischen direkten Steuern I, 7. Aufl 1907, S. 57 ff.
45 Näher dazu *Clausen*, in: HHR, EStG, Rechtsentwicklung, Dok, Rn 3; *Tappe*, in: KSM, EStG, § 32a Rn A 20.
46 *Pausch*, Die Miquelsche Steuerreform hinter Glas, DStZ/A 1977, 459 (461).

Nach dem Ersten Weltkrieg gingen die Steuerkompetenzen (auch in der Praxis[47]) auf das **Reich** über. Im Zuge der **Erzberger'schen Steuerreform** wurde 1920 das erste Reichseinkommensteuergesetz erlassen. Im Gegensatz zum preußischen EStG von 1891 legte es einen erweiterten Einkommensbegriff zugrunde, der eher in Richtung der von *Georg von Schanz* entwickelten **Reinvermögenszugangstheorie**[48] (Besteuerung jedes Vermögenszugangs, Rn 601) ging, wenn er diese auch nicht vollständig übernahm. Zum steuerbaren Einkommen gehörten „Einkünfte aus Grundbesitz, aus Gewerbebetrieb, aus Kapitalvermögen und aus Arbeit sowie sonstige Einnahmen ohne Rücksicht darauf, ob es sich um einmalige oder wiederkehrende Einkünfte handelt oder aus welchem rechtlichen oder tatsächlichen Grunde sie dem Steuerpflichtigen zugeflossen sind" (§ 5 REStG 1920). Erwerbssichernde Aufwendungen konnten abgezogen werden. Das Existenzminimum wurde im Tarif berücksichtigt[49]. Für juristische Personen, die im preußischen EStG noch der Einkommensteuer unterworfen waren, wurde die *Körperschaftsteuer* eingeführt. 24

Das **Reichseinkommensteuergesetz 1925** begründete die unbeschränkte Steuerpflicht durch Anknüpfung an den Wohnsitz und den gewöhnlichen Aufenthalt statt an die Staatsangehörigkeit (wie noch das preußische EStG). Es erweiterte und präzisierte die Einkunftsarten und machte so wieder einen Schritt in Richtung Quellentheorie[50]. Die Einkommensermittlung erfolgte hier erstmals dualistisch (dazu Rn 599–602). Das **Reichseinkommensteuergesetz 1934** enthält bereits wesentliche Grundlagen des heutigen Einkommensteuerrechts. Es kennt sieben Einkunftsarten, unterscheidet zwischen Einkünften und Einkommen, führt den Begriff der Sonderausgaben ein und regelt die Lohnsteuer und Kapitalertragsteuer als Quellensteuer. Das nationalsozialistische Gedankengut setzte sich erst in den nachfolgenden Änderungen des EStG durch[51]. 25

Nach dem Zweiten Weltkrieg wurde das EStG vielfältigen Änderungen unterworfen, wobei die Grundstrukturen der subjektiven Steuerpflicht, der Einkunftsarten, der Ermittlung der Einkünfte, der Sonderausgaben und außergewöhnlichen Belastungen im Wesentlichen unangetastet blieben[52]. Neue Impulse entstehen durch die Europäische Einigung. Zwar enthält das EU-Primärrecht keine ausdrückliche Rechtsgrundlage für eine Harmonisierung der Einkommensteuer, jedoch hat der EuGH Vorschriften des EStG, die die Grundfreiheiten (zB Freizügigkeit) behindern, für unionsrechtswidrig erklärt und auf diesem Wege Änderungen in wesentlichen Bereichen des nationalen Einkommensteuerrechts erzwungen (dazu Rn 215 ff); im Bereich der Körperschaftsteuer (Rn 1129 ff) wird seit einiger Zeit die Einführung einer gemeinsamen europäischen Bemessungsgrundlage diskutiert (dazu Rn 229). 26

47 Das Reich besaß schon unter der Verfassung von 1871 eine umfassende Steuerkompetenz (s. Art. 4 Nr 2 RV-1871), konnte aus politischen Gründen (Rücksicht auf die Bundesstaaten) davon aber auf dem Felde der direkten Steuern kaum Gebrauch machen (dazu iE *Müller-Franken*, in: Berliner Kommentar, 23. EL, Art. 105 GG, Rn 14 f).

48 *Schanz*, FinArch 1896, 1.

49 *Tappe*, in: KSM, EStG, § 32a Rn A 21.

50 *Clausen*, in: HHR, EStG, Rechtsentwicklung, Dok, Rn 30.

51 Dazu *Voß*, Steuern im Dritten Reich, 1995, S. 84 ff.

52 Dazu *Bach*, StuW 2019, 105 ff. Die Änderungsgesetze sind aufgeführt bei *Clausen*, in: HHR, EStG, Rechtsentwicklung, Dok, Rn 180 ff.

3. Besteuerung des Verbrauchs

27 Wenn auch mit dem ausgehenden 19. Jh die Einkommensteuer zur „Königin der Steuern" avancierte und zur ertragstärksten Einnahmequelle des Staats wurde, so setzte doch schon 1918/19 mit der Einführung der von *Johannes Popitz* iRd **Erzberger'schen Steuerreformen** konzipierten *Umsatzsteuer* als allgemeiner Verbrauchsteuer eine Art Gegenbewegung ein. Finanzminister *Matthias Erzberger* wollte, dass das staatliche Steueraufkommen zu 60 % auf direkte und zu 40 % auf indirekte Steuern und Zölle entfalle[53]. Der Umsatzsteuersatz lag zur damaligen Zeit bei 0,5 %. Im Jahre 1968 wurde das Umsatzsteuersystem geändert. Um zu vermeiden, dass bei jedem Umsatz neue Umsatzsteuer anfällt, die zu einer Kumulierung der Steuerlast führt, wurde die Umsatzsteuer zu einer **Mehrwertsteuer** umgewandelt (dazu Rn 1629 ff). Die Steuersätze sind seither laufend angestiegen. Während der allgemeine Steuersatz 1968 noch bei 10 % lag, liegt er heute bei 19 %[54]. Gleichzeitig sind auch die besonderen Verbrauchsteuern, wie bspw die Energiesteuer, die Tabaksteuer, die Steuer auf Alkohol, immer wieder angehoben worden. Der Anteil der *indirekten* Steuern (s. Rn 44) liegt im Jahr 2019 bei 44,8 % (360,6 Mrd € im Vergleich zu 444,0 Mrd € Aufkommen bei den direkten Steuern)[55]. Im europäischen Vergleich ist allerdings die Verbrauchsteuerbelastung in Deutschland eher gering (s. Rn 1640). Indirekte Steuern sind aufgrund ihrer regressiven Wirkung und der mangelnden Berücksichtigung des Existenzminimums weniger gerecht, aber sie sind für den Staat bequem zu erheben und treten für den Bürger nicht als Steuer in Erscheinung, sondern sind im Preis der Ware enthalten. Die Einkommensteuer als die am Gerechtigkeitsprinzip der Besteuerung nach der Leistungsfähigkeit ausgerichtete Steuer wurde gegen Ende des 19. Jh noch als Hoffnungsträgerin gefeiert. Heute hat sie diese Gerechtigkeitsfunktion in der öffentlichen Wahrnehmung aufgrund hoher Komplexität und vieler Regeldurchbrechungen weitgehend eingebüßt.

B. Prinzipien der Besteuerung

28 Steuern müssen aus Sicht des Staates in erster Linie *Ertrag* bringen. Sie sind die Hauptfinanzierungsquelle des staatlichen Haushalts und decken die öffentlichen Ausgaben[56]. Steuern sind aber nicht nur ein Mittel der Ertragsbeschaffung. Sie beeinflussen in vielfältiger Weise auch das wirtschaftliche Verhalten des Steuerpflichtigen und wirken auf gesamtwirtschaftliche Größen (zB Wirtschaftswachstum) ein. Die Steuer ist damit ein auf verschiedenen Wirkungsebenen einsetzbares Instrument. Die Prinzipien, die diesen komplexen Wirkungszusammenhängen zugrunde gelegt werden, sind dementsprechend vielfältig. Ihre Anwendung hängt davon ab, unter welchem Aspekt man sich den Steuern nähert und welche Wirkungsebene (Ertragsbeschaffung oder wirtschaftliche Lenkung) man in den Vordergrund stellt. Dabei lassen sich **ökonomische** und **rechtliche Prinzipien** unterscheiden.

---

53 *Tipke*, Steuerrechtsordnung II, S. 972.

54 Zu den Steuersätzen in anderen EU-Mitgliedstaaten vgl Rn 1640.

55 Monatsbericht des BMF Mai 2019, https://www.bundesfinanzministerium.de/Monatsberichte/2019/05/Inhalte/Kapitel-6-Statistiken/6-1-10-steueraufkommen-nach-steuergruppen.html.

56 *Tappe/Wernsmann*, Öffentliches Finanzrecht, Rn 28 ff.

I. Ökonomische Prinzipien

Der schottische Philosoph und Nationalökonom *Adam Smith* hat bereits 1776 vier noch heute gültige Prinzipien genannt, auf denen ein Steuersystem beruhen soll: die Grundsätze der Steuergleichheit, der Bestimmtheit, der Bequemlichkeit und der Effizienz (s. Rn 12). Ein ökonomisch „richtiges" Steuersystem soll also gerecht sein, negative Auswirkungen auf die private Wirtschaft und staatliche Konjunktur vermeiden und effizient durchgesetzt werden. **29**

1. Verteilungsprinzipien

Fall 1: Versetzen wir uns in eine hypothetische Lage: Nehmen wir an, eine Anzahl von Bürgern schließt sich zusammen und gründet einen neuen Staat. Um dem Gemeinwesen die notwendigen Mittel für die Verwaltung etc zu verschaffen, werden Zwangsabgaben (Steuern) erhoben. Aber nach welchen Maßstäben? Natürlich ist man sich darüber einig, dass die Lasten gerecht verteilt werden sollen. Doch was heißt gerecht? Soll jeder denselben Betrag bezahlen? Soll sich der Betrag nach der Einkommens- und Vermögensverteilung richten? Soll er sich nach den Vorteilen richten, die der Einzelne vom Staat hat? **Rn 39** **30**

Im Laufe einer jahrhundertealten Diskussion um die gerechte steuerliche Lastenverteilung haben vor allem zwei Prinzipien eine große Rolle gespielt: das **Äquivalenzprinzip** und das **Leistungsfähigkeitsprinzip**. Auch heute noch werden in der ökonomischen Diskussion beide Prinzipien als mögliche Besteuerungsmaßstäbe genannt. **31**

a) Das Äquivalenzprinzip

Sollen die steuerlichen Lasten entsprechend dem Äquivalenzprinzip verteilt werden, so haben sich diese danach zu richten, welchen Nutzen der Steuerpflichtige aus den öffentlichen Leistungen zieht. Die Einbuße an Bedürfnisbefriedigungspotenzial durch die Auferlegung der Abgabe und der Nutzenempfang in Form öffentlicher Leistungen sollen sich entsprechen. Diesem Verteilungsprinzip liegt der Gedanke zugrunde, den Marktmechanismus auf das Verhältnis zwischen Staat und Bürger zu übertragen[57]. Wer viele staatliche Leistungen in Anspruch nimmt, hat auch entsprechende Abgaben zu entrichten, wer wenige in Anspruch nimmt, hat auch weniger Steuern zu zahlen. **32**

Streng genommen müssten bei einer am Äquivalenzprinzip orientierten Besteuerung zwei Bedingungen erfüllt sein: (1) Den Bürgern dürfen nur Steuern abverlangt werden, soweit ihnen öffentliche Leistungen zugutekommen. (2) Die betreffenden Steuern müssen zweckgebunden für die öffentlichen Ausgaben verwendet werden. **33**

Es liegt auf der Hand, dass sich bei der Verwirklichung dieses Prinzips einige Probleme stellen: Was wollen die Bürger überhaupt an Staatsleistungen haben? In welcher Weise kommen sie ihnen zugute? Wie sind sie zu bewerten?

Da für Staatsleistungen kein Markt besteht, können öffentliche Güter nur schwer quantifiziert werden. Wer könnte schon beantworten, wie viel ihm die innere oder äu- **34**

57 Dazu *Haller*, Die Steuern, 3. Aufl 1981, S. 16 ff; *Schmehl*, Das Äquivalenzprinzip im Recht der Staatsfinanzierung, 2004, S. 14 ff.

ßere Sicherheit wert ist? Wie können überhaupt öffentliche Leistungen zugerechnet werden? Dazu kommt, dass ein Staat, der sich als Sozialstaat (Art. 20 Abs. 1 GG) definiert, gerade denen mehr an sozialen Zuwendungen geben muss, die bedürftig sind. Würde das Äquivalenzprinzip auch im Bereich sozialer Staatsleistungen gelten, müsste der sozial Schwache, der Leistungen des Staates in besonderem Maße in Anspruch nimmt, auch in entsprechendem Umfang besteuert werden. Sozialleistung und Besteuerung würden sich praktisch aufheben. Schon aus diesem Grunde ist das Äquivalenzprinzip in seiner marktwirtschaftlichen Ausprägung kein tauglicher Maßstab für die Verteilung steuerlicher Lasten[58].

Dennoch sollte das Äquivalenzprinzip bei der staatlichen Lastenverteilung nicht völlig verworfen werden. Es hat nämlich den Vorteil, den Nutzen staatlicher Leistungen dem Einzelnen bewusst zu machen und trägt dazu bei, staatliche Ressourcen zu schonen[59]. Wo also staatliche Leistungen gegenüber Einzelnen abgerechnet werden können und dies auch sozialverträglich erscheint, sollte von staatlicher Seite verstärkt überlegt werden, eine leistungsgerechte Bezahlung zu fordern[60]. Das abgabenrechtliche Instrument ist hierfür allerdings nicht die Steuer, sondern die Gebühr (s. Rn 105 ff). Die Inanspruchnahme klar abgrenzbarer und bewertbarer Leistungen (wie zB Inanspruchnahme staatlicher Einrichtungen) könnte verstärkt dem Äquivalenzprinzip unterworfen werden. Damit würde verstärkt eine Abwägung von Kosten und Nutzen staatlicher Leistungen stattfinden, was sowohl die Qualität staatlicher Leistungen verbessern als auch verschwenderischem Ausgabeverhalten entgegenwirken würde.

b) Das Leistungsfähigkeitsprinzip

35 Das Leistungsfähigkeitsprinzip besagt, dass jeder nach seiner Zahlungsfähigkeit besteuert werden soll. Die Verteilung der steuerlichen Lasten soll also die unterschiedlichen Einkommens- und Vermögensverhältnisse berücksichtigen. Ob das Leistungsfähigkeitsprinzip ein tauglicher Verteilungsmaßstab für Steuern ist, ist in der ökonomischen Theorie umstritten. Soll das Prinzip mehr als die fast banale Aussage enthalten, dass derjenige mehr geben muss, der mehr hat, dann bedarf es der **Konkretisierung**. Hier beginnen die Schwierigkeiten. Die Ökonomen haben sich in einer jahrhundertealten Diskussion nicht darauf einigen können, welche konkreten Aussagen für die steuerliche Lastenverteilung sich aus dem Leistungsfähigkeitsprinzip ableiten lassen.

Der Streit beginnt schon bei der Frage, was „Leistungsfähigkeit" heißt. Ist die konkrete Güterzuordnung entscheidend (sog. *Ist-Leistungsfähigkeit*) oder ist auch derjenige leistungsfähig, der viel verdienen könnte, aber sich, aus welchen Gründen auch immer, dem Müßiggang hingibt (sog. *Soll-Leistungsfähigkeit*)? Heißt Leistungsfähigkeit nur Verfügung über wirtschaftliche Mittel (Geld) oder muss auch danach gefragt werden, *wie* jemand (also mit welchem Einsatz an Zeit und Kraft) diese Leistungsfähigkeit erworben hat? Wenn A mit 10 Stunden Arbeit im Monat 5000 € verdient, B aber für denselben Verdienst 100 Stunden aufwenden muss, sind dann beide gleich oder unterschiedlich leistungsfähig? Spielt es für die Leistungsfähigkeit des Einzelnen eine Rolle, dass A eine angenehme Arbeit, B aber eine unangenehme Arbeit ausübt, die ihn gesundheitlich verschleißt?

---

58 Hierzu näher *Birk/Eckhoff*, Staatsfinanzierung durch Gebühren und Steuern, in: Sacksofsky/Wieland, Vom Steuerstaat zum Gebührenstaat, 2000, S. 54 ff.

59 Dazu *Grossekettler*, Steuerstaat versus Gebührenstaat: Vor- und Nachteile, in: Sacksofsky/Wieland, Vom Steuerstaat zum Gebührenstaat, 2000, S. 24 ff.

60 Dazu näher *Reding/Müller*, Steuerlehre, 1999, S. 42 ff.

Der Finanzwissenschaftler *Heinz Haller* hat die Leistungsfähigkeit gleichgesetzt „mit dem Umfang (Grad) der privaten Bedürfnisbefriedigung, den der zu besteuernde Staatsbürger zu erreichen in der Lage ist. Die von den einzelnen zu entrichtenden Steuern sollen so bemessen sein, dass bei jedem die **Bedürfnisbefriedigung** im gleichen Grade eingeschränkt wird“[61]. Da aber „Bedürfnisbefriedigungspotenzial“ nicht nur durch Einkommen, sondern auch durch andere Faktoren, wie etwa der zur Verfügung stehenden Freizeit, entsteht, hat er gefordert, auch den über das Normalmaß hinausgehenden Freizeitnutzen zu besteuern[62]. Die praktischen Probleme, die hierbei entstehen, erscheinen schnell unlösbar: Wie soll der Freizeitnutzen gemessen werden? Wie sind „workaholics“ zu besteuern, die ihre Arbeit als Hobby betrachten? Hat nicht derjenige ein höheres Bedürfnisbefriedigungspotenzial, dessen Arbeit angenehm ist, ihm öffentliches Ansehen oder Macht über andere verschafft usw? 36

Dazu kommt, dass aus dem Leistungsfähigkeitsprinzip zwar abgeleitet werden kann, dass gleich Leistungsfähige gleich, unterschiedlich Leistungsfähige unterschiedlich besteuert werden müssen. Wie soll aber die *unterschiedliche* Besteuerung aussehen? *Fritz Neumark* meint hierzu, dass „die durch die Besteuerung bewirkten Einbußen der einzelnen an ökonomisch-finanzieller Dispositionskraft als relativ gleich schwer anzusehen sind“[63]. Aber was heißt gleich schwer? Die Ökonomen haben hierzu **Opfertheorien** entwickelt[64]. Eine Spielart davon ist die *Grenznutzentheorie*, welche besagt, dass mit steigendem Einkommen zwar auch der Nutzen zunimmt, die Höhe des Nutzenzuwachses aber fällt[65]. 37

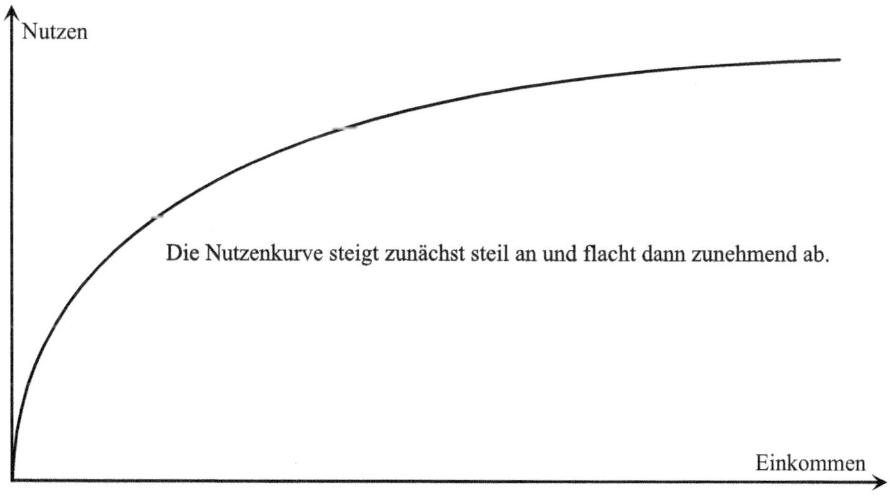

Aus der **Grenznutzentheorie**, die in verschiedenen Varianten verfeinert wurde, hat man versucht, Aussagen über Tarifkurven zu entwickeln, deren Plausibilität aber vor 38

61 *Haller*, Die Steuern, S. 42.
62 *Haller*, Die Steuern, S. 47 (66).
63 *Neumark*, Grundsätze gerechter und ökonomisch rationaler Steuerpolitik, 1970, S. 135.
64 Dazu *Homburg*, Steuerlehre, S. 207 ff.
65 Vgl. *Haller*, Die Steuern, S. 74-86.

allem darunter litt, dass man den Nutzen nicht verbindlich messen konnte. Insgesamt hat die Anwendung der Grenznutzentheorie nicht einmal klären können, ob der Tarif progressiv, degressiv oder proportional verlaufen soll[66].

Angesichts dieser Schwierigkeiten gab es in der Finanzwissenschaft immer wieder Ökonomen, die das Leistungsfähigkeitsprinzip als taugliches Steuerverteilungsprinzip ganz verabschieden wollten. *Gustav Schmoller* hat vor über hundertfünfzig Jahren festgestellt, beim Begriff der Leistungsfähigkeit handle es sich um einen „leeren Begriff, mit dem man ohne näheren Inhalt nichts machen kann“[67]. Und bekannt geworden ist der mit dem Titel „Ein Valet dem Leistungsfähigkeitsprinzip“ versehene Beitrag von *Konrad Littmann*, der meinte, dass aufgrund der vielfältigen wirtschafts- und sozialpolitischen Zielsetzungen der Steuern das Leistungsfähigkeitsprinzip als Verteilungsmaßstab gar nicht brauchbar sei[68]. Aber auch unter den Juristen ist das Leistungsfähigkeitsprinzip nicht unumstritten[69].

39 **Lösung Fall 1** (Rn 30): Obwohl die ökonomische Theorie keine verbindlichen Konkretisierungen des Leistungsfähigkeitsprinzips anbieten kann, so ist man sich dennoch weitgehend darin einig, dass es zu diesem Verteilungsprinzip keine Alternative gibt. Die steuerliche Lastenzuteilung soll sich also nach der wirtschaftlichen Zahlungsfähigkeit des Einzelnen richten. Hinsichtlich der näheren Konkretisierung des Leistungsfähigkeitsprinzips verweisen die Ökonomen heute auf die Rechtswissenschaften, ja sogar auf das BVerfG[70], das aus dem Gleichheitssatz und der Eigentumsgarantie verfassungsrechtliche Vorgaben und Grenzen der Besteuerung abgeleitet und damit das Leistungsfähigkeitsprinzip mit verbindlichem Inhalt gefüllt hat (dazu Rn 47 ff).

2. Gestaltungsprinzipien

40 Steuern haben, wenn sie den Einzelnen zu einer Geldzahlung verpflichten, nicht nur Belastungswirkungen, sie entfalten auch eine Vielzahl von Gestaltungswirkungen, indem sie gesamtwirtschaftliche Faktoren beeinflussen, das individuelle wirtschaftliche Verhalten verändern, die Preise beeinflussen, die Güterzuordnungen verschieben.

41 Dieser gestaltende Einfluss der Besteuerung ist Gegenstand neuerer ökonomischer Theorien. Die **Theorie von der optimalen Besteuerung** fragt danach, wie steuerlich bedingte Nutzeneinbußen bei den Besteuerten minimiert werden können[71]. Neben der Theorie der optimalen Besteuerung gibt es weitere finanzwissenschaftliche Theorieansätze, die sich an den gesamtwirtschaftlichen Auswirkungen der Steuern, an deren sozialpolitischen und stabilitätspolitischen Funktionen und an den distributions- und wachstumspolitischen Problemen orientieren. Schon die Merkantilisten des 16. und

66 Dazu näher *Schmidt*, Die Steuerprogression, 1960, S. 16 ff; *ders.*, Das Leistungsfähigkeitsprinzip und die Theorie vom proportionalen Opfer, FinArch 1967, 385; *Reding/Müller*, Steuerlehre, 1999, S. 61 ff; *Tappe*, in: KSM, EStG, § 32a Rn A 136 ff.

67 *Schmoller*, ZgS 1863, 1 (57); vgl auch *Wagner*, StuW 2010, 24.

68 *Littmann*, in: FS Neumark (70), 1970, S. 113 ff.

69 Krit insb *Gassner/Lang*, Das Leistungsfähigkeitsprinzip im Einkommen- und Körperschaftsteuerrecht, 2000. Dazu *Birk*, StuW 2011, 354; *ders.*, in: FS P. Kirchhof, Bd. II, 2013, § 147.

70 S. *Schmidt*, Können Steuern gerecht sein?, Funkkolleg Steuern – das Geld der Gesellschaft, 1995, Studieneinheit 3, S. 26 f.

71 *Schmidt*, Grundprobleme der Besteuerung, in: Neumark, Handbuch der Finanzwissenschaft II, 3. Aufl 1980, S. 156; *Reding/Müller*, Steuerlehre, 1999, S. 251 ff; *Homburg*, Steuerlehre, S. 141 ff.

17. Jh wiesen dem Staat und den staatlichen Finanzen – freilich mehr im Bereich der Außenhandelspolitik – eine herausragende Rolle bei der Entfaltung der Wirtschaft zu. Im 19. Jh hat *Adolph Wagner* eine **Steuerpolitik** gefordert, die zur gesellschaftlichen Umverteilung des Wohlstands führen sollte[72] (s. Rn 22). In den modernen Volkswirtschaften werden Steuern vielfach zur Erreichung gesellschafts- und staatspolitischer Ziele eingesetzt, zur Abfederung des Strukturwandels, zum Klimaschutz oder zur Förderung der Gesundheit oder der privaten Altersvorsorge[73].

Da Steuern das Geflecht der Wirtschaftsbeziehungen, das soziale Verhalten, die Entwicklung der gesellschaftlichen Güterverteilung, die Akzeptanz sozialer Strukturen uvm beeinflussen, können alle diese Wirkungsebenen Gegenstand ökonomischer Untersuchung und Systematisierung sein. Die Untersuchungen konzentrieren sich dann darauf, welche Steuern die beabsichtigten Gestaltungswirkungen (**Lenkungswirkungen**) auf bestimmten politischen Aktionsfeldern erzielen. Ein sowohl in der Politik als auch in der Wissenschaft umstrittenes, aber auch aktuelles Beispiel sind die sog. **Ökosteuern**, also der Einsatz von Steuern zur Erreichung von umweltpolitischen Zielen (Vermeidung von Abfall, sparsamer Energieverbrauch, Umstieg vom Pkw auf öffentliche Verkehrsmittel)[74]. Von 1995 bis 2017 haben sich die umweltbezogenen Steuern um 46,5 % erhöht[75].

Der Einsatz von Steuern als lenkungspolitische Maßnahme hängt von ordnungspolitischen Konzepten ab, die in einem pluralistischen Staat normalerweise weit auseinander gehen. Dies führt dazu, dass diese Maßnahmen tendenziell zunehmen. Um den Vorstellungen verschiedener politischer Gruppen gerecht zu werden und die Durchsetzungschancen im Gesetzgebungsverfahren zu verbessern, schaukeln sich die Steuerinterventionen hoch und tragen dadurch erheblich zur Unübersichtlichkeit und zum Systemverlust des Steuerrechts bei (zur verfassungsrechtlichen Rechtfertigung von Lenkungsnormen s. Rn 191 ff). 42

3. Effizienzprinzipien

Steuern müssen ökonomisch effizient sein. Wenn die Kosten der Erhebung beim Staat gleich hoch oder sogar höher sind als der Ertrag, sind sie ineffizient. Es gibt Untersuchungen zur **Vermögensteuer**, die bis zum Jahre 1996 erhoben wurde. Danach sollen die Kosten für den Vollzug der Vermögensteuer im Jahre 1984 bei etwa 32 % der Steuereinnahmen gelegen haben[76]. Der Aufwand für die Erhebung der Tabaksteuer soll hingegen nur bei 0,2 % liegen[77]. Regelmäßig haben indirekte Steuern einen geringeren Effizienzverlust als direkte Steuern (Rn 44). 43

Allerdings darf der Aufwand *nicht nur bei der Finanzbehörde* gemessen werden. Auch auf den Steuerpflichtigen, der die Steuer für sich oder für einen anderen zu entrichten hat, können er-

72 *Wagner*, Finanzwissenschaft, Zweiter Theil, Theorie der Besteuerung, 2. Aufl 1890, S. 207 ff.

73 Vgl den Bericht der Bundesregierung über die Entwicklung der Finanzhilfen des Bundes und der Steuervergünstigungen für die Jahre 2015-2018 (26. Subventionsbericht), BT-Drs 18/13456, S. 32 ff.

74 Dazu *Bach*, Zehn Jahre ökologische Steuerreform, Wochenbericht des DIW 14/2009.

75 https://www.umweltbundesamt.de/daten/umwelt-wirtschaft/umweltbezogene-steuern-gebuehren.

76 *Schelle*, Vermögensteuer, 1990, S. 47. Aktuellere Untersuchungen zu einer „reaktivierten" Vermögensteuer (s. Rn 68) gehen von mindestens 20 % aus; *Diller/Grottke/Schildbach*, StuW 2015, 222 (235); *Maithert/Houben*, Zukunft der Vermögensbesteuerung, IFSt-Schrift 483 (2012), S. 131 f.

77 *Schmidt*, Grundprobleme der Besteuerung, in: Neumark, Handbuch der Finanzwissenschaft II, 3. Aufl 1980, S. 151.

hebliche Entrichtungsaufwendungen zukommen. Insb bei der Lohnsteuer, die die Arbeitgeber für die Arbeitnehmer an die Finanzbehörden abzuführen haben (Rn 669)[78], aber auch bei der Umsatzsteuer, die die Unternehmer zwar selbst schulden, mit der sie letztlich aber nicht belastet sind, können die Aufwendungen hoch sein.

44 Direkte und indirekte Steuern unterscheiden sich dadurch, dass bei direkten Steuern der Steuerschuldner die Steuer auch (regelmäßig) trägt, während bei indirekten Steuern (regelmäßig) eine Überwälzung auf Dritte, idR den Verbraucher, erfolgt. Grundsätzlich wird man davon ausgehen können, dass **direkte Steuern** einen höheren Vollzugsaufwand mit sich bringen als **indirekte Steuern**, da direkte Steuern, wie etwa die Einkommensteuer, mit höherem Erklärungs- und Ermittlungsaufwand verbunden sind. Demgegenüber ist der Kreis der Steuerpflichtigen bei indirekten Steuern verhältnismäßig gering (zB bei der Umsatzsteuer nur der Unternehmer, s. Rn 1648), während der Kreis der mit der Steuer Belasteten aufgrund der über den Preis erfolgten Überwälzung der Steuer sehr groß ist.

Dennoch lässt sich nicht die Forderung aufstellen, das Steuersystem ganz auf indirekte Steuern umzustellen. Denn dann würde sich ein Konflikt mit Verteilungsprinzipien einstellen (oben Rn 31). Da indirekte Steuern nicht an die individuelle Leistungsfähigkeit, sondern nur an den Konsum anknüpfen können, sind sie mit den Vorstellungen von der Belastungsgleichheit nur bedingt vereinbar. Gerade wenig leistungsfähige Steuerpflichtige (Familien mit mehreren Kindern) sind häufig gezwungen, das gesamte Einkommen zu konsumieren und dementsprechend höhere indirekte Steuern zu zahlen.

II. Rechtliche Prinzipien

45 So wichtig die ökonomischen Überlegungen für das Verständnis der Steuern sind, so wichtig ist es zu betonen, dass Steuern nicht nur ökonomische Instrumente des Staates sind. Steuern werden auf gesetzlicher Grundlage erhoben. Steuergesetze sind Teil der Rechtsordnung und müssen sich an rechtlichen, insb verfassungsrechtlichen Maßstäben messen lassen (dazu Rn 155 ff). Unabhängig von der Frage der Verfassungskonformität der Steuergesetze, die die Rspr des BVerfG häufig und in den letzten Jahren zunehmend beschäftigt, unterliegt das Steuerrecht als Subsystem der allgemeinen Rechtsordnung eigenen Rechtsprinzipien. Als Recht des staatlichen Nehmens, der staatlichen Lastenverteilung, sollte es zuallererst eine **Gerechtigkeitsordnung** sein, wenngleich auch aufgrund des vielfältigen Einflusses der Parteipolitik und der Gruppeninteressen dieser Anspruch weitgehend verfehlt wird[79]. Es ist die Aufgabe der Steuerrechtswissenschaft, die spezifischen Rechtsprinzipien des Steuerrechts in der rechtspolitischen Diskussion immer wieder zu verdeutlichen[80]. Zugleich muss aus Sicht des (Steuer-)Verfassungsrechts aber betont werden, dass nicht jeder Verstoß gegen steuerrechtliche Prinzipien schon zu einem Verstoß gegen das Grundgesetz führt (näher Rn 155 ff).

78 S. hierzu *G. Kirchhof*, Die Erfüllungspflichten des Arbeitgebers im Lohnsteuerverfahren, 2005.
79 *Hey*, in: Tipke/Lang, § 3 Rn 1 ff; *K. Vogel*, DStJG 12 (1989), 123; *Birk*, StuW 2011, 354.
80 *Tipke*, Steuerrechtsordnung III, S. 1247 ff; *Schön*, StuW 2018, 201 ff; *Hey*, StuW 2019, 3 ff.

1. Systemtragende Prinzipien des Steuerrechts

Die systemtragenden Prinzipien[81] ergeben sich aus dem Wesen der Steuer als staatliche Last, als staatliche Teilhabe am wirtschaftlichen Erfolg des Bürgers und aus den **Verfassungsgrundsätzen**, die diese staatliche Teilhabe prägen und konkretisieren. Soll das Steuerrecht nicht eine politisch beliebig verfügbare Rechtsmasse sein, müssen bestimmte „ordnungsstiftende Grundwertungen“[82] beachtet werden, die sich am Maßstab der **Belastungsgleichheit** orientieren (Rn 170 ff). Wenn das Steuerrecht daneben offen sein soll für politische Gestaltungsvorstellungen, die den Einsatz steuerlicher Belastung oder Entlastung als Anreiz zu wirtschaftlichem Verhalten erfordern (sog. **Lenkungsnormen**), so muss es Regeln geben, die den *Konflikt* zwischen der Belastungsgleichheit und den Zielen steuerlicher Lenkungsnormen lösen (dazu Rn 191 ff). Schließlich muss das Steuerrecht *freiheitsschonend* ausgestaltet sein, der Einzelne muss sich insb auf seine steuerlichen Belastungen einstellen können, seine wirtschaftlichen Dispositionen dürfen nicht entwertet werden (Rn 155 ff, 187 f). **46**

2. Steuerrecht als Teil der Rechtsordnung

Steuerrecht ist ein Teil der Gesamtrechtsordnung und muss als solcher mit den Grundwertungen der Rechtsordnung übereinstimmen. Als **Eingriffsrecht** gehört Steuerrecht zum besonderen Verwaltungsrecht. Da dem steuerlichen Sachverhalt aber idR zivilrechtliche Vertragsgestaltungen zugrunde liegen, hat es erhebliche Berührungsflächen mit dem **Zivilrecht**. Verfehlt ist jedoch, das Steuerrecht als Folgerecht des Zivilrechts[83] zu bezeichnen. Vielmehr ist dem BVerfG zuzustimmen, dass das Steuerrecht und Zivilrecht als „nebengeordnete, gleichrangige Rechtsgebiete“ bezeichnet, „die denselben Sachverhalt aus einer anderen Perspektive und unter anderen Wertungsgesichtspunkten beurteilen“[84]. Auch wenn eine Steuernorm an eine zivilrechtliche Gestaltung anknüpft, so muss sie nicht entsprechend dem Vertragstyp ausgelegt werden. Ebenso wenig ist ein dem Zivilrecht entlehntes Tatbestandsmerkmal zwingend iSd zivilrechtlichen Verständnisses zu interpretieren. Das Steuerrecht folgt eigenen Gerechtigkeits- und Gestaltungsprinzipien (s. Rn 40 ff), die für die Auslegung der Normen maßgeblich sind. **47**

Andererseits muss das Steuerrecht als Teil der Rechtsordnung die Grundwertungen, die der Gesetzgeber in anderen Rechtsgebieten getroffen hat, beachten[85]. Es hat möglichst **Wertungskonflikte** zu vermeiden oder doch zumindest auszugleichen. Da das Steuerrecht im Schnittpunkt vieler Rechtsgebiete liegt, können die Wertungskonflikte zahlreich sein. Nur einige Beispiele seien genannt: Wenn das Sozialrecht ein steuerfreies Existenzminimum garantiert, so kann das Steuerrecht nicht Arbeitseinkommen in diesem Bereich als steuerpflichtig behandeln[86]. Wenn der Gesetzgeber Bestechung strafrechtlich sanktioniert, dann kann es nicht als **48**

81 Dazu *Hey*, in: Tipke/Lang, § 3 Rn 13 ff; *Weber-Grellet*, Steuern im modernen Verfassungsstaat, 2001, S. 147 ff.

82 *Hey*, in: Tipke/Lang, § 3 Rn 11.

83 So aber *Crezelius*, Steuerliche Rechtsanwendung und allgemeine Rechtsordnung, 1983, S. 330 (334): „Führungsrolle des Zivilrechts im Verhältnis zum Steuerrecht“.

84 BVerfG, 2 BvR 72/90, BStBl II 1992, 212.

85 *Seer*, in: Tipke/Lang, § 1 Rn 44.

86 BVerfG, 2 BvL 5, 8, 14/91, BVerfGE 87, 153 (Grundfreibetrag); dazu *Lehner*, Einkommensteuerrecht und Sozialhilferecht, 1993.

„systemwidrig“[87] bezeichnet werden, wenn der Steuergesetzgeber durch die Unternehmenstätigkeit veranlasste Bestechungsgelder nicht zum Abzug zulässt (§ 4 Abs. 5 Satz 1 Nr 10 EStG). Wenn das Umweltrecht durch Auflagen und technische Standards die Schadstoffemissionen begrenzt, so sollte das Steuerrecht nicht Normen enthalten, die – wie die Pauschalierung in § 6 Abs. 1 Nr 4 Satz 2 EStG – die Vielfahrer begünstigt.

3. Steuerrecht als staatliche Teilhabeordnung

49 Steuern sind staatliche Teilhabe am privaten wirtschaftlichen Erfolg des Steuerpflichtigen[88]. Der Staat überträgt zwangsweise private Zahlungsfähigkeit auf die öffentliche Hand, er beansprucht als „stiller Teilhaber“ seinen „Anteil“ an den wirtschaftlichen Ergebnissen jeder Erwerbstätigkeit. Steuerrecht ist entgegen dem ersten Anschein nicht nur **Eingriffsrecht**, welches vom einseitigen Verwaltungsakt geprägt ist, sondern es ist **Teilhaberecht**, welches vom Kooperationsgedanken bestimmt wird[89]. Anders als etwa im Polizeirecht ist jeder steuerliche Eingriff auf die *Mitwirkung* des Betroffenen angewiesen.

50 Die Vorstellung, die Finanzverwaltung könne den gesetzlich zutreffenden Steueranspruch durch konsequente Wahrnehmung ihrer Untersuchungsbefugnisse notfalls auch alleine verwirklichen, ist realitätsfremd. In der Praxis ist die Finanzverwaltung schon von ihrer Personalausstattung her gar nicht in der Lage, alle relevanten steuerlichen Sachverhalte zu untersuchen und aufzuklären. Auch die Digitalisierung hilft hier nur bedingt. Aber selbst bei optimaler personeller und technischer Ausstattung könnte sie nicht unbeschränkt in den privaten Bereich eindringen. Der Steuerpflichtige hat es aufgrund seiner Sachherrschaft über seinen wirtschaftlichen, beruflichen und persönlichen Bereich in hohem Maße in der Hand, die Aufklärung zu behindern und die steuerliche Belastung zu seinen Gunsten zu manipulieren. Die Finanzverwaltung wird immer nur in **Kooperation mit dem Steuerpflichtigen** die richtige steuerliche Ausgangslage ermitteln und zugrunde legen können. Je mehr der Vollzug der Steuergesetze eine Erfassung exakter Daten und Details aus dem beruflichen und privaten Bereich des Steuerpflichtigen erfordert, je mehr das Gesetz also eine materielle Gleichheit durch zutreffende Erfassung der individuellen Leistungsfähigkeit anstrebt, desto mehr ist die Finanzverwaltung auf die Mitwirkungsbereitschaft, Ehrlichkeit des Steuerpflichtigen und auf die Einsichtigkeit in die Erfüllung seiner Grundpflichten angewiesen. Kooperatives Verwaltungshandeln ist damit nicht nur eine Klugheitsregel, sondern auch ein Postulat zur Herstellung der Lastengerechtigkeit[90].

4. Rechtsquellen im Steuerrecht

51 Stärker noch als in anderen Rechtsgebieten begegnet man im Steuerrecht Normen aus verschiedenen **Rechtsquellen** mit unterschiedlicher Rechtsqualität[91]. Neben der **Verfassung**, die bestimmte Steuerarten nennt, Gesetzgebungs-, Ertrags- und Verwaltungszuständigkeiten normiert (dazu Rn 117 ff) sowie in materieller Hinsicht Vorga-

87 So zB *Littwin*, BB 1994, 2326 (2328).

88 *Kirchhof*, in: Isensee/Kirchhof, HStR V, § 118 Rn 1; *ders.*, VVDStRL 39 (1981), 213 (233).

89 Dazu *Eckhoff*, StuW 1996, 107; *Weber-Grellet*, Steuern im modernen Verfassungsstaat, 2001, S. 227.

90 Dazu umfassend *Eckhoff*, Rechtsanwendungsgleichheit im Steuerrecht, 1999; *Seer*, Verständigungen im Steuerverfahren, 1996; krit. zur Kooperation *Müller-Franken*, Maßvolles Verwalten, 2004, S. 136 ff.

91 Überblick bei *Bilsdorfer*, SteuerStud 2015, 255.

ben für die Ausgestaltung des Steuerrechts macht (dazu Rn 155 ff), gibt es eine Vielzahl einfach-rechtlicher und untergesetzlicher Normen mit steuerlicher Relevanz.

Typisch für das Steuerrecht sind **Einzelsteuergesetze** (zB EStG, UStG, ErbStG), die jeweils eine Steuerart kodifizieren. Hierbei handelt es sich um Gesetze im formellen und materiellen Sinn. Als **Parlamentsgesetze** können sie den steuerlichen Eingriff (dazu Rn 361) vor dem Hintergrund der **Gesetzmäßigkeit der Besteuerung** (Rn 157 ff) rechtfertigen. Die wesentlichen Tatbestandsmerkmale der Besteuerung müssen im förmlichen Gesetz geregelt sein, dazu gehören Steuersubjekt, Steuerobjekt, Steuerbemessungsgrundlage und Steuersatz[92] (Rn 88 ff). **52**

Vielfach werden die Vorgaben der (formellen) Steuergesetze durch **Rechtsverordnungen** ergänzt. Bei diesen handelt es sich um Rechtsnormen, die von Exekutivorganen (idR Bundesregierung) erlassen werden. Sie unterscheiden sich von den formellen Gesetzen nicht durch ihren Inhalt oder ihre Bindungswirkung, sondern durch den Normgeber. Stets bedürfen sie einer nach Inhalt, Zweck und Ausmaß bestimmten Ermächtigung durch ein förmliches Gesetz (Art. 80 Abs. 1 Satz 2 GG). Zu einigen wichtigen Einzelsteuergesetzen (zB EStG, KStG, UStG, ErbStG, GewStG) sind **Durchführungsverordnungen** (EStDV, LStDV, KStDV, UStDV, ErbStDV, GewStDV) erlassen worden, die einzelne Vorschriften der jeweiligen Gesetze **konkretisieren** (zB § 50 EStDV zu § 10b EStG, erlassen aufgrund des § 51 Abs. 1 Nr 2 lit. c) EStG). **53**

Wie bei den Rechtsverordnungen handelt es sich bei **Satzungen** um abgeleitete Rechtsquellen. Satzungen sind Rechtsnormen, die von einer juristischen Person des öffentlichen Rechts (zB Gemeinden, Kirchen) für die ihr angehörigen Personen und zur Regelung ihrer eigenen Angelegenheiten erlassen werden[93]. ZB wird der Gewerbesteuer-Hebesatz (§ 16 GewStG) für jede Gemeinde durch die kommunale Haushaltssatzung festgelegt (Rn 1402 ff). Gemeinden können örtliche Aufwandsteuersatzungen erlassen (Rn 77). **54**

Im Steuerrecht als Massenfallrecht besteht in besonderem Maße ein praktisches Bedürfnis für sog. **Verwaltungsvorschriften**, die vor allem eine gleichmäßige Anwendung der Steuergesetze durch die Finanzverwaltung sicherstellen sollen. Nach Art. 108 Abs. 7 GG sind zu vielen Steuergesetzen sog. **Steuerrichtlinien** ergangen (zB EStR, LStR, KStR, ErbStR, GewStR), die die Verwaltungsauffassung zu bestimmten Auslegungsfragen enthalten. Sie sind für die Verwaltungsbehörden verbindlich, haben aber idR keine Außenwirkung und binden daher weder den Steuerpflichtigen noch die Gerichte[94]. Sog. ermessensleitende Richtlinien können aber über Art. 3 Abs. 1 GG Außenwirkung erlangen, indem sie typischerweise eine ständige Verwaltungspraxis formulieren[95]. **55**

Ergänzt werden diese Richtlinien (die nicht mit den europäischen Richtlinien iSd Art. 288 Abs. 3 AEUV verwechselt werden dürfen) durch die **Hinweise** zu den Steuerrichtlinien (zB EStH, LStH usw). Diese werden von den obersten Finanzbehörden des Bundes und der Länder beschlossen und machen den Rechtsanwender auf höchstrichterliche Rechtsprechung, BMF-Schreiben und andere Rechtsquellen, die in das Steuerrecht hineinwirken, aufmerksam. **56**

92 Dazu *Wernsmann*, in: HHSp, § 4 AO Rn 61.
93 *Maurer/Waldhoff*, Allgemeines Verwaltungsrecht, 19. Aufl 2017, § 4 Rn 24.
94 BFH, GrS 1/15, BStBl II 2017, 393 (396).
95 BFH, GrS 1/15, BStBl II 2017, 393 (396); *Wernsmann*, in: HHSp, § 5 AO Rn 183 ff.

57 Durch sog. **BMF-Schreiben** macht das Bundesministerium der Finanzen, gestützt auf Art. 108 Abs. 3 Satz 2 GG auch mit Wirkung für Finanzverwaltungen der Länder, Vorgaben, die sich vor allem auf die Gesetzesanwendung beziehen. Ob diese Vorschrift allgemeine (abstrakt-generelle) Weisungen, wie sie die BMF-Schreiben darstellen, abdeckt, ist umstritten[96], weil das Verfassungsrecht zwischen Weisungen (Art. 108 Abs. 3 GG) und Verwaltungsvorschriften (Art. 108 Abs. 7 GG) unterscheidet. Praktisch ist diese Frage durch eine „Bund-Länder-Vereinbarung" aus dem Jahr 1970 gelöst, in der sich die Länder verpflichtet haben, sich nach den BMF-Schreiben zu richten[97].

58 Vergleichbare Instrumente sind auf Länderebene sog. **Erlasse** und Verfügungen. Es handelt sich auch in diesen Fällen um verwaltungsinterne Maßnahmen, die als Verwaltungsvorschriften grundsätzlich nur die nachgeordneten Behörden binden (iE Rn 143 ff). Mitunter versucht die Verwaltung auch die Wirkung von höchstrichterlichen Entscheidungen über den entschiedenen Einzelfall hinaus durch Erlasse zu vermeiden (sog. **Nichtanwendungserlasse**). Die Zulässigkeit solcher Erlasse ist umstritten. Sie sind jedenfalls insoweit zulässig, als die Finanzverwaltung eine widersprüchliche oder besonders umstrittene Einzelfallentscheidung des BFH noch einmal höchstrichterlich überprüft haben möchte[98].

59 In zunehmendem Maße wird das Steuerrecht auch durch **Normen des internationalen Rechts** determiniert. Neben dem starken Einfluss des europäischen Rechts (dazu näher Rn 211 ff), sind auf internationaler Ebene die sog. **Doppelbesteuerungsabkommen** von Bedeutung. Bei diesen DBA handelt es sich um völkerrechtliche Verträge, die in internationalen Steuerfällen das Besteuerungsrecht zwischen den Staaten verteilen und über Zustimmungsgesetze (Art. 59 Abs. 2 Satz 1 GG) in das innerstaatliche Recht Eingang finden (iE Rn 1461 ff).

C. Überblick über das Steuersystem

60 Erst die Verfügungsgewalt über Steuerquellen versetzt den Staat in die Lage, seine vielfältigen Aufgaben zu erfüllen. Der Staat des Grundgesetzes ist daher ein **Steuerstaat**[99], dh er finanziert seine Aufgaben im Wesentlichen über Steuern. Die Auferlegung von Steuern hat sich am Prinzip der Lastengerechtigkeit zu orientieren, wonach grundsätzlich jeder nach seiner wirtschaftlichen Leistungsfähigkeit zu den öffentlichen Lasten beitragen soll (dazu Rn 35 ff). Die wirtschaftliche Leistungsfähigkeit des Steuersubjekts tritt in **drei Grundformen** auf und kann so dem staatlichen Steuerzugriff ausgesetzt sein: in der Form des *Einkommenszuwachses*, des *Vermögensbestandes* und der *Einkommensverwendung*. Die in Deutschland erhobenen Steuern knüpfen danach regelmäßig an das Einkommen, das Vermögen oder den Konsum des Steuerbürgers an und lassen sich deshalb in *drei Hauptgruppen* aufteilen.

96 Dazu *Bilsdorfer/Heintz/Sutor*, SteuerStud 2011, 497; *Flockermann*, in: FS Meyding, 1994, 105 ff.

97 Die Vereinbarung ist abgedruckt bei *Seer*, in: Bonner Kommentar GG, Art. 108 Rn 117; dort auch (Rn 122 ff) zur Bedeutung des § 21a Abs. 1 FVG.

98 Dazu näher *Desens*, Bindung der Finanzverwaltung an die Rechtsprechung, 2011.

99 *Isensee*, in: FS Ipsen, 1977, S. 409 ff; *Kirchhof*, in: Isensee/Kirchhof, HStR V, § 118 Rn 5 ff.

I. Steuern auf den Hinzuerwerb

Mit Steuern auf das Einkommen wird die wirtschaftliche Leistungsfähigkeit des Steuerpflichtigen abgeschöpft, die dieser am Markt erzielt bzw erwirtschaftet hat. Daneben gibt es Steuern auf Erbschaften und Schenkungen, also auf Hinzuerwerb, der nicht am Markt erwirtschaftet wurde. **61**

1. Die Einkommen- und Körperschaftsteuer

Die Einkommensteuer erfasst das am Markt erwirtschaftete Einkommen einer natürlichen Person (dazu näher Rn 587 ff), die Körperschaftsteuer das Einkommen einer juristischen Person (dazu näher Rn 1129 ff). Lohnsteuer und Kapitalertragsteuer (Rn 668) sind nur Erhebungsformen der Einkommensteuer. **62**

2. Zuschlagsteuern (Solidaritätszuschlag und Kirchensteuer)

Seit 1995 wird zur Finanzierung der ua durch die Wiedervereinigung Deutschlands bedingten Ausgaben des Bundes ein Zuschlag zur Einkommen- und Körperschaftsteuer iHv zur Zeit 5,5 % (vor 1998: 7,5 %) der maßgebenden Bemessungsgrundlage erhoben (§ 4 SolZG). Dieser **Solidaritätszuschlag** ist keine selbstständige Steuerart, sondern wird als Ergänzungsabgabe erhoben, deren Aufkommen allein dem Bund zusteht (Art. 106 Abs. 1 Nr 6 GG). Er dient der Deckung „anderweitig nicht auszugleichende[r] Bedarfsspitzen im Bundeshaushalt"[100], muss aber nicht befristet sein. Die Verfassungsmäßigkeit des Solidaritätszuschlags ist seit Jahren umstritten[101]. Geplant ist in den nächsten Jahren ein schrittweiser Abbau. In einem ersten Schritt sollen ab dem Jahr 2021 vor allem untere und mittlere Einkommen beim Solidaritätszuschlag entlastet werden[102]. **63**

Auch die **Kirchensteuer** wird idR als Zuschlag zur Einkommensteuer erhoben[103]. Kirchensteuerpflichtig sind alle Mitglieder einer Kirchensteuer erhebenden Körperschaft des öffentlichen Rechts[104]. Das Besteuerungsrecht der Kirchen ist in Art. 140 GG iVm Art. 137 Abs. 6 WRV verankert. Die Gesetzgebungshoheit liegt gem. Art. 137 Abs. 6 WRV bei den Ländern. Der Steuersatz schwankt je nach Bundesland zwischen 8 % und 9 % der Einkommensteuerschuld. **64**

---

100 BT-Drs II/480, S. 72 (Tz 105).

101 S. die neuerliche Vorlage des Nds. FG, 7 K 143/08, DStRE 2014, 534 (BVerfG Az 2 BvL 6/14). Das BVerfG hat es allerdings wiederholt abgelehnt, eine Aussage zur zeitlichen Begrenzung zu machen (zB 2 BvR 1167/96, NJW 2000, 797; 2 BvL 3/10, BFH/NV 2010, 2217) und auf seine Entscheidung zur Ergänzungsabgabe aus dem Jahr 1972 (1 BvL 16/69, BVerfGE 32, 333) verwiesen; vgl auch BFH, II B 91/15, BStBl II 2016, 846; *Birk*, FR 2010, 1002; *Kube*, DStR 2017, 1792 sowie zu „Pro & Contra" *Papier* bzw *Tappe*, ZRP 2018, 186.

102 Vgl Koalitionsvertrag zwischen CDU, CSU und SPD v. 13.3.2018; FAZ Nr 139 v. 18.6.2019, S. 19 (Wirtschaft); krit *Wernsmann*, NJW 2018, 916; https://www.bundesrechnungshof.de/de/veroeffentlichungen/produkte/gutachten-berichte-bwv/berichte/sammlung/solidaritaetszuschlag/2019-bwv-gutachten-abbau-des-solidaritaetszuschlages.

103 Weiterführend *Seer*, in: Tipke/Lang, § 8 Rn 950 ff; *Birk/Ehlers* (Hrsg), Aktuelle Rechtsfragen der Kirchensteuer, 2012; *Müller-Franken*, BayVBl 2007, 33; umfassend *Hammer*, Rechtsfragen der Kirchensteuer, 2002. Krit zur Kirchensteuer *Czermak*, KJ 2006, 418.

104 Dazu VGH Mannheim, 1 S 1953/09, VBlBW 2010, 434; vgl *Birk/Ehlers* (Hrsg), Aktuelle Rechtsfragen der Kirchensteuer, 2012. Zum Verhältnis Religionsgemeinschaft/Körperschaft BVerwG, 6 C 7/12, BVerwGE 144, 171.

3. Die Gewerbesteuer

65 Die Gewerbe(ertrag)steuer belastet die Erträge gewerblicher Unternehmen ohne Rücksicht auf die persönlichen Verhältnisse des Steuerpflichtigen. Die Gewerbesteuer ist daher wie die Grundsteuer (Rn 70 f) eine *Real-* oder *Objektsteuer* iSd § 3 Abs. 2 AO[105] (Gegenbegriff: *Personalsteuer*). Sie steht gem. Art. 106 Abs. 6 GG den Gemeinden zu. Besteuerungsgrundlage der Gewerbeertragsteuer ist der nach den Vorschriften des EStG oder des KStG zu ermittelnde Gewinn aus dem Gewerbebetrieb (§ 7 GewStG), der nach § 8, § 9 GewStG modifiziert wird. Schuldner der Gewerbesteuer ist der Unternehmer, für dessen Rechnung das Gewerbe betrieben wird (§ 5 Abs. 1 GewStG) (dazu näher Rn 1358 ff).

4. Die Erbschaft- und Schenkungsteuer

66 Schenkungen und Zuwendungen von Todes wegen bewirken einen Vermögenszuwachs, der nicht am Markt erwirtschaftet wurde. Obwohl die Erbschaft- und Schenkungsteuer eine Steuer auf das *zugewendete Vermögen* darstellt, ist sie als Steuer auf den Hinzuerwerb und nicht als Steuer auf das Vermögen zu qualifizieren, denn es wird nicht der Bestand eines Vermögens, sondern vielmehr der *Transfer* eines solchen von einem Steuerpflichtigen auf einen anderen steuerlich erfasst und teilweise abgeschöpft[106] (dazu näher Rn 1517 ff). Steuerschuldner ist gem. § 20 Abs. 1 ErbStG der *Erwerber*, bei einer Schenkung „auch" der Schenker.

II. Steuern auf den Vermögensbestand

67 Die an den Vermögensbestand anknüpfenden Steuern sollen – nach allerdings umstrittener Auffassung – dessen *potenzielle Ertragskraft* erfassen. Sie werden daher auch als *Sollertragsteuern* bezeichnet[107].

1. Die Vermögensteuer

68 Die Vermögensteuer knüpft nicht an einzelne Vermögensgüter, sondern an das Vermögen als Ganzes an. Bemessungsgrundlage ist grundsätzlich der Wert des Gesamtvermögens, der nach dem Bewertungsgesetz ermittelt wird. Nachdem das BVerfG[108] die Vermögensteuer wegen der gleichheitswidrigen Ermittlung der Bemessungsgrundlage für verfassungswidrig erklärt hat, wird sie für Veranlagungszeitpunkte nach dem 31.12.1996[109] nicht mehr erhoben. Seitdem gab es immer wieder (erfolglose) Initiativen einzelner Bundesländer zur formalen Aufhebung des Vermögensteuergesetzes, um so den Ländern die Einführung eigener Vermögensteuergesetze zu er-

105 Zur verfassungsrechtlichen Bedeutung des § 3 Abs. 2 AO *Wernsmann*, in: HHSp, § 3 AO Rn 421 ff mwN.

106 *Tipke*, Steuerrechtsordnung II, S. 872 ff.

107 BVerfG, 2 BvL 37/91, BVerfGE 93, 121 (139 f und LS 4); krit Sondervotum *Böckenförde* BVerfGE 93, 121 (149) und *Birk*, DStJG 22 (1999), 7 (16); *Hey*, IFSt-Schrift Nr 483 (2012), S. 10 (37 f).

108 BVerfG, 2 BvL 37/91, BVerfGE 93, 121.

109 Vgl hierzu klarstellend BVerfG, 1 BvR 1831/97, NJW 1998, 1854.

möglichen[110]. Auch die Diskussion um die Wiederbelebung der Vermögensteuer durch Bundesgesetz ist nie ganz verstummt[111]. Dafür werden in erster Linie verteilungspolitische Gründe angeführt[112].

Die Rechtfertigung der Vermögensteuer ist umstritten, überwiegend wird ihre Rechtfertigung verneint[113]. Indes wird man davon ausgehen können, dass mit dem Besitz von Vermögen eine besondere Leistungsfähigkeit verbunden ist, die Anknüpfungspunkt für eine Sonderbelastung in der Form einer „Besteuerung des Vermögens" sein kann. In Art. 106 Abs. 2 Nr 1 GG ist die Vermögensteuer explizit genannt, so dass die Vermögensbesteuerung an sich verfassungsrechtlich unbedenklich ist. Das BVerfG hat auch nicht den vermögensteuerrechtlichen Zugriff des Staates als solchen für unzulässig erklärt[114], sondern einen Gleichheitssatzverstoß (Art. 3 Abs. 1 GG) darin gesehen, dass das Gesetz einheitsbewertetes Vermögen (insb Grundstücke) und nicht einheitsbewertetes Vermögen (zB Wertpapiere) unterschiedlich belastete[115]. Allerdings sind die Bewertungs- und Administrierungsprobleme so erheblich, dass gute Gründe gegen eine Reaktivierung der Vermögensteuer sprechen[116]. **69**

2. Die Grundsteuer

Die Grundsteuer ist eine der ältesten Steuern[117], als Realsteuer steht sie den Gemeinden zu (Art. 106 Abs. 6 Satz 1 GG). Steuergegenstand ist der im Gebiet einer Gemeinde belegene Grundbesitz. Hierbei wird zwischen Grundstücken der Land- und Forstwirtschaft (Grundsteuer A) und den übrigen Grundstücken (Grundsteuer B) differenziert. Aus Lenkungsgründen hinzukommen soll eine spezielle Grundsteuer auf (noch) nicht bebaute, aber baureife Grundstücke (Grundsteuer C)[118]. Die früher zur Ermittlung des Soll-Ertrags herangezogenen Einheitswerte[119], die in den „alten Bundesländern" zuletzt auf den Stichtag 1.1.1964 (in den „neuen" Ländern sogar auf den 1.1.1935) ermittelt wurden, waren veraltet und entsprachen nicht mehr den wahren Wertverhältnissen. Das BVerfG hat daher die Anknüpfung an die Einheitswerte als mit Art. 3 Abs. 1 GG nicht vereinbar angesehen und den Gesetzgeber aufgefordert, bis zum 31.12.2019 eine Neuregelung zu treffen[120]. Im Juni 2019 hat der Gesetzgeber die Reform auf den Weg gebracht[121]. Die Grundsteuer orientiert sich grds weiterhin am Wert des Grundstücks, allerdings dürfen die Länder in Zukunft abweichen (Rn 123) und auch wertunabhängige Modelle regeln[122]. **70**

110 S. BR-Drs 864/05 und BR-Drs 909/02. Zur Gesetzgebungskompetenz der Länder s. Rn 123.
111 *Musil,* DStR 2017, 1903; *Wieland*, DB 2017, (Heft 36), S. M24; *Bach*, DB 2017, (Heft 36), S. M26.
112 *Walter-Borjans*, DB 2012, Standpunkte zu Heft 47, 41; dagegen *Hey* und *Maiterth*, ebda, 43 f und 47 f; *Diller/Grottke/Schildbach*, StuW 2015, 222 (236).
113 Hierzu näher *Hey/Maiterth/Houben*, Zukunft der Vermögensteuer, 2012, S. 33 ff; *Tipke*, Steuerrechtsordnung II, S. 916 ff; *Birk*, DStJG 22 (1999), 7; *Musil,* DB 2013, 1994.
114 BVerfG, 2 BvL 37/91, BVerfGE 93, 121 (133 ff).
115 BVerfG, 2 BvL 37/91, BVerfGE 93, 121 (146).
116 *Birk*, ifo Schnelldienst 2016, S. 11; *Maithert/Houben*, IFSt-Schrift Nr 483 (2012), S. 87.
117 Dazu *Tipke*, Steuerrechtsordnung II, S. 953.
118 BT-Drs 19/11086.
119 Dazu *Tipke*, Steuerrechtsordnung II, S. 961.
120 BVerfG, 1 BvL 11/14, NJW 2018, 1451 ff.
121 BT-Drs 19/11085.
122 Vgl BT-Drs 19/11084 und https://www.bundesfinanzministerium.de/Content/DE/FAQ/2019-06-21-faq-die-neue-grundsteuer.html; zur Variante der Bodenwertsteuer s. *Löhr/Kempny*, DStR 2019, 537.

71 Die Rechtfertigung der Grundsteuer ist fraglich. Aus dem Leistungsfähigkeitsprinzip lässt sie sich schwerlich begründen, da nicht ersichtlich ist, warum aus dem Gesamtvermögen gerade das Grundvermögen als Indikator herausgegriffen wird. Auch das Äquivalenzprinzip ist als Rechtfertigung untauglich, da die Gemeinden für ihre grundstücksbezogenen Aufwendungen Anliegerbeiträge erheben[123]. Allerdings ist die Grundsteuer in Art. 106 Abs. 6 GG (und Art. 105 Abs. 2 S. 1 GG-E) genannt, so dass eine Ungleichbehandlung speziell des *Grund*vermögens (im Verhältnis zu anderen Vermögenswerten) an sich verfassungsrechtlich vorgezeichnet ist.

III. Steuern auf die Verwendung von Einkommen und Vermögen

72 Steuern auf die Verwendung von Einkommen und Vermögen werden im Allgemeinen als Einkommensverwendungsteuern bezeichnet. Darunter fallen die Verbrauch- und Aufwandsteuern sowie die Verkehrsteuern. Ausschlaggebendes Merkmal ist danach der **Konsum** in der Form eines äußerlich erkennbaren Zustandes, für den finanzielle Mittel verwendet werden.

1. Die Verbrauchsteuern

73 Verbrauchsteuern belasten den Verbrauch oder Verzehr von *ver*brauchsfähigen Wirtschaftsgütern, verlagern aber den Zeitpunkt der Besteuerung vor, nämlich auf die den Verbrauch ermöglichenden Verkehrsakte. Weil nahezu jedes verbrauchsfähige Gut nicht nur vom Endverbraucher, sondern auch in einem Produktionsprozess nutzbar ist, kann eine Verbrauchsteuer sowohl Konsum als auch Produktion erfassen[124]. Eine Anknüpfung an den unternehmerischen Gewinn entspricht aber nicht mehr dem herkömmlichen Bild einer Verbrauchsteuer[125]. Verbrauchsteuern werden idR beim Hersteller, ausnahmsweise beim Händler, aber grundsätzlich nicht beim Endverbraucher erhoben[126]. Der Endverbraucher wird vielmehr über den Einkommensverwendungsakt (Kauf) belastet (indirekte Steuer, Rn 44). Hat der Verbraucher (Käufer) seine wirtschaftliche Disposition getroffen und ist der Gegenstand in sein Vermögen übergegangen, scheidet grundsätzlich eine (weitere) Verbrauchsteuerbelastung aus. Neben der Umsatzsteuer als allgemeine Verbrauchsteuer gibt es noch eine Reihe spezieller Verbrauchsteuern, etwa auf Tabak oder Kaffee; daneben werden auch die Zölle zu den Verbrauchsteuern gezählt:

74 – **Die Umsatzsteuer (allgemeine Verbrauchsteuer):** Die seit 1918 bestehende *Umsatzsteuer* (dazu unten Rn 1627 ff) belastet grundsätzlich den gesamten privaten und öffentlichen Verbrauch (dh vom Letztverbraucher erworbene Güter und in Anspruch genommene Dienstleistungen). Die Umsatzsteuer knüpft technisch an einen Akt des Rechtsverkehrs an, ist aber so ausgestaltet, dass sie grundsätzlich nur den Endverbraucher belastet. Während sie verfahrens-

123 Zur Rechtfertigung iE *Tipke*, Steuerrechtsordnung II, S. 953 ff; *Leuchtenberg*, DStZ 2006, 36.
124 BVerfG, 1 BvR 1748/99 ua, BVerfGE 110, 274 (296); BFH, II B 4/16, BStBl II 2016, 576.
125 BVerfG, 2 BvL 6/13, BVerfGE 145, 171 (212 ff).
126 Dazu BVerfG, 2 BvR 1991/95 ua, BVerfGE 98, 106 (123 f); BVerfG, 2 BvL 6/13, BVerfGE 145, 171 (212).

rechtlich als Verkehrsteuer angesehen wird, ist sie materiell-rechtlich, ausgehend von ihrer Belastungswirkung, als *allgemeine Verbrauchsteuer* zu qualifizieren (Rn 1629)[127].

– **Besondere Verbrauchsteuern:** Besondere Verbrauchsteuern (Rn 1620 ff) sind die *Energiesteuer*, die *Stromsteuer*, Steuern auf *Alkohol* und *alkoholische Getränke (zB Bier oder „Alkopops")*, auf *Tabakwaren* und *Kaffee* (dazu Rn 1620). Sie stehen teilweise dem Bund, teilweise den Ländern zu (Art. 106 Abs. 1 und 2 GG). Auf kommunaler Ebene existieren örtliche Verbrauchsteuern[128] (zB *Gemeindegetränkesteuer*[129]), die den Gemeinden zustehen (Art. 106 Abs. 6 Satz 1 GG). Die von 2011–2016 erhobene *Kernbrennstoffsteuer* war als Verbrauchsteuer konzipiert[130]. Weil Kernbrennstoffe einer konsumtiven Nutzung durch private Endverbraucher aber nicht zugänglich sind, sondern auf einer Vorstufe verbraucht werden, entsprach sie nicht dem traditionellen Typus der Verbrauchsteuer, das BVerfG hat sie daher für nichtig erklärt[131]. Indes greifen auch andere Verbrauchsteuern auf Produktionsmittel zur Stromerzeugung zu, so dass das Argument des BVerfG auch die (unionsrechtlich vorgegebene) Energiesteuer treffen würde, soweit diese Produkte betrifft, die nicht an den Endverbraucher gelangen (zB Schweröl oder Kohle). 75

– **Zölle:** *Zölle* sind kraft gesetzlicher Definition Steuern (§ 3 Abs. 3 AO). Sie werden „nach Maßgabe des Zolltarifs von der Warenbewegung über die Zollgrenze erhoben"[132]. Ähnlich wie die Verbrauchsteuern knüpfen damit die Zölle an den Übergang der Ware in den freien Verkehr an. Anknüpfend an diesen Vorgang haben Zölle eine die Verbrauchsteuer ergänzende Funktion, da die eingeführten Produkte, die bei der inländischen Herstellung der Verbrauchsteuer unterliegen, sonst nicht verbrauchsteuerlich erfasst würden. Im Gegensatz zu den Verbrauchsteuern sind Zölle aber nicht ausschließlich auf die Finanzierung des öffentlichen Finanzbedarfs gerichtet, sondern dienen auch als Instrumente der Wirtschaftspolitik dem Schutz des inländischen Marktes (bzw des Europäischen Binnenmarktes, hierzu auch unten Rn 120). 76

2. Die Aufwandsteuern

Im Gegensatz zu den Verbrauchsteuern, die den Kauf eines *ver*brauchsfähigen Gutes treffen, zielen Aufwandsteuern darauf ab, den Einsatz finanzieller Mittel für die Aufrechterhaltung eines tatsächlichen oder rechtlichen Zustandes zu belasten. Bundesgesetzlich geregelte Aufwandsteuern sind die Kraftfahrzeugsteuer und die Luftverkehrsteuer[133], deren Qualifikation aber umstritten ist[134]. Die übrigen Aufwandsteuern sind Gemeindesteuern. Anknüpfungspunkte hierfür sind etwa das Halten von Tieren (Hundesteuer, Reitpferdesteuer[135]), der Besitz einer Zweitwohnung, das Übernachten in Hotels[136], die Einräumung der Gelegenheit zu sexuellen Vergnügungen[137] oder der 77

127 Vgl Art. 1 Abs. 2 MwStSystRL; *Englisch*, in: Tipke/Lang, § 17 Rn 10.
128 Zur Nichtigkeit der sog. *kommunalen Verpackungsteuer* vgl BVerfG, 2 BvR 1991, 2004/95, BVerfGE 98, 106.
129 BVerfG, 2 BvL 14/84, BVerfGE 69, 174 (183).
130 *Wernsmann*, NVwZ 2011, 1367 (1368); *Tappe*, EurUP 15 (2017), 186 (191).
131 BVerfG, 2 BvL 6/13, BVerfGE 145, 171 (190 ff). Aus Sicht des Unionsrechts EuGH, C-5/14, NVwZ 2015, 1122.
132 BVerfG, 2 BvL 19/56, BVerfGE 8, 260 (269).
133 G v. 9.12.2010, BGBl I 2010, 1885.
134 Vom BVerfG wird sie als Verkehrsteuer eingeordnet, BVerfG, 1 BvF 3/11, BVerfGE 137, 350 (362 f).
135 BVerwG, 9 BN 2.15, BFH/NV 2015, 1791; *Schmidt*, KommJur 2016, 361; *Waldhoff*, JuS 2016, 382.
136 Vgl dazu BFH, II R 32/14, BStBl II 2015, 1031; II R 33/14, BStBl II 2016, 126.
137 VG Köln, 23 K 4180/04, NWVBl 2007, 491.

Spieleinsatz bei Geldspielautomaten[138]. Für Gegenstände oder Dienstleistungen, die der Einkommenserzielung und nicht der Einkommensverwendung dienen, kommt eine kommunale Aufwandsteuer nicht in Betracht[139].

78 – **Hundesteuer:** Die Hundesteuer zählt zu den Aufwandsteuern mit örtlichem Bezug. Sie soll dazu beitragen, die Zahl der Hunde zu begrenzen[140]. Nach den Kommunalabgabengesetzen der Länder sind idR die Gemeinden zum Erlass entsprechender Steuersatzungen ermächtigt (Rn 131).

79 – **Zweitwohnungsteuer:** Auch die Zweitwohnungsteuer ist eine örtliche Aufwandsteuer. Sie wurde ursprünglich vor allem von Gemeinden mit Fremdenverkehr eingeführt (zuerst Überlingen 1972). Inzwischen erheben aber auch größere Städte wie Berlin, Hamburg, München oder Köln und klassische Universitätsstädte wie Heidelberg, Trier, Tübingen oder Münster eine Steuer auf Zweitwohnungen. Die Zweitwohnungsteuer knüpft an das Innehaben einer Zweitwohnung in der besteuernden Gemeinde an. Bemessungsgrundlage ist hierbei bei Mietern der jährliche Mietaufwand und bei Eigentümern die sonst übliche Ortsmiete[141]. Da Aufwandsteuern die in der Einkommensverwendung für den *persönlichen Lebensbedarf* zum Ausdruck kommende wirtschaftliche Leistungsfähigkeit treffen wollen[142], können juristische Personen nicht zur Zweitwohnungsteuer herangezogen werden[143]. Bei Verheirateten verstößt die Zweitwohnungsteuer nach Auffassung des BVerfG gegen Art. 6 Abs. 1 GG, soweit an den melderechtlichen Begriff der Hauptwohnung angeknüpft wird[144]. Verfassungsrechtlich problematisch sind vor allem diejenigen Fälle, in denen das Innehaben einer Zweitwohnung keine gesteigerte finanzielle Leistungsfähigkeit indiziert (zB bei Erwerbswohnungen[145] oder „Studentenbuden“[146]) oder in denen der Steuersatz die Leistungsfähigkeit nicht richtig abbildet[147] oder erdrosselnde Wirkung hat[148]. In der Rspr ist allerdings die Erhebung der Zweitwohnungsteuer von Studierenden, deren melderechtlicher Erstwohnsitz nur das „Kinderzimmer“ ist, akzeptiert worden[149].

3. Die Verkehrsteuern

80 Verkehrsteuern unterscheiden sich von den Verbrauchsteuern dadurch, dass sie nicht an einen tatsächlichen Vorgang, sondern an einen Akt des Rechtsverkehrs anknüpfen und den Aufwand treffen wollen, der bei Abschluss des Rechtsgeschäfts entsteht und eine bestimmte Leistungsfähigkeit des Steuerpflichtigen indiziert[150]. Insoweit besteht eine Nähe zur Aufwandsteuer (Rn 77), was die Abgrenzung schwierig macht. Die äl-

138 BFH, II B 51/06, BFH/NV 2007, 987. Zur bis 2005 gültigen Spiel*geräte*steuer s. BVerfG, 1 BvL 8/05, BVerfGE 123, 1. S. auch EuGH, C-440/12, UR 2013, 866: Keine Gleichartigkeit mit der Umsatzsteuer.

139 BFH, II R 32/14, BStBl II 2015, 1031; *Thormann*, DVBl 2018, 840 (846).

140 Dazu VGH München, 4 ZB 09.2136, NVwZ-RR 2011, 171.

141 Vgl hierzu BVerfG, 2 BvR 1275/79, BVerfGE 65, 325.

142 Zur Bedeutung für den Steuersatz BVerfG, 1 BvR 1656/09, BVerfGE 135, 126 ff.

143 BVerwG, 11 C 4/00, JZ 2001, 603 mit Anm. *Birk/Tappe*; HessVGH 5 A 1345/15, NVwZ-RR 2016, 590 (Jagdsteuer).

144 BVerfG, 1 BvR 1232/00 ua, BVerfGE 114, 316 mit Anm. *Bayer*, JZ 2006, 256 (257).

145 BFH, II R 13/14, BFH/NV 2016, 362.

146 Vgl aber BVerwG, 9 C 17/07, NJW 2009, 1097 (1099); BVerfG, 1 BvR 2664/09, BFH/NV 2010, 1070.

147 BVerfG, 1 BvR 1656/09, BVerfGE 135, 126; BVerwG, 9 C 11/16, DÖV 2018, 415.

148 OVG Lüneburg, 9 ME 76/10, NVwZ-RR 2011, 248.

149 BVerfG, 1 BvR 529/09, NVwZ 2010, 1022; BFH, II R 5/08, BStBl II 2010, 889.

150 Dazu *Tipke*, Steuerrechtsordnung II, S. 1011 ff. Zu unterscheiden sind die (Rechts-)Verkehrsteuern (Art. 106 Abs. 1 Nr 4, Abs. 2 Nr 3) von den (Straßen-)Verkehrsteuern des Art. 106 Abs. 1 Nr 3 GG.

teste heute noch erhobene Verkehrsteuer ist die reichsrechtlich geregelte Rennwett- und Lotteriesteuer (§ 17 RennwLottG v. 8.4.1922[151]). Die wichtigsten Verkehrsteuern sind die Grunderwerbsteuer sowie die Versicherungsteuer:

– **Grunderwerbsteuer:** Die Grunderwerbsteuer (Rn 1734 ff) ist eine Steuer, die an den Erwerb eines Grundstücks oder an erwerbsähnliche Tatbestände (§ 1 Abs. 1 GrEStG) anknüpft. Da die Länder die Steuersätze festlegen können (Art. 105 Abs. 2a Satz 2 GG), bewegen sich diese zwischen 3,5 % (Bayern, Sachsen) und 6,5 % (NRW ua). Das Aufkommen im Jahr 2019 wird auf rd 15,4 Mrd € geschätzt[152]. **81**

– **Versicherungsteuer:** Der Versicherungsteuer unterliegt die Zahlung des Versicherungsentgelts aufgrund eines Versicherungsvertrags (§ 1 Abs. 1 VersStG). So unterliegt etwa die Zahlung bestimmter Prämien oder Beiträge der Versicherungsteuer. Rechtsgrundlage für die Erhebung der Versicherungsteuer ist das Versicherungsteuergesetz. Lebensversicherungen unterliegen nicht der Versicherungsteuer, § 4 Nr 5 VersStG. Ebenso sind gesetzliche (Pflicht-)Versicherungen von der Besteuerung ausgenommen, § 4 Nr 3, 4 VersStG. **82**

In der Diskussion ist auch die Einführung einer Verkehrsteuer auf Geschäfte mit Finanzprodukten, die sog. *Finanztransaktionssteuer*. Die Europäische Kommission hatte 2011 auf der Grundlage des Art. 113 AEUV (Rn 223) einen entsprechenden Richtlinienvorschlag vorgelegt, der iRd verstärkten Zusammenarbeit (Art. 326 AEUV) von elf Mitgliedstaaten (darunter Deutschland) umgesetzt werden sollte[153]. Allerdings hat die Kommission diesen Entwurf wieder zurückgezogen[154]. Nachdem die Beratungen zunächst im Sommer 2017 vertagt wurden, wird zur Zeit wieder über die Finanztransaktionssteuer diskutiert[155], eine schnelle EU-weite Einführung ist nicht zu erwarten. Einige Staaten (darunter Deutschland) planen jedoch eine Börsensteuer nach französischem Vorbild[156]. **83**

IV. Steuerreformmodelle

Das geltende Steuerrecht wird schon seit langem als „schlecht" empfunden. Nicht nur die Geschwindigkeit der Gesetzesänderungen nimmt zu, die einzelnen Gesetze werden immer komplizierter und unübersichtlicher[157]. Dadurch steigt die Rechtsunsicherheit, die Akzeptanz des Rechts schwindet, die Steuermoral sinkt. Seit längerer Zeit wird deshalb vor allem in der Wissenschaft an grundlegenden Reformmodellen[158] gearbeitet, die das Ziel haben, das Steuerrecht systematisch auf Grundprinzipien aufzubauen und so dem vielbeklagten Verlust des Rechtsgedankens im Steuerrecht[159] entgegenzuwirken. Der Gesetzgeber hat bislang keines der Reformmodelle aufgegriffen. **84**

151 RGBl I 1922, 335.

152 BMF, I A 6, Ergebnis der 155. Steuerschätzung Mai 2019, Tabelle 4 (http://www.bundesfinanzministerium.de → Themen → Steuern → Steuerschätzung).

153 V. 28.9.2011, KOM (2011) 594; vgl auch EuGH, C-209/13, IStR 2014, 407.

154 V. 30.4.2016, ABl EU Nr C 155, S. 3.

155 Vgl zB COM/2019/8 final, S. 3.

156 Vgl FAZ Nr 137 v. 15.6.2019, S. 18 (Wirtschaft).

157 *Bühler*, StbJb 1955/56, S. 19 (32): „Gelegenheits- und Flickgesetzgebung"; *Tipke*, StuW 1976, 293 (294): „widerspruchsvolles Sammelsurium".

158 Dazu *Drüen*, DStJG 37 (2015), S. 9 (25 ff); *Bareis*, in: Kube ua, Leitgedanken des Rechts II, 2013, § 166 Rn 20. Zu aktuellen Vorschlägen auch *Rietzler* ua, Wirtschaftsdienst 2017, 383 ff.

159 So der Titel des Vortrags von *K. Vogel* auf der Jahrestagung der DStJG 1988, DStJG 12 (1989), 123; dazu *Birk*, in: Lehner (Hrsg), Reden zum Andenken an Klaus Vogel, 2010, 17.

85 Eine Forschungsgruppe unter der Leitung von *Paul Kirchhof* hat im Rahmen eines „Bundessteuergesetzbuches" vorgeschlagen, nur noch vier Bundessteuern zu erheben (Ertragsteuer, Erbschaftsteuer, allgemeine Umsatzsteuer und spezielle Verbrauchsteuer)[160]. Das Reformmodell basiert auf dem Grundgedanken der Besteuerung des Markteinkommens, berücksichtigt also grundsätzlich alle Erwerbseinnahmen, von denen erwerbs- und existenzsichernde Aufwendungen abgezogen werden können (dazu Rn 602, 608). Ausnahmetatbestände und Vergünstigungen sollen weitgehend entfallen. Im Wege der dadurch erreichten Verbreiterung der Bemessungsgrundlage soll die Senkung des Steuersatzes auf einheitlich 25 % (sog. *„flat tax"*) gegenfinanziert werden. Die vorgeschlagene Reform der Umsatzsteuer („UStGB") sieht den Verzicht auf die Allphasenbesteuerung (dazu Rn 1632) und damit den Vorsteuerabzug vor und macht nur noch Leistungen an Verbraucher mit einem einheitlichen Steuersatz steuerbar.

86 Eine Arbeitsgemeinschaft um *Joachim Lang* hat den „Kölner Entwurf" eines Einkommensteuergesetzes entwickelt[161]. Der Entwurf basiert auf dem Grundgedanken des Markteinkommens und trennt streng zwischen Erwerbs- und privater Konsumsphäre. Er sieht fünf Tarifstufen und einen gestaffelten Grundfreibetrag vor; Kinder werden iRd sog. „Familienrealsplittings" berücksichtigt. Auf Grundlage dieses Entwurfs hat die „Kommission Steuergesetzbuch" unter Leitung von *Lang* Anfang 2006 ein „Steuerpolitisches Programm" veröffentlicht[162], das in drei Modulen eine Reform der Unternehmensbesteuerung, die Neuordnung der Kommunalfinanzen (Vier-Säulen-Modell) sowie ein vereinfachtes Einkommensteuergesetz vorschlägt. Der progressive Tarif soll beibehalten, die bisherigen sieben sollen durch vier Einkunftsarten ersetzt werden (selbstständige und nichtselbstständige Tätigkeit, Finanzkapital und Einkünfte aus Zukunftssicherung, die im Rahmen einer sog. nachgelagerten Besteuerung erfasst werden sollen). Seit 2008 liegt der Entwurf eines vollständigen Einkommensteuer- und Verfahrensrechts (mit Begründungen) vor. 2013 wurde der Abschlussband der Kommission zur Reform der Ertragsteuern herausgegeben[163].

87 Trotz vielfältiger Vorarbeiten – auch der Sachverständigenrat hatte in seinem Jahresgutachten 2003/04 eine grundlegende Reform vorgeschlagen („Duale Einkommensteuer")[164] – hat der Gesetzgeber bislang nicht die Kraft zu einer durchgreifenden Reform aufgebracht. Eine „Erneuerung des Steuerrechts"[165] ist wohl in absehbarer Zeit nicht zu erwarten.

D. Der Aufbau des Steuertatbestandes

88 Der Steuertatbestand ist die rechtsatzförmige Fassung der verschiedenen Lebenssachverhalte, die der Besteuerung unterworfen sind[166]. Er ist deshalb Inbegriff der Tatbestandsmerkmale, die in den materiellen Steuerrechtsnormen enthalten sind und die die Steuerschuld auslösen (s. § 38 AO). Der Aufbau des Steuertatbestandes, aus dem sich als Rechtsfolge die Steuerschuld ergibt, enthält bei **allen Steuerarten** notwendig Regelungen über das **Steuersubjekt**, das **Steuerobjekt** und den **Steuersatz**.

160 *Kirchhof*, Bundessteuergesetzbuch, 2011.
161 *Lang*, Kölner Entwurf eines Einkommensteuergesetzes, 2005; zuvor bereits „Entwurf eines Steuergesetzbuchs", Heft 49 der Schriftenreihe des BMF, Bonn 1993.
162 *Hey*, StuB 2006, 267.
163 *Lang/Eilfort* (Hrsg), Strukturreform der deutschen Ertragsteuern, 2013.
164 BT-Drs 15/2000, S. 308 ff; dazu *Meyer-Sandberg*, Die Duale Einkommensteuer, 2008, S. 122 ff.
165 *Jachmann* (Hrsg), Erneuerung des Steuerrechts, DStJG 37 (2014).
166 Dazu *Waldhoff*, in: FS für Spindler, 2011, S. 853.

I. Steuersubjekt

Steuersubjekt ist, wer eine **Steuer schuldet**. So regelt etwa das EStG in § 1 den Kreis derer, die als mögliche Steuerschuldner zur Leistung der Einkommensteuer in Betracht kommen. In diesem Zusammenhang spricht man daher auch von der *subjektiven Steuerpflicht* im Gegensatz zur sachlichen oder objektiven Steuerpflicht, die den Steuergegenstand bezeichnet. 89

Der Begriff des *Steuerpflichtigen* nach § 33 AO ist dagegen weiter. Steuerpflichtiger ist nicht nur der Steuerschuldner, sondern auch der Haftungsschuldner und andere Personen (näher Rn 241). Werden einzelne Steuersubjekte aus dem Kreis der Steuerschuldner herausgenommen, spricht man von subjektiven und persönlichen Steuerbefreiungen. 90

Gem. § 1 EStG unterliegen alle natürlichen Personen der Einkommensteuer. Das EStG kennt keine subjektiven Steuerbefreiungen, wohl aber das KStG, welches die juristischen Personen nicht lückenlos erfasst (s. § 5 KStG).

II. Steuerobjekt

Als Steuerobjekt wird der **Gegenstand** bezeichnet, der **der Besteuerung** unterliegt. Es geht also um die Frage, *was* steuerpflichtig ist. Gegenstand der Einkommensteuer ist das Einkommen; es ist das *abstrakte Steuerobjekt*. Aus dem Einkommen wird die Bemessungsgrundlage, das zu versteuernde Einkommen entwickelt (§ 2 Abs. 5 EStG). Die Bemessungsgrundlage ist der Teil des Steuertatbestandes, der die zahlenmäßige Größe des Steuerobjekts bestimmt. Sie ist damit das *konkrete Steuerobjekt*. In der Praxis ist die Feststellung des konkreten Steuerobjekts, der Bemessungsgrundlage, idR erst nach einer Vielzahl juristischer Subsumtionsschritte möglich. Welches Einkommen des Steuerpflichtigen dem staatlichen Steuerzugriff unterliegt, kann erst beantwortet werden, wenn zahlreiche positive (steuerbegründende) oder negative (steuermindernde) Tatbestandselemente Anwendung gefunden haben (dazu Rn 592). 91

Werden einzelne Steuerobjekte aus dem Grundtatbestand ausgesondert, spricht man von sachlichen (objektiven) Steuerbefreiungen. Sachliche Steuerbefreiungen oder Vorschriften, die Steuerminderungen bewirken (zB Freibeträge), werden als **Steuervergünstigungen** bezeichnet. Man unterscheidet zwei Arten von Steuervergünstigungen: *technische* (unechte) und *subventive* (echte) Steuervergünstigungen[167]. Technische Steuervergünstigungen sollen den zu weit gefassten Grundtatbestand einengen, sie begünstigen nicht (sind also keine Steuervergünstigungen im eigentlichen Sinne), sondern dienen der Herstellung der steuerlichen Lastengerechtigkeit. 92

Beispiel: A und B haben denselben Monatsverdienst. A ist unverheiratet und kinderlos. B muss für den Unterhalt eines Kindes aufkommen. Die durch die Unterhaltsverpflichtung (im Vergleich zu A) geringere Leistungsfähigkeit des B wird über eine technische Steuervergünstigung (Freibetrag, § 32 Abs. 6 EStG) berücksichtigt.

Im Gegensatz zu den technischen Steuervergünstigungen zielen *subventive Steuervergünstigungen* darauf ab, dem Steuerpflichtigen aus bestimmten gesellschaftspoliti- 93

167 Dazu *Lang*, Systematisierung der Steuervergünstigungen, 1974; *Seer*, in: Tipke/Lang, § 6 Rn 49 ff.

schen oder wirtschaftspolitischen Gründen ein „Steuergeschenk“ zu machen. Subventive Steuervergünstigungen (Verschonungssubventionen) stellen also einzelne Steuerpflichtige steuerlich besser, als sie aufgrund ihrer subjektiven Leistungsfähigkeit eigentlich stehen dürften, um sie zu einem bestimmten wirtschaftlich förderungswürdigen Verhalten zu veranlassen. Subventive Steuervergünstigungen geraten stets in Konflikt mit dem Gleichheitssatz, da sie gegen das Prinzip der Besteuerung nach der Leistungsfähigkeit verstoßen. Sie bedürfen daher jeweils einer besonderen Rechtfertigung (Rn 155 ff).

Beispiel: A und B haben denselben Monatsverdienst. Sie sind beide unverheiratet und kinderlos. Trotz gleicher Leistungsfähigkeit ist die Steuerlast des B geringer, da er einen Teil seiner Einkünfte für bestimmte förderungswürdige Zwecke (§ 10b EStG) spendet.

III. Steuersatz

94 Der Steuersatz ist die Rechengröße, durch deren Anwendung auf die steuerliche Bemessungsgrundlage sich der im Einzelfall zu zahlende Steuerbetrag (die Rechtsfolge) ergibt. IdR handelt es sich um einen Prozentsatz, der auf die Bemessungsgrundlage angewandt wird. Steigt der Steuersatz mit Anwachsen der Bemessungsgrundlage, spricht man von einem **progressiven Steuertarif**. Ist demgegenüber der Durchschnittssteuersatz gleichbleibend, verläuft der Steuertarif **proportional**.

95 Die **Ausgestaltung des Tarifs** liegt weitgehend im Ermessen des Gesetzgebers[168] und unterliegt von Verfassungs wegen nur wenigen Bindungen (keine Erdrosselung[169], keine willkürlichen Tarifsprünge[170]). Der progressive Tarif erhöht den Steuerdruck und damit auch den Steuerwiderstand, weshalb vereinzelt auch für den proportionalen Tarif eingetreten wird[171].

96 Auch im Bereich des Steuertarifs gibt es Steuervergünstigungen, die als **Steuersatzermäßigungen** bezeichnet werden. Um solche Steuerermäßigungen handelt es sich etwa, wenn bestimmte Einkünfte nur einem ermäßigten Steuersatz unterliegen (§ 34 Abs. 3, § 34a, § 34b EStG) oder wenn der Spitzensteuersatz für bestimmte Einkunftsarten reduziert wird (zu den Tarifermäßigungen s. Rn 651 ff). Demgegenüber handelt es sich um *Steuerbetragsermäßigungen*, wenn Abzüge von der Steuerschuld durch das Steuergesetz zugelassen werden (vgl zB §§ 34c–35b EStG).

---

168 BVerfG, 2 BvR 2194/99, BVerfGE 115, 97 (116 f).

169 BVerfG, 2 BvL 37/91, BVerfGE 93, 121 (137 f) für die Vermögensteuer.

170 BVerfG, 2 BvL 5, 8, 14/91, BVerfGE 87, 153 (170); *Tappe*, in: KSM, EStG, § 32a Rn A 114.

171 *Elicker*, StuW 2000, 3; *Suttmann*, Die Flat Tax, 2007; *P. Kirchhof*, Bundessteuergesetzbuch, 2011, S. 360, 374.

§ 2 Verfassungs- und unionsrechtliche Grundlagen der Besteuerung

A. Finanzverfassungsrechtliche Grundlagen

Das Grundgesetz verwendet den Begriff *Steuer*, ohne ihn zu definieren. Daneben gibt es Abgaben (Gebühren, Beiträge, Sonderabgaben, dazu Rn 104 ff), die nicht in den Art. 105 ff GG geregelt sind, sondern auf die allgemeinen Sachgebietskompetenzen gestützt werden. Schon aus kompetenzrechtlichen Gründen ist deshalb eine Begriffsbestimmung der Steuer erforderlich. 97

Fall 2: Angesichts der wachsenden Jugendarbeitslosigkeit möchte die Bundesregierung eine steuerliche Maßnahme zur Schaffung von Ausbildungsplätzen ergreifen. Die Vorschläge zielen darauf ab, eine Berufsausbildungsabgabe einzuführen, deren Erträge der Schaffung und Sicherung von Ausbildungsplätzen dienen sollen (Ausbildungsplatzförderungsgesetz). Die Abgabe soll durch die nach Landesrecht zuständigen Behörden eingezogen werden. Besteht hierfür eine Gesetzgebungskompetenz? **Rn 115** 98

Fall 3: Das Land L will die finanzielle Situation der Hochschulen verbessern und führt daher für Gasthörer eine sog. Rückmeldegebühr ein. Danach ist „für die Immatrikulation und die Bearbeitung jeder Rückmeldung [...] eine Gebühr von 50 €" zu entrichten. Die Bearbeitung jeder Rückmeldung bei den Universitätsverwaltungen verursacht einen durchschnittlichen Verwaltungsaufwand von 2 Minuten, was Kosten in der Größenordnung von etwa 4,30 € entspricht. Wäre eine solche Gebühr zulässig? **Rn 116** 99

I. Der Steuerbegriff

Bereits *Otto Mayer* definierte die Steuer als „eine Geldzahlung, welche dem Unterthanen durch die Finanzgewalt nach einem allgemeinen Maßstabe auferlegt ist"[1]. Diese Begriffsbestimmung fand Niederschlag in § 1 der Reichsabgabenordnung (RAO) vom 13.12.1919. Danach waren Steuern „einmalige oder laufende Geldleistungen, die nicht eine Gegenleistung für eine besondere Leistung darstellen und von einem öffentlichrechtlichen Gemeinwesen zur Erzielung von Einkünften allen auferlegt werden, bei denen der Tatbestand zutrifft, an den das Gesetz die Leistungspflicht knüpft". 100

1. Merkmale des Steuerbegriffs

Der Steuerbegriff des Grundgesetzes (Art. 105 ff) knüpft zwar an das traditionelle Begriffsverständnis an, ist jedoch „im Funktionszusammenhang der bundesstaatlichen Finanzverfassung" auszulegen[2]. Er ist also nicht mit dem in § 3 Abs. 1 AO normierten Steuerbegriff identisch. Einigkeit besteht jedoch darüber, dass der einfachgesetzliche Steuerbegriff bei der Bestimmung des verfassungsrechtlichen Steuerbe- 101

1 *Mayer*, Deutsches Verwaltungsrecht I, 1895, S. 386.
2 BVerfG, 2 BvF 3/77, BVerfGE 55, 274 (299); 2 BvL 19/83 ua, BVerfGE 67, 256 (282).

griffs eine wichtige Auslegungshilfe ist[3]. Solange sich aus dem Gesamtzusammenhang der Finanzverfassung des Grundgesetzes keine Abweichung gegenüber dem Steuerbegriff der AO ergibt, können beide Begriffe synonym verwendet werden[4].

102 § 3 Abs. 1 AO hat den traditionellen Steuerbegriff der Reichsabgabenordnung inhaltlich unverändert übernommen. Die Abweichungen des § 3 Abs. 1 AO 1977 gegenüber § 1 Abs. 1 RAO waren überwiegend redaktioneller Art[5]. Allerdings stellte die Aufnahme des § 3 Abs. 1 HS 2 AO, wonach „die Erzielung von Einnahmen auch Nebenzweck sein kann", nun ausdrücklich klar, dass Steuern in einer modernen Industriegesellschaft auch als Mittel der Wirtschaftslenkung eingesetzt werden können[6]. Von einer Steuer kann also auch dann gesprochen werden, wenn mit einer Abgabe in erster Linie **Lenkungszwecke** verfolgt werden und ihr lediglich „Ertragsrelevanz" zukommt[7].

103 Steuern sind gem. § 3 Abs. 1 AO

(1) Geldleistungen,

Sach- und Dienstleistungen wie die Wehrpflicht scheiden damit aus. Die Geldleistungspflicht kann auch unbar (vgl § 224 AO) oder (im Fall des § 224a AO) sogar durch Hingabe von Kunstgegenständen „an Zahlungs statt" erfüllt werden.

(2) die nicht eine Gegenleistung für eine besondere Leistung darstellen,

Stellt die Geldleistung die Gegenleistung für eine besondere, dem Abgabepflichtigen individuell zurechenbare Leistung des öffentlich-rechtlichen Gemeinwesens dar, so handelt es sich nicht um eine Steuer, sondern um eine *Vorzugslast* (Beitrag oder Gebühr; dazu unten Rn 104 ff).

(3) und von einem öffentlich-rechtlichen Gemeinwesen auferlegt werden,

Der Rechtsgrund für die Geldleistungspflicht muss von einem öffentlich-rechtlichen Gemeinwesen einseitig und ohne Rücksicht auf den Willen des Verpflichteten bestimmt werden[8]. Freiwillige Leistungen oder Leistungen aufgrund einer vertraglich übernommenen Verpflichtung scheiden damit von vornherein aus dem Steuerbegriff aus. Überdies können Steuern lediglich von einem öffentlich-rechtlichen Gemeinwesen, also aufgrund eines *Hoheitsrechts*[9] auferlegt werden.

(4) zur Erzielung von Einnahmen, wobei die Einnahmeerzielung auch Nebenzweck sein kann.

Die Geldleistung muss zur Erzielung von Einnahmen auferlegt sein. Insb müssen die Einnahmen endgültig erzielt werden und dürfen nicht zur Rückzahlung vorgesehen sein[10]. Allerdings kann die Einnahmeerzielung auch Nebenzweck sein. Hieraus ergibt sich die Unterscheidung zwischen *Fiskalzwecknormen*, also Normen, bei denen die Erzielung eines Steuer*ertrages* im

3 *Waldhoff*, in: Isensee/Kirchhof, HStR V, § 116 Rn 85.
4 *Wernsmann*, in: HHSp, § 3 AO Rn 37.
5 Vgl hierzu *Seer*, in: Tipke/Lang, § 2 Rn 10.
6 BVerfG, 2 BvL 19/83 ua, BVerfGE 67, 256 (282); 2 BvR 1991, 2004/95, BVerfGE 98, 106 (117); 1 BvR 1748/99 ua, BVerfGE 110, 274 (292).
7 *Knies*, Steuerzweck und Steuerbegriff, 1976, S. 60 ff.
8 *Wernsmann*, in: HHSp, § 3 AO Rn 79. Ggf bestehende Wahlrechte oder eine Mitwirkung des Steuerpflichtigen ändern grundsätzlich nichts an der Einseitigkeit der Auferlegung, BFH, I R 124/04, BStBl II 2011, 547.
9 So bereits RFH, II 253/38, RFHE 47, 161 (162); II 395/37, RFHE 45, 90 (91).
10 BVerfG, 2 BvL 19/83 ua, BVerfGE 67, 256 (281).

Vordergrund steht, und *Lenkungsnormen*, also Normen, mit denen der Gesetzgeber in erster Linie sozialpolitische oder wirtschaftspolitische Zwecke verfolgt (dazu Rn 199 ff).

(5) Solche Geldleistungen sind allen aufzuerlegen, bei denen der Tatbestand zutrifft, an den das Gesetz die Leistungspflicht knüpft.

Dieses in § 3 Abs. 1 AO zusätzlich genannte Merkmal ist streng genommen nicht Bestandteil des Steuer*begriffs*[11], sondern umschreibt nur die strenge Gesetzesbindung im Steuerrecht (zur Tatbestandsmäßigkeit und Gleichmäßigkeit der Besteuerung vgl unten Rn 155 ff).

2. Abgrenzung zu den Vorzugslasten (Gebühren und Beiträge)

Steuern sind nach § 3 Abs. 1 AO nur solche Abgaben, die nicht eine Gegenleistung **104**
für eine besondere Leistung des Staates darstellen. Stellt die Geldleistung die *Gegenleistung* für eine besondere, dem Abgabepflichtigen individuell zurechenbare Leistung des öffentlich-rechtlichen Gemeinwesens dar, so handelt es sich nicht um eine Steuer, sondern um eine *Vorzugslast.*

Nicht unproblematisch sind vor diesem Hintergrund Beiträge, die praktisch jeden Einwohner treffen und sich auf diese Weise der voraussetzungslosen Steuer annähern. Dennoch wird man auch den als Haushaltspauschale ausgestalteten Rundfunkbeitrag (§ 2 RBStV) noch als verfassungsrechtlich zulässige (stark typisierte) Vorzugslast ansehen können[12]. Eine Vorzugslast wird nicht deshalb zur Steuer, weil sie eine Vielzahl von Bürgern trifft[13] oder die staatliche Leistung verpflichtend als „Vorzug" empfangen werden muss (zB Ausstellung des Personalausweises).

Zu den Vorzugslasten zählt man vor allem die Gebühren und Beiträge. **Gebühren** **105**
sind nach der Begriffsbestimmung durch die Kommunalabgabengesetze der Länder (zB § 4 Abs. 2 KAG NRW) „Geldleistungen, die als Gegenleistung für eine besondere Leistung – Amtshandlung oder sonstige Tätigkeit – der Verwaltung (Verwaltungsgebühren) oder für die Inanspruchnahme öffentlicher Einrichtungen und Anlagen (Benutzungsgebühren) erhoben werden". **Beiträge** sind gem. § 8 Abs. 2 KAG NRW „Geldleistungen, die dem Ersatz des Aufwandes für die Herstellung, Anschaffung und Erweiterung öffentlicher Einrichtungen und Anlagen […] dienen". Während also die Gebühr ein Entgelt für eine besondere tatsächliche Leistung der Verwaltung darstellt, ist der Beitrag ein Entgelt für die dem Einzelnen gewährte *Möglichkeit*, aus konkreten Aufwendungen der Verwaltung einen individuellen Nutzen zu ziehen. Dementsprechend sind die sog. Studiengebühren rechtlich gesehen Beiträge, da sie für die Möglichkeit der Inanspruchnahme der vom Staat zur Verfügung gestellten Einrichtung Universität erhoben werden[14]. Auch die Rundfunkabgabe, die an die Verfügungsmacht über Wohnungen und Betriebstätten anknüpft, ist ein Beitrag[15].

---

11 Unscharf BVerfG, 2 BvR 1493/89, BVerfGE 84, 239 (270 f): Belastungsgleichheit als „konstituierendes" Merkmal der Steuer.

12 BVerfG, 1 BvR 1675/16 ua, NJW 2018, 3223; *P. Kirchhof*, Die Finanzierung des öffentlich-rechtlichen Rundfunks, 2010, 44 ff.

13 BVerfG, 1 BvR 668/10 ua, BVerfGE 137, 1 (22); BVerfG, 1 BvR 1675/16 ua, NJW 2018, 3223 (3226).

14 OVG NRW, 15 A 1596/07, NWVBl 2008, 144 (148); offen gelassen in BVerwG, 6 C 16/08, BVerwGE 134, 1 (5).

15 BVerfG, 1 BvR 1675/16 ua, NJW 2018, 3223 (3224 ff, insb Rn 58); *Tappe/Wernsmann*, Öffentliches Finanzrecht, Rn 274; aA *Korioth/Koemm*, DStR 2013, 833.

106 Im Zeitalter moderner Dienstleistung ist vor allem die Erhebung von Gebühren für Leistungen der öffentlichen Verwaltung von besonderer Bedeutung. Aus der Sicht des Gebührenschuldners ist die Gebühr *Gegenleistung* für den ihm vom Staat zugewandten Vorteil, aus der Sicht des Staates ist sie *Ausgleich der zur Leistungserbringung erforderlichen Kosten*. Die Höhe der Gebühr hat sich somit in erster Linie am sog. *Kostendeckungsprinzip* zu orientieren, wobei allerdings auch Gesichtspunkte des Vorteilsausgleichs und der Verhaltenslenkung eine Rolle spielen können[16]. Die Erhebung von Gebühren darf aber nicht zu einer Aushöhlung des verfassungsrechtlich abgesicherten Steuerertragssystems führen. Aus der Begrenzungs- und Schutzfunktion der Finanzverfassung[17] (Formenklarheit und Formenbindung, Rn 60, 108) ergeben sich daher Grenzen für die Höhe der Gebühr[18]. Die neuere Rspr des BVerfG lässt verschiedene Gebührenzwecke zu (Kostendeckung, Vorteilsausgleich, Lenkungszwecke, soziale Zwecke), die jeweils zugleich die Grenzen einer zulässig bemessenen Gebühr, dh deren verfassungsrechtlich zulässige Höhe markieren[19]. Soweit für die besondere Leistung der Verwaltung keine feste, sondern eine nach der Intensität der Inanspruchnahme variierende Gebühr auferlegt wird, gilt der *Wirklichkeits- und Wahrscheinlichkeitsmaßstab* als richtiger Anknüpfungspunkt für die Ermittlung der Gebührenhöhe im Einzelfall. Danach ist primär auf die tatsächliche Inanspruchnahme der öffentlichen Leistung abzustellen oder (soweit dies nicht möglich ist) auf Kriterien zurückzugreifen, die mit der wirklichen Inanspruchnahme in (engem) Zusammenhang stehen.

3. Abgrenzung zu den Sonderabgaben

107 Abgaben, denen keine zurechenbare Gegenleistung gegenübersteht, die aber im Unterschied zu Steuern nicht von der Gesamtheit der Steuerbürger, sondern nur von bestimmten Gruppen erhoben werden und zur Finanzierung besonderer Aufgaben dienen, werden im Anschluss an *Werner Weber*[20] als **Sonderabgaben** bezeichnet. Sonderabgaben sind Geldleistungspflichten, die wie die Steuer „voraussetzungslos" (dh unabhängig von einer empfangenen oder bevorzugt angebotenen Gegenleistung des Staates) geschuldet werden, deren Aufkommen aber regelmäßig nicht in den allgemeinen Staatshaushalt fließt, sondern in Sonderfonds verwaltet wird[21].

108 Sonderabgaben sind verfassungsrechtlich anerkannt, aber dennoch nicht unproblematisch. Dies rührt daher, dass sie in Konkurrenz zu den ebenfalls voraussetzungslos geschuldeten Steuern treten. Die Finanzverfassung des Grundgesetzes trifft in Art. 104a ff GG detaillierte Regelungen über die Finanzausstattung des Staates, insb die Gesetzgebungs-, Ertrags- und Verwaltungskompetenzen. Da die Finanzverfassung weitgehend nur Aussagen über die Steuer als Finanzierungsmittel trifft, ist davon auszugehen, dass der Staat seinen Finanzbedarf im Wesentlichen über Steuern decken muss – **Prinzip des Steuerstaates**[22] (oben Rn 60).

16 BVerfG, 2 BvL 9/98 ua, BVerfGE 108, 1 (18); *Tappe/Wernsmann*, Öffentliches Finanzrecht, Rn 280 ff.

17 BVerfG, 2 BvL 6/13, NVwZ 2017, 1037 (1038).

18 BVerfG, 2 BvL 5/76, BVerfGE 50, 217 (226); 1 BvR 178/97, BVerfGE 97, 332 (345). Zur sog. Rückmeldegebühr an den Hochschulen BVerfG, 2 BvL 9/98 ua, BVerfGE 108, 1 (13 ff) und BVerfG, 2 BvL 51/06 ua, BVerfGE 132, 334 (348 ff).

19 BVerfG, 2 BvL 9/98 ua, BVerfGE 108, 1 (18); vgl *Tappe/Wernsmann*, Öffentliches Finanzrecht, Rn 280 ff.

20 *Weber*, Die Dienst- und Leistungspflichten der Deutschen, 1943, S. 82 f.

21 BVerfG, 2 BvL 5/95, BVerfGE 101, 141 (148).

22 BVerfG, 2 BvL 9/85, BVerfGE 78, 249 (266 f); 2 BvR 413/88, BVerfGE 93, 319 (342); stRspr.

Die Gesetzgebungskompetenz für Sonderabgaben richtet sich nicht nach Art. 105 GG, sondern nach den Sachkompetenzen[23]. Dadurch kann die *finanzverfassungsrechtliche Kompetenzverteilung* unterlaufen werden. Auch die Ertragsverteilung nach Art. 106 GG gilt nur für Steuern, nicht für Sonderabgaben; diese stehen der Körperschaft zu, die die Regelung über die Sonderabgaben getroffen hat. Zudem gefährdet die Sonderabgabe, da ihr Aufkommen nicht in den allgemeinen Haushalt fließt, das *Budgetrecht des Parlaments* und verfälscht die an den Haushalt anknüpfenden Maßgrößen. Schließlich weist die Sonderabgabe bestimmten Bürgern eine besondere Finanzverantwortlichkeit zu und stellt damit die *Belastungsgleichheit der Bürger*, die die Steuer zu gewährleisten versucht, infrage[24]. 109

Aus diesen Gründen sind Sonderabgaben nur unter **engen Voraussetzungen** verfassungsrechtlich zulässig. Es ist zu unterscheiden zwischen Sonderabgaben, die hauptsächlich einen *Finanzierungszweck* verfolgen, und Sonderabgaben, die im Schwerpunkt auf *Verhaltenslenkung* gerichtet sind[25]. Sonderabgaben mit Lenkungszweck sollen dem Betroffenen einen wirtschaftlichen Anreiz geben, sich in einer bestimmten Weise zu verhalten. So soll etwa die Schwerbehindertenabgabe[26] die Arbeitgeber anhalten, Schwerbehinderte einzustellen. Tut der Arbeitgeber dies nicht, wird er mit der Abgabe belastet. Sonderabgaben mit *Finanzierungszweck* sind als „seltene Ausnahme“[27] nur unter folgenden Voraussetzungen[28] zulässig: 110

- Der Gesetzgeber muss, um sich auf die Sachkompetenzen der Art. 70 ff GG stützen zu können, einen **Sachzweck** verfolgen, der über die bloße Mittelbeschaffung hinausgeht[29]. 111
- Die Sonderabgabe darf nur einer **homogenen Gruppe** auferlegt werden, die durch eine vorgegebene Interessenlage oder durch besondere Gemeinsamkeiten von der Allgemeinheit und anderen Gruppen klar abgrenzbar ist. Der Gesetzgeber muss darauf achten, die Gruppe im Hinblick auf den Sachzweck willkürfrei zu definieren[30].
- Diese mit der Abgabe belastete Gruppe muss der zu finanzierenden Aufgabe evident näher stehen als jede andere Gruppe oder die Allgemeinheit der Steuerzahler – besondere **Finanzierungsverantwortlichkeit**, Gruppenverantwortung, Sachnähe[31].
- Das Aufkommen der Abgabe muss **gruppennützig** – dh überwiegend im Interesse der Gesamtgruppe – **verwendet** werden.

---

23 BVerfG, 2 BvR 1139/12 ua, BVerfGE 136, 194 (241).

24 BVerfG, 2 BvR 633/86, BVerfGE 91, 186 (202 f); 1 BvL 18/93 ua, BVerfGE 92, 91 (113); 2 BvL 5/95, BVerfGE 101, 141 (147), 2 BvR 852/07, BVerfGE 124, 235 (244 f); *Tappe/Wernsmann*, Öffentliches Finanzrecht, Rn 304.

25 BVerfG, 2 BvL 1/99 ua, BVerfGE 108, 186 (219); 2 BvL 54/06, BVerfGE 122, 316 (334); *Thiemann*, AöR 2013 (138), 60.

26 BVerfG, 1 BvL 56/78 ua, BVerfGE 57, 139.

27 BVerfG, 2 BvL 1/99 ua, BVerfGE 108, 186 (217); stRspr.

28 BVerfG, 2 BvL 13/88 ua, BVerfGE 82, 159 (179 ff); stRspr.

29 BVerfG, 2 BvR 1564/12 ua, BVerfGE 135, 155; 2 BvR 1139/12 ua, BVerfGE 136, 194.

30 BVerfG, 2 BvR 1564/12 ua, BVerfGE 135, 155; 2 BvR 1139/12 ua, BVerfGE 136, 194.

31 Abgelehnt hat das BVerfG eine Finanzierungsverantwortung für fremdes Fehlverhalten. Abfallexporteure können nicht über eine Sonderabgabe gezwungen werden, die staatliche Rückführung illegaler Abfallexporte zu finanzieren, BVerfG, 2 BvR 2335/95 ua, BVerfGE 113, 128 ff (Solidarfonds Abfallrückführung).

- Zudem sind Sonderabgaben, die über längere Zeiträume erhoben werden, in angemessenen Zeitabständen zu überprüfen[32] und in einer dem Haushaltsplan beigefügten Anlage vollständig zu dokumentieren (haushaltsrechtliche Informationspflicht)[33].

112 Liegen diese Voraussetzungen nicht vor, so kann die Abgabe auch nicht auf die jeweilige Sachkompetenz gestützt werden. Für (wesentlich seltenere) *Lenkungsabgaben* ohne Finanzierungszweck wie die Schwerbehindertenausgleichsabgabe sollen die Gruppenverantwortung und die gruppennützige Verwendung des Aufkommens nicht erforderlich sein[34].

113 Fraglich ist, ob die nichtsteuerliche Abgabe, wenn die Voraussetzungen nicht erfüllt sind, wegen Verstoßes gegen die Kompetenznormen des GG (weder nach Art. 70 ff noch nach Art. 105 f GG zulässig) *formell* verfassungswidrig, oder wegen Verstoßes gegen das Steuerstaatsprinzip *materiell* verfassungswidrig ist.

Das BVerfG tendiert hier zu einer formellen Betrachtung und geht davon aus, dass die Kompetenznormen des GG nicht nur bestimmen, welcher Gesetzgeber (Bund oder Land) zum Erlass einer Regelung zuständig ist, sondern zugleich auch den Umfang der Regelungsbefugnis festlegen[35]. Aus der Begrenzungs- und Schutzfunktion der bundesstaatlichen Finanzverfassung (Art. 104a ff GG) folge eine Grenze für Abgaben, die der Gesetzgeber in Wahrnehmung einer ihm zustehenden Sachkompetenz auferlegt[36]. Für eine materielle Anknüpfung spricht hingegen, dass es nach der Systematik des GG zweifelhaft ist, Rechtsbereiche anzuerkennen, für die keinerlei Gesetzgebungszuständigkeit begründet ist[37].

114 Auf sog. **Zwecksteuern** – das sind Steuern, deren Verausgabung für einen bestimmten Zweck gesetzlich festgelegt ist (Beispiele: Das Aufkommen an Mineralölsteuer [jetzt: Energiesteuer] ist für Zwecke des Straßenwesens zu verwenden, Art. 1 Satz 1 StrFinG[38]) – sind die strengen Zulässigkeitsanforderungen für Sonderabgaben nicht zu übertragen[39]. Der Gesetzgeber sucht insoweit nicht eine Gesetzgebungskompetenz außerhalb der Finanzverfassung, das Budgetrecht des Parlaments wird nicht eingeschränkt. Allerdings durchbrechen echte Zweckbindungen von Steuern den haushaltsrechtlichen Grundsatz der Gesamtdeckung (Nonaffektation), so dass sie stets der Rechtfertigung bedürfen[40].

115 **Lösung Fall 2** (Rn 98): Eine Kompetenz des Bundes zur Einführung der Berufsausbildungsabgabe könnte sich aus Art. 105 Abs. 2 GG ergeben. Dann müsste es sich hierbei um eine Steuer handeln. Steuern sind insb Geldleistungen zur Erzielung von Einnahmen, wobei die Einnahmeerzielung auch Nebenzweck sein kann (vgl oben Rn 102). Das Aufkommen der Berufsausbildungsabgabe dient jedoch weder als Haupt- noch als Nebenzweck der De-

32 BVerfG, 2 BvF 3/77, BVerfGE 55, 274 (308); stRspr.
33 BVerfG, 2 BvL 1/99 ua, BVerfGE 108, 186 (218); 2 BvR 1139/12 ua, BVerfGE 136, 194.
34 BVerfG, 1 BvL 56/78 ua; BVerfGE 57, 139 (167 f, 169).
35 Vgl BVerfG, 2 BvF 3/77, BVerfGE 55, 274 (298); 2 BvR 2335/95 ua, BVerfGE 113, 128 (146 f).
36 BVerfG, 2 BvR 413/88 ua, BVerfGE 93, 319 (342). Ähnlich auch BVerfG, 2 BvL 6/13, NVwZ 2017, 1037 (1038, 1048).
37 Vgl *Wernsmann*, Verhaltenslenkung in einem rationalen Steuersystem, 2005, S. 472.
38 G v. 28.3.1960 idF v. 14.8.2017 (Straßenbaufinanzierungsgesetz, BGBl I 2017, 3122).
39 BVerfG, 2 BvR 1275/79, BVerfGE 65, 325 (344); stRspr; *Wernsmann*, DRV 2001, 67 (79); aA *Herdegen/Schön*, Ökologische Steuerreform, Verfassungsrecht und Verkehrsgewerbe, 2000, S. 42 ff.
40 *Waldhoff*, StuW 2002, 285 (307); differenzierend zum haushaltsrechtlichen Nonaffektationsprinzip *Tappe*, Das Haushaltsgesetz als Zeitgesetz, 2008, S. 44 ff.

ckung des öffentlichen Finanzbedarfs. Die Mittel sollen vielmehr *zweckgebunden* der Schaffung und Sicherung von Ausbildungsplätzen dienen[41]. Der Bund kann daher seine Kompetenz zur Einführung der Berufsausbildungsabgabe nicht aus Art. 105 Abs. 2 GG herleiten. Allerdings hat der Bundesgesetzgeber nach Art. 74 Abs. 1 Nr 11 GG die Kompetenz zur Erhebung der im Ausbildungsplatzförderungsgesetz vorgesehenen Sonderabgabe, denn zum „Recht der Wirtschaft“ gehört auch der Bereich der praktischen beruflichen Ausbildung, die traditionell und strukturell von den in der Wirtschaft tätigen Arbeitgebern wahrzunehmen ist. Da nach dem zu beurteilenden Entwurf der Bund den Ländern die umfassende Verwaltungszuständigkeit belassen will, ist eine Zustimmung des Bundesrates nicht erforderlich[42]. Auch in materieller Hinsicht erfüllt die Berufsausbildungsabgabe die Voraussetzungen einer verfassungsrechtlich zulässigen Sonderabgabe. Die Ausbildungsabgabe soll nicht der Deckung des allgemeinen staatlichen Finanzbedarfs dienen, denn aufgrund ihrer Zweckbindung zugunsten der Schaffung bzw Sicherung von Arbeitsplätzen fällt ihr Aufkommen dem öffentlichen Gemeinwesen nicht zu. Die mit der Ausbildungsabgabe belastete Gruppe der Arbeitgeber ist auch von der Allgemeinheit bzw anderen Gruppen zuverlässig abgrenzbar und deshalb *homogen*. Den Arbeitgebern kommt nach der Sozialwirklichkeit ferner eine *spezifische Gruppenverantwortung* zu, denn das in Deutschland bestehende duale Berufsausbildungssystem mit den Lehrarten „Schule“ einerseits und „Betrieb“ (Behörde) andererseits begründet eine spezifische Verantwortung der Arbeitgeber für ein ausreichendes Angebot an betrieblichen Ausbildungsplätzen. Unterstellt man, dass die Berufsausbildungsabgabe im Interesse der Gruppe der abgabenpflichtigen Arbeitgeber, also „gruppennützig“, verwendet wird, ist damit die Einführung einer Berufsausbildungsabgabe verfassungsrechtlich zulässig.

Lösung Fall 3 (Rn 99): Die Rückmeldegebühr im Bereich der Hochschulen unterfällt gem. Art. 70 Abs. 1 GG grundsätzlich der Gesetzgebungskompetenz der Länder. Das Wort „für“ bringt zum Ausdruck, dass die Rückmeldegebühr *dem Grunde nach* eine Gegenleistung für die Bearbeitung der Rückmeldung darstellt. Nach dem Wortlaut wird die Gebühr nicht „bei“ der Rückmeldung zur Deckung allgemeiner Kosten der Hochschulverwaltung oder ihrer Einrichtungen erhoben, sondern „für“ die Deckung der speziellen Kosten, die für „die Bearbeitung jeder Rückmeldung“ entstehen. Die Rückmeldegebühr übersteigt jedoch *der Höhe nach* den Wert der Gegenleistung beträchtlich. Wesentliche Teile der Gebühr werden – wie die Steuer – voraussetzungslos erhoben. Die für die Unterscheidung von der Steuer erforderliche Abhängigkeit der Rückmeldegebühr von einer *Gegenleistung* geht infolge ihrer überhöhten Bemessung verloren. Geht man davon aus, dass eine sachliche Rechtfertigung der Rückmeldegebühr durch Lenkungszwecke oder soziale Zwecke ebenfalls ausscheidet, ist die Gebühr im **Fall 3** zur Finanzierung allgemeiner Kosten im Hochschulbereich verfassungsrechtlich nicht zulässig[43]. 116

II. Die Steuergesetzgebungshoheit

Im Verhältnis zum Kompetenzkatalog der Art. 73 ff GG enthält die Finanzverfassung für den Bereich der *Steuern* in Art. 105 GG Spezialregelungen. Art. 105 GG unterscheidet zwischen der ausschließlichen und der konkurrierenden Gesetzgebungskompetenz des Bundes sowie der Gesetzgebungskompetenz der Länder. 117

41 BVerfG, 2 BvF 3/77, BVerfGE 55, 274 (309).

42 An dem Zustimmungsvorbehalt nach Art. 84 Abs. 1 GG aF scheiterte das Ausbildungsförderungsgesetz von 1976, vgl BVerfG, 2 BvF 3/77, BVerfGE 55, 274 (318 ff).

43 BVerfG, 2 BvL 9/98 ua, BVerfGE 108, 1 (12 ff); 2 BvL 51, 52/06, BVerfGE 132, 334 (348 ff).

118 **Fall 4**[44]**:** Die nordrhein-westfälische Gemeinde A, die große Finanzprobleme hat, sucht eine neue Geldquelle. Aus der Mitte des Gemeinderates kommen zwei Vorschläge. Zum einen soll von jedem Gemeindebewohner ein Zuschlag zur Einkommensteuer erhoben werden. Da auf dem Gemeindegebiet viel geritten wird, soll zum anderen eine Steuer auf das Halten von Pferden erhoben werden. Könnte die Gemeinde entsprechende Steuersatzungen erlassen? **Rn 132**

1. Die ausschließliche Gesetzgebungskompetenz des Bundes

119 Nach dem Wortlaut des Art. 105 Abs. 1 GG hat der Bund die ausschließliche Gesetzgebungszuständigkeit über die Zölle und Finanzmonopole. Die Länder haben demnach in diesem Bereich auch dann kein Gesetzgebungsrecht, wenn der Bund von seiner Befugnis zur Regelung dieser Abgabentatbestände keinen Gebrauch macht, es sei denn, es liegt iSd Art. 71 GG eine entsprechende ausdrückliche Ermächtigung hierzu in einem Bundesgesetz vor.

120 **Zölle** sind Abgaben im grenzüberschreitenden Verkehr, die an die Einfuhr einer Ware in das Zollgebiet (Einfuhrzoll) oder an die Ausfuhr einer Ware anknüpfen (Ausfuhrzoll). Nach § 3 Abs. 3 AO sind die Einfuhr- und Ausfuhrabgaben iSd Art. 5 Nr 20 und 21 UZK[45] Steuern. Sie fallen auch unter den verfassungsrechtlichen Steuerbegriff. Dies ergibt sich schon daraus, dass in Art. 105 Abs. 2 GG von den „übrigen Steuern" die Rede ist. Überdies belasten Zölle wie die Verbrauchsteuern den Endverbraucher und sind daher auf Überwälzung angelegt (vgl auch oben Rn 76).

Das Zollrecht ist allerdings infolge der europäischen Integration mittlerweile fast ausschließlich europäisches Recht[46], die Erträge aus der Erhebung von Zöllen stehen der EU zu.

121 Als **Finanzmonopole** bezeichnet man öffentliche Monopole in der Herstellung oder im Vertrieb von Waren zur Erzielung von Einnahmen. Weil der Staat hier private Wettbewerber verdrängt, geraten solche Monopole mit Art. 12 Abs. 1 GG in Konflikt.

Das Branntweinmonopol als letztes deutsches Finanzmonopol ist zum 31.12.2017 abgeschafft worden[47]. Dieses war zuletzt nicht mehr zur Einnahmeerzielung, sondern als Subventionierung kleinerer Brennereien genutzt worden und daher mit dem Unionsrecht unvereinbar[48].

2. Die konkurrierende Gesetzgebungskompetenz des Bundes

122 Art. 105 Abs. 2 GG gewährt dem **Bund** die konkurrierende Gesetzgebung für die „übrigen Steuern, wenn ihm deren Erträge ganz oder teilweise zustehen oder die Voraussetzungen des Art. 72 Abs. 2 GG vorliegen". Über Art. 106 GG ergibt sich eine gewisse Bindung an die Steuertypen des Grundgesetzes[49], ein freies **Steuererfin-**

44 Nach BayVGH, 100 IV 77, NVwZ 1983, 758 f.
45 VO (EU) Nr 952/2013 v. 9.10.2013, ABl Nr L 269, S. 1.
46 Dazu *Witte/Wolffgang*, Lehrbuch des europäischen Zollrechts, 9. Aufl 2018, S. 6 ff.
47 G v. 21.6.2013, BGBl I 2013, 1650.
48 VO (EU) 1234/2010 v. 15.12.2010, ABl L 346/11.
49 Dazu *Wernsmann*, StuW 2018, 100; *Tappe*, EurUP 2017, 186 (188 ff).

dungsrecht besteht nach dem BVerfG nicht[50]. Es wird unterschieden zwischen Steuern, deren Erträge gem. Art. 106 GG dem Bund ganz oder zum Teil zufließen und Steuern, deren Erträge zwar den Ländern zufließen, hinsichtlich derer aber gem. Art. 72 Abs. 2 GG im gesamtstaatlichen Interesse eine bundesgesetzliche Regelung *erforderlich* ist. Hat also der Bund (zumindest auch) die Ertragskompetenz über eine Steuer, kommt es im Unterschied zur allgemeinen Regelung der konkurrierenden Gesetzgebung in Art. 72 Abs. 2 GG nicht darauf an, ob eine bundesgesetzliche Regelung erforderlich ist.

Für Steuern, deren Erträge *allein* den **Ländern** (oder den Gemeinden bzw Gemeindeverbänden) zufließen, Art. 106 Abs. 2 GG, kommt es darauf an, ob eine bundesgesetzliche Regelung aus den in Art. 72 Abs. 2 GG genannten Gründen *erforderlich* ist. **123**

Die Rspr ist hier recht großzügig. Für die allein den Ländern zustehende Erbschaftsteuer (Art. 106 Abs. 2 Nr 2 GG) hat das BVerfG lapidar festgestellt, dass eine bundesgesetzliche Regelung zur Vermeidung der Rechtszersplitterung, also zur Wahrung der Rechts- und Wirtschaftseinheit erforderlich ist[51]. Während der bis 1994 geltenden aF des Art. 72 Abs. 2 GG wurde dem Bundesgesetzgeber eine Einschätzungsprärogative zuerkannt, was das BVerfG allerdings jetzt ablehnt[52]. Dennoch hat der Bund iErg bislang eine umfassende Befugnis zur Gesetzgebung in Anspruch genommen. Auf Art. 72 Abs. 2 GG aF gestütztes Bundessteuerrecht gilt gem. Art. 125a Abs. 2 GG als Bundesrecht fort, neues Bundessteuerrecht muss sich aber an der Erforderlichkeitsklausel messen lassen. Für die **Grundsteuer** (Rn 70) ist eine ausdrückliche Zuordnung zur konkurrierenden Gesetzgebung geplant (Art. 105 Abs. 2 S. 1 GG-E), die um eine Öffnungsklausel für die Länder ergänzt wird (Art. 72 Abs. 3 S. 1 Nr 7 iVm Art. 125b Abs. 3 GG-E)[53].

Die Frage, wann der Bund seine konkurrierende Gesetzgebungsbefugnis ausgeübt hat und damit die Wahrnehmung der Länderkompetenz nach Art. 105 Abs. 2 GG sperrt, entscheidet sich – wie auch im Fall des Art. 105 Abs. 2a GG (dazu unten Rn 132) – nach dem Merkmal der **Gleichartigkeit**[54]. Nach der Rspr des BVerfG ist eine Landessteuer einer Bundessteuer gleichartig, wenn die steuerbegründenden Tatbestände, also insb Steuergegenstand und Besteuerungsmaßstab, übereinstimmen und die gleiche Quelle wirtschaftlicher Leistungsfähigkeit beansprucht wird[55]. **124**

Für die Beurteilung, ob Steuern in ihren wesentlichen Merkmalen übereinstimmen, muss auf die Wirkungsstruktur der Steuernorm abgestellt werden, dh es müssen Belastungs- und Gestaltungswirkungen der Norm miteinander verglichen werden. Es ist also danach zu fragen, welche Ausprägung der wirtschaftlichen Leistungsfähigkeit (Rn 60 ff) durch den Geldentzug belastet wird und welche Auswirkungen die Steuer auf das wirtschaftliche Verhalten des Einzelnen (Gestaltungswirkungen) entfaltet (dazu näher Rn 196 ff). **125**

50 BVerfG, 2 BvL 6/13, BVerfGE 145, 171 (294 ff).

51 BVerfG, 1 BvL 21/12, BVerfGE 138, 136.

52 BVerfG, 2 BvF 1/01, BVerfGE 106, 62 (136 ff).

53 BT-Drs 19/11084, S. 3.

54 Dazu *Küssner*, Die Abgrenzung der Kompetenzen des Bundes und der Länder im Bereich der Steuergesetzgebung sowie der Begriff der Gleichartigkeit von Steuern, 1992.

55 BVerfG, 2 BvL 31/56 ua, BVerfGE 7, 244 (260); 2 BvL 8/61 ua, BVerfGE 16, 64 (75 f); 2 BvR 154/74, BVerfGE 49, 343 (355); 2 BvR 1275/79, BVerfGE 65, 325 (351); vgl auch BVerfG, 2 BvR 1991/95 ua, BVerfGE 98, 106 (124 f).

126 Die Vorherrschaft des Bundes bei der Steuergesetzgebung wird gem. Art. 105 Abs. 3 GG zumindest partiell dadurch kompensiert, dass Bundesgesetze über Steuern, deren Aufkommen den Ländern oder Gemeinden (Gemeindeverbänden) ganz oder auch nur teilweise zufließt, der **Zustimmung des Bundesrates** bedürfen. Auf diese Weise finden Interessen der Länder bei der Steuergesetzgebung jedenfalls bei eigener Ertragszuständigkeit hinreichende Berücksichtigung.

127 Weichen die Mehrheitsverhältnisse im Bundesrat von denen im Bundestag ab, so kommt es nicht selten zu einer „Gesetzgebungsblockade" und zur Anrufung des Vermittlungsausschusses (Art. 77 Abs. 2 GG), der Kompromisslösungen finden muss. Der Kompromissvorschlag zur Änderung oder Ergänzung der vom Bundestag beschlossenen Vorschriften muss sich aber innerhalb des *Anrufungsbegehrens* halten. Geht er über dieses Anrufungsbegehren hinaus, so liegt ein formeller Fehler des Gesetzgebungsverfahrens vor, der zur Verfassungswidrigkeit des Gesetzes führt[56].

3. Die ausschließliche Gesetzgebungskompetenz der Länder

128 Eine ausschließliche Gesetzgebungskompetenz der Länder besteht nach Art. 105 Abs. 2a Satz 2 GG für die Bestimmung des Steuersatzes bei der Grunderwerbsteuer (Rn 81) und nach Art. 105 Abs. 2a Satz 1 GG für die **örtlichen Verbrauch- und Aufwandsteuern**, „solange und soweit sie nicht bundesrechtlich geregelten Steuern gleichartig sind". Die Vorschrift knüpft damit an die Rechtslage in Art. 105 Abs. 2 Nr 1 GG aF an, welche Steuern „mit örtlich bedingtem Wirkungskreis" der ausschließlichen Gesetzgebungskompetenz der Länder zuordnete[57]. *Verbrauchsteuern* unterscheiden sich von den Aufwandsteuern dadurch, dass sie an verbrauchsfähige Güter anknüpfen, während *Aufwandsteuern* den Einsatz finanzieller Mittel für die Aufrechterhaltung eines tatsächlichen oder rechtlichen Zustandes erfassen (vgl dazu oben Rn 73 ff).

129 Eine Steuer ist als *örtlich* anzusehen, wenn sie an lokale Gegebenheiten, vor allem an die Belegenheit einer Sache oder an einen Vorgang im Gebiet der steuererhebenden Gemeinde, anknüpft und die steuerliche Belastungs- bzw Gestaltungswirkung sich im Wesentlichen auf diesen abgrenzbaren örtlichen Bereich beschränkt[58]. Da ihnen der Ertrag aus diesen Steuern nicht zusteht (Art. 106 Abs. 6 GG), haben die Länder ihr Steuergesetzgebungsrecht nach Art. 105 Abs. 2a GG in den Kommunalabgabengesetzen den Gemeinden übertragen[59].

130 Das BVerfG versteht den Begriff der **Gleichartigkeit** in Art. 105 Abs. 2a GG enger als iRd konkurrierenden Gesetzgebung (Rn 124 f). Danach sollen die *vor* Inkrafttreten des Finanzreformgesetzes 1969 üblichen örtlichen Verbrauch- und Aufwandsteuern von Art. 105 Abs. 2a GG von vornherein unberührt bleiben. Die *später* erfundenen örtlichen Verbrauch- und Aufwandsteuern hält es dann mit „bundesgesetzlich ge-

56 BVerfG, 2 BvR 758/07, BVerfGE 125, 104 (121); 2 BvR 301/98, BVerfGE 101, 297 (306 f); 2 BvL 12/01, BVerfGE 120, 56 (74 f); 2 BvL 1/09, DStR 2019, 380 (383 ff).

57 *Vogel/Walter*, in: Bonner Kommentar GG, Art. 105 Rn 121.

58 BVerfG, 2 BvL 11/61, BVerfGE 16, 306 (326 ff). Vgl zum Kriterium der Örtlichkeit bei der Verpackungsteuer BVerfG, 2 BvR 1991/95 ua, BVerfGE 98, 106 (124).

59 Zur verfassungsrechtlichen Zulässigkeit der Übertragung BVerfG, 2 BvR 1275/79, BVerfGE 65, 325 (343); 2 BvR 1991/95 ua, BVerfGE 98, 106 (123).

regelten Steuern [für] gleichartig" (Art. 105 Abs. 2a GG), wenn der steuerbegründende Tatbestand denselben Belastungsgrund erfasst wie eine Bundessteuer, sich also in *Gegenstand, Bemessungsgrundlage, Erhebungstechnik und wirtschaftlicher Auswirkung* nicht von der Bundessteuer unterscheidet[60].

Beispiel[61]**:** Bei der verfassungsrechtlichen Überprüfung einer *kommunalen Verpackungsteuer* stellte sich die Frage, ob diese der bundesgesetzlich geregelten Umsatzsteuer gleichartig war. Dies verneinte das BVerfG, da die Verpackungsteuer die Verpackungen in ihrer Stückzahl erfasste, während sich die Umsatzsteuer nach dem im Preis ausgedrückten Wert des nachgefragten Gegenstandes richtet. Zudem ziele die Verpackungsteuer auf den umweltschädlichen Verbrauch, während die Umsatzsteuer die beim Konsumenten vermutete wirtschaftliche Leistungsfähigkeit erfassen wolle. Die kommunale Verpackungsteuer war daher der Umsatzsteuer nicht gleichartig.

4. Das Steuersatzungsrecht der Gemeinden

Den Gemeinden und Gemeindeverbänden ist gem. Art. 28 Abs. 2 GG das Recht der kommunalen Selbstverwaltung eingeräumt. Nach Art. 28 Abs. 2 Satz 3 GG umfasst die Gewährleistung der Selbstverwaltung auch die Grundlagen der finanziellen Eigenverantwortung. Eine eigene Steuergesetzgebungshoheit kommt den Gemeinden nach der Finanzverfassung des GG aber nicht zu. Aufgrund der abschließenden Regelung in Art. 105 GG können die Kommunen aus dem Selbstverwaltungsrecht auch keine Befugnis zur Erschließung eigener Steuerquellen herleiten. Auch Art. 28 Abs. 2 Satz 3 HS 2 GG garantiert den Gemeinden nur eine ihnen „mit Hebesatzrecht zustehende wirtschaftskraftbezogene Steuerquelle", räumt ihnen jedoch keine Satzungskompetenz etwa für die Ausgestaltung der Gewerbesteuer ein (vgl dazu Rn 1333); auch die bundesrechtliche Festsetzung eines gewerbesteuerlichen Mindesthebesatzes ist möglich[62]. Soweit den Kommunen die Kompetenz nach Art. 105 Abs. 2a GG übertragen wurde (Rn 128), können sie die örtlichen Verbrauch- und Aufwandsteuern regeln, soweit diese Steuern bundesgesetzlich geregelten Steuern nicht gleichartig sind. Auf dieser Grundlage haben die Gemeinden ua Hundesteuern[63], Spielgeräte- bzw Wettbürosteuern[64], Steuern auf Übernachtungen[65], Zweitwohnungsteuern[66] oder Pferdesteuern[67] erlassen (Rn 77 ff). 131

Lösung Fall 4 (Rn 118): Rechtsgrundlage für die von der nordrhein-westfälischen Gemeinde A zu erlassende Steuersatzung könnte § 3 Abs. 1 Satz 1 KAG NRW sein, wonach Gemeinden „Steuern erheben" können. Zu berücksichtigen ist jedoch, dass es sich hierbei nicht um eine originäre Gesetzgebungsbefugnis handelt. Vielmehr haben die Länder idR ih- 132

60 BVerfG, 2 BvR 1275/79, BVerfGE 65, 325 (351); 2 BvR 1991/95 ua, BVerfGE 98, 106 (124 f).
61 Vgl BVerfG, 2 BvR 1991/95 ua, BVerfGE 98, 106 (124 f).
62 BVerfG, 2 BvR 2185/04 ua, BVerfGE 125, 141.
63 BVerwG, 9 B 61.10, BFH/NV 2011, 1472 (Hundesteuer für bestimmte Rassen).
64 BVerwG, 9 B 80.11, BFH/NV 2012, 1088; BVerwG, 9 C 8.16 ua, juris.
65 BVerwG, 9 CN 1.11, BVerwGE 143, 301; dazu *Thiemann*, ZG 2013, 75. In den Stadtstaaten durch Gesetz, vgl BFH, II R 32/14, BStBl II 2015, 1031.
66 BVerfG, 1 BvR 1232/00, BVerfGE 114, 316.
67 So etwa Bad Sooden-Allendorf (Hessen); krit *Dietlein/Peters*, LKV 2013, 1 zur Mustersatzung des Hessischen Städte- und Gemeindebundes; vgl zur Pferdesteuer auch BVerwG 9 BN 2.15, NVwZ 2016, 620.

re in Art. 105 Abs. 2a Satz 1 GG normierte Steuergesetzgebungskompetenz an die Gemeinden (Gemeindeverbände) weitergegeben. Allerdings kann ein Bundesland über das Kommunalabgabengesetz seine Gesetzgebungsbefugnis nur in dem Umfang an die Gemeinden (GV) weitergeben, wie es die Kompetenz nach Art. 105 Abs. 2a Satz 1 GG besitzt. Die Erhebung einer zusätzlichen Einkommensteuer (Vorschlag 1) wäre daher nicht von § 3 Abs. 1 Satz 1 KAG NRW gedeckt. Demgegenüber kann die Erhebung einer sog. Reitpferdesteuer auf § 3 Abs. 1 Satz 1 KAG NRW gestützt werden. Die Reitpferdesteuer knüpft an das Halten von Reitpferden und damit an einen besonderen Aufwand an. Bei der Aufwandsteuer handelt es sich auch um eine *örtliche Aufwandsteuer* iSv Art. 105 Abs. 2a Satz 1 GG, da die Steuer nur auf die im Gemeindegebiet gehaltenen Reitpferde erhoben werden soll. Fraglich ist, ob die Einführung der Reitpferdesteuer im Gebiet der Gemeinde A durch das *Gleichartigkeitsverbot* gem. Art. 105 Abs. 2a Satz 1 GG gesperrt ist. Die von der Reitpferdesteuer ausgehenden Belastungswirkungen (Belastung des Pferdehalters) sowie die Gestaltungswirkungen (Eindämmung des Reitsportes) gehen jedoch von keiner bundesrechtlich geregelten Steuer aus. Eine Gleichartigkeit mit bundesgesetzlich geregelten Steuern liegt daher nicht vor. Die Gemeinde A könnte also eine entsprechende Steuersatzung zur Besteuerung von Reitpferden erlassen.

III. Die Steuerertragshoheit

133 Neben der Regelung der Gesetzgebungskompetenzen nimmt die Finanzverfassung in den Art. 106 und Art. 107 GG die Verteilung der Steuererträge vor. Die Verteilung der Erträge aus den Steuereinnahmen wird seit jeher als **Finanzausgleich** bezeichnet und erfolgt in einem mehrstufigen Verfahren[68].

1. Die Ausgabenverantwortung im Bundesstaat

134 Eine bundesstaatliche Verfassung gebietet eine Trennung der Zuständigkeiten von Bund und Ländern. Um eine Aushöhlung der Länderzuständigkeiten zu verhindern, wurde deshalb durch die Finanzreform von 1969 ausdrücklich geregelt, dass Bund und Länder gesondert die Ausgaben tragen, die sich aus der Wahrnehmung ihrer Aufgaben ergeben. Von diesem in Art. 104a Abs. 1 GG festgelegten **Konnexitätsprinzip**[69] sieht das GG jedoch auch einige Ausnahmen vor. So trägt etwa der Bund die Ausgaben bei der Auftragsverwaltung gem. Art. 104a Abs. 2 GG. Des Weiteren können gem. Art. 104a Abs. 3 GG Bundesgesetze, die Geldleistungen gewähren, aber von den Ländern ausgeführt werden, bestimmen, dass die Geldleistungen ganz oder zum Teil vom Bund getragen werden. Auch bei der Finanzierung von Gemeinschaftsaufgaben (Art. 91a–91e GG) gibt es Sonderregelungen.

135 Überdies kann der Bund gem. Art. 104b GG **Finanzhilfen** für besonders bedeutsame Investitionen der Länder und Gemeinden gewähren, die zur Abwehr einer Störung des gesamtwirtschaftlichen Gleichgewichts, zum Ausgleich unterschiedlicher Wirtschaftskraft im Bundesge-

---

68 Ausf zu den Ausgaben und zur Verteilung der Einnahmen im Bundesstaat *Tappe/Wernsmann*, Öffentliches Finanzrecht, §§ 3, 5.

69 BVerfG, 2 BvF 1/64, BVerfGE 26, 338 (390); ausf *Tappe*, in: Bonner Kommentar GG, Art. 104a Rn 79 ff.

biet oder der Förderung des wirtschaftlichen Wachstums erforderlich sind. Dies gilt jedoch grundsätzlich nur, soweit der Bund in den entsprechenden Sachbereichen die Gesetzgebungsbefugnis hat. Nur im Fall von Naturkatastrophen oder außergewöhnlichen Notsituationen kann der Bund auch ohne Gesetzgebungsbefugnis Finanzhilfen gewähren, Art. 104b Abs. 1 Satz 2 GG. Art. 104c GG ermöglicht es dem Bund, Ländern und Gemeinden Finanzhilfen im Bereich der kommunalen Bildungsinfrastruktur zu gewähren[70]. Gem. Art. 104d GG kann der Bund mit Finanzhilfen auch gesamtstaatlich bedeutsame Investitionen der Länder und Gemeinden (Gemeindeverbände) im Bereich des sozialen Wohnungsbaus fördern[71]. Anders als im Fall des Art. 104b GG setzen Art. 104c und Art. 104d GG keine Sachgesetzgebungskompetenz des Bundes voraus.

2. Der bundesstaatliche Finanzausgleich

Die als Finanzausgleich bezeichnete Verteilung der Steuererträge auf den Bund und die einzelnen Länder mit ihren Gemeinden wird in den Art. 106 und Art. 107 GG geregelt. Ziel der dort vorgenommenen Verteilung des Steueraufkommens ist es, Bund und Ländern mit Blick auf ihre Aufgabenbelastung iRd vorhandenen Finanzmasse eine angemessene Finanzausstattung zu verschaffen[72]. **136**

Art. 106 GG weist auf einer **ersten Stufe** den Ertrag bestimmter Steuern dem Bund, den Ländern, den Gemeinden und dem Bund und den Ländern gemeinsam zu (sog. **primärer vertikaler Finanzausgleich**). *Vertikal* bedeutet: zwischen Bund und Ländern; *primär* bedeutet: so wie in Art. 106 GG vorgesehen (Erstverteilung). **137**

Die Erträge der meisten Steuern (allerdings nicht der ertragreichsten) werden entweder unmittelbar dem Bund, den Ländern oder den Kommunen zugewiesen. Nach diesem sog. **Trennsystem** darf der Bund die in Art. 106 Abs. 1 GG aufgelisteten Bundessteuern (Zölle[73] und bestimmte Verbrauch- und Verkehrsteuern) für sich vereinnahmen. Demgegenüber stehen die in Art. 106 Abs. 2 GG genannten Landessteuern (ua Erbschaft-, Biersteuer und Spielbankabgabe) den Ländern zu. Für die kommunale Ebene erfolgt eine Ertragszuweisung gem. Art. 106 Abs. 6 GG. Danach stehen den Gemeinden die Gewerbe- und die Grundsteuern (sog. „Realsteuern") zu (vgl auch § 3 Abs. 2 AO). **138**

Die aufkommenstärksten Einzelsteuern, nämlich die Einkommensteuer, die Körperschaftsteuer und die Umsatzsteuer, werden dagegen nach dem sog. **Verbundsystem** verteilt. Bund, Ländergesamtheit und Gemeinden erhalten gem. Art. 106 Abs. 3–5a GG bestimmte Anteile an diesen sog. Gemeinschaftssteuern. **139**

Auf einer **zweiten Stufe** werden die der Länder*gesamtheit* zugewiesenen Steuereinnahmen auf der Grundlage der Regelung des Art. 107 GG auf die einzelnen Bundesländer verteilt (sog. **primärer horizontaler Finanzausgleich**)[74]. Nach Art. 107 **140**

---

70 Näher *Tappe/Wernsmann*, Öffentliches Finanzrecht, Rn 172 ff; Krit *Schmidt*, Gemeindehaushalt 2018, 73 (76 f).

71 Dazu *Tappe/Wernsmann*, Öffentliches Finanzrecht, Rn 175 f.

72 BVerfG, 2 BvF 1/83 ua, BVerfGE 72, 330 (383); *Tappe*, DVBl 2013, 1079 ff; ausf zu den bundesstaatlichen Finanzbeziehungen *Tappe/Wernsmann*, Öffentliches Finanzrecht, Rn 315 ff.

73 Zölle fließen seit dem 1.1.1975 der Europäischen Union zu. Vgl BGBl II 1970, 1261.

74 BVerfG, 2 BvF 2/98 ua, BVerfGE 101, 158 (221); *Tappe/Wernsmann*, Öffentliches Finanzrecht, Rn 327.

Abs. 1 GG wird in Bezug auf die Einkommen- und die Körperschaftsteuer nach dem **Prinzip des örtlichen Aufkommens** verfahren. Auftretende Verzerrungen werden hierbei nach Maßgabe des Art. 107 Abs. 1 Satz 2 GG iVm dem Zerlegungsgesetz korrigiert[75]. Die Verteilung der Umsatzsteuererträge erfolgt gem. Art. 107 Abs. 1 Satz 4 GG von vornherein nicht nach dem Kriterium des örtlichen Aufkommens, sondern, weil die Umsatzsteuer eine *indirekte* Steuer ist (Rn 44), nach Maßgabe der **Einwohnerzahl** der einzelnen Länder. Allerdings werden die Umsatzsteueranteile ab 2020 gem. Art. 107 Abs. 2 GG (Rn 141) in gewissem Umfang umverteilt (zur Regelung bis einschließlich 2019 vgl Vorauflage).

141 Im Anschluss an die primäre Ertragszuweisung wird auf einer **dritten Stufe** gem. Art. 107 Abs. 2 GG eine begrenzte Umverteilung des Umsatzsteueraufkommens unter den Ländern durchgeführt, um die unterschiedliche Finanzkraft der Länder auszugleichen (sog. **sekundärer horizontaler Finanzausgleich** oder auch **Länderfinanzausgleich ieS**)[76]. Bis 2019 erfolgt dies noch durch Transferzahlungen zwischen den Ländern, ab 2020 (s. Art. 143g GG) wird die unterschiedliche Finanzkraft der Länder nur noch einstufig durch Zu- und Abschläge bei der Umsatzsteuerverteilung ausgeglichen (Art. 107 Abs. 2 Satz 2 GG iVm Art. 107 Abs. 1 Satz 4 GG)[77].

142 Auf einer **vierten Stufe** ermächtigt Art. 107 Abs. 2 Satz 5 GG zu Ergänzungszuweisungen des Bundes an leistungsschwache Länder[78] (bis 2019: Art. 107 Abs. 2 Satz 3 GG aF).

IV. Die Steuerverwaltungshoheit

143 Die Verteilung der Steuerverwaltungskompetenzen bestimmt sich nach Art. 108 GG. Entsprechend dem Grundgedanken der Art. 30, Art. 83 GG liegt der Schwerpunkt der Steuerverwaltungshoheit bei den Ländern.

1. Die Verwaltungskompetenz des Bundes

144 Der Bund verwaltet gem. Art. 108 Abs. 1 GG nur die Zölle, die Finanzmonopole, die bundesgesetzlich geregelten Verbrauchsteuern einschließlich der Einfuhrumsatzsteuer, die Kraftfahrzeugsteuer (und sonstige auf motorisierte Verkehrsmittel bezogene Verkehrsteuern) sowie die Abgaben iRd Europäischen Union. Der Aufbau der Bundesbehörden wird durch Bundesgesetz bestimmt (Finanzverwaltungsgesetz). Danach ist **oberste Bundesfinanzbehörde** das BMF, **Oberbehörden** – dh Behörden, die keinen eigenen Verwaltungsunterbau haben – sind das Bundeszentralamt für Steuern und die Generalzolldirektion (§ 1 Nr 2 FVG). **Mittelbehörden** (Art. 108 Abs. 1 Satz 3 GG) existieren auf Bundesebene nicht mehr. **Örtliche Behörden** sind die Hauptzollämter einschließlich ihrer Dienststellen (Zollämter) und die Zollfahndungsämter (s. § 1 Nr 3 FVG).

75 Vgl *Tappe/Wernsmann*, Öffentliches Finanzrecht, Rn 359 ff.
76 BVerfG, 2 BvF 2/98 ua, BVerfGE 101, 158 (221 ff).
77 Näher dazu *Tappe/Wernsmann*, Öffentliches Finanzrecht, Rn 367 ff.
78 BVerfG, 2 BvF 2/98 ua, BVerfGE 101, 158 (223 ff); 2 BvF 3/03, BVerfGE 116, 327 ff; *Tappe/Wernsmann*, Öffentliches Finanzrecht, Rn 393 ff.

2. Die Verwaltungskompetenz der Länder

Die *Landesfinanzbehörden* verwalten gem. Art. 108 Abs. 2 GG alle übrigen Steuern. **145** Sofern es sich dabei um Steuern handelt, deren Erträge ganz oder zum Teil dem Bund zufließen, handeln die Länder nach Art. 108 Abs. 3 Satz 1 GG im Auftrag des Bundes. Der Aufbau der Landesfinanzbehörden ist entsprechend der Bundeskompetenz in Art. 108 Abs. 2 Satz 2 GG ebenfalls im Finanzverwaltungsgesetz geregelt (s. § 2 FVG). Die Landesfinanzbehörden gliedern sich gem. § 2 FVG in die für die Finanzverwaltung zuständige oberste Landesbehörde (Finanzministerium), Oberbehörden, die Oberfinanzdirektionen (OFD) als Mittelbehörden und die Finanzämter als örtliche Behörden. Nach § 2a FVG kann durch Rechtsverordnung auf Mittelbehörden verzichtet werden. In diesem Fall gehen die Befugnisse auf das Landesfinanzministerium (§ 2a Abs. 2 Satz 1 FVG: *oberste* Behörde iSd § 2 Abs. 1 Nr 1 FVG) oder, wenn dies durch Rechtsverordnung gem. § 2a Abs. 2 Sätze 3, 4 FVG angeordnet ist, auf andere Bundes- bzw Landesfinanzbehörden über. Nach § 2 Abs. 1 Nr 2, 3 FVG können auch Oberbehörden (§ 6 FVG) an die Stelle der Oberfinanzdirektionen treten.

Im Hinblick auf das anzuwendende Verfahrensrecht bei der Verwaltung der Steuern ist insb **146** Art. 108 Abs. 5 GG von Bedeutung, auf dessen Grundlage die AO (1977) geschaffen wurde. Demgegenüber beruht die FGO auf Art. 108 Abs. 6 GG.

3. Die Verwaltungskompetenz der Gemeinden

Eine Verwaltungskompetenz für die Gemeinden kann sich gem. Art. 108 Abs. 4 **147** Satz 2 GG ergeben, sofern die Länder ihnen diese für die den Gemeinden allein zufließenden Steuern (Realsteuern, örtliche Verbrauch- und Aufwandsteuern) ganz oder zum Teil übertragen. Haben die Länder eine solche Übertragung vorgenommen, sind die Gemeinden gem. Art. 108 Abs. 5 Satz 2, Abs. 7 GG, § 1 Abs. 2 AO an die Abgabenordnung bzw an die Verwaltungsvorschriften des Bundes gebunden. Für die beiden wichtigsten gemeindlichen Steuern, die Gewerbe- und die Grundsteuer, können die Gemeinden allerdings nur die Hebesätze bestimmen (Rn 1402 ff) und damit die Höhe der zu zahlenden Steuern festsetzen; iÜ erfolgt deren Verwaltung durch die Landesfinanzbehörden, welche die Steuermessbeträge festsetzen (§ 184 AO).

V. Die Verteilung der Finanzhoheit in der EU

Fall 5: Die Europäische Kommission möchte weitere Maßnahmen gegen den Klimawandel **148** ergreifen und daher eine Steuer auf Kohlendioxidemissionen (CO_2-Steuer) einführen. Könnte der Rat mittels einer Verordnung unionsweit eine solche Steuer einführen? Könnte er über den Erlass einer Richtlinie die Mitgliedsländer zwingen, eine solche Steuer einzuführen? **Rn 152**

Der Vertrag über die Arbeitsweise der Europäischen Union (AEUV) enthält in **149** Art. 110–113 steuerliche Vorschriften. Sie befassen sich aber nur mit Fragen der steuerlichen Diskriminierung und Steuerharmonisierung. Eine eigene „Finanzverfassung" enthält das europäische Primärrecht, anders als das Grundgesetz, nicht. Die Befugnisse auf abgabenrechtlichem Gebiet sind in verschiedenen Abschnitten des Vertrags zu finden[79].

150 Für die Gesetzgebung durch Organe der EU gilt das **Prinzip der begrenzten Einzelzuständigkeit** (Art. 5 EUV, Art. 7 AEUV). Jeder Rechtsetzungsakt des Rates bedarf somit einer eindeutigen Rechtsgrundlage innerhalb der Verträge. Eine Befugnis, Steuern zu erheben, findet sich (trotz immer wieder erhobenen Forderungen aus Brüssel) in den Verträgen (noch) nicht. Die Europäische Union verfügt grundsätzlich über keine eigenen Steuergesetzgebungskompetenzen. Das Recht, Steuern zu erheben, ist nach wie vor Sache der Mitgliedstaaten[80].

151 Von diesem Grundsatz gibt es nur wenige Ausnahmen. So hat die EU die Befugnis zur Besteuerung ihres eigenen Personals[81]. Zudem gibt Art. 192 Abs. 2 Satz 1 lit. a AEUV dem Rat die Kompetenz, im Bereich der Umweltpolitik einstimmig „Vorschriften überwiegend steuerlicher Art" zu erlassen.

152 In **Fall 5** (Rn 148) hat der Rat aus Art. 192 Abs. 2 AEUV die Kompetenz, eine CO_2-Steuer einzuführen, wenn es sich um eine Vorschrift überwiegend steuerlicher Art im Bereich der Umweltpolitik handelt und sich aus der Systematik der Verträge nicht ergibt, dass die EU lediglich die Kompetenz zur Steuerharmonisierung und nicht zur Einführung neuer Steuern hat. Sieht man eine CO_2-Steuer als eine indirekte Steuer an, bei der der Lenkungszweck, nämlich die Reduzierung der CO_2-Emissionen, im Vordergrund steht, dann dient sie den in Art. 191 Abs. 1 AEUV normierten Zielen. Zwar fällt eine CO_2-Steuer als „sonstige indirekte Steuer" auch unter die Harmonisierungsvorschrift des Art. 113 AEUV, jedoch ist Art. 192 Abs. 2 AEUV lex specialis für alle Steuern, die ein umweltpolitisches Lenkungsziel verfolgen und nicht primär auf die Deckung der öffentlichen Haushalte abzielen. Der Rat hat daher die Befugnis, unter den Voraussetzungen des Art. 192 Abs. 2 AEUV (Vorschlag durch die Kommission, Anhörung, einstimmiger Beschluss) durch eine Verordnung eine europäische CO_2-Steuer zu erlassen, oder die Mitglieder über den Erlass einer Richtlinie zu zwingen, selbst eine solche einzuführen.

153 Die **Ertragshoheit** ist im Vertrag über die Arbeitsweise der Europäischen Union lediglich in Art. 311 Abs. 1 geregelt, nach dem der Haushalt unbeschadet der sonstigen Einnahmen vollständig aus Eigenmitteln finanziert wird. Welche Eigenmittel den Gemeinschaften in welcher Höhe zustehen, legt der jeweilig aktuelle auf Grundlage von Art. 311 AEUV erlassene **Eigenmittelbeschluss** fest[82]. Danach stehen der Union ua die Erträge aus Agrarabschöpfungen und Zöllen (Art. 2 Abs. 1 lit. a) zu. Dazu tritt ein Anteil an der Mehrwertsteuer (Art. 2 Abs. 1 lit. b) und am Bruttonationaleinkommen (BNE) der einzelnen Mitgliedstaaten (Art. 2 Abs. 1 lit. c)[83]. Nach Art. 2 Abs. 2 hat die EU zudem die Ertragshoheit für sonstige Abgaben, die iRd Vertrages eingeführt werden (zB eine Ökosteuer nach Art. 192 Abs. 2 AEUV, dazu Rn 151), wenn die

79 Näher dazu *Lienemeyer*, Die Finanzverfassung der Europäischen Union, 2002, S. 112 ff.

80 Zur Diskussion über eine eigenständige EU-Steuer s. *Stiftung Marktwirtschaft* (Hrsg), Argumente zur Marktwirtschaft und Politik, Braucht Europa eine Steuer?, Heft Nr 77, 2003; *Wigger*, in: FS Reiß, 2008, S. 513 ff; vgl auch *Dürrschmidt*, NJW 2010, 2087; *Frenz/Distelrath*, DStZ 2010, 246.

81 VO Nr 260/68 v. 29.2.1968, ABl L 56/8 (http://data.europa.eu/eli/reg/1968/260/oj).

82 Derzeit gilt der Eigenmittelbeschluss 2014/335/EU v. 26.5.2014, ABl L 168/105 (http://data.europa.eu/eli/dec/2014/335/oj).

83 *Tappe/Wernsmann*, Öffentliches Finanzrecht, Rn 812.

strengen Voraussetzungen des Art. 311 Abs. 3 AEUV (Anhörung des Europäischen Parlaments, einstimmiger Beschluss des Rates, Ratifizierung durch die Mitgliedstaaten) eingehalten werden[84]. Die Eigenmittelobergrenze liegt zur Zeit bei 1,23 % des BNE der Mitgliedstaaten (Art. 3 Abs. 1).

Die **Verwaltungshoheit** über die Steuern einschließlich der Zölle und Abschöpfungen liegt ausschließlich bei den Mitgliedstaaten. Die EU verfügt über keine eigenen Steuerverwaltungsbehörden. Allerdings gibt es unionsrechtliche Vorschriften, die eine *Zusammenarbeit der nationalen Steuerverwaltungen* bei der Steuererhebung vorsehen (sog. Amtshilfe-Richtlinie[85]). Zu nennen ist hier insb der steuerliche Informationsaustausch, der zuletzt im Zuge der BEPS-Diskussion (Rn 1484) erheblich verstärkt worden ist und auch länderbezogene Berichte (Rn 1487) sowie Meldepflichten für grenzüberschreitende Steuergestaltungen vorsieht (Rn 234 f)[86]. 154

B. Verfassungsrechtliche Schranken der Besteuerungsgewalt

Der Staat des Grundgesetzes, der die Rahmenbedingungen einer freien Wirtschaft garantiert und nicht selbst erwerbswirtschaftlich tätig wird, ist auf die Erhebung von Steuern angewiesen[87]. Das Grundgesetz geht damit von der öffentlichen Teilhabe an der privaten Finanzkraft aus, begrenzt diese jedoch durch das Rechtsstaatsprinzip und die Grundrechte, die das Eigentum (Art. 14 Abs. 1 GG) sowie die Berufsfreiheit (Art. 12 Abs. 1 GG) gewährleisten und die gleiche Heranziehung zu den öffentlichen Lasten (Art. 3 Abs. 1 GG) anordnen[88]. 155

Fall 6: Im Dezember 01 beschließt der Bundestag mit Zustimmung des Bundesrates ein Gesetz mit folgendem Inhalt: 156

a) Der Einkommensteuertarif wird ab 1.1.01 um 10 % erhöht, um den gestiegenen staatlichen Finanzbedarf zu decken.

b) Die Sonderabschreibungen für Schiffe werden für alle Investitionen ab 1.1.01 abgeschafft, um den Abschreibungskünstlern das „Handwerk zu legen".

c) Die Veräußerungsfrist bei Spekulationsgeschäften iSd § 23 Abs. 1 EStG (Rn 782) wird mit Wirkung ab Januar 01 (alternativ: Januar 02) von zehn Jahren auf zwölf Jahre erhöht.

Ist das Gesetz verfassungsmäßig? **Rn 167**

84 Vgl dazu *Tappe/Wernsmann*, Öffentliches Finanzrecht, Rn 807 ff.
85 2011/16/EU v. 15.2.2011, ABl Nr L 64, S. 1.
86 2015/2376/EU v. 8.12.2015, ABl Nr L 332, S. 1; 2016/881/EU v. 25.5.2016, ABl Nr L 146, S. 8.
87 *P. Kirchhof*, in: Isensee/Kirchhof, HStR V, § 118 Rn 1 ff.
88 Überblick zur höchstrichterlichen Rspr in diesem Bereich bei *Birk*, Die Verwaltung 35 (2002), 91; *P. Kirchhof*, AöR 2003 (128), 1; *Waldhoff*, Die Verwaltung 41 (2008), 259 und 48 (2015), 85; *Kempny*, StuW 2014, 185; *Musil*, Jahrbuch des Öffentlichen Rechts 2016 (Bd. 64), 443 ff.

I. Rechtsstaatliche Grenzen

1. Der Grundsatz der Gesetzmäßigkeit der Besteuerung

157 Im Gegensatz zur Weimarer Reichsverfassung (Art. 134 WRV) enthält das Grundgesetz nicht ausdrücklich den Grundsatz der Gesetzmäßigkeit der Besteuerung. Als **Eingriffsrecht** trifft das Steuerrecht jedoch immer auf grundrechtliche Gesetzesvorbehalte und damit auf den Vorbehalt formeller (Parlaments-)Gesetze. Steuerliche Eingriffe sind nur zulässig, wenn und soweit sie auf einer gesetzlichen Grundlage beruhen – sog. **Gesetzmäßigkeit der Besteuerung**. Stellt etwa die Geldleistungspflicht eine Beeinträchtigung von Ehe und Familie dar – wie zB die Zusammenrechnung der Einkünfte nach Eheschließung entsprechend § 26 EStG 1951 – so kann sich der Einzelne wegen dieses Eingriffs auf Art. 6 Abs. 1 GG als subjektives Abwehrrecht berufen. Aber auch soweit kein Eingriff in ein spezielles Grundrecht vorliegt, ergibt sich nach Auffassung des BVerfG der Grundsatz der Gesetzmäßigkeit der Besteuerung „jedenfalls" aus Art. 2 Abs. 1 GG[89]. Darüber hinaus setzt auch Art. 20 Abs. 3 GG den Vorbehalt des Gesetzes und damit die Gesetzmäßigkeit der Besteuerung voraus, da die Gesetzesbindung der Verwaltung zumindest im Eingriffsbereich ein eigenmächtiges Vorgehen der Exekutive ausschließt.

158 Auch im Steuerrecht ist es nicht ausgeschlossen, dass dem Wortlaut des (Steuer-)Gesetzes unmittelbar keine Entscheidung über eine bestimmte Rechtsfrage entnommen werden kann[90]. So ist es möglich, dass ein Steuergesetz nur eine allgemeine unvollkommene Anweisung gibt oder aber schweigt. Darüber hinaus können sich Lücken ergeben, wenn bspw ein Steuergesetz Folgen herbeiführt, die in ihren Gestaltungswirkungen nicht verfolgt oder zumindest nicht bedacht worden sind. Zu unterscheiden sind hier *bewusste Gesetzeslücken*, zB weil die Frage zur Entscheidung im Gesetz noch nicht reif war, von *unbewussten Gesetzeslücken*. Diese können entstehen, wenn der Gesetzgeber den zu regelnden Lebenssachverhalt schlechterdings übersehen hat oder diesen noch gar nicht entscheiden konnte, weil der regelungsbedürftige Lebenssachverhalt nach Erlass des Gesetzes durch eine Veränderung der tatsächlichen Umstände Bedeutung erlangt hat.

159 Im Öffentlichen Recht geht man allgemein davon aus, dass die Ausfüllung einer gesetzlichen Lücke durch Analogieschluss auch bei Eingriffsnormen in Betracht kommt. Teilweise wird indes angenommen, dass eine **Analogie** zum Nachteil des Steuerpflichtigen nicht möglich sei[91]. Seit einigen Jahren gehen jedoch die Rspr des BFH wie auch das Schrifttum zunehmend davon aus, dass auch eine Analogie zum Nachteil des Steuerpflichtigen zulässig ist, wenn das Gesetz, gemessen an seiner eigenen Absicht und der ihm immanenten Teleologie, unvollständig und somit ergänzungsbedürftig ist und seine Ergänzung nicht einer gesetzlich gewollten Beschränkung auf bestimmte Tatbestände widerspricht[92]. In solchen Fällen dient die Analogie der Verwirklichung des Gleichheitssatzes und durchbricht auch nicht das Vertrauen auf das Gesetz[93].

89 BVerfG, 2 BvL 5/91 ua, BVerfGE 87, 153 (169).

90 Zum Begriff der Gesetzeslücke ausf *Barth*, Richterliche Rechtsfortbildung im Steuerrecht, 1996, S. 63 ff.

91 Vgl hierzu die Nachweise bei *Englisch*, in: Tipke/Lang, § 5 Rn 81 ff und *Jochum*, Grundfragen des Steuerrechts, 2012, S. 99.

92 BFH, II R 45/12, BStBl II 2014, 806; *Musil*, in: FS BFH, 2018, S. 151 (166 f).

93 Vgl BFH, VII R 39/91, BStBl II 1992, 956 mwN; zur Entwicklungsgeschichte s. auch *Schenke*, Die Rechtsfindung im Steuerrecht, 2007, S. 216 ff; *Desens*, Bindung der Finanzverwaltung an die Rechtsprechung, 2011, S. 238 ff.

Musste der Bürger nach dem erkennbaren Zweck des Gesetzes davon ausgehen, dass der Regelungsgehalt auch über den Wortlaut hinausgeht, also auch Fälle erfasst, die zwar nicht anhand der bloßen Begriffe, aber anhand des Bedeutungszusammenhangs und des Sinngehalts der Norm in dessen Regelungsbereich einbezogen werden können („planwidrige Regelungslücke"), kommt also eine analoge Anwendung in Betracht.

2. Bestimmtheitsgebot

Der Grundsatz der Gesetzmäßigkeit der Besteuerung wird ergänzt durch das dem Rechtsstaatsprinzip innewohnende Vertrauensschutzprinzip. Eingriffe in das Vermögen des Einzelnen müssen für den Steuerbürger aus dem zugrunde liegenden Gesetz erkennbar sein. Er muss sich auf die Belastungen einstellen können, die auf ihn zukommen. Gesetzliche Abgabentatbestände müssen daher möglichst bestimmt gefasst sein. Nach dem **Grundsatz der Tatbestandsbestimmtheit** muss ein Steuertatbestand nach Inhalt, Gegenstand, Zweck und Ausmaß bestimmt sein[94] und sich vom Bürger erschließen lassen[95]. Aus dem Bestimmtheitsgrundsatz folgt auch der **Grundsatz der Normenklarheit**, der besagt, dass der Gesetzgeber die steuerlichen Vorschriften so genau, verständlich und klar fassen muss, wie dies nach der Eigenart des zu besteuernden Lebenssachverhalts mit Rücksicht auf den Normzweck möglich ist[96]. **160**

Nach diesen Maßstäben müssten allein im Einkommensteuergesetz zahlreiche Bestimmungen wegen Verstoßes gegen das rechtsstaatliche Bestimmtheitsgebot für verfassungswidrig erklärt werden[97]. Diesen Weg hat jedoch das BVerfG in der Praxis bisher nicht beschritten und die theoretischen Anforderungen an die Tatbestandsbestimmtheit steuerlicher Normen deutlich abgesenkt. Auf der Grundlage dieser Rspr ist dem Grundsatz der Tatbestandsbestimmtheit bereits dann Genüge getan, wenn der Gesetzgeber die wesentlichen Bestimmungen mit hinreichender Genauigkeit trifft, so dass die Verwaltungsbehörden und Gerichte „auftauchende Zweifelsfragen mithilfe der anerkannten Auslegungsmethoden zu beantworten" in der Lage sind[98].

3. Rückwirkungsverbot

Im Steuerrecht kommt es nicht selten vor, dass sich steuerliche Belastungen rückwirkend negativ auf Vermögensdispositionen des Steuerpflichtigen auswirken. So ist es etwa möglich, dass der Gesetzgeber im Laufe einer Veranlagungsperiode das Einkommensteuergesetz verschärft (etwa die Bemessungsgrundlage erweitert oder den Tarif erhöht), so dass bereits zugeflossene Teile des Jahreseinkommens zusätzlich belastet werden. Der Steuerpflichtige kann die ihn treffende Steuerlast aber nur dann **161**

94 BVerfG, 2 BvL 1/59, BVerfGE 13, 153 (160); krit *Jehke*, Bestimmtheit und Klarheit im Steuerrecht, 2005, S. 147 f mwN; *Thiemann*, in: FS BFH, 2018, S. 129 (136).

95 BVerfG, 2 BvL 19/70, BVerfGE 34, 348 (367); 2 BvR 154/74, BVerfGE 49, 343 (362); 2 BvR 1057/91 ua, BVerfGE 99, 216 (243); 2 BvL 1/01 ua, BVerfGE 108, 186 (235).

96 Vgl aber BVerfG, 2 BvL 59/06, BVerfGE 127, 335; dazu *Birk*, in: FS Spindler, 2011, S. 13 (21).

97 ZB § 18 Abs. 1 Nr 1 Satz 2 EStG: Was sind „ähnliche Berufe" iS dieser Vorschrift? Was ist eine „modellhafte Gestaltung" iSd § 15b Abs. 2 EStG? Was sind „ähnliche Modelle" iSd (mittlerweile aufgehobenen) § 2b Abs. 1 Satz 1 EStG?

98 BVerfG, 1 BvR 334/61, BVerfGE 21, 209 (215); ähnlich jüngst BVerfG, 2 BvL 59/06, BVerfGE 127, 335. Für ein verobjektiviertes Gebot der Normenklarheit *Towfigh*, Der Staat 48 (2009), S. 29 ff.

vorausberechnen und diese Berechnung zur Grundlage seines Handelns machen, wenn ihm die Rechtsfolgen des Steuertatbestandes bekannt sind. Grundsätzlich gilt deshalb auch im Steuerrecht das *Rückwirkungsverbot*, das das BVerfG aus den Grundrechten und dem Rechtsstaatsprinzip ableitet[99].

Anders als im Strafrecht (Art. 103 Abs. 2 GG) sind rückwirkende belastende Gesetze im Steuerrecht nicht schlechthin unzulässig. Traditionell wird unterschieden zwischen einer **Rückbewirkung von Rechtsfolgen** und einer **tatbestandlichen Rückanknüpfung**. Eine Rechtsnorm entfaltet danach eine Rückwirkung, wenn der Beginn ihres zeitlichen Anwendungsbereichs normativ auf einen Zeitpunkt festgelegt ist, der vor dem Zeitpunkt liegt, zu dem die Norm rechtlich existent, dh gültig geworden ist (Rückbewirkung von Rechtsfolgen, „echte" Rückwirkung)[100]. Demgegenüber liegt eine „tatbestandliche Rückanknüpfung" vor, wenn eine Norm den Eintritt ihrer Rechtsfolgen von Gegebenheiten aus der Zeit vor ihrer Verkündung abhängig macht („unechte" Rückwirkung)[101].

162 Eine Rückbewirkung von Rechtsfolgen **(echte Rückwirkung)** verstößt gegen das Rechtsstaatsprinzip und ist deshalb grundsätzlich unzulässig[102]. Eine Ausnahme ist nur möglich, wenn „zwingende Gründe des gemeinen Wohls oder ein nicht – oder nicht mehr – vorhandenes schutzwürdiges Vertrauen des Einzelnen" eine Durchbrechung gestatten[103]. Dies kann etwa der Fall sein, wenn eine Regelung unklar bzw verworren ist und der Betroffene nach der rechtlichen Situation zu dem Zeitpunkt, auf den der Eintritt der Rechtsfolge vom Gesetz bezogen wird, mit einer Klarstellung rechnen musste[104]. „Unklar" ist aber nicht mit „auslegungsbedürftig" gleichzusetzen. Der Gesetzgeber darf einen Auslegungsstreit nicht mit einer rückwirkenden Gesetzesänderung entscheiden[105].

163 Dagegen war eine tatbestandliche Rückanknüpfung **(unechte Rückwirkung)** verfassungsrechtlich bislang regelmäßig zulässig. Bis zum Jahr 2010 hat das BVerfG hier angenommen, dass das Wohl der Allgemeinheit dem Vertrauen der Betroffenen in den Fortbestand der alten Regelung normalerweise vorgeht[106]. Mit drei Beschlüssen vom 7.7.2010 hat das BVerfG zwar die grundlegende Unterscheidung von echter und unechter Rückwirkung aufrechterhalten[107], prüft jetzt aber auch im Fall der (bloßen)

99 BVerfG, 2 BvR 882/97, BVerfGE 97, 67 (78); 2 BvL 14/02 ua, BVerfGE 127, 1; 2 BvR 748/05 ua, BVerfGE 127, 61; 2 BvL 1/03 ua, BVerfGE 127, 31; 1 BvR 1236/11, BVerfGE 148, 217 (255); vgl auch *Desens*, in: Rensen/Brink, Linien der Rechtsprechung des BVerfG, 2009, S. 329 ff; *Osterloh*, StuW 2015, 201; *P. Kirchhof*, FR 2016, 530.

100 BVerfG, 2 BvL 2/83, BVerfGE 72, 200 (241); 1 BvR 1236/11, BVerfGE 148, 217 (255 f).

101 BVerfG, 2 BvL 2/83, BVerfGE 72, 200 (242); 1 BvR 1236/11, BVerfGE 148, 217 (255 f).

102 BVerfG 1 BvR 1236/11, BVerfGE 148, 217 (Rn 135). Das verfassungsrechtliche Rückwirkungsverbot gilt allerdings nur für belastende Regelungen, s. BVerfG, 1 BvR 1993/10, NJW 2011, 986 (987).

103 BVerfG, 2 BvL 2/83, BVerfGE 72, 200 (258); 2 BvR 882/97, BVerfGE 97, 67 (79 f); ähnlich BVerfG, 2 BvL 1/00, BVerfGE 123, 111 (129 f); vgl zum Vertrauen auf das Fehlen eines Gesetzes *Tappe*, DB 2008, 2267 (2269 f).

104 Zu den einzelnen Rechtfertigungsgründen *Wernsmann*, in: HHSp, § 4 AO Rn 743 ff.

105 BVerfG, 1 BvL 5/08, BVerfGE 135, 1; *Drüen*, Ubg 2014, 683; *Hey*, JZ 2014, 500; *Michael*, JZ 2015, 425; ablehnend *Lepsius*, JZ 2014, 488; *ders.*, JZ 2015, 435.

106 BVerfG, 2 BvR 882/97, BVerfGE 97, 67 (79) unter Hinweis auf BVerfG, 2 BvL 19/91 ua, BVerfGE 92, 277 (344); krit bereits *Pieroth*, Rückwirkung und Übergangsrecht, 1981, S. 84 ff.

107 Zur Kritik vgl BVerfG, 2 BvL 14/02 ua, BVerfGE 127, 1 und *Birk*, Steuerrecht, 12. Aufl 2009, Rn 179.

tatbestandlichen Rückanknüpfung, ob die Verhältnismäßigkeit gewahrt ist[108]. Fälle der unechten Rückwirkung sind daher nur noch *grundsätzlich* zulässig[109].

Die Abgrenzung zwischen zulässiger tatbestandlicher Rückanknüpfung und Rückbewirkung von Rechtsfolgen ist schwierig und kann nur auf der Grundlage des Einzelfalls vorgenommen werden. Für das Einkommensteuerrecht geht das BVerfG davon aus, dass eine (unzulässige) Rückbewirkung der Rechtsfolge vorliegt, wenn die Norm nach Ablauf des Veranlagungszeitraums verkündet wird und für den abgeschlossenen Veranlagungszeitraum die Rechtsfolgen nachträglich ändert[110]. Wird dagegen eine Regelung während des Laufs des Veranlagungszeitraums verkündet, liegt nach Auffassung des BVerfG lediglich eine Neubestimmung einer bisher noch nicht eingetretenen Rechtsfolge und damit eine tatbestandliche Rückanknüpfung vor[111] (sog. veranlagungsbezogener Rückwirkungsbegriff)[112]. Denn die Rechtsfolge (= das Entstehen der Steuer) tritt regelmäßig erst mit Ablauf des Kalenderjahrs (= Veranlagungszeitraum) ein, vgl zB § 36 Abs. 1 iVm § 25 Abs. 1 EStG. Wenn der Steuerpflichtige im Vertrauen auf einen Lenkungstatbestand (Rn 201) disponiert hat, lässt sich möglicherweise auch auf seine Disposition abstellen[113]. **164**

Das BVerfG ist entsprechenden Ansätzen in seiner neuesten Rspr jedoch nur sehr eingeschränkt gefolgt. Es hält an der Unterscheidung echte/unechte Rückwirkung fest, berücksichtigt aber Dispositionen des Steuerpflichtigen nun iRd Verhältnismäßigkeit im Einzelfall: Die unechte Rückwirkung sei mit den grundrechtlichen und rechtsstaatlichen Grundsätzen des Vertrauensschutzes nur vereinbar, wenn sie zur Förderung des Gesetzeszwecks geeignet und erforderlich ist und wenn bei einer Gesamtabwägung zwischen dem Gewicht des enttäuschten Vertrauens und dem Gewicht und der Dringlichkeit der die Rechtsänderung rechtfertigenden Gründe die Grenze der Zumutbarkeit gewahrt bleibt[114]. **165**

Über den Bereich der eigentlichen Rückwirkung hinaus stellt das BVerfG zT auch solche Steuerrechtsänderungen der tatbestandlichen Rückanknüpfung gleich, die zwar nur für die Zukunft gelten, aber konkret vorhandene Vermögensbestände durch die Besteuerung „entwerten“[115]. So dürfen bei der Verlängerung einer sog. Spekulationsfrist die Wertsteigerungen nicht erfasst werden, die in den Zeitraum der alten (bereits abgelaufenen) Frist fallen, auch wenn die neue gesetzlich verlängerte Frist noch nicht abgelaufen ist[116]. Die Anwendung des Art. 14 Abs. 1 GG und des Vertrauensschutzprinzips auf zT nur fiktive Vermögenspositionen (theoretische steuerfreie Veräußerung zu einem früheren Zeitpunkt) führt zu einer sehr weiten Ausdehnung des **166**

108 BVerfG, 2 BvL 14/02 ua, BVerfGE 127, 1; 2 BvR 748/05 ua, BVerfGE 127, 61; 2 BvL 1/03 ua, BVerfGE 127, 31. Vgl dazu *Spindler*, StbG 2010, 529; *Werth*, DStZ 2010, 712; *Birk*, FR 2011, 1; *Desens*, StuW 2011, 113. Danach (leicht abweichend) BVerfG, 1 BvL 6/07, BVerfGE 132, 302; dazu *Desens*, FR 2013, 148.

109 BVerfG, 1 BvR 1236/11, BVerfGE 148, 217 (Rn 136).

110 BVerfG, 2 BvL 2/83, BVerfGE 72, 200 (242 ff); 2 BvL 14/02 ua, BVerfGE 127, 1.

111 BVerfG, 2 BvR 882/97, BVerfGE 97, 67 (80); 2 BvL 14/02 ua, BVerfGE 127, 1 mwN; ebenso im Gewerbesteuerrecht, BVerfG, 1 BvR 1236/11, BVerfGE 148, 217 (256).

112 Krit *Schaumburg*, DB 2000, 1884.

113 Vgl BVerfG, 2 BvR 882/97, BVerfGE 97, 67 (80); krit *Osterloh*, DStJG 24 (2001), 383 (403 f). Differenzierend *Hey*, Steuerplanungssicherheit als Rechtsproblem, 2002, S. 313; *Birk/Kulosa*, FR 1999, 433.

114 BVerfG, 2 BvL 14/02 ua, BVerfGE 127, 1; 2 BvR 748/05 ua, BVerfGE 127, 61; 2 BvL 1/03 ua, BVerfGE 127, 31; 1 BvR 1236/11, BVerfGE 148, 217 (256).

115 BVerfG, 2 BvL 14/02 ua, BVerfGE 127, 1; 2 BvR 748/05 ua, BVerfGE 127, 61; 2 BvL 1/03 ua, BVerfGE 127, 31.

116 BFH, IX R 27/13, BFH/NV 2014, 1522.

Schutzes und erschwert die Änderung von Gesetzen zu Lasten der Steuerpflichtigen erheblich[117].

167 **Lösung Fall 6a** (Rn 156): Das Gesetz könnte gegen das sog. *Rückwirkungsverbot* verstoßen. Es ist zu unterscheiden zwischen einer grundsätzlich zulässigen tatbestandlichen Rückanknüpfung („unechte" Rückwirkung) und einer grundsätzlich unzulässigen Rückbewirkung von Rechtsfolgen („echte" Rückwirkung). Eine „echte" Rückwirkung liegt vor, wenn der zeitliche Anwendungsbereich einer Norm normativ auf einen Zeitpunkt festgelegt ist, der vor dem Zeitpunkt liegt, zu dem die Norm rechtlich existent, dh gültig geworden ist (s. oben Rn 161). Eine Rechtsnorm wird rechtlich existent mit ihrer ordnungsgemäßen Verkündung (Art. 82 Abs. 1 GG). Überdies ist davon auszugehen, dass das gesamte Einkommensteuerrecht vom Grundsatz der Jahresbezogenheit der Einkunfts- und Einkommensermittlung geprägt ist. Dies bedeutet, dass die Rechtsfolgen einkommensteuerlicher Bestimmungen, die die Steuerpflichtigkeit bestimmter Einkünfte regeln, in Bezug auf die veranlagte Einkommensteuer stets erst mit dem Ablauf des Veranlagungszeitraums, im Regelfall also mit Ablauf des Kalenderjahrs (§ 25 Abs. 1 EStG) eintreten.

Die Tariferhöhung während des laufenden Veranlagungszeitraums stellt daher eine unechte Rückwirkung dar. Diese erachtet das BVerfG jedenfalls dann für zulässig, wenn sie maßvoll erfolgt.

168 In **Fall 6b** könnte indes eine grundsätzlich unzulässige echte Rückwirkung vorliegen. „Bietet ein Steuergesetz dem Steuerpflichtigen eine Verschonungssubvention an, die er nur während des Veranlagungszeitraums annehmen kann, so schafft dieses Angebot für diese Disposition in ihrer zeitlichen Bindung eine Vertrauensgrundlage, auf die der Steuerpflichtige seine Entscheidung über das subventionsbedingte Verhalten stützt. Er entscheidet sich um des steuerlichen Vorteils willen für ein bestimmtes wirtschaftliches Verhalten, das er ohne den steuerlichen Anreiz so nicht gewählt hätte. Mit dieser Entscheidung ist die Lenkungs- und Gestaltungswirkung abschließend erreicht"[118]. Es ist daher von einer grundsätzlich unzulässigen *echten* Rückwirkung auszugehen. Gründe, aus denen heraus diese echte Rückwirkung hier ausnahmsweise zulässig sein könnte, sind nicht ersichtlich[119]. Das Gesetz in **Fall 6b** ist daher wegen Verstoßes gegen das Rechtsstaatsprinzip (Art. 20 Abs. 3 GG) verfassungswidrig.

169 In **Fall 6c** erfolgt die Änderung für den laufenden Veranlagungszeitraum, so dass ein Fall der unechten Rückwirkung vorliegt. Es kommt damit darauf an, ob die Verlängerung der Spekulationsfrist zur Förderung des Gesetzeszwecks geeignet und erforderlich ist und die Grenze der Zumutbarkeit im Rahmen einer Gesamtabwägung zwischen dem Gewicht des enttäuschten Vertrauens und dem Gewicht und der Dringlichkeit der Rechtsänderung gewahrt bleibt. Erfolgt die Änderung nur zur „Gegenfinanzierung", dh zur Erzielung von Mehreinnahmen, lässt sich die Rückwirkung jedenfalls in solchen Fällen nicht rechtfertigen, bei denen in die Ermittlung des Veräußerungsgewinns Wertzuwächse einbezogen werden, deren Realisierung zu einem früheren Zeitpunkt (ursprüngliches Ablaufen der Zwei-Jahres-Frist) nicht steuerbar gewesen wäre. Es bedürfte insoweit einer Aufteilung des Veräuße-

117 Vgl hierzu *Birk*, FR 2011, 1 (6 f); *Desens*, StuW 2011, 113 (121-124). Zur Umsetzung s. BMF v. 20.12.2011, BStBl I 2011, 14 und v. 20.12.2011, BStBl I 2011, 16.

118 BVerfG, 2 BvR 882/97, BVerfGE 97, 67 (80).

119 In dem BVerfG, 2 BvR 882/97, BVerfGE 97, 67 (81 f) zugrunde liegenden Sachverhalt lag es insoweit anders, als der Gesetzgeber Ankündigungseffekte verhindern wollte.

rungsgewinns auf die jeweiligen Veranlagungszeiträume[120]; beim Fehlen einer solchen Übergangsregelung für Altfälle wäre die Änderung in Fall 6c daher verfassungswidrig. Gleiches gilt bei einer Änderung erst ab Januar 02 (**Alternative**), obwohl hier streng genommen kein Fall der Rückwirkung vorliegt. Wegen der Anknüpfung an (zunächst steuerfreie) Wertzuwächse aus früheren Veranlagungszeiträumen, würde das BVerfG hier eine Entwertung konkret verfestigter Vermögenspositionen annehmen, so dass auch hier nur Wertzuwächse ab der Änderung erfasst werden dürften[121].

II. Grundrechtliche Grenzen

Der Steuereingriff des Staats wird ferner durch die **Grundrechte** begrenzt. Während der Gleichheitssatz den Gesetzgeber auf das gerechte Maß der Belastung verpflichtet, dienen die Freiheitsrechte der Abwehr steuerlicher Eingriffe in grundrechtlich geschützte Freiheitspositionen. **170**

1. Der allgemeine Gleichheitssatz gem. Art. 3 Abs. 1 GG als Maßstab der Lastengleichheit im Steuerrecht

Der allgemeine Gleichheitssatz ist die Fundamentalnorm staatlicher Verteilungsgerechtigkeit und gebietet die konsequente Gleichbehandlung des (wesentlich) Gleichen und die Ungleichbehandlung des (wesentlich) Ungleichen durch Bildung und Anwendung gerechter Vergleichsmaßstäbe[122]. **171**

Art. 3 Abs. 1 GG fordert hierbei sowohl **Rechtsetzungsgleichheit** – der Gesetzgeber ist gem. Art. 1 Abs. 3 GG an den allgemeinen Gleichheitssatz gebunden – als auch **Rechtsanwendungsgleichheit**, also die gleichmäßige Anwendung der Steuergesetze durch Finanzverwaltung und Finanzgerichtsbarkeit. Eine einfachgesetzliche Ausformung dieses Grundsatzes findet sich in § 85 AO (s. Rn 478), welcher die Finanzbehörden auf die gleichmäßige Steuerfestsetzung verpflichtet[123]. Wird die Gleichheit im Belastungserfolg durch die rechtliche Gestaltung des Erhebungsverfahrens prinzipiell verfehlt, kann dies die Verfassungswidrigkeit der gesetzlichen Besteuerungsgrundlage nach sich ziehen (sog. strukturelles Vollzugsdefizit)[124]. **172**

Bei der Prüfung von Gleichheitsverstößen durch das Steuergesetz bedient sich das BVerfG zunehmend (neben dem Leistungsfähigkeitsprinzip, dazu Rn 182 ff) einer Konkretisierung, die als **Gebot der Folgerichtigkeit** bezeichnet wird[125]. Der Gesetzgeber ist verpflichtet, „die einmal getroffene Belastungsentscheidung folgerichtig iSd **173**

120 Vgl BVerfG, 2 BvL 14/02 ua, BVerfGE 127, 1.

121 Anschaulich dazu BFH, IX R 39/13, BStBl II 2015, 459.

122 Vgl *Wernsmann*, in: HHSp, § 4 AO Rn 434 ff; *Kingreen/Poscher*, Grundrechte, 34. Aufl 2018, Rn 518 ff; *Britz*, NJW 2014, 346; *P. Kirchhof*, StuW 2017, 3; *Eichberger*, in: FS BFH, 2018, S. 501 (506 ff).

123 Vgl zur Auswirkung eines sog. strukturellen Vollzugsdefizits BVerfG, 2 BvR 1493/89, BVerfGE 84, 239 (LS 1, 268 ff); *Eckhoff*, Rechtsanwendungsgleichheit im Steuerrecht, 1999.

124 BVerfG, 2 BvL 17/02, BVerfGE 110, 94 ff; dazu *Birk*, StuW 2004, 277 ff; BFH, IX R 62/99, BStBl II 2003, 74; BVerfG, 2 BvL 14/05, BStBl II 2008, 651.

125 Vgl *P. Kirchhof*, StuW 2017, 3 (7); krit zum Gebot der Folgerichtigkeit *Tappe*, JZ 2016, 27.

Belastungsgleichheit umzusetzen"[126]. Ausnahmen von einer solchen folgerichtigen Umsetzung bedürfen eines besonderen sachlichen Grundes, der zB in Lenkungszwecken bestehen kann (Rn 196). Für die Umgestaltung komplexer Regelungssysteme (zB der Besteuerung der Alterseinkünfte) steht dem Gesetzgeber auch für das Übergangsrecht ein weiter Gestaltungsspielraum zu[127]. Bei dem Grundsatz der Folgerichtigkeit handelt es sich nicht um ein eigenständiges Verfassungsgebot, sondern um eine Argumentationshilfe zur Operationalisierung des allgemeinen Gleichheitssatzes vor allem im Bereich des Steuerrechts[128]. Er bindet die gesetzgeberische Freiheit an ein „hinreichendes Maß an Rationalität und Abgewogenheit", bietet aber keine Handhabe, die „Richtigkeit von Lösungen komplexer dogmatischer Streitfragen" durch das BVerfG zu kontrollieren und zu gewährleisten[129].

a) Das Leistungsfähigkeitsprinzip als Konkretisierung des Gebots gleicher steuerlicher Lastenverteilung

174 Der Gleichheitssatz muss bereichsspezifisch konkretisiert werden[130]. Gleichheit im Steuerrecht heißt unterschiedliche Belastung je nach individueller wirtschaftlicher **Leistungsfähigkeit**[131]. Das BVerfG knüpft bei der Konkretisierung des Gleichheitssatzes im Steuerrecht an Art. 134 WRV an. Dieser lautete: „Alle Staatsbürger ohne Unterschied tragen im Verhältnis ihrer Mittel zu allen öffentlichen Lasten nach Maßgabe der Gesetze bei." Das Prinzip der Besteuerung nach der wirtschaftlichen Leistungsfähigkeit gilt besonders strikt für die Einkommensteuer[132].

175 Im *Einkommensteuerrecht* wird der Grundsatz der Besteuerung nach der Leistungsfähigkeit durch das sog. **Nettoprinzip** (Rn 608 ff) konkretisiert. Die Bestimmung der Ist-Leistungsfähigkeit, an die die Einkommensteuerpflicht anknüpft, erfolgt, indem von dem erzielten Roheinkommen die *erwerbssichernden* und *existenzsichernden* Aufwendungen abgezogen werden. Leistungsfähigkeit entsteht also erst, nachdem der Einkommensbezieher seine Erwerbsvoraussetzungen geschaffen und seine zwangsläufigen Daseinsvoraussetzungen finanziell gesichert hat[133]. Das steuerbare Einkommen eines Steuerpflichtigen muss deshalb auch als Netto-Größe aufgefasst werden. In objektiver Hinsicht sind grundsätzlich bei der Ermittlung des zu versteuernden Einkommens diejenigen Beträge zu verschonen, die der Steuerpflichtige zur Erhaltung und Sicherung seiner Einkommensquelle aufwendet (sog. *objektives Nettoprinzip*, s. Rn 608 ff). Allerdings muss der Gesetzgeber nicht unbedingt den tatsächlichen Aufwand zum

126 BVerfG, 1 BvL 10/02, BVerfGE 117, 1 (31); 2 BvL 1/07 ua, BVerfGE 122, 210 (231) mwN; BFH, I R 20/15, BFH/NV 2016, 475; vgl *Birk*, DStR 2009, 877 (881).

127 BVerfG, 2 BvR 2683/11, BStBl II 2016, 310; 1 BvR 1236/11, BVerfGE 148, 217 (243).

128 *Tappe*, JZ 2016, 27 (28); *Hey*, in: FS BFH, 2018, S. 451 (469 f).

129 BVerfG, 2 BvL 1/00, BVerfGE 123, 111 (123), s. dazu *Drüen*, JZ 2010, 91.

130 BVerfG, 2 BvL 37/91, BVerfGE 93, 121 (134); *Kirchhof*, in: Isensee/Kirchhof, HStR V, § 118 Rn 168 ff.

131 BVerfG, 1 BvL 20/84 ua, BVerfGE 82, 60 (86); 1 BvR 1236/11, BVerfGE 148, 217 (244); *Birk*, Das Leistungsfähigkeitsprinzip als Maßstab der Steuernormen, 1983, S. 169 ff; *ders.*, Leistungsfähigkeitsprinzip, in: FS Paul Kirchhof, Bd. 2, 2013, § 147 (S. 1591 ff); *Desens*, StuW 2016, 240; *F. Kirchhof*, BB 2017, 662.

132 BVerfG, 1 BvR 620/78 ua, BVerfGE 61, 319 (351); 1 BvL 10/80, BVerfGE 66, 214 (223).

133 BVerfG, 2 BvL 10/95, BVerfGE 99, 280 (290 f); 2 BvR 301/98, BVerfGE 101, 297 (310), stRspr; *Lehner*, Einkommensteuerrecht und Sozialhilferecht, 1993, S. 43 f; vgl auch BFH, XI B 151/00, BStBl II 2001, 552 (553 f).

Abzug zulassen, sondern kann auch typisieren (dazu Rn 207 f). Zudem kann er das objektive Nettoprinzip bei Vorliegen gewichtiger Gründe durchbrechen[134].

Eine steuerliche Teilhabe des Staates an dem privatwirtschaftlichen Einkommen des Steuerbürgers kommt jedoch nur in Betracht, soweit das **Einkommen** für die Steuerzahlung überhaupt **verfügbar** („disponibel") ist[135]. Das Einkommen als Bemessungsgrundlage für den staatlichen Steuerzugriff kann sich deshalb nicht bereits in der Erfassung des Markteinkommens widerspiegeln, sondern hat auch leistungsfähigkeitsmindernde Aufwendungen des Steuerpflichtigen, die ihm zur Gewährleistung der persönlichen, ökonomischen Daseinsvoraussetzungen notwendig erwachsen, zu berücksichtigen. Neben der auf Netto gebrachten objektiven Leistungsfähigkeit sind also auch die Faktoren subjektiver Leistungsfähigkeit zu berücksichtigen *(subjektives Nettoprinzip)*. Da nach den erwerbssichernden noch die existenzsichernden Aufwendungen berücksichtigt werden müssen, ist somit nach heutigem, in der Steuerrechtswissenschaft unbestrittenem Verständnis die einkommensteuerliche Bemessungsgrundlage in zwei Schritten zu ermitteln[136]. Im Einkommensteuergesetz spiegelt sich diese Unterscheidung zwischen *objektiver* und *subjektiver Leistungsfähigkeit* in den Begriffen *Gesamtbetrag der Einkünfte* (§ 2 Abs. 3 EStG) und *zu versteuerndes Einkommen* (§ 2 Abs. 5 EStG) wider. **176**

Auch das *Verbrauch- und Verkehrsteuerrecht* sollte sich grundsätzlich am Leistungsfähigkeitsprinzip orientieren. Da Verbrauchsteuern aber regelmäßig indirekte Steuern sind, kann auf die individuelle Leistungsfähigkeit keine Rücksicht genommen werden. Allerdings sollten typisiert existenznotwendige Güter nicht oder nur moderat belastet sein. Das geltende Recht trägt dem nur ansatzweise Rechnung[137]. Eine Verfassungsbeschwerde gegen die Erhöhung der Umsatzsteuer zum 1.1.2007 hat das BVerfG nicht zur Entscheidung angenommen. Die damit verbundene relativ stärkere Belastung der Familien sei im System der indirekten Steuern notwendig angelegt und müsse iRd (einkommensteuerlichen) Familienlastenausgleichs kompensiert werden[138]. **177**

b) Der Grundsatz der vertikalen und horizontalen Steuergerechtigkeit

Fall 7: A und B sind beide im Betrieb C als Verkaufsleiter angestellt und erhalten beide den gleichen tariflichen Lohn (monatlich 4000 €). Wie wirkt es sich auf die Besteuerung aus, wenn **178**

a) B sich gerade eine Eigentumswohnung gekauft hat, die er vermietet und hieraus monatlich einen Verlust von 500 € zu tragen hat,

b) A kinderlos ist, B jedoch zwei Kinder zu versorgen hat,

c) beide kinderlos sind, B aber 5 % seines Gehalts für religiöse Zwecke spendet? **Rn 181**

IRd Prüfung von Steuergesetzen am Maßstab des Art. 3 Abs. 1 GG ist zwischen **horizontaler und vertikaler Steuergerechtigkeit** zu unterscheiden: „In vertikaler Rich- **179**

134 BVerfG, 1 BvL 4/87 ua, BVerfGE 81, 228 (237); 2 BvL 1/07 ua, BVerfGE 122, 210 (234) – Pendlerpauschale.

135 BVerfG, 2 BvR 1818/91, BVerfGE 99, 88 (96); krit zur Trennschärfe des Begriffs der „Verfügbarkeit" (Disponibilität) *Fischer*, DStJG 24 (2001), 463 (502) und *Wernsmann*, StuW 1998, 317 (321 ff).

136 *Friauf*, DStJG 12 (1989), 29 ff; dagegen allerdings *Bareis/Siegel*, DB 2006, 748.

137 Krit dazu *Englisch*, StuW 2015, 52 (54).

138 BVerfG, 1 BvR 2129/07, DVBl 2008, 105.

tung muss die Besteuerung höherer Einkommen im Vergleich mit der Steuerbelastung niedrigerer Einkommen dem Gerechtigkeitsgebot genügen. In horizontaler Richtung muss darauf abgezielt werden, dass Steuerpflichtige bei gleicher Leistungsfähigkeit auch gleich hoch besteuert werden“[139]. Kurz: Gleich Leistungsfähige müssen gleich, unterschiedlich Leistungsfähige entsprechend ihrer unterschiedlichen Leistungsfähigkeit ungleich behandelt werden.

180 Im **Einkommensteuerrecht** wird die individuelle Leistungsfähigkeit in zwei Stufen ermittelt (dazu Rn 608 ff, 624 ff). Zunächst ist nach der *objektiven Leistungsfähigkeit* (Einnahmen abzüglich erwerbsbezogenem Aufwand = Einkünfte), dann nach der *subjektiven Leistungsfähigkeit* (Einkünfte abzüglich existenzsicherndem Aufwand = Einkommen) zu fragen. Erst die subjektive Leistungsfähigkeit gibt Auskunft darüber, welcher Teil des Erworbenen für die Steuerzahlung zur Verfügung steht.

181 Im **Fall 7** (Rn 178) können also A und B trotz gleichen tariflichen Lohns nicht als gleich leistungsfähig behandelt (und somit auch nicht mit der gleichen Einkommensteuerlast belegt) werden. Im *Beispiel a)* hat B mit dem Kauf der Eigentumswohnung eine neue Einkunftsquelle eröffnet, die ihm aber Verluste bringt. Die *objektive Leistungsfähigkeit* von B ist also geringer als die von A. Im *Beispiel b)* haben beide, A und B, die gleiche objektive Leistungsfähigkeit, B hat jedoch Unterhaltsverpflichtungen gegenüber Kindern, die seine *subjektive Leistungsfähigkeit* mindern. Im *Beispiel c)* spendet B freiwillig für kirchliche Zwecke. Hierbei handelt es sich um keinen existenzsichernden Aufwand, so dass dies bei der Feststellung der Leistungsfähigkeit nicht berücksichtigt werden muss. A und B sind vielmehr gleich leistungsfähig und müssten nach der og Regel auch gleich besteuert werden. Wenn der Gesetzgeber die Spenden dennoch zum Abzug von der Bemessungsgrundlage zulässt (§ 10b EStG), so tut er dies nicht aus Gründen gerechter steuerlicher Belastung, sondern aus ordnungspolitischen Gründen.

2. Konkretisierung des Prinzips der Besteuerung nach der Leistungsfähigkeit durch andere Verfassungsinhalte

182 Als Ordnungsprinzip ist das Prinzip der Besteuerung nach der Leistungsfähigkeit auf die Konkretisierung durch den Gesetzgeber angewiesen[140]. Der normative Gehalt des Leistungsfähigkeitsprinzips wird deshalb auch ganz wesentlich durch die verfassungsrechtlichen Wertentscheidungen des Grundgesetzes beeinflusst.

a) Das Gebot der Berücksichtigung des steuerlichen Existenzminimums

183 Für *Georg von Schanz* (1853–1931) war es selbstverständlich, dass eine Besteuerung erst dort zulässig sei, wo für den Einzelnen der „Genuss des Entbehrlichen“ beginne[141].

Die Rspr des BVerfG bindet die Lastenverteilungsentscheidung des Steuergesetzgebers an die Wertentscheidungen des Grundgesetzes aus Art. 1 Abs. 1 GG sowie an

139 Vgl hierzu nur BVerfG, 1 BvL 20/84 ua, BVerfGE 82, 60 (89) unter Verweis auf *Birk*, Das Leistungsfähigkeitsprinzip als Maßstab der Steuernormen, 1983, S. 165, 170.

140 *Lang*, Die Bemessungsgrundlage der Einkommensteuer, 1988, S. 99.

141 Vgl hierzu *Schanz*, Handwörterbuch der Staatswissenschaften III, 1892, S. 325.

das Sozialstaatsprinzip des Art. 20 Abs. 1 GG[142]. Hat danach der Staat dem mittellosen Bürger die Mindestvoraussetzungen für ein menschenwürdiges Dasein durch Sozialleistungen zu sichern, wäre es systemfremd, dem Bürger zunächst durch Besteuerung zu nehmen, was ihm danach als Sozialhilfe zurückgewährt werden müsste. Was der Steuerpflichtige für seine Existenzsicherung benötigt, darf ihm nicht wegbesteuert werden[143]. Dabei wird nicht nur das sächliche Existenzminimum geschützt. Auch Beiträge zu privaten Krankenversicherungen können Teil des einkommensteuerrechtlich zu verschonenden Existenzminimums sein[144].

Das BVerfG leitet das Verfassungsgebot der Steuerfreiheit des Existenzminimums des Steuerpflichtigen aber nicht nur aus Art. 1 Abs. 1 GG iVm dem Sozialstaatsprinzip des Art. 20 Abs. 1 GG ab, sondern rekurriert daneben auf Art. 2 Abs. 1 GG unter Berücksichtigung der Art. 14 Abs. 1 und Art. 12 Abs. 1 GG. Je mehr danach das Einkommen zur Sicherung des unmittelbaren persönlichen Bedarfs und zur freien Entfaltung der Freiheitsrechte des Steuerpflichtigen benötigt wird, desto weniger ist es dem Steuergesetzgeber gestattet, auf dessen einkommensteuerrelevante Einkünfte zuzugreifen. **184**

Dies gilt unabhängig vom sozialen Status der Familie, denn indisponible Aufwendungen können nicht Grundlage der steuerlichen Leistungsfähigkeit sein und sind damit nicht steuerbar[145]. Bei der Bemessung des *einkommensteuerlichen* Existenzminimums hat der Gesetzgeber auch darauf zu achten, dass die indirekten Steuern den Lebensbedarf erhöhen. Gegen eine Erhöhung der indirekten Steuern (etwa der Umsatzsteuer) kann sich der Steuerpflichtige allerdings nicht mit dem Argument wehren, das Existenzminimum müsse gänzlich steuerfrei sein[146].

b) Das Gebot der Förderung von Ehe und Familie im Steuerrecht

Gem. Art. 6 Abs. 1 GG stehen Ehe und Familie unter dem besonderen Schutz der staatlichen Ordnung. Für das Steuerrecht wird hieraus ein Benachteiligungsverbot von Ehe und Familie entnommen[147]. An die Existenz einer Ehe oder Familie dürfen also in steuerrechtlicher Sicht keine benachteiligenden Ungleichbehandlungen im Verhältnis zu Nicht-Verheirateten und Nicht-Familien geknüpft werden, wenngleich es einleuchtende sachliche Gründe geben kann, den fehlenden Interessengegensatz bei Familienangehörigen zur Anknüpfung von Sonderregelungen zu machen (zB § 32d Abs. 2 Nr 1 lit. a) EStG[148]) oder die Verträge einer besonderen Prüfung zu unterziehen (dazu Rn 327). Das BVerfG bindet die Lastenverteilungsentscheidung des Gesetzgebers für die steuerliche Berücksichtigung des notwendigen Unterhaltsbedarfs der Familienmitglieder an Art. 3 Abs. 1 GG iVm Art. 6 Abs. 1 GG[149]. Deshalb **185**

---

142 BVerfG, 1 BvL 20/84 ua, BVerfGE 82, 60; 2 BvR 1057/91 ua, BVerfGE 99, 216 (233); 2 BvL 42/93, BVerfGE 99, 246 (259).
143 *Wendt*, in: FS Tipke, 1995, S. 47 (51).
144 BVerfG, 2 BvL 1/06, BVerfGE 120, 125.
145 BVerfG, 1 BvL 20/84 ua, BVerfGE 82, 60 (87 f).
146 BVerfG, 1 BvR 2129/07, DVBl 2008, 105 (Nichtannahmebeschluss).
147 BVerfG, 2 BvR 1057/91 ua, BVerfGE 99, 216 (232); 1 BvR 1232/00 ua, BVerfGE 114, 316 (333).
148 Dazu und zur gebotenen verfassungskonformen Auslegung BFH, VIII R 9/13, BStBl II 2014, 986.
149 BVerfG, 1 BvL 20/84 ua, BVerfGE 82, 60 (86 ff); 2 BvR 1057/91 ua, BVerfGE 99, 216 (231 ff); 2 BvL 42/93, BVerfGE 99, 246 (259 f).

war bspw die Zusammenveranlagung von Ehegatten zur Einkommensteuer nach § 26 EStG aF, die einen Progressionsnachteil mit sich brachte, verfassungswidrig[150].

186 Die eingetragene **Lebenspartnerschaft** wird der Ehe in steuerlicher Hinsicht weitestgehend gleichgestellt. Dies hat das BVerfG 2010 zunächst für die Erbschaftsteuer[151], 2012 für die Grunderwerbsteuer[152] und schließlich 2013 auch für die Einkommensteuer[153] auf Grundlage des allgemeinen Gleichheitssatzes (mittelbare Benachteiligung aufgrund der sexuellen Orientierung) zu Recht eingefordert. Soweit die eingetragene Lebenspartnerschaft seit 2017 durch die **„Ehe für alle“** abgelöst wird (§ 1353 Abs. 1 Satz 1 BGB[154]; § 20a LPartG) gelten die Vorgaben für Eheleute unmittelbar.

3. Die Eigentumsgarantie

187 Der Besteuerungseingriff wird auch durch die Eigentumsgarantie des Art. 14 Abs. 1 GG begrenzt[155]. Nach der Rspr des BVerfG schützt Art. 14 Abs. 1 GG zwar konkrete vermögenswerte Rechtspositionen, aber grundsätzlich nicht das Vermögen als solches und somit auch nicht vor der Auferlegung von Geldleistungspflichten[156]. Nur dann, wenn die Steuer den Betroffenen übermäßig belastet und seine Vermögensverhältnisse so grundlegend beeinträchtigt, dass sie eine **erdrosselnde Wirkung** hat, die einem Zugriff auf das Eigentumsobjekt gleichkommt (zB Gewerbebetrieb muss geschlossen werden), lag nach bisheriger Rspr ein Eingriff in Art. 14 Abs. 1 GG vor[157].

Dieser folgt dann aber letztlich nicht aus der Belastungswirkung der Steuer, sondern ist Folge der Gestaltungswirkung: Eine überhöhte Hundesteuer beschränkt nicht das Eigentum am Geld, aus dem die Steuer entrichtet wird, sondern das Eigentum am Hund („faktische Verbotswirkung“)[158].

188 Für die Einkommen- und Gewerbesteuer nimmt der 2. Senat des BVerfG zudem in der **neueren Rspr** einen Eingriff in den Schutzbereich des Art. 14 Abs. 1 GG an, wenn der Steuerzugriff tatbestandlich an das Innehaben von vermögenswerten Rechtspositionen *anknüpft* („Bestand des Hinzuerworbenen“)[159], und prüft sodann die allgemeinen Grundsätze der Verhältnismäßigkeit[160].

189 *P. Kirchhof* hat versucht, aus Art. 14 Abs. 1 GG strengere Maßstäbe zur Ausgestaltung der Steuerrechtsordnung und Begrenzung des Steuerzugriffs zu entwickeln[161]. Aus dem Wort „zu-

---

150 BVerfG, 1 BvL 4/54, BVerfGE 6, 55. Zur Diskriminierung der Ehe durch Zweitwohnungsteuer s. BVerfG, 1 BvR 1232/00 ua, BVerfGE 114, 316 (333).

151 BVerfG, 1 BvR 611/07 ua, BVerfGE 126, 400.

152 BVerfG, 1 BvL 16/11, BVerfGE 132, 179.

153 BVerfG, 2 BvR 909/06 ua, BVerfGE 133, 377.

154 IdF v. 20.7.2017 (BGBl I 2017, 2787).

155 Dazu *Birk*, Die Verwaltung 35 (2002), 91 (105 ff); *Englisch*, StuW 2003, 237; *Papier*, DStR 2007, 973 (974); *P. Kirchhof*, StuW 2017, 3 und StuW 2018, 1; *Jachmann-Michel*, StuW 2017, 209; StuW 2018, 6.

156 BVerfG, 1 BvR 1402/87 ua, BVerfGE 81, 108 (122); 1 BvR 48/94, BVerfGE 95, 267 (300); 1 BvR 479/92 ua, BVerfGE 96, 375 (397); 2 BvR 2194/99, BVerfGE 115, 97 (109 f, 114 f).

157 BVerfG, 1 BvL 22/85, BVerfGE 78, 232 (243); 1 BvR 48/94, BVerfGE 95, 267 (300).

158 Vgl BVerwG, 9 C 8/13, BVerwGE 150, 225 (229 f).

159 BVerfG, 2 BvR 2194/99, BVerfGE 115, 97 (112 f); der 1. Senat hat dies für die Zweitwohnungsteuer offengelassen, BVerfG, 1 BvR 1656/09, BVerfGE 135, 126 (141). Vgl bereits *Kingreen/Poscher*, Grundrechte, Rn 1039.

160 BVerfG, 2 BvR 2194/99, BVerfGE 115, 97 (111 f); zu Recht krit *Wernsmann*, NJW 2006, 1169 ff.

161 *P. Kirchhof*, in: Isensee/Kirchhof, HStR V, § 118 Rn 126 ff und bereits in der Vorauflage HStR IV, § 88 Rn 96 ff; *ders.*, VVDStRL 39 (1981), 213 ff.

gleich" in Art. 14 Abs. 2 Satz 2 GG ergebe sich eine steuerliche Belastungsobergrenze[162]. Der 2. Senat des BVerfG ist dieser Konzeption zunächst gefolgt und hat ausgeführt, dass die Vermögensteuer zu den übrigen Steuern auf den Ertrag nur hinzutreten dürfe, soweit die steuerliche Gesamtbelastung des Sollertrags „in der Nähe einer hälftigen Teilung zwischen privater und öffentlicher Hand" verbleibe[163]. Nach teilweise deutlicher Kritik in Rspr und Literatur[164] ist der Senat von dieser Auffassung abgerückt und hat nunmehr klargestellt, aus Art. 14 GG lasse sich *keine* allgemein verbindliche, absolute Belastungsobergrenze in der Nähe einer hälftigen Teilung (**„Halbteilungsgrundsatz"**) ableiten[165].

III. Das Sonderproblem der verfassungsrechtlichen Rechtfertigung von Lenkungsnormen[166]

Fall 8: Um Investitionen im Bereich des Umweltschutzes zu fördern, wird eine Vorschrift in das Einkommensteuergesetz eingefügt, wonach für bestimmte Wirtschaftsgüter, die dem Umweltschutz dienen, eine erhöhte Absetzung für Abnutzung (AfA) gewährt werden soll. A, der ein Dienstleistungsunternehmen betreibt und deshalb diese erhöhten Absetzungen nicht in Anspruch nehmen kann, fühlt sich durch die Einführung der Norm benachteiligt. **Rn 206** 190

Grundsätzlich haben Steuern den Zweck, die Erfüllung der Staatsaufgaben zu finanzieren. Daneben bewirken Steuern aber auch immer Verhaltensbeeinflussung und Sozialgestaltung, die sogar in den Vordergrund rücken können. 191

Die Lenkungseffekte sind oft schwer zu prognostizieren. Eine mäßige Ertragsteuer kann einen Anreiz darstellen, mehr zu arbeiten, um die Einbuße auszugleichen; eine zu hohe Steuer kann für den Einzelnen die Frage der „Rentabilität" aufwerfen und ihn veranlassen, weniger zu arbeiten.

1. Abgrenzung von Fiskalzweck- und Lenkungsnormen

Dient eine Steuernorm lediglich dem Zweck, Erträge zu erzielen, wird sie als **Fiskalzwecknorm** bezeichnet. Bei Fiskalzwecknormen geht es dem Gesetzgeber um die Verteilung der **Belastungswirkungen**, die mit der Auferlegung der staatlichen Steuerlast verbunden sind. Aus der Summe der steuerlichen Belastungen der Bürger resultiert der Steuerertrag des Staates. Fiskalzwecknormen werden auch Lastenausteilungsnormen genannt, weil der Gesetzgeber die Belastungswirkungen nicht beliebig, sondern nach einem bestimmten Gerechtigkeitsmaßstab zu verteilen hat[167]. Insoweit 192

162 *P. Kirchhof*, in: Isensee/Kirchhof, HStR V, § 118 Rn 126 f.
163 BVerfG, 2 BvL 37/91, BVerfGE 93, 121 (138).
164 BVerfG-Sondervotum, 2 BvL 37/91, BVerfGE 93, 121 (149 ff); BVerfG, 1 BvR 48/94, BVerfGE 95, 267 (300); *Birk*, DStJG 22 (1999), 7 (20 f); *Wieland*, DStJG 24 (2001), 29 (37 ff); aA *Lang*, NJW 2000, 457; *Seer*, FR 1999, 1280.
165 BVerfG, 2 BvR 2194/99, BVerfGE 115, 97 (114 f); vgl auch BVerfG, 1 BvR 1334/07, BVerfGK 15, 89.
166 Vgl dazu *Osterloh*, DStJG 24 (2001), 383 ff; *Wernsmann*, Verhaltenslenkung in einem rationalen Steuersystem, 2005.
167 *Vogel*, StuW 1977, 97 (99).

gilt das *Gebot der steuerlichen Lastengleichheit* als das oberste systemtragende Prinzip des Steuerrechts.

193 Im Gegensatz zu den Fiskalzweck- oder Lastenausteilungsnormen zielt der Gesetzgeber bei den **Lenkungsnormen** nicht auf die gerechte Verteilung der Belastungswirkungen, sondern darauf, dass der Eintritt bestimmter **Gestaltungswirkungen** seinen politischen Gestaltungsvorstellungen entspricht[168]. Um die beabsichtigten Lenkungseffekte zu erreichen, nimmt der Gesetzgeber hierbei auch eine „ungerechte" Lastenverteilung in Kauf. Lenkungsnormen werden daher auch als **steuerinterventionistische Normen** bezeichnet. Ein politisch wie rechtsdogmatisch besonders umstrittener Bereich der Verhaltenssteuerung durch Steuern ist der des *Umweltschutzes*. Ökologisch sinnvolles Handeln soll nicht nur durch das als zu starr und ineffektiv empfundene ordnungsrechtliche Instrumentarium des Umweltrechts erzwungen, sondern durch sog. **Ökosteuern**[169] und andere *Umweltabgaben* (Gebühren, Beiträge und Sonderabgaben) veranlasst werden (s. Rn 104 ff).

2. Gesetzgebungskompetenz für steuerliche Lenkungsnormen

194 Will der Staat mit einer steuergesetzlichen Regelung nicht nur Erträge erzielen, sondern auch das Verhalten der Steuerpflichtigen beeinflussen, indem er steuerliche Vorteile für ein erwünschtes Verhalten verspricht und steuerliche Nachteile für ein unerwünschtes Verhalten in Aussicht stellt, so handelt es sich weiterhin um eine *steuerliche* Norm. Nach § 3 Abs. 1 AO, der insoweit den verfassungsrechtlichen Steuerbegriff zutreffend abbildet (s. Rn 101 ff), kann die Erzielung von Einnahmen Nebenzweck sein. Das bedeutet, dass der Gesetzgeber erst dann nicht mehr die Steuergesetzgebungskompetenzen (Art. 105 GG) in Anspruch nehmen kann, wenn die „Steuer" keinerlei Aufkommen mehr erbringt. In diesem Fall handelt es sich um eine sog. **Erdrosselungssteuer**. IÜ sind Lenkungssteuern jedoch verfassungsrechtlich grundsätzlich zulässig[170].

195 Auch wenn die Steuernorm das Verhalten der Steuerpflichtigen beeinflussen will und damit zugleich eine Sachregelung trifft, reicht es aus, wenn der Bundes- oder Landesgesetzgeber über die **Steuergesetzgebungskompetenz** verfügt. Ihm muss also nicht die Sachkompetenz (Art. 70 ff GG) zustehen, um eine steuerliche Lenkungsnorm zu erlassen[171]. Allerdings fordert das BVerfG, dass der Gesetzgeber aufgrund einer Steuerkompetenz nur insoweit lenkend in den Kompetenzbereich eines Sachgesetzgebers übergreifen darf, als die Lenkung weder der Gesamtkonzeption der sachlichen Regelung noch konkreten Einzelregelungen zuwiderläuft[172].

---

168 Sehr krit gegenüber der „Befrachtung" des Steuerrechts mit Lenkungszwecken *Kirchhof*, in: Isensee/Kirchhof, HStR V, § 118 Rn 46 ff; aA *Weber-Grellet*, NJW 2001, 3657 ff; differenzierend *Wernsmann*, Verhaltenslenkung in einem rationalen Steuersystem, 2005, S. 120 ff, 485 ff.

169 Vgl hierzu BVerfG, 1 BvR 1748/99 ua, BVerfGE 110, 274 ff.

170 BVerfG, 1 BvR 345/73, BVerfGE 36, 66 (70 f); 2 BvR 1493/89, BVerfGE 84, 239 (274); 2 BvR 1991/95 ua, BVerfGE 98, 106 (117); 1 BvL 10/02, BVerfGE 117, 1 (31), stRspr.

171 BVerfG, 2 BvR 1991/95 ua, BVerfGE 98, 106 (118), stRspr.

172 BVerfG, 2 BvR 1991/95 ua, BVerfGE 98, 106 (118 ff): Dies fordere die Widerspruchsfreiheit der Rechtsordnung. Krit dazu *Wernsmann*, Verhaltenslenkung in einem rationalen Steuersystem, 2005, S. 182 ff mwN.

3. Grundprobleme steuerlicher Lenkung

Auch wenn steuerliche Lenkungsnormen grundsätzlich verfassungsrechtlich zulässig sind, so werfen sie doch erhebliche **Gerechtigkeitsfragen** auf. Zunächst kommen Lenkungssteuern regelmäßig in Konflikt mit der Belastungsgleichheit. Wenn zB der Gesetzgeber dem Steuerpflichtigen, der in den Wohnungsbau investiert, Steuervergünstigungen gewährt, so differenziert er bei der Zuteilung der Steuerlast nicht nach der Leistungsfähigkeit, sondern nach der Bereitschaft des Steuerpflichtigen, seinem Verhaltensvorschlag zu folgen. Die Lenkungssteuer behandelt gleich Leistungsfähige unterschiedlich, je nachdem wie sie ihre verfügbaren Mittel ausgeben. **196**

Diese Durchbrechung der Gleichmäßigkeit der Besteuerung bedarf der **Rechtfertigung**. Sie ist nur dann verfassungskonform, wenn die steuerliche Lenkungsregelung *zwecktauglich* ist, wenn die Vorschrift also geeignet ist, das gesetzgeberische Ziel zu erreichen[173]. Erforderlich ist weiter, dass dem Lenkungsziel ein bestimmter *verfassungsrechtlich bedeutsamer Stellenwert* zukommt, wie etwa die Herstellung des gesamtwirtschaftlichen Gleichgewichts (Art. 109 Abs. 2 GG) oder wie im Fall der Förderung von Investitionen in den neuen Bundesländern die Herstellung gleichwertiger Lebensverhältnisse (Art. 72 Abs. 2 GG)[174]. **197**

Ein weiteres Problem ist die Privilegierung bei lenkungssteuerlichen Sonderbelastungen. Möchte der Staat durch Sonderbelastungen erreichen, dass bestimmte Verhaltensempfehlungen befolgt werden, so schafft er eine *Wahlschuld*: Der leistungsfähige Steuerpflichtige hat die Möglichkeit, sich von dem staatlichen Lenkungsbefehl „freizukaufen"[175]. Bestimmte Verhaltensalternativen werden damit zu Privilegien leistungsfähiger Steuerpflichtiger. Wenn die Energiesteuer auf 5 € pro Liter Kraftstoff erhöht würde, würde – unter Zugrundelegung heutiger Verbrauchswerte – Autofahren zum Privileg der begüterten Kreise. Weniger Leistungsfähige *müssten* der Verhaltensempfehlung folgen und auf das Autofahren verzichten. **198**

Auch **lenkungssteuerliche Begünstigungen** in Form von Abzügen von der Bemessungsgrundlage weisen solche gleichheitsrechtlichen Defizite auf. Aufgrund des progressiven Tarifs im Einkommensteuerrecht (Rn 646) wirken sie sich nämlich umso stärker aus, je höher die Bemessungsgrundlage und damit der Steuersatz ist. Das bedeutet, dass derjenige am meisten davon profitiert, der es (unter Gerechtigkeitsaspekten) am wenigsten nötig hat. **199**

Gewährt der Staat demjenigen, der bestimmte steuerbegünstigte Investitionen tätigt, zB eine 50 %ige Sonderabschreibung (Rn 814, 949), so wirkt sich dies bei einer Investitionssumme von 50 000 € bei A, dessen zu versteuerndes Einkommen in Folge der Sonderabschreibung von 1 000 000 € auf (1 000 000 € – 1/2 · 50 000 =) 975 000 € sinkt, mit einer Steuerersparnis iHv 11 250 € aus. Sein persönlicher Steuersatz (Durchschnitt) bleibt bei rd 43 %. Bei B, dessen zu versteuerndes Einkommen von 40 000 € auf 15 000 € sinken würde, wirkt sich die Sonderabschreibung nur iHv 7424 € aus, obwohl (bzw weil) Bs persönlicher Steuersatz von rd 21 % auf 7,6 % abnimmt. Der Förderungseffekt *sinkt* also mit zurückgehender Leistungsfähigkeit, obwohl es eigentlich umgekehrt richtig wäre.

173 BVerfG, 2 BvL 1/07 ua, BVerfGE 122, 210 (232) – Pendlerpauschale.

174 Dem BVerfG (v. 17.12.2014, 1 BvL 21/12, BVerfGE 138, 136) genügt hingegen schon ein „hinreichend tragfähiger Differenzierungsgrund…, der einer über eine bloße Willkürkontrolle hinausgehenden, strengeren Verhältnismäßigkeitsprüfung standhält."

175 *Kirchhof*, in: Isensee/Kirchhof, HStR V, § 118 Rn 49.

200 Schließlich können lenkungssteuerliche Regelungen den Staat in einen Interessenkonflikt bringen, wie das insb am Beispiel der **Ökosteuern**[176] deutlich wird. Belastet der Staat ökologisch oder gesundheitspolitisch unerwünschtes Verhalten (Abfallerzeugung, Energieverbrauch, Rauchen, Alkoholkonsum), so ist er einerseits am Ertrag interessiert, der, wie bei der Tabaksteuer, einen erheblichen Teil des Haushalts ausmachen kann (rd 14 Mrd €). Andererseits wird aber das Lenkungsziel umso besser erreicht, je weniger Ertrag erzielt wird. Dieser Widerspruch macht das Instrument der Lenkungssteuern als Maßnahme der Verhaltenslenkung leicht unglaubwürdig, wenn sie sich – wie die Tabaksteuer oder Energiesteuer – als unverzichtbarer Teil der Finanzierung des Haushalts darstellen. Für die *rechtliche* Bewertung von Lenkungssteuern ist dieser „Interessenkonflikt" jedoch ohne Bedeutung[177].

4. Die materielle Verfassungsmäßigkeit steuerlicher Gestaltungswirkungen von Lenkungsnormen

201 Fiskalzwecknormen dienen in erster Linie dem Zweck, Erträge zu erzielen. Fiskalzwecknormen sind daher am Gebot der steuerlichen Lastengleichheit auszurichten. Demgegenüber zielen Lenkungsnormen nicht auf die gerechte Verteilung der Belastungswirkungen, sondern vielmehr darauf ab, dass der Eintritt bestimmter Gestaltungswirkungen erreicht wird. Um die beabsichtigten Lenkungseffekte zu erzielen, nimmt der Gesetzgeber idR eine Durchbrechung der Besteuerung nach der Leistungsfähigkeit in Kauf.

202 Ungleiche Belastungswirkungen bei gleicher Leistungsfähigkeit der Steuerpflichtigen bedürfen – wie alle Ungleichbehandlungen – der Rechtfertigung. Eine solche Rechtfertigung kann aber nur gelingen, wenn dem Lenkungszweck verfassungsrechtlich ein förderungswürdiger Rang zukommt, der die ungleiche steuerliche Lastenzuteilung aufwiegen kann. Es müssen also die Bedeutung des Lenkungszwecks und die Schwere der Abweichung von der Leistungsfähigkeit gegeneinander abgewogen werden[178].

203 Bei der verfassungsrechtlichen Überprüfung von Steuerrechtsnormen ist wie folgt zu verfahren:

- Auf einer *ersten Stufe* ist zu prüfen, ob die steuerlichen Belastungswirkungen einer Norm am Maßstab des Gleichheitssatzes, dh nach dem Prinzip der Besteuerung nach der Leistungsfähigkeit „gleich" verteilt werden.
- Entfaltet eine Steuerrechtsnorm neben Belastungswirkungen auch Gestaltungswirkungen, ist auf einer *zweiten Stufe* sodann zu überprüfen, ob die mit den Gestaltungswirkungen ausgelösten Verhaltenszwänge mit den Freiheitsrechten des Bürgers (Art. 2 Abs. 1, Art. 12 Abs. 1, Art. 14 GG etc) vereinbar sind. Verstoßen weder Belastungswirkungen noch Gestaltungswirkungen gegen die Verfassung, ist die Norm *insgesamt* verfassungsgemäß.
- Problematisch sind Steuerrechtsnormen, deren Belastungswirkungen gegen den Maßstab der gleichen Besteuerung nach der Leistungsfähigkeit (Art. 3 Abs. 1 GG) verstoßen, deren

176 Vgl hierzu BVerfG, 1 BvR 1748/99, BVerfGE 110, 274 ff; krit *Wernsmann*, NVwZ 2004, 819.

177 Zutreffend *Wernsmann*, Verhaltenslenkung in einem rationalen Steuersystem, 2005, S. 199 ff, 381 ff; tendenziell aA *Kirchhof*, in: Kirchhof, EStG, Einl Rn 19 ff.

178 Vgl hierzu näher *Birk*, Das Leistungsfähigkeitsprinzip als Maßstab der Steuernormen, 1983, S. 244 ff; *Wernsmann*, Verhaltenslenkung in einem rationalen Steuersystem, 2005, S. 215 ff, 224 ff, 237 ff, 381 ff.

Gestaltungswirkungen jedoch verfassungsgemäß sind, uU sogar der Verwirklichung von Staatszielbestimmungen (zB Art. 20a GG) dienen. Hier ist dann auf einer *dritten Stufe* danach zu fragen, ob das Gestaltungsziel die Durchbrechung des Gleichheitssatzes rechtfertigt[179].

Beispiel: Das Erbschaftsteuergesetz begünstigt in erheblichem Maße den Übergang von Betriebsvermögen, indem es entsprechende Erwerbsvorgänge aus Gründen des Bestandsschutzes mittelständischer Unternehmen und dem Erhalt von Arbeitsplätzen ganz oder teilweise von der Steuer freistellt (dazu Rn 1573 ff). Rechtfertigen diese Lenkungsziele die Ungleichbehandlung, dh sind sie geeignet, die gesetzgeberischen Ziele zu erreichen, sind sie erforderlich und ist der Umfang der Steuerverschonung verhältnismäßig? Der Gesetzgeber braucht für jedes Maß der Steuerverschonung tragfähige Rechtfertigungsgründe, die das BVerfG nach neuerer Rechtsprechung am Maßstab des Verhältnismäßigkeitsprinzips prüft[180]. **204**

Das BVerfG rechtfertigt steuerliche Ungleichbehandlungen nur dann durch Lenkungszwecke, wenn „der Gesetzgeber“ *erkennbar* die Entscheidung getroffen habe, das Steuerrecht in den Dienst außerfiskalischer Zwecke zu stellen. Ein etwaiger Lenkungszweck müsse zudem **tatbestandlich vorgezeichnet** und **gleichheitsgerecht ausgestaltet** sein[181]. Die Begünstigungswirkung muss den Begünstigungsadressaten möglichst gleichmäßig zugute kommen und darf nicht von Zufälligkeiten abhängen[182]. Etwaige Lenkungszwecke, die der Gesetzgeber zwar verfolgen dürfte, tatsächlich aber nicht verfolgt hat, können damit nicht zur Rechtfertigung von Ungleichbehandlungen herangezogen werden[183]. **205**

Lösung Fall 8 (Rn 190): Dem Unternehmer A ist es aufgrund seiner gewerblichen Dienstleistungstätigkeit faktisch nicht möglich, die Steuervergünstigung in Anspruch zu nehmen. Hieraus folgt eine *Ungleichbehandlung* gegenüber denjenigen Gewerbetreibenden, die wegen der Eigenart ihrer Betätigung die erhöhte Absetzbarkeit für Wirtschaftsgüter, die dem Umweltschutz dienen, in Anspruch nehmen können. Maßgeblich ist insoweit die Frage, ob die ungleichen Belastungswirkungen hier durch den Lenkungszweck der Norm (Umweltschutz) *gerechtfertigt* werden können. Hierbei ist zu berücksichtigen, dass der Umweltschutz der Sicherung der natürlichen Lebensgrundlagen (Art. 20a GG) dient und damit grundsätzlich durch das *Gemeinwohl* gerechtfertigt ist. **206**

IV. Die Rechtfertigung steuerlicher Typisierungen und Pauschalierungen vor dem Gleichheitssatz

Räumt der Gesetzgeber Freibeträge oder Pauschbeträge ein (zB Werbungskostenpauschbetrag nach § 9a EStG), so behandelt er ungleiche Sachverhalte gleich, da allen Steuerpflichtigen – unabhängig davon, ob im Einzelfall Aufwand entstanden ist oder nicht – derselbe Abzugsbetrag gewährt wird. Erfasst der Gesetzgeber die „Normalfälle“ in einem Tatbestand und behandelt die abweichenden diesen gleich, so **207**

179 Dazu BVerfG v. 17.12.2014, 1 BvL 21/12, BVerfGE 138, 136.
180 BVerfG, 1 BvL 21/12, BVerfGE 138, 136 (s. auch LS 3 und 4).
181 BVerfG, 2 BvL 37/91, BVerfGE 93, 121 (147 f); 2 BvL 10/95, BVerfGE 99, 280 (296 f); 1 BvL 10/02, BVerfGE 117, 1 (31 ff); 2 BvL 1/07 ua, BVerfGE 122, 210 (231 ff).
182 BVerfG, 1 BvL 10/02, BVerfGE 117, 1 (32 f).
183 BVerfG, 2 BvL 37/91, BVerfGE 93, 121 (147 f); zust *Wernsmann*, NVwZ 2000, 1360 ff mwN.

spricht man von **Typisierung**. Werden die rechnerischen Grundlagen (wie bei Höchstbeträgen, die den Abzug begrenzen, zB § 9 Abs. 2 Satz 2 EStG) typisiert, so handelt es sich um eine **Pauschalierung**.

208 Die damit verbundene Gleichbehandlung von Ungleichem kann vor Art. 3 Abs. 1 GG durch *Vereinfachungszwecke* gerechtfertigt sein[184], indem der Verwaltung der Normvollzug erleichtert wird. Zudem können Typisierungen und Pauschalierungen auch der materiellen Gerechtigkeit dienen, indem nicht nur dem gut informierten Kenner des Steuerrechts die ihm zustehenden Abzugstatbestände gewährt werden, sondern auch denjenigen Steuerpflichtigen, die von der Existenz gewisser Abzugstatbestände möglicherweise gar nichts wissen und dementsprechend in ihrer Steuererklärung nicht einmal entsprechende Angaben machen.

209 Die verfassungsrechtliche Rechtfertigung von Typisierungen und Pauschalierungen setzt stets voraus, dass der Gesetzgeber tatsächlich den „typischen Fall" – realitätsgerecht – erfasst hat[185]. Dies lässt sich zB beim Arbeitnehmerpauschbetrag (§ 9a Satz 1 Nr 1 EStG) statistisch belegen[186], ist bei der steuerfreien Kostenpauschale (derzeit 53 017 €) der Abgeordneten (§ 3 Nr 12 Satz 1 EStG iVm § 12 AbgG) aber wohl nicht der Fall[187]. Zudem muss die Typisierung verhältnismäßig, also zur Vereinfachung geeignet, erforderlich und angemessen sein[188]. Daran fehlt es etwa, wenn die Vereinfachungsnorm neue (andere) schwierige Abgrenzungskriterien einführt, die ihrerseits ähnlich schwierig zu handhaben sind wie die eine Einzelfallprüfung verlangende Regelung.

210 Soweit die Verwaltung in Verwaltungsanweisungen/Richtlinien (Rn 55) typisiert, dient dies der Vereinfachung des *Gesetzesvollzugs*. Pauschalierung bzw Typisierung durch die Verwaltung (zB Pauschbeträge für Geschäftsreisen oder Festlegung der Abschreibungsdauer durch AfA-Tabellen) findet aber seine Grenze am Wortlaut des Gesetzes (Gesetzmäßigkeit der Besteuerung, s. Rn 157).

C. Das Europäische Steuerrecht

I. Primärrechtliche Grundlagen

211 Steuerliche Vorschriften finden sich in den Art. 110–113 AEUV. Die Art. 110–112 AEUV haben unmittelbare Rechtswirkungen für die Steuerrechtsordnungen der Mitgliedstaaten. Sie konkretisieren die Warenverkehrsfreiheit (Art. 28 ff AEUV) auf steuerlichem Gebiet und untersagen es den Mitgliedstaaten, im freien Warenverkehr innerhalb der EU steuerliche Schranken zu errichten, die die inländische Produktion

184 BVerfG, 1 BvL 13/11 ua, BVerfGE 139, 285 (313); ausf *Wernsmann*, in: HHSp, § 4 AO Rn 451 ff mwN; *Eichberger*, in: FS BFH, 2018, S. 501 (514 f).

185 BVerfG, 2 BvL 77/92, BVerfGE 96, 1 (6 f); 2 BvR 301/98, BVerfGE 101, 297 (310); vgl *Birk*, Die Verwaltung 35 (2002), 91 (96 ff); *Melan*, FR 2018, 1136 ff.

186 *Tappe*, DStJG 40 (2017), 333 (334, 361).

187 Die dagegen eingelegten Verfassungsbeschwerden sind allerdings gescheitert, BVerfG, 2 BvR 2227/08 ua, HFR 2010, 1108, ebenfalls eine Beschwerde beim EGMR (Az 7258/11, juris). Krit dazu *Desens*, DStR 2009, 727; *ders.*, AöR 133 (2008), 404.

188 BVerfG, 2 BvL 7/98, BVerfGE 103, 310 (319).

bzw den inländischen Markt schützen und den ausländischen Wettbewerber benachteiligen[189].

So darf bspw nach Art. 111 AEUV die Steuerrückvergütung für ausgeführte Waren nicht höher sein, als es die inländische Belastung mit produktbezogenen inländischen Steuern war. Art. 111 AEUV verhindert also, dass der Wettbewerb auf dem Markt anderer Mitgliedstaaten verzerrt wird, indem inländische Unternehmer, die exportieren, steuerlich begünstigt werden. Sie könnten sonst nämlich auf dem ausländischen Markt günstiger anbieten.

Art. 113 AEUV enthält demgegenüber eine Ermächtigung für die Setzung von Sekundärrecht zur **Harmonisierung** der nationalen Rechtsvorschriften über die Umsatzsteuern, die Verbrauchsabgaben und die sonstigen indirekten Steuern (Rn 223 ff, 1635 ff). **212**

Neben den genannten primärrechtlichen Grundlagen und den europäischen Grundfreiheiten, die erheblichen Einfluss auf die nationalen Steuerrechtsordnungen haben (Rn 215 ff), enthält Art. 107 Abs. 1 AEUV das sog. **Beihilfenverbot**, das auch Steuervergünstigungen, also indirekte Subventionen (sog. Verschonungssubventionen, Rn 93) erfasst[190]. Danach sind Beihilfen „gleich welcher Art, die durch die Begünstigung bestimmter Unternehmen oder Produktionszweige den Wettbewerb verfälschen oder zu verfälschen drohen, mit dem Binnenmarkt unvereinbar, soweit sie den Handel zwischen den Mitgliedstaaten beeinträchtigen." **213**

Der EuGH prüft die Voraussetzungen[191] in einem vierstufigen Verfahren[192]: (1) Es muss sich um eine staatliche Maßnahme oder um eine Maßnahme unter Inanspruchnahme staatlicher Mittel handeln. (2) Die Maßnahme muss geeignet sein, den Handel zwischen Mitgliedstaaten zu beeinträchtigen. (3) Die Maßnahme muss eine wettbewerbsverfälschende Wirkung haben. (4) Die Maßnahme muss bestimmten Unternehmen einen Vorteil verschaffen. Der EuGH spricht von einem *selektiven Vorteil*, der vorliegt, wenn zB bestimmte Produktions- oder Handelszweige begünstigt werden[193] und die Maßnahme „vom allgemeinen System abweicht"[194]. Das Merkmal der Selektivität ist stark umstritten und schwer zu fassen[195]. Zu nennen sind etwa erhöhte Abschreibungen, Steuersatzermäßigungen, Möglichkeit steuerfreier Rücklagenbildung, sofern sie bestimmte Unternehmenszweige betreffen[196]. Art. 107 Abs. 2, 3 AEUV lis- **214**

---

189 EuGH, C-142/77, Slg. 1978, 1543 (1557) *(Statens Kontrol med aedle Metaller)*; C-168/78, Slg. 1980, 347 (360) *(Besteuerung von Branntwein)*.

190 EuGH, Rs. 30/59, Slg. 1961, 3 *(Steenkolenmijnen in Limburg)*; ausf *Grube*, Der Einfluss des unionsrechtlichen Beihilfenverbots auf das deutsche Steuerrecht, 2014; *Hey*, StuW 2015, 331; *Martini*, StuW 2017, 101.

191 EuGH, C-451/03, Slg. 2006, I-2941 *(Servizi Ausiliari)*; C-74/16, ECLI:EU:C:2017:496, Rn 38 ff *(Congregación de Escuelas Pías)*.

192 Dazu näher *Englisch*, in: Schaumburg/Englisch, Europäisches Steuerrecht, 2015, 9.7. (S. 416 ff); *Balbinot*, FR 2018, 729 (730).

193 EuGH, C-106/09 P, ECLI:EU:C:2011:732 *(Gibraltar)*.

194 EuGH, C-20/15 P, ECLI:EU:C:2016:981, Rn 67 *(World Duty Free Group)*. Zur gestuften Prüfung s. *Ellenrieder/Kahlenberg*, BB 2018, 1879 (1883 f); *Balbinot*, FR 2018, 729 (732 ff).

195 S. etwa *Ismer/Piotrowski*, IStR 2015, 257; *Valta*, StuW 2015, 257; *Englisch*, StuW 2017, 331 zur steuerlichen Begünstigung sog. Patent- oder IP-Boxen.

196 *Englisch*, in: Schaumburg/Englisch, Europäisches Steuerrecht, 2015, 9.12 (S. 419) mit Nachweisen der einschlägigen EuGH-Rspr.

tet Beihilfen auf, die mit dem Binnenmarkt vereinbar sind (also genehmigungsfrei) oder als vereinbar angesehen werden können (also genehmigungsfähig)[197].

II. Die Auswirkungen der Grundfreiheiten auf die nationalen Steuerrechtsordnungen

215 Obgleich die Regelungen der europäischen Verträge im Bereich der direkten Steuern sehr zurückhaltend sind, weist der **EuGH** in stRspr darauf hin, dass die direkten Steuern zwar in die Zuständigkeit der Mitgliedstaaten fallen, dass diese „ihre Befugnisse in diesem Bereich jedoch unter Wahrung des Gemeinschaftsrechts ausüben und deshalb jede offensichtliche oder versteckte Diskriminierung aufgrund der Staatsangehörigkeit unterlassen müssen“[198]. Damit werden neben der Warenverkehrsfreiheit (Art. 28 ff AEUV) auch die Arbeitnehmerfreizügigkeit (Art. 45 ff AEUV), die Niederlassungs- und Dienstleistungsfreiheit (Art. 49 ff, Art. 56 ff AEUV) sowie die Kapitalverkehrsfreiheit (Art. 63 ff AEUV) zum Prüfungsmaßstab der nationalen Steuerrechtsordnungen. Allerdings sind die Mitgliedstaaten beim gegenwärtigen Stand der Harmonisierung nicht verpflichtet, ihr eigenes Steuersystem den verschiedenen Steuersystemen der anderen Mitgliedstaaten anzupassen, um in jedem Fall die sich aus der parallelen Ausübung ihrer Besteuerungsbefugnisse ergebende Doppelbesteuerung zu beseitigen[199].

216 **Fall 9** („Schumacker“)[200]: S ist bei einem deutschen Unternehmen in Aachen angestellt. Er wohnt zusammen mit Frau und Kindern in Belgien und fährt täglich über die Grenze zur Arbeit. Andere Einkünfte als aus der Tätigkeit des S in Deutschland haben die Eheleute nicht. In seiner Einkommensteuererklärung für 1993 beantragt S die Anwendung des Splitting-Tarifs. Das FA versagt ihm diese im Hinblick auf § 26 EStG, da er mangels Wohnsitzes oder gewöhnlichen Aufenthalts in der Bundesrepublik nicht unbeschränkt steuerpflichtig sei (§ 1 Abs. 1 EStG). **Rn 221**

217 Steuerliche Vorschriften können die **Grundfreiheiten** beeinträchtigen[201]. Die EU hat sich die Schaffung eines „Raumes ohne Binnengrenzen“ zum Ziel gesetzt (Art. 3 EUV), in dem der freie Verkehr von Personen (Art. 21, Art. 45, Art. 49 AEUV), Waren (Art. 34 AEUV), Dienstleistungen (Art. 56 AEUV) und Kapital (Art. 63 AEUV) gewährleistet ist. Diese Grundfreiheiten dürfen weder durch steuerliche Diskriminierung beeinträchtigt noch durch steuerliche Hemmnisse beschränkt werden. Der EuGH hat in stRspr die versteckte (indirekte) steuerliche Diskriminierung der offenen

197 Dazu näher *Englisch*, in: Schaumburg/Englisch, Europäisches Steuerrecht, 2015, 9.45 (S. 453).

198 EuGH, C-279/93, Slg. 1995, I-225 *(Schumacker)*; C-80/94, Slg. 1995, I-2493 *(Wielockx)*; C-107/94, Slg. 1996, I-3089 *(Asscher)*; C-319/02, Slg. 2004, I-7477 *(Manninen)*; C-446/03, Slg. 2005, I-10837 *(Marks & Spencer)*, stRspr. Aktuelle Übersicht der EuGH-Entscheidungen: https://ec.europa.eu/taxation_customs/infringements_en. Zu anhängigen Verfahren s. auch *Dobratz*, IStR 2019, 219.

199 EuGH, C-290/04, Slg. 2006, I-9461 *(Scorpio)*; C-67/08, Slg. 2009, I-883 *(Block)*.

200 EuGH, C-279/93, Slg. 1995, I-225 *(Schumacker)*; weiter EuGH, C-283/15, ECLI:EU:C:2017:102 *(X/Staatssecretaris van Financiën)*.

201 Dazu *Reimer*, in: Schaumburg/Englisch, Europäisches Steuerrecht, 2015, 7.1. (S. 162 ff) und 7.62. (S. 185 ff); Zu möglichen Verstößen gegen europäisches Primärrecht s. die jährliche „Checkliste“ von *Kessler/Spengel*, DB 2019, Beilage Heft 5, 1-37.

Diskriminierung gleichgestellt[202]. Die Grundfreiheiten wirken also auf die nationalen Steuerrechtsordnungen als **Diskriminierungs- und Beschränkungsverbote** ein[203].

Eine **offene Diskriminierung** liegt vor, wenn Ausländer tatbestandlich benachteiligt werden, wenn also gerade an die Eigenschaft als Ausländer steuerliche Nachteile geknüpft werden. Eine **versteckte (indirekte) Diskriminierung** liegt vor, wenn die zu beurteilende Regelung nicht ausdrücklich Ausländer betrifft, wenn sie aber „durch die Anwendung anderer Unterscheidungsmerkmale" typischerweise Ausländer benachteiligt oder Inländer bevorzugt[204]. Da das deutsche Einkommensteuerrecht nicht an die Staatsangehörigkeit anknüpft, scheidet eine offene Diskriminierung regelmäßig aus. Einkommensteuerliche Regelungen wirken sich dann *typischerweise* zulasten von Ausländern aus, wenn diese bei grenzüberschreitender Tätigkeit im Inland steuerlich gegenüber Inländern benachteiligt werden. **218**

Dies kann insb bei sog. Grenzgängern der Fall sein. Staatsangehörige anderer Staaten, die im EU-Ausland wohnen, aber täglich zur Arbeit in die Bundesrepublik „einpendeln" und nahezu ihr gesamtes Einkommen hier verdienen, dürfen steuerlich nicht schlechter gestellt werden als Inländer, die im Inland wohnen und arbeiten[205]. Aber auch die Beschränkung steuerlicher Investitionsförderung auf Inlandsinvestitionen ist regelmäßig unionsrechtswidrig[206].

Die Grundfreiheiten als Diskriminierungsverbote führen also zur steuerlichen **Gleichbehandlung** gebietsansässiger und gebietsfremder Steuerpflichtiger innerhalb des nationalen „Kästchens" (sog. Kästchengleichheit)[207], sie führen nicht zu einer Gleichbehandlung innerhalb der EU. Die Rechtsprechung des EuGH hat als „Motor der Harmonisierung" aber weit über Grenzpendlerfälle hinaus Bedeutung für die innerstaatlichen Rechtsordnungen[208]. Wird eine Zinszahlung einer Tochtergesellschaft an die ausländische Muttergesellschaft als vGA umqualifiziert, so muss diese Umqualifizierung auch für Zahlungen an inländische Muttergesellschaften gelten (s. Rn 1496 ff). Wird der Wegzug ins Ausland mit einer Sondersteuer (Wegzugsteuer, s. Rn 1501) belegt, so beschränkt dies die Freizügigkeit[209]. Werden Dividenden, die an beschränkt Steuerpflichtige fließen, ungünstiger besteuert als Dividenden an unbeschränkt Steuerpflichtige, so verstößt das gegen die Kapitalverkehrsfreiheit (Art. 63 Abs. 1 AEUV, s. Rn 1244)[210]. **219**

Greift eine Steuernorm in eine der unionsrechtlich garantierten Grundfreiheiten ein, so ist zu prüfen, ob dieser Eingriff **gerechtfertigt** werden kann. Es kommen sowohl **220**

202 Dazu ausf *Cordewener*, Europäische Grundfreiheiten und nationales Steuerrecht, 2002, S. 118 ff.

203 Dazu *Weber-Grellet*, Europäisches Steuerrecht, 2. Aufl 2016, S. 53 ff.

204 EuGH, 152/73, Slg. 1974, 153 (164) *(Sotgiu, Deutsche Bundespost)*; C-175/88, Slg. 1990, I-1779 (1792) *(Biehl)*.

205 EuGH, C-279/93, Slg. 1995, I-225 *(Schumacker)*; C-80/94, Slg. 1995, I-2493 *(Wielockx)*; C-107/94, Slg. 1996, I-3089 *(Asscher)*; C-385/00, Slg. 2002, I-11819 *(de Groot)*; C-329/05, Slg. 2007, I-1107 *(Meindl)*.

206 EuGH, C-591/13, DStR 2015, 870 zu § 6b EStG; s. auch EuGH, C-104/06, Slg. 2007, I-671.

207 *Birk*, DStJG 19 (1996), 63 (76 f).

208 Krit zu dieser Entwicklung *Birk*, FR 2005, 121 mwN; *Fischer*, FR 2005, 457; *ders.*, FR 2009, 249; vgl auch *Wernsmann*, in: Schulze/Zuleeg/Kadelbach, Handbuch des Europarechts, 3. Aufl 2015, § 30 Rn 74–120; *Gosch*, DStR 2007, 1553.

209 EuGH, C-9/02, Slg. 2004, I-2409 *(Lasteyrie du Saillant)*. Zu weiteren Beispielen *Weber-Grellet*, Europäisches Steuerrecht, S. 195 ff.

210 EuGH, C-540/07, Slg. 2009, I-10983 *(Kom./Italien)*.

geschriebene (zB Art. 45 Abs. 3 AEUV: Gründe der öffentlichen Ordnung, Sicherheit, Gesundheit) als auch ungeschriebene Rechtfertigungsgründe in Betracht. Als ungeschriebene Rechtfertigungsgründe hat der EuGH ua die Wirksamkeit der Steueraufsicht[211], die Verhinderung der Steuerumgehung[212], der Steuerflucht[213] bzw des Steuermissbrauchs[214], die angemessene Aufteilung der Besteuerungsbefugnisse[215] und – in seltenen Fällen – die Kohärenz anerkannt[216].

221 Der EuGH sah im **Fall 9** (Rn 216) das Recht auf Freizügigkeit der Arbeitnehmer (jetzt Art. 45 AEUV) als verletzt an. S war nach der damals geltenden Regelung des EStG (§ 1 Abs. 3 EStG) beschränkt steuerpflichtig. Er konnte also nicht den günstigeren Splitting-Tarif beanspruchen (§ 26, § 26b EStG) und auch keine persönlichen Abzüge geltend machen (§ 50 Abs. 1 EStG). Der EuGH sah darin eine (versteckte) Diskriminierung. Zwischen S und einem inländischen Arbeitnehmer bestünden keine nennenswerten Unterschiede, die es rechtfertigen könnten, S steuerlich schlechterzustellen. Wenn sich aber S gegenüber anderen inländischen Arbeitnehmern hinsichtlich der von ihm erzielten Einkünfte in vergleichbarer Lage befinde, verbiete Art. 45 AEUV eine Höherbesteuerung, die nur an die Tatsache der Nichtansässigkeit anknüpft und damit regelmäßig ausländische Staatsangehörige trifft[217]. Der deutsche Gesetzgeber musste nach dieser Entscheidung das EStG ändern. Unter bestimmten Voraussetzungen haben Nichtansässige nun die Möglichkeit, auf Antrag als unbeschränkt einkommensteuerpflichtig behandelt zu werden (§ 1 Abs. 3, § 1a EStG, dazu Rn 694), was ihnen bspw die Vorteile der Zusammenveranlagung (dazu Rn 634 ff) sichert.

III. Steuerharmonisierung in der EU

222 Indirekte Steuern (Rn 44) werden idR vom Verbraucher über den Preis der Ware bezahlt. Der Unternehmer hat die Steuer zwar gegenüber dem FA zu entrichten, er schlägt sie aber bei seiner Kostenkalkulation dem Abgabepreis der Ware oder Dienstleistung zu. Die Verbraucher tragen also die Umsatz-, die Tabak-, die Energiesteuer, wenn sie am Markt das mit der Steuer belastete Gut erwerben. Daher können unterschiedliche Verbrauchsteuern die Wettbewerbsbedingungen innerhalb des gemeinsamen Binnenmarkts verfälschen, weil sie den Preis einer Ware (oder Dienstleistung) verteuern. Der Verbraucher wird, wenn er dazu in der Lage ist, die Waren dort beziehen, wo sie geringer besteuert und deshalb im Preis günstiger sind. Unterschiedliche indirekte Steuern beeinträchtigen somit das Funktionieren des Binnenmarkts.

211 EuGH, C-120/78, Slg. 1979, I-649 *(Rewe Zentralfinanz)*; C-55/98, Slg. 1999, I-7641 *(Vestergaard)*.

212 EuGH, C-264/96, Slg. 1998, I-4695 (4711) *(ICI)*; C-436/00, Slg. 2002, I-10829 *(X und Y)*; C-9/02, Slg. 2004, I-2409 *(Lasteyrie du Saillant)*; C-414/06, Slg. 2008, I-3601 *(Lidl Belgium)*.

213 EuGH, C-9/02, Slg. 2004, I-2409 *(Lasteyrie du Saillant)*; C-446/03, Slg. 2005, I-10866 *(Marks & Spencer)*.

214 EuGH, C-212/97, Slg. 1999, I-1459 (1484) *(Centros)*.

215 EuGH, C-446/03, Slg. 2005, I-10866 *(Marks & Spencer)*; C-414/06, Slg. 2008, I-3601 *(Lidl Belgium)*.

216 EuGH, C-204/90, Slg. 1992, I-249 (276) *(Bachmann)*; C-157/07, Slg. 2008, I-8061 *(Krankenheim Ruhesitz Wannsee)*. Vgl zur Rspr des EuGH auch *Musil*, DB 2009, 1037 ff.

217 EuGH, C-279/93, Slg. 1995, I-225 *(Schumacker)*; ähnlich EuGH, C-283/15, ECLI:EU:C:2017:102 *(X/Staatssecretaris van Financiën)*.

1. Harmonisierung der indirekten Steuern

Art. 113 AEUV ermächtigt (und verpflichtet) deshalb den Rat, Bestimmungen zur Harmonisierung der indirekten Steuern zu erlassen. Als Instrumente der Harmonisierung kommen sowohl *Verordnungen* (Art. 288 Abs. 2 AEUV) als auch *Richtlinien* (Art. 288 Abs. 3 AEUV) in Betracht. IdR erlässt der Rat **Richtlinien**, da diese den Mitgliedstaaten einen Regelungsspielraum belassen. Auf der Grundlage von Art. 113 AEUV sind sowohl die Umsatzsteuer (dazu Rn 1635) als auch die wichtigsten besonderen Verbrauchsteuern, nämlich die Steuern auf Energie, Tabak und Alkohol, harmonisiert worden. **223**

Für die Umsatzsteuer ist dabei insb die MwSt-Systemrichtlinie[218] von Bedeutung. Inhaltlich entspricht die Systemrichtlinie weitgehend den Vorschriften der früheren 6. EG-Richtlinie[219]. Sie enthält detaillierte Regelungen zum Gegenstand der Steuer, zu Befreiungen, zur Bemessungsgrundlage und zum Vorsteuerabzug (Rn 1635). Die Grenzabfertigung für die Einfuhr und Ausfuhr wurde beseitigt. Für den Regelsteuersatz wurde eine Mindesthöhe von 15 % vorgeschrieben (Art. 97 MwStSystRL). **224**

Die besonderen Verbrauchsteuern wurden durch die Verbrauchsteuer-*Systemrichtlinie*[220] bzw durch die neuere VStSystRL[221] weitgehend vereinheitlicht. Daneben wurden *Struktur-* und *Steuersatzrichtlinien* erlassen[222], die nähere Bezeichnungen der verbrauchsteuerpflichtigen Waren, die Festlegung von Steuerbefreiungen und Mindeststeuersätze vorsehen[223]. Allerdings wurden nur die Verbrauchsteuern auf fossile Brennstoffe (EnergieSt)[224], Tabak, Alkohol und alkoholhaltige Getränke harmonisiert. Den Mitgliedstaaten bleibt das Recht, weitere Verbrauchsteuern einzuführen oder beizubehalten, soweit sie zu keinen Behinderungen im grenzüberschreitenden Verkehr führen und den Wettbewerb nicht beeinträchtigen. Nicht harmonisiert sind auch die örtlichen Verbrauchsteuern, die von den Gemeinden erhoben werden. **225**

2. Harmonisierung der direkten Steuern

Die europäischen Verträge enthalten keine ausdrückliche Ermächtigung für die **Harmonisierung der direkten Steuern**. Die Art. 110–113 AEUV regeln den Abbau der steuerlichen Hemmnisse für den freien Warenverkehr und betreffen deshalb (mit Ausnahme des Art. 112 AEUV) nur die indirekten Steuern. Sie regeln das Gebiet der Besteuerung jedoch nicht abschließend. Dies ergibt sich zB aus Art. 192 Abs. 2 AEUV, der den Rat ermächtigt, im Bereich der Umweltpolitik einstimmig Vorschriften steuerlicher Art zu erlassen. **226**

Als *Rechtsgrundlage für die Harmonisierung der direkten Steuern* wird Art. 115 AEUV herangezogen. Danach erlässt der Rat einstimmig auf Vorschlag der Kommission und nach Anhörung des Europäischen Parlaments und des Wirtschafts- und Sozialausschusses Richtlinien für die Angleichung derjenigen Rechts- und Verwaltungsvorschriften der Mitgliedstaaten, die sich unmittelbar auf die Errichtung oder das **227**

218 RL 2006/112/EG v. 28.11.2006, ABl Nr L 347, S. 1 (http://data.europa.eu/eli/dir/2006/112/oj).
219 RL 77/388/EWG v. 17.5.1977, ABl Nr L 145, S. 1 (http://data.europa.eu/eli/dir/1977/388/oj).
220 RL 92/12/EWG v. 25.2.1992, ABl Nr L 76, S. 1 (http://data.europa.eu/eli/dir/1992/12/oj).
221 RL 2008/118/EG v. 16.12.2008, ABl Nr L 9, S. 12 (http://data.europa.eu/eli/dir/2008/118/oj).
222 RL 2011/64/EU (Tabak); RL 2003/96/EG (Energie); RL 92/83/EWG und RL 92/84/EWG (Alkohol).
223 Dazu *Bongartz/Schröer-Schallenberg*, Verbrauchsteuerrecht, 3. Aufl 2018, S. 20 f.
224 EuGH, C-5/14, ECLI:EU:C:2015:354, Rn 45 *(Kernkraftwerke Lippe-Ems)*.

Funktionieren des gemeinsamen Markts auswirken. Anders als bei Art. 113 AEUV besteht bei direkten Steuern somit keine Verpflichtung zur Harmonisierung, vielmehr sind umgekehrt Richtlinien zur Harmonisierung der direkten Steuern nur dann zulässig, wenn diese zur Sicherung des Funktionierens des Binnenmarkts erforderlich sind.

228 Eine bloße Nützlichkeit reicht nicht aus, vielmehr muss die Harmonisierung erforderlich und verhältnismäßig sein. Dem Rat kommt bei der Beurteilung der Erforderlichkeit allerdings ein Beurteilungsspielraum zu[225]. Er hat dabei das Prinzip der Subsidiarität zu beachten (Art. 5 Abs. 3 EUV). Danach darf die EU nur dann handeln, wenn die Verwirklichung der Gemeinschaftsziele nicht durch die Mitgliedstaaten selbst erreicht werden kann. Zeichnet sich also im Bereich der direkten Steuern ab, dass die Mitgliedstaaten von sich aus ihre Vorschriften den Bedürfnissen des gemeinsamen Markts anpassen[226], darf die EU keine entsprechenden Harmonisierungsvorschriften erlassen.

229 Die bisherigen Richtlinien betreffen nur spezielle Aspekte der grenzüberschreitenden Besteuerung von Unternehmen (Rn 230 ff). Eine **Harmonisierung der Unternehmensbesteuerung** insgesamt ist noch nicht in Sicht[227]. Für die Schaffung einer einheitlichen Körperschaftsteuerbemessungsgrundlage gibt es allerdings seit einiger Zeit Vorschläge. So hat die Kommission 2011 einen Richtlinienentwurf für eine „Gemeinsame konsolidierte Körperschaftsteuer-Bemessungsgrundlage" **(GKKB)** vorgestellt[228], der allerdings bei den Mitgliedstaaten keine Zustimmung fand. Die ökonomischen und politischen Schwierigkeiten der Einführung einer GKKB liegen vor allem bei der „Konsolidierung", die bei weiterhin unterschiedlichen Steuersätzen die Möglichkeiten zur grenzüberschreitenden Verlustverrechnung ausweitet[229]. Ein neuer Richtlinienentwurf vom 25.10.2016 verzichtet daher auf die Konsolidierung **(GKB)**[230], die Zustimmung aller Mitgliedstaaten (Einstimmigkeit, Art. 115 AEUV) erscheint hier eher möglich.

230 Im Bereich der Unternehmensbesteuerung ermöglicht die bereits 1990 erlassene **Fusionsrichtlinie**[231] eine steuerneutrale grenzüberschreitende Verschmelzung und Spaltung von Kapitalgesellschaften und die grenzüberschreitende Einbringung von Betrieben und Anteilen an Kapitalgesellschaften ohne Aufdeckung der stillen Reserven. Es werden also „Steueraufschübe" gewährt, um nicht Umstrukturierungen faktisch zu verhindern. Sie ist im UmwStG umgesetzt (Rn 1426).

231 Mit der ebenfalls aus dem Jahr 1990 stammenden **Mutter-Tochter-Richtlinie (MTR)**[232] soll die steuerliche Mehrbelastung von Dividendenausschüttungen[233] einer Tochtergesellschaft an ihre Muttergesellschaft in einem anderen Mitgliedstaat beseitigt werden[234]. Voraussetzung ist eine Mindestbeteiligung von 10 % (Art. 3 Abs. 1 MTR). Umgesetzt ist die Richtlinie in § 43b EStG und § 8b KStG (Rn 1474).

225 Vgl dazu *Herrnfeld*, in: Schwarze, EU-Kommentar, 3. Aufl 2012, Art. 114 AEUV Rn 47.

226 S. entsprechende (interessante) Vorschläge von *Hey*, Harmonisierung der Unternehmensbesteuerung in Europa, 1997, S. 349 ff; vgl auch *Kellersmann/Treisch/Lampert/Heinemann*, Europäische Unternehmensbesteuerung II, 2013; *Hey*, FR 2016, 554.

227 Dazu *Hey*, FR 2016, 554.

228 KOM (2011) 121; dazu *Kahle/Schulz*, StuB 2011, 296; *Scheffler/Krebs*, DStR 2011, Beihefter zu Heft 22, 13 ff; *Petutschnig*, StuW 2012, 192; *Scheffler* ua, StuW 2013, 28; *Evers* ua, StuW 2015, 359.

229 Vgl *Eversloh*, BB 2011, 1301 (1302); BT-Drs 17/5748.

230 KOM (2016) 685; dazu *Velte/Mock*, StuW 2017, 126; *Jakob/Fehling*, IStR 2017, 290.

231 RL 90/434/EWG, jetzt: RL 2009/133/EG v. 19.10.2009.

232 RL 90/435/EWG, jetzt: RL 2011/96/EU v. 30.11.2011.

233 Zum Begriff der Gewinnausschüttung *Kokott*, Steuerrecht der Europäischen Union, 2018, § 7 Rn 40.

234 Dazu *Desens*, IStR 2014, 825; *Jesse*, IStR 2005, 151.

Ziel der **Zins- und Lizenzgebührenrichtlinie (ZLR)**[235] ist es, die Doppelbesteuerung der Zahlungen zwischen Zinsen und Lizenzgebühren zwischen verbundenen Unternehmen und Betriebstätten solcher Unternehmen zu vermeiden. Dies geschieht durch eine Steuerbefreiung der Einkünfte in Form von Zinsen oder Lizenzgebühren (Art. 1 Abs. 1 ZLR). Voraussetzung dafür ist eine Mindestbeteiligung von 25 % (Art. 3 lit. b ZLR)[236]. Umgesetzt ist die Richtlinie in § 50g, § 50h EStG (zur Zins- bzw Lizenzschranke vgl Rn 1497 f). **232**

Schließlich soll das sog. **EU-Schiedsübereinkommen**[237] (auch: Schiedskonvention) Doppelbesteuerungen vermeiden, die durch Preisberichtigungen der verschiedenen Finanzbehörden der Mitgliedstaaten im internationalen Verrechnungsverkehr von verbundenen Unternehmen verursacht werden (Rn 1487)[238]. Ergänzt wird das Schiedsübereinkommen durch die **Streitbeilegungsrichtlinie (SBRL)**[239], die zurzeit in nationales Recht umgesetzt wird[240]. Diese Richtlinie betrifft nicht nur den Bereich der Unternehmensbesteuerung (Gewinnberichtigungen zwischen verbundenen Unternehmen), sondern ist für alle von einem DBA (Rn 1461 ff) betroffenen Personen anwendbar. Das Verfahren nach der SBRL ist vorrangig zu Verständigungsverfahren nach dem jeweiligen DBA (Rn 1464) oder dem EU-Schiedsübereinkommen. **233**

Der Regelungsgehalt der ehemaligen **Zinsrichtlinie**[241] wurde in die **Amtshilfe-Richtlinie**[242] überführt. Der Informationsaustausch zwischen den Mitgliedstaaten ist damit nicht mehr auf Zinseinkünfte beschränkt, sondern erfasst alle Steuern (Ausnahme: Zölle, Mehrwertsteuer). Besondere Bedeutung hat die inzwischen mehrfach verschärfte[243] Amtshilfe-RL aber immer noch für den Austausch im Bereich der Kapitalertragsteuer[244]. Durch die Ausweitung des (automatisierten) Informationsaustauschs in Steuersachen[245] ist das Bankgeheimnis (vgl Rn 481) weit zurückgedrängt worden[246]. In Deutschland regelt das EU-Amtshilfegesetz (EUAHiG)[247] die **Übermittlung von Informationen** durch die Finanzbehörden. Durch das Gesetz zum automatischen Austausch von Informationen über Finanzkonten in Steuersachen (FKAustG)[248] werden Finanzinstitute verpflichtet, Kontendaten von Kunden mit Auslandsbezug an das BZSt zu melden. **234**

235 RL 2003/49/EG v. 3.6.2003, ABl Nr L 157, S. 49.
236 Zum gestaltungsanfälligen Zusammenspiel von MTR und ZLR *Englisch* in Tipke/Lang, Steuerrecht, § 4 Rn 70.
237 Übereinkommen 90/436/EWG v. 23.7.1990, ABl Nr L 225, S. 10.
238 Näher *Kokott*, Steuerrecht der Europäischen Union, § 7 Rn 137 f; *Englisch* in: Tipke/Lang, § 4 Rn 6.
239 RL (EU) 2017/1852 v. 10.10.2017, ABl Nr L 265, S. 1 (http://data.europa.eu/eli/dir/2017/1852/oj). Dazu *Zinowsky/Schönfeld*, ISR 2018, 7.
240 Entwurf eines EU-Doppelbesteuerungsabkommen-Streitbeilegungsgesetzes (EU-DBA-SBG), BR-Drs 227/19.
241 RL 2003/48/EG v. 3.6.2003, ABl Nr L 157, S. 38, aufgehoben durch RL 2011/16/EU v. 15.2.2011, ABl Nr L 64, S. 1.
242 RL 2011/16/EU v. 15.2.2011, ABl Nr L 64, S. 1.
243 RL 2015/2376/EU v. 8.12.2015, ABl Nr L 332/1; 2016/881/EU v. 25.5.2016, ABl Nr L 146/8. Dazu UmsetzungsG v. 20.12.2016.
244 *Kokott*, Steuerrecht der Europäischen Union, § 10 Rn 47.
245 Dazu *Czakert*, Neue Entwicklungen bei der steuerlichen Amtshilfe (2017); *Dölker*, BB 2017, 279. Zu Rechtsschutzaspekten *Franz*, IStR 2017, 273.
246 Vgl *Kokott*, Steuerrecht der Europäischen Union, § 10 Rn 42.
247 G v. 26.6.2013, BGBl I 2013, 1809 idF v. 20.12.2016, BGBl I 2016, 3000.
248 G v. 21.12.2015, BGBl I 2015, 2531 idF v. 20.12.2016, BGBl I 2016, 3000.

235 Bis Ende 2019 umzusetzen ist die zur Förderung der **Steuertransparenz** auf Unionsebene in der **6. Änderungsrichtlinie** zur Amtshilfe-RL (**DAC 6**)[249] vorgesehene Anzeigepflicht für grenzüberschreitende Steuergestaltungen[250].

In Weiterführung des OECD BEPS-Aktionspunkts 12 (vgl Rn 1484) müssen steuerliche Berater (sog. Intermediäre) grenzüberschreitende Steuergestaltungen (Rn 1483 ff) den zuständigen Behörden melden, die diese dann international austauschen. Welche Gestaltungen meldepflichtig sind, ergibt sich aus bestimmten im Anhang der DAC 6-RL festgelegten Kennzeichen, wobei bei manchen Kennzeichen zugleich ein Relevanz- bzw. Motivtest (sog. „Main benefit"-Test) erfüllt sein muss, was der Fall ist, wenn die Erlangung des Steuervorteils im Vordergrund steht. Umgesetzt werden soll die RL in den §§ 138d–138i AO-E (zu nationalen Anzeigepflichten s. Rn 481).

236 Im Jahr 2016 hat die EU zudem eine umfangreiche Richtlinie zur Bekämpfung von Steuervermeidungspraktiken **(Anti Tax Avoidance Directive – ATAD)** erlassen[251], die als Reaktion auf internationale Steuervermeidungsstrategien bestimmte Gestaltungen verhindern soll (näher Rn 1483 ff). In eine ähnliche Richtung (fairer Steuerwettbewerb) ging das Richtlinienpaket zur angemessenen Besteuerung digitaler Geschäftstätigkeiten in der EU (**„Digitalsteuer"**, Rn 1485)[252]. Dieses ist vorerst gescheitert, es gibt jedoch auf Ebene der OECD weiterhin Pläne, die digitale Wertschöpfung im Staat der Nutzung „angemessen" zu besteuern (Rn 1484).

249 RL 2018/822/EU v. 25.5.2018, ABl Nr L 139, S. 1 zur Änderung der RL 2011/16/EU (DAC = „Directive on Administrative Cooperation").

250 Vgl dazu *Osterloh-Konrad*, FR 2018, 821; *Hey*, FR 2018, 633; *Schnitger/Brink/Welling*, IStR 2018, 513 und IStR 2019, 157.

251 RL 2016/1164/EU v. 12.7.2016, ABl Nr L 193, S. 1.

252 RL-Vorschläge EU-Kom. v. 21.3.2018, COM(2018) 147 und COM(2018) 148 final.

2. Teil

Allgemeines Steuerschuld- und -verfahrensrecht

Die **Abgabenordnung** (AO) wird oft als Mantelgesetz des Steuerrechts bezeichnet. Sie enthält grundlegende Bestimmungen zum sog. Steuerrechtsverhältnis, welches die Beziehungen zwischen den Steuerberechtigten (Bund, Länder und Gemeinden, aber auch Religionsgemeinschaften) und den Steuerpflichtigen regelt. Das Steuerrechtsverhältnis unterteilt sich in das Steuerschuldverhältnis (materielles Steuerrechtsverhältnis) und das Steuerverfahrensverhältnis (formelles Steuerrechtsverhältnis). 237

Das Gesetz gliedert sich in neun Teile: Der Erste Teil enthält **Einleitende Vorschriften**, insb Begriffsbestimmungen und Zuständigkeitsregelungen[1]. Der Zweite Teil betrifft das **Steuerschuldrecht** (Rn 238 ff). Im Dritten bis Siebten Teil ist das **Steuerverfahrensrecht** (Rn 359 ff) geregelt. Der Achte Teil enthält Vorschriften zum **Straf- und Bußgeldverfahren**[2], der Neunte Teil **Schlussvorschriften**.

Die Abgabenordnung trifft allgemeine Regelungen zum Steuerschuldverhältnis und Steuerverfahrensverhältnis; die **Einzelsteuergesetze** enthalten darüber hinaus spezielle Bestimmungen, also besonderes Steuerschuldrecht und Steuerverfahrensrecht.

§ 3 Steuerschuldrecht

Das **allgemeine Steuerschuldrecht** ist im Zweiten Teil der AO (§§ 33–77 AO) geregelt und gliedert sich in vier Abschnitte. Der Erste Abschnitt definiert insb, wer **Steuerpflichtiger** ist. Der Zweite Abschnitt bildet mit dem **Steuerschuldverhältnis** (dazu Rn 239 ff) das Kernstück des Steuerschuldrechts, in dem die Beziehungen zwischen Steuergläubiger und Steuerpflichtigem (Rn 240 f) geregelt werden. In diesem Abschnitt sind auch Grundsätze für die Anwendung der Einzelsteuergesetze normiert (§§ 39–42 AO; dazu Rn 314 ff). Der Dritte Abschnitt enthält besondere Bestimmungen für **steuerbegünstigte Zwecke** (dazu Rn 342 ff), der Vierte Abschnitt enthält **Haftungstatbestände** (dazu Rn 293 ff). 238

A. Ansprüche aus dem Steuerschuldverhältnis

Die Ansprüche aus dem Steuerschuldverhältnis werden in § 37 Abs. 1 AO *abschließend* aufgezählt. Dies sind der Steueranspruch, der Steuervergütungsanspruch, der Haftungsanspruch, der Anspruch auf steuerliche Nebenleistungen sowie der Erstattungsanspruch. 239

1 Begriffsdefinitionen werden in diesem Lehrbuch iRd Darstellung der einzelnen Steuerarten mitbehandelt. Auf die Darstellung von Zuständigkeitsregelungen wird verzichtet, s. dazu *Seer*, in: Tipke/Lang, § 21 Rn 30 ff.

2 Das Steuerstraf- und Steuerordnungswidrigkeitenrecht wird hier nicht behandelt, s. dazu *Seer*, in: Tipke/Lang, § 23.

(1) **Steueranspruch** ist der Anspruch des Steuergläubigers gegen den Steuerschuldner auf Zahlung der Steuer iSd § 3 Abs. 1 AO (dazu Rn 240 ff).

(2) Der **Steuererstattungsanspruch** ist ein Rückzahlungsanspruch. Dieser steht demjenigen zu, der eine Steuer (oder eine Steuervergütung, einen Haftungsbetrag oder eine steuerliche Nebenleistung) *ohne rechtlichen Grund* gezahlt (oder zurückgezahlt) hat, § 37 Abs. 2 AO (dazu Rn 309 ff).

(3) Der **Steuervergütungsanspruch** unterscheidet sich vom Erstattungsanspruch dadurch, dass er auf Rückzahlung eines Steuerbetrages gerichtet ist, der *zu Recht* vereinnahmt wurde. Die Belastung ist aber vom Gesetzgeber nur als vorübergehend beabsichtigt und wird deshalb später wieder rückgängig gemacht. Steuervergütungsansprüche sieht das Gesetz insb dann vor, wenn Steuerschuldner und Steuerträger auseinanderfallen. *Beispiel:* Vorsteuerabzug bei der Umsatzsteuer nach § 15 UStG (dazu Rn 1703 ff) führt zu Überschuss.

(4) **Haftungsanspruch** ist der Anspruch des Steuergläubigers gegen den Haftungsschuldner auf Bezahlung der Steuerschulden eines Dritten (vgl §§ 69 ff AO; dazu unten Rn 293 ff).

(5) Ansprüche auf **steuerliche Nebenleistungen** (§ 3 Abs. 4 AO) zielen auf die Entrichtung von Verzögerungsgeldern, Verspätungszuschlägen, Zuschlägen iSd § 162 Abs. 4 AO, Zinsen, Säumniszuschlägen, Zwangsgeldern, Kosten sowie Zinsen iSd Zollkodex der Union (§ 3 Abs. 4 AO) und Verspätungsgelder nach § 22a Abs. 5 EStG für die verzögerte Übermittlung von Rentenbezugsmitteilungen (dazu unten Rn 281 ff).

I. Der Steueranspruch

240 Steueranspruch ist der Anspruch des Steuergläubigers gegen den Steuerschuldner auf Entrichtung der Steuer iSd § 3 Abs. 1 AO. Steuergläubiger ist die Körperschaft, der das Steueraufkommen nach Art. 106 GG zusteht. Steuerschuldner ist, wer verpflichtet ist, die Steuer als *eigene* Schuld zu entrichten.

Wer **Steuerschuldner** ist, wird gem. § 43 Satz 1 AO durch die einzelnen Steuergesetze bestimmt, vgl zB § 13 GrEStG. Enthält ein Steuergesetz ausnahmsweise keine ausdrückliche Bestimmung des Steuerschuldners, so ist derjenige Steuerschuldner, der subjektiv steuerpflichtig ist und dem das Steuerobjekt zugerechnet wird. So ist etwa Schuldner der Einkommensteuer grundsätzlich derjenige, der gem. § 1 EStG subjektiv steuerpflichtig ist und das Einkommen erzielt hat (Ausnahmen zB § 40 Abs. 3 Satz 2 HS 1, § 40a Abs. 5, § 40b Abs. 5 Satz 1 EStG, die eine vom Arbeitgeber geschuldete pauschale Lohnsteuer zB für verbilligtes oder unentgeltliches Kantinenessen, für bestimmte Leistungen des Arbeitgebers für die Zukunftssicherung des Arbeitnehmers oder bei Teilzeitbeschäftigung vorsehen). Das Einkommen wird grundsätzlich demjenigen zugerechnet, der den Tatbestand der Einkünfteerzielung verwirklicht (Ausnahme zB § 24 Nr 2 aE EStG).

Die einzelnen Steuergesetze bestimmen auch, wer jeweils Steuersubjekt sein kann, also **„steuerrechtsfähig“** ist. Das EStG kennt als Steuersubjekt nur natürliche Personen (vgl § 1 EStG), also insb nicht Personengesellschaften (GbR, OHG, KG), deren Gewinne den einzelnen Gesellschaftern nach § 15 Abs. 1 Satz 1 Nr 2 EStG zugerechnet werden (dazu Rn 1131 ff). Dagegen können Personengesellschaften in anderen Steuerarten durchaus Steuersubjekte sein, zB im Umsatzsteuer- und im Gewerbesteuerrecht (§ 13a Abs. 1 UStG, § 5 Abs. 1 Satz 3 GewStG; dazu Rn 1358 f).

Der Begriff des Steuerschuldners iSd § 43 Satz 1 AO ist von demjenigen des Steuerpflichtigen, des Steuerentrichtungspflichtigen und des Haftungsschuldners zu unterscheiden. Der Begriff des Steuerpflichtigen ist der umfassendere Begriff. **241**

Steuerpflichtiger iSd § 33 Abs. 1 AO ist, wer eine Steuer schuldet, für eine Steuer haftet, eine Steuer für Rechnung eines Dritten einzubehalten und abzuführen hat, wer eine Steuererklärung abzugeben, Sicherheit zu leisten, Bücher und Aufzeichnungen zu führen oder andere ihm durch die Steuergesetze auferlegte Verpflichtungen zu erfüllen hat (vgl auch § 33 Abs. 2 AO).

Steuerentrichtungspflichtiger ist gem. § 43 Satz 2 AO, wer „als Dritter" die Steuer für Rechnung des Steuerschuldners zu entrichten hat. So ist etwa grundsätzlich der Arbeitnehmer gem. § 38 Abs. 2 Satz 1 EStG *Schuldner* der Lohnsteuer (Ausnahme: die pauschalierte Lohnsteuer, vgl § 40 Abs. 3 Satz 2 HS 1, § 40a Abs. 5, § 40b Abs. 5 Satz 1 EStG), die eine Erhebungsform der Einkommensteuer darstellt (dazu unten Rn 668 f). Jedoch hat der Arbeitgeber gem. § 38 Abs. 3, § 41a Abs. 1 EStG die Lohnsteuer für Rechnung des Arbeitnehmers bei der Lohnzahlung vom Arbeitslohn *einzubehalten* und an das FA *abzuführen*. Weitere Beispiele für Steuerentrichtungspflichtige sind gem. § 44 Abs. 1 Satz 3 EStG Kreditinstitute für die Kapitalertragsteuer, die gem. § 43 Abs. 1 Satz 1 EStG ebenfalls eine Erhebungsform der Einkommensteuer darstellt, und gem. § 7 Abs. 2 VersStG der Versicherer mit Blick auf die Versicherungsteuer.

Haftungsschuldner ist, wer für eine fremde Steuerschuld haftet (§ 191 Abs. 1 Satz 1 AO, Rn 293 ff).

1. Entstehen des Steueranspruchs

Der **Steueranspruch** entsteht gem. § 38 AO, sobald der Tatbestand verwirklicht ist, an den das Gesetz die Leistungspflicht knüpft[1]. Die Steuer entsteht also nicht durch die behördliche Festsetzung im Steuerbescheid, sondern *unmittelbar kraft Gesetzes*. Die Festsetzung ist demnach insofern nur deklaratorisch, hat aber ua Bedeutung für die Fälligkeit (dazu Rn 243 ff). **242**

Der durch Tatbestandsverwirklichung entstandene Steueranspruch ist grundsätzlich unabänderlich. Er kann idR nicht durch nachträgliche Umgestaltung oder sog. „Steuerklauseln" in Verträgen verändert oder rückgängig gemacht werden. Ausnahmen können sich bei rückwirkender Beseitigung von Rechtsgeschäften (vgl § 41 AO iVm § 175 Abs. 1 Satz 1 Nr 2 AO) oder aus speziellen Vorschriften (vgl etwa § 29 ErbStG, § 17 UStG, § 16 GrEStG) ergeben.

Beispiele: Der Einkommensteueranspruch entsteht gem. § 36 Abs. 1 EStG grundsätzlich mit Ablauf des Veranlagungszeitraums, also gem. § 25 Abs. 1 EStG mit Ablauf des Kalenderjahrs. Abweichendes gilt aber etwa für das Entstehen des Anspruchs auf Einkommensteuervorauszahlungen (§ 37 Abs. 1 Satz 2 EStG), auf Lohnsteuer (§ 38 Abs. 2 Satz 2 EStG) sowie auf Kapitalertragsteuer (§ 44 Abs. 1 Satz 2 EStG). Der Umsatzsteueranspruch entsteht gem. § 13 Abs. 1 UStG grundsätzlich mit Ablauf des Voranmeldungszeitraums. Vgl ferner § 30 KStG, § 18, § 21 GewStG, § 9 Abs. 2 GrStG, § 9 Abs. 1 ErbStG.

1 Zum Aufbau von Steuertatbeständen s. Rn 88 ff.

Dem Zeitpunkt des Entstehens kommt Bedeutung insb für die Frage der Festsetzungsfrist (vgl § 170 Abs. 1 AO), der Haftung Dritter (Rn 293 ff) sowie für die Möglichkeit der Aufrechnung (dazu noch unten Rn 251 ff) zu.

2. Fälligkeit

243 Vom Zeitpunkt des Entstehens des Steueranspruchs ist der Zeitpunkt der Fälligkeit zu unterscheiden.

a) Begriff und Bedeutung

244 **Fälligkeit** bedeutet, dass der Steuergläubiger berechtigt ist, die Leistung zu verlangen, und der Schuldner verpflichtet ist, den Anspruch zu erfüllen. Die Fälligkeit ist Voraussetzung für die *Vollstreckung*, § 254 Abs. 1 Satz 1 AO. Mit der Fälligkeit entsteht gem. § 240 Abs. 1 Satz 1–2 AO die Verpflichtung zur Zahlung von *Säumniszuschlägen* (Rn 285 f), wenn die Steuer nicht entrichtet worden ist. Der Fälligkeit kommt ferner Bedeutung zu für den Beginn der *Zahlungsverjährungsfrist* gem. § 229 Abs. 1 Satz 1 AO (Rn 273 ff) und die Entstehung der *Aufrechnungslage* (§ 226 Abs. 1 AO, § 387 BGB; Rn 251 ff).

b) Voraussetzungen der Fälligkeit

245 aa) Nach § 220 Abs. 1 AO richtet sich die Fälligkeit von Ansprüchen aus dem Steuerschuldverhältnis grundsätzlich nach den Vorschriften der einzelnen Steuergesetze.

Beispiele: Nach § 36 Abs. 4 Satz 1 EStG ist die Abschlusszahlung der Einkommensteuer, also der Betrag, der die entrichteten Einkommensteuervorauszahlungen übersteigt, einen Monat nach Bekanntgabe des Einkommensteuerbescheids fällig. Die Einkommensteuervorauszahlungen sind zu bestimmten im Gesetz genannten Zeitpunkten fällig (§ 37 Abs. 1 Satz 1 EStG). Die Lohnsteuer ist gem. § 41a Abs. 1 Satz 1 EStG am 10. Tag nach Ablauf des Lohnsteueranmeldungszeitraums (idR Kalendermonat, vgl § 41a Abs. 2 Satz 1 EStG) fällig. Die Umsatzsteuerabschlusszahlung, also der Betrag, der die entrichteten Voranmeldungen übersteigt, ist einen Monat nach Eingang der Steueranmeldung bzw nach Bekanntgabe des Steuerbescheids fällig (§ 18 Abs. 4 UStG).

246 bb) Fehlt es an einer besonderen Regelung über die Fälligkeit (wie zB bei Haftungsansprüchen), so ist wie folgt zu differenzieren:

(1) Muss der Anspruch aus dem Steuerschuldverhältnis erst festgesetzt werden – dies ist bei Steueransprüchen die Regel, vgl § 155 Abs. 1 Satz 1, § 218 Abs. 1 Satz 1 AO –, so tritt die Fälligkeit gem. § 220 Abs. 2 Satz 2 AO nicht vor *Bekanntgabe der Festsetzung* ein.

Beispiel: Das ErbStG enthält keine Fälligkeitsregeln iSd § 220 Abs. 1 AO. Daher ist § 220 Abs. 2 AO einschlägig. Da die Erbschaftsteuer gem. § 155 Abs. 1 Satz 1 AO durch Steuerbescheid festgesetzt werden muss, kommt § 220 Abs. 2 Satz 2 AO zur Anwendung.

247 (2) Sieht das Gesetz keine Festsetzung vor, so wird der Anspruch aus dem Steuerschuldverhältnis mit der *Entstehung* fällig, es sei denn, dass in der Aufforderung zur Leistung (Leistungsgebot, § 254 Abs. 1 AO) eine Zahlungsfrist eingeräumt worden ist (§ 220 Abs. 2 Satz 1 AO).

§ 220 Abs. 2 Satz 1 AO betrifft insb Säumniszuschläge, die nach § 218 Abs. 1 Satz 1 HS 2 AO keiner Festsetzung bedürfen, und Steuererstattungsansprüche des Steuerpflichtigen nach § 37 Abs. 2 AO.

3. Erlöschen

§ 47 AO zählt **Erlöschensgründe** für Ansprüche aus dem Steuerschuldverhältnis – wenngleich *nicht abschließend* („insbesondere") – auf. Daneben kann ein Steueranspruch auch nach Spezialregeln wie zB § 29 ErbStG erlöschen. Die in § 47 AO enthaltenen Erlöschensgründe lassen sich unterteilen in solche, in denen der Schuldner erfüllt oder an Erfüllungs statt leistet, und in solche, in denen der jeweilige Anspruch trotz Nichterfüllung erlischt. Zur ersten Gruppe gehören insb Zahlung (§ 224, § 224a, § 225 AO) und Aufrechnung (§ 226 AO), in die zweite Kategorie fallen Erlass im Festsetzungs- und Erhebungsverfahren (§ 163 bzw § 227 AO), Festsetzungs- und Zahlungsverjährung (§§ 169 ff bzw §§ 228 ff AO) sowie der Eintritt einer Bedingung bei auflösend bedingten Ansprüchen. **248**

Hinzuweisen ist darauf, dass die steuerrechtliche Verjährung gem. § 47 AO zum *Erlöschen* des Anspruchs führt, also anders als das Zivilrecht (§ 214 Abs. 1 BGB) nicht bloß ein Leistungsverweigerungsrecht gewährt, auf das sich der Schuldner einredeweise berufen muss.

a) Zahlung (§ 224, § 225 AO)

Die Steueransprüche erlöschen gem. § 47 AO durch Zahlung. **Zahlung** bedeutet Tilgung des Anspruchs. § 224 Abs. 1 AO regelt die Frage des Leistungsorts und wer empfangsberechtigt ist. § 224 Abs. 2 AO bestimmt, wann die wirksam geleistete Zahlung als entrichtet gilt. § 224 Abs. 3 AO betrifft Modalitäten bei Zahlungen durch die Finanzbehörde. § 225 AO trifft ähnlich wie § 366 BGB Aussagen über die Reihenfolge der Tilgung, wenn ein Steuerpflichtiger mehrere Beträge schuldet und bei freiwilliger (Abs. 1, 2) bzw erzwungener (Abs. 3) Zahlung der gezahlte Betrag nicht zur Tilgung sämtlicher Schulden ausreicht. **249**

Eine Zahlung durch Dritte ist gem. § 48 Abs. 1 AO zulässig. Da ein Widerspruchsrecht des Schuldners – anders als in § 267 Abs. 2 BGB – nicht vorgesehen ist, führt die Zahlung auch bei Widerspruch des Schuldners stets zum Erlöschen des Anspruchs. Gem. § 48 Abs. 2 AO können Dritte sich vertraglich verpflichten, für Leistungen aus dem Steuerschuldverhältnis einzustehen. In diesen Fällen kann die Finanzbehörde denjenigen, der sich *vertraglich* verpflichtet hat, für die Steuer eines anderen einzustehen, gem. § 192 AO nur nach den Vorschriften des bürgerlichen Rechts in Anspruch nehmen, ist also auf den Zivilrechtsweg verwiesen.

b) Hingabe von Kunstgegenständen an Zahlungs statt (§ 224a AO)

Die Steuerschuld erlischt gem. § 47 AO auch dann, wenn aufgrund eines *öffentlich-rechtlichen Vertrags*[2] zugelassen wird, dass statt Zahlung von Erbschaft- oder Schenkungsteuer das Eigentum an Kunstgegenständen, Kunstsammlungen, wissenschaftlichen Sammlungen, Bibliotheken, Handschriften und Archiven übertragen wird. Zu den weiteren Voraussetzungen s. § 224a AO. **250**

2 Zur Zulässigkeit des öffentlich-rechtlichen Vertrags im Steuerrecht iÜ noch unten Rn 464 ff.

c) Aufrechnung (§ 226 AO)

251 Die **Aufrechnung** (§ 226 AO) ist eine Leistung an Erfüllungs statt. Sie wirkt wie eine Erfüllung. Nach § 47 AO führt sie zum *Erlöschen* der Ansprüche aus dem Steuerschuldverhältnis iSd § 37 Abs. 1 AO. Unter Aufrechnung versteht man die wechselseitige Tilgung zweier sich gegenüberstehender gleichartiger Ansprüche durch Verrechnung aufgrund einseitiger Erklärung eines der Beteiligten[3]. § 226 Abs. 1 AO erklärt die Vorschriften des bürgerlichen Rechts für entsprechend anwendbar, soweit nichts anderes bestimmt ist. Abweichende Bestimmungen enthalten § 226 Abs. 2–4 AO.

aa) Voraussetzungen.

252 **(1) Gegenseitigkeit der Hauptforderung und der Gegenforderung (§ 387 BGB, § 226 Abs. 1 AO).** Schuldner und Gläubiger (dazu oben Rn 240) der jeweiligen Forderungen müssen grundsätzlich identisch sein. Jedoch ordnet § 226 Abs. 4 AO aus Praktikabilitätsgründen an, dass als Gläubiger bzw Schuldner eines Anspruchs aus dem Steuerschuldverhältnis *auch* die Körperschaft gilt, die die Steuer *verwaltet*. Als verwaltende Körperschaft ist diejenige Gebietskörperschaft anzusehen, der die verwaltende Behörde angehört.

Beispiele: (a) Die A&B-OHG, bestehend aus A und B, hat eine Umsatzsteuerschuld iHv 10 000 €. A hat einen Einkommensteuererstattungsanspruch iHv ebenfalls 10 000 €. Das FA möchte aufrechnen. Ist das möglich? Es müsste gem. § 226 Abs. 1 AO, § 387 BGB *Gegenseitigkeit* von Haupt- und Gegenforderung vorliegen, dh der Schuldner der einen Forderung müsste Gläubiger der anderen Forderung sein. Personengesellschaften sind im Umsatzsteuerrecht gem. § 2, § 13a Abs. 1 UStG Steuersubjekte. Steuerschuldner der Umsatzsteuer ist somit die A&B-OHG. Dagegen ist eine Personengesellschaft nicht Steuersubjekt der Einkommensteuer. Gläubiger des Einkommensteuererstattungsanspruchs ist somit der Gesellschafter A persönlich. Mangels Gegenseitigkeit von Haupt- und Gegenforderung kann das FA nicht aufrechnen.

(b) Der Trierer Brauer B möchte seine Biersteuerschuld gegen einen Energiesteuererstattungsanspruch aufrechnen. Liegt Gegenseitigkeit der beiden Ansprüche vor? Gläubiger der Biersteuer ist gem. Art. 106 Abs. 2 Nr 4 GG das Land Rheinland-Pfalz. Schuldner des Energiesteuererstattungsanspruchs ist gem. Art. 106 Abs. 1 Nr 2 GG der Bund. Gläubiger und Schuldner sind somit nicht identisch. Jedoch gilt gem. § 226 Abs. 4 AO für die Aufrechnung als Gläubiger bzw Schuldner auch die Körperschaft, die die Steuer verwaltet. Dies ist gem. Art. 108 Abs. 1 GG sowohl für Bier- als auch für Energiesteuer der Bund. Gegenseitigkeit von Haupt- und Gegenforderung liegt somit trotz Auseinanderfallens der Ertragshoheit nach Art. 106 GG vor. Vom Vorliegen der übrigen Voraussetzungen ist auszugehen.

253 **(2) Gleichartigkeit der Forderungen (§ 226 Abs. 1 AO, § 387 BGB).** Ansprüche aus dem Steuerschuldverhältnis nach § 37 Abs. 1 AO lauten regelmäßig auf Geld und sind somit gleichartig.

Nur in Ausnahmefällen kann es an der Gleichartigkeit fehlen, etwa wenn Steuervergütungsansprüche gegen das Finanzamt mit einer Haftungsschuld eines Gesellschafters, die sich auf dem Unternehmen überlassene Gegenstände beschränkt (§ 74 Abs. 1 Satz 1 AO), aufgerechnet werden. Die Rspr verneint die Gleichartigkeit, weil bei aus-

3 *Loose*, in: Tipke/Kruse, § 226 AO Rn 1.

bleibender Zahlung des Haftungsschuldners nur in diese Gegenstände vollstreckt werden kann[4].

(3) Erfüllbarkeit der Hauptforderung und Fälligkeit der Gegenforderung (§ 226 Abs. 1 AO, § 271, § 387 BGB). Die Hauptforderung (dh die Forderung des Aufrechnungsgegners) muss *erfüllbar* sein, die Gegenforderung (dh die Forderung des Aufrechnenden) muss *fällig* (dazu oben Rn 243 ff) sein. **254**

(4) Kein Erlöschen (§ 226 Abs. 2 AO). § 226 Abs. 2 AO bestimmt, dass mit Ansprüchen aus dem Steuerschuldverhältnis nach Erlöschen durch Verjährung[5] oder Ablauf einer Ausschlussfrist nicht mehr aufgerechnet werden kann. **255**

(5) Unbestrittene oder rechtskräftig festgestellte Gegenforderung (§ 226 Abs. 3 AO). Ferner kann der *Steuerpflichtige* gem. § 226 Abs. 3 AO gegen Ansprüche aus dem Steuerschuldverhältnis nur aufrechnen, wenn seine Gegenforderung *unbestritten* oder *rechtskräftig festgestellt* ist. Mit dieser Vorschrift soll verhindert werden, dass der Steuerpflichtige durch Vorschützen zweifelhafter Ansprüche die Erfüllung von Ansprüchen aus dem Steuerschuldverhältnis hinauszögern kann. Demgegenüber kann die Finanzbehörde gegenüber dem Steuerpflichtigen auch mit solchen Forderungen aufrechnen, die dieser bestreitet, es sei denn die Gegenforderung beruht auf einem Bescheid, dessen Vollziehung ausgesetzt wurde[6]. **256**

bb) Verrechnungsvertrag. Liegen die Voraussetzungen der Aufrechnung nicht vor, können die beiden Forderungen durch einen öffentlich-rechtlichen Verrechnungsvertrag zum Erlöschen gebracht werden[7]. **257**

cc) Rechtsbehelfe. Erkennt die Finanzbehörde die Aufrechnungserklärung des Steuerpflichtigen nicht an oder will der Steuerpflichtige gegen die Aufrechnungserklärung des Finanzamts vorgehen, so kann dieser einen **Abrechnungsbescheid**[8] nach § 218 Abs. 2 AO beantragen (vgl auch Rn 551 f). Inhalt des Abrechnungsbescheids ist die Feststellung, ob der festgesetzte Anspruch nach § 47 AO erloschen ist. Gegen diesen kann der Steuerpflichtige im Wege des Einspruchs und der finanzgerichtlichen Klage vorgehen (dazu Rn 559 ff). Er kann allerdings keine Gründe mehr vorbringen, die sich gegen die Festsetzung des Steueranspruchs richten[9]. Dies folgt aus der grundsätzlichen Trennung zwischen Festsetzungs- und Erhebungsverfahren (dazu noch unten Rn 359 f). Die Aufrechnung ist Teil des Erhebungsverfahrens. Die Aufrechnungserklärung des Finanzamtes ist nach der Rspr kein Verwaltungsakt, vielmehr handelt es sich um die bloße Ausübung eines schuldrechtlichen Gestaltungsrechts[10]. **258**

4 BFH, VII R 34/12, BStBl II 2014, 551.
5 Anders § 215 BGB für private Forderungen.
6 BFH, VII B 67/02, BFH/NV 2003, 444.
7 Zum Verrechnungsvertrag vgl *Seer*, in: Tipke/Lang, § 21 Rn 328 mwN.
8 FG Köln, 4 K 4021/11, EFG 2014, 2156.
9 BFH, IV R 244/67, BStBl II 1970, 444.
10 BFH, VII B 88/12, BFH/NV 2013, 508; VII R 58/94, BStBl II 1996, 55.

d) Festsetzungsverjährung (§§ 169 ff AO)

259 **Fall 10:** Rechtsanwalt R hat am 1.6.02 seine Einkommensteuererklärung für 01 eingereicht und erhält am 1.12.02 seinen Einkommensteuerbescheid. Am 15.12.06 stellt er einen begründeten Änderungsantrag nach § 173 Abs. 1 Nr 2 AO, wonach zusätzliche Werbungskosten iHv 250 € anzuerkennen sind. Im Januar 07 erfährt die Behörde, dass R in 01 weitere Einkünfte iHv 150 € hatte, die er irrtümlich für steuerfrei hielt und deshalb in der Erklärung nicht aufgeführt hatte. (Eine leichtfertige Steuerverkürzung ist nicht anzunehmen). Kann die Behörde den Bescheid für 01 im Januar 07 noch ändern? Wenn ja, in welcher Höhe?

Abwandlung: Wie ist der Fall zu beurteilen, wenn die nachträglich bekannt gewordenen Einkünfte des R in 01 nicht 150 €, sondern 400 € betragen hätten? **Rn 266**

260 Gem. § 169 Abs. 1 Satz 1 AO ist eine *Steuerfestsetzung* (dazu unten Rn 517 ff) sowie ihre *Aufhebung oder Änderung* (dazu unten Rn 411 ff) einschließlich der Berichtigung wegen offenbarer Unrichtigkeiten nach § 129 AO (dazu unten Rn 400), vgl § 169 Abs. 1 Satz 2 AO, *nicht mehr zulässig*, wenn die Festsetzungsfrist abgelaufen, also Festsetzungsverjährung eingetreten ist, §§ 169–171 AO[11]. Diese führt gem. § 47 AO zum *Erlöschen* des Anspruchs aus dem Steuerschuldverhältnis. Zu beachten ist aber, dass die Frist gem. § 169 Abs. 1 Satz 3 Nr 1 AO gewahrt ist, wenn der Steuerbescheid vor Fristablauf den Bereich der zuständigen Finanzbehörde verlassen hat. Da Voraussetzung für die Existenz eines Steuerbescheids die Bekanntgabe ist, muss er dem Steuerpflichtigen auch tatsächlich zugehen[12].

Der Zweck der Verjährungsvorschriften besteht in der Schaffung von Rechtsfrieden. Der Bürger muss nach Ablauf einer bestimmten Zeit Sicherheit haben, nicht mehr mit Steuer(nach)forderungen rechnen zu müssen. Dieses Ziel wird durch die Regelung über die Festsetzungsfrist nach § 169 Abs. 2 AO erreicht, durch allzu großzügige Bestimmungen über den Fristbeginn (§ 170 AO) und die Ablaufhemmung (§ 171 AO) jedoch teilweise konterkariert.

261 **aa) Fristdauer.** Die **Festsetzungsfrist** beträgt:

- für Verbrauchsteuern und Verbrauchsteuervergütungen: *ein Jahr* (§ 169 Abs. 2 Satz 1 Nr 1 AO)[13],
- für andere Steuern und Steuervergütungen, soweit es sich nicht um Ein- oder Ausfuhrabgaben iSd Art. 4 Nr 10 und 11 des Zollkodexes handelt: *vier Jahre* (§ 169 Abs. 2 Satz 1 Nr 2 AO),
- für hinterzogene Steuern iSd § 370 AO: *zehn Jahre* (§ 169 Abs. 2 Satz 2 AO),
- für leichtfertig verkürzte Steuern iSd § 378 AO: *fünf Jahre* (§ 169 Abs. 2 Satz 2 AO).

262 **bb) Beginn der Frist.** Die Festsetzungsfrist *beginnt* nach dem gesetzlichen Regelfall des § 170 Abs. 1 AO grundsätzlich mit Ablauf des Kalenderjahrs, in dem die Steuer entstanden ist (§ 38 AO). Wichtige Abweichungen enthalten jedoch § 170

11 Zu praxisrelevanten Problemen bei Festsetzungs- und Feststellungsfristen s. *Günther*, AO-StB 2009, 9. Überblick zur Fristberechnung anhand praktischer Fälle bei *Fleischmann*, StuB 2002, 751. S. dazu auch *Birk/Desens/Tappe*, Klausurenkurs, Fall 5.

12 BFH, GrS 2/01, BStBl II 2003, 548 (549 f).

13 Wegen ihrer technischen Anknüpfung an Akte des Rechtsverkehrs ist die Umsatzsteuer (Rn 1627 ff) *keine* Verbrauchsteuer iSd Nr 1, vgl Rn 74.

Abs. 2–7 AO, wonach die Festsetzungsfrist später beginnt (sog. **Anlaufhemmung**). Praktisch besonders bedeutsam ist insb der Fall, dass der Steuerpflichtige eine **Steuererklärung** oder Steueranmeldung einzureichen hat. Dies betrifft etwa Einkommen- (§ 25 Abs. 3 EStG), Umsatz- (§ 18 UStG), Körperschaft- (§ 31 Abs. 1 KStG iVm § 25 Abs. 3 EStG) und Gewerbesteuer (§ 14a GewStG). In diesen Fällen beginnt die Frist gem. § 170 Abs. 2 Satz 1 Nr 1 AO grundsätzlich erst mit Ablauf des Kalenderjahrs, in dem die Erklärung eingereicht ist, spätestens jedoch mit Ablauf des dritten Kalenderjahres, das auf das Kalenderjahr folgt, in dem die Steuer entstanden ist. Zu den übrigen Sonderfällen vgl § 170 Abs. 2–7 AO[14].

cc) Ende der Frist. Der Ablauf der Festsetzungsfrist ergibt sich aus § 169 Abs. 2 AO. § 171 AO regelt zahlreiche Fälle, in denen der *Ablauf* der Festsetzungsfrist gehemmt wird (sog. **Ablaufhemmung**). Davon sind insb folgende von Bedeutung: **263**

– § 171 Abs. 2 AO: Ist beim Erlass des Steuerbescheides eine **offenbare Unrichtigkeit** (§ 129 AO; dazu Rn 400) unterlaufen, so endet die Festsetzungsfrist insoweit nicht vor Ablauf eines Jahres nach Bekanntgabe des Steuerbescheids. Gleiches gilt gem. § 171 Abs. 2 Satz 2 AO für § 173a AO (Rn 435)[15]. **264**

– § 171 Abs. 3, 3a AO: Bei **Anträgen auf Steuerfestsetzung** oder Aufhebung oder Änderung läuft die Festsetzungsfrist nicht ab, bevor über den Antrag unanfechtbar entschieden worden ist. Zu beachten ist, dass die Ablaufhemmung auf den Umfang des Antrags („insoweit") beschränkt ist, so dass iÜ die Festsetzungsfrist abläuft. Eine Verböserung ist insoweit also nicht mehr möglich[16]; der Änderungsantrag umreißt den betragsmäßigen Rahmen, innerhalb dessen Änderungen möglich sind[17]; innerhalb dieses betragsmäßig festgelegten Rahmens sind jedoch die Auswirkungen anderer Aufhebungs- und Änderungsgründe nach §§ 172 ff AO sowie die § 176, § 177 AO (dazu unten Rn 411 ff, 450 ff) zu berücksichtigen[18]. Gesetzlich vorgeschriebene Steuererklärungen sind keine Anträge nach § 171 Abs. 3 AO, lösen also die Fristhemmung nicht aus[19]. Wer (etwa in Erstattungsfällen) mit der Abgabe der Steuererklärung bis kurz vor Ablauf der Festsetzungsfrist wartet, muss also den Nachteil tragen, wenn die Behörde die Frist verstreichen lässt[20]. Wird vor Ablauf der Festsetzungsfrist ein Rechtsbehelf eingelegt, so läuft die Festsetzungsfrist hinsichtlich des gesamten Steueranspruchs erst ab, wenn über den Rechtsbehelf unanfechtbar entschieden ist (§ 171 Abs. 3a Satz 1 HS 1 AO). Läuft die Rechtsbehelfsfrist länger als die Festsetzungsfrist, so wird letztere bis zum Ablauf der Rechtsbehelfsfrist hinausgeschoben (vgl § 171 Abs. 3a Satz 1 HS 2 AO). **265**

---

14 Zum Beginn der Frist bei der Schenkungsteuer vgl BFH, II R 54/05, BStBl II 2007, 954; II R 36/06, BStBl II 2009, 232. Zur Anlaufhemmung der Festsetzungsfrist und Festsetzungsverjährung in Schenkungsfällen s. auch *Reiter*, StBW 2011, 276.

15 S. Gesetz zur Modernisierung des Besteuerungsverfahrens, BGBl I 2016, 1679 (1691).

16 BFH, I R 112/97, BStBl II 1999, 123 (126 ff).

17 FG Nürnberg, V 32/81, EFG 1987, 224 (225); FG Bad.-Württ., VI K 36/86, EFG 1987, 277.

18 *Drüen*, in: Tipke/Kruse, § 171 AO Rn 16a.

19 St. Rspr, BFH V R 8/14, BStBl II 2015, 3; IX R 5/11, BStBl II 2014, 143.

20 Er kann aber daneben noch einen getrennten Antrag auf Veranlagung stellen, der zur Fristhemmung führt, vgl BFH, I R 63/14, BFH/NV 2016, 161.

266 **Lösung des Falls 10** (Rn 259): Eine Änderung des Steuerbescheids für 01 scheidet gem. § 169 Abs. 1 AO aus, wenn die Festsetzungsfrist abgelaufen ist. Die Festsetzungsfrist begann gem. § 170 Abs. 2 Satz 1 Nr 1 AO iVm § 25 Abs. 3 EStG, § 56 Satz 1 Nr 2 lit. a EStDV mit Ablauf desjenigen Kalenderjahrs, in dem R die Erklärung abgegeben hat (02). Die Festsetzungsfrist läuft gem. § 169 Abs. 2 Satz 1 Nr 2 AO am 31.12.06 ab. Eine Änderung in 07 käme danach nicht mehr in Betracht. Jedoch könnte der Ablauf der Frist gem. § 171 Abs. 3 AO gehemmt sein. Dann müsste R vor Ablauf der Festsetzungsfrist einen Antrag auf Änderung der Steuerfestsetzung gestellt haben. Den Antrag nach § 173 Abs. 1 Satz 1 Nr 2 AO hat R am 15.12.06 gestellt, also vor Ablauf der Festsetzungsfrist am 31.12.06. Somit läuft die Festsetzungsfrist *insoweit* (= bis zur Höhe von 250 €) nicht ab, bevor über den Änderungsantrag unanfechtbar entschieden worden ist. Die Behörde hat somit im Januar 07 im Umfang des (begründeten) Änderungsantrags den Steuerbescheid noch zu ändern. Die nachträglich bekannt gewordenen Einkünfte des R iHv 150 € sind jedoch zu seinen Ungunsten ebenfalls zu berücksichtigen, weil der Rahmen von 250 € nicht überschritten wird.

Lösung der Abwandlung: Die Ablaufhemmung der Festsetzungsverjährung ist der Höhe nach wegen § 171 Abs. 3 AO auf 250 € beschränkt. Auch wenn in Höhe der 400 € ein Änderungsgrund nach § 173 Abs. 1 Nr 1 AO vorliegt, so kommt eine Änderung bzgl des 250 € übersteigenden Teils gem. § 169 Abs. 1 Satz 1 AO nicht mehr in Betracht, weil *insoweit* die Festsetzungsfrist am 31.12.06 abgelaufen und damit Festsetzungsverjährung eingetreten ist. Da jeweils 250 € zugunsten und 250 € zuungunsten des Steuerpflichtigen zu berücksichtigen sind, ist zu saldieren (zu § 177 AO unten Rn 453 ff).

267 – § 171 Abs. 4 AO: Bei Beginn einer **Außenprüfung** (dazu unten Rn 503 ff) oder deren Aufschub auf Antrag des Steuerpflichtigen läuft die Festsetzungsfrist für die Steuern, auf die sich die Außenprüfung erstreckt (auch hier ist also der Umfang der Ablaufhemmung wieder gegenständlich beschränkt), grundsätzlich nicht ab, bevor die aufgrund der Außenprüfung zu erlassenden Steuerbescheide unanfechtbar geworden sind. Die verjährungshemmende Wirkung erstreckt sich aber nicht auf Personen, die nicht Adressaten der Prüfungsanordnung sind. Dies gilt insb im Hinblick auf nicht in der Anordnung genannte, zusammen veranlagte Ehepartner[21].

268 – § 171 Abs. 5 AO: Ablaufhemmung durch Beginn einer **Fahndungsprüfung** oder sonstiger Ermittlungshandlungen iSd § 92 AO. Gegen diese Vorschrift bestehen verfassungsrechtliche Bedenken, weil die durch § 171 Abs. 5 AO bewirkte Ablaufhemmung unbegrenzt fortdauert, wenn überhaupt kein Steuerbescheid erlassen wird. Die rechtsstaatlich verlangte Festsetzungsverjährung tritt dann nicht ein. Der BFH meint, dem mit der Anwendung der Grundsätze der Verwirkung begegnen zu können[22]. Dem ist jedoch entgegenzuhalten, dass ihr Eintritt schwer bestimmbar ist. Den verfassungsrechtlichen Bedenken kann durch eine analoge Anwendung des § 171 Abs. 4 Satz 3 AO Rechnung getragen werden[23].

269 – § 171 Abs. 8 AO: Ablaufhemmung bei **vorläufigen Bescheiden** iSd § 165 AO (dazu Rn 526 ff).

270 – § 171 Abs. 10 AO: Ablaufhemmung für die Steuerfestsetzung, wenn ein **Grundlagenbescheid** (Rn 535 ff) vorangehen muss. Die Festsetzungsfrist endet nicht vor

21 BFH, X R 42/05, BStBl II 2007, 220 (221).
22 BFH, I R 25/01, BStBl II 2002, 586 (589).
23 Ausf *Birk/Naujok*, DStR 2003, 349; s. a. *Rüsken*, in: Klein, AO, 14. Aufl 2018, § 171 Rn 82.

Ablauf von zwei Jahren nach Bekanntgabe des Grundlagenbescheids. Ist für den Erlass des Grundlagenbescheids eine andere Behörde zuständig, kommt es auf die Kenntnis der für den Folgebescheid zuständigen Finanzbehörde an (§ 171 Abs. 10 Satz 2 AO). Für Grundlagenbescheide, die nicht unter § 181 AO fallen, gilt die zweijährige Ablaufhemmung nur, wenn der Grundlagenbescheid vor Ablauf der Festsetzungsfrist des Folgebescheids beantragt worden ist (§ 171 Abs. 10 Satz 3 AO).

– § 171 Abs. 15 AO: Für die im Abzugsverfahren erhobenen Steuern (zB Lohnsteuerabzug, Rn 668 f, 763 f) wirken sich fristhemmende Umstände beim Entrichtungspflichtigen (Rn 273) auch auf den Ablauf der Festsetzungsfrist beim Steuerschuldner aus[24]. **271**

§ 171 AO zählt die Fälle der Ablaufhemmung nicht abschließend auf. Weitere Regelungen finden sich in § 174 Abs. 3 Satz 2, Abs. 4 Satz 3–4 AO bei **widerstreitenden Steuerfestsetzungen** (dazu Rn 437 ff) und in § 191 Abs. 3 Satz 4–5 AO bei **Haftungsbescheiden**. **272**

e) Zahlungsverjährung (§§ 228 ff AO)

Während die Festsetzungsverjährung die Frage betrifft, in welchen zeitlichen Grenzen die Finanzbehörde eine Steuer *festsetzen* darf, regelt die Zahlungsverjährung, wie lange ein bestehender Anspruch aus dem Steuerschuldverhältnis *durchgesetzt* werden kann. Dementsprechend befinden sich die Normen über die Zahlungsverjährung (§§ 228 ff AO) im Fünften Teil der AO über das Erhebungsverfahren (zu den einzelnen Verfahrensstadien noch unten Rn 359 f). **273**

Die **Zahlungsverjährung** führt gem. § 47, § 232 AO ebenfalls zum Erlöschen des Anspruchs aus dem Steuerschuldverhältnis. Die Zahlungsverjährungsfrist beträgt gem. § 228 Satz 2 AO fünf Jahre (bei Steuerhinterziehung: zehn Jahre). Die Frist beginnt gem. § 229 Abs. 1 Satz 1 AO mit Ablauf des Kalenderjahrs, in dem der Anspruch erstmals fällig geworden ist (dazu Rn 243 ff), jedoch gem. § 229 Abs. 1 Satz 2 AO nicht vor Ablauf des Jahres, in dem die Festsetzung des Anspruchs wirksam geworden ist (Anlaufhemmung). Nach § 230 AO ist die Verjährung gehemmt, solange der Anspruch wegen höherer Gewalt innerhalb der letzten sechs Monate der Verjährungsfrist nicht verfolgt werden kann (Ablaufhemmung)[25]. **274**

Im Bereich der Zahlungsverjährung kennt die AO – anders als im Bereich der Festsetzungsverjährung – auch eine *Unterbrechung* der Verjährung[26]. Das bedeutet, dass die fünfjährige Verjährungsfrist nach Ende der Unterbrechung von vorne zu laufen beginnt, § 231 Abs. 3 AO. Eine Unterbrechung der Verjährung tritt gem. § 231 Abs. 1 Satz 1 AO ua durch schriftliche Geltendmachung des Anspruchs, Stundung, AdV und Vollstreckungsmaßnahmen ein. Ob die verjährungsunterbrechende Wirkung von Maßnahmen der Verwaltung rückwirkend entfallen kann, ist umstritten[27]. § 231 Abs. 2 AO trifft Aussagen darüber, wie lange die Unterbrechung **275**

---

24 Die Vorschrift ist eine Reaktion auf BFH, II R 26/10, BStBl II 2013, 596. Diese bestätigte die vorher geltende Rechtslage, wonach Haftungs- und Nachforderungsbescheide gegenüber dem Entrichtungspflichtigen (etwa aufgrund einer Außenprüfung) nicht mehr ergehen konnten, wenn die Festsetzungsfrist für den Steuerbescheid bereits abgelaufen war (§ 191 Abs. 5 AO); näher *Haupt*, BB 2015, 983.

25 Näher zur Zahlungsverjährung *Lemaire*, AO-StB 2005, 106.

26 Vgl dazu auch BFH, VII R 27/08, BStBl II 2011, 331 zur Unterbrechung der Zahlungsverjährung auch durch einen rechtswidrigen, nichtigen oder rückwirkend aufgehobenen Verwaltungsakt.

27 Verneinend für Realakte BFH, VII R 3/06, BStBl II 2009, 575.

andauert. Die Wirkung der Verjährungsunterbrechung ist auch hier wieder gegenständlich beschränkt, § 231 Abs. 4 AO.

f) Festsetzungs- und Zahlungserlass (§ 163, § 227 AO)

276 Der Erlass führt gem. § 47 AO ebenfalls zum Erlöschen des Anspruchs aus dem Steuerschuldverhältnis. Wird die Steuer durch eine niedrigere Festsetzung ganz oder teilweise erlassen, so spricht man von einem **Festsetzungserlass** (§ 163 AO); wird die bereits festgesetzte Steuerschuld erlassen, handelt es sich um einen **Zahlungserlass** (§ 227 AO). In beiden Fällen ist erforderlich, dass die Durchsetzung des Steueranspruchs nach Lage des einzelnen Falls *unbillig* wäre (§ 163 Abs. 1 Satz 1, § 227 HS 1 AO). Der Erlass ist von der Stundung gem. § 222 AO (dazu Rn 555 ff) zu unterscheiden, die nur die Fälligkeit hinausschiebt, den Anspruch selbst jedoch bestehen lässt.

Nach § 163 Abs. 2 AO kann eine Billigkeitsmaßnahme mit der Steuerfestsetzung verbunden werden. Nach § 163 Abs. 3 und 4 AO stehen in bestimmten Fällen Erlassentscheidungen unter dem Vorbehalt des Widerrufs.

Es ist umstritten, ob die § 163, § 227 AO eine Koppelung von unbestimmtem Rechtsbegriff („unbillig") und Ermessen („können") enthalten oder ob sie eine „einheitliche Ermessensentscheidung" anordnen[28]. Obwohl die Rspr Ermessen annimmt, geht sie dennoch von einer weitgehenden gerichtlichen Überprüfbarkeit aus[29], stellt aber wie bei allen Ermessensentscheidungen für die Beurteilung der Rechtmäßigkeit auf den Zeitpunkt der letzten Behördenentscheidung ab[30].

277 **aa) Voraussetzungen des Erlasses.** Man unterscheidet zwischen *persönlicher* und *sachlicher* Unbilligkeit. **Persönliche Unbilligkeit** setzt Erlassbedürftigkeit und Erlasswürdigkeit voraus. Erlassbedürftigkeit liegt vor, wenn die Steuererhebung die wirtschaftliche oder persönliche Existenz des Steuerpflichtigen vernichten oder ernstlich gefährden würde; erlasswürdig ist nur derjenige Steuerpflichtige, der seine fehlende Leistungsfähigkeit nicht selbst schuldhaft herbeigeführt hat und seine steuerlichen Pflichten nicht in grober Weise vernachlässigt hat.

278 Ein Erlass wegen **sachlicher Unbilligkeit** kommt in Betracht, wenn (1) die Steuerfestsetzung zwar „äußerlich" dem Gesetz entspricht, nach dem erklärten oder mutmaßlichen Willen des Gesetzgebers aber angenommen werden kann, dass er die im Einzelfall zu entscheidende Frage des Erlasses iSd Billigkeitsmaßnahme geregelt hätte, wenn er sie erkannt hätte (Überhang des gesetzlichen Tatbestands)[31], oder wenn (2) die Erhebung der Steuer im Einzelfall zu einem Grundrechtsverstoß führen würde[32]. Der Erlass wegen sachlicher Unbilligkeit dient somit der Gesetzeskorrektur im *atypischen Einzelfall*[33]. In Ausnahmefällen können auch Gründe des Vertrauens-

28 Im letztgenannten Sinne GmS-OGB 3/70, BStBl II 1972, 603. Näher *Wernsmann*, in: HHSp, § 5 AO Rn 92 ff; Zur Einheitlichkeit des Begriffs Unbilligkeit, BFH, GrS 1/15, BStBl II 2017, 393 (401 f).

29 BFH, GrS 1/15, BStBl II 2017, 393 (402); BFH, III R 19/17, BStBl II 2019, 187.

30 Vgl BVerwG, 8 C 42/88, DVBl 1990, 1405 (1407 f).

31 So BFH, II R 4/14, BStBl 2015, 237: Unbilligkeit der ErbSt-Festsetzung bei Ausfall der Rentenzahlung einer von Todes wegen erworbenen Leibrente; Nds FG, 6 K 63/11, EFG 2012, 1015: Unbilligkeit des endgültigen Ausschlusses des Verlustausgleichs nach § 10d Abs. 2 EStG.

32 BFH, X R 124/92, BStBl II 1995, 824 (826).

33 Beispiele bei *Günther*, AO-StB 2009, 311. Fehler im Veranlagungsverfahren rechtfertigen keinen Erlass, so BFH, X R 9/09, BFH/NV 2011, 561.

schutzes einen Erlass rechtfertigen, etwa wenn der Steuerpflichtige im Vertrauen auf ein BMF-Schreiben Dispositionen tätigte und dabei auf eine ihm günstige Rechtslage vertraute, die im Widerspruch zur Gesetzeslage stand[34]. Eine generelle Erlassregelung als Ersatz für eine aufgehobene Gesetzesnorm (Sanierungserlass nach Aufhebung des § 3 Nr 66 EStG[35]) ist nicht zulässig[36] (jetzt: § 3a EStG, Rn 606).

Beispiel zu (1): Die (vollständige) Erhebung von Säumniszuschlägen nach § 240 Abs. 1 AO (dazu unten Rn 285 f) für die Zeit nach Zahlungsunfähigkeit ist sachlich unbillig[37]. Zu (2): Eine Steuerfestsetzung von Erbschaftsteuer nach Wertverfall kann sachlich unbillig sein[38] (Rn 1524). Ein Steuererlass aus Gewissensgründen (Art. 4 Abs. 1, 2 GG), um einen finanziellen Beitrag zum Verteidigungshaushalt zu vermeiden, kommt demgegenüber nicht in Betracht. Die Rspr[39] trennt insoweit zutreffend zwischen staatlichen Einnahmen (Steuererhebung) und Ausgaben (Steuerverwendung). Die Steuer unterscheidet sich gerade dadurch von anderen Abgaben, dass sie voraussetzungslos und ohne Zweckbindung auferlegt ist (vgl § 3 Abs. 1 AO); über die Mittelverwendung entscheidet allein der demokratisch legitimierte Gesetzgeber. Gleiches gilt für die Steuerverweigerung mit Blick auf ein (vermeintliches) Widerstandsrecht nach Art. 20 Abs. 4 GG[40].

bb) Aufhebung des Erlasses.

Ein *rechtswidriger* Erlass kann gem. § 130 Abs. 2 AO zurückgenommen werden. Dies muss **279**
mit Wirkung für die *Vergangenheit* erfolgen, da der Anspruch durch den Erlass gem. § 47 AO erloschen ist. Da der Widerruf eines *rechtmäßigen* Erlasses gem. § 131 Abs. 2 AO nur für die Zukunft möglich ist, kann der in der Vergangenheit erloschene Anspruch mit einem *Widerruf* nicht wieder aufleben (zu Rücknahme und Widerruf vgl Rn 401 ff).

4. Übergang des Steueranspruchs

Im Steuerrecht gibt es wie im Zivilrecht einen Übergang des Steueranspruchs auf andere **280**
Rechtssubjekte. Dieser vollzieht sich entweder durch Einzel- oder durch Gesamtrechtsnachfolge. Bei der **Gesamtrechtsnachfolge** (zB Erbfolge, Umwandlung und Verschmelzung von Gesellschaften) gehen die Forderungen und Schulden aus dem Steuerschuldverhältnis gem. § 45 Abs. 1 AO auf den Rechtsnachfolger über (Ausnahme: Zwangsgelder gegen den Erblasser, § 45 Abs. 1 Satz 2 AO, wegen des höchstpersönlichen Charakters des Zwangsgelds)[41]. Der Gesamtrechtsnachfolger wird selbst Steuerschuldner, der die dem Rechtsvorgänger zugegangenen Steuerbescheide oder gleichgestellten Bescheide (dazu unten Rn 517 ff) gegen sich gelten lassen muss, § 166, § 182 Abs. 2, § 184 Abs. 1 Satz 4 AO, ohne dass sie ihm bekannt gegeben worden sind. Auch durch **Einzelrechtsnachfolge** kann der Steueranspruch übergehen. So geht gem. § 50 Abs. 2 AO bei Verbrauchsteuern eine bedingte Steuerschuld unter bestimmten Voraussetzungen vom ursprünglichen Steuerschuldner auf den Rechtsnachfolger über. Anders als bei Steuererstattungs- und Steuervergütungsansprüchen (vgl zu deren Abtretung iE § 46 AO) sieht das Gesetz eine Abtretung von Steueransprüchen nicht vor.

---

34 FG Nürnberg, 1 K 554/12, EFG 2015, 5.

35 BMF v. 27.3.2003, BStBl I 2003, 240.

36 BFH, GrS 1/15, BStBl II 2017, 393; zum Vertrauensschutz bei Altfällen *Sedlitz*, DStR 2017, 2785.

37 BFH, V R 13/98, BFH/NV 1999, 10.

38 BFH, II R 4/14, BStBl II 2015, 237.

39 BVerfG, 2 BvR 475/02, BVerfGK 11, 128; BFH, III R 81/89, BStBl II 1992, 303 (304); II B 70/11, BFH/NV 2012, 735; aA *Tiedemann*, StuW 1992, 276 (277).

40 Hessisches FG, 1 V 102/16, juris.

41 Vertiefend zur Vererbung steuerrechtlicher Positionen *Vogt*, DStR 2007, 1373.

II. Ansprüche auf steuerliche Nebenleistungen

281 Als steuerliche Nebenleistungen bezeichnet man Geldleistungen, die im Steuerschuldverhältnis aufgrund besonderer Umstände neben der Steuer geschuldet werden. Sie sind in § 3 Abs. 4 AO *abschließend* aufgezählt: Verzögerungsgelder (§ 146 Abs. 2b AO), Verspätungszuschläge (§ 152 AO), Zuschläge (§ 162 Abs. 4 AO), Zinsen (§§ 233–239 AO), Säumniszuschläge (§ 240 AO), Zwangsgelder (§ 329 AO) und Kosten (§ 89, § 178, § 178a, §§ 337–345 AO), Zinsen iSd Zollkodex der Union[42] sowie Verspätungsgelder für nicht fristgerechte Übermittlung von Rentenbezugsmitteilungen (§ 22a Abs. 5 EStG).

1. Verspätungszuschlag

a) Begriff und Voraussetzungen

282 Gem. § 152 Abs. 1 AO *kann* (Ermessen) das FA bei schuldhaft verspäteter Abgabe der Steuererklärung einen **Verspätungszuschlag** festsetzen. Für die wohl wichtigsten Fälle der verspäteten Abgabe der Steuererklärung (zB ESt-, KSt-, GewSt- oder USt-Jahreserklärung bzw ErbSt-, GrESt-Erklärung) sieht die seit 2019 geltende Neuregelung des § 152 Abs. 2 AO[43] eine *zwingende* Festsetzung des Verspätungszuschlags vor. Diese als Ausnahme formulierte Variante stellt letztlich die Regel dar („Regel-Ausnahme"). Gemäß § 152 Abs. 5 AO beträgt der Zuschlag in diesen Fällen 0,25 % der festgesetzten Steuer pro Monat, daneben gibt es Mindestbeträge (zB 25 € pro Monat). Eine Höchstgrenze liegt bei 25 000 € (§ 152 Abs. 10 AO). Führt die verspätete Steuererklärung nicht zu einer Nachzahlung, weil zB die Steuer auf Null oder auf einen negativen Betrag festgesetzt wird oder hohe Vorauszahlungen geleistet worden sind, ist ein Verspätungszuschlag nicht festzusetzen, § 152 Abs. 3 Nr 2 und 3 AO. Möglich bleibt in diesen Fällen aber die Anwendung des § 152 Abs. 1 AO (Entschließungsermessen). Ein Spielraum bei der Höhe des Verspätungszuschlags (Auswahlermessen) hat das FA nur noch bei Steueranmeldungen (§ 152 Abs. 8 AO).

283 Der Verspätungszuschlag hat eine Doppelfunktion[44], er ist nicht nur eine Sanktion, sondern auch ein Druckmittel und dient dazu, den rechtzeitigen Eingang der Steuererklärung zu sichern und damit die Voraussetzungen für eine zügige Veranlagung zu schaffen. Systematisch ist der Verspätungszuschlag Teil des Festsetzungsverfahrens (zu den einzelnen Abschnitten im Besteuerungsverfahren unten Rn 359 f).

b) Entstehen, Fälligkeit, Erlöschen

284 Der Verspätungszuschlag entsteht, wenn er wirksam festgesetzt wird. Nach § 152 Abs. 11 AO ist der Verspätungszuschlag regelmäßig mit der Steuer oder dem Steuermessbetrag festzusetzen[45]. Er wird mit der Bekanntgabe *fällig*, sofern nicht im Leistungsgebot ein anderer Termin genannt ist (§ 220 Abs. 2 Satz 1 AO). Die Erlöschens-

42 Präzisiert in § 3 Abs. 4 Nr 8 AO, S. Gesetz zur Modernisierung des Besteuerungsverfahrens, BGBl I 2016, 1679 (1680).
43 S. Gesetz zur Modernisierung des Besteuerungsverfahrens, BGBl I 2016, 1679 (1688).
44 BFH, IV R 63/00, BStBl II 2002, 1507.
45 BFH, IX R 43/09, BStBl II 2010, 815: Nachträgliche Festsetzung regelmäßig ermessensfehlerhaft.

tatbestände ergeben sich aus § 47 AO (vgl dazu oben Rn 248 ff). Allerdings scheidet eine Festsetzungsverjährung nach §§ 169–171 AO wegen § 1 Abs. 3 Satz 2 AO als Erlöschensgrund aus. Ein Verspätungszuschlag ist ausgeschlossen, wenn ein Steuerbescheid, der als Bemessungsgrundlage für den Verspätungszuschlag erforderlich wäre, wegen Festsetzungsverjährung nicht mehr ergehen kann. Wird die Festsetzung der Steuer aufgehoben, so ist auch die Festsetzung eines Verspätungszuschlags aufzuheben (§ 152 Abs. 12 AO).

2. Der Säumniszuschlag

a) Begriff und Voraussetzungen

Säumniszuschläge sind Geldleistungen, die im Zusammenhang mit Steuern erhoben **285**
werden, wenn die Steuer nicht bis zum Ablauf des Fälligkeitstags *entrichtet* wird. Sie sind gewissermaßen die „Mahngebühren der Finanzverwaltung“[46]. Der Säumniszuschlag ist (wie der Verspätungszuschlag, Rn 282 f) nicht nur Sanktion und Druckmittel, sondern – wie Zinsen – auch eine Gegenleistung für das Hinausschieben der Fälligkeit und soll zugleich der Abgeltung des zusätzlichen Verwaltungsaufwands dienen[47].

b) Entstehen, Fälligkeit, Erlöschen

Der Säumniszuschlag *entsteht* kraft Gesetzes, wenn die festgesetzte oder angemeldete **286**
Steuer nicht rechtzeitig entrichtet wird (kein Ermessen). Er beträgt für jeden angefangenen Monat der Säumnis 1 % des rückständigen Steuerbetrags (vgl näher § 240 AO). Erlischt der Steueranspruch durch Aufrechnung, so bleiben nach § 240 Abs. 1 Satz 5 AO Säumniszuschläge unberührt, die bis zur *Fälligkeit* der Schuld des Aufrechnenden entstanden sind. Da Säumniszuschläge nicht festgesetzt werden (§ 218 Abs. 1 Satz 1 HS 2 AO), werden sie mit ihrer Entstehung *fällig* (§ 220 Abs. 2 Satz 1 AO). Das Erlöschen richtet sich nach § 47 AO. Eine Akzessorietät zur Steuerschuld besteht nicht (§ 240 Abs. 1 Satz 4 AO). Säumniszuschläge sind also auch dann zu entrichten, wenn später (etwa im Rechtsbehelfsverfahren) die Steuerfestsetzung zugunsten des Steuerpflichtigen geändert wurde[48]. Allerdings ist in solchen Fällen der Säumniszuschlag aus sachlichen Billigkeitsgründen nach § 227 AO (Rn 276) zu erlassen, wenn der Steuerpflichtige alles getan hat, um eine Aussetzung der Vollziehung des Steuerbescheids (Rn 569) zu erreichen und diese – obwohl möglich und geboten – abgelehnt worden ist[49].

3. Zinsen

a) Begriff und Voraussetzungen

Ansprüche aus dem Steuerschuldverhältnis (§ 37 AO) werden nur **verzinst**, soweit **287**
dies gesetzlich vorgeschrieben ist (§ 233 Satz 1 AO). Das Gesetz unterscheidet zwi-

---

46 *Isenburg*, SteuerStud 2015, 94.
47 BFH, V R 13/98, BFH/NV 1999, 10.
48 BFH, V R 78/86, BStBl II 1991, 906; V R 2/04, BStBl II 2006, 612.
49 BFH, V R 52/13, BStBl II 2015, 106.

schen Nachforderungs- und Erstattungszinsen (§ 233a AO)[50], Stundungszinsen (§ 234 AO), Hinterziehungszinsen (§ 235 AO), Prozesszinsen auf Erstattungsbeträge (§ 236 AO) und Zinsen bei AdV (§ 237 AO). Auch in Einzelsteuergesetzen finden sich Regelungen zur Verzinsung, auf die §§ 238, 239 AO Anwendung finden (zB § 50d Abs. 1a EStG). Ansprüche auf steuerliche Nebenleistungen iSd § 3 Abs. 4 AO werden nicht verzinst, § 233 Satz 2 AO. Die Festsetzungsfrist für Zinsen beträgt abweichend von § 169 Abs. 2 AO ein Jahr (s. iE § 239 AO)[51].

Die Zinsen betragen 0,5 % pro Monat, ein Zinssatz, über den man in der gegenwärtigen Niedrigzinsphase streiten kann[52] (zur Berechnung s. § 238 AO). Denn die Zinsen sollen den Vorteil abschöpfen, der durch die Überlassung des Kapitals (= nicht rechtzeitig abgeführte Steuer) entsteht[53] und nicht eine Sonderlast darstellen, die ergänzend zur Steuer hinzutritt.

Trotz des derzeit niedrigen Zinsniveaus sieht der Gesetzgeber keinen Grund, den Zinssatz anzupassen[54]. Die Rspr hielt den typisierten Zinssatz lange Zeit (noch) für verfassungsgemäß[55]. Jüngst hat allerdings der 9. Senat des BFH Aussetzung der Vollziehung (Rn 569) gewährt, weil das Festhalten an dem Zinssatz von 0,5 % in Zeiten eines „verfestigten Niedrigzinsniveaus" (jedenfalls für Zeiträume ab 2015) „schwerwiegenden Zweifeln an der Verfassungsmäßigkeit" unterliege[56]. Zwei Verfassungsbeschwerden sind beim BVerfG zu dieser Frage anhängig (1 BvR 2237/14 und 2422/17) und sollen demnächst entschieden werden[57].

b) Entstehen, Fälligkeit, Erlöschen

288 Die *Entstehung* der Zinsen richtet sich nach den Vorschriften der §§ 233a ff AO. So entsteht der Zinsanspruch für *Steuernachforderungen* gem. § 233a Abs. 2 AO 15 Monate nach Ablauf des Kalenderjahrs, in dem die Steuer entstanden ist. Da Zinsen festgesetzt werden müssen, gilt für die *Fälligkeit* die Regelung des § 220 Abs. 2 Satz 2 AO, wonach die Fälligkeit nicht vor Bekanntgabe eintritt. Das Erlöschen der Zinsen richtet sich nach § 47 AO.

---

50 Die Festsetzung von Nachzahlungszinsen ist verfassungsgemäß, vgl BVerfG, 1 BvR 2539/07, BFH/NV 2009, 2115 – LS 1c: Die mit der Verzinsung gem. § 233a AO 1977 verbundene Differenzierung zwischen zinszahlungspflichtigen und nicht zinszahlungspflichtigen Steuerschuldnern ist sachlich gerechtfertigt. Ihr liegt die zulässig typisierende Annahme zugrunde, dass derjenige, dessen Steuer ganz oder zum Teil zu einem späteren Zeitpunkt festgesetzt wird, gegenüber demjenigen, dessen Steuer bereits frühzeitig festgesetzt wird, einen Liquiditäts- und damit auch einen potentiellen Zinsvorteil hat.

51 Vgl auch *Walzer/Ponath*, DB 2011, 959 zum Rechtsschutz gegen Zinsen bei schleppender Bearbeitung durch das FA. Zur Rechtmäßigkeit der Verzinsung trotz langer Bearbeitungsdauer: FG Berlin-Brandenburg, 6 K 6258/16, EFG 2018, 97 (BFH Az IX R 42/17).

52 Zu den verfassungsrechtlichen Bedenken *Hey*, FR 2016, 485; *Jonas*, DStR 2018, 545; *Seer*, DB 2014, 1945; großzügiger aber zB *Melan*, DStR 2017, 2088.

53 BFH, II R 44/84, BStBl II 1988, 229.

54 BT-Drs 18/2795.

55 BFH, IX R 31/13, BStBl II 2014, 925; BFH, IX R 5/14, BStBl II 2015, 986; BFH, III R 10/16, BStBl II 2018, 255: jedenfalls bis 2013; dazu *Werth*, DB 2018, 674.

56 BFH, IX B 21/18, BStBl II 2018, 415. Zum Maßstab der Zweifel bei Gesetzen vgl aber *Tappe*, StuW 2016, 264; aA *Kube*, StuW 2018, 314 (317).

57 https://www.bundesverfassungsgericht.de/DE/Verfahren/Jahresvorausschau/vs_2019/vorausschau_2019_node.html

4. Zwangsgelder

Zwangsgelder sind *Beugemittel* (also keine – repressiv wirkenden – Strafen) im Vollstreckungsverfahren. Sie sind daher im Sechsten Teil der AO über die Vollstreckung geregelt (§ 329 AO). Die Festsetzung eines Zwangsgelds kommt in Betracht, wenn der Steuerpflichtige der zu erfüllenden Verpflichtung auf Vornahme einer Handlung *(nicht Geldleistung!)* innerhalb einer bestimmten Frist nicht nachkommt (§ 333 AO). Die Erhebung von Zwangsgeldern steht im Ermessen der Behörde. Sie *entstehen* daher mit der Festsetzung und werden, soweit keine Zahlungsfrist eingeräumt wurde, sofort mit der Bekanntgabe *fällig* (§ 220 Abs. 2 Satz 2 AO). Sie *erlöschen* in den Fällen des § 47 AO und gem. § 45 Abs. 1 Satz 2 AO im Falle der Erbfolge. **289**

5. Kosten

Kosten (= Gebühren und Auslagen) werden erhoben für die Bearbeitung eines Antrags auf Erteilung einer verbindlichen Auskunft (§ 89 Abs. 2–5 AO), für die besondere Inanspruchnahme der Zollbehörden (§ 178 AO), für die Bearbeitung eines Antrags auf Durchführung eines Verständigungsverfahrens (§ 178a AO) sowie für die Vollstreckung (§§ 337 ff AO). Festsetzungsfristen: § 178 Abs. 4 iVm § 169 Abs. 2 Nr 1 bzw § 346 Abs. 2 AO. **290**

6. Zuschlag nach § 162 Abs. 4 AO

Schließlich hat die Finanzbehörde nach § 162 Abs. 4 Satz 1 AO einen **Zuschlag** von 5000 € festzusetzen, wenn der Steuerpflichtige die Aufzeichnungen nach § 90 Abs. 3 AO nicht vorlegt oder diese im Wesentlichen unverwertbar sind[58]. **291**

7. Verzögerungsgelder

§ 146 Abs. 2b AO gibt der Finanzverwaltung die Möglichkeit, die mangelnde Mitwirkung im Rahmen einer Außenprüfung oder die fehlende Rückverlagerung der elektronischen Buchführung nach einer Anordnung gem. § 146 Abs. 2a AO durch Verhängung eines Verzögerungsgelds von 2500 bis 250 000 € zu sanktionieren. Es kann (Ermessen) insb dann verhängt werden, wenn der Steuerpflichtige einer Aufforderung des Finanzamts zur Erteilung von Auskünften oder Vorlage von Unterlagen iSd § 200 Abs. 1 AO nicht nachkommt[59]. Im Rahmen der Ermessensausübung hat das Finanzamt zu prüfen, ob und in welchem Maße der Steuerpflichtige *schuldhaft* seine Mitwirkungspflichten verletzt hat[60]. Eine Festsetzung aus generalpräventiven Gründen ist daher ermessensfehlerhaft[61]. Das Finanzamt hat seine Ermessenserwägungen im Bescheid darzulegen[62]. **292**

---

58 Zur berechtigten Kritik an dieser Vorschrift *Lüdicke*, IStR 2003, 433; *Andresen*, RiW 2003, 489; *Seer*, in: Tipke/Kruse, § 90 AO Rn 47, 57 und § 162 AO Rn 73.

59 FG Schl.-Holst., 3 V 243/09, EFG 2010, 686 und 3 K 64/10, EFG 2011, 846 m. Anm. *Fumi*; *Dißars*, StBg 2010, 247; *Grögler/Urban*, SteuerConsultant 2010, 20.

60 FG Schl.-Holst., 2 V 102/13, EFG 2013, 1985; FG Hamburg, 6 K 187/13, EFG 2014, 514; FG Berlin-Brandenburg, 12 K 12203/13, DStRE 2015, 486.

61 FG Münster, 4 K 590/17 AO, EFG 2019, 489.

62 BFH, IV R 25/11, BStBl II 2014, 819.

III. Der Haftungsanspruch

293 **Fall 11:** Arbeitnehmer A arbeitet im Unternehmen des Unternehmers U. Er erhält einen Arbeitslohn von 2000 € brutto. Außerdem führt U für A Beiträge zur gesetzlichen Renten-, Kranken-, Pflege- und Arbeitslosenversicherung iHv insgesamt 800 € (Arbeitgeber- und Arbeitnehmeranteil) ab. Schließlich zahlt U Beiträge an eine sog. Direktversicherung für eine zusätzliche Altersversorgung des A iHv 600 € jährlich, die gem. § 40b EStG pauschal lohnversteuert werden. Aufgrund finanzieller Schwierigkeiten hat U für die letzten drei Monate die Lohnsteuer zwar einbehalten, aber nicht an das FA abgeführt, was A auch wusste. Wen kann das FA in welcher Höhe in Anspruch nehmen? **Rn 308**

294 Steuerpflichtiger ist gem. § 33 Abs. 1 AO nicht nur der Steuerschuldner, sondern auch derjenige, der für eine Steuer haftet. **Haftung** bedeutet im Steuerrecht – anders als im Zivilrecht, wo der Schuldner zugleich Haftender ist – **Einstehenmüssen für eine fremde Steuerschuld** (zum Begriff des Steuerschuldners Rn 240 f). Neben dieser Personenhaftung kennt § 76 AO den Sonderfall der Sachhaftung für Verbrauchsteuern. Die Haftung erfüllt einen *Sicherungszweck* für den Staat, indem dieser erweiterte Zugriffsmöglichkeiten erhält. Steuerschuldner und Haftungsschuldner sind *Gesamtschuldner* iSd § 44 Abs. 1 AO.

1. Haftungstatbestände

a) Allgemeines

295 Die Haftung des Dritten setzt die Verwirklichung eines **Haftungstatbestands** voraus, vgl § 38 AO. Neben den steuerlichen Haftungstatbeständen, die in den §§ 69 ff AO[63], aber auch in den Einzelsteuergesetzen (zB § 42d, § 44 Abs. 5 EStG, § 20 Abs. 3, 5 ErbStG) geregelt sind, gibt es solche nichtsteuerlicher Art, die sich im Wesentlichen aus dem Privatrecht, insb aus dem Handelsrecht ergeben, zB die Haftung des Erwerbers eines Handelsgeschäfts bei Firmenfortführung (§ 25 HGB). Aus § 191 Abs. 1 Satz 1, Abs. 4 AO ergibt sich, dass die steuerlichen und privatrechtlichen Haftungsnormen gleichrangig nebeneinander bestehen. Neben dieser gesetzlichen Haftung kann sich jemand auch vertraglich verpflichten, für die Steuer eines anderen einzustehen, zB durch Bürgschaft nach § 765 BGB. In diesem Fall hat die Behörde nur einen vertraglichen Anspruch, den sie nicht mittels eines Haftungsbescheids, sondern nur durch Klage vor den Zivilgerichten durchsetzen kann, § 192 AO.

296 Die Haftungstatbestände, die sich aus der AO ergeben, lassen sich unterscheiden nach *persönlicher* und *dinglicher* Haftung. Die *persönliche* Haftung gem. §§ 69–75 AO bedeutet, dass der Haftungsschuldner persönlich für die Steuerschuld eines Dritten einzustehen hat. Die *dingliche* Haftung nach § 76 AO bedeutet, dass Sachen ohne Rücksicht auf die daran bestehenden Rechte Dritter als Sicherheit für die darauf ruhende Steuer dienen.

63 Guter Überblick bei *Müller*, SteuerStud 2004, 429. Ein Fall zur steuerlichen Haftung findet sich bei *Birk/Desens/Tappe*, Klausurenkurs, Fall 2.

Die entscheidenden **Fragen** des Haftungsrechts lauten:

- Weshalb wird gehaftet? (dazu Rn 297 ff)
- Inwieweit ist die Haftungsschuld von der Steuerschuld abhängig? (dazu Rn 299 ff)
- Gibt es Haftungsbeschränkungen? (dazu Rn 302)
- Wie erfolgt die Inanspruchnahme des Haftungsschuldners, ist sie zwingend oder besteht Ermessen? (dazu Rn 303 f)

Im Folgenden wird eine graphische Übersicht über die Haftungstatbestände gegeben: **297**

Haftung für Steuerschulden

nach Steuerrecht
- AO
- Einzelsteuergesetz

nach bürgerlichem Recht
- kraft Gesetzes (§ 191 AO)
- kraft vertraglicher Vereinbarung (§ 192 AO)

Haftung	**Haftung**	**Haftung**	
des Vertreters § 69 AO	des Arbeitgebers für LSt § 42d EStG	des Erwerbers eines Handelsgeschäftes § 25 HGB	Schuldversprechen § 780 BGB
des Vertretenen § 70 AO	des Schuldners der Kapitalerträge für KapESt § 44 V EStG	des Erben bei Geschäftsfortführung § 27 HGB	Bürgschaft § 765 BGB
	des Leistungsempfängers für den Abzugsbetrag bei Bauleistungen § 48a III EStG		
des Steuerhinterziehers und des Steuerhehlers § 71 AO	des Schuldners bestimmter Vergütungen, die an beschränkt Steuerpflichtige gezahlt werden § 50a V 4 EStG	bei Eintritt in das Geschäft eines Einzelkaufmanns § 28 HGB	Schuldbeitritt § 311 I BGB
bei Verletzung der Pflicht zur Kontenwahrheit § 72 AO	des Nachlasses bzw des vom Erben Beschenkten für ErbSt § 20 III, V ErbStG	für die Gesellschaftsschulden bei einer OHG § 128 HGB	
bei fehlerhafter Datenübermittlung § 72a AO		eines Kommanditisten für Gesellschaftsschulden der KG § 171 HGB	

Haftung	**Haftung**	**Haftung**	
bei Organschaft § 73 AO		für die Gesellschaftsschulden bei einer Gesellschaft bürgerlichen Rechts § 128 HGB analog[64]	
des Eigentümers v. betrieblich genutzten Gegenständen, § 74 AO	des Nießbrauchers und Grundstückserwerbers für GrSt, § 11 GrStG	bei Erbschaftskauf § 2382 BGB	
des Betriebsübernehmers § 75 AO	des Unternehmers für schuldhaft nicht abgeführte Umsatzsteuer § 25d UStG	für Gesamtgutsverbindlichkeiten § 1489 BGB	
Sachhaftung, § 76 I AO			
Inanspruchnahme durch Haftungsbescheid (§ 191 I AO)			**Inanspruchnahme durch Klage vor dem Zivilgericht, § 192 AO**

b) Insbesondere: Die persönliche Haftung nach §§ 69–75 AO

298 Hier sind drei Gruppen zu unterscheiden:

(1) Eine Haftung kann darauf beruhen, dass Personen in den steuerlichen **Verantwortungsbereich des Steuerschuldners** einbezogen sind und durch Pflichtverletzungen dazu beitragen, dass der Steueranspruch gefährdet wird.

Es handelt sich insb um gesetzliche Vertreter iSd § 34, § 35 AO, also Geschäftsführer[65], Vermögensverwalter und Personen, die als Verfügungsberechtigte auftreten (§ 69 AO), Täter und Teilnehmer einer Steuerhinterziehung bzw Steuerhehlerei (§ 71 AO)[66] und schließlich Personen, die durch Konten, welche auf falschen Namen lauten, oder durch Falschbuchungen Steueransprüche beeinträchtigen (§ 72 AO).

(2) Haftungsgrund ist in den Fällen der §§ 73–75 AO, dass Personen **zu dem Vermögen**, aus dem die Steuern aufgebracht werden sollen, eine **besonders enge wirtschaftliche Beziehung** oder **Sachnähe** haben.

§ 73 AO regelt die Haftung bei Organschaften[67], § 74 AO die Haftung des Eigentümers von Gegenständen. Nach § 75 AO haftet der Unternehmer, der einen Betrieb übernimmt, für die betrieblichen Steuern, vorausgesetzt, dass die Steuerschuld seit dem Beginn des letzten vor Übereignung liegenden Kalenderjahres entstanden ist und bis zum Ablauf von einem Jahr (nach An-

64 BGH, II ZR 263/09, BGHZ 188, 233 (Rn 23).
65 Vgl dazu auch BFH, VII S 33/85, BStBl II 1986, 384. Instruktiv zur Geschäftsführerhaftung *Nacke*, SteuerStud 2010, 262.
66 *Zugmaier*, SteuerStud 2012, 73. Zur Haftung von Bankmitarbeitern wegen Steuerhinterziehung durch Kunden vgl BFH, VIII B 64/09, BStBl II 2010, 8.
67 Hierzu näher *Bröder*, SteuerStud 2008, 164.

meldung des Betriebs durch den Erwerber) festgesetzt (§ 155 AO) oder angemeldet (§ 167, § 168 AO) wird. Die Haftung beschränkt sich auf den Bestand des übernommenen Vermögens, § 75 Abs. 1 Satz 2 AO[68].

(3) Schließlich haftet auch der Vertretene, wenn eine Steuerhinterziehung oder leichtfertige Steuerverkürzung vorliegt (vgl iE § 70 AO). Die Vorschrift hat praktische Bedeutung im Zoll- und Verbrauchsteuerrecht; dort sind Fälle möglich, in denen der Vertretene nicht Steuer*schuldner* ist[69].

2. Akzessorietät der Haftung

Die Erfüllung eines Haftungstatbestands setzt grundsätzlich das Bestehen einer Steu- **299**
erschuld voraus (**Akzessorietät**)[70]. Bei der Sachhaftung nach § 76 AO, die ebenfalls mit der Steuerschuld erlischt, § 76 Abs. 4 Satz 1 AO, ist allerdings zu beachten, dass der Haftungsanspruch schon vor der Steuerschuld entstehen kann, § 76 Abs. 2 AO.

Mit der *Erfüllung* der Steuerschuld erlischt auch der Haftungsanspruch. Dies ergibt **300**
sich aus § 44 Abs. 1 Satz 1, Abs. 2 Satz 1 AO. Haftender und Steuerschuldner sind Gesamtschuldner, und deshalb wirkt die Erfüllung (ebenso die Aufrechnung, § 44 Abs. 2 Satz 2 AO) durch einen Gesamtschuldner auch für die übrigen Schuldner. *Andere Tatsachen* wirken jedoch gem. § 44 Abs. 2 Satz 3 AO nur für und gegen den Gesamtschuldner, in dessen Person sie eintreten (sog. **beschränkte Akzessorietät**). Solche Tatsachen können etwa sein: Erlass aus Billigkeitsgründen, aber auch die Bestandskraft eines rechtswidrigen Steuerbescheids. Daher kann der Haftungsschuldner Einwendungen gegen die Rechtmäßigkeit des Steuerbescheids iRd Anfechtung des gegen ihn ergangenen Haftungsbescheids geltend machen.

Erlischt die Steuerschuld wegen Verjährung oder Erlass, darf allerdings gem. § 191 **301**
Abs. 5 AO *kein Haftungsbescheid* mehr ergehen, es sei denn, die Haftung beruht auf einer Steuerhinterziehung des Haftenden. Der Ablauf der Frist für die Festsetzung der Lohnsteuer gegenüber dem Arbeitnehmer hindert also den Erlass eines Haftungsbescheids (§ 42d EStG, § 191 Abs. 1 Satz 1 AO) gegen den Arbeitgeber. § 191 Abs. 5 AO führt damit iErg wieder zu einer **strengeren Akzessorietät**. Allerdings steht das Erlöschen der Primärschuld nach § 191 Abs. 5 Satz 1 Nr 2 AO nur dem *Erlass* eines Haftungsbescheids entgegen, wirkt sich also nicht auf die Rechtmäßigkeit eines bereits vor Eintritt der Verjährung erlassenen Haftungsbescheids aus[71].

Was den *Umfang* der Haftung angeht, so richtet sich dieser grundsätzlich nach der Höhe der **302**
Steuerschuld. Während der Steuerschuldner jedoch mit seinem gesamten Vermögen in Anspruch genommen werden kann, gelten zugunsten mancher Haftungsschuldner *Haftungsbeschränkungen*. So haftet der an einem Unternehmen wesentlich Beteiligte nur mit den eingebrachten Gegenständen (§ 74 Abs. 1 Satz 1 AO); der Betriebsübernehmer haftet nur mit dem Bestand des übernommenen Vermögens (§ 75 Abs. 1 Satz 2 AO).

68 Dazu *Nacke*, SteuerStud 2011, 9.
69 Vgl *Loose*, in: Tipke/Kruse, AO, § 70 Rn 2 ff.
70 S. weitergehend *Müller*, AO-StB 2006, 153.
71 Vgl BFH, VII R 29/99, HFR 2002, 277 (278).

3. Haftungsbescheid und Inanspruchnahme

a) Erlass des Haftungsbescheids

303 Gem. § 191 Abs. 1 Satz 1 AO kann der Haftungsschuldner durch **Haftungsbescheid** für eine Steuer in Anspruch genommen werden. Der Erlass des Haftungsbescheids setzt nicht voraus, dass vorher gegen den Steuerschuldner ein Steuerbescheid ergangen ist (arg. e § 191 Abs. 3 Satz 4 AO). Allerdings darf die Festsetzungsfrist für den Steuerbescheid noch nicht abgelaufen sein, bevor der Haftungsbescheid ergeht (§ 191 Abs. 5 Satz 1 Nr 1 AO). Die hM wendet § 191 AO auf steuerliche Nebenleistungen analog an[72]. Der Haftungsbescheid ist Steuerbescheiden nicht gleichgestellt, sondern ist ein *allgemeiner Steuerverwaltungsakt* (dazu unten Rn 368). Daher sind die §§ 155–177 AO nicht anwendbar; die Korrektur von Haftungsbescheiden richtet sich somit nach §§ 130 ff AO.

Wegen der Verweisung in § 191 Abs. 3 AO sind aber die Vorschriften über die Festsetzungsverjährung (§§ 169 ff AO) entsprechend anzuwenden. § 191 Abs. 3 Satz 2–3 AO enthält besondere Vorschriften über die Frist und ihren Beginn, Abs. 3 Satz 4 regelt die Ablaufhemmung[73]. Die Verjährungsfrist beträgt grundsätzlich vier Jahre und ist nur in den Fällen der § 70, § 71 AO auf fünf bzw zehn Jahre verlängert. Auch bei grob fahrlässigen Pflichtverletzungen durch Vertreter (§ 69 AO) haften diese nur vier Jahre, während die Festsetzungsfrist für den Vertretenen uU fünf oder zehn Jahre beträgt[74]. Ergibt sich die Haftung nicht aus den Steuergesetzen, so kann ein Haftungsbescheid gem. § 191 Abs. 4 AO ergehen, solange die Haftungsansprüche nach dem für sie maßgebenden Recht noch nicht verjährt sind.

304 Im Gegensatz zum Steuerbescheid steht der Erlass des Haftungsbescheids gem. § 191 Abs. 1 AO („kann“) im pflichtgemäßen **Ermessen** der Behörde nach § 5 AO (zum Ermessen vgl Rn 387 ff).

Die Rspr hat Fallgruppen entwickelt, in denen das **Entschließungsermessen** fehlerhaft betätigt worden sein soll, so etwa bei unverschuldetem Rechtsirrtum des Arbeitgebers iRd § 42d EStG[75]. Das Entschließungsermessen ist ferner durch die – ihrer systematischen Stellung nach nur für das Erhebungsverfahren geltende – Vorschrift des § 219 Satz 1 AO eingeschränkt (zu § 219 AO vgl Rn 305). Denn es wäre sinnwidrig, wenn die Behörde nach § 191 AO einen Haftungsbescheid erlassen dürfte, der wegen § 219 Satz 1 AO nicht durchgesetzt werden könnte. Daher darf ein Haftungsbescheid nur erlassen werden, soweit die Vollstreckung in das bewegliche Vermögen des Steuerschuldners keinen Erfolg verspricht.

Das **Auswahlermessen** ist vor allem beim Vorhandensein mehrerer potentieller Haftungsschuldner problematisch. Bei mehreren Geschäftsführern in einer Gesellschaft ist grundsätzlich jeder zur Erfüllung der steuerlichen Pflichten der Gesellschaft berufen. Besteht jedoch eine intern getroffene Geschäftsaufteilung, so hat das FA den zuständigen Geschäftsführer in Anspruch zu nehmen, soweit nicht besondere sachliche Gründe für die Inanspruchnahme des anderen Geschäftsführers vorliegen[76].

72 BFH, VII R 4/84, BStBl II 1987, 363; *Loose*, in: Tipke/Kruse, § 191 AO Rn 14.
73 S. näher zur Verjährung von Haftungsbescheiden *Eich*, AO-StB 2005, 208.
74 BFH, VII R 21/07, BStBl II 2008, 735.
75 Dazu *Krüger*, in: Schmidt, EStG, § 42d Rn 26 ff mwN.
76 BFH, VII B 172/94, BFH/NV 1995, 941 (942); VII R 4/98, BStBl II 1998, 761 (765).

b) Inanspruchnahme nach Erlass des Haftungsbescheids

Während § 191 AO die Voraussetzungen für den *Erlass* des Haftungsbescheids regelt (vgl auch dessen systematische Stellung im Vierten Teil der AO über das Festsetzungsverfahren; zur Abgrenzung der einzelnen Stadien des Besteuerungsverfahrens noch unten Rn 359 f), richtet sich die *Inanspruchnahme* des Steuerpflichtigen, sobald der Haftungsbescheid vorliegt, nach § 219 AO, einer Vorschrift aus dem Fünften Teil der AO über das Erhebungsverfahren (Rn 360). § 219 Satz 1 AO enthält den Grundsatz der **Subsidiarität der Haftung**. Der Haftungsschuldner kann also aufgrund des Haftungsbescheids nur insoweit in Anspruch genommen werden, als die Vollstreckung in das bewegliche Vermögen des Steuerschuldners erfolglos geblieben ist oder keinen Erfolg verspricht. § 219 Satz 2 AO enthält praktisch bedeutsame Ausnahmen von diesem Grundsatz, vgl etwa § 42d, § 38 Abs. 3, § 41a Abs. 1 EStG zur Arbeitgeberhaftung für die Lohnsteuer[77]. **305**

Zu dem in der Zahlungsaufforderung bestimmten Zahlungstermin wird der Haftungsanspruch *fällig*. Da die Fälligkeit Voraussetzung für die Zahlungsverjährung ist (oben Rn 273 ff), könnte die Behörde einen Haftungsschuldner, gegen den sie zwar einen Haftungsbescheid, nicht jedoch eine Zahlungsaufforderung erlassen hat, unbegrenzt in Anspruch nehmen. Dies verhindert § 229 Abs. 2 AO, der in diesem Fall die Zahlungsverjährung mit Ablauf des Jahres, in dem der Haftungsbescheid wirksam geworden ist, beginnen lässt.

4. Prüfungsreihenfolge bei Haftungsfällen

A. Rechtmäßigkeit des Haftungsbescheids **306**

I. Ermächtigungsgrundlage: § 191 Abs. 1 Satz 1 Alt. 1 AO

II. Formelle Rechtmäßigkeit des Bescheids: Zuständigkeit, Form (Schriftform, § 191 Abs. 1 Satz 3 AO; Begründung, § 121 AO), Verfahren (zB § 91 AO: Anhörung)

III. Materielle Rechtmäßigkeit des Bescheids:

1. Vorliegen der *Tatbestandsvoraussetzungen* des § 191 Abs. 1 Satz 1 Alt. 1 AO („wer kraft Gesetzes für eine Steuer haftet")
   a) Vorliegen einer Steuerschuld (Grundsatz der Akzessorietät: Ist die Steuerschuld nicht entstanden oder durch Erfüllung bzw Aufrechnung erloschen, entfällt die Haftung, § 44 Abs. 2 Satz 1–2 AO. Bei Erlass und Verjährung der Steuerschuld entfällt zwar nicht die Haftung, jedoch darf ein Haftungsbescheid wegen § 191 Abs. 5 AO grundsätzlich nicht mehr ergehen.)
   b) Vorliegen eines Haftungstatbestands (§§ 69 ff AO, Einzelsteuergesetze und Zivilrecht)
   c) Haftung kraft Gesetzes: Bei Haftung kraft Vertrages (zB § 48 Abs. 2 AO, § 765 BGB) wäre eine Inanspruchnahme durch Haftungsbescheid rechtswidrig; die Behörde ist insoweit auf den Klageweg vor den Zivilgerichten verwiesen, vgl § 192 AO.
2. Umfang der Haftung: Liegen Haftungsbeschränkungen vor? (zB § 74 Abs. 1 Satz 2, § 75 Abs. 1 Satz 2, § 76 AO)
3. Festsetzungsverjährung: § 191 Abs. 3 iVm §§ 169 ff AO
4. Rechtsfolge: Ermessen (§ 5 AO)

77 S. dazu auch BFH, VII R 66/10, BStBl II 2011, 534 zur Zulässigkeit eines ergänzenden Haftungsbescheids nach Lohnsteuer-Außenprüfung (rechtlich selbstständige Haftungsbescheide, Fortentwicklung der Rspr).

307 **B. Rechtmäßigkeit der Inanspruchnahme (Zahlungsaufforderung)**

I. Rechtsgrundlage: § 219 AO

II. Vorliegen eines rechtmäßigen oder bestandskräftigen Haftungsbescheids

III. Grundsatz der Subsidiarität nach § 219 Satz 1 AO: primäre Inanspruchnahme des Steuerschuldners, Ausnahmen: Aussichtslosigkeit (§ 219 Satz 1 AO oder § 219 Satz 2 AO)

IV. Zahlungsverjährung: § 228, § 229 AO

308 **Lösung Fall 11** (Rn 293): Schuldner der Lohnsteuer ist grundsätzlich der Arbeitnehmer, § 38 Abs. 2 Satz 1 EStG. Dies gilt allerdings nicht hinsichtlich der *pauschalen Lohnsteuer* iHv 20 %, die auf die Beiträge des U für die Direktversicherung zugunsten des A entfällt. Schuldner der pauschalen Lohnsteuer ist U als Arbeitgeber gem. § 40b Abs. 5 Satz 1 iVm § 40 Abs. 3 Satz 2 EStG. Mangels Haftungstatbestand kann A als Arbeitnehmer somit insoweit nicht in Anspruch genommen werden.

Was die Lohnsteuer iÜ angeht, so ist grundsätzlich A als Arbeitnehmer deren Schuldner, § 38 Abs. 2 Satz 1 EStG. A kann also in Anspruch genommen werden[78]. Fraglich ist, ob insoweit auch U als Arbeitgeber in Anspruch genommen werden kann. Eine Zahlungsaufforderung nach § 219 AO könnte mit dem Haftungsbescheid verbunden werden. Dann müsste zunächst ein Haftungsbescheid nach § 191 Abs. 1 AO rechtmäßig ergehen können. Vom Vorliegen der formellen Voraussetzungen ist auszugehen. Materiell müssten zunächst die Tatbestandsvoraussetzungen des § 191 Abs. 1 AO vorliegen. Dazu müsste U kraft Gesetzes für die Lohnsteuer haften. U haftet nach § 42d Abs. 1 Nr 1 EStG für die Lohnsteuer, die er gem. § 38 Abs. 3 EStG einzubehalten und gem. § 41a Abs. 1 Satz 1 Nr 2 EStG abzuführen hat; A und U sind also Gesamtschuldner (§ 42d Abs. 3 Satz 1 EStG). Der Erlass eines Haftungsbescheids steht gem. § 191 Abs. 1 AO im pflichtgemäßen Ermessen der Behörde nach § 5 AO. Dieses müsste die Behörde fehlerfrei ausüben. Für das Entschließungsermessen gilt insoweit, dass eine Inanspruchnahme des Arbeitgebers dann von vornherein ausgeschlossen ist, wenn die Ursachen für die fehlerhafte Einbehaltung der Lohnsteuer in der Sphäre des Finanzamts liegen[79]. Dafür ist vorliegend nichts ersichtlich. Bzgl des Auswahlermessens stellt sich die Frage, ob nicht zunächst A als der Schuldner der Lohnsteuer in Anspruch genommen werden muss. Nach § 42d Abs. 3 Satz 4 EStG kann der Arbeitnehmer im Rahmen der Gesamtschuldnerschaft nicht in Anspruch genommen werden, wenn er davon ausgehen kann, dass sein Arbeitgeber die einbehaltene Lohnsteuer auch ordnungsgemäß abgeführt hat. Diese Voraussetzung liegt hier nicht vor. Arbeitgeber und Arbeitnehmer können als Gesamtschuldner (§ 44 AO) in Anspruch genommen werden. Da der Arbeitgeber die Abführung der einbehaltenen Lohnsteuer jedoch bewusst versäumt hat, ist seine primäre Inanspruchnahme ermessensfehlerfrei[80]. Aus dem Subsidiaritätsgrundsatz des § 219 Satz 1 AO kann nichts Gegenteiliges hergeleitet werden, da dieser wg § 219 Satz 2 AO iVm § 38 Abs. 3 Satz 1, § 41a Abs. 1 EStG für den Fall der Lohnsteuerhaftung des Arbeitgebers nicht gilt.

---

78 Zu technischen Einzelheiten der Inanspruchnahme des Arbeitnehmers s. *Krüger*, in: Schmidt, EStG, § 42d Rn 18 ff.

79 Dazu *Krüger*, in: Schmidt, EStG, § 42d Rn 26.

80 *Krüger*, in: Schmidt, EStG, § 42d Rn 31 mwN.

IV. Der Steuererstattungsanspruch

Fall 12: A hat im Jahr 01 an die P-Partei 200 € gespendet, jedoch vergessen, diese Spende in der Einkommensteuererklärung für 01 anzugeben, weil er infolge unsorgfältigen Bearbeitens der Steuererklärung das Kästchen im Vordruck übersehen hatte. Er erhält am 1.7.02 seinen Einkommensteuerbescheid für 01 und möchte jetzt am 1.10.02 iHv 100 € einen Steuererstattungsanspruch geltend machen, weil er insoweit ohne rechtlichen Grund Einkommensteuer gezahlt habe. Besteht der Erstattungsanspruch? **Rn 311** 309

Ein **Erstattungsanspruch** besteht gem. § 37 Abs. 2 Satz 1 AO, wenn eine Steuer, eine Steuervergütung, ein Haftungsbetrag oder eine steuerliche Nebenleistung ohne rechtlichen Grund (also *zu Unrecht*) gezahlt oder zurückgezahlt worden ist. Dies gilt gem. § 37 Abs. 2 Satz 2 AO auch dann, wenn der rechtliche Grund später weggefallen ist. Der Anspruch kann sich sowohl gegen die Behörde als auch gegen den Steuerpflichtigen sowie den Zessionar (arg. e § 37 Abs. 2 Satz 3 AO: „auch") richten. 310

Zu beachten ist, dass sich das Bestehen eines rechtlichen Grunds für eine Zahlung im Falle der Festsetzung einer Steuer durch Verwaltungsakt nicht nach der materiell-gesetzlichen Regelung beurteilt, sondern danach, ob ein gem. § 124 AO *wirksamer Verwaltungsakt* (dazu unten Rn 370 ff) vorliegt. Denn der Verwaltungsakt soll seiner Funktion entsprechend die Rechtslage verbindlich konkretisieren und in seinem Inhalt nach Ablauf der Rechtsbehelfsfristen grundsätzlich nicht mehr infrage gestellt werden dürfen (näher unten Rn 393).

Lösung Fall 12 (Rn 309): A hat gegen die Behörde einen Erstattungsanspruch gem. § 37 Abs. 2 AO, wenn er die Einkommensteuer iHv 100 € ohne rechtlichen Grund gezahlt hat. Nach § 34g Satz 2, Satz 1 Nr 1 EStG ermäßigt sich die tarifliche Einkommensteuer bei Spenden an politische Parteien bis zu einem Höchstbetrag von 825 € um die Hälfte der Zuwendungen. Danach hätte A also hier 100 € zu viel gezahlt. Jedoch stellt der bestandskräftige Steuerbescheid den rechtlichen Grund für die Zahlung dar. Für eine Nichtigkeit des Bescheids (§ 125 AO) ist nichts ersichtlich. A kann den Bescheid wegen Ablaufs der Rechtsbehelfsfrist (§ 355 AO) auch nicht mehr anfechten. Auch die Behörde ist nicht zur Änderung des Bescheids gem. § 173 Abs. 1 Nr 2 AO verpflichtet, da A grob fahrlässig handelte (zu § 173 AO näher unten Rn 407 ff). A hat daher keinen Erstattungsanspruch gem. § 37 Abs. 2 AO. 311

V. Der Steuervergütungsanspruch

Der **Steuervergütungsanspruch** zielt auf Rückzahlung *zu Recht* vereinnahmter Steuern, die aber nur vorübergehend belasten sollen. So steht dem vorsteuerabzugsberechtigten Unternehmer (vgl § 15 UStG; dazu unten Rn 1717) ein Vergütungsanspruch zu, der ausgezahlt wird, wenn die Vorsteuern seine eigene Umsatzsteuerschuld übersteigen. 312

Gemäß § 155 Abs. 5 AO sind die für die Steuerfestsetzung geltenden Vorschriften auf die Festsetzung einer Steuervergütung sinngemäß anzuwenden. Daher sind die Steuervergütungen durch einen Bescheid festzusetzen und unterliegen auch der Festsetzungsverjährung (§§ 169 ff AO). 313

B. Allgemeine Grundsätze für die Anwendung der Einzelsteuergesetze

314 Die AO enthält allgemeine Grundsätze für die Anwendung der Einzelsteuergesetze. Das Steuerrecht knüpft häufig an zivilrechtliche Rechtsverhältnisse an, steht jedoch selbstständig neben dem Zivilrecht (dazu bereits oben Rn 47). Abweichungen vom Zivilrecht bedürfen entweder einer gesetzlichen Grundlage, oder sie müssen das Ergebnis einer methodengerechten Auslegung des Steuertatbestands sein[81].

315 Die AO hat in §§ 39–42 Grundsätze aufgestellt, in denen die steuerrechtliche Beurteilung von der zivilrechtlichen Sicht abweicht. Diese Grundsätze sind bei der Anwendung der Einzelsteuergesetze zu beachten. Sie werden mit dem Begriff der **wirtschaftlichen Betrachtungsweise** umschrieben[82], die früher in § 1 Abs. 2, 3 StAnpG ausdrücklich geregelt war. Die §§ 39–42 AO (dazu Rn 316 ff) zielen darauf ab, den wahren wirtschaftlichen Sachverhalt, die tatsächlichen Verhältnisse und Ergebnisse zu erfassen und nicht die davon abweichenden zivilrechtlichen Gestaltungen. Daneben ist bei der Auslegung aller Steuergesetze der allgemeine Rechtsgrundsatz von Treu und Glauben zu berücksichtigen (dazu Rn 339 ff)[83].

I. Zurechnung von Wirtschaftsgütern (§ 39 AO)

316 **Fall 13:** E verpachtet 01 an den Logistikunternehmer U ein größeres Grundstück. Ansonsten erzielt E keine Einnahmen aus Vermietung und Verpachtung. Der Pachtvertrag wird für eine Dauer von zehn Jahren abgeschlossen, zusätzlich wird U ein Bebauungsrecht eingeräumt. Nach Ablauf des Pachtvertrags ist U verpflichtet, das Grundstück samt auch von ihm errichteter Bebauung an E zurückzugeben. Entschädigungsansprüche für von U errichtete Gebäude sind ausgeschlossen. U lässt noch im selben Jahr für 150 000 € zwei Lagerhallen auf dem Grundstück bauen. Bei Beendigung des Pachtvertrags in 11 haben diese noch einen Verkehrswert von 100 000 €. Das FA will daher auch den Wert der beiden Lagerhallen bei den Einkünften des E aus Vermietung und Verpachtung berücksichtigen. Allerdings ist sich der zuständige Bearbeiter unsicher, ob eine Berücksichtigung für den VZ 11 erfolgen kann, oder ob der Steuerbescheid für den VZ 01 geändert werden muss. Was ist ihm zu antworten?

Abwandlung: Wäre der Fall anders zu beurteilen, wenn der zwischen U und E abgeschlossene Pachtvertrag Entschädigungsansprüche für von U errichtete Gebäude nicht ausschließt, S, der den Betrieb seines Vaters U inzwischen fortführt, aber eine Geltendmachung nach Beendigung des Pachtvertrags versäumt? **Rn 319**

317 Grundsätzlich ist der bürgerlich-rechtliche Eigentümer auch der wirtschaftliche Eigentümer. Dementsprechend regelt § 39 Abs. 1 AO, dass die steuerrechtliche Zuord-

81 Zur Auslegung steuerrechtlicher Normen *Birk*, Steuerrecht I, 2. Aufl 1994, § 11 Rn 27 f; zur verfassungskonformen Auslegung im Steuerrecht *Birk*, StuW 1990, 300; *Desens*, Bindung der Finanzverwaltung an die Rechtsprechung, 2011, S. 247. Krit zur Methodenlehre im Steuerrecht *Schenke*, StuW 2008, 206.

82 Dazu *Eibelshäuser*, DStR 2002, 1426.

83 In Anlehnung an BFH, IX R 54/99, BFH/NV 2004, 1088.

nung von Wirtschaftsgütern im Regelfall der privatrechtlichen folgt. Hat jedoch ein anderer als der bürgerlich-rechtliche Eigentümer *wirtschaftlich* die Eigentümerposition inne, so ist gem. § 39 Abs. 2 Nr 1 AO ihm das Wirtschaftsgut zuzurechnen. **Wirtschaftlicher Eigentümer** ist nach dieser Regelung derjenige, der die tatsächliche Sachherrschaft über ein Wirtschaftsgut dergestalt ausübt, dass er den nach bürgerlichem Recht Berechtigten im Regelfall auf *Dauer* von der Nutzung des Wirtschaftsguts ausschließen kann[84].

Als wirtschaftlichen Eigentümer erkennt die Rspr aber auch denjenigen an, dessen Einwirkungsmöglichkeit zwar die Lebensdauer des Wirtschaftsguts unterschreitet, dem jedoch für den Fall der Nutzungsbeendigung ein Anspruch auf den Ersatz des Verkehrswerts zusteht, der sich entweder aus Vereinbarung oder aus Gesetz ergibt[85]. Diese Rspr ergibt sich zwar nicht unmittelbar aus § 39 Abs. 2 Nr 1 Satz 1 AO, entspricht aber der wirtschaftlichen Betrachtungsweise. IÜ erfordert § 39 Abs. 2 Nr 1 AO eine **wertende Zuordnung** zu verschiedenen Fallgruppen, die stets daran auszurichten ist, ob dem Nichteigentümer eine eigentumsähnliche Rechtsposition eingeräumt wurde[86]. Regelmäßig ergibt sich die Reichweite der den rechtlichen Eigentümer „verdrängenden" Rechtsposition aus den zugrunde liegenden Vereinbarungen[87]. *Folge* der Stellung als wirtschaftlicher Eigentümer ist ua, dass dieser Schuldner derjenigen Steuern ist, die auf der Herrschaftsgewalt über das Wirtschaftsgut beruhen. 318

Bedeutung hat § 39 Abs. 2 Nr 1 Satz 1 AO vor allem im Bereich des **Eigentumsvorbehalts**, der **Sicherungsübereignung** (dazu Rn 320), des **Nießbrauchs** und des **Leasings**[88]. Grundsätzlich führt die Nießbrauchsbestellung nicht zur Erlangung des wirtschaftlichen Eigentums, da der Nießbraucher nur abgeleiteten Besitz ausübt und den zivilrechtlichen Eigentümer nicht auf Dauer von Substanz und Ertrag ausschließen kann[89]. Allerdings kann die Vereinbarung eines sog. Vorbehaltsnießbrauchs bei der Übertragung eines Gesellschaftsanteils den Übergang des wirtschaftlichen Eigentums auf den Erwerber verhindern, wenn der Nießbraucher weiterhin alle mit der Beteiligung verbundenen wesentlichen Rechte ausüben kann[90].

Lösung Fall 13 (Rn 316): Zunächst müsste es sich (unabhängig vom dann noch zu bestimmenden Zuflusszeitpunkt, s. dazu unten) bei den beiden von U errichteten Gebäuden, die E ohne Ausgleichszahlung von U erhalten hat, um Einnahmen aus der Verpachtungstätigkeit handeln. Einnahmen sind gem. § 8 Abs. 1 EStG alle Güter in Geld oder Geldeswert, die dem Steuerpflichtigen im Rahmen einer der Einkunftsarten des § 2 Abs. 1 Satz 1 Nr 4–7 319

84 Hierzu ausf *Fischer*, in: HHSp, § 39 AO Rn 39 ff. Zum wirtschaftlichen Eigentum an Forderungen s. *Schmid*, DStR 2010, 145; an Kapitalgesellschaftsanteilen BFH, IX R 38/09, BFH/NV 2011, 41. Vgl zum wirtschaftlichen Eigentum in logischer Sekunde BFH, IX R 7/09, BStBl II 2011, 540; zum wirtschaftlichen Eigentum an Forderungen *Schmid*, DStR 2011, 794.

85 BFH, X R 23/99, BStBl II 2002, 281; X R 15/01, BStBl II 2002, 278; vgl auch BFH, IV R 2/07, BStBl II 2010, 670: Dort wurde wirtschaftliches Eigentum eines Bauherrn an einem Gebäude, das er auf einem gepachteten Grundstück errichtet hatte, bejaht, obwohl der gesetzliche Entschädigungsanspruch nach § 951, § 812 BGB vertraglich stark eingeschränkt worden war.

86 BFH, VIII R 30/98, BStBl II 2002, 741 (742).

87 Zu Wertpapieren s. *Kolbinger*, Das wirtschaftliche Eigentum an Aktien, 2008, S. 145 ff; bei girosammelverwahrten Aktien *Englisch*, FR 2010, 1023.

88 Dazu und zu weiteren Anwendungsfällen *Fischer*, in: HHSp, § 39 AO Rn 120 ff.

89 BFH, IV R 39/98, BStBl II 1999, 263; X R 38/98, BStBl II 2000, 653; FG Münster, 1 K 3132/04 EZ, EFG 2008, 1937.

90 BFH, IX R 51/10, BStBl II 2012, 308.

EStG zufließen. Zu den Einnahmen aus Vermietung und Verpachtung gehören alle Entgelte, die durch die einkunftserzielende Tätigkeit veranlasst sind (Rn 1032), dh in einem objektiven wirtschaftlichen oder tatsächlichen Zusammenhang zu ihr stehen. Entgelt in Form einer Sachleistung kann insoweit auch die Erstellung von Gebäuden durch den Pächter sein, wenn der Pächter die Bauten *auf eigene Kosten* errichtet hat, ohne einen Ausgleich vom Verpächter zu erhalten. Folglich stellen auch die beiden Lagerhallen, die U zuvor auf eigene Kosten errichtete, Einnahmen aus Vermietung und Verpachtung bei E in Gestalt einer Sachleistung dar.

Fraglich ist, *zu welchem Zeitpunkt* E diese Einnahmen zugeflossen sind. In Betracht kommen die Rückgabe des Grundstücks von U an E im Jahr 11 und die Errichtung der Gebäude im Jahr 01. Maßgeblich für den Zufluss ist die Erlangung der *wirtschaftlichen Verfügungsmacht*[91]. Der Wert der Sachleistung wäre E bereits mit Errichtung der Lagerhallen zugeflossen, wenn er bereits zu diesem Zeitpunkt rechtlicher oder wirtschaftlicher Eigentümer der Gebäude geworden wäre. Blieb hingegen U als Pächter des Grundstücks zunächst rechtlicher oder zumindest wirtschaftlicher Eigentümer, wären seine werterhöhenden Aufwendungen dem E als Grundstückseigentümer erst in dem Moment zugeflossen, in dem E wieder frei über sie verfügen konnte, in dem er also den Pachtgegenstand zurück erhielt[92].

E könnte kraft Gesetzes mit ihrer Errichtung Eigentümer der Lagerhallen geworden sein, so dass ihm der Wert der Sachleistung bereits 01 zugeflossen wäre. Gem. § 946 BGB erstreckt sich das Eigentum an dem Grundstück auf bewegliche Sachen, die mit dem Grundstück dergestalt verbunden werden, dass sie wesentlicher Bestandteil des Grundstücks werden. Nach § 94 Abs. 1 Satz 1 BGB gehören zu den wesentlichen Bestandteilen eines Grundstücks die mit dem Grundstück fest verbundenen Sachen, insb Gebäude. Danach wären die Lagerhallen wesentlicher Bestandteil des Grundstücks des E. Jedoch gehören zu den Bestandteilen eines Grundstücks gem. § 95 Abs. 1 Satz 1 BGB solche Sachen nicht, die nur zu einem vorübergehenden Zweck mit dem Grund und Boden verbunden sind[93]. Ob eine Verbindung zu einem vorübergehenden Zweck erfolgt, beurteilt sich primär nach dem nach außen in Erscheinung tretenden Willen des Herstellers[94]. Vorliegend war U vertraglich verpflichtet, das Grundstück mit von ihm errichteten Gebäuden an E zurückzugeben. Mithin erfolgte die Verbindung mit dem Grundstück nicht nur zu einem vorübergehenden Zweck, die beiden Lagerhallen sind daher wesentliche Bestandteile des Grundstücks. E erwarb mit ihrer Errichtung kraft Gesetzes gem. § 946 iVm § 94 Abs. 1 Satz 1 BGB Eigentum daran.

U könnte aber nach § 39 Abs. 2 Nr 1 Satz 1 AO bis zur Rückgabe der Pachtsache in 11 als wirtschaftlicher Eigentümer der Gebäude anzusehen gewesen sein. Dann müsste er die tatsächliche Herrschaft darüber in der Weise ausgeübt haben, dass er E als den zivilrechtlichen Eigentümer im Regelfall für die gewöhnliche Nutzungsdauer von der Einwirkung auf das Wirtschaftsgut wirtschaftlich ausschließen konnte. Dies ist jedoch nur anzunehmen, wenn der Herausgabeanspruch des zivilrechtlichen Eigentümers keine wirtschaftliche Bedeutung mehr hat oder kein Herausgabeanspruch besteht[95]. Hier hatte E nach Beendigung des Pachtvertrags einen Herausgabeanspruch (§ 581 Abs. 2 iVm § 546 Abs. 1 BGB). Dieser Herausgabeanspruch hatte auch noch „wirtschaftliche Bedeutung", da die Gebäude bei Ablauf der Pachtzeit noch einen beträchtlichen Wert hatten und gesetzliche Entschädigungsansprüche

91 BFH, IX R 170/85, BStBl II 1990, 310 (311); *Krüger*, in: Schmidt, EStG, § 11 Rn 15.

92 Vgl BFH, IX R 54/99, BFH/NV 2004, 1088 (1089).

93 Die Anwendung des § 95 Abs. 1 Satz 2 BGB setzt demgegenüber die Verbindung in Ausübung eines *dinglichen* Rechts voraus, s. *Ellenberger*, in: Palandt, BGB, 78. Aufl 2019, § 95 Rn 5. U hatte aber nur ein Nutzungsrecht aufgrund schuldrechtlicher Vereinbarung.

94 Vgl *Ellenberger*, in: Palandt, BGB, 78. Aufl 2019, § 95 Rn 2.

95 BFH, X R 61/91, BStBl II 1992, 944 (945).

des U nach § 951, § 812 BGB vertraglich ausgeschlossen waren. Somit war nicht U, sondern E mit ihrer Errichtung wirtschaftlicher Eigentümer der Gebäude. Bereits 01 trat mithin der Zufluss des Werts der Sachleistung in Gestalt der beiden Lagerhallen bei E ein. Eine Berücksichtigung bei den Einkünften des E aus Vermietung und Verpachtung könnte daher nur für diesen VZ erfolgen. Einer Änderung des Einkommensteuerbescheids für den VZ 01 (nach § 173 Abs. 1 Nr 1 AO) steht indes der Eintritt der Festsetzungsverjährung (vgl § 169 Abs. 2 Satz 1 Nr 2 AO; dazu Rn 259 ff) entgegen.

Lösung der Abwandlung: Hier könnten U bzw S bis zum Zeitpunkt der Beendigung des Pachtvertrags wirtschaftliche Eigentümer iSd § 39 Abs. 2 Nr 1 Satz 1 AO gewesen sein, so dass E die Sachleistung (Gebäude) erst bei Rückgabe der Pachtsache „zugeflossen" wäre. Wirtschaftlicher Eigentümer ist derjenige, der die tatsächliche Herrschaft über ein Wirtschaftsgut in der Weise ausübt, dass er den Eigentümer im Regelfall *für die gewöhnliche Nutzungsdauer* von der Einwirkung auf das Wirtschaftsgut wirtschaftlich ausschließen kann. U konnte E nur für einen Teil der Nutzungsdauer der von ihm geschaffenen Wirtschaftsgüter (Gebäude), bis zum Ende der Pachtzeit, aufgrund des aus dem Pachtvertrag folgenden Rechts zum Besitz von der Einwirkung ausschließen (vgl § 986 Abs. 1 iVm § 581 Abs. 1 BGB). Allerdings lässt es die Rspr[96] für die Annahme wirtschaftlichen Eigentums an einem Wirtschaftsgut genügen, dass dessen Lebensdauer zwar unterschritten wird, dem zunächst Nutzungsberechtigten aber ein vertraglicher oder gesetzlicher Anspruch auf Ersatz des Verkehrswerts zusteht. U hatte zumindest gesetzliche Entschädigungsansprüche (§ 951, § 812 BGB) hinsichtlich der von ihm auf dem Grundstück des E errichteten Gebäude. Darauf, dass S diese Ansprüche nicht geltend macht, kommt es nicht an. Folglich war U bis zur Rückgabe des Grundstücks und der darauf errichteten Gebäude auch deren wirtschaftlicher Eigentümer. E erlangte erst durch die Rückgabe wirtschaftliches Eigentum daran. Daher tritt der Zufluss des Werts der Sachleistung iHv 100 000 € erst in 11 ein. Der Zufluss kann also bei den Einkünften des E aus Vermietung und Verpachtung berücksichtigt werden. Weil S den Anspruch auf Entschädigung nicht geltend macht, kommt es auch nicht zu einem gegenläufigen Abfluss von Werbungskosten.

§ 39 Abs. 2 Nr 1 Satz 2 AO betrifft **Treuhandverhältnisse, Sicherungseigentum und Eigenbesitz**. Diese Norm, die auf die tatsächliche Sachherrschaft abstellt[97], hat vor allem Bedeutung bei der Bilanzierung von Betriebsvermögen. Die Einräumung einer Treuhand oder eines Sicherungseigentums führt also grundsätzlich nicht zur Verlagerung des wirtschaftlichen Eigentums, da die rechtliche Eigentümerstellung regelmäßig nur eine formale Position ist[98]. 320

Beispiel: U übereignet seiner Bank B sein Warenlager zur Sicherung der gegen ihn bestehenden Forderungen und kauft von V einen Lkw unter Eigentumsvorbehalt. Rechtlich ist die Bank B Eigentümerin des Warenlagers geworden, wirtschaftlich betrachtet hat sie jedoch nur ein (besitzloses) Pfandrecht. Das Warenlager bleibt gem. § 39 Abs. 2 Nr 1 Satz 2 AO im Betriebsvermögen des U. Was den Lkw angeht, so bleibt V bis zur vollständigen Bezahlung des Kaufpreises (vgl § 449 BGB) Eigentümer. Solange U seine Pflichten aus dem Kaufvertrag erfüllt, hat er jedoch ein Recht zum Besitz an dem Lkw gem. § 986 Abs. 1 BGB und kann den V von der Einwirkung auf den Lkw ausschließen. Daher ist nach § 39 Abs. 2 Nr 1 Satz 1 AO auch der Lkw dem Betriebsvermögen des U zuzurechnen.

96 BFH, I R 88/92, BStBl II 1994, 164; XI R 77/96, BStBl II 1997, 774.
97 BFH, I R 12/09, BStBl II 2010, 590.
98 BFH, I R 42/12, BStBl II 2015, 4: „leere Hülle".

321 Anders als § 39 Abs. 2 Nr 1 AO, der Wirtschaftsgüter steuerrechtlich einer anderen Person als vom Zivilrecht vorgesehen zurechnet, ist § 39 Abs. 2 Nr 2 AO eine **Aufteilungsvorschrift**.

Diese setzt sich über das zivilrechtliche Prinzip der Gesamthand, das bei Personengesellschaften (GbR, OHG, KG), Erbengemeinschaft sowie Gütergemeinschaft gilt, hinweg, soweit eine *getrennte Zurechnung* für die Besteuerung *erforderlich* ist (§ 39 Abs. 2 Nr 2 aE AO). Dies ist grundsätzlich dann der Fall, wenn nicht die Gesamthandsgemeinschaft als solche, sondern die einzelnen Gesamthänder der Steuer unterworfen sind. Im Bereich der *Einkommensteuer* wird für die Besteuerung der Mitunternehmer einer Mitunternehmerschaft der § 39 Abs. 2 Nr 2 AO durch § 15 Abs. 1 Satz 1 Nr 2 EStG verdrängt[99]. Jedoch ist § 39 Abs. 2 Nr 2 AO im Einkommensteuerrecht für vermögensverwaltende Personengesellschaften anzuwenden (Rn 1162 ff). Obwohl auch hier (zivilrechtlich) das Gesamthandsvermögen den Gesamthändern gemeinsam zusteht und der einzelne Gesamthänder weder über seinen Anteil an dem Gesellschaftsvermögen noch an den einzelnen dazu gehörenden Gegenständen verfügen kann (§ 719 Abs. 1 BGB iVm § 105 Abs. 2, § 161 Abs. 2 HGB; § 1419 Abs. 1 BGB; teils abweichend § 2033 Abs. 2 BGB), wird das Gesamthandsvermögen in diesen Fällen für die Besteuerung so behandelt, als ob es den Gesamthändern nach Bruchteilen (vgl §§ 741 ff BGB) gehörte. Dagegen ist eine getrennte Zurechnung wiederum nicht gem. § 39 Abs. 2 Nr 2 aE AO erforderlich, wenn die Gesamthandsgesellschaft als solche Steuersubjekt ist. Dies ist insb bei der *Umsatzsteuer* (§ 13a Abs. 1 Nr 1, § 2 Abs. 1 UStG), bei der *Gewerbesteuer* (§ 5 Abs. 1 Satz 3 GewStG) und bei der *Grunderwerbsteuer* (§ 13 Nr 5 lit. a, Nr 6 GrEStG) der Fall.

Zu beachten ist, dass § 39 AO unmittelbar nur die *Zurechnung von Wirtschaftsgütern*, nicht die persönliche Zurechnung von Einkünften (dazu Rn 594) betrifft. Einkünfte sind demjenigen zuzurechnen, der sie erzielt (vgl Rn 240), also zB die steuerpflichtige Tätigkeit ausübt (s. Einkunftsarten, Rn 699 ff).

II. Erwirtschaftung wirtschaftlicher Leistungsfähigkeit durch gesetz- oder sittenwidriges Verhalten (§ 40 AO)

322 Steuerbar sind gem. § 40 AO auch Einkünfte, die durch **gesetz- oder sittenwidriges Verhalten** erzielt werden. Diese Vorschrift trägt dem Leistungsfähigkeitsprinzip Rechnung, wonach jeder nach seinem wirtschaftlichen *Ist*-Zuwachs zu besteuern ist. Voraussetzung sowohl der Steuerbarkeit der Einnahmen als auch der Abzugsfähigkeit der Ausgaben ist aber in jedem Fall gem. § 40 AO, dass der Tatbestand eines Steuergesetzes erfüllt ist.

Beispiele: Eine Schmugglerbande ist umsatzsteuerlich Unternehmerin.

Hehler erzielen Einkünfte aus Gewerbebetrieb (§ 15 Abs. 1 Satz 1 Nr 1 Satz 1 EStG). Erwerbsaufwendungen, die der Hehler tätigt, sind als Betriebsausgaben (§ 4 Abs. 4 EStG) absetzbar, sofern nicht ein gesetzliches Abzugsverbot eingreift. Der Hehler kann daher zB Bestechungsgelder nach § 4 Abs. 5 Satz 1 Nr 10 EStG nicht abziehen.

Dagegen erzielt der Einbrecher, auch wenn er kontinuierlich tätig wird, keine steuerpflichtigen Einkünfte. Denn Einkünfte aus Gewerbebetrieb nach § 15 EStG liegen nicht vor, weil er nicht gem. § 15 Abs. 2 Satz 1 EStG am allgemeinen wirtschaftlichen Verkehr teilnimmt.

99 Für eine Verdrängung des § 39 Abs. 2 Nr 2 AO durch § 15 Abs. 1 Satz 1 Nr 2 EStG aber BFH, GrS 7/89, BStBl II 1991, 691 (699).

Eine **Besonderheit** besteht im **Umsatzsteuerrecht**. Hier stellen Leistungen wie etwa der Drogenhandel oder die Lieferung von Falschgeld, die einem völligen Verkehrsverbot unterliegen und damit per se außerhalb eines legalen Handels stehen, bereits keine steuerbare Leistung iSd Art. 2, Art. 14 ff, Art. 24 ff MwStSystRL (dazu Rn 1621, 1635) dar[100]. Formaljuristisch gerät diese Rspr mit § 40 AO nicht in Konflikt, weil der Tatbestand des Steuergesetzes überhaupt nicht erfüllt ist. Jedoch läuft sie durch den „Kunstgriff", die Leistungen schon als nicht steuerbare Leistungen zu qualifizieren, dem Sinn und Zweck der Vorschrift zuwider. Dennoch ist ihr zu folgen, da § 40 AO nicht zu einer Modifikation des unionsrechtlich determinierten Besteuerungstatbestands führen kann. 323

III. Unwirksame, aber wirtschaftlich vollzogene Rechtsgeschäfte (§ 41 AO)

1. Grundsatz

Nach § 41 Abs. 1 Satz 1 AO lösen **unwirksame Rechtsgeschäfte** gleichwohl steuerliche Folgen aus, soweit und solange die Beteiligten das wirtschaftliche Ergebnis gegen sich gelten lassen wollen. § 41 Abs. 1 Satz 1 AO gilt bei anfänglicher wie bei nachträglicher Unwirksamkeit (zB Anfechtung gem. § 142 BGB). 324

§ 41 AO überschneidet sich teilweise mit § 40 AO. § 41 AO ist insofern *weiter*, als er nicht nur Rechtsgeschäfte erfasst, die gem. § 134, § 138 BGB nichtig sind, sondern auch andere, etwa solche, die wegen Formmängeln (§ 125 Satz 1 BGB) oder Geschäftsunfähigkeit (§ 105 Abs. 1 BGB) nichtig sind. § 41 AO ist insoweit enger als § 40 AO, als er nur *Rechtsgeschäfte* erfasst, während der Tatbestand des § 40 AO jedes Verhalten betrifft.

§ 41 Abs. 1 Satz 1 AO kommt nicht zur Anwendung, wenn sich aus dem Zweck der Steuernorm ergibt, dass es auf die Gültigkeit des Rechtsgeschäfts ankommen soll (§ 41 Abs. 1 Satz 2 AO). Damit enthält § 41 Abs. 1 Satz 2 AO nur den ohnehin geltenden Grundsatz „lex specialis derogat legi generali"[101]. 325

Nach § 41 Abs. 2 Satz 1 AO sind Scheingeschäfte und Scheinhandlungen für die Besteuerung unerheblich. Hier sollen die Rechtsfolgen, die sich an das Erklärte knüpfen, gerade nicht eintreten. Wird durch ein Scheingeschäft ein anderes Rechtsgeschäft verdeckt, so ist gem. § 41 Abs. 2 Satz 2 AO das verdeckte Rechtsgeschäft für die Besteuerung maßgebend. Dies entspricht der Regelung in § 117 Abs. 2 BGB.

2. Besonderheiten bei Verträgen zwischen Familienangehörigen

Fall 14: 326

a) Der angestellte Lehrer L schließt mit seinem 18-jährigen Kind K einen Dienstvertrag ab. Entsprechend diesem Vertrag zahlt er K im Jahr 7000 € für die Beschaffung von Büromaterial, Vorbereitung von Routen für Wandertage und das Abholen von der Schule. Diese Dienste hat K tatsächlich geleistet. Kann L diese Aufwendungen als Werbungskosten von seinen Einkünften aus nichtselbstständiger Arbeit abziehen?

100 Vgl EuGH, C-343/89, Slg. 1990, I-4477 (4496 f, Rn 19 ff) *(Witzemann)*.
101 Vgl dazu *Wernsmann*, in: HHSp, § 4 AO Rn 364.

b) Unternehmer U stellt seine Ehefrau F im Unternehmen an. F erbringt die Leistungen als Sekretärin für ein im Voraus vereinbartes und übliches Gehalt und gem. einem im Voraus vereinbarten Vertrag. Das Gehalt der F zahlt U auf ein sog. Oder-Konto, auf das U und F unabhängig voneinander Zugriff haben. Handelt es sich bei den Zahlungen an F und an die Sozialversicherung für F um Betriebsausgaben bei U? **Rn 329**

327 Wegen gleich gerichteter Interessen nahe stehender Personen sind bei **Verträgen unter Angehörigen** einige Besonderheiten zu beachten. Zwar folgt aus Art. 6 Abs. 1 GG, der Diskriminierungen von Ehe und Familie verbietet, dass solchen Verträgen nicht generell die steuerliche Anerkennung versagt werden kann[102]. Andererseits muss aber auch verhindert werden, dass einige Steuerpflichtige durch geschickte Gestaltungen Unterhaltszahlungen oder Aufwand für die private Lebensführung entgegen § 12 Nr 1, 2 EStG steuerlich abziehen können.

Der *Hintergrund* für die Beliebtheit von Verträgen unter Angehörigen besteht in Folgendem: Im **Fall 14 a** *(Arbeitsvertrag mit Kindern)* könnte L im Falle der Anerkennung die Zahlungen an K als Werbungskosten (hierzu Rn 773) abziehen. Die Einkünfte blieben indes bei K wegen des Grundfreibetrags (§ 32a Abs. 1 Satz 2 Nr 1 EStG) in vollem Umfang steuerfrei.

Der Vorteil bei *Ehegatten-Arbeitsverträgen* (oben **Fall 14 b**) liegt in Folgendem: Stellt Unternehmer U seine Ehefrau F im Unternehmen an, so tritt zwar bei Zusammenveranlagung nach § 26b EStG kein Effekt bei der Progressionsmilderung ein, da dieser ohnehin aufgrund des Splitting (§ 32a Abs. 5 EStG) eintritt. Vorteilhaft sind jedoch die Pauschbeträge, die dem angestellten Ehegatten zustehen (insb der Arbeitnehmer-Pauschbetrag nach § 9a Satz 1 Nr 1 EStG), sowie der Abzug des Arbeitslohns als Betriebsausgabe bei den Einkünften aus Gewerbebetrieb, da dieser auch den gewerbesteuerlichen Ertrag mindert (Rn 1362 ff). Ferner bestehen bei der Lohnsteuer uU Vorteile durch die Pauschalierungsmöglichkeiten nach § 40, § 40a, § 40b EStG.

Als Verträge unter Angehörigen kommen insb Arbeits-, Darlehens-, Miet- und Gesellschaftsverträge in Betracht[103].

328 Um einerseits – wie von Art. 6 Abs. 1 GG gefordert – Vertragsbeziehungen unter Familienangehörigen nicht jede steuerliche Anerkennung zu versagen, andererseits aber zu verhindern, dass mit Verträgen nicht abziehbare Unterhaltszahlungen (§ 12 Nr 1 EStG) oder private Zuwendungen verschleiert werden, stellt die Rspr[104] folgende Voraussetzungen für die Anerkennung von Verträgen unter Angehörigen auf:

(1) Der Vertrag sollte vor Durchführung **wirksam** geschlossen worden sein. Die Beachtung der zivilrechtlichen Formerfordernisse hat lediglich indizielle Bedeutung iRd Gesamtwürdigung der Ernsthaftigkeit des vertraglich Gewollten. Die Rspr sieht in der Formunwirksamkeit ein Beweisanzeichen für den Mangel der Ernsthaftigkeit, das zumindest dann widerlegt werden kann, wenn den Vertragspartnern die Nichtbeachtung der Formvorschriften nicht anzulasten ist und sie nach Erkennen der Unwirksamkeit zeitnah den Formerfordernissen nachkommen[105].

(2) Die vertraglichen Hauptpflichten müssen klar und deutlich vereinbart und entsprechend dem Vereinbarten auch **tatsächlich durchgeführt** worden sein. Die Nichtanwendung einzelner

102 Vgl BVerfG, 1 BvR 571/81 ua, BVerfGE 69, 188 (205).

103 Ausf zum Ganzen *Heinicke*, in: Schmidt, EStG, § 4 Rn 520 „Angehörige; Angehörigenverträge"; *Ballof*, EStB 2008, 290; *Kulosa*, DB 2014, 972; *Wüster*, NWB 2011, 1240; *Osterloh*, DStR 2014, 393.

104 Vgl BFH, IX R 30/98, BStBl II 2000, 223 (224); IX R 55/01, BStBl II 2003, 627 (629 f); X R 31/12, BStBl II 2013, 1015.

105 BFH, IX R 45/06, BStBl II 2011, 20; IV R 27/13, BFH/NV 2016, 1559.

Vertragsklauseln allein lässt allerdings nach der neueren Rspr des BFH für sich genommen den Rückschluss auf einen fehlenden Bindungswillen noch nicht zu. Auch hier müssen iR einer Gesamtwürdigung alle für und gegen den Bindungswillen sprechenden Anhaltspunkte gegeneinander abgewogen werden[106].

(3) Der Vertrag muss auch inhaltlich einem **Fremdvergleich** standhalten, der vor allem eine angemessene Missbrauchskontrolle bewirken soll[107]. Dh er muss so ausgestaltet (und durchgeführt) werden, wie fremde Dritte es getan hätten. Familienspezifische Besonderheiten (offene Arbeitszeiten, unbezahlte Mehrarbeit, Tätigkeit im privaten Wohnbereich) sind jedoch zu tolerieren[108]. Bei Darlehensverträgen zwischen nahen Angehörigen differenziert die Rspr nach dem Anlass der Darlehensaufnahme[109]. Die Vereinbarung eines unangemessen hohen Arbeitslohns allein führt noch nicht zum Scheitern des Fremdvergleichs, vielmehr ist in solchen Fällen lediglich eine Korrektur der Höhe nach vorzunehmen[110].

Für **Fall 14 a)** bedeutet dies: L hat mit K einen wirksamen Vertrag geschlossen. Dieser ist auch tatsächlich durchgeführt worden. Indes hätte L einem fremden Dritten für die fraglichen Dienstleistungen nicht derart hohe Beträge bezahlt. Der Vertrag hält also einem Fremdvergleich nicht stand und ist daher steuerlich nicht anzuerkennen. Bei den von L an K gezahlten 7000 € handelt es sich somit nicht um Werbungskosten bei den Einkünften aus nichtselbstständiger Tätigkeit (§ 9 EStG). Umgekehrt erzielt K aber trotz des Zuflusses der 7000 € auch keine Einkünfte aus nichtselbstständiger Tätigkeit. **329**

In **Fall 14 b)** haben U und F einen wirksamen Vertrag geschlossen. Das Rechtsgeschäft müsste ferner tatsächlich durchgeführt worden sein. Der tatsächlichen Durchführung des Arbeitsverhältnisses könnte entgegenstehen, dass das Arbeitsentgelt auf ein Konto des Arbeitgeber-Ehegatten fließt, auch wenn der Arbeitnehmer-Ehegatte allein über dieses Konto verfügen kann (Oder-Konto)[111]. Indes stellt die Frage, auf wessen Konto das Arbeitsentgelt fließt, lediglich ein (widerlegbares) Indiz dafür dar, ob der Arbeitsvertrag tatsächlich vollzogen wurde[112]. Da im vorliegenden Fall die F tatsächlich die Leistungen erbracht hat und die Ausgestaltung des Vertrags auch dem zwischen Fremden Üblichen entsprach, ist der Arbeitsvertrag steuerlich anzuerkennen. Die Aufwendungen für Lohn und Sozialversicherungsbeiträge (Arbeitgeberanteil) stellen daher bei U Betriebsausgaben dar. Bei F handelt es sich um Arbeitslohn, wobei ihr die jeweiligen Pauschbeträge zustehen. Der Arbeitgeberanteil für die Sozialversicherung ist bei ihr gem. § 3 Nr 62 EStG steuerfrei.

IV. Gestaltungsmissbrauch (§ 42 AO)

Fall 15: A und B sind Kollegen. Sie erwerben – jeder für sich – zwei gleich große Eigentumswohnungen in einem Objekt in Münster. A vermietet seine Wohnung an B und B seine Wohnung an A zu einem Mietzins von jeweils 800 € monatlich. A macht in seiner Einkommensteuererklärung für die an B vermietete Wohnung einen Werbungskostenüberschuss **330**

106 BFH, X R 14/01, BStBl II 2004, 826 (827 f); IV R 27/13, BFH/NV 2016, 1559.
107 Zur Differenzierung nach dem Anlass der Darlehensaufnahme unter Angehörigen BFH, X R 26/11, FR 2014, 180 mit Anm. *Kanzler*.
108 BFH, VI R 59/06, BStBl II 2009, 200; X R 31/12, BStBl II 2013, 1015.
109 BFH, X R 26/11, BStBl II 2014, 374.
110 Nds. FG, 9 K 135/12, EFG 2014, 822.
111 IdS die langjährige stRspr des BFH, zuletzt BFH, GrS 1/88, BStBl II 1990, 160.
112 So BVerfG, 2 BvR 802/90, BStBl II 1996, 34 (36), das den BFH (GrS) aaO damit aufhob.

iHv 12 000 € (Schuldzinsen und sonstigen Aufwand) geltend. Das FA verweigert die Anerkennung wegen Rechtsmissbrauchs. Zu Recht[113]? **Rn 338**

331 Ein Steuerpflichtiger ist grundsätzlich berechtigt, sich wirtschaftlich so zu verhalten, dass keine oder eine möglichst geringe Steuer anfällt[114]. Er kann über seine Einkunftsquelle, sein Einkommen und Vermögen grundsätzlich frei verfügen und sein Verhalten so einrichten, dass die steuerbegründenden Tatbestände vermieden werden. Das Motiv, Steuern zu sparen, macht also eine Gestaltung noch nicht missbräuchlich[115].

Wer, um Steuern zu sparen, seine Lebensgefährtin heiratet (Splitting-Vorteil, Rn 634), eine Katze statt eines Hundes hält (Vermeidung der Hundesteuer, Rn 78) oder ein Hausgrundstück erst nach mehr als zehn Jahren und nicht schon nach neun Jahren und 11 Monaten verkauft (vgl § 22 Nr 2, § 23 Abs. 1 Satz 1 Nr 1 EStG), vermeidet die Steuerbelastung, indem er *rechtlich und wirtschaftlich* die Tatbestandsvoraussetzungen des Steuergesetzes nicht erfüllt.

332 Wer allerdings einen wirtschaftlichen Sachverhalt, der eigentlich unter das Steuergesetz fällt, *nur rechtlich* so *verformt*, dass der steuerbegründende Tatbestand dem Wortlaut nach nicht vorliegt, wohl aber der Sache nach erfüllt ist, der ist ebenso zur Steuer heranzuziehen wie derjenige, der nicht nur wirtschaftlich, sondern auch rechtlich den steuerlichen Belastungstatbestand erfüllt. Diesen Fall des sog. **Gestaltungsmissbrauchs** regelt § 42 AO[116]. Danach kann durch Missbrauch der rechtlichen Gestaltungsmöglichkeiten das Steuergesetz nicht umgangen werden. Aus Gründen der steuerlichen Belastungsgleichheit (Art. 3 Abs. 1 GG) ist die formale Gestaltung unbeachtlich. Ein Missbrauch liegt vor, wenn eine unangemessene rechtliche Gestaltung gewählt wird, die beim Steuerpflichtigen oder einem Dritten im Vergleich zu einer angemessenen Gestaltung zu einem gesetzlich nicht vorgesehenen Steuervorteil führt (§ 42 Abs. 2 Satz 1 AO). Eine besondere Fallgruppe ist die vom BFH entwickelte Rechtsprechung zum **„Gesamtplan"**. Ein in steuerlich „unbedenkliche" Teilschritte zerlegtes Geschehen kann demnach aufgrund eines dahinter stehenden Gesamtplans gleichwohl missbräuchlich sein, so dass die Teilschritte als ein Vorgang zusammengefasst werden[117]. Grundsätzlich kann sich also der Steuerpflichtige schon durch eine außergewöhnliche und für ihn steuerlich vorteilhafte Gestaltung dem Vorwurf des Missbrauchs aussetzen. Deshalb gewährt § 42 Abs. 2 Satz 2 AO dem Steuerpflichtigen die Möglichkeit, durch Verweis auf beachtliche außersteuerliche Gründe diesen

---

113 Nachgebildet FG Köln, 6 K 2057/08, EFG 2012, 1471 zu wechselseitigen Vermietungen neu hergestellter Wohnungen unter Angehörigen; inhaltlich bestätigt durch BFH, IX R 18/12, BFH/NV 2013, 1094. S. auch BFH, IX R 2/13, BStBl II 2014, 527: Überkreuzvermietung zweier GbR-Gesellschafter.

114 S. etwa zur Anteilsveräußerung vor Einführung des Halbeinkünfteverfahrens BFH, IX R 77/06, BStBl II 2008, 789.

115 BFH, I R 25/12, BFH/NV 2014, 904; VIII R 32/09, BStBl II 2013, 16.

116 Instruktive Beispiele bei *Roth*, Die Begrenzung der Rechtsfolgenseite des § 42 AO 1977, 2004, S. 13 ff. Zu den Auswirkungen der Neuregelung 2008 vgl *Mack/Wollweber*, DStR 2008, 182; *Wendt*, DStJG 33 (2010), 117 sowie *Hey*, DStJG 33 (2010), 139. Zu internationalen Regelungen *Haarmann*, IStR 2018, 561.

117 *Spindler*, DStR 2005, 1; *Kugelmüller-Pugh*, FR 2007, 1139; partiell aufgegeben im Verhältnis von § 6 Abs. 3 zu § 6 Abs. 5 EStG von BFH, IV R 41/11, BFHE 238, 135, dazu Rn 1208 f. Zur Rechtsprechungsentwicklung *Kanzler*, NWB 2014, 902.

Vorwurf zu entkräften. Liegt ein Missbrauch vor, so entsteht der Steueranspruch so, wie er bei einer den wirtschaftlichen Vorgängen angemessenen rechtlichen Gestaltung entsteht (§ 42 Abs. 1 Satz 3 AO).

Die rechtstheoretische Einordnung des § 42 AO ist umstritten. Teilweise wird angenommen, § 42 AO sei überflüssig, die Anwendbarkeit bzw Nichtanwendbarkeit steuerlicher Regelungen bei missbräuchlicher Gestaltung ergebe sich bereits durch Anwendung der anerkannten Auslegungsregeln (sog. **Innentheorie**). Die Rspr und ein anderer Teil des Schrifttums gehen jedoch davon aus, dass § 42 AO einen eigenständigen Regelungsgehalt hat, unter den subsumiert werden muss (sog. **Außentheorie**)[118]. **333**

§ 42 AO ist nicht zu prüfen, wenn die Voraussetzungen einer einzelsteuergesetzlichen Umgehungsvorschrift vorliegen, § 42 Abs. 1 Satz 2 AO („Abschirmwirkung")[119]. Ist dies der Fall, so ergeben sich die Rechtsfolgen allein aus dem Einzelsteuergesetz. Andernfalls ist zu prüfen, ob ein Gestaltungsmissbrauch iSd § 42 Abs. 2 AO vorliegt[120]. **334**

Ein Gestaltungsmissbrauch liegt also unter folgenden **Voraussetzungen** vor:

(1) **Unangemessenheit** der rechtlichen Gestaltung. Voraussetzung ist, dass verständige Parteien in Anbetracht des Sachverhalts und der wirtschaftlichen Zielsetzung nicht in der gewählten Weise verfahren würden. Dies ist erst dann der Fall, wenn der Steuerpflichtige einen ungewöhnlichen, gekünstelten Weg wählt, auf dem nach den Wertungen des Gesetzgebers das Ziel nicht erreichbar sein soll[121]. Maßstäbe, wann dies der Fall sein soll, liefert § 42 AO nicht. Die Rspr zieht Indizien heran, wonach eine angemessene Gestaltung tendenziell eher einfach, zweckmäßig, notwendig, übersichtlich, effektiv und ökonomisch, eine unangemessene Gestaltung eher das Gegenteil davon ist[122]. Hat der Gesetzgeber seine Wertungen, was missbräuchlich sein soll, in einer Spezialvorschrift (zB § 50d Abs. 3 EStG) kodifiziert, so soll (so jedenfalls das Verständnis der Finanzverwaltung) nach § 42 Abs. 1 Satz 3 AO dennoch § 42 Abs. 2 AO (als Grundnorm) zur Anwendung kommen, auch wenn nicht alle Voraussetzungen der Spezialvorschrift vorliegen[123]. Damit würden aber allgemeine Auslegungsgrundsätze über Bord geworfen werden, was die Rspr schon zu § 42 AO aF nicht akzeptiert hat[124]. Daran ändert auch die jetzige (seit 2008 geltende) Fassung des § 42 AO nichts. Denn hat die Spezialnorm die Unangemessenheit konkretisiert, dann kann § 42 AO nicht neue (andere) Maßstäbe liefern, nach denen Unangemessenheit angenommen werden kann. Wer die spezialgesetzlich normierten Grenzen einer die Gestaltung regelnden Norm nicht überschreitet, orientiert sich an den gesetzlichen Vorgaben und verhält sich damit nicht missbräuchlich[125]. **335**

118 Grundlegend *Sieker*, Umgehungsgeschäfte, 2001; s. auch *Crezelius*, FR 2003, 537; *Fischer*, FR 2001, 1212 und FR 2003, 1013; *Clausen*, DB 2003, 1589; *Hahn*, DStZ 2005, 183; *Rose*, FR 2003, 1274; aus der Rspr s. etwa BFH, IV R 54/01, BStBl II 2003, 854; IX R 56/03, BStBl II 2004, 648; I R 55/03, BFH/NV 2005, 1016.

119 Überblick zu speziellen Vorschriften bei *Roser*, FR 2005, 178; *Demleitner*, AO-StB 2010, 174.

120 Dazu *Drüen*, Ubg 2008, 31; *Mack/Wollweber*, DStR 2008, 182.

121 BFH, I R 25/12, BFH/NV 2014, 904; I R 77/96, BStBl II 2001, 43 (44 ff); I R 48/97, BFHE 196, 128 (130).

122 BFH, I R 77/96, BStBl II 2001, 43 (44); *Ratschow*, in: Klein, AO, 14. Aufl 2018, § 42 Rn 48.

123 S. Anwendungserlass AO zu § 42 Nr 1.

124 BFH, I R 25/12, BFH/NV 2014, 904.

125 *Ratschow*, in: Klein, AO, 14. Aufl 2018, Rn 91; *Hey*, in: DStJG 33 (2010), 139 (146).

Beispiel: Regelt das UmwStG die Voraussetzungen, unter denen die übernehmende Körperschaft in die steuerliche Rechtsstellung der übertragenden Körperschaft eintritt (§ 12 UmwStG), und legt es die Auswirkungen für den Gewinn im Einzelnen fest, dann kann nicht über den Rückgriff auf § 42 AO von einer missbräuchlichen Nutzung von Verlusten ausgegangen werden[126].

336 (2) Die unangemessene Gestaltung muss beim Steuerpflichtigen oder einem Dritten zu einem **gesetzlich nicht vorgesehenen Steuervorteil** führen. Was das bedeutet, ist unklar. Es ist durch Auslegung der Norm festzustellen, ob der Gesetzgeber für diese Gestaltung den Steuervorteil vorgesehen hatte[127]. Im Grunde sagt diese Formulierung etwas Selbstverständliches: Fällt die Gestaltung unter die Tatbestandsvoraussetzungen einer Norm, deren Rechtsfolge ein steuerlicher Vorteil ist, so kann dies keinen Missbrauchsvorwurf begründen.

337 (3) Gibt es Hinweise, die für die Unangemessenheit der Gestaltung sprechen, so kann der Steuerpflichtige den Gegenbeweis führen: Er kann **außersteuerliche Gründe** für die gewählte Gestaltung vorbringen, die nach dem Gesamtbild der Verhältnisse beachtlich sind (§ 42 Abs. 2 Satz 2 AO)[128]. Wenn der Steuerpflichtige also nachvollziehbare[129] wirtschaftliche Gründe für die gekünstelt erscheinende Gestaltung benennen kann, so schließt das den Missbrauch aus[130].

338 **Lösung Fall 15** (Rn 330): Die Finanzverwaltung hat die Anerkennung der Aufwendungen als Betriebsausgaben möglicherweise zu Recht nach § 42 AO wegen Gestaltungsmissbrauchs verweigert. Dies setzt voraus, dass eine unangemessene rechtliche Gestaltung gewählt wird (1), die zu einem gesetzlich nicht vorgesehenen Steuervorteil führt (2) und für die der Steuerpflichtige keine beachtlichen außersteuerlichen Gründe nachweisen kann (3).

Unangemessen ist die Gestaltung, wenn ein ungewöhnlicher, gekünstelter Weg eingeschlagen wird. Ein verständiger Vermieter hätte nicht seine eigene Wohnung vermietet, um dann im gleichen Moment eine gleichartige Wohnung von seinem Mieter anzumieten. Wirtschaftlich sind die wechselseitigen Vermietungen „Korrekturgeschäfte", um die Kosten der eigenen Wohnung steuerlich geltend machen zu können. Die Gestaltung ist damit „dem wirtschaftlichen Vorgang nicht angemessen"[131]. Sie führen zu einem gesetzlich nicht vorgesehenen Steuervorteil, da die von A als Werbungskosten qualifizierten Kosten ohne diese Gestaltung im außersteuerlichen Bereich anfielen. Eine Begründung, die diese Gestaltung ausnahmsweise sinnhaltig machte, ist nicht ersichtlich. Daher liegt ein Missbrauch iSd § 42 AO vor, A kann die Ausgaben nicht als Werbungskosten abziehen.

---

126 BFH, I R 25/12, BFH/NV 2014, 904.

127 Dazu *Drüen*, Ubg 2008, 31 (36); *Mack/Wollweber*, DStR 2008, 182 (184); *Hey*, BB 2009, 1044 (1046).

128 Zur Feststellungslast und den Änderungen durch die Neuregelung s. *Mack/Wollweber*, DStR 2008, 182 (185).

129 Zutreffend FG München, 10 K 1573/07, EFG 2009, 153, wonach die gegenseitige Vermietung von Arbeitszimmern unter Ehegatten (zur Vorsorge gegenüber Störungen der ehelichen Harmonie) nicht nachvollziehbar ist.

130 Vertiefend zu praktischen und rechtspolitischen Erwägungen *Hahn*, DStZ 2008, 483.

131 BFH, IX R 134/86, BStBl II 1991, 904; tendenziell weniger streng BFH, IX R 40/09, BStBl II 2011, 427, hier hat der BFH die verlustbringende Veräußerung eines Gesellschaftsanteils an einem Mitgesellschafter bei gleichzeitigem Ankauf eines Gesellschaftsanteils an derselben Gesellschaft nicht als rechtsmissbräuchlich angesehen.

V. Treu und Glauben

Der Grundsatz von **Treu und Glauben** ist in der AO selbst zwar nicht ausdrücklich verankert, dennoch gilt er als allgemeiner Rechtsgrundsatz über das Zivilrecht (§ 242 BGB) hinaus auch im Steuerrecht[132]. Seine Anwendbarkeit setzt das Bestehen eines konkreten Steuerrechtsverhältnisses zwischen Steuerpflichtigem und Finanzbehörde voraus[133]. 339

Der Grundsatz von Treu und Glauben verlangt ein zurechenbares Vorverhalten der Verwaltung (**Vertrauenstatbestand**), auf welches der Steuerpflichtige vertraut und aufgrund dessen er konkrete Dispositionen tätigt (Kausalitätserfordernis für Vertrauensbildung und -betätigung). Ein Verstoß gegen Treu und Glauben vermag die Durchsetzung einer Rechtsposition zu verhindern, bringt jedoch nicht den Anspruch aus dem Steuerverhältnis zum Erlöschen[134]. Gegeben ist ein Treueverstoß zB bei der Durchsetzung einer Rechtsposition in zweckfremder Weise oder mit zweckfremden Mitteln[135] oder wenn sich die Verwaltung zu ihrem eigenen früheren (nachhaltigen) Verhalten in Widerspruch setzt[136]. Dabei ist zu beachten, dass der Grundsatz von Treu und Glauben für alle Beteiligten aus dem Steuerschuldverhältnis gilt, so dass auch ein Verhalten des Steuerpflichtigen einen Treueverstoß begründen kann. Dies gilt allerdings nur, wenn sich die günstigen, aber fehlerhaften Steuerfolgen auf das Verhalten des Steuerpflichtigen zurückführen lassen[137]. 340

Der Grundsatz von Treu und Glauben erlangt vor allem dann praktische Bedeutung, wenn die Finanzverwaltung gegenüber dem Steuerpflichtigen in nicht geregelten Bereichen tätig wird. So wird die Bindung an eine tatsächliche Verständigung seitens der Rspr auf das Gebot von Treu und Glauben gestützt (dazu unten Rn 468 f). Auch die Bindungswirkung einer Auskunft durch die Finanzbehörde an den Steuerpflichtigen über die steuerrechtliche Beurteilung eines ihn betreffenden Sachverhalts wurde früher mit dem Grundsatz von Treu und Glauben begründet. 2006 wurde eine allgemeine gesetzliche Regelung in § 89 AO geschaffen (dazu Rn 472 f), so dass es eines Rückgriffs auf den Grundsatz von Treu und Glauben nicht mehr bedarf. 341

C. Exkurs: Gemeinnützigkeitsrecht

Der Staat begünstigt gemeinwohlwirksame Betätigung, indem er bei Körperschaften unter bestimmten Voraussetzungen auf die Besteuerung verzichtet und im Einkommensteuerrecht Minderungen der Bemessungsgrundlage bei entsprechender Einkommensverwendung zulässt. Das steuerliche Gemeinnützigkeitsrecht zerfällt demnach in zwei Teile, nämlich das Recht der steuerbefreiten (steuerbegünstigten) **gemeinnützigen Körperschaften** (Rn 343 ff) und das **Spendenrecht** (Rn 352 ff)[138]. Zweck dieser Steuervergünstigungen, die sowohl den Mittelgeber (Spender) als auch den Mit- 342

132 BFH, I R 181/85, BStBl II 1989, 990 (991).
133 BFH, X R 24/03, BStBl II 2004, 975 (979).
134 BFH, I R 181/85, BStBl II 1989, 990 (992).
135 Vgl BFH, VII R 64/80, BStBl II 1983, 541 (542).
136 Vgl BFH, I R 181/85, BStBl II 1989, 990 (992); X R 47/88, BStBl II 1993, 174 (177).
137 BFH, VI R 12/06, BFH/NV 2009, 1105.
138 Zur grenzüberschreitenden Gemeinnützigkeit s. *Förster*, BB 2011, 663; *Unger*, DStZ 2010, 154.

telempfänger (Körperschaften) betreffen, ist es, einen steuerlichen Anreiz zur Förderung des Gemeinwohls zu geben und damit den Staat bei der Wahrnehmung seiner Aufgaben zu entlasten[139].

I. Steuerbefreiung gemeinnütziger Körperschaften

343 Körperschaften und andere im § 1 Abs. 1 KStG genannte Rechtssubjekte sind gem. § 5 Abs. 1 Nr 9 KStG von der Körperschaftsteuer befreit, wenn sie nach ihrer rechtlichen Verfassung (idR Satzung) und tatsächlichen Geschäftsführung ausschließlich und unmittelbar gemeinnützigen, mildtätigen oder kirchlichen Zwecken dienen. Personengesellschaften und natürliche Personen (auch der Papst[140]) können nicht den Status der Gemeinnützigkeit beanspruchen[141]. Voraussetzung der Steuerbefreiung ist die in §§ 51–68 AO näher geregelte strenge **Gemeinwohlorientierung** (Rn 344 ff). Nach § 59 AO muss der Zweck der Körperschaft in der Satzung niedergelegt sein und die Anforderungen der §§ 52–55 AO erfüllen, damit die Körperschaft die Steuervergünstigung erhalten kann. Dabei muss die Satzung – auch hinsichtlich der Verwendung des Vermögens bei Auflösung – so genau bestimmt sein, dass die Voraussetzungen bereits aufgrund der Satzung geprüft werden können, § 60, § 61 AO. Die Entscheidung darüber wird im Rahmen einer gesonderten Feststellung getroffen (§ 60a AO). Auch die Geschäftsführung muss genau an der Satzung ausgerichtet sein, § 63 AO. In der Praxis wird die Steuerbefreiung regelmäßig von Vereinen[142] und Stiftungen[143] in Anspruch genommen. Nicht selten sind im Bereich der Wohlfahrtspflege oder wissenschaftlicher Fortbildungseinrichtungen auch gemeinnützige GmbHs[144] bzw gemeinnützige Unternehmergesellschaften[145] anzutreffen. Nach § 5 Abs. 2 Nr 2 KStG können auch beschränkt Steuerpflichtige unter bestimmten Voraussetzungen (insb Sitz oder Ort der Geschäftsleitung in der EU) die Steuerbefreiungen nach § 5 Abs. 1 KStG, also insb die nach § 5 Abs. 1 Nr 9 KStG, in Anspruch nehmen. Voraussetzung ist allerdings, dass die Anforderungen an die satzungsmäßige Vermögensbindung (§ 61 AO) gewahrt werden[146].

Ein Verstoß gegen die Bestimmungen zur gemeinnützigen Mittelverwendung führt grundsätzlich zum Verlust der Gemeinnützigkeit (vgl § 60a Abs. 4 AO). Nach § 63 Abs. 4 Satz 2 AO kann der Verlust der Steuerbegünstigung vermieden werden, wenn die Körperschaft die Mittel innerhalb der vom Finanzamt gesetzten Frist für steuerbegünstigte Zwecke verwendet.

139 *Hüttemann*, Gemeinnützigkeits- und Spendenrecht, 4. Aufl 2018, Rn 1.80; *Musil*, in: HHSp, vor §§ 51–68 AO Rn 36.
140 FG Köln, 13 K 3735/10, EFG 2014, 667.
141 *Schauhoff*, Handbuch der Gemeinnützigkeit, 3. Aufl 2010, § 6 Rn 2.
142 *Grottke*, SteuerStud 2013, 513; *Hüttemann*, Gemeinnützigkeits- und Spendenrecht, Rn 2.51.
143 Dazu *Seer/Versin*, SteuerStud 2007, 588; *Hüttemann*, Gemeinnützigkeits- und Spendenrecht, Rn 2.31.
144 *Hüttemann*, Gemeinnützigkeits- und Spendenrecht, Rn 2.6.
145 *Zehentmeier*, NWB 2012, 1167.
146 BFH, I R 16/12, BFH/NV 2014, 786.

1. Strenge Gemeinwohlorientierung

Die steuerliche Begünstigung der gemeinwohlwirksamen Betätigung einer Körperschaft knüpft daran an, ob die Körperschaft ausschließlich und unmittelbar gemeinnützige, mildtätige oder kirchliche Zwecke verfolgt, vgl § 51 Abs. 1 Satz 1 AO. Dazu enthalten die §§ 52 ff AO allgemeine Regelungen und Begriffsbestimmungen. **344**

Eine Körperschaft verfolgt gem. § 52 Abs. 1 Satz 1 AO **gemeinnützige Zwecke**, wenn ihre Tätigkeit darauf gerichtet ist, die Allgemeinheit auf materiellem, geistigem oder sittlichem Gebiet selbstlos zu fördern. § 52 Abs. 2 Satz 1 Nr 1–25 AO enthält einen **Katalog gesetzlich anerkannter gemeinnütziger Zwecke**[147], so zB Förderung von Wissenschaft und Forschung, Jugendhilfe, Altenhilfe usw. Grds nicht gemeinnützig ist die Förderung des Freizeitverhaltens[148]. Gegen diesen Grundsatz verstößt der Gesetzgeber, wenn er in Nr 23 des Regelungskatalogs ua auch die Kleingärtnerei, den Modellflug und den Hundesport aufführt und dadurch die Grundidee des Gemeinnützigkeitsrechts, den Staat bei der Erfüllung seiner Aufgaben im Bereich der Daseinsvorsorge und Wohlfahrtspflege zu entlasten, konterkariert[149]. **345**

Bei der Förderung der Volksbildung iSd § 52 Abs. 2 Nr 7 AO hat sich die **Einflussnahme auf die politische Willensbildung** und Gestaltung der öffentlichen Meinung auf bildungspolitische Fragestellungen zu beschränken[150]. Dies führt zu Problemen bei Vereinen (zB NGOs), die sich allgemein-politisch betätigen, weil die Verfolgung politischer Zwecke nach der BFH-Rspr nicht von der Förderung der Allgemeinheit erfasst ist[151]: Gemeinnützige Bildungsarbeit sei von politischer Betätigung zu trennen. Soweit sich Vereine zur Förderung des demokratischen Staatswesens iSd § 52 Abs. 2 Nr 24 AO in ihrer Tätigkeit politischen Parteien (s. Rn 357) annähern, könnte eine Anerkennung der Gemeinnützigkeit nach § 52 Abs. 1 AO auch die für Parteien geltenden Sonderregelungen unterlaufen[152]. Anders ist es im Fall einer Einflussnahme auf die politische Willensbildung und die öffentliche Meinung zur Verfolgung eines der in § 52 Abs. 2 AO ausdrücklich genannten Zwecke (zB Umweltschutz, § 52 Abs. 2 Nr 8 AO).

§ 52 Abs. 2 Satz 2–3 AO enthalten eine „Öffnungsklausel" für im Katalog nicht genannte gemeinnützige Zwecke. Entgegen dem Wortlaut von Satz 1 besteht kein Ermessen der Finanzverwaltung[153].

§ 53, § 54 AO regeln, was unter **mildtätigen und kirchlichen Zwecken** zu verstehen ist.

Die steuerbegünstigten Zwecke können auch im Ausland verwirklicht werden, sofern ein gewisser Inlandsbezug besteht (s. iE § 51 Abs. 2 AO)[154]. Extremistische Organisationen sind gem. § 51 Abs. 3 AO nicht begünstigt, wobei bereits die Nennung im **346**

---

147 Dazu *Hüttemann*, Gemeinnützigkeits- und Spendenrecht, Rn 3.79 ff.

148 Mitunter schwierig die Abgrenzung von Sport (§ 52 Abs. 2 Satz 1 Nr 21 AO) zur nicht förderungswürdigen Freizeitgestaltung: FG Rh.-Pf., 1 K 2423/11, DStRE 2015, 294.

149 *Hüttemann*, Gemeinnützigkeits- und Spendenrecht, Rn 3.130; *Birk*, StuW 1989, 212 (217).

150 BFH, V R 60/17, BStBl II 2019, 301 (Ls. 2); dazu *Heuermann*, DStR 2019, 444 f; *Hüttemann*, DB 2019, 744 ff; *Seer*, JZ 2019, 513 ff.

151 BFH, I R 203/81, BStBl II 1984, 844; I R 11/88, BStBl II 1989, 391; V R 60/17, BStBl II 2019, 301 (303 f).

152 BFH, V R 60/17, BStBl II 2019, 301 (304 f).

153 Vertiefend *Hüttemann*, DB 2007, 2053 (2055 f).

154 Dazu Anwendungserlass AO zu § 51 Nr 7; *Köster*, DStZ 2012, 195; unionsrechtliche Bedenken bei *Hüttemann*, DB 2012, 251.

Verfassungsschutzbericht eine widerlegbare Vermutung begründet (§ 51 Abs. 3 Satz 1–3 AO)[155].

a) Selbstlosigkeit (§ 55 AO)

347 Gemeinsame Voraussetzung der §§ 52–54 AO ist, dass der steuerbegünstigte Zweck der Körperschaft **selbstlos** erfüllt wird. Was selbstlos heißt, ist in § 55 AO detailliert geregelt[156]. Selbstlosigkeit ist gegeben, wenn nicht in erster Linie eigenwirtschaftliche Zwecke verfolgt werden und Mittel der Körperschaft nur für die satzungsmäßigen Zwecke verwendet werden (Nr 1), die Mitglieder der Körperschaft bei Ausscheiden oder Auflösung der Körperschaft nicht mehr als ihre eingezahlten Kapitalanteile oder den Wert ihrer Sacheinlagen zurückerhalten (Nr 2), die Körperschaft keine Person durch unverhältnismäßige oder zweckfremde Ausgaben begünstigt (Nr 3), das Vermögen der Körperschaft – abgesehen von der Rückzahlung der Kapitaleinlagen und des Wertes der Sacheinlagen – bei ihrer Auflösung nur für steuerbegünstigte Zwecke verwendet wird (Grundsatz der Vermögensbindung, Nr 4) und die Körperschaft ihre Mittel zeitnah für die steuerbegünstigten Zwecke verwendet (Nr 5).

Steuerbegünstigte Körperschaften müssen ihre Mittel grundsätzlich *zeitnah*, dh spätestens bis zum Ende der auf den Zufluss folgenden zwei Kalender- oder Wirtschaftsjahre verwenden (§ 55 Nr 5 AO). Vom Erfordernis der zeitnahen Mittelverwendung werden in § 62 AO umfangreiche Ausnahmen für die Bildung von Rücklagen oder von Ausstattungskapital gemacht.

b) Ausschließlichkeit (§ 56 AO) und Unmittelbarkeit (§ 57 AO)

348 Die Körperschaft muss die steuerbegünstigten Zwecke *ausschließlich* und *unmittelbar* verfolgen (§ 51 Abs. 1 Satz 1 AO). Nach § 56 AO ist eine Körperschaft dann **ausschließlich** gemeinnützig tätig, wenn sie *nur* ihre steuerbegünstigten satzungsmäßigen Zwecke verfolgt. Diese Vorschrift ist nicht dahin auszulegen, dass jede einzelne Tätigkeit selbst gemeinnützig sein muss, denn Verwaltungstätigkeiten wie Vermögensanlage oder Gebäudepflege können für sich betrachtet nicht gemeinnützig sein. Wenn sie jedoch ein taugliches Mittel sind, um den gemeinnützigen Zweck zu fördern, dienen sie auch dem gemeinnützigen Zweck[157].

349 Nach § 57 Abs. 1 Satz 1 AO verfolgt eine Körperschaft **unmittelbar** ihre steuerbegünstigten Zwecke, wenn sie *selbst* diese Zwecke verwirklicht. Unschädlich ist es, wenn die Körperschaft hierzu Hilfspersonen einschaltet, vgl § 57 Abs. 1 Satz 2 AO. Eine weitere Ausnahme stellt § 57 Abs. 2 AO dar, wonach eine Körperschaft, in der mehrere steuerbegünstigte Körperschaften zusammengefasst sind, einer Körperschaft, die unmittelbar steuerbegünstigte Zwecke verfolgt, gleichgestellt ist[158].

350 Nach § 64 Abs. 1 AO verliert die Körperschaft die Steuervergünstigung für die dem Geschäftsbetrieb zuzuordnenden Besteuerungsgrundlagen, *soweit* diese der Unterhaltung eines **wirtschaftlichen Geschäftsbetriebs** iSd § 14 AO dienen und das Gesetz die Steuervergünstigung

---

155 BFH, V R 36/16, BStBl II 2018, 422.

156 Zur rückwirkenden Aberkennung der Gemeinnützigkeit vgl BFH, I R 59/09, BStBl II 2012, 226.

157 *Schauhoff*, Handbuch der Gemeinnützigkeit, § 9 Rn 4.

158 Diese Vorschrift betrifft insb die Dachverbände von Sportvereinen wie zB den Deutschen Fußball-Bund (DFB); *Schauhoff*, Handbuch der Gemeinnützigkeit, § 9 Rn 64.

dafür ausschließt. Für bestimmte wirtschaftliche Geschäftsbetriebe kann eine Pauschalbesteuerung von 15 % der Einnahmen in Anspruch genommen werden (§ 64 Abs. 6 AO). Werden aus dem wirtschaftlichen Geschäftsbetrieb nicht mehr als 35 000 € Einnahmen erzielt, entfällt die Steuerpflicht, § 64 Abs. 3 AO. Die Steuerpflicht entfällt auch, wenn der wirtschaftliche Geschäftsbetrieb ein **Zweckbetrieb** ist. Ein solcher ist nach § 65 AO gegeben, wenn er die steuerbegünstigten satzungsmäßigen Zwecke verwirklichen soll (Nr 1), die Zwecke nur durch einen solchen Geschäftsbetrieb erreicht werden können (Nr 2) und er zu nicht begünstigten Betrieben derselben oder ähnlicher Art nicht in größerem Umfang in Wettbewerb tritt, als es bei Erfüllung der steuerbegünstigten Zwecke unvermeidbar ist (Nr 3)[159]. § 68 AO enthält einen Katalog einzelner Zweckbetriebe. Bei Sportveranstaltungen fingiert § 67a Abs. 1 AO einen Zweckbetrieb, wenn die Einnahmen insgesamt 45 000 € im Jahr nicht übersteigen.

2. Steuerliche Folgen der Gemeinnützigkeit

Die steuerlichen Konsequenzen der Verfolgung gemeinnütziger, mildtätiger oder kirchlicher Zwecke sind erheblich[160]: **351**

- Die Körperschaft, Personenvereinigung oder Vermögensmasse ist gem. § 5 Abs. 1 Nr 9 KStG **von der Körperschaftsteuer befreit**. Auch die Gewerbesteuerpflicht entfällt gem. § 3 Nr 6 GewStG. IRd Umsatzsteuer gilt ein ermäßigter Steuersatz iHv 7 % (§ 12 Abs. 2 Nr 8 lit. a, b UStG).
- Wird im Dienst oder im Auftrag einer unter § 5 Abs. 1 Nr 9 KStG fallenden Körperschaft eine **nebenberufliche Tätigkeit als Übungsleiter**, Ausbilder, Erzieher, Betreuer wahrgenommen, oder wird eine nebenberufliche künstlerische Tätigkeit oder nebenberufliche Pflege alter, kranker oder behinderter Menschen ausgeübt, so sind die daraus fließenden Einnahmen bis zu einer Höhe von 2400 € pro Jahr gem. § 3 Nr 26 EStG steuerfrei.
- Einnahmen aus einer nebenberuflichen „ehrenamtlichen" Tätigkeit im Dienst oder Auftrag einer öffentlich-rechtlichen oder gemeinnützigen Körperschaft bleiben bis zur Höhe von 720 € steuerfrei (§ 3 Nr 26a EStG; sog. **Ehrenamtspauschale**). Der Freibetrag wird allerdings nur gewährt, wenn die Tätigkeit nicht nach § 3 Nr 12, 26 oder 26b EStG begünstigt ist (§ 3 Nr 26a Satz 2 EStG). Sind die als Betriebsausgaben oder Werbungskosten abziehbaren Aufwendungen höher als der Freibetrag, so darf nur der übersteigende Teil abgezogen werden (§ 3 Nr 26a Satz 3 EStG).
- Ausgaben zur Förderung der steuerbegünstigten Zwecke (insb Spenden) sind in den Grenzen des § 10b EStG als **Sonderausgaben** abzugsfähig (dazu Rn 1075 f).

159 Zur Interpretation der Definition eines Zweckbetriebes können die Spezialvorschriften § 66 AO (Wohlfahrtspflege), § 67 AO (Krankenhäuser), § 67a AO (Sportliche Veranstaltungen) und § 68 AO (Einzelne Zweckbetriebe) herangezogen werden; *Sauter/Voigt de Oliveira*, in: Erle/Sauter, KStG, 3. Aufl 2010, § 5 Rn 287. Vgl zur Steuerbegünstigung von Zweckbetrieben/Abgrenzung wirtschaftlicher Geschäftsbetrieb auch BFH, I R 15/07, BStBl II 2009, 262; I R 82/12, BFH/NV 2014, 203; I R 31/12, BFH/NV 2014, 185.

160 Vgl dazu auch den Überblick bei *Seibold-Freund*, StB 2007, 211 (213).

II. Das Spendenrecht

1. Zuwendungen an gemeinnützige Körperschaften

352 Im Einkommensteuerrecht lässt § 10b EStG Zuwendungen (Spenden und Mitgliedsbeiträge) zur Förderung steuerbegünstigter Zwecke iSd §§ 52–54 der AO bis zu einer bestimmten Höhe zum Abzug als **Sonderausgaben** (dazu Rn 1075 f) zu. Eine fast gleichlautende Regelung findet sich in § 9 Abs. 1 Nr 2 KStG für den Spendenabzug von Körperschaften (dazu Rn 1290), ebenso im Gewerbesteuergesetz (§ 9 Nr 5 GewStG).

353 Grundsätzlich sind **Spenden** (= freiwillige Ausgaben zur Förderung gemeinnütziger Zwecke, denen keine Gegenleistung zugrunde liegt) und Mitgliedsbeiträge abziehbar. Bestimmte **Mitgliedsbeiträge**, insb solche an Sportvereine, sind jedoch nicht abziehbar (vgl § 10b Abs. 1 Satz 8 EStG).

354 **Zuwendungsempfänger** muss eine juristische Person des öffentlichen Rechts oder eine öffentliche Dienststelle, die in der EU oder im EWR belegen ist (§ 10b Abs. 1 Satz 2 Nr 1 EStG), oder eine nach § 5 Abs. 1 Nr 9 KStG steuerbefreite Körperschaft, Personenvereinigung oder Vermögensmasse (§ 10b Abs. 1 Satz 2 Nr 2 EStG) oder eine Körperschaft, Personenvereinigung oder Vermögensmasse, die in der EU oder im EWR belegen ist und die die Voraussetzungen der § 5 Abs. 1 Nr 9 KStG erfüllt (§ 10b Abs. 1 Satz 2 Nr 3 EStG), sein. Der Spendenabzug setzt insb voraus, dass die Anforderungen an die satzungsmäßige Vermögensbindung (§ 61 AO) gewahrt werden[161]. Für nicht inländische Zuwendungsempfänger ist zudem Voraussetzung, dass der ausländische Staat Amtshilfe leistet (§ 10 Abs. 1 Satz 3 EStG).

355 Bei der Ausstellung der Zuwendungsbestätigungen hat die Körperschaft die Einschränkungen in § 63 Abs. 5 AO zu beachten. Die Anforderungen an den **Spendennachweis** sind in § 50 EStDV geregelt. Dieser sieht insb Erleichterungen für Kleinbeträge (bis 200 €) vor.

356 Zuwendungen iSd § 10b Abs. 1 Satz 1 EStG können nur bis zur **Höhe** von insgesamt 20 % des Gesamtbetrags der Einkünfte oder 4 ‰ der Summe der gesamten Umsätze und der im Kalenderjahr aufgewendeten Löhne und Gehälter als Sonderausgaben abgezogen werden. Zuwendungen an **Stiftungen** iSd § 10b Abs. 1a EStG sind darüber hinaus bis zur Höhe von 1 Mio € abziehbar.

Keine Zuwendungen iSd § 10b EStG liegen vor, wenn es sich bei den Zuwendungen um **Betriebsausgaben** (§ 4 Abs. 4 EStG) handelt. Dies ist der Fall, wenn sich der Zuwendende von der Zuwendung wirtschaftliche Vorteile verspricht, die auch in der Sicherung oder Erhöhung seines Ansehens oder im Werbeeffekt[162] liegen können (sog. **Sponsoring**[163]). In diesen Fällen kann das Abzugsverbot des § 4 Abs. 5 EStG einschlägig sein[164].

161 BFH, I R 16/12, BFHE 243, 319; I R 16/12, BStBl II 2014, 440.
162 BFH, V R 21/01, BStBl II 2003, 438.
163 Dazu BMF v. 18.2.1998, BStBl I 1998, 212 (Sponsoringerlass).
164 Hessisches FG, 11 K 1165/12, EFG 2013, 1477 zu Sponsoring von Golfturnieren (bestätigt durch BFH, IV R 24/13, juris).

2. Zuwendungen an politische Parteien

Abweichend vom Spendenabzugsrecht ist nach dem Urteil des BVerfG vom 9.4.1992[165] die Steuerbegünstigung von Zuwendungen (Mitgliedsbeiträgen und Spenden) an Parteien wie folgt geregelt worden: 357

- Für **Kleinspender**, also für Zuwendungen bis 825 € (bei Ehegatten 1650 €), gewährt § 34g EStG eine Ermäßigung der Einkommensteuer iHv 50 % des Zuwendungsbetrages. Mitgliedsbeiträge und Spenden bis zu dieser Höhe mindern also nicht die Bemessungsgrundlage, sondern die Einkommensteuer selbst, wenn auch nur iHd hälftigen Betrags (§ 34g Satz 2 EStG).
- Soweit der Höchstbetrag (825 bzw 1650 €) überschritten ist, können die Zuwendungen gem. § 10b Abs. 2 EStG als **Sonderausgaben** bis zu insgesamt 1650 € (Ehegatten 3300 €) von der Bemessungsgrundlage abgezogen werden.

Ein bloßer Abzug der Mitgliedsbeiträge und Spenden von der Bemessungsgrundlage würde aufgrund des progressionsabhängigen Entlastungseffekts dazu führen, dass politische Parteien mit hoher Anziehungskraft für wohlhabende Steuerpflichtige iErg (mittelbar) begünstigt werden. Dies hat das BVerfG beanstandet[166]. Die jetzige Regelung vermeidet dies weitgehend durch die Gewährung eines gleichmäßigen Steuerabzugsbetrags iRd § 34g EStG. Nach wie vor wirken sich aber Spenden an gemeinnützige Körperschaften (Rn 352) aufgrund des progressiven Tarifs bei unterschiedlich hohem Einkommen unterschiedlich hoch aus, was zu Recht verfassungsrechtlich beanstandet wird[167]. Denn Spenden mindern nicht die Leistungsfähigkeit des Steuerpflichtigen. Die gewährte Steuervergünstigung prämiert vielmehr die gemeinwohlwirksame Verausgabung, und diese „Prämierung" sollte nicht mit der Höhe des verfügbaren Einkommens steigen[168]. 358

§ 4 Steuerverfahrensrecht

Die AO enthält keine Legaldefinition des steuerlichen Verwaltungsverfahrens. Man kann jedoch in Anlehnung an § 9 VwVfG formulieren, dass das Besteuerungsverfahren die nach außen wirkende Tätigkeit der Finanzbehörden ist, die auf Erlass eines Steuerverwaltungsakts oder eines öffentlich-rechtlichen Vertrags (zB § 224a AO) zum Zwecke der Verwirklichung eines Anspruchs aus dem Steuerschuldverhältnis gerichtet ist (vgl auch § 78 Nr 2, 3 AO). Die AO teilt das Steuerverfahrensrecht in folgende Abschnitte auf: 359

(1) Der Dritte Teil der AO (§§ 78–133) enthält *allgemeine Verfahrensvorschriften* und Bestimmungen über Begriff, Zustandekommen und Bestandskraft der allgemeinen Steuerverwaltungsakte. 360

(2) Der Vierte Teil der AO (§§ 137–217)[1] regelt die Durchführung der Besteuerung. Darunter ist das Verfahren bis einschließlich der Festsetzung der Steuer zu verstehen *(Festsetzungsverfahren).*

---

165 BVerfG, 2 BvE 2/89, BVerfGE 85, 264.
166 BVerfG, 2 BvE 2/89, BVerfGE 85, 264 (313).
167 *Seer*, DStJG 26 (2003), 11 (43).
168 *Trzaskalik*, Gutachten E, 63. DJT, 2000, I, Teil E, S. 87.

1 Die §§ 134–136 wurden durch G v. 18.7.2016, BGBl I 2016, 1679 aufgehoben. Übersicht über die Änderungen des AO-Modernisierungsgesetzes bei *Zaumseil*, NJW 2016, 2769.

(3) Der Fünfte Teil der AO (§§ 218–248) betrifft das *Erhebungsverfahren.* Damit ist das Verfahren bis zur Verwirklichung des Steueranspruchs nach der Festsetzung, aber noch vor der Vollstreckung gemeint.

(4) Der Sechste Teil der AO (§§ 249–346) regelt das *Vollstreckungsverfahren.* Zu diesem kommt es, wenn im Erhebungsverfahren der Steueranspruch nicht erloschen ist. Das Vollstreckungsverfahren kann hier aus Raumgründen nicht behandelt werden[2].

(5) Da es sich auch bei dem *außergerichtlichen Rechtsbehelfsverfahren* um ein Verwaltungsverfahren handelt, ist dieses ebenfalls in der AO und zwar im Siebenten Teil (§§ 347–367) geregelt. Nicht in der AO, sondern in der FGO ist das *gerichtliche Rechtsschutzverfahren* geregelt.

A. Die Handlungsformen der Finanzverwaltung

361 Steuerrecht ist **Eingriffsrecht**[3]. Die wichtigste Handlungsform der Finanzverwaltung stellt daher der Verwaltungsakt (VA) als einseitige hoheitliche Maßnahme (vgl § 118 AO) dar. Daneben stehen als weitere Handlungsformen unter bestimmten Voraussetzungen der öffentlich-rechtliche Vertrag sowie informales Verwaltungshandeln (insb Absprachen) und privatrechtliche Willenserklärungen zur Verfügung.

I. Der Steuerverwaltungsakt

362 Die (allgemeinen) Regelungen der §§ 118 ff AO stimmen weitgehend mit den Vorschriften des VwVfG überein, so dass zur Vertiefung die Lehrbücher des allgemeinen Verwaltungsrechts herangezogen werden können. Im Folgenden werden nur die Besonderheiten des Steuerverwaltungsakts behandelt[4].

1. Begriff, Arten und Inhalt von Steuerverwaltungsakten

a) Begriff des Steuerverwaltungsakts

363 Nach der Legaldefinition des § 118 Satz 1 AO, die mit § 35 Satz 1 VwVfG übereinstimmt, ist ein Verwaltungsakt jede Verfügung, Entscheidung oder andere (1) *hoheitliche* Maßnahme, die (2) eine *Behörde* (3) zur *Regelung* (4) eines *Einzelfalls* auf dem Gebiet (5) des *öffentlichen Rechts* trifft und die (6) auf unmittelbare *Rechtswirkung nach außen* gerichtet ist[5].

364 Regelmäßig handelt die Behörde im Bereich des Steuerrechts durch Verwaltungsakt, so dass die Qualifizierung einer Maßnahme der Finanzbehörden (§ 6 Abs. 2 AO) normalerweise keine Schwierigkeiten bereitet. Problematisch ist indes die Rechtsnatur einer Aufrechnungserklärung durch das FA (§ 226 AO; s. dazu Rn 251 f), einer ver-

2 Überblick bei *Jakob*, Abgabenordnung, Rn 126.
3 Vgl schon *Mayer*, Deutsches Verwaltungsrecht I, 3. Aufl 1924, S. 316.
4 Vgl hierzu auch die Übersicht zu Fall 1 bei *Birk/Desens/Tappe*, Klausurenkurs.
5 Zu den einzelnen Elementen des Begriffs des Verwaltungsakts, die auch im Bereich des Steuerrechts gelten, s. etwa *Ruffert*, in: Ehlers/Pünder, Allgemeines Verwaltungsrecht, 15. Aufl 2016, § 21 Rn 14–50; *Maurer/Waldhoff*, Allgemeines Verwaltungsrecht, 19. Aufl 2017, § 9 Rn 6–29.

bindlichen Auskunft (§ 89 Abs. 2 AO, dazu Rn 472) bzw Zusage im Steuerrecht (§§ 204–207 AO) sowie einer Nichtveranlagungsverfügung[6].

Eine *Nichtveranlagungsverfügung* ist die schriftliche Feststellung, dass die Voraussetzungen für eine Veranlagung nicht vorliegen. Was deren Rechtsnatur angeht, so ist zu unterscheiden: Handelt es sich lediglich um einen innerdienstlichen Vermerk in den Akten des Finanzamts, liegt mangels Außenwirkung kein VA vor. Wird dem Steuerpflichtigen eine sog. Nichtveranlagungs-Bescheinigung (vgl § 44a Abs. 2 Satz 1 Nr 2 EStG) erteilt, so liegt ein VA vor. Diese ist auf unmittelbare Rechtswirkung nach außen gerichtet und enthält auch eine Regelung, da sie über den Anspruch auf Erteilung einer solchen Bescheinigung entscheidet[7].

b) Arten von Steuerverwaltungsakten

Praktisch bedeutsam sind insb die folgenden Unterscheidungen der Arten von Verwaltungsakten[8]: **365**

aa) Begünstigende, belastende und feststellende Steuerverwaltungsakte. Die Steuerverwaltungsakte lassen sich einteilen in begünstigende und belastende Steuerverwaltungsakte. Im Steuerrecht als Eingriffsrecht stellen belastende Steuerverwaltungsakte die Regel dar. Dazu zählen insb der *Steuerbescheid* nach § 155 Abs. 1 AO sowie ferner der Feststellungsbescheid nach § 179 AO, der Steuermessbescheid nach § 184 AO und der Haftungsbescheid und Duldungsbescheid nach § 191 AO. Auch die Korrektur eines Steuerbescheids oder eines anderen Verwaltungsakts zuungunsten des Steuerpflichtigen nach § 130, § 131, §§ 172 ff AO erfolgt durch einen belastenden Verwaltungsakt. Begünstigend sind nach der Definition des § 130 Abs. 2 AO solche Verwaltungsakte, die ein Recht oder einen rechtlich erheblichen Vorteil begründen oder bestätigen. Beispiele sind etwa Stundung (§ 222 AO), Erlass (§ 227 AO) und Aufhebung oder Änderung eines Verwaltungsakts zugunsten des Steuerpflichtigen (§ 130, § 131, §§ 172 ff AO). Feststellende Verwaltungsakte, wie bspw die Anrufungsauskunft (Rn 472), treffen eine Regelung, die rechtserhebliche Tatsachen oder Eigenschaften zum Gegenstand hat oder Rechte und Pflichten feststellt. **366**

Die Differenzierung zwischen begünstigenden und belastenden Verwaltungsakten wird etwa bei der Korrektur von Steuerverwaltungsakten relevant (dazu unten Rn 399 ff).

bb) Gebundene und Ermessensverwaltungsakte. Es ist ferner zu unterscheiden zwischen Verwaltungsakten, deren Erlass oder Inhalt im *Ermessen* der Behörde (§ 5 AO) steht, und solchen, die die Behörde erlassen *muss* (sog. *gebundene* Verwaltungsakte). **367**

Beispiele: Steuerbescheide sowie deren Korrektur sind gebundene Verwaltungsakte, dh der Behörde steht kein Ermessen zu. Dies wird deutlich, wenn § 155 Abs. 1 Satz 1, §§ 173 ff AO so oder ähnlich formulieren: „… *ist* zu erlassen, aufzuheben oder zu ändern“. Bei Haftungs- und Duldungsbescheiden (§ 191 Abs. 1 AO) sieht das Gesetz dagegen ein Ermessen der Behörde vor *(„kann“)*.

Diese Unterscheidung ist insofern bedeutsam, als die Ermessensentscheidung gerichtlich nur eingeschränkt überprüfbar ist (vgl § 102 FGO; dazu unten Rn 387).

6 S. hierzu *Seer*, in: Tipke/Kruse, § 118 AO Rn 26 f; *Tappe*, in: HHSp, § 347 AO Rn 86.
7 So BFH, I R 65/90, BStBl II 1992, 322 (324).
8 Zu weiteren Klassifizierungen vgl etwa *Seer*, in: Tipke/Lang, § 21 Rn 56.

368 **cc) Allgemeine und besondere Steuerverwaltungsakte.** Die AO enthält in §§ 118 ff allgemeine Vorschriften über Steuerverwaltungsakte. Diese gelten jedoch für Steuerbescheide und ihnen gleichgestellte Bescheide nur, soweit sich nicht im Vierten Teil der AO über die „Durchführung der Besteuerung" Sondervorschriften finden. So ist zu unterscheiden zwischen *allgemeinen Steuerverwaltungsakten*, auf die die §§ 118 ff AO uneingeschränkt Anwendung finden, zB Haftungs- und Duldungsbescheide nach § 191 AO sowie Entscheidungen über Steuerstundung und Steuererlass nach § 163, § 222, § 227 AO, und den *besonderen Steuerverwaltungsakten* – insb **Steuerbescheiden** –, für deren Erlass, Aufhebung und Änderung die Sondervorschriften der §§ 155 ff AO zu beachten sind. Besondere Steuerverwaltungsakte sind die Steuerbescheide nach § 155 Abs. 1 AO sowie diesen durch Verweisung gleichgestellte Bescheide. Hierbei handelt es sich um Freistellungsbescheide (§ 155 Abs. 1 Satz 3 AO), Steuervergütungsbescheide (§ 155 Abs. 5 AO), Feststellungsbescheide (§ 181 Abs. 1 Satz 1 AO), Steuermessbescheide (§ 184 Abs. 1 Satz 3 AO), Zerlegungsbescheide (§ 185, § 184 Abs. 1 Satz 3 AO) und Zuteilungsbescheide (§ 190 Satz 2, § 185, § 184 Abs. 1 Satz 3 AO).

Beispiele: Die Fristverlängerung nach § 109 AO kann mündlich erfolgen, vgl § 119 Abs. 2 AO, dagegen muss der Steuerbescheid nach der lex specialis des § 157 Abs. 1 Satz 1 AO schriftlich oder elektronisch erteilt werden. Die Korrektur eines Feststellungsbescheids nach § 179, § 180 AO richtet sich nach den (spezielleren) §§ 172 ff AO, die Korrektur eines allgemeinen Steuerverwaltungsakts richtet sich dagegen nach §§ 130 ff AO. Auch § 164, § 165 AO gelten nur für Steuerbescheide und ihnen gleichgestellte Bescheide.

c) Nebenbestimmungen des Steuerverwaltungsakts

369 § 120 AO regelt die Zulässigkeit von **Nebenbestimmungen**[9]. Wie auch im Allgemeinen Verwaltungsrecht ist umstritten, ob Nebenbestimmungen isoliert, dh unabhängig von dem (Haupt-)Verwaltungsakt, angefochten werden können[10].

2. Zustandekommen und Wirksamwerden von Steuerverwaltungsakten

370 Gem. § 124 Abs. 1 AO wird der Verwaltungsakt gegenüber demjenigen, für den er bestimmt ist oder der von ihm betroffen wird, in dem Zeitpunkt wirksam, in dem er ihm **bekannt gegeben** wird[11]. Indem diese Norm an die Bekanntgabe nach § 122 AO als Wirksamkeitsvoraussetzung anknüpft, trifft sie gleichzeitig auch Aussagen über den *Zeitpunkt*, den *Inhalt* und den *Adressaten* eines Steuerverwaltungsakts. Bekanntgabe setzt **Bekanntgabewillen** voraus. Hat die Behörde vor Zugang des Bescheids den Bekanntgabewillen für den Steuerpflichtigen erkennbar aufgegeben, so wird der Bescheid nicht wirksam[12] (sog. „Nicht-Verwaltungsakt"). Die Rspr erkennt jedoch eine *Heilung* von nicht wirksam bekannt gegebenen Steuerverwaltungsakten im

9 Da § 120 AO dem § 36 VwVfG entspricht, vgl die Lehrbücher zum Allgemeinen Verwaltungsrecht. Stellvertretend *Ruffert*, in: Ehlers/Pünder, Allgemeines Verwaltungsrecht, 15. Aufl 2016, § 23; *Maurer/Waldhoff*, Allgemeines Verwaltungsrecht, 19. Aufl 2017, § 12.

10 Dazu BFH, VII B 3/81, BStBl II 1982, 34 (35 f). Detailliert *Söhn*, in: HHSp, § 120 AO Rn 196 ff.

11 Überblick zur Bekanntgabe von Steuerverwaltungsakten bei *Bröder*, SteuerStud 2004, 251.

12 BFH, III R 84/06, BStBl II 2009, 949 (telefonischer Widerruf des Steuerbescheids vor Zugang).

Rechtsbehelfsverfahren an[13]. Bestreitet der Steuerpflichtige den Zugang des Bescheids, so liegt die Beweislast beim FA[14].

Die Bekanntgabe des VA ist aus folgenden Gründen bedeutsam: (1) Die Monatsfrist für die Erhebung des Einspruchs bzw der Anfechtungsklage beginnt gem. § 355 Abs. 1 AO bzw § 47 Abs. 1 FGO (s. ferner § 54 Abs. 1 FGO). (2) Der Verwaltungsakt ist vollziehbar, solange die Vollziehung nicht nach § 361 AO durch die Behörde oder nach § 69 FGO durch das FG ausgesetzt ist. (3) Die Behörde ist grundsätzlich an den von ihr erlassenen Verwaltungsakt gebunden; will sie ihn ändern, müssen die Voraussetzungen der Korrekturvorschriften (§§ 129 ff AO bzw §§ 172 ff AO) vorliegen.

Die Behörde kann einen Steuerverwaltungsakt übermitteln durch einfachen Brief **371** (§ 122 Abs. 2 AO), Telefax[15], elektronisch (§ 122 Abs. 2a AO), soweit der Empfänger einen Zugang eröffnet hat (§ 87a Abs. 1 Satz 1 AO), öffentliche Bekanntgabe (§ 122 Abs. 3, 4 AO) sowie durch Zustellung (§ 122 Abs. 5 AO). Letztere richtet sich grundsätzlich nach den Vorschriften des VwZG, § 122 Abs. 5 Satz 2 AO. Hat der Stpfl der Finanzbehörde eine E-Mail-Adresse zu Kommunikationszwecken mitgeteilt, sind an diese Adresse übermittelte Verwaltungsakte auch bei Missachtung des Verschlüsselungsgebots (§ 87a Abs. 1 Satz 3 AO) wirksam bekanntgegeben[16]. Die Bekanntgabe von Verwaltungsakten kann zudem gemäß § 122a Abs. 1, 4 AO durch Bereitstellung zum Datenabruf erfolgen[17].

a) Zeitpunkt

Ein schriftlicher VA, der – wie bei Steuerbescheiden üblich – durch die Post im Gel- **372** tungsbereich der AO übermittelt wird, gilt gem. § 122 Abs. 2 Nr 1 AO am *dritten Tage nach der Aufgabe zur Post* als bekannt gegeben, außer wenn er später oder gar nicht zugegangen ist[18]. Im Zweifel hat die Behörde gem. § 122 Abs. 2 aE AO den Zugang des Verwaltungsakts und den Zeitpunkt des Zugangs zu beweisen. Gleiches gilt für einen elektronisch übermittelten Verwaltungsakt, § 122 Abs. 2a AO.

Während das FA das *Ob* des Zugangs nicht im Wege des Anscheinsbeweises beweisen kann[19], muss der Bekanntgabeadressat, der einen *verspäteten* Zugang rügt, substantiiert darlegen, dass er den Bescheid nicht rechtzeitig erhalten hat[20]. Erst wenn sich daraus Zweifel an der Rechtzeitigkeit ergeben, muss die Behörde gem. § 122 Abs. 2 aE AO den Zeitpunkt des Zugangs beweisen.

Der BFH geht davon aus, dass es sich bei der **Zugangsfiktion** um eine Frist handelt[21]. **373** Hiernach sind § 108 Abs. 3 AO sowie die entsprechenden Vorschriften der § 108

13 BFH, X R 147/87, BStBl II 1990, 942 (944); II R 17/04, BStBl II 2005, 855.
14 BFH, X R 35/08, BFH/NV 2009, 1777.
15 Vgl BFH, I S 8/97, BFH/NV 1998, 1318 (1320); BFH, VIII R 28/13, BStBl II 2014, 552.
16 FG Köln, 2 K 2040/12, EFG 2016, 159; *Ortwald*, DStR 2017, 477.
17 S. dazu *Baum*, NWB 2016, 2778 (2784 f).
18 Besonderheiten gelten bei der Einschaltung privater Postdienstleister, s. BFH, III R 27/17, BStBl II 2019, 16; X B 61/17, BFH/NV 2018, 601.
19 BFH, II B 70/05, BFH/NV 2006, 1249; vgl allerdings auch BFH, I B 106/08, juris sowie FG München, 3 K 908/11, EFG 2014, 888 mit Anm. *Meyer*, wonach bestimmte Verhaltensweisen des Steuerpflichtigen im Wege der freien Beweiswürdigung den Zugang eines Steuerbescheids begründen können.
20 BFH, XI B 13/06, BFH/NV 2007, 389; III B 151/07, BFH/NV 2008, 1335.
21 BFH, IX R 68/98, BStBl II 2003, 898 (899); III B 85/13, BFH/NV 2014, 1186; zu dieser Rspr auch *Kranenberg*, AO-StB 2007, 13; *Dau*, jurisPR-SozR 1/2015 Anm. 1.

Abs. 1 AO bzw § 54 Abs. 2 FGO, § 222 Abs. 1 ZPO iVm § 193 BGB anwendbar. Dadurch verlängert sich die Dreitagesfrist zwischen der Aufgabe eines Verwaltungsakts zur Post und seiner vermuteten Bekanntgabe bis zum nächstfolgenden Werktag, wenn das Fristende auf einen Sonntag, gesetzlichen Feiertag oder Sonnabend fällt.

374 Die Auffassung des BFH, die von der früheren stRspr[22] abweicht, überzeugt nicht. Eine direkte Anwendung der fristbezogenen Vorschriften scheitert an der Definition der Frist. Eine Frist bezeichnet einen abgegrenzten, bestimmten oder bestimmbaren Zeit*raum*[23]. § 122 Abs. 2 Nr 1 AO beschreibt dagegen einen Zeit*punkt*, zu dem der Eintritt eines bestimmten Ereignisses fingiert wird (Zugangsfiktion)[24]. In Betracht käme daher allenfalls eine analoge Anwendung der fristbezogenen Vorschriften. Auch der BFH geht hilfsweise auf sie ein und meint, dass ihr Sinn und Zweck eine analoge Anwendung rechtfertigen. § 108 Abs. 3 AO bezwecke den Schutz der Sonn- und Feiertagsruhe und die Berücksichtigung der in Wirtschaft und Verwaltung üblichen Fünftagewoche. Der Steuerpflichtige solle die Rechtsbehelfsfristen grundsätzlich voll nutzen können[25]. Bei Privatleuten wird es jedoch schon an einem Schutzbedürfnis fehlen, weil sie Kenntnis nehmen können. Bei Unternehmen kommt man mit § 122 Abs. 2 HS 1 aE AO zu sachgerechten Ergebnissen, da die Dreitagesfiktion nicht zur Anwendung gelangt, wenn der Verwaltungsakt zu einem späteren Zeitpunkt zugegangen ist[26]. Zugang ist (analog § 130 BGB) bei Unternehmen erst für den Beginn der nächsten üblichen Geschäftszeit, also grds am nächstfolgenden Werktag, anzunehmen, weil vor diesem Zeitpunkt normalerweise nicht mit einer Kenntnisnahme gerechnet werden kann[27]. Für eine Analogie zu § 108 AO fehlt es daher schon an einer planwidrigen Regelungslücke.

Beispiel: Das FA gibt am Donnerstag, dem 6.11., einen Steuerbescheid zur Post. Dieser geht dem Steuerpflichtigen S am Freitag, dem 7.11., zu.

Nach Ansicht des BFH ist die Zugangsfiktion (§ 122 Abs. 2 Nr 1 AO) eine Frist. Der Bescheid gilt daher nicht am Sonntag (9.11.; dritter Tag nach Aufgabe zur Post), sondern erst am Montag (10.11.) als bekannt gegeben. Der tatsächliche frühere Zugang ist unerheblich (§ 122 Abs. 2 AO). Die Einspruchsfrist beginnt daher gem. § 108 Abs. 1 AO, § 187 Abs. 1 BGB am 11.11. und endet gem. § 355 Abs. 1 AO iVm § 108 Abs. 1 AO, § 188 Abs. 2 BGB mit Ablauf des 10.12., sofern dieser Tag kein Samstag, Sonntag oder gesetzlicher Feiertag ist.

Nach hier vertretener Auffassung ist die Zugangsfiktion keine Frist. Gem. § 122 Abs. 2 Nr 1 AO gilt der VA am Sonntag, dem 9.11., als bekannt gegeben, also nicht erst am folgenden Werktag. Die Einspruchsfrist beginnt daher gem. § 108 Abs. 1 AO, § 187 Abs. 1 BGB am 10.11. und endet gem. § 355 Abs. 1 AO iVm § 108 Abs. 1 AO, § 188 Abs. 2 BGB mit Ablauf des 9.12., sofern dieser Tag kein Samstag, Sonntag oder gesetzlicher Feiertag ist.

---

22 Vgl nur BFH, X R 97/95, BFH/NV 1997, 90 (91); IV B 145/97, BFH/NV 1999, 286; X B 147/98, BFH/NV 1999, 745. – Die hM geht auch zu § 41 Abs. 2 VwVfG davon aus, dass es sich um eine Fiktion handelt, dazu *Ramsauer*, in: Kopp/Ramsauer, VwVfG, 18. Aufl 2017, § 41 Rn 40 mwN; vgl auch BSG, B 14 AS 12/09 R, NJW 2011, 1099.

23 *Ellenberger*, in: Palandt, BGB, 78. Aufl 2019, § 186 Rn 3. – Insofern zutreffend auch BFH, IX R 68/98, BStBl II 2003, 898 (899).

24 So zutreffend auch der V. Senat, BFH, V B 84/02, BFH/NV 2003, 140 (141).

25 BFH, IX R 68/98, BStBl II 2003, 898 (900).

26 Vgl aber BFH, I R 111/04, BStBl II 2006, 219 (200), wonach bei Zustellung nach Ablauf der 3-Tage-Frist der Zugang auch samstags erfolgen kann.

27 *Wolf/Neuner*, Allgemeiner Teil des Bürgerlichen Rechts, 11. Aufl 2016, § 33 Rn 21.

b) Bekanntgabe gegenüber Personenmehrheiten (§ 122 Abs. 6 und 7 AO)

Fall 16: Die zusammenveranlagten Eheleute M und F leben in einer gemeinsamen Wohnung und betreiben seit einiger Zeit Grundstücksgeschäfte. Das FA ist der Auffassung, dass zwischen ihnen seit 01 eine Mitunternehmerschaft besteht und schickt deshalb dem M als Empfangsbevollmächtigten erstmals für 01 einen Bescheid über die einheitliche und gesonderte Gewinnfeststellung. Ist der Bescheid wirksam bekannt gegeben worden? Zwei Monate später schickt das FA dem M auch den Einkommensteuerbescheid der Eheleute für 01. Sind die Bescheide wirksam bekannt gegeben worden? **Rn 377** 375

Eheleute (Lebenspartner sind ihnen gleichgestellt, § 2 Abs. 8 EStG), die zusammen zu veranlagen sind (§ 26b EStG), sind stets *Gesamtschuldner* (§ 44 AO). Gegen sie kann daher gem. § 155 Abs. 3 Satz 1 AO ein *zusammengefasster Bescheid* ergehen. Dabei handelt es sich um die Zusammenfassung zweier Bescheide zu einer nur äußerlich gemeinsamen Festsetzung. Bei der Zusammenveranlagung von Eheleuten (Lebenspartnern) reicht es gem. § 122 Abs. 7 Satz 1 Nr 1 AO aus, wenn ihnen eine Ausfertigung des Steuerbescheids unter ihrer gemeinsamen Anschrift übermittelt wird. 376

Insoweit wird eine Bekanntgabe an beide Eheleute fingiert, wenn nicht die Voraussetzungen nach § 122 Abs. 7 Satz 2 AO erfüllt und die Bescheide den Ehepartnern einzeln bekannt zu geben sind[28].

Lösung Fall 16 (Rn 375): Der Bescheid über die gesonderte und einheitliche (Gewinn-) Feststellung ist gem. § 183 Abs. 1 Satz 2 iVm § 122 Abs. 1 Satz 3 AO sowohl M als auch F wirksam bekannt gegeben worden. Dabei fingiert § 183 Abs. 1 Satz 2 AO, auch wenn gesellschaftsrechtlich eine gemeinsame Vertretungsmacht besteht (§§ 709, 714 BGB), eine Empfangsvollmacht des M für F aufgrund des Gesellschaftsverhältnisses[29]. Der Einkommensteuerbescheid ist indes nicht wirksam bekannt gegeben worden. Gemäß § 122 Abs. 7 Satz 1 Nr 1 AO ist es zwar ausreichend Ehegatten lediglich eine Ausfertigung an die gemeinsame Anschrift zu übermitteln. Der Bescheid muss auch in diesem Fall aber an beide Ehegatten adressiert sein. 377

c) Bekanntgabe bei Bevollmächtigung Dritter

Umstritten war bislang, ob ein Verwaltungsakt auch dann wirksam bekannt gegeben worden ist, wenn der Steuerpflichtige einen **Bevollmächtigten** (Steuerberater) bestellt hat, der Verwaltungsakt jedoch gleichwohl (nur) dem Steuerpflichtigen selbst mitgeteilt wird. Nach § 122 Abs. 1 Satz 3 AO „kann" der Verwaltungsakt auch dem Bevollmächtigten gegenüber bekannt gegeben werden[30]. § 122 Abs. 1 Satz 4 AO stellt nun klar, dass der Verwaltungsakt, dem Bevollmächtigten bekannt gegeben werden „soll" (dh idR „muss"), wenn der Finanzbehörde eine schriftliche oder elektronisch übermittelte Empfangsvollmacht vorliegt. Damit wurde die Regelung des § 80 Abs. 3 AO aF (§ 80 Abs. 5 AO nF) in den § 122 Abs. 1 AO übertragen. Die Be- 378

28 Vgl dazu FG Bad.-Württ., 8 K 144/02, EFG 2006, 1127 (1129 f).

29 BFH, II R 103/84, BStBl II 1987, 325 (327); aA *Brandis*, in Tipke/Kruse, § 183 AO Rn 14; dazu *Söhn*, in: HHSp, § 183 Rn 77.

30 Zur Auslegung des Umfangs und zeitlichen Geltungsbereichs einer Empfangsvollmacht vgl BFH, IV R 53/05, BStBl II 2007, 369 (370).

hörde handelt ermessensfehlerhaft (zu den Ermessensfehlern unten Rn 389), wenn sie den Bescheid trotz vorliegender Vollmacht dem Steuerpflichtigen selbst übermittelt[31].

379 Indes wird auch der entgegen § 122 Abs. 1 Sätze 3, 4 AO dem Steuerpflichtigen bekannt gegebene Verwaltungsakt gem. § 124 Abs. 1 AO wirksam, da Bekanntgabevorschriften nur die Möglichkeit der Kenntnisnahme sicherstellen sollen[32]. Diese ist gewährleistet, jedoch ist der Verwaltungsakt wegen förmlicher Mängel anfechtbar und aufzuheben, sofern nicht § 126, § 127 AO (dazu unten Rn 395 f) eingreifen. Ein Bekanntgabemangel wird nach dem Rechtsgedanken der § 8 VwZG, § 189 ZPO durch die Weiterleitung des Steuerbescheids an den Bevollmächtigten geheilt. Die Einspruchsfrist beginnt jedoch erst dann, wenn dem Bevollmächtigten der Bescheid tatsächlich zugegangen ist[33].

3. Der fehlerhafte Steuerverwaltungsakt

380 Nach Bekanntgabe (§ 124 Abs. 1 iVm §§ 122 f AO) eines nicht nichtigen (vgl § 124 Abs. 3 iVm § 125 AO) Verwaltungsakts bleibt dieser gem. § 124 Abs. 2 AO wirksam, solange und soweit er nicht zurückgenommen, widerrufen, anderweitig *aufgehoben* oder erledigt ist.

381 Bei der Aufhebung eines Steuerbescheids durch die Behörde ist zu unterscheiden zwischen den allgemeinen und den besonderen Steuerverwaltungsakten (s. oben Rn 368). Die Aufhebung der allgemeinen Steuerverwaltungsakte richtet sich nach §§ 129–132 AO. Dagegen richtet sich die Korrektur der besonderen Steuerverwaltungsakte nach den spezielleren § 164, § 165, §§ 172–177 AO. § 129 AO wird insoweit aber nicht verdrängt (arg. e § 172 Abs. 1 Satz 1 Nr 2 lit. d AO, wonach [nur] die § 130, § 131 AO nicht für Steuerbescheide gelten sollen).

Zu beachten ist ferner ein Unterschied zwischen den §§ 130 ff AO und den §§ 172 ff AO in deren Rechtsfolgen. Während die §§ 172 ff AO eine Aufhebung *oder Änderung* eines Steuerbescheids zulassen, ermöglichen die § 130, § 131 AO nur die (ganze oder teilweise) *Aufhebung* des Verwaltungsakts, nicht aber seine Änderung mit einem neuen, wesensverschiedenen Inhalt[34].

382 Innerhalb der Aufhebungsvorschriften für die allgemeinen Steuerverwaltungsakte ist zu differenzieren zwischen der Rücknahme eines *rechtswidrigen* Verwaltungsakts (§ 130 AO) und dem Widerruf eines *rechtmäßigen* Verwaltungsakts (§ 131 AO). Insoweit stellt sich zunächst die Frage, ob ein Verwaltungsakt rechtmäßig oder rechtswidrig (fehlerhaft) ist.

a) Fehlerquellen

383 Ein Steuerverwaltungsakt ist **rechtswidrig** (fehlerhaft), wenn er nicht den Anforderungen der Rechtsordnung entspricht. Dies ist insb der Fall, wenn ein Verstoß gegen den Vorrang oder Vorbehalt des Gesetzes (s. Rn 477) vorliegt.

---

31 So auch FG Bad.-Württ., 6 K 219/96, EFG 1998, 80 (81); *Seer*, in: Tipke/Kruse, § 122 AO Rn 41 ff.

32 *Birk*, Steuerrecht I, 2. Aufl 1994, § 13 Rn 17; aA *Müller/Franken*, in: HHSp, § 122 AO Rn 202.

33 BFH, II B 113/12 – juris; vgl auch BFH, IV R 24/87, BStBl II 1989, 346 (347) noch zu § 9 Abs. 1 VwZG aF.

34 Vgl dazu FG Düsseldorf, 15 V 12/89 A (H, U), EFG 1989, 329.

aa) Gesetzesvorbehalt. Insoweit ist zunächst zu prüfen, ob nach dem Grundsatz des Vorbehalts des Gesetzes eine Rechtsgrundlage (**Befugnisnorm**[35]) für den Verwaltungsakt erforderlich ist und ob, falls dies zu bejahen ist, eine solche besteht. Eine gesetzliche Ermächtigungsgrundlage ist nach dem Grundsatz vom Vorbehalt des Gesetzes notwendig, wenn eine für den Bürger belastende Maßnahme erlassen werden soll. Für den Bereich des Steuerrechts ergibt sich das Erfordernis einer gesetzlichen Ermächtigungsgrundlage aus dessen Eingriffscharakter. Als taugliche Rechtsgrundlage kommt nur eine verfassungsmäßige Norm (zu den verfassungsrechtlichen Anforderungen an Steuergesetze s. oben Rn 117 ff) in Betracht. **384**

Hinweis: Die Frage der Verfassungsmäßigkeit einer Norm ist in Klausuren und Hausarbeiten regelmäßig nur dann zu thematisieren, wenn sich aus der Aufgabenstellung entsprechende Hinweise ergeben.

bb) Formelle Rechtmäßigkeit. Die Behörde muss bei Erlass des Verwaltungsakts die maßgeblichen **Zuständigkeits-, Verfahrens- und Formvorschriften** beachten. Die sachliche Zuständigkeit der Finanzbehörden ergibt sich nach § 16 AO aus dem FVG. Die örtliche Zuständigkeit ist in den §§ 17 ff AO geregelt. Als einzuhaltende Verfahrensvorschriften sind insb die Vorschriften über die Anhörung nach § 91 AO und das Begründungserfordernis nach § 121 AO zu nennen. Formvorschriften finden sich etwa in § 157 Abs. 1 AO, der für Steuerbescheide – abweichend von § 119 Abs. 2 AO – Schriftform anordnet. **385**

Zur Heilung und Unbeachtlichkeit formeller Fehler unten Rn 395 f.

cc) Materielle Rechtmäßigkeit. Die materielle Rechtmäßigkeit des Steuerverwaltungsakts setzt zunächst voraus, dass die **Tatbestandsvoraussetzungen** der Rechtsgrundlage vorliegen. **386**

Liegt die vom Gesetz vorgesehene *Rechtsfolge* im *Ermessen* der Behörde, so ist ferner zu prüfen, ob Ermessensfehler vorliegen[36]. Das Gesetz räumt der Behörde regelmäßig dann Ermessen ein, wenn die Einzelfallgerechtigkeit nur durch eine eigenständige, vom Gesetz nicht vorgegebene Entscheidung der Verwaltung hergestellt werden kann. Dies ist etwa bei der Entscheidung über Steuerstundung und Steuererlass nach § 163, § 222, § 227 AO der Fall. **387**

Nach § 5 AO hat die Behörde ihr Ermessen entsprechend dem Zweck der Ermächtigung auszuüben und die gesetzlichen Grenzen des Ermessens einzuhalten[37]. Während unbestimmte Rechtsbegriffe, die auf der Tatbestandsseite einer Norm anzutreffen sind, grundsätzlich gerichtlich voll überprüfbar sind, kann das Gericht die behördliche Ermessensausübung nur auf Ermessensfehler (Rechtsfehler) überprüfen (vgl § 102 FGO). Dagegen überprüft die Einspruchsbehörde die Ermessensentscheidung sowohl auf Rechtmäßigkeit als auch auf Zweckmäßigkeit (§ 367 Abs. 2 Satz 1 AO). **388**

Erlässt die Verwaltung Richtlinien zum Gebrauch des Ermessens, so hat das Gericht zu prüfen, ob die Richtlinie die gesetzlichen Grenzen des Ermessens einhält und ob die Verwaltung von

35 Zur Unterscheidung zwischen Aufgaben- und Befugnisnorm noch unten Rn 477 ff mit Beispielen.
36 Vgl dazu umfassend *Wernsmann*, in: HHSp, § 5 AO Rn 150 ff.
37 Guter Überblick zum Ermessen bei *Dauven*, SteuerStud 2009, 254.

dem Ermessen in einer dem Zweck der Ermächtigung entsprechenden Weise Gebrauch macht[38].

Ist der Behörde sowohl Entschließungs- als auch Auswahlermessen eingeräumt, muss die Entscheidung unter beiden Gesichtspunkten ermessensfehlerfrei getroffen worden sein.

Beispiel[39]**:** Nach § 152 Abs. 1 Sätze 1, 2 AO kann gegen denjenigen, der seiner Verpflichtung zur Abgabe einer Steuererklärung nicht oder nicht fristgemäß nachkommt, ein Verspätungszuschlag (Rn 282 ff) festgesetzt werden, wovon abzusehen ist, wenn der Erklärungspflichtige glaubhaft macht, dass die Verspätung entschuldbar ist. Danach hat die Behörde zu entscheiden, *ob* (Entschließungsermessen) und ggf *wie hoch* (Auswahlermessen) sie den Verspätungszuschlag unter Beachtung der gesetzlichen Vorgaben des § 152 Abs. 5–10 AO festsetzt.

Es lassen sich folgende **Ermessensfehler** unterscheiden: Ermessensüberschreitung, Ermessensnichtgebrauch und Ermessensfehlgebrauch.

389 (1) Eine *Ermessensüberschreitung* liegt vor, wenn die für die Ermessensgewährung vorgesehenen Tatbestandsmerkmale nicht erfüllt oder wenn die Finanzbehörde eine nicht iRd Vorschrift liegende Rechtsfolge wählt.

Beispiel: Die Finanzbehörde setzt unter Bezug auf § 152 Abs. 1, 2 AO einen Verspätungszuschlag iHv 30 000 € fest (vgl Rn 282).

390 (2) Ein *Ermessensnichtgebrauch*, der auch als Ermessensunterschreitung bezeichnet wird, liegt vor, wenn die Behörde von ihrem Ermessen keinen Gebrauch macht und keine Ermessenserwägungen anstellt, etwa weil sie irrtümlich das Vorliegen einer gebundenen Entscheidung annimmt und sich zum Erlass des Bescheids für verpflichtet hält.

Beispiel: Die Behörde erlässt bei Vorliegen eines Haftungstatbestands ohne weitere Prüfung des Einzelfalls einen Haftungsbescheid nach § 191 Abs. 1 AO[40].

391 (3) Ein *Ermessensfehlgebrauch* liegt vor, wenn die Entscheidung der Behörde dem Zweck der Ermächtigungsnorm zuwiderläuft, also von *sachfremden Erwägungen* getragen wird. So stellen etwa persönliche oder parteipolitische Rücksichtnahmen regelmäßig einen Ermessensfehlgebrauch dar.

Beispiel: Nach § 160 AO sind steuerlich relevante Ausgaben „regelmäßig“ (Ermessen) nicht zu berücksichtigen, wenn der Steuerpflichtige dem Verlangen der Finanzbehörde nicht nachkommt, die Empfänger genau zu benennen. Zweck dieser Vorschrift ist es, mögliche Steuerausfälle zu verhindern, die dadurch entstehen, dass die mit den Ausgaben korrespondierenden Einnahmen Dritter nicht erfasst werden. Die Nichtberücksichtigung der Ausgaben beim Steuerpflichtigen ist also ermessensfehlerhaft, wenn feststeht, dass der Empfänger im Inland keiner Besteuerung unterliegt[41].

---

38 BFH, VI R 64/02, BStBl II 2006, 642 (ermessensfehlerhafte Verweigerung eines Fristverlängerungsantrags); BFH, I R 92/15, BStBl II 2019, 14.

39 Vgl dazu BFH, X R 14/95, BStBl II 1997, 642 (644).

40 Vgl Nds. FG, XI 351/81, EFG 1983, 155.

41 BFH, IV R 8/98, BStBl II 1999, 333 (334); *Seer*, in: Tipke/Kruse, § 160 AO Rn 15.

b) Fehlerfolgen

Ist ein Steuerverwaltungsakt fehlerhaft, so hat dies nur ausnahmsweise dessen Unwirksamkeit zur Folge. Die Frage der *Rechtmäßigkeit* eines Verwaltungsakts ist streng von der Frage nach dessen *Rechtswirksamkeit* zu unterscheiden. **392**

aa) Wirksamkeit und Unwirksamkeit.

Diese Unterscheidung hat folgende Bedeutung: Einen rechtswidrigen, aber wirksamen Verwaltungsakt kann der Betroffene nur innerhalb der Einspruchs- bzw Klagefristen (§ 355 AO, § 47 FGO) anfechten. Danach erwächst der Verwaltungsakt in *formelle Bestandskraft*[42]. Er kann dann nur noch durch die Behörde und dies auch nur bei Vorliegen eines Korrekturtatbestands (§§ 129 ff bzw §§ 172 ff AO; dazu Rn 399 ff bzw 411 ff) aufgehoben werden. Ist der Verwaltungsakt dagegen gem. § 125 AO nichtig und damit gem. § 124 Abs. 3 AO unwirksam, so entfaltet er keinerlei Rechtswirkungen. Der Betroffene kann sich *jederzeit*, also ohne Einhaltung von Fristen, auf die Nichtigkeit berufen. Die Finanzbehörde kann (und ggf muss) die Nichtigkeit nach § 125 Abs. 5 AO feststellen. **393**

§ 124 Abs. 1 AO knüpft die Wirksamkeit des Verwaltungsakts grundsätzlich nicht an dessen Rechtmäßigkeit, sondern an die Bekanntgabe (s. oben Rn 370 ff). Dies gilt jedoch nicht für den **nichtigen Verwaltungsakt** (§ 124 Abs. 3 AO). Ein Verwaltungsakt ist nichtig, wenn er (1) an einem besonders schwerwiegenden Mangel leidet und (2) dies bei verständiger Würdigung aller in Betracht kommenden Umstände offenkundig ist (§ 125 Abs. 1 AO). So sind etwa inhaltlich nicht hinreichend bestimmte Steuerbescheide nichtig (vgl § 119 Abs. 1, § 125 Abs. 1, § 124 Abs. 3 AO)[43]. Ein besonders schwerwiegender Mangel liegt vor, wenn er die Rechtsordnung in so erheblichem Maße verletzt, dass von niemandem erwartet werden kann, er werde den Verwaltungsakt als verbindlich anerkennen[44]. Offenkundig ist der Mangel, wenn jeder verständige Dritte bei Unterstellung der Kenntnis aller in Betracht kommenden Umstände in der Lage ist, den Fehler der Verwaltungsmaßnahme in seiner besonderen Schwere zu erkennen[45]. § 125 Abs. 2 AO enthält einen Katalog bestimmter Nichtigkeitsgründe. Abs. 3 stellt klar, welche Gründe nicht zur Nichtigkeit führen. Beide Absätze sind gegenüber § 125 Abs. 1 AO spezieller und daher vorrangig zu prüfen. **394**

§ 125 Abs. 4 AO enthält eine von § 139 BGB abweichende Regel: Danach tritt im Fall der Teilnichtigkeit regelmäßig keine Gesamtnichtigkeit ein.

bb) Heilung und Unbeachtlichkeit formeller Fehler. Ein Verwaltungsakt ist auch dann rechtswidrig, wenn er unter Verletzung von Zuständigkeits-, Verfahrens- oder Formvorschriften erlassen worden ist – **formelle Rechtswidrigkeit**. Indes regelt § 126 AO, dass ein formell rechtswidriger Verwaltungsakt *geheilt* wird, wenn bestimmte Verfahrenshandlungen innerhalb eines bestimmten Zeitraums (§ 126 Abs. 2 AO) nachträglich erfolgen. Nach erfolgter Heilung ist der Verwaltungsakt rechtmäßig. **395**

---

42 Möglichkeit der Durchbrechung bei Verstößen gegen Unionsrecht, vgl *de Weerth*, IStR 2010, 172; *Hummel*, DStZ 2011, 832.

43 BFH, II R 5/04, BStBl II 2007, 472.

44 BFH, IV B 13/81, BStBl II 1982, 133 (135); X R 33/99, BFH/NV 2002, 1415.

45 StRspr, statt aller BFH, VII R 56/00, BStBl II 2003, 109 (111) mwN.

396 Nach § 127 AO kann die Aufhebung eines Verwaltungsakts, der nicht nach § 125 AO nichtig ist, nicht allein deshalb beansprucht werden, weil er unter Verletzung von Vorschriften über das Verfahren, die Form oder die örtliche Zuständigkeit zustande gekommen ist, wenn *keine andere Entscheidung in der Sache* hätte getroffen werden können. Damit fallen in den Anwendungsbereich in erster Linie gebundene Entscheidungen, aber auch Ermessensentscheidungen, sofern eine Ermessensreduzierung auf Null vorliegt[46].

4. Korrektur allgemeiner Steuerverwaltungsakte[47]

397 Steuerverwaltungsakte werden mit der Bekanntgabe wirksam (§ 124 Abs. 1 AO) und entfalten Bindungswirkung sowohl gegenüber dem Betroffenen als auch gegenüber der Behörde, die sie erlassen hat. Man nennt dies die Bestandskraft und unterscheidet zwischen **formeller Bestandskraft** (Unanfechtbarkeit) und **materieller Bestandskraft** (Eintritt der Rechtsfolgen, also inhaltliche Verbindlichkeit). Materielle Bestandskraft tritt mit Wirksamwerden des Verwaltungsakts ein (str[48]), dh Verwaltungsakte können nach ihrem Wirksamwerden nur noch geändert werden, wenn die Voraussetzungen entsprechender Korrekturvorschriften vorliegen.

398 Die **Korrekturmöglichkeiten** für allgemeine Steuerverwaltungsakte sind in §§ 129 ff AO geregelt.

Nicht zu den Korrekturvorschriften im eigentlichen Sinne zählt dagegen die Umdeutungsmöglichkeit nach § 128 AO. Die *Umdeutung* ist nur bei einer materiellen Fehlerhaftigkeit des Verwaltungsakts möglich. Sie ermöglicht es der zuständigen Behörde, den Steuerverwaltungsakt mit dem geplanten richtigen Inhalt zu erlassen. Da der umgedeutete Verwaltungsakt auf das inhaltlich gleiche Ziel gerichtet sein muss, kann ein Haftungsbescheid (oben Rn 303 ff) nicht in einen Steuerbescheid umgedeutet werden[49]. Der umgekehrte Fall verbietet sich nach § 128 Abs. 3 AO. Umstritten ist dagegen, ob die Umdeutung selbst ein Verwaltungsakt ist[50].

a) Korrektur offenbarer Unrichtigkeiten

399 Gem. § 129 AO kann die Finanzbehörde Schreibfehler, Rechenfehler und ähnliche **offenbare Unrichtigkeiten**, die beim Erlass eines Verwaltungsakts unterlaufen sind, *jederzeit* – bei Steuerbescheiden (s. Rn 411 f) jedoch nur bis zum Ablauf der Festsetzungsfrist, § 169 Abs. 1 Satz 2 AO – berichtigen[51].

Fehler, die dem Steuerpflichtigen beim Ausfüllen der Steuererklärung unterlaufen, können nach § 129 AO nur berichtigt werden, wenn sich die Finanzbehörde diesen Fehler „beim Erlass des Verwaltungsakts" zu eigen gemacht hat (dh wenn sie eine für sie erkennbare Unrichtigkeit übernahm)[52]. Mit § 173a AO besteht nun daneben eine eigene Korrekturvorschrift für Fehler, die dem Steuerpflichtigen beim Erstellen seiner Steuererklärung unterlaufen sind (Rn 435).

46 Vgl BFH, VI R 41/81, BStBl II 1986, 169 (171).
47 Vgl zur Korrektur von Steuerverwaltungsakten die Übersicht zu Fall 1 bei *Birk/Desens/Tappe*, Klausurenkurs; weiterführend *Hartmann*, SteuerStud 2009, 15.
48 Wie hier *Krumm*, DStR 2005, 631; *Jakob*, Abgabenordnung, Rn 554; aA *von Groll*, in: HHSp, vor §§ 172-177 AO Rn 12: materielle Bestandskraft setze formelle Bestandskraft voraus.
49 BFH, VI S 10/82, BStBl II 1983, 517 (518).
50 S. zum Streitstand *Rozek*, in: HHSp, § 128 AO Rn 6 mwN.
51 Überblick bei *Rosseburg*, SteuerStud 2010, 58; *Trost/Haßelkus*, StuB 2011, 222.
52 BFH, VIII R 9/11, BStBl II 2014, 439.

Nach der Rspr[53] setzt eine ähnliche offenbare Unrichtigkeit voraus, dass diese Schreib- und Rechenfehlern ähnlich sei. Danach muss es sich um *mechanische* Versehen handeln, zB Eingabe- oder Übertragungsfehler, Fehler beim Programmieren[54], aber auch etwa das Übersehen und daher die Nichtberücksichtigung eines Grundlagenbescheids (zum Begriff unten Rn 442 ff), der ohne weitere Erwägungen von der Finanzbehörde zu übernehmen ist[55]. Ein unberücksichtigter Sachverhalt kann zu einer Berichtigung nach § 129 AO führen, wenn er wegen eines mechanischen Versehens und nicht wegen unvollständiger Sachverhaltsermittlung unberücksichtigt geblieben ist[56]. Offenbare Unrichtigkeiten im Tatsachen- oder Rechtsanwendungsbereich (zB Zusammenveranlagung bei Nichtverheirateten) können nicht nach § 129 AO berichtigt werden[57]. Andererseits sollen Fehler, die mechanische Ursachen haben, stets nach § 129 AO berücksichtigungsfähig sein, auch wenn sie nicht erkennbar sind (zB Fehler im EDV-Programm)[58]. Der Anwendungsbereich ist also viel weiter, als der Wortlaut erkennen lässt[59]. 400

Diese Rspr, die im Wesentlichen allein darauf abstellt, ob ein Rechtsanwendungsfehler ausgeschlossen werden kann[60], kann nicht gebilligt werden. § 129 AO ist eine Ausnahmevorschrift, die unter Durchbrechung des Vertrauensschutzgrundsatzes eine jederzeitige Berichtigung erlaubt, weil wegen der *Erkennbarkeit* des Fehlers kein Vertrauen des Steuerpflichtigen entstehen kann und somit der Grundsatz der Gesetzmäßigkeit der Verwaltung in jedem Falle vorzugehen hat. Daher kann der Begriff der „ähnlichen offenbaren Unrichtigkeit" iSd § 129 AO nur dann bejaht werden, „wenn der Fehler ins Auge springt, wenn der Widerspruch zwischen dem, was die Behörde gewollt hat, und dem, was sie im Verwaltungsakt zum Ausdruck gebracht hat, ohne weiteres erkennbar ist"[61].

b) Rücknahme und Widerruf allgemeiner Steuerverwaltungsakte

Fall 17: Die Behörde erlässt einen Haftungsbescheid nach § 191 AO. Sie setzt den Haftungsbetrag auf 100 000 € fest. H, der die Rechtsbehelfsfrist hat verstreichen lassen, begehrt von der Behörde die Rücknahme, weil – was zutrifft – die Voraussetzungen des Haftungstatbestands nicht vorgelegen hätten. Muss die Behörde den Haftungsbescheid aufheben? 401

Abwandlung a: Die Behörde stellt fest, dass der Haftungsbetrag sich – was zutrifft – tatsächlich auf 200 000 € beläuft, und nimmt daher den (zu niedrigen) Haftungsbescheid zurück. Später setzt sie den Haftungsbetrag auf 200 000 € fest. Ist der letzte Haftungsbescheid rechtmäßig[62]?

---

53 BFH, III R 64/89, BStBl II 1992, 52; XI R 17/05, BFH/NV 2007, 1810 (1811).

54 Zu Letzterem bereits BFH, III R 10/81, BStBl II 1985, 32.

55 BFH, X R 37/99, BStBl II 2003, 867. Ermittlungsfehler sind hingegen nicht als mechanisches Versehen zu werten, FG Münster, 6 K 1358/16 E, EFG 2018, 81; BFH, VI R 41/16, DStR 2018, 566.

56 BFH, VI R 41/16, BStBl II 2018, 378.

57 BFH, IX R 37/14, BStBl II 2015, 1040; X R 45/16, BFH/NV 2018, 10.

58 BFH, III R 10/81, BStBl II 1985, 32; I R 83/94, BStBl II 1996, 509 (510); sehr weitgehend BFH, VIII R 15/10, BStBl II 2013, 307. Zu Erfassungsfehlern beim Einscannen FG Düsseldorf, 14 K 3554/14 E, EFG 2017, 1315 (Rev. BFH Az VIII R 4/17).

59 *Borgdorf*, AO-StB 2009, 334.

60 Ganz deutlich in BFH, VI R 63/13, BFH/NV 2015, 1078; tendenziell anders Nds. FG, 3 V 226/14, EFG 2014, 1743; ebenfalls kritisch zur Rspr-Praxis *Tehler*, DStR 2009, 1019.

61 BVerwG, VI C 24.69, BVerwGE 40, 212 (216). IErg auch *Nothnagel*, StuW 1984, 60 (70); *Weber*, DStR 2007, 1561 (1562 f) sowie *Seer*, in: Tipke/Kruse, § 129 AO Rn 6.

62 Nach BFH, VII R 112/81, BStBl II 1985, 562.

Abwandlung b: Ändert sich die Beurteilung, wenn Rücknahme und Neufestsetzung des Haftungsbescheids auf 200 000 € im selben Bescheid zusammengefasst werden? **Rn 403, 406**

402 § 130, § 131 AO, die nicht für Steuerbescheide gelten (vgl § 172 Abs. 1 Satz 1 Nr 2 lit. d AO; zu den für diese geltenden Korrekturvorschriften s. Rn 411 ff), ähneln den Regelungen der § 48, § 49 VwVfG. Ist der aufzuhebende Verwaltungsakt *rechtswidrig*, ist § 130 AO, der von *Rücknahme* spricht, einschlägig[63]. Ist der aufzuhebende Verwaltungsakt *rechtmäßig*, ist § 131 AO einschlägig, der von *Widerruf* spricht. Sowohl § 130 AO als auch § 131 AO differenzieren danach, ob ein *begünstigender* oder *belastender* Verwaltungsakt vorliegt[64] (dazu oben Rn 366).

403 (1) Ein **rechtswidriger nicht begünstigender Verwaltungsakt** kann auch nach Unanfechtbarkeit gem. § 130 Abs. 1 AO jederzeit mit Wirkung für die Zukunft oder die Vergangenheit zurückgenommen werden. Bei der Ermessensausübung sind die Prinzipien der Gesetzmäßigkeit der Verwaltung sowie der Einzelfallgerechtigkeit einerseits und die Erfordernisse des Rechtsfriedens und der Rechtssicherheit andererseits abzuwägen. Bei einer Änderung der Sach- und Rechtslage kann das Ermessen – insb bei Dauerverwaltungsakten – auf eine Verpflichtung zur Rücknahme reduziert sein[65]. Dagegen ist die Ablehnung einer Rücknahme nach § 130 Abs. 1 AO regelmäßig ohne Ermessensfehler möglich, wenn der Betroffene die Aufhebung des Verwaltungsakts allein wegen dessen Rechtswidrigkeit erstrebt[66]. In diesem Falle hätte er Rechtsbehelfe ergreifen können und müssen.

In **Fall 17** (Rn 401) muss die Behörde den Haftungsbescheid daher nicht zurückzunehmen.

404 (2) Ein **rechtswidriger begünstigender Verwaltungsakt** *kann* gem. § 130 Abs. 1 AO nur unter Beachtung der Ermessensgrenzen in § 130 Abs. 2, 3 AO zurückgenommen werden. Begünstigend ist ein Verwaltungsakt nach der Legaldefinition des § 130 Abs. 2 AO, wenn er ein Recht oder einen rechtlich erheblichen Vorteil begründet oder bestätigt. Dementsprechend kann die Behörde einen begünstigenden rechtswidrigen Verwaltungsakt nur dann zurücknehmen, wenn er von einer sachlich unzuständigen Behörde erlassen worden ist (§ 130 Abs. 2 Nr 1 AO), wenn er durch unlautere Mittel, wie arglistige Täuschung, Drohung oder Bestechung erwirkt worden ist (§ 130 Abs. 2 Nr 2 AO), wenn ihn der Begünstigte durch Angaben erwirkt hat, die in wesentlicher Beziehung unrichtig oder unvollständig waren (§ 130 Abs. 2 Nr 3 AO), oder wenn seine Rechtswidrigkeit dem Begünstigten bekannt oder infolge grober Fahrlässigkeit nicht bekannt war (§ 130 Abs. 2 Nr 4 AO).

405 Voraussetzung ist grundsätzlich ferner, dass die Behörde den Verwaltungsakt innerhalb der *Frist* nach § 130 Abs. 3 AO zurücknimmt. Diese beträgt ein Jahr seit dem Zeitpunkt der Kenntnisnahme der Tatsachen, welche die Rücknahme rechtfertigen.

63 Zur Korrektur bestandskräftiger Steuerbescheide bei nachträglich erkannter fehlerhafter Richtlinienumsetzung BFH, V B 22/10, BFH/NV 2011, 738 sowie BFH, V B 66/10, BFH/NV 2011, 742.

64 Dazu (mit Beispielsfällen) *Hartmann*, SteuerStud 2009, 15.

65 BFH, VI R 101/84, BStBl II 1989, 749 (750).

66 BFH, VII R 15/89, BStBl II 1991, 552; XI R 56/07, BFH/NV 2010, 12.

Sie beginnt nach der Rspr erst, wenn die Behörde Kenntnis von der Rechtswidrigkeit des Verwaltungsakts und allen für die Rücknahme relevanten Tatsachen erlangt hat[67]. Eine Frist gilt jedoch dann nicht, wenn der Verwaltungsakt durch unlautere Mittel gem. § 130 Abs. 2 Nr 2 AO erwirkt worden ist, § 130 Abs. 3 Satz 2 AO. Die Frist kommt ebenfalls nicht zur Anwendung, wenn der entsprechende VA gegen Unionsrecht verstößt; sie ist in diesen Fällen wegen des Anwendungsvorrangs des Unionsrechts unanwendbar[68].

Liegen die Voraussetzungen für die behördliche Aufhebung *rechtmäßiger* begünstigender Verwaltungsakte nach § 131 Abs. 2 AO vor, so können *rechtswidrige* begünstigende Verwaltungsakte „erst recht" zurückgenommen werden[69]. Außerdem kann die Rücknahme auch mit Zustimmung des Steuerpflichtigen erfolgen, da § 130 Abs. 2 AO Ausfluss des Vertrauensschutzes ist und es dem Steuerpflichtigen unbenommen bleibt, auf diesen zu verzichten.

Problematisch und umstritten ist, ob belastende Verwaltungsakte insoweit (auch) begünstigenden Inhalt haben, als sie keine höhere Belastung festsetzen[70]. In diesem Falle wären sie Verwaltungsakte mit **Mischwirkung**[71]. **406**

In dem der **Abwandlung a des Falls 17** (Rn 401) zugrunde liegenden Fall lässt der BFH[72] diese Frage offen. Der BFH geht von Folgendem aus: Der Haftungsbescheid (= zeitlich erster Bescheid) war *belastend*. Die Rücknahme des belastenden Haftungsbescheids (= zeitlich zweiter Bescheid) sei *begünstigend*. Die Rücknahme des (begünstigenden) zweiten Bescheids (= zeitlich dritter Bescheid) sei daher wieder *belastend*.

Dementsprechend habe der (begünstigende) zweite Bescheid nur unter den Voraussetzungen des § 130 Abs. 2 AO zurückgenommen werden dürfen. Zwar sei formal die Rücknahme nicht wieder aufgehoben worden, indes werde durch die Neuregelung die günstige durch die erste Rücknahme erzielte Rechtsposition der Sache nach wieder beseitigt. Die Rechtmäßigkeit des letzten Haftungsbescheids hängt somit davon ab, ob die Voraussetzungen des § 130 Abs. 2 AO vorlagen.

Dagegen kommt es in der **Abwandlung b des Falls 17** (Rn 401) auf die Streitfrage an. Nach dem Sinn und Zweck des § 130 Abs. 2 AO soll der Steuerpflichtige darauf vertrauen können, dass die Rechtslage so bleibt, wie sie in dem Verwaltungsakt konkretisiert wurde. Er soll sich auf die Rechtslage einstellen und entsprechende Dispositionen treffen können. Dieser Zweck würde indes vereitelt, wenn Nachforderungen in beliebiger Höhe gestellt werden könnten. Außerdem bietet die Vorschrift des § 130 Abs. 2 AO hinreichende Sicherungen, dass ein nicht schutzwürdiger Steuerpflichtiger nicht von ihr profitiert. Richtiger Ansicht nach hat somit ein belastender Verwaltungsakt insoweit auch einen begünstigenden Inhalt, als kein höherer Betrag festgesetzt wird. Daher muss sich die Rechtmäßigkeit des letzten Bescheids auch in dieser Konstellation danach beurteilen, ob die Voraussetzungen des § 130 Abs. 2 AO vorliegen.

---

67 So (zu § 48 VwVfG) BVerwG, GrS 1, 2.84, BVerwGE 70, 356 (362); aA *Maurer/Waldhoff*, Allgemeines Verwaltungsrecht, 19. Aufl 2017, § 11 Rn 44.

68 EuGH, C-24/95, ECLI:EU:C:1997:163 *(Alcan II)*; *Wernsmann*, in: HHSp, § 130 AO Rn 95.

69 Zutr BFH, VIII R 9/80, BStBl II 1983, 187 (188) zu § 131 Abs. 2 Nr 1 AO. AA im Bereich des Allgemeinen Verwaltungsrechts etwa *Ruffert*, in: Ehlers/Pünder, Allgemeines Verwaltungsrecht, 15. Aufl 2016, § 24 Rn 1.

70 So *Jakob*, Abgabenordnung, Rn 572; *Loose*, in: Tipke/Kruse, § 130 AO Rn 11; vgl auch BFH, VII R 112/81, BStBl II 1985, 562 (563).

71 Vgl *Ruffert*, in: Ehlers/Pünder, Allgemeines Verwaltungsrecht, 15. Aufl 2016, § 24 Rn 13.

72 BFH, VII R 112/81, BStBl II 1985, 562 (564).

407 (3) Ein **rechtmäßiger nicht begünstigender Verwaltungsakt** kann gem. § 131 Abs. 1 AO, auch nachdem er unanfechtbar geworden ist, ganz oder teilweise mit Wirkung für die Zukunft widerrufen werden, außer wenn ein Verwaltungsakt gleichen Inhalts erneut erlassen werden müsste oder aus anderen Gründen ein Widerruf unzulässig ist.

Nicht begünstigend sind insb *belastende* Verwaltungsakte, *soweit* ihnen keine Mischwirkung zukommt (oben Rn 406). **Beispiel:** Die Belastung durch einen Verwaltungsakt wird von 500 € auf 300 € herabgesetzt. Hier richtet sich der Widerruf eines allgemeinen Steuerverwaltungsakts (etwa eines Haftungsbescheids) nach § 131 Abs. 1 AO. **Abwandlung:** Ein Verwaltungsakt, der eine Belastung auf 500 € festsetzt, soll durch einen Verwaltungsakt ersetzt werden, der die Belastung auf 800 € heraufsetzt. Hier ist der Verwaltungsakt nach dem oben Gesagten *insoweit* auch begünstigend, als er die Belastung auf höchstens 500 € festsetzt. Die Widerrufsmöglichkeit richtet sich daher *insoweit* nach dem strengeren § 131 Abs. 2 AO.

408 Bei *gebundenen* nicht begünstigenden Verwaltungsakten[73] kommt ein Widerruf nach § 131 Abs. 1 AO regelmäßig nicht in Betracht, da ein neuer Verwaltungsakt gleichen Inhalts erneut erlassen werden müsste. Ein Widerruf nach § 131 AO ist aber denkbar, wenn sich die Rechtslage ändert. Der ursprüngliche Verwaltungsakt bleibt in diesem Falle zwar rechtmäßig und „wird" nicht etwa rechtswidrig, da es auf den Zeitpunkt des Erlasses des Verwaltungsakts ankommt (arg. e § 131 Abs. 2 Satz 1 Nr 3 AO)[74]. Er kann aber gem. § 131 Abs. 1 AO widerrufen werden, da in diesem Fall kein Verwaltungsakt gleichen Inhalts erneut erlassen werden müsste.

409 (4) Ein **rechtmäßiger begünstigender Verwaltungsakt** darf nur unter den Voraussetzungen des § 131 Abs. 2 AO widerrufen werden. In diesen Fällen tritt der Vertrauensschutz zurück, weil entweder kein Vertrauen in den endgültigen Bestand des Verwaltungsakts entstehen konnte (vgl § 131 Abs. 2 Satz 1 Nr 1, 2 AO) oder weil öffentliche Interessen überwiegen (vgl § 131 Abs. 2 Satz 1 Nr 3 AO). Der Widerruf eines rechtmäßigen begünstigenden Verwaltungsakts ist zulässig, wenn er durch Rechtsvorschrift zugelassen oder im Verwaltungsakt gem. § 120 Abs. 2 Nr 3 AO (dazu oben Rn 369) vorbehalten ist (§ 131 Abs. 2 Satz 1 Nr 1 AO), wenn mit dem Verwaltungsakt eine Auflage nach § 120 Abs. 2 Nr 4 AO verbunden ist und der Begünstigte diese nicht oder nicht innerhalb einer ihm gesetzten Frist erfüllt hat (§ 131 Abs. 2 Satz 1 Nr 2 AO) oder wenn die Finanzbehörde aufgrund nachträglich eingetretener Tatsachen berechtigt wäre, den Verwaltungsakt nicht zu erlassen, und wenn ohne den Widerruf das öffentliche Interesse gefährdet würde (§ 131 Abs. 2 Satz 1 Nr 3 AO). Auch in diesen Fällen gilt die Jahresfrist, § 130 Abs. 3 AO iVm § 131 Abs. 2 Satz 2 AO.

410 (5) § 132 Satz 1 AO stellt klar, dass die § 130, § 131 AO auch während des Einspruchs- und Klageverfahrens gelten. § 132 Satz 2 AO, der § 50 VwVfG entspricht, betrifft den im Steuerrecht seltenen Fall eines Verwaltungsakts mit Doppelwirkung. Ein solcher begünstigt den Adressaten, belastet aber Dritte. In diesem Fall gelten die Vertrauensschutzvorschriften zugunsten des Adressaten dann nicht, wenn einem Rechtsbehelf des durch den Verwaltungsakt belasteten Dritten abgeholfen wird. § 133 AO regelt die Rückgabe von Urkunden und Sachen nach einer Aufhebung des Verwaltungsakts durch die Behörde.

---

73 Dies gilt auch bei einer Ermessensreduzierung auf Null.

74 Zutr die hM, s. *Loose*, in: Tipke/Kruse, § 131 AO Rn 1; *Ruffert*, in: Ehlers/Pünder, Allgemeines Verwaltungsrecht, 15. Aufl 2016, § 22 Rn 38 mwN auch der Gegenauffassung; teilweise aA etwa *Schenke*, Verwaltungsprozessrecht, 14. Aufl 2014, Rn 795 ff.

5. Korrektur von Steuerbescheiden

Für die Korrektur der besonderen Steuerverwaltungsakte, also der Steuerbescheide und der diesen durch gesetzliche Verweisung gleichgestellten Bescheide (dazu oben Rn 368), gelten nicht die § 130, § 131 AO (vgl § 172 Abs. 1 Satz 1 Nr 2 lit. d AO), sondern besondere Vorschriften[75]. Die Änderung (Aufhebung) vernichtet den Bescheid nach der Rspr aber nicht, sondern lässt ihn latent weiter bestehen: Wird ein Steuerbescheid geändert oder aufgehoben und beseitigt das FA anschließend wieder den Änderungs- (oder Aufhebungs-)Bescheid, so lebt der ursprüngliche Bescheid wieder auf[76]. Zu beachten ist, dass nach *Ablauf der Festsetzungsfrist* (§ 169 Abs. 2 AO; dazu oben Rn 263 ff) gem. § 169 Abs. 1 Sätze 1, 2 AO eine Aufhebung oder Änderung einer Steuerfestsetzung nicht mehr möglich ist. **411**

IE gilt Folgendes:

(1) **Offenbare Unrichtigkeiten** (Rn 399) können bis zum Ablauf der Festsetzungsfrist gem. § 169 Abs. 1 Satz 2, § 129 AO jederzeit berichtigt werden. § 129 AO gilt auch hier (arg. e § 172 Abs. 1 Satz 1 Nr 2 lit. d AO, der *nur* die Anwendung der § 130, § 131 AO für Steuerbescheide ausschließt), so dass auch § 132 AO auf Steuerbescheide anwendbar ist (dazu Rn 410). Offenbare Unrichtigkeiten sind mechanische Fehler. Auf die Erkennbarkeit kommt es nach wohl hM nicht an (dazu Rn 400). Die Vorschrift ist grundsätzlich nur auf mechanische Versehen der *Finanzbehörden* beim Erlass des Steuerbescheids anwendbar (Übertragungsfehler, auch Programmierungsfehler). Unterlaufen dem Steuerpflichtigen beim Ausfüllen seiner Steuererklärung Fehler, die auf einem mechanischen Versehen beruhen, können diese gem. § 173a AO korrigiert werden (Rn 390, 419). **412**

(2) Steuerbescheide, die *keine endgültige Festsetzung* enthalten, also entweder **vorläufige Steuerfestsetzungen** nach § 165 AO oder **Steuerfestsetzungen unter dem Vorbehalt der Nachprüfung** nach § 164 AO (zu diesen noch unten Rn 519 ff, 526 ff), können bis zum Ablauf der Festsetzungsfrist (s. § 164 Abs. 4 bzw § 171 Abs. 8 AO) jederzeit korrigiert werden, vgl § 164 Abs. 2 bzw § 165 Abs. 2 AO. **413**

(3) **Endgültige Steuerfestsetzungen** sind nur unter den Voraussetzungen der §§ 172 ff AO korrigierbar[77]. Nach § 172 Abs. 1 AO darf ein endgültiger Steuerbescheid nur aufgehoben oder geändert werden, wenn er Verbrauchsteuern[78] betrifft (Nr 1) oder bei anderen Steuern (außer Einfuhr- oder Ausfuhrabgaben iSd Art. 5 Nr 20 und 21 UZK oder Verbrauchsteuern), soweit der Steuerpflichtige zustimmt oder seinem Antrag entsprochen wird (Nr 2 lit. a – dazu sogleich Rn 416 ff), soweit er von einer sachlich unzuständigen Behörde erlassen worden ist (Nr 2 lit. b), soweit er durch unlautere Mittel, wie arglistige Täuschung, Drohung oder Bestechung erwirkt **414**

---

75 Vgl dazu *Birk/Desens/Tappe*, Klausurenkurs, Fall 1, sowie die anschließenden Übersichten (Rn 171 f); s. auch *Möller*, SteuerStud 2008, 331; krit zum Korrekturdualismus bei allgemeinen und besonderen Steuerverwaltungsakten *Jochum*, StW 2006, 91.

76 BFH, VII R 16/03, BStBl II 2006, 346; III R 53/13, BStBl II 2015, 282.

77 Zum Korrektursystem der §§ 172 ff AO bei nachträglich erkanntem Verstoß gegen Unionsrecht vgl BFH, V R 57/09, BStBl II 2011, 151.

78 Dazu zählt nicht die Umsatzsteuer, vgl BFH, V B 64/86, BStBl II 1987, 95 (96); XI B 41/15, BFH/NV 2015, 1445.

worden ist (Nr 2 lit. c) oder soweit dies sonst gesetzlich zugelassen ist (Nr 2 lit. d)[79]. Letzteres meint insb die §§ 173 ff AO, aber auch besondere Korrekturvorschriften außerhalb der AO wie zB § 10d Abs. 1 Satz 3 EStG (dazu Rn 612 ff), § 35b GewStG.

415 Bei jeder Korrektur eines Steuerbescheids sind die Begrenzungen der § 176, § 177 AO zu beachten (dazu unten Rn 450 ff).

a) Korrektur auf Antrag oder mit Zustimmung des Steuerpflichtigen gem. § 172 Abs. 1 Satz 1 Nr 2 AO

416 Gem. § 172 Abs. 1 Satz 1 Nr 2 lit. a AO kann ein Steuerbescheid aufgehoben oder geändert werden, wenn und soweit der Steuerpflichtige dies innerhalb der Einspruchsfrist (§ 355 AO) beantragt – sog. **schlichte Änderung**. Liegt bereits eine Einspruchsentscheidung (§ 367 AO) vor, so kann der Steuerpflichtige den Antrag noch innerhalb der Klagefrist (§ 47 FGO) stellen (§ 172 Abs. 1 Satz 3 AO). Ansonsten kann nach Ablauf der Einspruchsfrist der Steuerbescheid nur *zuungunsten* des Steuerpflichtigen geändert werden, das aber nur, wenn dieser zustimmt. Dies kann etwa der Fall sein, wenn die negative Änderung in einem Jahr positive Auswirkungen auf ein anderes Jahr hat.

417 Die Vorschrift, die der Verfahrensökonomie dienen soll, gewährt dem Steuerpflichtigen ein **Wahlrecht** zwischen Einspruch und dem Antrag auf schlichte Änderung[80]. Diese unterscheiden sich erheblich hinsichtlich ihrer Voraussetzungen und Rechtsfolgen: (1) Der Antrag nach § 172 Abs. 1 Satz 1 Nr 2 lit. a AO ist formlos möglich, während § 357 Abs. 1 AO für den Einspruch schriftliche oder elektronische Einreichung vorschreibt. (2) Während im Einspruchsverfahren der gesamte Bescheid überprüft wird, ist eine Änderung nach § 172 Abs. 1 Satz 1 Nr 2 lit. a AO nur möglich, *soweit* der Antrag reicht bzw der Steuerpflichtige zustimmt. (3) Außerdem hindert der Antrag nicht die formelle Bestandskraft mit der Folge, dass eine AdV (Rn 568) – anders als beim Einspruch gem. § 361 Abs. 2 AO – nicht in Betracht kommt. Schließlich ist nach Eintritt der formellen Bestandskraft eine betragsmäßige Erweiterung des Antrags nicht mehr möglich. (4) Dagegen ist eine Verböserung nur beim Einspruch gem. § 367 Abs. 2 Satz 2 AO möglich (dazu unten Rn 574), allerdings erst nach Hinweis des Finanzamts, so dass der Steuerpflichtige den Einspruch zurücknehmen kann; iRd Änderungsantrags nach § 172 Abs. 1 Satz 1 Nr 2 lit. a AO kann das FA dagegen „schlimmstenfalls" gem. § 177 AO (Rn 453) saldieren, nicht aber verbösern.

418 Gegen die Ablehnung der beantragten schlichten Änderung ist gem. § 347 AO der Einspruch statthaft; denn auch die Ablehnung, einen Verwaltungsakt zu erlassen, aufzuheben oder zu ändern, stellt selbst einen Verwaltungsakt dar[81]. Der Einspruch ist aber beschränkt auf die mit dem Antrag vorgebrachten Punkte[82] sowie die erstmals in der Ablehnungsentscheidung auftretenden Fehler, etwa bei der Ermessensausübung. Grundsätzlich erfolgt die Zurückweisung eines Antrags auf Änderung oder Aufhebung einer Steuerfestsetzung durch Erlass eines an den jeweiligen Antragssteller gerichteten Verwaltungsakts iSd § 118 Satz 1 AO. Unter den in § 172 Abs. 3 AO genannten Voraussetzungen ist es auch möglich, *mehrere* Änderungsbegehren durch Erlass einer Allgemeinverfügung iSd § 118 Satz 2 AO abzulehnen. Dazu muss es sich um Änderungs- oder Aufhebungsanträge handeln, die eine bereits vom EuGH, BVerfG oder

79 Näher zur Korrektur nach § 172 AO *Möller*, SteuerStud 2008, 331.
80 Zu den unterschiedlichen Rechtsfolgen des Einspruchs und des Antrags auf schlichte Änderung *Müller*, AO-StB 2009, 111.
81 S. nur *Seer*, in: Tipke/Kruse, § 347 AO Rn 21; *Tappe*, in: HHSp, § 347 AO Rn 73.
82 FG Köln, 5 K 1078/90, EFG 1992, 246; 4 K 3560/07, EFG 2009, 1432.

BFH entschiedene Rechtsfrage betreffen und denen nach dem Ausgang dieses früheren Verfahrens nicht entsprochen werden kann. Zum Verfahren wird auf § 367 Abs. 2b Satz 2–6 AO verwiesen. Die Vorschrift dient der Entlastung der Verwaltung. Nach § 348 Nr 6 AO ist ein Einspruch gegen die Allgemeinverfügung nicht statthaft. Parallel zu § 172 Abs. 3 AO ist die Entscheidung über *Einsprüche* durch Allgemeinverfügung in § 367 Abs. 2b AO geregelt (dazu Rn 575).

Weitere Korrekturmöglichkeiten sind in § 172 Abs. 1 Nr 2 lit. b und c AO enthalten, die in der Praxis nur eine geringe Bedeutung haben. Insbesondere in Fällen, in denen § 172 Abs. 1 Satz 1 Nr 2 lit. c AO einschlägig ist, passt häufig auch § 173 AO[83]. Beide Korrekturnormen sind nebeneinander anwendbar[84]. § 172 Abs. 1 Nr 2 lit. d HS 1 AO ist die Verweisnorm für die nachfolgenden Korrekturvorschriften (§§ 173 ff AO). **419**

b) Korrektur wegen neuer Tatsachen oder Beweismittel gem. § 173 AO

Fall 18[85]**:** A gab für das Jahr 01 keine Steuererklärung ab und wurde deshalb unter Schätzung (§ 162 AO) seiner Einkünfte aus nichtselbständiger Arbeit und aus Vermietung und Verpachtung zur Einkommensteuer veranlagt. Der Einkommensteuerbescheid wurde ihm ohne Vorbehalt der Nachprüfung (§ 164 AO) am 9.12.02 bekannt gegeben. Am 12.10.03 gibt A eine Einkommensteuererklärung für 01 ab, in der ein Gewerbeverlust des A von 8000 € (BE: 1000 €, BA: 9000 €) aus der Erstellung von Programmen für Maschinencomputer enthalten war. Das FA lehnte eine Änderung des Einkommensteuerbescheids 01 jedoch ab. Zu Recht? **Rn 434** **420**

§ 173 Abs. 1 AO regelt zwei Fälle, in denen ein rechtswidriger Steuerbescheid *wegen nachträglich bekannt werdender Tatsachen oder Beweismittel* korrigiert werden kann, und zwar *zuungunsten* des Steuerpflichtigen (Nr 1) oder *zugunsten* des Steuerpflichtigen (Nr 2). **421**

Beide Korrekturmöglichkeiten setzen voraus, dass (1) Tatsachen oder Beweismittel (2) **nachträglich bekannt** werden. Ferner darf in beiden Fällen (3) nicht die Änderungssperre des § 173 Abs. 2 AO eingreifen. Führen die nachträglich bekannt gewordenen Tatsachen oder Beweismittel zu einer niedrigeren Steuer, so ist gem. § 173 Abs. 1 Nr 2 AO grundsätzlich außerdem Voraussetzung, dass den Steuerpflichtigen (4) kein grobes Verschulden an dem nachträglichen Bekanntwerden trifft. Als weitere Voraussetzung der Korrektur nach § 173 AO statuiert die Rspr das im Wortlaut des Gesetzes freilich nicht enthaltene Erfordernis (5) der **Rechtserheblichkeit** der neuen Tatsachen oder Beweismittel (dazu Rn 433). Die Rechtserheblichkeit ist zu verneinen, wenn das FA selbst bei ursprünglicher Kenntnis der Tatsachen bzw Beweismittel höchstwahrscheinlich keine andere Steuer festgesetzt hätte[86]. **422**

Sind der Behörde Tatsachen oder Beweismittel *nur* wegen Verletzung ihrer Ermittlungspflicht nach § 88 AO verborgen geblieben, hat also der Steuerpflichtige seine Mitwirkungspflichten gem. § 90 AO voll erfüllt, so kommt nach dem Grundsatz von Treu und Glauben (dazu **423**

83 *Bartone* in: Kühn/von Wedelstädt, AO/FGO, 22. Aufl, § 172 Rn 37.
84 BFH, III B 71/13, BFH/NV 2014, 570.
85 Nach BFH, XI R 28/89, BStBl II 1991, 606.
86 BFH, GrS 1/86, BStBl II 1988, 180 (182 f); VI R 40/08, BStBl II 2010, 951; *Geserich*, NWB 2010, 2366.

Rn 339 f) eine Änderung *zuungunsten* des Steuerpflichtigen nach § 173 Abs. 1 Nr 1 AO nicht in Betracht[87]. Bei eindeutigen Steuererklärungen kann das FA allerdings regelmäßig von der Richtigkeit und Vollständigkeit ausgehen und muss nur weitere Ermittlungen aufnehmen, wenn sich Zweifelsfragen aufdrängen[88]. Haben es sowohl der Steuerpflichtige als auch das FA versäumt, den Sachverhalt aufzuklären, trifft idR den Steuerpflichtigen die Verantwortung mit der Folge, dass der Steuerbescheid geändert werden kann[89].

424 (1) **Tatsachen** iSd Vorschrift sind alles, was Merkmal oder Teilstück eines gesetzlichen Steuertatbestands sein kann, also Zustände, Vorgänge, Beziehungen und Eigenschaften materieller oder immaterieller Art[90].

Keine Tatsachen sind Schlussfolgerungen und juristische Subsumtionen, etwa Schätzungen[91]. Gleiches gilt auch für die Feststellung der Verfassungswidrigkeit einer Norm durch das BVerfG und eine rückwirkende Neuregelung durch den Gesetzgeber[92]. Jedoch handelt es sich um Tatsachen, wenn ein Steuerpflichtiger aus sog. vorgreiflichen Rechtsverhältnissen steuerliche Rechtsfolgen geltend macht, zB aus den Bezeichnungen „Kauf", „Pacht", „Miete", „Gesellschaftsanteil", „Schenkung", „Geschäftsführer". So ist der Erwerb verbilligter GmbH-Anteile eine Tatsache, die im Rahmen der Subsumtion unter einen Einkünftetatbestand eine Rolle spielen kann[93]. Der Wert eines Gegenstands ist keine Tatsache, sondern das Ergebnis von Schlussfolgerungen aus den wertbegründenden Tatsachen[94].

Beweismittel sind alle Erkenntnismittel, die geeignet sind, das Vorliegen oder Nichtvorliegen von Tatsachen zu beweisen[95]. § 92 Satz 2 AO zählt die klassischen Beweismittel auf, ist aber nicht als abschließend zu verstehen.

425 (2) Die Tatsachen oder Beweismittel müssen gem. § 173 Abs. 1 Nr 1 und 2 AO **nachträglich bekannt werden**.

Dies setzt voraus, dass diese bei Erlass des Steuerbescheids bereits *vorhanden* waren. Für nachträglich *entstandene* Tatsachen oder Beweismittel gilt § 175 Abs. 1 Satz 1 Nr 2 AO. Dagegen rechtfertigt ein nachträglich entstandenes Indiz (sog. Hilfstatsache) eine Korrektur nach § 173 AO, wenn dieses zu einer anderen Wertung der Haupttatsache (zB Einkünfteerzielungsabsicht) führt[96].

Beispiel: S erfährt erst nach Unanfechtbarkeit des Schenkungsteuerbescheids von der optionsabhängigen Vollbefreiung nach § 13a Abs. 10 ErbStG und gibt nachträglich die notwendige Erklärung ab. Hier scheitert eine Korrektur nach § 173 Abs. 1 Nr 2 AO daran, dass die Erklärung iSd § 13a Abs. 10 ErbStG materiell-rechtliche Voraussetzung für die Gewährung des Freibetrags ist. Aufgrund der fehlenden Erklärung im Zeitpunkt des Erlasses des Steuerbescheids ist dieser materiell rechtmäßig ergangen. Die spätere Erklärung stellt eine nachträglich entstandene und keine bloß nachträglich bekanntgewordene Tatsache dar. Eine Korrektur nach § 173 Abs. 1 Nr 2 AO scheidet daher aus.

---

87 BFH, IV R 79/99, BStBl II 2002, 2 (4); *Seer*, in: Tipke/Lang, § 21 Rn 406.

88 BFH, XI R 58/05, BStBl II 2006, 835 (836); BFH, II R 52/15, BStBl II 2018, 419.

89 BFH, VIII R 121/83, BStBl II 1989, 585 (589); X R 9/13, BStBl II 2016, 815 (816 f).

90 BFH, X R 60/01, BFH/NV 2003, 1144; VI R 94/13, BStBl II 2014, 864; I R 70/15, BStBl II 2017, 780.

91 BFH, X R 10/13, BFH/NV 2016, 1665 (1666).

92 *Neckels*, DStZ 1993, 321 (327 f); *Seer*, DStR 1993, 307 (312 f) mwN.

93 BFH, VI R 94/13, BStBl II 2014, 864: Verbilligter Erwerb einer Beteiligung als Arbeitslohn.

94 *Loose*, in: Tipke/Kruse, § 173 AO Rn 9 mwN.

95 BFH, VIII R 121/83, BStBl II 1989, 585 (587); *Loose*, in: Tipke/Kruse, § 173 AO Rn 21.

96 BFH, IX R 11/91, BStBl II 1995, 192 (193); VIII R 12/12, juris.

Das Gesetz regelt nicht ausdrücklich, auf *wessen Unkenntnis* es ankommt. Die hM stellt auf das zuständige FA und innerhalb dessen auf die **Kenntnis** der zur Bearbeitung des Steuerfalls organisatorisch berufenen Dienststelle ab[97]. Damit muss sich das FA das Wissen seines Vorstehers, des zuständigen Sachgebietsleiters und des zuständigen Sachbearbeiters zurechnen lassen[98]. Die Kenntnis eines Außenprüfers ist der Veranlagungsstelle demgegenüber nur dann zuzurechnen, wenn diese Tatsache in den Prüfungsbericht aufgenommen wurde[99]. Ohne weiteres bekannt ist der zuständigen Dienststelle der Inhalt der dort für den jeweiligen Steuerpflichtigen geführten Akten, ohne dass es auf die individuelle Kenntnis des jeweiligen Bearbeiters ankommt. Den Inhalt älterer, bereits im Keller abgelegter Akten muss die zuständige Dienststelle nur dann als bekannt gegen sich gelten lassen, wenn zu deren Hinzuziehung besondere Veranlassung bestand[100]. Tatsachen, die sich aus den Akten anderer Steuerpflichtiger ergeben, gelten als nicht bekannt, auch wenn für die Bearbeitung derselbe Sachbearbeiter zuständig ist[101]. 426

Umstritten ist ferner, ab *wann* von einem „nachträglichen" Bekanntwerden auszugehen ist. Die Rspr stellt insoweit grundsätzlich auf den Zeitpunkt ab, in dem der für die Entscheidung zuständige Beamte den Berechnungsbogen oder den Eingabewertbogen unterzeichnet[102]. 427

(3) Nach § 173 Abs. 2 AO[103] können Steuerbescheide, soweit sie aufgrund einer **Außenprüfung** (dazu unten Rn 503 ff) ergangen sind, nicht gem. § 173 Abs. 1 Nr 1 oder Nr 2 AO aufgehoben oder geändert werden („Änderungssperre"). Etwas anderes gilt nur, wenn eine Steuerhinterziehung oder eine leichtfertige Steuerverkürzung vorliegt. § 173 Abs. 2 AO beruht darauf, dass die Finanzbehörde iRd Außenprüfung die Möglichkeit hatte, umfassende Ermittlungen durchzuführen und das Tatsachenmaterial sorgfältig auszuwerten. 428

(4) (a) Würden die nachträglich bekannt gewordenen Tatsachen oder Beweismittel zu einer **niedrigeren Steuer** führen, ist nach § 173 Abs. 1 Nr 2 Satz 1 AO grundsätzlich weitere Voraussetzung, dass den Steuerpflichtigen **kein grobes Verschulden** am nachträglichen Bekanntwerden trifft (Vorsatz bzw grobe Fahrlässigkeit)[104]. Der Steuerpflichtige handelt grob fahrlässig, wenn er die Sorgfalt, zu der er nach seinen persönlichen Kenntnissen und Fähigkeiten verpflichtet und imstande ist, in ungewöhnlich hohem Maße verletzt[105]. Davon ist bspw auszugehen, wenn der Steuerpflichtige im Steuererklärungsformular keine Angaben zu Fragen macht, obwohl er bei sorgfältigem Lesen dazu Anlass gehabt hätte[106], oder wenn der Steuerberater bei seinem 429

97 So BFH, I R 82/97, BStBl II 1998, 552 (553) mwN; *Jakob*, Abgabenordnung, Rn 602; eingehend *Loose*, in: Tipke/Kruse, § 173 AO Rn 28 ff; vgl auch BFH, VI R 61/09, BStBl II 2011, 479: Keine Zurechnung von Kenntnissen der Oberbehörde im Rahmen des § 173 Abs. 1 AO.
98 BFH, VIII B 96/01, BFH/NV 2002, 621 (622) mwN.
99 BFH, I R 140/97, BStBl II 1998, 599; krit dazu *Seer*, in: Tipke/Lang, § 21 Rn 413; vgl zur Zurechnung des Wissens eines Außenprüfers auch FG Münster, 9 K 2231/07 G, F, EFG 2009, 1179.
100 BFH, I R 82/97, BStBl II 1998, 552 (553) mwN.
101 BFH, VI R 85/10, BStBl II 2013, 5 (8).
102 BFH, II R 226/84, BStBl II 1987, 416 (417); VIII R 3/01, BFH/NV 2002, 473 (474); krit *Loose*, in: Tipke/Kruse, § 173 AO Rn 43 ff.
103 Hierzu ausf *Müller*, AO-StB 2005, 73.
104 BFH, IX R 18/14, BStBl II 2017, 7 (8).
105 Hierzu BFH, III R 12/12, BStBl II 2016, 512 (513) mwN; IV B 98/05, BFH/NV 2006, 2226.
106 FG Münster, 2 K 3152/05 E, EFG 2010, 292; nachfolgend BFH, X B 205/08, BFH/NV 2010, 388.

Mandanten bestimmte Aufwendungen nicht abfragt und deshalb eine unvollständige Erklärung abgibt[107].

Auch ein Eingabefehler des Steuerpflichtigen in elektronische Formulare kann grobes Verschulden darstellen[108]. Dies gilt insb, wenn der Steuerpflichtige die beigefügten Erläuterungen unbeachtet lässt[109]. Wird der Übertrag selbst ermittelter Besteuerungsgrundlagen in das Formular hingegen „schlicht vergessen", begründet dies noch nicht die grobe Fahrlässigkeit[110]. Bloße Übertragungs- oder Eingabefehler zählen nach Auffassung des BFH zu den Nachlässigkeiten, die üblicherweise vorkommen und mit denen immer gerechnet werden muss[111]. Für Schreib- oder Rechenfehler gelten § 129 AO bzw § 173a AO (Rn 399, 412).

430 IErg ist die Rspr kasuistisch[112]. Ein Verschulden seines gesetzlichen Vertreters oder des die Steuererklärung anfertigenden Steuerberaters muss sich der Steuerpflichtige analog § 110 Abs. 1 Satz 2, § 152 Abs. 1 Satz 2 HS 2 AO zurechnen lassen[113]. Die Beweislast für grobes Verschulden trägt indes die Finanzbehörde[114]. Sind die Besteuerungsgrundlagen gesondert festzustellen (Rn 536), so kommt es für die Frage, ob eine nachträglich bekannt gewordene Tatsache zu einer höheren oder niedrigeren Steuer führt, nur auf die Änderung der Besteuerungsgrundlagen und nicht auf die Auswirkungen im Folgebescheid an[115].

431 **Fallgruppen:** (aa) Der Steuerpflichtige S kennt die steuerlich relevanten Tatsachen (Beweismittel) oder müsste sie kennen und weiß auch um deren steuerliche Relevanz; das FA kennt die Tatsachen (Beweismittel) dagegen nicht.

Beispiel: S weiß um die Abzugsfähigkeit von Unterhaltsleistungen, macht diese jedoch zunächst nicht geltend, weil er sich über den Zeitpunkt der Zahlung geirrt hat. In diesem Fall trifft den S regelmäßig ein grobes Verschulden. Da er gem. § 90 Abs. 1 AO zur Mitwirkung bei der Ermittlung des Sachverhalts verpflichtet ist, fällt es in seinen Verantwortungsbereich, die steuerlich relevanten Tatsachen und Beweismittel rechtzeitig vorzubringen.

(bb) Der Steuerpflichtige kennt die Tatsachen (Beweismittel), weiß jedoch nicht um ihre steuerliche Relevanz; das FA kennt die Tatsachen (Beweismittel) nicht. Grobes Verschulden ist in diesen Fällen regelmäßig dann anzunehmen, wenn der Steuerpflichtige die den Vordrucken beiliegenden Anleitungsblätter nicht liest und sich deshalb über die steuerliche Auswirkung bestimmter Tatsachen nicht im Klaren ist oder wenn er zu einer im Steuererklärungsformular gestellten Frage Angaben bewusst unterlässt, weil er sie für unerheblich hält. Allerdings müssen die Hinweise in den vom FA zugesandten Merkblättern für einen steuerlichen Laien ausreichend verständlich, klar und eindeutig abgefasst sein und dürfen in Bezug auf das Durchlesen keine unzumutbaren Anforderungen an den Steuerpflichtigen stellen[116].

Beispiel[117]**:** Ein Steuerpflichtiger erklärt trotz hoher Verluste einen Gewinn von 0 €, weil er den Begriff „Gewinn" im Erklärungsvordruck (vgl Anlage GSE) nur als *positiven* Gewinn ver-

---

107 BFH, VI R 58/07, BStBl II 2010, 531; dazu instruktiv Anm. *Schwenke*, NWB 2010, 814. Vgl auch FG Bad.-Württ., 4 K 1838/14, juris (Rev. BFH Az VI R 24/17).
108 BFH, X R 8/11, BFH/NV 2014, 1347; X R 1/14, BFH/NV 2017, 257.
109 BFH, VI R 9/12, BFH/NV 2013, 1143; VI R 5/11, BFH/NV 2013, 1142.
110 BFH, IX R 18/14, BStBl II 2017, 7 (8 ff); dazu Anm. *Weßling*, DStR 2015, 1332.
111 BFH, IX R 18/14, BStBl II 2017, 7 (9).
112 S. *Loose*, in: Tipke/Kruse, § 173 AO Rn 76 ff mwN.
113 BFH, III R 12/12, BStBl II 2016, 512; einschränkend *Loose*, in: Tipke/Kruse, § 173 AO Rn 79 ff.
114 BFH, IX R 18/14, BStBl II 2017, 7 (9) mwN.
115 BFH, IV R 55/06, BStBl II 2009, 950.
116 BFH, VI R 17/91, BStBl II 1993, 80 (81); vgl auch BFH, X R 53/09, BFH/NV 2012, 545.
117 Nach BFH, XI R 42/00, BStBl II 2001, 379.

steht. Der BFH verneinte in einem solchen Fall ein grobes Verschulden unter Hinweis auf den allgemeinen Sprachgebrauch.

(b) Das Verschulden des Steuerpflichtigen ist nach § 173 Abs. 1 Nr 2 Satz 2 AO *unbeachtlich*, wenn die Tatsachen oder Beweismittel in einem unmittelbaren oder mittelbaren Zusammenhang mit Tatsachen oder Beweismitteln iSd Nr 1 – also solchen, die zu einer höheren Steuer führen – stehen. In diesem Falle müssen Tatsachen oder Beweismittel zugunsten des Steuerpflichtigen trotz dessen Verschuldens berücksichtigt werden und zwar uneingeschränkt[118] und nicht nur bis zur Höhe der steuererhöhenden Tatsachen. 432

Hervorzuheben sind ferner Besonderheiten bei der *Schätzung*: Sind Einkünfte aus einer bestimmten Einkunftsart geschätzt worden (§ 162 AO), ist als nachträglich bekannt gewordene Tatsache die tatsächliche Höhe dieser Einkünfte *insgesamt* anzusehen. Eine Aufspaltung in steuererhöhende Einnahmen oder Vermögensmehrungen auf der einen und steuermindernde Ausgaben oder Vermögensminderungen auf der anderen Seite, um nach § 173 Abs. 1 Nr 2 Satz 2 AO zu einer niedrigeren Steuer zu gelangen, kommt nicht in Betracht[119]. Das Gleiche gilt, wenn eine Einkunftsart bisher überhaupt nicht berücksichtigt wurde[120].

(5) Ungeschriebenes Tatbestandsmerkmal (aA: Teilmerkmal der höheren oder niedrigeren Steuer[121]) ist, dass die nachträglich bekanntgewordene Tatsache bzw das Beweismittel **rechtserheblich** sind. Danach darf ein Steuerbescheid nicht wegen nachträglich bekannt gewordener Tatsachen zugunsten des Steuerpflichtigen geändert werden, wenn das FA bei ursprünglicher Kenntnis der Tatsachen nicht anders entschieden hätte. Für die Frage, wie das FA (hypothetisch) entschieden hätte, ist grundsätzlich auf die herrschende Verwaltungsauffassung abzustellen[122]. Mit diesem Merkmal soll verhindert werden, dass der Steuerpflichtige von einer Rechtsprechungsänderung profitiert, obwohl er selbst seinen Bescheid nicht angegriffen hatte. Eine Änderung nach § 173 Abs. 1 AO scheidet also aus, wenn die Unkenntnis der später bekannt gewordenen Tatsache für die ursprüngliche Veranlagung nicht ursächlich gewesen ist[123]. 433

Lösung Fall 18 (Rn 420): Nach § 173 Abs. 1 Nr 2 Satz 1 AO ist ein Steuerbescheid zu ändern, wenn nachträglich Tatsachen bekannt werden, die zu einer niedrigeren Steuer führen, und den Steuerpflichtigen kein grobes Verschulden hieran trifft. Eine solche Tatsache ist hier die Aufnahme der gewerblichen Tätigkeit durch A und der erlittene Verlust daraus. Sie ist nachträglich durch die Einkommensteuererklärung bekannt geworden und war in der Schätzung, die dem Einkommensteuerbescheid zugrunde lag, nicht berücksichtigt. Indes handelte A grob schuldhaft, indem er entgegen gesetzlicher Verpflichtung seine Einkommensteuererklärung nicht rechtzeitig abgegeben hat. Das Verschulden könnte aber gem. § 173 Abs. 1 Nr 2 Satz 2 AO unbeachtlich sein. Dann müssten Tatsachen, die zu einer niedrigeren Steuer führen, in unmittelbarem oder mittelbarem Zusammenhang mit Tatsachen stehen, die zu einer höheren Steuer führen. Dies wäre nur dann anzunehmen, wenn man den 434

118 BFH, VIII R 190/80, BStBl II 1984, 4 (5), da § 173 Abs. 1 Nr 2 Satz 2 AO von „wenn" und nicht „soweit" spreche; *Jakob*, Abgabenordnung, Rn 610.
119 BFH, XI R 28/89, BStBl II 1991, 606 (607).
120 BFH, III R 58/92, BStBl II 1994, 346.
121 *Loose*, in: Tipke/Kruse, § 173 AO Rn 54 ff.
122 BFH, VI R 40/08, BStBl II 2010, 951 mwN; dazu *Geserich*, NWB 2010, 2366.
123 BFH, IX R 45/08, BStBl II 2009, 891 mwN.

Verlust aufspaltet in zu höheren Steuern führende Betriebseinnahmen (1000 €) und zu niedrigeren Steuern führende Betriebsausgaben (9000 €). Eine solche isolierte Sichtweise vermag indes nicht zu überzeugen. Vielmehr ist bei einer erstmaligen Abgabe einer Steuererklärung der gewerbliche Verlust *insgesamt* eine Tatsache. IErg kommt daher eine Änderung des Einkommensteuerbescheids nach § 173 AO nicht in Betracht.

c) Korrektur wegen Schreib- oder Rechenfehler bei Erstellung einer Steuererklärung gem. § 173a AO

435 § 173a AO ergänzt das Korrektursystem der AO an der Schnittstelle zwischen § 129 AO und § 173 AO.

Mechanische Fehler des Steuerpflichtigen bei der Erstellung seiner Steuererklärung (zB Übertragungsversehen aus der eingereichten Bilanz) konnten bislang nur dann als offenbare Unrichtigkeit gem. § 129 AO korrigiert werden, wenn die Finanzbehörde die fehlerhaften Angaben dem Bescheid zugrunde gelegt und damit die offenbare Unrichtigkeit des Steuerpflichtigen als eigene übernommen hatte (Rn 399)[124]. Waren die aufgrund des Fehlers gar nicht erst erklärten Tatsachen für die Finanzbehörde nicht zu erkennen (= nicht bekannt), kam eine Änderung (nur) nach § 173 AO in Betracht (häufig zB bei elektronisch übermittelten Steuererklärungen, zu denen keine ergänzenden Unterlagen eingereicht werden[125]).

436 Nach § 173a AO „sind" (kein Ermessen) Steuerbescheide aufzuheben oder zu ändern, soweit die Steuererklärung des Steuerpflichtigen rechtserhebliche Schreib- oder Rechenfehler enthält[126]. Im Gegensatz zu § 129 AO sind „ähnliche offenbare Unrichtigkeiten" von § 173a AO nicht erfasst[127]. Übertragungsfehler sind nach Auffassung der Finanzverwaltung unter das Tatbestandmerkmal „Schreibfehler" zu subsumieren[128].

Wegen der Formulierung „aufzuheben oder zu ändern" in § 173a AO kann diese Korrektur (anders nach § 129 AO) auch eine Saldierung (§ 177 AO) eröffnen (Rn 455).

Das schlichte Vergessen eines Übertrags selbst ermittelter Besteuerungsgrundlagen in die Steuererklärung ist kein Schreib- oder Rechenfehler iSd § 173a AO. Hier kommt eine nachträglich bekanntgewordene Tatsache iSd § 173 Abs. 1 AO in Betracht. Ob eine Korrektur nach § 173 Abs. 1 Nr 2 AO möglich ist, hängt davon ab, ob grobes Verschulden vorliegt (Rn 429).

d) Korrektur wegen widerstreitender Festsetzung gem. § 174 AO

437 Es sind Fälle denkbar, in denen *ein* Sachverhalt[129] in *verschiedenen* Bescheiden (dazu zählen auch Bescheide aus dem EU-Ausland[130]) unterschiedlich rechtlich gewürdigt wird, wobei sich die in den Bescheiden enthaltenen Subsumtionen *denknotwendig* ge-

124 BFH, VIII R 9/11, BStBl II 2014, 439 mwN.

125 BT-Drs 18/7457, 87.

126 Zur Begründung vgl BT-Drs 18/7457, S. 87 f; kritisch hinsichtlich des im Vergleich zu § 129 AO engeren Wortlauts *Baldauf*, DStR 2016, 833 (839) sowie *Habel/Müller*, DStR 2016, 2791 (2791 f).

127 *Seer*, in: Tipke/Lang, § 21 Rn 418; *Loose*, in: Tipke/Kruse, § 173a AO Rn 5.

128 AEAO zu § 173a Nr 1, so auch: BT-Drs 18/7457, 87; aA *Baldauf*, DStR 2016, 833 (838 f); *Habel/Müller*, DStR 2016, 2791 (2791 f).

129 Zum Begriffsverständnis „bestimmter Sachverhalt" vgl BFH, II R 53/10, BStBl II 2013, 755; *von Wedelstädt*, AO-StB 2009, 294.

130 BFH, I R 73/10, BStBl II 2013, 566. Steuerbescheide aus Nicht-EU-Staaten sollen allerdings nicht unter § 174 AO fallen, FG Düsseldorf, 13 K 3534/12 E, AO, EFG 2014, 705; aA FG Bad.-Württ., 11 K 3775/12, EFG 2016, 98 (Rev. BFH Az II R 61/15).

genseitig ausschließen – sog. *widerstreitende Steuerfestsetzungen*[131]. § 174 AO ermöglicht in diesen Fällen die Aufhebung oder Änderung des fehlerhaften Steuerbescheids, wobei der Fehler nicht nur in der Ermittlung der Bemessungsgrundlage liegen kann. § 174 AO zwingt dagegen nicht zur korrespondierenden Behandlung zweier Steuerfälle[132], zB auf Geber- und Nehmerseite.

§ 174 Abs. 1, 2 AO betrifft die *Mehrfachberücksichtigung* eines Sachverhalts zuungunsten bzw zugunsten des Steuerpflichtigen (**positiver Widerstreit**). § 174 Abs. 2 Satz 2 AO schützt das Vertrauen des Steuerpflichtigen. **438**

Fallgruppen der Mehrfachberücksichtigung eines Sachverhalts nach § 174 Abs. 1, 2 AO:

(1) Derselbe Sachverhalt wird *mehreren*, sich gegenseitig ausschließenden *Steuerarten* oder Regelungen zugeordnet.

Beispiel: Ein zugewendeter Geldbetrag wird beim Empfänger sowohl der Einkommen- als auch der Erbschaftsteuer unterworfen.

(2) Derselbe Sachverhalt wird *mehreren Steuerschuldnern* zugeordnet, obwohl nur einer in Betracht kommen kann.

Beispiel: X zahlt Honorar, das er Rechtsanwalt R schuldet, an Steuerberater S, dem R die Forderung gegen X abgetreten hat. Das FA erfasst die Einnahme sowohl bei R als auch bei S. Den Einkünfteerzielungstatbestand hat nur R verwirklicht; der gegenüber S ergangene Einkommensteuerbescheid ist insoweit nach § 174 Abs. 1 AO zu ändern. Das zwischen R und S bestehende Rechtsverhältnis ist ein anderer Sachverhalt und gesondert einkommensteuerlich bei beiden zu würdigen.

(3) Derselbe Sachverhalt wird *in mehreren Veranlagungszeiträumen* erfasst.

(4) Derselbe Sachverhalt wird *von mehreren Finanzämtern* wg derselben Steuerschuld berücksichtigt.

§ 174 Abs. 3 AO betrifft die *Nichtberücksichtigung* eines Sachverhalts in der *erkennbaren* Annahme, dass er in einem anderen Steuerbescheid zu berücksichtigen sei (**negativer Widerstreit**). Die Annahme muss daher für die Nichtberücksichtigung *kausal* gewesen sein. Daran fehlt es etwa, wenn der Steuerpflichtige während eines Einspruchsverfahrens erfährt, dass eine anderweitige Berücksichtigung eines bestimmten Sachverhalts nicht in Betracht kommt und dagegen nicht vorgeht[133], oder wenn der Sachverhalt deshalb nicht im Steuerbescheid beachtet wurde, weil der zuständige Amtsträger von diesem Sachverhalt überhaupt keine Kenntnis hatte oder annahm, er sei ohne jede steuerliche Bedeutung[134]. Liegen die Voraussetzungen des § 174 Abs. 3 AO aber vor, so *muss*[135] der Bescheid geändert werden. **439**

Beispiel: Aufgrund einer Betriebsprüfung für das Jahr 09 stellt das FA fest, dass der in 09 erfasste Veräußerungsgewinn im Jahr 08 erzielt wurde und ändert daraufhin den Bescheid 09 zugunsten des Steuerpflichtigen. Der Bescheid 08 muss nach § 174 Abs. 3 AO ebenfalls geändert werden[136].

---

131 Vertiefend *Hardtke*, AO-StB 2003, 262; *Demuth*, KÖSDI 2006, 15207; Prüfungsschemata bei *Birk/Desens/Tappe*, Klausurenkurs, Fall 1.
132 BFH, IV R 52/90, BStBl II 1992, 126 (128); X R 57/89, BStBl II 1994, 597 (598).
133 BFH, XI R 62/05, BStBl II 2007, 238 (240).
134 BFH, VIII R 19/00, BStBl II 2001, 743 (745 f).
135 So BFH, II R 208/82, BStBl II 1986, 241 (243).
136 Dazu näher *von Wedelstädt*, AO-StB 2009, 332.

440 Nach § 174 Abs. 4, 5 AO können schließlich, wenn aufgrund eines Antrags oder Rechtsbehelfs des Steuerpflichtigen ein fehlerhafter *anderer* Bescheid *zugunsten* des Steuerpflichtigen aufgehoben oder geändert wurde, für einen anderen Bescheid des Steuerpflichtigen (Abs. 4) oder eines Dritten[137] (Abs. 5) die richtigen steuerlichen Folgerungen gezogen werden **(„durch Rechtsbehelf ausgelöster Widerstreit")**[138]. Nach der Rspr[139] ist hier – anders als bei § 174 Abs. 1–3 AO – aufgrund des abweichenden Wortlauts kein zwingendes Alternativitätsverhältnis erforderlich. Es soll nur vermieden werden, dass Steuerfestsetzungen bestehen bleiben, die zu dem angefochtenen und aufgehobenen Bescheid im Widerspruch stehen[140]. Die Reihenfolge der Bescheide ist nicht entscheidend[141]. Die Finanzbehörde ist bei Änderungsbescheiden gem. § 174 Abs. 4 AO nicht an ihre im vorherigen Bescheid vertretene Rechtsauffassung gebunden[142].

Beispiel: Der Gewerbesteuermessbescheid (Rn 1409) wird im Rechtsbehelfsverfahren aufgehoben. Die bestandskräftige Einkommensteuerfestsetzung erfolgte unter Anwendung der Tarifbegrenzung des § 32c EStG aF, die aber gewerbliche Einkünfte voraussetzt. Das FA kann den Einkommensteuerbescheid nach § 174 Abs. 2 Satz 1 AO ändern und die Tarifbegrenzung versagen[143].

e) Korrektur von Folgebescheiden gem. § 175 Abs. 1 Satz 1 Nr 1 AO

441 Gem. § 175 Abs. 1 Satz 1 Nr 1 AO ist ein Steuerbescheid (Folgebescheid) zu erlassen, aufzuheben oder zu ändern, soweit (1) ein Grundlagenbescheid erlassen, aufgehoben oder geändert wird, dem (2) Bindungswirkung[144] für diesen Steuerbescheid zukommt.

Nach der Definition des § 171 Abs. 10 Satz 1 AO sind **Grundlagenbescheide** der Feststellungsbescheid (§ 179, § 180 AO; dazu Rn 536 ff), der Steuermessbescheid (§ 184 AO; dazu Rn 1404 ff) oder andere Verwaltungsakte, die für die Festsetzung einer Steuer bindend sind, zB Zuteilungs- und Zerlegungsbescheide (§ 185, § 190 AO; dazu Rn 1416 ff)[145]. Dementsprechend sind **Folgebescheide** Steuerbescheide, für die die Feststellungen im Grundlagenbescheid bindend sind.

Auch Verwaltungsakte anderer Behörden, die nicht Finanzbehörden sind, können Grundlagenbescheide sein (zB die Feststellung des Grades der Behinderung für die Anwendung des § 33b

137 Zu dieser Konstellation BFH, V R 28/14, BFH/NV 2015, 1016.

138 Die Hinzuziehung eines Dritten nach § 174 Abs. 4 und 5 AO muss dabei vor Ablauf der für den Dritten geltenden Festsetzungsfrist erfolgen, vgl BFH, V R 82/07, BStBl II 2009, 876.

139 So BFH, IV R 52/90, BStBl II 1992, 126 (128); VIII R 54/95, BStBl II 1997, 647 (649).

140 BFH, IX R 25/09, BStBl II 2010, 953.

141 S. BFH, X R 27/07, BStBl II 2009, 620, bei dem die Änderungsmöglichkeit bereits vor Erlass des erstmaligen Bescheids eingetreten war, aber nicht berücksichtigt wurde. Dennoch ermöglichte der BFH die spätere Korrektur des unrichtigen Bescheids nach § 174 Abs. 4 AO.

142 BFH, I R 74/06, BStBl II 2008, 277.

143 BFH, III R 12/14, BStBl II 2016, 818.

144 Zur Bindungswirkung vgl *von Wedelstädt*, AO-StB 2009, 203. Die Ausgleichsfähigkeit von Verlusten soll nach FG Köln, 6 K 2552/10, EFG 2013, 1718, nicht von der Bindungswirkung erfasst werden (aufgehoben und zurückverwiesen durch BFH, IX R 38/13, BStBl II 2016, 580).

145 Nicht jedoch der Steuerbescheid im Verhältnis zum Haftungsbescheid, BFH, VII R 7/04, BStBl II 2006, 343, oder zum Zinsbescheid, BFH, X R 30/17, BStBl II 2019, 362.

EStG)[146]. Nicht erforderlich ist, dass sich die Bindungswirkung eines Grundlagenbescheids auf sämtliche Tatbestandsmerkmale einer steuerrechtlichen Vorschrift erstreckt[147].

Einem nichtigen und damit unwirksamem Grundlagenbescheid kommt zwar keine Bindungswirkung zu. Stellt die Finanzbehörde jedoch die Nichtigkeit durch Bescheid fest (§ 125 Abs. 5 AO), so handelt es sich dabei wieder um einen Grundlagenbescheid iSd § 171 Abs. 10 AO, so dass der Folgebescheid entsprechend anzupassen ist[148]. Zu beachten ist, dass die Aufhebung oder Änderung des Folgebescheids nur insoweit nach § 175 Abs. 1 Satz 1 Nr 1 AO möglich ist, wie die Bindungswirkung reicht (vgl Wortlaut: „soweit …“). **442**

Da § 155 Abs. 2 AO es ausdrücklich zulässt, dass der Steuerbescheid (= Folgebescheid) erteilt wird, bevor der Grundlagenbescheid erlassen wurde, ist der häufigste Fall einer Änderung nach § 175 Abs. 1 Satz 1 Nr 1 AO die Änderung des Steuerbescheids aufgrund eines nachfolgenden Grundlagenbescheids.

Beispiel: A ist an einer KG beteiligt. Da bei der Einkommensteuerveranlagung sein Gewinnanteil noch nicht festgestellt ist, muss das für die Veranlagung zuständige FA diesen gem. § 155 Abs. 2, § 162 Abs. 5 AO (dazu noch unten Rn 486) schätzen. Nach Erlass des Grundlagenbescheids (einheitliche und gesonderte Gewinnfeststellung nach § 179, § 180 Abs. 1 Nr 2 lit. a AO) ist der Bescheid gem. § 175 Abs. 1 Satz 1 Nr 1 AO zu korrigieren.

f) Korrektur wegen eines rückwirkenden Ereignisses gem. § 175 Abs. 1 Satz 1 Nr 2 AO

Fall 19: G war 01 Geschäftsführer der X-GmbH. Die zuständige Krankenkasse teilte ihm mit, dass er sozialversicherungspflichtig sei. Daraufhin führte er die entsprechenden Beiträge ab. Im Jahr 11 teilt die Krankenkasse dem G mit, dass er entgegen der ursprünglichen Annahme nicht sozialversicherungspflichtig gewesen sei. Die 01 gezahlten Beiträge werden G und der X-GmbH (Arbeitnehmer- bzw Arbeitgeberanteile) im Jahr 11 erstattet. Im Jahr 12 stellt sich die Frage, ob der Einkommensteuerbescheid für 01 zu ändern ist. **Rn 447** **443**

§ 175 Abs. 1 Satz 1 Nr 2 AO regelt die Berücksichtigung später *eingetretener* Ereignisse, denen steuerliche Rückwirkung zukommt[149]. **444**

aa) Unter den Begriff des Ereignisses iSd § 175 Abs. 1 Satz 1 Nr 2 AO fallen nur Tatsachen[150] (zum Begriff oben Rn 424), also auch vorgreifliche Rechtsverhältnisse. Keine Tatsachen stellen dagegen richtiger Ansicht nach rückwirkende Änderungen von Steuergesetzen oder Entscheidungen des BVerfG dar, die eine Norm gem. § 78 Satz 1, § 82 Abs. 1, § 95 Abs. 3 BVerfGG rückwirkend für nichtig erklären[151].

bb) Das Ereignis muss nachträglich eintreten. Hierdurch unterscheidet sich § 175 Abs. 1 Satz 1 Nr 2 AO von § 173 AO. Letzterer setzt eine im Erlasszeitpunkt vorhandene Tatsache voraus (vgl oben Rn 425 ff), die nachträglich bekannt wird.

146 BFH, III R 35/87, BStBl II 1991, 717.
147 BFH, X R 17/18, juris.
148 BFH, X R 15/10, BStBl II 2015, 109.
149 Zur Änderung eines Steuerbescheids bei Zusammenveranlagung s. BFH, X R 14/08, BStBl II 2010, 533; X R 24/13, BFH/NV 2015, 1334.
150 BFH, II R 55/86, BStBl II 1989, 75 (76); I R 67/10, BFH/NV 2012, 6 (8); *Loose*, in: Tipke/Kruse, § 175 AO Rn 25.
151 BFH, X R 5/88, BStBl II 1991, 55; *Seer*, DStR 1993, 307 (313) mwN.

445 cc) Das Ereignis hat nach der Rechtsprechung steuerliche Wirkung für die Vergangenheit, wenn es den Sachverhalt verändert und dabei derart in die Vergangenheit zurückwirkt, dass ein Bedürfnis besteht, eine schon bestandskräftig gewordene Regelung iSd § 155, § 157 AO an die Sachverhaltsänderung anzupassen. Wann dies der Fall ist, entscheidet sich anhand des materiellen Steuergesetzes[152]. Die Rspr ist kasuistisch[153]. So ist die Rückzahlung einer Abfindung kein rückwirkendes Ereignis (und deshalb im Abflussjahr zu berücksichtigen), auch wenn die Abfindung im Zuflussjahr begünstigt besteuert worden ist[154]. Einigkeit besteht jedoch dahingehend, dass insb in folgenden Fällen eine steuerliche Wirkung für die Vergangenheit vorliegt: Änderung des Rechtsverhältnisses durch Anfechtung, Minderung, Rücktritt, Eintritt einer Bedingung oder durch gerichtlichen oder behördlichen Hoheitsakt, rechtsbegründende Gestaltungsurteile und konstitutiv wirkende Verwaltungsakte. Insb in folgenden Fällen wurde eine steuerliche Rückwirkung dagegen verneint: Änderungen der Rspr, Leistungs- und Feststellungsurteile, deklaratorische Verwaltungsakte.

Beispiel[155]**:** Die Erstattung von zuviel gezahlter Kirchensteuer, die zunächst nach § 10 Abs. 1 Nr 4 EStG als Sonderausgaben abgezogen wurde, stellt insoweit ein rückwirkendes Ereignis dar, als sie die im Jahr der Erstattung gezahlte Kirchensteuer übersteigt.

Als weiteres Beispiel ist die Uneinbringlichkeit der Kaufpreisforderung aus einer Veräußerung iSd § 16, § 17 EStG zu nennen[156]. Als rückwirkendes Ereignis gilt gem. § 175 Abs. 2 AO auch der Wegfall einer Voraussetzung für eine Steuervergünstigung, wenn gesetzlich bestimmt ist, dass diese Voraussetzung für eine bestimmte Zeit gegeben sein muss, oder wenn durch Verwaltungsakt festgestellt worden ist, dass sie die Grundlage für die Gewährung der Steuervergünstigung bildet. **Beispiele:** Nichteinhaltung von sog. Verbleibensfristen (vgl etwa § 2 Abs. 1 Satz 1 Nr 2 InvZulG 2010); Verstoß gegen die satzungsmäßige Vermögensbindung im Gemeinnützigkeitsrecht (§ 61 Abs. 3 AO).

446 § 175 Abs. 1 Satz 1 Nr 2 AO wird durch Spezialvorschriften verdrängt, so zB durch § 17 UStG, § 16 GrEStG. Andere Regelungen wie zB § 29 ErbStG ordnen (erbschaftsteuerliche) Vergangenheitswirkung an, treffen aber keine verfahrensrechtlichen Folgen. In diesen Fällen bleibt § 175 Abs. 1 Satz 1 Nr 2 AO anwendbar. Die Korrekturmöglichkeit nach § 165 Abs. 2 AO verdrängt die Anwendbarkeit des § 175 Abs. 1 Satz 1 Nr 2 AO hingegen nicht[157].

447 **Lösung Fall 19** (Rn 443): Eine Änderung nach § 173 AO scheidet wegen Ablaufs der Festsetzungsfrist (§ 171 Abs. 10 AO) gem. § 169 Abs. 1 AO von vornherein aus. Eine Änderung nach § 175 Abs. 1 Satz 1 Nr 2 AO setzt den Eintritt eines rückwirkenden Ereignisses voraus. Die Rückzahlung der Beiträge infolge der Freistellung von der Versicherungspflicht stellt ein solches dar[158]. Damit beginnt auch die Festsetzungsfrist gem. § 175 Abs. 1 Satz 2 AO erst mit Ablauf des Jahres 11. Diese beträgt gem. § 169 Abs. 2 Satz 1 Nr 2 AO vier Jahre, ist also 2012 noch nicht abgelaufen.

152 BFH, GrS 2/92, BStBl II 1993, 897; IV B 106/10, BFH/NV 2012, 166 (166 f).
153 S. zu Fallgruppen und Einzelfällen *Loose*, in: Tipke/Kruse, § 175 AO Rn 33 ff.
154 BFH, VI R 33/03, BStBl II 2006, 911.
155 BFH, X R 46/07, BStBl II 2009, 229.
156 BFH, GrS 1/92, BStBl II 1993, 894 (896); GrS 2/92, BStBl II 1993, 897 (900 ff).
157 BFH, IX R 30/06, BStBl II 2007, 807.
158 Näher BFH, X R 7/96, BStBl II 1999, 95 (96).

g) Korrektur wegen Verständigungsvereinbarungen gem. § 175a AO

Nach § 175a Satz 1 AO ist ein Steuerbescheid zu erlassen, aufzuheben oder zu ändern, soweit dies zur Umsetzung einer Verständigungsvereinbarung oder eines Schiedsspruchs nach einem völkerrechtlichen Vertrag iSd § 2 AO geboten ist. Verständigungsverfahren werden zwischen Vertragsstaaten aufgrund von DBA durchgeführt (s. Rn 1447 ff) und dienen der Vermeidung einer dem Abkommen nicht entsprechenden Besteuerung (zum Ablauf der Festsetzungsfrist beachte Hemmung nach § 175a Satz 2 AO). **448**

h) Korrektur von Steuerbescheiden bei Datenübermittlung durch Dritte gem. § 175b AO

§ 175b AO ergänzt das Korrektursystem der AO, indem es insb die bislang in § 10 Abs. 2a Satz 8 EStG verortete Änderungsvorschrift verallgemeinert und an die ebenfalls neuen, in § 93c AO festgelegten Grundsätze zur Datenübermittlung durch Dritte anpasst[159]. § 175b AO umfasst dabei in seinen drei Absätzen drei unterschiedliche Korrekturregelungen. **449**

– Nach Abs. 1 ist ein Steuerbescheid aufzuheben oder zu ändern, soweit von der mitteilungspflichtigen Stelle an die Finanzbehörde übermittelte Daten iSd § 93c AO bei der Steuerfestsetzung nicht oder nicht zutreffend berücksichtigt wurden. Da die übermittelten Daten keine rechtliche Bindungswirkung für die Finanzbehörden besitzen, wird eine Korrektur indes nur in Betracht kommen, soweit die bisher festgesetzte Steuer materiell unrichtig ist[160].

– Abs. 2 führt zur Aufhebung oder Änderung eines Steuerbescheids, soweit Daten, die von mitteilungspflichtigen Stellen nach Maßgabe des § 93c AO an die Finanzverwaltung übermittelt wurden und nach § 150 Abs. 7 Satz 2 AO als Angaben des Steuerpflichtigen gelten, zu Ungunsten des Steuerpflichtigen unrichtig sind. Dies betrifft Fälle, in denen der Steuerpflichtige in seiner Steuererklärung keine von den übermittelten Daten abweichenden Angaben gemacht hat. Ein Verschulden des Steuerpflichtigen ist dabei unbeachtlich[161].

– Schließlich ist nach Abs. 3 ein Steuerbescheid aufzuheben oder zu ändern, soweit eine für die steuerliche Berücksichtigung von übermittelten Daten iSd § 93c AO notwendige Einwilligung des Steuerpflichtigen nicht vorliegt.

i) Vertrauensschutz nach § 176 AO bei der Korrektur

§ 176 AO stellt eine **Schutzvorschrift** zugunsten des Steuerpflichtigen dar, die die soeben behandelten Korrekturtatbestände der §§ 172 ff AO, aber auch § 164 Abs. 2, § 165 Abs. 2 AO einschränkt. § 176 AO bleibt auch durch § 177 AO (dazu unten Rn 454 ff) unberührt, § 177 Abs. 4 AO. **450**

Nach § 176 AO darf bei der Aufhebung oder Änderung eines Steuerbescheids *nicht zuungunsten* des Steuerpflichtigen berücksichtigt werden, dass das BVerfG die *Nichtigkeit* (oder Verfassungswidrigkeit[162]) *eines Gesetzes* feststellt, auf dem die bisherige Steuerfestsetzung beruht (Nr 1) oder ein oberster Gerichtshof des Bundes (insb der BFH) eine *Norm*, auf der die bisherige Steuerfestsetzung beruht, nicht anwendet, weil er sie für *verfassungswidrig* hält (Nr 2). Der letztgenannte Fall betrifft Normen, für die kein Verwerfungsmonopol des BVerfG gem. Art. 100 GG besteht und die deshalb jedes Gericht im Falle der Annahme eines Rechtsversto-

---

159 BT-Drs 18/7457, S. 88; s. auch *Dißars*, BB 2017, 1307 (1308 ff).
160 Vgl *Baum*, NWB 2016, 2852 (2859).
161 BT-Drs 18/8434, S. 115.
162 BVerfG, 2 BvL 10/95, BVerfGE 99, 280 (299).

ßes außer Anwendung lassen kann, also insb vorkonstitutionelle förmliche Gesetze oder unterhalb des förmlichen Gesetzes stehende Rechtsnormen[163].

451 Nach § 176 Abs. 1 Satz 1 Nr 3 AO darf bei der Korrektur eines Steuerbescheids nicht zuungunsten des Steuerpflichtigen berücksichtigt werden, dass sich die *Rspr* eines obersten Gerichtshofes des Bundes (insb des BFH) *geändert* hat, die bei der bisherigen Steuerfestsetzung von der Finanzbehörde angewandt worden ist[164]. Hat der Steuerpflichtige die bisherige Rspr bereits in einer Steuererklärung oder Steueranmeldung berücksichtigt, ohne dass dies für die Finanzbehörde erkennbar war, gilt dies indes gem. § 176 Abs. 1 Satz 2 AO nur, wenn anzunehmen ist, dass die Finanzbehörde bei Kenntnis der Umstände die bisherige Rspr angewandt hätte.

452 § 176 Abs. 2 AO stellt sicher, dass es sich in den Fällen der Aufhebung oder Änderung von Steuerbescheiden nicht zuungunsten des Steuerpflichtigen auswirken darf, dass ein oberstes Bundesgericht (insb der BFH) eine Verwaltungsvorschrift für rechtswidrig hält[165].

j) Saldierung gegenläufiger materieller Fehler nach § 177 AO[166]

453 **Fall 20:** Das FA hat die anerkennungsfähigen Werbungskosten des S iHv 350 € als Kosten der Lebensführung (§ 12 EStG) behandelt. S legt keinen Einspruch ein. Später stellt das FA fest, dass S Nebeneinkünfte iHv 150 € nicht angegeben hat. Kann das FA den Bescheid ändern? **Rn 461**

454 Fehler in den Steuerbescheiden können nur insoweit korrigiert werden, als hierfür eine gesetzliche Grundlage vorhanden ist. Die §§ 172 ff AO gestatten nur eine *punktuelle Berichtigung* und keine Gesamtaufrollung des Steuerfalls. Das führt dazu, dass nach Erlass des Steuerbescheids für jeden Fehler gesondert untersucht werden muss, ob die Voraussetzungen für eine Änderung des Bescheids vorliegen.

455 § 177 AO schränkt den in §§ 172 ff AO enthaltenen Grundsatz ein, nach dem Fehler nur jeweils einzeln aufgrund einer gesetzlichen Grundlage berichtigt werden können. § 177 AO gestattet eine **Fehlersaldierung**. Anlässlich einer Aufhebung oder Änderung eines Steuerbescheids sind danach auch solche *gegenläufigen materiellen Fehler* zu berichtigen, die selbst nicht Anlass der Aufhebung oder Änderung sind. § 177 AO ist daher **keine eigenständige Korrekturvorschrift**, sondern ermöglicht Fehlersaldierungen im Zusammenhang mit anderen Änderungen[167]. § 177 AO setzt die Aufhebung eines Steuerbescheids nach den §§ 172 ff AO oder bestimmter Korrekturvorschriften[168] in Einzelsteuergesetzen voraus. Bei einer Berichtigung wegen offenbarer

163 Vgl dazu *Wernsmann*, in: HHSp, § 4 AO Rn 295 f.

164 Vgl grundsätzlich dazu *Söffing*, DStZ 2006, 588; zur Reichweite im Einspruchsverfahren vgl BFH, XI R 30/05, BStBl II 2007, 524.

165 Dazu BFH, IV R 65/96, BStBl II 1999, 46 (47); IX R 86/00, BStBl II 2002, 840 (841).

166 Zur Einbindung des § 177 AO in Klausurlösungen s. *Birk/Desens/Tappe*, Klausurenkurs, Fall 1.

167 Vgl auch BFH, X R 14/08, BStBl II 2010, 533: Die Saldierung von materiell-rechtlichen Fehlern nach § 177 AO ist nur möglich, soweit die Bestandskraft eines Bescheids durch eine Änderung bereits durchbrochen ist. Der Berichtigungsrahmen darf weder überschritten noch unterschritten werden.

168 Zur Anwendbarkeit von § 177 AO iVm Korrekturvorschriften nach Einzelsteuergesetzen *Isenburg*, SteuerStud 2014, 286; *Loose*, in: Tipke/Kruse, § 177 AO Rn 1.

Unrichtigkeit gem. § 129 AO (Rn 399) ist § 177 AO nicht anwendbar, weil dieser nur von Aufhebung oder Änderung, nicht aber von Berichtigung spricht[169]. Dies ist konsequent, da die Saldierung gem. § 177 AO erst durch die Durchbrechung der Bestandskraft gerechtfertigt wird. Eine Berichtigung nach § 129 AO lässt die Bestandskraft eines Verwaltungsaktes jedoch gerade unberührt[170].

Materielle Fehler sind gem. § 177 Abs. 3 AO alle Fehler einschließlich offenbarer Unrichtigkeiten iSd § 129 AO, die zur Festsetzung einer Steuer führen, die von der kraft Gesetzes entstandenen Steuer abweicht. § 177 AO gestattet es also nicht, materielle Fehler bei einer Änderung *wegen* offenbarer Unrichtigkeit zu kompensieren; offenbare Unrichtigkeiten können dagegen bei einer Änderung wegen anderer Korrekturvorschriften (§§ 172 ff AO) kompensiert werden. Für den Fehlerbegriff kommt es nur darauf an, ob auf der Basis des materiellen Rechts ein Steueranspruch entstanden ist, auch wenn er – etwa durch Verjährung – später erloschen ist[171]. **456**

Allerdings ist eine Berichtigung nach § 177 Abs. 1 oder Abs. 2 AO nur zulässig, *soweit* die Änderung reicht. Nach der Rspr des BFH können iRd § 177 AO auch solche Rechtsfehler berichtigt werden, für die ihrerseits eine Korrekturmöglichkeit wegen Eintritts der Festsetzungsverjährung ausscheidet[172]. Diese Ansicht berücksichtigt allerdings nicht, dass gem. § 47 AO die Verjährung zum Erlöschen des Steueranspruchs führt (vgl Rn 248)[173]. **457**

Der *Zweck* des § 177 Abs. 1 AO besteht in Folgendem: Einerseits gibt es nach §§ 172 ff AO nur eine punktuelle Fehlerberichtigung, andererseits kann der Steuerpflichtige den Aufhebungs- oder Änderungsbescheid anfechten, *soweit* die Änderung reicht (§ 351 Abs. 1 AO, § 42 FGO). **458**

Das bedeutet: Betrug die Steuer zunächst 10 000 €, nach der Änderung des Steuerbescheids aber 15 000 €, so könnte der Steuerpflichtige den Änderungsbescheid gem. § 351 Abs. 1 AO anfechten, „soweit" die Änderung reicht, also im Umfang von 5000 €. In diesem Umfang könnte der Steuerpflichtige, da die Besteuerungs*grundlagen* nach § 157 Abs. 2 AO grundsätzlich nicht in Bestandskraft erwachsen, auch ihm günstige Tatsachen nachreichen, die mit der Korrektur durch die Behörde nichts zu tun haben, die das FA aber auch außerhalb von Korrekturnormen im Rechtsbehelfsverfahren zu berücksichtigen hätte.

Insofern zielt § 177 Abs. 1 AO darauf, bereits bei der Korrektur des Steuerbescheids diejenigen materiellen Fehler zu berücksichtigen, die der Steuerpflichtige ansonsten im Rechtsbehelfsverfahren gegen den Korrekturbescheid geltend machen könnte.

§ 177 Abs. 2 AO gestattet den Finanzbehörden eine Fehlerberichtigung, wenn ein Steuerbescheid *zugunsten* des Steuerpflichtigen geändert werden muss und für die Berichtigung weiterer materieller Fehler keine Rechtsgrundlage besteht. **459**

169 BFH, X R 47/07, BFH/NV 2008, 1801.

170 So auch BFH, X R 116/87, BStBl II 1989, 531; ausf zur Bestandskraftdurchbrechung bei einer Berichtigung gem. § 129 AO *Wernsmann*, in: HHSp, § 129 AO Rn 15 ff.

171 BFH, X R 24/13, BFH/NV 2015, 1334 (1336).

172 BFH, X R 38/90, BStBl II 1992, 504; II R 24/05, BStBl II 2007, 87; I R 96/04, BFH/NV 2008, 6; hierzu krit *F. Kirchhof*, DStR 2007, 2284.

173 Zutreffend daher Hess. FG, 2 V 4602/03, juris, aufgehoben durch BFH, I B 156/05, BFH/NV 2007, 1078; *von Groll*, StuW 1993, 312 (317); differenzierend *Musil*, DStZ 2005, 362 (364).

Problematisch ist der Fall, wenn sowohl Änderungen zugunsten als auch zuungunsten des Steuerpflichtigen möglich sind, denen jeweils gegenläufige Rechtsfehler gegenüberstehen. Hierbei sind die Änderungen zugunsten und zuungunsten des Steuerpflichtigen aufgrund der Korrekturvorschriften nicht miteinander zu verrechnen („Saldierungsverbot")[174]. Für die iRd § 177 Abs. 3 AO zu bestimmende „materiell zutreffende Steuer" ist dagegen eine Saldierung aller Fehler erforderlich („Saldierungsgebot")[175].

460 In *Klausuren* bietet es sich an, in einem ersten Schritt alle Korrekturvorschriften getrennt zu prüfen und ausgehend von der zuletzt festgesetzten Steuer den Änderungsrahmen zu bestimmen[176]. In einem zweiten Schritt sollte dann die „materiell zutreffende Steuer" iSd § 177 Abs. 3 AO bestimmt werden. In einem dritten Schritt sind Änderungsrahmen und materiell zutreffende Steuer zu vergleichen: Liegt die materiell zutreffende Steuer innerhalb des Änderungsrahmens, ist diese festzusetzen. Liegt sie außerhalb, ist die Steuer entsprechend der Ober- bzw Untergrenze des Änderungsrahmens festzusetzen.

Beispiel: Die Steuer wurde bisher auf 1000 € festgesetzt. Die Festsetzung ist in mehreren Punkten fehlerhaft:

a) Eine Änderung des Bescheids ist gem. § 173 AO iHv +500 € möglich.
b) Eine Änderung des Bescheids ist gem. § 175 Abs. 1 Satz 1 Nr 2 AO iHv -500 € möglich.
c) Der Bescheid enthält weitere materielle Fehler zugunsten und zuungunsten des Steuerpflichtigen, für die keine Korrekturvorschriften einschlägig sind. Die materiell zutreffende Steuer beträgt insgesamt 1200 € (Var. 1) bzw 1700 € (Var. 2).

Lösung:

1) Die Änderungen gem. a) und b) sind *nicht* zu saldieren. Der Änderungsrahmen beträgt daher 500 €–1500 €.

2) Bei Var. 1 liegt die materiell zutreffende Steuer (1200 €) innerhalb des Änderungsrahmens (500–1500 €). Daher ist eine Kompensation aller Fehler nach § 177 Abs. 1, 2 AO möglich. Die Steuer ist auf 1200 € festzusetzen.

Bei Var. 2 liegt die materiell zutreffende Steuer (1700 €) außerhalb des Änderungsrahmens. Die Kompensation der Fehler nach § 177 Abs. 1, 2 AO ist daher nur möglich, soweit der Änderungsrahmen reicht. Es ist die maximal zulässige Steuer festzusetzen, also 1500 € (obere Grenze des Änderungsrahmens).

461 **Lösung Fall 20** (Rn 453): Bzgl der Werbungskosten gibt es keine Rechtsgrundlage für die Änderung. § 173 Abs. 1 Nr 2 AO ist mangels neuer Tatsachen nicht einschlägig. Andere Rechtsgrundlagen für eine Änderung zugunsten des S sind nicht ersichtlich.

Bzgl der Nebeneinkünfte iHv 150 € sind nachträglich Tatsachen bekannt geworden, die zu einer höheren Steuer führen. Daher kann der Bescheid nach § 173 Abs. 1 Nr 1 AO geändert werden. Soweit diese Änderung zuungunsten des S reicht (dh 150 €), sind gem. § 177 Abs. 1 AO auch solche materiellen Fehler zu berücksichtigen, die nicht Anlass der Änderung sind. Da es sich bei der Nichtberücksichtigung der Werbungskosten um einen materiellen Fehler iSd § 177 Abs. 3 AO handelt, sind hier gem. § 177 Abs. 1 AO die Werbungskosten iHv 350 € bis zur Höhe von 150 € gegenzurechnen. IErg bleibt die Steuerfestsetzung betragsmäßig somit unverändert.

174 BFH, X R 34/90, BStBl II 1994, 77 (80); *Loose*, in: Tipke/Kruse, § 177 AO Rn 9.
175 BFH, I R 90/92, BStBl II 1993, 822; *Loose*, in: Tipke/Kruse, § 177 AO Rn 9.
176 Prüfungsschema bei *Isenburg*, SteuerStud 2014, 286 (287).

6. Anhang: Aufbauhinweise

Der zu wählende Aufbau hängt von der jeweiligen Fallfrage ab, die zunächst sorgfältig zu lesen ist. **462**

Bei der Überprüfung der **Wirksamkeit eines Steuerverwaltungsakts** empfiehlt sich folgende Prüfungsreihenfolge:

(0) Liegt überhaupt ein Verwaltungsakt iSd § 118 AO vor?

(1) Wirksamwerden – Bekanntgabe? (§ 124 Abs. 1 iVm §§ 122 ff AO)

(2) Unwirksamkeit wegen Nichtigkeit? (§ 124 Abs. 3 iVm § 125 AO)

(3) Verwaltungsakt wirksam geblieben? Nicht (mehr) bei Aufhebung oder Erledigung (§ 124 Abs. 2 AO).

Überprüfung der **Rechtmäßigkeit eines Verwaltungsakts**:

(1) Falls keine Ermächtigungsgrundlage (EGL) vorhanden: Ist nach dem Grundsatz des Vorbehalts des Gesetzes eine EGL erforderlich? Falls EGL vorhanden und **sofern Zweifel bestehen**: Ist diese verfassungsgemäß?

(2) Formelle Rechtmäßigkeit: Zuständigkeit, Verfahren, Form (ggf Heilung nach § 126 AO prüfen)

(3) Materielle Rechtmäßigkeit: Voraussetzungen der Rechtsgrundlage (regelmäßig: der EGL) – Voraussetzungen des Steuertatbestands (etwa EStG oder Befugnisnorm nach AO, etwa Zwang oder Korrekturnorm[177]) müssen vorliegen; falls der Behörde ausnahmsweise Ermessen eingeräumt ist, ist ferner zu prüfen, ob Ermessensfehler vorliegen. § 127 AO sollte dagegen (zumindest wenn es um die Begründetheit einer Klage geht) erst bei der Frage einer Rechtsverletzung (vgl § 100 Abs. 1 Satz 1 FGO) geprüft werden.

Ist nach den Erfolgsaussichten eines Rechtsbehelfs (Einspruch oder Klage) gefragt (*prozessualer* Aufbau), so ist zwischen Zulässigkeit und Begründetheit zu trennen.

Zur Prüfung der **Aufhebung oder Änderung von Steuerbescheiden** gem. §§ 172 ff AO s. iE *Birk/Desens/Tappe*, Klausurenkurs, Fall 1 (Rn 130 ff) sowie Rn 178 (Prüfungsschemata).

II. Kooperative Handlungsformen

Fall 21: Um Arbeitsplätze zu erhalten und zu schaffen, bemüht sich die nordrhein-westfälische Gemeinde G um die Niederlassung eines Industriebetriebs. Nachdem der Unternehmer U jedoch zu erkennen gegeben hat, dass er einen anderen Standort favorisiere, vereinbart die gem. § 1 GewStG erhebungsberechtigte Gemeinde G mit ihm die Freistellung von der Gewerbesteuer für die Dauer von fünf Jahren. Ist der Vertrag gültig? **Rn 466** **463**

Fall 22: Jurastudent J hat einige Nebeneinkünfte (darunter auch private Veräußerungsgewinne aus Sammlergeschäften) erzielt. Er möchte die FAZ, die er täglich liest und deren Anzeigen er durchforstet, als Werbungskosten bei den sonstigen Einkünften nach § 22 Nr 2, § 23 EStG absetzen. Das FA hält den Abzug zwar für nicht gerechtfertigt, meint aber, eine

177 Eine „Checkliste" zur Überprüfung der Rechtmäßigkeit eines *Aufhebungs- oder Änderungsbescheids* findet sich bei *von Groll*, in: HHSp, vor §§ 172–177 AO Rn 130.

Versagung des Abzugs lohne den Streit nicht. Es will sich daher mit J einigen, in diesem Jahr die FAZ anzuerkennen, für die nächsten Jahre jedoch nicht mehr. **Rn 467**

Fall 23: A ist Arzt und legt im Wartezimmer seiner Praxis einige Zeitungen und Nachrichtenmagazine aus. Es lässt sich nicht klären, welche Zeitschriften A auch zu Hause liest. Das FA möchte sich mit A einigen, dass es 80 % der Kosten für die Zeitungen und Zeitschriften anerkennt. Möglich? **Rn 471**

1. Öffentlich-rechtlicher Vertrag

464 Im allgemeinen Verwaltungsrecht muss die Behörde nicht durch Verwaltungsakt handeln, sondern kann sich auch der Handlungsform des öffentlich-rechtlichen Vertrags bedienen. Dies ergibt sich etwa aus § 9, §§ 54–62 VwVfG. Dagegen wird im Steuerrecht vielfach ein **Handlungsformverbot** für den **öffentlich-rechtlichen Vertrag** angenommen[178]. Dies wird aus der strikten Gesetzesbindung der Finanzverwaltung, wonach der Anspruch aus dem Steuerschuldverhältnis nicht zur Disposition der Beteiligten steht, sowie daraus gefolgert, dass es keine den §§ 54 ff VwVfG entsprechenden Regelungen in der AO gibt; § 78 Nr 3 AO, der immer schon den öffentlichrechtlichen Vertrag nannte, wird für ein Redaktionsversehen gehalten.

465 Ein generelles Handlungsformverbot lässt sich der AO jedoch nicht entnehmen. Dies beweist § 224a AO, durch den der Gesetzgeber sogar einen Austauschvertrag in das Gesetz aufgenommen hat. Durch den Vertrag kann die Verwaltung ihre Gesetzesbindung (Art. 20 Abs. 3 GG) auch nicht lockern. Der *Inhalt* der Vereinbarung ist voll überprüfbar, eine Vereinbarung über die Steuerschuld selbst daher nicht möglich[179]. Die Finanzverwaltung ist also zum Handeln in Form des öffentlich-rechtlichen Vertrags befugt, wenn Vorschriften dem nicht entgegenstehen. Eine solche Vorschrift ist § 155 Abs. 1 AO. Hiernach sind *Steuern* durch *Steuerbescheid* festzusetzen. In den Fällen, auf die § 155 Abs. 1 AO anwendbar ist, ist eine Festsetzung durch Vertrag daher ausgeschlossen[180].

466 In **Fall 21** (Rn 463) könnte der Vertrag zwischen G und U nichtig sein. §§ 54 ff VwVfG sind wegen § 2 Abs. 2 Nr 1 VwVfG NW iVm § 12 KAG NW nicht anwendbar. Auch wenn man sich der Auffassung, nach der ein allgemeines Vertragsformverbot für den öffentlichrechtlichen Vertrag im Abgabenrecht anzunehmen ist, nicht anschließt, besteht aufgrund § 12 Abs. 1 Nr 4 lit. b KAG NW iVm § 155 Abs. 1 AO doch ein Handlungsformverbot, da Steuern durch Steuer*bescheid* festgesetzt werden müssen. Nach § 155 Abs. 1 Satz 3 AO gilt dies auch für die volle oder teilweise Freistellung von einer Steuer. Zudem muss die Festsetzung nach Maßgabe der Gesetze erfolgen (Art. 20 Abs. 3 GG). Schließlich steht die Wahrung der Gleichmäßigkeit der Besteuerung (Art. 3 Abs. 1 GG) einer Vereinbarung über Steueransprüche grundsätzlich entgegen[181].

178 Vgl BFH, II 38/55 S, BStBl III 1955, 251; VII R 131/76, BStBl II 1985, 354 mwN.

179 Vgl *Wernsmann*, in: HHSp, § 4 AO Rn 332; *Hey*, in: Tipke/Lang, § 3 Rn 240; ausf *Seer*, Verständigungen in Steuerverfahren, 1996.

180 So zutreffend auch *Maurer/Waldhoff*, Allgemeines Verwaltungsrecht, 19. Aufl 2017, § 14 Rn 3b.

181 Vgl BVerwG, 8 C 174/81, DVBl 1984, 192 (193); OVG Lüneburg, 9 OVG A 5/82, DÖV 1986, 382.

In **Fall 22** (Rn 463) könnte die Vereinbarung mit J, dass die Kosten für die FAZ in diesem Jahr als Werbungskosten anerkannt werden, ebenfalls nichtig sein. Die Rechtswidrigkeit der Vereinbarung ergibt sich daraus, dass Tageszeitungen und Zeitschriften allgemeinbildenden Inhalts keine Arbeitsmittel iSd § 9 Abs. 1 Satz 3 Nr 6 EStG und damit keine Werbungskosten iSd § 9 Abs. 1 EStG darstellen[182]. Die Vereinbarung ist daher aus denselben Gründen wie in **Fall 21** nichtig. Ist allerdings ein Steuerbescheid schon ergangen, kann dieser nicht mehr ohne weiteres korrigiert werden. Vielmehr müssen dann die Voraussetzungen einer Korrekturnorm (dazu oben Rn 411 ff) vorliegen. § 173 Abs. 1 Nr 1 AO kommt mangels nachträglichen Bekanntwerdens von Tatsachen nicht in Betracht. 467

2. Tatsächliche Verständigung

IErg kann die Finanzbehörde somit nicht auf die gesetzlich geschuldete Steuer durch Vertrag verzichten. Häufig ist aber fraglich, was die gesetzlich geschuldete Steuer ist. Ist der Sachverhalt, zB bei fehlerhafter oder lückenhafter Buchführung, nicht mehr eindeutig aufklärbar, können sich FA und Steuerpflichtiger über den *wahrscheinlichen* Sachverhaltsablauf einigen. Solche **tatsächlichen Verständigungen** sind nach der Rspr des BFH für beide Seiten bindend, wenn der zuständige Amtsträger beteiligt ist und sie nicht zu einem offensichtlich unzutreffenden Ergebnis führen[183]. Voraussetzung ist zudem, dass der Sachverhalt nicht oder nur unter erheblichem und unangemessenem Aufwand ermittelt werden kann[184]. 468

Fraglich ist dagegen, ob die tatsächliche Verständigung auch dem Schriftformerfordernis unterliegt[185]. Dafür mag zwar ein unbestreitbares praktisches Bedürfnis bestehen (Beweisfunktion und Kontrollfunktion), mangels einer ausdrücklichen gesetzlichen Regelung dieses Instituts in der AO wird man jedoch einer einverständlichen Einigung nicht dadurch den Boden entziehen dürfen, dass man sie besonderen formellen Anforderungen unterwirft. Die Finanzverwaltung hingegen hält die Schriftform für erforderlich[186].

Folge einer tatsächlichen Verständigung ist nach der Rspr, dass die Finanzbehörde nach *Treu und Glauben* an die Vereinbarung gebunden ist (Verbot des venire contra factum proprium)[187], während die Literatur die tatsächliche Verständigung zutreffend als *öffentlich-rechtlichen Vertrag* qualifiziert und die Bindung der Finanzbehörde somit aus diesem folgert[188]. Ein Irrtum über die Rechtsfolgen der tatsächlichen Verständigung hat keinen Einfluss auf die Bindungswirkung. Die Bindungswirkung tritt hingegen nicht ein, wenn die Finanzverwaltung mit unlauteren Mitteln (zB Drohung mit Einleitung eines Strafverfahrens) die Zustimmung des Steuerpflichtigen erzwingt 469

182 Vgl *Krüger*, in: Schmidt, EStG, § 9 Rn 270 „Tageszeitung" und „Zeitschriften"; FG Berl.-Bbg, 6 K 1567/04, EFG 2008, 1356.

183 BFH, I R 63/07, BStBl II 2009, 121 mwN; BMF v. 30.7.2008, BStBl I 2008, 831; zur Bindungswirkung einer tatsächlichen Verständigung s. auch *Hartmann*, NWB 2016, 1014 (1018 ff).

184 BFH, VIII R 131/76, BStBl II 1985, 354 (357 f); III R 19/88, BStBl II 1991, 45 (46).

185 So Teile der Literatur; vgl etwa *Offerhaus*, DStR 2001, 2093 (2096) mwN.

186 BMF v. 30.7.2008, BStBl I 2008, 831; vgl auch *Lichtinghagen*, StuB 2009, 63; *Seer*, BB 2015, 214 (216 f).

187 BFH, I R 13/86, BStBl II 1991, 673 (675); X R 24/03, BStBl II 2004, 975 (977).

188 So *Jakob*, Abgabenordnung, Rn 105; *Offerhaus*, DStR 2001, 2093 (2097 f); *Seer*, in: Tipke/Lang, § 21 Rn 21 f. Vgl insgesamt zur Einordnung der tatsächlichen Verständigung *Krüger*, DStZ 2015, 478.

oder der Steuerpflichtige die Finanzverwaltung über relevante Umstände täuscht[189]. Zudem kann die Bindungswirkung entfallen, wenn ihr eine (irrtümlich) von beiden Parteien angenommene Geschäftsgrundlage von vornherein gefehlt hat oder wenn diese nachträglich weggefallen ist und einem der Beteiligten unter Berücksichtigung der Gesamtumstände ein Festhalten an dem Vereinbarten nicht zuzumuten ist[190].

470 Die Unterscheidung zwischen (zulässiger) Verständigung über Tatsachen und (unzulässiger) Einigung über Rechtsfragen ist für die Frage der Bindungswirkung von erheblicher Bedeutung; dennoch ist sie nicht immer trennscharf möglich. Denn eine Verständigung über den relevanten Sachverhalt wird stets im Hinblick auf Rechtsfolgen getroffen, da sie ansonsten für den Streitfall keine Bedeutung hätte. Dass die tatsächliche Verständigung also regelmäßig (mittelbar) auch den Tatbestand einer Norm erfasst, schadet nicht[191].

471 Im **Fall 23** (Rn 463) lässt sich nicht mehr ermitteln, welche Zeitschriften A auch privat gelesen hat. Wenn ein zuständiger Amtswalter handelt, könnte also eine tatsächliche Verständigung geschlossen werden. Ansonsten ist nach Beweislast zu entscheiden, da A seinen Mitwirkungspflichten bezüglich steuermindernder Faktoren nicht genügt hat (vgl zur Beweislast unten Rn 485).

3. Verbindliche Auskunft

472 Von der tatsächlichen Verständigung zu unterscheiden ist die **verbindliche Auskunft**. In der Gestaltungsberatung besteht bei schwierigen Sachverhalten häufig ein erhebliches Interesse an einer rechtssicheren steuerlichen Beurteilung der beabsichtigten Maßnahmen durch die zuständige Finanzbehörde[192]. Gesetzliche Regelungen gab es zunächst nur in Teilbereichen: für die verbindliche Zusage nach einer Außenprüfung (§§ 204 ff AO, dazu Rn 513) sowie bei der lohnsteuerlichen Anrufungsauskunft (§ 42e EStG), die als feststellender Verwaltungsakt (Rn 366) die Behörde bindet[193].

473 Gem. § 89 Abs. 2 Satz 1 AO *können* die Finanzämter und das Bundeszentralamt für Steuern auf Antrag **verbindliche Auskünfte** über die steuerliche Beurteilung von genau bestimmten, noch nicht verwirklichten Sachverhalten erteilen, wenn daran im Hinblick auf die *erheblichen steuerlichen Auswirkungen* ein *besonderes Interesse* besteht[194]. § 89 Abs. 2 Satz 1 AO ist damit eine sog. Koppelungsvorschrift, also eine Regelung, die auf Tatbestandsseite unbestimmte Rechtsbegriffe enthält und auf Rechtsfolgenseite Ermessen vorsieht (vgl Rn 276 zu § 163, § 227 AO). Zum Verständnis des Tatbestandsmerkmals „besonderes Interesse“ verweist die Begründung

---

189 FG München, 15 V 182/09, EFG 2009, 1807 mit Anm. *Matthes*.

190 BFH, IX R 24/15, BStBl II 2017, 1155.

191 BFH, I R 63/07, BStBl II 2009, 121; VIII R 51/10, BStBl II 2013, 808 (Verfassungsbeschwerde hiergegen wurde nicht zur Entscheidung angenommen, BVerfG, 2 BvR 295/14).

192 Nach dem Gebot des sichersten Weges können Steuerberater gehalten sein, ihrem Mandanten die Einholung einer verbindlichen Auskunft zu empfehlen, BGH, IX ZR 188/05, BB 2007, 905; IX ZR 34/04, DStR 2008, 321.

193 BFH, VI R 54/07, BStBl II 2010, 996; dazu BMF v. 18.2.2011, BStBl I 2011, 213; zur Bindungswirkung bei Gesetzesänderungen FG Hamburg, 6 K 199/12, EFG 2013, 1458.

194 Näher hierzu *Birk*, in: FS P+P Pöllath + Partners, 2008, S. 161 ff; *Bruschke*, DStZ 2007, 267; *Lahme/Reiser*, BB 2007, 408; *Simon*, DStR 2007, 557; *Seer*, FR 2017, 161.

des Gesetzesentwurfs[195] auf das frühere BMF-Schreiben zur verbindlichen Auskunft. Daraus ergibt sich, dass die Erteilung einer verbindlichen Auskunft insb dann ausgeschlossen ist, wenn der Sachverhalt im Wesentlichen bereits verwirklicht ist sowie in Angelegenheiten, bei denen die Erzielung eines Steuervorteils im Vordergrund steht (etwa Prüfung von Steuersparmodellen, Feststellung der Grenzpunkte für einen Gestaltungsmissbrauch)[196]. Für die Bearbeitung des Antrags werden ab einem Gegenstandswert von 10 000 € Gebühren erhoben (s. § 89 Abs. 3–7 AO)[197]. Kann die Behörde nicht innerhalb von sechs Monaten über den Antrag auf Auskunftserteilung entscheiden, sind dem Antragsteller gem. § 89 Abs. 2 Satz 4 AO die Gründe hierfür mitzuteilen.

Ist die verbindliche Auskunft wirksam (§ 124 Abs. 2 AO), so ist sie im Verfahren über die Steuerfestsetzung maßgeblich, wenn der der Auskunft zunächst hypothetisch zugrunde liegende Sachverhalt verwirklicht wird, § 2 Abs. 1 StAuskV[198]. Sie kann als allgemeiner Steuerverwaltungsakt nach den §§ 129–131 AO aufgehoben oder geändert werden (Rn 397 f) oder aber, wenn sich herausstellt, dass sie unrichtig war, nach § 2 Abs. 4 StAuskV mit Wirkung für die Zukunft aufgehoben oder geändert werden. Die **gerichtliche Kontrolle** einer verbindlichen Auskunft ist nach der Rspr eingeschränkt. Die verbindliche Auskunft regele lediglich, wie die Finanzbehörde eine ihr zur Prüfung gestellte hypothetische Gestaltung gegenwärtig beurteilt, sie treffe aber keine endgültige Aussage über die materielle Rechtmäßigkeit einer Steuerfestsetzung. Dementsprechend sei die gerichtliche Kontrolle darauf beschränkt, ob die gegenwärtige rechtliche Einordnung des zur Prüfung gestellten Sachverhalts in sich schlüssig und nicht evident rechtsfehlerhaft ist[199]. **474**

B. Durchführung der Besteuerung

Die Durchführung der Besteuerung ist im Vierten Teil der AO (§§ 137–217) geregelt. **475**
Dieser betrifft das Verfahren bis zum Erlass eines besonderen Steuerverwaltungsakts (oben Rn 368), eines Haftungsbescheids oder eines Aufhebungs- oder Änderungsbescheids.

Innerhalb des Vierten Teils betrifft der Erste Abschnitt die Erfassung der Steuerpflichtigen (§§ 137–139d) und der Zweite Abschnitt (§§ 140–154) die Mitwirkungspflichten des Steuerpflichtigen bei der Ermittlung des Sachverhalts. An die Sachverhaltsermittlung schließt sich dann das Festsetzungs- und Feststellungsverfahren an, das im Dritten Abschnitt (§§ 155–192) geregelt ist und regelmäßig mit der Festsetzung der Steuer bzw der Feststellung der Besteuerungsgrundlagen oder der Festsetzung einer Haftungsschuld endet. Schließlich betrifft der Vierte Abschnitt die Außenprüfung (§§ 193–207), der Fünfte Abschnitt die Steuerfahndung (§ 208) und der Sechste Abschnitt die Steueraufsicht in besonderen Fällen, dh die Kontrolle der Zölle und Verbrauchsteuern (§§ 209–217).

---

195 Begründung zum Entwurf eines Föderalismusreform-Begleitgesetzes, BT-Drs 16/814, S. 23.
196 Vgl AEAO zu § 89 Nr 3.5.4, BStBl I 2014, 290 (Tz 3.5.4.).
197 Die Bedenken gegen die Verfassungsmäßigkeit der Gebührenerhebung hat der BFH, I R 61/10, BStBl II 2011, 536 zurückgewiesen.
198 BFH, I R 45/15, BFHE 251, 119 (Ls. 2).
199 BFH, IX R 11/11, BStBl II 2012, 651; VIII R 72/13, juris.

I. Ermittlung des Sachverhalts

1. Erfassung der Steuerpflichtigen

476 Vor der Sachverhaltsermittlung muss zunächst der potentiell Steuerpflichtige von der Finanzbehörde erfasst werden (vgl §§ 137 ff AO). Nur dadurch wird der Grundsatz gleichmäßiger Besteuerung (Art. 3 Abs. 1 GG) gewährleistet. Dieser wäre verletzt, wenn die Besteuerung allein auf der freiwilligen Bereitschaft des Steuerpflichtigen zur Steuerzahlung beruhen würde[200]. Dem gleichmäßigen Gesetzesvollzug dienen ua auch gesetzliche Identifikationsmerkmale (§§ 139a ff AO)[201]. Die AO sieht eine Identifikationsnummer für natürliche Personen (§ 139b AO) und eine Wirtschafts-Identifikationsnummer für wirtschaftlich Tätige jedweder Rechtsform vor (§ 139c AO).

2. Sachaufklärung

a) Aufgabenumschreibungen und Eingriffsnormen

477 Sachaufklärung ist häufig mit Eingriffen in den Freiheitsbereich des Steuerpflichtigen verbunden. Nach dem Grundsatz des *Vorbehalts des Gesetzes* bedürfen deshalb die einzelnen Eingriffsakte einer gesetzlichen Grundlage. Aber auch soweit mit der Sachaufklärung keine Eingriffe verbunden sind, muss die Verwaltung sich nach dem Grundsatz des *Vorrangs des Gesetzes* an die gesetzlichen Vorschriften halten.

478 Die für alle Verfahren geltenden Vorschriften sind nicht im Vierten Teil („Durchführung der Besteuerung"), sondern im Dritten Teil („Allgemeine Verfahrensvorschriften") der AO geregelt (§§ 85 ff). Nach § 85 Satz 1 AO haben die Finanzbehörden die Steuern nach Maßgabe der Gesetze gleichmäßig festzusetzen und zu erheben. Insb haben sie gem. § 85 Satz 2 AO sicherzustellen, dass Steuern nicht verkürzt, zu Unrecht erhoben oder Steuererstattungen und Steuervergütungen nicht zu Unrecht gewährt oder versagt werden. § 85, § 88 AO verpflichten die Behörde, von Amts wegen tätig zu werden – **Untersuchungsgrundsatz**. Ferner ist die Behörde zur Einleitung eines Verfahrens verpflichtet (**Legalitätsprinzip**)[202].

479 In der Praxis wird es für die Finanzbehörden zunehmend schwieriger, ihren Aufgaben gem. § 85, § 88 AO in jedem Einzelfall nachzukommen und gleichzeitig die Gesamtheit der Steuerfälle zu bewältigen. Aus diesem Grunde geht die Entwicklung hin zu einem immer stärker automatisierten Besteuerungsverfahren.

Nachdem der Gesetzgeber bereits seit 2009 den Einsatz automatischer Einrichtungen (Datenanalysen, computergestützte Risikomanagementsysteme uä) im § 88 Abs. 3 AO aF erstmals ausdrücklich zugelassen hatte[203], ist seit 2017 der Einsatz von Informationstechnologie weiter

200 BVerfG, 2 BvR 1493/89, BVerfGE 84, 239 (273); vgl auch BVerfG, 2 BvL 17/02, BVerfGE 110, 94 (112 ff).

201 BFH, II R 49/10, BStBl II 2012, 168 (Zuteilung der Identifikationsnummer ist verfassungskonform).

202 § 86 Satz 1 AO scheint hingegen das Opportunitätsprinzip zu statuieren. Dieses gilt jedoch nur im Haftungsverfahren, *Söhn*, in: HHSp, § 86 AO Rn 42 mwN.

203 Vgl zum Thema Risikomanagement und Compliance *Nagel/Waza*, DStZ 2008, 321; *Haunhorst*, DStR 2010, 2105.

ausgeweitet worden. In § 88 Abs. 5 AO wurden erstmals (Mindest-)Anforderungen an „automationsgestützte Systeme" zur Beurteilung der Notwendigkeit weiterer Ermittlungen und Prüfungen – sog. **„Risikomanagementsysteme"** – gesetzlich festgelegt[204]. Um eine sachgerechte Konzentration der Ermittlungen auf wirklich prüfungsbedürftige Steuerfälle zu erreichen, können die Finanzbehörden zudem Art und Umfang ihrer Ermittlungen gem. § 88 Abs. 2 Satz 2 AO an Wirtschaftlichkeit und Zweckmäßigkeit ausrichten[205]. Der neue § 155 Abs. 4 AO sieht sogar ausschließlich automationsgestützte Steuerfestsetzungen vor, soweit kein Anlass dazu besteht, den Steuerfall durch Amtsträger zu bearbeiten (sog. Black-Box-Verfahren). Der Erlass von Steuerbescheiden ohne die Prüfung durch einen Amtswalter ist so zum normativen Regelfall geworden[206].

Hervorzuheben ist, dass § 85, § 88 AO nur die *Aufgaben* der Finanzbehörden umschreiben, jedoch *keine gesetzliche Befugnis* zum Erlass von Eingriffsakten gewähren. Gleiches gilt für § 90 Abs. 1 AO, der die Beteiligten zur Mitwirkung bei der Sachverhaltsermittlung verpflichtet. Rechtsgrundlagen für Eingriffe (Befugnisnormen) finden sich dagegen etwa in: **480**

- §§ 93 ff, § 97, § 100 AO betreffend Auskunfts- und Vorlagepflichten,
- §§ 137 ff AO betreffend Melde- und Anzeigepflichten,
- §§ 140 ff AO betreffend Buchführungs- und Aufzeichnungspflichten,
- § 147, § 147a AO betreffend Aufbewahrungspflichten und Einsichtsrechte,
- §§ 149 ff AO betreffend Erklärungspflichten und
- § 200, § 208, § 211 AO betreffend Mitwirkungs- und Duldungspflichten.

Insb zum Zwecke der Ermittlung der Einkünfte aus Kapitalvermögen, die im In- und Ausland anfallen können, hat der Gesetzgeber die **Ermittlungsmöglichkeiten** der Finanzbehörden erheblich erweitert. § 50b EStG regelt besondere Prüfungsrechte für die Kapitalertragsteuer, § 147 Abs. 6 AO gewährt besondere Einsichtsrechte in Datenverarbeitungssysteme. Nach § 93 Abs. 7 und 8, § 93b AO können seit 2005 Daten über Konto- oder Depotverbindungen vom Bundesamt für Finanzen abgerufen und an Finanzbehörden oder andere Behörden, die Gesetze ausführen, die an Begriffe des EStG anknüpfen, übermittelt werden[207]. Durch das Steuerumgehungsbekämpfungsgesetz[208] wurden zum einen noch bestehende Ermittlungsbeschränkungen nach § 30a AO (Bankgeheimnis) aufgehoben[209], zum anderen das sog. Sammelauskunftersuchen in § 93 Abs. 1a AO gesetzlich geregelt sowie Anzeigepflichten über Geschäftsbeziehungen zu Drittstaat-Gesellschaften und Beteiligungen an ausländischen Gesellschaften durch die §§ 138, 138a, 138b AO erweitert. Regelungen zur zwischenstaatlichen Amtshilfe finden sich in §§ 117–117c AO. Ergänzt werden sollen diese Regeln durch Anzeige- bzw Meldepflichten für grenzüberschreitende Steuergestaltungen (§§ 138d–138i AO-E, Umsetzung der RL 2018/822/EU, Rn 232) sowie möglicherweise auch für innerstaatliche Steuergestaltungen in § 138j AO-E[210] (zu Verpflichtungen internationaler Unternehmen Rn 1487 ff). **481**

204 G v. 18.7.2016, BGBl I 2016, 1679; dazu *Baum*, NWB 2016, 2636 (2641 f); *Baldauf*, DStR 2016, 833 (835 ff).

205 Krit zum Verständnis der Wirtschaftlichkeit *Münch/Sendke*, DStZ 2015, 487 (489); *Seer*, StuW 2015, 315 (319 f).

206 *Thiemann*, StuW 2018, 304 (305).

207 Dazu *Stumpe*, SteuerStud 2005, 237 ff; zum Rechtsschutz *Maidorn*, NJW 2006, 3752.

208 Gesetz zur Bekämpfung der Steuerumgehung und zur Änderung weiterer steuerlicher Vorschriften – StUmgBG, BGBl I 2017, 1682.

209 Zur Verfassungswidrigkeit des § 30a AO aF vgl die 19. Aufl Rn 488 f.

210 Näher *Ditz/Bärsch/Engelen*, DStR 2019, 815 (823 f); *Höring*, DStZ 2019, 209.

Ein strukturelles Vollzugsdefizit, das BFH und BVerfG zuvor bei der Besteuerung privater Wertpapierspekulationsgeschäfte angenommen hatten[211], besteht in Folge einer stetigen Ausweitung der Befugnisse schon seit 1999 nicht mehr (vgl Rn 172, Rn 842)[212].

b) Steuererklärungspflicht

482 Zentraler Bestandteil der Sachverhaltsaufklärung ist die Pflicht des Steuerpflichtigen Steuererklärungen abzugeben (§ 149 AO). Dabei bestimmen die Einzelsteuergesetze, wer eine Steuererklärung abzugeben hat (§ 149 Abs. 1 Satz 1 AO).

§ 25 Abs. 3 Satz 1 EStG ordnet die Steuererklärungspflicht für alle einkommensteuerpflichtigen Personen an. Bei Zusammenveranlagung (§ 26b EStG) haben Ehegatten eine gemeinsame Steuererklärung abzugeben.

Für die Umsatzsteuer ordnet § 18 Abs. 3 Satz 1 UStG die Steuererklärungspflicht für umsatzsteuerliche Unternehmer an. In der Umsatzsteuererklärung hat der Unternehmer die zu entrichtende Steuer oder den sich zu seinen Gunsten ergebenden Überschuss selbst zu berechnen (§ 18 Abs. 3 Satz 2 UStG), sie ist daher eine Steueranmeldung (Rn 533 f).

Die Verpflichtung eine Steuerklärung abzugeben besteht auch für denjenigen, der hierzu von der Finanzbehörde aufgefordert wird (§ 149 Abs. 1 Satz 2 AO). Diese Aufforderung kann unabhängig davon ergehen, ob eine Erklärungspflicht bereits nach den Einzelsteuergesetzen besteht oder nicht[213]. In beiden Fällen ist die Aufforderung Verwaltungsakt[214].

483 Der Erklärungspflicht kommen die Steuerpflichtigen nach, indem sie mittels (Papier-)Vordrucks oder durch Datenfernübertragung (zB ELSTER-Verfahren[215]) formalisiert Auskunft über den Besteuerungsgegenstand und seine Bemessungsgrundlage erteilen[216]. Weil das Besteuerungsverfahren durch verstärkten IT-Einsatz bürgerfreundlicher, effektiver und wirtschaftlicher gestaltet werden soll[217], müssen Steuerklärungen zunehmend nach amtlich vorgeschriebenen Datensatz durch Datenfernübertragung übermittelt werden.

Hauptsächlich trifft diese Pflicht unternehmerisch tätige Steuerpflichtige. Die Pflicht zur Übermittlung von elektronischen Steuererklärungen betrifft die Einkommensteuer, sofern Gewinneinkünfte erzielt werden (§ 25 Abs. 4 Satz 1 EStG), die Lohnsteuer (§ 41a Abs. 1 Satz 2 EStG), die Körperschaftsteuer (§ 31 Abs. 1 Satz 1 KStG), die Kapitalertragsteuer (§ 45a Abs. 1 Satz 1 EStG), die Gewerbesteuer (§ 14a Satz 1 GewStG) und die Umsatzsteuer (§ 18 Abs. 3 Satz 1 UStG). In Härtefällen können die Finanzbehörden auf die elektronische Übermittlung verzichten. Der Steuerpflichtige hat dann den amtlich vorgeschriebenen (Papier-)Vordruck zu verwenden.

---

211 BFH, IX R 62/99, BStBl II 2003, 74; BVerfG, 2 BvL 17/02, BVerfGE 110, 94.

212 BFH, IX R 49/04, BStBl II 2006, 178; Verfassungsbeschwerde erfolglos (BVerfG, 2 BvR 294/06, DStR 2008, 197); vgl dazu *Mack*, DStR 2006, 394 (397 ff).

213 BFH, I R 71/89, BStBl II 1991, 440.

214 BFH, VI R 53/15, BStBl II 2018, 123; aA *Söhn*, in: HHSp, § 118 Rn 543.

215 https://www.elster.de/.

216 Vgl *Heuermann*, in: Blümich, § 25 EStG Rn 102.

217 BT-Drs 18/7457, 1.

Jahressteuererklärungen muss der Steuerpflichtige, soweit die Einzelsteuergesetze nichts anderes bestimmen, spätestens sieben Monate nach Ablauf des Kalenderjahres abgeben (übermitteln), also iErg bis zum 31.7. (§ 149 Abs. 2 AO). Für steuerlich beratene Steuerpflichtige sieht das Gesetz eine verlängerte Frist bis zum 28. bzw 29. Februar des zweiten auf den Besteuerungszeitraum folgenden Kalenderjahres vor (§ 149 Abs. 3 AO)[218]. Die Fristen können (Ermessen) unter den Voraussetzungen des § 109 AO verlängert werden. 484

c) Art und Umfang der Ermittlungspflichten

aa) Wechselwirkung zwischen Ermittlungspflichten und Mitwirkung des Steuerpflichtigen. Gem. § 88 Abs. 2 Satz 1 AO bestimmt die Behörde Art und Umfang 485
der Ermittlungen nach den Umständen des Einzelfalls sowie nach den Grundsätzen der Gleichmäßigkeit, Gesetzmäßigkeit und Verhältnismäßigkeit. Hier ist zu berücksichtigen, dass § 90 AO die Verantwortung für die Ermittlung des Sachverhalts auch in die Hände des Steuerpflichtigen legt – **Kooperationsgrundsatz** (vgl oben Rn 50 ff). Der Steuerpflichtige hat insb gem. §§ 149 ff AO **Steuererklärungen** wahrheitsgemäß und vollständig (§ 90 Abs. 1 Satz 2 AO) abzugeben. Insoweit besteht eine *Wechselwirkung* zwischen den Untersuchungspflichten der Behörde und der Mitwirkung des Steuerpflichtigen. *Je weniger der Steuerpflichtige seinen Mitwirkungspflichten nachkommt, umso geringer wird die Ermittlungspflicht der Behörde*[219]. Je gröber der Pflichtverstoß ist, umso eher kann die Behörde von einem steuerbegründenden Tatbestand ausgehen. Entscheidend sind aber jeweils die Umstände des Einzelfalls, etwa die Beweisnähe oder die Ungewöhnlichkeit des Sachverhalts[220]. Beruht die Unaufklärbarkeit des Sachverhalts dagegen nicht auf einer Verletzung der Mitwirkungspflichten des Steuerpflichtigen, so gelten folgende Regeln: Die Unerweislichkeit *steuerbegründender* Tatsachen geht zulasten des Finanzamts, die Unerweislichkeit *steuermindernder* Tatsachen geht zulasten des Steuerpflichtigen[221].

bb) Schätzung (§ 162 AO). Soweit die Finanzbehörde die Besteuerungsgrundlagen 486
(das „Wieviel", nicht das „Ob"[222]) nicht ermitteln oder berechnen kann, hat sie sie gem. § 162 Abs. 1 Satz 1 AO zu schätzen[223]. Ziel der Schätzung ist es, der richtigen Besteuerungsgrundlage möglichst nahe zu kommen[224]; die geschätzten Einkünfte müssen wirtschaftlich erzielbar und der Höhe nach schlüssig sein[225].

Beispiel: U hat einen Gewerbebetrieb. Bei einem Brand in der Firma gehen alle Buchführungsunterlagen verloren.

Dies gilt gem. § 162 Abs. 2 Satz 1 AO insb dann, wenn der Steuerpflichtige seine Mitwirkungspflichten verletzt. Die Schätzung ist auch schon möglich, bevor die Fi-

218 Damit hat der Gesetzgeber eine langjährige Verwaltungspraxis übernommen, vgl *Rätke*, in: Klein AO, § 149 Rn 24.
219 BFH, X R 20/05, BFH/NV 2009, 912 (914); vgl auch *Jakob*, Abgabenordnung, Rn 184.
220 *Kruse*, Lehrbuch des Steuerrechts I, 1991, S. 330.
221 BFH, X R 17/85, BStBl II 1989, 879 (881).
222 Vgl dazu *Jakob*, Abgabenordnung, Rn 189; *Seer*, in: Tipke/Kruse, § 162 AO Rn 20.
223 Vgl hierzu *Isenburg*, SteuerStud 2013, 652.
224 BFH, X R 20/13, BStBl II 2015, 743.
225 BFH, VIII R 49/12, juris.

nanzbehörde die Mitwirkung des Steuerpflichtigen zu erzwingen versucht hat[226]. Vereinzelt enthält das Gesetz Sonderregelungen, die eine Schätzung ausschließen (zB § 4 Abs. 7 Satz 2 EStG oder § 6 Abs. 1 Nr 4 Satz 2–3 EStG).

487 **cc) Vermutungsregeln (§§ 158–161 AO).** Auch §§ 158–161 AO können dazu führen, dass die Behörden von der Aufklärung eines Sachverhalts absehen. Sie treffen Sonderregeln über die Verantwortungsbereiche des Steuerpflichtigen und der Finanzbehörde.

488 § 158 AO stellt eine Vermutung für die Richtigkeit von Buchführung und Aufzeichnungen des Steuerpflichtigen auf, die den §§ 140–148 AO entsprechen. Die Behörde muss also deren Richtigkeit nicht überprüfen, der Steuerpflichtige muss die Richtigkeit nicht beweisen. Erst wenn Anlass zu Zweifeln an der Richtigkeit besteht, kann das FA den Sachverhalt weiter aufklären und sich dabei der einzelnen Ermittlungsbefugnisse bedienen.

489 Darüber hinaus nehmen § 159, § 160 AO *Zurechnungen* vor, die die Finanzbehörden von der Pflicht, nicht aber dem Recht (vgl § 159 Abs. 1 Satz 2, § 160 Abs. 1 Satz 2 AO) entbinden, unter Einsatz ihrer Mittel den Sachverhalt vollständig aufzuklären. Nach § 159 Abs. 1 Satz 1 AO muss derjenige, der behauptet, dass er Rechte für einen anderen wahrnimmt oder Sachen für einen anderen besitzt, nachweisen, *wem* die Rechte oder Sachen gehören; anderenfalls werden sie ihm selbst zugerechnet. Entsprechend bestimmt § 160 Abs. 1 Satz 1 AO[227], dass steuerlich relevante Ausgaben regelmäßig nicht berücksichtigt werden, wenn der Steuerpflichtige Gläubiger oder Empfänger nicht genau benennt. Damit bezweckt § 160 AO zu verhindern, dass die mit den Ausgaben des Steuerpflichtigen korrespondierenden Einnahmen eines Dritten nicht erfasst werden (vgl dazu auch das Beispiel oben Rn 391).

d) Mitwirkungsverweigerungsrechte (§§ 101–104 AO)

490 Die staatliche Aufklärung eines Sachverhalts ist zwangsläufig mit Eingriffen in den Privatbereich des Bürgers verbunden. Dies gilt im Steuerrecht ebenso wie im Strafrecht. In beiden Fällen gelten ähnliche grundrechtliche und rechtsstaatliche Grenzen, so dass insoweit ähnliche Voraussetzungen für Zeugnis- bzw Auskunftsverweigerungsrechte (vgl § 52, § 53, § 55 StPO) wie im Strafrecht für die Mitwirkungsverweigerungsrechte gelten. Es gibt *keine Wahrheitsermittlung um jeden Preis.*

491 Im Steuerrecht sind berechtigt, die Mitwirkung zu verweigern:
- *Angehörige* iSd § 15 AO gem. § 101, § 104 AO, soweit sie nicht selbst als Beteiligte über ihre eigenen steuerlichen Verhältnisse auskunftspflichtig sind oder die Auskunftspflicht für einen Beteiligten zu erfüllen haben;
- Träger von *Berufsgeheimnissen* gem. § 102, § 104 AO, zB Geistliche, Rechtsanwälte, Ärzte und Presseangehörige, über das, was ihnen in dieser Eigenschaft anvertraut oder bekannt geworden ist;
- diejenigen Dritten[228], die sich durch ihre Auskunft oder Vorlage der *Gefahr der Strafverfolgung* aussetzen würden (§ 103, § 104 AO).

226 *Seer*, in: Tipke/Kruse, § 162 AO Rn 13 aE mwN.
227 Übersicht zu § 160 AO bei *von Wedelstädt*, AO-StB 2007, 325.
228 Dazu näher *Breilmann*, SteuerStud 2010, 250.

Sowohl die Angehörigen als auch die Dritten, die sich durch ihre Auskunft gegenüber den Finanzbehörden der Gefahr der Strafverfolgung aussetzen würden, sind über ihr Auskunftsverweigerungsrecht zu belehren, vgl § 101 Abs. 1 Satz 2, § 103 Satz 2 AO. Unterbleibt die Belehrung, so kommt ein **Verwertungsverbot** in Betracht. 492

3. Datenschutz im Steuerrecht (§§ 29b–31c AO)

a) Steuergeheimnis (§ 30 AO)

Fall 24: Der Finanzbeamte F hat die Einkommensteuerveranlagung des bekannten Fußballstars S durchgeführt. Dabei erfährt er, wie viel S im Jahr verdient, dass er von seiner Frau getrennt lebt, wo er eine Zweitwohnung hat und welcher politischen Partei er gespendet hat. Er erzählt die Neuigkeiten in der Kantine den Kollegen und am Stammtisch seinen Freunden. Außerdem teilt er der Staatsanwaltschaft den Verdacht der Hehlerei mit, da der S – was zutrifft – gestohlene Ware gekauft hat. Den Gewinn aus der Hehlerei hat er ordnungsgemäß versteuert. Ist die Weitergabe der Informationen zulässig? Welche Konsequenzen hat das Verhalten des F? **Rn 498** 493

Die Verpflichtung der einzelnen Amtsträger der Finanzbehörden, das **Steuergeheimnis** zu wahren, ist das verfassungsrechtlich gebotene Gegengewicht zu den umfangreichen Offenbarungs- und Mitwirkungspflichten des Steuerpflichtigen und anderer Personen. Deshalb schützt § 30 Abs. 1 AO, der Amtsträger iSd § 7 AO sowie die diesen gem. § 30 Abs. 3 AO gleichgestellten Personen zur Wahrung des Steuergeheimnisses verpflichtet, die Privatsphäre des Bürgers und vermittelt Datenschutz durch die Finanzbehörden. 494

Ein Amtsträger verletzt das Steuergeheimnis gem. § 30 Abs. 2 AO, wenn er *personenbezogene Daten eines anderen oder fremde Betriebs- oder Geschäftsgeheimnisse (geschützte Daten)*, die ihm in einem Verwaltungsverfahren oder in einem finanzgerichtlichen Verfahren oder in einem steuerstrafrechtlichen bzw steuerlichen Bußgeldverfahren oder durch Mitteilung einer Finanzbehörde *bekannt geworden* sind, *unbefugt offenbart* oder *verwertet*. *Personenbezogene Daten* eines anderen sind alle persönlichen, beruflichen und geschäftlichen Umstände, die mit der Person des Dritten zusammenhängen. Ferner müssen die Amtsträger bzw die gleichgestellten Personen die Informationen aufgrund ihrer dienstlichen oder sonstigen amtlichen Stellung (also nicht privat) erfahren haben[229]. *Offenbaren* heißt weitergeben von Informationen, die dem Empfänger vorher nicht bekannt waren. Unbefugt ist die Weitergabe, wenn keine Befugnis nach § 30 Abs. 4, §§ 31–31c AO vorliegt. Übermittelt die Finanzbehörde Daten, die dem Steuergeheimnis unterliegen, so sind diese zu verschlüsseln (§ 87a Abs. 1 Satz 3 AO). 495

Eine *Befugnis* besteht nach § 30 Abs. 4 AO ua, 496

- wenn sie der Durchführung eines Verwaltungs-, Rechnungsprüfungs- oder Finanzgerichtsverfahrens oder eines Steuerstrafverfahrens oder eines Bußgeldverfahrens wegen einer Steuerordnungswidrigkeit dient (Nr 1),
- wenn sie durch Bundesgesetz ausdrücklich zugelassen (Nr 2; s. etwa §§ 31–31c, § 51 Abs. 3 Satz 3 AO) oder durch Recht der Europäischen Union vorgeschrieben oder zugelassen (Nr 2 lit. a) ist oder der Erfüllung gesetzlicher Aufgaben des Statistischen Bundesamtes dient (Nr 2 lit. b),

229 Insofern ergeben sich keine inhaltlichen Änderungen zum zuvor verwendeten Begriff „Verhältnisse", vgl BT-Drs 18/12611, 81.

- wenn der Betroffene zustimmt (Nr 3),
- wenn sie der Durchführung eines Strafverfahrens wegen einer Tat dient, die keine Steuerstraftat ist, und die Kenntnisse entweder in einem Steuerstraf- bzw Steuerordnungswidrigkeitsverfahren erlangt worden sind (vgl näher – auch zu Unterausnahmen – Nr 4 lit. a) oder ohne Bestehen einer steuerlichen Verpflichtung oder unter Verzicht auf ein Auskunftsverweigerungsrecht erlangt worden sind (Nr 4 lit. b) oder
- wenn für sie ein zwingendes öffentliches Interesse besteht (Nr 5). Letzteres liegt regelmäßig vor, wenn die Offenbarung der Daten zur Abwehr erheblicher Nachteile für das Gemeinwohl oder einer Gefahr für die öffentliche Sicherheit, die Verteidigung oder die nationale Sicherheit erforderlich ist, sowie bei Verbrechen und vorsätzlichen schweren Vergehen, bei Wirtschaftsstrafsachen, die die wirtschaftliche Ordnung erheblich stören oder das Vertrauen der Allgemeinheit auf die Redlichkeit des geschäftlichen Verkehrs oder die ordnungsgemäße Arbeit der Behörden erheblich erschüttern (s. näher § 30 Abs. 4 Nr 5 lit. a–c AO).

497 *Vorsätzlich falsche Angaben* des Betroffenen dürfen den Strafverfolgungsbehörden gegenüber offenbart werden (§ 30 Abs. 5 AO). § 30 Abs. 2 Nr 3 AO schützt vor unbefugtem Datenabruf, Näheres regelt Abs. 6[230]. Im Finanzgerichtsverfahren besteht ein Spannungsverhältnis zwischen Steuergeheimnis (§ 30 AO) und Öffentlichkeitsprinzip (§ 169 GVG)[231].

498 **Lösung Fall 24** (Rn 493): Das Verhalten des F könnte gem. § 30 Abs. 1 AO unzulässig sein. F ist als Finanzbeamter gem. § 7 Nr 1 AO Amtsträger. Bei den Informationen über das Privatleben des S sowie seine Hehlerei handelt es sich um personenbezogene Daten eines anderen (§ 30 Abs. 2 Nr 1 AO). Diese sind ihm auch in einem Verwaltungsverfahren – hier dem Verfahren zur Festsetzung der Einkommensteuer – gem. § 30 Abs. 2 Nr 1 lit. a AO bekannt geworden. Indem er sie in der Kantine und am Stammtisch erzählt sowie der Staatsanwaltschaft mitgeteilt hat, hat er Informationen weitergegeben, die den Empfängern vorher nicht bekannt waren, und somit Verhältnisse des S offenbart. Dies geschah unbefugt, wenn kein Erlaubnistatbestand nach § 30 Abs. 4 AO eingreift. Für die Weitergabe der Informationen aus dem Privatleben des S ist kein Erlaubnistatbestand ersichtlich.

Es ist fraglich, ob F seine Kenntnis von der Hehlerei des S (§ 259 StGB) an die Staatsanwaltschaft weiterleiten durfte. Die Information diente nicht der Durchführung eines Steuer- oder Steuerstrafverfahrens, so dass § 30 Abs. 4 Nr 1 AO ausscheidet. Ebenso scheidet der Erlaubnistatbestand des § 30 Abs. 4 Nr 4 lit. a AO aus, denn die Kenntnis ist nicht im Rahmen eines Verfahrens wegen einer Steuerordnungswidrigkeit oder Steuerstraftat erlangt worden. F war zudem steuerrechtlich zur Erklärung der mit der Hehlerei erzielten Einkünfte verpflichtet (vgl § 40 AO). Ihm stand kein Auskunftsverweigerungsrecht zu, so dass auch § 30 Abs. 4 Nr 4 lit. b AO nicht in Betracht kommt. Außerdem ist keines der Regelbeispiele des § 30 Abs. 4 Nr 5 AO erfüllt: Weder handelt es sich bei Hehlerei um ein Verbrechen noch liegen die anderen Voraussetzungen der Nr 5 des § 30 Abs. 4 AO vor[232]. Die Abwehr einer Gefahr (Nr 5 lit. a) kommt nach Tatbegehung nicht mehr in Betracht. Die Weitergabe aller Informationen durch F verstieß somit gegen § 30 Abs. 2 AO.

F hat sich außerdem gem. § 355 StGB wegen Verletzung des Steuergeheimnisses strafbar gemacht. Ferner hat er seine Amtspflichten verletzt, so dass ein Amtshaftungsanspruch nach

230 Näher ausgestaltet in der Steuerdaten-Abrufverordnung, BStBl I 2005, 950.
231 Zur Problematik und zu Lösungsansätzen *Schnorr*, StuW 2008, 303.
232 Zu dem Problem der Weitergabe von Informationen an die Gewerbebehörden im Fall der Gewerbeuntersagung wegen steuerlicher Unzuverlässigkeit vgl aber BFH, VII R 77/84, BStBl II 1987, 545 (549) und BVerwG, 1 C 146.80, BVerwGE 65, 1 (2). Krit zu dieser Rspr mit Recht *Hofmann*, DStR 1999, 201.

§ 839 BGB, Art. 34 GG bestehen kann. Außerdem hat F disziplinarrechtliche Folgen zu erwarten.

b) Verarbeitung personenbezogener Daten

Die am 28.5.2018 in Kraft getretene Datenschutz-Grundverordnung (DSGVO) findet ebenso wie das Bundesdatenschutzgesetz (BDSG) auch im Steuerverwaltungsverfahren Anwendung (Art. 2 Abs. 1 DSGVO, § 2a AO). Geschützt werden personenbezogene Daten iSd Art. 4 Nr 1 DSGVO, also Informationen, die sich auf identifizierte oder identifizierbare natürliche Personen beziehen[233]. Der Datenschutz kann jedoch gemäß Art. 23 lit. e DSGVO durch europäische oder nationale Regelungen „im Steuerbereich" beschränkt werden. Von dieser Möglichkeit der Beschränkung hat der Gesetzgeber mit dem Ziel, den Status quo möglichst beizubehalten[234], in den §§ 29b, 29c und 31c AO sowie §§ 32a–32j AO Gebrauch gemacht. **499**

Art. 6 Abs. 1 und 3 DSGVO erlaubt die Datenverarbeitung, wenn sie für die Erfüllung einer rechtlichen Verpflichtung erforderlich ist. Weil die Finanzbehörden die gesetzliche Verpflichtung haben, Steuern gleichmäßig festzusetzen und zu erheben (§§ 85 AO ff; Rn 477), lässt § 29b Abs. 1 AO die Datenverarbeitung zum Zweck der Durchführung des Steuerverwaltungsverfahrens für die jeweilige Steuerart, den Besteuerungszeitraum und den Steuerschuldner zu (zB Einkommensteuer 2019 des Stpfl A)[235]. **500**

Die Datenverarbeitung zu einem anderen Zweck (zB Auswertung der ESt-Akte um Vollstreckungsmöglichkeiten für die USt zu ermitteln) ist eine sog. Weiterverarbeitung. Diese ist nach Art. 6 Abs. 4 DSGVO iVm § 29c AO nur in bestimmten abschließend aufgezählten Fällen erlaubt.

Die §§ 32a–32j AO regeln die Rechte der Betroffenen, denen gem. Art. 15 DSGVO ein Auskunftsrecht zusteht. Insb müssen die Finanzbehörden diejenigen, deren Daten erhoben oder weiterverarbeitet werden, von Amts wegen darüber informieren (§§ 32a, 32b AO). Mit § 32c AO hat der Gesetzgeber das Auskunftsrecht auf Grundlage von Art. 23 Abs. 1 DSGVO für bestimmte Fälle eingeschränkt, §§ 32d und 32e AO regeln die Form der Erteilung von Informationen und Auskünften sowie das Verhältnis zu anderen Informationsansprüchen; § 32f AO sieht ein Recht auf Berichtigung und Löschung vor. **501**

(Zu datenschutzrechtlicher Aufsicht und Rechtsschutz s. §§ 32g–32j AO)

4. Besondere Verfahren der Sachaufklärung

Der Vierte Teil der AO über die Durchführung der Besteuerung enthält im Vierten, Fünften und Sechsten Abschnitt besondere Verfahren der Sachverhaltsermittlung, und zwar über die Außenprüfung (§§ 193–207 AO), Steuerfahndung (§ 208 AO) und Steueraufsicht (§§ 209–217 AO). **502**

233 Vgl *Brendle-Weith*, ZD 2019, 112 (113); *Erkis*, DStR 2018, 161 (162).
234 Vgl *Erkis*, DStR 2018, 161 (162).
235 Einschließlich Ermittlungsverfahren, Vollstreckung, Haftungsinanspruchnahme Dritter und Rechtsbehelfsverfahren, s. BMF, BStBl I 2018, 201 (Rn 22).

a) Außenprüfung (§§ 193–207 AO)

503 Der Begriff der **Außenprüfung**[236] findet sich zwar im Gesetz (§ 193 AO), ist aber in der Praxis kaum üblich. Vielmehr wird dort meist von *„Betriebsprüfung"* gesprochen. Das hängt damit zusammen, dass von der Außenprüfung in erster Linie Betriebe erfasst werden (§ 193 Abs. 1 AO), aber auch damit, dass die rechtlichen Vorläufer der Außenprüfung lediglich die Buch- und Betriebsprüfung zum Gegenstand hatten. Der gesetzliche Begriff der Außenprüfung soll deutlich machen, dass nicht nur Betriebe, sondern gem. § 193 Abs. 2 AO auch steuerliche Verhältnisse von Privatpersonen geprüft werden können. Unter einer Außenprüfung versteht man also Sachverhaltsermittlungen, die *außerhalb* der Räumlichkeiten des Finanzamts von dem hierfür zuständigen Beamten unter Beachtung der besonderen Verfahrensvorschriften der §§ 193 ff AO durchgeführt werden.

In den Fällen, in denen der *Veranlagungsbeamte* zur Überprüfung der in der Einkommensteuererklärung gemachten Angaben (etwa über ein häusliches Arbeitszimmer) den Steuerpflichtigen aufsucht, liegt nicht etwa eine Außenprüfung vor, sondern eine Maßnahme nach § 98, § 99 AO. Etwas anderes gilt nur für den Fall, dass eine auf § 193 Abs. 2 Nr 2 AO gestützte Prüfungsanordnung (§ 196 AO) ergeht. Dann wird aber nicht mehr der Veranlagungsbeamte, sondern der *Außenprüfer* tätig.

504 Mit Beginn der Außenprüfung ist der Ablauf der Festsetzungsfrist gem. § 171 Abs. 4 AO gehemmt. Die Hemmung tritt auch ein, wenn der Beginn der Außenprüfung auf Antrag des Steuerpflichtigen hinausgeschoben wird und der Antrag dafür ursächlich war[237]. Die Außenprüfung bewirkt eine Änderungssperre nach § 173 Abs. 2 AO (Rn 428), zudem ist gem. § 371 Abs. 2 Nr 1 lit. a AO keine Selbstanzeige mit strafbefreiender Wirkung mehr möglich.

505 aa) Die Zulässigkeit der Außenprüfung setzt in formeller Hinsicht voraus, dass die prüfende Behörde gem. § 195 AO zuständig ist und der Umfang der Außenprüfung in einer schriftlich oder elektronisch zu erteilenden Prüfungsanordnung mit Rechtsbehelfsbelehrung dem Steuerpflichtigen rechtzeitig bekannt gegeben wird (s. iE § 196, § 197 AO). Materiell müssen die Voraussetzungen des § 193 AO vorliegen. Nach § 193 Abs. 1 AO ist eine Außenprüfung generell zulässig bei Steuerpflichtigen, die einen gewerblichen oder land- und forstwirtschaftlichen Betrieb unterhalten oder die freiberuflich tätig sind (sog. Betriebsprüfung) und bei Steuerpflichtigen iSd § 147a AO.

506 § 147a AO enthält in Abs. 1 Satz 1 eine Aufbewahrungspflicht von Aufzeichnungen und Unterlagen für Steuerpflichtige, bei denen die Summe der positiven Einkünfte nach § 2 Abs. 1 Nr 4–7 EStG (also der Überschusseinkünfte, Rn 599) mehr als 500 000 € im Kalenderjahr beträgt (sog. Einkommensmillionäre). Diese Personen haben die Aufzeichnungen und Unterlagen über die den Überschusseinnahmen zugrunde liegenden Einnahmen und Werbungskosten sechs Jahre aufzubewahren. Nach § 147a Abs. 1 Satz 6 AO kann die zuständige Finanzbehörde den Steuerpflichtigen auch ohne Vorliegen der Voraussetzungen des § 147a Abs. 1 Satz 1 AO zur Aufbewahrung verpflichten, wenn er seinen (Auslands-)Mitwirkungspflichten nach § 90 Abs. 2 Satz 3 AO nicht nachgekommen ist. § 193 Abs. 1 Nr 3 AO sieht für solche Fälle aus-

236 Instruktiv dazu *Keller*, SteuerStud 2009, 300.
237 BFH, IV R 54/07, BStBl II 2011, 7; X R 14/15, BStBl II 2017, 97.

drücklich die Möglichkeit der Außenprüfung vor. Ebenfalls sechs Jahre müssen nach § 147a Abs. 2 Satz 1 AO solche Steuerpflichtigen Aufzeichnungen und Unterlagen aufbewahren, die allein oder mit nahestehenden Personen iSd § 1 Abs. 2 AStG unmittelbar oder mittelbar einen beherrschenden oder bestimmenden Einfluss auf die Angelegenheiten einer Drittstaat-Gesellschaft iSd § 138 Abs. 3 AO ausüben können.

Bei anderen Steuerpflichtigen ist eine Außenprüfung nur unter den (weiteren) Voraussetzungen des § 193 Abs. 2 AO zulässig. Dessen Nr 1 betrifft vor allem die **Lohnsteuer-Außenprüfung**. Nr 2 ist sehr weit gefasst und greift immer dann ein, wenn es nach den Erfahrungen der Finanzverwaltung als möglich erscheint, dass der Steuerpflichtige seine Erklärung nicht, nicht vollständig oder mit unrichtigem Inhalt abgegeben hat[238]. **507**

Die Zulässigkeit einer Außenprüfung setzt außerdem voraus, dass die Behörde zur Erfüllung ihrer in § 85 AO umschriebenen Aufgaben handelt. Die Außenprüfung ist daher unzulässig, wenn *von vornherein feststeht*, dass sich aus ihr *keine steuerlichen Folgen* ergeben können, etwa infolge des Ablaufs der Festsetzungsfrist (§§ 169 ff AO; zur Ablaufhemmung der Festsetzungsverjährung wegen des Beginns der Außenprüfung s. aber § 171 Abs. 4 AO) oder infolge der Änderungssperre des § 173 Abs. 2 AO, wenn bereits früher eine Außenprüfung stattgefunden hat[239]. Die Anordnung der Außenprüfung ist dann mangels Eignung iSd Übermaßverbots (Verhältnismäßigkeitsprinzips) auch ermessensfehlerhaft. Nach Ansicht des BFH genügt es aber für die Zulässigkeit der Außenprüfung, wenn sich erst aufgrund der Außenprüfung sicher beurteilen lässt, ob bereits Verjährung eingetreten ist[240]; dies wird etwa bei dem Verdacht von Steuerverkürzungen oder Steuerhinterziehungen relevant, die zu einer längeren Festsetzungsfrist führen würden, vgl § 169 Abs. 2 Satz 2 AO. **508**

Eine Außenprüfung darf auch noch nach der Aufhebung des Vorbehalts der Nachprüfung (§ 164 AO) angeordnet werden. Ein schutzwürdiges Vertrauen darauf, nicht mehr geprüft zu werden, besteht erst nach Durchführung einer Außenprüfung (vgl § 173 Abs. 2 AO)[241].

bb) Bei der Durchführung der Außenprüfung ist zunächst der sachliche Umfang der Außenprüfung zu beachten (§ 194 AO)[242]. Nach der Rspr folgt hier aus § 193 AO keine gegenständliche Begrenzung, so dass etwa bei der Außenprüfung bei einem Freiberufler auch dessen private steuerliche Verhältnisse geprüft werden können[243]. **509**

Die Außenprüfung darf immer nur *der Person* gegenüber erfolgen, die in der Prüfungsanordnung *genannt* ist (beachte aber § 194 Abs. 1 Satz 4, Abs. 3 AO). Das gilt auch hinsichtlich zusammenveranlagter *Eheleute*[244]. Wenn beide Eheleute geprüft werden sollen, muss eine Prüfungsanordnung gegen beide ergehen und es müssen die Voraussetzungen des § 193 AO in der Person beider Eheleute vorliegen. Bei der *Außenprüfung einer Gesellschaft* bestehen Besonderheiten. Gem. § 194 Abs. 1 Satz 3 AO umfasst die Außenprüfung bei einer Personengesellschaft die steuerlichen Verhältnisse der Gesellschafter insoweit, als die Verhältnisse für die zu über- **510**

---

238 BFH, VIII R 25/89, BStBl II 1993, 146 (147); *Schallmoser*, in: HHSp, § 193 AO Rn 68 ff.

239 *Seer*, in: Tipke/Kruse, § 193 AO Rn 2.

240 BFH, VIII R 48/85, BStBl II 1986, 433 (434); II R 102/85, BStBl II 1988, 113 (114); X B 113/09, BFH/NV 2010, 600; ebenso *Groh*, DStR 1985, 679 (682); anders Nds. FG, XI 87/85, EFG 1989, 90.

241 BFH, VIII R 197/84, BStBl II 1986, 36 (37); III R 236/83, BStBl II 1987, 664; X B 94/01, BFH/NV 2002, 622.

242 Weiterführend zu § 194 AO *Buse*, AO-StB 2008, 274.

243 So BFH, IV R 323/84, BStBl II 1986, 437 (438); *Schallmoser*, in: HHSp, § 194 AO Rn 19 ff; aA *Seer*, in: Tipke/Kruse, § 194 AO Rn 2.

244 BFH, III R 236/83, BStBl II 1987, 664 (666).

prüfenden einheitlichen Feststellungen (§ 179 Abs. 2, § 180 Abs. 1 Satz 1 Nr 2 lit. b AO) von Bedeutung sind. Der sachliche Umfang der Prüfung erstreckt sich also ua auf Entnahme- und Einlagevorgänge und auf die Sondervergütungen iSd § 15 Abs. 1 Satz 1 Nr 2 Satz 1 EStG. Nach § 194 Abs. 2 AO können die steuerlichen Verhältnisse von Gesellschaftern darüber hinaus in die bei einer Gesellschaft durchzuführende Außenprüfung einbezogen werden, wenn dies im Einzelfall zweckmäßig ist. Danach können dann auch die außerbetrieblichen Vorgänge, etwa Sonderausgaben und außergewöhnliche Belastungen, geprüft werden.

511 IÜ wird der Umfang der Prüfung gem. § 196 AO durch die Prüfungsanordnung begrenzt[245]. Will der Prüfer darüber hinausgehen, so muss zunächst die Prüfungsanordnung erweitert werden. Die Prüfungsanordnung ist ein Verwaltungsakt. Gegen die Prüfungsanordnung kann der Steuerpflichtige Einspruch (§§ 347 ff AO) einlegen und Anfechtungsklage (§ 40 Abs. 1 FGO) erheben. Der Einspruch hat indes gem. § 361 AO keine aufschiebende Wirkung, dh die Prüfung kann so nicht verhindert werden. Zwar tritt mit Abschluss der Prüfung Erledigung ein, jedoch kann der Steuerpflichtige danach Fortsetzungsfeststellungsklage (vgl § 100 Abs. 1 Satz 4 FGO) erheben[246]. Nur so kann er die Verwertung rechtswidrig erlangter Prüfungsergebnisse verhindern (str, s. dazu noch unten Rn 512).

512 Die **Pflichten des Prüfers** bei der Durchführung der Prüfung regeln § 198, § 199 AO, die Mitwirkungspflichten des Steuerpflichtigen sind in § 200 AO normiert[247]. Hierzu gehört die Pflicht zur Unterstützung des Beamten bei seinen Befugnissen nach § 147 Abs. 6 AO (§ 200 Abs. 1 Satz 2 AO). Hiernach hat der Prüfungsbeamte das Recht, bei Führung der Unterlagen durch ein Datenverarbeitungssystem Einsicht in die gespeicherten Daten zu nehmen **(elektronischer Datenzugriff)**[248]. Der Beamte kann verlangen, dass (1) ihm die Möglichkeit eingeräumt wird, die Unterlagen in den Räumlichkeiten des Geprüften einzusehen (§ 147 Abs. 6 Satz 1 AO), (2) die Daten nach seinen Vorgaben maschinell ausgewertet (§ 147 Abs. 6 Satz 2 Alt. 1 AO) oder (3) ihm die Daten auf einem maschinell verwertbaren Datenträger zur Verfügung gestellt werden (§ 147 Abs. 6 Satz 2 Alt. 2 AO). Befinden sich die Daten bei einem Dritten, so bestehen diese Befugnisse gem. § 147 Abs. 6 Satz 3 AO auch gegenüber dem Dritten. Die Entscheidung über das „Ob" und „Wie" steht im Ermessen des Prüfers (§ 5 AO, dazu Rn 387 ff)[249].

Die Regelung[250] wird damit gerechtfertigt, dass der Grundsatz der Gleichmäßigkeit der Besteuerung und die Steuergerechtigkeit die Überprüfbarkeit der Daten und der Datenverarbeitungssysteme bei der Aufbewahrung von Massendaten und im Hinblick auf die Anerkennung der elektronischen Abrechnung erforderten.

513 Nach Abschluss der Außenprüfung ist gem. § 201 AO über das Ergebnis der Prüfung grundsätzlich eine *Schlussbesprechung* abzuhalten[251]. Damit soll dem Steuerpflichti-

245 Zur Prüfungsanordnung s. *Buse*, AO-StB 2008, 138.

246 BFH, X R 158/87, BStBl II 1989, 483 (488); FG Nürnberg, III 95/88, EFG 1989, 589; zu diesem Problemkreis eingehend *Groh*, DStR 1985, 679.

247 Zu den Rechten und Pflichten der Berufsgeheimnisträger bei Außenprüfungen instruktiv auch *Steinhauff*, NWB 2011, 1156.

248 Instruktiv *Drüen*, SteuerStud 2004, 211; zur Reichweite der digitalen Betriebsprüfung vgl *Krain*, StuB 2010, 98.

249 Zur praktischen Anwendung des elektronischen Datenzugriffs BMF v. 14.11.2014, BStBl I 2014, 1450.

250 Dazu *Burchert*, INF 2001, 230 (Teil I) und 263 (Teil II); *Schaumburg*, DStR 2002, 829.

251 Näher zur Schlussbesprechung *Buse*, AO-StB 2007, 269.

gen vor Erstellung des Prüfungsberichts (§ 202 AO)[252] nochmals rechtliches Gehör gewährt werden. In diesem Rahmen kann der Steuerpflichtige auch eine **verbindliche Zusage** (§§ 204 ff AO) beantragen[253]. IRd Schlussbesprechung kommt es häufig auch zu Absprachen (zu den sog. tatsächlichen Verständigungen vgl oben Rn 468 f).

Fraglich ist, ob rechtsfehlerhaft gewonnene Erkenntnisse *verwertet* werden dürfen[254]. Die AO enthält kein allgemeines Verwertungsverbot für rechtswidrig erlangte Prüfungsergebnisse. Richtigerweise wird man unterscheiden müssen zwischen Fehlern, die sich auf das sachliche Ergebnis und die Mitwirkung des Steuerpflichtigen nicht auswirken, und solchen, die einen wesentlichen Einfluss auf das Ermittlungsergebnis haben („qualifiziert materielle **Verwertungsverbote**"). Zur ersten Gruppe zählen die Verletzung bloßer Verfahrens- und Formvorschriften, wie etwa der Verstoß gegen die Ausweispflicht nach § 198 AO. Dazu gehört auch die Auswertung von CDs mit Steuerdaten[255], soweit die Finanzbehörden die CDs in nicht strafbarer Weise erlangt haben[256]. Diese Fehler lösen kein Verwertungsverbot aus[257]. Zur zweiten Gruppe zählen die Fälle, in denen die Prüfung ohne rechtmäßige Prüfungsanordnung stattfindet oder in denen während der Prüfung Eingriffe in grundrechtlich geschützte Positionen (zB heimliche Tonbandaufnahmen) oder Verletzungen von Schutzbestimmungen stattfinden, wie das Überschreiten des in der Prüfungsanordnung genannten Prüfungsumfangs. Ein Verwertungsverbot besteht jedoch selbst in diesen Fällen nur, wenn der Steuerpflichtige die rechtswidrigen Aufklärungsmaßnahmen mit Rechtsbehelfen angefochten hat (str[258]). Ist gegen die einzelnen Maßnahmen kein Rechtsbehelf gegeben, so kann der Steuerpflichtige den Bescheid anfechten mit der Begründung, es bestehe hinsichtlich einzelner Ermittlungsergebnisse ein Verwertungsverbot[259]. **514**

b) Steuerfahndung (§ 208 AO)

Die **Aufgaben** der Steuerfahndung sind in § 208 Abs. 1 AO umschrieben, nämlich die Erforschung von Steuerstraftaten und Steuerordnungswidrigkeiten, die Ermittlung der Besteuerungsgrundlagen in diesen Fällen sowie die Aufdeckung und Ermittlung unbekannter Steuerfälle[260]. Die Steuerfahndung hat also eine **Doppelfunktion**, eine strafrechtliche (§ 208 Abs. 1 Satz 1 Nr 1 AO) und eine steuerrechtliche (§ 208 Abs. 1 Satz 1 Nr 2 und 3 AO)[261]. **515**

Die **Befugnisse** der Steuerfahndung sind in § 404 AO geregelt. Danach haben die Zollfahndungsämter und die mit der Steuerfahndung betrauten Dienststellen der Landesfinanzbehörden sowie ihre Beamten dieselben Rechte und Pflichten wie die Behörden und Beamten des Polizeidienstes nach der StPO. Daneben haben sie auch die Ermittlungsbefugnisse, die den Finanzämtern zustehen (§ 208 Abs. 1 Satz 2 AO). Gewisse Einschränkungen gelten gem. § 208 Abs. 1 Satz 3 AO nicht.

---

252 Zum Prüfungsbericht vgl *Buse*, AO-StB 2008, 50.
253 Weiterführend zur verbindlichen Zusage *von Wedelstädt*, AO-StB 2009, 15.
254 Zu diesem Problem *Schallmoser*, in: HHSp, vor §§ 193–203 AO Rn 240 ff; *Hannig*, SteuerStud 2018, 3 (Schaubild).
255 Dazu *Selmer*, JuS 2014, 1053; *Spilker*, DStR 2014, 2490.
256 FG Köln, 14 V 2484/10, EFG 2011, 1215; Nds. FG, 15 K 155/12, EFG 2016, 2020.
257 EGMR, 33696/11, DÖV 2017, 76; BFH, VIII R 1/13, juris; VIII R 53/04, BStBl II 2007, 227 (233).
258 BFH, VI R 157/83, BStBl II 1985, 191 (194); s. ausf *Seer*, in: Tipke/Kruse, § 196 AO Rn 32 ff mwN.
259 BFH, I R 210/79, BStBl II 1984, 285 (286); IX R 83/88, BStBl II 1990, 789 (790).
260 Zulässig sind auch Kontrollbesuche zur Gewinnung von Erkenntnissen, die weitere Ermittlungen erst möglich und nötig machen (zB Kontrollbesuche in Bordellen), BFH, VII B 121/06, BStBl II 2009, 839 (841).
261 Dazu *Breilmann*, SteuerStud 2010, 250.

Beispiel: Wegen § 208 Abs. 1 Satz 3 AO darf die Steuerfahndung entgegen § 93 Abs. 1 Satz 3 AO andere Personen als den Steuerpflichtigen schon dann um Auskunft ersuchen, wenn der Steuerpflichtige selbst noch nicht gefragt wurde.

Nach § 208 Abs. 2 AO ist die Steuerfahndung auch zuständig für sonstige steuerliche Ermittlungen einschließlich der Außenprüfung auf Ersuchen der zuständigen Finanzbehörde (sog. Fahndungsprüfung) und andere Aufgaben, zB Vollstreckungsmaßnahmen.

c) Steueraufsicht in besonderen Fällen

516 Anders als die Außenprüfung dient die Steueraufsicht nicht der Nachprüfung der in der Vergangenheit liegenden Sachverhalte, sondern der *laufenden Kontrolle* derjenigen Betriebe, die verbrauchsteuerliche Tatbestände erfüllen. Verbrauchsteuern knüpfen idR an das Inverkehrbringen bestimmter Waren, Zölle an den Warenverkehr über die Grenze an. Die in diesen Fällen erforderliche Kontrolle regeln §§ 209–217 AO. Das wichtigste Mittel der Steueraufsicht ist die **Nachschau** (§ 210 AO). Zur Bekämpfung der Umsatzsteuerhinterziehung hat der Gesetzgeber eine Umsatzsteuer-Nachschau in § 27b UStG normiert, durch die es der für die Umsatzsteuer zuständigen Finanzbehörde ermöglicht wird, Grundstücke und Räume von Unternehmern während der Geschäfts- und Arbeitszeiten zu betreten. Entsprechende Befugnisse gibt es iRd Lohnsteuer-Nachschau (§ 42g EStG) und iRd Kassen-Nachschau (§ 146b AO). Als Grundrechtseingriffe müssen sich die Maßnahmen am verfassungsrechtlichen Übermaßverbot messen lassen[262].

II. Steuerfestsetzung und Feststellung der Besteuerungsgrundlagen

1. Festsetzung durch Steuerbescheid

517 Im Anschluss an die Ermittlung des Sachverhalts hat die Finanzbehörde diesen rechtlich zu würdigen. Besteht danach eine Steuerpflicht, so hat sie einen **Steuerbescheid** zu erlassen, § 155 Abs. 1 Satz 1 AO.

Besteht kein Steueranspruch, so kann sie einen *Freistellungsbescheid* erlassen. Dieser ist gem. § 155 Abs. 1 Satz 3 Var. 1 AO ebenfalls ein Steuerbescheid, was etwa Bedeutung für die Frage der Anfechtungsfristen, der Festsetzungsfristen und der Korrekturmöglichkeiten seitens der Behörde hat. Gleiches gilt auch für die Ablehnung eines Antrags auf Steuerfestsetzung, die etwa mit dem Ablauf der Festsetzungsfrist begründet wird, § 155 Abs. 1 Satz 3 Var. 2 AO. Bei der Festsetzung der Steuern hat die Finanzbehörde die Handlungsform des Verwaltungsakts zu wählen, § 155 Abs. 1 Satz 2 AO. Eine einvernehmliche Festsetzung – etwa durch öffentlich-rechtlichen Vertrag – ist nicht zulässig (dazu oben Rn 464).

Adressat des Steuerbescheids ist der Steuerschuldner (dazu oben Rn 240). Zu Form, Inhalt und Bekanntgabe des Steuerbescheids vgl oben Rn 370 ff.

Folgende Arten von Steuerbescheiden sind zu unterscheiden:

a) Endgültige Steuerfestsetzung (§ 155 Abs. 1 AO)

518 Der gesetzliche Normalfall ist nach § 155 Abs. 1 AO die **endgültige Steuerfestsetzung** durch Steuerbescheid (zur Steuerfestsetzung *ohne* Steuerbescheid Rn 533). Die Finanzbehörde richtet an den Steuerpflichtigen einen Steuerbescheid, der mit Ablauf

262 Vgl *Seer*, in: Tipke/Lang, § 21 Rn 259; zu § 27b UStG krit auch *Nieskens*, UR 2002, 53 (73 ff).

der Rechtsbehelfsfristen in Bestandskraft erwächst und seitens der Behörde nur noch unter der Voraussetzung, dass eine der Korrekturnormen (§§ 172 ff AO) eingreift, aufgehoben oder geändert werden kann. Die Steuerfestsetzung sowie ihre Aufhebung oder Änderung sind gem. § 169 Abs. 1 AO nur bis zum Ablauf der Festsetzungsfrist zulässig.

b) Steuerfestsetzung unter dem Vorbehalt der Nachprüfung (§ 164 AO)

Bei Millionen von Steuerbescheiden, die jährlich erlassen werden, können viele Fälle in über- **519** schaubarer Zeit nicht umfassend überprüft werden. Dann besteht einerseits ein Interesse an einer schnellen Steuerfestsetzung, andererseits aber auch an der Möglichkeit einer späteren Überprüfung und Änderung des Bescheids ohne Bindung an die §§ 172 ff AO. Diesen beiden Zielen trägt § 164 AO Rechnung, der der *Beschleunigung* des Verfahrens dient[263].

Nach § 164 Abs. 1 Satz 1 AO können[264] Steuern **unter dem Vorbehalt der Nach-** **520** **prüfung** festgesetzt werden, solange der Steuerfall nicht abschließend geprüft ist. Dies hat gem. § 164 Abs. 2 Satz 1 AO zur Folge, dass die Steuerfestsetzung *(in vollem Umfang) jederzeit aufgehoben oder geändert* werden kann, solange der Vorbehalt wirksam ist. Einen entsprechenden Antrag auf Aufhebung oder Änderung des (Haupt-)Verwaltungsakts kann auch der Steuerpflichtige stellen, § 164 Abs. 2 Satz 2 AO. Die Finanzbehörde kann die Entscheidung hierüber jedoch bis zur abschließenden Prüfung des Steuerfalls, die innerhalb angemessener Frist vorzunehmen ist, hinausschieben, § 164 Abs. 2 Satz 3 AO. Der Antrag führt zur Ablaufhemmung der Festsetzungsfrist, § 171 Abs. 3 AO (vgl oben Rn 263 f).

§ 164 AO ist auf die übrigen *besonderen Steuerverwaltungsakte* (oben Rn 368) kraft gesetzlicher Verweisungsnormen entsprechend anwendbar. Erfolgt eine Änderung *zuungunsten* des Steuerpflichtigen, ist aber auch hier die Korrekturgrenze des § 176 AO zu beachten, der den Vertrauensschutz des Steuerpflichtigen berücksichtigt (oben Rn 450 ff).

Die Wirkungen der Steuerfestsetzung unter Vorbehalt der Nachprüfung treten indes **521** nicht nur *kraft behördlicher Anordnung* ein. Vielmehr stellt § 164 Abs. 1 Satz 2 AO die Festsetzung einer Vorauszahlung (vgl zB § 37 Abs. 3 EStG) der Steuerfestsetzung unter Vorbehalt der Nachprüfung gleich, so dass deren Wirkungen *kraft Gesetzes* eintreten. Gleiches gilt nach § 168 Satz 1 AO für die Steueranmeldung, dh die Berechnung der Steuer durch den Steuerpflichtigen selbst. Diese erfolgt gem. § 150 Abs. 1 Satz 3 AO in den gesetzlich vorgesehenen Fällen, zB für Umsatz- und Lohnsteuer. Auch Einzelsteuergesetze können einen derartigen Rechtsfolgenverweis anordnen, zB § 39 Abs. 1 Satz 4 EStG für Lohnsteuerabzugsmerkmale.

Gem. § 164 Abs. 1 Satz 1 AO steht die Festsetzung unter dem Vorbehalt der Nachprüfung im pflichtgemäßen *Ermessen* der Behörde (§ 5 AO), bedarf aber keiner Begründung. Bei der Ermessensausübung ist das Interesse des Steuerpflichtigen an einer möglichst raschen endgültigen Veranlagung mit dem Bestreben der Finanzbehörde nach einer einfachen Berichtigungsmöglichkeit abzuwägen.

---

263 BT-Drs VI/1982, S. 148; BFH, VI R 51/83, BFH/NV 1986, 715.

264 Kein Anspruch auf Festsetzung unter dem Vorbehalt der Nachprüfung, vgl FG Rh.-Pf., 2 K 2211/06, EFG 2008, 350; FG Münster, 9 K 840/12 K, F, EFG 2014, 1155.

522 Der Vorbehalt der Nachprüfung stellt nach Ansicht der Rspr[265] eine unselbstständige *Nebenbestimmung* iSd § 120 Abs. 1 AO dar und bildet mit dem Steuerbescheid eine Einheit. Deshalb soll der Steuerpflichtige den Vorbehaltsvermerk nicht selbstständig anfechten können, sondern muss die Kassation des *gesamten* Steuerbescheids beantragen[266]. Weil die Aufhebung des Vorbehalts der Nachprüfung aber als Erlass eines geänderten Steuerbescheides gilt (§ 164 Abs. 3 Satz 2 AO) und der Steuerpflichtige jederzeit eine geänderte Steuerfestsetzung beantragen kann (§ 164 Abs. 2 Satz 2 AO), kann der Steuerpflichtige auch die inhaltsgleiche Steuerfestsetzung ohne Vorbehalt der Nachprüfung (iErg die Aufhebung des Vorbehalts der Nachprüfung) beantragen. Weil wiederum die Ablehnung dieses Antrags ein VA ist, lässt sich iErg durchaus eine isolierte Anfechtung des Vorbehalts erreichen[267], wenn die Entscheidung nicht gem. § 164 Abs. 2 Satz 3 AO hinausgeschoben wird.

523 Der durch die *Finanzbehörde* angeordnete Vorbehalt der Nachprüfung kann gem. § 164 Abs. 3 Satz 1 AO jederzeit *aufgehoben* werden. Das Ermessen ist in dieser Hinsicht auf Null reduziert, wenn die Finanzbehörde erkennt, dass eine abschließende Prüfung nicht mehr stattfindet. Die Aufhebung des Vorbehalts steht einer Steuerfestsetzung ohne Vorbehalt der Nachprüfung gleich, § 164 Abs. 3 Satz 2 AO. Gegen die Aufhebung ist der Einspruch statthaft, § 347 Abs. 1 Satz 1 Nr 1 AO. Nach einer Außenprüfung *ist* der Vorbehalt aufzuheben. Das gilt indes entgegen dem missverständlichen Wortlaut des § 164 Abs. 3 Satz 3 AO nicht nur für den Fall, dass sich Änderungen gegenüber der Steuerfestsetzung unter Vorbehalt der Nachprüfung nicht ergeben[268]. Denn nach abschließender Prüfung besteht kein Bedürfnis mehr, weiter eine jederzeitige Korrektur zu ermöglichen.

524 Soweit die Rechtsfolgen des Vorbehalts der Nachprüfung *kraft Gesetzes* eintreten, kann die Behörde den Vorbehalt der Nachprüfung nur dann nicht aufheben, wenn es sich um Vorauszahlungsfälle handelt (zB Umsatzsteuervoranmeldungen § 18 Abs. 1 UStG)[269]. Im Falle von Steueranmeldungen, die keine Vorauszahlungen betreffen (zB Umsatzsteuerjahresanmeldungen § 18 Abs. 3 UStG) kann sie, in Fällen des § 164 Abs. 3 Satz 3 AO muss die Finanzbehörde den Vorbehalt der Nachprüfung aufheben[270].

Beispiel: Die Finanzbehörde setzt gem. § 37 Abs. 3 EStG eine Einkommensteuer-Vorauszahlung fest. Diese ist gem. § 164 Abs. 1 Satz 2 AO eine Steuerfestsetzung unter Vorbehalt der Nachprüfung. Die Behörde kann den Vorbehalt nicht nach § 164 Abs. 3 Satz 1 AO aufheben. Jedoch erledigt sich dieser durch den Einkommensteuerbescheid für das jeweilige Jahr.

525 Der Vorbehalt *entfällt* kraft Gesetzes, wenn die Festsetzungsfrist abläuft, § 164 Abs. 4 AO.

---

265 BFH, III B 40/82, BStBl II 1983, 622; VIII R 15/10, BStBl II 2013, 307.

266 BFH, IV R 168/79 ua, BStBl II 1981, 150 (151); X R 109/87, BStBl II 1990, 278 (279); dazu *Söhn*, in: HHSp, § 120 AO Rn 36, 201 und *Heuermann*, ebda, § 164 AO Rn 10, die schon den Charakter der Nebenbestimmung verneinen.

267 *Tappe*, in: HHSp, § 347 AO Rn 69 f.

268 Allgemeine Auffassung, ebenso etwa *Seer*, in: Tipke/Kruse, § 164 AO Rn 48 f.

269 *Heuermann*, in: HHSp, § 164 AO Rn 29; *Rüsken*, in: Klein, AO, § 164 Rn 47.

270 BFH, VI R 52/94, BStBl II 1995, 555; *Heuermann*, in: HHSp, § 164 AO Rn 29.

c) Vorläufige Steuerfestsetzung (§ 165 AO)

Von der Steuerfestsetzung unter Vorbehalt der Nachprüfung (§ 164 AO) ist die **vorläufige Steuerfestsetzung** nach § 165 AO zu unterscheiden[271]. § 165 AO gilt für Steuerbescheide und diesen kraft gesetzlicher Verweisung gleichgestellte Bescheide (oben Rn 368). **526**

aa) Voraussetzungen (§ 165 Abs. 1 Satz 1 und 2 AO). (1) Nach § 165 Abs. 1 Satz 1 AO kann die Steuer vorläufig festgesetzt werden, soweit *ungewiss* ist, ob die Voraussetzungen für die Entstehung einer Steuer eingetreten sind. Die Ungewissheit muss sich in diesen Fällen auf das Vorliegen von *Tatsachen* beziehen (**„tatsächliche Ungewissheit"**). Der Begriff der Tatsache ist mit demjenigen in § 173 AO (dazu oben Rn 424) identisch. Daher fällt eine Ungewissheit, die sich nur auf die steuerliche Beurteilung von Tatsachen bezieht *(rechtliche Würdigung)*, nicht unter § 165 Abs. 1 Satz 1 AO[272] (s. aber § 165 Abs. 1 Satz 2 AO, Rn 528). Dagegen stellen sog. vorgreifliche Rechtsverhältnisse Tatsachen dar. **527**

Beispiel: A und B haben einen reichen Erbonkel, der beide zu seinen Erben eingesetzt hat. Kurz vor seinem Tode ändert er sein Testament dahingehend, dass A sein Alleinerbe sein soll. B ficht das (Änderungs-)Testament an. Solange der Prozess über das Erbrecht, ein vorgreifliches Rechtsverhältnis, nicht entschieden ist, kann die Erbschaftsteuer des A insoweit vorläufig festgesetzt werden, als sie seine fragliche Alleinerbenstellung betrifft. Hier steht die erbrechtliche Stellung des A zwar objektiv fest, wenn kein Anfechtungsgrund vorliegt. Das FA kann sie aufgrund des schwebenden Rechtsstreits aber noch nicht feststellen.

§ 165 Abs. 1 Satz 1 AO setzt voraus, dass die Ungewissheit mit verhältnismäßigem Aufwand nicht beseitigt werden kann. Indes ist zu beachten, dass § 165 AO anders als § 164 AO die Finanzbehörde nicht von ihrer Aufklärungspflicht nach § 88 AO befreit.

(2) § 165 Abs. 1 Satz 2 AO betrifft Ungewissheiten der *Rechtslage* (**„rechtliche Ungewissheit"**)[273]. Nach dieser Norm kommt eine vorläufige Steuerfestsetzung dann in Betracht, wenn der Abschluss von DBA bevorsteht und für den Steuerpflichtigen das geplante DBA eine Besserstellung bedeutet (Nr 1), wenn das BVerfG die Unvereinbarkeit (nicht Nichtigkeit!) eines Steuergesetzes mit dem Grundgesetz festgestellt hat und der Gesetzgeber zu einer Neuregelung für den betreffenden Zeitraum verpflichtet ist (Nr 2), wenn sich aufgrund einer Entscheidung des EuGH ein Bedarf für eine gesetzliche Neuregelung ergeben kann (Nr 2a) oder wenn die Vereinbarkeit eines Steuergesetzes mit höherrangigem Recht Gegenstand eines Verfahrens beim EuGH, BVerfG oder einem obersten Bundesgericht ist (Nr 3). **528**

Nach § 165 Abs. 1 Satz 2 Nr 4 AO kann eine Steuer vorläufig festgesetzt werden, wenn eine Auslegung des Steuergesetzes Gegenstand eines Verfahrens bei dem BFH ist. Auch bei Massenverfahren zur einfachgesetzlichen Auslegung (zur Verfassungsmäßigkeit s. Nr 3) besteht damit die Möglichkeit, die Festsetzungen insoweit über Vorläufigkeitsvermerke offen zu halten.

---

271 Guter Überblick zur vorläufigen Steuerfestsetzung bei *Müller*, SteuerStud 2006, 10; *Lühn*, SteuerStud 2009, 108.

272 BFH, II R 99/88, BStBl II 1990, 1043 (1044); I R 32/13, BStBl II 2015, 575; zur Liebhaberei (Rn 709) vgl FG Münster, 7 K 588/16 E, EFG 2018, 613.

273 Zur vorläufigen Steuerfestsetzung bei „Musterverfahren" vgl *Lühn*, SteuerStud 2009, 108.

Der Vorläufigkeitsvermerk kann sich allerdings nur auf solche Verfahren beziehen, die bereits im Zeitpunkt der Festsetzung bei einem der og Gerichte anhängig sind[274]. Die abstrakte Möglichkeit, dass es zu Musterverfahren kommen wird, genügt nicht[275].

529 (3) Weitere Voraussetzung einer vorläufigen Steuerfestsetzung nach § 165 Abs. 1 AO ist, dass es sich um eine nur **vorübergehende** Ungewissheit handelt.

Besteht die Ungewissheit dagegen *dauernd*, so ist zu unterscheiden: Bezieht sich die Ungewissheit nur auf Elemente des steuerlichen Sachverhalts, so greifen die *Beweislastregeln* ein. Bezieht sich die Ungewissheit auf den gesamten steuerlichen Sachverhalt und damit auf den Tatbestand, an den das Gesetz die Steuer knüpft, so sind die Besteuerungsgrundlagen zu schätzen (§ 162 AO).

530 (4) Nach § 165 Abs. 1 Satz 3 AO sind **Umfang und Grund** der Vorläufigkeit anzugeben[276]. Der Umfang der Vorläufigkeit und damit der Umfang der Änderungsbefugnis ist im Zweifel durch Auslegung zu ermitteln[277]. Gem. § 165 Abs. 1 Satz 1 AO kann die vorläufige Steuerfestsetzung nur erfolgen, *soweit* die Ungewissheit reicht. Sie erfasst also – anders als § 164 AO – regelmäßig nicht den gesamten Bescheid.

531 **bb) Rechtsfolgen der vorläufigen Steuerfestsetzung (§ 165 Abs. 2 AO).** *Soweit* die Finanzbehörde eine Steuer vorläufig festgesetzt hat, *kann* sie (Ermessen) die Festsetzung aufheben oder ändern, § 165 Abs. 2 Satz 1 AO.

Wenn die Ungewissheit beseitigt ist, ist eine vorläufige Steuerfestsetzung in den Fällen des § 165 Abs. 1 Satz 1 AO aufzuheben, zu ändern oder für endgültig zu erklären, § 165 Abs. 2 Satz 2 AO. Dies gilt auch, wenn sich herausstellt, dass die Ungewissheit keine vorübergehende, sondern eine endgültige ist. Ein angeordneter Vorläufigkeitsvermerk entfällt aber nicht dadurch, dass er in einem nachfolgenden Änderungsbescheid nicht ausdrücklich wiederholt wird[278]. Während der Vorbehalt der Nachprüfung nach § 164 Abs. 4 Satz 1 AO entfällt, wenn die *Festsetzungsfrist* abläuft, regelt § 171 Abs. 8 Satz 1 AO, dass die Festsetzungsfrist in Bezug auf den für vorläufig erklärten Teil nicht vor Ablauf eines Jahres endet, nachdem die Ungewissheit beseitigt ist und die Behörde hiervon – zB auch durch Mitteilung des Steuerpflichtigen – Kenntnis erhalten hat. Nach Ablauf der – durch § 171 Abs. 8 Satz 2 AO verlängerten – Festsetzungsfrist sind aber ggf Korrekturen nach anderen Vorschriften möglich[279].

Ist die Steuer wegen rechtlicher Ungewissheit (§ 165 Abs. 1 Satz 2 AO) vorläufig festgesetzt worden, gilt § 165 Abs. 2 Sätze 3, 4 AO. In Fällen des Abs. 1 Satz 2 Nr 4 AO (streitige Auslegung eines Steuergesetzes) endet die Ungewissheit, sobald feststeht, dass die Grundsätze der BFH-Entscheidung über den entschiedenen Einzelfall hinaus allgemein anzuwenden sind (§ 165 Abs. 2 Satz 3 AO). Die Finanzverwaltung dokumentiert dies regelmäßig mit der Veröffentlichung der Entscheidung im Bundessteuerblatt. In allen Fällen des § 165 Abs. 1 Satz 2 AO muss die Steuerfestsetzung aus Gründen der Verwaltungsvereinfachung nur auf Antrag des Steuerpflichtigen für endgültig erklärt werden, wenn sie nicht aufzuheben oder zu ändern ist (§ 165 Abs. 2 Satz 4 AO).

274 BFH, X R 9/05, BStBl II 2006, 858 (858 ff); dazu krit *Hallerbach*, StuB 2006, 921.
275 BFH, I R 32/13, BStBl II 2015, 575.
276 Vgl zu den inhaltlichen Anforderungen BFH, X R 22/05, BStBl II 2008, 2.
277 Vgl dazu BFH, X R 20/95, BStBl II 1997, 791 (792 f); IX R 7/11, BStBl II 2013, 359.
278 BFH, III R 191/84, BStBl II 1989, 9 (10); VIII R 21/13, BStBl II 2016, 371 (372).
279 BFH, IX R 30/06, BStBl II 2007, 807.

cc) Rechtsschutz gegen die vorläufige Steuerfestsetzung.

Nach Auffassung der Rspr[280] handelt es sich ebenso wie beim Vorbehaltsvermerk nach § 164 AO um eine *unselbstständige Nebenbestimmung* mit der Folge, dass diese nicht selbstständig angefochten werden kann (dazu Rn 522). Allerdings soll der Steuerpflichtige sich darauf beschränken können, im Antrag seiner Anfechtungsklage, die sich gegen den gesamten Steuerbescheid richten müsse, lediglich die Aufhebung des Vorläufigkeitsvermerks zu fordern[281]. Außerdem verneint die Rspr[282] das Rechtsschutzbedürfnis für aus verfassungsrechtlichen Gründen eingelegte Klagen, wenn die Finanzbehörde den Steuerbescheid noch vor Klageerhebung wegen der Frage der Verfassungswidrigkeit gem. § 165 Abs. 1 Satz 2 Nr 2, 3 AO für vorläufig erklärt hat. In diesen Fällen sollte das Abwarten der Entscheidung des BVerfG einen einfacheren und billigeren Weg der Rechtsschutzerlangung als eine eigene Klage darstellen. Ist allerdings offen, ob der Vorläufigkeitsvermerk die verfassungsrechtliche Position sichert, darf das Rechtsschutzbedürfnis nicht verneint werden[283]. **532**

2. Festsetzung ohne Steuerbescheid

Einer Steuerfestsetzung *durch Steuerbescheid* bedarf es gem. § 167 Abs. 1 Satz 1 AO grundsätzlich nicht, wenn eine Steuer aufgrund gesetzlicher Verpflichtung **anzumelden** ist (§ 150 Abs. 1 Satz 3 AO), es sei denn, die Festsetzung führt zu einer abweichenden Steuer oder der Steuer- oder Haftungsschuldner gibt die Steueranmeldung nicht ab. **533**

Unter diese Regelung fallen insb die sog. *Fälligkeitssteuern*, zB Umsatzsteuer gem. § 18 Abs. 1–3 UStG, Lohnsteuer gem. § 41a EStG, Kapitalertragsteuer gem. § 44 Abs. 1, § 45a Abs. 1 EStG und Versicherungsteuer gem. § 8 VersStG.

Die Steueranmeldung[284] steht in ihrer *Wirkung* gem. § 168 Satz 1 AO einer Steuerfestsetzung unter Vorbehalt der Nachprüfung (§ 164 AO) gleich. Dies hat zur Folge, dass ua der Einspruch statthaft ist (s. Rn 562). **534**

Für den Fall, dass die Steueranmeldung zu einer Herabsetzung der bisher zu entrichtenden Steuer oder zu einer Steuervergütung führt, treten diese Wirkungen allerdings erst ein, wenn die Finanzbehörde zustimmt, § 168 Satz 2 AO. Die Zustimmung hat Regelungsgehalt (str[285]) und ist daher als Verwaltungsakt iSd § 118 AO zu qualifizieren. Sie bedarf keiner Form (§ 168 Satz 3 AO) und wird erst wirksam mit der Bekanntgabe (§ 124 Abs. 1 Satz 1 AO). In der Auszahlung des Erstattungsbetrags liegt eine konkludente Zustimmung.

Beispiel: Die durch die Umsatzsteuer-Jahreserklärung angemeldete Steuer ist niedriger als die in den Umsatzsteuer-Voranmeldungen angemeldete Steuer. Die Jahreserklärung wirkt zunächst nicht als Steuerfestsetzung, § 168 Satz 2 AO.

---

280 BFH, VIII R 1/01, BFH/NV 2002, 465 (466); krit *Tappe*, in: HHSp, § 347 AO Rn 69 ff.

281 BFH, X R 109/87, BStBl II 1990, 278; II R 39/07, BFH/NV 2010, 821.

282 BFH, VI R 37/01, BFH/NV 2005, 1323 mwN.

283 BFH, VI R 37/01, BFH/NV 2005, 1323.

284 Dazu *Zugmaier*, SteuerStud 2012, 201. Zum Vorschlag, schrittweise eine generelle Selbstveranlagung einzuführen s. *Nehls/Scheffler*, DStR 2015, 910. Zur Privatisierung der Steuerverwaltung vgl ferner *Tappe*, in: Schön/Sternberg, Zukunftsfragen des deutschen Steuerrechts III, 2018, S. 77 ff.

285 Wie hier BFH, XI R 42/94, BStBl II 1996, 660 (661) mwN; *Seer*, in: Tipke/Kruse, § 168 AO Rn 5; aA *Baum*, DStZ 1992, 588 (589); *Heuermann*, in: HHSp, § 168 AO Rn 16.

3. Gesonderte Feststellung der Besteuerungsgrundlagen

535 **Fall 25:** A ist an der ABC-OHG beteiligt. Diese betreibt einen Gemüsegroßhandel auf dem Grundstück der A. Um den Mitgesellschaftern nicht zu offenbaren, dass dieses Grundstück mit Fremdmitteln finanziert ist, verschweigt A ihren Mitgesellschaftern einen erheblichen Zinsaufwand und trägt in der Erklärung iRd einheitlichen und gesonderten Gewinnfeststellung als Sonderbetriebsausgaben „0“ ein. Das zuständige FA erlässt einen Gewinnfeststellungsbescheid, in dem der Aufwand nicht berücksichtigt wird. Dieser wird bestandskräftig. In dem Einkommensteuerbescheid der A wird der Gewinn in der festgestellten Höhe berücksichtigt. Hätte ein Einspruch der A gegen ihren Einkommensteuerbescheid Erfolg? Muss das FA den Gewinnfeststellungs- oder den Einkommensteuerbescheid ändern, nachdem A nunmehr den Zinsaufwand mitgeteilt hat? **Rn 544**

a) Begriff und Bedeutung

536 Nach der in § 199 Abs. 1 AO enthaltenen Legaldefinition hat man unter dem Begriff der *Besteuerungsgrundlagen* die tatsächlichen und rechtlichen Verhältnisse zu verstehen, die für die Steuerpflicht und die Bemessung der Steuer maßgebend sind. Diese liegen der Festsetzung der Höhe der Steuerschuld in dem Steuerbescheid zugrunde. Grundsätzlich werden die Besteuerungsgrundlagen und der Steuerbetrag in einem Verfahren und in einem Bescheid festgesetzt. Dabei gehören die Besteuerungsgrundlagen nicht zum verfügenden Teil des Bescheids („Tenor“), sondern ausschließlich zu dessen Begründung. Daher bildet die Feststellung der Besteuerungsgrundlagen gem. § 157 Abs. 2 AO grundsätzlich einen mit Rechtsbehelfen nicht selbstständig anfechtbaren Teil des Steuerbescheids. Der Steuerpflichtige kann nur den Tenor des Steuerbescheids mit Rechtsbehelfen angreifen.

537 Allerdings hat der Gesetzgeber in § 179 Abs. 1 AO für bestimmte Fälle ausnahmsweise eine **gesonderte Feststellung der Besteuerungsgrundlagen** angeordnet[286]. Diese bildet dann den Grundlagenbescheid iSd § 171 Abs. 10 AO, den der Steuerpflichtige selbstständig anfechten kann, § 157 Abs. 2 AO. Entscheidungen in einem solchen Grundlagenbescheid können gem. § 351 Abs. 2 AO *nur* durch Anfechtung dieses Bescheids (zB des Gewinnfeststellungsbescheids), nicht auch durch Anfechtung des Folgebescheids iSd § 182 Abs. 1 AO (zB des Einkommensteuerbescheids, der den Inhalt des Gewinnfeststellungsbescheids nur übernimmt) angegriffen werden. Ein dennoch gegen den Folgebescheid eingelegter Rechtsbehelf ist mangels Beschwer nach hA im Schrifttum insoweit *unzulässig*; der BFH hingegen nimmt an, dass der Einspruch insoweit *unbegründet* ist[287]. Grundlagenbescheide sind dementsprechend gem. § 182 Abs. 1 AO für die **Folgebescheide** bindend[288].

538 Ein Folgebescheid kann gem. § 155 Abs. 2 AO schon erlassen werden, bevor der Grundlagenbescheid ergangen ist. Denn das Abwarten des Grundlagenbescheids könnte zu langen Verzögerungen und damit zu erheblichen vorübergehenden Steuerausfällen führen. Das für den Erlass des Folgebescheids zuständige FA kann gem. § 162 Abs. 5 AO die im Grundlagenbescheid

286 Näherer Überblick bei *Jörißen*, SteuerStud 2013, 247.

287 Überzeugend zur *Unzulässigkeit* FG Hamburg, V 242/86, EFG 1990, 282 mwN; aA BFH, VIII R 211/84, BFH/NV 1986, 168, der von *Unbegründetheit* ausgeht. S. zum Streitstand *Seer*, in: Tipke/Kruse, § 351 AO Rn 54 mwN.

288 Vgl zur Reichweite des Grundlagenbescheids BFH, X R 63/96, BFH/NV 2001, 729; weitere Problemfälle zur Reichweite der Bindungswirkung bei *Jahndorf/Kister*, DB 2008, 608.

festzustellenden Besteuerungsgrundlagen schätzen. Nach Erlass des Grundlagenbescheids ist der Folgebescheid dann gem. § 175 Abs. 1 Satz 1 Nr 1 AO zu ändern, soweit die Bindungswirkung des Grundlagenbescheids reicht[289] (dazu oben Rn 442 ff). Wird allerdings der Grundlagenbescheid später aufgehoben, muss aufgrund der Bindungswirkung des Grundlagenbescheids für den Folgebescheid die Besteuerungsgrundlage unberücksichtigt bleiben und kann nicht im Folgebescheid geregelt werden, sofern der Aufhebung der Charakter einer negativen Feststellung beizumessen ist[290]. Für die Festsetzungsfrist des Steuerbescheids, die gem. § 169 Abs. 1 Satz 1 AO bestimmt, bis zu welchem Zeitpunkt eine Steuerfestsetzung bzw deren Aufhebung oder Änderung zulässig sind, gilt, dass sie nicht vor Ablauf von zwei Jahren nach Bekanntgabe des Grundlagenbescheids endet, § 171 Abs. 10 Satz 1 AO.

Die Fälle der gesonderten Feststellung finden sich sowohl in der AO (§ 180) als auch **539**
in den Einzelsteuergesetzen (zB § 10d Abs. 4, § 38a Abs. 4, § 39 Abs. 1 Satz 4 EStG). Ist der Gegenstand der Besteuerung *mehreren Personen* zuzurechnen, was insb bei den Gesellschaftern von Personengesellschaften (GbR, OHG, KG) der Fall ist (dazu unten Rn 1131 ff), so wird die gesonderte Feststellung gegenüber diesen Beteiligten gem. § 179 Abs. 2 Satz 2 AO auch *einheitlich* vorgenommen.

Die gesonderte Feststellung der Besteuerungsgrundlagen findet ihren Grund darin, dass entweder dieselbe Besteuerungsgrundlage für verschiedene Steuern maßgebend ist (§ 180 Abs. 1 Satz 1 Nr 1 AO), dass eine Besteuerungsgrundlage für eine Mehrzahl von Steuerpflichtigen von Bedeutung ist (§ 180 Abs. 1 Satz 1 Nr 2 lit. a AO) oder dass bei den Gewinnermittlungseinkünften das Betriebs-, Belegenheits- bzw Tätigkeits-Finanzamt (§ 18 AO) näher am Ort des Geschehens ist als das sonst zuständige Wohnsitz-Finanzamt (§ 19 AO). Zweck der gesonderten Feststellung der Besteuerungsgrundlagen nach § 179 Abs. 1 AO ist somit die Vermeidung divergierender Entscheidungen und die Verwaltungsökonomie.

Sonderregelungen hinsichtlich der Bekanntgabe von Feststellungsbescheiden und der Befugnis zur Einlegung von Rechtsbehelfen enthalten § 183, § 352 AO.

Für die gesonderte Feststellung gelten gem. § 181 Abs. 1 Satz 1 AO die Vorschriften über die Durchführung der Besteuerung sinngemäß. Es handelt sich also um besondere Steuerverwaltungsakte (oben Rn 368), so dass auf die Korrektur dieser Bescheide nicht § 130, § 131 AO, sondern §§ 172 ff AO anwendbar sind.

b) Fallgruppen der gesonderten Feststellung

IE sind insb folgende Fallgruppen der gesonderten Feststellung der Besteuerungs- **540**
grundlagen praktisch bedeutsam:

aa) Einheitswerte nach Maßgabe des BewG (§ 180 Abs. 1 Satz 1 Nr 1 AO iVm § 19 BewG); zur Rechtsnachfolge s. insoweit § 182 Abs. 2 AO;

bb) der Einkommen- oder Körperschaftsteuer unterliegende Einkünfte (und mit ih- **541**
nen im Zusammenhang stehende andere Besteuerungsgrundlagen), wenn an den Einkünften mehrere Personen beteiligt sind und diesen die Einkünfte steuerlich zuzurechnen sind (vgl § 180 Abs. 1 Satz 1 Nr 2 lit. a AO; Ausnahmen aus Gründen der Verwaltungsvereinfachung, weil die Gefahr widersprüchlicher Entscheidungen nicht besteht, § 180 Abs. 3, 4 AO).

289 Zur Reichweite BFH, IX R 38/13, BStBl II 2016, 580.
290 BFH, I R 93/05, BStBl II 2007, 76; I R 23/08, BFH/NV 2009, 1961.

Dies betrifft insb Gesellschafter einer Personengesellschaft (GbR, OHG, KG), aber auch Gemeinschafter nach §§ 741 ff BGB, zB Miteigentümer eines Mietshauses, das zur Erzielung von Einkünften aus Vermietung und Verpachtung eingesetzt wird. Auf die Gesellschafter von Kapitalgesellschaften ist § 180 Abs. 1 Satz 1 Nr 2 lit. a AO nicht anwendbar, da die Kapitalgesellschaft selbst Steuersubjekt ist (dazu Rn 1211) und deren Einkünfte somit nicht den Gesellschaftern zuzurechnen sind. § 180 Abs. 1 Satz 1 Nr 2 lit. a AO ist – anders als § 180 Abs. 1 Satz 1 Nr 2 lit. b AO – nicht auf Gewinneinkünfte beschränkt, sondern betrifft auch die Überschusseinkünfte, sofern eine gemeinsame Einkunftsquelle besteht, etwa ein im Miteigentum mehrerer Steuerpflichtiger stehendes Mietshaus.

Im Falle des § 180 Abs. 1 Satz 1 Nr 2 lit. a AO (also bei Beteiligung mehrerer Steuersubjekte) ist die gesonderte Feststellung der Besteuerungsgrundlagen nach § 179 Abs. 2 Satz 2 AO zugleich eine *einheitliche*, dh sie gilt in gleicher Weise gegenüber allen Beteiligten.

542 cc) Gewinneinkünfte, wenn das für die gesonderte Feststellung zuständige FA nicht auch für die Steuern vom Einkommen zuständig ist (§ 180 Abs. 1 Satz 1 Nr 2 lit. b AO).

Die Vorschrift betrifft die Einkünfte aus Land- und Forstwirtschaft, Gewerbebetrieb oder freiberuflicher Tätigkeit (dazu unten Rn 700 ff). Maßgeblicher Zeitpunkt für die Beurteilung der Frage, ob die Zuständigkeiten der Finanzämter auseinander fallen, ist gem. § 180 Abs. 1 Nr 2 lit. b AO der Schluss des Gewinnermittlungszeitraums. Dieser bestimmt sich, soweit nicht das Kalenderjahr Wirtschaftsjahr ist, nach § 4a EStG, § 8b, § 8c EStDV. Die Zuständigkeit für die gesonderte Feststellung richtet sich nach § 18 AO, die Zuständigkeit für die Besteuerung natürlicher Personen nach dem Einkommen richtet sich nach § 19 AO und bestimmt sich grundsätzlich nach dem Wohnsitz iSd § 8 AO bzw hilfsweise nach dem gewöhnlichen Aufenthalt des Steuerpflichtigen iSd § 9 AO (zum Inhalt der § 8, § 9 AO unten Rn 683 ff).

Beispiel für § 180 Abs. 1 Satz 1 Nr 2 lit. b AO: A wohnt in Münster und betreibt in Dortmund einen Gemüsegroßhandel.

543 dd) Vortragsfähige Verluste (§ 10d Abs. 4 EStG) sind im Entstehungsjahr gesondert festzustellen, damit eine Verlustfortschreibung in die Folgejahre erfolgen kann. Einkommensteuerbescheid und Verlustfeststellungsbescheid sind zwei getrennte und voneinander unabhängige Bescheide[291].

544 **Lösung Fall 25** (Rn 535): Der Einspruch der A gegen ihren Einkommensteuerbescheid hat Erfolg, wenn er zulässig und begründet ist. Der Zulässigkeit des Einspruchs (aA BFH: Begründetheit, vgl oben Rn 537) könnte § 351 Abs. 2 AO entgegenstehen. Danach können Entscheidungen in einem Grundlagenbescheid nur durch Anfechtung dieses Bescheids, nicht auch durch Anfechtung des Folgebescheids angegriffen werden. Grundlagenbescheid ist gem. § 171 Abs. 10 AO ein Bescheid, der für die Festsetzung einer Steuer bindend ist. Feststellungsbescheide sind gem. § 182 Abs. 1 AO für Steuerbescheide bindend. Mithin handelt es sich bei dem Gewinnfeststellungsbescheid um einen Grundlagenbescheid iSd § 171 Abs. 10 AO. Fraglich ist jedoch, ob der Zinsaufwand der A gem. § 180 Abs. 1 Satz 1 Nr 2 lit. a AO einkommensteuerpflichtige Einkünfte betrifft, an denen mehrere Personen beteiligt sind und die Einkünfte diesen Personen steuerlich zuzurechnen sind. Das Grundstück der A ist sog. Sonderbetriebsvermögen, da es nur ihr zuzurechnen ist. Der damit in Zusammenhang stehende Zinsaufwand stellt Sonderbetriebsausgaben der A dar, die ausschließlich ihren Gewinnanteil mindern, § 15 Abs. 1 Satz 1 Nr 2 EStG (dazu noch näher unten Rn 1183). Der Zinsaufwand hätte somit in dem Gewinnfeststellungsbescheid berücksichtigt

291 S. näher zum Verhältnis und Problemfällen *Ettlich*, DB 2009, 18.

werden müssen. Der Einspruch der A gegen den Einkommensteuerbescheid ist daher gem. § 351 Abs. 2 AO insoweit unzulässig (aA BFH: unbegründet), mithin erfolglos.

Eine Pflicht der Behörde zur Änderung des *Grundlagenbescheids* könnte sich aus § 173 Abs. 1 Nr 2 iVm § 181 Abs. 1 Satz 1 AO ergeben. Der Zinsaufwand ist der Behörde zwar erst nachträglich bekannt geworden, jedoch trifft die A ein grobes Verschulden (dazu oben Rn 429 f) daran. Denn sie wollte den Zinsaufwand bewusst aus persönlichen Gründen geheim halten. Eine Korrektur nach § 172 Abs. 1 Satz 1 Nr 2 lit. a iVm § 181 Abs. 1 Satz 1 AO kommt wegen der schon eingetretenen Bestandskraft des Gewinnfeststellungsbescheids nicht in Betracht. Der Gewinnfeststellungsbescheid muss daher nicht durch die Behörde geändert werden.

Der Einkommensteuerbescheid der A ist gem. § 175 Abs. 1 Satz 1 Nr 1 AO zu ändern, soweit ein Grundlagenbescheid, dem Bindungswirkung für diesen Steuerbescheid zukommt, erlassen, aufgehoben oder geändert wird. Bei dem Gewinnfeststellungsbescheid handelt es sich um einen Grundlagenbescheid (s. oben). Dieser ist jedoch nicht zu ändern, da die Voraussetzungen der Korrekturvorschriften der §§ 172 ff AO iVm § 181 Abs. 1 Satz 1 AO nicht vorliegen (s. oben).

A könnte allerdings einen Ergänzungsbescheid nach § 179 Abs. 3 AO beantragen, der dann nach § 175 Abs. 1 Nr 1 AO zu einer Änderung des Einkommensteuerbescheids führen müsste. Nach § 179 Abs. 3 AO sind notwendige Feststellungen in einem Ergänzungsbescheid nachzuholen, soweit sie im Feststellungsbescheid unterblieben sind. Sonderbetriebsausgaben gehören zwar zu den notwendigen Feststellungen, allerdings sind nur solche Feststellungen nachholbar, über die das FA nicht (auch nicht negativ) entschieden hat, die also sowohl positiv und negativ unterblieben sind[292].

Hier hat A iRd Feststellungsverfahrens Sonderbetriebsausgaben iHv „0" eingetragen, der Feststellungsbescheid ist deshalb unrichtig, aber nicht lückenhaft, da das FA negativ darüber mitentschieden hat. Nur lückenhafte (unvollständige) Feststellungsbescheide können nach § 179 Abs. 3 AO ergänzt werden[293].

Das FA muss also weder den Gewinnfeststellungsbescheid (Grundlagenbescheid) noch den Einkommensteuerbescheid der A (Folgebescheid) ändern.

c) Exkurs: Gesonderte Festsetzung von Steuermessbeträgen

Einen weiteren wichtigen Fall des Grundlagenbescheids stellen die *Steuermessbescheide* dar. **545**
Durch sie werden gem. § 184 Abs. 1 AO die Steuermessbeträge festgesetzt, die für die Steuerfestsetzung der Grund- und Gewerbesteuerbescheide von Bedeutung sind (für den Gewerbesteuermessbescheid unten Rn 1404).

C. Erhebungsverfahren

Fall 26: V hat trotz mehrmaliger Aufforderung seine Einkommensteuererklärung 01 nicht **546**
abgegeben. Die Einkommensteuer wird deshalb im Schätzungswege (§ 162 AO) festgesetzt. V legt keinen Einspruch ein. Nach Ablauf der Einspruchsfrist beantragt er einen Abrechnungsbescheid, weil das FA seine Einkünfte aus Vermietung und Verpachtung zu hoch angesetzt hat. Hilfsweise macht er einen Erstattungsanspruch geltend, da er für 01 zu viel Ein-

292 BFH, IX R 94/07, BStBl II 2009, 444; IX R 8/11, BFH/NV 2012, 2.
293 BFH, IX R 94/07, BStBl II 2009, 444; IX R 43/07, BFH/NV 2009, 1235.

kommensteuer gezahlt habe und die Zahlungen insoweit rechtsgrundlos erfolgt seien. Zu Recht? **Rn 553**

547 Die Abgabenordnung unterscheidet streng zwischen Festsetzungs-, Erhebungs- und Vollstreckungsverfahren. Das im Fünften Teil der AO (§§ 218–248) normierte *Erhebungsverfahren* betrifft die Verwirklichung des Steueranspruchs nach der Festsetzung, aber vor der Vollstreckung. Das Erhebungsverfahren ist also auf die *Erfüllung des Steueranspruchs* gerichtet.

548 IdR, wenn nämlich der Steuerpflichtige freiwillig zahlt, *endet* das gesamte *Besteuerungsverfahren* mit Abschluss des Erhebungsverfahrens. Das *Erhebungsverfahren* seinerseits *endet*,

– wenn der Anspruch *erlischt*,

(vgl die *nicht* abschließende Aufzählung der Erlöschensgründe in § 47 AO; dazu oben Rn 248 ff),

– wenn die Grundlage für die Verwirklichung des Anspruchs (also regelmäßig einer der in § 218 Abs. 1 AO genannten Steuerverwaltungsakte; dazu Rn 551) *aufgehoben* wird,

sei es auf Betreiben des Steuerpflichtigen im Rechtsbehelfsverfahren (dazu unten Rn 559 ff), sei es außerhalb eines Rechtsbehelfsverfahrens durch die Behörde (dazu oben Rn 399 ff, 411 ff),

– wenn der Anspruch im Erhebungsverfahren nicht verwirklicht werden kann und das FA *vollstrecken* muss.

Im letztgenannten Fall schließt sich das Vollstreckungsverfahren an das Erhebungsverfahren an. Das Vollstreckungsverfahren behandelt der Sechste Teil der AO (§§ 249–346)[294].

549 Die §§ 218 ff AO enthalten nur einige wenige rein *verfahrensrechtliche* Regelungen (§ 218, § 219, § 224, § 225, §§ 241 ff AO). Überwiegend finden sich im Fünften Teil der AO über das Erhebungsverfahren dagegen Normen des *Steuerschuldrechts* (dazu bereits Rn 239 ff), also des materiellen Steuerrechts. So betreffen § 220, § 222, § 226, § 227, §§ 228 ff AO das Schicksal des Steueranspruchs nach der Steuerfestsetzung und §§ 233 ff AO regeln das Entstehen steuerlicher Nebenleistungen iSd § 3 Abs. 4 AO bei gestundeter oder in sonstiger Weise verspäteter Zahlung.

550 Die Durchsetzung eines Anspruchs der Finanzbehörde aus dem Steuerschuldverhältnis setzt regelmäßig voraus, dass ein Titel vorliegt und der Anspruch fällig ist.

I. Titel

551 Die Durchsetzung des Steueranspruchs oder sonstiger Ansprüche aus dem Steuerschuldverhältnis setzt gem. § 218 Abs. 1 Satz 1 HS 1 AO grundsätzlich einen **Titel** voraus. In Betracht kommen gem. § 218 Abs. 1 Satz 1 AO *Steuerbescheide* iSd § 155 AO, denen § 218 Abs. 1 Satz 2 AO die *Steueranmeldungen* nach § 168 AO (dazu

294 Dazu *Jakob*, Abgabenordnung, Rn 126 ff; *Seer*, in: Tipke/Lang, § 21 Rn 370 ff.

Rn 533) gleichstellt, sowie *Steuervergütungsbescheide* (dazu Rn 312 f), *Haftungsbescheide* iSd § 191 AO (dazu Rn 303 f) und Verwaltungsakte, durch die *steuerliche Nebenleistungen* iSd § 3 Abs. 4 AO (dazu oben Rn 281 ff) festgesetzt werden. Zu beachten ist, dass nach § 218 Abs. 1 Satz 1 HS 2 AO die Durchsetzung von Säumniszuschlägen iSd § 240 AO *ohne Verwaltungsakt* (Titel) möglich ist.

Grundlage für die Verwirklichung von Ansprüchen aus dem Steuerschuldverhältnis **552**
kann auch der sog. *Abrechnungsbescheid* nach § 218 Abs. 2 Satz 1 AO sein. Durch den Abrechnungsbescheid entscheidet die Behörde über Streitigkeiten, die die *Verwirklichung* der Ansprüche aus dem Steuerschuldverhältnis betreffen. Er enthält nur eine Regelung darüber, ob ein Anspruch noch besteht oder bereits erloschen ist. Die Frage, ob der Anspruch entstanden ist, ist dagegen nicht Gegenstand des Abrechnungsbescheids. Eine wichtige Rolle spielt der Abrechnungsbescheid insb bei der Aufrechnung nach § 226 AO (dazu oben Rn 258).

Die Titelverwaltungsakte sind nicht nur Voraussetzung für Erhebung (§ 218 AO) und Vollstreckung (§ 249 AO), sondern stellen auch den Rechtsgrund für die erbrachte Leistung dar. Ein Erstattungsanspruch gem. § 37 Abs. 2 AO besteht also nicht, wenn ein wirksamer Steuerbescheid vorliegt (dazu oben Rn 310).

Lösung Fall 26 (Rn 546): Die Pflicht zum Erlass eines Abrechnungsbescheids könnte sich **553**
aus § 218 Abs. 2 AO ergeben. Dann müsste eine Streitigkeit über die Verwirklichung eines Anspruchs aus dem Steuerschuldverhältnis vorliegen. Vorliegend greift V jedoch die Festsetzung des Steueranspruchs an. Er zweifelt an der Entstehung, nicht am Fortbestand des Anspruchs. Die Behörde hat somit keinen Abrechnungsbescheid gem. § 218 Abs. 2 AO zu erlassen. Auch ein Erstattungsanspruch nach § 37 Abs. 2 AO steht dem V nicht zu, da ein wirksamer Steuerbescheid seine Pflicht konkretisiert hat und insoweit einen Rechtsgrund iSd § 37 Abs. 2 AO bildet (vgl dazu oben Rn 310).

II. Fälligkeit des Anspruchs und Aufschub der Durchsetzung

Die Durchsetzung des Steueranspruchs setzt dessen **Fälligkeit** (vgl § 220 AO) voraus **554**
(dazu oben Rn 243 ff).

In einigen Fällen kann die Fälligkeit des Anspruchs aus dem Steuerschuldverhältnis jedoch hinausgeschoben werden, und zwar durch Stundung (§ 222 AO); dagegen bewirkt die AdV (§ 361 AO) nur ein Vollzugshemmnis (str, dazu Rn 570).

Der Anspruch kann gem. § 222 AO **gestundet** werden, wenn die Einziehung des An- **555**
spruchs aus dem Steuerschuldverhältnis bei Fälligkeit (1) eine *erhebliche Härte* für den Schuldner bedeuten würde und (2) der *Anspruch* durch die Stundung *nicht gefährdet* erscheint[295]. Vom Billigkeitserlass nach § 163 bzw § 227 AO (dazu oben Rn 276 ff) unterscheidet sich die Stundung dadurch, dass nicht die Erhebung der Steuer als solche im Einzelfall unbillig (ungerecht) ist, sondern dass nur der *Zeitpunkt* der Erhebung ungerecht ist.

295 Vgl dazu den Überblick bei *Günther*, AO-StB 2009, 280.

556 (1) Eine **erhebliche Härte** liegt nicht schon dann vor, wenn der Entzug der Mittel den Steuerpflichtigen wirtschaftlich spürbar trifft. Vielmehr ist erforderlich, dass der Steuerpflichtige durch die Verwirklichung ungleich härter getroffen wird als vergleichbare andere Steuerpflichtige.

Wie beim Billigkeitserlass (oben Rn 276 ff) ist zwischen *sachlichen* und *persönlichen* Gründen zu unterscheiden. Sachlicher Stundungsgrund ist etwa eine in Kürze zu erwartende Steuererstattung, ohne dass bereits die Möglichkeit einer Aufrechnung besteht (sog. *technische Stundung*). Persönliche Stundungsgründe liegen vor, wenn der Steuerpflichtige aufgrund persönlicher Umstände (zumeist Schicksalsschläge) stundungsbedürftig und stundungswürdig ist. An der Stundungswürdigkeit fehlt es, wenn der Steuerpflichtige sein Leistungsunvermögen selbst herbeigeführt hat.

557 (2) Der **Anspruch** darf ferner durch die Stundung **nicht gefährdet** erscheinen, § 222 Satz 1 AO.

Nach der Gesetzesfassung handelt es sich um eine Tatbestandsvoraussetzung. Solche sind – im Gegensatz zur Ermessensausübung nach § 5 AO, die gerichtlich gem. § 102 FGO nur auf Ermessensfehler überprüft werden kann – gerichtlich voll überprüfbar (oben Rn 387). Demgegenüber sieht der BFH[296] die Frage der Gefährdung des Anspruchs als Teil der (gerichtlich nur eingeschränkt überprüfbaren) Ermessensentscheidung der Behörde an.

Nach § 222 Satz 2 AO soll die Stundung nur auf Antrag und gegen *Sicherheitsleistung* gewährt werden. Arten, Voraussetzungen und Folgen möglicher Sicherheitsleistungen werden in den §§ 241 ff AO geregelt. Sicherheitsleistungen schließen eine Gefährdung des Anspruchs regelmäßig aus.

558 (3) Nach § 222 Sätze 3, 4 AO ist die Stundung *ausgeschlossen*, soweit ein Dritter die Steuer für Rechnung des Steuerschuldners zu entrichten hat oder soweit der als Haftungsschuldner in Anspruch genommene Dritte die Steuerbeträge einbehalten oder eingenommen hat. Nach Satz 3 ist also die Stundung der Lohnsteuer zugunsten des Arbeitnehmers, der gem. § 38 Abs. 2 EStG Schuldner der Lohnsteuer ist (dazu oben Rn 241), ausgeschlossen. Nach Satz 4 ist die Stundung zugunsten des Arbeitgebers als Haftenden (vgl § 42d EStG; dazu oben Rn 295) ausgeschlossen, sofern er Lohnsteuer einbehalten hat.

D. Rechtsschutzverfahren

559 Die Erhebung einer **Klage** zum FG setzt regelmäßig die erfolglose Durchführung eines außergerichtlichen Rechtsbehelfsverfahrens **(Einspruchsverfahrens)** voraus. Im Unterschied zum Verwaltungsprozessrecht ist das Vorverfahren für die finanzgerichtliche Klage nicht in der Prozessordnung (FGO), sondern in der AO geregelt.

I. Außergerichtlicher Rechtsschutz

560 Das **außergerichtliche Rechtsbehelfsverfahren** ist im Siebenten Teil der AO geregelt[297]. Dieser gliedert sich in den Ersten Abschnitt über die Zulässigkeit des Einspruchs (§§ 347–354 AO) sowie in den Zweiten Abschnitt über Verfahrensvorschrif-

296 BFH, VII B 9/77, BStBl II 1977, 587.
297 Instruktiv zum Einspruchsverfahren *Günther*, AO-StB 2008, 280 (Teil I), 313 (Teil II), 348 (Teil III).

ten (§§ 355–368 AO). Das Einspruchsverfahren hat eine *dreifache Zielrichtung*. Es dient (1) dem Rechtsschutz des Steuerpflichtigen (kostenfreies *Rechtsschutzverfahren*), (2) der Selbstkontrolle der Verwaltung *(verlängertes Verwaltungsverfahren)*, und (3) der Entlastung der Finanzgerichte, da in den Fällen, in denen der Einspruch gegeben ist, eine Klage grundsätzlich (§ 44 FGO, Ausnahmen: § 45 FGO) erst nach Abschluss des Rechtsbehelfsverfahrens zulässig ist *(Vorverfahren)*.

1. Zulässigkeitsvoraussetzungen des Einspruchs

Über den Einspruch kann sachlich nur entschieden werden, wenn dieser **zulässig** ist. **561**
Die zuständige Finanzbehörde hat die Zulässigkeit gem. § 358 Satz 1 AO von Amts wegen zu prüfen und bei deren Fehlen den Einspruch als unzulässig zu verwerfen. IE sind folgende Sachentscheidungsvoraussetzungen zu prüfen:

a) Statthaftigkeit des Einspruchs (§ 347, § 348 AO)

Der Rechtsbehelf des Einspruchs ist nach § 347 Abs. 1 Satz 1 Nr 1 AO in Abgaben- **562**
angelegenheiten iSd § 347 Abs. 2 AO, auf die die AO Anwendung findet (vgl dazu § 1 AO), **statthaft**[298]. § 347 Abs. 1 Satz 1 Nr 2–4 AO regeln weitere Bereiche, in denen der Einspruch statthaft ist. Nach § 347 Abs. 3 AO sind die Vorschriften über den Einspruch auf das Straf- und Bußgeldverfahren nicht anwendbar. Nicht statthaft ist der Einspruch gem. § 348 Nr 1 AO gegen Einspruchsentscheidungen iSd § 367 AO. Diese stellen zwar auch Verwaltungsakte in Abgabenangelegenheiten nach der AO dar, insoweit ist der Steuerpflichtige aber auf eine Klage zum FG verwiesen. § 348 Nr 2 AO erklärt den Einspruch ferner dann für nicht statthaft, wenn über einen Einspruch nicht entschieden wird (anders aber § 347 Abs. 1 Satz 2 AO für den Fall, dass über einen Antrag auf Erlass eines Verwaltungsakts, zB Stundung etc, binnen angemessener Frist nicht entschieden worden ist). Hier muss der Bürger ebenfalls (Anfechtungs- oder Verpflichtungs-)Klage erheben (sog. **Untätigkeitsklage** nach § 46 FGO). Da den Gerichten wegen § 102 FGO bei Ermessensentscheidungen nur eine eingeschränkte Überprüfungskompetenz zukommt (dazu oben Rn 388), während die Finanzbehörde den fraglichen Verwaltungsakt in vollem Umfang (dh sowohl nach Rechtmäßigkeit als auch nach Zweckmäßigkeit!) erneut prüft, kann sich dies als nachteilig für den Steuerpflichtigen erweisen.

Zu weiteren Fällen, in denen der Einspruch nicht statthaft ist, vgl § 348 Nr 3, 4, 6 AO.

b) Einspruchsbefugnis (§§ 350–353 AO)

Zur Einlegung eines Einspruchs ist gem. § 350 AO nur **befugt**, wer geltend macht, **563**
durch einen Verwaltungsakt oder dessen Unterlassung **beschwert** zu sein.

Anders als § 40 Abs. 2 FGO, der § 42 Abs. 2 VwGO entspricht, fordert § 350 AO nicht die Möglichkeit einer Rechtsverletzung, sondern lässt eine *mögliche Beschwer* genügen. Somit ist die Einspruchsbefugnis zunächst dann zu bejahen, wenn der Einspruchsführer eine Rechtsverletzung geltend machen kann. Dies ist immer der Fall, wenn er *Adressat* eines ihn belastenden Verwaltungsakts ist, da dann immer auch die Möglichkeit zumindest einer Verletzung seines

298 Ausf *Tappe*, in: HHSp, § 347 AO Rn 19 ff.

Rechts aus Art. 2 Abs. 1 GG gegeben ist. Es reicht aber ebenso die Beeinträchtigung rechtlich geschützter Interessen aus, etwa durch einen *unzweckmäßigen* (wenn auch noch nicht rechtswidrigen) *Ermessensgebrauch*. Der Steuerpflichtige muss durch den *Tenor* des Verwaltungsakts beschwert sein; eine Beschwer in den Gründen ist grds unerheblich. Die Beschwer ist daher grundsätzlich zu verneinen, wenn die Steuer zu niedrig oder auf Null festgesetzt wurde[299]. Ausnahmsweise ist die Beschwer zu bejahen, wenn den Besteuerungsgrundlagen eine Bindungswirkung für andere VAe zukommt[300]. Gegen einen das Einspruchsverfahren beendenden Vollabhilfebescheid (s. Rn 574) ist dagegen ein erneuter Einspruch möglich[301]. Sind die Besteuerungsgrundlagen Gegenstand des Bescheids (vgl § 179 AO; dazu oben Rn 536 ff), kann eine Beschwer vorliegen.

Zu weiteren Begrenzungen der Einspruchsbefugnis siehe iE §§ 351–353 AO.

c) Form und Frist (§ 355, § 356, § 357 Abs. 1, 3 AO)

564 Der Einspruch ist schriftlich oder elektronisch[302] einzureichen oder zur Niederschrift zu erklären, § 357 Abs. 1 Satz 1 AO. Ausreichend ist, wenn der Einspruch per E-Mail eingereicht wird, eine elektronische Signatur iSd § 87a Abs. 3 Satz 2 und 3 AO ist nicht erforderlich[303]. Eine unrichtige Bezeichnung (zB als „Widerspruch", „Beschwerde" etc) schadet nicht, § 357 Abs. 1 Satz 3 AO. Es soll aber gem. § 357 Abs. 3 Satz 1 AO der Verwaltungsakt bezeichnet werden, gegen den der Einspruch gerichtet ist.

Wie beim Widerspruch nach der VwGO gilt auch hier grundsätzlich die Monatsfrist, § 355 Abs. 1 AO. Sie beginnt mit der Bekanntgabe des Verwaltungsakts iSd § 122 AO (dazu oben Rn 370 ff), vgl auch § 355 Abs. 1 Satz 2 AO. Bei schriftlichen Verwaltungsakten beginnt die Frist nur zu laufen, wenn eine ordnungsgemäße Rechtsbehelfsbelehrung beigefügt ist, § 356 Abs. 1 AO. Nach Ablauf eines Jahres ist allerdings auch bei deren Fehlen die Einlegung des Einspruchs grundsätzlich nicht mehr möglich, § 356 Abs. 2 AO. Für die Fristberechnung gelten gem. § 108 Abs. 1 AO grundsätzlich die §§ 187 ff BGB entsprechend. Keine Frist gilt gem. § 355 Abs. 2 AO für den Untätigkeitseinspruch nach § 347 Abs. 1 Satz 2 AO. War der Steuerpflichtige ohne Verschulden daran gehindert, die Rechtsbehelfsfrist einzuhalten, so kann er gem. § 110 AO Wiedereinsetzung in den vorigen Stand[304] beantragen, zB wegen Urlaubsabwesenheit[305]; s. ferner § 126 Abs. 3 AO.

d) Kein Rechtsbehelfsverbrauch

565 Es darf kein **Verbrauch** des Einspruchs eingetreten sein, etwa durch wirksamen Verzicht (§ 354 AO) oder durch wirksame Rücknahme (§ 362 AO). Im Fall der Rücknahme ist innerhalb der Einspruchsfrist eine erneute Einlegung möglich, da gem. § 362 Abs. 2 Satz 1 AO nur der Verlust des *eingelegten* Einspruchs eintritt. Hingegen kann der Verzicht als verfahrensgestaltende Willenserklärung nach seinem Zugang nicht zurückgenommen oder wegen Irrtums angefochten werden. Er ist endgültig[306].

---

299 Anders jedoch, wenn Steuerfreistellung nach § 155 Abs. 1 Satz 3 AO begehrt wurde: BFH, I R 152/93, BStBl II 1998, 711; zu weiteren Ausnahmen s. FG Köln, 12 K 1538/98, EFG 1999, 440; *Seer*, in: Tipke/Kruse, § 350 AO Rn 13.

300 *Rätke*, in: Klein, AO, § 350 Rn 13.

301 BFH, XI R 47/05, BStBl II 2007, 736; X R 16/06, BStBl II 2009, 732.

302 Zur Einspruchseinlegung durch einfache E-Mail ohne qualifizierte elektronische Signatur s. BFH, III R 26/14, BStBl II 2015, 790; FG Köln, 2 K 2040/12, EFG 2016, 159.

303 BFH, III R 26/14, BStBl II 2015, 790.

304 Näher zu § 110 AO *Tetzlaff/Schallock*, SteuerStud 2005, 492; *Pelke*, SteuK 2012, 161.

305 Dazu FG Bad.-Württ., XII K 326/85, EFG 1989, 48.

306 *Jakob*, Abgabenordnung, Rn 704.

e) Bindungswirkung anderer Verwaltungsakte

Vgl zu dem wichtigen Fall der Bindungswirkung nach § 351 Abs. 2 AO, der wie Abs. 1 richtiger Ansicht nach ebenfalls eine Zulässigkeitsvoraussetzung darstellt, oben Rn 537. **566**

f) Sonstige Zulässigkeitsvoraussetzungen

Schließlich ist zu prüfen, ob der Einspruch an den richtigen Adressaten gerichtet wurde (§ 357 Abs. 2 AO) und – sofern der Sachverhalt dazu Anlass bietet – ob die Verfahrensfähigkeit (§ 365, §§ 79 ff AO) zu bejahen ist. **567**

2. Suspensiveffekt und Aussetzung der Vollziehung

a) Grundsatz: keine aufschiebende Wirkung des Einspruchs

Während gem. § 80 Abs. 1 VwGO die Einlegung des Widerspruchs und die Erhebung der Anfechtungsklage grundsätzlich aufschiebende Wirkung haben (*Suspensiveffekt*; beachte aber insb § 80 Abs. 2 Nr 1 VwGO für die Anforderung von öffentlichen Abgaben und Kosten), gilt diese Regel für den Einspruch nach § 361 Abs. 1 AO und für die finanzgerichtliche Klage nach § 69 Abs. 1 FGO nicht. Durch den **Ausschluss des Suspensiveffekts** soll verhindert werden, dass der Steuerpflichtige Rechtsbehelfe lediglich zwecks Zeitgewinns einlegt. **568**

Mit diesem Zweck des § 361 Abs. 1 Satz 1 AO ist aber der *generelle* Ausschluss des Suspensiveffekts schwer zu vereinbaren. Es ist kein Grund ersichtlich, warum der Steuerpflichtige im Rechtsbehelfsverfahren gegen einen Verwaltungsakt, der keine Zahlungspflicht zum Gegenstand hat, schlechter gestellt ist, als er stünde, wenn die VwGO anwendbar wäre.

Beispiel: Wird von jemandem Auskunft verlangt (§ 93 Abs. 1 AO), so entfaltet der gegen das Auskunftsverlangen eingelegte Rechtsbehelf keine aufschiebende Wirkung, dh er muss dem Verwaltungsakt Folge leisten. Verlangt dagegen der WDR Köln Auskunft bzgl der Rundfunkgebühr, so ist hiergegen der Widerspruch statthaft (§ 68 VwGO, § 110 Abs. 2 Nr 4 JustG NRW) und entfaltet gem. § 80 Abs. 1 VwGO auch aufschiebende Wirkung.

Der (von der Ausnahme des § 361 Abs. 4 AO abgesehen) *vollständige* Ausschluss des Suspensiveffekts, der bei Eingriffsakten die „adäquate Ausprägung der verfassungsrechtlichen Rechtsschutzgarantie“[307] darstellt, ist daher im Hinblick auf Art. 19 Abs. 4 GG und Art. 3 Abs. 1 GG verfassungsrechtlich bedenklich[308].

b) Aussetzung der Vollziehung

Auf Antrag, aber auch von Amts wegen, *kann* die Finanzbehörde, die den angefochtenen Verwaltungsakt erlassen hat, gem. § 361 Abs. 2 Satz 1 AO die **Vollziehung ganz oder teilweise aussetzen**. Sie *soll* (dh idR muss) die Vollziehung aussetzen, wenn *ernstliche Zweifel an der Rechtmäßigkeit* des angefochtenen Verwaltungsakts bestehen oder wenn die Vollziehung für den Betroffenen eine unbillige, nicht durch überwiegende öffentliche Interessen gebotene *Härte* zur Folge hätte, § 361 Abs. 2 Satz 2 AO. **569**

307 BVerfG, 1 BvR 23, 155/73, BVerfGE 35, 382 (402).
308 Näher *Birk*, in: FS Menger, 1985, S. 161 (162 f).

Ernstliche Zweifel an der Rechtmäßigkeit bestehen dann, wenn nach summarischer Prüfung gewichtige Gründe dafür sprechen, dass von einer falschen *Tatsachenlage* ausgegangen wurde oder wenn Fehler bei der Rechtsanwendung (Subsumtion) nicht auszuschließen sind. Die Rspr wendet § 361 Abs. 2 Satz 2 Var. 1 AO auch bei Zweifeln an der Verfassungsmäßigkeit der Rechtsgrundlage an[309], verneint aber eine Aussetzungspflicht dann, wenn das öffentliche Vollzugsinteresse das Interesse des Antragstellers an der Gewährung einstweiligen Rechtsschutzes überwiegt[310]. Das Gewicht der ernstlichen Zweifel an der Verfassungswidrigkeit der angegriffenen Norm ist dabei nicht von entscheidender Bedeutung[311].

Eine *unbillige Härte* liegt dann vor, wenn dem Steuerpflichtigen durch die Vollziehung Nachteile drohen würden, die über die normale Wirkung des Geldentzugs hinausgehen, die also mit der späteren Rückzahlung einer rechtsgrundlosen Zahlung nicht wiedergutgemacht werden können, zB Gefährdung der wirtschaftlichen Existenz.

570 Durch die AdV wird die aufschiebende Wirkung des Rechtsbehelfs angeordnet. Die Abgabe kann also nicht erhoben werden.

Die **Wirkung** der AdV ist umstritten. Im Steuerrecht wird man davon ausgehen müssen, dass die AdV nicht die Fälligkeit hinausschiebt, sondern nur ein **Vollzugshemmnis** darstellt. Diese auch schon vom Wortlaut („Vollziehung") her naheliegende Annahme beruht auf der Trennung der einzelnen Verfahrensstadien der AO. Jedoch treten teilweise die Folgen der Fälligkeit nicht ein; insb entstehen wegen des Suspensiveffekts keine Säumniszuschläge nach § 240 AO (Rn 285), wohl aber Aussetzungszinsen nach § 237 AO (Rn 287).

571 Grundsätzlich kann der Steuerpflichtige beim *Finanzgericht* erst dann gem. § 69 Abs. 3 FGO die AdV beantragen, wenn die Behörde die AdV gem. § 361 Abs. 2 AO abgelehnt hat, vgl § 69 Abs. 4 Satz 1 FGO (Ausnahmen: § 69 Abs. 4 Satz 2 FGO).

572 Zu beachten ist, dass eine AdV nur dann in Betracht kommt, wenn ein *vollziehbarer Verwaltungsakt* vorliegt. AdV bedeutet, dass der materielle Regelungsinhalt des nach wie vor wirksamen Verwaltungsakts bis auf Weiteres nicht mehr verwirklicht werden kann, so dass rechtliche und tatsächliche Folgerungen aus dem Verwaltungsakt nicht gezogen werden dürfen[312]. Insb darf die Finanzverwaltung nicht aufrechnen[313]. *Vollziehbar* sind nicht nur *befehlende* (= vollstreckungsfähige) Verwaltungsakte, auch feststellende und gestaltende Verwaltungsakte können vollziehbar idS sein, vgl zB § 361 Abs. 3 AO, § 69 Abs. 2 Sätze 4, 5 FGO für den (feststellenden) *Grundlagenbescheid* (zu diesem oben Rn 537 ff). *Nicht* vollziehungsfähig sind dagegen Ablehnungen von Anträgen des Steuerpflichtigen, die auf den Erlass begünstigender Verwaltungsakte zielen, zB Stundung, Erlass. In diesen Fällen kann der Steuerpflichtige vorläufigen Rechtsschutz nur über den Erlass einer einstweiligen Anordnung nach § 114 FGO erreichen.

3. Einspruchsentscheidung der Finanzbehörde

573 Über den Einspruch des Steuerpflichtigen entscheidet gem. § 367 Abs. 1 Satz 1 AO die *Ausgangsbehörde* durch Einspruchsentscheidung. Ein Devolutiveffekt tritt somit nicht ein. Auch gegen den Abhilfebescheid ist ein Einspruch grundsätzlich statthaft[314].

309 Mit Blick auf Art. 100 Abs. 1 Satz 1 GG krit *Tappe*, StuW 2016, 264 ff.
310 BFH, II B 168/09, BStBl II 2010, 558; II B 91/15, BStBl II 2016, 846 mwN.
311 BFH, II B 168/09, BStBl II 2010, 558.
312 So BFH, GrS 3/93, BStBl II 1995, 730 (731).
313 BFH, VII R 58/94, BStBl II 1996, 55 (57).
314 BFH, XI R 47/05, BStBl II 2007, 736; *Tappe*, in: HHSp, § 348 AO Rn 35 ff.

574 Die Einspruchsentscheidung muss *schriftlich* ergehen und ist zu *begründen* sowie mit einer *Rechtsbehelfsbelehrung* zu versehen (§ 366 AO; zur Folge fehlender oder unrichtiger Rechtsbehelfsbelehrung s. § 55 Abs. 2 FGO). Die Behörde hat die Sache in vollem Umfang erneut zu prüfen und kann den Verwaltungsakt auch zum Nachteil des Einspruchsführers ändern, wenn dieser auf die Möglichkeit der *Verböserung* hingewiesen und ihm Gelegenheit zur Äußerung gegeben worden ist, § 367 Abs. 2 Satz 2 AO[315]. Gibt die Behörde dem Einspruch vollständig statt („Vollabhilfe"), bedarf es keiner Einspruchsentscheidung, vielmehr genügt die Änderung des Bescheids, zB gem. § 172 Abs. 1 Nr 2 lit. a AO (sog. *Abhilfeentscheidung*)[316]. Hilft die Behörde dem Einspruch hingegen teilweise nicht ab, bedarf es insoweit einer Einspruchsentscheidung (§ 367 Abs. 2 Satz 3 AO).

575 Die Einspruchsentscheidung stellt einen Verwaltungsakt dar, gegen den allerdings kein erneuter Einspruch statthaft ist (§ 348 Nr 1 AO). Grundsätzlich handelt es sich um eine Individualverfügung iSd § 118 Satz 1 AO. Parallel zur Ablehnung eines Antrags auf schlichte Änderung nach § 172 Abs. 3 AO (dazu Rn 416 ff) können nach § 367 Abs. 2b AO aber auch mehrere Einsprüche durch Allgemeinverfügung zurückgewiesen werden. Die Vorschrift soll den Arbeitsaufwand der Verwaltung in sog. Massenverfahren reduzieren. Möglich ist eine Zurückweisung von Einsprüchen durch Allgemeinverfügung, soweit sie eine vom EuGH, BVerfG oder BFH entschiedene Rechtsfrage betreffen und ihnen aufgrund der höchstrichterlichen Entscheidung nicht stattgegeben werden kann. Soweit der Einspruch auch wegen anderer Fragen eingelegt wurde, wird er von der Zurückweisung durch Allgemeinverfügung nicht erfasst. Ob sie die Einsprüche durch Allgemeinverfügung zurückweist, liegt im Ermessen der Behörde. Zuständig für den Erlass einer Allgemeinverfügung sind gem. § 367 Abs. 2b Satz 2 AO die obersten Finanzbehörden. Zu den Verfahrensvoraussetzungen s. § 367 Abs. 2b Satz 3–6 AO[317]. Mit dem ursprünglichen Verwaltungsakt bildet die Einspruchsentscheidung eine verfahrensrechtliche Einheit. Hat die Finanzbehörde eine (Teil-)Einspruchsentscheidung erlassen, ist daher ein erneuter Einspruch gegen die ursprüngliche Steuerfestsetzung auch dann nicht möglich, wenn die Einspruchsfrist noch nicht abgelaufen ist[318].

Nach § 367 Abs. 2a Satz 1 AO hat die Finanzbehörde zudem die Möglichkeit, vorab über Teile des Einspruchs zu entscheiden. Der Erlass einer Teileinspruchsentscheidung steht im Ermessen der Behörde („kann"), muss allerdings „sachdienlich" sein[319]. Zudem muss die Behörde bestimmen, hinsichtlich welcher Teile keine Bestandskraft eintreten soll (§ 367 Abs. 2a Satz 2 AO)[320].

576 *Beteiligt* am Verfahren sind gem. § 359 AO der Einspruchsführer und derjenige, den die Behörde zum Verfahren *hinzugezogen* hat. Sind Dritte derart beteiligt, dass die Entscheidung auch ihnen gegenüber nur einheitlich ergehen kann (zB im Falle der einheitlichen und gesonderten Feststellung; dazu oben Rn 536 ff), so *müssen* sie gem. § 360 Abs. 3 AO hinzugezogen werden.

315 Zur Verböserungsmöglichkeit nach sog. Teilabhilfebescheiden BFH, XI R 51/05, BStBl II 2007, 83.

316 Näher zur Abhilfe *Bilsdorfer/Morsch*, BB 2008, 2610.

317 Vertiefend *Bergan/Martin*, DStR 2007, 1384.

318 BFH, VI R 80/13, BStBl 2015, 115.

319 Näher zur Frage der „Sachdienlichkeit" und weiteren Voraussetzungen der Teileinspruchsentscheidung BFH, III R 39/08, BStBl II 2011, 11; vgl auch *Steinger*, DStZ 2008, 674.

320 Zu Problemfällen bei Teileinspruchsentscheidungen vgl *Intemann*, DB 2008, 1005.

II. Gerichtlicher Rechtsschutz

577 Das **Klagesystem der FGO** ähnelt dem der VwGO. Die FGO kennt wie diese die Anfechtungs- und Verpflichtungsklage (§ 40 Abs. 1 FGO), die Feststellungsklage (§ 41 Abs. 1 FGO) und die allgemeine Leistungsklage (§ 40 Abs. 1 letzter Fall FGO). Auch die Fortsetzungsfeststellungsklage ist möglich (arg. e § 100 Abs. 1 Satz 4 FGO). Da das Steuerrecht Eingriffsrecht ist und der Staat seine Steueransprüche durch Steuerbescheide realisiert, handelt es sich in der weit überwiegenden Zahl der finanzgerichtlichen Verfahren um Anfechtungsklagen.

1. Zulässigkeitsvoraussetzungen der finanzgerichtlichen Klage[321]

578 Wegen der Ähnlichkeit zur VwGO soll hier nur eine knappe Übersicht über die Zulässigkeitsvoraussetzungen einer finanzgerichtlichen Klage nach §§ 33 ff FGO gegeben werden:

a) Finanzrechtsweg

579 Nach § 33 Abs. 1 Nr 1 FGO ist der **Finanzrechtsweg** in öffentlich-rechtlichen Streitigkeiten über Abgabenangelegenheiten iSd § 33 Abs. 2 FGO gegeben, soweit die Abgaben der Gesetzgebung des Bundes unterliegen und durch Bundes- oder Landesfinanzbehörden verwaltet werden.

Beispiel: Nach Art. 105 Abs. 2 GG unterliegt die Gewerbesteuer (dazu unten Rn 1325 ff) der Gesetzgebung des Bundes. Sie wird aber nur bis zur Festsetzung des Steuermessbetrags von den Landesfinanzbehörden (Finanzämtern) verwaltet. Die Steuerfestsetzung obliegt dagegen den Gemeinden (§ 1, § 14, § 16 GewStG). Gem. § 33 Abs. 1 Nr 1 FGO können also nur die Gewerbesteuermessbescheide im Finanzrechtsweg angefochten werden, nicht hingegen die von den Gemeinden erlassenen Gewerbesteuerbescheide. Gegen diese ist der Verwaltungsrechtsweg gem. § 40 Abs. 1 VwGO eröffnet.

b) Statthafte Klageart

580 Von der **Klageart** hängt ab, ob besondere Sachentscheidungsvoraussetzungen vorliegen müssen. Die FGO kennt die aus der VwGO bekannten Klagearten (s. Rn 577).

c) Form und Frist

581 Zur **Form** s. § 64 FGO[322]. **Fristen** bestehen nur bei Anfechtungs- und Verpflichtungsklagen (§ 47, § 55 FGO; beachte die abweichende Klagefrist nach § 367 Abs. 2b Satz 5 AO)[323].

321 Zu den Zulässigkeitsvoraussetzungen des Antrags auf AdV nach § 69 FGO vgl *Birk*, Steuerrecht I, 2. Aufl 1994, § 18 Rn 14 ff. S. auch *Falk/Riegel*, BB 2015, 796.

322 Vgl zur Erhebung einer Klage per Tele- bzw Computer-Fax GmS-OGB, 1/98, NJW 2000, 2340; noch weitergehend FG Hamburg, II 137/00, EFG 2001, 302; FG Münster, 10 K 4562/09 E, EFG 2010, 1907; § 52a FGO ermöglicht auch Klageerhebung per E-Mail, dazu BFH, VII R 30/10, BStBl II 2011, 925; zur Klageerhebung per E-Mail ohne qualifizierte elektronische Signatur FG Saarl, 2 K 1323/15, EFG 2016, 47.

323 Zum Ablauf der Klagefrist bei einer unvollständig bekanntgegebenen Einspruchsentscheidung s. BFH, III R 15/07, BStBl II 2008, 94.

d) Klagebefugnis

Sämtliche Klagen sind nur zulässig, wenn der Kläger geltend machen kann, durch den angegriffenen Hoheitsakt bzw dessen Ablehnung oder Unterlassung in seinen Rechten verletzt zu sein (§ 40 Abs. 2 FGO, analog für die Feststellungsklage[324]) – **Klagebefugnis**. Die Verletzung *eigener* Rechte muss zumindest *möglich* erscheinen. Damit soll eine Popularklage ausgeschlossen werden. Zur Klagebefugnis in den Fällen der einheitlichen und gesonderten Feststellung (dazu oben Rn 536 ff) vgl § 48 FGO. **582**

e) Erfolgloses Einspruchsverfahren

Nach § 44 Abs. 1 FGO sind Anfechtungs- und Verpflichtungsklage grundsätzlich nur zulässig, wenn das *Einspruchsverfahren* nach §§ 347 ff AO ganz oder teilweise *erfolglos* geblieben ist. Allerdings schließt nach Auffassung des BFH auch eine unvollständige Rechtsbehelfsentscheidung das außergerichtliche Vorverfahren ab. Er rechtfertigt dies mit der zutreffenden Erwägung, dass § 44 Abs. 1 FGO auch dem Schutz des Klägers diene, der nicht konterkariert werden dürfe. Ansonsten könnte nämlich nur durch Überwindung der erschwerten Voraussetzungen des § 46 Abs. 1 FGO (Untätigkeitsklage) Rechtsschutz erlangt werden[325]. **583**

Von der Notwendigkeit eines außergerichtlichen Vorverfahrens bestehen zudem folgende **Ausnahmen**:

Stimmt die Behörde zu, kann nach § 45 FGO eine sog. *Sprungklage* erhoben werden. Ein solches Vorgehen kann etwa in Betracht kommen, wenn der Steuerpflichtige die Verfassungswidrigkeit eines Steuergesetzes rügt; da die Behörde das Gesetz nicht wegen Verfassungswidrigkeit außer Anwendung lassen kann (arg. e Art. 100 Abs. 1 GG), würde das Einspruchsverfahren nur zu einer Verzögerung führen.

Die zweite Ausnahme von dem Erfordernis der Durchführung eines Vorverfahrens ist die sog. *Untätigkeitsklage* nach § 46 FGO[326]. Diese kommt nach § 46 Abs. 1 FGO in Betracht, wenn die Behörde binnen angemessener Frist (nach § 46 Abs. 1 Satz 2 FGO mindestens sechs Monate) nicht sachlich über den *Einspruch* entschieden hat. Eine Untätigkeitsklage nach § 46 Abs. 2 FGO kommt ferner in Betracht, wenn eine der in § 348 Nr 3, 4 AO genannten Stellen binnen angemessener Frist nicht über den *Antrag auf Erlass eines Verwaltungsakts* entschieden hat. Dies beruht darauf, dass in diesen Fällen wegen § 348 AO kein Untätigkeitseinspruch nach § 347 Abs. 1 Satz 2 AO gegeben ist und somit der Weg zum Gericht eröffnet sein soll.

Auch wenn hier mit der Terminologie des Gesetzes von „Sprungklage" und „Untätigkeitsklage" (vgl § 138 Abs. 2 FGO) die Rede ist, so muss man sich doch vergegenwärtigen, dass es sich nicht um selbstständige Klagearten handelt, sondern nur um Ausnahmen innerhalb einer Zulässigkeitsvoraussetzung.

f) Sonstiges[327]

Folgende Zulässigkeitsvoraussetzungen sind in Klausuren und Hausarbeiten nur zu erörtern, wenn der Sachverhalt dazu Anlass gibt: Die Beteiligtenfähigkeit nach § 57 FGO, die Prozessfähigkeit nach § 58 FGO, die Postulationsfähigkeit nach § 62 FGO. Die Klage ist ferner gem. **584**

324 Vgl BFH, I R 10/92, BStBl II 1998, 63 (65 f). Daneben ist ein Feststellungsinteresse erforderlich (§ 41 Abs. 1 FGO).

325 Vgl BFH, X R 134/98, BStBl II 2002, 176 (178).

326 Überblick bei *Oellerich*, SteuerStud 2018, 242.

327 Zu den Besonderheiten beim Klageverfahren der zusammenveranlagten Ehegatten vgl *Nöcker*, AO-StB 2009, 299.

§ 50 Abs. 1 Satz 3 FGO unzulässig, wenn der Betroffene nach Erlass des Verwaltungsakts schriftlich auf Klageerhebung verzichtet hat.

2. Rechtsmittel gegen finanzgerichtliche Entscheidungen[328]

585 Rechtsmittel sind Rechtsbehelfe gegen gerichtliche Entscheidungen; sie hemmen den Eintritt der Rechtskraft **(Suspensiveffekt)** und leiten den Prozess in die nächsthöhere Instanz über **(Devolutiveffekt)**. Die Finanzgerichtsbarkeit ist der einzige Gerichtszweig der Bundesrepublik Deutschland, der (aus historischen Gründen) nur einen zweistufigen Instanzenzug aufweist. Es gibt also keine *Berufungsinstanz*, in der der Streitstoff auch in *tatsächlicher* Hinsicht nochmals geprüft wird, sondern nur eine Revisionsinstanz, die auf die rechtliche Überprüfung des finanzgerichtlichen Urteils beschränkt ist (vgl § 118 FGO). Die Gründe, die zur Zulassung der Revision führen, sind abschließend in § 115 Abs. 2 FGO aufgeführt.

586 Gegen Urteile (§ 95 FGO) und Gerichtsbescheide (§ 90a Abs. 1 FGO) des Finanzgerichts sieht die FGO unter bestimmten Voraussetzungen die **Revision** (§ 115 FGO), gegen alle anderen Entscheidungen die **Beschwerde** (§ 128 FGO) zum BFH vor. Von besonderer Bedeutung ist die **Nichtzulassungsbeschwerde** (§ 116 FGO), da gem. § 115 FGO eine Revision gegen das Urteil des Finanzgerichts nur möglich ist, wenn das FG oder auf Beschwerde der BFH diese zugelassen hat (*Zulassungsprinzip*, § 115 Abs. 1 FGO). Unter engen Voraussetzungen sind daneben das gesetzlich nicht geregelte Rechtsmittel der *Gegenvorstellung*[329] sowie bei einer Verletzung des rechtlichen Gehörs die *Anhörungsrüge*[330] gem. § 133a FGO statthaft.

---

328 Näher zum Rechtsmittelsystem *Seer*, in: Tipke/Lang, § 22 Rn 230 ff.

329 Dazu BFH, V S 10/07, BStBl II 2009, 1019.

330 Zur Anhörungsrüge *Desens*, NJW 2006, 1243.

3. Teil

Steuern vom Einkommen und Ertrag

§ 5 Einkommensteuerrecht

Die Einkommensteuer ist die Steuer auf das *Einkommen der natürlichen Person* (Steuerpflichtiger, § 1, § 1a EStG, Rn 676 ff). Sie soll die im Rahmen einer bestimmten Zeitspanne ausgewiesene Finanzkraft des Steuerpflichtigen erfassen. Die Einkommensteuer sollte sich daher am Gebot der Besteuerung nach der individuellen *Leistungsfähigkeit* orientieren. Dieser Grundgedanke wird im geltenden Einkommensteuerrecht vielfach anderen Zielen geopfert, das ursprüngliche System vielfach durchbrochen. Früher als „Königin der Steuern" bezeichnet, wird die Einkommensteuer daher heute als zu kompliziert kritisiert, als überfrachtet mit Lenkungsnormen und als deformiert durch Interessen des internationalen Steuerwettbewerbs bewertet. Steuerreformmodelle betreffen auch deswegen (neben der wirtschaftlichen Relevanz) primär die Einkommensteuer (vgl Rn 84 ff). **587**

Die Steuer auf das *Einkommen der juristischen Personen* ist die *Körperschaftsteuer* (Rn 1211 ff). Einkommen- und Körperschaftsteuer gehören zur Gruppe der Ertragsteuern. Eine weitere Ertragsteuer ist die *Gewerbe(ertrag)steuer* (Rn 1325 ff), die als sog. Objektsteuer auf die individuelle Leistungsfähigkeit nur beschränkt Rücksicht nimmt. **588**

A. Geschichtliche Entwicklung im Überblick

1799	Finanzminister *William Pitt d. J.* führt in England die erste Einkommensteuer zur Finanzierung des Kriegs gegen Napoleon ein (Rn 20).	**589**
1808/1812	Preußische Kriegssteuer auf das Einkommen als Folge des verlorenen Kriegs gegen Napoleon.	
1820	Einführung einer preußischen Klassensteuer (Rn 21).	
1851	Einführung der klassifizierten Einkommensteuer in Preußen (Rn 21).	
1891	Reform der preußischen Einkommensteuer durch den preußischen Finanzminister *Johannes von Miquel* (sog. *Miquel'sche Steuerreform*). Dem Einkommensbegriff lag die von *Bernhard Fuisting* entwickelte *Quellentheorie* zugrunde (Rn 23 und 602).	
1920	Erstes Reichseinkommensteuergesetz (sog. *Erzberger'sche Steuerreform*, benannt nach dem Reichsfinanzminister *Matthias Erzberger*). Dem Einkommensbegriff des EStG 1920 lag die *Reinvermögenszugangstheorie* zugrunde, die *Georg von Schanz* begründet hatte (Rn 24 und 601).	
1925	Reichseinkommensteuergesetz 1925 (EStG 1925): Einführung von Einkunftsarten, von denen einige der Reinvermögenszugangstheorie, andere	

der Quellentheorie entsprachen. Das heutige EStG hat diese Konzeption im Wesentlichen übernommen.

1934 Reichseinkommensteuergesetz 1934 (EStG 1934): Begründung der Gesetzesstruktur des geltenden EStG.

B. Das Einkommen als Gegenstand der Einkommensteuer – Begriffe und Grundsätze

I. Das zu versteuernde Einkommen gem. § 2 Abs. 5 EStG

1. Das Einkommensermittlungsschema

590 Das EStG regelt die Besteuerung des Einkommens. Das zu *versteuernde Einkommen* bildet die Bemessungsgrundlage für die Anwendung des Tarifs (*tarifliche Einkommensteuer,* § 2 Abs. 5 HS 2 EStG). Aus der tariflichen Einkommensteuer ergibt sich dann nach weiteren Verminderungen und Hinzurechnungen die *festzusetzende Einkommensteuer* (§ 2 Abs. 6 EStG). Wie das zu versteuernde Einkommen zu ermitteln ist, bestimmt § 2 EStG in den Absätzen 2–5. § 2 Abs. 5 Satz 1 EStG definiert das zu versteuernde Einkommen als das „*Einkommen*, vermindert um die Freibeträge nach § 32 Absatz 6 und um die sonstigen vom Einkommen abzuziehenden Beträge". Diese Definition verwendet den Begriff des Einkommens, den § 2 Abs. 4 EStG als den „*Gesamtbetrag der Einkünfte*, vermindert um die Sonderausgaben und die außergewöhnlichen Belastungen" bezeichnet. Was unter Gesamtbetrag der Einkünfte zu verstehen ist, regelt § 2 Abs. 3 EStG: Die „*Summe der Einkünfte*, vermindert um den Altersentlastungsbetrag, den Entlastungsbetrag für Alleinerziehende und den Abzug nach § 13 Absatz 3". Was *Einkünfte* sind, sagen § 2 Abs. 1 und Abs. 2 EStG. Die Einkünfte markieren also den Ausgangspunkt der Einkommensermittlung. Gem. § 2 Abs. 1, 2 EStG unterliegen der Einkommensteuer insgesamt *sieben Einkunftsarten*:

- Einkünfte aus Land- und Forstwirtschaft (§ 2 Abs. 1 Satz 1 Nr 1),
- Einkünfte aus Gewerbebetrieb (§ 2 Abs. 1 Satz 1 Nr 2),
- Einkünfte aus selbstständiger Arbeit (§ 2 Abs. 1 Satz 1 Nr 3),
- Einkünfte aus nichtselbstständiger Arbeit (§ 2 Abs. 1 Satz 1 Nr 4),
- Einkünfte aus Kapitalvermögen (§ 2 Abs. 1 Satz 1 Nr 5),
- Einkünfte aus Vermietung und Verpachtung (§ 2 Abs. 1 Satz 1 Nr 6) sowie
- sonstige Einkünfte iSd § 22 EStG (§ 2 Abs. 1 Satz 1 Nr 7).

591 Das EStG geht vom sog. **synthetischen Einkommensbegriff** aus, dh die Einkommensteuer wird nicht unterschiedlich für die einzelnen Einkunftsarten ermittelt, vielmehr wird eine gemeinsame Bemessungsgrundlage gebildet. Dennoch unterliegen die einzelnen Einkunftsarten weitgehend unterschiedlichen Regelungen (Rn 597). Dies gilt vor allem für die Einkünfte aus Kapitalvermögen (Rn 780 ff; vgl auch § 2 Abs. 2 Satz 2, Abs. 5b EStG).

§ 2 EStG normiert für die Ermittlung des zu versteuernden Einkommens folgendes Schema[1]: **592**

1. Schritt: Ermittlung der Einkünfte innerhalb jeder Einkunftsart (§ 2 Abs. 1, 2 EStG)

- Einkünfte aus Land- und Forstwirtschaft, §§ 13–14a EStG
- Einkünfte aus Gewerbebetrieb, §§ 15–17 EStG
- Einkünfte aus selbstständiger Arbeit, § 18 EStG
- Einkünfte aus nichtselbstständiger Arbeit, § 19, § 19a EStG
- Einkünfte aus Kapitalvermögen, § 20 EStG
- Einkünfte aus Vermietung und Verpachtung, § 21 EStG
- sonstige Einkünfte, §§ 22–23 EStG

---

2. Schritt: Bildung der Summe der Einkünfte (§ 2 Abs. 3 EStG)

3. Schritt: Ermittlung des zu versteuernden Einkommens

Summe der Einkünfte
./. Altersentlastungsbetrag nach § 24a EStG
./. Entlastungsbetrag für Alleinerziehende nach § 24b EStG
./. Freibetrag für Land- und Forstwirte nach § 13 Abs. 3 EStG

= **Gesamtbetrag der Einkünfte (§ 2 Abs. 3 EStG)**
./. Verlustabzug nach § 10d EStG
./. Sonderausgaben nach §§ 10–10c EStG
./. außergewöhnliche Belastungen nach §§ 33–33b EStG
./. Steuerbegünstigungen nach §§ 10e–10i EStG und § 7 FördergebietsG

= **Einkommen (§ 2 Abs. 4 EStG)**
./. Freibeträge für Kinder nach § 31, § 32 Abs. 6 EStG
./. Härteausgleichsbetrag nach § 46 Abs. 3 EStG, § 70 EStDV

= **zu versteuerndes Einkommen (§ 2 Abs. 5 EStG)**

2. Objektive Einkommensteuerpflicht

a) Steuerbare Einkünfte

Fall 27: A studiert Jura, gibt nebenbei Nachhilfeunterricht und verdient dabei im Jahr 3000 €. Außerdem erhält er von seinem Onkel monatlich einen Zuschuss zum Studium iHv 300 €. Muss A Einkommensteuer bezahlen? **Rn 598** **593**

§ 2 Abs. 1 EStG gibt vor, dass Ausgangspunkt jeder einkommensteuerrechtlichen Beurteilung eines Sachverhalts die Frage ist, ob überhaupt **steuerbare Einkünfte** vorliegen. *Zuzurechnen* sind dabei Einkünfte demjenigen, der sie erzielt. Das ist derjenige, der über die Einkunftsquelle verfügen kann. **594**

Einnahmen, die sich *keiner Einkunftsart* zuordnen lassen, sind nicht *steuerbar* und können demnach ohne Steuerzugriff vereinnahmt werden. Hierzu gehören zB Lotte- **595**

1 Vgl auch R 2. EStR 2012.

rie- und Losgewinne[2] sowie Preise, die jemand für seine Persönlichkeit oder sein „Lebenswerk" erhält (zB Nobelpreis)[3]. Steuerbarkeit setzt zudem bei allen Einkunftsarten eine Einkünfteerzielungsabsicht voraus. Fehlt diese, weil die Tätigkeit nur aus privater Neigung ausgeübt wird, ist sie einkommensteuerlich als sog. *Liebhaberei* (Rn 707 ff) unbeachtlich[4]. *Steuerbare* Einkünfte müssen nicht unbedingt *steuerpflichtig* sein. Sie sind es nicht, wenn das Gesetz die Einnahmen steuerfrei stellt (Rn 605), umgekehrt sind steuerpflichtige Einkünfte natürlich stets auch steuerbar.

596 Veräußert jemand einen Gegenstand aus seinem *privaten Vermögen*, so ist die Veräußerung nur steuerbar, wenn sie von § 17 EStG, § 20 Abs. 2 oder § 22 Nr 2, § 23 EStG erfasst wird (Rn 732, 782 und 842). Veräußerungen, die von diesen Tatbeständen nicht erfasst werden (zB Veräußerung eines Kunstgegenstands zwei Jahre nach Anschaffung), sind nicht steuerbar.

597 An die Einteilung in die verschiedenen *Einkunftsarten* knüpfen sich verschiedene **Rechtsfolgen**, zB

– die Art der *Einkünfteermittlung*

Bei Gewinneinkünften (§ 2 Abs. 2 Satz 1 Nr 1 EStG) erfolgt die Ermittlung durch Bilanzierung (Betriebsvermögensvergleich) gem. § 4 Abs. 1, § 5 Abs. 1 EStG, wenn keine Buchführungspflicht besteht durch Einnahmen-Überschussrechnung gem. § 4 Abs. 3 EStG (Wahlrecht); bei Überschusseinkünften (§ 2 Abs. 2 Satz 1 Nr 2 EStG) durch Einnahmen-Überschussrechnung (Rn 849 ff).

– das „Ob" und die Höhe von *Freibeträgen und Freigrenzen*

ZB der Freibetrag für Land- und Forstwirte, § 13 Abs. 3 EStG (Rn 761) oder die Freigrenzen bei sonstigen Einkünften, § 22 Nr 3 Satz 2 EStG (Rn 845), § 23 Abs. 3 Satz 5 EStG (Rn 1072).

– die Gewährung von *Werbungskosten-Pauschbeträgen*, § 9a EStG

Für bestimmte Überschusseinkünfte werden Werbungskosten-Pauschbeträge gewährt, etwa 1000 € bei Lohneinkünften aus nichtselbständiger Arbeit, § 9a Satz 1 EStG (Rn 1065).

– die *Erhebungsform* der Einkommensteuer

ZB eine Quellenbesteuerung (Rn 668) bei Einkünften aus nichtselbstständiger Arbeit (Lohnsteuer, §§ 38 ff EStG, Rn 764) und bei Einkünften aus Kapitalvermögen (Kapitalertragsteuer, §§ 43 ff EStG, Rn 799).

– Auswirkung auf *andere Steuerarten*

Insb die Qualifizierung einer Tätigkeit als gewerblich (§ 15 EStG) ist von Bedeutung, weil daraus auch folgt, dass der Gewerbebetrieb auch der Gewerbesteuer unterliegt (Verweis in § 2 Abs. 1 Satz 2 GewStG, Rn 1341). Wird der Steuerpflichtige für die Einkommensteuer nicht als gewerblich eingestuft (zur Abgrenzung Rn 703 ff, 751 ff), so verneint das FA auch die Gewerbesteuerpflicht.

– *Anrechnung* anderer Steuerarten

Die pauschale Anrechnung der Gewerbesteuer auf die Einkommensteuer ist nach § 35 EStG nur möglich, soweit die Einkommensteuer anteilig auf gewerbliche Einkünfte (§ 15 Abs. 1 EStG) im zu versteuernden Einkommen entfällt (Rn 660).

---

2 BFH, X R 8/06, BStBl II 2010, 548; anders bei betrieblicher Veranlassung: BFH, X R 25/07, BStBl II 2010, 550.

3 BFH, IV R 184/82, BStBl II 1985, 427. Steuerbar sind aber Preise, die beruflich oder betrieblich veranlasst sind, etwa ein Architektenpreis anlässlich einer Werkpräsentation (§ 18 EStG) oder Forschungspreise für Wissenschaftler, zur Abgrenzung *Krumm*, FR 2015, 639; *Marx*, DStZ 2014, 282.

4 BFH, GrS 4/82, BStBl II 1984, 751 (766); ausf *Escher*, Steuerliche Liebhaberei, 2005, S. 18 ff.

– den anwendbaren *Tarif*

Statt des Regeltarifs (§ 32a EStG) gilt für Einkünfte aus Kapitalvermögen idR ein Sondertarif iHv einheitlich 25 % (§ 32d EStG, Rn 781). Bei Gewinneinkünften (§ 2 Abs. 2 Satz 1 Nr 1 EStG) kann uU der Sondertarif nach § 34a EStG Anwendung finden (sog. *Thesaurierungsbegünstigung*, Rn 654).

Lösung Fall 27 (Rn 593): Die Einnahmen sind steuerbar, wenn sie jeweils einer Einkunftsart zugeordnet werden können. Bei den 3000 € handelt es sich um Einkünfte aus selbstständiger Arbeit gem. § 2 Abs. 1 Satz 1 Nr 3, § 18 Abs. 1 Nr 1 Satz 2 EStG („unterrichtende Tätigkeit"). Die Zuschüsse des Onkels könnten als sog. wiederkehrende Bezüge sonstige Einkünfte gem. § 2 Abs. 1 Satz 1 Nr 7, § 22 Nr 1 Satz 1 EStG sein. Hier sind die Zuschüsse zwar wiederkehrende Bezüge, jedoch gem. § 22 Nr 1 Satz 2 HS 1 EStG aufgrund der freiwilligen Gewährung dem A nicht als Einkünfte zuzurechnen (Rn 839). **598**

Die von A verdienten 3000 € sind zwar als Einkünfte aus selbstständiger Tätigkeit steuerbar. Ob er hierfür auch tatsächlich Steuern zahlen muss, hängt aber von der Höhe seines zu versteuernden Einkommens und der Anwendung des Tarifs ab, § 2 Abs. 5, 6 EStG.

1.	Ermittlung der Einkünfte aus selbstständiger Tätigkeit		
	Betriebseinnahmen		3000 €
	Betriebsausgaben[5]		0 €
	Einkünfte		3000 €
2.	Ermittlung des Gesamtbetrags der Einkünfte		3000 €
3.	Ermittlung des Einkommens		
./.	Sonderausgaben-Pauschbetrag, § 10c Satz 1 EStG (Rn 1081)	./.	36 €
./.	außergewöhnliche Belastungen, §§ 33 ff EStG (Rn 1082 ff)	./.	0 €
Einkommen			2964 €
4.	Ermittlung des zu versteuernden Einkommens		
./.	keine weiteren Abzüge	./.	0 €
Zu versteuerndes Einkommen			2964 €
5.	Ermittlung der ESt gem. Tarif, § 32a Abs. 1 Satz 1 EStG (Rn 631)		
Zu versteuerndes Einkommen bis 9168 € (VZ 2019): ESt = 0			0 €

A muss für seine Einkünfte aus der Nachhilfetätigkeit keine Einkommensteuer zahlen.

b) Dualismus der Einkunftsarten

Während § 2 Abs. 1 EStG festlegt, welche *Arten* von Einkünften der Einkommensteuer unterliegen, bestimmt Abs. 2, was Einkünfte sind. Hierbei unterscheidet das Gesetz zwischen **Gewinn- und Überschusseinkünften**. Zu den Gewinneinkünften gehören gem. § 2 Abs. 2 Satz 1 Nr 1 EStG die Einkünfte aus Land- und Forstwirt- **599**

5 Betriebsausgaben sind idR nur in nachgewiesener Höhe abziehbar. Die Finanzverwaltung erkennt jedoch bei bestimmten Einkünften aus selbstständiger Tätigkeit pauschale Betriebsausgaben iHv 30 % (höchstens 2455 €) bzw 25 % (höchstens 614 €) an. Voraussetzung ist jedoch, dass die Anwendung der Pauschbeträge nicht zu einer offensichtlich unrichtigen Besteuerung im Einzelfall führt: BFH, IV R 11/76, BStBl II 1980, 455 (456). Zusammenhängend dargestellt bei *Wacker*, in: Schmidt, EStG, § 18 Rn 216.

schaft, Gewerbebetrieb und selbstständiger Arbeit. Überschusseinkünfte gem. § 2 Abs. 2 Satz 1 Nr 2 EStG sind die Einkünfte aus nichtselbstständiger Arbeit, Kapitalvermögen, Vermietung und Verpachtung sowie sonstige Einkünfte.

600 Die Unterscheidung von Gewinn- und Überschusseinkünften führt zu einem **Dualismus der Einkunftsarten**. Diese Unterscheidung ist für das Einkommensteuerrecht fundamental, da sich hieraus gesetzgeberische Grundentscheidungen ableiten lassen. Der Dualismus der Einkunftsarten trägt unterschiedlichen rechtstheoretischen Ansätzen Rechnung, denen die dogmatische Entscheidung zugrunde liegt, ob *Wertveränderungen* in dem Vermögen, das zur Erzielung von Einnahmen eingesetzt wird, bei der Einkünfteermittlung zu berücksichtigen sind.

601 Den *Gewinneinkünften* liegt der rechtstheoretische Ansatz der **Reinvermögenszugangstheorie** zugrunde, die auf *von Schanz* beruht und erstmals im Einkommensteuergesetz 1920 verwirklicht worden ist (Rn 24). Danach sind Einkünfte Vermögensmehrungen innerhalb einer bestimmten Zeitspanne. Normative Anknüpfung im geltenden Einkommensteuerrecht ist § 4 Abs. 1 EStG, der den Gewinn als Unterschiedsbetrag zwischen dem Betriebsvermögen am Schluss des Wirtschaftsjahres und dem Betriebsvermögen am Schluss des vorangegangenen Wirtschaftsjahres definiert. Hieraus folgt, dass realisierte Wertzuwächse im (Betriebs-)Vermögen bei den Gewinneinkünften immer zu berücksichtigen sind.

602 Etwas anderes gilt für die *Überschusseinkünfte*, die auf der **Quellentheorie** beruhen. Dieser von *Fuisting* begründete Ansatz (Rn 23) hält nur die Früchte für steuerbar, die zu einer ständigen Einnahmequelle gehören. Das Vermögen („die Quelle") selbst bleibt bei der Einkünfteermittlung unberücksichtigt. Für die Überschusseinkünfte gilt damit, dass Wertveränderungen im Vermögen für die Einkommensteuer grundsätzlich ohne Bedeutung sind. Vermögen, das zur Erzielung von Überschusseinkünften eingesetzt wird, ist immer Privatvermögen. Dies führt zu dem Ergebnis, dass selbst die Gegenstände des Privatvermögens, die der Steuerpflichtige zur Erzielung von Einkünften (zB aus Vermietung und Verpachtung) einsetzt und außerhalb der Veräußerungsfrist gem. § 23 Abs. 1 EStG und der Voraussetzungen des § 17 EStG sowie des § 20 Abs. 2 EStG mit Gewinn veräußert, bei der Einkommensteuer nicht berücksichtigt werden, der Gewinn somit nicht steuerbar ist.

603 Vermietet ein Steuerpflichtiger sein privates Wohnhaus, sind die Mieten als Einkünfte aus Vermietung und Verpachtung gem. § 21 Abs. 1 Satz 1 Nr 1 EStG steuerbar (Rn 805). Veräußert der Steuerpflichtige dieses Haus, ist der Veräußerungserlös nicht bei den Einkünften aus Vermietung und Verpachtung zu erfassen, sondern höchstens unter den weiteren Voraussetzungen der § 22 Nr 2 iVm § 23 Abs. 1 Nr 1 EStG als sonstige Einkünfte steuerbar (Rn 842). Hält der Steuerpflichtige denselben Gegenstand hingegen im Betriebsvermögen (iRd Erzielung von Gewinneinkünften), unterliegt der Veräußerungsgewinn stets der Einkommensteuer. Privatvermögen kann jedoch insb bei vermieteten Immobilien schnell zu Betriebsvermögen „umschlagen", wenn der Steuerpflichtige innerhalb von fünf Jahren mehr als drei Grundstücke anschafft und veräußert (Stichworte: 3-Objekt-Regel und gewerblicher Grundstückshandel, Rn 713).

604 Demgegenüber stellt die jüngere **Markteinkommenstheorie** darauf ab, ob die Einkünfte am Markt erwirtschaftet wurden (sog. Erwerbseinkommen)[6]. Danach sind Ein-

6 Grundlegend *Ruppe*, DStJG 1 (1978), 7 (16); dazu *Desens*, DStJG 37 (2014), 95 (119 ff); *Marx/Kilincsoy*, StuW 2019, 36.

künfte, die ohne Leistungstausch erwirtschaftet werden, nicht steuerbar (zB Schenkungen, Spielgewinne). Auch ersparte Aufwendungen (zB Wohnen im eigenen Haus) können danach nicht erfasst werden (sog. imputed income). Das geltende Einkommensteuerrecht verwirklicht keine der Theorien vollständig.

c) Steuerfreie Einnahmen (§ 3, § 3a, § 3b EStG)

§ 3 Nr 1–71, § 3a und § 3b EStG regeln in unsystematischer Reihenfolge zahlreiche Fälle von Einnahmen, die ganz oder teilweise steuerfrei sind. Einige sind lediglich *deklaratorisch*, dh sie erfassen Vermögensmehrungen, die schon von vornherein nicht zu einer Einkunftsart gehören (zB § 3 Nr 20, 58 EStG). Die meisten Fälle zählen dagegen zu den steuerbaren Einkünften (§ 2 Abs. 1 EStG), sind aber nach § 3, § 3b EStG ausnahmsweise steuerfrei gestellt (*konstitutive* Wirkung), also nicht steuerpflichtig. **605**

Beispiel: Eine Kellnerin bekommt neben ihrem Jahreslohn (18 000 €) von zufriedenen Gästen Trinkgeld iHv 1000 € jährlich. Das Trinkgeld gehört zum Arbeitslohn iSd § 19 Abs. 1 Satz 1 Nr 1 EStG (Rn 770 f), also zur *Einkunftsart* nichtselbstständige Arbeit (§ 2 Abs. 1 Satz 1 Nr 4 EStG). Bei nichtselbstständiger Arbeit errechnet sich die Höhe der Einkünfte aus dem Überschuss der (steuerpflichtigen) Einnahmen über die Werbungskosten (§ 2 Abs. 2 Satz 2 Nr 2 EStG). Zu den Einnahmen iSd § 8 EStG zählt nur der Jahreslohn (18 000 €), da Trinkgelder nach § 3 Nr 51 EStG als steuerfreie Einnahmen zu qualifizieren sind.

Weitere wichtige Beispiele steuerfreier Einnahmen sind: **606**

- Leistungen einer Kranken-/Pflegeversicherung sowie gesetzlichen Unfallversicherung (§ 3 Nr 1 lit. a EStG),
- Arbeitslosen- und Kurzarbeitergeld (§ 3 Nr 2 EStG),
- aus Bundes- oder Landeskassen gezahlte Aufwandsentschädigungen (§ 3 Nr 12 EStG),
- ein Teil der Einnahmen aus nebenberuflichen Tätigkeiten als Übungsleiter, Ausbilder oder Erzieher oder aus ähnlichen Tätigkeiten (§ 3 Nr 26, 26a EStG, Rn 350),
- Stipendien aus öffentlichen Mitteln (§ 3 Nr 44 EStG),
- Vorteile des Arbeitnehmers aus der privaten Nutzung von betrieblichen Computern und Telekommunikationsgeräten (§ 3 Nr 45 EStG) oder aus der Stromnutzung für Elektroautos (§ 3 Nr 46 EStG) sowie Zuschüsse für Fahrten zur Arbeit mit öffentlichen Verkehrsmitteln, „Jobticket" (§ 3 Nr 15 EStG),
- Sanierungsgewinne, die bilanziell beim Schuldner entstehen, wenn der Gläubiger auf seine Forderung verzichtet (§ 3a EStG, Rn 902),
- Zuschläge für Sonntags-, Feiertags- oder Nachtarbeit (§ 3b EStG).

Spiegelbildlich sind nach § 3c Abs. 1 EStG *Ausgaben*, soweit sie mit steuerfreien Einnahmen (hauptsächlich also solche nach § 3 EStG) in einem unmittelbaren wirtschaftlichen Zusammenhang stehen, nicht als Betriebsausgaben oder Werbungskosten abziehbar. **607**

II. Objektives Nettoprinzip (§ 2 Abs. 2 EStG)

1. Verlustausgleich und Verlustabzug iRd Erwerbssphäre

Aus dem Einkünftebegriff sowie aus dem Begriff der Summe der Einkünfte lassen sich für das Einkommensteuerrecht wichtige Schlüsse ziehen. Einkünfte sind als Gewinn bzw Überschuss der Einnahmen über die Werbungskosten (§ 2 Abs. 2 EStG) **608** eine saldierte Rechengröße, die sich vereinfacht aus *Einnahmen* abzgl. derjenigen *Aufwendungen* zusammensetzt, die bei der Erzielung der Einnahmen entstanden sind. Die Abziehbarkeit der Aufwendungen von den Einnahmen beruht auf der Erwägung, dass der Steuerpflichtige nur aus dem Teil der Einnahmen Steuern zahlen kann, der ihm tatsächlich für den eigenen Verbrauch zur Verfügung steht. Für die Steuerzahlung nicht verfügbar ist der Teil des erwirtschafteten Einkommens, der für die Erzielung der Einnahmen ausgegeben werden muss. Solche Erwerbsausgaben bezeichnet das Einkommensteuerrecht iRd Gewinneinkünfte als *Betriebsausgaben* (§ 4 Abs. 4 EStG) und iRd Überschusseinkünfte als *Werbungskosten* (§ 9 Abs. 1 EStG).

609 Lassen sich Einkünfte vereinfacht als Einnahmen abzgl. Ausgaben beschreiben, unterliegen der Besteuerung nur die *Nettoeinkünfte*. § 2 Abs. 2 EStG normiert damit für das Einkommensteuerrecht das *objektive Nettoprinzip*. Dieses Prinzip verwirklicht für den Bereich der Einkünfteermittlung den **Grundsatz der Besteuerung nach der individuellen Leistungsfähigkeit**, der als Fundamentalprinzip insb im Ertragsteuerrecht Geltung beansprucht[7].

610 Aus dem objektiven Nettoprinzip folgt nicht nur die Abziehbarkeit von Aufwendungen bei der Ermittlung der Einkünfte, sondern auch, dass der **Ausgleich von Verlusten** möglich sein muss. Die individuelle Leistungsfähigkeit kann nicht innerhalb einzelner Einkunftsarten bestimmt werden, sondern setzt die Bildung der Summe der Einkünfte (§ 2 Abs. 3 EStG) voraus, so dass nach dem **internen (horizontalen) Ausgleich** *von Verlusten* mit Gewinnen *innerhalb einer Einkunftsart* noch ein **externer (vertikaler) Ausgleich** *von Verlusten* aus einer Einkunftsart (zB Vermietung und Verpachtung) mit Gewinnen aus einer anderen Einkunftsart (zB Gewerbebetrieb) grundsätzlich möglich sein muss.

611 Da die Verrechnung positiver Einkünfte mit negativen Einkünften Gestaltungsmöglichkeiten eröffnet (zB Beteiligung an sog. Abschreibungsmodellen, die negative Einkünfte produzieren), hat der Gesetzgeber immer wieder versucht, den Verlustausgleich einzuschränken. Im geltenden Einkommensteuerrecht ist ein externer Verlustausgleich grundsätzlich möglich. Unter dem Begriff der „Summe der Einkünfte" (§ 2 Abs. 3 EStG) ist der Saldo zu verstehen, der nach horizontaler und vertikaler Verrechnung der Einkünfte verbleibt[8]. Ausnahmen gelten aber bei Einkünften aus Kapitalvermögen, die der Abgeltungsteuer unterliegen (vgl § 20 Abs. 6 Satz 1 EStG, Rn 796). Auch für andere Einkünfte enthält das EStG spezielle Verlustausgleichsverbote (Rn 622 f).

Beispiel: A erzielt im VZ 01 aus dem Gewerbebetrieb I einen Gewinn iHv 600 000 € und aus dem Gewerbebetrieb II einen Verlust iHv 100 000 €. Seine Einkünfte aus Gewerbetrieb (§ 15 EStG) betragen dann 500 000 € (sog. *interner Verlustausgleich*). Zugleich erzielt A einen Verlust aus Einkünften aus Vermietung und Verpachtung (§ 21 EStG) iHv 600 000 €. Im Wege des sog. *externen Verlustausgleichs* werden die Einkünfte aus Gewerbebetrieb sowie Vermietung und Verpachtung saldiert. Der Gesamtverlust iHv 100 000 € führt im Jahr 01 zu einer Summe der Einkünfte iHv 0 €. Außerdem wird der Verlust iHv 100 000 € gesondert festgestellt (§ 10d Abs. 4 EStG). Für das Jahr 01 muss A keine Einkommensteuer zahlen.

---

7 BVerfG, 2 BvL 10/95, BVerfGE 99, 280 (290); 2 BvR 400/98 ua, BVerfGE 107, 27 (48); 2 BvL 1/07, BVerfGE 122, 210 (234); dazu *Desens*, StuW 2016, 240 (257) mwN.

8 BFH, VI R 22/11, BStBl II 2013, 631.

Können wie im *Beispiel* nicht alle Verluste durch den Verlustausgleich ausgeglichen werden, kommt ein *periodenübergreifender (intertemporärer) Verlustabzug* nach § 10d EStG in Betracht. Die Vorschrift erlaubt einen *Verlustrücktrag* bis zu einem Betrag von 1 Mio € (Ehegatten 2 Mio €) auf den unmittelbar vorangegangenen Veranlagungszeitraum (§ 10d Abs. 1 Satz 1 EStG). Werden Verluste nicht schon durch einen Rücktrag berücksichtigt, gewährt § 10d Abs. 2 EStG einen zeitlich unbegrenzten *Verlustvortrag*. Der Vortrag wird aber in der Höhe begrenzt (sog. **Mindestbesteuerung**). 1 Mio € (Ehegatten: 2 Mio €; sog. Sockelbetrag) werden voll verrechnet. Der die 1-Mio-€-Grenze überschießende Teil darf nur zu 60 % verrechnet werden. Diese bloße „Verluststreckung" ist verfassungskonform[9]. Soweit aber ausgleichsfähige Verluste „endgültig" werden, weil die späteren Einkünfte zur Verlustverrechnung nicht ausreichen, soweit also eine endgültige „Verlustvernichtung" in steuerlicher Hinsicht eintritt („Definitiveffekt"), ist dies nicht mit Art. 3 Abs. 1 GG vereinbar[10]. **612**

Fortsetzung des Beispiels: A macht im VZ 02 einen Verlust iHv 7 Mio €. Ein Verlustrücktrag (§ 10d Abs. 1 Satz 1 EStG) ist nicht möglich, weil A im VZ 01 keine Einkünfte erzielt hat. Sein gesondert festgestellter Verlustvortrag erhöht sich auf 7,1 Mio € (§ 10d Abs. 4 EStG). Im VZ 03 beträgt sein Gesamtbetrag der Einkünfte 3 Mio €. Ein Verlustvortrag ist nach § 10d Abs. 2 EStG iHv 2,2 Mio € möglich (= 1 Mio € Sockelbetrag + [60 % der den Sockelbetrag übersteigenden Einkünfte iHv 2 Mio € =] 1,2 Mio €). Ihm bleibt im VZ 03 ein Einkommen (§ 2 Abs. 4 EStG) von 800 000 € (= 3 Mio € ./. 2,2 Mio €) – Lösung ohne Einbeziehung von Sonderausgaben, außergewöhnlichen Belastungen und Steuervergünstigungen. Der noch verbleibende, nicht verrechnete Verlustausgleich iHv 4,9 Mio € (= 7,1 Mio € ./. 2,2 Mio €) wird erneut gesondert festgestellt (§ 10d Abs. 4 EStG) und kann von A nur in den Folgejahren geltend gemacht werden.

Der Steuerpflichtige kann durch sein Antragswahlrecht (§ 10d Abs. 1 Sätze 5, 6 EStG) auch zugunsten eines Verlustvortrags auf die Möglichkeit des Verlustrücktrags ganz oder teilweise verzichten, da es für ihn im Einzelfall günstiger sein kann, die Verluste mit Gewinnen in zukünftigen Jahren zu verrechnen. Von dieser Möglichkeit wird der Steuerpflichtige Gebrauch machen, wenn die erwarteten Gewinne in der Zukunft höher sind als in der Vergangenheit und damit einer höheren Progressionsbelastung unterliegen würden. Der Verlustvortrag mildert daher die zukünftige Progressionsbelastung.

Lange umstritten war, ob ein Erbe einen beim Erblasser entstandenen Verlustvortrag (§ 10d Abs. 4 EStG) bei der eigenen Besteuerung absetzen kann, soweit der Erblasser den Verlust ohne sein Versterben noch nach § 10d EStG hätte geltend machen können. Der Große Senat des BFH hat diese Frage verneint[11]. **613**

Ob der periodenübergreifende Verlustabzug aus dem objektiven Nettoprinzip und damit letztlich aus dem Leistungsfähigkeitsprinzip folgt[12] oder ob es sich um eine Billigkeitsregelung handelt[13], ist umstritten. Das BVerfG fordert unter Hinweis auf das **614**

9 BFH, I R 9/11, BStBl II 2013, 512 (Vb beim BVerfG anhängig, Az 2 BvR 2998/12); *Desens*, FR 2011, 745; *Kube*, DStR 2011, 1781 und 1829.

10 *Desens*, FR 2011, 745; tendenziell auch BFH, I R 9/11, BStBl II 2013, 512; I R 49/10, BStBl II 2011, 826; I R 59/12, BStBl II 2014, 1016 (Vorlage zum BVerfG, Az 2 BvL 19/14).

11 BFH, GrS 2/04, BStBl II 2008, 608 mit Übergangsregeln aus Gründen des Vertrauensschutzes.

12 *Hey*, in: Tipke/Lang, § 8 Rn 61 f.

13 *Söffing*, Steuerberaterkongress-Report 1977, 131.

objektive Nettoprinzip aus Art. 3 Abs. 1 GG zumindest einen periodenübergreifenden Verlustabzug für Einkünfte aus derselben Einkunftsquelle[14].

2. Durchbrechungen des objektiven Nettoprinzips – Abzugs- und Verlustausgleichsverbote

615 Der Grundsatz, dass Betriebsausgaben und Werbungskosten von den Erwerbseinnahmen abziehbar sind, ist durch zahlreiche gesetzliche Regelungen durchbrochen. Solche Abzugsverbote sind von Verlustausgleichsverboten zu unterscheiden. *Abzugsverbote* wirken auf der Ebene der Einkünfte*ermittlung*, *Verlustausgleichsverbote* auf der Ebene der Einkünfte*saldierung*, mithin auf der Ebene des externen (vertikalen) Verlustausgleichs (Rn 610).

616 Abzugs- und Verlustausgleichsverbote durchbrechen idR das objektive Nettoprinzip (Rn 609). Sie können jedoch auch als typisierende Abgrenzung des privaten vom beruflichen Bereich gerechtfertigt sein (Rn 617 ff) oder sogar den Zweck verfolgen, beim Steuerpflichtigen einen doppelten steuerlichen Vorteil zu vermeiden. So zB § 3c EStG, der den Abzug von Werbungskosten und Betriebsausgaben verbietet, soweit sie mit steuerfreien Einnahmen in einem unmittelbaren wirtschaftlichen Zusammenhang stehen (Rn 607).

a) Abzugsverbote bei privater Mitveranlassung

617 Gründe des Gesetzgebers, bestimmte Betriebsausgaben und Werbungskosten nicht zum Abzug zuzulassen, lassen sich keiner einheitlichen Systematik zuordnen. Überwiegend spielen Aspekte der **privaten (Mit-)Veranlassung** der Betriebsausgaben oder Werbungskosten eine Rolle (sog. *gemischte Aufwendungen*). Solche zeichnet aus, dass sie einerseits betriebliche oder berufliche Aufwendungen sind, die zwar Betriebsausgaben oder Werbungskosten sein können, jedoch zugleich wegen ihrer Art und Höhe auch die private Lebensführung und damit einen Bereich betreffen, der grundsätzlich steuerlich nicht relevant ist (§ 12 Nr 1 Satz 2 EStG, Rn 995). Die gesetzlich normierten (beschränkten) Abzugsverbote für gemischte Aufwendungen lassen sich grundsätzlich dadurch rechtfertigen, dass sie durch Typisierungen oder Pauschalierungen, die der Vereinfachung dienen, eine einfache Grenze zwischen der betrieblichen/beruflichen Veranlassung und der privaten Mitveranlassung ziehen.

618 § 4 Abs. 5, 6 EStG enthält einen ganzen Katalog von solchen (beschränkten) Abzugsverboten für Betriebsausgaben, von denen folgende über § 9 Abs. 5 Satz 1 EStG ebenso für Werbungskosten gelten:

- *Geschenke* an Personen, die nicht Arbeitnehmer des Steuerpflichtigen sind, soweit die Aufwendungen 35 € im Jahr übersteigen (§ 4 Abs. 5 Satz 1 Nr 1 EStG)[15],
- *Repräsentationsaufwendungen*, soweit sie nach ihrem Zweck nicht selbst Gegenstand einer Tätigkeit sind, die mit Gewinnerzielungsabsicht (§ 15 Abs. 2 EStG, Rn 707 ff) ausgeübt wird (§ 4 Abs. 5 Satz 2 EStG): *Bewirtung* von Personen aus geschäftlichem Anlass, soweit sie 70 % der Aufwendungen übersteigen, die nach der allgemeinen Verkehrsauffassung als

14 BVerfG, 2 BvR 1818/91, BVerfGE 99, 88.
15 BFH, IV R 13/14, BStBl II 2017, 892; BMF v. 18.5.2015, BStBl I 2015, 468.

angemessen anzusehen sind (§ 4 Abs. 5 Satz 1 Nr 2 EStG)[16], *Gästehäuser* (§ 4 Abs. 5 Satz 1 Nr 3 EStG),
- Jagd, Fischerei, Jachten sowie ähnliche Zwecke[17] und die hiermit zusammenhängenden Bewirtungskosten (§ 4 Abs. 5 Satz 1 Nr 4 EStG).
- Betriebsausgaben oder Werbungskosten, die die Lebensführung des Steuerpflichtigen oder anderer Personen berühren, soweit sie nach allgemeiner Verkehrsauffassung als unangemessen anzusehen sind[18] (§ 4 Abs. 5 Satz 1 Nr 7 EStG). Die *Angemessenheitsprüfung* ist aber auf den Anwendungsbereich des § 4 Abs. 5 Satz 1 Nr 7 EStG beschränkt. Aufwendungen, die ihrer Art oder Höhe nach unangemessen sind, aber nicht die private Lebensführung des Steuerpflichtigen betreffen, können gleichwohl abgezogen werden.

Weitere (beschränkte) Abzugsverbote, die typisierend und pauschalierend eine Abgrenzung **619** von beruflich/betrieblich veranlassten von privat mitveranlassten Aufwendungen vornehmen (sog. gemischte Aufwendungen), gibt es für *Verpflegungsmehraufwendungen* (§ 4 Abs. 5 Satz 1 Nr 5, § 9 Abs. 4a EStG), *Wegstrecken zwischen Wohnung und Betriebs- bzw erster Tätigkeitsstätte* (§ 4 Abs. 5 Satz 1 Nr 6, § 9 Abs. 1 Satz 3 Nr 4 EStG), *doppelte Haushaltsführungen* (§ 4 Abs. 5 Satz 1 Nr 6a Var. 1, § 9 Abs. 1 Satz 3 Nr 5 EStG), *Reisekosten* (§ 4 Abs. 5 Satz 1 Nr 6a Var. 2, § 9 Abs. 1 Satz 3 Nr 4a, 5a EStG), *häusliche Arbeitszimmer* (§ 4 Abs. 5 Satz 1 Nr 6b [iVm § 9 Abs. 5 Satz 1] EStG) und für *Erstausbildungskosten* (§ 4 Abs. 9, § 9 Abs. 6 EStG). Diese gelten für *alle* Einkünfte (Ausnahme: § 20 EStG, Rn 793), fallen aber in den meisten Fällen bei Einkünften aus nichtselbständiger Arbeit (§ 19 EStG) an und werden deshalb dort im Zusammenhang dargestellt (Rn 774).

Mit den in § 4 Abs. 5 Satz 1 Nr 8, 8a, 10, 12 EStG genannten Abzugsverboten sollen **620** vor allem *Wertungswidersprüche* in der Rechtsordnung vermieden werden:
- *Geldbußen, Verwarnungsgelder* (§ 4 Abs. 5 Satz 1 Nr 8 EStG)[19],
- Zinsen auf hinterzogene Steuern gem. § 235 AO (§ 4 Abs. 5 Satz 1 Nr 8a EStG, Rn 287),
- Aufwendungen, die zu einer rechtswidrigen Vorteilsgewährung führen (§ 4 Abs. 5 Satz 1 Nr 10 EStG; zB *Schmiergelder*)[20],
- Zuschläge nach Schätzungen gem. § 162 Abs. 4 AO (§ 4 Abs. 5 Satz 1 Nr 12 EStG, Rn 486),
- Aufwendungen zur Förderung staatspolitischer Zwecke gem. § 10b Abs. 2 EStG (§ 4 Abs. 6 EStG, zum Spendenrecht Rn 352 ff).

Letztlich gibt es für *Gewinneinkünfte* (§ 2 Abs. 2 Satz 1 Nr 1 EStG) noch weitere (beschränkte) **621** Abzugsverbote, die sich nicht aus der Abgrenzung zwischen Betriebsausgaben und privater Mitveranlassung rechtfertigen lassen (§ 4 Abs. 4a, Abs. 5 Nr 9, 11, 13, Abs. 5b, § 4h, § 4i, § 4j EStG, Rn 1002).

b) Verlustausgleichsverbote bei der Ermittlung der Summe der Einkünfte

Verlustausgleichsverbote können sich aus der Systematik des EStG oder aufgrund **622** ausdrücklicher Regelungen ergeben. Aus **systematischen Gründen** ergibt sich ein Verlustausgleichsverbot für *nicht steuerbare Einkünfte* (Verluste aus *Liebhaberei*, dh

16 Dazu *Wichert*, BB 2019, 351 zur Angemessenheit bei nahestehenden Personen.

17 BFH, IV R 25/09, BStBl II 2012, 824 (Schiffsreise); BFH, I R 74/13, BStBl II 2017, 222 (Golfturnier); dazu *Schiffers/Feldgen*, DStZ 2016, 325.

18 BFH, VIII R 20/12, BStBl II 2014, 679 (Luxusauto); VI R 37/15, BStBl II 2017, 526 (Privatjet).

19 Zu EU-Kartellbußen (Abschöpfungsanteil?): BFH, IV R 4/12, BStBl II 2014, 306; *Krüger*, DStR 2016, 895; *Schönfeld/Haus/Bergman/Erne*, DStR 2017, 73.

20 Dazu *Pelz*, DStR 2014, 449.

Tätigkeiten ohne Einkünfteerzielungsabsicht [Rn 707 ff], und *private Veräußerungsverluste*, sowie *steuerfreie Einkünfte*, insb ausländische Einkünfte, die kraft eines DBA [Rn 1461] in Deutschland von der Besteuerung ausgenommen sind). Fallen Einkünfte gänzlich aus der Bemessungsgrundlage heraus, bedeutet dies, dass Gewinne aus nicht steuerbaren oder steuerfreien Einkünften die Bemessungsgrundlage nicht erhöhen und konsequenterweise Verluste hieraus die Bemessungsgrundlage nicht mindern können.

623 **Besonders geregelte Verlustausgleichsverbote**, die das objektive Nettoprinzip durchbrechen, finden sich in:

- § 2a Abs. 1 EStG für bestimmte negative Einkünfte aus Drittstaaten (Rn 1513),
- § 15 Abs. 4 Sätze 1, 2 EStG für Einkünfte aus gewerblicher Tierzucht,
- § 15 Abs. 4 Satz 3–5 EStG für bestimmte Verluste aus Termingeschäften[21],
- § 15 Abs. 4 Satz 6–8 EStG für bestimmte Verluste bei Innengesellschaften,
- § 15a EStG (ggf iVm § 13 Abs. 7, § 18 Abs. 4 Satz 2, § 20 Abs. 1 Nr 4 Satz 2 oder § 21 Abs. 1 Satz 2 EStG) für das negative Kapitalkonto eines Kommanditisten (Rn 1176),
- § 15b EStG (ggf iVm § 13 Abs. 7, § 18 Abs. 4 Satz 2, § 20 Abs. 7, § 21 Abs. 1 Satz 2, § 22 Nr 1 HS 2 oder § 32b Abs. 1 Satz 3 EStG) für Verluste in Zusammenhang mit einem Steuerstundungsmodell (Rn 1177),
- § 17 Abs. 2 Satz 6 EStG für bestimmte Verluste aus der Veräußerung von Anteilen an Kapitalgesellschaften (Rn 732),
- § 20 Abs. 6 EStG für Verluste bei Einkünften aus Kapitalvermögen (Rn 796),
- § 22 Nr 3 Sätze 3, 4 EStG für Verluste bei den Einkünften aus sonstigen Leistungen gem. § 22 Nr 3 Satz 1 EStG (Rn 845),
- § 23 Abs. 3 Sätze 7, 8 EStG für Verluste aus privaten Veräußerungsgeschäften (Rn 842)[22].

III. Subjektives Nettoprinzip – Berücksichtigung der Privatsphäre im Einkommensteuerrecht (§ 2 Abs. 4 EStG)

624 Aufwendungen, die der Steuerpflichtige zur Erzielung von Einnahmen tätigt (Betriebsausgaben, § 4 Abs. 4 EStG; Werbungskosten, § 9 Abs. 1 EStG), kann er von seinen Erwerbseinnahmen abziehen. Aus dem objektiven Nettoprinzip folgt die grundsätzliche Abziehbarkeit von Aufwendungen nur iRd Erwerbssphäre (zu Durchbrechungen Rn 615 ff). Dagegen kann der Steuerpflichtige Aufwendungen, die er im Rahmen seiner **privaten Vermögensverwendung** tätigt, grundsätzlich nicht von seinen Erwerbseinnahmen abziehen und dadurch nicht sein zu versteuerndes Einkommen mindern. Dies ergibt sich insb aus § 12 Nr 1 EStG, der bestimmt, dass weder bei den einzelnen Einkunftsarten noch vom Gesamtbetrag der Einkünfte die Ausgaben abgezogen werden dürfen, die der Steuerpflichtige für den Haushalt und für den Unterhalt seiner Familie aufwendet. Für *private Aufwendungen* besteht daher grundsätzlich ein *Abzugsverbot* (zur Behandlung sog. gemischter Aufwendungen Rn 995 ff, 1057 ff).

625 Dieser Grundsatz gilt jedoch nicht uneingeschränkt. Gem. § 2 Abs. 4 EStG mindern iRd unbeschränkten Steuerpflicht[23] private Aufwendungen, soweit es sich um **Son-**

21 BFH, I R 25/14, BStBl II 2018, 124 (verfassungsgemäß).
22 BFH, IX R 11/14, BFH/NV 2016, 1691 (verfassungsgemäß).
23 Zu Nachteilen bei beschränkter Steuerpflicht, s. § 50 Abs. 1 Satz 3 EStG (Rn 665).

derausgaben (§§ 10–10c EStG) und **außergewöhnliche Belastungen** (§§ 33–33b EStG) handelt, den Gesamtbetrag der Einkünfte. Die Gründe für diese Ausnahmen sind unterschiedlich. Größtenteils handelt es sich um Aufwendungen, die für den Steuerpflichtigen existenzsichernd sind, ihm nicht für die Zahlung von Einkommensteuer zur Verfügung stehen und deshalb zur Verwirklichung des subjektiven Nettoprinzips von der steuerlichen Bemessungsgrundlage abgezogen werden müssen (Rn 1069 ff).

626 Aus Art. 1 Abs. 1 GG iVm Art. 20 Abs. 1, Art. 3 Abs. 1 und Art. 6 Abs. 1 GG wird das **Gebot der Steuerfreiheit des Existenzminimums** abgeleitet. Danach hat der Staat das Einkommen des Bürgers insoweit steuerfrei zu stellen, als dieser es zur Schaffung der Mindestvoraussetzungen eines menschenwürdigen Daseins für sich und seine Familie benötigt[24]. § 2 Abs. 4 EStG verwirklicht also das *subjektive Nettoprinzip* im Einkommensteuerrecht. Auch das subjektive Nettoprinzip begründet sich aus dem Leistungsfähigkeitsprinzip, da es beim Steuerpflichtigen diejenigen privaten Aufwendungen berücksichtigt, die er nicht vermeiden kann und die deshalb das zur Verfügung stehende Einkommen zwangsläufig mindern. Der existenzsichernde Charakter privater Aufwendungen ist allerdings kein durchgehendes Kennzeichen der Sonderausgaben, da es zahlreiche Beispiele im Katalog der §§ 10 ff EStG gibt, die der Gesetzgeber aus (lenkungs-)politischen Gründen zum Abzug zulässt.

IV. Der Tarif und die festzusetzende Einkommensteuer (§ 2 Abs. 6, §§ 32a ff EStG)

627 Das zu versteuernde Einkommen bildet gem. § 2 Abs. 5 Satz 1 HS 2, §§ 32a ff EStG die Bemessungsgrundlage für die tarifliche Einkommensteuer. Die tarifliche Einkommensteuer ergibt sich durch Anwendung des Tarifs (§§ 32a ff EStG) auf das zu versteuernde Einkommen. Die tarifliche Einkommensteuer, vermindert um mögliche anzurechnende ausländische Steuern (§ 34c Abs. 1 EStG) und andere Steuerermäßigungen (§§ 34f–35b EStG), vermehrt um näher in § 2 Abs. 6 EStG bestimmte Hinzurechnungen, ergibt die festzusetzende Einkommensteuer.

628 Der Einkommensteuertarif verläuft *progressiv* (Ausnahme: § 32d EStG für Einkünfte aus Kapitalvermögen, vgl Rn 781) und ist gem. § 32a Abs. 1 EStG eine Abbildung mehr oder weniger komplizierter Berechnungsformeln.

629 Viele Gesetzessammlungen enthalten im Anhang Tabellen, aus denen man die tarifliche Einkommensteuer ablesen kann. Das BMF stellt zudem ein einfaches Rechenprogramm im Internet zur Verfügung (https://www.bmf-steuerrechner.de).

630 Vom progressiven Steuertarif ist der Begriff der *kalten Progression* zu unterscheiden. Dabei handelt es sich um eine verdeckte Steuermehrbelastung, die dadurch entsteht, dass Einkommenssteigerungen, die lediglich den Inflationsverlust ausgleichen (also zu keiner Erhöhung der Leistungsfähigkeit führen), mit einem höheren Steuersatz belastet werden[25].

24 BVerfG, 2 BvL 5/91 ua, BVerfGE 87, 153 (169); 2 BvL 42/93, BVerfGE 99, 246 (260); 2 BvL 1/06, BVerfGE 120, 125 (155).

25 *Hechtner*, StuW 2014, 132.

1. Der Einkommensteuertarif (§ 32a EStG)

631 Nach § 32a Abs. 1 Satz 2 EStG sind fünf Tarifzonen je nach Höhe des zu versteuernden Einkommens zu unterscheiden.

Tarifzonen:

Nullzone (§ 32a Abs. 1 Satz 2 Nr 1 EStG): Bis zu einem Betrag von 9168 € (2020: 9408 €) werden keine Steuern erhoben (Grundfreibetrag). Dadurch soll das Existenzminimum steuerfrei bleiben[26].

Untere Progressionszone (§ 32a Abs. 1 Satz 2 Nr 2 EStG): Zwischen 9169 € und 14 254 € (2020: 9409 € und 14 532 €) werden die Einkommens*zuwächse* mit einem von 14 % bis 23,97 % stetig ansteigenden Steuersatz (linear progressiv) besteuert.

Obere Progressionszone (§ 32a Abs. 1 Satz 2 Nr 3 EStG): Zwischen 14 255 € und 55 960 € (2020: 14 533 € und 57 051 €) werden die Einkommens*zuwächse* mit einem von 23,97 % bis 42 % linear progressiv ansteigenden Steuersatz belastet.

Erste obere Proportionalzone (§ 32a Abs. 1 Satz 2 Nr 4 EStG): Zwischen 55 961 € und 265 326 € (2020: 57 052 € und 270 500 €) werden die Einkommens*zuwächse* proportional mit einem Steuersatz von 42 % belastet.

Zweite obere Proportionalzone (§ 32a Abs. 1 Satz 2 Nr 5 EStG; *sog. Reichensteuer*): Ab 265 327 € (2020: 270 501 €) werden die Einkommens*zuwächse* proportional mit dem Spitzensteuersatz von 45 % belastet.

632 Das deutsche Tarifsystem ist nach dem *Prinzip des Grenzsteuersatzes* aufgebaut: Die ansteigende Prozentbelastung betrifft immer nur die Einkommens*zuwächse* und bezieht sich nicht auf das gesamte zu versteuernde Einkommen. Daher sind zu unterscheiden:

Marginalsteuersatz (Grenzsteuersatz): Das ist der Steuersatz des letzten Einkommenszuwachses.

Spitzensteuersatz: Das ist der höchste nach dem jeweils gültigen Tarif in Betracht kommende Grenzsteuersatz, also 45 %. Da auf die Einkommensteuerschuld noch der Solidaritätszuschlag von 5,5 % (Rn 63) erhoben wird, erhöht dies effektiv den Spitzensteuersatz auf rd 47,5 % (= 45 % + 5,5 % × 45 %).

Durchschnittssteuersatz: Das ist der auf das gesamte zu versteuernde Einkommen bezogene Steuersatz. Er ergibt sich aus dem Verhältnis der tariflichen Einkommensteuer zum zu versteuernden Einkommen. Er ist zwangsläufig immer geringer als der Grenzsteuersatz.

26 Krit *Dziadkowski*, BB 2019, 1248; vgl BFH, III R 1/09, BStBl II 2018, 96 (Berechnung verfassungsgemäß [2000 bis 2004]).

633

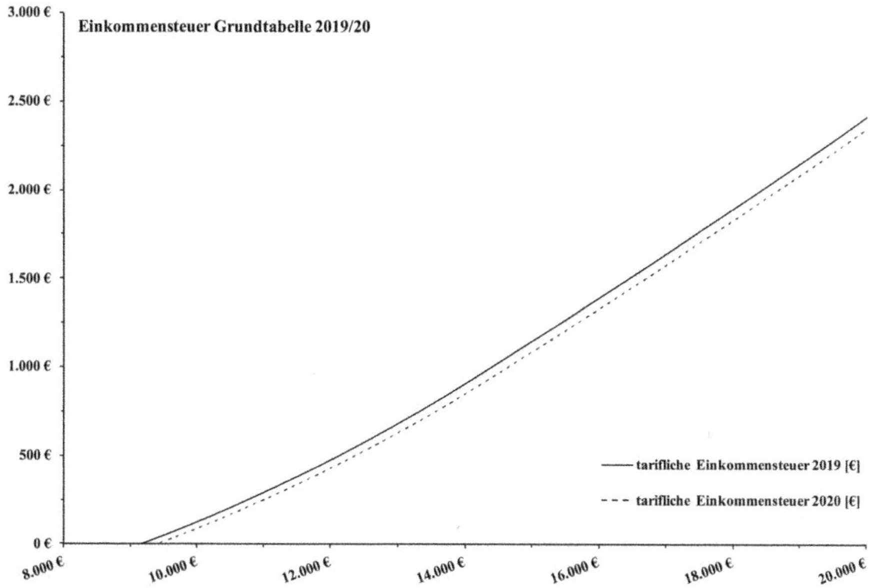

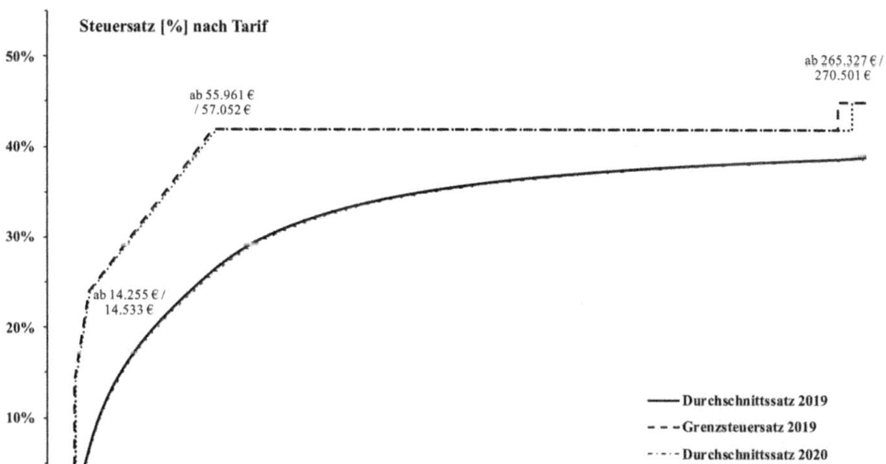

2. Splitting-Tarif bei Ehegatten und Lebenspartnern

Ehegatten können wählen, ob sie zusammen (§ 26b EStG) oder einzeln (§ 26a EStG) 634
zur Einkommensteuer veranlagt werden, § 26 EStG. IdR lassen sich Ehegatten zusammen zur Einkommensteuer veranlagen (vgl auch § 26 Abs. 3 EStG), um die Vorteile des Splitting-Verfahrens zu nutzen. Die Ehegatten geben eine gemeinsame Steu-

ererklärung ab (§ 25 Abs. 3 Satz 2 EStG). Sie sind bzgl der Einkommensteuer *Gesamtschuldner*, § 44 Abs. 1 Satz 1 Var. 3 AO[27]. Auch eingetragene Lebenspartner, die nicht in die Ehe wechseln (§ 1353 Abs. 1 Satz 1 BGB iVm § 20a LPartG)[28], können das Splitting-Verfahren in Anspruch nehmen (§ 2 Abs. 8 EStG, Rn 186)[29], andere eheähnlichen Lebensgemeinschaften jedoch nicht[30].

635 Bei der Zusammenveranlagung werden die Einkünfte der Ehegatten oder Lebenspartner zunächst getrennt ermittelt und dann zusammengerechnet. Danach werden die Einkünfte beiden gemeinsam zugerechnet und beide gemeinsam als *ein Steuerpflichtiger* behandelt, sofern nichts anderes vorgeschrieben ist, § 26b EStG.

636 Das Gesetz lässt offen, ob die Zusammenrechnung auf der Stufe der Einkünfteermittlung im Rahmen gleichartiger Einkunftsarten, des Gesamtbetrags der Einkünfte oder des Einkommens stattzufinden hat. Die Rspr des BFH ist uneinheitlich[31]. Bedeutung kann dies für die Verrechnung beschränkt abziehbarer Verluste haben, wenn Verluste zB nur bis zur Höhe anderer positiver Einkünfte derselben Einkunftsart verrechnet werden dürfen (zB § 2a Abs. 1 Satz 3, § 15 Abs. 4 EStG, Rn 623).

637 Nach der Zusammenrechnung sind alle Beträge, wie Sonderausgaben, außergewöhnliche Belastungen sowie die vom Einkommen abziehbaren Beträge, für die Ehegatten oder Lebenspartner einheitlich zu ermitteln und abzuziehen.

638 Ist das (einheitliche) zu versteuernde Einkommen festgestellt, kommt es bei der Berechnung der festzusetzenden Einkommensteuer zur Anwendung des *Splitting-Verfahrens*, § 32a Abs. 5 EStG: Das gemeinsame zu versteuernde Einkommen wird halbiert. Für diesen (hälftigen) Betrag wird die Steuer nach dem Grundtarif (§ 32a Abs. 1 EStG) ermittelt. Dieser Steuerbetrag wird verdoppelt; das Ergebnis ist die Steuerschuld der Ehegatten oder Lebenspartner. Das hat wegen des progressiven Einkommensteuertarifs zur Folge, dass das gemeinsame zu versteuernde Einkommen einem niedrigeren Steuersatz unterliegt, als wenn die zu versteuernden Einkommen einfach zusammengerechnet würden und darauf der Grundtarif angewendet würde.

639 Das Splittingverfahren stellt den Zustand her, der bestünde, wenn beide gleich viel verdienen und einzeln veranlagt (Grundtarif) werden würden. Wenn ohnehin beide Ehegatten oder Lebenspartner ein gleich hohes Einkommen haben, führt das Splitting zu keinen Vorteilen. Der Splittingvorteil wächst mit dem Einkommensunterschied der Ehegatten bzw Lebenspartner, steigt jedoch bei Erreichung der zweiten oberen Proportionalzone (530 654 € [2020: 541 002 €] beim Splitting-Tarif) nicht weiter an (maximaler Vorteil 2019: 16 741 €).

640 § 26 EStG 1951 sah iRd Zusammenveranlagung noch die *Zusammenrechnung* der Einkommen der Ehegatten vor. Der Tarif wurde auf die Summe angewendet. Dieses Verfahren führte wegen des progressiven Tarifs zur steuerlichen Mehrbelastung der Ehe und verstieß deshalb ge-

27 Zur Fallbearbeitung *Birk/Desens/Tappe*, Klausurenkurs, Fall 10.

28 Zur Umwandlung s. Art. 97 § 9 Abs. 5 EGAO; dazu *Kanzler*, FR 2019, 457.

29 BVerfG, 2 BvR 909/06 ua, BVerfGE 133, 377.

30 BFH, III R 14/05, BStBl II 2014, 829; III B 100/16, BStBl II 2017, 903.

31 BFH, IX R 13/81, BStBl II 1987, 297 (beim Einkommen); BFH, IV R 32/86, BStBl II 1988, 827 (bei Einkünfteermittlung).

gen Art. 6 Abs. 1 GG[32]. Daraufhin wurde das Splitting-Verfahren eingeführt, dessen Rechtfertigung aber seit jeher umstritten ist[33].

Das Splitting führt zu *keiner Benachteiligung von Doppelverdienern.* Es bewirkt nur, dass die steuerlich günstigste – nämlich hälftige – Verteilung des Einkommens unter beiden fingiert wird. Erreichen die Eheleute oder Lebenspartner diese günstige Konstellation und damit die günstige Steuerfolge durch eigene Gestaltung ihrer Einkommen, so werden sie durch die Splitting-Regelung im Verhältnis zu anderen Eheleuten oder Lebenspartnern nicht deshalb benachteiligt, weil sich das Splitting in ihrem Fall nicht mehr vorteilhaft auswirken kann. **641**

Das Splitting folgt also dem Bild der Ehe oder Lebenspartnerschaft als einer *Erwerbsgemeinschaft* (mit jeweils hälftiger Zurechnung des Gesamteinkommens) und nicht einer bloßen Unterhaltsgemeinschaft. Die Ehe oder Lebenspartnerschaft als bloße Unterhaltsgemeinschaft würde nur ein Realsplitting – wie bei geschiedenen Ehegatten (Rn 1080 ff) – rechtfertigen. Wer hingegen – wie viele Ökonomen – streng auf das Prinzip der *Individualbesteuerung* abstellt, wird im Splitting eine Durchbrechung des Leistungsfähigkeitsprinzips sehen.

Beispiel: A und B sind seit dem 2.2.2019 verheiratet. A hat ein zu versteuerndes Einkommen iHv 50 000 €, B hat keine Einkünfte.

Abwandlung: A und B haben jeweils ein zu versteuerndes Einkommen iHv 25 000 €.

Einkommensteuer nach dem *Splitting-Verfahren* gem. § 32a Abs. 5 EStG:

	Beispiel	*Abwandlung*
zu versteuerndes Einkommen:	50 000 €	50 000 €
davon 1/2:	25 000 €	25 000 €
ESt nach Grundtarif 2019:	3 791 €	3 791 €
ESt nach Splittingtarif (= ×2):	7 582 €	7 582 €

Ohne Splitting-Verfahren müssten A und B Folgendes versteuern:

A: zu versteuerndes Einkommen:	50 000 €	25 000 €
ESt nach Grundtarif 2019:	12 295 €	3 791 €
B: zu versteuerndes Einkommen:	0 €	25 000 €
ESt nach Grundtarif 2019:	0 €	3 791 €
Gesamt:	12 295 €	7 582 €

Der Ausgangsfall macht deutlich, dass das Splitting-Verfahren die Progressionsbelastung mindert. Die Abwandlung zeigt, dass der Entlastungseffekt durch das Splitting-Verfahren am größten ist, wenn die Einkommen der Ehegatten oder Lebenspartner weit auseinander liegen. Verdienen beide das Gleiche, tritt durch das Splitting-Verfahren kein Entlastungseffekt mehr ein.

Das Splitting-Verfahren gilt gem. § 26 Abs. 1 Satz 1 EStG im Jahr der Eheschließung für das gesamte Jahr und nicht etwa anteilig. Die gemeinsame Veranlagung ist idR günstiger als die getrennte Veranlagung. Kann ein Ehegatte oder Lebenspartner jedoch *Verlustrückträge* gem. § 10d EStG geltend machen, kann eine *getrennte Veranlagung* gem. § 26 Abs. 2 Satz 1 EStG ausnahmsweise günstiger sein (zu § 10d EStG Rn 612). **642**

32 BVerfG, 1 BvL 4/54, BVerfGE 6, 55.

33 BFH III R 62/13, BStBl II 2017, 259 (verfassungsgemäß); aktuelle Diskussion: *Barreis/Siegel*, StuW 2016, 306; *Rees*, StuW 2016, 324; *Kube*, StuW 2016, 332.

Beispiel: Der Ehemann hat im Jahr 2018 und 2019 jeweils 25 000 € an Einkünften aus nichtselbstständiger Arbeit erzielt. Die Ehefrau hat im Jahr 2018 Einkünfte aus Gewerbebetrieb iHv 30 000 € und im Jahr 2019 einen Verlust iHv 25 000 € erzielt. Die Sonderausgaben (Sa) und außergewöhnlichen Belastungen (agB) betragen zusammen 15 000 € in 2018 und 2019, wobei der Ehemann allein die Sonderausgaben und außergewöhnlichen Belastungen gezahlt hat.

Jahr 2018:		
Zusammenveranlagung:		25 000 € (Einkünfte Ehemann)
	+	30 000 € (Einkünfte Ehefrau)
S.d.E. = G.d.E.:	=	55 000 €
Sa + agB:	./.	15 000 €
zu verst Einkommen:	=	40 000 €
Steuer (Splitting-Tarif 2018):		4 934 €

Jahr 2019:		
Zusammenveranlagung:		25 000 € (Einkünfte Ehemann)
	./.	25 000 € (negative Einkünfte Ehefrau)
S.d.E. = G.d.E.:	=	0 €
zu verst Einkommen:		0 €
Steuer (Splitting-Tarif 2019):		0 €

Die Sonderausgaben und außergewöhnlichen Belastungen iHv 15 000 € können sich im Jahr 2019 nicht auswirken. In den Jahren 2018 und 2019 haben die Eheleute bei der Zusammenveranlagung insgesamt 4934 € an Steuern zu zahlen.

Wenn sie für das Jahr 2019 die *getrennte Veranlagung* wählen, ergibt sich folgendes Bild:

Jahr 2019:		Ehemann		Ehefrau
Einkünfte = G.d.E.:		25 000 €	./.	25 000 €
Sa + agB:	./.	15 000 €		
zu verst Einkommen:		10 000 €		0 €
Steuer (Grundtarif 2019):		123 €		0 €

Die Ehefrau kann ihren Verlust von 25 000 € gem. § 10d Abs. 1 Satz 1 EStG in das Jahr 2018 zurücktragen, und zwar auch, wenn die Eheleute zuvor gemeinsam veranlagt worden sind (vgl § 62d Abs. 1 Satz 1 EStDV). Für das Jahr 2018 würde ein bereits ergangener Steuerbescheid gem. § 10d Abs. 1 Satz 3 EStG wie folgt geändert:

Jahr 2017:		
Zusammenveranlagung:		25 000 € (Einkünfte Ehemann)
	+	30 000 € (Einkünfte Ehefrau)
S.d.E. = G.d.E.:	=	55 000 €
§ 10d Abs. 1 EStG (Ehefrau)	./.	25 000 €
Sa + agB	./.	15 000 €
zu verst Einkommen:	=	15 000 €
Steuer (Splitting-Tarif 2018):		0 €

In diesem Fall hätten die Eheleute in den Jahren 2018 und 2019 zusammen 123 € (123 € + 0 €) an Steuern gezahlt. Das macht im Vergleich zu 4934 € eine Ersparnis von 4811 €. Die getrennte Veranlagung ist immer dann günstiger, wenn nur ein Ehegatte oder Lebenspartner einen Verlust erlitten hat und der Verlustrücktrag zu einer größeren Steuerersparnis führt als der Ausgleich mit den positiven Einkünften des anderen Ehe- bzw Lebenspartners.

3. Besondere Steuersätze

Abweichend vom allgemeinen Tarif des § 32a EStG enthält das EStG Sonderregeln für verschiedene Steuersätze, die in speziellen Fällen Anwendung finden. **643**

Zudem werden Einkünfte aus Kapitalvermögen idR einem einheitlichen Steuersatz von 25 % unterworfen (Abgeltungsteuer, Rn 781 ff), § 32d Abs. 1, § 32a Abs. 1 Satz 2 EStG (Ausnahmen: § 32d Abs. 2 EStG). Nur ausnahmsweise wird auf Antrag des Steuerpflichtigen der allgemeine Tarif des § 32a EStG angewandt, wenn dieser günstiger ist: § 32d Abs. 6 EStG (sog. Günstigerprüfung). Daneben enthalten auch § 32b EStG, § 34 EStG, § 34a EStG und § 34b EStG Sonderregeln für den Tarif. **644**

a) Progressionsvorbehalt (§ 32b EStG)

Fall 28: Der ledige S hat im Jahr 2019 ein zu versteuerndes Einkommen von 20 000 € und nach einem DBA in Deutschland steuerfreie ausländische Einkünfte aus der Vermietung eines an der russischen Schwarzmeerküste liegenden Ferienhauses iHv 11 000 €. Wie viel Einkommensteuer muss S für das Jahr 2019 zahlen? **Rn 648** **645**

§ 32b EStG regelt den sog. *Progressionsvorbehalt*, dh die Berechnung eines besonderen Steuersatzes. § 32b EStG gilt für unbeschränkt Steuerpflichtige *(Steuerinländer)* und auch für beschränkt Steuerpflichtige *(Steuerausländer)*, auf die § 50 Abs. 2 Satz 2 Nr 4 EStG Anwendung findet. Der Progressionsvorbehalt kommt zur Anwendung, wenn die genannten Personen bestimmte *steuerfreie Einnahmen* erzielt haben (Lohnersatzleistungen und andere Sozialleistungen, steuerbefreite ausländische Einkünfte; s. Aufzählung in § 32b Abs. 1, 1a EStG). Der besondere Steuersatz ist der Steuersatz, der sich ergibt, wenn diese steuerfreien Leistungen (ausgenommen bestimmter Teile, s. Abs. 2) bei der Berechnung der Einkommensteuer einbezogen werden, § 32b Abs. 2 EStG. Das bedeutet, dass zunächst die Steuer berechnet wird, die sich nach § 32a EStG ergibt, wenn die steuerfreien Leistungen zur Bemessung des Durchschnittssteuersatzes (Rn 632) als steuerpflichtig fingiert werden. Der mit Hilfe dieser Fiktion errechnete Durchschnittssteuersatz wird dann auf das tatsächlich zu versteuernde Einkommen angewendet. § 32b EStG geht also der Regelung über den Grundtarif (§ 32a EStG) vor. **646**

Der Progressionsvorbehalt schränkt die Kehrseite der Progression, nämlich die progressive Entlastungswirkung ein. Die Steuer erhöht sich in einem progressiven System nicht nur dadurch, dass sich die Bemessungsgrundlage erhöht, sondern auch durch den ansteigenden Steuersatz. Bleiben Einnahmen steuerfrei, so bewirkt dies nicht nur einen Steuerausfall für diese Einnahmen. Es führt außerdem dazu, dass auf die verbleibenden steuerpflichtigen Einkünfte ein niedrigerer Steuersatz angewendet wird. Diese Folge soll über § 32b EStG ausgeschlossen werden, um einer Besteuerung nach der individuellen wirtschaftlichen Leistungsfähigkeit Rechnung zu tragen[34]. Es soll also eine steuerliche Bevorzugung derjenigen, die zB teilweise steuerfreie Sozialleistungen und teilweise steuerpflichtige Einkünfte erzielt haben, gegenüber denjenigen, die in derselben Höhe nur steuerpflichtige Einkünfte erzielt haben, vermieden werden. **647**

34 BFH, VI R 19/84, BStBl II 1987, 856 (857).

648 **Lösung Fall 28** (Rn 645):

Zu versteuerndes Einkommen (§ 2 Abs. 5 Satz 1 EStG):	20 000 €
Steuerfreie Einnahmen nach § 32b Abs. 1 Satz 1 Nr 3 EStG:	11 000 €
§ 32b Abs. 1 Satz 2 Nr 3 EStG findet keine Anwendung, weil Russland ein Drittstaat ist, dh weder zur EU noch zum EWR gehört.	
Summe:	31 000 €
Einkommensteuer nach Grundtarif 2019:	5 585 €

Wären die steuerfreien Einkünfte steuerpflichtig, wäre das zu versteuernde Einkommen mit einem Durchschnittssteuersatz von *18,02 %* (= 5585 € × 100/31 000 €) belastet worden. Der besondere Steuersatz beträgt daher *18,02 %* (Durchschnittssteuersatz). Dieser muss auf das zu versteuernde Einkommen iHv 20 000 € angewandt werden. Es ergibt sich eine Einkommensteuer iHv:

18,02 % von 20 000 €	3 604 €

Zum Vergleich: Ohne § 32b EStG würde bei einem zu versteuernden Einkommen iHv 20 000 € die Einkommensteuer 2414 € betragen, also 1190 € weniger.

649 § 32b EStG gilt auch für negative Einkünfte (Verluste). Man spricht insofern vom **negativen Progressionsvorbehalt**. So wie steuerfreie Gewinne (zB ausländische Betriebsstättengewinne) den *Steuersatz* für inländische Einkünfte erhöhen, vermögen ausländische Betriebsstättenverluste den Steuersatz für inländische Einkünfte zu senken.

650 Zu berücksichtigen ist hierbei jedoch, dass der BFH[35] die Verlustausgleichsbeschränkung des § 2a Abs. 1 EStG (Rn 622) auch auf den negativen Progressionsvorbehalt erstreckt hat. Bei negativen Einkünften ist ein negativer Progressionsausgleich (mit der Folge einer Steuersatzabsenkung) nur möglich, wenn die Voraussetzungen des § 2a Abs. 2 EStG vorliegen, es sich mithin um Verluste aus einer aktiven ausländischen Betriebsstätte *(Aktivitätsklausel)* handelt (Rn 1513). Da ein einseitiger Ausschluss nur des *negativen* Progressionsverbehalts bei EU-ausländischen Betriebstätten gegen die Grundfreiheiten verstoßen würde[36], schließt § 32b Abs. 1 Satz 2 Nr 2 EStG bei gewerblichen Betriebstätten im EU-Ausland, die *nicht* den Aktivitätsanforderungen (§ 2a Abs. 2 Satz 1 EStG) genügen, den Progressionsvorhalt insgesamt – also *auch* den positiven Progressionsvorbehalt – aus (Rn 1515)[37].

b) Tarifermäßigung für außerordentliche Einkünfte (§ 34 EStG)

651 Neben dem Grundtarif, Splittingtarif und Progressionsvorbehalt kennt das Einkommensteuerrecht in § 34 EStG *ermäßigte Steuersätze für außerordentliche Einkünfte*. Zu den außerordentlichen Einkünften gem. § 34 Abs. 2 EStG gehören ua

- Betriebsveräußerungsgewinne oder –aufgabegewinne (Rn 724), soweit sie nicht (anteilig) dem Teileinkünfteverfahren unterliegen (Rn 1319),
- Entschädigungen für entgangene oder entgehende Einnahmen[38], für die Aufgabe oder Nichtausübung einer Tätigkeit oder für Ausgleichzahlungen an Handelsvertreter iSd § 89b HGB (§ 24 Nr 1 EStG),

35 BFH, I R 176/87, BFH/NV 1991, 820; I R 127/88, BFH/NV 1992, 104.
36 Vgl EuGH, C-152/03, Slg. 2006, I-1711 *(Ritter-Coulais)*.
37 BFH, I R 66/15, BFH/NV 2017, 726.
38 Dazu BFH, IX R 11/17, BStBl II 2018, 706; IX R 34/16, BStBl II 2018, 582.

- näher bestimmte Nutzungsvergütungen bei Grundstücken für öffentliche Zwecke (§ 24 Nr 3 EStG) sowie
- Vergütungen für mehrjährige Tätigkeiten (§ 34 Abs. 2 Nr 4 EStG)[39].

§ 34 EStG sieht zwei verschiedene Arten von Tarifermäßigungen vor: Die sog. **Fünftel-Regelung** (§ 34 Abs. 1 EStG) und die Anwendung eines **ermäßigten Steuersatzes** (56 % des durchschnittlichen Steuersatzes) auf die außerordentlichen Einkünfte (§ 34 Abs. 3 EStG). Für Letztere können Steuerpflichtige *einmal im Leben* optieren, wenn sie das *55. Lebensjahr beendet haben oder dauerhaft berufsunfähig sind* und ihren *Betrieb veräußern oder aufgeben* und sich der Veräußerungsgewinn iRd Betragsgrenze des § 34 Abs. 3 Satz 1 EStG bewegt. In diesem Fall beträgt der ermäßigte Steuersatz 56 % des durchschnittlichen Steuersatzes, der sich ergäbe, wenn die tarifliche Einkommensteuer nach dem gesamten zu versteuernden Einkommen zzgl. der dem Progressionsvorbehalt unterliegenden Einkünfte zu bemessen wäre, mindestens jedoch 14 %. **652**

Für alle anderen Verkäufe oder bei einer gegenteiligen Option des Unternehmers bleibt es bei der sog. *Fünftel-Regelung*, nach der die einmalige Progressionsbelastung gemindert wird, indem sie rechnerisch auf fünf Jahre verteilt wird, was bei der Veräußerung von kleineren Betrieben günstiger sein kann[40]. **653**

Beispiel: Der 55-jährige G veräußert im VZ 2019 sein Antiquariat und erzielt dabei einen Veräußerungsgewinn iHv 135 000 €. Daneben erzielt G noch weitere Einkünfte iHv 60 000 € aus VuV. Wie hoch ist die Einkommensteuer des G (Lösung aus Vereinfachungsgründen ohne Sonderausgaben, außergewöhnliche Belastungen etc)?

- *1. Möglichkeit: Ermäßigung des Steuersatzes auf 56 % des durchschnittlichen Steuersatzes (§ 34 Abs. 3 EStG):*

(außerordentliche) Einkünfte aus Gewerbebetrieb:		135 000 €	
Veräußerungsgewinn (§ 16 Abs. 2 Satz 1 EStG)			
Freibetrag nach § 16 Abs. 4 EStG	./.	45 000 €	
Veräußerungsgewinn nach Freibetrag		90 000 €	90 000 €
Einkünfte aus VuV			+ 60 000 €
Gesamtbetrag der Einkünfte			150 000 €
Berechnung von 56 % des Durchschnittssteuersatzes:			
tarifliche Einkommensteuer (Grundtarif VZ 2019)			54 219 €
56 % des durchschnittlichen Steuersatzes (36,15 %)			20,24 %
(*Untergrenze für den Steuersatz nach § 34 Abs. 3 Satz 2 EStG:*			*14,00 %*)
Berechnung der Einkommensteuer:			
Einkünfte aus VuV		60 000 €	
tarifliche Einkommensteuer (Grundtarif 2019)		16 419 €	16 419 €
Veräußerungsgewinn		90 000 €	
Tarif: Steuersatz 20,24 %		18 216 €	+ 18 216 €
ESt 2019 (gesamt):			34 635 €

39 BFH, VI R 53/14, BStBl II 2017, 322 (nicht Prämien für Verbesserungsvorschläge).
40 Krit zur sog. Fünftel-Regelung *Siegel*, DB 2015, 1419.

– *2. Möglichkeit: Fünftel-Regelung (vgl § 34 Abs. 1 Satz 2 EStG)*

zu versteuerndes Einkommen		150 000 €
./. außerordentliche Einkünfte nach Freibetrag (§ 16 Abs. 4 EStG)		./. 90 000 €
verbleibendes zu versteuerndes Einkommen		60 000 €
1/5 der außerordentlichen Einkünfte		+ 18 000 €
erhöhtes verbleibendes zu verst Einkommen		78 000 €
nach dem Grundtarif 2019 ergibt sich		
Steuer auf 60 000 €	16 419 €	
Steuer auf 78 000 €	23 979 €	
Unterschiedsbetrag	7 560 €	
ESt auf außerordentliche Einkünfte (Unterschiedsbetrag × 5):		37 800 €
ESt auf VuV-Einkünfte (60 000 €):		+ 16 419 €
ESt 2019 (gesamt):		54 219 €

Im **Beispiel** ist es für G günstiger, den Veräußerungsgewinn mit 56 % des Durchschnittssteuersatzes besteuern zu lassen. Zum Vergleich: Ohne § 34 EStG würde die Einkommensteuer des G 54 219 € betragen. Die Fünftel-Regelung führt im Beispiel zu keinem günstigeren Ergebnis, weil G bereits mit seinen übrigen Einkünften die erste obere Proportionalzone (Rn 631) erreicht und sich so kein Progressionsvorteil einstellen kann.

c) Thesaurierungsbegünstigung (§ 34a EStG)

654 § 34a EStG enthält für bilanzierende Einzelunternehmer und natürliche Personen als Mitunternehmer von Personengesellschaften eine Tarifbegünstigung für Gewinneinkünfte, die den Gewinn durch Betriebsvermögensvergleich (§ 4 Abs. 1 EStG, Rn 856 ff) ermitteln[41]. Bei Personengesellschaften ist grundsätzlich jeder einzelne Mitunternehmer antragsberechtigt (§ 34a Abs. 1 Satz 2 EStG), allerdings muss der Gewinnanteil mindestens 10 % oder mehr als 10 000 € betragen (§ 34a Abs. 1 Satz 3 EStG). Sie wird nur auf Antrag und nur für den nicht entnommenen (thesaurierten) Gewinn gewährt (daher sog. *Thesaurierungsbegünstigung*). Der nicht entnommene und damit **begünstigungsfähige Gewinn** wird in § 34a Abs. 2 EStG definiert als der nach § 4 Abs. 1 bzw § 5 Abs. 1 EStG ermittelte Gewinn vermindert um den positiven Saldo der Entnahmen und Einlagen des Wirtschaftsjahres. Auch eine teilweise Inanspruchnahme für einen Teil des thesaurierten Gewinns ist zulässig. Der Steuersatz auf diesen Teil der Einkünfte beträgt 28,25 % (§ 34a Abs. 1 Satz 1 EStG).

655 Im Fall einer **späteren Entnahme** des begünstigten Gewinns in folgenden Wirtschaftsjahren kommt es zu einer **Nachversteuerung** des entnommenen Betrags iHv 25 % (nachversteuerungspflichtiger Betrag, § 34a Abs. 4 Sätze 1, 2, Abs. 3 EStG). Der nachversteuerungspflichtige Betrag, der jährlich für den Betrieb oder für den Mitunternehmeranteil gesondert festzustellen ist (§ 34a Abs. 3 Satz 3 EStG), ist grundsätzlich der begünstigte Gewinn.

656 Eine Nachversteuerung ist gem. § 34a Abs. 6 EStG zudem durchzuführen

- bei Veräußerung oder Aufgabe des Unternehmens nach § 14, § 16 Abs. 1, Abs. 3, § 18 Abs. 3 EStG (§ 34a Abs. 6 Satz 1 Nr 1 EStG),

41 Dazu BMF v. 11.8.2008, BStBl I 2008, 838; *Brähler/Guttzeit/Scholz*, StuW 2012, 119.

- in Fällen der Einbringung oder des Formwechsels (§ 34a Abs. 6 Satz 1 Nr 2 EStG),
- in Fällen der unentgeltlichen Übertragung eines Betriebs oder Mitunternehmeranteils nach § 6 Abs. 3 EStG (§ 34a Abs. 6 Satz 1 Nr 3 EStG),
- bei einem Wechsel der Gewinnermittlungsart (§ 34a Abs. 6 Satz 1 Nr 4 EStG),
- auf Antrag des Steuerpflichtigen (§ 34a Abs. 6 Satz 1 Nr 5 EStG).

Die Thesaurierungsbegünstigung soll in erster Linie eine **Belastungsneutralität** der Rechtsformen herbeiführen und insoweit für Personengesellschaften und Einzelunternehmer die Absenkung des KSt-Tarifs für Kapitalgesellschaften von 25 % auf 15 % (Rn 1302 ff) ausgleichen. Sowohl bei Kapitalgesellschaften (unter Berücksichtigung der Gewerbesteuer, Rn 1325 ff) als auch bei Personengesellschaften (unter Berücksichtigung der pauschalen Anrechnung der Gewerbesteuer nach § 35 EStG, Rn 660) beträgt die Thesaurierungsbelastung nunmehr ca 29 %. Wird der Gewinn später ausgeschüttet bzw entnommen, so kommt es im Falle der Kapitalgesellschaften zur Belastung mit Abgeltungsteuer iHv 25 % (Rn 1305 ff), im Falle der Personengesellschaften ebenfalls iHv 25 % zur Nachversteuerung. Auch im **Ausschüttungs- bzw Entnahmefall** liegen also Kapitalgesellschaften und Personengesellschaften, was die Gesamtsteuerbelastung (einschließlich Gewerbesteuer) des erwirtschafteten Gewinns betrifft, in etwa gleich. 657

4. Abzüge von der tariflichen Einkommensteuer

Von der tariflichen Einkommensteuer lässt das EStG vor der Festsetzung verschiedene Abzüge zu, § 2 Abs. 6 EStG. Die danach abziehbaren Steuerermäßigungen (§§ 34c–35b EStG) verfolgen unterschiedliche Zwecke. 658

So lässt zB § 35a EStG ua einen (teilweisen) Abzug von Aufwendungen für haushaltsnahe, im sozialversicherungsrechtlichen Sinne geringfügige Beschäftigungen (§ 35a Abs. 1 EStG) und für bestimmte **haushaltsnahe Dienstleistungen** (§ 35a Abs. 2 EStG) zu[42]. Es handelt sich um eine Lenkungsnorm, die einerseits der Bekämpfung von Schwarzarbeit dient und andererseits einen arbeitsmarktpolitischen Anreiz zur Schaffung von geringfügiger Beschäftigung bieten soll. 659

Andere Steuerermäßigungen sollen Doppelbelastungen des Einkommens vermeiden oder vermindern: § 34c, § 34d EStG ermöglichen bei grenzüberschreitenden Sachverhalten eine Anrechnung ausländischer gezahlter Steuern (Rn 1453 ff). § 35b EStG lässt einen Abzug bei mit Erbschaftsteuer vorbelasteten Einkünften zu (Rn 1615). Näher dargestellt werden soll hier nur § 35 EStG. Diese Norm gewährt bei gewerblichen Einkünften eine pauschale **Anrechnung der gezahlten Gewerbesteuer**[43]: 660

Der Ertrag eines Gewerbebetriebs ist nach § 2, § 6, § 7 GewStG gewerbesteuerpflichtig und wird daher steuerlich doppelt belastet, da er auch die Grundlage für die Einkünfte aus Gewerbebetrieb beim Einzelunternehmer (§ 15 Abs. 1 Satz 1 Nr 1 EStG) bzw bei Mitunternehmern (§ 15 Abs. 1 Satz 1 Nr 2 EStG) für die Einkommensteuer ist. 661

42 BFH, VI R 28/08, BStBl II 2010, 166; VI R 13/15, BStBl II 2016, 47; VI R 18/14, BStBl II 2016, 272; VI B 25/17, BFH/NV 2018, 39 mwN; VI R 19/17, BFH/NV 2019, 745; BMF v. 9.11.2016, BStBl I 2016, 1213.

43 Dazu BMF v. 3.11.2016, BStBl I 2016, 1187; *Birk/Desens/Tappe*, Klausurenkurs, Fall 7.

662 Diese Doppelbelastung wird durch § 35 EStG gemindert, der als Steuerermäßigung eine pauschalierte Anrechnung der Gewerbesteuer erlaubt (§ 35 Abs. 1 Satz 1 Nr 1 EStG). Der gewährte Ermäßigungsbetrag darf nur auf die anteilig im zu versteuernden Einkommen enthaltenen Einkünfte aus Gewerbebetrieb angerechnet werden (§ 35 Abs. 1 Satz 2 EStG). Er beträgt (pauschal) das 3,8-fache des Gewerbesteuer-Messbetrags. Dies entspricht einem Hebesatz (Rn 1411) von ca 400 %. Liegt der tatsächliche Hebesatz im Einzelfall darunter, käme es zur Überkompensation der Gewerbesteuer. § 35 Abs. 1 Satz 5 EStG bestimmt daher die tatsächlich zu zahlende Gewerbesteuer als Höchstgrenze[44].

663 Eine Anrechnung ist auch *anteilig* bei Mitunternehmern möglich (§ 35 Abs. 1 Satz 1 Nr 2 EStG, zum Verfahren § 35 Abs. 2, 3 EStG).

§ 35 EStG gilt nicht für die Kirchensteuer und den Solidaritätszuschlag (§ 51a Abs. 2 Satz 3 EStG).

V. Veranlagung der Einkommensteuer (§ 2 Abs. 7, § 25 EStG)

1. Erhebungsformen und Festsetzung der Einkommensteuer

a) Veranlagungsverfahren

664 Die Ermittlung der Grundlagen und die Festsetzung der Einkommensteuer erfolgt für jedes Kalenderjahr (Veranlagungszeitraum) im *Veranlagungsverfahren*, § 2 Abs. 7, § 25 EStG. Abweichend hiervon gilt nach § 4a EStG bei Einkünften aus Land- und Forstwirtschaft sowie aus Gewerbebetrieb das Wirtschaftsjahr als Gewinnermittlungszeitraum; Gewinnermittlungszeitraum und Veranlagungszeitraum können damit auseinanderfallen. Als Veranlagungsverfahren wird das gesamte Verwaltungsverfahren bezeichnet, das zum Zwecke der *Ermittlung der Besteuerungsgrundlagen* und der *Festsetzung der Steuerschuld* durch einen Steuerbescheid stattfindet.

665 Die Verfahrensnormen hierzu sind in der Abgabenordnung (AO) enthalten, zB über die Abgabe der Steuererklärungen, mit der idR das Verfahren beginnt, §§ 149 ff AO; Ermittlung durch die Behörden, §§ 88 ff AO; Steuerfestsetzung, §§ 155 ff AO (Rn 517 ff).

666 Der Steuerpflichtige hat spätestens bis zum 31.7. des Folgejahres für den abgelaufenen Veranlagungszeitraum eine *Einkommensteuererklärung* abzugeben, § 25 Abs. 3 Satz 1 EStG iVm § 149 Abs. 2 Satz 1 AO. Der Steuerpflichtige, der Gewinneinkünfte erzielt, hat die Erklärung grundsätzlich nach amtlich vorgeschriebenem Datensatz elektronisch zu übermitteln (§ 25 Abs. 4 Satz 1 EStG). Darüber hinaus ist der bilanzierende Steuerpflichtige zur elektronischen Übermittlung der Bilanz und der Gewinn- und Verlustrechnung verpflichtet (§ 5b EStG, sog. E-Bilanz oder Taxonomie)[45]. Das FA setzt die veranlagte Einkommensteuer dann idR durch Steuerbescheid fest, § 155 Abs. 1 AO.

---

44 Zur betriebsbezogenen Ermittlung BFH, X R 12/15, BStBl II 2019, 249; X R 61/14, BStBl II 2016, 939.

45 Dazu BMF v. 28.9.2011, BStBl I 2011, 855; v. 24.5.2016, BStBl I 2016, 500; v. 24.11.2017, BStBl I 2017, 1543.

Arbeitnehmer, die neben ihrem – bereits lohnversteuerten – Arbeitslohn weitere Einkünfte bis zu 410 € erzielen, sind gem. § 46 EStG iVm § 56 EStDV von der Pflicht zur Abgabe einer Einkommensteuererklärung befreit. Eine Einkommensteuerveranlagung wird nicht durchgeführt. **667**

b) Quellensteuerabzug

In bestimmten Fällen wird die Einkommensteuer gleich an der Quelle erhoben (**Quellensteuer**). Das ist bei Einkünften aus nichtselbstständiger Arbeit (**Lohnsteuer**, §§ 38 ff EStG), bei Kapitaleinkünften (**Kapitalertragsteuer**, §§ 43 ff EStG) sowie bei bestimmten Vergütungen an beschränkt Steuerpflichtige (§ 50a EStG) der Fall[46]. Die Quellensteuer ist somit keine eigene Steuerart, sondern nur eine besondere Form der *Einkommensteuererhebung*. **668**

Die *Lohnsteuer*, die der Steuerpflichtige im Zeitpunkt des Zuflusses durch den Arbeitgeber entrichtet hat, muss nicht mit der tatsächlich am Jahresende geschuldeten Einkommensteuer übereinstimmen. Aus diesem Grund ist die genaue Steuerschuld in der Veranlagung nach Ablauf des VZ zu ermitteln. Bereits gezahlte Lohnsteuer wird dabei auf die ermittelte Einkommensteuerschuld angerechnet (§ 36 Abs. 2 Nr 2 EStG). **669**

Demgegenüber sind *Einkünfte aus Kapitalvermögen* gem. § 2 Abs. 5b EStG bei der Berechnung der Summe der Einkünfte und folglich auch des zu versteuernden Einkommens nicht einzubeziehen. Die Kapitalertragsteuer hat gem. § 43 Abs. 5 Satz 1 EStG idR abgeltende Wirkung (Abgeltungsteuer, vgl Rn 781 ff). Eine Veranlagung findet nicht statt.

Ebenfalls an der Quelle erhoben wird ein **Steuerabzug für Bauleistungen** (§§ 48–48d EStG)[47], mit der *Schwarzarbeit* bekämpft werden soll. Erbringt jemand im Inland eine Bauleistung (Leistender) an einen Unternehmer iSd § 2 UStG oder an eine juristische Person des öffentlichen Rechts (Leistungsempfänger), ist der Leistungsempfänger verpflichtet, von der Gegenleistung einen Steuerabzug iHv 15 % für Rechnung des Leistenden vorzunehmen (§ 48 Abs. 1 EStG)[48]. Der Steuerabzug dient der *Sicherung* der *eigenen Einkommen- oder Körperschaftsteuer* des Leistenden, aber auch zur Sicherung von Steuern, die Dritte schulden, für die den Leistenden aber eine *Entrichtungsschuld* trifft (Lohnsteuer für seine Arbeitnehmer, eigene Bauabzugsteuer). Der Leistende kann daher den 15 %-Steuerabzug auf seine eigene Einkommen- oder Körperschaftsteuer und auf seine Entrichtungen für Dritte *anrechnen* (vgl § 48c EStG). **670**

Um auch bei Einkünften, die nicht dem Quellensteuerabzugsverfahren unterliegen, eine zeitnahe Steuererhebung zu sichern, sind gem. § 37 Abs. 1 EStG auf die voraussichtliche Einkommensteuerschuld einer Steuerperiode vierteljährliche **Vorauszahlungen** zu leisten, die das Finanzamt gem. § 37 Abs. 3 EStG durch *Vorauszahlungsbescheid* festsetzt. Die Vorauszahlungen des Steuerpflichtigen sind gem. § 36 Abs. 2 Nr 1 EStG auf die Jahressteuerschuld anzurechnen. **671**

46 Zur Vereinbarkeit von § 50a Abs. 4 EStG mit der EU-Dienstleistungsfreiheit BFH, I B 181/07, BStBl II 2008, 195 nach EuGH, C-290/04, Slg. 2006, I-9461 *(Scorpio)*.

47 BFH, I B 160/08, BFH/NV 2009, 377 (378): unionsrechtskonform; aA *Hey*, EWS 2002, 153 (158 ff).

48 IErg BMF v. 27.12.2002, BStBl I 2002, 1399.

2. Einzel- und Zusammenveranlagung (§§ 25–26b EStG)

672 Das EStG geht vom **Grundsatz der Individualbesteuerung** aus. Danach wird grundsätzlich jeder Steuerpflichtige einzeln veranlagt und besteuert (*Einzelveranlagung*, § 25 Abs. 1 EStG).

673 *Ausnahmen* gibt es für *Ehegatten*, die rechtsgültig verheiratet sind, nicht dauernd getrennt leben und unbeschränkt steuerpflichtig sind, § 26 Abs. 1 Satz 1 EStG. Liegen diese Voraussetzungen irgendwann im Veranlagungszeitraum vor, können sie zwischen *Einzel- und Zusammenveranlagung* (§ 26a und § 26b EStG) wählen. Gleiches gilt für eingetragene Lebenspartnerschaften (§ 2 Abs. 8 EStG, Rn 634).

674 Bei der **Zusammenveranlagung** (§ 26b EStG) werden die Einkünfte zusammengerechnet (zur Funktionsweise des dann anzuwendenden Splitting-Verfahrens Rn 634 ff) und die Ehegatten als ein Steuerpflichtiger behandelt.

675 Bei **Einzelveranlagung** (§ 26a EStG) werden die Einkünfte für jeden Ehegatten getrennt ermittelt und demjenigen zugerechnet, der sie bezogen hat. Sonderausgaben und außergewöhnliche Belastungen werden demjenigen zugerechnet, der sie wirtschaftlich getragen hat, können jedoch auf Antrag jeweils zur Hälfte abgezogen werden (§ 26a Abs. 2 EStG)[49]. Das zu versteuernde Einkommen jedes Ehegatten wird nach dem Grundtarif versteuert. Die Eheleute geben getrennte Steuererklärungen ab. Die Steuer wird gegenüber jedem Ehegatten einzeln festgesetzt.

C. Persönliche Steuerpflicht

I. Natürliche Person als Subjekt der Einkommensteuer

676 Das EStG unterscheidet zwischen *persönlicher* und *sachlicher Steuerpflicht*. Die sachliche Steuerpflicht beschreibt, *was* steuerpflichtig ist und legt damit den Gegenstand der Einkommensteuer, das *Steuerobjekt*, fest, § 2 Abs. 1, 5 EStG (Rn 593 ff).

677 Die persönliche Steuerpflicht, also die Frage, *wer* einkommensteuerpflichtig und damit *Subjekt* der Einkommensteuer ist, regelt § 1 EStG. Danach sind *natürliche Personen* **unbeschränkt** (dh mit ihrem weltweit erzielten Einkommen) **einkommensteuerpflichtig**, wenn sie ihren Wohnsitz (§ 8 AO) oder gewöhnlichen Aufenthalt (§ 9 AO) im Inland haben (§ 1 Abs. 1 EStG). Liegen diese Voraussetzungen nicht vor, sind sie **beschränkt steuerpflichtig**, wenn sie inländische Einkünfte iSd § 49 EStG erzielen (§ 1 Abs. 4 EStG).

678 Darüber hinaus kennt das Gesetz:

- eine *erweiterte unbeschränkte Steuerpflicht* für deutsche Staatsangehörige, die im Inland weder Wohnsitz noch gewöhnlichen Aufenthalt haben, aber für eine inländische juristische Person des öffentlichen Rechts arbeiten und hierfür aus einer inländischen öffentlichen Kasse Arbeitslohn beziehen (§ 1 Abs. 2 EStG, Rn 697),
- eine auf Antrag *fiktive unbeschränkte Steuerpflicht* für Grenzpendler (§ 1 Abs. 3, § 1a EStG, Rn 694),

49 BFH, III R 2/17, BStBl II 2018, 468 (auch der Behinderten-Pauschbetrag, § 33b EStG).

– eine *erweiterte beschränkte Steuerpflicht* deutscher Staatsangehöriger, die in ein Niedrigsteuerland auswandern (§ 2, § 5 AStG, Rn 698).

Die persönliche Steuerpflicht trifft gem. § 1 EStG nur *natürliche Personen*. Damit scheiden *juristische Personen* (zB AG, GmbH, UG [haftungsbeschränkt], Verein) als Steuersubjekte der Einkommensteuer aus. Sie unterliegen der Körperschaftsteuer, s. §§ 1 ff KStG (Rn 1211 ff). *Personengesellschaften* (zB GbR, OHG, KG) sind keine Einkommensteuersubjekte. Sie unterliegen auch nicht der Körperschaftsteuer. Die Einkünfte, die Personengesellschaften erzielen, werden unmittelbar den Gesellschaftern zugerechnet und anteilig bei diesen besteuert (Rn 1131 ff). Sind die Gesellschafter natürliche Personen, zahlen sie auf ihren Gewinnanteil Einkommensteuer (zB § 15 Abs. 1 Satz 1 Nr 2 EStG). Ist eine juristische Person (zB eine GmbH) an einer Personengesellschaft beteiligt (zB GmbH & Co KG), unterliegen die Gewinnanteile, die auf die GmbH entfallen, der Körperschaftsteuer (§ 8 Abs. 1 KStG). Die Zurechnung der Gewinnanteile an die einzelnen Gesellschafter erfolgt im Verfahren der einheitlichen und gesonderten Gewinnfeststellung gem. § 179 Abs. 1 und 2, § 180 Abs. 1 Nr 2 lit. a AO (Rn 535 ff, 1131 ff). **679**

Das EStG kennt *keine subjektiven Steuerbefreiungen*[50], sondern nur *sachliche* Steuerbefreiungen, -vergünstigungen und -ermäßigungen, die zT an Merkmale anknüpfen, die in der Person des Steuerpflichtigen liegen (s. § 3 EStG). **680**

Im Gegensatz zum Einkommensteuerrecht kennt das KStG subjektive Steuerbefreiungen in § 5 KStG (Rn 1228). **Beispiele**: Deutsche Bundesbank (§ 5 Abs. 1 Nr 2 KStG), staatliche Lotterieunternehmen (§ 5 Abs. 1 Nr 1 KStG).

II. Unbeschränkte Steuerpflicht (§ 1 Abs. 1 EStG)

§ 1 Abs. 1 EStG regelt die unbeschränkte Steuerpflicht. **681**

Unbeschränkt steuerpflichtig sind sog. *Steuerinländer*, dh natürliche Personen, die im Inland einen *Wohnsitz* (§ 8 AO) oder ihren *gewöhnlichen Aufenthalt* (§ 9 AO) haben. Ob jemand Steuerinländer ist, hängt nicht von dessen Nationalität ab.

Der Begriff des *Inlands* ist gesetzlich nur zum Teil definiert (vgl § 1 Abs. 1 Satz 2 EStG). Im Übrigen besteht Einigkeit darüber, dass das Gebiet der *Bundesrepublik Deutschland* gemeint ist. Auch Seeschiffe, die die deutsche Flagge führen, sind Inland, soweit sie sich in inländischen Gewässern oder auf hoher See befinden, nicht dagegen während ihres Aufenthalts in ausländischen Hoheitsgewässern[51]. **682**

1. Wohnsitz

Hat eine natürliche Person im Inland einen *Wohnsitz*, ist sie unbeschränkt einkommensteuerpflichtig. Dies bedeutet, dass sie grundsätzlich mit dem gesamten Welteinkommen der deutschen Besteuerung unterliegt, sog. **Welteinkommensprinzip** (Rn 1442). **683**

50 Nicht gesetzlich, wohl aber faktisch steuerbefreit war Adolf Hitler aufgrund einer Absprache zwischen dem Vorsteher des FA München und einem Staatssekretär. Man kam überein, dass Hitler aufgrund seiner verfassungsrechtlichen Stellung nicht steuerpflichtig sei und an Hitler gerichtete Steuerbescheide damit nichtig seien. Dazu *Pausch*, DStR 1983, 499.

51 Vgl auch BFH, I R 250/75, BStBl II 1978, 50 (51).

Will diese Person die deutsche Besteuerung vermeiden, genügt es somit nicht, zB in der Schweiz einen neuen Wohnsitz zu begründen und dort hinzuziehen. Hinzukommen muss vielmehr, dass der Steuerpflichtige Wohnsitz und gewöhnlichen Aufenthalt in Deutschland vollständig aufgibt.

684 Was ein *Wohnsitz* ist, regelt § 8 AO. Danach hat jemand seinen Wohnsitz dort, *„wo er eine Wohnung unter Umständen innehat, die darauf schließen lassen, dass er die Wohnung beibehalten und benutzen wird"*. Auf den zeitlichen Umfang der tatsächlichen Nutzung kommt es grundsätzlich nicht an[52]. Am Wohnsitz muss auch nicht der Mittelpunkt der Lebensinteressen liegen[53].

685 Der Begriff der *Wohnung* ist weit und nach rein *objektiven Kriterien* auszulegen. Auf den Willen des Steuerpflichtigen, eine Wohnung innezuhaben oder aufzugeben, kommt es nicht an. Wohnung sind alle Räumlichkeiten, die zum Wohnen geeignet sind. Daher kann Wohnung iSd § 8 AO ein möbliertes Zimmer, eine Unterkunft in einer Gemeinschaftsbaracke, eine Zweitwohnung oder ein Sommer- oder Jagdhaus sein. Auch ein feststehender Campingwagen kann eine Wohnung sein, wenn er ständig zu Wohnzwecken und nicht nur vorübergehend zu Erholungszwecken genutzt wird[54]. Keine Wohnungen iSd § 8 AO sind der Wohnwagen eines fahrenden Zirkusartisten und das Wohnmobil in einem Ferienpark. Die Wahrnehmung bloßer Übernachtungsmöglichkeiten (Hotel) genügt nicht. Hingegen kann ein gemietetes Hotelzimmer eine Wohnung sein, wenn es dauerhaft angemietet ist und dem Steuerpflichtigen ständig zur Verfügung steht. Maßgebend ist die tatsächliche, nicht die rechtliche Verfügungsmöglichkeit. Daher ist es unerheblich, ob dem Steuerpflichtigen das Bewohnen privatrechtlich verboten ist[55].

Beispiele: (1) A ist US-Amerikaner, Direktor einer US-Corp. mit Sitz in den USA und wohnt in Dallas. Die US-Corp. kauft die deutsche D-AG in Düsseldorf. Aus diesem Grunde muss A mehrmals im Jahr nach Deutschland reisen, um bei der D-AG dienstliche Aufgaben wahrzunehmen. Die US-Corp. mietet für A im Hotel Hilton in Düsseldorf ein Zimmer, das dem A bis auf weiteres ständig zur Verfügung steht und in dem er seine Badezimmerartikel sowie einige Anzüge aufbewahrt. – A hat in diesem Fall in Deutschland einen Wohnsitz begründet und ist damit in Deutschland unbeschränkt einkommensteuerpflichtig. (Lösung ohne DBA)

(2) Eine fünfjährige Französin, die mit ihren Eltern in Deutschland wohnt und Mieteinnahmen aus einem ihr gehörenden Haus in Schweden hat, ist gem. § 1 Abs. 1 Satz 1 EStG, § 8 AO unbeschränkt einkommensteuerpflichtig. Daher hat sie die Mieteinnahmen in der Bundesrepublik zu versteuern. (Lösung ohne DBA)

(3) Der deutsche Spitzensportler S hat vor Jahren einen Wohnsitz in Monaco begründet. Ab und zu besucht er seine Familie in Deutschland und wohnt in seinem alten Jugendzimmer, das nur genutzt wird, wenn sich S bei seiner Familie aufhält. – Ob das Jugendzimmer für S weiterhin einen Wohnsitz in Deutschland darstellt, hängt davon ab, wie häufig und wie lange S seine Familie besucht, ob er noch persönliche Gegenstände (zB Kleidung, Zahnbürste) zum sofortigen Gebrauch vorhält und jederzeit über das Zimmer verfügen kann.

52 Vgl aber einerseits BFH, I B 79/05, juris; und andererseits BFH, I R 56/02, BFH/NV 2004, 917.
53 BFH, I R 58/16, BFH/NV 2019, 104; I R 74/16, BFH/NV 2019, 388.
54 Vgl BFH, VI R 195/72, BStBl II 1975, 278.
55 BFH, VI R 127/76, BStBl II 1979, 335 (336).

2. Gewöhnlicher Aufenthalt

Neben dem Wohnsitz ist auch der *gewöhnliche Aufenthalt* Anknüpfungspunkt für die unbeschränkte Steuerpflicht. Seinen gewöhnlichen Aufenthalt hat jemand gem. § 9 Satz 1 AO dort, *„wo er sich unter Umständen aufhält, die erkennen lassen, dass er an diesem Ort oder in diesem Gebiet nicht nur vorübergehend verweilt"*. Im Unterschied zum Wohnsitz braucht also keine Wohnung unterhalten zu werden, es genügt ein beabsichtigtes oder zu erwartendes ständiges Verweilen. Eine Person kann gleichzeitig mehrere Wohnsitze, jedoch jeweils nur einen gewöhnlichen Aufenthalt haben. **686**

Maßgebend für einen gewöhnlichen Aufenthalt ist, dass sich jemand tatsächlich für eine gewisse Dauer *„in diesem Gebiet"* aufhält. § 9 AO soll gerade das inländische, nicht sesshafte Verweilen erfassen; ihm unterfallen auch rechtswidrige und unfreiwillige Aufenthalte (Krankenhaus, Gefängnis). Gem. § 9 Satz 2 AO wird ein gewöhnlicher Aufenthalt *unwiderlegbar* für denjenigen vermutet, der sich mehr als sechs Monate „zeitlich zusammenhängend" im Inland aufhält. **687**

Beispiel: Ein englischer Dirigent, der mehr als 6 Monate auf Konzerttournee in Deutschland ist, hat gem. § 9 Satz 2 AO seinen gewöhnlichen Aufenthalt im Inland und muss – sofern nicht DBA (Rn 1461) etwas anderes regeln – sein Welteinkommen in Deutschland versteuern.

Die Sechsmonatsfrist endet mit Ablauf desjenigen Tages im sechsten Monat, der nach seiner Zahl dem Tag der Einreise entspricht, § 108 Abs. 1 AO iVm § 187, § 188 BGB. Kurzfristige Unterbrechungen des Aufenthalts bleiben bei der Fristberechnung unberücksichtigt, dh die Frist läuft weiter und die Unterbrechungszeit wird mitgezählt. Von der Sechsmonateregel macht § 9 Satz 3 AO eine Ausnahme für Aufenthalte, die ausschließlich Kur-, Erholungs-, Besuchszwecken oder ähnlichem dienen und die nicht länger als ein Jahr dauern. **688**

Zeiträume, die sich über den Jahreswechsel erstrecken, werden zusammengerechnet. Hält sich also jemand im Jahr 01 drei Monate und im Jahr 02 vier Monate in Deutschland auf, so liegen in beiden Jahren die Voraussetzungen des gewöhnlichen Aufenthalts vor, wenn die beiden Perioden zusammenhängen oder im zeitlichen Zusammenhang stehen. Ein solcher Zusammenhang besteht, wenn beispielsweise eine Fernsehmoderatorin sich aufgrund vertraglicher Verpflichtung wochenweise immer wieder im Inland aufhält, die Gesamtaufenthaltsdauer aber von vornherein auf eine längere Zeitspanne angelegt ist und sechs Monate (auch über den Jahreswechsel hinweg) überschreitet[56]. **689**

III. Beschränkte Steuerpflicht (§ 1 Abs. 4 EStG)

Beschränkt steuerpflichtig können nur Steuerausländer sein, also Personen ohne Wohnsitz oder gewöhnlichen Aufenthalt im Inland. § 1 Abs. 4 EStG erklärt diese Personen für nur mit ihren inländischen Einkünften (daher „beschränkt") steuerpflichtig. Was inländische Einkünfte sind, regelt § 49 EStG. Es handelt sich dabei um Einkünfte, die eine besondere Verbindung zum deutschen Hoheitsgebiet haben. § 49 EStG normiert damit das sog. **Ursprungs- bzw Territorialitätsprinzip**. Diese tatbestandliche Anknüpfung an das Hoheitsgebiet ist auch die systematische (und völkerrechtli- **690**

56 Dazu BFH, I R 26/10, BFH/NV 2011, 2001.

che) Rechtfertigung für die Besteuerung, die durch DBA wiederum beschränkt werden kann (Rn 1461 ff).

691 Zu den wichtigsten inländischen Einkünften gehören:

- Einkünfte aus Gewerbebetrieb, für den im Inland eine Betriebsstätte (§ 12 AO) unterhalten wird oder ein ständiger Vertreter (§ 13 AO) bestellt ist (§ 49 Abs. 1 Nr 2 lit. a EStG),
- Einkünfte aus selbstständiger und nichtselbstständiger Arbeit, die im Inland ausgeübt oder verwertet wird (§ 49 Abs. 1 Nr 3 und 4 EStG),
- bestimmte Einkünfte aus Kapitalvermögen, die ein inländischer Schuldner zahlt (§ 49 Abs. 1 Nr 5 EStG),
- Einkünfte aus der Vermietung und Verpachtung im Inland belegener Grundstücke (§ 49 Abs. 1 Nr 6 EStG).

Beispiele[57]**:** (1) S ist Franzose und wohnt in Paris. Er betreibt dort eine Maschinenfabrik und unterhält in München eine Zweigniederlassung. Ferner erzielt er Einnahmen aus der Vermietung eines bebauten Grundstücks in Hamburg. – S ist mit den Einnahmen aus der Zweigniederlassung (= Betriebsstätte iSd § 12 Nr 2 AO) gem. § 1 Abs. 4, § 49 Abs. 1 Nr 2 lit. a Var. 1 EStG und mit den Mieteinnahmen gem. § 1 Abs. 4, § 49 Abs. 1 Nr 6 Var. 1, § 21 Abs. 1 Satz 1 Nr 1 EStG (beschränkt) steuerpflichtig. (Lösung ohne DBA)

(2) F ist ein brasilianisches Topmodel und nimmt an einem eintägigen Fotoshooting in Berlin teil; die dabei entstandenen Fotos erhält ein deutsches Lifestylemagazin vertragsgemäß zur Veröffentlichung. – Eine der F gezahlte Vergütung für die Teilnahme an dem Shooting unterfällt nicht § 49 Abs. 1 Nr 2 lit. d EStG, da es sich bei ihrer Teilnahme nicht um eine „Darbietung" handelt. Auch ein anderer Tatbestand des § 49 EStG ist nicht verwirklicht. Eine entgeltliche Überlassung der Persönlichkeitsrechte für die Veröffentlichung in der Presse führt dagegen zu inländischen Einkünften aus Gewerbebetrieb gem. § 1 Abs. 4, § 49 Abs. 1 Nr 2 lit. f bb EStG (Veräußerung eines Rechts, dessen Verwertung in einer inländischen Betriebsstätte erfolgt). Wenn F nur eine einheitliche Vergütung erhält, ist diese ggf aufzuteilen[58]. (Lösung ohne DBA)

692 Die alleinige Anknüpfung an den Tatbestand der Einkünfteerzielung im Inland führt dazu, dass die **persönlichen Verhältnisse des nur beschränkt Steuerpflichtigen** wie Familienstand (Splittingverfahren, Rn 634 ff), Kinder (Freibeträge nach § 32 Abs. 6 EStG, Rn 1113 ff), Sonderausgaben oder außergewöhnliche Belastungen gem. § 50 Abs. 1 Satz 3 EStG *unberücksichtigt* bleiben (Rückausnahme für Arbeitnehmer in § 50 Abs. 1 Satz 4 EStG). Das rechtfertigt sich (auch unionsrechtlich) daraus, dass idR im ausländischen Wohnsitzstaat die persönlichen Verhältnisse beim Steuerpflichtigen zu berücksichtigen sind[59]. Betriebsausgaben oder Werbungskosten sind dagegen auch bei beschränkt Steuerpflichtigen abziehbar, soweit sie mit inländischen Einkünften in wirtschaftlichem Zusammenhang stehen (§ 50 Abs. 1 Satz 1 EStG).

693 Der anwendbare Steuertarif richtet sich grundsätzlich nach § 32a Abs. 1 EStG, allerdings mit der Maßgabe, dass der Grundfreibetrag nicht berücksichtigt wird, weil dieser wiederum die persönlichen Verhältnisse betrifft (§ 50 Abs. 1 Satz 2 EStG). Soweit die Einkünfte des beschränkt Steuerpflichtigen dem Steuerabzug unterliegen (Lohnsteuer, Kapitalertragsteuer, Fälle des § 50a EStG), gilt die Steuerschuld grundsätzlich als mit dem Steuerabzug abgegolten, § 50 Abs. 2 Satz 1 EStG (Ausnahmen: § 50 Abs. 2 Satz 2 EStG).

---

57 Zur Fallbearbeitung: *Birk/Desens/Tappe*, Klausurenkurs, Fall 11.

58 Vgl dazu näher BMF v. 9.1.2009, BStBl I 2009, 362.

59 Zum unionsrechtlichen Hintergrund EuGH, C-234/01, Slg. 2003, I-5933, Tz 43 *(Gerritse)*; *Desens*, IStR 2015, 77 (78) mwN.

IV. Fiktive unbeschränkte Steuerpflicht (§ 1 Abs. 3, § 1a EStG)

Für Grenzpendler, die im Ausland ansässig sind, aber in Deutschland den größten Teil ihrer Einkünfte erzielen, gilt aus unionsrechtlichen Gründen (Rn 211 ff)[60] eine Sonderregelung (§ 1 Abs. 3, § 1a EStG). Danach können beschränkt Steuerpflichtige auf Antrag mit ihren inländischen Einkünften (§ 49 EStG) als unbeschränkt steuerpflichtig behandelt werden, wenn ihre Einkünfte im Kalenderjahr mindestens zu 90 % der deutschen Einkommensteuer unterliegen oder die ausländischen Einkünfte den Grundfreibetrag (§ 32a Abs. 1 Satz 2 Nr 1 EStG) nicht überschreiten, § 1 Abs. 3 EStG (**fiktive unbeschränkte Steuerpflicht**)[61]. Beschränkt auf den Anwendungsbereich der EU und des EWR lässt § 1a EStG auch bei beschränkt Steuerpflichtigen, die obige Einkünftegrenzen erfüllen, eine Zusammenveranlagung unter Anwendung des Splitting-Tarifs (§ 26, § 26b EStG, Rn 673)[62] sowie einen Abzug von Unterhalts- oder Versorgungsleistungen nach Maßgabe des § 10 Abs. 1a EStG (Rn 1079) zu. **694**

Nach der jüngeren Rspr des EuGH[63] muss die Sonderregelung auch auf bestimmte Fälle erweitert werden, in denen in Deutschland weniger als 90 % der Einkünfte erzielt werden. Gemeint sind Konstellationen, in denen ein Steuerpflichtiger keine Einkünfte in seinem ausländischen EU-Wohnsitzstaat erzielt (und daher seine persönlichen Verhältnisse dort nicht berücksichtigt werden können), sondern allein Einkünfte aus *mehreren anderen Staaten*. Ist einer dieser anderen Staaten ein EU-Mitgliedstaat (etwa Deutschland), muss dieser *anteilig* die persönlichen Verhältnisse bei der Besteuerung der Quelleneinkünfte berücksichtigen, soweit es sich um Abzüge handelt, die im Quellenstaat im Falle einer unbeschränkten Steuerpflicht zu berücksichtigen wären. **695**

Beispiel: A wohnt in Spanien und bezieht Einkünfte (Gesamt: 100 000 €) aus Beteiligungen in Deutschland (60 % seiner Einkünfte) und der Schweiz (40 % seiner Einkünfte). – Mangels Einkünfte in Spanien werden dort seine persönlichen Verhältnisse (Existenzminimum, Kinder, Ehe, Sonderausgaben, außergewöhnliche Belastungen) nicht berücksichtigt. Ein Antrag nach § 1 Abs. 3, § 1a EStG auf eine fiktive unbeschränkte Steuerpflicht allein mit den in Deutschland erzielten Einkünften scheitert an der 90 %-Grenze (vgl § 1 Abs. 3 Satz 2 EStG). Nach dem EuGH würde es aber gegen die Niederlassungsfreiheit (Art. 43 AEUV) verstoßen, wenn A nicht 60 % der Aufwendungen für seine persönlichen Verhältnisse bei der Quellenbesteuerung seiner aus Deutschland bezogenen Einkünfte berücksichtigen könnte. Voraussetzung ist aber, dass die Aufwendungen für die persönlichen Verhältnisse im Falle einer unbeschränkten Steuerpflicht auch in Deutschland zu berücksichtigen wären.

V. Sonderformen: Erweiterte unbeschränkte und erweiterte beschränkte Steuerpflicht

Sonderregelungen zur unbeschränkten und beschränkten Steuerpflicht enthalten § 1 Abs. 2 EStG, der die *erweiterte unbeschränkte Steuerpflicht*, und § 2, § 5 AStG, die die *erweiterte beschränkte Steuerpflicht* regeln. Beide Vorschriften haben gemeinsam, dass sie auf *deutsche Staatsbürger* anwendbar sind, die keinen Wohnsitz oder gewöhnlichen Aufenthalt im Inland haben. **696**

60 EuGH, C-279/93, Slg. 1995, I-225 *(Schumacker)*; vgl *Birk/Desens/Tappe*, Klausurenkurs, Fall 10.

61 EuGH, C-391/97, Slg. 1999, I-5451 *(Gschwind)* – Grenze unionsrechtskonform; BFH, I R 16/14, BStBl II 2015, 957 zur Ermittlung der Grenzen.

62 Dazu BFH, I R 78/07, BStBl II 2009, 708.

63 EuGH, C-283/15, Slg. 2017, I-102 *(X)*; dazu *Henze*, ISR 2017, 127; *Schmidt-Heß*, IStR 2017, 549.

697 **Erweiterte unbeschränkte Steuerpflicht:** Im Fall des § 1 Abs. 2 EStG wird die beschränkte Steuerpflicht kraft Gesetzes in eine unbeschränkte Steuerpflicht umqualifiziert, wenn der Steuerpflichtige zu einer juristischen Person des öffentlichen Rechts in einem Dienstverhältnis steht und aus einer inländischen öffentlichen Kasse Arbeitslohn bezieht (zB Diplomaten). § 1 Abs. 2 Satz 1 EStG bezieht auch Personen ein, die zum Haushalt des Steuerpflichtigen gehören, die die deutsche Staatsangehörigkeit besitzen *oder* keine Einkünfte *oder* nur Einkünfte beziehen, die ausschließlich im Inland einkommensteuerpflichtig sind. Die Regelung soll sicherstellen, dass die persönlichen Verhältnisse des Steuerpflichtigen und damit dessen subjektive Leistungsfähigkeit in *einem* Staat berücksichtigt werden. Deshalb gilt § 1 Abs. 2 Satz 1 EStG nur, wenn die Personen in ihrem Wohnsitz- oder Aufenthaltsstaat wie beschränkt Steuerpflichtige zu einer Steuer vom Einkommen herangezogen werden, § 1 Abs. 2 Satz 2 EStG.

698 **Erweiterte beschränkte Steuerpflicht:** § 2 AStG betrifft den Wohnsitzwechsel in ein Niedrigsteuerland. Betroffen sind Deutsche, die in den letzten zehn Jahren vor dem Ende ihrer unbeschränkten Steuerpflicht mindestens fünf Jahre unbeschränkt steuerpflichtig waren und in ein Niedrigsteuerland (vgl § 2 Abs. 2 AStG) gezogen sind („Steuerflüchtlinge"). Hinzukommen muss, dass der Steuerpflichtige in Deutschland noch wesentliche wirtschaftliche Interessen hat (zB [Mit-]Unternehmer eines inländischen Gewerbebetriebs ist oder bestimmte Einkunftsgrenzen oder Vermögensgrenzen überschreitet, vgl § 2 Abs. 3 AStG). *Folge* der erweiterten beschränkten Steuerpflicht ist, dass der Steuerpflichtige bis zum Ablauf von zehn Jahren nicht nur – wie jeder andere beschränkt Steuerpflichtige – mit seinen inländischen Einkünften gem. § 49 EStG, sondern darüber hinaus mit allen weiteren (inländischen) Einkünften iSd § 2 Abs. 1 Satz 1 EStG der deutschen Besteuerung unterliegt.

Beispiel: Der deutsche Spitzensportler A zieht im Jahr 01 von München nach Monaco. Durch Preis- und Sponsorengelder (ohne Rechteüberlassung), die er nicht in Deutschland erzielt, hat er im Jahr 01 ein Jahreseinkommen von 2,6 Mio €. Zudem hält er eine 5 %-Beteiligung an einer deutschen Sportvermarktungs-GmbH, die ihm jährlich 0,4 Mio € ausschüttet. Wie hoch ist das in Deutschland zu versteuernde Einkommen des A im Jahr 01?

Ohne § 2 Abs. 1 AStG wäre A mit den 0,4 Mio € in Deutschland *beschränkt steuerpflichtig* (§ 1 Abs. 4, § 49 Abs. 1 Nr 5 lit. a EStG). Die Steuer wäre durch einen 25 %-Kapitalertragsteuerabzug abgegolten (§ 50 Abs. 2 Satz 1, § 43a Abs. 1 Nr 1, § 43 Abs. 1 Satz 1 Nr 1 EStG).

Aufgrund § 2 Abs. 1 AStG ist A mit allen Einkünften, die nicht ausländische Einkünfte iSd § 34d EStG sind, in Deutschland *erweitert beschränkt steuerpflichtig.* Denn er war als Deutscher in den letzten zehn Jahren vor seinem Wegzug in ein Niedrigsteuerland mehr als fünf Jahre unbeschränkt steuerpflichtig und hat aufgrund seiner 5 %-Beteiligung an der GmbH noch wesentliche wirtschaftliche Interessen in Deutschland (vgl § 2 Abs. 3 Nr 1 AStG iVm § 17 Abs. 1 EStG). Da er seine Preis- und Sponsorengelder nicht durch eine ausländische Betriebsstätte bzw einen ausländischen ständigen Vertreter (§ 34d Nr 2 lit. a Var. 1 und 2 EStG) oder durch eine Rechteüberlassung (§ 34d Nr 2 lit. a Var. 6 iVm Nr 7 Satz 1 Var. 3 EStG) erzielt, ist er mit 3 Mio € erweitert beschränkt steuerpflichtig.

D. Die einzelnen Einkunftsarten

§ 2 Abs. 1 Satz 1 EStG bestimmt, welche Einkunftsarten der Einkommensteuer unterliegen. Unter welchen Voraussetzungen ein Einkünftetatbestand erfüllt ist, regeln die §§ 13–24 EStG. 699

I. Einkünfte aus Gewerbebetrieb (§§ 15–17 EStG)

1. Überblick

Fall 29: A betreibt eine Gießerei. B ist an einer Einzelhandels-OHG beteiligt. C ist Gesellschafter einer vermögensverwaltenden GmbH & Co. KG, wobei die GmbH einzige persönlich haftende Gesellschafterin und allein zur Geschäftsführung befugt ist. D ist Gesellschafter der X-GmbH; er bezieht jährliche Gewinnausschüttungen. Nach zehn Jahren veräußert er seine Beteiligung. L ist Landwirt und hält nebenbei eine Pferdezucht. R betreibt eine Rechtsanwaltskanzlei. Welcher Einkunftsart sind die Einkünfte von A, B, C, D, L, R und der X-GmbH zuzuordnen? **Rn 701** 700

§§ 15–17 EStG regeln Erwerbstatbestände, die unter den Oberbegriff *Einkünfte aus Gewerbebetrieb* fallen. Zu den wichtigsten zählen: 701

– Einkünfte aus *gewerblichen Unternehmen* (§ 15 Abs. 1 Satz 1 Nr 1 EStG, Rn 703 ff),

In **Fall 29** (Rn 700) hat A Einkünfte aus Gewerbebetrieb (§ 15 Abs. 1 Satz 1 Nr 1 Satz 1 EStG). R hat als Rechtsanwalt keine gewerblichen Einkünfte (§ 15 Abs. 2 Satz 1 EStG), sondern Einkünfte aus selbstständiger Arbeit gem. § 18 Abs. 1 Nr 1 EStG. L hat als Landwirt auch keine Einkünfte aus Gewerbebetrieb (§ 15 Abs. 2 Satz 1 EStG), sondern aus Land- und Forstwirtschaft (§ 13 Abs. 1 Nr 1 EStG). Ob die Pferdezucht Gewerbebetrieb oder land- und forstwirtschaftliche Tätigkeit ist, hängt von Art und Umfang der Pferdezucht ab (Rn 756 ff). Fehlt dem L jede Gewinnerzielungsabsicht (§ 15 Abs. 2 EStG), liegt dagegen steuerlich unbeachtliche Liebhaberei (Rn 707 ff) vor.

– die *Gewinnanteile der Gesellschafter einer OHG, KG* oder einer *anderen Gesellschaft*, bei der die Gesellschafter als Unternehmer (Mitunternehmer) des Betriebs anzusehen sind (§ 15 Abs. 1 Satz 1 Nr 2 EStG, Rn 1136),

Ob B im **Fall 29** (Rn 700) Einkünfte aus Gewerbebetrieb hat, hängt von der Art seiner Beteiligung ab. Ist er Mitunternehmer in der OHG, entfaltet er also Unternehmerinitiative und trägt Unternehmerrisiko, so bezieht er Einkünfte aus Gewerbebetrieb. Anders ist dies, wenn er nur kapitalmäßig an der OHG beteiligt ist, zB als stiller Gesellschafter (Ausnahme: atypisch stiller Gesellschafter, Rn 1151).

C hat im **Fall 29** (Rn 700) Einkünfte aus Gewerbebetrieb, obwohl die Gesellschaft nur *vermögensverwaltend* tätig ist und keinen Gewerbebetrieb unterhält. Dies ergibt sich aus der Sonderregelung in § 15 Abs. 3 Nr 2 EStG, da bei der GmbH & Co. KG (Personengesellschaft!) eine Kapitalgesellschaft persönlich haftende Gesellschafterin und nur sie zur Geschäftsführung befugt ist (gewerblich geprägte Personengesellschaft, Rn 1159).

– der *Gewinn*, der bei der *Veräußerung oder Aufgabe eines Gewerbebetriebs, Teilbetriebs* oder *Mitunternehmeranteils* entsteht (§ 16 Abs. 1 Satz 1 Nr 1–3, Abs. 3 EStG, Rn 724 ff),

– der Gewinn aus der Veräußerung von Anteilen an einer Kapitalgesellschaft, sofern der Veräußerer irgendwann innerhalb der letzten fünf Jahre mit mind 1 % beteiligt war (§ 17 Abs. 1 EStG, Rn 732 ff),

In **Fall 29** (Rn 700) hat D aus der *Gewinnbeteiligung* laufende *Einkünfte aus Kapitalvermögen* gem. § 20 Abs. 1 Nr 1 EStG (Rn 785), da er sie im Privatvermögen hält. Für die Einordnung des Veräußerungserlöses kommt es darauf an, ob D irgendwann innerhalb der letzten fünf Jahre zu mehr als 1 % an der X-GmbH beteiligt war. Dann liegen Einkünfte aus Gewerbebetrieb gem. § 17 EStG vor (Rn 732). Ansonsten unterfällt der Veräußerungserlös § 20 Abs. 2 Satz 1 Nr 1 iVm Abs. 1 Nr 1 EStG. Der Vorrang des § 17 EStG folgt aus § 20 Abs. 8 EStG (Rn 736).

– die Gewinne solcher *Körperschaftsteuersubjekte* (insb *juristischer Personen*), die nach § 1 Abs. 1 Nr 1-3 KStG unbeschränkt körperschaftsteuerpflichtig sind, § 8 Abs. 2 KStG (insb Kapitalgesellschaften, Rn 1242).

Die Gewinne der X-GmbH im obigen **Fall 29** (Rn 700) sind unabhängig von der Art ihrer Tätigkeit Einkünfte aus Gewerbebetrieb (§ 8 Abs. 2 KStG). Die Gewinne unterliegen jedoch nicht der Einkommensteuer, sondern der Körperschaftsteuer (Rn 1220).

702 Das Gesetz geht in den § 15, § 16 EStG zunächst davon aus, dass Einkünfte aus Gewerbebetrieb vorliegen, wenn der Steuerpflichtige eine *originär* gewerbliche Tätigkeit ausübt. Daneben gibt es gesetzliche oder von der Rspr entwickelte Tatbestände, denen keine originäre gewerbliche Tätigkeit zugrunde liegt, die jedoch als gewerbliche Einkünfte *fingiert* bzw *umqualifiziert* werden. Hierzu zählt § 17 EStG (Rn 732) sowie das von der Rspr entwickelte Rechtsinstitut der *Betriebsverpachtung* (Rn 737 ff).

2. „Originär" gewerbliche Tätigkeit

a) Einkünfte aus einem gewerblichen Unternehmen (§ 15 Abs. 1 Satz 1 Nr 1 EStG)

703 Der Begriff des Gewerbebetriebs wird durch positive und negative Tatbestandsmerkmale bestimmt bzw abgegrenzt. Ein Gewerbebetrieb ist gem. § 15 Abs. 2 Satz 1 EStG eine *selbstständige nachhaltige Betätigung*, die mit *Gewinnerzielungsabsicht* unternommen wird und sich als Beteiligung am *allgemeinen wirtschaftlichen Verkehr* darstellt. Es darf sich bei der Betätigung jedoch *nicht* um *Land- und Forstwirtschaft*, *selbstständige (insb freiberufliche) Arbeit* oder *private Vermögensverwaltung* handeln.

704 **aa) Selbstständige, nachhaltige Betätigung und Teilnahme am allgemeinen wirtschaftlichen Verkehr.** Die **selbstständige** Betätigung ist Merkmal des Unternehmers und grenzt ihn vom Arbeitnehmer ab, der Einkünfte aus nichtselbstständiger Arbeit (§ 19 EStG) bezieht. Selbstständig ist tätig, wer *Unternehmerrisiko* trägt und *Un-*

ternehmerinitiative entfaltet[64]. Dies ist insb der Fall, wenn sich der Steuerpflichtige auf eigene Rechnung und Gefahr betätigt. Maßgeblich ist in Zweifelsfällen das Gesamtbild der Verhältnisse unter Berücksichtigung der Verkehrsauffassung.

Nachhaltig ist eine Tätigkeit, wenn sie auf Wiederholung angelegt ist. Ob die Tätigkeit tatsächlich wiederholt wird, ist unerheblich, so dass ausnahmsweise auch eine einmalige Tätigkeit nachhaltig sein kann, wenn der Steuerpflichtige Wiederholungsabsicht hatte[65]. 705

Eine **Beteiligung am allgemeinen wirtschaftlichen Verkehr** liegt vor, wenn Güter oder Leistungen am Markt erkennbar für Dritte gegen Entgelt angeboten werden[66]. Die Tätigkeit muss also auf einen Güter- und Leistungsaustausch gerichtet sein[67]. Bei typisch kaufmännischer Betätigung liegt eine Beteiligung am allgemeinen wirtschaftlichen Verkehr auch vor, wenn der Steuerpflichtige seine Leistungen nur einem einzigen Kunden oder einem eng begrenzten Kreis von Personen anbietet (zB Montageleistungen für einen Hersteller)[68]. Entscheidend ist dann die grundsätzliche Bereitschaft, auch für andere Auftraggeber tätig zu werden[69]. 706

bb) Gewinnerzielungsabsicht. Eine gewerbliche Tätigkeit liegt nur vor, wenn sie mit *Gewinnerzielungsabsicht* betrieben wird, wobei es ausreicht, dass die Gewinnerzielungsabsicht nur *Nebenzweck* ist (§ 15 Abs. 2 Satz 3 EStG). 707

Gewinnerzielungsabsicht ist als Tatbestandsmerkmal zwar nur für gewerbliche Einkünfte ausdrücklich normiert, sie ist jedoch aus konzeptionellen Gründen (Rn 595, 622) als **Einkünfteerzielungsabsicht** Voraussetzung für *sämtliche steuerbare Einkünfte*, also auch für Überschusseinkünfte (Überschusserzielungsabsicht)[70]. Die Einkünfteerzielungsabsicht grenzt die Einkünfteerzielung von der steuerlich unbeachtlichen *Liebhaberei* ab[71]. Liebhaberei erfüllt keinen steuerlich relevanten Tatbestand, so dass sich auch hieraus entstehende Verluste nicht steuermindernd auswirken können (Rn 622). 708

Gewinnerzielungsabsicht liegt vor, wenn der Steuerpflichtige innerhalb einer Totalperiode, dh vom Beginn bis zur Beendigung seiner gewerblichen Tätigkeit, danach strebt, eine Betriebsvermögensmehrung iS eines *Totalgewinns* zu erzielen. Die **Prognose** kann sich im Laufe der Zeit ändern (Übergang von der Liebhaberei in Einkünfteerzielung oder umgekehrt)[72]. Der Totalgewinn betrifft das Gesamtergebnis des Betriebs von der Gründung bis zur Aufgabe oder Veräußerung. Der Totalgewinn ist von dem Periodengewinn eines Wirtschaftsjahres zu unterscheiden, der gem. § 4 Abs. 1, § 5 EStG für die steuerliche Gewinnermittlung maßgeblich ist. 709

Die Gewinnerzielungsabsicht ist wie jede innere Tatsache anhand *äußerer Merkmale* zu beurteilen[73]. Grundsätzlich spricht der Beweis des ersten Anscheins dafür, dass bei 710

64 Instruktiv BFH, VIII R 63/13, BStBl II 2016, 383.
65 BFH, IV R 34/15, BFH/NV 2018, 24.
66 BFH, IV R 66/91 ua, BStBl II 1994, 463.
67 BFH, X R 83/96, BStBl II 1999, 534; X R 15/11, BFH/NV 2013, 1548.
68 BFH, X R 39/88, BStBl II 1991, 631; X R 44/88, BFH/NV 1990, 798.
69 BFH, X R 15/11, BFH/NV 2013, 1548.
70 *Heuermann*, DStZ 2010, 825; aA *Leisner-Egensperger*, DStZ 2010, 790.
71 BFH, VI R 50/06, BStBl II 2009, 243 zur nichtselbstständigen Arbeit (§ 19 EStG).
72 BFH, IV B 155/11, BFH/NV 2012, 950.
73 BFH, XI R 10/97, BStBl II 1998, 663 (664); IV R 33/99, BStBl II 2000, 227.

einer Neugründung eines Betriebes der Steuerpflichtige danach strebt, einen Totalgewinn im Laufe seiner Tätigkeit zu erzielen[74]. Mehrjährige, über die Anlaufphase hinausgehende Verluste und die Feststellung, dass ein Betrieb nach Wesensart und Betriebsführung nicht objektiv geeignet ist, nachhaltig Gewinne zu erzielen, können die Annahme rechtfertigen, dass keine Gewinnerzielungsabsicht vorliegt (sog. **Liebhaberei**[75]). Es muss jedoch hinzukommen, dass der Steuerpflichtige die verlustbringende Tätigkeit aus Gründen ausübt, die dem Bereich der persönlichen Lebensführung und damit der Liebhaberei zuzurechnen sind (zweistufige Prüfung)[76]. Da eine Beurteilung der künftigen Entwicklung der Einkünfte naturgemäß schwierig ist[77], erfolgt die Steuerfestsetzung regelmäßig nach § 165 AO vorläufig (Rn 527).

711 **cc) Keine land- und forstwirtschaftliche, freiberufliche oder vermögensverwaltende Tätigkeit.** Die zuvor genannten positiven Tatbestandsmerkmale gewerblicher Tätigkeit treffen auch auf land- und forstwirtschaftliche, selbstständige und teilweise auch auf vermögensverwaltende Tätigkeiten zu. § 15 Abs. 2 Satz 1 EStG grenzt daher die gewerbliche Tätigkeit ausdrücklich von der land- und forstwirtschaftlichen sowie selbstständigen Tätigkeit ab.

712 Nicht gesetzlich bestimmt, aber allgemein anerkannt ist, dass **private Vermögensverwaltung**, die ebenfalls eine selbstständige nachhaltige und von Gewinnerzielungsabsicht getragene Teilnahme am wirtschaftlichen Verkehr sein kann, nicht vom Tatbestand des § 15 Abs. 2 Satz 1 EStG erfasst wird[78].

713 Im Einzelfall kann die Beurteilung schwierig sein, unter welchen Voraussetzungen die Verwaltung privaten Vermögens die Schwelle zur gewerblichen Tätigkeit überschreitet. Nach der sog. *Fruchtziehungsformel* soll das der Fall sein, wenn nach dem Gesamtbild der Betätigung und unter Berücksichtigung der Verkehrsauffassung die Ausnutzung substantieller Vermögenswerte durch Umschichtung gegenüber der Nutzung der Vermögenswerte iS einer Fruchtziehung aus zu erhaltenden Substanzwerten entscheidend in den Vordergrund tritt[79]. Problematisch ist dies bei der **Veräußerung von Gegenständen des Privatvermögens**, insb Grundstücken. Denn die Veräußerung unter Ausnutzung substanzieller Vermögenswerte kann über die Nutzung von Grundbesitz iS einer Fruchtziehung durch Selbstnutzung oder Vermietung hinaus gehen und nach dem Gesamtbild der Betätigung unter Berücksichtigung der Verkehrsanschauung eine gewerbliche Tätigkeit (Handel) sein[80]. Soweit es um die Veräußerung von *bebauten*

74 BFH, X B 106/12, BFH/NV 2013, 1090 mwN auch zu den Ausnahmen.

75 *Theisen*, StuW 1999, 255; *Kanzler*, DStZ 2005, 766; *Birk*, BB 2009, 860; *Falkner*, DStZ 2010, 316.

76 *Ismer/Riemer*, FR 2011, 455; *Beispiele*: Vercharterung von Yachten (BFH, III R 273/83, BStBl II 1988, 10; X R 27/16, BFH/NV 2018, 36); Vermietung von Ferienwohnungen (BFH, IX R 22/12, BFH/NV 2013, 1552); Pferdezucht (BFH, IV R 33/99, BStBl II 2000, 227); Verpflegung eines Kraftsportlers (BFH, X R 40/11, BFH/NV 2014, 1359); sog. Generationsbetriebe (BFH, IV R 46/99, BStBl II 2000, 674). Bei üblichen freiberuflichen Tätigkeiten (Katalogberufe iSd § 18 Abs. 1 Nr 1 EStG) wird die Gewinnerzielungsabsicht vermutet, es sei denn, die Verlustsituation ist dauerhaft. *Beispiele*: Steuerberater (FG Köln, 10 K 3679/08, EFG 2010, 1411, rkr); Architekt (BFH, IV R 60/01, BStBl II 2003, 85); Rechtsanwalt (BFH, XI R 10/97, BStBl II 1998, 663; XI R 6/02, BStBl II 2005, 392; VIII B 135/12, BFH/NV 2013, 1556).

77 Daher für Radikal-Reform *Hübner*, DStR 2013, 1520: nur quellenbezogene Verlustverrechnung.

78 Grundlegend hierzu BFH, GrS 4/82, BStBl II 1984, 751 (762).

79 BFH, GrS 1/98, BStBl II 2002, 291; IX R 3/17, BFH/NV 2018, 20 (Handel mit Vorratsgesellschaften); *Albrecht/John*, FR 2019, 393 (Kryptotoken).

80 BFH, GrS 1/93, BStBl II 1995, 617; X R 37/00, BStBl II 2003, 464 (Wohnmobile); X R 21/00, BStBl II 2003, 520 (entgeltlicher Parkplatz für Kurzparker).

Grundstücken geht, hat der BFH eine Beweislastregel entwickelt, die nicht als *Freigrenze* zu verstehen ist[81]. Danach ist unter bestimmten Voraussetzungen zu vermuten, dass die Veräußerung von privaten Grundstücken *gewerblicher Grundstückshandel* ist. Die Rspr knüpft an die *Zahl der veräußerten Objekte* sowie an den *zeitlichen Abstand* zwischen Erwerb und Verkauf an. Ein **gewerblicher Grundstückshandel** mit bebauten Grundstücken ist anzunehmen, wenn der Steuerpflichtige mehrere Grundstücke erwirbt und *innerhalb von etwa fünf Jahren* nach Erwerb mehr als *drei Objekte* wieder veräußert (**3-Objekt-Regel**)[82]. Der Grundstückshandel muss aber mit Gewinnerzielungsabsicht betrieben werden[83]. Die (auch umfangreiche) Anschaffung und Veräußerung von **Wertpapieren** überschreiten den Rahmen einer privaten Vermögensverwaltung erst bei Vorliegen besonderer Umstände (zB Beschäftigung von Mitarbeitern, erhebliche Fremdfinanzierung, Büroräume usw). Die Rspr verneint gewerblichen Wertpapierhandel selbst dann, wenn die Umschichtung von Wertpapieren einen erheblichen Umfang angenommen hat[84]. Gewinne und Verluste sind daher regelmäßig nur nach § 20 Abs. 2 EStG (Rn 782) oder ausnahmsweise nach § 17 EStG (Rn 732) erfasst. Dagegen grenzt sich eine vermögensverwaltende Goldanlage („fruchtloses“ Wirtschaftsgut) vom gewerblichen **Goldhandel** gerade durch die Häufigkeit der Umschichtung ab[85].

b) Mitunternehmerschaft (§ 15 Abs. 1 Satz 1 Nr 2 EStG)

Einkünfte aus Gewerbebetrieb sind auch die Gewinnanteile der Gesellschafter einer OHG, KG und anderer (Personen-)Gesellschaften, bei denen der Gesellschafter als *Mitunternehmer* anzusehen ist. Diese Gesellschaften werden als *Mitunternehmerschaft* bezeichnet (vgl zur Besteuerung von Personengesellschaften Rn 1131 ff). 714

c) Betriebsaufspaltung

Fall 30: A betreibt ein Bauunternehmen als Einzelkaufmann. Zum Betriebsvermögen gehören Grundstücke, Fahrzeuge, Baumaschinen und Baustoffe. Zum 1.1.01 gründet er die A-Bau GmbH und überträgt ihr die Baustoffe. Einige Grundstücke und Fahrzeuge verpachtet er der A-Bau GmbH. Wie sind die Pachteinnahmen steuerrechtlich zu qualifizieren? **Rn 721** 715

Fall 31: Vater (V), Mutter (M) und Sohn (S) sind je zu 1/3 an der X-GmbH beteiligt. V ist Eigentümer von Grundstücken, die er der X-GmbH verpachtet. Wie sind die Pachteinnahmen steuerrechtlich zu qualifizieren? – Am 1.1.01 verstirbt V. Nach dem Testament erbt M von V die Grundstücke sowie die Anteile an der X-GmbH (M nunmehr 2/3, S 1/3). An der Verpachtung der Grundstücke ändert sich nichts. Wie sind die Pachteinnahmen steuerrechtlich zu qualifizieren? **Rn 721, 723**

Die Betriebsaufspaltung ist ein von der Rspr entwickeltes Institut[86], das der Gesetzgeber inzwischen in § 50i Abs. 1 Satz 4 EStG anerkannt hat. Für dieses Institut ist kennzeichnend, dass ein wirtschaftlich gesehen einheitliches Unternehmen rechtlich gese- 716

81 BFH, GrS 1/98, BStBl II 2002, 291 (294); vgl auch BMF v. 26.3.2004, BStBl I 2004, 434.
82 Anschaulich BFH, X R 56/14 ua, BFH/NV 2017, 481; X R 7/15, BFH/NV 2018, 325.
83 BFH, X B 121/11, BFH/NV 2013, 1083.
84 BFH, X R 14/07, BFH/NV 2008, 2012; BFH, III R 31/07, BFH/NV 2010, 844
85 BFH, IV R 50/14, BStBl II 2017, 456.
86 BFH, IV 417/60 S, BStBl III 1963, 505; GrS 2/71, BStBl II 1972, 63; zur Verfassungsmäßigkeit BVerfG, 1 BvR 136/62, BVerfGE 25, 28; 1 BvR 571/81 ua, BVerfGE 69, 188; BFH, X R 5/14, BFH/NV 2017, 8; zur Fallbearbeitung *Birk/Desens/Tappe*, Klausurenkurs, Fall 7.

hen geteilt (häufig als sog. Doppelgesellschaft) auftritt[87]. Die Aufteilung erfolgt so, dass ein sog. Besitzunternehmen das Anlage- und ein sog. Betriebsunternehmen das Umlaufvermögen hält. Das Betriebsunternehmen führt fortan *aktiv* das operative Geschäft. Das Besitzunternehmen beschränkt sich darauf, dem Betriebsunternehmen *wesentliche Betriebsgrundlagen*, die es nach Art und Zweck für die Betriebsfortführung benötigt (insb Grundstücke, Büroräume) zu verpachten (*passive* Tätigkeit des idR als Einzelunternehmen oder Personengesellschaft geführten Besitzunternehmens)[88]. Das Besitzunternehmen kann auch ein freiberuflich geführter Betrieb sein.

Beispiel: Ein Steuerberater verpachtet seinen Mandantenstamm an eine von ihm – als Alleingesellschafter – gegründete GmbH, die fortan die Beratung übernimmt[89].

Motiv für diese Konstruktion ist ua die Haftungsbeschränkung in der Betriebsgesellschaft, die idR als Kapitalgesellschaft betrieben wird (vgl zB § 13 Abs. 2 GmbHG).

Wird eine unternehmerische Tätigkeit von Anfang an so geplant, dass ein Besitz- und Betriebsunternehmen gegründet wird, spricht man von **unechter Betriebsaufspaltung**. Wird ein bestehendes Unternehmen nachträglich aufgeteilt, spricht man von **echter Betriebsaufspaltung**. Die nachfolgend dargestellten Rechtsfolgen treffen auf die echte wie unechte Betriebsaufspaltung gleichermaßen zu.

717 Neben der Verpachtung funktional wesentlicher Betriebsgrundlagen an das Betriebsunternehmen (**sachliche Verflechtung**[90]) müssen Besitz- und Betriebsunternehmen auch *personell* verflochten sein[91]. Eine **personelle Verflechtung** liegt vor, wenn die Beteiligungsverhältnisse in beiden Unternehmen identisch sind *(Beteiligungsidentität)* oder die Personen, die im Besitzunternehmen die Mehrheit haben, auch mehrheitlich an der Betriebsgesellschaft beteiligt sind *(Beherrschungsidentität)*, so dass in Besitz- und Betriebsunternehmen ein *einheitlicher Betätigungswille* besteht[92]. Die Formulierung in § 50i Abs. 1 Satz 4 EStG kann insoweit als Definition herangezogen werden.

718 Der *steuerliche* Vorteil einer Betriebsaufspaltung besteht ua darin, dass die Gehälter des Gesellschafter-Geschäftsführers einer Betriebs-Kapitalgesellschaft als Betriebsausgaben den Gewinn und den Gewerbeertrag der Kapitalgesellschaft mindern und gewinnmindernde Pensionsrückstellungen (zu Rückstellungen Rn 903 ff) gebildet werden können.

719 Für die laufende Ertragsbesteuerung sind Besitz- und Betriebsunternehmen selbstständige Steuerrechtssubjekte und als solche getrennt zu beurteilen. Das Betriebsunternehmen erzielt Einkünfte aus Gewerbebetrieb aufgrund seiner gewerblichen Tätigkeit.

720 Die Einkünfte des Besitzunternehmens aus der Verpachtung der Wirtschaftsgüter sind ebenfalls als gewerbliche Einkünfte zu qualifizieren. Die personelle Verflech-

87 Zu den Varianten der Betriebsaufspaltung *Dreßler*, DStR 2013, 1818.
88 Dazu BFH, VIII R 11/99, BStBl II 2000, 621; IV R 25/05, BStBl II 2006, 804.
89 BFH, VIII B 116/10, BFH/NV 2011, 1135.
90 BFH, GrS 2/71, BStBl II 1972, 63; zum Wegfall BFH, VIII R 17/15, BFH/NV 2018, 522.
91 BFH, X R 50/97, BStBl II 2002, 363 (bloß mittelbare Verflechtung); *Neufang/Bohnenberger*, DStR 2016, 578 zum Wegfall der personellen Verflechtung.
92 BFH, GrS 2/71, BStBl II 1972, 63 (64); IV R 54/11, BFH/NV 2013, 1557.

tung beider Unternehmen bewirkt, dass in beiden Unternehmen ein *einheitlicher geschäftlicher Betätigungswille* besteht, über den das Besitzunternehmen am allgemeinen wirtschaftlichen Verkehr teilnimmt und damit gewerblich tätig ist. Dies führt dazu, dass das Besitzunternehmen mit seinen gewerblichen Einkünften *originär gewerblich* und damit auch *gewerbesteuerpflichtig* ist[93]. Zudem gehören die Anteile an einer Betriebskapitalgesellschaft regelmäßig zum notwendigen Betriebsvermögen des Besitzunternehmens[94].

Im **Fall 30** (Rn 715) sind die Pachteinnahmen daher Einkünfte aus Gewerbebetrieb. – Im **Fall 31** (Rn 715) waren die Pachteinnahmen zu Lebzeiten des V Einkünfte aus Vermietung und Verpachtung (§ 21 EStG). Eine Betriebsaufspaltung lag zu diesem Zeitpunkt nicht vor. Zwar war V Inhaber des „Verpachtungsunternehmens“, jedoch beherrschte er nicht die GmbH. Eine Zurechnung der Anteile der M bzw des S scheidet aus. Nach dem Tod des V ist zufällig (uU entgegen dem Willen der Beteiligten) eine Betriebsaufspaltung entstanden. M ist Inhaberin des Besitzunternehmens und beherrscht die Betriebs-GmbH (personelle Verflechtung). Die Folge ist, dass die Pachteinnahmen nunmehr gewerbliche Einkünfte sind; sie unterliegen zudem der Gewerbesteuer. Grundstücke und GmbH-Anteile der M werden Betriebsvermögen des Besitzunternehmens; Wertsteigerungen, die nach Beginn der Betriebsaufspaltung entstehen, sind bei Realisierung (Entnahme, Veräußerung, Betriebsaufgabe, Rn 724) steuerpflichtig. **721**

Im Zuge der echten Betriebsaufspaltung werden von dem bisherigen Unternehmen Wirtschaftsgüter des Umlaufvermögens auf das Betriebsunternehmen übertragen, während das Anlagevermögen von der Betriebsgesellschaft lediglich gepachtet wird. Die Übertragung der Wirtschaftsgüter führt zur Aufdeckung der stillen Reserven. § 6 Abs. 6 Satz 2 EStG bestimmt, dass sich bei der Übertragung einzelner Wirtschaftsgüter im Wege der verdeckten Einlage (Rn 1283) die Anschaffungskosten der Beteiligung an der Kapitalgesellschaft um den Teilwert des eingelegten Wirtschaftsguts erhöhen und damit idR Gewinn realisiert wird. **722**

Unerwunscht kann sich die Gewerblichkeit des Besitzunternehmens auswirken, wenn Wirtschaftsgüter (zB Grundstücke) verpachtet werden, die Privatvermögen des Steuerpflichtigen waren (vgl **Fall 31**, Rn 715). Die Betriebsaufspaltung bewirkt in diesem Fall, dass diese Wirtschaftsgüter Betriebsvermögen werden. Dies gilt auch für die zuvor im Privatvermögen gehaltenen Anteile der Betriebs-GmbH. Das kann aus der Sicht des Steuerpflichtigen ungewollt oder zT sogar unwissentlich erfolgen, da die Tatbestandsvoraussetzungen einer Betriebsaufspaltung auch zufällig eintreten können. **723**

d) Betriebsveräußerung und Betriebsaufgabe (§ 16 EStG)

Die gewerbliche Betätigung einer natürlichen Person *beginnt* im Einkommensteuerrecht nicht erst mit der Aufnahme der eigentlichen werbenden Tätigkeit, sondern bereits mit den ersten Maßnahmen, die deren *Vorbereitung* dienen und mit dieser in unmittelbarem wirtschaftlichen Zusammenhang stehen. Voraussetzung dafür ist, dass der Steuerpflichtige bereits endgültig entschlossen ist, einen Gewerbebetrieb zu eröff- **724**

93 BFH, GrS 2/71, BStBl II 1972, 63 (65); XI R 8/99, BFH/NV 2000, 1135.
94 BFH, X R 2/10, BStBl II 2013, 907.

nen[95]. Ausgaben, die durch die vorbereitenden Tätigkeiten veranlasst sind, stellen *vorweggenommene Betriebsausgaben* dar (Rn 992).

Gewerbesteuerrechtlich beginnt die gewerbliche Tätigkeit dagegen erst mit der Aufnahme der werbenden Tätigkeit. Dies ergibt sich aus § 2 Abs. 1 Satz 1 GewStG, der einen Gewerbebetrieb voraussetzt, der im Inland *betrieben* wird (Rn 1338).

Die gewerbliche Tätigkeit *endet* mit der letzten Abwicklungshandlung, die zur Auflösung des Betriebs führt. Gewinne, die durch die Veräußerung der einzelnen Wirtschaftsgüter erzielt werden, sind laufende Gewinne aus gewerblicher Tätigkeit.

725 Als besondere Beendigungsgründe kennt das EStG die *Betriebsveräußerung* (§ 16 Abs. 1 EStG) und die *Betriebsaufgabe* (§ 16 Abs. 3 Satz 1, 6–7 EStG).

726 § 16 Abs. 1 und 3 Satz 1, 6–7 EStG stellen klar, dass diese Vorgänge steuerpflichtig sind. Ein steuerpflichtiger Veräußerungsgewinn entsteht in der Höhe, um die der Veräußerungspreis den Wert des Betriebsvermögens abzgl. der Veräußerungskosten übersteigt (§ 16 Abs. 2 EStG). Da es bei der *Betriebsaufgabe* keinen Veräußerungspreis gibt, tritt an dessen Stelle der gemeine Wert des Betriebsvermögens (vgl § 16 Abs. 3 Satz 7 EStG), der sich vereinfacht als Verkehrswert umschreiben lässt (vgl § 9 Abs. 2 BewG). Stellt ein Unternehmer seine werbende Tätigkeit ein, so liegt darin allerdings nicht automatisch eine *Betriebsaufgabe*. Es kann sich auch um eine bloße *Betriebsunterbrechung* (Rn 741) handeln[96].

727 Wird ein Betrieb ins **Ausland** verlegt, fingiert § 16 Abs. 3a EStG eine *Betriebsaufgabe*, wenn die Verlegung zu einem Ausschluss oder zur Beschränkung des Besteuerungsrechts Deutschlands hinsichtlich des Gewinns aus der Veräußerung sämtlicher Wirtschaftsgüter des Betriebs führt (Rn 1505).

728 Werden Betriebe (auch Teilbetriebe, Mitunternehmeranteile) **unentgeltlich** auf einen Dritten übertragen (etwa im Wege der *vorweggenommen Erbfolge*), scheidet das Vermögen aus der Erwerbssphäre des Steuerpflichtigen aus. Das müsste eigentlich ein steuerpflichtiger Vorgang sein (Rechtsgedanke des § 4 Abs. 1 Satz 1 EStG: Hinzurechnung der Entnahme zum Gewinn). Als Gewinn anzusetzen wären die im Betriebsvermögen „gespeicherten" *stillen Reserven*, also der Unterschiedsbetrag zwischen gemeinem Wert (Verkehrswert) und bilanziertem Wert (Buchwert) des Betriebsvermögens. Die spezielle Bewertungsvorschrift in **§ 6 Abs. 3 EStG** schreibt dagegen ausdrücklich eine Buchwertfortführung vor. Beim Übertragenden fällt dann kein Veräußerungs- bzw Aufgabegewinn an (steuerneutrale Übertragung). Die stillen Reserven bleiben aber im Betriebsvermögen des Übernehmers gespeichert („steuerverstrickt") und müssen von diesem versteuert werden, wenn er zukünftig selbst einen Realisierungstatbestand erfüllt. Dieses „Überspringen von stillen Reserven" durchbricht zwar das Subjektsteuerprinzip, lässt sich aber wie die ähnliche Regelung in § 6 Abs. 5 Satz 3 EStG rechtfertigen (Rn 1202 ff).

729 Von der *Betriebsaufgabe* ferner abzugrenzen ist die *Betriebsauflösung*. Die *Betriebsaufgabe* unterscheidet sich von einer *Betriebsauflösung* dadurch, dass sie in einer zeitlich konzentrierten Form erfolgt[97], die *Betriebsauflösung* sich hingegen allmählich über einen längeren Zeitraum hinzieht. Steuerlich relevant ist die Unterscheidung deswegen, weil Gewinne, die im Rahmen einer *Betriebsaufgabe* und einer *Betriebs-*

95 BFH, III R 58/89, BStBl II 1994, 293 (295).
96 BFH, I R 235/80, BStBl II 1985, 456; IV R 16/10, BFH/NV 2014, 324.
97 BFH, IV R 19/13, BFH/NV 2016, 1702 (Aufgabe bei LuF).

veräußerung erzielt werden, in mehrfacher Hinsicht steuerlich *begünstigt* sind. So gewährt § 16 Abs. 4 EStG in bestimmten Fällen einen **Freibetrag iHv bis zu 45 000 €**. Darüber hinaus gilt für Betriebsaufgabe- und Betriebsveräußerungsgewinne gem. § 34 EStG ein **besonderer Steuersatz** (Rn 651). Die steuerrechtlichen Begünstigungen der Betriebsaufgabe- und Betriebsveräußerungsgewinne rechtfertigen sich daraus, dass der Steuerpflichtige auf einen Schlag sämtliche stillen Reserven seines Betriebsvermögens realisiert und in dieser Höhe einen steuerpflichtigen Gewinn erzielt. Der Freibetrag (§ 16 Abs. 4 EStG) und die Begünstigung des § 34 EStG sollen die steuerlichen Folgen dieser geballten Gewinnverwirklichung abmildern. Wegen dieses Zwecks wird die Tarifbegünstigung bei einer Veräußerung auch nur gewährt, wenn alle wesentlich vermögensmäßigen Grundlagen entgeltlich und definitiv übertragen werden[98].

Begünstigte Veräußerungserlöse liegen nicht nur vor, wenn der Steuerpflichtige seinen **ganzen Betrieb** veräußert, sondern auch schon, wenn die Veräußerung nur einen wirtschaftlich und organisatorisch selbstständigen Teil des ganzen Betriebs **(Teilbetrieb)** betrifft (§ 16 Abs. 1 Satz 1 Nr 1 EStG). Auch die Veräußerung des **gesamten Anteils eines Mitunternehmers** (einschließlich der wesentlichen Betriebsgrundlagen des Sonderbetriebsvermögens, Rn 1208) oder eines persönlich haftenden Gesellschafters einer KGaA fällt unter die Begünstigung (§ 16 Abs. 1 Satz 1 Nr 2 und 3 EStG); *nicht* hingegen die Veräußerung nur *eines Teils* des Anteils (dann laufender Gewinn, § 16 Abs. 1 Satz 2 EStG)[99]. Das hat zur Folge, dass es bei der Aufnahme eines neuen Gesellschafters in eine Personengesellschaft, der an die aufnehmenden Gesellschafter eine Gegenleistung für die Aufnahme entrichtet, stets zur *vollen* Besteuerung der stillen Reserven in den veräußerten Teilen der Mitunternehmeranteile kommt (idR aber vermeidbar durch Einbringung nach § 24 UmwStG [Rn 1436] bei Leistung ins neue Gesellschaftsvermögen). 730

Der Veräußerungspreis iSd § 16 Abs. 2 Satz 1 EStG oder gemeine Wert iSd § 16 Abs. 3 Sätze 1, 7 EStG unterliegt, *soweit* er anteilig auf mittelbar mitveräußerte Anteile von Kapitalgesellschaften entfällt, dem sog. *Teileinkünfteverfahren* (Rn 1305, 1319). Diese Einnahmen sind dann nach § 3 Nr 40 Satz 1 lit. b EStG nur zu 60 % steuerpflichtig, allerdings können Veräußerungs- und Anschaffungskosten auch nur iHv 60 % geltend gemacht werden (§ 3c Abs. 2 EStG). 731

3. Als gewerblich fingierte bzw umqualifizierte Einkünfte

a) Veräußerung von Anteilen an Kapitalgesellschaften bei mindestens 1 %-Beteiligung (§ 17 EStG)

Einkünfte aus Gewerbebetrieb sind auch Gewinne aus der Veräußerung (Übertragung gegen Entgelt[100]) von Anteilen an einer Kapitalgesellschaft (insb AG, GmbH), wenn der Steuerpflichtige irgendwann innerhalb der letzten fünf Jahre mit mind 1 % *beteiligt* war (§ 17 Abs. 1 Satz 1 EStG). Das Besondere an dieser Vorschrift ist, dass sie einen privaten Veräußerungserlös, der sonst nur im Rahmen von § 20 Abs. 2 EStG steuerbar wäre, in einen steuerbaren *gewerblichen* Gewinn umqualifiziert. Denn § 17 732

98 BFH, VIII R 2/15, BStBl II 2019, 64 (auch der Mandantenstamm der freiberuflichen Praxis).
99 BFH, IV R 36/13, BStBl II 2015, 529 auch bei vorheriger Schenkung eines Teils des Anteils.
100 BFH, IX R 7/17, BStBl II 2019, 213 mwN.

EStG betrifft Anteile an einer Kapitalgesellschaft, die im *Privatvermögen* des Steuerpflichtigen gehalten werden.

733 Die Vorschrift sollte früher, als die Beteiligungsgrenze noch bei 25 % lag, eine Gleichstellung mit der mitunternehmerischen Beteiligung bewirken („wesentliche Beteiligung"). Später, nach der Absenkung auf 10 % und schließlich auf 1 %, sollte sie zur Gleichbehandlung der Dividenden- und Anteilsveräußerungsgewinne beitragen. Veräußerungsgewinne waren nämlich jenseits der Fristen des § 23 Abs. 1 Satz 1 Nr 2 EStG steuerfrei, Dividenden unterlagen der Besteuerung nach § 20 Abs. 1 Nr 1 EStG. Auch dieser Grund ist heute entfallen, da Gewinne aus Anteilsveräußerungen stets nach § 20 Abs. 2 Satz 1 Nr 1 EStG ebenso wie die Dividenden als Einkünfte aus Kapitalvermögen erfasst werden. Die Vorschrift erfasst allerdings auch Veräußerungsvorgänge, bei denen die Aktien vor Inkrafttreten der Abgeltungsteuer erworben wurden und die deshalb nicht in den Anwendungsbereich des § 20 Abs. 2 Satz 1 Nr 1 EStG fallen (§ 52 Abs. 28 Satz 11 EStG). Insofern schließt sie nach wie vor eine Besteuerungslücke[101].

734 Der Veräußerungspreis bzw der gemeine Wert nach § 17 Abs. 2 EStG unterliegt dem sog. *Teileinkünfteverfahren* (Rn 1305). Diese Einnahmen sind dann nach § 3 Nr 40 Satz 1 lit. c EStG nur zu 60 % steuerpflichtig, allerdings können Veräußerungs- und (nachträgliche[102]) Anschaffungskosten auch nur iHv 60 % geltend gemacht werden (§ 3c Abs. 2 EStG).

735 § 17 EStG ist nicht anwendbar, wenn die Anteile an einer Kapitalgesellschaft zum Betriebsvermögen eines Gewerbebetriebs gehören (zB im Falle einer Betriebsaufspaltung [Rn 715 ff] oder bei Anteilen einer Kapitalgesellschaft an einer anderen Kapitalgesellschaft). Hier sind Wertsteigerungen des Betriebsvermögens bereits gem. § 15 Abs. 1 Satz 1 Nr 1 EStG bzw § 8 Abs. 2 KStG steuerbar.

736 § 17 EStG steht in Konkurrenz zu den Einkünften aus Kapitalvermögen, denn die Veräußerung von Beteiligungen an Kapitalgesellschaften verwirklicht auch den Tatbestand des § 20 Abs. 2 Satz 1 Nr 1 iVm Abs. 1 Nr 1 EStG. Insoweit geht § 17 EStG vor (§ 20 Abs. 8 EStG, Rn 783). Besonderheiten gelten in den Fällen der verdeckten Einlage (§ 17 Abs. 1 Satz 2 EStG, Rn 1288), des Zuzugs (§ 17 Abs. 2 Satz 3 EStG), der Auflösung (§ 17 Abs. 4 EStG)[103] und der Sitzverlegung (§ 17 Abs. 5 EStG)[104].

b) Betriebsverpachtung

737 **Fall 32:** A betreibt ein Unternehmen zur Herstellung von Karosserieteilen. Er möchte sich aus dieser Tätigkeit zurückziehen und verpachtet den gesamten Betrieb an B. Wie ist die Pacht, die A von B erhält, steuerrechtlich zu qualifizieren? **Rn 744**

738 Verpachtet ein Steuerpflichtiger seinen gesamten Betrieb, stellen sich zwei Fragen: (1) Liegt eine Betriebsaufgabe iSd § 16 Abs. 3 EStG vor? (2) Wie sind die Pachteinnahmen des ehemaligen Betriebsinhabers einkommensteuerrechtlich zu qualifizieren?

101 BFH, IX R 36/11, BStBl II 2013, 164 (verfassungsgemäß, Vb zum BVerfG Az 2 BvR 364/13).

102 BFH, IX R 36/15, BStBl II 2019, 208; IX R 5/15, BStBl II 2019, 194; IX R 6/15, BFH/NV 2019, 19; IX R 7/15, BFH/NV 2019, 22: nicht bei Verlust eines ehemals „eigenkapitalersetzenden Darlehens" (Änderung der Rspr); folgend BMF v. 5.4.2019, BStBl I 2019, 257; *Kahlert*, DStR 2017, 2305; *Desens*, DStR 2019, 1071.

103 Dazu BFH, IX R 16/15, BFH/NV 2016, 1681.

104 Dazu *Weber-Grellet*, DB 2009, 304.

Stellt man auf die Tätigkeit des Steuerpflichtigen ab, führt die Verpachtung eines Gewerbebetriebs zur Aufgabe der gewerblichen Tätigkeit und damit zur Betriebsaufgabe iSd § 16 Abs. 3 EStG. Diese Annahme kann für den Steuerpflichtigen trotz der steuerlichen Begünstigung der Betriebsaufgabe (Freibetrag gem. § 16 Abs. 4 EStG und Begünstigung gem. § 34 EStG) zu Unbilligkeiten führen, da der Steuerpflichtige auf einen Schlag das gesamte Betriebsvermögen ins Privatvermögen überführt und damit sämtliche stillen Reserven, die insb durch Abschreibungen auf die Wirtschaftsgüter oder Wertsteigerungen entstanden sind, gewinnerhöhend realisiert. Aus diesem Grund räumt der BFH dem Steuerpflichtigen ein Wahlrecht ein[105]. Der Steuerpflichtige kann wählen, ob die Verpachtung des Betriebs für ihn eine *Betriebsaufgabe* oder eine *Betriebsunterbrechung* sein soll. **739**

Im Falle der **Betriebsaufgabe** muss der Steuerpflichtige den Aufgabegewinn versteuern und erzielt fortan mit der Pacht Einkünfte aus Vermietung und Verpachtung gem. § 21 Abs. 1 Satz 1 Nr 1, Nr 2 EStG. **740**

Im Falle der **Betriebsunterbrechung** lässt der Steuerpflichtige den Gewerbebetrieb „ruhen". Dies setzt die Möglichkeit und die Absicht voraus, den Betrieb später wieder aufzunehmen und fortzuführen. Kann der Steuerpflichtige den Betrieb, so wie er ihn verpachtet hat, später – objektiv – wieder aufnehmen, ist zu vermuten, dass eine Fortführungsabsicht besteht, soweit der Steuerpflichtige nichts Gegenteiliges erklärt[106]. Die Annahme einer bloßen Betriebsunterbrechung lässt die Betriebsvermögenseigenschaft der Wirtschaftsgüter unberührt, stille Reserven werden durch die Betriebsverpachtung mithin nicht aufgedeckt. Voraussetzung ist jedoch, dass alle wesentlichen Betriebsgrundlagen verpachtet werden[107]. Die stillen Reserven werden erst dann aufgedeckt und besteuert, wenn sie zu einem späteren Zeitpunkt durch Veräußerung, Entnahme oder endgültige Betriebsaufgabe realisiert werden. Es kommt also zu einem *Aufschub der Besteuerung*. Dieser Aufschub ist gerechtfertigt, da die spätere Erfassung der stillen Reserven gesichert ist. Besteht die Möglichkeit, dass der Steuerpflichtige den Gewerbebetrieb später wieder aufnimmt und ihn selbst fortführt, bleiben die stillen Reserven im Betriebsvermögen „gespeichert". **741**

Besteht diese Möglichkeit der Wiederaufnahme hingegen nicht, weil zB der Pächter den ursprünglichen Betrieb zu einem völlig „neuen" Betrieb umgestaltet hat oder keine wesentlichen Betriebsgrundlagen mehr vorhanden sind, die einem später identitätswahrend fortgeführten Betrieb dienen könnten, scheidet eine Option für die Betriebsunterbrechung aus[108]. Vielmehr kommt es dann zu einer (unfreiwilligen) Betriebsaufgabe (vgl Rn 725).

Die Pachteinnahmen, die der Verpächter während der Betriebsunterbrechung erzielt, werden wegen der Nutzung betrieblichen Vermögens zu gewerblichen Einkünften gem. § 15 Abs. 1 Satz 1 Nr 1, § 21 Abs. 3 EStG umqualifiziert. **742**

Sie sind indes *nicht gewerbesteuerpflichtig*, da für die Gewerbesteuer ein „werbender" (dh aktiver und damit gerade nicht ruhender) Gewerbebetrieb erforderlich ist (Rn 1344).

---

105 BFH, GrS 1/63 S, BStBl III 1964, 124 (126 f); VIII R 2/95, BStBl II 1998, 388.

106 BFH, I R 163/85, BFH/NV 1991, 357 (358); VIII R 72/96, BStBl II 2002, 722 (724); X R 36/17, BFH/NV 2019, 195.

107 BFH, X R 20/06, BStBl II 2010, 222.

108 BFH, IV R 37/14, BStBl II 2018, 227; VI R 63/15, BFHE 260, 138.

743 Die Aufgabe des unterbrochenen oder verpachteten Betriebs setzt voraus, dass der Steuerpflichtige entweder die Aufgabe ausdrücklich erklärt (§ 16 Abs. 3b Satz 1 Nr 1 EStG) oder dem FA Tatsachen bekannt werden, aus denen sich ergibt, dass eine endgültige Betriebsaufgabe vorliegt (§ 16 Abs. 3b Satz 1 Nr 2 EStG)[109]. So sollen sog. „schleichende" Betriebsaufgaben verhindert werden[110].

744 Im **Fall 32** (Rn 737) hat A ein Wahlrecht, die Betriebsaufgabe zu erklären und damit einen steuerbegünstigten Betriebsaufgabegewinn zu erzielen oder den ursprünglichen Betrieb als Verpachtungsbetrieb fortzuführen. Im Falle der Betriebsaufgabeerklärung erzielt A Einkünfte aus Vermietung und Verpachtung (§ 21 Abs. 1 Satz 1 Nr 1, Nr 2 EStG). Erklärt A die Betriebsaufgabe nicht, nimmt das FA eine gewerbliche Betriebsverpachtung an. In diesem Fall erzielt A (noch) keinen Aufgabegewinn. Die Pachteinnahmen sind Einkünfte aus Gewerbebetrieb gem. § 15 Abs. 1 Satz 1 Nr 1 EStG.

II. Einkünfte aus selbstständiger Arbeit (§ 18 EStG)

745 **Fall 33:** B ist Erbin einer Arztpraxis, die ihr Ehemann A bis zu dessen Tod betrieben hat. Sie führt die Praxis mithilfe eines Arztvertreters fort. Das FA sieht die aufgrund der Tätigkeit des Arztvertreters erwirtschafteten Einkünfte als Einkünfte aus Gewerbebetrieb an. B ist der Ansicht, dass es sich um Einkünfte aus selbstständiger Arbeit handele. **Rn 749**

746 Einkünfte aus selbstständiger Arbeit sind:

- Einkünfte aus freiberuflicher Tätigkeit (§ 18 Abs. 1 Nr 1 EStG),
- Einkünfte der Einnehmer einer staatlichen Lotterie, wenn sie nicht Einkünfte aus Gewerbebetrieb sind (§ 18 Abs. 1 Nr 2 EStG),
- Einkünfte aus sonstiger selbstständiger Arbeit (§ 18 Abs. 1 Nr 3 EStG), wozu neben den ausdrücklich im Gesetz genannten Tätigkeiten ua auch die Tätigkeit als Insolvenzverwalter gehört,
- bestimmte Vergütungen an Beteiligte von vermögensverwaltenden Gesellschaften oder Gemeinschaften (§ 18 Abs. 1 Nr 4 EStG; sog. carried interest[111]) sowie
- der Gewinn, der bei der Veräußerung des Vermögens erzielt wird, das der selbstständigen Arbeit dient (§ 18 Abs. 3 EStG iVm § 16 EStG).

747 Die selbstständige Arbeit setzt wie die gewerbliche Tätigkeit *Selbstständigkeit*, *nachhaltige Betätigung*, *Beteiligung am allgemeinen wirtschaftlichen Verkehr* und *Gewinnerzielungsabsicht* voraus (vgl § 15 Abs. 2 EStG). § 18 Abs. 2 EStG stellt klar, dass der Nachhaltigkeit nicht entgegen steht, wenn die Tätigkeit nur vorübergehend ausgeübt wird.

748 Wichtigster Anwendungsfall selbstständiger Arbeit ist die *freiberufliche Tätigkeit* gem. § 18 Abs. 1 Nr 1 EStG. Sie ist im Gesetz nicht definiert. Der Gesetzgeber führt lediglich Tätigkeiten auf, die er als freiberuflich ansieht. Hierzu gehören die *selbst-*

109 BMF v. 22.11.2016, BStBl I 2016, 1326; *Kanzler*, FR 2017, 773 (zu Anfechtung bzw Widerruf).

110 Dazu BFH, IV R 40/10, BFH/NV 2015, 827; X R 15/15, BStBl II 2017, 112 (Übergang zur Liebhaberei keine Aufgabe).

111 Dazu *Leez*, Die Besteuerung der Initiatoren inländischer Private Equity Fonds, 2010.

ständige wissenschaftliche, künstlerische, schriftstellerische[112], *unterrichtende*[113] *oder erzieherische*[114] Tätigkeit. Darüber hinaus hat der Gesetzgeber in § 18 Abs. 1 Nr 1 Satz 2 EStG einen Katalog von Berufen aufgestellt, deren selbstständige Ausübung stets zu freiberuflichen Einkünften führt. Zu diesen sog. **Katalogberufen** zählen insb akademische Berufe, zB Arzt, Rechtsanwalt, Steuerberater, Ingenieur, nicht aber Apotheker[115].

Im **Fall 33** (Rn 745) ist fraglich, ob B nach dem Tod des A Einkünfte aus selbstständiger Arbeit gem. § 18 Abs. 1 Nr 1 EStG erzielt. B ist nicht persönlich tätig, sondern nimmt die Dienste eines Arztvertreters in Anspruch. Für die Annahme einer selbstständigen Arbeit der B kommt es nicht nur darauf an, dass ihre Hilfsperson, sondern auch sie selbst die Voraussetzungen eines Katalogberufs erfüllt. Fehlt ihr die berufliche Qualifikation und damit das Recht, eigenverantwortlich und selbstständig eine freiberufliche Tätigkeit auszuüben, stellt das Fortführen der Arztpraxis eine gewerbliche Tätigkeit dar. § 18 Abs. 1 Nr 1 Satz 4 EStG, wonach eine Vertretung im Falle kurzfristiger Verhinderung des Freiberuflers unschädlich ist, greift hier nicht, da A verstorben und damit nicht nur vorübergehend verhindert ist[116]. **749**

Auslegungsschwierigkeiten bestehen dann, wenn der Steuerpflichtige zwar keinen Katalogberuf, möglicherweise aber einen „ähnlichen Beruf" (§ 18 Abs. 1 Nr 1 Satz 2 EStG aE) ausübt. Die **Ähnlichkeit** muss dazu hinsichtlich aller typischen Merkmale des Katalogberufs bestehen[117]. Wird für einen Katalogberuf eine bestimmte Ausbildung verlangt (zB Hochschulstudium), so muss die Ausbildung für den „ähnlichen" Beruf vergleichbare theoretische Kenntnisse vermitteln[118]. Wer keine Ausbildung zu einem Katalogberuf hat, kann den Nachweis über anderweitigen Erwerb entsprechender Kenntnisse auch dadurch führen, dass er sich einer *Wissensprüfung* durch einen Sachverständigen unterzieht[119]. Dabei genügt es, wenn der Autodidakt mit seinen Kenntnissen insgesamt eine entsprechende Abschlussprüfung bestehen würde[120]. Gelingt der Nachweis der Ähnlichkeit nicht, so führt dies zu Einkünften aus Gewerbebetrieb. Die Rspr ist – wie schon die Aufzählung im Gesetz – kasuistisch. **750**

Beispiele: (1) C ist Computerspezialist, als selbstständiger EDV-Berater tätig und entwickelt Software für Industrie- und Handwerksbetriebe. C übt nur dann einen ingenieurähnlichen Beruf aus, wenn er qualifizierte Software durch eine ingenieurmäßige Vorgehensweise (Planung, Konstruktion, Betreuung) entwickelt[121]. Die Art und Weise, wie er seine ingenieurähnlichen Kenntnisse erworben hat, spielt keine Rolle[122].

---

112 BFH, IV R 4/01, BStBl II 2002, 475 (auch Verfassen technischer Anleitungen).

113 BFH, VIII R 11/15, BStBl II 2017, 911 (nicht Ausbildung und Verkauf von Blindenhunden).

114 BMF v. 11.11.2016, BStBl I 2016, 1236 (auch Kindertagespfleger/in).

115 BFH, IV R 505/43 U, BStBl III 1956, 18; IV B 48/97, BFH/NV 1998, 706 mwN.

116 BFH, VIII R 143/78, BStBl II 1981, 665.

117 BFH, I R 66/78, BStBl II 1981, 121 (123 f); IV R 65/00, BStBl II 2002, 149 (150); VIII R 24/14, BStBl II 2017, 908.

118 BFH, IV R 27/05, BFH/NV 2006, 1270 (Ähnlichkeit „Abfallwirtschaftsberater" mit „Ingenieur"); IV R 65/00, BStBl II 2002, 149 (keine Ähnlichkeit „medizinischer Fußpfleger" mit „Krankengymnast"); VIII R 26/15, BFHE 263, 162 (Ähnlichkeit „Heileurythmist" mit „Krankengymnast"); zu Heilberufen BMF v. 22.10.2004, BStBl I 2004, 1030.

119 BFH, IV R 56/00, BStBl II 2002, 768 (770); VIII R 2/14, BStBl II 2017, 882.

120 BFH, IV R 74/00, BStBl II 2003, 27.

121 BFH, XI R 9/03, BStBl II 2004, 989; XI R 29/06, BStBl II 2007, 781; VIII R 31/07, BStBl II 2010, 467; zur Abgrenzung bei IT-Berufen *Pfirrmann*, FR 2014, 162.

122 BFH, VIII R 63/06, BStBl II 2010, 466; VIII R 79/06, BStBl II 2010, 404.

(2) Ein Promotionsberater, der aufgrund selbstentwickelter Testverfahren für seine Kunden individuelle Begabungsanalysen erstellt, übt keine eigenständige wissenschaftliche Tätigkeit aus und ist deshalb gewerblich tätig[123].

(3) Dagegen übt ein Hochbautechniker, der durch langjährige praktische Tätigkeit auf dem Gebiet der Planung von Bauwerken theoretische Kenntnisse erworben hat, die denen eines Architekten vergleichbar sind, einen architektenähnlichen Beruf aus[124].

751 Mit der Abgrenzung der freiberuflichen von der gewerblichen Tätigkeit wollte der Gesetzgeber dem Umstand Rechnung tragen, dass bei der freiberuflichen Tätigkeit der Einsatz von Kapital im Gegensatz zur gewerblichen Tätigkeit in den Hintergrund tritt, da vielmehr die geistige Arbeit und die eigene Arbeitsleistung des Freiberuflers von Bedeutung sind. Charakteristisch soll die persönliche Arbeitsleistung eines Berufsträgers sein. So reicht es nicht aus, dass der Steuerpflichtige grundsätzlich die Ausbildung für einen Katalogberuf hat. Vielmehr muss seine *tatsächliche Tätigkeit* auch entsprechend zu qualifizieren sein:

Beispiele: Ein als Personalberater tätiger Diplom-Kaufmann übt keine freiberufliche Tätigkeit aus, soweit er dafür honoriert wird, dass er seinen Auftraggebern von ihm ausgesuchte Kandidaten für zu besetzende Stellen vermittelt[125]; das Gleiche gilt für einen „Politikberater", der seine Kunden über laufende Gesetzgebungsvorhaben informiert[126]. Auch eine Fernsehmoderatorin, die Produkte nach den Vorgaben des Auftraggebers in Verkaufssendungen präsentiert, übt keine freiberufliche, sondern eine gewerbliche Tätigkeit aus[127]. Ein Übersetzer ist nur freiberuflich tätig, soweit er selbst beherrschte Sprachen übersetzt[128].

752 Probleme können sich auch ergeben, wenn sich ein Freiberufler der Hilfe fachlich vorgebildeter Arbeitskräfte bedient, was nach § 18 Abs. 1 Nr 1 Satz 3 EStG grundsätzlich zulässig ist[129]. Allerdings ist hierbei zu beachten, dass der Freiberufler aufgrund eigener Fachkenntnisse **leitend** und **eigenverantwortlich** tätig bleibt. Er muss die Vorleistung seiner fachlich vorgebildeten Mitarbeiter überprüfen, selbst ausreichend Zeit für die eigentliche freiberufliche Tätigkeit aufbringen und der Arbeit sein Gepräge geben. Ist er hierzu wegen zu großer Auftrags- und Mitarbeiterzahl nicht mehr in der Lage, ist er gewerblich tätig[130]. Allerdings ist nicht erforderlich, dass er in allen Routinefällen mitarbeitet[131]. Übt ein Steuerpflichtiger sowohl eine freiberufliche als auch eine gewerbliche Tätigkeit aus, so sind die Tätigkeiten zu trennen, sofern dies nach der Verkehrsauffassung möglich ist[132]. Die für Personengesellschaften anzuwendenden Geprägegrundsätze (Rn 1159) gelten für Einzelunternehmer nicht.

---

123 BFH, VIII R 74/05, BStBl II 2009, 238.
124 BFH, IV R 118/87 ua, BStBl II 1990, 64 (66).
125 BFH, IV R 70/00, BStBl II 2003, 25.
126 BFH, VIII R 18/11, BStBl II 2015, 128.
127 BFH, VIII R 5/12, BStBl II 2015, 217.
128 BFH, VIII R 45/13, BStBl II 2018, 4.
129 § 18 Abs. 1 Nr 1 Satz 3 EStG gilt auch für die Tätigkeiten iSd § 18 Abs. 1 Nr 3 EStG (zB Insolvenzverwalter); BFH, VIII R 50/09, BStBl II 2011, 506.
130 BFH, IV R 140/88, BStBl II 1990, 507; IV B 12/99, BFH/NV 2000, 837 (Laborarzt); VIII R 62/13, BStBl II 2016, 381 (Ärzte-GbR). Zur Möglichkeit einer Trennung bei gesonderter Abrechnung BFH, IV R 48/01, BStBl II 2004, 363 (gewerbliche Klinik und freiberufliche Heilbehandlungen). Zur Fallbearbeitung *Birk/Desens/Tappe*, Klausurenkurs, Fall 3.
131 BFH, VIII R 50/09, BStBl II 2011, 506; VIII R 41/12, BStBl II 2015, 216.
132 BFH, IV R 21/06, BStBl II 2010, 113.

Schließen sich **mehrere Freiberufler** zu einer Personengesellschaft (GbR) zusammen, erzielen sie Einkünfte aus selbstständiger Arbeit, sofern alle Gesellschafter freiberuflich tätig sind (§ 18 Abs. 4 Satz 2 iVm § 15 Abs. 1 Satz 1 Nr 2 EStG). Ist dies nicht der Fall, da zB einem Gesellschafter die Qualifikation zur Ausübung der freiberuflichen Tätigkeit fehlt oder ein Gesellschafter nur kapitalmäßig an der Personengesellschaft beteiligt ist, liegt insgesamt eine *gewerbliche* Mitunternehmerschaft vor (Rn 1157). **753**

Man mag sich nun fragen, welche Rolle es spielt, ob jemand gewerbliche oder selbstständige Einkünfte hat. Die Unterschiede sind erheblich. Es ist tendenziell günstiger, selbstständige statt gewerbliche Einkünfte zu erzielen. Mit der Bejahung der selbstständigen Arbeit ist nämlich zugleich entschieden, dass keine *Gewerbesteuerpflicht* (Rn 1338 ff) besteht. **754**

Zudem ergeben sich bei selbstständiger Arbeit **Erleichterungen bei der Gewinnermittlung**. Anders als Gewerbetreibende können Freiberufler unabhängig von Umsatz- oder Gewinngrenzen wählen, ob sie ihren Gewinn im Wege des Betriebsvermögensvergleichs durch Bilanzierung (§ 4 Abs. 1 EStG) oder durch eine Einnahmen-Überschussrechnung (§ 4 Abs. 3 EStG) ermitteln (Rn 851, 972). Gewerbetreibende sind dagegen idR verpflichtet, zu bilanzieren. **755**

Die Doppelbelastung durch Einkommen- und Gewerbesteuer schwächt § 35 EStG ab, der Gewerbetreibenden eine typisierte Anrechnung der Gewerbesteuer auf ihre gewerblichen Einkünfte erlaubt (Rn 660).

III. Einkünfte aus Land- und Forstwirtschaft (§§ 13–14a EStG)

Die Einkünfte aus Land- und Forstwirtschaft sind in den §§ 13–14a EStG geregelt. Die positiven Tatbestandsmerkmale eines Gewerbebetriebes aus § 15 Abs. 2 EStG müssen auch für Einkünfte aus land- und forstwirtschaftlicher Tätigkeit vorliegen: Es muss sich um eine selbstständige und nachhaltige Tätigkeit handeln, die mit Gewinnerzielungsabsicht und unter Teilnahme am allgemeinen wirtschaftlichen Verkehr betrieben wird (Rn 703 ff). **756**

Land- und Forstwirtschaft ist die planmäßige Nutzung der natürlichen Kräfte des Bodens (sog. **Urproduktion**) und die Verwertung der dadurch *selbst* erzeugten Produkte[133]. Das umfasst vor allem die Einkünfte aus der *Aufzucht von Pflanzen und Bäumen* und aus der *Tierzucht und Tierhaltung*, soweit die Futtermengen aus der land- und forstwirtschaftlich genutzten Fläche selbst gewonnen werden können (§ 13 Abs. 1 Nr 1 EStG; sog. *primäre* Einkünfte), aber auch Einkünfte aus land- und forstwirtschaftlichen Nebenbetrieben (§ 13 Abs. 2 Nr 1 EStG; sog. *sekundäre* Einkünfte). **757**

Zu den **primären Einkünften** aus Land- und Forstwirtschaft gehören alle Einkünfte, die unmittelbar aus einer wirtschaftlichen Betätigung iSd § 13 Abs. 1 EStG hervorgehen. Beim Anbau von Pflanzen sind dies die Einkünfte aus der wirtschaftlichen Verwertung der pflanzlichen Erzeugnisse (zB Verkauf von Weizen oder Gemüse). Bei der Tierzucht und Tierhaltung sind alle Erlöse aus dem Verkauf der Tiere und der tie- **758**

133 BFH, IV R 191/74, BStBl II 1979, 246 (247).

rischen Erzeugnisse (zB Verkauf von Milch und Eiern) primäre Einkünfte aus Land- und Forstwirtschaft.

759 Die **sekundären Einkünfte** entstehen aus land- und forstwirtschaftlichen *Nebenbetrieben.* Der Nebenbetrieb muss hierbei gem. § 13 Abs. 2 Nr 1 Satz 2 EStG dem Hauptbetrieb zu dienen bestimmt sein. Zu solchen Nebenbetrieben gehören zB Brennereien, Molkereien, Sägewerke, Mühlen, Sand- und Kiesgruben oder Torfstechereien, wobei die eingesetzten Rohstoffe zu mehr als 50 % aus dem eigenen Hauptbetrieb stammen müssen. Bei Sand- und Kiesgruben oder Torfstechereien muss die gewonnene Substanz zu mehr als 50 % vom Hauptbetrieb verwertet werden. Sind diese Voraussetzungen erfüllt, so sind auch die sekundären Einkünfte solche aus Land- und Forstwirtschaft, andernfalls Einkünfte aus Gewerbebetrieb.

760 Schwierigkeiten bereitet die **Abgrenzung zum Gewerbebetrieb** bei *gemischten Tätigkeiten.* Der BFH hat im sog. Hofladenurteil[134] Kriterien festgelegt: Der Verkauf von selbst gewonnenen Erzeugnissen ab Hof ist stets Teil der Urproduktion. Werden daneben zugekaufte Produkte abgesetzt, entsteht neben dem landwirtschaftlichen Betrieb ein (neuer zusätzlicher) Gewerbebetrieb, wenn der Nettoumsatzanteil ein Drittel des Nettogesamtumsatzes oder 51 500 € im Wirtschaftsjahr nachhaltig übersteigt.

761 Die Abgrenzung zwischen Land- und Forstwirtschaft und Gewerbebetrieb ist wegen des Freibetrags gem. § 13 Abs. 3 EStG, der Gewerbesteuerpflicht und der unterschiedlichen Gewinnermittlungsmethoden von Bedeutung. Außerdem kann die **Gewinnermittlung bei Land- und Forstwirten nach Durchschnittssätzen** (§ 13a EStG) erfolgen, was idR günstiger ist als eine Gewinnermittlung gem. § 4 Abs. 1 EStG (Rn 851).

762 Eine objektiv land- und forstwirtschaftliche Tätigkeit kann – wie auch jede gewerbliche Tätigkeit – im Einzelfall eine steuerlich unbeachtliche **Liebhaberei** (Rn 707 ff) sein, wenn sie ohne Gewinnerzielungsabsicht betrieben wird. Dauerhaft verlustbringende Tätigkeiten oder solche, die ihrer Art nach eine Nähe zur privaten Lebensführung aufweisen, sind hiervon betroffen[135].

IV. Einkünfte aus nichtselbstständiger Arbeit (§ 19 EStG)

763 *Arbeitnehmer* erzielen gem. § 19 EStG Einkünfte aus *nicht*selbstständiger Arbeit. Zu den Einkünften gehören gem. § 19 Abs. 1 Satz 1

- Nr 1 EStG: Gehälter, Löhne, Gratifikationen, Tantiemen und andere Bezüge und Vorteile für eine Beschäftigung im öffentlichen oder privaten Dienst;
- Nr 1a EStG: Zuwendungen des Arbeitgebers an seinen Arbeitnehmer im Rahmen von Betriebsveranstaltungen (ab 110 €);
- Nr 2 EStG: Wartegelder, Ruhegelder, Witwen- und Waisengelder und andere Bezüge und Vorteile aus *früheren* Dienstleistungen, und zwar gem. § 24 Nr 2 EStG auch dann, wenn sie dem Rechtsnachfolger zufließen;
- Nr 3 EStG: bestimmte Zuwendungen des Arbeitgebers iRd betrieblichen Altersvorsorge.

134 BFH, IV R 21/06, BStBl II 2010, 113.

135 BFH, IV R 82/89, BStBl II 1991, 333 (Trabrennstall); IV B 81/01, BStBl II 2003, 804 (Weinanbau aus Familientradition); IV R 38/13, BStBl II 2016, 765 (Forst); VI R 5/17, BFHE 262, 425 (Pferdepension).

Die Einkünfte aus nichtselbstständiger Arbeit werden durch Einnahmen-Überschussrechnung ermittelt und unterliegen gem. §§ 38 ff EStG dem **Lohnsteuerabzugsverfahren** als besonderer Form der Erhebung der Einkommensteuer. 764

1. Arbeitnehmer

Der *steuerrechtliche* Arbeitnehmerbegriff (vgl § 1 LStDV) hat eine eigenständige Natur und deckt sich nicht immer mit dem arbeits- oder sozialrechtlichen Arbeitnehmerbegriff. Maßgeblich im Steuerrecht ist das Beziehen von Arbeitslohn aus einem zumindest faktisch[136] durchgeführten Dienstverhältnis (§ 611 BGB), aus dem der Arbeitnehmer dem Arbeitgeber seine Arbeitsleistung schuldet (§ 1 Abs. 2 Satz 1 LStDV), unter der Leitung des Arbeitgebers steht oder in dessen geschäftlichen Organismus weisungsabhängig eingebunden ist (vgl § 1 Abs. 2 Satz 2 LStDV). Das ist aber nicht als eine abschließende Definition zu verstehen. Entscheidend ist stets eine Bewertung des jeweiligen Einzelfalls am Gesamtbild der Verhältnisse (**„offener Typusbegriff“**)[137]. 765

Ein **Gesellschafter-Geschäftsführer** einer GmbH kann steuerrechtlich Arbeitnehmer der GmbH sein, wenn er einen festen Anstellungsvertrag hat, seine ganze Arbeitskraft schuldet und die Vergütung im Wesentlichen *nicht* vom wirtschaftlichen Erfolg der GmbH abhängt[138]. Auch ein **AStA-Vorsitzender**, der eine monatliche Aufwandsentschädigung erhält, kann Arbeitnehmer sein, da er für die verfasste Studentenschaft tätig ist, Beschlüsse des Studentenparlaments zu vollziehen hat und in den Organismus der Studentenvertretung eingegliedert ist[139]. Ein **Fernfahrer** ist steuerrechtlich Arbeitnehmer, wenn er zu einem vereinbarten Stundensatz Transporte in unternehmenseigenen LKWs durchführt, selbst wenn er keinen Anspruch auf Urlaub oder Bezahlung im Krankheitsfall hat[140]. Als Arbeitnehmerinnen wurden auch *Prostituierte* angesehen, die in einem „Club“ arbeiten, obwohl sie keinen festen Arbeitsplatz hatten und kein Grundgehalt bezogen, da sie fest in die Organisation des Clubbetriebs eingebunden waren und der Personalhoheit des Clubinhabers unterlagen[141]. Auch sog. Telefoninterviewer sind regelmäßig nichtselbstständig tätig[142]. 766

Besonderheiten gelten für **Arbeitsverträge unter Ehegatten und nahen Angehörigen** (Rn 327 ff). Hier müssen die Arbeitsverträge zivilrechtlich wirksam sein, tatsächlich durchgeführt werden und dem entsprechen, was unter fremden Dritten üblich ist (Fremdvergleich). Entgegen § 19 Abs. 1 Satz 2 EStG muss sich aus dem Arbeitsvertrag daher insoweit ein Rechtsanspruch auf Arbeitslohn ergeben. Liegen diese Voraussetzungen vor, kann etwa auch eine Zahnarztfrau, die als Arzthelferin mit freier Zeiteinteilung die Büroaufgaben ihres Mannes erledigt, Lohneinkünfte erzielen[143]. 767

136 FG Köln, 6 K 2745/10, EFG 2014, 843 (rkr).
137 Grundlegend BFH, VI R 150/82 ua, BStBl II 1985, 661 (Werbedamen); BFH, VI R 5/06, BStBl II 2009, 931 (Fotomodelle bei der Produktion von Werbefilmen).
138 BFH, VI R 81/06, BStBl II 2012, 262; I R 48/16, BFH/NV 2017, 1316.
139 BFH, VI R 51/05, BStBl II 2008, 981.
140 FG Münster, 15 K 4362/95 U, EFG 1999, 1046 (rkr).
141 FG München, 8 K 849/05, EFG 2008, 687 (rkr).
142 BFH, VI R 11/07, BStBl II 2008, 933.
143 FG Rh.-Pf., 6 K 2294/11, EFG 2014, 538 (rkr).

2. Arbeitslohn

768 Der Arbeitslohn ist der *Brutto*arbeitslohn, der alle Einnahmen umfasst, die der Arbeitnehmer aus dem Dienstverhältnis, einem früheren Dienstverhältnis oder im Hinblick auf ein künftiges Dienstverhältnis erhält (§ 2 LStDV). Es kommt nicht darauf an, ob ein Rechtsanspruch auf Entlohnung besteht (§ 19 Abs. 1 Satz 2 EStG)[144]. Zum **Bruttoarbeitslohn** gehören der Arbeitnehmeranteil zur Rentenversicherung (der Arbeitgeberanteil ist gem. § 3 Nr 62 EStG ebenso wie bestimmte andere Zuschüsse steuerfrei) sowie die Lohnsteuer, die der Arbeitgeber gem. § 38 Abs. 1 EStG vom Lohn einbehält und quasi als „Einkommensteuervorauszahlung" an das FA abführt (Rn 241).

769 Zum Arbeitslohn, der nach § 19 Abs. 1 Satz 1 Nr 1 EStG nicht nur Geldleistungen des Arbeitgebers, sondern auch „andere Bezüge und Vorteile für eine Beschäftigung" umfasst, gehören auch geldwerte **Sachbezüge**, **Nutzungsvorteile** oder sogar **ersparte Aufwendungen**, durch die der Arbeitnehmer wirtschaftlich bereichert wird.

Beispiele: Arbeitslohn ist

- ein zinsverbilligtes Darlehen, das der Arbeitgeber dem Arbeitnehmer gewährt bis zur Differenz des üblichen Marktzinses[145],
- die kostenlose Nutzung eines Betriebskindergartens iHd ersparten Aufwendungen[146] (aber steuerfrei nach § 3 Nr 33 EStG),
- die vom Arbeitgeber gewährte Privatnutzung betrieblicher Computer und Telefone (zB private Internetnutzung) iHd ersparten Aufwendungen (aber steuerfrei nach § 3 Nr 45 EStG),
- ein Verzicht des Arbeitgebers gegenüber dem Arbeitnehmer auf Schadensersatz nach einem während einer beruflichen Fahrt alkoholbedingt entstandenen Schaden am auch zur privaten Nutzung überlassenen Firmen-PKW[147],
- eine Bahncard 100 für Bahnangestellte unabhängig von der tatsächlichen privaten Nutzung[148] (zur Bewertung Rn 1042 ff),
- die Einräumung von *Werksrabatten* für Angestellte der Autoindustrie[149] (zur Bewertung Rn 1042 ff),
- Beiträge des Arbeitgebers zu einer Direktversicherung des Arbeitnehmers[150],
- die Einräumung von (verbilligten) Aktien[151], Aktienoptionsrechten[152] oder von Genussrechten[153] (zum Zuflusszeitpunkt Rn 978 f).

770 Arbeitslohn liegt nicht nur vor, wenn der Arbeitgeber eine Gegenleistung für die erbrachte Arbeit erbringt, sondern uU auch dann, wenn der Arbeitnehmer eine Leistung von einem **Dritten** erhält. Solche Zuwendungen Dritter sind durch das Dienstverhältnis veranlasst und daher Arbeitslohn iSd § 19 Abs. 1 Satz 1 Nr 1 EStG, „wenn der Arbeitnehmer sie vernünftigerweise als Frucht seiner Leistung für den Arbeitgeber anse-

---

144 BFH, VI R 39/08, BStBl II 2009, 668 zu Preisgeldern als Arbeitslohn.
145 BFH, VI R 28/05, BStBl II 2006, 781; zu Arbeitgeberdarlehen BMF v. 19.5.2015, BStBl I 2015, 484.
146 BFH, VI R 203/83, BStBl II 1986, 868; anders noch BFH, VI R 242/71, BStBl II 1975, 340.
147 BFH, VI R 73/05, BStBl II 2007, 766.
148 BFH, VI R 89/04, BStBl II 2007, 719; krit *Rößler*, DStR 2008, 708.
149 BFH, VI R 95/92, BStBl II 1993, 687 (689).
150 BFH, VI R 58/15, BStBl II 2018, 72.
151 BFH, VI R 73/12, BStBl II 2014, 904; VI R 16/15, BStBl II 2017, 149.
152 BFH, VI B 116/99, BStBl II 1999, 684; I R 100/98, BStBl II 2001, 509; I R 119/98, BStBl II 2001, 512; VI R 4/05, BStBl II 2008, 826; VI R 90/10, BStBl II 2013, 289.
153 BFH, VIII R 20/11, BStBl II 2014, 275.

hen muss"[154]. Sie sind es aber nicht, wenn der Dritte die Zuwendung aus einem *eigenwirtschaftlichen Interesse* gewährt[155].

Die von Dritten zugewandten Vorteile müssen nicht notwendigerweise in Geld bestehen. Es kann sich auch um sonstige Vergünstigungen handeln[156], zB Einkaufsrabatte, Urlaubsreisen oder bestimmte Prämienrabatte (zB „Miles-and-More-Rabatte"; steuerfrei bis 1080 € im Kalenderjahr nach § 3 Nr 38 EStG). Trinkgelder fallen daher als zusätzliches Entgelt für die erbrachte Dienstleistung unter § 19 Abs. 1 Satz 1 Nr 1 EStG[157], jedoch wird nicht jede von einem Dritten erbrachte Leistung als Trinkgeld nach § 3 Nr 51 EStG steuerfrei gestellt[158]. **771**

Nicht zum Arbeitslohn gehören aber Zahlungen des Arbeitgebers an den Arbeitnehmer, die nicht durch das Dienstverhältnis, sondern durch ein **anderes Rechtsverhältnis**, das neben dem Dienstverhältnis besteht, veranlasst sind[159]. **772**

3. Werbungskosten

Arbeitslohn abzgl. *Werbungskosten* bilden als Überschuss der Einnahmen über die *Werbungskosten* die Einkünfte aus nichtselbstständiger Arbeit, § 2 Abs. 2 Satz 1 Nr 2 EStG. **773**

Der Arbeitnehmer kann gem. § 9 Abs. 1 Satz 1 EStG von seinem Arbeitslohn Aufwendungen, die durch das Arbeitsverhältnis *veranlasst* sind, als *Werbungskosten* abziehen. Diese Vorschrift regelt nicht speziell die Werbungskosten im Bereich der nichtselbstständigen Arbeit, sondern sie gilt für sämtliche Überschusseinkunftsarten (Rn 1045 ff). § 9 Abs. 1 Satz 3, Abs. 4a EStG normiert für die häufigsten Arten von Aufwendungen Abzugsbeschränkungen. Durch sie wird gesetzlich die Grenze zur privaten Mitveranlassung (sog. *gemischte Aufwendungen*) typisiert (Rn 617). Hierzu zählen: **774**

- Aufwendungen für die Wege zwischen Wohnung und erster Tätigkeitsstätte, sog. **Pendlerpauschale** (§ 9 Abs. 1 Satz 3 Nr 4 EStG)[160]: Die Pauschale beträgt 0,30 € pro Entfernungskilometer (nur ein Weg) und hat Abgeltungswirkung für *sämtliche* wegebezogenen Aufwendungen (§ 9 Abs. 2 Satz 1 EStG)[161]. Höhere Kosten können aber für die Nutzung öffentlicher Verkehrsmittel (§ 9 Abs. 2 Satz 2 EStG) oder von Behinderten (§ 9 Abs. 2 Satz 3 EStG) angesetzt werden. Bei Flügen können dagegen nur die tatsächlichen Kosten geltend gemacht werden (§ 9 Abs. 1 Satz 3 Nr 4 Satz 3 EStG). Im Übrigen ist es nicht von Belang, wie der Weg zurückgelegt wird (zu Fuß, Fahrrad, Auto, private Fahrgemeinschaft). Zur genauen Bemessung der Entfernung wird die „erste Tätigkeitsstätte" in § 9 Abs. 4 EStG definiert und in § 9 Abs. 1 Satz 3 Nr 6 EStG bestimmt, was bei mehreren Wohnungen gilt. Für Betriebsausgaben gilt die Pendler-Pauschale entsprechend für die Wegstrecke zwischen Wohnung und Betriebstätte (§ 4 Abs. 5 Satz 1 Nr 6 EStG).

---

154 BFH, VI R 10/96, BStBl II 1996, 545; VI R 64/11, BStBl II 2015, 184; VI R 69/13, BStBl II 2015, 41; VI R 67/14, BStBl II 2017, 69.

155 BFH, VI R 62/11, BStBl II 2015, 191.

156 BFH, VI R 10/96, BStBl II 1996, 545; zur Fallbearbeitung *Birk/Desens/Tappe*, Klausurenkurs, Fall 2.

157 BFH, VI R 62/88, BStBl II 1993, 117 (118).

158 Zur Abgrenzung BFH, VI R 37/05, BStBl II 2007, 712; VI R 49/06, BStBl II 2009, 820.

159 BFH, VI R 145/99, BStBl II 2002, 829 (Vermietung [§ 21 EStG] eines Parkplatzes an Arbeitgeber).

160 Dazu BMF v. 31.10.2013, BStBl I 2013, 1376.

161 BFH, VI R 29/13, BStBl II 2014, 849 (auch Reparaturkosten); VI R 4/15, BStBl II 2017, 228 (verfassungsgemäß).

- Notwendige Mehraufwendungen für eine beruflich veranlasste **doppelte Haushaltsführung**, § 9 Abs. 1 Satz 3 Nr 5 EStG: Abziehbar sind die Kosten für eine bewohnte Unterkunft am Ort der „ersten Tätigkeitsstätte" (höchstens 1000 € monatlich) und wöchentlich eine **Familienheimfahrt** (pauschal 0,30 € je Kilometer für Hin- und Rückweg). Voraussetzung ist aber, dass der Steuerpflichtige außerhalb seiner ersten Tätigkeitsstätte noch einen eigenen Hausstand unterhält, was dort das Innehaben einer Wohnung und eine Beteiligung an den Kosten der Lebensführung voraussetzt. Für Betriebsausgaben gilt die Regelung entsprechend bei einer betrieblich veranlassten doppelten Haushaltsführung (§ 4 Abs. 5 Satz 1 Nr 6a Var. 1 EStG) einschließlich Familienheimfahrten (§ 4 Abs. 5 Satz 1 Nr 6 EStG).
- Beruflich veranlasste **Reisekosten** (Fahrten: § 9 Abs. 1 Satz 3 Nr 4a EStG, Übernachtung: § 9 Abs. 1 Satz 3 Nr 5a EStG[162]) einschließlich **Verpflegungsmehraufwendungen** (§ 9 Abs. 4a EStG): Für beruflich veranlasste *Fahrten*, die weder Fahrten zur ersten Tätigkeitsstätte noch Familienheimfahrten sind, können die *tatsächlichen* Aufwendungen oder die *pauschalen* Wegstreckenentschädigungen nach dem Bundesreisekostengesetz angesetzt werden (§ 9 Abs. 1 Satz 3 Nr 4a Sätze 1, 2 EStG). Für *Übernachtungen* sind allein die *tatsächlichen* Aufwendungen für die Inanspruchnahme einer Unterkunft abziehbar (§ 9 Abs. 1 Satz 3 Nr 5a Satz 2 EStG). Verpflegungsmehraufwendungen für auswärtige Tätigkeiten werden dagegen *pauschaliert*: 24 € pro Tag, aber nur 12 € für den An- oder Abreisetag oder bei Abwesenheit von mehr als acht Stunden ohne Übernachtung (§ 9 Abs. 4a Satz 3 EStG). Für Betriebsausgaben verweist § 4 Abs. 5 Satz 1 Nr 5 Satz 2 EStG hinsichtlich der Verpflegungsaufwendungen auf § 9 Abs. 4a EStG und § 4 Abs. 5 Satz 1 Nr 6a Var. 2 EStG hinsichtlich der Übernachtungskosten auf § 9 Abs. 1 Nr 5a EStG. Betriebliche Fahrtkosten können dagegen nicht nach dem Bundesreisekostengesetz pauschaliert werden (*kein* Verweis auf § 9 Abs. 1 Satz 3 Nr 4a EStG in § 4 Abs. 5 EStG), sondern sind nur in tatsächlich entstandener Höhe abziehbar.

775 Ein besonderes Abzugsverbot besteht bei Aufwendungen für ein **häusliches Arbeitszimmer** (§ 4 Abs. 5 Satz 1 Nr 6b Satz 1 EStG [ggf iVm § 9 Abs. 5 Satz 1 EStG])[163]. Eine Ausnahme gilt, wenn für die berufliche oder betriebliche Tätigkeit kein anderer Arbeitsplatz zur Verfügung steht (zB bei Lehrern)[164]. Dann können Aufwendungen bis zur *personenbezogenen* Höchstgrenze von 1250 €[165] jährlich geltend gemacht werden (§ 4 Abs. 5 Satz 1 Nr 6b Satz 2 EStG)[166]. Darüber hinaus ist ein voller Abzug möglich, wenn das Arbeitszimmer den *Mittelpunkt* der gesamten betrieblichen und beruflichen Betätigung darstellt[167]. Aus dem Zweck des Abzugsverbots ergibt sich, dass Aufwendungen für gemischt (also auch wesentlich privat) genutzte Arbeitszimmer nicht abziehbar sind[168], das gilt auch für Nebenräume (zB Küche, Bad, Flur)[169].

776 Ebenfalls vom Abzug ausgeschlossen sind die Aufwendungen des Steuerpflichtigen für seine *erstmalige Berufsausbildung* oder für ein *Erststudium*, das zugleich eine **Erstausbildung** vermittelt (§ 4 Abs. 9, § 9 Abs. 6 EStG)[170]. Insoweit kommt allein

162 BMF v. 24.10.2014, BStBl I 2014, 1412; v. 8.11.2017, BStBl I 2017, 1457 (Ausland).
163 Dazu BMF v. 6.10.2017, BStBl I 2017, 1320.
164 BFH, III R 9/16, BStBl II 2017, 698 zum „anderen Arbeitsplatz".
165 BFH, VI R 53/12, BStBl II 2017, 938; VI R 86/13, BStBl II 2017, 941, VIII R 15/15, BStBl II 2017, 956.
166 Weitere Einschränkungen wären verfassungswidrig, s. BVerfG, 2 BvL 13/09, BVerfGE 126, 268.
167 BFH, VI B 134/12, BFH/NV 2013, 558 (bei Hochschullehrern stets die Universität).
168 BFH, GrS 1/14, BStBl II 2016, 265; IX R 52/14, BFH/NV 2017, 1017.
169 BFH, X R 26/13, BStBl II 2016, 611; III R 62/11, BStBl II 2017, 163.
170 UE verfassungsgemäß; vgl BFH, VIII R 22/12, BStBl II 2014, 165; *Trossen*, FR 2012, 501; aA BFH, VI R 2/12, BFHE 247, 25 (Vorlage zum BVerfG Az 2 BvL 23/14); dazu *Meindl-Ringler*, DStZ 2016, 308; *Neugebauer*, FR 2015, 307; *Cropp/Schober*, FR 2016, 837.

ein (nachteiliger) Abzug als Sonderausgaben in Betracht (§ 10 Abs. 1 Nr 7 EStG, Rn 1081). Ein Abzug von Betriebsausgaben oder Werbungskosten ist nur möglich, wenn der Steuerpflichtige zuvor bereits eine Erstausbildung (Berufsausbildung oder Studium) abgeschlossen hat oder wenn die Ausbildung oder das Studium im Rahmen eines Dienstverhältnisses stattfindet. Es handelt sich dann um sog. *vorweggenommene* Betriebsausgaben (Rn 992) oder Werbungskosten (Rn 1052).

Als Betriebsausgaben oder Werbungskosten abziehbar sind daher Kosten für ein **Zweitstudium** (zB Master), ein Aufbaustudium (zB LL. M.) oder für eine *Fortbildung*, also für eine Weiterbildung in einem bereits ausgeübten Beruf[171]. Auch Kosten für eine *Promotion*, die den Abschluss eines Erststudiums voraussetzt, sind beruflich oder betrieblich veranlasste Aufwendungen[172]. UE sind auch Aufwendungen für studienbegleitende Praktika, die nicht notwendiger Bestandteil eines Erststudiums sind, voll abziehbar[173]. 777

Weil das Tatbestandsmerkmal „Erstausbildung" nach der Rspr des BFH zunächst eher weit ausgelegt wurde (erstmalige Berufsausbildung setze weder bestimmte Ausbildungsdauer noch formale Abschlussprüfung voraus[174]), entwickelten sich zT „Gestaltungen", bei denen vor Beginn des Studiums „Ausbildungen" als Taxifahrer oder Skilehrer absolviert wurden. Mittlerweile verlangt § 9 Abs. 6 Satz 2–5 EStG (iVm § 4 Abs. 9 Satz 2 EStG) eine **„geordnete Ausbildung"** (idR Mindestdauer zwölf Monate, Vollzeit, Abschlussprüfung). 778

Der Abzug der Werbungskosten gem. § 9 Abs. 1 EStG vom Arbeitslohn erfordert die Glaubhaftmachung der entstandenen Aufwendungen. Aus Vereinfachungsgründen gewährt § 9a Satz 1 Nr 1 lit. a EStG einen **Arbeitnehmer-Pauschbetrag** iHv 1000 € unabhängig von tatsächlich entstandenen Werbungskosten. Dem Arbeitnehmer bleibt es aber unbenommen, höhere Aufwendungen geltend zu machen (Rn 1065). 779

V. Einkünfte aus Kapitalvermögen (§ 20 EStG)

Fall 34: P erzielt im Jahr 01 Zinseinnahmen auf ihr Sparbuch iHv 801 €. Muss sie hierfür Steuern zahlen? **Rn 798** 780

Fall 35: X ist Gesellschafter der A-GmbH und hält seinen gesamten Anteil im Privatvermögen. Die A-GmbH macht in 01 einen Gewinn iHv 100 000 €, der in vollem Umfang an X ausgeschüttet werden soll. Wie hoch sind die steuerpflichtigen Einnahmen des X? **Rn 788**

§ 20 EStG regelt die Einkünfte aus Kapitalvermögen. Deren Behandlung unterscheidet sich seit 2009 grundlegend von der anderer Einkünfte durch ihre Ausgestaltung als **Abgeltungsteuer**[175]. Diese verfolgt die Idee eines pauschalen Steuerabzugs an der Quelle mit Abgeltungswirkung (§ 43 Abs. 5 Satz 1 EStG). Kapitaleinkünfte werden nicht in die Bildung der Summe der Einkünfte einbezogen (§ 2 Abs. 5b EStG) und unterliegen stattdessen einem **einheitlichen Steuersatz von 25 %** (§ 32d Abs. 1 781

171 BFH, VI R 25/67, BStBl III 1967, 778 (auch Habilitationskosten).
172 BFH, VI R 96/01, BStBl II 2004, 891.
173 IErg auch zur alten Rechtslage (vor 2004) BFH, VI R 62/03, BFH/NV 2007, 1291.
174 BFH, VI R 6/12, BStBl II 2015, 180; vgl aber BMF v. 22.9.2010, BStBl I 2010, 721.
175 Zur Fallbearbeitung *Birk/Desens/Tappe*, Klausurenkurs, Fall 8.

Satz 1 EStG). Der individuelle Steuersatz nach § 32a EStG wird aber auf Antrag gewährt, wenn er günstiger ist als der einheitliche Steuersatz (§ 32d Abs. 6 EStG)[176]. Zudem wird das objektive Nettoprinzip (Rn 608) durchbrochen, weil der Werbungskostenabzug durch einen Sparer-Pauschbetrag ersetzt wird (§ 20 Abs. 9 Satz 1 EStG, Rn 793 f). Motiv für die Einführung der Abgeltungsteuer war vor allem eine „Kapitalflucht" ins Ausland, die früher oft den steuerlichen Zugriff des deutschen Fiskus verhindert hat („lieber 25 Prozent auf X als 42 Prozent auf nix"). Wegen der zunehmenden Kontrollmöglichkeiten (zB automatischer Steuer-Informationsaustausch) ist das aber heute kaum noch der Fall, so dass die Rechtfertigung des idR niedrigeren Steuersatzes politisch[177] wie verfassungsrechtlich[178] zweifelhaft geworden ist. Nach wie vor dient die Abgeltungsteuer aber der Vereinfachung.

782 In seiner ursprünglichen Konzeption ist § 20 EStG als Überschusseinkunftsart der Quellentheorie (Rn 602) gefolgt und hat nur die Früchte des eingesetzten Kapitals besteuert, nicht aber realisierte Wertänderungen des eingesetzten Kapitalstamms (auch nicht Inflation oder Kursschwankungen etc). Auch heute ist das private Kapitalvermögen nicht – wie etwa das Betriebsvermögen bei den Gewinneinkünften (Rn 856 ff, 971 ff) – vollständig steuerverstrickt. Jedoch werden mittlerweile in zahlreichen Einzeltatbeständen des § 20 Abs. 2 EStG nahezu alle Wertrealisierungen des eingesetzten Vermögensstamms (insb Veräußerungen) steuerlich erfasst. Konzeptionell folgt § 20 EStG daher heute eher der Reinvermögenszugangstheorie (Rn 601).

783 Bei Einkünften aus Kapitalvermögen wird die **Einkünfteerzielungsabsicht** (Rn 707 ff) vermutet[179]. Sie wird nicht bereits durch einen Verlust widerlegt, sondern erst, wenn die Anlage keinen positiven Ertrag erbringen kann[180]. Gem. § 20 Abs. 8 EStG liegen Einkünfte aus Kapitalvermögen nur vor, wenn die Entgelte für die Kapitalüberlassung nicht iRd Gewinneinkunftsarten (§ 13, §§ 15–17, § 18 EStG) oder der Einkünfte aus Vermietung und Verpachtung (§ 21 EStG) anfallen. § 20 EStG ist insoweit also *subsidiär*. § 20 Abs. 2 EStG geht jedoch seinerseits den privaten Veräußerungsgeschäften gem. § 23 Abs. 1 Satz 1 Nr 2 EStG vor (§ 23 Abs. 2 EStG).

1. Einzelne Einnahmetatbestände iSd § 20 Abs. 1 und Abs. 2 EStG

784 § 20 EStG umfasst vor allem drei Gruppen der Einkünfteerzielung:

- *Einnahmen aus bestimmten Beteiligungsformen* (§ 20 Abs. 1 Nr 1–4, 9, 10[181] EStG): insb Ausschüttungen von Kapitalgesellschaften (Nr 1), Investmenterträge (Nr 3, 3a) und Einnahmen aus typisch stillen Beteiligungen (Nr 4 Satz 1 Var. 1),
- *Zinseinnahmen* (§ 20 Abs. 1 Nr 5–7 EStG): insb „Erträge aus sonstigen Kapitalforderungen jeder Art" (Nr 7),
- *Gewinne aus der Veräußerung und anderen Realisierungen von Kapitalvermögen* (§ 20 Abs. 2 EStG): insb die Veräußerung von Anteilen an Kapitalgesellschaften

176 Zu den Belastungswirkungen *Cropp*, FR 2015, 878.

177 Zur geplanten Abschaffung (Koalitionsvertrag CDU, CSU und SPD v. 7.2.2018): *Linnemann/Weiß*, FR 2018, 220; vgl *Körner*, DB 2015, 397 (Alternativkonzept).

178 Zur verfassungsrechtlichen Problematik *Eckhoff*, FR 2007, 989 (996); *Englisch*, StuW 2007, 221; *Musil*, FR 2010, 149; *Desens*, DStJG 37 (2014), 95 (106 f) mwN.

179 BFH, VIII R 38/15, BStBl II 2017, 1040; VIII R 25/14, BStBl II 2017, 1038.

180 *Jachmann-Michel*, DStR 2017, 1849.

181 Dazu BMF v. 28.1.2019, BStBl I 2019, 97.

(Nr 1) oder sonstige Wertzuwächse durch Veräußerung von Kapitalanlagen („Finanzinnovationen")[182].

a) Einnahmen aus Beteiligungen an Kapitalgesellschaften (§ 20 Abs. 1 Nr 1 EStG)

§ 20 Abs. 1 Nr 1 EStG erfasst alle Erträge, die dem Steuerpflichtigen *aus seiner Beteiligung* an einer Kapitalgesellschaft oder an bestimmten anderen juristischen Personen zufließen und nicht Rückzahlung von Nennkapital und keine Einlagenrückgewähr (§ 20 Abs. 1 Nr 1 Satz 3 EStG, Rn 1310) sind. Hierzu gehören insb Dividenden aus Aktien sowie die Gewinnanteile aus der Beteiligung an einer GmbH. Erforderlich ist stets, dass die Leistungen der Gesellschaft an den Anteilseigner *aufgrund des Gesellschaftsverhältnisses* erfolgen. **785**

Leistungen der Gesellschaft an den Anteilseigner aufgrund schuldrechtlicher Beziehungen (zB aufgrund von Darlehens-, Miet- oder Arbeitsverträgen) führen daher grundsätzlich nicht zu Einnahmen aus § 20 Abs. 1 Nr 1 EStG, sondern sind nach allgemeinen Grundsätzen den anderen Einkunftsarten zuzuordnen. Dies gilt allerdings nicht, soweit es sich bei den Leistungen um sog. *verdeckte Gewinnausschüttungen* (Rn 1267 ff) handelt. § 20 Abs. 1 Nr 1 Satz 2 EStG stellt ausdrücklich klar, dass auch verdeckte Gewinnausschüttungen zu den Bezügen iSd § 20 Abs. 1 Nr 1 EStG gehören. **786**

Das Teileinkünfteverfahren (Rn 1319) des § 3 Nr 40 lit. d EStG findet auf Einkünfte aus Kapitalvermögen grundsätzlich keine Anwendung (zur Ausnahme Rn 795), es setzt vielmehr Gewinneinkünfte voraus (§ 3 Nr 40 Satz 2, § 20 Abs. 8 EStG, Rn 783). **787**

Im **Fall 35** (Rn 780) unterliegt der Gewinn der A-GmbH zunächst der Körperschaftsteuer mit einem definitiven Körperschaftsteuersatz von 15 % (§ 23 Abs. 1 KStG). Die A-GmbH kann daher 85 000 € an X ausschütten. (Lösung aus Vereinfachungsgründen ohne Berücksichtigung der Gewerbesteuer, die gem. § 4 Abs. 5b EStG nicht als Betriebsausgabe abziehbar ist und daher den ausschüttungsfähigen Gewinn mindert.) X, der seinen gesamten GmbH-Anteil im Privatvermögen hält, erzielt Einnahmen aus § 20 Abs. 1 Nr 1 EStG iHv 85 000 €. Das Teileinkünfteverfahren (§ 3 Nr 40, § 3c Abs. 2 EStG) findet keine Anwendung (vgl § 3 Nr 40 Satz 2, § 20 Abs. 8 EStG), sofern X dies nicht beantragt (Ausnahme in § 32d Abs. 2 Nr 3 EStG). Ohne Antrag fließen die gesamten Einkünfte (85 000 € ./. Sparer-Pauschbetrag nach § 20 Abs. 9 EStG [801€/1602 €]) in die Bemessungsgrundlage ein und unterliegen dem ermäßigten Abgeltungsteuersatz (§ 32d Abs. 1 EStG) iHv 25 %. **788**

b) Erträge aus sonstigen Kapitalforderungen (§ 20 Abs. 1 Nr 7 EStG)

§ 20 Abs. 1 Nr 7 EStG dient als Auffangtatbestand. Umfasst werden alle Arten von Erträgen, die als Gegenleistung für die Gebrauchsüberlassung von Kapital gewährt werden und nicht unter die übrigen Tatbestände des § 20 Abs. 1 EStG fallen. Unter Kapitalforderungen sind alle auf Geld gerichteten Forderungen zu verstehen, und zwar ohne Rücksicht auf den Rechtsgrund des Anspruchs oder die Dauer der Kapitalüberlassung. **789**

Unter die Norm fallen zB Verzugszinsen, Prozesszinsen, Erstattungszinsen nach § 233a AO[183] **790**
(Rn 287) sowie Zinsen aus Sparguthaben, Anleihen, Schuldverschreibungen und Darlehen.

182 BFH, VIII R 4/15, BStBl II 2015, 835 (nicht Einlösung Xetra-Gold Inhaberschuldverschreibung).
183 BFH, VIII R 36/10, BStBl II 2014, 168.

Auch Kaufpreisforderungen, deren Laufzeit mehr als ein Jahr beträgt und die zu einem bestimmten Zeitpunkt fällig werden, enthalten nach der Rspr des BFH einen Zinsanteil, welcher grundsätzlich mit 5,5 % (§ 12 Abs. 3 Satz 2 BewG) anzusetzen ist; dies gilt selbst dann, wenn die Parteien eine Verzinsung ausdrücklich ausgeschlossen haben[184].

791 In welcher Form, Art oder unter welcher Bezeichnung die Einnahmen zufließen, ist unerheblich (vgl § 20 Abs. 3 EStG)[185]. Es kommt nicht darauf an, ob die Entgelte laufend oder einmalig, bei Auszahlung oder bei Rückzahlung des Kapitals zufließen. Folglich gehören auch *Agio* oder *Disagio (Damnum)* zu den Einnahmen aus Kapitalvermögen. Agio ist ein einmaliger, bei der Rückzahlung des Kapitals zusätzlich aufzuwendender Betrag. Disagio oder Damnum ist der Unterschiedsbetrag zwischen dem Nennwert des – voll zurückzuzahlenden – Darlehens und der tatsächlich ausgezahlten Summe. Der Zufluss des Disagios erfolgt regelmäßig bereits mit der Auszahlung des gekürzten Darlehensbetrags[186].

792 Der **endgültige Ausfall** einer Kapitalforderung führt nach Einführung der Abgeltungsteuer zu einem steuerbaren Verlust („Null"-Rückzahlung nach § 20 Abs. 2 Satz 1 Nr 7, Satz 2 EStG)[187].

2. Berechnung der Einkünfte

793 Bei der Ermittlung der Einkünfte aus Kapitalvermögen ist als Werbungskosten ein **Sparer-Pauschbetrag** iHv 801 € (Zusammenveranlagung: 1602 €) abzuziehen (§ 20 Abs. 9 Satz 1 HS 1 EStG. Die Berücksichtigung der tatsächlichen Werbungskosten ist dagegen ausgeschlossen (§ 20 Abs. 9 Satz 1 HS 2, § 2 Abs. 2 Satz 2 EStG).

794 Trotz der Durchbrechung des objektiven Nettoprinzips (Rn 608 ff) greifen die verfassungsrechtlichen Bedenken vor allem bei hoher Fremdfinanzierung nicht durch[188]. Vielmehr soll der Vereinfachungs- und Pauschalierungszweck die Durchbrechung selbst dann rechtfertigen, wenn der Steuerpflichtige keinen Vorteil durch den Abgeltungsteuersatz (25 %) hat, weil sein individueller Steuersatz niedriger ist und dieser nach der sog. Günstigerprüfung (§ 32d Abs. 6 EStG, Rn 803) zugrunde gelegt wird[189].

795 Soweit der Abgeltungsteuersatz (25 %) dagegen durch die Sondervorschriften in § 32d Abs. 2 Nr 1 oder 3 EStG ausgeschlossen wird[190], gilt der Sparer-Pauschbetrag (§ 20 Abs. 9 EStG) ausdrücklich nicht, so dass (nur) tatsächliche Werbungskosten abziehbar sind[191]. In den Fällen des § 32d Abs. 2 Nr 3 EStG können diese aber nur zu 60 % abgezogen werden (§ 3c Abs. 2 EStG), da auch die erfassten Kapitalerträge nach dem Teileinkünfteverfahren nur zu 60 % erfasst werden (§ 3 Nr 40 lit. d bzw lit. e EStG, Rn 1319). Diese Ausnahme wird aber nur auf Antrag[192] gewährt, wenn der Steuerpflichtige entweder mindestens zu 25 % *oder* mindestens zu 1 % an der Kapitalgesellschaft beteiligt ist und durch eine berufliche Tätigkeit einen maßgeblichen unternehmerischen Einfluss auf die Kapitalgesellschaft hat (Rn 1313).

---

184 BFH, VIII R 163/71, BStBl II 1975, 431; VIII R 190/78, BStBl II 1981, 160.
185 BFH, I R 98/76, BStBl II 1981, 465.
186 BFH, VIII R 1/91, BStBl II 1994, 93.
187 BFH, VIII R 13/15, BFHE 259, 535; *Jachmann-Michel*, BB 2018, 2329; *Desens*, DStR 2019, 1071.
188 BFH, VIII R 53/12, BStBl II 2014, 975; VIII R 34/13, BStBl II 2015, 387; VIII R 13/13, BStBl II 2015, 393.
189 BFH, VIII R 13/13, BStBl II 2015, 393 (auch keine verfassungskonforme Auslegung).
190 Zur „nahe stehenden Person" BFH, VIII R 9/13, BStBl II 2014, 986; VIII R 27/15, BStBl II 2017, 441.
191 BFH, VIII R 11/14, BStBl II 2017, 443 (verfassungskonform).
192 BFH, VIII R 19/16, BStBl II 2019, 34 (auch bei Wechsel der Veranlassung).

Bei den *Veräußerungstatbeständen* (§ 20 Abs. 2 EStG) ergeben sich die Einkünfte aus dem **Gewinn** (§ 20 Abs. 4 EStG), zu dessen Ermittlung idR von den Einnahmen aus der Veräußerung neben den Anschaffungskosten auch die Aufwendungen abzuziehen sind, die im unmittelbaren sachlichen Zusammenhang mit dem Veräußerungsgeschäft stehen (§ 20 Abs. 4 Satz 1 EStG). Folglich kann auch ein Verlust entstehen[193]. Ein **Verlustausgleich** wird aber durch § 20 Abs. 6 EStG in mehrfacher Hinsicht **beschränkt**. So dürfen Verluste aus Kapitalvermögen generell nicht mit anderen Einkünften (§ 20 Abs. 6 Satz 1 EStG), sondern nur mit gegenwärtigen oder zukünftigen Gewinnen aus Kapitalvermögen ausgeglichen werden (§ 20 Abs. 6 Sätze 2, 3, 5 EStG), was sich durch die unterschiedliche Tarifbelastung erklärt[194]. Wegen ihres spekulativen Charakters wird der Verlustausgleich bei Aktiengeschäften (§ 20 Abs. 2 Satz 1 Nr 1 Satz 1 EStG) noch weiter eingeschränkt. Hier dürfen Verluste nur mit gegenwärtigen oder zukünftigen Gewinnen aus Aktiengeschäften ausgeglichen werden (§ 20 Abs. 6 Satz 4 EStG). Soweit jedoch ein Verlustausgleich nach § 20 Abs. 6 EStG möglich ist, ist dieser gegenüber § 20 Abs. 9 EStG vorrangig, wird also nicht durch das Abzugsverbot für Werbungskosten (Rn 793) beschränkt[195]. **796**

§ 2 Abs. 5b EStG schirmt die Einkünfte aus Kapitalvermögen, soweit sie der Abgeltungsteuer unterliegen, zudem von den anderen Einkünften ab. So werden die abgeltend besteuerten Kapitalerträge etwa nicht bei der Ermittlung der Zumutbarkeitsgrenze bei außergewöhnlichen Belastungen (§ 33 Abs. 3 EStG, Rn 1102) oder bei der Höchstgrenze für einen Spendenabzug (§ 10b Abs. 1 Satz 1 Nr 1 EStG, Rn 1080 f, 356) einbezogen. **797**

Im **Fall 34** (Rn 780) hat P Einkünfte gem. § 20 Abs. 1 Nr 7 EStG. Von ihren Zinseinkünften kann P den Sparer-Pauschbetrag für Unverheiratete iHv 801 € abziehen, so dass sie iErg ihre Zinseinnahmen iHv 801 € steuerfrei vereinnahmen kann. **798**

3. Steuerabzug vom Kapitalertrag (§§ 43 ff EStG) und Tarif (§ 32d EStG)

Grundsätzlich darf der Schuldner der Kapitalerträge nicht den vollen Kapitalertrag an den Gläubiger auszahlen, sondern muss einen Teil hiervon, die sog. Kapitalertragsteuer, einbehalten und an das FA abführen (§ 44 Abs. 1 Sätze 3, 5 EStG)[196]. Welche Kapitalerträge iErg dem Steuerabzug unterliegen, ist in § 43 EStG abschließend geregelt. **799**

Bis 1993 wurden Kapitalerträge nur sehr lückenhaft dem Steuerabzug unterworfen, insb galt die Quellenbesteuerung nicht für Zinsen aus festverzinslichen Wertpapieren und für Bank- und Sparkassenzinsen. Wegen des Bankgeheimnisses (§ 30a AO aF) wurde auch nur unzureichend kontrolliert. Daraus ergab sich ein *strukturelles Vollzugsdefizit*, das die verfassungsrechtlich gebotene Belastungsgleichheit (Art. 3 Abs. 1 GG) verletzte[197]. Seit 1993 unterliegen gem. § 43 Abs. 1 Satz 1 Nr 7 EStG auch Kapitalerträge iSd § 20 Abs. 1 Nr 7 EStG (Zinsen aus sonstigen **800**

---

193 BFH, VIII R 32/16, BStBl II 2019, 221 (Aktien); VIII R 37/15, BFHE 263, 169 (sog. Knock-out-Zertifikate).

194 Zum Verlust von Altverlusten (§ 23 EStG aF): BFH, IX R 48/15, BStBl II 2017, 313 (verfassungsgemäß); krit *Lohse*, DStR 2017, 641.

195 BFH, IX R 48/14, BStBl II 2016, 456; VIII R 55/13, BStBl II 2017, 264.

196 Dazu näher *Tappe*, in: Schön/Sternberg (Hrsg), Zukunftsfragen des deutschen Steuerrechts III, 2018, S. 77 ff.

197 BVerfG, 2 BvR 1493/89, BVerfGE 84, 239.

Kapitalforderungen) grundsätzlich dem Steuerabzug („Zinsabschlag"). Grenzüberschreitend sichert die EU-Zinssteuerrichtlinie durch einen Informationsaustausch die Besteuerung der Kapitalerträge ab (Rn 234).

801 Die Kapitalertragsteuer beträgt idR 25 % (ausnahmsweise 15 %), § 43a Abs. 1 EStG. Bemessungsgrundlage ist gem. § 43a Abs. 2 EStG der volle Kapitalertrag. Jedoch kann der Steuerpflichtige gem. § 44a Abs. 1, 2 EStG bei Kapitalerträgen iSd § 43 Abs. 1 Satz 1 Nr 1, 2–7, 8–12 sowie Satz 2 EStG dem Kreditinstitut einen **Freistellungsauftrag** bis zur Höhe von 801 € (Zusammenveranlagung: 1602 €) erteilen, so dass insoweit kein Steuerabzug vorgenommen wird. Hierdurch kann der Sparer-Pauschbetrag (§ 20 Abs. 9 EStG, Rn 793) möglichst unbürokratisch berücksichtigt werden.

802 Das Steuerabzugsverfahren bei der Kapitalertragsteuer ähnelt dem des Lohnsteuerabzugs: Schuldner der Kapitalertragsteuer ist grundsätzlich der Gläubiger der Kapitalerträge (§ 44 Abs. 1 Satz 1 EStG), jedoch haftet der Schuldner der Kapitalerträge dem FA für die ordnungsgemäße Abführung (§ 44 Abs. 5 EStG; zur Haftung allgemein Rn 295 ff).

803 Einkünfte aus Kapitalvermögen (§ 20 EStG) werden grundsätzlich einem einheitlichen **Sondertarif iHv 25 %** unterworfen (§ 32d Abs. 1 EStG), der regelmäßig bereits mit dem Steuerabzug an der Quelle abgegolten wird (§ 43 Abs. 5 Satz 1 HS 1 EStG). Auf Antrag können aber die nach § 20 EStG ermittelten Kapitaleinkünfte der Summe der Einkünfte (§ 2 Abs. 3 EStG) hinzugerechnet und der tariflichen Einkommensteuer unterworfen werden, wenn dies zu einer niedrigeren Einkommensteuer führt (sog. **Günstigerprüfung**, § 32d Abs. 6 Satz 1 EStG).

VI. Einkünfte aus Vermietung und Verpachtung (§ 21 EStG)

804 **Fall 36:** A ist Eigentümer eines Mehrfamilienhauses. Eine Wohnung dieses Hauses vermietet er der Familie X zum ortsüblichen Mietzins, eine andere Wohnung seinen Eltern zu zwei Dritteln der ortsüblichen Miete. Steuerliche Folgen **(Rn 805)**?

Fall 37: B ist Eigentümer eines Wohnmobils. Dieses vermietet er seinem Freund X für die Dauer der Sommerferien. Welchen Einkunftstatbestand verwirklicht B **(Rn 805)**?

1. Vermietung und Verpachtung im Einkommensteuerrecht

805 Gem. § 21 EStG können Erträge aus der wirtschaftlichen Nutzung von *privaten* Vermögensgegenständen als Einkünfte aus *Vermietung und Verpachtung* steuerbar sein. Der steuerrechtliche Begriff deckt sich nicht mit dem des bürgerlichen Rechts (§ 535, § 581 BGB). Er ist weiter, soweit er auch Veräußerungssachverhalte erfasst (§ 21 Abs. 1 Satz 1 Nr 4 EStG), aber auch enger, da ihm die Vermietung beweglicher Sachen nicht unterfällt. § 21 Abs. 1 Satz 1 Nr 1–4 EStG zählt auf, was als Vermietung und Verpachtung steuerbar ist:

– Die Vermietung und Verpachtung von unbeweglichem Vermögen, insb Grundstücken und grundstücksgleichen Rechten (§ 21 Abs. 1 Satz 1 Nr 1 EStG).

Neben der Miete gehören auch die vom Vermieter erhobenen Umlagen für **Nebenkosten** zu den Einnahmen und sind dann folgerichtig bei ihrer Weiterleitung als Werbungskosten abziehbar[198].

Im **Fall 36** (Rn 804) führen die Mietzahlungen der Familie X sowie der Eltern des A abzüglich der Werbungskosten zu den Einkünften des A aus Vermietung und Verpachtung, § 21 Abs. 1 Satz 1 Nr 1 EStG. Für den vollen Werbungskostenabzug (insb Absetzungen für Abnutzung gem. § 9 Abs. 1 Satz 3 Nr 7 Satz 1 iVm §§ 7 ff EStG) ist es erforderlich, dass die Miete mindestens 66 % der ortsüblichen Marktmiete ausmacht, § 21 Abs. 2 EStG. Ansonsten kann der Vermieter A Werbungskosten nur im Verhältnis der vereinbarten zur ortsüblichen Miete absetzen (vgl Rn 815).

– Die Vermietung und Verpachtung von Sachinbegriffen (zB Bibliothek, Praxiseinrichtung eines Freiberuflers, § 21 Abs. 1 Satz 1 Nr 2 EStG).

Der Steuerpflichtige, der nach Beendigung seiner eigenen gewerblichen Tätigkeit seinen Gewerbebetrieb verpachtet (Betriebsverpachtung), erzielt Einkünfte aus Vermietung und Verpachtung gem. § 21 Abs. 1 Satz 1 Nr 2 EStG, wenn er für die Betriebsaufgabe optiert hat. Ansonsten hat er weiterhin Einkünfte aus Gewerbebetrieb, obwohl sich die Tätigkeit auf die Verpachtung beschränkt (Rn 738 ff).

– Die zeitliche Überlassung von Rechten, insb Urheberrechten (§ 21 Abs. 1 Satz 1 Nr 3 EStG).

– Die Veräußerung von Miet- und Pachtzinsforderungen (§ 21 Abs. 1 Satz 1 Nr 4 EStG).

Im **Fall 37** (Rn 804) erzielt B keine Einkünfte aus Vermietung und Verpachtung. Die Vermietung einzelner beweglicher Sachen des Privatvermögens wird von § 21 EStG nicht erfasst. Die Einnahmen des B sind jedoch als *sonstige Einkünfte* gem. § 22 Nr 3 EStG steuerbar (vgl hierzu Rn 845 ff).

2. Abgrenzung zu anderen Einkunftsarten

§ 21 EStG ist nur auf Gegenstände des Privatvermögens anwendbar. Mieteinnahmen, die etwa ein Gewerbetreibender aus der Vermietung von Betriebsvermögen (zB Betriebsgrundstücken) erzielt, sind den Einkünften aus Gewerbebetrieb gem. § 15 Abs. 1 Satz 1 Nr 1 EStG zuzuordnen. Die *Subsidiarität* folgt aus § 21 Abs. 3 EStG. **806**

Ein Zuordnungsproblem kann sich insb ergeben, wenn die Vermietungs- und Verpachtungstätigkeit einen Umfang annimmt, der die Tätigkeit als *gewerblich* erscheinen lässt. Hierbei kommt es nicht auf die Anzahl der vermieteten oder verpachteten Gegenstände an, sondern vielmehr darauf, ob der Steuerpflichtige hierfür einen unternehmerischen Aufwand betreiben und Leistungen erbringen muss, die über die übliche Vermietungs- und Verpachtungstätigkeit iS einer Vermögensnutzung hinausgehen (zB Vermietung von Hotelzimmern, Tennisplätzen, Parkplätzen[199], Asylbewerberheimen[200] und uU auch Ferienwohnungen[201]). **807**

198 BFH, IX R 69/98, BStBl II 2000, 197.
199 BFH, X R 21/00, BStBl II 2003, 520.
200 BFH, XI B 158/01, BFH/NV 2003, 152.
201 BFH, III R 167/73, BStBl II 1976, 728; III R 31/87, BStBl II 1990, 383; *Thiele*, FR 2017, 904.

3. Werbungskosten

808 Wie bei allen Überschusseinkunftsarten können Aufwendungen zur Erzielung von Einnahmen als Werbungskosten abgezogen werden, wenn die Ausgaben durch die Vermietungstätigkeit veranlasst sind. Dabei ist zu unterscheiden: Grundsätzlich sind Werbungskosten *sofort* abziehbar (§ 9 Abs. 1 Satz 1 EStG), es sei denn, es handelt sich um *Anschaffungs- oder Herstellungskosten*, die nach den AfA-Regeln nur jahresanteilig abzugsfähig sind (vgl § 9 Abs. 1 Satz 3 Nr 7 iVm § 7 EStG, Rn 1061 ff). Für die Abgrenzung in Fällen sog. **anschaffungsnaher Aufwendungen** verweist § 9 Abs. 5 Satz 2 EStG auf § 6 Abs. 1 Nr 1a EStG. Aktivierungspflichtige Herstellungskosten liegen demnach grundsätzlich bei Instandsetzungs- und Modernisierungsmaßnahmen innerhalb von drei Jahren nach Anschaffung des Gebäudes vor, wenn ihre Kosten (ohne USt) 15 % der Anschaffungskosten überschreiten[202].

809 Ob Renovierungsaufwendungen sofort abzugsfähige Werbungskosten **(Erhaltungsaufwand)** sind oder ob die AfA-Regeln (Rn 1060 ff) Anwendung finden **(Herstellungsaufwand)**, richtet sich danach, ob der bisherige Nutzungsstandard der Wohnung lediglich erhalten bzw geringfügig angehoben oder ob er in „funktionswesentlichen Bereichen" verbessert wird[203]. Aufwendungen für vollständig erneuerte Einbauküchen sind dagegen kein Teil des Gebäudes, sondern selbständige Wirtschaftsgüter, die nach AfA-Regeln über zehn Jahre als Werbungskosten abziehbar sind[204].

810 **Schuldzinsen** zur Finanzierung der Anschaffung eines Vermietungsobjekts sind als Werbungskosten abziehbar (vgl § 9 Abs. 1 Satz 3 Nr 1 EStG). Wird das Vermietungsobjekt veräußert, kommt es darauf an, wie der Veräußerungserlös verwendet wird. Soweit er für den Erwerb neuer Vermietungsobjekte verwendet wird, sind die Schuldzinsen Werbungskosten zum neuen Objekt *(Surrogationsbetrachtung)*[205]. Im Übrigen bleiben sie *nachträgliche Werbungskosten* zum veräußerten Objekt, soweit das Darlehen mit dem Veräußerungserlös nicht getilgt werden kann *(Grundsatz des Vorgangs der Schuldentilgung)*[206], es sei denn, die *Einkünfteerzielungsababsicht* ist bereits *vor* der Veräußerung entfallen[207].

811 Nach den gleichen Grundsätzen sind auch Schuldzinsen zur Finanzierung von *sofort abziehbarer Erhaltungsaufwendungen* als nachträgliche Werbungskosten auch nach der Veräußerung des Vermietungsobjekts abziehbar[208].

812 Letztlich gehört auch eine sog. **Vorfälligkeitsentschädigung**, die anfällt, wenn das zur Finanzierung genutzte Darlehen vorzeitig zurückgezahlt wird, grundsätzlich zu den Werbungskosten aus Vermietung und Verpachtung[209]. Wird die Entschädigung jedoch anlässlich der *Veräußerung* des Mietobjekts gezahlt, wird der ursprüngliche Veranlassungszusammenhang „überlagert" und die Veräußerung das „auslösende Moment". Die Entschädigung kann daher höchs-

202 BFH, IX R 6/16, BStBl II 2018, 9 (nicht bei mutwilligen Schäden durch Dritte).
203 BFH, IX R 25/14, BStBl II 2016, 992; IX R 15/15, BStBl II 2016, 996; IX R 22/15, BStBl II 2016, 999; dazu *Kowanda*, DStR 2017, 2640.
204 BFH, IX R 14/15, BStBl II 2017, 437 (Änderung der Rspr).
205 BFH, IX R 52/07, BFH/NV 2009, 1255; IX R 45/13, BStBl II 2015, 635; IX R 4/17, BStBl II 2018, 268.
206 BFH, IX R 40/14, BStBl II 2016, 78; IX R 42/14, BStBl II 2016, 332; IX R 4/17, BStBl II 2018, 268.
207 BFH, IX R 67/10, BStBl II 2013, 275; IX R 37/12, BStBl II 2015, 631.
208 BMF v. 27.7.2015, BStBl I 2015, 581, Tz 4.1.
209 BFH, IX R 42/13, BStBl II 2015, 633; VI R 15/17, BFH/NV 2019, 742.

tens als Werbungskosten den Gewinn oder Verlust aus einem privaten Veräußerungsgeschäft (§ 23 Abs. 3 Satz 1 EStG, Rn 843) mindern, soweit dieses steuerbar ist (§ 23 Abs. 1 Satz 1 Nr 1 EStG, Rn 842 f).

Die aufgezeigten Differenzierungen bewirken einen begrüßenswerten Gleichlauf zwischen nachträglichen Betriebsausgaben (Rn 994) und nachträglichen Werbungskosten (Rn 1054). **813**

Der Werbungskostenabzug (vor allem für AfA und Schuldzinsen) bei den Einkünften aus Vermietung und Verpachtung führt oft dazu, dass **negative Einkünfte** (Verluste) entstehen, die grundsätzlich mit positiven Einkünften aus anderen Einkunftsarten verrechnet werden können. Ein weiterer Steuervorteil entsteht dadurch, dass das Objekt nach zehn Jahren steuerfrei veräußert werden kann (vgl § 23 Abs. 1 Satz 1 Nr 1 EStG, Rn 843). Die Ausnutzung dieser gesetzlichen Ausgangslage fördert der Gesetzgeber noch zusätzlich, indem er für bestimmte Investitionsobjekte (zB denkmalgeschützte Gebäude, § 7i EStG) erhöhte Abschreibungen (Sonderabschreibungen) zulässt. Hierauf bauen Investitionsmodelle (zB **geschlossene Immobilienfonds**) auf, die den Anlegern in den ersten Jahren hohe steuerlich verrechenbare Verluste garantieren. Ein steuerliches Risiko besteht jedoch darin, dass wegen der kurzen Dauer einer Beteiligung und der in dieser Zeit angelaufenen Verluste die *Überschusserzielungsabsicht* verneint[210] und daher insgesamt die Tätigkeit als steuerlich unbeachtliche *Liebhaberei* (Rn 850 ff) qualifiziert wird. Zudem kann die Verlustverrechnung mit positiven Einkünften nach § 21 Abs. 1 Satz 2 iVm § 15a oder § 15b EStG beschränkt sein (Rn 1175 f). **814**

Die Abgrenzung der Einkünfte aus Vermietung und Verpachtung zur **Liebhaberei** (Rn 708 ff) kann problematisch sein (objektbezogene Prüfung)[211]. So ist bei einer dauerhaften Vermietung einer Wohnung oder Ferienwohnung regelmäßig von einer Einkünfteerzielungsabsicht auszugehen[212]; wird sie aber teilweise selbst genutzt[213] oder liegt die Vermietungszeit unter der ortsüblichen Vermietungszeit[214], soll die Absicht erst vorliegen, wenn sich in einem Zeitraum von 30 Jahren (Prognose) ein Totalüberschuss ergibt. Dagegen kann eine *befristete* Vermietung (fünf Jahre) ein Indiz für eine Liebhaberei sein[215]. Schließlich gilt für *verbilligte Mieten* (idR an Angehörige[216]) ein Aufteilungsgebot (§ 21 Abs. 2 EStG): Beträgt die Miete weniger als 66 % der ortsüblichen Marktmiete[217], so sind die Werbungskosten nur insoweit abziehbar, als sie anteilig auf den entgeltlichen Teil entfallen, liegt sie darüber, gilt der volle Werbungskostenabzug[218]. **815**

210 Vgl etwa BFH, IX R 47/99, BStBl II 2003, 580; IX R 7/07, BStBl II 2007, 873.

211 BFH, IX R 102/00, BStBl II 2003, 940; IX R 17/16, BStBl II 2017, 633; IX R 37/17, BFH/NV 2019, 390.

212 BFH, IX R 15/06, BStBl II 2007, 256; anders bei Gewerbeimmobilien BFH, IX R 49/09, BStBl II 2010, 1038; IX R 31/14, BFH/NV 2016, 188; IX R 9/17, BStBl II 2019, 219.

213 BFH, IX R 97/00, BStBl II 2002, 726; IX R 30/08, BFH/NV 2010, 850.

214 BFH, IX R 21/15, BFH/NV 2016, 1695 (bei Unterschreitung von mehr als 25 %).

215 BFH, IX R 47/99, BStBl II 2003, 580.

216 BFH, IX R 8/16, BStBl II 2017, 273; IX R 42/15, BFH/NV 2017, 1422: Fremdvergleich (Rn 328 f) erforderlich.

217 BFH, IX R 44/15, BStBl II 2016, 835 (Warmmiete maßgeblich); IX R 30/17, BStBl II 2019, 200 (Schätzung).

218 *Müller*, Einnahmeverzicht im Einkommensteuerrecht, 2009, S. 129 ff; *Heuermann*, DStR 2011, 2082.

VII. Sonstige Einkünfte

816 Die sonstigen Einkünfte sind in den § 22, § 23 EStG normiert. Sie kommen nur in Betracht, wenn sich die Einkünfte keiner anderen Einkunftsart zuordnen lassen. Jedoch sind § 22, § 23 EStG nicht als Auffangtatbestände für alle denkbaren Einnahmen zu verstehen, sondern sie erfassen abschließend folgende Tatbestände:

- Einkünfte aus wiederkehrenden Bezügen (§ 22 Nr 1, 1a, 5 EStG),
- Einkünfte aus privaten Veräußerungsgeschäften (§ 22 Nr 2, § 23 EStG),
- Einkünfte aus sonstigen Leistungen (§ 22 Nr 3 EStG) und
- Abgeordnetenbezüge (§ 22 Nr 4 EStG)[219].

817 Für das Verständnis der Einkommensteuer sind die sonstigen Einkünfte iSd § 22 EStG interessant, weil sie den Grenzbereich zwischen Steuerbarkeit und Nichtsteuerbarkeit markieren und sich daher Rückschlüsse zum zugrundeliegenden Einkommensbegriff (Rn 599 ff) ziehen lassen.

1. Einkünfte aus wiederkehrenden Bezügen (§ 22 Nr 1, 1a, 5 EStG)

818 Der Grundtatbestand (§ 22 Nr 1 Satz 1 EStG) ist subsidiär gegenüber Sondertatbeständen, mit denen die wichtigsten Fälle wiederkehrender Bezüge erfasst werden:

- Leibrenten zur Altersversorgung (§ 22 Nr 1 Satz 3 EStG),
- Zusatzversorgungen im Alter (§ 22 Nr 5 EStG) sowie
- Unterhalts- und Versorgungsleistungen (§ 22 Nr 1a EStG).

a) Leibrenten zur Altersversorgung (§ 22 Nr 1 Satz 3 EStG)

819 § 22 Nr 1 Satz 3 lit. a aa EStG erfasst Leistungen, die aus der **gesetzlichen Rentenversicherung**, von **berufsständischen Versorgungseinrichtungen** (etwa für Rechtsanwälte) einer **landwirtschaftlichen Versorgungskasse** oder einer **eigenen kapitalgedeckten Altersvorsorgung** (sog. *Rürup-Rente*) bezogen werden (sog. Basisrenten). Um die Regelung zu verstehen, muss neben der hier geregelten *Auszahlungsphase* die steuerliche Behandlung der eingezahlten Beiträge *(Ansparphase)* betrachtet werden. Verfassungsrechtlich gilt hier nämlich ein *Verbot der Doppelbesteuerung*[220], das entweder durch das Konzept der Ertragsanteilsbesteuerung oder der nachgelagerten Besteuerung erreicht werden kann.

820 Bei der *Ertragsanteilsbesteuerung* werden die Vorsorgeaufwendungen *(Ansparphase) nicht* steuermindernd zum Abzug zugelassen. Dafür werden die späteren Bezüge *(Auszahlungsphase)* nicht voll, sondern nur mit ihrem Ertragsanteil besteuert, weil der Kapitalanteil bereits aus versteuertem Einkommen stammt. Dagegen werden bei der *nachgelagerten Besteuerung* die Vorsorgeaufwendungen *voll* zum Abzug zugelassen (also nicht besteuert), aber spätere Bezüge dafür *voll* besteuert.

---

219 Die Steuerfreiheit der nur Abgeordneten gewährten Kostenpauschale iHv 51 665 € im Jahr soll verfassungsgemäß sein, BVerfG, 2 BvR 2227/08 ua, HFR 2010, 1108; aA *Stalbold*, Die steuerfreie Kostenpauschale der Abgeordneten, 2004; krit *Desens*, in: Kempny/Reimer, Gleichheitsdogmatik heute, 2017, S. 133 (158 ff).

220 BVerfG, 2 BvL 17/99, BVerfGE 120, 169 (170, 177); *Wernsmann/Neuberger*, FR 2017, 853.

Bis 2004 galten für verschiedene Arten der Altersversorgung unterschiedliche Konzepte. Das BVerfG sah darin ein Verstoß gegen Art. 3 Abs. 1 GG durch eine Ungleichbehandlung von gesetzlichen Renten und Beamtenpensionen[221]. Seit 2005 folgt das Gesetz einheitlich dem **Konzept der nachgelagerten Besteuerung**. Für die Umstellung wurde eine (verfasungsgemäße[222]) *Übergangsregelung* geschaffen, nach der die steuerliche Behandlung der Vorsorgeaufwendungen (bis 2024) und der Bezüge (bis 2040) ratierlich in die nachgelagerte Besteuerung hineinwächst. Im Einzelnen ergibt sich Folgendes[223]: **821**

In der **Ansparphase** ist der Arbeitgeber-Anteil steuerfrei (§ 3 Nr 62 EStG) und der Arbeitnehmer-Anteil ist ab 2025 voll als *Sonderausgaben*[224] abziehbar, maximal jedoch der *Höchstbetrag* zur knappschaftlichen Rentenversicherung (§ 10 Abs. 1 Nr 2 lit. a oder lit. b aa, Abs. 3 Sätze 1, 2 EStG), der 2019 bei 24 305 € (bzw. 48 610 € bei Zusammenveranlagung) liegt. **822**

Übergangsregelung: Bis 2025 ist der Abzug der Versorgungsaufwendungen nur anteilig möglich, wobei sich der abziehbare Anteil jährlich um zwei Prozentpunkte erhöht. 2019 sind daher – unter Einbeziehung des bereits steuerfrei gewährten Arbeitgeberanteils – 88 % der Vorsorgeaufwendungen als Sonderausgaben abziehbar (rechtstechnische Umsetzung in § 10 Abs. 1 Nr 2 Satz 6, § 10 Abs. 3 Satz 4–6 EStG). **823**

Beispiel: A (Jahresgehalt: 60 000 €) zahlt 2019 in die gesetzliche Rentenversicherung jährlich 5580 € (Arbeitnehmerranteil) und sein Arbeitgeber ebenfalls 5580 € (steuerfreier Arbeitgeberanteil) ein. Die abziehbaren Sonderausgaben betragen 4240,80 € (5580 € + 5580 €, also 11 160 €, davon 88 %, also 9820,80 € abzgl. des steuerfreien Arbeitgeberanteils von 5580 €). Bei A nicht abziehbar sind demnach 1339,20 € (5580 € – 4240,80 €). Das sind 12 % der insgesamt eingezahlten Beträge (Arbeitnehmer- und Arbeitgeberanteil).

Der *Höchstbetrag* ist trotz des Konzepts der nachgelagerten Besteuerung und des Verbots der Doppelbesteuerung *verfassungskonform*[225]. Er greift erst weit jenseits eines Beitrags ein, der für eine existenznotwendige Altersversorgung ausreichen würde. Verfassungsrechtlich gebietet das Gebot einer Besteuerung nach der (subjektiven) *Leistungsfähigkeit* (Maßstab für Art. 3 Abs. 1 GG) allein die Freistellung des *existenznotwendigen Aufwands* (Rn 183). Der den Höchstbetrag überschießende Anteil der Beiträge nährt eine darüberhinaus gehende Wohlstandsrente, die ebenso einer (für die Vermögensbildung in der Tat nachteiligen) *Ertragsanteilsbesteuerung* unterliegen kann, um dem Verbot der Doppelbesteuerung zu genügen. Dem kann man im jeweiligen Einzelfall in der Auszahlungsphase gerecht werden (s.u.). Anders, nämlich als verfassungswidrig wäre der Höchstbetrag zu beurteilen, wenn die Beiträge bei einer nachgelagerten Altersbesteuerung als *vorweggenommene Werbungskosten* zu qualifizieren wären, weil dann kein Rechtfertigungsgrund ersichtlich wäre. Das BVerfG akzeptiert hier aber die vorrangige Wertung des Gesetzgebers, der die Vorsorgeaufwendungen gerade in § 10 Abs. 1 Nr 2 EStG und damit als *Sonderausgaben* einordnet. **824**

221 BVerfG, 2 BvL 17/99, BVerfGE 120, 169 (170, 177).

222 BVerfG, 2 BvR 2683/11, BStBl II 2016, 310; 2 BvR 323/10, DStR 2016, 1731.

223 Dazu BMF v. 24.5.2017, BStBl I 2017, 820.

224 Der Sonderausgabenabzug wird auch rentenversicherungspflichtigen Arbeitnehmern gewährt, die nur beschränkt steuerpflichtig sind (§ 1 Abs. 4, § 49 Abs. 1 Nr 4 lit. b, § 50 Abs. 1 Satz 4 EStG). Gleiches muss auch für beschränkt steuerpflichtige EU-Ausländer gelten, die Beiträge zu einer berufsständischen Versorgungseinrichtung leisten müssen, vgl EuGH, C-480/17, IStR 2019, 27 *(Montag)*: Verstoß gegen Art. 49 AEUV durch Ausschluss des Sonderausgabenabzug in § 50 Abs. 1 Satz 3 EStG.

225 BVerfG, 2 BvR 323/10, DStR 2016, 1731.

825 In der **Auszahlungsphase** sind die Bezüge bei einem Rentenbeginn ab 2040 als sonstige Einkünfte (§ 22 Nr 1 Satz 3 lit. a aa EStG) voll steuerpflichtig.

826 **Übergangsregelung:** Bei einem Rentenbeginn vor 2040 werden die Bezüge noch zum Teil steuerfrei gestellt, wobei der prozentuale Besteuerungsanteil jährlich ansteigt (bis 2020 um 2 %-Punkte, 2021 bis 2040 um 1 %-Punkt) und so aus der alten Ertragsanteilsbesteuerung hinauswächst. 2019 liegt der Besteuerungsanteil bei 78 % (§ 22 Nr 1 Satz 3 lit. a aa Satz 3 EStG).

Stellt sich in der *Auszahlungsphase* im jeweiligen Einzelfall heraus, dass gegen das *Verbot der Doppelbesteuerung* verstoßen wird (fehlende Korrespondenz zwischen Abziehbarbakeit in der Ansparphase und Besteuerung in der Auszahlungsphase), ist die steuerbare Rente uE iHd Differenzbetrages aus verfassungsrechtlichen Gründen nur mit dem Ertragsanteil (§ 20 Abs. 1 Nr 1 Satz 3 lit. a bb EStG) zu erfassen[226].

827 **Vergleich mit Beamtenpensionen:** Beamte zahlen zum Erwerb ihrer Pension *keine* Vorsorgeleistungen in der *Ansparphase*. In der *Auszahlungsphase* werden die Versorgungsbezüge bei einem Versorgungsbeginn ab 2040 als Einkünfte aus nichtselbstständiger Arbeit (§ 19 Abs. 1 Nr 2 EStG) voll besteuert.

Bei einem Versorgungsbeginn vor 2040 werden die Bezüge noch zum Teil durch einen Versorgungsfreibetrag steuerfrei gestellt, der bis 2040 abgeschmolzen wird. Bei einem Versorgungsbeginn 2019 werden 17,6 % der Bezüge (höchstens aber 1320 €) und 396 € (Zuschlag) freigestellt (§ 19 Abs. 2 EStG).

828 Anders werden dagegen Leibrenten aus (anderen) **privaten Renten- oder Lebensversicherungen** behandelt. Da die Beiträge in der *Ansparphase* nicht als Sonderausgaben abziehbar sind (vgl § 10 Abs. 1 Nr 2 lit. b EStG), unterliegen die Leistungen in der *Auszahlungsphase* nur der Ertragsanteilsbesteuerung (§ 22 Nr 1 Satz 3 lit. a bb EStG)[227].

b) Zusatzversorgungen im Alter (§ 22 Nr 5 EStG)

829 § 22 Nr 5 Satz 1 EStG erfasst Leistungen aus einer **externen betrieblichen Altersversorgung** oder aus **privaten Altersvorsorgeverträgen** (sog. Riester-Rente).

830 **Ansparphase:** Die Beiträge, die der Arbeitgeber bei einer *externen betrieblichen Altersversorgung* direkt in einen Pensionsfonds (§ 4e EStG), eine Pensionskasse (§ 4c EStG) oder eine Direktversicherung (§ 4b EStG) in der *Ansparphase* leistet, sind für den Arbeitnehmer zwar Einkünfte aus nichtselbstständiger Arbeit nach § 19 Abs. 1 Nr 3 EStG, werden aber nach § 3 Nr 63 EStG bis zu einem Höchstbetrag steuerfrei gestellt. Bei *privaten (kapitalgedeckten) Altersvorsorgeverträgen* (sog. Riester-Rente) sind die Beiträge in der *Ansparsphase* als Sonderausgaben bis zu 2250 € abziehbar (§ 10a EStG).

831 Bei der sog. Riester-Rente wird jedoch zunächst eine **staatliche Zulage** zur zusätzlichen Altersvorsorge gewährt (§§ 79–99 EStG). Ein Sonderausgabenabzug kommt daher nur in Betracht, wenn er günstiger ist als die Zulage (§ 10a Abs. 2 EStG). Seit 2018 wird für Geringverdiener eine betriebliche Altersversorgung gesondert gefördert (§ 100 EStG)[228].

---

226 Ebenso *Weber-Grellet*, FR 2016, 85 (88).
227 BVerfG, 2 BvR 1066/10, HFR 2016, 72: verfassungsgemäß.
228 Dazu BMF v. 6.12.2017, BStBl I 2018, 147; *Dommermuth*, FR 2017, 745.

Auszahlungsphase: Die Leistungen sind grundsätzlich voll steuerpflichtig (§ 22 Nr 5 Satz 1 EStG). Soweit Beiträge jedoch in der *Ansparphase* (ausnahmsweise) nicht vollständig steuerfrei gestellt wurden (bzw nicht zulageberechtigt waren), werden sie in der *Auszahlungsphase* auch nur anteilig mit dem Ertragsanteil besteuert (vgl § 22 Nr 5 Satz 2 EStG mit Verweisen auf § 20 Abs. 1 Nr 6 und § 22 Nr 1 Satz 3 [lit. a bb] EStG).

c) Unterhalts- und Versorgungsleistungen (§ 22 Nr 1a EStG)

Unterhalts- und Versorgungsleistungen sind beim Empfänger grundsätzlich *nicht* steuerbar (sog. Markteinkommenstheorie, Rn 604) und beim Geber nicht abziehbar (vgl § 12 Nr 2 EStG, § 22 Nr 1 Satz 2 HS 1 EStG). § 22 Nr 1a EStG enthält Ausnahmen von diesem Grundsatz, wobei die Steuerbarkeit der Leistungen insoweit mit dem Sonderausgabenabzug für die Aufwendungen korrespondiert (§ 10 Abs. 1a Nr 1–4 EStG). Durch den Grundfreibetrag (§ 32a Abs. 1 Satz 1 Nr 1 EStG: 9168 € (2020: 9408 €) und den progressiven Einkommensteuertarif (Rn 628 ff) wird der Vorteil durch den Sonderausgabenabzug beim unterhalts- oder versorgungsverpflichteten Geber größer sein als der Nachteil der Steuerbarkeit beim unterhalts- oder versorgungsberechtigten Empfänger. 832

Unterhaltsleistungen an geschiedende Ehegatten, sog. „Realsplitting“ (§ 22 Nr 1a, § 10 Abs. 1a Nr 1 EStG): Steuerbar beim Empfänger und korrespondierend beim Geber als Sonderausgaben abziehbar sind Unterhaltsleistungen bis zu 13 805 € im Kalenderjahr. Der darüber hinausgehende Betrag kann auch nicht als außergewöhnliche Belastung (Rn 1082 ff, 1102) abgesetzt werden[229]. 833

Das Realsplittung wird auf *Antrag* des Gebers und nur mit *Zustimmung* des Empfängers gewährt und setzt die unbeschränkte oder zumindest fiktive unbeschränkte Steuerpflicht (Rn 681 ff, 694 ff) des Empfängers voraus. Der Geber hat einen zivilrechtlichen Anspruch auf Erteilung der Zustimmung, soweit dem Empfänger dadurch keine finanziellen Nachteile entstehen. Ein entsprechendes Urteil ersetzt die Zustimmung (§ 894 ZPO)[230]. 834

Leistungen aufgrund eines schuldrechtlichen Versorgungsausgleichs oder zur Vermeidung eines Versorgungsausgleichs (§ 22 Nr 1a, § 10 Abs. 1a Nr 3 oder 4 EStG) sind beim Empfänger steuerbar und beim Geber als Sonderausgaben abziehbar. 835

Bei den *Leistungen aufgrund eines schuldrechtlichen Versorgungsausgleichs* hängen Steuerbarkeit und Abziehbarkeit davon ab, in welchem Umfang die transferierten Leistungen bereits beim Geber nach § 19, § 22 EStG steuerpflichtig waren. Liegt der Leistung etwa eine nur mit dem Ertragsanteil steuerbare Leibrente zu Grunde, ist nur der Ertragsanteil beim Geber abziehbar und beim Empfänger steuerbar. War die Leistung beim Geber hingegen voll steuerpflichtig, kommt es beim Geber zum vollen Abzug und beim Empfänger korrespondierend zur vollen Steuerbarkeit. IErg werden die Leistungen so besteuert, als wären sie unmittelbar dem Empfänger zugeflossen (also Steuerneutralität bzw -transparenz beim Geber). Der Abzug und Aufwendungen und die Steuerbarkeit von Leistungen zur *Vermeidung des Versorgungsausgleichs* (§ 6 Abs. 1 Satz 2 Nr 2 VersAusglG, § 1408 Abs. 2, § 1587 BGB) erfolgen nur, soweit dies vom 836

229 BFH, III R 23/98, BStBl II 2001, 338.
230 BGH, IVb ZR 369/81, NJW 1983, 1545; BFH, IX R 53/84, BStBl II 1989, 192 (193).

Geber mit Zustimmung des Empfängers beantragt wird. Insoweit lässt sich die Reichweite gestalten. In beiden Fällen muss der Empfänger unbeschränkt oder zumindest fiktiv unbeschränkt steuerpflichtig sein (Rn 681 ff, 694 ff).

837 **Versorgungsleistungen im Zusammenhang mit Betriebsübertragungen** (§ 22 Nr 1a, § 10 Abs. 1a Nr 2 EStG):

Hauptanwendungsfall sind Gestaltungen im Rahmen einer *vorweggenommenen Erbfolge*. Eltern übertragen zu Lebzeiten einen Betrieb (Teilbetrieb, Mitunternehmeranteil oder Mehrheitsanteil an GmbH mit Geschäftsführungsbefugnis) auf ihre Kinder, die dafür eine monatliche Geldrente zahlen, die sich am Versorgungsbedürfnis der Eltern orientiert. Die Geldrente ist bei den Kindern als Sonderausgaben abziehbar und bei den Eltern korrespondierend als sonstige Einkünfte steuerbar. Die Eltern müssen aber unbeschränkt oder zumindest fiktiv unbeschränkt steuerpflichtig (Rn 681, 694) sein; bei den Kindern reicht eine beschränkte Steuerpflicht für den Sonderausgabenabzug aus (kein Ausschluss nach § 50 Abs. 1 Satz 3 EStG)[231].

838 Der Anwendungsbereich ist auf Fälle vorweggenommener (betrieblicher) Unternehmensnachfolge beschränkt. Nicht erfasst wird daher etwa die Übertragung privater Kapitalanlagen (Geldvermögen, Wertpapiere, typisch stille Beteiligungen) oder privaten Grundvermögens (vermietetes oder selbst genutztes Wohnungseigentum)[232].

d) Wiederkehrende Bezüge iSd § 22 Nr 1 Sätze 1, 2 EStG

839 Der Grundtatbestand für *wiederkehrende Bezüge* (§ 22 Nr 1 Sätze 1, 2 EStG) ist schon nach seiner Regelungstechnik der komplizierteste und verwirrendste Tatbestand der sonstigen Einkünfte. Zunächst wird die Aussage getroffen, dass wiederkehrende Bezüge – jedoch höchst subsidiär – zu sonstigen Einkünften führen (§ 22 Nr 1 Satz 1 EStG), ohne solche zu definieren. Die Rspr hat die Lücke ausgefüllt und versteht unter *wiederkehrenden Bezügen* Einnahmen in Geld oder Geldeswert, die einer Person aufgrund eines bestimmten Verpflichtungsgrundes oder wenigstens aufgrund eines Entschlusses für eine gewisse Zeit periodisch wiederkehrend zufließen, ohne Kaufpreisraten zu sein[233].

840 Sodann schränkt § 22 Nr 1 Satz 2 HS 1 EStG ein, dass Bezüge, die *freiwillig* gewährt oder aufgrund einer *freiwillig begründeten Rechtspflicht* oder einer *gesetzlich unterhaltsberechtigten Person* gewährt werden, gerade nicht erfasst werden (vgl Fall 27, Rn 593). Neben den engen Rückausnahmen (§ 22 Nr 1 Satz 2 HS 2 lit. a oder b EStG), für Bezüge gemeinnütziger Körperschaften und Stiftungen, die teilweise noch subsidiär sind (vgl § 20 Abs. 1 Satz 1 Nr 9 EStG)[234], fallen daher vor allem die nicht ausdrücklich genannten **Zeitrenten** unter § 22 Nr 1 Satz 1 EStG.

841 Zeitrenten werden für eine bestimmte Zeit gezahlt und hängen nicht von der Lebensdauer des Empfängers ab. Werden solche Zeitrenten *entgeltlich* gezahlt, zB für die Hingabe eines Vermögensgegenstandes, handelt es sich steuerrechtlich nicht um Renten, sondern ohne Rücksicht auf

231 Reaktion auf EuGH, C-450/09, Slg. 2011, I-2497 *(Schröder)*; C-559/13, DStR 2015, 474 *(Grünewald)*: sonst Verstoß gegen Art. 63 AEUV.

232 Großzügiger zur alten Rechtslage (bis 2007): BFH, GrS 1/00, BStBl II 2004, 95.

233 BFH, VIII R 9/77, BStBl II 1979, 133 (134).

234 BFH, X R 62/08, BStBl II 2014, 320; *Desens/Hummel*, DStZ 2011, 710 (715 ff).

die Laufzeit um *Kaufpreisraten*[235], die beim Empfänger ggf als Veräußerungsgewinn (zB § 15 Abs. 1 Satz 1 Nr 1 EStG [Gegenstand aus Betriebsvermögen] oder § 22 Nr 2, § 23 Abs. 1 Satz 1 Nr 1 oder 2 EStG [Gegenstand aus dem Privatvermögen]) und als Zinsen (§ 20 Abs. 1 Nr 7 EStG) steuerbar sind. *Unentgeltliche* Zeitrenten sind dagegen gem. § 22 Nr 1 Satz 1 EStG grundsätzlich in voller Höhe zu besteuern. Die Begünstigung für private Leibrenten, die gem. § 22 Nr 1 Satz 3 lit. a bb EStG nur mit dem Ertragsanteil besteuert werden (Rn 828), gilt für Zeitrenten nicht.

2. Einkünfte aus privaten Veräußerungsgeschäften (§ 22 Nr 2, § 23 EStG)

Sonstige Einkünfte sind gem. § 22 Nr 2 EStG auch Einkünfte aus *privaten Veräußerungsgeschäften* iSd § 23 EStG[236]. Soweit die Veräußerung als gewerblich anzusehen ist (zB gewerblicher Grundstückshandel oder gewerblicher Wertpapierhandel, Rn 713), kommt nicht § 23 EStG, sondern § 15 Abs. 1 EStG zur Anwendung. § 23 EStG erfasst ebenfalls nicht Veräußerungsgeschäfte, die bereits unter § 20 Abs. 2 EStG fallen (Veräußerung von Anteilen an Kapitalgesellschaften, Wertpapiergeschäfte). § 23 Abs. 2 EStG stellt diese Subsidiarität ausdrücklich klar. Ausgenommen sind nach § 23 Abs. 1 Satz 1 Nr 2 Satz 2 EStG zudem Veräußerungen von Gegenständen des täglichen Gebrauchs (etwa Veräußerungen von Jahreswagen). **842**

Ob die hiernach noch unter § 23 EStG fallenden entgeltlichen Veräußerungsvorgänge[237] steuerbar sind, richtet sich danach, ob sie innerhalb bestimmter Fristen erfolgen. Die Veräußerungsfrist beträgt bei Grundstücken und grundstücksgleichen Rechten[238] zehn Jahre (§ 23 Abs. 1 Satz 1 Nr 1 EStG) und bei anderen Wirtschaftsgütern grundsätzlich ein Jahr (§ 23 Abs. 1 Satz 1 Nr 2 Satz 1 EStG), bzw ausnahmsweise auch zehn Jahre, wenn das Wirtschaftsgut zuvor als Einkunftsquelle genutzt worden ist (§ 23 Abs. 1 Satz 1 Nr 2 Satz 4 EStG). **843**

Der Gewinn aus § 23 Abs. 1 EStG unterfallenden Veräußerungen wird nach § 23 Abs. 3 EStG durch Abzug der Anschaffungs- oder Herstellungskosten sowie der Werbungskosten vom Veräußerungspreis ermittelt. Verluste dürfen nach § 23 Abs. 3 Sätze 7, 8 EStG nur mit Gewinnen aus privaten Veräußerungsgeschäften ausgeglichen werden. Auch ein Vortrag nach § 10d EStG ist nur insoweit zulässig[239].

3. Einkünfte aus sonstigen Leistungen (§ 22 Nr 3 EStG)

Fall 38: A ist Eigentümer eines Einfamilienhauses. Von seinem Wohnzimmer aus kann er bei schönem Wetter die Berge sehen. Sein Nachbar B plant die Errichtung eines Hauses, wodurch dem A der schöne Blick verbaut würde. Damit A die bereits erteilte Baugenehmigung nicht anficht und damit den Bau verzögert, zahlt B ihm als „Entschädigung" 30 000 €. **844**

(1) Muss A diesen Betrag versteuern?

235 BFH, VI R 212/69, BStBl II 1970, 541 (542); VIII R 37/90, BFH/NV 1993, 87 (89 f)
236 Vgl *Birk/Desens/Tappe*, Klausurenkurs, Fall 4.
237 BFH, IX R 33/17, BStBl II 2018, 525 (nicht Einlösung Xetra-Gold Inhaberschuldverschreibung).
238 BFH, IX R 25/15, BStBl II 2018, 518 (Erbbaurecht).
239 BFH, IX R 45/04, BFH/NV 2007, 1473 (Ausschluss verfassungsgemäß).

(2) Wie ist der Fall zu beurteilen, wenn das Grundstück des B zugunsten des Eigentümers des Nachbargrundstücks A mit einer Grunddienstbarkeit (§ 1018 BGB) belastet wäre, nach der dem B eine Bebauung untersagt wäre, und das Entgelt von 30 000 € zur Aufhebung der Grunddienstbarkeit gezahlt worden wäre? **Rn 846**

845 Steuerbar nach § 22 Nr 3 EStG sind Einkünfte aus *sonstigen Leistungen*, also jedes Tun, Dulden oder Unterlassen, das Gegenstand eines entgeltlichen Vertrages sein kann und das eine Gegenleistung auslöst[240]. Die frühere Rspr, nach der ein synallagmatisches Verhältnis iS eines „do ut des" erforderlich war („um des Entgelts willen")[241], wurde ausdrücklich aufgegeben. § 22 Nr 3 EStG ist trotz der Formulierung „sonstige" kein Auffangtatbestand für alle wirtschaftlichen Vorgänge, die keiner anderen Einkunftsart zuzuordnen sind. Ausgenommen aus dem Bereich der sonstigen Leistungen sind auch Vermögensumschichtungen durch *Veräußerungen*[242] oder *Spiel- und Wettgeschäfte*, bei denen der Glücksspielcharakter im Vordergrund steht[243]. Preisgelder aus der aktiven Teilnahme an einer Fernsehshow sind jedoch sonstige Einkünfte iSd § 22 Nr 3 EStG[244]. Turnierpokerspieler können sogar Einkünfte aus Gewerbebetrieb (§ 15 EStG, Rn 700 ff) erzielen[245]. § 22 Nr 3 EStG enthält in Satz 2 eine Freigrenze von 256 € bis zu der Einkünfte nicht steuerpflichtig sind.

846 Im **Fall 38 (1)** (Rn 844) könnte die „Entschädigung" iHv 30 000 € für die Duldung des Bauvorhabens eine sonstige Leistung gem. § 22 Nr 3 EStG sein. Problematisch ist hier, ob es sich um einen *veräußerungsähnlichen Vorgang* handelt, den § 22 Nr 3 EStG nicht erfasst. Ein veräußerungsähnlicher Vorgang ist gegeben, wenn das Entgelt einen Ausgleich für die Minderung des Vermögenswertes eines Wirtschaftsgutes in dessen Substanz darstellt. Der BFH hat dies verneint und damit in der Duldung eines Bauvorhabens eine sonstige Leistung gesehen[246].

(2) Etwas anderes gilt indes, wenn ein dingliches Recht aufgegeben wird. Die Grunddienstbarkeit ist ein dingliches Recht am Nachbargrundstück, das gesondert begründet und aufgehoben werden kann. Es ist ein selbstständiges Wirtschaftsgut, dessen Aufgabe gegen Entgelt einen veräußerungsähnlichen Vorgang darstellt[247]. Die 30 000 € sind *nicht* nach § 22 Nr 3 EStG steuerbar.

847 § 22 Nr 3 EStG wird von der Rspr weit ausgelegt. Einkünfte aus sonstigen Leistungen sind daher zB die (auch einmalige) Vermietung von beweglichen Gegenständen des privaten Vermögens. § 21 EStG ist nicht einschlägig, da er Gegenstände des beweglichen Vermögens nicht erfasst (Rn 805). Auf die Häufigkeit der Vermietung kommt es nicht an. Bei häufiger Vermietung ist allerdings zu prüfen, ob ggf bereits ein Gewerbebetrieb vorliegt (§ 15 Abs. 1 Satz 1 Nr 1 EStG).

240 BFH, IX R 13/02, BStBl II 2005, 44; IX R 26/14, BStBl II 2015, 1019.
241 BFH, X R 197/87, BStBl II 1991, 300 (301); IX R 74/98, BFH/NV 2002, 643.
242 BFH, IX R 32/04, BStBl II 2007, 44 (Reuegelder beim Rücktritt vom Kaufvertrag); IX R 46/15, BFH/NV 2017, 1030 (Abgrenzung bei sog. Poolvereinbarung).
243 FG Münster, 5 K 1986/06 E, EFG 2010, 1691 (rkr): Schenkkreise mit Pyramidenspiel.
244 BFH, IX R 6/10, BStBl II 2012, 581 („Big Brother"); IX B 22/14, BFH/NV 2014, 1540.
245 BFH, X R 43/12, BStBl II 2016, 48; differenzierend nach Pokervarianten *Meier*, FR 2016, 359.
246 BFH, VIII R 83/79, BStBl II 1983, 404 (405); IX R 36/07, BFH/NV 2008, 1657.
247 Vgl BFH, IX R 96/97, BStBl II 2001, 391; vgl auch BFH, IX R 31/16, BStBl II 2018, 759 zur Entschädigung für die dauerhafte Duldung einer Hochspannungsleitung.

Der BFH subsumiert auch das Entgelt einer Prostituierten unter Einkünfte aus Gewerbebetrieb[248] (früher: § 22 Nr 3 EStG[249]). Ob Prostitution (auch nach Verabschiedung des ProstG) als sittenwidrig angesehen werden kann, ist für die Frage der Besteuerung ohne Belang (§ 40 AO, vgl Rn 322). Entgelte aufgrund sittenwidriger Leistungen erhöhen die Leistungsfähigkeit des Empfängers und sind daher zu besteuern. 848

Weitere Beispiele: Sonstige Leistungen iSd § 22 Nr 3 EStG sind auch Vergütungen für die Mitnahme im PKW, Einsammeln und Rückgabe von Pfandflaschen[250] oder für das Geben „werthaltiger Tipps“[251]. Auch die Übernahme des Kostenrisikos eines fremden Prozesses gegen Erfolgsbeteiligung kann zu sonstigen Leistungen führen[252]. Eine vom Vermieter an den Mieter gezahlte Abfindung für die vorzeitige Aufgabe der ihm aus dem Mietvertrag zustehenden vermögenswerten Rechte fällt jedoch nicht unter § 22 Nr 3 EStG (anders, wenn es sich nur um ein Entgelt für eine vom Mieter eingegangene Räumungsverpflichtung handelt)[253].

E. Ermittlung der Einkünfte

I. Überblick

Einkünfte sind gem. § 2 Abs. 2 EStG bei den Einkünften aus Land- und Forstwirtschaft, Gewerbebetrieb und selbstständiger Arbeit der *Gewinn* und bei den Einkünften aus nichtselbstständiger Arbeit, Kapitalvermögen, Vermietung und Verpachtung und sonstigen Einkünften iSd § 22 EStG der *Überschuss der Einnahmen über die Werbungskosten* (zum Dualismus der Einkunftsarten Rn 599 ff). 849

Einkünfte können nur angenommen werden, wenn eine *Gewinn- oder Überschusserzielungsabsicht* vorliegt (Einkünfteerzielungsabsicht), was bei dauerhaften Verlusten regelmäßig zu verneinen ist (sog. *Liebhaberei*, Rn 710). Die Folge ist, dass die Verluste aus dieser „Einkunftsart“ nicht mit den Überschüssen aus den anderen Einkunftsarten ausgeglichen werden können (Rn 608 ff). 850

Für die *Gewinneinkünfte* kennt das Einkommensteuergesetz **vier Gewinnermittlungsarten**[254]: 851

– Gewinnermittlung durch Betriebsvermögensvergleich bzw Bilanzierung (§ 4 Abs. 1 EStG; § 5 Abs. 1 EStG):

Anwendungsbereich des § 4 Abs. 1 EStG: *Freiberufler* sowie *Land- und Forstwirte*, die aufgrund gesetzlicher Vorschriften verpflichtet sind, Bücher zu führen und regelmäßig Abschlüsse zu machen, oder dies freiwillig tun (arg. e § 4 Abs. 3 und § 5 Abs. 1 EStG).

Anwendungsbereich des § 5 Abs. 1 EStG: *Gewerbetreibende*, die aufgrund gesetzlicher Vorschriften verpflichtet sind, Bücher zu führen und regelmäßig Abschlüsse zu machen, oder dies freiwillig tun.

---

248 BFH, GrS 1/12, BStBl II 2013, 441; III R 30/10, BFH/NV 2013, 1577.
249 BFH, GrS 1/64, BStBl III 1964, 500; VI R 164/68, BStBl II 1970, 620.
250 BFH, I R 203/71, BStBl II 1973, 727 (729).
251 BFH, IX R 53/02, BStBl II 2005, 167.
252 BFH, IX R 47/07, BFH/NV 2008, 2001.
253 BFH, IX R 89/95, BFH/NV 2000, 423.
254 BVerfG, 2 BvL 20/65, BVerfGE 26, 302; 2 BvL 3/66 ua, BVerfGE 27, 111: Differenzierung verfassungsgemäß; zur Kritik *Kanzler*, in: HHR, Vorb §§ 4–7 EStG Anm. 35.

– Gewinnermittlung durch Überschussrechnung (§ 4 Abs. 3 EStG):

Anwendungsbereich: Steuerpflichtige, die *nicht* aufgrund gesetzlicher Vorschriften verpflichtet sind, Bücher zu führen und regelmäßig Abschlüsse zu machen, und dies auch *nicht* freiwillig tun.

– Gewinnermittlung nach Durchschnittssätzen (§ 13a EStG):

Anwendungsbereich: *Land- und Forstwirte*, die nicht aufgrund gesetzlicher Vorschriften verpflichtet sind, Bücher zu führen, und deren Betrieb näher festgelegte Größen (Hektar, Vieheinheiten) nicht überschreitet (vgl § 13a Abs. 1 EStG)[255].

– Gewinnermittlung nach Tonnage (§ 5a EStG):

Anwendungsbereich: *Betrieb von Handelsschiffen im internationalen Verkehr.* Tatsächlich handelt es sich um eine als Gewinnermittlung verkleidete Subvention[256].

852 Die Auswahl der richtigen Gewinnermittlungsmethode hängt damit maßgeblich davon ab, ob *gesetzliche Buchführungs- und Abschlusspflichten* bestehen. Solche können sich aus dem *Steuerrecht* (§ 141 AO) oder vorrangig aus *anderen Gesetzen* (§ 140 AO) ergeben. Werden trotz Buchführungspflicht keine Bücher geführt, ist der Gewinn, so wie er nach § 4 Abs. 1 bzw § 5 Abs. 1 EStG zu ermitteln wäre, zu schätzen (§ 162 Abs. 2 AO, Rn 486).

853 Für *Gewerbetreibende* kommt als (vorrangiges) anderes Gesetz iSd § 140 AO insb § 238 HGB in Betracht, aus dem sich für Einzelkaufleute (§ 1 HGB), für die OHG und KG (§ 6 HGB) sowie für die GmbH und AG (§ 13 Abs. 3 GmbHG bzw § 3 Abs. 1 AktG iVm § 6 HGB) eine Buchführungspflicht ergibt. § 241a HGB schränkt die Buchführungspflicht für Einzelkaufleute wieder ein: Sie sind befreit, wenn an zwei aufeinanderfolgenden Abschlussstichtagen ihr Umsatz nicht mehr als 500 000 € und ihr Jahresüberschuss nicht mehr als 50 000 € beträgt[257].

§ 141 AO enthält eigene Buchführungspflichten nur für *Land- und Forstwirte* und *Gewerbetreibende,* soweit letztere nicht bereits als Kaufleute nach § 140 AO iVm § 238, § 241a HGB buchführungspflichtig sind. Auch hier knüpft die Buchführungspflicht an die Mindestumsätze (mehr als 500 000 €, § 141 Abs. 1 Satz 1 Nr 1 AO) oder den Gewinn (mehr als 50 000 €, § 141 Abs. 1 Satz 1 Nr 4 und 5 AO) an, bei Land- und Forstwirten zusätzlich an die Größe der selbstbewirtschafteten Fläche (§ 141 Abs. 1 Satz 1 Nr 2 AO).

Bei *Freiberuflern* besteht dagegen keine gesetzliche Buchführungspflicht.

854 Aus der Differenzierung anhand der Buchführungspflicht (gesetzliche Pflicht; keine Pflicht, aber freiwillig; keine Pflicht und nicht freiwillig) ergeben sich dann für die einzelnen Gewinneinkünfte (Gewerbebetrieb, Land- und Forstwirtschaft, Freiberufler) folgende Gewinnermittlungsmethoden:

255 BFH, VI R 70/15, BStBl II 2018, 174; Überblick bei *Kanzler*, DStZ 2015, 375.

256 Verfassungsrechtlich zweifelhaft, s. *Hey*, in: Tipke/Lang, § 8 Rn 202; offenlassend BFH, IV R 19/10, BStBl II 2014, 522.

257 Dazu *Zwirner/Kähler*, DStR 2015, 2732.

	§ 5 Abs. 1	§ 4 Abs. 1	§ 4 Abs. 3	§ 13a
Gewerbebetrieb	gesetzlich oder freiwillig	(-)	keine und nicht freiwillig	(-)
Land- und Forstwirtschaft	(-)	gesetzlich oder freiwillig	keine und nicht freiwillig	keine (und weitere Voraussetzungen)
Freiberufler	(-)	freiwillig	nicht freiwillig	(-)

Bei den *Überschusseinkünften* werden die Einkünfte durch **Überschussrechnung** (§ 2 Abs. 2 Satz 1 Nr 2 EStG) ermittelt. Es handelt sich dabei um eine reine Geldverkehrsrechnung, bei der von den Einnahmen (§ 8 EStG) die Werbungskosten (§ 9, § 9a EStG) abgezogen werden (Rn 1024 ff). **855**

Für private *Kapitaleinkünfte* (§ 20 EStG) ergeben sich durch die *Abgeltungsteuer* abweichende Besonderheiten (Rn 793 ff).

II. Gewinnermittlung durch Betriebsvermögensvergleich bzw Bilanzierung (§ 4 Abs. 1, § 5 Abs. 1 EStG)

Die Normen, die die Gewinnermittlung durch Bilanzierung nach § 4 Abs. 1 EStG und § 5 Abs. 1 EStG regeln, bezeichnet man als *Bilanzsteuerrecht.* Dazu gehören zum einen die §§ 4–7i EStG, darüber hinaus jedoch auch die §§ 140 ff AO und aufgrund des Maßgeblichkeitsgrundsatzes (Rn 871) auch die §§ 238 ff HGB. **856**

Sowohl bei § 4 Abs. 1 EStG als auch bei § 5 Abs. 1 EStG (zur Abgrenzung Rn 852 ff) wird der Gewinn durch **Betriebsvermögensvergleich** ermittelt. § 4 Abs. 1 Satz 1 EStG definiert den Gewinn als den Unterschiedsbetrag zwischen dem *Betriebsvermögen* am Schluss des Wirtschaftsjahrs und dem *Betriebsvermögen* am Schluss des vorangegangenen Wirtschaftsjahrs vermehrt um den Wert der *Entnahmen* und vermindert um den Wert der *Einlagen.* **857**

Nur bei **§ 5 Abs. 1 EStG** besteht eine grundsätzliche Bindung an die handelsrechtlichen Grundsätze ordnungsgemäßer Buchführung (Rn 878 ff). Auch bei **§ 4 Abs. 1 EStG** gelten über § 141 Abs. 1 Satz 2 AO viele Rechnungslegungsvorschriften des HGB entsprechend. Darüber hinaus neigt die Rspr zu einer entsprechenden Anwendung des § 5 Abs. 2–5 EStG auch bei § 4 Abs. 1 EStG[258]. Umgekehrt sind bei **§ 5 Abs. 1 EStG** über den Verweis in § 5 Abs. 6 EStG die wesentlichen Regelungen aus § 4 EStG zu befolgen, namentlich die Regelungen über Entnahmen und Einlagen (§ 4 Abs. 1 Satz 2–8 EStG), Bilanzänderungen (§ 4 Abs. 2 EStG) und Betriebsausgaben (§ 4 Abs. 4–9 EStG). Da seit 2009 durch § 5 Abs. 1 Satz 1 HS 2 EStG auch steuerliche Wahlrechte nicht mehr durch handelsrechtliche Pflichtansätze beschränkt werden (Rn 872 f – relevant vor allem bei sog. *Teilwertabschreibungen* bzgl des handelsrechtlichen Niederstwertprinzips, Rn 928 ff), ist der Unterschied zwischen § 4 Abs. 1 **858**

258 Vgl etwa BFH, IV R 145/77, BStBl II 1980, 146; VIII R 74/77, BStBl II 1980, 244; IV R 126/78, BStBl II 1981, 398; IV R 96/78, BStBl II 1982, 643.

EStG und § 5 Abs. 1 EStG mittlerweile gering. Beides wird im Folgenden daher zusammen dargestellt und auf etwaige Abweichungen hingewiesen.

1. Ermittlung des Betriebsvermögens

a) Bilanzierung

859 Voraussetzung für die Gewinnermittlung ist daher die **Ermittlung des Betriebsvermögens** zum Schluss eines jeden Wirtschaftsjahres. Dies erfolgt durch **Bilanzierung**. Das Betriebsvermögen iSd § 4 Abs. 1, § 5 Abs. 1 EStG ergibt sich dabei aus der Differenz zwischen Vermögen (Aktiva) und Schulden (Passiva) eines Betriebs und bildet das Eigenkapital des Betriebs. Aus einer Bilanz kann man daher auch ablesen, wie die Mittel verwendet werden (Aktivseite = Mittelverwendung) und wo die Mittel herkommen (Passivsseite = Mittelherkunft). Verwirrend erscheint es auf den ersten Blick, dass der Begriff des Betriebsvermögens in den §§ 4 ff EStG doppeldeutig verwendet wird. Im weiteren Sinne bezeichnet Betriebsvermögen die betriebliche Sphäre und dient zur Abgrenzung zum Privatvermögen (Rn 897 ff). Dieses Betriebsvermögen (iwS) umfasst die Summe aller Wirtschaftsgüter, die zum Betrieb gehören und daher auch in der Bilanz ausgewiesen werden. Hier – also bei § 4 Abs. 1, § 5 Abs. 1 EStG – wird unter Betriebsvermögen aber nur das Eigenkapital verstanden, also die Differenz aus allen aktiven Wirtschaftsgütern abzüglich der Schulden (also den passiven Wirtschaftsgütern).

Beispiel: Händler H betreibt sein Geschäft in einem ihm gehörenden Laden (Gebäude abgeschrieben auf 70 000 €, Grundstück angeschafft für 30 000 €). Dort lagert er Waren, die er für 80 000 € angeschafft hat. Sein Kassenbestand weist ein Guthaben von 20 000 € aus. Ferner hat er Bankschulden iHv 50 000 €. Wie hoch ist sein Betriebsvermögen (Eigenkapital) iSd § 4 Abs. 1, § 5 Abs. 1 EStG?

Aktiva	Bilanz	zum 31.12.01	Passiva
I. Anlagevermögen		**I. Eigenkapital**	
Grund und Boden	30 000	(Betriebsvermögen)	150 000
Gebäude	70 000		
II. Umlaufvermögen		**II. Verbindlichkeiten**	
Waren	80 000	Bankschulden	50 000
Kasse	20 000		
Bilanzsumme	200 000		200 000

860 Inwieweit sich das Betriebsvermögen (Eigenkapital) zwischen zwei Stichtagen verändert hat, hängt davon ab, welche Bilanzpositionen *dem Grunde nach anzusetzen* sind („Ob" der Bilanzierung, Rn 888 ff) und wie sie *der Höhe nach zu bewerten* sind („Wie" der Bilanzierung, Rn 915 ff). Die einzelnen Bilanzpositionen unterliegen dabei im Laufe des Jahres durch *Geschäftsvorfälle* ständigen Veränderungen. Jeder Geschäftsvorfall ändert das Bilanzbild. Um festzustellen, welche Auswirkungen ein Geschäftsvorfall auf das Betriebsvermögen und damit auf den steuerrechtlichen Gewinn hat, empfiehlt es sich, sich das *„Denken in Bilanzen"* anzugewöhnen. Dazu stellt man sich vor, im Zeitpunkt jedes Geschäftsvorfalls die Bilanz fortzuschreiben. Dadurch

kann man sofort erkennen, wie die Zu- und Abgänge das Betriebsvermögen verändert haben.

Für das **„Denken in Bilanzen“** gilt dabei folgende Grundregel: Die Veränderungen der Bilanz durch Geschäftsvorfälle dürfen die Bilanzgleichung (Aktiva = Passiva) nicht verändern. Um dieses Gleichgewicht zu gewährleisten, muss sich jeder Geschäftsvorfall auf mindestens zwei Bilanzposten auswirken. Wenn sich sonst kein Bilanzposten findet, ergibt sich automatisch eine Veränderung beim Betriebsvermögen (= Eigenkapital), die das Bilanzgleichgewicht wiederherstellt. **861**

Geschäftsvorfälle unterscheidet man danach, ob sie sich auf das Betriebsvermögen (und den Gewinn) *auswirken*, also *erfolgswirksam* sind. Geschäftsvorfälle, die *keinen Einfluss* auf das Betriebsvermögen haben, sind bloße Betriebsvermögensumschichtungen und damit immer *erfolgsneutral*. Sie sind denkbar als Tausch von Aktivposten *(Aktivtausch)*, Tausch von Passivposten *(Passivtausch)* oder als Mehrung oder Minderung von Aktiv- und Passivposten *(Aktiv-/Passiv-Mehrung oder -Minderung)*. **862**

Beispiel für einen *Aktivtausch*: U kauft ein Betriebsgrundstück für 100 000 € und bezahlt es vom Betriebskonto. Der Aktivbestand Bankguthaben vermindert sich um 100 000 €. Es ist ein Aktivposten Betriebsgrundstück mit dem entsprechenden Betrag anzusetzen. Das Betriebsvermögen (Eigenkapital) ändert sich nicht. Der Geschäftsvorfall ist erfolgsneutral. Auch die Bilanzsumme ändert sich nicht.

Beispiel für einen *Passivtausch*: U nimmt ein Darlehen iHv 10 000 € auf und bezahlt hiermit eine Verbindlichkeit aus einer Warenlieferung. Der Passivbestand Bankverbindlichkeiten erhöht sich um 10 000 €. Der Passivbestand Verbindlichkeiten aus Lieferung und Leistung vermindert sich um den entsprechenden Betrag. Auch hier ändert sich das Betriebsvermögen (Eigenkapital) nicht. Der Geschäftsvorfall ist erfolgsneutral. Auch die Bilanzsumme ändert sich nicht.

Beispiel für eine *Aktiv-/Passiv-Mehrung*: U belastet sein Betriebsgrundstück mit einem Hypothekendarlehen iHv 50 000 € und lässt den Betrag seinem Bankkonto gutschreiben. Es ist ein Passivposten Hypothekendarlehen von 50 000 € anzusetzen. Der Aktivbestand Bankguthaben erhöht sich um den entsprechenden Betrag. Wiederum ändert sich das Betriebsvermögen (Eigenkapital) nicht. Der Geschäftsvorfall ist erfolgsneutral. Da sich aber die Bilanzsumme erhöht, spricht man auch von einer Bilanzverlängerung.

Beispiel für eine *Aktiv-/Passiv-Minderung*: U zahlt eine Verbindlichkeit iHv 10 000 € per Banküberweisung. Der Passivposten Verbindlichkeiten ebenso wie der Aktivposten Bankkonto sind um 10 000 € zu mindern. Wiederum ändert sich das Betriebsvermögen (Eigenkapital) nicht. Der Geschäftsvorfall ist erfolgsneutral. Da sich aber die Bilanzsumme reduziert, spricht man auch von einer Bilanzverkürzung.

Geschäftsvorfälle, die das Betriebsvermögen (Eigenkapital) vermehren oder vermindern, sind erfolgswirksam, wenn sie keine Entnahme oder Einlage (Rn 962 ff) darstellen. Erfolgswirksame Vermögenszugänge bezeichnet man als *Ertrag*, erfolgswirksame Vermögensabgänge als *Aufwand*. **863**

Beispiel für *Ertrag*: U erhält die Miete iHv 2000 € für ein vermietetes (im Betriebsvermögen befindliches) Wohnhaus überwiesen. Der Aktivbestand Bankguthaben erhöht sich um 2000 €. Da kein weiterer Bilanzposten berührt wird, hat sich das Betriebsvermögen (Eigenkapital) um 2000 € vermehrt. Es liegt ein Ertrag iHv 2000 € vor.

Beispiel für *Aufwand*: U zahlt seinen Arbeitnehmern Lohn iHv 50 000 €. Der Aktivbestand Bankguthaben vermindert sich um 50 000 €. Da kein weiterer Bilanzposten berührt wird, hat sich das Betriebsvermögen (Eigenkapital) um 50 000 € vermindert. Es liegt ein Aufwand iHv 50 000 € vor.

b) Buchführung

864 Eine laufende Fortschreibung der Bilanz nach jedem Geschäftsvorfall wäre eine zu umfangreiche, unübersichtliche und daher in der Praxis nicht durchführbare Arbeit. Daher bedient man sich des Hilfsmittels der **Buchführung**. Diese ist also nichts anderes als die Fortschreibung der Bilanz mit anderen Mitteln.

865 Für die Buchführung wird die Bilanz in Konten aufgelöst, in denen die Geschäftsvorfälle aufgezeichnet werden. Für jeden Bilanzposten wird ein Konto eröffnet, das uU in weitere Unterkonten gegliedert werden kann. Entsprechend den Seiten der Bilanz sind hinsichtlich der einzelnen Konten Aktiv- und Passivkonten zu unterscheiden. In diese Konten werden die Bestände der Bilanz übertragen, weshalb sie auch *Bestandskonten* genannt werden. Die linke Seite eines Kontos heißt *Soll*, die rechte Seite *Haben*. Diese Bezeichnungen sind historisch zu erklären und haben keine inhaltliche Bedeutung. Die Anfangsbestände der Bestandskonten stehen im Konto auf derselben Seite, auf der sie in der Bilanz ausgewiesen sind. Daher haben die Aktivkonten ihren Anfangsbestand im Soll. Bei Passivkonten steht der Anfangsbestand auf der Habenseite. Zugänge sind jeweils unter dem Anfangsbestand (also bei Aktivkonten im Soll, bei Passivkonten im Haben) zu buchen, Abgänge auf der anderen Seite (also bei Aktivkonten im Haben, bei Passivkonten im Soll).

866 Streng genommen muss bei der *Übertragung* der Anfangsbestände aus der Bilanz in die Bestandskonten nach dem Grundsatz „keine Buchung ohne Gegenbuchung" (doppelte Buchführung, Rn 868) eine Gegenbuchung auf ein anderes Konto erfolgen. Diese Gegenbuchung erfolgt auf dem sog. *Eröffnungsbilanzkonto (EBK)*. Das EBK ist das bilanzielle Spiegelbild der Eröffnungsbilanz. Oft wird auf das EBK, das nur ein buchungstechnisches Hilfsmittel ist, verzichtet.

867 Geschäftsvorfälle, die das Betriebsvermögen berühren (Rn 863), können allein über Bestandskonten nicht dargestellt werden. Daher ist für Veränderungen des Eigenkapitals ein *Kapitalkonto* als passives Bestandskonto einzurichten (Anfangsbestand auf der Haben-Seite[259]), auf dem diese Geschäftsvorfälle verbucht werden. Da es bei den das Betriebsvermögen (Eigenkapital) berührenden Geschäftsvorfällen erfolgswirksame und erfolgsneutrale gibt (Rn 863), muss das Kapitalkonto noch unterteilt werden. Das *Gewinn- und Verlustkonto (GuV-Konto)* erfasst die Änderungen des Betriebsvermögens, die sich auf den Gewinn auswirken, also den Ertrag und den Aufwand. Es heißt daher auch *Erfolgskonto*. Es wird noch weiter in einzelne Ertrags- und Aufwandskonten wie zB Warenerlöse, Zinseinnahmen, Mieteinnahmen bzw Mietaufwendungen, Löhne und Gehälter und Abschreibungen unterteilt. Auch sie nennt man Erfolgskonten. Die *Privatkonten* nehmen die Betriebsvermögensänderungen auf, die den Gewinn nicht beeinflussen, also die Entnahmen und Einlagen. Da das GuV-Konto und seine Unterkonten sowie die Privatkonten Unterkonten des Kapitalkontos sind,

259 Das ist nicht zwingend. Sind die Schulden höher als das Vermögen (Überschuldung), rutscht das Eigenkapital auf die Aktivseite der Bilanz (sog. Unterbilanz). In diesem Fall steht der Anfangsbestand des negativen Eigenkapitals auf der Soll-Seite wie bei einem aktiven Bestandskonto.

sind – wie bei passiven Bestandskonten – Vermögensmehrungen auf der Habenseite und Vermögensminderungen auf der Sollseite zu verbuchen.

Jeder Geschäftsvorfall muss wegen der Bilanzgleichung auf *mindestens zwei Konten* gebucht werden („keine Buchung ohne Gegenbuchung"). Bei jeder Buchung wird stets das eine Konto im Soll und das andere Konto im Haben berührt. Darum nennt man es auch **doppelte Buchführung**. Auf dem Konto wird jeweils vor dem Betrag das Gegenkonto genannt. Die Buchung wird durch einen *Buchungssatz* vorbereitet. Er nennt in einer kurzen Form die Konten, die durch den Geschäftsvorfall berührt werden, und die Beträge, um die sich der Kontostand verändert. Zuerst wird das Konto genannt, auf dem im Soll gebucht wird („per"), dann das Konto, das die Habenseite erfasst („an"). Die Buchung erfolgt also stets „per Soll an Haben". **868**

Sind alle Geschäftsvorfälle auf diese Weise verbucht worden, müssen alle Konten am Ende des Wirtschaftsjahrs *abgeschlossen* werden. Man addiert die größere Seite eines Kontos und zieht von dieser Summe die Summe der kleineren Seite ab. Als Differenz ergibt sich der (ausgleichende) Saldo, der materiell zugleich den Endbestand des Kontos ausdrückt: Anfangsbestand + Zugänge ./. Abgänge = Saldo (= Endbestand). **869**

Beispiel: Der Händler (Eröffnungsbilanz wie im Beispiel, Rn 859) hat folgende Geschäftsvorfälle zu verzeichnen: H begleicht Bankschulden iHv 10 000 € bar. Am Gebäude wird eine Abschreibung (AfA) iHv 10 000 € vorgenommen. Ein Kunde kauft Waren im Buchwert von 40 000 € für 60 000 € und zahlt bar. H entnimmt aus der Kasse 5000 € für private Zwecke.

Die einzelnen Bestände aus der Bilanz sind nun in Konten zu überführen und der jeweilige **Anfangsbestand (AB)** einzutragen. Die Gegenbuchung erfolgt auf das Eröffnungsbilanzkonto (EBK, Rn 866).

Buchungssätze: „per Grund und Boden (30 000 €) an EBK (30 000 €)"; „per Gebäude (70 000 €) an EBK (70 000 €)"; „per Waren (80 000 €) an EBK (80 000 €)"; „per Kasse (20 000 €) an EBK (20 000 €)"; „per EBK (150 000 €) an Kapitalkonto (150 000 €)"; „per EBK (50 000 €) an Bankschulden (50 000 €)"

Soll		Eröffnungsbilanzkonto (EBK)	Haben
Kapitalkonto (Eigenkapital)	150 000	Grund und Boden	30 000
		Gebäude	70 000
Bankschulden	50 000	Waren	80 000
		Kasse	20 000

Auch für die angesprochenen Erfolgskonten (hier: Warenerlös [Ertragskonto] und AfA [Aufwandskonto]) und Privatkonten (hier: Entnahme) sind entsprechende Konten zu erstellen. Die einzelnen Geschäftsvorfälle sind nun auf den Konten doppelt (einmal im Soll und einmal im Haben) zu verbuchen.

Buchungssätze: „per Bankschulden (10 000 €) an Kasse (10 000 €)"; „per AfA (10 000 €) an Gebäude (10 000 €)"; „per Kasse (60 000 €) an Waren (40 000 €) und an Warenertrag (20 000 €)"[260]; „per Entnahme (5000 €) an Kasse (5000 €)"

260 Der Geschäftsvorfall lässt sich ebenso in zwei Buchungssätzen darstellen: „per Kasse (40 000 €) an Waren (40 000 €)" und „per Kasse (20 000 €) an Warenertrag (20 000 €)".

Sind alle **Geschäftsvorfälle** verbucht, ist jedes Konto mit dem Saldo als **Endbestand (EB)** abzuschließen.

Soll	Grund und Boden (aktives Bestandskonto)		Haben
AB (EBK)	30 000	**EB** (SBK)	**30 000**

Soll	Gebäude (aktives Bestandskonto)		Haben
AB (EBK)	70 000	AfA	10 000
		EB (SBK)	**60 000**

Soll	Waren (aktives Bestandskonto)		Haben
AB (EBK)	80 000	Kasse	40 000
		EB (SBK)	**40 000**

Soll	Kasse (aktives Bestandskonto)		Haben
AB (EBK)	20 000	Bankschulden	10 000
Waren	40 000	Entnahmen	5 000
Warenertrag	20 000	**EB** (SBK)	**65 000**

Soll	Bankschulden (passives Bestandskonto)		Haben
Kasse	10 000	AB (EBK)	50 000
EB (SBK)	**40 000**		

Soll	AfA (Aufwandskonto, Unterkonto v. GuV-Konto)		Haben
Gebäude	10 000	**EB** (GuV)	**10 000**

Soll	Warenertrag (Ertragskonto, Unterkonto v. GuV-Konto)		Haben
EB (GuV)	**20 000**	Kasse	20 000

Soll	Entnahmen (Privatkonto, Unterkonto v. Kapitalkonto)		Haben
Kasse	5 000	**EB** (Kapitalkonto)	**5000**

Nun werden die einzelnen Ertrags- und Aufwandskonten (Unterkonten des GuV-Kontos) über das GuV-Konto abgeschlossen. GuV-Konto und Privatkonten, die wiederum Unterkonten des Kapitalkontos sind, sind sodann über das Kapitalkonto abzuschließen.

Buchungssätze: „per GuV (10 000 €) an AfA (10 000 €)"; „per Warenertrag (20 000 €) an GuV (20 000 €)"; „per GuV (10 000 €) an Kapitalkonto (10 000 €)"; „per Kapitalkonto (5000 €) an Entnahmen (5000 €)"

Soll	GuV-Konto (Unterkonto v. Kapitalkonto)		Haben
AfA	10 000	Warenertrag	20 000
EB (Kapitalkonto)	**10 000**		

Soll	Kapitalkonto (Eigenkapital, passives Bestandskonto)		Haben
Entnahmen	5 000	AB (EBK)	150 000
EB (SBK)	**155 000**	GuV	10 000

Die bereits oben durchgeführte Buchung der Endbestände (EB) auf den einzelnen Bestandskonten muss auch wieder eine Gegenbuchung auslösen. Sie erfolgt auf dem *Schlussbilanzkonto (SBK).*

Buchungssätze: „per SBK (30 000 €) an Grund und Boden (30 000 €)"; „per SBK (60 000 €) an Gebäude (60 000 €)"; „per SBK (40 000 €) an Waren (40 000 €)"; „per SBK (65 000 €) an Kasse (65 000 €)"; „per Kapitalkonto (155 000 €) an SBK (155 000 €)"; „per Bankschulden (40 000 €) an SBK (40 000 €)"

Soll	Schlussbilanzkonto (SBK)		Haben
Grund und Boden	30 000	Kapitalkonto (Eigenkapital)	155 000
Gebäude	60 000		
Waren	40 000	Bankschulden	40 000
Kasse	65 000		

Das SBK erfasst somit sämtliche Endbestände (EB) der Bestandskonten und ist sachlich nichts anderes als die Schlussbilanz. Zur Erstellung der Schlussbilanz wird daher nur das SBK abgeschrieben.

Im Beispiel ergibt sich dann folgende Schlussbilanz:

Aktiva	Bilanz zum 31.12.02		Passiva
I. Anlagevermögen		**I. Eigenkapital**	
Grund und Boden	30 000	(Betriebsvermögen)	155 000
Gebäude	60 000		
II. Umlaufvermögen		**II. Verbindlichkeiten**	
Waren	40 000	Bankschulden	40 000
Kasse	65 000		
Bilanzsumme	195 000		195 000

Da sich ein Gewinn oder Verlust nur aus der Summe der Erträge und der Aufwendungen ergeben kann und alle Ertrags- und Aufwandskonten über das *Gewinn- und Verlustkonto* (GuV-Konto) abgeschlossen werden, lässt sich aus dem GuV-Konto bereits der Gewinn (GuV-EB [Saldo] im Soll) oder ein etwaiger Verlust (GuV-EB [Saldo] im Haben) ablesen. Im Beispiel (Rn 869) beträgt der Gewinn daher 10 000 €. Der Betriebsvermögensvergleich (§ 4 Abs. 1 **870**

Satz 1 EStG) knüpft aber nicht direkt an den EB des GuV-Kontos an, sondern an die Veränderung des Betriebsvermögens (Eigenkapital) in der Schlussbilanz im Vergleich zur Schlussbilanz des Vorjahres. Da sich dieses Betriebsvermögen (Eigenkapital) aber nicht nur durch einen Gewinn/Verlust verändert, sondern sich auch durch Einlagen *erhöht* und Entnahmen *mindert*, verlangt § 4 Abs. 1 Satz 1 EStG zur Neutralisation spiegelbildlich, dass das Betriebsvermögen um die Einlagen zu *mindern* und Entnahmen zu *erhöhen* ist. Im Beispiel (Rn 859, 869) hat sich das Betriebsvermögen (Eigenkapital) um 5000 € erhöht (155 000 € ./. 150 000 €). Zudem ist die Entnahme (5000 €) erhöhend zu berücksichtigen, so dass sich ein Gewinn iHv 10 000 € ergibt (wie der EB im GuV-Konto).

c) Maßgeblichkeit der Handelsbilanz für die Steuerbilanz

871 Nach § 5 Abs. 1 Satz 1 EStG ist grundsätzlich das Betriebsvermögen anzusetzen, das nach den handelsrechtlichen Grundsätzen ordnungsmäßiger Buchführung auszuweisen ist. Diese Verweisung begründet den **Maßgeblichkeitsgrundsatz**, der besagt, dass handelsrechtliche Vorschriften auch im Einkommensteuerrecht verbindlich sind, soweit sie Grundsätze ordnungsmäßiger Buchführung beinhalten *(materielle Maßgeblichkeit)*. Das gilt für die Bilanzierung „dem Grunde nach" (vgl die Ansatzvorschriften der §§ 246–251 HGB), jedoch über den Wortlaut des § 5 Abs. 1 Satz 1 EStG („anzusetzen") hinaus auch für die Bilanzierung „der Höhe nach" (vgl die Bewertungsvorschriften der §§ 252–256 HGB).

872 Jedoch unterliegt der Maßgeblichkeitsgrundsatz *Einschränkungen*. Er gilt nicht, wenn iRd Ausübung steuerlicher Wahlrechte ein anderer Ansatz gewählt wird (§ 5 Abs. 1 Satz 1 HS 2 EStG)[261] oder spezielle steuerliche Vorschriften gelten (zB § 5 Abs. 2–5 EStG)[262]. Steuerrechtliche Wahlrechte können also unabhängig von der handelsrechtlichen Vorgabe ausgeübt werden, wobei die vom handelsrechtlichen Wert abweichenden Ansätze gem. § 5 Abs. 1 Satz 2, 3 EStG in laufend zu führende Verzeichnisse aufzunehmen sind.

873 Ob § 5 Abs. 1 Satz 1 HS 2 EStG die Möglichkeit gewährt, steuerrechtliche Wahlrechte völlig unabhängig von den GoB auszuüben, ist streitig. Entscheidende Bedeutung hat dieser Streit zB für die Teilwertabschreibung (Rn 928). Sie ist nach dem Handelsrecht zwingend (§ 253 Abs. 3 Satz 5 HGB), nach Steuerrecht aber fakultativ (§ 6 Abs. 1 Nr 1 Satz 2, Nr 2 Satz 2 EStG). Dies schafft für den Steuerpflichtigen Gestaltungsmöglichkeiten in Verlustsituationen. Stellt man auf den Wortlaut des § 5 Abs. 1 Satz 1 HS 2 EStG ab, kann steuerlich auf eine Teilwertabschreibung verzichtet werden. Legt man die Norm nach ihrer Entstehungsgeschichte und dem Sinn und Zweck aus, wollte der Gesetzgeber nur GoB-widrige Wahlrechte von der Handelsbilanz entkoppeln, es ansonsten aber bei der Bindung an die Handelsbilanz belassen, so dass nach dieser Auffassung der Zwang zur Teilwertabschreibung bleibt. Nach einer solchen restriktiven Auslegung gilt die Entkoppelungsvorschrift des § 5 Abs. 1 Satz 1 HS 2 EStG nur für Steuervergünstigungswahlrechte, die aus lenkungspolitischen Gründen einen niedrigeren Wertansatz als nach den GoB erlauben[263]. Die Finanzver-

261 Dazu *Barke*, DStZ 2015, 302.
262 Siehe auch BMF v. 12.3.2010, BStBl I 2010, 239 (mit Beispielen).
263 *Hennrichs*, GmbHR 2010, 17 (21); *ders.*, Ubg 2009, 533.

waltung und wohl hM gehen jedoch von einem umfassenden steuerrechtlichen Wahlrechtsvorbehalt aus[264].

Für die Bewertung wird die Maßgeblichkeit durch den Bewertungsvorbehalt in § 5 Abs. 6 EStG sogar sehr weitgehend wieder eingeschränkt, so dass in erster Linie die §§ 6 ff EStG zu beachten sind (Rn 916). Eine weitere Einschränkung folgt nach der Rspr des BFH aus dem Sinn und Zweck der steuerrechtlichen Gewinnermittlung, die den vollen Gewinn erfassen soll, und aus dem Grundsatz der Gleichmäßigkeit der Besteuerung (Art. 3 Abs. 1 GG). Danach führen handelsrechtliche Aktivierungswahlrechte zu **steuerrechtlichen Aktivierungsgeboten** und handelsrechtliche Passivierungswahlrechte zu **steuerrechtlichen Passivierungsverboten**. Andernfalls könnte der Steuerpflichtige sich nach Belieben arm oder reich rechnen[265]. Ein Anwendungsbeispiel für diese Rspr ist auf der Aktivseite der Rechnungsabgrenzungsposten für Disagios gem. § 250 Abs. 3 HGB (Rn 912). **874**

Auch im Übrigen betont der BFH stets den **Vorrang der steuerrechtlichen Sachgesetzlichkeiten** vor den an sich maßgeblichen Regelungen des Handelsrechts. So hat er etwa eine Auslegung des handelsrechtlichen *Wertaufhellungsprinzips* (Rn 887) durch den BGH für das Steuerrecht wegen des Grundsatzes der Gleichheit der Besteuerung abgelehnt[266]. **875**

Problematisch an der Anbindung der Steuerbilanz an die Handelsbilanz sind vor allem deren *unterschiedliche Zwecke*. Zweck der Handelsbilanz ist in erster Linie der Gläubigerschutz und die kritische Selbstinformation für den Kaufmann. Daher darf sich ein Kaufmann eher ärmer als reicher rechnen. Zweck der Steuerbilanz ist dagegen, die Leistungsfähigkeit zu messen und damit den wirklichen Gewinn zu ermitteln[267]. Durch unbesehene Übernahme der Handelsbilanz würde der steuerliche Gewinn idR zu niedrig erfasst. Daher wurden in den letzten Jahren immer mehr den Maßgeblichkeitsgrundsatz einschränkende Normen in das EStG eingefügt. Als Beispiele sind insb die Einschränkungen bei der Rückstellungsbildung zu nennen (§ 5 Abs. 2a–4b EStG, Rn 907). Vielfach wird auch die Abschaffung des Maßgeblichkeitsgrundsatzes und Einführung eines eigenständigen Bilanzsteuerrechts gefordert[268]. **876**

Durch den Trend, die Rechnungslegung an internationale Standards anzupassen, die vom Konzept der „Fair Presentation“ iS eines „True and Fair View“ geprägt sind (IAS = International Accounting Standards, US-GAAP = Generally Accepted Accounting Principles, IFRS = International Financial Reporting Standards), könnte sich die Handelsbilanz allerdings der Steuerbilanz annähern[269]. Die IAS-Verordnung[270] verpflichtet börsennotierte Konzernmuttergesellschaften ihre konsolidierten Abschlüsse auf der Grundlage der IAS/IFRS zu erstellen. Insoweit beeinflusst EU-Recht (und damit auch der EuGH) das Bilanzsteuerrecht[271]. **877**

264 BMF v. 12.3.2010, BStBl I 2010, 239; *Weber-Grellet*, in: Schmidt, EStG, § 5 Rn 60.
265 BFH, GrS 2/68, BStBl II 1969, 291; ausf dazu *Hennrichs*, StuW 1999, 138 ff.
266 BFH, GrS 2/99, BStBl II 2000, 632 (zum Verbot phasengleicher Aktivierung von Dividendenansprüchen); dazu *Wassermeyer*, DB 2001, 1053; *Weber-Grellet*, BB 2001, 35.
267 *Weber-Grellet*, Bilanzsteuerrecht, Rn 53; vgl aber auch *Schlotter*, FR 2007, 951.
268 Vgl etwa *Weber-Grellet*, DStR 1998, 1343.
269 Vgl ausf zu den verschiedenen Rechnungslegungsvorschriften *Großfeld/Luttermann*, Bilanzrecht, Rn 146 ff; *Thiel/Lüdtke-Handjery*, Bilanzrecht, Rn 52 ff, 831 ff.
270 Verordnung (EG) Nr 1606/2002 v. 19.7.2002, Abl EG Nr L 243, S. 1 ff.
271 Anschaulich zu den Entwicklungsperspektiven *Prinz*, DB 2016, 9.

d) Grundsätze ordnungsmäßiger Buchführung

878 Da die **Grundsätze ordnungsmäßiger Buchführung** für Zwecke der steuerlichen Gewinnermittlung (§ 5 Abs. 1 EStG) verbindlich sind, muss ihr Inhalt ermittelt werden. Die wichtigsten GoB sind in den §§ 238 ff HGB kodifiziert. Es gibt jedoch auch ungeschriebene GoB.

879 Nicht näher dargestellt werden sollen hier die *formellen GoB*, also die Grundsätze der Bilanzklarheit (§ 238 Abs. 1 HGB), des Verrechnungsverbotes (§ 246 Abs. 2 HGB), der Einzelbewertung (§ 252 Abs. 1 Nr 3 HGB) und der zeitnahen Bilanzaufstellung (§ 243 Abs. 3 HGB), sowie von den *materiellen GoB* die Grundsätze der Bilanzwahrheit und -vollständigkeit (§ 239 Abs. 2, § 246 Abs. 1 HGB)[272].

880 **aa) Bilanzkontinuität und -identität.** Nach dem Grundsatz der **Bilanzkontinuität** sind einmal angewandte Bewertungsmethoden (zB die Ausübung von Wahlrechten) beizubehalten, § 252 Abs. 1 Nr 6 HGB. Nach dem Grundsatz der **Bilanzidentität** (Bilanzzusammenhang[273]) muss die Anfangsbilanz mit der Schlussbilanz des vorhergehenden Geschäftsjahrs bzw Wirtschaftsjahrs übereinstimmen, § 252 Abs. 1 Nr 1 HGB. Aus der dadurch bedingten sog. Zweischneidigkeit der Bilanz ergibt sich ein *automatischer Fehlerausgleich.* Zu niedrige oder zu hohe Ansätze wirken sich in nachfolgenden Wirtschaftsjahren entgegengesetzt aus. Der Totalgewinn wird dadurch zutreffend erfasst, wobei jedoch in Kauf genommen wird, dass der Gewinn nicht periodengerecht ermittelt wird[274]. In den engen Grenzen des § 4 Abs. 2 EStG ist allerdings eine nachträgliche Änderung der Steuerbilanz möglich (*Bilanzberichtigung*)[275], wenn die Bilanz *objektiv* fehlerhaft ist[276].

Beispiel: Wird im Jahr 01 eine Forderung fälschlicherweise nur mit 80 000 € statt mit dem zutreffenden Wert von 100 000 € angesetzt, führt das im Jahr 01 zu einem um 20 000 € zu niedrigen Gewinn. Da der falsche Wertansatz von 80 000 € jedoch für die Anfangsbilanz des Jahres 02 übernommen wird, wird der „fehlende" Gewinn bei Zahlung in 02 durch einen um 20 000 € erhöhten Gewinn „nachgeholt".

881 **bb) Verursachungsprinzip.** Aufwendungen und Erträge sind unabhängig vom Zeitpunkt der Zahlung dem Geschäftsjahr bzw Wirtschaftsjahr zuzuordnen, in dem sie wirtschaftlich verursacht sind, § 252 Abs. 1 Nr 5 HGB (**Verursachungsprinzip**, Grundsatz der periodengerechten Gewinnermittlung). Das Zu- und Abflussprinzip gilt nicht (§ 11 Abs. 1 Satz 5, Abs. 2 Satz 6 EStG). Das Verursachungsprinzip wird vor allem durch die Aktivierung von Forderungen[277], durch die Passivierung von Verbindlichkeiten und Rückstellungen (Rn 901 ff) und durch die Bildung von Rechnungsabgrenzungsposten (Rn 910 ff) umgesetzt.

882 **cc) Vorsichtsprinzip.** Nach dem **Vorsichtsprinzip** darf sich der Kaufmann nicht reicher rechnen, als er tatsächlich ist, sondern eher ärmer. Es ist für die Bewertung in

---

272 Dazu *Weber-Grellet*, Bilanzsteuerrecht, Rn 59 ff.
273 Dazu BFH, I R 29/13, BFH/NV 2015, 27.
274 Dazu BFH, I B 151/12, BFH/NV 2013, 1572.
275 Dazu BFH, IV R 7/06, BStBl II 2008, 600; *Schulze-Osterloh*, FR 2016, 712.
276 BFH, GrS 1/10, BStBl II 2013, 317; aA noch BFH, I R 40/07, BStBl II 2008, 669 (subjektiver Fehlerbegriff); dazu *Drüen*, GmbHR 2013, 505; *Kanzler*, NWB 2013, 1405.
277 BFH, IV R 62/05, BStBl II 2008, 557 zur Gewinnrealisierung bei Inkassotätigkeit.

§ 252 Abs. 1 Nr 4 HGB kodifiziert, gilt jedoch auch für den Bilanzansatz dem Grunde nach. Gerade das Vorsichtsprinzip kann aber mit dem Ziel der steuerlichen Gewinnermittlung, die objektive Leistungsfähigkeit zutreffend zu erfassen, in Konflikt geraten (Rn 876). Konkretisiert wird das Vorsichtsprinzip durch das Realisationsprinzip, das Imparitätsprinzip und den Grundsatz der Nichtbilanzierung schwebender Verträge.

Nach dem **Realisationsprinzip** dürfen Gewinne erst ausgewiesen werden, wenn sie realisiert sind, § 252 Abs. 1 Nr 4 HS 2 HGB. Es ist also erst ihre Verwirklichung durch Umsatz erforderlich (Veräußerung oder sonstiger Leistungsaustausch iS einer wirtschaftlichen Erfüllung)[278]. Eine gewinnrealisierende Aktivierung einer Forderung setzt neben der „wirtschaftlichen Erfüllung" zudem voraus, dass die Zahlung – von den mit jeder Forderung verbundenen Risiken abgesehen – so gut wie sicher ist[279]. Bloße Wertsteigerungen von im Betrieb befindlichen Wirtschaftsgütern führen dagegen noch nicht zu einem Gewinn. Dadurch wird die Bildung stiller Reserven ermöglicht (Rn 951 f). **883**

Das Realisationsprinzip unterliegt jedoch Durchbrechungen. Einerseits gibt es gesetzliche Sonderregelungen, nach denen ein Gewinn auch ohne Vorliegen eines Umsatzaktes realisiert wird. Das ist zB der Fall bei Entnahmen (§ 6 Abs. 1 Nr 4 Satz 1 EStG) und bei der Betriebsaufgabe (§ 16 Abs. 3 EStG), um die Besteuerung der stillen Reserven im letztmöglichen Zeitpunkt sicherzustellen. Andererseits wird trotz Vorliegens eines Umsatzaktes ausnahmsweise kein Gewinn realisiert. Das ist zB der Fall bei der Bildung einer Rücklage nach § 6b, § 6c EStG oder einer Rücklage für Ersatzbeschaffung (Rn 913 f). **884**

Im Gegensatz zu Gewinnen sind Risiken und Verluste schon zu berücksichtigen, wenn sie drohen, § 252 Abs. 1 Nr 4 HS 1 HGB. Da damit nicht realisierte Gewinne und Verluste unterschiedlich behandelt werden, spricht man insoweit vom **Imparitätsprinzip**. Ausfluss des Imparitätsprinzips sind vor allem das **Niederstwertprinzip** (§ 253 Abs. 3, 4 HGB, Rn 928 ff), die Regelungen zur Bildung von Rückstellungen (§ 249 HGB, vgl aber § 5 Abs. 2a–4b EStG, Rn 903 ff) und die Beschränkungen für den Ansatz von Rechnungsabgrenzungsposten (§ 250 HGB, vgl aber § 5 Abs. 5 Satz 1 EStG, Rn 910 ff). **885**

Ansprüche und Verbindlichkeiten aus **schwebenden Geschäften** dürfen in der Steuerbilanz abweichend von der Handelsbilanz nicht bilanziert werden[280]. Daher sind Vorleistungen (etwa auf eine noch nicht erfolgte Lieferung eines Wirtschaftsguts) oder Abschlagzahlungen bei Werkleistungen sowohl beim Leistenden als auch beim Empfänger zu neutralisieren[281]. Rückstellungen wegen drohender Verluste dürfen trotz § 249 Abs. 1 Satz 1 Var. 2 HGB steuerrechtlich nicht gebildet werden, § 5 Abs. 4a Satz 1 EStG. Abzugrenzen davon sind jedoch Erfüllungsrückstände aus schon abgewickelten Geschäften (zB die noch nicht fällige Verpflichtung des Pächters zur Erneuerung von Pachtgegenständen[282]). **886**

278 BFH, VIII R 77/96, BStBl II 2002, 227; X R 15/11, BFH/NV 2013, 1548.

279 BFH, VIII R 25/11, BStBl II 2014, 968 mwN.

280 *Weber-Grellet*, in: Schmidt, EStG, § 5 Rn 76.

281 Dazu *Prinz*, DB 2016, 371; anders zu Abschlagszahlungen nach § 8 Abs. 2 HOAI aF BFH, VIII R 25/11, BStBl II 2014, 968 (Gewinnrealisierung bei Entstehung des Anspruchs auf Abschlagzahlung); auf solche nach § 8 Abs. 2 HOAI aF beschränkend BMF v. 15.3.2016, BStBl I 2016, 279; krit *Velte/Stawinoga*, StuW 2016, 118.

282 BFH, VIII R 88/87, BStBl II 1993, 89.

887 **dd) Stichtagsprinzip.** Nach dem **Stichtagsprinzip** ist für die Bilanzierung auf die Verhältnisse am Abschlussstichtag abzustellen, § 252 Abs. 1 Nr 3 HGB. Für die Beurteilung der Verhältnisse ist die subjektive Erkenntnis eines sorgfältigen Kaufmanns zum Zeitpunkt der fristgerechten Bilanzaufstellung entscheidend[283]. Erst nach dem Stichtag eingetretene *wertbeeinflussende Tatsachen* dürfen nicht mehr berücksichtigt werden. Bereits am Stichtag vorliegende, jedoch erst später bekannt gewordene *wertaufhellende Tatsachen* werden dagegen berücksichtigt, soweit sie bis zur Bilanzaufstellung bekannt werden (vgl § 252 Abs. 1 Nr 4 HS 1 HGB).

e) Bilanzierung „dem Grunde nach"

888 Welche Positionen **dem Grunde nach** in der Bilanz anzusetzen sind, richtet sich gem. § 5 Abs. 1 Satz 1 EStG zunächst nach Handelsrecht, es sei denn, es greifen steuerrechtliche Spezialregeln ein (Rn 872 ff).

889 Gem. § 246 Abs. 1 Satz 1 HGB hat die Bilanz sämtliche Vermögensgegenstände (steuerrechtlich: Wirtschaftsgüter), Schulden (steuerrechtlich: Verbindlichkeiten und Rückstellungen) und Rechnungsabgrenzungsposten zu enthalten. Ein Ansatz auf der Aktivseite *(Aktivierung)* ist vorzunehmen für aktivierungsfähige Wirtschaftsgüter (Rn 890 ff), die dem Steuerpflichtigen subjektiv zuzurechnen sind (Rn 896) und zum Betriebsvermögen gehören (Rn 897 ff), sowie für aktive Rechnungsabgrenzungsposten (Rn 911). Es darf allerdings kein Aktivierungsverbot vorliegen. Ein Ansatz auf der Passivseite *(Passivierung)* ist vorzunehmen für Verbindlichkeiten und Rückstellungen, die betrieblich veranlasst sind (Rn 901), sowie für passive Rechnungsabgrenzungsposten (Rn 911). Auch hier darf kein Passivierungsverbot bestehen. Daneben sind auch steuerfreie Rücklagen auf der Passivseite anzusetzen (Rn 913). Das Eigenkapital (steuerrechtlich: Betriebsvermögen) ergibt sich dann aus dem Prinzip der Ausgeglichenheit der Bilanz. Deshalb steht es grundsätzlich auf der Passivseite, es sei denn, die Passiva übersteigen die Aktiva (Unterbilanz bei Überschuldung). Die **Gliederung der Bilanz** ergibt sich aus § 247 Abs. 1 HGB und für Kapitalgesellschaften sowie für Personenhandelsgesellschaften, bei denen nur Körperschaften persönlich haftende Gesellschafter sind (insb GmbH & Co. KG und joint ventures: § 264a HGB) aus § 266 HGB.

Aktiva	Passiva
I. Anlagevermögen Grundstücke Gebäude Maschinen etc	**I. Eigenkapital (Betriebsvermögen)** **II. Rückstellungen** **III. Verbindlichkeiten** **IV. Passive Rechnungsabgrenzungsposten**
II. Umlaufvermögen Waren Bank Kasse etc	
III. Aktive Rechnungsabgrenzungsposten	

283 BFH, I R 266/81, BStBl II 1984, 723.

aa) Begriff des Wirtschaftsguts. Handelsrechtlich sind Vermögensgegenstände (vgl zB § 246 Abs. 1, § 252, § 253, § 266 HGB), steuerrechtlich **Wirtschaftsgüter** (vgl § 4, § 5, § 6 EStG), anzusetzen. Jedoch sind der Begriff des Wirtschaftsguts und der Begriff des Vermögensgegenstandes weitgehend identisch[284]. Allerdings erstreckt sich der Wirtschaftsgutsbegriff auch auf die Passivseite der Bilanz (arg. e § 6 Abs. 1 Nr 3 EStG, Rn 901, 903). Nach BFH sind Wirtschaftsgüter zu definieren als **890**

(1) alle Sachen und Rechte iSd Zivilrechts (insb Forderungen) sowie sonstige vermögenswerte Vorteile einschließlich tatsächlicher Zustände und konkreter Möglichkeiten,

(2) deren Erlangung der Kaufmann sich etwas kosten lässt,

(3) die nach der Verkehrsauffassung einer besonderen Bewertung zugänglich sind und

(4) die einzeln oder im Zusammenhang mit dem Betrieb übertragbar sind[285].

Nicht zwangsläufig erforderlich ist, dass ein Wirtschaftsgut einen über die Dauer des jeweiligen Steuerabschnitts hinausreichenden Nutzen erbringt[286].

Beispiele: *Spielerlizenz*: Das Recht eines Bundesligavereins, einen Spieler nach Abschluss eines Arbeitsvertrages einsetzen zu können, ist als Wirtschaftsgut zu aktivieren. Eine ggf an den bisherigen Verein des Spielers gezahlte Ablösesumme ist als Anschaffungskosten für dieses Recht anzusetzen, also zu aktivieren[287].

Instandhaltungsanspruch: Übernimmt ein Pächter vertraglich die nach der gesetzlichen Regelung dem Verpächter obliegende Instandhaltungspflicht der verpachteten Sache, soll der Instandhaltungsanspruch beim Verpächter auch dann nicht zu aktivieren sein, wenn sich der Pächter mit der Instandhaltung im Rückstand befindet. Die durch die Übertragung der Instandhaltungspflicht reduzierten Pachtzinsen seien keine Aufwendungen des Verpächters, so dass der Instandhaltungsanspruch schon kein Wirtschaftsgut sei oder – falls man dies bejahe – mit Null zu bewerten sei (keine Anschaffungskosten durch ersparte Aufwendungen)[288].

Die Aktivierung eines Wirtschaftsguts hat vor allem die Funktion eines *Aufwandspeichers*: Ausgaben (zB für den Kauf einer Maschine) wirken sich nicht sofort als Aufwand gewinnmindernd aus (erfolgsneutraler Aktivtausch, Rn 862), sondern werden bis zur Realisierung „gespeichert" (bzw durch die AfA auf die Folgejahre verteilt). Jedoch kann die Aktivierung eines Wirtschaftsguts auch zu *Erträgen* führen, zB bei der Aktivierung einer Forderung[289], wobei die spätere Zahlung auf die Forderung dann ein erfolgsneutraler Aktivtausch ist (Rn 862). **891**

Es sind verschiedene **Arten von Wirtschaftsgütern** zu unterscheiden. An diese Unterscheidung knüpft das Gesetz Rechtsfolgen hinsichtlich der bilanziellen Behandlung. Während Wirtschaftsgüter des *Anlagevermögens* dazu bestimmt sind, dauernd dem Betrieb zu dienen (§ 247 Abs. 2 HGB), sind Wirtschaftsgüter des *Umlaufvermö-* **892**

284 BFH, GrS 2/86, BStBl II 1988, 348.
285 BFH, I R 218/82, BStBl II 1987, 14; *Weber-Grellet*, in: Schmidt, EStG, § 5 Rn 94 ff.
286 BFH, X R 20/12, BStBl II 2015, 325 mwN; aA noch BFH, XI R 34/88, BStBl II 1992, 893 mwN.
287 BFH, I R 24/91, BStBl II 1992, 977; I R 108/10, BStBl II 2012, 238.
288 BFH, IV R 29/12, BStBl II 2017, 668; IV R 63/11, BFH/NV 2015, 832; zur Diskussion *Tiedchen*, StuW 2015, 281; *Meyering/Gröne/Richter*, StuW 2016, 91 (Replik); *Tiedchen*, StuW 2016, 94 (Duplik).
289 Vgl etwa BFH, IV R 28/11, BFH/NV 2015, 495 zur Aktivierung einer Dividendenforderung.

gens zum Verbrauch im Betrieb und Verkauf bestimmt. Entscheidend ist nicht die Art des Gegenstandes, sondern die Zweckbestimmung des Unternehmers, die allerdings anhand objektiver Umstände erkennbar sein muss. Bedeutung hat die Abgrenzung vor allem für die Bewertung (AfA gilt nur bei Anlagevermögen, Rn 938), jedoch auch für zahlreiche andere Vorschriften (zB § 5 Abs. 2, § 6 Abs. 2 EStG – nur bei Anlagevermögen).

Beispiel: Fahrzeuge eines Fuhrunternehmers gehören zum Anlagevermögen, während sie bei einem Fahrzeughersteller, der sie herstellt und verkauft, zum Umlaufvermögen gehören[290].

893 Der Unterschied zwischen *materiellen* (körperlich greifbaren) und *immateriellen* (unkörperlichen) Wirtschaftsgütern[291] (zB ein Domain-Name[292] oder eine Kaufoption[293]) ist vor allem bedeutsam für die Anwendung des Aktivierungsverbots des § 5 Abs. 2 EStG. Im Gegensatz zum steuerrechtlichen Aktivierungsverbot ist es handelsrechtlich möglich, selbst geschaffene immaterielle Wirtschaftsgüter des Anlagevermögens in Höhe ihrer Kosten zu bilanzieren (§ 248 Abs. 2 Satz 1 HGB). Ausgenommen davon sind selbst geschaffene Marken, Drucktitel, Verlagsrechte, Kundenlisten oder vergleichbare immaterielle Vermögensgegenstände des Anlagevermögens (§ 248 Abs. 2 Satz 2 HGB).

894 Auch die Unterscheidung der materiellen Wirtschaftsgüter in *bewegliche* und *unbewegliche* Wirtschaftsgüter (von Bedeutung zB für § 6 Abs. 2, § 7 Abs. 2 EStG) hat erhebliche Konsequenzen[294]. Zur Unterscheidung zwischen *abnutzbaren* und *nicht abnutzbaren* Wirtschaftsgütern Rn 938.

895 Jedes Wirtschaftsgut bildet in der Bilanz eine Ansatz- und Bewertungseinheit. Daher müssen **selbstständige Wirtschaftsgüter** und **unselbstständige Teile eines Wirtschaftsguts** voneinander abgegrenzt werden (Grundsatz der Einzelbewertung)[295]. Danach richtet sich zB, ob eine unterschiedliche Zuordnung zum Betriebs- und Privatvermögen (Rn 897) zulässig ist oder ob unterschiedliche AfA-Methoden (Rn 937 ff) gewählt werden können. Grundsätzlich ist jede Sache iSv § 90 BGB ein selbstständiges Wirtschaftsgut. Jedoch kann eine nach Zivilrecht einheitliche Sache steuerrechtlich auch aus mehreren selbstständigen Wirtschaftsgütern bestehen, zB Teile eines Gebäudes, die in einem unterschiedlichen Nutzungs- und Funktionszusammenhang stehen. Auch der Grund und Boden (nicht abnutzbar) und das aufstehende Gebäude (abnutzbar, Rn 947) bilden selbstständige Wirtschaftsgüter[296].

Beispiel: Wird ein Gebäude teils eigenbetrieblich, teils für eigene Wohnzwecke genutzt, bilden die beiden Teile des Gebäudes und auch entsprechende Teile des Grund und Bodens vier selbstständige Wirtschaftsgüter. Der eigenbetrieblich genutzte Gebäudeteil ist dem notwendigen oder gewillkürten Betriebsvermögen zuzuordnen, der für eigene Wohnzwecke genutzte Teil dem notwendigen Privatvermögen[297]. Obwohl auch die Teile des Grundstücks selbststän-

290 Vgl FG München, 13 K 4288/07, EFG 2010, 2087, rkr (Bilder als Umlaufvermögen eines Künstlers).
291 Dazu *Weber-Grellet*, Bilanzsteuerrecht, Rn 122 ff.
292 BFH, III R 6/05, BStBl II 2007, 301.
293 BFH, X R 20/12, BStBl II 2015, 325.
294 Vgl dazu BFH, I R 109/04, BFH/NV 2006, 1812; *Weber-Grellet*, in: Schmidt, EStG, § 5 Rn 115.
295 *Weber-Grellet*, Bilanzsteuerrecht, Rn 266.
296 Zur AK-Aufteilung zwischen Gebäude und Grundstück *Kulosa*, in: Schmidt, EStG, § 6 Rn 118 f.
297 BFH, GrS 5/71, BStBl II 1974, 132; X R 1/16; BStBl II 2018, 181.

dige Wirtschaftsgüter sind, können sie nur einheitlich mit dem entsprechenden Gebäudeteil dem Betriebsvermögen bzw dem Privatvermögen zugeordnet werden[298].

bb) Subjektive Zurechnung. Ein Wirtschaftsgut darf nur derjenige bilanzieren, dem es zuzurechnen ist. Handelsrechtlich hat der Kaufmann nach § 240, § 242 Abs. 1 HGB „seine" Vermögensgegenstände anzusetzen, was eine wirtschaftliche Vermögenszugehörigkeit erfordert. § 39 AO stellt auf das wirtschaftliche Eigentum ab, was weitgehend deckungsgleich ist[299] (zur Zurechnung nach § 39 AO Rn 316 ff). **896**

cc) Betriebsvermögenszugehörigkeit. Damit ein Wirtschaftsgut in der Bilanz anzusetzen ist, muss es zum **Betriebsvermögen** des Unternehmers gehören. Das ergibt sich aus dem Zweck der steuerlichen Gewinnermittlung, nur betrieblich veranlasste Vermögenszu- und -abgänge zu erfassen, sowie mittelbar aus § 6 Abs. 1 HS 1 EStG, der die Zugehörigkeit der von ihm erfassten Wirtschaftsgüter zum Betriebsvermögen voraussetzt. Der Begriff Betriebsvermögen steht also nicht nur für das Eigenkapital des Betriebs (§ 4 Abs. 1, § 5 Abs. 1 EStG), sondern bezeichnet zugleich die Summe der zum Betrieb gehörenden Wirtschaftsgüter (Rn 890). **897**

Ein Wirtschaftsgut ist Teil des Betriebsvermögens, wenn es aus betrieblicher Veranlassung angeschafft, hergestellt oder eingelegt worden ist[300]. Man unterscheidet zwischen notwendigem und gewillkürtem Betriebsvermögen. **Notwendiges Betriebsvermögen** liegt vor, wenn ein Wirtschaftsgut dem Betrieb in dem Sinne unmittelbar dient, dass es objektiv erkennbar zum unmittelbaren Einsatz im Betrieb selbst bestimmt ist[301]. Dazu gehören zB betrieblich genutzte Grundstücke, Maschinen, Fahrzeuge etc. **898**

Gewillkürtes Betriebsvermögen sind solche Wirtschaftsgüter, die objektiv geeignet und erkennbar subjektiv dazu bestimmt sind, den Betrieb zu fördern[302]. Das Wirtschaftsgut wird dann erst durch *Zweckbestimmung des Unternehmers* zum Betriebsvermögen (zB durch Ausweis in der Bilanz). Dadurch können auch Wirtschaftsgüter Betriebsvermögen sein, die durch ihren Vermögens- oder Ertragswert als Sicherheit für den Betrieb eingesetzt werden können (zB Wertpapiere, Mietgrundstücke etc). Liegt ein solcher betrieblicher Zusammenhang nicht vor, handelt es sich um **notwendiges Privatvermögen** (zB das private Wohnhaus des Unternehmers). Wirtschaftsgüter (zB Wertpapiere), die nur deshalb im Betriebsvermögen eingelegt werden, um einen zu erwartenden privaten Verlust in die betriebliche Sphäre zu verlagern, gehören zum notwendigen Privatvermögen[303]. Kein gewillkürtes Betriebsvermögen ist daher auch bei passiven Wirtschaftsgütern wie Verbindlichkeiten durch *Darlehen* (Rn 901) möglich[304]. Hier richtet sich der betriebliche Zusammenhang des Darlehens allein danach, wie die Darlehensvaluta verwendet wird (zur Abgrenzung Rn 1003). **899**

298 BFH, GrS 7/67, BStBl II 1969, 108 (111); *Weber-Grellet*, in: Schmidt, EStG, § 5 Rn 133 f.
299 *Weber-Grellet*, Bilanzsteuerrecht, Rn 154 ff.
300 BFH, X R 57/88, BStBl II 1991, 829 (830).
301 BFH, X R 57/88, BStBl II 1991, 829 (830).
302 BFH, XI R 1/96, BStBl II 1997, 399 (402); VIII R 11/11, BStBl II 2013, 117.
303 FG München, 13 K 3971/07, DStRE 2011, 130 (rkr).
304 BFH, IV R 25/07, BStBl II 2008, 715; X R 5/11, BFH/NV 2014, 1018.

900 Ein **gemischt genutztes Wirtschaftsgut** (zB der Pkw, der sowohl betrieblich als auch privat genutzt wird) kann nur einheitlich entweder dem Betriebsvermögen oder dem Privatvermögen zugeordnet werden. Die Zuordnung wird anhand der Nutzungsintensität getroffen. Nutzt der Unternehmer das Wirtschaftsgut zu mehr als 50 % für betriebliche Zwecke, liegt notwendiges Betriebsvermögen vor. Liegt die betriebliche Nutzung zwischen 50 % und 10 %, kann der Unternehmer das Wirtschaftsgut zum gewillkürten Betriebsvermögen „widmen". Bei einer betrieblichen Nutzung unter 10 % liegt notwendiges Privatvermögen vor (R 4.2 EStR 2012)[305].

901 **dd) Verbindlichkeiten und Rückstellungen.** **Verbindlichkeiten** sind passive Wirtschaftsgüter, die Leistungspflichten gegenüber einem Dritten ausweisen, die am Bilanzstichtag dem Grunde und der Höhe nach gewiss sind. Allerdings liegt nur dann eine betriebliche Verbindlichkeit vor, wenn ihre Entstehung durch den Betrieb veranlasst ist (§ 4 Abs. 4 EStG), also im Zusammenhang mit dem Erwerb von Betriebsvermögen oder zur Bestreitung von Betriebsausgaben steht[306]. Dass sie zu passivieren sind, folgt auch ohne ausdrückliche Ansatzvorschrift (vgl aber § 5 Abs. 2a EStG) aus ihrer Erwähnung in § 253 Abs. 1 Satz 2, § 266 Abs. 3 HGB[307].

902 Aus Vorsichtsgründen kommt es auf die rechtliche Durchsetzbarkeit nicht an (zB Verpflichtungen, die ein Kaufmann aus „Kulanz" erfüllt). Andererseits sind Verbindlichkeiten nicht zu passivieren, wenn sie mit an Sicherheit grenzender Wahrscheinlichkeit nicht mehr erfüllt werden müssen (zB Spareinlagen, die seit 30 Jahren nicht mehr bewegt wurden[308]). Der **Forderungsverzicht** eines Gläubigers führt hingegen grundsätzlich zum Wegfall der betrieblichen Verbindlichkeit und damit zu einem im System der Bilanzierung folgerichtigen[309] (Buch-)Gewinn iHd passivierten Betrags. Eine Ausnahme gilt aber unter den strengen Voraussetzungen der § 3a, § 3c Abs. 4 EStG für sog. *Sanierungsgewinne*[310]. Zur Differenzierung bei Gesellschafterdarlehen Rn 1284 ff.

903 **Rückstellungen** sind passive Wirtschaftsgüter, die dem Grunde und/oder der Höhe nach ungewisse, jedoch bereits wirtschaftlich verursachte betriebliche Verbindlichkeiten ausweisen. Der Unterschied zur Verbindlichkeit liegt also in der Ungewissheit. Rückstellungen verwirklichen das Vorsichtsprinzip sowie das eine periodengerechte Gewinnermittlung fordernde Verursachungsprinzip (Rn 881, 882), da auf die Aufwandsverursachung und nicht auf die Ausgabenwirksamkeit (Zahlungsabfluss) abgestellt wird.

904 Durch die Bildung von Rückstellungen wird das Betriebsvermögen (und damit der Gewinn) schon im Jahr der wirtschaftlichen Verursachung des erst später realisierten Aufwands gemindert. Kommt es im späteren Wirtschaftsjahr tatsächlich zur Inanspruchnahme, ist die Rückstellung aufzulösen. Damit wird der im Jahr der Realisierung entstandene Aufwand neutralisiert.

305 Vgl aber BFH, VIII R 11/11, BStBl II 2013, 117: ohne Entnahme kein Privatvermögen, wenn die betriebliche Nutzung unter 10 % fällt, nachdem sie zuvor bei über 10 % lag.

306 BFH, GrS 2–3/88, BStBl II 1990, 817.

307 BFH, VIII R 62/85, BStBl II 1989, 359; I R 153/86, BStBl II 1991, 479.

308 BFH, I R 3/95, BStBl II 1996, 470; s. auch BFH, VIII R 21/92, BStBl II 1993, 543 (zur Verjährung).

309 BFH, GrS 1/15, BStBl II 2017, 393 mwN auch zu Gegenauffassungen.

310 Dazu *Desens*, FR 2017, 981; zum Inkraftreten Rn 596; zur Anwendung des sog. Sanierungserlasses (BStBl I 2003, 240) auf Altfälle: BFH, I R 52/14, BStBl II 2018, 232; X R 38/15, BStBl II 2018, 236, krit *Desens*, NZG 2018, 87; aA BMF v. 27.4.2017, BStBl I 2017, 741; v. 29.3.2018, BStBl I 2018, 588 (Nichtanwendungserlass).

Decken sich Rückstellung und tatsächliche Inanspruchnahme zahlenmäßig nicht, so wirkt sich diese Differenz bei der Auflösung der Rückstellung auf das Betriebsvermögen aus: War die Rückstellung zu hoch, erhöht sich das Betriebsvermögen, war sie zu niedrig, vermindert es sich um den Differenzbetrag.

Die Bildung von Rückstellungen richtet sich mangels eigener steuerrechtlicher Ansatzvorschrift grundsätzlich nach § 249 HGB. Nach § 249 Abs. 1 Satz 1 Var. 1 HGB sind **Rückstellungen für ungewisse Verbindlichkeiten** zu bilden. Diese Passivierungspflicht ist auch im Steuerrecht maßgeblich. Erfasst werden nur *Verbindlichkeiten* gegenüber Dritten, nicht jedoch rein unternehmensinterner Aufwand[311]. Voraussetzung für eine Passivierung ist zum einen das Be- oder Entstehen einer Verbindlichkeit und zum anderen, dass die Inanspruchnahme *überwiegend wahrscheinlich* ist, wobei es darauf ankommt, dass mehr Gründe dafür als dagegen sprechen[312]. Zudem muss die ungewisse Verbindlichkeit bereits im abgelaufenen Wirtschaftsjahr *wirtschaftlich verursacht* sein[313]. Umstritten und in der Praxis äußerst streitanfällig ist die Frage, ab welchem Zeitpunkt eine hinreichende sachliche und zeitliche Konkretisierung für Bildung einer Rückstellung aus einer *öffentlich-rechtlichen Verpflichtung* vorliegt[314]. Entsteht die Verpflichtung dabei erst durch behördliche Verfügung, kommt es nicht auf die Bekanntgabe des Verwaltungsakts an, sondern auf den Zeitpunkt, ab dem dieser rechtliche Wirkung entfaltet (innere Wirksamkeit)[315]. Ergibt sich die Pflicht allein aus dem Gesetz, setzt dieses einen entsprechend *konkreten Gesetzesbefehl* voraus[316]. **905**

Beispiele: Die öffentlich-rechtliche Wartungspflicht eines Flugzeuges ist erst mit Erreichen der ohne Wartung zulässigen Betriebszeit wirtschaftlich verursacht; dagegen kann die in einem privatrechtlichen Leasingvertrag übernommene Wartungspflicht die Bildung einer Rückstellung notwendig machen[317]. Verpflichtet sich dagegen ein Hörgeräteakustiker beim Verkauf eines Hörgeräts für einen bestimmten Zeitraum zur kostenlosen Nachbetreuung des Geräts, so hat er für diese (nur rechtlich entstandene, aber sofort rechtlich wirksame) Verpflichtung eine Rückstellung zu bilden[318].

Auch für **weitere Rückstellungen** bestehen handelsrechtliche Passivierungspflichten, die steuerrechtlich maßgeblich sind. So sind Rückstellungen für Gewährleistungen, die ohne rechtliche Verpflichtung erbracht werden (§ 249 Abs. 1 Satz 2 Nr 2 HGB) sowie bestimmte Aufwandsrückstellungen (§ 249 Abs. 1 Satz 2 Nr 1 HGB) zu bilden. Für *Pensionsrückstellungen* wird angenommen, dass § 6a EStG kein echtes Wahlrecht enthält, sondern den handelsrechtlich zwingenden (§ 249 Abs. 1 Satz 1 **906**

311 BFH, VIII R 45/12, BStBl II 2014, 886 (keine Rückstellung für ausschließlich gesellschaftsvertraglich begründete Pflicht zur Prüfung des Jahresabschlusses); aA *Hennrichs*, StuW 2015, 65.

312 BFH, IV R 33/05, BStBl II 2006, 517 (Patentverletzung); VIII R 40/04, BStBl II 2006, 749 (Schadensersatz wegen nicht ordnungsgemäßer Leergutrückgabe); I R 6/05, BStBl II 2007, 384 (Patronatserklärung); IV R 42/04, BStBl II 2008, 956 (Jubiläumszuwendungen); VIII R 13/12, BStBl II 2015, 523 (Arzthonorarrückforderung); VIII R 45/12, BStBl II 2015, 759 (Beraterhaftung).

313 BFH, I R 110/04, BStBl II 2007, 251; IV R 85/05, BStBl II 2008, 516; I R 11/15, BStBl II 2017, 1043.

314 Ausf dazu *Hageböke*, FR 2017, 357 und 412.

315 BFH, I R 8/12, BStBl II 2013, 686; aA noch BFH, I R 45/97, BStBl II 2003, 121.

316 BFH, I R 70/15, BStBl II 2017, 780; X R 30/15, BStBl II 2017, 900.

317 BFH, I R 43/15, BStBl II 2017, 379.

318 BFH, I R 23/01, BFH/NV 2002, 1434; vgl auch BFH, X R 25/11, BStBl II 2014, 517 (Nachbetreuung von Versicherungsverträgen).

HGB) Ansatz nur an zusätzliche Voraussetzungen knüpft (str, zur Frage der Bindung an die Handelsbilanz bei steuerlichen Wahlrechten Rn 873)[319].

907 Da gerade Rückstellungen mit dem Zweck der steuerlichen Gewinnermittlung, den zutreffenden Gewinn zu erfassen, in Konflikt geraten können (Rn 876), hat der Gesetzgeber in den letzten Jahren einige **spezielle steuerrechtliche Passivierungsverbote** in das EStG eingefügt, die den handelsrechtlichen Regelungen vorgehen und den Maßgeblichkeitsgrundsatz weiter einschränken. So dürfen Rückstellungen für die *Verletzung fremder Patent-, Urheber- oder ähnlicher Schutzrechte* (§ 5 Abs. 3 EStG) und für *Zuwendungen anlässlich von Dienstjubiläen* (§ 5 Abs. 4 EStG)[320] nur unter bestimmten Voraussetzungen gebildet werden. Rückstellungen für *drohende Verluste aus schwebenden Geschäften* dürfen trotz Passivierungspflicht nach § 249 Abs. 1 Satz 1 Var. 2 HGB steuerrechtlich nicht mehr gebildet werden (§ 5 Abs. 4a EStG, Rn 886), da hier regelmäßig eine gleichwertige Gegenleistung zu erwarten ist[321]. Nach § 5 Abs. 4b Satz 1 EStG dürfen keine Rückstellungen für in *künftigen Wirtschaftsjahren zu aktivierende Anschaffungs- oder Herstellungskosten* gebildet werden, da diese nicht das abgelaufene Wirtschaftsjahr betreffen[322]. § 5 Abs. 2a EStG verbietet zudem, für Verbindlichkeiten, die nur aus *künftigen Einnahmen oder Gewinnen zu erfüllen* sind (zB Liquiditätshilfen, die unter der Bedingung später anfallender Gewinne zurück zu zahlen sind[323], uU auch Rangrücktritt bei Sanierung[324]), Verbindlichkeiten oder Rückstellungen anzusetzen, bevor solche Einnahmen oder Gewinne entstanden sind. Auch hier entsteht die wirtschaftliche Belastung erst, wenn die Einnahmen oder Gewinne anfallen.

908 Steuerrechtliche Passivierungsverbote führen zu sog. *stillen Lasten*. Solche lassen sich nach allgemeinen Regeln (Anschaffungskosten- und Realisierungsprinzip) steuermindernd durch einen Verkauf der Verpflichtung an einen Dritten realisieren, so dass die nachteiligen Wirkungen der Passivierungsverbote vermieden werden.

Beispiel (Lösung ohne § 4f und § 5 Abs. 7 EStG): A muss eine Verpflichtung (Verkehrswert: 1000 €) aufgrund eines steuerlichen Passivierungsverbotes mit 600 € in der Bilanz passivieren (stille Lasten: 400 €). B übernimmt diese Verpflichtung und erhält dafür von A 1000 €. In der Bilanz des A führt diese Realisierung der Verpflichtung zu einem steuermindernden Sofortaufwand iHv 400 € (1000 € ./. 600 €). B kann die übernommene Verbindlichkeit mit den Anschaffungskosten (1000 €) passivieren und aktiviert den negativen „Kaufpreis" in der Kasse (1000 €), so dass das Geschäft für B steuerneutral ist.

909 § 4f und § 5 Abs. 7 EStG sollen diese Wirkungen von **Verpflichtungsübernahmen**, **Schuldbeitritten** oder **Erfüllungsübernahmen** abmildern[325]. Der „Verkäufer" der Verpflichtung

---

319 *Weber-Grellet*, in: Schmidt, EStG, § 6a Rn 2 f.

320 BVerfG, 2 BvL 1/00, BVerfGE 123, 111 (verfassungsgemäß); krit *Hey*, DStR 2009, 2561.

321 BFH, I R 43/05, BStBl II 2006, 593 (Erfüllungsrückstand bei Mietzahlungen); IV R 52/04, BStBl II 2009, 705 (Pkw-Rückkaufoption); X B 191/12, BFH/NV 2013, 1622 (Inanspruchnahme aus Bürgschaft).

322 BFH, I R 35/15, BStBl II 2017, 768: *keine* teleologische Reduktion, wenn künftige HK nicht künftige Erträge alimentieren.

323 BFH, IV R 21/97, BStBl II 2000, 116.

324 BFH, I R 100/10, BStBl II 2012, 332; I R 44/14, BStBl II 2015, 769; I R 25/15, BStBl II 2017, 670; BMF v. 8.9.2006, BStBl I 2006, 497.

325 Dazu BMF v. 30.11.2017, BStBl I 2017, 1619; *Prinz/Otto*, GmbHR 2018, 497; *Kahle/Braun*, FR 2018, 197; *Förster/Werthebach*, BB 2019, 299; *Schulenburg/Lüder*, FR 2019, 213.

muss den realisierten Aufwand auf 15 Jahre verteilen (§ 4f EStG). Der Übernehmer darf die Verpflichtung nur mit dem Wert ansetzen, mit dem diese aufgrund des Passivierungsverbots auch beim „Verkäufer" angesetzt wurde. Beim Übernehmer entsteht so ein Gewinn iHd stillen Lasten, der durch eine gewinnmindernde Rücklage ebenfalls auf 15 Jahre gestreckt wird (§ 5 Abs. 7 EStG). Die Regelungen, die sich gegen die zuvor gegenläufige Rspr des BFH richteten[326] und nicht auf etwaig missbräuchliche Konzernsachverhalte beschränkt sind, standen von Beginn an in der Kritik[327].

ee) Rechnungsabgrenzungsposten. Diese sind keine Wirtschaftsgüter, sondern Korrekturposten zur periodengerechten Gewinnermittlung. Zur Verwirklichung des Verursachungsprinzips (Rn 881) ordnen sie Einnahmen und Ausgaben dem Wirtschaftsjahr als Ertrag oder Aufwand zu, zu dem sie wirtschaftlich gehören. 910

Dazu neutralisiert ein aktiver Rechnungsabgrenzungsposten Ausgaben im Jahr der Verausgabung. Im späteren Wirtschaftsjahr ist er dann gewinnmindernd aufzulösen. Umgekehrt neutralisiert ein passiver Rechnungsabgrenzungsposten Einnahmen im Jahr der Vereinnahmung und ist im späteren Wirtschaftsjahr gewinnerhöhend aufzulösen.

Aktive Rechnungsabgrenzungsposten sind nach § 5 Abs. 5 Satz 1 Nr 1 EStG (in Übereinstimmung mit § 250 HGB) für Ausgaben vor dem Bilanzstichtag anzusetzen, soweit sie Aufwand für eine bestimmte Zeit nach diesem Tag darstellen[328]. **Passive Rechnungsabgrenzungsposten** sind nach § 5 Abs. 5 Satz 1 Nr 2 EStG für Einnahmen anzusetzen, soweit sie Ertrag für eine bestimmte Zeit nach dem Bilanzstichtag darstellen. Eine *bestimmte* Zeit ist ein Zeitraum, der sich rechnerisch ermitteln lässt, also kalendermäßig bestimmt ist oder aus Rechengrößen mathematisch ableitbar ist, nicht jedoch ein Zeitraum, der nur im Schätzungswege bestimmbar ist (zB die Nutzungsdauer eines Wirtschaftsguts)[329]. Auch ein langjähriger Zeitraum kann eine bestimmte Zeit sein. Rechnungsabgrenzungsposten dürfen nur für vorgezahlte Ausgaben und Einnahmen, jedoch nicht für nachfolgende Zahlungsvorgänge gebildet werden. Es sind also nur *transitorische* Rechnungsabgrenzungsposten zulässig, nicht jedoch *antizipatorische*. 911

Beispiel: U zahlt an seinen Vermieter V, der gewerbsmäßig Geschäftsräume vermietet, die Ladenmiete für Januar 02 von 1000 € schon im Dezember 01. Bei U ist für die Mietvorauszahlung in 01 zur Neutralisierung der Ausgabe ein entsprechend hoher aktiver Rechnungsabgrenzungsposten anzusetzen, der in 02 gewinnmindernd aufgelöst wird. Bei V ist in 01 zur Neutralisierung der Einnahme ein entsprechend hoher passiver Rechnungsabgrenzungsposten anzusetzen, der in 02 gewinnerhöhend aufgelöst wird.

Eine besondere Regelung besteht für den Unterschiedsbetrag zwischen Rückzahlungs- und Ausgabebetrag bei Aufnahme eines Kredits **(Disagio)**. Das dafür bestehende handelsrechtliche Wahlrecht zum Ansatz eines aktiven Rechnungsabgrenzungspostens (§ 250 Abs. 3 HGB) wird nach der Rspr des BFH steuerrechtlich zur Aktivierungspflicht (Rn 874). Der Rückzahlungsbetrag (Nennbetrag) ist also zu pas- 912

326 BFH, I R 61/06, BStBl II 2008, 555; I R 102/08, BStBl II 2011, 566; I R 72/10, BStBl II 2017, 1226.

327 *Förster/Staaden*, Ubg 2014, 1; *Riedel*, FR 2014, 6; *Fuhrmann*, DStR 2014, 9; *Korn/Strahl*, KÖSDI 2014, 18746; *Schlotter/Hörhammer*, StbJb 2013/14, 292.

328 BFH, I R 77/08, BStBl II 2013, 730 (aktiver RAP iHd Preisnachlasses bei verbilligter Abgabe von Telefonen bei gleichzeitigem Abschluss eines Mobilfunkvertrages mit zwei Jahren Laufzeit).

329 BFH, X R 23/89, BStBl II 1992, 488.

sivieren, der Unterschiedsbetrag (Disagio) wird in einem aktiven RAP eingestellt, der über die Laufzeit der Zinsvereinbarung gewinnmindernd aufzulösen ist[330].

913 **ff) Steuerfreie Rücklagen.** Rücklagen sind handelsrechtlich Teile des Eigenkapitals[331]. Wird ein Teil des Gewinns in eine Rücklage eingestellt, handelt es sich um eine Maßnahme der Gewinnverwendung, nicht der Gewinnermittlung. Das Steuerrecht lässt jedoch in bestimmten Fällen die Bildung sog. **steuerfreier Rücklagen** zu. Dabei werden aufgedeckte stille Reserven steuerfrei in eine Rücklage eingestellt und in einem späteren Wirtschaftsjahr durch eine anschaffungskostenmindernde Auflösung der Rücklage auf ein anderes Wirtschaftsgut übertragen, was zu einem Steuerstundungseffekt führt.

914 **Beispiele** für steuerfreie Rücklagen sind die von der Rspr entwickelte und in R 6.6 EStR 2012 niedergelegte **Rücklage für Ersatzbeschaffungen** funktionsgleicher Wirtschaftsgüter im selben Betrieb[332] (Zweck: die für das Ausscheiden eines Wirtschaftsguts erlangte Entschädigung soll ungeschmälert zur Ersatzbeschaffung verwendet werden können) und die **Reinvestitionsrücklagen** *nach § 6b, § 6c EStG.* Danach können Steuerpflichtige unter bestimmten Voraussetzungen Gewinne (bzw Rücklagen) aus der Veräußerung von Wirtschaftsgütern steuerfrei (also ohne Aufdeckung der stillen Reserven) auf Neuanschaffungen (deren Anschaffungskosten sie mindern) im selben Wirtschaftsjahr übertragen[333]. Damit werden iErg **stille Reserven** auf neue Wirtschaftsgüter **übergeleitet**. Mit der Steuervergünstigung sollen ökonomisch sinnvolle Anpassungen an strukturelle Veränderungen erleichtert werden. § 6b Abs. 4 Satz 1 Nr 3, 4 EStG beschränkt die Begünstigung auf Reinvestitionen in *inländischen* Betriebstätten. Dem daraus folgenden Verstoß gegen die Niederlassungsfreiheit (Art. 49 AEUV)[334] wegen der Nichtbegünstigung von Reinvestitionen in EU/EWR-Betriebstätten wird dadurch begegnet, dass bei diesen die Besteuerung der aufgedeckten stillen Reserven auf Antrag zeitlich gestreckt wird (§ 6b Abs. 2a EStG)[335]. Nach dem gleichen Prinzip können Einzelunternehmer und Personengesellschaften Gewinne bis zu einem Betrag von 500 000 € aus der *Veräußerung von Kapitalgesellschaftsanteilen* auf Anschaffungskosten neuer Wirtschaftsgüter übertragen (§ 6b Abs. 10 Satz 1 EStG), ohne sie nach dem Teileinkünfteverfahren (Rn 1319) versteuern zu müssen. Gedacht ist die Norm auch als Ausgleich dafür, dass entsprechende Veräußerungsgewinne für Kapitalgesellschaften nach § 8b Abs. 2 KStG zu 95 % steuerfrei bleiben (Rn 1254).

f) Bilanzierung „der Höhe nach" (Bewertung)

915 Alle Positionen in der Bilanz müssen bewertet werden. Das gilt in erster Linie für die Positionen, die nicht (wie zB Forderungen, Kasse, Bank) auf einen Geldbetrag lauten. Aber auch auf einen Geldbetrag lautende Positionen können wertmäßig unter dem Nennbetrag liegen (zB Forderung gegenüber zahlungsunfähigem Schuldner).

916 Aus § 5 Abs. 6 EStG ergibt sich, dass für die Bewertung die steuerlichen Vorschriften der *§§ 6 ff EStG* gelten und nur subsidiär die §§ 252–256 HGB.

330 BFH, IV R 47/85, BStBl II 1989, 722.
331 Dazu *Weber-Grellet*, Bilanzsteuerrecht, Rn 217 ff.
332 RFH, VI A 514/30, RSBl I 1930, 313; BFH, IV R 65/02, BStBl II 2004, 421.
333 Dazu BFH, VI R 50/16, BStBl II 2019, 313; *Prinz/Fabian*, FR 2019, 493.
334 EuGH, C-591/13, Slg. 2015, I-230 *(Kom./Deutschland)*.
335 Dazu BMF v. 7.3.2018, BStBl I 2018, 309; *Loschelder*, DStR 2016, 9; krit *Kanzler*, FR 2017, 336 (unionsrechtswidrig).

Besteht handelsrechtlich eine zwingende Bewertungsvorschrift, so ist diese auch steuerrechtlich maßgeblich (§ 5 Abs. 1 Satz 1 EStG, Rn 871), es sei denn, iRd Ausübung eines steuerlichen Wahlrechts wird oder wurde ein anderer Ansatz gewählt (§ 5 Abs. 1 Satz 1 HS 2 EStG, Rn 872). Schreibt das EStG einen bestimmten Wert vor, so geht die steuerrechtliche Regelung der handelsrechtlichen Bewertungsvorschrift vor und der Wert ist für die Steuerbilanz bindend. Wenn das EStG gar keine Regelung trifft, ist nach § 5 Abs. 1 Satz 1 EStG (Maßgeblichkeitsprinzip) auf das Handelsrecht zurückzugreifen, wobei jedoch Bewertungswahlrechte steuerrechtlich zu Ge- bzw Verboten werden (Rn 874). **917**

aa) Anschaffungs- und Herstellungskosten, Teilwert und gemeiner Wert.

Fall 39: U hat für seinen Betrieb im Jahr 01 ein Grundstück (100 000 €) erworben, von dem er erwartet, dass es im Wert steigt. Tatsächlich beträgt der Wert des Grundstücks im Jahr 02 200 000 €. Mit welchem Betrag ist das Grundstück in den Bilanzen 01 und 02 anzusetzen? **Rn 921, Rn 953** **918**

Wirtschaftsgüter müssen bewertet werden, wenn sie entstehen oder angeschafft werden. **Ausgangspunkt für den Wertansatz** eines Wirtschaftsguts in der Bilanz sind die *Anschaffungs- oder Herstellungskosten*. Dies ergibt sich steuerrechtlich für Anlage- und Umlaufvermögen aus § 6 Abs. 1 Nr 1 und Nr 2 EStG. **919**

§ 6 EStG definiert die Begriffe *Anschaffungskosten* und *Herstellungskosten* nicht. Daher ist auf die handelsrechtlichen Definitionen des § 255 Abs. 1 und Abs. 2 HGB zurückzugreifen. Danach sind **Anschaffungskosten** die Aufwendungen, die geleistet werden, um einen Vermögensgegenstand zu erwerben und ihn in einen betriebsbereiten Zustand zu versetzen (Abs. 1). **Herstellungskosten** sind die Aufwendungen, die durch den Verbrauch von Gütern und die Inanspruchnahme von Diensten für die Herstellung eines Vermögensgegenstands entstehen (Abs. 2). Im Anschaffungs- oder Herstellungspreis etwaig ausgewiesene **Umsatzsteuer** gehört nicht zu den Anschaffungs- oder Herstellungskosten, wenn der Unternehmer die Vorsteuer nach § 15 UStG (Rn 1703 ff) bei der Umsatzsteuer abziehen kann (§ 9b Abs. 1 EStG). Im Umkehrschluss gehören nicht abziehbare Vorsteuerbeträge zu den Anschaffungs- oder Herstellungskosten.[336] **920**

U hat im **Fall 39** (Rn 918) sowohl im Jahr 01 als auch im Jahr 02 das Grundstück mit seinen Anschaffungskosten iHv 100 000 € zu aktivieren. **921**

Für die Bewertung von Wirtschaftsgütern ist bei *Einlagen* (§ 6 Abs. 1 Nr 5 HS 1 EStG) sowie im Fall der *Betriebseröffnung* (§ 6 Abs. 1 Nr 6 iVm Nr 5 EStG) und des *entgeltlichen Betriebserwerbs* (§ 6 Abs. 1 Nr 7 EStG) grundsätzlich der **Teilwert** anzusetzen, wobei die Anschaffungs- oder Herstellungskosten im letztgenannten Fall immer, in den übrigen Fällen nur unter bestimmten Voraussetzungen (§ 6 Abs. 1 Nr 5 HS 2 EStG) die Obergrenze bilden. Auch *Entnahmen* des Steuerpflichtigen sind gem. § 6 Abs. 1 Nr 4 EStG grundsätzlich mit dem Teilwert anzusetzen. Dieser ist auch für die *Teilwertabschreibung* (Rn 928 ff) von Bedeutung. **922**

336 BFH, IX V 268/89, BFH/NV 1991, 297.

923 Nach der **Legaldefinition** in § 6 Abs. 1 Nr 1 Satz 3 EStG ist der Teilwert *„der Betrag, den ein Erwerber des ganzen Betriebs im Rahmen des Gesamtkaufpreises für das einzelne Wirtschaftsgut ansetzen würde; dabei ist davon auszugehen, dass der Erwerber den Betrieb fortführt"*. Der Teilwert berücksichtigt den wertbestimmenden Einfluss der Betriebszugehörigkeit des Wirtschaftsguts. Er erfasst also den Mehrwert eines Wirtschaftsguts, der gerade darauf beruht, dass dieses Wirtschaftsgut zu einem bestimmten, noch laufenden Betrieb gehört. Der Teilwert beruht damit auf *drei Fiktionen*:

(1) Erwerb des ganzen Betriebs,

(2) Gesamtkaufpreis und Aufteilung des Gesamtkaufpreises auf die Wirtschaftsgüter und

(3) Betriebsfortführung.

Beispiel: Nach den üblichen Bodenpreisen ergibt sich für ein unbebautes Grundstück ein gemeiner Wert von 250 000 €. Wegen der für betriebliche Zwecke günstigen Lage (Eisenbahngleisanschluss) wäre ein Erwerber des Betriebs (zum Zwecke der Fortführung) bereit, 400 000 € zu zahlen. Der Teilwert beträgt folglich 400 000 €.

924 Darin unterscheidet sich der Teilwert vom **gemeinen Wert** iSd § 9 Abs. 2 Satz 1 BewG. Der gemeine Wert entspricht dem Verkehrswert. Er wird durch den *Einzelveräußerungspreis im gewöhnlichen Geschäftsverkehr* bestimmt und ist folglich von der Betriebszugehörigkeit unabhängig. Der gemeine Wert ist im Einkommensteuerrecht zB für die Ermittlung eines Betriebsaufgabegewinns maßgeblich (§ 16 Abs. 3 Satz 7 EStG) oder bei der Ent- oder Verstrickung von Wirtschaftsgütern über die Grenze (§ 6 Abs. 1 Nr 4 Satz 1 HS 2, Nr 5a EStG, Rn 964, 969).

925 Aufgrund der Fiktionen beruht der Teilwert auf einer *Schätzung*. Untergrenze bei der Schätzung ist idR der gemeine Wert, die Obergrenze bilden idR die Wiederbeschaffungskosten. Insb bei Wirtschaftsgütern, die jederzeit durch andere ersetzt werden können oder die entbehrlich sind, deckt sich der Teilwert mit dem gemeinen Wert, da diese Wirtschaftsgüter idR keinen Mehrwert besitzen, der auf der Betriebszugehörigkeit beruht.

926 Die Umsetzung dieser Fiktionen (Bestimmung des Teilwerts) führt in der Praxis zu erheblichen Schwierigkeiten[337]. Daher bedient man sich zur Bestimmung des Teilwerts der von der Rspr entwickelten **Teilwertvermutungen**. Diese kann der Steuerpflichtige widerlegen. Dabei trägt er die Beweislast, dh er muss den davon abweichenden Teilwert in ausreichendem Maße darlegen.

Beispiele: Es wird vermutet, dass sich im Zeitpunkt des Erwerbs bzw der Fertigstellung eines neuen Wirtschaftsguts der Teilwert mit den Anschaffungs- bzw Herstellungskosten deckt[338]. Für Wirtschaftsgüter des Umlaufvermögens wird vermutet, dass der Teilwert den Wiederbeschaffungskosten am Bilanzstichtag entspricht, falls nicht besondere Umstände vorliegen[339].

337 *Velte*, StuW 2016, 33; *Görgen*, DStR 2015, 2250.
338 BFH, IV R 71/04, BFH/NV 2008, 347.
339 Zu diesen und weiteren Teilwertvermutungen s. *Kulosa*, in: Schmidt, EStG, § 6 Rn 241 ff.

bb) Wertveränderungen im Betriebsvermögen. Während der Zugehörigkeit der Wirtschaftsgüter zum Betriebsvermögen ergeben sich regelmäßig Wertveränderungen. Ob diese Wertveränderungen zum Abschlussstichtag in der Bilanz auszuweisen sind, hängt davon ab, ob es sich um Wertsteigerungen oder Wertminderungen handelt. **927**

(1) Wertminderungen – Teilwertabschreibung **928**

Anders als Wertsteigerungen können (das Gesetz gewährt ein Wahlrecht, § 6 Abs. 1 Nr 1 Satz 2, Nr 2 Satz 2 EStG) sich *Wertverluste* durch eine *Bewertung mit dem niedrigeren Teilwert* (idR als *Teilwertabschreibung* bezeichnet) bilanziell im Betriebsvermögen auswirken. Dies ist Ausdruck des Vorsichtsprinzips.

– Anlagevermögen

Abwandlung zu Fall 39 (Rn 918): U hat sich verspekuliert. Der Wert des Grundstücks fällt im Jahr nach der Anschaffung wegen der Entdeckung von Altlasten auf 50 000 €. Kann er den Verlust bilanzieren oder muss er warten, bis das Grundstück veräußert wird? **Rn 932** **929**

Für Wirtschaftsgüter des (abnutzbaren und nicht abnutzbaren) **Anlagevermögens** bestimmt das Handelsrecht, dass ein niedrigerer Wert als die Anschaffungs- oder Herstellungskosten bei *voraussichtlich dauernder Wertminderung* angesetzt werden *muss* (§ 253 Abs. 3 Satz 5 HGB). Bei Finanzanlagen kann eine außerplanmäßige Abschreibung auch bei einer voraussichtlich nicht dauernden Wertminderung vorgenommen werden (vgl § 253 Abs. 3 Satz 6 HGB). **930**

Steuerrechtlich *können* Wirtschaftsgüter des (abnutzbaren und nicht abnutzbaren) Anlagevermögens bei einer *voraussichtlich dauernden Wertminderung*[340] mit dem niedrigeren Teilwert angesetzt werden, § 6 Abs. 1 Nr 1 Satz 2, Nr 2 Satz 2 EStG. Für abnutzbare Wirtschaftsgüter heißt dies, dass der Wertverlust mindestens während der halben Restnutzungsdauer anhalten muss[341]. Bei börsennotierten Aktien im Anlagevermögen wird das Merkmal „voraussichtlich dauernd" typisierend dann angenommen, wenn der Kurs am Bilanzstichtag unter den Kurs im Zeitpunkt des Aktienerwerbs gesunken ist und die Kursdifferenz eine Bagatellgrenze von 5 % überschreitet. Auf die Kursentwicklung nach dem Bilanzstichtag kommt es grundsätzlich nicht an[342]. Durch § 5 Abs. 1 Satz 1 HS 2 EStG (2009) zwingt das Handelsrecht nicht mehr zum Ansatz des niedrigeren Wertes (str, Rn 872 f). **931**

In der **Abwandlung zu Fall 39** (Rn 929) muss U das aufgrund der Altlast voraussichtlich dauernd im Wert geminderte Grundstück mit dem niedrigeren Teilwert (50 000 €) in der Handelsbilanz ansetzen (§ 253 Abs. 3 Satz 5 HGB). Für die Steuerbilanz besteht dagegen ein Wahlrecht (§ 6 Abs. 1 Nr 2 Satz 2 EStG), das abweichend von der Handelsbilanz ausgeübt werden darf (§ 5 Abs. 1 Satz 1 HS 2 EStG). Nimmt U die Teilwertabschreibung daher nicht vor, muss die Abweichung von der Handelsbilanz in einem Verzeichnis aufgenommen werden (§ 5 Abs. 1 Satz 2 EStG, Rn 872). In Altlastenfällen kommt auch die Bildung einer **932**

340 BFH, I R 58/06, BStBl II 2009, 294; I R 43/11, BStBl II 2013, 162; X R 58/14, BFH/NV 2017, 275; BMF v. 2.9.2016, BStBl I 2016, 995.
341 BFH, I R 22/05, BStBl II 2006, 680; I R 74/08, BStBl II 2009, 899.
342 BFH, I R 89/10, BStBl II 2014, 612; I R 7/11, BStBl II 2014, 616.

Rückstellung für Maßnahmen der Sanierung und Schadstoffbeseitigung in Betracht[343] (vgl Rn 905).

– Umlaufvermögen

933 **Fall 40:** Bei einem Händler lagern 1000 Stück Ware, die er im Jahr 01 für 3 € pro Stück eingekauft hat. Am Bilanzstichtag haben sie wegen der Einführung eines technisch verbesserten Nachfolgeprodukts nur noch einen Marktpreis von 2,50 € pro Stück (entspricht dem Teilwert). Wie hoch ist die Ware nach Handels- und nach Steuerrecht anzusetzen? **Rn 936**

Fall 41: Bei einem Händler lagern 1000 Stück Ware, Anschaffungskosten 10 000 €, Teilwert am Bilanzstichtag 8000 €, Marktwert (wegen eines kurzfristigen Überangebots) 7000 €. Wie hoch sind die Waren nach Handels- und nach Steuerrecht anzusetzen?

Abwandlung zu Fall 41: Wie wäre es, wenn im Fall 41 der Marktwert 8000 € und der Teilwert 7000 € betragen würden und der niedrigere Teilwert voraussichtlich dauerhaft bestehen würde? **Rn 936**

934 Gegenstände des Umlaufvermögens *müssen* handelsrechtlich mit dem niedrigeren Wert als den Anschaffungs- oder Herstellungskosten angesetzt werden, § 253 Abs. 4 HGB *(strenges Niederstwertprinzip)*. Steuerrechtlich *kann* gem. § 6 Abs. 1 Nr 2 Satz 2 EStG nur bei einer *voraussichtlich dauernden Wertminderung* abgeschrieben werden. Liegt jedoch keine voraussichtlich dauernde Wertminderung vor, darf aufgrund der steuerrechtlichen Spezialregelung keine Teilwertabschreibung erfolgen.

935 Ist der Teilwert niedriger als der gem. § 253 Abs. 4 HGB beizulegende Wert, kann wegen § 5 Abs. 1 Satz 1 HS 2 EStG der niedrigere Wert gewählt werden (Rn 872 f). Ist der Teilwert hingegen höher als der handelsrechtliche Wert, darf steuerrechtlich der Teilwert nicht unterschritten werden, da die steuerrechtlichen Vorschriften vorgehen, § 5 Abs. 6 EStG.

936 **Lösung Fall 40** (Rn 933): Bei den Waren handelt es sich um Umlaufvermögen des Betriebs. Daher gilt:

Nach Handelsrecht: Gem. § 253 Abs. 4 Satz 1 HGB ist die Ware auf den niedrigeren Marktpreis abzuschreiben. In der Handelsbilanz sind die Waren also mit 2500 € (= 2,50 €/ Stück × 1000) auszuweisen.

Nach Steuerrecht: § 6 Abs. 1 Nr 2 Satz 2 EStG sieht für den hier gegebenen Fall einer voraussichtlich dauernden Wertminderung ein Wahlrecht vor (… „kann" …), den niedrigeren Teilwert anzusetzen oder es bei den Anschaffungskosten zu belassen. Dieses steuerliche Wahlrecht darf abweichend von der Handelsbilanz ausgeübt werden (§ 5 Abs. 1 Satz 1 HS 1 EStG). Die Ware *kann* in der Steuerbilanz mit 2500 € angesetzt werden. Bleibt es bei den Anschaffungskosten (3000 €), ist die Abweichung von der Handelsbilanz in ein Verzeichnis aufzunehmen (§ 5 Abs. 1 Satz 2 EStG, Rn 872).

Lösung Fall 41 (Rn 933): Auch hier handelt es sich bei den Waren um Umlaufvermögen des Betriebs. Allerdings ist die Wertminderung voraussichtlich nicht von Dauer. Daher gilt:

Nach Handelsrecht: Gem. § 253 Abs. 4 Satz 1 HGB ist die Ware auf den niedrigeren

343 Dazu *Weber-Grellet*, in: Schmidt, EStG, § 5 Rn 550 „Umweltschutz und Umweltschäden".

Marktwert abzuschreiben. In der Handelsbilanz sind die Waren also mit 7000 € auszuweisen.

Nach Steuerrecht: Im Fall einer lediglich kurzfristigen Wertminderung bleibt es gem. § 6 Abs. 1 Nr 2 Satz 1 EStG beim Ansatz der Anschaffungskosten (10 000 €). Die Möglichkeit der Teilwertabschreibung (auf 8000 €) gilt gem. § 6 Abs. 1 Nr 2 Satz 2 EStG nur bei einer voraussichtlich dauernden Wertminderung.

Lösung der Abwandlung zu Fall 41 (Rn 933): *Nach Handelsrecht:* Ansatz des Marktpreises iHv 8000 € (§ 253 Abs. 4 Satz 1 HGB).

Nach Steuerrecht: Es besteht ein Wahlrecht, die Waren bis auf den niedrigeren Teilwert von 7000 € abzuschreiben (§ 6 Abs. 1 Nr 2 Satz 2 EStG). Dieses Wahlrecht kann unabhängig von der Handelsbilanz ausgeübt werden (§ 5 Abs. 1 Satz 1 HS 2 EStG).

(2) Absetzungen für Abnutzung (AfA) und Absetzungen für Substanzverringerung (AfS) 937

§ 6 Abs. 1 Nr 1 EStG sieht für abnutzbare Wirtschaftsgüter des Anlagevermögens **Absetzungen für Abnutzung (AfA)** nach § 7 EStG vor. Die entsprechende handelsrechtliche Regelung des § 253 Abs. 3 Sätze 1, 2 HGB spricht insoweit von planmäßigen Abschreibungen. Besteht die Art des Betriebs darin, dass ein Substanzverzehr stattfindet, so sind gem. § 7 Abs. 6 EStG **Absetzungen für Substanzverringerung (AfS)** vorzunehmen.

Die AfA bewirkt, dass der Aufwand für die Anschaffung oder Herstellung von abnutzbaren Wirtschaftsgütern des Anlagevermögens über mehrere Jahre verteilt wird (Aufwandspeicher). Der Erwerb des Wirtschaftsguts ist zunächst ein erfolgsneutraler Vorgang (Aktivtausch oder Aktiv-Passiv-Mehrung, Rn 862). Erst die jährliche AfA ist erfolgswirksam.

Beispiel: Schafft ein Unternehmer einen LKW an und bezahlt ihn mit liquiden Bankmitteln, wird zunächst die wertmäßige Minderung seines Bankkontos durch die wertmäßige Erhöhung des Anlagevermögens ausgeglichen. Erst durch die jährliche AfA auf die Anschaffungskosten des LKW vermindert sich das Betriebsvermögen.

Die Vornahme von AfA ist gem. § 6 Abs. 1 Nr 1 iVm § 7 EStG nur möglich bei *abnutzbaren* Wirtschaftsgütern des *Anlagevermögens*, deren Verwendung oder Nutzung sich erfahrungsgemäß über *mehr als ein Jahr* erstreckt. 938

Nicht der Abnutzung unterliegen zB Grundstücke (wohl aber Gebäude, die steuerrechtlich getrennt vom Grundstück behandelt werden, Rn 895), Anteile an Kapitalgesellschaften, Geldforderungen, Wertpapiere, Bargeld. Für diese Wirtschaftsgüter gibt es keine AfA. Möglich ist hier lediglich eine Teilwertabschreibung (Rn 928).

§ 7 Abs. 1 EStG sieht zunächst für *alle* abnutzbaren Wirtschaftsgüter eine AfA in gleichen Jahresbeträgen vor **(lineare AfA)**. Bei diesem Verfahren werden die Anschaffungs- und Herstellungskosten gleichmäßig auf die Jahre der betriebsgewöhnlichen Nutzungsdauer verteilt. 939

Die betriebsgewöhnliche Nutzungsdauer ist zu schätzen. Als Hilfsmittel der Schätzung werden vom BMF AfA-Tabellen herausgegeben[344]. Da es sich um bloße Ver- 940

344 Für allgemein verwendbare Anlagegüter etwa BMF v. 15.12.2000, BStBl I 2000, 1532.

waltungsvorschriften (Rn 55) handelt, sind Finanzgerichte nicht an die AfA-Tabellen gebunden[345].

Beispiel: U schafft am 17.2.01 eine Maschine (Nutzungsdauer zehn Jahre) für 120 000 € an. Bei linearer Abschreibung muss U die Maschine in der Schlussbilanz des Jahres 01 mit 109 000 € ansetzen und kann für das Jahr 01 aufwandswirksam AfA iHv 11 000 € geltend machen (Anschaffungskosten [120 000 €] ./. AfA [11 000 €] = 109 000 €). Die jährliche AfA nach § 7 Abs. 1 Satz 1 EStG beträgt zwar 12 000 € (120 000 €/10). Im Anschaffungsjahr wird die AfA aber nach § 7 Abs. 1 Satz 4 EStG erst ab dem Anschaffungsmonat berechnet (hier ab Februar 01): 12 000 € × 11/12 = 11 000 €.

941 **(3) Sofortabschreibung für geringwertige Wirtschaftsgüter und sog. Poolabschreibung durch Sammelposten**

Für bewegliche Wirtschaftsgüter des Anlagevermögens, die einer selbstständigen Nutzung fähig sind (§ 6 Abs. 2 Satz 2–3 EStG) und gewisse Wertgrenzen nicht übersteigen, bestehen neben der linearen AfA (§ 7 EStG, Rn 939) weitere Möglichkeiten *(Wahlrechte)*:

942 § 6 Abs. 2 Satz 1 EStG gewährt einen **Sofortabzug für geringwertige Wirtschaftsgüter**. Sie können **sofort als Betriebsausgaben abgezogen** werden, wenn die Anschaffungs- oder Herstellungskosten für das einzelne Wirtschaftsgut *800 €* nicht übersteigen. Für die Ermittlung der Wertgrenze ist die USt unabhängig davon nicht zu berücksichtigen, ob der Steuerpflichtige die Vorsteuer abziehen kann (Rn 1703 ff) oder nicht[346]. Ob die ausgewiesene Umsatzsteuer als Teil der Anschaffungs- oder Herstellungskosten sofort abziehbar ist, richtet sich danach, ob der Steuerpflichtige die Vorsteuer nach § 15 UStG abziehen kann (§ 9b Abs. 1 EStG, Rn 920).

943 Wirtschaftsgüter, deren Anschaffungs-/Herstellungskosten mindestens *251 €* und höchstens *1000 €* betragen – hier stets Wertgrenzen ebenso ohne USt zu ermitteln –, kann der Steuerpflichtige auch in einen **Sammelposten** einstellen, der dann über den Zeitraum von fünf Jahren (also 20 % jährlich) abgeschrieben wird (sog. *Poolabschreibung*, § 6 Abs. 2a EStG). Allerdings kann diese Sammelpostenoption in einem Wirtschaftsjahr nur einheitlich für alle Wirtschaftsgüter von 251 € bis 1000 € in Anspruch genommen werden (§ 6 Abs. 2a Satz 5 EStG). Soweit der Wert des Wirtschaftsguts 250 € nicht übersteigt, ist ein Sofortabzug möglich (§ 6 Abs. 2a Satz 4 EStG).

Beispiel: A (vorsteuerberechtigt nach § 15 UStG) erwirbt im Jahr 2019 für seinen Gewerbebetrieb eine Bohrmaschine (250 € zzgl. 19 % USt), eine Werkbank (800 € zzgl. 19 % USt), eine Schleifmaschine (900 € zzgl. 19 % USt) und einen Computer (1020 € zzgl. 19 % USt). Steuerliche Auswirkungen im Jahr 2019?

944 Die Anschaffungskosten (§ 255 Abs. 1 HGB, § 9b Abs. 1 EStG) für die *Bohrmaschine* (250 €) können sofort abgeschrieben (§ 6 Abs. 2 Satz 1 EStG) oder aber auch regulär über den Zeitraum der Nutzungsdauer verteilt werden (§ 7 Abs. 1 Satz 1 EStG). Die Poolabschreibung (§ 6 Abs. 2a EStG) kommt nicht in Betracht, da der maßgebliche Betrag (251 €) nicht erreicht wird (vgl auch § 6 Abs. 2a Satz 4 EStG). Die *Werk-*

345 BFH, VI R 82/89, BStBl II 1992, 1000.
346 BFH, VIII R 66/71, BStBl II 1975, 365.

bank kann nach § 6 Abs. 2 Satz 1 EStG sofort abgeschrieben werden. Dies hat allerdings zur Folge, dass die Poolabschreibung (§ 6 Abs. 2a EStG) für alle im Jahr 2019 erworbenen Wirtschaftsgüter (zwischen 251 € und 1000 €) nicht in Anspruch genommen werden kann (§ 6 Abs. 2a Satz 5 EStG). Die *Schleifmaschine* kann entweder linear (§ 7 Abs. 1 Satz 1 EStG) oder nach der Poolabschreibung (§ 6 Abs. 2a EStG) abgeschrieben werden („Sammelposten 2019"); die Poolabschreibung ist jedoch nur möglich, wenn auch die Werkbank in den „Sammelposten 2019" eingestellt wird. Für den *Computer* ist nur die lineare AfA möglich (§ 7 Abs. 1 EStG).

(4) Besondere Abschreibungen 945

Für bewegliche Wirtschaftsgüter des Anlagevermögens kann die AfA nach § 7 Abs. 1 Satz 6 EStG auch nach Maßgabe der Leistung **(Leistungs-AfA)** erfolgen.

Eine AfA in fallenden Jahresbeträgen **(degressive AfA)** wurde durch das JStG 2009 (befristet 946
bis Ende 2010) für die Anschaffung oder Herstellung von Wirtschaftsgütern in den Jahren 2009 und 2010 in § 7 Abs. 2 EStG wieder eingeführt, um einen kurzfristig wirkenden Investitionsanreiz zu schaffen. Für Wirtschaftsgüter, die **ab 2011** angeschafft/hergestellt worden sind, wird sie nicht mehr gewährt. Die degressive AfA darf höchstens das 2,5-fache des bei der linearen AfA in Betracht kommenden Prozentsatzes betragen und insgesamt 25 % nicht übersteigen.

Für **Gebäude** – die vom Grundstück getrennt zu betrachten sind (Rn 895) – enthalten 947
§ 7 Abs. 4–5a EStG Sonderregelungen: § 7 Abs. 4 EStG typisiert die Sätze für die lineare AfA in Abhängigkeit von der Nutzung und dem Baujahr des Gebäudes (je nach Konstellation 2 %, 2,5 % oder 3 % jährlich).

§ 7 Abs. 5 EStG enthält – aus konjunkturpolitischen Gründen häufig geänderte – Staffeln für die degressive AfA[347]. Für ab 2006 angeschaffte oder errichtete Gebäude gibt es keine degressive AfA mehr.

§ 7 Abs. 1 Satz 7 EStG sieht **Absetzungen für außergewöhnliche technische oder** 948
wirtschaftliche Abnutzung vor. Sie ist neben der „normalen" AfA möglich. Die Abgrenzung der AfA von der Teilwertabschreibung (Rn 928 ff) ist oft schwierig.

Die §§ 7a, 7b, 7g–i EStG enthalten zahlreiche **Sonderregelungen für erhöhte** 949
Absetzungen und Sonderabschreibungen. Von erheblicher Bedeutung ist § 7g EStG[348]: Die Vorschrift gewährt kleinen und mittleren Betrieben (§ 7g Abs. 1 Satz 2 EStG) einen Investitionsabzugsbetrag und Sonderabschreibungen für bewegliche Wirtschaftsgüter des Anlagevermögens. Der gewinnmindernde *Investitionsabzugsbetrag* wird schon *vor* einer *beabsichtigten* Investition (bis zu drei Jahre vorher) iHv bis zu 40 % der voraussichtlichen Anschaffungs- und Herstellungskosten und höchstens iHv 200 000 € je Betrieb gewährt (§ 7g Abs. 1 EStG). Unterbleibt die Investition, wird die Begünstigung rückwirkend rückgängig gemacht (§ 7g Abs. 3 EStG). Unabhängig davon sind *Sonderabschreibungen* über fünf Jahre iHv 20 % der Anschaffungs- oder Herstellungskosten möglich (§ 7g Abs. 5 und 6 EStG). § 7b EStG fördert vom 31.8.2018 bis zum 1.1.2022 den Neubau von Mietwohnungen mit Sonderabschreibungen über vier Jahre iHv 5 % der Anschaffungs- oder Herstellungskosten (maximal aber 2000 €/qm), wenn die Anschaffungs- oder Herstellungskosten 3000 €/

347 Dazu BFH, IX R 33/16, BStBl II 2018, 646 (kein Wechsel zur linearen AfA).
348 Instruktiv *Kulosa*, DStR 2008, 131.

qm nicht übersteigen und die Wohnung mindestens zehn Jahre dem Wohnungsmarkt als Mietwohnung zur Verfügung gestellt wird.

950 **(5) Wertsteigerungen**

Fall 42: Eine Maschine (Anschaffungskosten 10 000 €, Nutzungsdauer zehn Jahre) steht am Ende des fünften Jahres mit 5000 € in den Büchern, der Teilwert beträgt aufgrund einer voraussichtlich dauernden Wertminderung jedoch nur noch 3000 €. Der Steuerpflichtige setzt den niedrigeren Teilwert an. Am Ende des sechsten Jahres steigt der Teilwert auf 4500 € an. Welchen Wert hat der Steuerpflichtige nach Handelsrecht und nach Steuerrecht in 05 und 06 anzusetzen? **Rn 957**

Fall 43: Bei einer Maschine wird die Nutzungsdauer auf zehn Jahre geschätzt. Sie wird in dieser Zeit auf einen „Erinnerungswert" von 1 € abgeschrieben. Es stellt sich heraus, dass sie noch gut tauglich ist. Muss die Bewertung korrigiert werden? **Rn 958**

951 **Wertsteigerungen**, die eintreten, ohne dass der Steuerpflichtige weitere Aufwendungen auf das Wirtschaftsgut tätigt, schlagen sich in der Bilanz nicht nieder, da Vermögensgegenstände maximal mit den Anschaffungs- und Herstellungskosten angesetzt werden dürfen, § 6 Abs. 1 Nr 1, 2 EStG. Das ist Ausdruck des handelsrechtlichen Vorsichtsprinzips. Gewinne dürfen erst bei ihrer Realisierung berücksichtigt werden (§ 252 Abs. 1 Nr 4 HS 2 HGB, *Realisationsprinzip*).

952 Reine Wertsteigerungen, die nicht realisiert werden, bleiben im Wirtschaftsgut als **stille Reserven** „gespeichert". Sie wirken sich solange nicht auf den Gewinn des Betriebs aus, wie das Wirtschaftsgut im Betrieb verbleibt. Die Besteuerung des Wertzuwachses ist indes nicht aufgehoben, sondern nur aufgeschoben. Ein steuerpflichtiger Gewinn wird in dem Zeitpunkt realisiert, in dem das Wirtschaftsgut aus dem Betriebsvermögen ausscheidet, etwa durch Entnahme, Veräußerung des Wirtschaftsguts, Betriebsveräußerung oder Betriebsaufgabe.

953 Im obigen **Fall 39** (Rn 918) ist das Grundstück des U auch in der Bilanz des Jahres 02 mit 100 000 € zu bewerten. Veräußert U das Grundstück im Jahr 02 für 200 000 €, realisiert er die Wertsteigerung und erzielt einen steuerpflichtigen Veräußerungserlös iHv 100 000 €.

954 Tritt die Wertsteigerung *nach einer vorangegangenen Teilwertabschreibung* ein, so ist eine **Wertaufholung** im Wege einer Teilwertzuschreibung vorzunehmen (Wertaufholungsgebot, § 6 Abs. 1 Nr 1 Satz 4 und Nr 2 Satz 3 EStG). In diesen Fällen ist das Wirtschaftsgut mit den Anschaffungs- oder Herstellungskosten abzgl. der AfA nach § 6 Abs. 1 Nr 1 Satz 1 EStG anzusetzen[349].

955 Auch *handelsrechtlich* besteht gem. § 253 Abs. 5 Satz 1 HGB ein *Zwang* zur Vornahme von Zuschreibungen. Eine Ausnahme bildet lediglich ein niedrigerer Wertansatz eines entgeltlich erworbenen Geschäfts- oder Firmenwertes (§ 253 Abs. 5 Satz 2 HGB).

956 *Höchstgrenze* der Zuschreibungen bilden handels- und steuerrechtlich die Anschaffungs- oder Herstellungskosten, beim abnutzbaren Anlagevermögen vermindert um die planmäßigen Ab-

349 BFH, IV R 37/07, BStBl II 2010, 784; IV R 15/12, BFH/NV 2015, 1561 (auch zur Verfassungsmäßigkeit); IV R 6/11, BFH/NV 2015, 1381.

schreibungen bzw die AfA (sog. „fortgeführte Anschaffungs-/Herstellungskosten"). *Nicht* möglich ist dagegen eine Zuschreibung nach *planmäßigen Abschreibungen bzw AfA*. Der dadurch entstandene Buchwert ist stets beizubehalten (Ausnahme: Zuschreibung nach einer AfaA, wenn deren Grund entfallen ist, § 7 Abs. 1 Satz 7 HS 2 EStG).

Lösung Fall 42 (Rn 950): **957**

Handelsrecht:

1. Wertansatz Ende Jahr 05
   Planmäßige Abschreibung (§ 253 Abs. 3 Satz 1, 2 HGB) Ende 05: 5000 €
   Aber zwingend niedrigerer Wert, § 253 Abs. 3 Satz 5 HGB: **3000 €**
2. Wertansatz Ende Jahr 06
   Zwingend Zuschreibung auf höheren Wert (§ 253 Abs. 5 Satz 1 HGB): 4500 €
   Aber Obergrenze Anschaffungs- oder Herstellungskosten

./. planmäßige Abschreibung für Ende 06: **4000 €**

Steuerrecht:

1. Wertansatz Ende Jahr 05
   AfA (§ 6 Abs. 1 Nr 1 Satz 1, § 7 Abs. 1 EStG) Ende 05: 5000 €
   Teilwertabschreibung (§ 6 Abs. 1 Nr 1 Satz 2 EStG) – Wahlrecht (Rn 928) **3000 €**
2. Wertansatz Ende Jahr 06
   Zuschreibung auf höheren Teilwert (§ 6 Abs. 1 Nr 1 Satz 4 EStG): 4500 €
   Aber Obergrenze Anschaffungs- oder Herstellungskosten

./. AfA für Ende Jahr 06 **4000 €**

Lösung Fall 43 (Rn 950): Es bleibt beim Buchwert von 1 €, da die Wertzuschreibungsgebote des § 253 Abs. 5 HGB und § 6 Abs. 1 Nr 1 Satz 4 EStG nur bestehen, um außerplanmäßige Abschreibungen bzw Teilwertabschreibungen „rückgängig" zu machen, nicht aber, um planmäßige Abschreibungen bzw AfA zu korrigieren. **958**

cc) Bewertung von Verbindlichkeiten und Rückstellungen. Für **Verbindlichkeiten** gelten gem. § 6 Abs. 1 Nr 3 Satz 1 HS 1 EStG die Vorschriften der Nr 2 sinngemäß. Da es bei ihnen keine eigentlichen Anschaffungskosten gibt, ist für den Wertansatz nach § 253 Abs. 1 Satz 2 HGB der *Erfüllungsbetrag* maßgeblich. Bei einer voraussichtlich dauernden *Erhöhung* der Verpflichtung (zB durch Wechselkursänderungen bei Fremdwährungsverbindlichkeiten) eröffnet § 6 Abs. 1 Nr 3 Satz 1 HS 1 EStG die sinngemäße Anwendung von § 6 Abs. 1 Nr 2 Satz 2 EStG, also die Möglichkeit einer Teilwertzuschreibung (*Wahlrecht*, Rn 931, 873). Unverzinsliche Verbindlichkeiten mit einer Mindestlaufzeit von zwölf Monaten, die nicht auf einer Anzahlung oder Vorausleistung beruhen, sind jährlich gewinnerhöhend mit 5,5 % abzuzinsen (§ 6 Abs. 1 Nr 3 Satz 1 HS 2 EStG)[350]. **959**

Auf den ersten Blick verwirrend erscheint die Spiegelbildlichkeit zur Aktivseite, die dazu führt, dass statt des Niederstwertprinzips auf der Aktivseite (Rn 885) das Höchstwertprinzip gilt. Aber auch dieses ist Ausdruck des handelsrechtlichen Vorsichtsprinzips (Rn 882). So führt eine *Zuschreibung* bei einer Verbindlichkeit zu einer Gewinn*minderung*. Für den Fall, dass nach einer Teilwertzuschreibung ein erneutes Absinken des Teilwerts der Verbindlichkeit ein- **960**

350 Dazu BFH, VI R 62/15, BStBl II 2018, 15; XI R 30/16, BStBl II 2019, 67; BMF v. 26.5.2005, BStBl I 2005, 699.

tritt, ordnet § 6 Abs. 1 Nr 3 Satz 1 HS 1 iVm Nr 2 Satz 3 und Nr 1 Satz 4 EStG eine (gewinnerhöhende) Teilwertabschreibung an.

961 Für **Rückstellungen** (Rn 903) gelten die besonderen Bewertungsregeln des § 6 Abs. 1 Nr 3a EStG. Danach ist etwa bei bestimmten Rückstellungen die Wahrscheinlichkeit zu berücksichtigen, dass der Steuerpflichtige nur zu einem Teil der Summe in Anspruch genommen wird (§ 6 Abs. 1 Nr 3a lit. a EStG), und es sind künftige Vorteile, die mit der Erfüllung der Verpflichtung voraussichtlich verbunden sind, bei der Bewertung von Rückstellungen wertmindernd zu berücksichtigen (§ 6 Abs. 1 Nr 3a lit. c EStG)[351]. Auch hier gilt wie bei Verbindlichkeiten ein Abzinsungsgebot (§ 6 Abs. 1 Nr 3a lit. e EStG; für Handelsrecht § 253 Abs. 2 Satz 1 HGB)[352]. Bei der Bewertung sind die Wertverhältnisse am Bilanzstichtag maßgebend; künftige Preis- und Kostensteigerungen dürfen nicht berücksichtigt werden (§ 6 Abs. 1 Nr 3a lit. f EStG).

2. Entnahmen und Einlagen

962 Ist der Unterschiedsbetrag zwischen dem Betriebsvermögen am Schluss des Wirtschaftsjahres und dem Betriebsvermögen am Schluss des vorangegangenen Wirtschaftsjahres ermittelt, ist er noch um den Wert der *Entnahmen* zu vermehren und um den Wert der *Einlagen* zu vermindern, § 4 Abs. 1 Satz 1 EStG. Diese Korrektur hat den Zweck, die Gewinnermittlung um nicht betrieblich veranlasste Zu- und Abgänge zu bereinigen. Obwohl sie das Betriebsvermögen verändern, dürfen sie keine Auswirkungen auf den Gewinn haben (Rn 870).

963 **Entnahmen** sind gem. § 4 Abs. 1 Satz 2 EStG alle Wirtschaftsgüter, die der Steuerpflichtige dem Betrieb *für sich, seinen Haushalt oder für andere betriebsfremde Zwecke* im Laufe des Wirtschaftsjahres „entnommen" hat. Da die durch den bilanziellen „Abgang" der Wirtschaftsgüter eintretende Betriebsvermögensminderung *außerbetrieblich* verursacht wurde, darf sie den Gewinn nicht mindern. Neben dem Wirtschaftsgut verlassen aber auch die im Wirtschaftsgut verhafteten stillen Reserven das Betriebsvermögen. Um diese aufzudecken und zu versteuern, sind Entnahmen nicht nur mit ihrem Buchwert (= bloße Neutralisation des „Abgangs"), sondern idR mit ihrem *Teilwert* (Rn 923) anzusetzen (§ 6 Abs. 1 Nr 4 Satz 1 EStG). Mit diesem Wert ist die Entnahme bei der Gewinnermittlung wieder hinzuzurechnen. Wird ein fremdfinanziertes Wirtschaftsgut entnommen, gilt nach der Rspr des BFH die im Zusammenhang stehende Verbindlichkeit ebenfalls als entnommen, weil insoweit die betriebliche Veranlassung des Darlehens (und der zukünftigen Schuldzinsen) entfällt[353].

Beispiel: Händler A entnimmt seinem Betriebsvermögen ein Grundstück, das er vor Jahren für Lagerzwecke für 100 000 € (Anschaffungskosten = Buchwert) gekauft hat und das er nun für private Wohnzwecke nutzen will. Der Wert des Grundstücks ist mittlerweile auf 150 000 € gestiegen. Der Wertzuwachs („stille Reserven") wird bei Entnahme aufgedeckt und erhöht den Gewinn (50 000 €). IHd übrigen 100 000 € neutralisiert die Entnahme hingegen nur den Verlust, der durch den Abgang des Grundstücks aus dem Anlagevermögen entstanden ist. Soweit A die Anschaffungskosten des Grundstücks durch ein Darlehen fremdfinanziert hat (passivierte

351 Dazu BFH, X R 29/15, BFH/NV 2017, 1597.
352 Dazu BFH, IV R 32/07, BStBl II 2012, 98; I R 7/14, BFH/NV 2016, 69.
353 BFH, GrS 2-3/88, BStBl II 1990, 817; IV R 25/07, BStBl II 2008, 715.

Rest-Verbindlichkeit zB 30 000 €), führt dies zugleich zu einer Entnahme der passivierten Darlehensverbindlichkeit, die selbst erfolgsneutral ist, weil sie wie die Einlage der Mittel wirkt. Zukünftige Schuldzinsen stellen dann keinen betrieblichen Aufwand mehr dar.

Schwierigkeiten bereitet, unter welchen Umständen eine Entnahme für „andere betriebsfremde Zwecke" erfolgt. Denn insoweit hängt der Entnahmebegriff vom – wegen seiner Unbestimmtheit höchst umstrittenen – Betriebsbegriff ab. In § 4 Abs. 1 Satz 3–5 EStG wird aber eine Konstellation ausdrücklich einer Entnahme für betriebsfremde Zwecke gleichgestellt, nämlich die **Überführung eines Wirtschaftsguts ins Ausland**, wenn dadurch das Besteuerungsrecht Deutschlands an dem Wirtschaftsgut ausgeschlossen oder beschränkt wird. Die Realisierung der im Inland entstandenen stillen Reserven erfolgt dann gem. § 6 Abs. 1 Nr 4 Satz 1 HS 2 EStG durch Ansatz des *gemeinen Werts* (Rn 924) und kann in EU-Fällen durch Bildung eines *Ausgleichspostens* (§ 4g EStG) auf fünf Jahre gestreckt werden (Rn 1506 f). **964**

Den wichtigsten Fall einer *Nutzungsentnahme* stellen **Privatfahrten mit einem betrieblichen Pkw** dar. Soweit ein betrieblicher Pkw, der zu mehr als 50 % betrieblich genutzt wird (Rn 900), auch privat genutzt wird, kann die private Nutzung pauschaliert werden (§ 6 Abs. 1 Nr 4 Satz 2 HS 1 EStG)[354]: Dabei werden für jeden Monat 1 % des inländischen Listenpreises[355] (einschließlich Kosten für Sonderausstattung und USt) im Zeitpunkt der Erstzulassung als Entnahme angesetzt. Nach der Rspr des BFH[356], der streng auf den Wortlaut abstellt, pauschaliert diese sog. **1 %-Regelung** aber nur die Entnahme zur *privaten Nutzung*, aber *nicht* die Entnahme zu *anderen betriebsfremden Zwecken*. Letztere sind daher zusätzlich mit dem Teilwert (§ 6 Abs. 1 Nr 4 Satz 1 EStG) zu bewerten und zu versteuern. Die Nutzungsentnahme (Privatfahrten) kann auch durch ein ordnungsgemäßes **Fahrtenbuch**[357] nachgewiesen werden (§ 6 Abs. 1 Nr 4 Satz 3 HS 1 EStG), was günstiger ist, wenn der private Anteil gering ist. Elektroautos werden durch eine günstige Bewertung besonders privilegiert (§ 6 Abs. 1 Nr 4 Satz 2 HS 2 und Satz 3 HS 2 EStG)[358]. Privatfahrten mit einem überlassenen Betriebsfahrrad zählen bis zum 31.12.2021 nicht als Nutzungsentnahmen (§ 6 Abs. 1 Nr 4 Satz 6, § 52 Abs. 12 Satz 2 EStG). **965**

Einlagen sind gem. § 4 Abs. 1 Satz 8 HS 1 EStG alle Wirtschaftsgüter (auch Bareinzahlungen), die der Steuerpflichtige aus seinem Privatvermögen dem Betrieb im Laufe des Wirtschaftsjahres zugeführt hat. **966**

Beispiel: Der Unternehmer überweist Geld von seinem privaten Bankkonto auf ein betriebliches Konto, um vorübergehende Liquiditätsengpässe zu überbrücken.

Da die eintretende Betriebsvermögensmehrung, die durch den bilanziellen „Zugang" der eingelegten Wirtschaftsgüter entstanden ist, *privat* verursacht wurde, darf sie den Gewinn nicht erhöhen. Die Einlage ist daher bei der Gewinnermittlung wieder abzuziehen. Damit sicher gestellt bleibt, dass durch die Einlage bereits im Privatvermögen **967**

---

354 BFH, X R 28/15, BStBl II 2018, 712: verfassungsgemäß (Vb beim BVerfG anhängig, Az 2 BvR 2129/18).

355 BFH, III R 20/16, BStBl II 2018, 278 (Import-Pkw); III R 13/16, BStBl II 2019, 229 (Taxi).

356 BFH, X R 35/05, BStBl II 2007, 445.

357 Zu den Anforderungen BFH, IV R 62/04, BFH/NV 2007, 691; VI R 94/04, BFH/NV 2007, 1302.

358 Dazu *Eismann*, DStR 2019, 903.

entstandene und daher grundsätzlich nicht steuerbare Wertsteigerungen durch die Einlage steuerverstrickt werden, sind materielle Wirtschaftsgüter, die eingelegt werden, grundsätzlich mit ihrem *Teilwert* (Rn 922) zu bewerten (§ 6 Abs. 1 Nr 5 Satz 1 HS 1 EStG). Bei Wirtschaftsgütern, die zuvor zur Erzielung von Überschusseinkünften genutzt wurden, mindert sich der Einlagewert um die AfA, die bis zum Zeitpunkt der Einlage vorgenommen worden sind (§ 7 Abs. 1 Satz 5 EStG)[359].

Beispiel: Händler A legt ein Grundstück, das er einst privat für 10 000 € erworben hat und das heute 50 000 € wert ist, in sein Betriebsvermögen ein. Die Wertsteigerung (40 000 €) ist im Privatvermögen des A entstanden und darf dessen betrieblichen Gewinn in der Zukunft nicht steigern, so dass das Grundstück im Anlagevermögen des Betriebs mit 50 000 € zu bewerten ist. Die Betriebsvermögensmehrung, die durch den Zugang des Grundstücks entstanden ist, wird durch den Ansatz als Einlage neutralisiert, so dass kein betrieblicher Gewinn entsteht. Legt er hingegen einen Computer ein, den er zuvor im Rahmen der Einkünfte aus nichtselbstständiger Arbeit auf Null abgeschrieben hat (Rn 1061), der aber noch einen Teilwert von 1000 € hat, so darf er ihn nicht mit 1000 € ansetzen (§ 7 Abs. 1 Satz 5 EStG), da er sonst ein zweites Mal die AfA in Anspruch nehmen könnte.

968 Eine Ausnahme macht der BFH hingegen bei der **Einlage von Nutzungen und Nutzungsrechten**, die *nicht* mit dem Teilwert eingelegt werden dürfen[360]. Dahinter steht die Wertung, dass die Nutzungen sowieso erst im Betrieb einen betrieblichen Vorteil bringen und daher dort versteuert werden müssen. Ein Ansatz des Teilwertes würde diesen betrieblichen Vorteil hingegen antizipieren und steuerlich neutralisieren. Der BFH geht also von dem Leitgedanken aus, dass eine Einlage nicht dazu führen darf, dass zukünftige steuerbare Nutzungen der Besteuerung entzogen würden[361]. Etwas anderes gilt nur, wenn es sich um Nutzungsrechte handelt, die zum Zeitpunkt der Einlage einen feststellbaren Wert haben und damit die Voraussetzungen des Wirtschaftsgutsbegriffs (Rn 890) erfüllen.

969 Einer Einlage gleichgestellt wird die **Begründung eines deutschen Besteuerungsrechts** an einem Wirtschaftsgut (§ 4 Abs. 1 Satz 8 HS 2 EStG), also vor allem seine Überführung von einer aus- in eine inländische Betriebstätte. Da im Ausland entstandene stille Reserven, die bisher nicht dem deutschen Besteuerungsrecht unterlegen haben, nicht mitverstrickt werden sollen, ist das Wirtschaftsgut mit seinem gemeinen Wert (Rn 924) im Zeitpunkt der Zuführung anzusetzen (Sonderregelung in § 6 Abs. 1 Nr 5a EStG).

3. Besonderheiten bei steuerfreien Einnahmen und Abzugsverboten

970 Die Steuerfreiheit für bestimmte Einnahmen nach § 3 EStG (Rn 605 f) wird bei der Gewinnermittlung nach § 4 Abs. 1, § 5 Abs. 1 EStG dadurch berücksichtigt, dass die entsprechenden Betriebsvermögensmehrungen vom Gewinn *außerbilanziell* wieder abgezogen werden. Bei (beschränkten) Abzugsverboten nach § 4 Abs. 4a (Rn 1003), Abs. 5 (Rn 618 ff, 774 f), Abs. 5b (Rn 1004), § 4h (Rn 1005), § 4i (Rn 1477), § 4j

359 BFH, VIII R 46/07, BStBl II 2010, 964; BMF v. 27.10.2010, BStBl I 2010, 1204.

360 BFH, GrS 2/86, BStBl II 1988, 348.

361 IdS auch BFH, GrS 1/05, BStBl II 2007, 508: Einlage einer Kiesgrube (als *materielles Wirtschaftsgut*) zwar zum TW (§ 6 Abs. 1 Nr 5 Satz 1 EStG), aber keine Neutralisation zukünftiger Nutzungen (Kiesabbau) durch AfS (§ 7 Abs. 6 EStG, Rn 937).

(Rn 1498) EStG oder § 3c EStG (Rn 607) wird die entsprechende Betriebsvermögensminderung dem Gewinn *außerbilanziell* wieder hinzugerechnet.

III. Gewinnermittlung nach § 4 Abs. 3 EStG

Fall 44: A ist Rechtsanwalt und ermittelt seinen Gewinn nach § 4 Abs. 3 EStG. Er macht für das Jahr 01 folgende Angaben: 971

Einnahmen aus Honorarabrechnungen:	100 000 €
Ausgaben:	
Büromiete	12 000 €
Gehälter	20 000 €
Anschaffung eines Computers im März 01 (ausschließlich betrieblich genutzt; Nutzungsdauer 3 Jahre)	3 600 €
Diktiergerät	150 €
Aufwendungen für Feier zum 40. Geburtstag im Büro, an der auch Studienfreunde und seine Familie teilnehmen (Gästeliste von seiner Ehefrau mitbestimmt)	500 €
Kosten Pkw (betrieblicher Anteil, ermittelt durch Fahrtenbuch nach § 6 Abs. 1 Nr 4 Satz 3 HS 1 EStG, Rn 965)	4 000 €
Geschenk an wichtigen Mandanten	250 €
Bußgeld für Falschparken bei Fahrt zum Gericht	25 €

Wie hoch sind seine Einkünfte? **Rn 1017**

§ 4 Abs. 3 EStG gewährt Gewerbetreibenden, Freiberuflern und Land- und Forstwirten, die nicht gesetzlich buchführungspflichtig sind und auch freiwillig keine Bücher führen, ein Wahlrecht (Rn 851 f), ihren Gewinn vereinfacht durch den *Überschuss der Betriebseinnahmen über die Betriebsausgaben* zu ermitteln[362]. Nach dieser Methode, die auch **Einnahmen-Überschussrechnung (EÜR)** genannt wird, werden Vermögensumschichtungen des Betriebsvermögens grundsätzlich weder dargestellt noch berücksichtigt. Bilanzierung und Buchführung (Rn 856 ff) sind nicht erforderlich. Vielmehr liegt der Gewinnermittlung nach § 4 Abs. 3 EStG grundsätzlich das Konzept der *Geldverkehrsrechnung* (sog. Cashflow-Rechnung) zugrunde. 972

Da bei der Gewinnermittlung nach § 4 Abs. 3 EStG die Wertveränderung des Betriebsvermögens grundsätzlich keine Rolle spielt, ist das *Periodenergebnis* zwangsläufig ein anderes als beim Betriebsvermögensvergleich (§ 4 Abs. 1, § 5 Abs. 1 EStG, Rn 856 ff). Dennoch gilt der **Grundsatz der Gesamtgewinngleichheit**[363]. Danach dürfen sich aufgrund der unterschiedlichen Gewinnermittlungsmethoden zwar Abweichungen in der Höhe der jährlichen Gewinne und Verluste ergeben, nicht jedoch im Totalgewinn. Nicht der Abschnittsgewinn, sondern der Gewinn von der Eröffnung bis zur Aufgabe oder Veräußerung des Betriebs (Totalgewinn) müssen identisch sein. Dies wird dadurch gewährleistet, dass sich auch bei § 4 Abs. 3 EStG im Laufe des Gesamtermittlungszeitraums (Totalperiode) alle Wertänderungen des Betriebsvermö 973

362 Zur Fallbearbeitung *Birk/Desens/Tappe*, Klausurenkurs, Fall 8.
363 BFH, GrS 1/89, BStBl II 1990, 830 (834).

gens irgendwann geldmäßig als Betriebseinnahmen oder Betriebsausgaben niederschlagen (zB durch Veräußerung oder Entnahme von Wirtschaftsgütern). Der Grundsatz der Gesamtgewinngleichheit führt daher dazu, dass auch diejenigen, die den Gewinn nach § 4 Abs. 3 EStG ermitteln, Betriebsvermögen haben (Rn 897), stille Reserven (Rn 952) bilden und auflösen. Auch die Bildung *gewillkürten Betriebsvermögens* (Rn 899) ist möglich, wenn die Zuordnung des Wirtschaftsguts in unmissverständlicher Weise durch entsprechende, zeitnah erstellte Aufzeichnungen ausgewiesen wird[364].

974 Aufgrund des progressiven Tarifs (§ 32a EStG, Rn 628 ff) kann bei den zwangsläufig abweichenden Periodenergebnissen bei einer Gewinnermittlung nach § 4 Abs. 3 EStG und durch Betriebsvermögensvergleich (§ 4 Abs. 1, § 5 Abs. 1 EStG, Rn 856 ff) auch die steuerliche Totalbelastung nicht gleich sein. Schon aus Gründen der Gleichmäßigkeit der Besteuerung wäre deshalb eine Vereinheitlichung der Gewinnermittlung wünschenswert[365].

1. Grundsätzliche Geltung des Zufluss- und Abflussprinzips

975 Der wesentliche Unterschied im Vergleich zur Gewinnermittlung durch Betriebsvermögensvergleich (§ 4 Abs. 1, § 5 Abs. 1 EStG, Rn 856 ff) ist, dass bei der Gewinnermittlung nach § 4 Abs. 3 EStG – wie bei der Ermittlung der Überschusseinkünfte (Rn 1024 ff) – zumindest grundsätzlich das *Zu- und Abflussprinzip* (§ 11 EStG) gilt. Danach sind

- Betriebseinnahmen in dem Kalenderjahr anzusetzen, in dem sie zugeflossen sind (§ 11 Abs. 1 Satz 1 EStG),
- Betriebsausgaben in dem Kalenderjahr abzuziehen, in dem sie geleistet worden sind (§ 11 Abs. 2 Satz 1 EStG).

976 **Zufluss** meint die *Erlangung der wirtschaftlichen Verfügungsmacht*[366]. *Geldbeträge* fließen daher idR durch Barzahlung, Kontogutschrift oder Entgegennahme eines gedeckten Schecks zu.[367] Der bloße Anspruch auf Leistung (also das Entstehen einer *Forderung*) begründet dagegen grundsätzlich[368] noch keinen Zufluss.[369] Das ist der wesentliche Unterschied zur Gewinnermittlung durch Betriebsvermögensvergleich (§ 4 Abs. 1, § 5 Abs. 1 EStG), wo auf die *wirtschaftliche Verursachung* abgestellt wird und daher bereits eine Forderung erfolgswirksam zu aktivieren ist (Rn 881, 890).

Beispiel: Der Gewerbetreibende A ermittelt seinen Gewinn durch Betriebsvermögensvergleich (§ 4 Abs. 1, § 5 Abs. 1 EStG). A erlangt in 01 eine Forderung gegen den Kunden B, die B in 02 bezahlt. A hat bereits in 01 die Forderung erfolgswirksam zu aktivieren. Die Zahlung in 02 ist nur ein erfolgsneutraler Aktivtausch. Würde A dagegen seinen Gewinn nach § 4 Abs. 3 EStG ermitteln, so würde sich die Entstehung der Forderung in 01 allein nicht auf seinen Ge-

364 BFH, IV R 13/03, BStBl II 2004, 985; aA noch BFH, IV R 32/80, BStBl II 1983, 101.
365 Dazu näher *Elicker*, StuW 2002, 217 (229 ff).
366 BFH, IX R 1/09, BStBl II 2010, 746; VIII R 40/08, BFH/NV 2011, 592.
367 BFH, IX R 97/97, BStBl II 2001, 482; VIII R 40/08, BFH/NV 2011, 592.
368 *Ausnahmen*: (1) Zuwendung einer Forderung gegen einen Dritten ist gerade die geschuldete Leistung (BFH, VI R 25/05, BStBl II 2009, 382); (2) uU Lohnansprüche eines beherrschenden GmbH-Geschäftsführers (BFH, VI R 6/13, BStBl II 2016, 903 mwN).
369 BFH, VI R 124/99, BStBl II 2005, 766.

winn auswirken. Eine Betriebseinnahme läge bei Zahlung in 02 vor (Zufluss, § 11 Abs. 1 Satz 1 EStG).

Bei *verkürzten Leistungs- bzw Zahlungswegen* kann ebenfalls ein Zufluss vorliegen, wenn die Verkürzung gerade Ausdruck der ursprünglichen wirtschaftlichen Verfügungsmacht des Steuerpflichtigen ist. 977

Beispiele: Aufrechnung (Zufluss mit Aufrechnungserklärung)[370]; Schuldumwandlung bzw Novation (Zufluss durch Vereinbarung, dass der Betrag nun aus einem anderen Rechtsgrund geschuldet wird)[371]; Auszahlung an Dritten auf Anweisung bzw für Rechnung des Steuerpflichtigen oder nach Forderungsabtretung (Zufluss beim Steuerpflichtigen bei Eingang der Zahlung beim Dritten)[372].

Die Frage, zu welchem Zeitpunkt die wirtschaftliche Verfügungsmacht *erlangt* wird, kann insb bei der Einräumung von *Optionsrechten* (etwa für Aktien) oder von Wertschecks (etwa Hotelgutscheine) schwierig zu beantworten sein. In Betracht kommt grundsätzlich der Zeitpunkt ihrer Einräumung, ihrer Ausübbarkeit (bzw Verwertbarkeit) oder erst ihrer Ausübung oder sonstiger Verwertung (etwa Veräußerung). Die Rspr des BFH nimmt hier erst im *Zeitpunkt der Ausübung bzw sonstiger Verwertung* einen Zufluss an, weil der Steuerpflichtige den wirtschaftlichen Vorteil, der ihm durch die Option eingeräumt wird (Preisnachlass), erst durch die Ausübung oder sonstiger Verwertung erlangt[373]. 978

Werden dagegen *Aktien* selbst (und nicht bloß Aktienoptionen) gewährt, ist der Zeitpunkt der wirtschaftlichen Verfügungsmacht über die Aktien selbst relevant. Eine solche entsteht noch nicht, solange eine Verfügung über gewährte Aktien *rechtlich unmöglich* ist, also nur bei einem dinglichen (und nicht bloß schuldrechtlichen) Verfügungsverbot[374]. 979

Abfluss meint den Verlust der wirtschaftlichen Verfügungsmacht[375]. Spiegelbildlich gelten daher die gleichen Grundsätze wie beim Zufluss (Rn 976). Anders als bei der Gewinnermittlung durch Betriebsvermögensvergleich (§ 4 Abs. 1, § 5 Abs. 1 EStG) können daher keine Verbindlichkeiten oder Rückstellungen erfolgswirksam passiviert werden, durch die eine gewisse oder zumindest wahrscheinliche Inanspruchnahme bereits zum Zeitpunkt der wirtschaftlichen Verursachung des auslösenden Moments vorverlagert wird (Rn 901 ff). Vielmehr entsteht bei der Gewinnermittlung nach § 4 Abs. 3 EStG die gewinnmindernde Betriebsausgabe erst im Zeitpunkt der Zahlung auf die Verbindlichkeit. 980

Nach reiner Lehre einer Geldverkehrsrechnung mit strenger Geltung eines Abflussprinzips müssten auch Anschaffungs- oder Herstellungskosten von Wirtschaftsgütern sofort im Zeitpunkt der Zahlung als Betriebsausgabe abziehbar sein. Hier enthält § 4 Abs. 3 Satz 3–5 EStG jedoch aus Gründen der Gleichbehandlung mit der Gewinnermittlung durch Betriebsvermögensvergleich (§ 4 Abs. 1, § 5 Abs. 1 EStG) weitreichende Einschränkungen (Rn 1006 ff). Im Ergebnis gilt das Abflussprinzip (= Be- 981

370 BFH, VI B 139/06, BFH/NV 2007, 1315.
371 BFH, VIII R 15/01, BStBl II 2002, 138; VIII R 40/08, BFH/NV 2011, 592.
372 BFH, IX R 161/83, BStBl II 1988, 433 (434); VI R 66/03, BStBl II 2008, 375.
373 BFH, VI R 25/05, BStBl II 2009, 382 mwN; VI R 90/10, BStBl II 2013, 289 (Aktienoptionen); IX R 55/10, BFH/NV 2013, 354 zu Wertschecks (Hotelgutscheine).
374 BFH, VI R 37/09, BStBl II 2011, 923; VI R 94/13, BStBl II 2014, 864.
375 BFH, IV R 47/95, BStBl II 1997, 509; X R 46/09, BStBl II 2011, 685.

triebsausgaben bereits im Zeitpunkt der Zahlung der Anschaffungs- oder Herstellungskosten) nur für Wirtschaftsgüter des *Umlaufvermögens*, aber dort auch nur, wenn es sich nicht um Kapitalanteile, Grund und Boden oder Gebäude handelt.

982 **Gestaltungsmöglichkeit:** Das Abstellen auf den Zufluss bzw Abfluss bei der Gewinnermittlung nach § 4 Abs. 3 EStG ermöglicht Steuerpflichtigen, Gewinne zeitlich zu „verschieben“ und so Vorteile aus der (möglicherweise) unterschiedlichen progressiven Steuerbelastung (§ 32a EStG, Rn 631) zu ziehen.

Beispiel: Der Steuerpflichtige A ermittelt seinen Gewinn nach § 4 Abs. 3 EStG und erhält am Ende des Wirtschaftsjahrs 01 noch Warenlieferungen. Er wird überlegen, ob er die Rechnung noch im Jahr 01 oder erst im Jahr 02 begleichen soll. Wenn der Steuerpflichtige schon vorhersehen kann, dass er im Jahr 02 voraussichtlich höhere Einkünfte erzielen wird als im Jahr 01 und deshalb auch im Jahr 02 einer höheren Steuerprogression unterliegen wird, kann er die Bezahlung im Jahr 02 erledigen. Durch den Abfluss des Geldes im Jahr 02 (Betriebsausgabe) mindert sich der Gewinn im Jahr 02, was aufgrund der höheren Progression zu einer echten Steuerersparnis führen wird. Umgekehrt wird er verfahren, wenn er im Jahr 02 niedrigere Einkünfte erwartet.

Zum Vergleich: Der bilanzierende Steuerpflichtige (§ 4 Abs. 1, § 5 Abs. 1 EStG) hätte die Warenlieferung aktivieren und die Verbindlichkeit passivieren müssen (Aktiv/Passiv-Mehrung, Rn 862). Der Vorgang hätte sich im Jahr 01 nicht auf den Gewinn ausgewirkt. Auch eine Zahlung auf die Verbindlichkeit wäre erfolgsneutral (Aktiv/Passiv-Minderung, Rn 862). Erst wenn die Waren das Betriebsvermögen verlassen (Ausbuchung bei Verkauf, Entnahme oder Verlust) oder sich ihr Wert voraussichtlich dauernd mindert (Teilwertabschreibung), kommt es zur Erfolgswirksamkeit (Rn 863, 933 ff, 963).

983 **Regelmäßig wiederkehrende Einnahmen oder Ausgaben:** Eine *Ausnahme* von der grundsätzlichen Erfassung der Einnahmen im Jahr des Zuflusses bzw der Ausgaben im Jahr des Abflusses regelt § 11 Abs. 1 Satz 2, Abs. 2 Satz 2 EStG. Regelmäßig wiederkehrende Einnahmen oder Ausgaben, die kurze Zeit vor Beginn oder kurze Zeit nach Beginn des Kalenderjahres, zu dem sie wirtschaftlich gehören, zu- oder abgeflossen sind, werden dem Kalenderjahr zugeordnet, zu dem sie wirtschaftlich gehören. Für solche Einnahmen oder Ausgaben schreibt das Gesetz also eine periodengerechte Berücksichtigung vor. *Regelmäßig wiederkehrend* sind Einnahmen oder Ausgaben, die ihrer Natur nach, also aufgrund des zugrunde liegenden Rechtsgeschäfts (zB Mietvertrag), nicht nur einmal, sondern in regelmäßigen Zeitabständen erzielt oder geleistet werden[376]. Voraussetzung ist nur die Gleichartigkeit der Zahlungen, nicht die Gleichmäßigkeit in der Höhe (zB Zinsen, Arbeitslohn, Umsatzsteuer)[377]. Die Zahlungen müssen *kurze Zeit* vor oder nach dem Jahreswechsel zu- bzw abfließen. Unter einer „kurzen Zeit“ versteht die Rspr einen Zeitraum von etwa 10 Tagen[378]. Auch die *Fälligkeit* der Einnahme oder Ausgabe muss kurz vor oder kurz nach Ende des Kalenderjahres liegen, zu dem diese wirtschaftlich gehört[379].

Beispiel: (1) Der Arzt erhält die monatlich fällige Abschlagszahlung der kassenärztlichen Vereinigung für Dezember 01 am 2.1.02. Die Zahlung ist gem. § 11 Abs. 1 Satz 2 EStG noch im

376 BFH, IV R 309/84, BStBl II 1987, 16 (17).
377 BFH, IV R 309/84, BStBl II 1987, 16 (17).
378 BFH, VIII R 15/83, BStBl II 1986, 342 (343); VIII R 34/12, BStBl II 2015, 285.
379 BFH, IV R 309/84, BStBl II 1987, 16 (17).

Jahr 01 als Betriebseinnahme zu berücksichtigen[380]. Sie wäre hingegen im Jahr 02 zu berücksichtigen, wenn es sich um die Abschlagszahlung für November 01 gehandelt hätte, da es dann am Erfordernis der Fälligkeit um die Jahreswende fehlte. (2) Er zahlt seine zum Monatsanfang fällige Praxismiete für Januar 02 bereits am 29.12.01. Die Zahlung ist gem. § 11 Abs. 2 Satz 2 EStG im Jahr 02 als Betriebsausgabe anzusetzen.

2. Betriebseinnahmen

Der Begriff der Betriebseinnahmen wird im EStG nicht definiert. Die Rspr zieht die Definition der Einnahmen in § 8 Abs. 1 EStG und die Definition der Betriebsausgaben in § 4 Abs. 4 EStG heran und bezeichnet Betriebseinnahmen als *„alle Zugänge in Geld oder Geldeswert, die durch den Betrieb veranlasst sind"*[381]. Eine Einnahme ist dann *betrieblich veranlasst*, wenn aus der (objektiven) Sicht eines Unternehmers ein tatsächlicher oder wirtschaftlicher Zusammenhang mit dem Betrieb besteht[382]. **984**

Beispiel[383]**:** Der Gesellschafter A einer Personengesellschaft nimmt an einer von der Gesellschaft durchgeführten Informations- und Schulungsveranstaltung teil, die aufwändig als Schiffsreise mit Ausflugsfahrten zu touristischen Zielen gestaltet ist. Der BFH sah in der Zuwendung der Reise an den Gesellschafter eine Betriebseinnahme (Sonderbetriebseinnahme des Gesellschafters, Rn 1180). Der Zusammenhang mit dem Betrieb ergebe sich daraus, dass die Zuwendung durch den Betrieb veranlasst gewesen sei. Dass die Teilnahme auch im Interesse der Gesellschaft lag, spielte keine Rolle.

Einnahmen in Geldeswert (Sachzuwendungen) zählen ebenfalls zu den Betriebseinnahmen, soweit sie betrieblich veranlasst sind[384]. Der Steuerpflichtige, der für seine betriebliche Tätigkeit an Stelle von Geld (oder zusätzlich) Sachzuwendungen erhält, muss ebenso wie der Bezieher sog. Überschusseinkünfte (§ 8 Abs. 1 EStG, Rn 1028) diese Zuwendungen versteuern. **985**

Beispiel: Der selbstständige Arzt A erhält von seinem Patienten B, der ein Teppichgeschäft hat, für eine erfolgreiche Behandlung (neben dem Honorar) einen Teppich geschenkt. Er muss den Teppich im Rahmen seiner Gewinnermittlung nach § 4 Abs. 3 EStG als Betriebseinnahme erfassen. Dies gilt auch, wenn ihm B einen besonderen, im üblichen Geschäftsverkehr nicht eingeräumten Preisnachlass gewährt. Für die Bewertung des Sachbezugs wird § 8 Abs. 2 EStG (üblicher Endpreis am Abgabeort, Rn 1037) analog herangezogen.

Ein Problem entsteht dann, wenn Sachwertzugänge ins *Betriebsvermögen* übergehen. **986**

Beispiel: Der Patient überlässt seinem Zahnarzt Altgold im Wert von 300 €, das bei der Zahnbehandlung entfernt wird[385]. Würde man hier den Sachwert als Betriebseinnahme erfassen und wird der Sachwert sodann verwertet, also zB für 500 € verkauft, käme es zu einer zweifachen Besteuerung des Sachwerts (300 € werden als Betriebseinnahme erfasst, danach Verkauf für 500 €, die wieder als Betriebseinnahme erfasst werden). Um das zu vermeiden, neutralisiert der BFH[386] (bei Wirtschaftsgütern des Umlaufvermögens) den Sachwertzugang, indem er für

380 BFH, IV R 63/94, BStBl II 1996, 266.
381 BFH, VIII R 35/93, BStBl II 1996, 273 (274) mwN; IV R 86/86, BStBl II 1988, 633 (634) mwN.
382 BFH, IV R 103/75, BStBl II 1979, 512; VIII R 60/03, BStBl II 2006, 650 mwN
383 BFH, VIII R 35/93, BStBl II 1996, 273.
384 BFH, VIII R 35/93, BStBl II 1996, 273; X R 25/07, BStBl II 2010, 550.
385 BFH, IV R 29/91, BStBl II 1993, 36.
386 BFH, IV R 29/91, BStBl II 1993, 36 (38).

Zwecke der Gewinnermittlung eine gleich hohe Betriebsausgabe entgegenstellt. Der Vorgang wird also so behandelt, als hätte der Steuerpflichtige zunächst Geld vereinnahmt (BE = 300 €) und damit die Sache erworben (BA = 300 €). IErg wird also eine Betriebseinnahme erst bei Verwertung (Verkauf), dann aber in voller Höhe angenommen (Verkauf für 500 € = 500 € BE). Dadurch entsteht aber eine Ungleichbehandlung im Verhältnis zum Überschussrechner nach § 2 Abs. 2 Nr 2 EStG, der Sachwertzugänge sofort (§ 8 Abs. 1, § 11 Abs. 1 EStG) versteuern muss. Richtig wäre es, den Sachwertzugang als geldwerten Vorteil im Zeitpunkt des Zuflusses (BE = 300 €) zu erfassen und im Zeitpunkt der Verwertung (Verkauf) diesen Wert als fiktive Anschaffungskosten abzuziehen (500 € – 300 € = 200 €, BE 200 €). In diesem Fall wird ebenfalls die gesamte Betriebsvermögensmehrung erfasst, allerdings in den Veranlagungszeiträumen, in denen tatsächlich die Bereicherung eintritt. Dieses periodengerechte Ergebnis würde iÜ auch bei einer Gewinnermittlung durch Betriebsvermögensvergleich (§ 4 Abs. 1, § 5 Abs. 1 EStG, Rn 856 ff) eintreten.

987 Keine Betriebseinnahmen sind **durchlaufende Posten** (§ 4 Abs. 3 Satz 2 EStG). Dabei handelt es sich nach der gesetzlichen Definition um Betriebseinnahmen und Betriebsausgaben, „die im Namen und für Rechnung eines anderen vereinnahmt und verausgabt werden“. Solche Gelder werden nur treuhänderisch verwaltet, stehen wirtschaftlich also nicht dem Betrieb zu. Sie haben keinen Einfluss auf den Gewinn und sind deshalb nicht zu berücksichtigen.

Beispiel: Die beim Rechtsanwalt eingehenden Gerichtskostenvorschüsse des Mandanten werden von ihm an die Gerichtskasse weitergeleitet. Es handelt sich um durchlaufende Posten, die nach § 4 Abs. 3 Satz 2 EStG nicht als Betriebseinnahmen anzusetzen sind.

988 Die **Umsatzsteuer** ist kein durchlaufender Posten, sie fällt nicht unter die Definition des § 4 Abs. 3 Satz 2 EStG. Der Unternehmer vereinnahmt nach dem System des UStG die in Rechnung gestellte Umsatzsteuer nicht „für das Finanzamt“. Er kann vielmehr vor Abführung der Umsatzsteuer an das FA noch die ihm von anderen Unternehmern in Rechnung gestellte Umsatzsteuer (Vorsteuer) abziehen (§ 15 UStG). Es verbleibt somit eine *Zahllast*, die der Unternehmer zu entrichten hat und die regelmäßig von der vereinnahmten Umsatzsteuer abweicht (Rn 1644).

Beispiel: Rechtsanwalt R erhält eine Honorarzahlung von 1000 € + 190 € USt. Zugleich bezahlt er eine Rechnung für Bürobedarf iHv 500 € + 95 € USt. R hat die Vorgänge hinsichtlich der USt wie folgt zu erfassen:

	190 €	in Rechnung gestellte USt	=	Betriebseinnahme
./.	95 €	Vorsteuer aus fremden Rechnungen	=	Betriebsausgabe
	95 €	USt-Schuld gegenüber FA (bei Zahlung an FA)	=	Betriebsausgabe

989 **Ersparte Aufwendungen** führen nicht zu Betriebseinnahmen, wenn sie nicht auf einer Leistung des Steuerpflichtigen beruhen. Wenn etwa ein Arzt sich selbst behandelt oder der Elektriker seine Waschmaschine selbst repariert, fehlt es sowohl an der objektiven Bereicherung als auch am Zufluss von außen[387]. Anders ist es dagegen, wenn die ersparten Aufwendungen auf einer Leistung gegenüber einem Dritten am „Markt“ beruhen (Rn 627), also wenn etwa der Handwerker dem Rechtsanwalt statt Bezahlung des Honorars die Waschmaschine repariert (= Betriebseinnahme sowohl des Rechtsanwalts sowie des Handwerkers iHd ersparten Aufwendungen).

387 BFH, IV R 87/85, BStBl II 1988, 342.

Keine Betriebseinnahme stellt der Zufluss von Geld dar, das aufgrund eines betrieblichen **Darlehens** gezahlt wird (H 4.5 [2] EStR 2012). Der BFH verneint aufgrund der Rückzahlungsverpflichtung einen endgültigen Geldzugang und damit eine objektive Bereicherung[388]. Spiegelbildlich ist die Tilgung des Darlehens (Abfluss durch Rückzahlung) dann auch keine Betriebsausgabe. Die Begründung überzeugt zwar nicht, weil der Zufluss des Geldes selbstverständlich endgültig ist und wirtschaftlich allein durch eine Rückzahlungsverpflichtung neutralisiert werden könnte, die aber als bloße Verbindlichkeit bei der Gewinnermittlung nach § 4 Abs. 3 EStG – anders als beim Betriebsvermögensvergleich (§ 4 Abs. 1, § 5 Abs. 1 EStG, Rn 862) – nicht zu berücksichtigen ist (Rn 919). Dennoch ist das Ergebnis aus Gründen der Gleichbehandlung beider Gewinnermittlungsmethoden richtig. 990

3. Betriebsausgaben

Im Gegensatz zu Betriebseinnahmen sind Betriebsausgaben in § 4 Abs. 4 EStG gesetzlich definiert: „Betriebsausgaben sind Aufwendungen, die durch den Betrieb veranlasst sind". Ebenso wie bei den Betriebseinnahmen (Rn 984) scheiden auch bei den Betriebsausgaben durchlaufende Posten (Rn 987) und Darlehensrückzahlungen (Rn 990) aus. Eine **betriebliche Veranlassung** nimmt die Rspr an, wenn *objektiv* ein Zusammenhang mit dem Beruf oder Betrieb besteht und *subjektiv* die Aufwendungen zur Förderung des Berufs oder des Betriebs gemacht werden[389]. Während jedoch der objektive Zusammenhang stets Voraussetzung für eine Betriebsausgabe ist, kann die subjektive Absicht, den Beruf oder Betrieb zu fördern, fehlen. Im Übrigen hängt es von den Gründen ab, aus denen der Steuerpflichtige die Aufwendungen vornimmt, ob und inwieweit Aufwendungen in wirtschaftlichem Zusammenhang mit einer Einkunftsart stehen. Die Gründe bilden das „auslösende Moment", das den Steuerpflichtigen bewogen hat, die Kosten zu tragen[390]. 991

Beispiele: (1) Der Arzt begeht bei der Heilbehandlung einen Kunstfehler und muss Schadensersatz leisten. Auch solche unfreiwilligen Ausgaben und Zwangsaufwendungen sind betrieblich veranlasst und deshalb als Betriebsausgaben abzugsfähig[391].

(2) In der Praxis des Heilpraktikers A wird eingebrochen und das Bargeld in der Kassette gestohlen. Der Geldverlust ist nicht als Betriebsausgabe abzugsfähig. Die Rspr geht davon aus, dass das vereinnahmte Geld sofort Privatvermögen wird, wenn nicht die Zugehörigkeit eindeutig durch entsprechende Kassenführung nachgewiesen wird (kein Bestandskonto und kein betriebliches Umlaufvermögen), so dass der Abfluss nicht betrieblich veranlasst ist[392].

a) Vorweggenommene, vergebliche und nachträgliche Betriebsausgaben

Betriebsausgaben sind also alle Güter in Geld oder Geldeswert, die durch den Betrieb veranlasst geleistet werden (betrieblich veranlasste Wertabgänge). Solche Aufwendungen können bereits vor Betriebseröffnung geleistet werden (**vorweggenommene Betriebsausgaben**). Allerdings muss ein ausreichender (zeitlicher) Zusammenhang zur (späteren) Gewinnerzielung bestehen, dh die Aufwendungen müssen zB mit einer 992

388 BFH, I R 64/67, BStBl II 1970, 44; IV R 103/89, BStBl II 1991, 228 (229) mwN.
389 BFH, VI R 193/77, BStBl II 1981, 368 (369).
390 BFH, GrS 1/06, BStBl II 2010, 672; IV R 22/14, BFH/NV 2017, 454.
391 BFH, VI R 193/77, BStBl II 1981, 368 (369).
392 BFH, XI R 35/89, BStBl II 1992, 343; zum Verlust von Wirtschaftsgütern Rn 1013.

Vorbereitungshandlung für eine konkret ins Auge gefasste betriebliche Tätigkeit zusammenhängen. Der BFH verlangt, es müsse sich anhand objektiver Umstände feststellen lassen, dass der Entschluss, Einkünfte einer bestimmten Einkunftsart zu erzielen, endgültig gefasst worden ist[393].

Beispiel: A plant die Eröffnung einer Anwaltskanzlei. Er besucht einen Kurs über Büroorganisation und besichtigt mehrere Gebäude, die für sein Büro in Betracht kommen. Die Aufwendungen hierfür sind Betriebsausgaben iSd § 4 Abs. 4 EStG.

993 Kommt es – aus welchen Gründen auch immer – nicht zur geplanten Betriebseröffnung, so können **vergebliche Betriebsausgaben** vorliegen, die ebenfalls unter § 4 Abs. 4 EStG fallen. Voraussetzung ist allerdings, dass mit den Aufwendungen nicht nur irgendeine, noch unsichere Einkommensquelle angestrebt wird; vielmehr muss zwischen den Aufwendungen und einer bestimmten Einkunftsart eine klar erkennbare Beziehung bestehen[394].

Beispiel: Kurz vor Eröffnung seiner Rechtsanwaltskanzlei erhält A ein Angebot, eine Stelle als Regierungsrat anzutreten. Er entscheidet sich für diese Stelle. Die geleisteten Aufwendungen für seinen Beruf als Rechtsanwalt sind als vergebliche Betriebsausgaben abzugsfähig. A hat negative Einkünfte (Verluste) aus freiberuflicher Tätigkeit (§ 18 Abs. 1 Nr 1 EStG).

994 Nachträgliche, nach Aufgabe der beruflichen Tätigkeit bzw Veräußerung des Betriebs angefallene Aufwendungen können **nachträgliche Betriebsausgaben** sein. Voraussetzung ist jedoch, dass die betriebliche Veranlassung für diese Aufwendungen trotz Beendigung der einkunftserzielenden Tätigkeit weiterhin besteht.

Beispiel: Schuldzinsen für eine ursprünglich betrieblich veranlasste Verbindlichkeit, die nach Aufgabe oder Veräußerung des Betriebs anfallen werden, sind nachträgliche Betriebsausgaben, soweit die ursprünglich betrieblich veranlasste Schuld nicht durch Verwertung der Wirtschaftsgüter oder den Veräußerungsgewinn beglichen werden konnte[395].

b) Gemischte Aufwendungen

995 Die betriebliche Veranlassung fehlt, wenn private Gründe für die Aufwendungen ausschlaggebend sind. Betriebsausgaben sind deshalb abzugrenzen von **Kosten der Lebensführung**. Diese sind nach § 12 Nr 1 Satz 2 EStG auch dann nicht abzugsfähig, wenn sie zur Förderung des Berufs oder der Tätigkeit des Steuerpflichtigen erfolgen. Aufwendungen, die sowohl der Lebensführung als auch dem Beruf (Betrieb) dienen, werden als **gemischte Aufwendungen** bezeichnet[396]. Nach der Entscheidung des Großen Senats des BFH[397] aus dem Jahr 2010, die mit einer jahrzehntelangen stRspr gebrochen hat, sind gemischt veranlasste **Aufwendungen aufzuteilen**, sofern eine Aufteilung[398] nach objektiven Kriterien möglich ist. Ein allgemeines **Aufteilungs- und Abzugsverbot** lasse sich aus § 12 Nr 1 EStG nicht herleiten. Der beruflich veranlasste Teil der Kosten ist zum Abzug zuzulassen, notfalls ist dieser Anteil zu schät-

393 BFH, III R 96/88, BStBl II 1992, 819 (821).
394 BFH, VIII R 252/82, BStBl II 1988, 992; IV R 117/94, BFH/NV 1996, 461.
395 BFH, IX R 10/84, BStBl II 1990, 213; X R 15/04, BStBl II 2007, 642 mwN.
396 S. dazu *Birk/Desens/Tappe*, Klausurenkurs, Fall 3; speziell zu Reisen *Albert*, FR 2018, 257.
397 BFH, GrS 1/06, BStBl II 2010, 672.
398 BFH, VI R 3/11, BStBl II 2012, 416.

zen. Greifen berufliche und private Veranlassung allerdings so ineinander, dass eine **Trennung** nicht möglich ist, so gilt weiterhin das Abzugsverbot[399]. Steht die Befriedigung privater Interessen im Vordergrund, ist die betriebliche Veranlassung insgesamt zu verneinen. Ist der Anteil der privaten Lebensführung jedoch unbedeutend, sind wie bisher die gesamten Aufwendungen als beruflicher Aufwand abzugsfähig[400]. Aufwendungen, die für die Lebensführung unverzichtbar sind (Kleidung, Essen), führen nicht zur Annahme von gemischten Aufwendungen, vielmehr wird dieser Aufwand durch den Grundfreibetrag (Rn 631) und die Regelungen zum subjektiven Nettoprinzip (Rn 625 f) berücksichtigt[401].

Fasst man die oben aufgezeigten Abgrenzungen zusammen, die ebenso für die Ab- **996**
grenzung von *Werbungskosten* zu den Kosten der privaten Lebensführung gelten (Rn 1057) und bereits hier dargestellt werden, ergeben sich **vier Fallgruppen** und damit auch eine entsprechende **Prüfungsreihenfolge**[402]:

Fallgruppe 1: Unverzichtbare Aufwendungen der privaten Lebensführung bleiben **997**
auch dann Privataufwendungen, wenn sie einen beruflichen Bezug aufweisen.

Beispiele: Ein Handelsvertreter trägt bei Auswärtsterminen immer einen Anzug. Selbst wenn er nachweisen kann, dass er den Anzug nur im Dienst trägt, kommt ein Abzug nicht in Betracht („kleiden muss sich jeder").

Mitgliedsbeiträge für einen Golfklub sind keine Betriebsausgaben, selbst wenn sie die Tätigkeit des Unternehmens fördern und die Kundenbeziehungen stärken[403].

Fallgruppe 2: Aufwendungen, die zwar gemischt veranlasst, bei denen die Veranlas- **998**
sungsbeiträge (auch im Schätzungswege) nicht trennbar sind, unterfallen insgesamt § 12 Nr 1 Satz 1 EStG und sind nicht abziehbar; es sei denn, der private Anteil ist von untergeordneter Bedeutung.

Beispiele: Nicht abziehbar sind Aufwendungen für eine touristische Pauschalreise eines Religionslehrers durch das Heilige Land, für eine Studienreise eines Geographieprofessors ohne konkreten Forschungsauftrag in die Sahara[404], für eine organisierte Bildungsreise zum Thema „Amerikanische Geschichte" in die USA einer Englischlehrerin, an der nicht nur Englischlehrer teilnehmen[405], oder eine Gruppenreise einer Lehrerin nach China, ohne dass eine *konkrete* Fortbildungsverpflichtung bestand[406].

Fallgruppe 3: Gemischte Aufwendungen, bei denen entweder der berufliche oder der **999**
private Teil von ganz untergeordneter Bedeutung ist, sind entweder ganz oder gar nicht abziehbar.

Beispiele: Besucht ein Steuerpflichtiger auf einer Dienstreise nur kurz seine Mutter, die am Zielort wohnt, sind die Kosten insgesamt abziehbar.

---

399 BFH, GrS 1/06, BStBl II 2010, 672; BFH, VI R 5/07, BStBl II 2010, 687.
400 BFH, GrS 1/06, BStBl II 2010, 672.
401 BFH, GrS 1/06, BStBl II 2010, 672.
402 BMF v. 6.7.2010, BStBl I 2010, 614.
403 FG Köln, 10 K 3761/08, EFG 2011, 1782 (rkr).
404 BFH, VI R 71/78, BStBl II 1982, 69.
405 Vgl FG Münster, 4 K 3175/08 E, EFG 2010, 2094 (rkr).
406 BFH, VI R 3/11, BStBl II 2012, 416.

Bei der Teilnahme eines katholischen Priesters an einer Pilgerwallfahrt ist der private Anteil vernachlässigbar, wenn dieser dabei auch seelsorgerliche Aufgaben wahrnimmt[407].

Geht ein Steuerpflichtiger auf einer einwöchigen privaten New York-Reise in eine Bibliothek, um dort etwas zu beruflichen Zwecken zu recherchieren, sind die Kosten insgesamt nicht abziehbar. Insgesamt nicht abziehbar sind auch die Kosten für einen Snowboard-Kurs eines Sportlehrers, der zwar hin und wieder Klassenfahrten mit Wintersportinhalten organisiert, aber keinen entsprechenden Unterricht gibt[408].

1000 *Fallgruppe 4:* Gemischte Aufwendungen, deren Anteile (ggf im Schätzungswege) nach objektiven Kriterien trennbar sind, sind in einen beruflich und privat veranlassten Teil zu zerlegen.

Beispiele: Besucht ein Informatiker aus beruflichen Gründen eine viertägige EDV-Messe in den USA und hängt zu Erholungszwecken noch zwei Tage dran[409], nutzt ein Sportmediziner einen Fortbildungskurs am Gardasee auch für eigene sportliche Betätigung[410] oder nimmt ein Englischlehrer an einer Fachfortbildung in Dublin mit touristischen Elementen teil[411], kommt eine Aufteilung in Betracht. Werden die beruflichen und privaten Veranlassungsbeiträge dabei nacheinander verwirklicht, bildet das zeitliche Verhältnis den sachgerechten Aufteilungsmaßstab. Bei gleichzeitiger Verwirklichung der Veranlassungsbeiträge kommt auch ein anderer Aufteilungsmaßstab in Betracht (im Zweifel 50:50)[412], etwa bei Kosten für einen *Auslandssprachkurs*, wenn ein konkreter Zusammenhang zwischen Spracherwerb und beruflicher Tätigkeit nachgewiesen werden kann[413].

Nicht trennbar sind aber Aufwendungen für ein gemischt genutztes häusliches Arbeitszimmer (auch „Arbeitsecken“ Rn 775)[414].

1001 Auch Aufwendungen für *Feiern* (Geburtstag[415], Dienstjubiläum[416], Ruhestand[417], Habilitation[418], Antrittsvorlesung[419], Bestellung zum Steuerberater[420]) können ganz, gar nicht oder anteilig abziehbar sein, je nachdem, ob die Feier (nahezu) ausschließlich beruflich, privat oder gemischt veranlasst ist. Für die Einordnung bildet der Anlass ein gewichtiges Indiz, aber nicht das alleinige Kriterium. Weitere Kriterien sind die Gäste (Geschäftspartner, Kollegen oder Freunde, Angehörige), der Ort (Betrieb, Privathaus) und schließlich auch, wer die Gästeliste bestimmt.

407 BFH, VI R 42/09, BStBl II 2011, 522.
408 BFH, VI R 61/02, BStBl II 2006, 782.
409 BFH, GrS 1/06, BStBl II 2010, 672.
410 BFH, VI R 66/04, BStBl II 2010, 685.
411 BFH, VI R 5/07, BStBl II 2010, 687.
412 BFH, VI R 12/10, BStBl II 2011, 796 (Sprachkurs); FG Bad.-Württ., 12 K 18/07, DStRE 2011, 1443, rkr (Notebook).
413 Zu Abgrenzung bei Sprachkursen ferner BFH, VI R 46/01, BStBl II 2002, 579; VI R 168/00 BStBl II 2003, 765; FG Köln, 7 K 2764/08, EFG 2012, 2196 (rkr).
414 BFH, GrS 1/14, BStBl II 2016, 265; X R 32/11, BStBl II 2016, 708; VIII R 24/12, BStBl II 2016, 884.
415 BFH, VI R 7/16, BStBl II 2017, 409.
416 BFH, VI R 35/11, BFH/NV 2014, 500; VI R 24/15, BStBl II 2016, 744.
417 BFH, VI R 52/03, BStBl II 2007, 317; VI R 25/03, BStBl II 2007, 459.
418 BFH, VI R 52/15, BFH/NV 2017, 151.
419 BFH, VI R 26/07, BFH/NV 2008, 1831.
420 BFH, VI R 46/14, BStBl II 2015, 1013.

c) Besondere Abzugsverbote

Neben den besonderen (beschränkten) Abzugsverboten (Rn 618 ff, 774 ff), mit denen die Grenze betrieblich/beruflich veranlasster von privat mitveranlassten Aufwendungen typisiert wird (§ 4 Abs. 5 Satz 1 Nr 1–7, Abs. 6, 9 EStG) oder mit denen Wertungswidersprüche in der Rechtsordnung vermieden werden sollen (§ 4 Abs. 5 Satz 1 Nr 8, 8a, 10, 12 EStG), enthalten die § 4 Abs. 4a (Rn 1003), 5 Nr 9, 11, 13, Abs. 5b (Rn 1004), § 4h (Rn 1005), § 4i (Rn 1477), § 4j (Rn 1498) EStG weitere Abzugsverbote speziell für Betriebsausgaben. **1002**

§ 4 Abs. 4a EStG betrifft die *Abziehbarkeit von Schuldzinsen*, im Falle sog. **Überentnahmen**, also soweit die Entnahmen die Summe des Gewinns und der Einlagen übersteigen. In einem ersten Schritt ist zu prüfen, ob die Zinsen betrieblich (dann grundsätzlich abziehbar) oder privat veranlasst sind (nicht abziehbar), was sich nach der Verwendung der Kreditmittel bestimmt: Eine betriebliche Veranlassung ist dabei ua auch anzunehmen, wenn (1) dem Betrieb Barmittel entnommen werden und (2) anschließend betriebliche Aufwendungen mit einem Darlehen finanziert werden, es sei denn, dem Betrieb standen für die vorherige Entnahme keine Barmittel zur Verfügung (dann private Veranlassung)[421]. Eine private Veranlassung liegt dagegen vor, wenn (1) ein Darlehen für den Betrieb aufgenommen wird und (2) anschließend die Darlehensvaluta entnommen wird; die Entnahme der Darlehensvaluta führt dann zugleich zur Entnahme der Verbindlichkeit (Rn 963)[422]. **1003**

Kommt man zu dem Ergebnis, dass das Darlehen betrieblich veranlasst war, wird die Abziehbarkeit der Schuldzinsen in einem zweiten Schritt durch § 4 Abs. 4a EStG beschränkt[423].

Gem. § 4 Abs. 5b EStG ist auch die gezahlte **Gewerbesteuer**, die als Objektsteuer (Rn 1326) nicht schon dem allgemeinen Abzugsverbot für Personensteuern (§ 12 Nr 3 EStG) unterliegt, keine Betriebsausgabe, obwohl sie zweifellos betrieblich veranlasst ist[424]. Die zusätzliche Belastung eines Gewerbebetriebs durch die neben die Einkommensteuer tretende Gewerbesteuer soll allein durch die pauschalierte Steuerermäßigung nach § 35 EStG aufgefangen werden (Rn 660). **1004**

Die Abziehbarkeit von betrieblich veranlassten Zinsaufwendungen wird durch die sog. **Zinsschranke** (§ 4h EStG ggf iVm § 8a KStG) beschränkt. Die Vorschrift ist von nicht zu überbietender Kompliziertheit und ihre Verfassungsmäßigkeit wird angezweifelt[425]. Nicht abziehbar ist der Zinsaufwand, soweit er 30 % eines modifizierten Gewinns (EBITDA) zzgl. etwaiger Zinseinnahmen übersteigt. Für Körperschaften gilt dies nach Maßgabe des § 8a Abs. 1 KStG. Nicht abziehbarer Zinsaufwand kann ebenso wie das am EBITDA orientierte Verlustnutzungspotenzial vorgetragen und in Folgejahren genutzt werden (sog. Zins- und EBITDA-Vortrag). § 4h Abs. 2 EStG enthält jedoch neben einem „Zinsaufwands-Freibetrag" (bis 3 Mio €) zwei weitere Rückausnahmen, nämlich eine „Stand Alone"-Klausel (keine Konzernzugehörigkeit) und eine „Eigenkapital-Escape"-Klausel, die bei einem konzernzugehörigen Betrieb greift, wenn die eigene Eigenkapitalquote nicht niedriger als die Eigenkapitalquote des Konzerns ist. **1005**

421 BFH, GrS 2/88, 3/88, BStBl II 1990, 817; GrS 1/95, 2/95, BStBl II 1998, 193.

422 BFH, IV R 25/07, BStBl II 2008, 715; X R 5/11, BFH/NV 2014, 1018.

423 BFH, X R 17/16, BStBl II 2018, 744; IV R 15/17, BFH/NV 2019, 526 (jeweils zur Berechnung); BMF v. 2.11.2018, BStBl I 2018, 1207; *Geißler/Quinten*, DStZ 2015, 956; *Prinz*, FR 2017, 632.

424 Dazu BFH, I R 21/12, BStBl II 2014, 531 (verfassungsgemäß).

425 Vgl BFH, I R 20/15, BStBl II 2017, 1240 (Vorlage zum BVerfG, Az 2 BvL 1/16); *Homburg*, FR 2007, 717; *Musil/Volmering*, DB 2008, 12; *Prinz*, FR 2013, 145; *Weggemann/Claß*, BB 2016, 1175; *Jabrayil*, IStR 2019, 321; rechtfertigend dagegen *Heuermann*, DStR 2013, 1; *Ismer*, FR 2014, 777; *Melan*, FR 2018, 1136.

Körperschaften können sich auf die „Stand Alone"- bzw „Eigenkapital-Escape"-Rückausnahmen aber nur berufen, wenn keine schädliche Gesellschafterfremdfinanzierung iSd § 8a Abs. 2 bzw 3 KStG vorliegt. Eine solche Schädlichkeit besteht, wenn der Zinsaufwand an Gesellschafter mehr als 10 % des gesamten Nettozinsaufwandes beträgt. Die Zinsschranke soll verhindern, dass grenzüberschreitende Konzerne eine (unangemessene) Konzernfinanzierungsstruktur wählen, die dazu führt, dass Gewinne durch einen disproportional verteilten Finanzierungsaufwand ins (niedrig besteuerte) Ausland verlagert werden[426]. Aus unionsrechtlichen Gründen[427] darf sie aber nicht allein EU-grenzüberschreitende Fremdfinanzierungen benachteiligen (Rn 1497) und gilt deshalb auch bei reinen Inlandssachverhalten, soweit sie nicht innerhalb einer Organschaft ausgeschlossen wird (§ 15 Satz 1 Nr 3 KStG, zur Zinsschranke bei Organschaften Rn 1239).

d) Behandlung der Anschaffungs- oder Herstellungskosten von Wirtschaftsgütern

1006 Nach dem Zu- und Abflussprinzip müssten Anschaffungs- und Herstellungskosten bei einer Gewinnermittlung nach § 4 Abs. 3 Satz 1 EStG mit ihrer Anschaffung oder Herstellung voll abziehbar sein. Von diesem Grundsatz wird aber in wesentlichen Fällen durch § 4 Abs. 3 Satz 3–5 EStG abgewichen.

1007 **Abnutzbare Wirtschaftsgüter des Anlagevermögens:** § 4 Abs. 3 Satz 3 EStG ordnet an, dass die Vorschriften über die AfA oder Substanzverringerung zu befolgen sind. Insoweit sind – auch aus gleichheitsrechtlichen Gründen – die Steuerpflichtigen, die ihren Gewinn nach § 4 Abs. 3 EStG ermitteln, den Bilanzierenden gleichgestellt. Entgegen dem Abflussprinzip stellen also Anschaffungs- oder Herstellungskosten für *abnutzbare Wirtschaftsgüter des Anlagevermögens* im Jahr der Anschaffung nicht in voller Höhe Betriebsausgaben dar. Die Anschaffungs- oder Herstellungskosten sind vielmehr im Wege der Absetzung für Abnutzung (AfA, Rn 937 ff) auf die Jahre der Nutzungsdauer zu verteilen, so dass nur die nach § 7 EStG zu ermittelnde jährliche AfA-Rate abzuziehen ist. § 4 Abs. 3 Satz 3 EStG verweist auf die Vorschriften über die AfA (§§ 7 ff EStG), nicht auf die Vorschriften über die Teilwertabschreibungen. Solche sind iRd Gewinnermittlung nach § 4 Abs. 3 EStG *nicht* zulässig[428].

1008 Ausdrücklich verweist § 4 Abs. 3 Satz 3 EStG auch auf die Vorschriften über Sofortabziehbarkeit **geringwertiger Wirtschaftsgüter** (800 € ohne USt) in § 6 Abs. 2 EStG und auf die Bildung von Sammelposten nach § 6 Abs. 2a EStG für Wirtschaftsgüter, deren Anschaffungs- oder Herstellungskosten zwar 250 €, aber nicht 1000 € (ohne USt) übersteigen (Rn 942 f). Bei den jeweiligen Wertgrenzen wird die dem Steuerpflichtigen in Rechnung gestellte Umsatzsteuer selbst dann nicht eingerechnet, wenn dieser sie nicht als Vorsteuer (§ 15 UStG, Rn 1703) abziehen darf[429], und die Umsatzsteuer daher Teil der Anschaffungs- oder Herstellungskosten ist (Umkehrschluss aus § 9b Abs. 1 EStG).

Beispiel: Der Arzt A schafft sich zu Beginn des Jahres 2019 ein Ultraschallgerät (Nutzungsdauer zehn Jahre) für 10 000 € zzgl. 1900 € Umsatzsteuer, ein elektronisches Blutdruckmess-

426 Dazu *Desens*, SWI 2018, 461.
427 EuGH, C-324/00, Slg. 2002, I-11779 *(Lankhorst-Hohorst)*.
428 BFH, I 47/58 U, BStBl III 1960, 188; III R 6/05, BStBl II 2007, 301.
429 BFH, VIII R 66/71, BStBl II 1975, 365; III R 6/05, BStBl II 2007, 301.

gerät für 800 € zzgl. 152 € Umsatzsteuer sowie ein Skalpell für 250 € zzgl. 47,50 € Umsatzsteuer an. Welche Betriebsausgaben ergeben sich für das Jahr 2019?

Da A nicht zum Vorsteuerabzug berechtigt ist (§ 15 Abs. 2 Nr 1, § 4 Nr 14 UStG), zählt die Umsatzsteuer zu den Anschaffungskosten (Umkehrschluss aus § 9b Abs. 1 EStG), wird aber nicht bei der Ermittlung der Wertgrenzen (§ 6 Abs. 2 und Abs. 2a EStG) berücksichtigt.

Hinsichtlich des Ultraschallgeräts (AK 11 900 €) ist gem. § 4 Abs. 3 Satz 3 iVm § 7 EStG der jährliche AfA-Betrag anzusetzen. Nach § 7 Abs. 1 EStG (lineare AfA) kann er im Jahr 2019 1190 € (11 900 €/10) als Betriebsausgaben abziehen.

Das Blutdruckmessgerät (AK 952 €) kann gem. § 6 Abs. 2 Satz 1 EStG sofort abgeschrieben werden, es kann aber auch gem. § 6 Abs. 2a Satz 1 EStG in den Sammelposten „2019" eingestellt werden (Wahlrecht), der im Jahr der Anschaffung und den vier Folgejahren jeweils um 1/5 gewinnmindernd aufzulösen ist (Rn 937 ff).

Die Anschaffungskosten des Skalpells (297,50 €) kann A gem. § 4 Abs. 3 Satz 3, § 6 Abs. 2 EStG sofort als Betriebsausgaben abziehen oder linear abschreiben (§ 7 EStG). Die sog. Poolabschreibung durch Sammelposten (§ 6 Abs. 2a EStG) kommt dagegen nicht in Betracht.

Für **Wirtschaftsgüter des Umlaufvermögens** gilt bei ihrer Anschaffung oder Herstellung grundsätzlich das Zu- und Abflussprinzip (§ 11 EStG), so dass der Kaufpreis im Zeitpunkt der Bezahlung in voller Höhe als Betriebsausgabe abziehbar ist. **1009**

Für **nicht abnutzbare Wirtschaftsgüter des Anlagevermögens** und **bestimmte Wirtschaftsgüter des Umlaufvermögens**, nämlich für *Anteile an Kapitalgesellschaften*, *Wertpapiere*, vergleichbare nicht verbriefte Forderungen und Rechte[430], *Grundstücke* und *Gebäude*, gilt hingegen die Sonderregelung in § 4 Abs. 3 Sätze 4, 5 EStG: Ihre Kosten können *nicht* schon bei der Anschaffung oder Herstellung als Betriebsausgabe abgesetzt werden. Vielmehr sind die Anschaffungs- oder Herstellungskosten erst zum Zeitpunkt des *Zuflusses des Veräußerungserlöses* oder der *Entnahme* als Betriebsausgabe zu berücksichtigen. Anschaffungs- oder Herstellungskosten wirken sich demnach steuerlich erst aus, wenn die betroffenen Wirtschaftsgüter das Betriebsvermögen wieder verlassen. Zu diesem Zeitpunkt kommt es dann iErg nicht zu einer vollen Besteuerung des Zuflusses (etwa des Veräußerungs*erlöses*), sondern nur zur Besteuerung der Saldogröße aus dem Zufluss und den Anschaffungs- oder Herstellungskosten, also faktisch zur Besteuerung eines Veräußerungs*gewinns*. **1010**

Die Bedeutung der Sonderregelung zu § 11 EStG liegt darin, dass bei den erfassten Wirtschaftsgütern – wie bei der Gewinnermittlung durch Betriebsvermögensvergleich (§ 4 Abs. 1 EStG) – Anschaffung oder Herstellung keine Auswirkungen auf den Gewinn haben sollen. Damit wird zugleich verhindert, dass iHd Anschaffungs- oder Herstellungskosten stille Reserven entstehen, die bei einer späteren Veräußerung oder Entnahme versteuert werden müssten. **1011**

Mit der tatbestandlichen Einbeziehung *bestimmter Güter des Umlaufvermögens* (seit 2006) soll vor allem Gestaltungen begegnet werden, die gewerblichen Kapitalanlegern oder Grundstückshändlern aufgrund der sofortigen Abziehbarkeit der Aufwendungen als Betriebsausgaben (temporäre) Steuervorteile ermöglichen würden. **1012**

430 BFH, IV R 10/14, BStBl II 2017, 466 (nicht Goldbarren); VIII R 9/14, BStBl II 2018, 387 (nicht Rückdeckungsansprüche).

Beispiel: A ermittelt seinen Gewinn nach § 4 Abs. 3 EStG und hat im Jahr 01 ein unbebautes Grundstück zum Preis von 20 000 € für seinen Betrieb erworben und bezahlt. Im Jahr 06 veräußert A das Grundstück für 30 000 €, wobei der Kaufpreis erst im Jahr 07 fällig und auch bezahlt wird. Welche Gewinnauswirkungen haben diese Vorgänge?

Im Jahr 01 wird der Gewinn nicht betroffen. Zwar sind 20 000 € abgeflossen. Das darf jedoch nach § 4 Abs. 3 Satz 4 EStG nicht berücksichtigt werden. Das Gleiche gilt für das Jahr 06, weil es auf den *Zufluss* des Veräußerungserlöses ankommt. Erst im Jahr 07 sind 30 000 € als Betriebseinnahme (§ 4 Abs. 3 Satz 1, § 11 Abs. 1 Satz 1 EStG) und 20 000 € als Betriebsausgabe (§ 4 Abs. 3 Satz 4 EStG) anzusetzen, so dass im Jahr 07 faktisch ein „Veräußerungsgewinn" iHv 10 000 € besteuert wird.

e) Verlust von Wirtschaftsgütern

1013 Beim Verlust von Wirtschaftsgütern des Betriebsvermögens (zB Diebstahl, Zerstörung, Abhandenkommen) ist zu fragen, ob der Verlust *privat* oder *betrieblich veranlasst* ist. Ein privat veranlasster Verlust darf sich nicht auf den Gewinn auswirken[431]. Bei der Gewinnermittlung durch Überschussrechnung (§ 4 Abs. 3 EStG) hängt die Berücksichtigung betrieblich veranlasster Verluste daher davon ab, ob und in welchem Umfang die Anschaffungs- oder Herstellungskosten bereits als Betriebsausgaben abgezogen worden sind (Rn 1006 ff):

1014 Bei *abnutzbaren Wirtschaftsgütern des Anlagevermögens* kann bei einem betrieblich veranlassten Verlust der „Restbuchwert" sofort als Betriebsausgabe abgezogen werden. Ein privat veranlasster Verlust berechtigt hingegen nicht zum Betriebsausgabenabzug.

Beispiel: Das ausschließlich betrieblich genutzte Fahrzeug des Arztes A ist bis auf 5000 € abgeschrieben. Anlässlich einer privaten Fahrt entsteht ein Totalschaden. A kann die 5000 € nicht als Betriebsausgabe abziehen. Das gilt auch, wenn der Arzt auf einer an sich betrieblich veranlassten Dienstfahrt (Visite eines Kollegen) aus privaten Gründen einen Umweg fährt (Abstecher auf einen Weihnachtsmarkt) und das Fahrzeug beim privat veranlassten Zwischenstopp gestohlen wird[432]. Tritt der Totalschaden hingegen auf einer Fahrt zum Patienten ein, so ist der Restbuchwert in diesem Jahr als Betriebsausgabe zu berücksichtigen.

1015 Beim Verlust *nicht abnutzbarer Wirtschaftsgüter des Anlagevermögens* sowie *bestimmter Wirtschaftsgüter des Umlaufvermögens*, deren Anschaffung oder Herstellung sich wegen § 4 Abs. 3 Satz 4 EStG noch nicht gewinnmindernd ausgewirkt haben (Rn 1010), kommt es zum Zeitpunkt eines betrieblich veranlassten Verlusts zum vollen Abzug der Anschaffungs- oder Herstellungskosten. § 4 Abs. 3 Satz 4 EStG enthält insoweit eine Regelungslücke, da sein Wortlaut nur die Veräußerung oder Entnahme – nicht aber nicht betrieblich veranlassten Verlust – erfasst[433]. Ist der Verlust hingegen privat veranlasst, scheidet ein Betriebsausgabenabzug aus.

1016 Beim Verlust von übrigen Wirtschaftsgütern des *Umlaufvermögens*, führt die gleiche Wertung zum spiegelbildlichen Ergebnis: Ist der Verlust betrieblich veranlasst, führt das zu keinen zusätzlichen Betriebsausgaben, da die Anschaffungs- oder Herstel-

431 Grundlegend BFH, GrS 2–3/77, BStBl II 1978, 105.
432 BFH, XI R 60/04, BStBl II 2007, 762.
433 BFH, IV R 146/75, BStBl II 1979, 109.

lungskosten bereits im Zeitpunkt des Abflusses als Betriebsausgaben berücksichtigt wurden (Rn 1009). Ist der Verlust privat veranlasst, so muss der Betriebsausgabenabzug wieder rückgängig gemacht werden, indem in derselben Höhe Betriebseinnahmen angesetzt werden[434].

Lösung Fall 44 (Rn 971): A hat Einkünfte aus freiberuflicher Tätigkeit (§ 18 Abs. 1 Nr 1 EStG). Einkünfte sind der Gewinn (§ 2 Abs. 2 Nr 1 EStG). Die Gewinnermittlung erfolgt durch Gegenüberstellung der Betriebseinnahmen und Betriebsausgaben (§ 4 Abs. 3 EStG). **1017**

Betriebseinnahmen	100 000 €
Betriebsausgaben	
Büromiete (§ 4 Abs. 4 EStG)	12 000 €
Gehälter (§ 4 Abs. 4 EStG)	20 000 €
Computer (Nutzungsdauer 3 Jahre, AfA § 4 Abs. 3 Satz 3, § 7 Abs. 1 EStG)	1 000 €

A kann die AfA gem. § 7 Abs. 1 Satz 4 EStG nur zeitanteilig für 10 Monate in Anspruch nehmen, da er den Computer erst im März 01 angeschafft hat (s. Rn 939).

Diktiergerät (§ 4 Abs. 3 Satz 3, § 6 Abs. 2 EStG)	150 €
Aufwendungen zur Feier zum 40. Geburtstag = gemischte Aufwendungen (nicht abzugsfähig nach § 12 Nr 1 EStG[435])	–
anteilige Kosten Pkw (Rn 900, 965)	4 000 €
Geschenk an wichtigen Mandanten (§ 4 Abs. 5 Nr 1 EStG)	–
Bußgeld für Falschparken (§ 4 Abs. 5 Satz 1 Nr 8 EStG)	–
Abzugsfähige Betriebsausgaben	37 150 €
Gewinn: 100 000 € ./. 37 150 € =	62 850 €

4. Entnahmen und Einlagen bei § 4 Abs. 3 EStG

§ 4 Abs. 3 Satz 1 EStG enthält keine ausdrückliche Regelung der Einlage und Entnahme von Wirtschaftsgütern. Dass diese aber nicht unberücksichtigt bleiben können, ergibt sich aus § 4 Abs. 3 Satz 4 EStG („Entnahme"), aus § 6 Abs. 7 Nr 2 EStG und aus dem Grundsatz der Gesamtgewinngleichheit (Rn 973)[436]. **1018**

Entnahmen (Rn 963) haben zur Folge, dass ein bisher eventuell vorgenommener Betriebsausgabenabzug für das entnommene Wirtschaftsgut wieder rückgängig gemacht werden muss. Deshalb werden sie bei der Gewinnermittlung nach § 4 Abs. 3 EStG wie Betriebseinnahmen behandelt, soweit die außerbetrieblich veranlassten Wertabgänge sonst den Gesamtgewinn beeinflussen würden[437]. Ein solcher Einfluss auf den Gesamtgewinn liegt vor, wenn die Anschaffungskosten der entnommenen Wirtschaftsgüter vorher als Betriebsausgabe abgezogen worden sind (Rn 1006 ff), oder wenn wegen der Entnahme keine Betriebseinnahmen mehr angesetzt werden können. **1019**

434 *Heinicke*, in: Schmidt, EStG, § 4 Rn 382, 520 „Verlust".
435 BFH, IV R 58/88, BStBl II 1992, 524.
436 BFH, IV R 180/71, BStBl II 1975, 526.
437 BFH, IV R 50/86, BStBl II 1986, 907.

Beispiel: Der Arzt A entnimmt seiner Praxis einige Spritzenampullen für sich und seine Familie. Außerdem verzichtet er aus privaten Gründen auf eine Honorarforderung gegenüber seinem Freund B. Da die Anschaffungskosten für die Ampullen bereits als Betriebsausgaben abgezogen wurden (s. Rn 981), muss im Zeitpunkt der Entnahme in derselben Höhe eine Betriebseinnahme angesetzt werden. Auch der Erlass der betrieblichen Forderung aus privaten Gründen führt nach Entnahmegrundsätzen zu einer entsprechenden Betriebseinnahme, denn – so der BFH, der einen Vergleich zur Gewinnermittlung nach § 4 Abs. 1 EStG zieht – ein anderes Ergebnis „wäre mit dem Grundsatz der Gleichmäßigkeit der Besteuerung nicht vereinbar“[438].

1020 *Einlagen* (Rn 966) werden bei der Gewinnermittlung nach § 4 Abs. 3 EStG wie Betriebsausgaben behandelt, soweit ansonsten die außerbetrieblichen Wertzugänge den Gesamtgewinn beeinflussen würden. Dies ist etwa der Fall, wenn bei der betrieblichen Veräußerung der eingelegten Gegenstände Betriebseinnahmen anfallen würden.

Beispiel: Rechtsanwalt R transportiert den vor einem Jahr privat angeschafften Computer in sein Büro und nutzt ihn künftig betrieblich. Dieser ist in entsprechender Anwendung des § 6 Abs. 1 Nr 5 EStG mit dem Teilwert (Rn 923 f) zu bewerten. Im Rahmen dieser Einlage ist allerdings die Regelung des § 6 Abs. 1 Nr 5 lit. a EStG zu berücksichtigen, die wegen des Grundsatzes der Gesamtgewinngleichheit auch bei der Gewinnermittlung nach § 4 Abs. 3 EStG entsprechende Anwendung findet. Da die Frist des § 6 Abs. 1 Nr 5 lit. a EStG noch nicht abgelaufen ist, kann R für die Einlage des Computers den Teilwert, aber höchstens die nach § 6 Abs. 1 Nr 5 Satz 2 EStG gekürzten Anschaffungskosten ansetzen. Als Betriebsausgabe ist gem. § 4 Abs. 3 Satz 3, § 7 Abs. 1 EStG fortan die jährliche AfA (Rn 1007) anzusetzen.

1021 Die Sonderregelungen über die Ent- oder Verstrickung (§ 4 Abs. 1 Satz 3 oder 8 HS 2 EStG, Rn 964, 969 und 1505) gelten auch bei der Gewinnermittlung nach § 4 Abs. 3 EStG (arg. e § 4g Abs. 4 EStG).

5. Wechsel der Gewinnermittlungsart

1022 Wird die Gewinnermittlungsart gewechselt[439] (Bindung für drei Jahre[440]), so ist der *Grundsatz der Gesamtgewinngleichheit* (Rn 973) zu beachten[441]. Das EStG enthält hierfür keine ausdrückliche Regelung. Um zu gewährleisten, dass der Gesamtgewinn nicht verfälscht wird, hat die Rspr folgenden Grundsatz aufgestellt: Mithilfe von Zu- und Abschlägen ist der Gewinn im ersten Wirtschaftsjahr der Bilanzaufstellung so zu korrigieren, „dass der Steuerpflichtige im Gesamtergebnis Gewinne erzielt, wie er sie erzielt hätte, wenn er auch in der Zeit der Überschussrechnung seinen Gewinn durch Bestandsvergleich ermittelt hätte“[442]. Es muss also sichergestellt werden, dass betriebliche Vorgänge weder doppelt erfasst werden noch unberücksichtigt bleiben. Das bedeutet, dass Zu- und Abrechnungen so vorzunehmen sind, dass jeder betriebliche Vorgang sich (nur) einmal auf den Gewinn auswirkt (zu Einzelheiten R 4.6 EStR 2012).

1023 Folgende Fragen sind auseinanderzuhalten: (1) Welche Gewinnauswirkungen sind nach der bisherigen Gewinnermittlung (§ 4 Abs. 3 EStG) eingetreten? (2) Welche

438 BFH, IV R 180/71, BStBl II 1975, 526 (528).
439 Zur Ausübung des Wahlrechts BFH, IV R 57/07, BStBl II 2009, 659 mwN.
440 BFH, IV R 18/00, BStBl II 2001, 102; IV 39/13, BStBl II 2017, 154.
441 BFH, IV R 4-5/72, BStBl II 1973, 293; VIII R 17/10, BStBl II 2013, 820.
442 BFH, IV R 155/83, BStBl II 1985, 255 (256).

Gewinnauswirkungen treten nach der neuen Gewinnermittlung (§ 4 Abs. 1 EStG) ein? (3) Kommt es zu Unterschieden im Gesamtgewinn?

Beispiel: Unternehmer U wechselt am 1.1.02 von der Gewinnermittlung nach § 4 Abs. 3 EStG zur Gewinnermittlung nach § 4 Abs. 1, § 5 EStG. Im Jahr 01 hatte U für 1000 € Waren gekauft und für 1500 € an K weiterverkauft, die dieser erst im Jahr 02 bezahlen soll. Wie ist zu verfahren?

(1) Bei der Überschussrechnung (§ 4 Abs. 3 EStG) hat der Einkauf der Waren für 1000 € als Betriebsausgabe den Gewinn des U für 01 gemindert. Beim Verkauf der Waren für 1500 € in 01 wurde für die entstandene Forderung keine Betriebseinnahme angesetzt. Der Verkauf hat sich im Jahr 01 somit nicht auf den Gewinn ausgewirkt (Verlust 01: 1000 €).

(2) Beim Betriebsvermögensvergleich (§ 4 Abs. 1, § 5 Abs. 1 EStG) müsste die Bilanz des U am 1.1.02 eine Forderung (1500 €) und ein um 1000 € reduzierten Warenbestand ausweisen (Gewinn 01: 500 €). Die Zahlung des K in 02 wäre dann nur als ein erfolgsneutraler Aktivtausch zu buchen (per Kasse [1500] an Forderungen [1500], Rn 862). Der Verkauf würde sich in 02 also nicht mehr auf den Gewinn auswirken.

(3) Bei fehlender Korrektur hätte U in 01 einen Verlust von 1000 € (Betriebsausgaben für Warenkauf) und nach dem Wechsel in 02 ein neutrales Ergebnis vorzuweisen. Nach dem Grundsatz der Gesamtgewinngleichheit (Rn 973) muss sich der durch den Verkauf der Waren erzielte Gewinn jedoch gewinnerhöhend auswirken. Im Zeitpunkt des Wechsels der Gewinnermittlungsart ist somit ein Zuschlag zum Gewinn vorzunehmen, und zwar iHd Betrags, mit dem die Forderung zu Buche stehen würde, wenn von Anfang an der Gewinn nach § 4 Abs. 1, § 5 EStG ermittelt worden wäre[443]. Deshalb ist der Gewinn des Jahres 02 um 1500 € zu erhöhen. Diese Gewinnerhöhung stellt sicher, dass der Totalgewinn der beiden Geschäftsvorfälle unabhängig von der Gewinnermittlungsart 500 € beträgt.

IV. Ermittlung der Überschusseinkünfte

Fall 45: Der bei einer Fluggesellschaft angestellte ledige Ingenieur A macht dem FA in seiner Steuererklärung für 2019 folgende Angaben: 1024

Einnahmen:

–	Gehalt	50 000 €
–	Miete aus einer Eigentumswohnung (Anschaffung 2008; Anschaffungskosten 150 000 €, wovon 30 000 € auf den Grund und Boden entfallen)	6 000 €
–	Zinsen aus Sparvermögen	2 801 €

Ausgaben:

–	Monatskarte (monatlich 60 €) (Entfernung zwischen Wohnung und erster Tätigkeitsstätte 5 km; 220 Arbeitstage)	720 €
–	Fachzeitschrift Ingenieurwesen	120 €
–	Notebook für Ingenieurberechnungen (Anschaffung Januar)	3 000 €
–	Schuldzinsen für vermietete Eigentumswohnung	4 500 €
–	Erhaltungsaufwendungen Eigentumswohnung	2 000 €

443 Vgl BFH, IV R 155/83, BStBl II 1985, 255.

Das FA erfährt ferner, dass A von der Fluggesellschaft jährlich zwei Freiflüge (Wert: 1500 €) erhält. Wie hoch ist der Gesamtbetrag der Einkünfte, der der tariflichen Einkommensteuer unterliegt? Wie hoch sind die Einkünfte, die der Abgeltungsteuer (25 %) unterliegen? (Soweit es im Fall darauf ankommt, ist davon auszugehen, dass der Gesamtbetrag der Einkünfte betragsmäßig dem zu versteuernden Einkommen entspricht.) **Rn 1068**

1025 Für die in § 2 Abs. 1 Satz 1 Nr 4–7 EStG genannten Einkunftsarten (Einkünfte aus nichtselbstständiger Arbeit, aus Kapitalvermögen, aus Vermietung und Verpachtung und sonstige Einkünfte iSd § 22 EStG) schreibt § 2 Abs. 2 Satz 1 Nr 2 EStG eine andere Einkünfteermittlungsmethode vor: Einkünfte sind der *Überschuss der Einnahmen über die Werbungskosten* (§§ 8–9a EStG). Bei den Kapitaleinkünften tritt jedoch grundsätzlich der Sparer-Pauschbetrag (§ 20 Abs. 9 EStG) an die Stelle der Werbungskosten (§ 2 Abs. 2 Satz 2 EStG, Rn 793). Wegen dieser Methode zur Ermittlung der Einkünfte spricht man auch von den *Überschusseinkünften.* Die Methode folgt dem Konzept der Geldverkehrsrechnung. Das bedeutet, dass auch hier das bereits iRd Gewinnermittlung nach § 4 Abs. 3 EStG (Rn 971 ff) behandelte **Zu- und Abflussprinzip** des § 11 EStG gilt. Insoweit gelten die dort dargestellten Grundsätze (Rn 975 ff) mit Ausnahme der auf dem Grundsatz der Gesamtgewinngleichheit beruhenden Durchbrechungen des Zu- und Abflussprinzips (Rn 973, 1006 ff). Das Innehaben von Ansprüchen (also von bloßen Forderungen) führt noch nicht zum Zufluss (Rn 976). Dieser tritt erst mit der Erfüllung des Anspruchs ein, der naturgemäß gestaltet werden kann (Rn 982). Ebenso wie das Ergebnis der Gewinnermittlung negativ sein kann (= Verlust), kann auch – was das Gesetz in § 2 Abs. 2 Nr 2 EStG nicht ausdrücklich sagt – ein Überschuss der Werbungskosten über die Einnahmen entstehen, der dann iRd Verlustausgleichs (Rn 610 ff) berücksichtigt wird.

1026 Im Unterschied zur Ermittlung des Gewinns (§ 4 Abs. 1 und Abs. 3 EStG) bleiben bei der Ermittlung des Überschusses der Einnahmen über die Werbungskosten Veränderungen im Bereich des *eingesetzten Vermögens* grundsätzlich unberücksichtigt (Rn 782 f). Das folgt aus der gesetzgeberischen Grundentscheidung für den Dualismus der Einkunftsarten (Rn 599). Besteuert werden bei Überschusseinkünften nicht die erwirtschafteten Reinvermögenszugänge, sondern nur die **Quelleneinkünfte** (Rn 602). Veräußerungserlöse und auch Substanzverluste im Bereich des zur Einkünfteerzielung eingesetzten Vermögens bleiben grundsätzlich unberücksichtigt.

Beispiel: A kauft im Jahr 2000 eine vermietete Eigentumswohnung. Nach elf Jahren (2011) verkauft er sie wieder mit einem erheblichen Veräußerungsgewinn. A muss lediglich die Mieteinnahmen gem. § 21 Abs. 1 Nr 1 EStG versteuern und darf überschussmindernd dort sogar Gebäude-AfA geltend machen (§ 9 Abs. 1 Satz 3 Nr 7 iVm § 7 Abs. 4 EStG, Rn 814, 1060). Die Veräußerung der Wohnung ist außerhalb der Zehn-Jahresfrist (§ 23 Abs. 1 Satz 1 Nr 1 EStG) steuerfrei (Rn 842).

1027 Ausnahmen von diesem Grundsatz gelten aber für *Kapitaleinkünfte* (§ 20 Abs. 2 EStG, Rn 782), für die Veräußerung von Kapitalanteilen iSd § 17 EStG (Rn 732) sowie für innerhalb von Haltefristen verwirklichte private Veräußerungsgeschäfte nach § 22 Nr 2 iVm § 23 EStG (Rn 842).

1. Einnahmen

Einnahmen sind nach der Legaldefinition des § 8 Abs. 1 EStG „alle Güter, die in Geld oder Geldeswert bestehen und dem Steuerpflichtigen im Rahmen einer der Einkunftsarten des § 2 Abs. 1 Satz 1 Nr 4–7 EStG zufließen". 1028

a) Güter in Geld oder Geldeswert

Güter in Geldeswert sind Güter, denen am Markt ein in Geld bezifferbarer Wert beigemessen wird. § 8 Abs. 2 EStG nennt als Beispiele Wohnung, Kost, Waren, Dienstleistungen und sonstige Sachbezüge. Es ist gleichgültig, ob die Zuwendungen einmalig oder laufend erfolgen, unter welcher Bezeichnung und in welcher Form sie gewährt werden und ob auf sie ein Rechtsanspruch besteht (s. zum Arbeitslohn § 19 Abs. 1 Satz 2 EStG, § 2 Abs. 1 Satz 2 LStDV, Rn 768)[444]. Der Begriff der geldwerten Güter ist also nicht auf den Wirtschaftsgutbegriff beschränkt, sondern umfasst auch Nutzungsvorteile. Das Gesetz bringt dies in Sonderbestimmungen zum Ausdruck (zB § 19 Abs. 1 Nr 1 EStG: „andere Bezüge und Vorteile", § 20 Abs. 3 EStG: „besondere Entgelte oder Vorteile", § 22 Nr 1 Satz 3 lit. b EStG: „sonstige Vorteile"). Auch *ersparte Aufwendungen* sind als Einnahmen anzusehen, wenn diese auf Leistungen des Arbeitgebers oder (auf dessen Veranlassung) eines Dritten beruhen (Rn 769 f). 1029

Spart hingegen der Steuerpflichtige Aufwendungen durch *eigene* Leistung ein, so liegen keine Einnahmen vor. Die Vorteile müssen „von außen" aufgrund der einkunftserzielenden Tätigkeit zufließen[445]. 1030

Beispiel: Der Hauseigentümer A nimmt Reparaturen an seinem Mietshaus eigenhändig vor. Die ersparten Aufwendungen stellen keine Einnahmen dar. Anders, wenn er mit dem Mieter B, der Handwerker ist, eine geringere Miete vereinbart, damit dieser „kostenlos" Hausreparaturen vornimmt. Hier sind Einnahmen (§ 21 Abs. 1 Nr 1 EStG) iHd ersparten Aufwendungen anzusetzen (Bewertung: § 8 Abs. 2 Satz 1 EStG, Rn 1037).

Verzichtet der Steuerpflichtige darauf, Einnahmen zu erzielen (zB Lohnverzicht des Arbeitnehmers gegenüber dem Arbeitgeber), so liegt darin keine Einnahme, es sei denn, dem Einnahmeverzicht steht ein Surrogat gegenüber (Lohnverzicht gegen Sachbezüge). Anders als bei der Gewinnermittlung nach § 4 Abs. 3 EStG kann der Verzicht auf eine Forderung auch keine Entnahme sein (Rn 1019). Die Ermittlung der Überschusseinkünfte (§ 2 Abs. 2 Nr 2 EStG) kennt keine Entnahmen. 1031

b) Veranlassungszusammenhang

Die Einnahmen müssen im Rahmen einer der Einkunftsarten des § 2 Abs. 1 Satz 1 Nr 4–7 EStG zufließen, dh die Einnahme muss durch die einkunftserzielende Tätigkeit des Steuerpflichtigen *veranlasst* sein. Ein Veranlassungszusammenhang liegt dann vor, wenn die Einnahme im weitesten Sinne eine *Gegenleistung* für die vom Steuerpflichtigen erbrachte Leistung ist[446]. Erzielt der Steuerpflichtige Einkünfte aus nichtselbstständiger Arbeit, so sind nicht nur die Lohnzahlungen Gegenleistung, son- 1032

444 BFH, VI R 242/71, BStBl II 1975, 340 (342).
445 *Kister*, in: HHR, § 8 EStG Anm. 27.
446 BFH, VI R 26/82, BStBl II 1985, 641.

dern auch *freiwillige* Leistungen des Arbeitgebers, die dieser mit Rücksicht auf die Arbeitsleistung seines Arbeitnehmers erbringt. So ist zB auch der einem Arbeitnehmer von einem Dritten verliehene Nachwuchsförderungspreis Arbeitslohn, wenn die Preisverleihung nicht vor allem eine Ehrung der Persönlichkeit des Preisträgers darstellt, sondern wirtschaftlich den Charakter eines leistungsbezogenen Entgelts hat[447]. Dagegen liegt keine Veranlassung vor, wenn der Grund der Einnahme in privaten Umständen zu sehen ist (sog. *Gelegenheitsgeschenke*).

Beispiele: A ist Arbeitnehmer im Betrieb des B. Da er auch privat mit B befreundet ist, besucht ihn B an seinem Geburtstag und schenkt ihm eine Kiste Wein. Da hier ein privater Anlass vorliegt, handelt es sich um keine Einnahme iSd § 8 Abs. 1 EStG. Anders wäre es, wenn B dem A für besonderen Einsatz im Betrieb eine Kiste Wein schenkt. Hier ist die Zuwendung durch die einnahmeerzielende Tätigkeit des A veranlasst und deshalb Einnahme. Die Tatsache, dass der Arbeitgeber zu dieser Gegenleistung nicht verpflichtet ist, spielt keine Rolle (§ 19 Abs. 1 Satz 2 EStG).

Nicht entscheidend ist auch, ob die Einnahme iRd Leistungsbeziehung vom Verpflichteten (zB Arbeitgeber) oder von einem Dritten zufließt; entscheidend ist allein, ob Vorteilszuwendungen durch die einkunftserzielende Tätigkeit *veranlasst* sind (Rn 770 f).

1033 Keine Einnahmen iSd § 8 Abs. 1 EStG liegen vor, wenn der Steuerpflichtige Vermögensgegenstände veräußert, mit denen er seine steuerpflichtige Leistung erbringt, da Veränderungen im Bereich des eingesetzten Vermögens bei den Überschusseinkunftsarten grundsätzlich unberücksichtigt bleiben (Rn 1026). Verkauft der Steuerpflichtige also etwa Arbeitsmittel oder ein vermietetes Grundstück, so besteht die Leistung in einem Veräußerungsgeschäft, welches nur unter den Voraussetzungen des § 22 Nr 2 iVm § 23 EStG zu steuerpflichtigen Einnahmen führt.

1034 Bei Einkünften aus nichtselbstständiger Arbeit (§ 19 EStG) wird der Veranlassungszusammenhang auch bei sog. **Aufmerksamkeiten** verneint, die der Arbeitgeber gegenüber seinen Arbeitnehmern erbringt. Dabei handelt es sich um Sachzuwendungen (zB Blumen, Bücher, Genussmittel) bis zum Wert von 60 € (R 19.6 LStR 2015), die anlässlich eines besonderen Ereignisses (zB Geburtstag, Weihnachten) gewährt werden. Solche Geschenke werden als im gesellschaftlichen Verkehr üblich angesehen und sollen deshalb keine Gegenleistung für die Zurverfügungstellung der individuellen Arbeitskraft sein[448].

1035 Auch bei Zuwendungen, die im ganz überwiegend **eigenbetrieblichen Interesse des Arbeitgebers** erfolgen, fehlt es am notwendigen Veranlassungszusammenhang mit der Leistung des Arbeitnehmers[449]. Denn solche Zuwendungen sind als notwendige Begleiterscheinung nicht durch das individuelle Dienstverhältnis, sondern durch übergeordnete, betriebsfunktionale Erwägungen aufseiten des Arbeitgebers veranlasst. Daneben kann auch die objektive Bereicherung als Bestandteil des Einnahmebegriffs fehlen[450]. Liegt aber zugleich ein *erhebliches Interesse des Arbeitnehmers* an

447 BFH, VI R 39/08, BStBl II 2009, 668.
448 BFH, VI R 26/82, BStBl II 1985, 641 mwN.
449 BFH, VI R 112/98, BStBl II 2003, 886 (Führerschein für Polizeianwärter); X R 36/03, BFH/NV 2005, 682 (Händler-Incentive-Reisen); VI R 51/08, BStBl II 2010, 700 (Verpflegung der Crew eines Kreuzfahrtschiffes).
450 *Kister*, in: HHR, § 8 EStG Anm. 32.

der Vorteilsgewährung vor, dann *überwiegt* das eigenbetriebliche Interesse *nicht* und es ist von Arbeitslohn auszugehen[451]. UU ist auch eine *Aufteilung* nach den bereits aufgezeigten Grundsätzen für *gemischte Aufwendungen* (Rn 995 ff) möglich[452].

Beispiele: Bei vom Arbeitgeber zur Verfügung gestellten *Kleidungsstücken*, die Arbeitnehmer auch privat tragen können, überwiegt das eigenbetriebliche Interesse, wenn durch einheitliche Kleidung die corporate identity des Unternehmens gefördert werden soll[453], es überwiegt aber nicht, wenn es bei Luxuskleidung nur um die Repräsentation der Edelmarke geht[454]. Bei einer Mitversicherung in der Berufshaftpflichtversicherung des Arbeitgebers überwiegt das eigenbetriebliche Interesse[455], nicht jedoch, wenn eine Steuerberatungs-GmbH für ihren Geschäftsführer (Steuerberater) die Beiträge zur *Berufskammer* bezahlt[456] oder wenn ein Arbeitgeber bei einer Nettolohnvereinbarung die *Steuerberatungskosten* für die Erstellung der ESt-Erklärung des Arbeitnehmers übernimmt[457]. Das eigenbetriebliche Interesse kann auch bei *Massageangeboten* von Bildschirmarbeitnehmern überwiegen, wenn sie der spezifisch berufsbedingten Beeinträchtigung der Gesundheit vorbeugen sollen[458].

Bei *Betriebsveranstaltungen* überwiegt das eigenbetriebliche Interesse des Arbeitgebers an der Förderung des Betriebsklimas, wenn sich der Aufwand in bestimmten Grenzen hält[459]. Seit 2015 legt § 19 Abs. 1 Satz 1 Nr 1a Satz 3 EStG diese Grenze bei 110 € pro Arbeitnehmer je Betriebsveranstaltung fest[460]. **1036**

c) Bewertung der Einnahmen

Einnahmen, die nicht in Geld bestehen, müssen bewertet werden. § 8 Abs. 2 Satz 1 EStG schreibt als Bewertungsregel vor, sie „mit den um übliche Preisnachlässe geminderten üblichen Endpreisen am Abgabeort anzusetzen“. Gemeint ist der **Marktpreis** (einschließlich Umsatzsteuer), mit dem der Gegenstand üblicherweise im allgemeinen Geschäftsverkehr dem Letztverbraucher angeboten wird. Sonderkonditionen an Einzelkunden bleiben außer Betracht, jedoch sind allgemeine an den Letztverbraucher gewährte Rabatte abzuziehen (günstigster Marktpreis für die konkrete Sachzuwendung)[461]. **1037**

Beispiel: Der Arbeitgeber schenkt seinen Arbeitnehmern zu Weihnachten eine Kiste mit sechs Flaschen Champagner. Die Champagnerflaschen werden einzeln üblicherweise mit 30 € angeboten. Kauft man sie kistenweise, erhält man normalerweise einen Rabatt von 5 €. Für die Arbeitnehmer sind deshalb gem. § 8 Abs. 2 Satz 1 EStG 150 € an Einnahmen (Arbeitslohn) anzusetzen.

Eine besondere Bewertungsregel gilt für die private Nutzung eines betrieblichen Pkw (§ 8 Abs. 2 Satz 2–5 EStG). Bei einem Arbeitnehmer, dem im Rahmen seines Dienstverhältnisses ein betriebliches Fahrzeug für private Zwecke zur Verfügung gestellt **1038**

451 BFH, VI R 36/12, BStBl II 2014, 278 (Übernahme von Geldbußen durch Arbeitgeber).
452 BFH, VI R 32/03, BStBl II 2006, 30; VI R 65/03, BStBl II 2007, 312; VI R 7/08, BStBl II 2010, 763.
453 BFH, VI R 21/05, BStBl II 2006, 915.
454 BFH, VI R 60/02, BStBl II 2006, 691.
455 BFH, VI R 47/14, BStBl II 2016, 301.
456 BFH, VI R 26/06, BStBl II 2008, 378.
457 BFH, VI R 2/08, BStBl II 2010, 639.
458 BFH, VI R 177/99, BStBl II 2001, 671; VI B 78/06, BFH/NV 2007, 1874.
459 BFH, VI R 170/82, BStBl II 1985, 529.
460 Dazu BMF v. 14.10.2015, BStBl I 2015, 832; *Seifert*, DStZ 2016, 104.
461 BFH, VI R 41/02, BStBl II 2007, 309 (311); VI R 45/02, BFH/NV 2007, 1871.

wird[462], sind diese Vorteile als Einnahme zu erfassen. Die Bewertung dieser Nutzungsvorteile erfolgt nach § 8 Abs. 2 Satz 2 iVm § 6 Abs. 1 Nr 4 Satz 2 EStG grundsätzlich in der Weise, dass pauschal **1 % des Listenpreises des Pkw** für jeden Kalendermonat angesetzt wird (Rn 965). Diese Pauschale ist nach Maßgabe des § 8 Abs. 2 Satz 3 EStG durch einen Zuschlag zu erhöhen, wenn der Arbeitnehmer das Fahrzeug auch für Fahrten von seiner Wohnung zur ersten Tätigkeitsstätte nutzen kann. Grund dafür ist, dass für diese Fahrten zugleich pauschal Werbungskosten (Pendlerpauschale nach § 9 Abs. 1 Satz 3 Nr 4 EStG, Rn 774) geltend gemacht werden können. Der Zuschlag dient also nur als Korrekturposten für abziehbare, aber tatsächlich nicht entstandene Werbungskosten[463]. Muss der Arbeitnehmer für das überlassene Fahrzeug ein Nutzungsentgelt an den Arbeitgeber zahlen, ist dieses Entgelt vom geldwerten Nutzungsvorteil abzuziehen[464]. Wird dem Arbeitnehmer ein betriebliches Fahrrad überlassen, ist der Nutzungsvorteil bis zum 31.12.2021 steuerfrei (§ 3 Nr 37 EStG).

1039 Diese Pauschalregelung führt zu einer Gleichbehandlung von Steuerpflichtigen unabhängig davon, ob sie privat viel oder wenig Autofahren. Anders ausgedrückt: Dem Vielfahrer wird der gleiche Vorteil als Einnahme zugerechnet wie dem Wenigfahrer. Dies führt zu umwelt- und verkehrspolitisch unerwünschten Ergebnissen („Anreiz zum Autofahren"). Für Wenigfahrer ist es regelmäßig günstiger, den privaten Nutzungsanteil durch ein ordnungsgemäßes **Fahrtenbuch** zu ermitteln (§ 8 Abs. 2 Satz 4 EStG, Rn 965).

1040 § 8 Abs. 2 Satz 6 EStG verweist für die Bewertung bestimmter häufig vorkommender Sachbezüge (**freie Verpflegung** und **Unterkunft**) auf die Bewertung in der Sozialversicherungsentgeltverordnung. Teure Mahlzeiten (mehr als 60 €) sind dagegen nach allgemeinen Regeln (§ 8 Abs. 2 Satz 1 EStG, Rn 1037) zu bewerten (§ 8 Abs. 2 Satz 8 EStG) oder bleiben außer Ansatz, wenn es sich um Verpflegungsmehraufwendungen (§ 9 Abs. 4a EStG, Rn 774) handeln würde (§ 8 Abs. 2 Satz 9 EStG).

1041 Geldwerte Vorteile durch Sachbezüge sind bis zu **44 € monatlich steuerfrei** (Freigrenze in § 8 Abs. 2 Satz 11 EStG). Hat der Arbeitnehmer einen Anspruch darauf, dass sein Arbeitgeber ihm anstelle der Sache (zB Tankkarte im Wert von monatlich 44 €) den Barlohn ausbezahlt, liegt kein Sachbezug, sondern Barlohn vor[465]. Bei Beiträgen für eine private Zusatzkrankenversicherung ist zu unterscheiden: Schließt der Arbeitgeber die Versicherung für seine Arbeitnehmer ab, liegt Sachlohn vor[466]. Dagegen handelt es sich um Barlohn, wenn der Arbeitgeber einen Barzuschuss an seine Arbeitnehmer unter der Bedingung leistet, dass diese einen Vertrag mit einer bestimmten Versicherung abschließen[467].

1042 § 8 Abs. 3 EStG enthält eine Sonderregelung für die Bewertung von **Personalrabatten**, die nur angewendet werden muss, wenn sie zu günstigeren Ergebnissen als die Grundnorm (§ 8 Abs. 2 Satz 1 EStG, Rn 1037) kommt (Wahlrecht)[468]. Die Vorschrift

462 BFH, VI R 75/13, BStBl II 2015, 670; BMF v. 4.4.2018, BStBl I 2018, 592.
463 BFH, VI R 57/09, BStBl II 2011, 359.
464 BFH, VI R 95/04, BStBl II 2007, 269; VI R 49/14, BStBl II 2017, 1011; VI R 2/15, BStBl II 2017, 1014.
465 BFH, VI R 27/09, BStBl II 2011, 386.
466 BFH, VI R 13/16, BStBl II 2019, 371.
467 BFH, VI R 16/17, BStBl II 2019, 373.
468 BFH, VI R 41/02, BStBl II 2007, 309 (311); VI R 30/09, BStBl II 2013, 400; VI R 27/11, BStBl II 2013, 402; BMF v. 16.5.2013, BStBl I 2013, 729.

findet nur Anwendung, wenn ein Arbeitgeber seinen Arbeitnehmern Rabatte auf Waren oder Dienstleistungen gewährt, die von ihm nicht überwiegend für den Bedarf seiner Arbeitnehmer, sondern zumindest im gleichen Umfang für andere Abnehmer hergestellt, vertrieben oder erbracht werden. Voraussetzung ist also, dass der Arbeitgeber mit der vergünstigt gewährten Leistung überhaupt am Markt erscheint. Die Vergünstigung erfasst somit nur Gegenstände oder Dienstleistungen, die zur Angebotspalette des Arbeitgebers im allgemeinen Geschäftsverkehr gehören.

Damit fällt weder das verbilligte Arbeitgeberdarlehen[469] noch das Kantinenessen einer Fabrik **1043**
unter § 8 Abs. 3 EStG (die Speisen werden überwiegend für Arbeitnehmer hergestellt), wohl aber fällt darunter das verbilligte Mittagessen der Bediensteten eines Gastwirts in dessen Gaststätte oder eine unentgeltlich gewährte Bahncard 100 für Bahnangestellte[470]. Waren oder Dienstleistungen, die im Konzern gewährt werden, sind nur erfasst, wenn sie durch das Konzernunternehmen selbst gewährt werden[471]. Ausreichend ist es jedoch, wenn der Arbeitgeber die Ware von einem anderen produzieren lässt, aber selbst einen wichtigen Beitrag zur Herstellung erbringt (zB Produktionsplanung und Produktherstellung durch unterschiedliche Konzerngesellschaften: die Vergünstigung für die verbilligte Abgabe der Waren steht beiden Arbeitnehmergruppen zu)[472].

Für die von § 8 Abs. 3 EStG erfassten Personalrabatte gilt grundsätzlich folgende **Be- 1044**
wertungsregel: Als Wert der Waren oder Dienstleistungen gelten die um 4 % geminderten Endpreise, zu denen der Arbeitgeber die Waren oder Dienstleistungen fremden Letztverbrauchern im allgemeinen Geschäftsverkehr anbietet. Üblicherweise gewährte Rabatte („Hauspreis") mindern also den maßgeblichen Endpreis[473]. Bietet der Arbeitgeber nicht an Letztverbraucher an, weil er zB Großhändler ist, ist auf den Endabgabepreis abzustellen, den der räumlich nächstansässige Abnehmer (Einzelhändler) am Abgabeort oder in dessen Nähe von den Letztverbrauchern fordert[474]. Der so ermittelte Wert abzüglich des vom Arbeitnehmer gezahlten Entgelts bildet den Wert des geldwerten Vorteils durch den Personalrabatt. Personalrabatte sind bis zu 1080 € pro Kalenderjahr (Rabattfreibetrag) steuerfrei (§ 8 Abs. 3 Satz 2 EStG). Der Freibetrag gilt für jedes einzelne Dienstverhältnis des Arbeitnehmers, er kann also uU mehrfach geltend gemacht werden.

Beispiel: A ist bei einem Autohersteller beschäftigt. Einmal im Jahr kann A von seinem Arbeitgeber einen gegenüber dem Listenpreis um 30 % reduzierten Pkw kaufen. Im Jahr 01 erwirbt er einen Pkw (Listenpreis 20 000 €) für 14 000 €. Der nächstgelegene Händler bietet den gleichen Pkw für 18 000 € an. In welcher Höhe liegen Einnahmen vor?

Die verbilligte Abgabe des Pkw an den A stellt einen geldwerten Vorteil und damit eine Einnahme iSd § 8 Abs. 1 EStG dar. Da es sich um einen Personalrabatt handelt, darf der Wert nach § 8 Abs. 3 EStG ermittelt werden. Als Endpreis ist nicht der Listenpreis, sondern der Abgabepreis des nächstgelegenen Händlers maßgebend (§ 8 Abs. 3 Satz 1 EStG). Dieser ist um 4 % zu mindern. Nach Abzug des bezahlten Kaufpreises ist der Freibetrag iHv 1080 € abzuziehen (§ 8 Abs. 3 Satz 2 EStG).

---

469 BFH, VI R 134/99, BStBl II 2003, 371.
470 BFH, VI R 89/04, BStBl II 2007, 719.
471 BFH, VI R 32/92, BStBl II 1993, 356; krit *Birk*, FR 1990, 237; *Birk*, in: FS Raupach, 2006, S. 423.
472 BFH, VI R 22/07, BStBl II 2010, 204; *Birk/Specker*, DB 2009, 2742.
473 BFH, VI R 30/09, BStBl II 2013, 400.
474 BFH, VI R 95/92, BStBl II 1993, 687.

	Endpreis	18 000 €
./.	4 % von 18 000 €	720 €
=	Maßgeblicher Wert	17 280 €
./.	bezahlter Betrag	14 000 €
=	geldwerter Vorteil	3 280 €
./.	Freibetrag	1 080 €
=	zu versteuernder geldwerter Vorteil	2 200 €

2. Werbungskosten

a) Veranlassung und Zurechnung

1045 Werbungskosten sind Aufwendungen zur Erwerbung, Sicherung und Erhaltung der Einnahmen (§ 9 Abs. 1 Satz 1 EStG). Wer den Gesetzeswortlaut genau liest, wird bemerken, dass die Werbungskostendefinition einen wesentlichen Unterschied zur Betriebsausgabendefinition in § 4 Abs. 4 EStG aufweist: Werbungskosten sind Ausgaben, die einen bestimmten Zweck erfüllen müssen („... zur Erwerbung, Sicherung und Erhaltung ...“), während Betriebsausgaben nur betrieblich veranlasst sein müssen. Werbungskosten sind *final*, Betriebsausgaben *kausal* definiert[475]. Legt man den Gesetzeswortlaut zugrunde, so erfasst die Werbungskostendefinition einen deutlich engeren Sachverhaltsbereich.

Beispiele: (1) Kurz vor seiner Pensionierung schafft sich Regierungsdirektor A im FA für sein Dienstzimmer noch einen AO-Kommentar an.

(2) B richtet in dem Betrieb, in dem er als Arbeitnehmer tätig ist, einen Schaden an und muss Schadensersatz leisten.

In beiden Fällen sind die Aufwendungen nicht final auf Erwerbung, Sicherung oder Erhaltung der Einnahmen gerichtet. A kann mit der Anschaffung des Kommentars seine Einkünfte weder erhalten noch sichern. Auch die Schadensersatzleistung des B dient nicht der Erwerbung, Sicherung oder Erhaltung von Einnahmen. In beiden Fällen sind die Aufwendungen jedoch durch die berufliche Tätigkeit veranlasst. Würde man die Betriebsausgabendefinition zugrunde legen (§ 4 Abs. 4 EStG), so wären die Tatbestandsvoraussetzungen erfüllt.

1046 Es ist heute anerkannt, dass aus gleichheitsrechtlichen (Art. 3 Abs. 1 GG), aber auch aus steuersystematischen Gründen (s. § 9 Abs. 1 Satz 3 Nr 1 EStG, der auf die Veranlassung abstellt) der Werbungskostenbegriff ebenso wie der Betriebsausgabenbegriff *kausal* verstanden werden muss[476]. Entgegen dem Wortlaut des § 9 Abs. 1 Satz 1 EStG kommt es also ausschließlich darauf an, ob die Aufwendungen **durch die Erwerbstätigkeit veranlasst** sind. Eine solche Veranlassung liegt vor, wenn objektiv ein Zusammenhang mit der auf Einnahmeerzielung gerichteten Tätigkeit besteht[477]. Dies ist in den Beispielen (1) und (2) der Fall.

475 Dazu näher *Tappe*, DStJG 40 (2017), 333 (341 f).
476 BFH, VI R 25/80, BStBl II 1982, 442; VIII R 56/91, BFH/NV 1996, 304 mwN.
477 BFH, VI R 193/77, BStBl II 1981, 368 (369); *Tappe*, DStJG 40 (2017), S. 333 (340 ff).

Kommt ein Werbungskostenabzug bei **mehreren Einkunftsarten** in Betracht, so ist darauf abzustellen, welcher objektive Zusammenhang nach den Gesamtumständen des jeweiligen Einzelfalls „im Vordergrund steht"[478]. **1047**

Erwirbt etwa der Arbeitnehmer Geschäftsanteile an seiner Arbeitgeber-AG mit dem Ziel, eine höher dotierte Position zu erlangen, so gehören die Finanzierungskosten für diesen Erwerb (Darlehenszinsen) zu den Einkünften aus Kapitalvermögen, da nicht die bestehende Arbeitnehmertätigkeit, sondern die angestrebte Gesellschafterstellung im Vordergrund steht[479]. Gewährt der Arbeitnehmer seinem Arbeitgeber ein Darlehen und nimmt dabei aus beruflichen Gründen das Risiko des Darlehensverlustes in Kauf, kann der Verlust als Werbungskosten bei den Einkünften aus nichtselbstständiger Arbeit (§ 19 EStG) abziehbar sein[480]. **1048**

Die subjektive Absicht, mit der Ausgabe den Beruf zu fördern, ist dagegen kein notwendiges Merkmal des Werbungskostenbegriffs[481]. So können auch unfreiwillige Ausgaben und Zwangsaufwendungen (Beispiel 2) Werbungskosten sein **(unfreiwillige Werbungskosten)**. Unerheblich ist grundsätzlich auch, ob die Ausgaben angemessen, notwendig, zweckmäßig oder üblich sind. **1049**

Eine Ausnahme (Angemessenheitsprüfung) gilt aber bei Aufwendungen, die die *Lebensführung* des Steuerpflichtigen berühren (§ 9 Abs. 5 Satz 1 iVm § 4 Abs. 5 Satz 1 Nr 7 EStG, Rn 618 f). Auch bei der *doppelten Haushaltsführung* wird auf die *Notwendigkeit* der Mehraufwendungen abgestellt (§ 9 Abs. 1 Satz 3 Nr 5 EStG, Rn 774). **1050**

Eine Besonderheit stellt der sog. **Drittaufwand** dar: Die Rspr lässt Aufwendungen, die ein Dritter „für den Steuerpflichtigen" erbringt, zum Abzug zu, wenn sie iS eines *abgekürzten Zahlungswegs* diesem zugerechnet werden können[482]. Nimmt zB der Ehegatte des Steuerpflichtigen ein Darlehen auf und trägt er gegenüber der Bank die Schuldzinsen zur Finanzierung der einkunftserzielenden Tätigkeit des Steuerpflichtigen, so liegen Werbungskosten des Steuerpflichtigen vor, wenn dieser im Innenverhältnis verpflichtet ist, den Ehegatten von der Verpflichtung zur Zins- und Tilgungszahlung freizustellen[483]. **1051**

b) Parallelen zu Betriebsausgaben

IÜ ergeben sich einige Parallelen zum Betriebsausgabenbegriff iRd Gewinnermittlung nach § 4 Abs. 3 EStG (Rn 991 ff). So sind bereits vor Erzielung von Einnahmen Aufwendungen unter den gleichen Voraussetzungen als **vorweggenommene Werbungskosten** abziehbar[484] wie dort (Rn 992). **1052**

Beispiele: A sucht zum Zwecke der Kapitalanlage ein Mietshaus. Aufgrund der Besichtigung mehrerer Objekte entstehen ihm im Jahr 01 Reisekosten. Erst im Jahr 02 findet er das Objekt, welches er erwirbt. A kann die Kosten im Jahr 01 als (vorweggenommene) Werbungskosten bei der Einkunftsart Vermietung und Verpachtung abziehen[485].

478 BFH, I R 61/14, BStBl II 2017, 48; VI R 1/16, BStBl II 2017, 1073; IX R 32/16, BStBl II 2018, 191.
479 BFH, IX R 111/00, BStBl II 2006, 654.
480 BFH, VI R 75/06, BStBl II 2010, 48.
481 BFH, VI R 193/77, BStBl II 1981, 368 (369).
482 Abgrenzend BFH, VIII R 10/04, BStBl II 2017, 819; VI R 41/15, BStBl II 2018, 355.
483 BFH, X R 36/05, BFH/NV 2008, 2093.
484 BFH, VI R 71/04, BFH/NV 2006, 1654 mwN.
485 BFH, VIII R 195/77, BStBl II 1981, 470.

1053 Genauso wie bei Betriebsausgaben fallen auch **vergebliche Aufwendungen** unter den Werbungskostenbegriff, sofern nur eine erkennbare Beziehung zu den angestrebten Einkünften besteht[486] (Rn 993).

Beispiel: S hat sich um eine neue Stelle beworben. Die Bewerbung hatte keinen Erfolg. Die entstandenen Aufwendungen (zB Reisekosten) können trotzdem als Werbungskosten abgezogen werden.

1054 Ausgaben, die erst nach Beendigung der Erwerbstätigkeit anfallen, sind Werbungskosten, wenn der wirtschaftliche Zusammenhang mit der früheren Erwerbstätigkeit noch fortbesteht **(nachträgliche Werbungskosten)**. Dies ist der Fall, wenn das die Aufwendungen auslösende Ereignis noch in die Zeit der Erwerbstätigkeit fällt und nur die Zahlung später erfolgt.

Beispiel: Ein Arbeitnehmer leistet Schadensersatz nach Beendigung seines Arbeitsverhältnisses für eine Pflichtverletzung während seiner Arbeit[487].

1055 Liegt das die Aufwendungen auslösende Ereignis jedoch *nach Beendigung* der einkunftserzielenden Tätigkeit, so kommt es darauf an, ob der Veranlassungszusammenhang fortbesteht (Rn 994).

Beispiel: Ausgaben, die ein emeritierter Professor für freiwillig weiterbetriebene Forschung tätigt, sind keine nachträglichen Werbungskosten, denn hier fehlt der Zusammenhang mit der früheren Einkünfteerzielung[488].

1056 Zwar sind auch bei Kapitaleinkünften (§ 20 EStG) nachträgliche Werbungskosten denkbar[489]. Sie laufen aber idR wegen des Abzugsverbots für tatsächliche Werbungskosten (§ 20 Abs. 9 Satz 1 HS 2 EStG, Rn 793) leer. Zu nachträglichen Werbungskosten bei Vermietung und Verpachtung (§ 21 EStG) Rn 808.

1057 Auch bei Werbungskosten folgt aus § 12 Nr 1 EStG – wie bei Betriebsausgaben (Rn 995) – **kein** striktes **Aufteilungs- und Abzugsverbot** für sog. **gemischte Aufwendungen**, also für Werbungskosten, die beruflich, aber auch privat mitveranlasst sind. Die sich daraus ergebenden *Fallgruppen*, die bereits bei den Betriebsausgaben aufgezeigt (Rn 996 ff) wurden, gelten für Werbungskosten gleichermaßen. Gleiches gilt für die **(beschränkten) Abzugsverbote**, mit denen in häufig auftretenden Konstellationen typisierend Grenzen zwischen beruflichen und privat mitveranlassten Aufwendungen gezogen werden (§ 9 Abs. 1 Satz 3 Nr 4–6, Abs. 4a, Abs. 6, sowie § 9 Abs. 5 Satz 1 iVm § 4 Abs. 5 Nr 1–4, 6b, 7, Abs. 6 EStG, Rn 618, 774) oder mit denen Widersprüche in der Rechtsordnung vermieden werden sollen (§ 9 Abs. 5 Satz 1 iVm § 4 Abs. 5 Satz 1 Nr 8, 8a, 10, 12 EStG, Rn 620).

c) Vermögensschäden und Vermögensverluste

1058 Ein bedeutender Unterschied zum Betriebsausgabenbegriff ergibt sich dagegen, wenn die Vermögenssphäre berührt wird. Grundsätzlich liegen keine Werbungskosten vor,

486 BFH, IX R 45/05, BStBl II 2006, 803; IX R 1/15, BFH/NV 2016, 1261; VI R 1/16, BStBl II 2017, 1073; IX R 24/16, BStBl II 2018, 168.

487 BFH, VI 45/60 U, BStBl III 1961, 20.

488 BFH, VI R 24/93, BStBl II 1994, 238; FG Hamburg, 3 K 33/11, juris (rkr); krit *Vogel*, StuW 1994, 176.

489 BFH, VIII R 20/08, BStBl II 2010, 787 zur alten Rechtslage vor Geltung der Abgeltungsteuer.

wenn – aus welchem Anlass auch immer – **Wertminderungen** des privaten Vermögens eintreten (Rn 1026). Im Gegensatz zu den Gewinneinkünften kennen die Überschusseinkünfte kein Betriebsvermögen. Dementsprechend sind auch **Aufwendungen für den Vermögensstamm**, aus dem Einkünfte erzielt werden, grundsätzlich keine Werbungskosten.

Dennoch können **Vermögensschäden** und **Vermögensverluste**, die anlässlich der **1059**
Erwerbstätigkeit eintreten, Werbungskosten sein. Die Rspr wendet in solchen Fällen aus gleichheitsrechtlichen Gründen die für Betriebsausgaben entwickelten Grundsätze an und bejaht die Werbungskosteneigenschaft bei Vermögensverlusten, wenn

- ein Arbeitsmittel verloren geht oder beschädigt wird[490],
- der Verlust bei einem Gegenstand, der *kein Arbeitsmittel* ist, bei dessen Verwendung für berufliche Zwecke eintritt[491] oder
- ein Gegenstand, der *nicht beruflich genutzt wird*, aus in der Berufssphäre des Arbeitnehmers liegenden Gründen entzogen wird[492].

Beispiele: Wird der private Pkw eines Arbeitnehmers für eine Dienstreise verwendet und dabei gestohlen, zerstört oder beschädigt, so sind die infolge des Schadens verursachten Aufwendungen Werbungskosten[493]. Schafft sich der Steuerpflichtige keinen neuen Pkw an oder lässt er den Schaden nicht reparieren, ist der Wertverlust als Werbungskosten anzuerkennen[494]. Etwas anderes gilt nur, wenn auslösendes Moment des Unfalls alkoholbedingte Fahruntüchtigkeit gewesen ist[495]. Trunkenheit ist auch auf Dienstfahrten privat veranlasst. Der Diebstahl einer Geldbörse anlässlich einer Dienstreise wurde vom BFH nicht als Werbungskosten anerkannt. Die Argumentation des BFH, der Diebstahl sei nicht der Berufssphäre zuzuordnen[496], sondern nur „gelegentlich" der beruflich bedingten Fahrt eingetreten, ist schwer nachvollziehbar.

d) Absetzung für Abnutzung (AfA)

Bei den Überschusseinkünften bleibt das zur Einkünfteerzielung eingesetzte Vermö- **1060**
gen grundsätzlich unberücksichtigt. Vermögensänderungen in Form von Zugängen, Abgängen, Wertsteigerungen oder Wertminderungen sind grundsätzlich unbeachtlich (Rn 1026, 1058).

Davon gibt es allerdings eine wichtige Ausnahme: Die Aufwendungen für den Er- **1061**
werb des zur Einkünfteerzielung eingesetzten Vermögens sind iRd § 9 Abs. 1 Satz 3 Nr 7 Satz 1 iVm § 7 EStG zu berücksichtigen, sofern es sich um *abnutzbare* Wirtschaftsgüter handelt, die dem Steuerpflichtigen für mehr als ein Jahr zur Verfügung stehen. Für Gebäude – die vom Grundstück getrennt zu betrachten sind (Rn 895) – gelten die § 7 Abs. 4–5a EStG entsprechend (Rn 947).

Beispiel: Der Mathematiklehrer A schafft sich im März 01 zu Unterrichtszwecken einen Computer für 1800 € an. Er kann nicht die Anschaffungskosten im Jahr 01 als Werbungskosten absetzen, sondern muss diese gem. § 9 Abs. 1 Satz 3 Nr 7 Satz 1 iVm § 7 Abs. 1 Satz 1–2, 4 EStG

490 BFH, VI R 139/80, BStBl II 1983, 586.
491 BFH, VI R 48/81, BStBl II 1985, 10.
492 BFH, VI R 25/80, BStBl II 1982, 442.
493 BFH, VI R 171/88, BStBl II 1993, 44.
494 BFH, VI R 25/80, BStBl II 1982, 442: Zerstörung des Pkw eines Polizisten als Racheakt.
495 BFH, VI R 73/05, BStBl II 2007, 766.
496 BFH, VI R 227/83, BStBl II 1986, 771 (772).

auf die betriebsgewöhnliche Nutzungsdauer verteilen. Beträgt die betriebsgewöhnliche Nutzungsdauer drei Jahre, so kann er im Jahr 01 500 € (1800 € [AK]/3 [Nutzungsdauer] x 10/12 [§ 7 Abs. 4 EStG]), im Jahr 02 und 03 jeweils 600 € (1800 €/3) und im Jahr 04 noch 100 € (1800 €/3 x 2/12) als Werbungskosten geltend machen (s. bereits Rn 939).

1062 § 9 Abs. 1 Satz 3 Nr 7 Satz 2 EStG verweist auch auf den Sofortabzug für geringwertige Wirtschaftsgüter (§ 6 Abs. 2 Satz 1–3 EStG, Rn 942). Dabei ist die Höchstgrenze von 800 € ohne die im Anschaffungspreis ausgewiesene USt zu berechnen. Sofort abgeschrieben werden kann aber der Brutto-Anschaffungspreis (einschließlich USt).

Hat der Mathematiklehrer im obigen Beispiel im Dezember 01 zusätzlich einen Schreibtisch für 476 € (400 € + 76 € USt) angeschafft, der ausschließlich beruflich genutzt wird (Rn 1057), kann er die Kosten sofort als Werbungskosten geltend machen. Dabei ist zu berücksichtigen, dass der Verweis des § 9 Abs. 1 Satz 3 Nr 7 EStG auf die Vorschriften der AfA (§ 7 EStG) und § 6 Abs. 2 EStG eine *Durchbrechung* des im Bereich der Überschusseinkünfte geltenden Zu- und Abflussprinzips des § 11 EStG darstellt. Da der Wortlaut des § 6 Abs. 2 Satz 1 EStG ausdrücklich auf den *Zeitpunkt der Anschaffung bzw Herstellung* des Wirtschaftsguts abstellt, kann A die Aufwendungen für den Schreibtisch iHv 476 € bereits im Jahr der Anschaffung (01) als Werbungskosten abziehen, unabhängig davon, ob er den Schreibtisch noch im Dezember 01 oder erst im Jahr 02 bezahlt.

1063 Teilwertabschreibungen (Rn 928) sind bei den Überschusseinkünften nicht zulässig, da reine Wertveränderungen nicht erfasst werden (Rn 1058) und § 9 Abs. 1 Satz 3 Nr 7 EStG nicht auf § 6 Abs. 1 Nr 1 Satz 2 EStG verweist. Gleiches gilt mangels Verweises auch für die sog. Poolabschreibung durch Bildung von Sammelposten nach § 6 Abs. 2a EStG (Rn 943). Dagegen ist eine Abschreibung wegen außergewöhnlicher technischer oder wirtschaftlicher Abnutzung (AfaA § 7 Abs. 1 Satz 7 EStG, Rn 948) vom Verweis in § 9 Abs. 1 Satz 3 Nr 7 EStG erfasst und daher zulässig.

1064 Die dogmatische Einordnung des § 9 Abs. 1 Satz 3 Nr 7 EStG ist umstritten. Nach der Rspr des BFH enthält diese Vorschrift eine rechtsbegründende Ausnahme von dem Grundsatz, dass sich das der Erzielung von Überschusseinkünften dienende Vermögen und seine Wertänderungen nicht auf die Höhe der Einkünfte auswirken dürfen[497]. Nach dieser Auffassung wäre ohne diese Vorschrift ein Abzug der Aufwendungen für die entsprechenden Wirtschaftsgüter gar nicht möglich. Demgegenüber wird die Auffassung vertreten, dass die Anschaffungs-/Herstellungskosten dem Grunde nach Werbungskosten seien und ohne die Vorschrift des § 9 Abs. 1 Satz 3 Nr 7 EStG im Jahr der Verausgabung in voller Höhe abziehbar wären. Die Vorschrift verhindere nur den sofortigen Abzug, stelle also eine Verteilungsregel dar[498]. Hiergegen hat bereits *Knobbe-Keuk* richtig eingewandt, dass Anschaffungs- oder Herstellungskosten mangels Vermögensminderung keine Aufwendungen, sondern lediglich Vermögensumschichtungen seien und deshalb nicht dem Werbungskostenbegriff unterfallen könnten. Werbungskosten seien also nur der qualitative oder quantitative Wertverzehr des zur Einnahmeerzielung eingesetzten Vermögens[499]. Dem ist zuzustimmen. Die Anschaffungskosten der zur Einnahmeerzielung eingesetzten Vermögensgegenstände (zB Mietshaus) sind Vermögensstammaufwendungen, die im Bereich der Überschusseinkünfte als sog Quelleneinkünfte (Rn 1026) grundsätzlich unberücksichtigt bleiben (Rn 1058).

497 BFH, VIII R 215/78, BStBl II 1983, 410 (412).
498 *Bergkemper*, in: HHR, § 9 EStG Anm. 522 mwN.
499 *Knobbe-Keuk*, DB 1985, 144 (147).

e) Werbungskosten-Pauschbeträge

§ 9a EStG sieht zur Verwaltungsvereinfachung Pauschbeträge für Werbungskosten vor. Sie werden stets abgezogen, wenn keine oder niedrigere Werbungskosten geltend gemacht werden. Werden höhere Werbungskosten nachgewiesen, sind diese anzusetzen. Anders als der Sparer-Pauschbetrag nach § 20 Abs. 9 EStG (Rn 793) stellen die Werbungskosten-Pauschbeträge keine echte Pauschalierung des Aufwands dar. Insoweit ist auch der Vereinfachungseffekt begrenzt. **1065**

Die Werbungskosten-Pauschbeträge sind *einkünftebezogen* und weisen eine unterschiedliche Höhe auf. Sie können bei jeder Einkunftsart nur einmal im Kalenderjahr abgezogen werden (zB bei zwei Arbeitsverhältnissen im Kalenderjahr nur einmal). **1066**

(1) § 9a Satz 1 Nr 1 lit. a EStG: Bei Einkünften aus nichtselbstständiger Arbeit ist ein Arbeitnehmer-Pauschbetrag iHv 1000 € abzuziehen, bei Versorgungsbezügen (§ 19 Abs. 2 EStG) aber nur 102 € (§ 9a Satz 1 Nr 1 lit. b EStG).

(2) § 9a Satz 1 Nr 3 EStG: Bei wiederkehrenden Bezügen iSd § 22 Nr 1, 1a und 5 EStG (Rn 818) ist ein Pauschbetrag iHv 102 € abzuziehen. Der Pauschbetrag wird nur einmal, also nicht jeweils bei Nr 1, 1a und 5 gewährt.

Bei Zusammenveranlagung (Rn 635) steht der Pauschbetrag jedem Ehegatten oder Lebenspartner mit entsprechenden Einkünften zu[500]. Die Pauschbeträge dürfen – im Gegensatz zu den nachgewiesenen Werbungskosten – nicht zu einem Verlust führen (§ 9a Satz 2 EStG). **1067**

Lösung Fall 45 (Rn 1024): A hat Einkünfte aus nichtselbstständiger Arbeit (§ 2 Abs. 1 Nr 4, § 19 EStG), Einkünfte aus Kapitalvermögen (§ 2 Abs. 1 Nr 5, § 20 EStG) und Einkünfte aus Vermietung und Verpachtung (§ 2 Abs. 1 Nr 6, § 21 EStG) erzielt. Bei nichtselbstständiger Arbeit sowie VuV werden die Einkünfte ermittelt, indem von den Einnahmen die Werbungskosten abgezogen werden (§ 2 Abs. 2 Nr 2 Satz 1 EStG). Sie fließen stets in den Gesamtbetrag der Einkünfte ein. Bei den Einkünften aus Kapitalvermögen, die der Abgeltungsteuer unterliegen, wird lediglich der Sparer-Pauschbetrag nach § 20 Abs. 9 EStG (801/1602 €) gewährt (vgl § 2 Abs. 2 Nr 2 Satz 2 EStG). Sie sind bei der Ermittlung des Gesamtbetrags der Einkünfte grundsätzlich nicht zu berücksichtigen und unterliegen stattdessen der Abgeltungsteuer (§ 32d Abs. 1 EStG). Etwas anderes gilt nach § 32d Abs. 6 Satz 1 EStG, wenn die (individuelle) tarifliche Einkommensteuer günstiger als die Abgeltungsteuer (25 %) ist (sog. Günstigerprüfung). **1068**

I. Ermittlung der Einkünfte, die stets in den Gesamtbetrag der Einkünfte einfließen und der tariflichen Einkommensteuer unterliegen

1. Einkünfte aus nichtselbstständiger Arbeit:

Einnahmen (§ 8 Abs. 1, § 19 Abs. 1 Nr 1 EStG)

– Gehalt	50 000 €
– Freiflüge, § 8 Abs. 3 Satz 1 EStG	
Üblicher Endpreis am Abgabeort	1 500 €
./. 4 %, § 8 Abs. 3 Satz 1 EStG	60 €
= maßgeblicher Wert	1 440 €
./. dafür bezahlt	0 €

500 BFH, X R 48/92, BStBl II 1994, 107.

	= geldwerter Vorteil	1 440 €
	./. Freibetrag, § 8 Abs. 3 Satz 2 EStG	1 080 €
	maßgeblicher geldwerter Vorteil	360 €
	Werbungskosten	
	– Entfernungspauschale, § 9 Abs. 1 Satz 3 Nr 4 EStG[501] 220 Tage × 5 km × 0,30 € = 330 € Jahresaufwendungen für öff. Verkehrsmittel (§ 9 Abs. 2 Satz 2 EStG)	720 €
	– Fachzeitschrift, § 9 Abs. 1 Satz 1 EStG	120 €
	– Notebook, § 9 Abs. 1 Satz 3 Nr 7, § 7 Abs. 1 Satz 1 EStG, Nutzungsdauer drei Jahre, AfA für ein Jahr	1 000 €
	Summe Werbungskosten	1 840 €
	Einkünfte aus nichtselbstständiger Arbeit	48 520 €
2.	Einkünfte aus Vermietung und Verpachtung	
	Einnahmen	6 000 €
	Werbungskosten	
	– AfA (2 % von 120 000 €) nach, § 9 Abs. 1 Satz 3 Nr 7 Satz 1 , § 7 Abs. 4 Satz 1 Nr 2 lit. a EStG	2 400 €
	– Schuldzinsen, § 9 Abs. 1 Satz 3 Nr 1 EStG	4 500 €
	– Erhaltungsaufwendungen, § 9 Abs. 1 Satz 1 EStG	2 000 €
	Verlust aus Vermietung und Verpachtung	./. 2 900 €
3.	Summe der Einkünfte, die in den Gesamtbetrag der Einkünfte einfließen und der tariflichen Einkommensteuer unterliegen = Gesamtbetrag der Einkünfte, § 2 Abs. 3 EStG	45 620 €
II.	**Einkünfte, die der Abgeltungsteuer (§ 32d Abs. 1 EStG) unterliegen**	
1.	Ermittlung der Höhe der Einkünfte	
	Einnahmen (§ 20 Abs. 1 Nr 7 EStG)	2 801 €
	./. Sparer-Pauschbetrag (§ 20 Abs. 9 EStG)	./. 801 €
	Einkünfte aus Kapitalvermögen	2 000 €
2.	Günstigerprüfung nach § 32d Abs. 6 EStG für den Steuersatz: Abgeltungsteuer (25 %) oder tarifliche Einkommensteuer?	
a)	Abgeltungsteuer neben tariflicher Einkommensteuer für die übrigen Einkünfte:	
	– Abgeltungsteuer (25 %) nach § 32d EStG auf die Kapitaleinkünfte	500 €
	– tarifliche Einkommensteuer im Jahr 2019 (Grundtarif) der übrigen Einkünfte (45 620 €)	10 610 €
	Summe =	11 110 €

501 Die Abgeltungswirkung der Entfernungspauschale (§ 9 Abs. 1 Satz 3 Nr 4 Satz 2 EStG) wird durch § 9 Abs. 2 Satz 2 EStG bei der Benutzung öffentlicher Verkehrsmittel durchbrochen, wenn die tatsächlichen Aufwendungen höher sind als die auf das Kalenderjahr berechnete Pauschale (Rn 774). Es ist also eine jahresbezogene Vergleichsrechnung zwischen Entfernungspauschale und tatsächlichem Aufwand durchzuführen.

b) Tarifliche Einkommensteuer mit Kapitaleinkünften
   – tarifliche Einkommensteuer im Jahr 2019 für 47 620 € (45 620 € + 2000 €): 11 369 €

c) Ergebnis: Die Abgeltungsteuer ist günstiger. Die Kapitaleinkünfte werden mit Abgeltungsteuer (25 %) belastet und bleiben dafür bei der Ermittlung des Gesamtbetrags der Einkünfte und folglich auch bei der tariflichen Einkommensteuer unberücksichtigt.

F. Abzüge und Ermäßigungen

1069 Die Ermittlung der einzelnen Einkünfte und ihrer Summe ergibt die sog. *objektive Leistungsfähigkeit*. Die Einkommensteuer knüpft aber nicht nur an die objektive, sondern auch an die *subjektive Leistungsfähigkeit* an. Vom Gesamtbetrag der Einkünfte sind also noch Beträge abzuziehen, die der Gesetzgeber zur Ermittlung der subjektiven Leistungsfähigkeit zum Abzug zugelassen hat.

1070 Dass das Gesetz systemwidrig von der Summe der Einkünfte auch Abzüge gewährt, die mit erwerbsbedingtem Aufwand nichts zu tun haben (Altersentlastungsbetrag, § 24a EStG, Entlastungsbetrag für Alleinerziehende, § 24b EStG, Rn 1121) und umgekehrt erwerbsbedingten Aufwand wie den Verlustabzug (§ 10d EStG, Rn 612) bei den privaten Abzügen einordnet (zum Schema Rn 592), sollte den Blick auf die grundsätzliche Systematik nicht verstellen.

1071 Die Bemessungsgrundlage der Einkommensteuer, das zu versteuernde Einkommen (§ 2 Abs. 5 EStG), wird somit in *zwei Schritten* ermittelt:

– Zunächst wird von den Einnahmen der *erwerbsbezogene Aufwand* (Betriebsausgaben, Werbungskosten) abgezogen.

Auch in diesem Bereich sind – idR aus Vereinfachungsgründen, zT aber auch aus gesellschaftspolitischen Erwägungen – eine Reihe von Abzügen vorgesehen, zB Werbungskosten-Pauschbeträge, § 9a EStG (Rn 1065); Freibetrag für Land- und Forstwirte, § 13 Abs. 3 EStG (Rn 761); Freibeträge bei Veräußerungsgewinnen, § 14a Abs. 1, § 16 Abs. 4 (Rn 729), § 17 Abs. 3 EStG; Freigrenzen bei sonstigen Einkünften, § 22 Nr 3 Satz 2 (Rn 845) und § 23 Abs. 3 Satz 5 EStG.

– Danach wird der *existenziell notwendige private Aufwand* abgezogen, soweit dies entgegen der Regel in § 12 Nr 1 EStG vom Gesetzgeber ausdrücklich zugelassen ist (Sonderausgaben, außergewöhnliche Belastungen sowie Freibeträge und Abzüge von der Steuerschuld zur Abgeltung privaten Aufwands).

1072 Gesetzestechnisch wird bei den abziehbaren Beträgen zwischen *Freibeträgen* und *Freigrenzen* unterschieden. **Freibeträge** sind gleitende oder feste Beträge, die von den Einnahmen oder Einkünften abgezogen werden, auch wenn diese über den Freibetrag hinausgehen (*Beispiel:* Freibetrag bei Betriebsveräußerungen, § 16 Abs. 4 EStG). **Freigrenzen** sind Regelungen, nach denen Einkünfte erst ab einer bestimmten Grenze erfasst werden. Wird diese Grenze überschritten, wird der *ganze* Betrag der Steuer unterworfen (*Beispiel:* Gewinne aus privaten Veräußerungsgeschäften bleiben steuerfrei, wenn sie weniger als 600 € betragen, § 23 Abs. 3 Satz 5 EStG. Erreichen sie jedoch diesen Betrag, so ist der gesamte Gewinn steuerpflichtig.).

I. Überblick über die privaten Abzüge

1073 Der Gesetzgeber berücksichtigt den existenziell notwendigen privaten Aufwand durch die Anerkennung von *Sonderausgaben* (§§ 10 ff EStG), *außergewöhnlichen Belastungen* (§§ 33 ff EStG) und durch die Gewährung einer Reihe von *Freibeträgen.* Zu beachten ist, dass vor allem im Sonderausgabenbereich auch Aufwendungen zum Abzug zugelassen werden, die keinen existenzsichernden Charakter haben, sondern aus sozial-, gesellschafts- oder lenkungspolitischen Gründen abzugsfähig sind (zB Kirchensteuer, § 10 Abs. 1 Nr 4 EStG, Rn 1078). Sonderausgaben und außergewöhnliche Belastungen können grundsätzlich nur in dem Jahr abgezogen werden, in dem die Aufwendungen geleistet werden. (Sonderregelung in § 10 Abs. 1 Nr 3 Satz 4 EStG). Es gilt also das Abflussprinzip (§ 11 Abs. 2 Satz 1 EStG)[502]. Ein Rück- oder Vortrag, wie ihn § 10d EStG bei negativen Einkünften vorsieht (Rn 612), ist nicht möglich[503].

1074 Bei der Berücksichtigung des existenzsichernden Aufwands sieht die Gesetzessystematik folgende Vorgehensweise vor:

Gesamtbetrag der Einkünfte (§ 2 Abs. 3 EStG)
./. Sonderausgaben und ihnen gleichgestellte Aufwendungen (§§ 10–10i EStG)
./. außergewöhnliche Belastungen (§§ 33–33b EStG)

Einkommen (§ 2 Abs. 4 EStG)
./. Freibeträge für Kinder nach § 31, § 32 Abs. 6 EStG
./. Härteausgleichsbetrag (§ 46 Abs. 3 EStG, § 70 EStDV)

= zu versteuerndes Einkommen (§ 2 Abs. 5 EStG)

II. Sonderausgaben

1075 Aufwendungen für die Lebensführung sind gem. § 12 Nr 1 Satz 2 EStG grundsätzlich nicht abzugsfähig, es sei denn, das Gesetz hat es ausdrücklich anders bestimmt. Eine solche Bestimmung findet sich in § 2 Abs. 4 EStG: Danach sind vom Gesamtbetrag der Einkünfte die Sonderausgaben und außergewöhnlichen Belastungen abzuziehen. Der Begriff der Sonderausgaben ist in § 10 EStG nicht definiert, vielmehr findet sich dort nur eine Aufzählung bestimmter Aufwendungen, die als Kosten der Lebensführung dem Einkommensverwendungsbereich zuzuordnen sind. § 10 Abs. 1 EStG stellt klar, dass Aufwendungen nur dann als Sonderausgaben qualifiziert werden können, wenn sie weder Betriebsausgaben oder Werbungskosten sind, noch als solche behandelt werden.

1076 Die Frage, ob der Gesetzgeber verfassungsrechtlich dazu verpflichtet ist, bestimmte Aufwendungen als Sonderausgaben zum Abzug zuzulassen, wurde vor allem für die *Steuerberatungskosten* diskutiert, die bis 2005 abziehbar waren (§ 10 Abs. 1 Nr 6 EStG aF). Der BFH hat sie zu Recht verneint[504].

1077 Es muss sich um *eigene Aufwendungen* des Steuerpflichtigen handeln. Nach der Rspr des BFH setzt die Abzugsfähigkeit als Sonderausgaben voraus, dass die Aufwendun-

502 BFH, I R 55/90, BStBl II 1992, 550 (551); XI B 112/06, BFH/NV 2008, 43.
503 BFH, VI R 36/15, BStBl II 2017, 979.
504 BFH, X R 10/08, BStBl II 2010, 617.

gen auf einer eigenen Verpflichtung des Steuerpflichtigen beruhen und von diesem auch entrichtet wurden[505]. Begleicht ein Dritter die Schuld eines anderen, so kann er die Zahlung nicht als Sonderausgaben geltend machen[506].

Beispiel: V schließt einen Haftpflichtversicherungsvertrag für einen für seinen Sohn S angeschafften Pkw ab. Der Pkw wird wegen der niedrigeren Versicherungsprämie auf V zugelassen. Die laufenden Kosten trägt S, der auch die Versicherungsbeiträge an die Versicherungsgesellschaft überweist. Nach Auffassung des BFH kann V die Beiträge nicht als Sonderausgaben geltend machen, da er sie nicht geleistet hat, S kann sie auch nicht geltend machen, da er sie nach dem Versicherungsvertrag nicht schuldet. Es genüge nicht, dass S wirtschaftlich mit den Beiträgen belastet sei, er müsse sie auch als *Versicherungsnehmer* geleistet haben[507].

Anders wäre der Fall allerdings zu beurteilen, wenn der Wagen auf S zugelassen worden wäre und V dem S den Versicherungsbetrag geschenkt hätte oder diesen (zur Verkürzung des Zahlungswegs) direkt an die Versicherungsgesellschaft überwiesen hätte. Hier wäre S Verpflichteter und (wirtschaftlich gesehen) Leistender.

Die Abzugsfähigkeit der Sonderausgaben ist idR der Höhe nach begrenzt. Nur wenige Sonderausgaben sind unbegrenzt abzugsfähig. **1078**

Sonderausgaben

unbeschränkt abzugsfähig	**beschränkt abzugsfähig**
– Auf besonderen Verpflichtungsgründen beruhende, lebenslange und wiederkehrende Versorgungsleistung, § 10 Abs. 1a Nr 2 EStG	– Unterhaltsleistungen an den geschiedenen oder getrennt lebenden Ehegatten, § 10 Abs. 1a Nr 1 EStG
– Leistungen zur Vermeidung des Versorgungsausgleichs, § 10 Abs. 1a Nr 3 EStG	– Vorsorgeaufwendungen, § 10 Abs. 1 Nr 2 und 3, Abs. 2 und 3 EStG
– Leistungen aufgrund eines schuldrechtlichen Versorgungsausgleichs, § 10 Abs. 1a Nr 4 EStG	– Kinderbetreuungskosten, § 10 Abs. 1a Nr 5 EStG
– gezahlte Kirchensteuer, § 10 Abs. 1 Nr 4 EStG	– Berufsausbildungskosten, § 10 Abs. 1a Nr 7 EStG
	– Schulgeld, § 10 Abs. 1 Nr 9 EStG
	– Beiträge zur zusätzlichen Altersvorsorge, § 10a EStG
	– Ausgaben für steuerbegünstigte Zwecke (Spenden), § 10b EStG

1. Unbeschränkt abzugsfähige Sonderausgaben

Folgende Aufwendungen sind ohne Höchstbegrenzung als Sonderausgaben abziehbar: **1079**

– Gezahlte *Kirchensteuer* (§ 10 Abs. 1 Nr 4 EStG),

Auch vom Erben für den Erblasser gezahlte Kirchensteuer ist abziehbar[508], nicht jedoch Kirchensteuer, die pauschal bei der Abgeltungsteuer (§ 32d Abs. 1 Satz 3 EStG, Rn 781) berück-

505 BFH, X R 2/84, BStBl II 1989, 683 (684); X R 28/86, BStBl II 1989, 862.
506 Sehr str; dazu *Heinicke*, in: Schmidt, EStG, § 10 Rn 17, insb Rn 24.
507 BFH, X R 28/86, BStBl II 1989, 862; X R 80/91, BStBl II 1995, 637.
508 BFH, X R 43/13, BStBl II 2017, 256.

sichtigt wurde. Die Abziehbarkeit der Kirchensteuer (Rn 64) ergibt sich nicht zwingend aus dem Leistungsfähigkeitsprinzip, da es jedermann freisteht zu entscheiden, ob und welcher Kirche er angehören will[509].

– Auf besonderen Verpflichtungsgründen beruhende, lebenslange und wiederkehrende Versorgungsleistungen, § 10 Abs. 1a Nr 2 EStG (Rn 837)

– Leistungen zur Vermeidung des Versorgungsausgleichs, § 10 Abs. 1a Nr 3 EStG (Rn 835)

– Leistungen aufgrund eines schuldrechtlichen Versorgungsausgleichs, § 10 Abs. 1a Nr 4 EStG (Rn 835)

2. Beschränkt abzugsfähige Sonderausgaben

1080 Folgende Aufwendungen sind als Sonderausgaben *nur in einer bestimmten Höhe* abziehbar:

– *Vorsorgeaufwendungen zur Altersvorsorge*, § 10 Abs. 1 Nr 2, Abs. 2, 2a, 3 EStG (Rn 822)

– *andere Vorsorgeaufwendungen*, § 10 Abs. 1 Nr 3, 3a, Abs. 2, 4 EStG

Abziehbar sind Beiträge zu Arbeitslosen-, Erwerbs- und Berufsunfähigkeits-, Kranken-, Pflege-, Unfall- oder Haftpflichtversicherungen. Soweit Krankenversicherungsbeiträge auf eine *Basisabsicherung* entfallen (§ 10 Abs. 1 Nr 3 lit. a und b EStG), sind sie unbeschränkt abzugsfähig[510]. Darüber hinaus gelten unterschiedliche Höchstbeträge, regulär 2800 € (§ 10 Abs. 4 Satz 1 EStG). Die Beiträge sind – ebenso wie Altersvorsorgeaufwendungen – auch für Arbeitnehmer abziehbar, die in Deutschland wohnen, aber im EU-Ausland arbeiten und dort in Deutschland durch DBA befreiten Arbeitslohn beziehen (§ 10 Abs. 2 Satz 1 Nr 1 HS 2 EStG)[511].

– *Kinderbetreuungskosten,* § 10 Abs. 1 Nr 5 EStG (Rn 1126)

– Aufwendungen des Steuerpflichtigen für seine *Berufsausbildung*, § 10 Abs. 1 Nr 7 EStG

Berufsausbildung meint das Erlernen einer Tätigkeit, die später gegen Entgelt ausgeübt werden soll („berufstypisches Können"), also der für den künftigen Beruf erforderlichen Grundkenntnisse und keine Allgemeinbildung (wie idR auch ein Deutschkurs)[512]. Da eine Ausbildung regelmäßig auch dem Zweck dient, später mit dem Erlernten steuerpflichtige Einnahmen zu erzielen, kommt grundsätzlich auch ein Abzug als beruflich veranlasste *vorweggenommene Werbungskosten/Betriebsausgaben* in Betracht. Allerdings schließen § 4 Abs. 9 und § 9 Abs. 6 EStG den Betriebsausgaben-/Werbungskostenabzug für Kosten der *Erstausbildung* bzw des *Erststudiums* ausdrücklich aus (Rn 776), so dass allein ein Abzug als Sonderausgaben (bis zu 6000 € im Jahr) bleibt (§ 10 Abs. 1 Nr 7 EStG).

Die Frage, ob Ausbildungskosten als Betriebsausgaben/Werbungskosten oder (nur) als Sonderausgaben (§ 10 Abs. 1 Nr 7 EStG) abziehbar sind, hat – außer der Höchstbetragsbeschränkung

509 *Wernsmann*, StuW 1998, 317 (326); aA *Kirchhof*, DStZ 1986, 25 (32); *Schön*, DStZ 1997, 385.

510 Zu den verfassungsrechtlichen Vorgaben BVerfG, 2 BvL 1/06, BVerfGE 120, 125; BFH, X R 5/17, BStBl II 2018, 230; X R 26/16, BFH/NV 2018, 424.

511 Reaktion auf EuGH, C-20/16, BStBl II 2017, 1271 *(Bechtel)*: sonst Verstoß gegen Art. 45 AEUV.

512 BFH, VI R 14/04, BStBl II 2007, 814; zum Auslandsstudium *Maciejewski*, FR 2016, 882.

– Bedeutung für den Verlustfall: Nicht ausgleichsfähige Betriebsausgaben/Werbungskosten sind im Gegensatz zu Sonderausgaben *vortragsfähig* (§ 10d EStG, Rn 612) und können mit zukünftigen positiven Einkünften verrechnet werden.

– *Schulgeld*, § 10 Abs. 1 Nr 9 EStG

Der Abzugstatbestand fördert mittelbar Privatschulen: Eltern können für ihre Kinder, die eine Privatschule besuchen, 30 % des Schulgeldes mit Ausnahme der Kosten für Unterkunft, Betreuung und Verpflegung bis zu einem Höchstbetrag von 5000 € als Sonderausgaben abziehen. Die Schule muss nach deutschem Recht anerkannt und genehmigt sein, so dass neben inländischen Privatschulen auch deutsche Schulen im Ausland erfasst werden können. Seit 2008 werden auch privat finanzierte Schulen innerhalb des EU-/EWR-Raums einbezogen, nicht aber US-amerikanische Schulen der US-Streitkräfte im Inland[513]. Neben allgemein bildenden Schulen sind auch berufsbildende Schulen und auch berufsbildende Ergänzungsschulen begünstigt[514]. Voraussetzung ist, dass die Schulen zu einem (von einem der zuständigen inländischen Landesministerien, der Kultusministerkonferenz oder einer inländischen Zeugnisanerkenntnisstelle) anerkannten oder einem inländischen Abschluss an einer öffentlichen Schule als gleichwertig anerkannten allgemein bildenden oder berufsbildenden Schul-, Jahrgangs- oder Berufsabschluss führen.

– *Unterhaltsleistungen* an den geschiedenen oder dauernd getrennt lebenden Ehegatten, § 10 Abs. 1a Nr 1 EStG (Rn 833)

– Beiträge zur *zusätzlichen Altersvorsorge (sog. Riester-Rente)*, § 10a EStG (Rn 830)

– Ausgaben für steuerbegünstigte Zwecke, insb *Spenden*, § 10b EStG (Rn 352 f)

3. Der pauschalierte Sonderausgabenabzug

Weist der Steuerpflichtige keine höheren Aufwendungen nach den § 10 Abs. 1 Nr 4, **1081**
5, 7 und 9, Abs. 1a und § 10b EStG nach, wird ein Pauschbetrag von 36 € gem. § 10c EStG als Sonderausgaben-Pauschbetrag abgezogen.

III. Außergewöhnliche Belastungen

Zu den berücksichtigungsfähigen Kosten privater Lebensführung gehören auch die **1082**
außergewöhnlichen Belastungen[515]. Den §§ 33 ff EStG ist gemein, dass es sich um zwangsläufige, existenziell notwendige private Aufwendungen handelt, die das Maß des Üblichen überschreiten. Die dadurch bewirkte Minderung der subjektiven Leistungsfähigkeit wird durch entsprechende Abzugstatbestände berücksichtigt. § 33 EStG enthält den *Grundtatbestand* der außergewöhnlichen Belastung, § 33a EStG regelt außergewöhnliche Belastungen in *besonderen Fällen* (vor allem Unterhaltsfällen), § 33b EStG gewährt den Abzug bestimmter *Pauschbeträge* für Behinderte, Hinterbliebene und Pflegepersonen.

---

513 BFH, XI R 40/04, BFH/NV 2007, 1881; X R 62/04, BStBl II 2008, 976.
514 Abgrenzend BFH, X R 32/15, BFH/NV 2018, 414 (keine privaten [Fach-]Hochschulen).
515 Zur Fallbearbeitung *Birk/Desens/Tappe*, Klausurenkurs, Fall 1.

1083 Entgegen der gesetzessystematischen Stellung der §§ 33 ff EStG im Abschnitt „IV. Tarif" handelt es sich nicht um Tarifvorschriften, sondern um Regelungen zur zutreffenden Ermittlung der Bemessungsgrundlage. Außergewöhnliche Belastungen werden wie Sonderausgaben vom Gesamtbetrag der Einkünfte abgezogen (§ 2 Abs. 4 EStG). Da erst nach Abzug der außergewöhnlichen Belastungen die *subjektive Leistungsfähigkeit* des Steuerpflichtigen feststeht, handelt es sich auch nicht um Billigkeitsvorschriften, die für den Gesetzgeber beliebig verfügbar sind.

1. Außergewöhnliche Belastungen – Grundtatbestand (§ 33 EStG)

1084 **Fall 46:** In seiner Einkommensteuererklärung 01 macht A Kosten iHv 3500 € für eine Ayur-Veda-Behandlung im Rahmen eines 20-tägigen Kuraufenthalts in einem Institut für Ayur-Veda als außergewöhnliche Belastungen geltend. Bei einer solchen Ayur-Veda-Behandlung handelt es sich im Wesentlichen um Massagen, Heißpackungen, Bäder und Einläufe. Die Ayur-Veda-Behandlung beruht auf einer altindischen Lehre und ist wissenschaftlich umstritten. Die Krankenkasse hat die Übernahme der Kosten abgelehnt. A beruft sich auf die Empfehlung seines Internisten, der „die Durchführung einer Panchkarma-Kur iRd ayurvedischen Medizin" zur Verbesserung seines labilen Allgemeinzustandes vorgeschlagen hat. Stellen die Kosten agB gem. § 33 EStG dar? **Rn 1103**

1085 Nach § 33 EStG kann der Steuerpflichtige auf Antrag bestimmte private Aufwendungen als außergewöhnliche Belastungen geltend machen, wenn für die (a) Aufwendungen (b) keine anderweitige Abzugsmöglichkeit besteht, sie (c) den Steuerpflichtigen belasten, (d) außergewöhnlich und (e) zwangsläufig sind.

a) Aufwendungen

1086 Aufwendungen sind bewusste und gewollte Vermögensverwendungen, also Geldausgaben und Zuwendungen von Sachwerten[516]. Nicht darunter fallen entgangene Einnahmen (wie etwa Verdienstausfall infolge Krankheit[517]), Zeitaufwand[518] oder Vermögensverluste, die ohne oder gegen den Willen des Steuerpflichtigen eingetreten sind (zB durch Diebstahl, Brand oder Unfall). Jedoch können die Aufwendungen zur *Wiederbeschaffung* unter § 33 EStG fallen, wenn sie im Zusammenhang mit der Beseitigung eines Vermögensverlustes stehen[519].

Beispiel: Im Gebäude des A platzt ein Wasserrohr und verursacht erheblichen Schaden. Der bloße Vermögensschaden ist noch keine Aufwendung iSd § 33 Abs. 1 EStG, da diese ein bewusstes und gewolltes Verhalten des Steuerpflichtigen voraussetzt, wohl aber erfüllt die Bezahlung von Reparaturrechnungen den Aufwendungsbegriff[520].

1087 Aufwendungen sind in dem Veranlagungszeitraum als außergewöhnliche Belastungen zu berücksichtigen, in dem die Verausgabung der Mittel erfolgt (Abflussprinzip, § 11 Abs. 2 EStG)[521]. Dies gilt auch, wenn die Aufwendungen fremdfinanziert wurden. Auf den Zeitpunkt der Darlehensrückzahlung kommt es nicht an[522].

---

516 BFH, III R 26/89, BFH/NV 1991, 669.
517 BFH, III B 26/95, BFH/NV 1996, 128 mwN.
518 Hess. FG, 11 K 1850/10, juris (rkr).
519 BFH, I B 115/93, BFH/NV 1994, 551.
520 BFH, III R 27/92, BStBl II 1995, 104 (106).
521 BFH, VI R 67/79, BStBl II 1982, 744.
522 BFH, III R 248/83, BStBl II 1988, 814 (816).

b) Keine anderweitige Abzugsmöglichkeit

Die Aufwendungen dürfen keine Betriebsausgaben, Werbungskosten oder Sonderausgaben sein (§ 33 Abs. 2 Satz 2 EStG). **1088**

Betrieblich oder beruflich veranlasste Ausgaben können also keine außergewöhnlichen Belastungen sein. Bei privater Veranlassung ist zunächst zu prüfen, ob die Aufwendungen unter einen Sonderausgabentatbestand fallen. Handelt es sich um der Höhe nach beschränkt abziehbare Berufsausbildungskosten (§ 10 Abs. 1 Nr 7 EStG, Rn 1080) oder Schulgeldzahlungen (§ 10 Abs. 1 Nr 9 EStG, Rn 1080) gilt die Subsidiarität nur der Höhe nach (§ 33 Abs. 2 Satz 2 HS 2 EStG).

c) Belastung

Die Aufwendungen müssen dem Steuerpflichtigen zusätzlich „erwachsen", dh sie müssen zu einer *endgültigen Belastung* in der Einkommens- oder Vermögenssphäre führen, also seine Leistungsfähigkeit beeinträchtigen. Das ist nicht der Fall, wenn der Steuerpflichtige von dritter Seite (zB Versicherung) Ersatz erhält. Solche Erstattungsbeträge sind also bei der Ermittlung der außergewöhnlichen Belastung abzuziehen, auch wenn sie erst in einem späteren Kalenderjahr zufließen[523]. **1089**

Beispiel: Aufwendungen für eine krankheitsbedingte Unterbringung in einem Alten- oder Pflegeheim sind um eine *Haushaltsersparnis* (Unterhalt und Verpflegung) zu kürzen, weil nur die Mehrkosten zusätzlich „erwachsen"[524].

An einer Belastung fehlt es nach Auffassung der Rspr auch dann, wenn der Steuerpflichtige für die Aufwendungen einen *Gegenwert* oder nicht nur vorübergehende Vorteile erhält (sog. **Gegenwerttheorie**). Danach soll eine berücksichtigungsfähige Sonderbelastung nicht vorliegen, wenn Teile des Einkommens für die Anschaffung von Gegenständen verwendet würden, die von bleibendem oder mindestens länger dauerndem Wert und Nutzen seien und die eine gewisse Marktgängigkeit besäßen[525]. **1090**

Beispiele: Aufwendungen für den Einbau von Schalldämmfenstern in die gemietete Wohnung[526] oder für den behindertengerechten Umbau eines Badezimmers im eigenen Haus[527] oder der behinderungsbedingte Einbau eines Fahrstuhls[528].

Die heftig kritisierte[529] Gegenwerttheorie wird jedoch nicht angewandt, wenn das erworbene Gut am Markt nicht verwertbar ist (*fehlende Marktgängigkeit*, zB Aufwendungen für medizinische Hilfsmittel und Körperprothesen)[530] oder wenn es sich um sog. *verlorenen Aufwand*[531] handelt. Dies ist der Fall, wenn aufgrund unabwendbarer Ereignisse (Brand, Diebstahl, Hochwasser, Krieg, Vertreibung) Verluste an Hausrat und Kleidung eintreten und der Steuerpflichtige Aufwendungen zur *Ersatzbeschaf-* **1091**

523 BFH, VI R 236/71, BStBl II 1975, 14.
524 BFH, VI R 22/16, BStBl II 2018, 179 (Ersparnis nach Wert aus § 33a Abs. 1 EStG schätzbar).
525 BFH, VI R 189/79, BStBl II 1983, 378 (379).
526 BFH, VI R 62/74, BStBl II 1976, 194.
527 BFH, III R 7/04, BFH/NV 2006, 36; III B 103/06, BFH/NV 2007, 891.
528 BFH, III B 113/05, BFH/NV 2006, 1469 (Eigentum); III B 107/06, BFH/NV 2007, 701 (Miete).
529 *Kanzler*, in: HHR, § 33 EStG Anm. 37 mwN.
530 BFH, III R 54/90, BStBl II 1991, 920 (921); VI R 189/79, BStBl II 1983, 378 (379).
531 BFH, III R 74/87, BStBl II 1992, 290; III R 27/92, BStBl II 1995, 104 (106).

fung tätigt[532]. Die neuere Rspr des BFH ist noch restriktiver und wendet die Gegenwerttheorie nicht an, wenn die Aufwendungen „stark unter dem Gebot der sich aus der Situation ergebenden Zwangsläufigkeit" stehen, etwa bei Umbaukosten infolge Körperbehinderung, wenn die Erlangung eines Gegenwerts gegenüber der Zwangsläufigkeit „in den Hintergrund tritt"[533].

d) Außergewöhnlichkeit

1092 Gewöhnliche Aufwendungen für die Lebensführung sind, soweit sie nicht disponibel sind, durch den Grundfreibetrag (§ 32a Abs. 1 Nr 1 EStG) abgedeckt, soweit sie darüber hinausgehen, handelt es sich um nicht abzugsfähige private Ausgaben (§ 12 Nr 1 EStG). Ein Abzug kommt daher nur bei Außergewöhnlichkeit in Betracht, also wenn dem Steuerpflichtigen **größere Aufwendungen als der überwiegenden Mehrzahl** der Steuerpflichtigen gleicher Einkommensverhältnisse, gleicher Vermögensverhältnisse und gleichen Familienstands erwachsen (§ 33 Abs. 1 EStG). Dabei ist das Merkmal „größere Aufwendungen" nicht nur auf deren Höhe zu beziehen. Entscheidend ist vielmehr, dass nur eine *kleine Minderheit* von Steuerpflichtigen durch Sonderaufwendungen belastet ist. Sie müssen ihrer Art nach außerhalb des Üblichen liegen[534], wobei nach hM gerade das *auslösende Ereignis* außergewöhnlich sein soll[535]. Aufwendungen, die durch typische Lebenssachverhalte veranlasst sind, können keine außergewöhnlichen Belastungen sein.

Beispiele: Keine Außergewöhnlichkeit bei Fahrtkosten zur Beerdigung eines nahen Angehörigen[536], Besuchskosten für vom Kind getrennt lebende Eltern[537], Studiengebühren, die die Eltern für ihre studierenden Kinder erbringen, auch wenn sie außergewöhnlich hoch sind[538], altersbedingte Unterbringungskosten in einem Altersheim, soweit diese nicht durch eine Krankheit veranlasst sind[539], Aufwendungen eines jungen Ehepaares für den eigenen Hausstand oder Wiederbeschaffungskosten nach der Scheidung[540].

1093 Nur in Ausnahmefällen können auch übliche Aufwendungen außergewöhnlich werden, etwa wenn sie aufgrund besonderer Umstände zweimal anfallen[541].

e) Zwangsläufigkeit

1094 Nur Aufwendungen, die sowohl *dem Grunde nach* als auch *der Höhe nach* zwangsläufig sind, können außergewöhnliche Belastungen sein. Aufwendungen erwachsen dem Steuerpflichtigen dann zwangsläufig, wenn er sich ihnen aus rechtlichen, tatsächlichen oder sittlichen Gründen **nicht entziehen kann** (§ 33 Abs. 2 Satz 1 EStG).

1095 **Rechtliche Gründe** können sich aus den Gesetzen (zB Unterhaltsverpflichtung) oder aus behördlichen Verfügungen ergeben, idR aber nicht aus rechtsgeschäftlichen, da der Vertrags-

532 BFH, III R 52/99, BStBl II 2002, 592 (Ersatz gesundheitsgefährdender Möbel).
533 BFH, VI R 7/09, BStBl II 2010, 280; VI R 16/10, BStBl II 2011, 1012.
534 BFH, III R 11/91, BStBl II 1992, 821; III R 42/93, BStBl II 1994, 754.
535 Krit *Kanzler*, in: HHR, § 33 EStG Anm. 30 mwN.
536 BFH, III R 42/93, BStBl II 1994, 754.
537 BFH, III R 28/05, BStBl II 2008, 287; III R 30/06, BFH/NV 2008, 539.
538 BFH, VI R 63/08, BStBl II 2010, 341.
539 BFH, VI R 38/09, BStBl II 2011, 1010.
540 BFH, VI B 18/16, BFH/NV 2016, 1708.
541 BFH, VI R 62/08, BStBl II 2010, 965 (Mietzahlung bei Unbewohnbarkeit der Eigentumswohnung).

schluss grundsätzlich freiwillig erfolgt[542]. **Tatsächliche Gründe** sind unabwendbare Ereignisse, zB Katastrophen, Krieg, Krankheit, Erpressung. So kann die Zahlung von Lösegeld bei einer Entführung zwangsläufig sein[543]. Auch Aufwendungen zur Beseitigung einer konkreten Gesundheitsgefährdung (zB Asbestsanierung eines Wohnhauses[544]) kann der Steuerpflichtige aus tatsächlichen Gründen nicht ausweichen[545]. **Sittliche Gründe** können ebenfalls einen Zwang auslösen, wenn der Steuerpflichtige sich nach der allgemein anerkannten Sittenordnung zur Leistung verpflichtet fühlt. Nicht ausreichend ist allerdings, wenn sich jemand nach seinen eigenen Maßstäben verpflichtet fühlt, auch wenn sein Verhalten menschlich verständlich ist. Die sittliche Verpflichtung muss einer Rechtspflicht gleichkommen oder ihr zumindest ähnlich sein[546]. So reicht es etwa nicht aus, wenn sich Eltern gegenüber ihrem körperbehinderten Sohn verpflichtet fühlen, ihm einen Pkw zu schenken, auch wenn dieser darauf angewiesen ist und sich Eltern üblicherweise so verhalten (noch kein „zwingender Charakter")[547].

Schon *dem Grunde nach* fehlt die Zwangsläufigkeit, wenn der Aufwand Ausdruck **1096**
eines frei gewählten Konsumverhaltens ist, also für den Steuerpflichtigen keinen existenziellen Charakter hat bzw nicht existenznotwendig ist[548]. Zwangsläufigkeit dem Grunde nach ist daher auch nur gegeben, wenn der Steuerpflichtige nicht die Möglichkeit hatte, den Aufwendungen auszuweichen[549]. Bei der Beurteilung der Zwangsläufigkeit ist abzustellen auf das Ereignis, welches die Aufwendungen auslöste; maW: Der Entschluss, Aufwendungen zu leisten, muss durch zwingende rechtliche, tatsächliche oder sittliche Gründe, die den Willen des Steuerpflichtigen bestimmen, zustande gekommen sein.

Beispiel: A lebt seit einigen Jahren mit ihrem Lebensgefährten zusammen. Beide wünschen sich ein Kind. Da A wegen eines Eileiterverschlusses auf natürlichem Wege kein Kind bekommen kann, entschließt sie sich, eine In-vitro-Fertilisation durchführen zu lassen. Die entstandenen Kosten sind nicht nur innerhalb der Ehe zwangsläufig[550].

Zwangsläufigkeit liegt nicht vor, wenn der Steuerpflichtige die finanzielle Belastung **1097**
durch vorsätzliches oder grob fahrlässiges Verhalten herbeigeführt hat, wenn er sich also den Aufwendungen durch entsprechendes Verhalten hätte entziehen können[551]. *Krankheitskosten* sind jedoch stets zwangsläufig, selbst wenn sie durch schuldhaftes Verhalten verursacht worden sind[552]. Der BFH unterstellt die Zwangsläufigkeit, weil die Erforschung, welches Ereignis die Krankheit ausgelöst hat, ohne unzumutbares Eindringen in die Privatsphäre nicht möglich sei[553]. Um Krankheitskosten handelt es sich, wenn die Ausgaben zum Zwecke der Heilung, der Linderung der Symptome (zB

542 BFH, III R 178/80, BStBl II 1986, 745.
543 BFH, IV R 27/77, BStBl II 1981, 303 (305); III R 27/92, BStBl II 1995, 104 (107).
544 BFH, III R 6/01, BStBl II 2002, 240.
545 BFH, III R 6/01, BStBl II 2002, 240.
546 BFH, VI R 142/75, BStBl II 1978, 147 (149); III R 209/81, BStBl II 1987, 432 (433 f).
547 BFH, III R 209/81, BStBl II 1987, 432 (433 f).
548 BFH, VI R 30/14, BStBl II 2015, 775 (nicht bei behinderungsbedingtem Umbau einer Jacht).
549 BFH, VI R 142/75, BStBl II 1978, 147.
550 BFH, III R 47/05, BStBl II 2007, 871; VI R 2/17, BFH/NV 2018, 194; VI R 47/15, BStBl II 2018, 350 (auch bei gleichgeschlechtlicher Partnerschaft); aA noch BFH, III R 30/03, BStBl II 2006, 495 (nur bei Ehe); BFH, VI R 43/10, BStBl II 2011, 414 (auch für heterologe künstliche Befruchtung); VI R 34/15, BStBl II 2018, 344 (nicht bei gesetzeswidriger Methode); VI R 60/11, BStBl II 2015, 695 (nicht für Adoptionskosten).
551 BFH, VI R 41/79, BStBl II 1982, 749 (750 f).
552 BFH, VI R 77/78, BStBl II 1981, 711 (712); aA *Arndt*, in: KSM, EStG, § 33 Rn C 19 ff.
553 BFH, VI R 77/78, BStBl II 1981, 711 (712).

Medikamente, Operation, aber auch medizinisch veranlasster Internatsbesuch bei sog. Aufmerksamkeitsdefizitssyndrom[554]) oder mit dem Ziel getätigt werden, die Krankheit erträglich zu machen (zB Rollstuhl[555], Treppenlift[556] oder Seniorenwohnstift[557]), und wenn sie von Personen vorgenommen wird, die zur Ausübung der Heilkunde zugelassen sind[558]. Auch Aufwendungen zur Heilung oder Linderung einer Spielsucht können Krankheitskosten sein[559]. Aufwendungen für eine Diätverpflegung sind nicht zu berücksichtigen (§ 33 Abs. 2 Satz 3 EStG), selbst bei Sonderdiäten, die eine medikamentöse Behandlung ersetzen[560].

1098 Allerdings muss den Aufwendungen nach § 64 Abs. 1 EStDV (Ermächtigungsgrundlage: § 33 Abs. 4 EStG) eine ärztliche Verordnung, uU sogar ein amtsärztliches Gutachten zugrundeliegen[561]. Bei Maßnahmen, deren medizinische Indikation zweifelhaft ist, besteht eine erhöhte Beweispflicht des Steuerpflichtigen. Maßnahmen, denen bereits die objektive Eignung zur Heilung oder Linderung der Symptome fehlt (zB Reise zu einem Wunderheiler[562]), sind nicht medizinisch notwendig und daher grundsätzlich nicht zwangsläufig[563]. Nicht zu den Krankheitskosten gehören vorbeugende oder allgemein der Gesundheitsvorsorge dienende Aufwendungen[564] oder nicht medizinisch indizierte kosmetische Eingriffe[565]. Als solche sind idR die Kosten einer *Kurreise* einzustufen. Sie sind nur dann als zwangsläufig anzusehen, wenn die Reise zur Heilung oder Linderung nachweislich notwendig ist und eine andere Behandlung nicht oder kaum erfolgversprechend erscheint. Auch nicht als Krankheitskosten berücksichtigt werden Aufwendungen für den Kauf *medizinischer Fachliteratur*[566]. Aufwendungen für Schutzmaßnahmen gegen Mobilfunkwellen werden nur anerkannt, wenn mit einem amtlich technischen Gutachten nachgewiesen wird, dass die gesetzlichen Grenzwerte für Mobilfunkstrahlung überschritten werden[567].

1099 Die Aufwendungen müssen nicht nur „den Umständen nach notwendig“ sein, sondern dürfen auch „einen angemessenen Betrag nicht übersteigen“ (§ 33 Abs. 2 Satz 1 HS 2 EStG). Sie müssen also auch *der Höhe nach* zwangsläufig sein. Die Angemessenheit ist nach objektiven Merkmalen zu bestimmen; es wird nicht zwischen den Normalverdienern und den besser Verdienenden unterschieden[568].

Beispiel: A ist Rollstuhlfahrer. Da ihm die Benutzung der öffentlichen Verkehrsmittel kaum möglich ist, fährt er ausschließlich mit seinem Pkw. Er macht Fahrtkosten für eine jährliche Wegstrecke von 25 000 km geltend. Der BFH hat die Kfz-Kosten für schwer Gehbehinderte dem Grunde nach als außergewöhnliche Belastung anerkannt[569], aber auch hervorgehoben,

---

554 BFH, VI R 37/10, BStBl II 2013, 783.
555 BFH, VI R 77/78, BStBl II 1981, 711 (712).
556 BFH, VI R 61/12, BStBl II 2014, 458 (460).
557 BFH, VI R 20/12, BStBl II 2014, 456 (457 f).
558 BFH, VI R 11/09, BStBl II 2011, 119.
559 BFH, III R 25/97, BFH/NV 1999, 300.
560 BFH, III R 48/04, BStBl II 2007, 880 zur Zöliakie (Glutenunverträglichkeit).
561 Reaktion auf BFH, VI R 17/09, BStBl II 2011, 969 (Rechtsprechungsänderung).
562 BFH, III R 38/86, BFH/NV 1991, 27; FG Düsseldorf, 15 K 5899/93 E, EFG 1998, 316 (rkr).
563 Vgl aber BFH, VI R 11/09, BStBl II 2011, 119 (Rückausnahmen für Außenseitermethoden in Extremsituationen durch einen Arzt).
564 BFH, VI R 77/78, BStBl II 1981, 711 (vorbeugende Frischzellentherapie); III B 112/06, BFH/NV 2008, 355 (Einlagerung von Nabelschnurblut zur Nutzung bei möglicher späterer Erkrankung).
565 FG Hamburg, II 76/03, juris (rkr).
566 BFH, III R 60/88, BStBl II 1990, 958; III R 106/93, BStBl II 1996, 88.
567 BFH, III B 137/06, BFH/NV 2007, 893.
568 FG Nürnberg, VI 89/81, EFG 1984, 178 (rkr); *Loschelder*, in: Schmidt, EStG, § 33 Rn 27.
569 BFH, VI R 158/72, BStBl II 1975, 825.

dass eine *Angemessenheitsprüfung* durchzuführen ist, die sich ua auf die Höhe der Fahrleistung unter Berücksichtigung von Art und Charakter der durchgeführten Fahrten sowie den benutzten Fahrzeugtyp zu erstrecken hat[570]. Grundsätzlich sieht der BFH eine jährliche Fahrleistung bis zu 15 000 km als angemessen an[571].

Bei **Prozesskosten** entscheidet sich die Zwangsläufigkeit nach § 33 Abs. 2 Satz 4 EStG. Sie sind nur ausnahmsweise zwangsläufig, wenn es sich um Aufwendungen handelt, ohne die der Steuerpflichtige Gefahr liefe, seine Existenzgrundlage zu verlieren und seine lebensnotwendigen Bedürfnisse in dem üblichen Rahmen nicht mehr befriedigen zu können[572]. **1100**

Die Spezialregelung ist eine Reaktion auf eine wenig überzeugende BFH-Entscheidung, die Zivilprozesskosten bereits dann als zwangsläufig anzusehen, wenn die Rechtsverfolgung nicht offensichtlich aussichtslos sei, weil Bürger wegen des staatlichen Gewaltmonopols ihre Ansprüche nicht selbst, sondern nur über die Gerichte durchsetzen könnten[573]. Mittlerweile ist der BFH wieder zu seiner ursprünglichen Rspr zurückgekehrt und verlangt auch bei Altfällen (vor 2013) eine Existenzbedrohung für eine Zwangsläufigkeit[574], so dass mE der bisherige BFH-Maßstab ebenso zu § 33 Abs. 2 Satz 4 EStG herangezogen werden kann[575]. **1101**

f) Rechtsfolge

Außergewöhnliche Belastungen werden vom Gesamtbetrag der Einkünfte abgezogen (§ 2 Abs. 4 EStG). Sie können allerdings nur insoweit abgezogen werden, als sie die dem Steuerpflichtigen *zumutbare Belastung* übersteigen (§ 33 Abs. 1 letzter HS EStG). Die zumutbare Belastung richtet sich nach der typisierten individuellen Leistungsfähigkeit des Belasteten, also nach der Höhe der Einkünfte, dem Familienstand und der Kinderzahl (§ 33 Abs. 3 EStG). Es ist dem Steuerpflichtigen zuzumuten, einen mit seiner Leistungsfähigkeit steigenden (kleinen) Teil seiner zwangsläufigen privaten Aufwendungen selbst zu tragen, solange das Existenzminimum steuerfrei bleibt[576]. Bemessungsgrundlage für die Errechnung der zumutbaren Belastung, die zwischen 1 % und 7 % beträgt, ist der Gesamtbetrag der Einkünfte[577] (§ 33 Abs. 3 EStG), wobei nur der Teil des Gesamtbetrags der Einkünfte, der den im Gesetz genannten Grenzbetrag übersteigt, mit dem jeweils höheren Prozentsatz belastet wird[578]. **1102**

Lösung Fall 46 (Rn 1084): (1) A wendet bewusst und gezielt Geldbeträge für seine Behandlung auf. Der Aufwendungsbegriff ist erfüllt. **1103**

(2) Es handelt sich um private Aufwendungen, die weder den Betriebsausgaben- oder den Werbungskosten- oder den Sonderausgabentatbestand erfüllen.

---

570 BFH, III R 30/88, BStBl II 1992, 179; III R 63/91, BStBl II 1993, 286 (288).
571 BFH, VI R 60/14, BFH/NV 2017, 571 mwN (auch Abgeltung von Schäden).
572 *Kanzler*, FR 2014, 209 ff; *Endert*, FR 2016, 66; *Urban*, FR 2016, 217.
573 BFH, VI R 42/10, BStBl II 2011, 1015.
574 BFH, VI R 17/14, BStBl II 2015, 800; strenger bei Strafprozesskosten BFH, VIII R 43/14, BFH/NV 2017, 569 (niemals agB).
575 IdS BFH, VI R 9/16, BStBl II 2017, 988; VI R 19/15, BFH/NV 2017, 1596; VI R 66/14, BFH/NV 2017, 1593; VI R 81/14, BFH/NV 2017, 1595 (Nichtabziehbarkeit von Scheidungskosten).
576 BFH, VI R 32/13, BStBl II 2016, 151; krit *Haupt*, DStR 2016, 902; dagegen *Bareis*, DStR 2017, 823.
577 BFH, VI R 59/08, BStBl II 2009, 808 zur Ermittlung bei getrennt veranlagten Ehegatten.
578 BFH, VI R 75/14, BStBl II 2017, 684.

(3) A ist durch die (von der Krankenkasse nicht übernommenen) Behandlungskosten iHv 3500 € endgültig belastet. Die Behandlung stellt als Dienstleistung keinen Gegenwert für die Ausgaben dar.

(4) Die Aufwendungen sind außergewöhnlich (§ 33 Abs. 1 Satz 1 EStG), da sie durch einen atypischen Lebenssachverhalt (Krankheit) veranlasst sind.

(5) Die Aufwendungen müssten auch zwangsläufig sein (Rn 1097). Dies wird man vorliegend auch nach der neueren (wesentlich großzügigeren) Rspr des BFH (Rn 1097) nicht annehmen können, da hier keine notstandsähnliche Zwangslage besteht, die die Anwendung einer Außenseitermethode rechtfertigen könnte.

Die Kosten für die Ayur-Veda-Behandlung stellen keine agB gem. § 33 EStG dar.

2. Sondertatbestände

a) Außergewöhnliche Belastungen in besonderen Fällen (§ 33a EStG)

1104 **Fall 47:** A und B leben zusammen in einer eingetragenen Lebenspartnerschaft iSd LPartG. A ist voll erwerbstätig und unterstützt B, der noch studiert und jährlich eigene Einkünfte iHv 3000 € erzielt, mit 1000 € im Monat. Die Möglichkeit einer Zusammenveranlagung wie bei Ehegatten (§ 26, § 26b EStG, Rn 634 ff, 674) nehmen A und B nicht in Anspruch. **Rn 1107**

Abwandlung: A und B leben zwar zusammen, sind aber keine eingetragenen Lebenspartner. B stammt aus Brasilien. Zur Erteilung dessen Aufenthaltserlaubnis hat A nachgewiesen, dass er für den Unterhalt des B in Deutschland aufkommt. Ohne diesen Nachweis wäre die Aufenthaltserlaubnis nicht erteilt worden (vgl § 27 Abs. 2, 3 AufenthG). **Rn 1109**

1105 § 33a EStG erfasst oft vorkommende außergewöhnliche Belastungen. Die häufigsten Fälle sind Aufwendungen für Kinder (uU nach § 33a Abs. 1 Satz 1 EStG und ausschließlich nach § 33a Abs. 2 EStG), die im Zusammenhang mit dem Familienleistungsausgleich stehen und daher dort dargestellt werden (Rn 1122). Die Regelungen sind abschließend, dh die genannten Aufwendungen können weder an Stelle noch über den Rahmen des § 33a EStG hinaus nach § 33 EStG geltend gemacht werden (§ 33a Abs. 4 EStG).

1106 *Unterhalts- und Berufsausbildungsaufwendungen gegenüber gesetzlich unterhaltsberechtigten Personen (§ 33a Abs. 1 Satz 1 EStG)*: Abziehbar sind Aufwendungen, die für den Unterhalt und eine Berufsausbildung an eine gesetzlich unterhaltsberechtigte Person geleistet werden, die kein oder nur ein geringes Vermögen (bis 15 500 €)[579] besitzt. Voraussetzung ist, dass für die unterhaltene Person kein Anspruch auf Kindergeld bzw Gewährung des Kinderfreibetrags besteht (§ 33a Abs. 1 Satz 4 EStG). Der Abzug ist jährlich auf die Höhe des steuerlichen Existenzminimums (9168 € [2020: 9408 €], Rn 631) beschränkt, der sich noch reduziert, wenn der Unterhaltsberechtigte eigene Einkünfte und Bezüge erzielt, die 624 € im Kalenderjahr übersteigen (§ 33a Abs. 1 Sätze 1, 5 EStG)[580]. Der Höchstbetrag erhöht sich gem. § 33a Abs. 1 Satz 2 EStG um den Betrag, der im jeweiligen Veranlagungszeitraum nach § 10

579 R 33a.1 Abs. 2 Satz 3 EStR 2012.

580 BFH, IV R 57/15, BStBl II 2017, 194 (Elterngeld als Bezüge).

Abs. 1 Nr 3 EStG für die Absicherung der unterhaltsberechtigten Person aufgewandten Beträge, soweit diese nicht Kranken- oder Pflegeversicherungsbeiträge sind, die bereits nach § 10 Abs. 1 Nr 3 EStG angesetzt wurden. Die gesetzliche Unterhaltspflicht ergibt sich vor allem aus dem BGB (§§ 1361 ff, §§ 1601 ff) und uU aus dem LPartG (§ 5, § 12, § 16). Zudem ist die konkrete Bedürftigkeit des Unterhaltsempfängers iSd § 1602 BGB Voraussetzung für die Annahme der Unterhaltsberechtigung nach § 33a Abs. 1 Satz 1 EStG[581]. Die gesetzliche Pflicht besteht aber nur, soweit dem Leistenden nach Abzug des geleisteten Unterhalts noch angemessene Mittel zur Bestreitung des eigenen Lebensbedarfs verbleiben (sog. „Opfergrenze")[582].

Lösung Fall 47 (Rn 1104): A hat gegenüber B 12 000 € an Unterhalt aufgewendet und war dazu nach § 5 LPartG auch gesetzlich verpflichtet. Die Abziehbarkeit der Aufwendungen (12 000 €) ist aber gem. § 33a Abs. 1 Satz 1 EStG grundsätzlich auf 9168 € beschränkt und wegen der eigenen Einkünfte des B noch um 2376 € (3000 € ./. 624 €) auf 6792 € zu mindern. Im Falle einer Zusammenveranlagung der Lebenspartner entsprechend Ehegatten (§ 26, § 26b EStG, Rn 634 ff, 673) würde § 33a Abs. 1 EStG dagegen verdrängt. **1107**

Unterhalts- oder Berufsausbildungsaufwendungen gegenüber gleichgestellten Personen (§ 33a Abs. 1 Satz 3 EStG): Gleichgestellt werden Unterhaltsleistungen an Personen, wenn und soweit bei ihnen zum Unterhalt bestimmte inländische öffentliche Mittel mit Rücksicht auf die Unterhaltsleistungen des Steuerpflichtigen gekürzt werden (§ 33a Abs. 1 Satz 3 EStG). **1108**

Beispiel: Einem Partner einer eheähnlichen Gemeinschaft wird wegen seines Zusammenlebens mit dem Steuerpflichtigen das Arbeitslosengeld II gekürzt. In dieser Höhe unterstellt § 33a Abs. 1 Satz 3 EStG eine der gesetzlichen Unterhaltspflicht gleichzustellende Pflicht[583].

Lösung der Abwandlung zu Fall 47 (Rn 1104): Mangels gesetzlicher Unterhaltspflicht (keine Lebenspartnerschaft) kann A die Unterhaltsleistungen iHv 6792 € (zur Berechnung s. die Lösung des Grundfalls) nach § 33a Abs. 1 Satz 3 EStG nur abziehen, wenn bei B wegen der Unterhaltsleistungen Sozialleistungen gekürzt worden wären. Das ist aber nicht der Fall, weil B überhaupt keine Sozialleistungen in Anspruch genommen hat. Dennoch nimmt der BFH[584] an, dass jemand, der Unterhalt an einen Lebensgefährten leistet, damit dieser nicht ausgewiesen wird, in einer vergleichbaren Zwangslage ist wie ein gesetzlich zum Unterhalt Verpflichteter. Der Abzug ist daher möglich. **1109**

b) Pauschbetrag für behinderte Menschen, Hinterbliebene und Pflegepersonen (§ 33b EStG)

Der Pauschbetrag für behinderte Menschen, dessen Voraussetzungen und Höhe (gestaffelt nach dem Grad der Behinderung) in § 33b Abs. 1–3 EStG geregelt ist, soll alle mit der Behinderung typischerweise zusammenhängenden außergewöhnlichen Belas- **1110**

581 BFH, VI R 35/09, BStBl II 2011, 267; dazu *Geserich*, DStR 2011, 294.
582 BFH, VI R 21/15, BStBl II 2016, 742; VI R 15/16, BStBl II 2017, 454.
583 *Loschelder*, in: Schmidt, EStG, § 33a Rn 21.
584 BFH, III R 23/05, BStBl II 2007, 41 zur Rechtslage vor Einführung des LPartG (2001). Bei gegenwärtiger Rechtslage ließe sich einwenden, dass die Zwangslage (= keine Ausweisung nur bei Unterhaltsleistung) auch durch die Eintragung einer Lebenspartnerschaft hätte beseitigt werden können.

tungen ohne Einzelnachweis abgelten[585]. Der Steuerpflichtige hat allerdings ein *Wahlrecht*: Er kann auf die Inanspruchnahme des Pauschbetrags verzichten und iRd § 33 EStG Aufwendungen nachweisen. In diesem Fall ist aber die zumutbare Belastung nach § 33 Abs. 3 EStG anzurechnen (Rn 1102).

1111 Nach § 33b Abs. 4 EStG erhalten Hinterbliebene einen *Hinterbliebenen-Pauschbetrag* iHv 370 €, wenn ihnen nach den dort genannten Gesetzen Hinterbliebenenbezüge gewährt werden.

1112 § 33b Abs. 6 EStG gewährt dem Steuerpflichtigen, der eine dort näher beschriebene Pflegetätigkeit ausübt, einen *Pflege-Pauschbetrag* iHv 924 €, der die infolge der Pflegetätigkeit entstandenen Aufwendungen pauschal abgelten soll. Auch hier hat der Steuerpflichtige ein *Wahlrecht*: Er kann stattdessen seine Aufwendungen nach § 33 EStG geltend machen.

IV. Berücksichtigung von Unterhaltsleistungen an Kinder

1113 **Fall 48:** Die Eheleute M haben zwei gemeinsame Kinder A (22 Jahre) und B (25 Jahre), die beide auswärts studieren und von ihren Eltern monatlich je mit 800 € unterstützt werden. A verdient monatlich 400 € als Hilfskraft an einem Lehrstuhl und B monatlich 150 € hinzu. In welcher Höhe können die Eheleute M, die zusammen zur Einkommensteuer 2019 veranlagt werden, Aufwendungen für ihre Kinder steuerlich geltend machen? **Rn 1120, 1123 und 1125**

1114 Die Berücksichtigung von Aufwendungen für Kinder ist im EStG unübersichtlich geregelt. Es lassen sich aber *zwei Arten* unterscheiden: Einerseits mindern Freibeträge die steuerliche Bemessungsgrundlage *unabhängig* davon, ob und in welcher Höhe tatsächlich Aufwendungen getätigt worden sind. Überdies können *getätigte* Aufwendungen bis zu bestimmten Höchstgrenzen geltend gemacht werden.

1. Berücksichtigung der Kindesaufwendungen durch Freibeträge/ Kindergeld

1115 Die Unterhaltspflicht der Eltern gegenüber ihren Kindern wird zunächst im sog. **Familienleistungsausgleich** berücksichtigt (§ 31 EStG). Danach wird zunächst monatlich ein **Kindergeld** als **Steuervergütung** (§ 31 Satz 3 EStG, vgl Rn 312 f) ausgezahlt (geregelt in §§ 62–78 EStG). Das Kindergeld beträgt für das erste und zweite Kind jeweils 204 € monatlich, für dritte Kinder 210 € und für das vierte und jedes weitere Kind jeweils 235 € (§ 66 Abs. 1 EStG). Wird dadurch eine steuerliche Freistellung eines der Unterhaltspflicht entsprechenden Einkommensbetrags nicht erreicht, sind bei der Veranlagung die **Freibeträge nach § 32 Abs. 6 EStG** vom Einkommen abzuziehen. Das Kindergeld ist dann nach § 31 Satz 4 EStG zu verrechnen.

1116 Nach der Rspr des BVerfG ist es verfassungsrechtlich geboten, den Unterhaltsaufwand sowie – typisiert – den Erziehungs- und Betreuungsaufwand durch Abzugsbeträge von der Bemes-

585 Ausnahme: ua Kfz-Kosten, dazu *Loschelder*, in: Schmidt, EStG, § 33b Rn 9.

sungsgrundlage zu berücksichtigen. Eine alleinige Gewährung von Kindergeld würde nur dann genügen, wenn dadurch die durch die Unterhaltspflicht geminderte subjektive Leistungsfähigkeit voll ausgeglichen wird, wenn also das Kindergeld für Bezieher von Einkommen in der zweiten oberen Proportionalzone (Rn 631) die Wirkung eines Freibetrags hat[586].

Freibeträge für Kinder (§ 32 Abs. 6 EStG): Zunächst wird ein **Kinderfreibetrag** für das sächliche Existenzminimum des Kindes iHv *4980 €* (2 × 2490 €) je Kind gewährt (2020: 5172 € [2 × 2586 €])[587]. Daneben wird der **Betreuungs- und Erziehungs- oder Ausbildungsbedarf** durch einen einheitlichen Freibetrag iHv *2640 €* (2 × 1320 €) berücksichtigt. Die Freibeträge werden bei zusammenveranlagten Eltern vollständig und bei getrennt veranlagten Eltern entweder bei einem Elternteil vollständig oder bei jedem Elternteil hälftig berücksichtigt und mindern jeweils das Einkommen (§ 2 Abs. 5 EStG). Die Freibeträge werden nur für *Kinder* (vgl § 32 Abs. 1 und 2 EStG) gewährt, die ein bestimmtes *Alter* (§ 32 Abs. 4 EStG) nicht überschritten haben. 1117

Altersgrenze: Die Freibeträge werden regelmäßig nur bis zur Vollendung des *18. Lebensjahres* gewährt (§ 32 Abs. 3 EStG). Bis zur Vollendung des *25. Lebensjahres* wird ein Kind nur berücksichtigt, wenn es sich in einer Berufsausbildung[588] oder in einer Übergangszeit zwischen zwei Ausbildungsabschnitten (bis vier Monate) befindet, keinen Ausbildungsplatz bekommen hat oder einen freiwilligen Dienst[589] absolviert (§ 32 Abs. 4 Nr 2 EStG). Zwischen dem 18. und 21. Lebensjahr werden Kinder auch dann berücksichtigt, wenn sie nicht in der Ausbildung und arbeitslos gemeldet sind (§ 32 Abs. 4 Nr 1 EStG). Wehr- oder Zivildienstzeiten erhöhen die Altersgrenzen (§ 32 Abs. 5 EStG). Lediglich für Kinder, die aufgrund einer Behinderung nicht in der Lage sind, sich selbst zu unterhalten, gilt keine Altersgrenze, wenn die Behinderung vor dem 25. Lebensjahr eingetreten ist (§ 32 Abs. 4 Nr 3 EStG). 1118

Eigene Einkünfte und Bezüge der Kinder spielen seit 2012 keine Rolle mehr. Nach Abschluss einer erstmaligen Berufsausbildung[590] oder eines Erststudiums[591] wird ein Kind jedoch nicht berücksichtigt, wenn die Erwerbstätigkeit 20 Wochenstunden überschreitet (§ 32 Abs. 4 Satz 2 und 3 EStG). 1119

Lösung Fall 48 (1) (Rn 1113): Den Eheleuten M wird für **Kind A** (22 Jahre) zunächst Kindergeld iHv 204 € (§ 66 EStG) als monatliche Steuervergütung gewährt, weil A die *Altersgrenze* nicht überschritten hat (§ 63 Abs. 1 Satz 2 iVm § 32 Abs. 4 Satz 1 Nr 2 EStG). Dass A einen Nebenverdienst hat, spielt keine Rolle, solange seine wöchentliche Arbeitszeit 20 Stunden nicht überschreitet (§ 32 Abs. 4 Satz 3 EStG). Falls die Gewährung des Kindergeldes (2448 € im Jahr) nicht die finanzielle Entlastung bewirkt hat, die durch die Gewährung der Freibeträge nach § 32 Abs. 6 Satz 1 und 2 EStG (4980 € [ab VZ 2020: 5172 €] und 1120

586 BVerfG, 1 BvL 20/84 ua, BVerfGE 82, 60 (87 ff); 2 BvR 1057/91 ua, BVerfGE 99, 216 (233 ff). Anders noch BVerfG, 1 BvR 150/75, BVerfGE 43, 108 (120 ff).

587 Vgl BFH, III R 1/09, BStBl II 2018, 96 (Berechnung verfassungsgemäß [2000 bis 2004]).

588 BFH, III R 27/15, BStBl II 2017, 278 zu Mindestanforderungen; III R 3/16, BFH/NV 2017, 1304 (uU auch Sprachkurs im Ausland); III R 16/17, BStBl II 2018, 402 (Unterbrechung wegen U-Haft); III R 19/16, BStBl II 2018, 131 (Endzeitpunkt); III R 25/18, BStBl II 2019, 256 (konkreter Berufsbezug erforderlich).

589 BFH, III R 53/13, BStBl II 2015, 282 (nicht freiwilliger *Wehr*dienst, der aber uU Berufsausbildung ist).

590 BFH, XI B 57/17, BFH/NV 2018, 22 (Fortbildung keine Erstausbildung); III R 26/18, BFHE 263, 209 mwN zur Abgrenzung einer mehraktigen einheitlichen Erstausbildung von einer berufsbegleitend durchgeführten Weiterbildung (Zweitausbildung).

591 BFH, III R 52/13, BStBl II 2015, 152 duales Studium als einheitliche Erstausbildung.

2640 €) eingetreten wäre, sind die Freibeträge zu gewähren und das Kindergeld zur Vermeidung einer Doppelberücksichtigung der tariflichen Einkommensteuer (§ 2 Abs. 6 EStG) hinzuzurechnen (§ 31 Satz 4 EStG).

Dieses System, das vom BVerfG ausdrücklich als verfassungsrechtlich geboten angesehen wurde (Rn 1116), bewirkt, dass Eltern mit hohem Einkommen, bei denen die Freibeträge nach § 32 Abs. 6 EStG zum Zuge kommen, für ihre Kindesaufwendungen im Ergebnis höher finanziell entlastet werden als Eltern mit niedrigeren Einkommen, bei denen bereits durch Zahlung des Kindergeldes das Kindesexistenzminimum hinreichend steuerfrei gestellt ist.

Für ihr **Kind B** besteht hingegen kein Kindergeldanspruch und damit auch kein Anspruch auf Einräumung eines Freibetrages nach § 32 Abs. 6 EStG, weil B die Altersgrenze durch Vollendung des 25. Lebensjahres überschritten hat (s. aber Rn 1124).

1121 *Entlastungsbetrag für Alleinerziehende (§ 24b EStG):* **Alleinerziehende** können jährlich einen **Entlastungsbetrag** (1908 €) von der Summe der Einkünfte (vgl § 2 Abs. 3 EStG) abziehen, wenn sie ein Kind in ihrem Haushalt haben (§ 24b Abs. 1 Satz 2 EStG), für das Freibeträge nach § 32 Abs. 6 EStG (Rn 1115) gewährt werden (§ 24b Abs. 2 Satz 1 EStG)[592]. Für jedes weitere Kind erhöht sich der Betrag um 240 € (§ 24b Abs. 2 Satz 2 EStG). Die Entlastung wird ausdrücklich *nicht* für Alleinerziehende gewährt, die eine Hausgemeinschaft mit einer anderen volljährigen Person (auch ältere Geschwister) bilden, für die keine Freibeträge nach § 32 Abs. 6 EStG gewährt werden (§ 24b Abs. 3 EStG)[593]. Die Einschränkung soll vor allem sicherstellen, dass gerade die besondere Lebenssituation von Alleinerziehenden berücksichtigt und nicht mittelbar die nichteheliche Lebensgemeinschaft in verfassungswidriger Weise gegenüber der Ehe (Verstoß gegen Art. 6 GG) steuerlich begünstigt wird[594].

1122 *Sonderbedarf für die Berufsausbildung (§ 33a Abs. 2 EStG)*[595]*:* Ergänzend wird auf Antrag ein abgeltender Freibetrag iHv 924 € für jedes volljährige Kind gewährt, das sich in der **Berufsausbildung** befindet, **auswärtig untergebracht** ist und für das Freibeträge nach § 32 Abs. 6 EStG (Rn 1115) gewährt werden. Der abgeltende Freibetrag wird vom Gesamtbetrag der Einkünfte abgezogen (§ 33a Abs. 2 Satz 1 EStG).

1123 **Lösung Fall 48 (2)** (Rn 1113): Die Eheleute M können für ihr auswärtig studierendes **Kind A** (22 Jahre), für das sie Anspruch auf einen Freibetrag nach § 32 Abs. 6 EStG haben, einen abgeltenden Ausbildungsfreibetrag als außergewöhnliche Belastung (§ 33a Abs. 2 EStG) geltend machen. Der Freibetrag (924 €) wird durch die eigenen Einkünfte des Kindes nicht gemindert.

2. Begrenzte Berücksichtigung getätigter Kindesaufwendungen

1124 *Aufwendungen für Unterhalt oder Berufsausbildung ohne Einräumung der Freibeträge für Kinder (§ 33a Abs. 1 Sätze 1, 4–7 EStG):* Werden keine Freibeträge für Kinder (§ 32 Abs. 6 EStG) gewährt, vor allem weil das Kind die Altersgrenze überschritten

592 Dazu BMF v. 23.10.2017, BStBl II 2017, 1432.
593 BFH, III R 104/06, BFH/NV 2008, 545; III R 26/10, BStBl II 2012, 815.
594 BVerfG, 2 BvR 1057/91 ua, BVerfGE 99, 216 (233 ff); 2 BvR 310/07, BStBl II 2009, 884.
595 BFH, III R 111/07, BStBl II 2011, 281 (verfassungsgemäß).

hat (Rn 1118), können *Aufwendungen* für den *Unterhalt* oder eine *Berufsausbildung*, die an gesetzlich unterhaltsberechtigte Kinder (§ 1601 BGB) geleistet werden, jährlich bis zu einem Höchstbetrag von 9168 € (2020: 9408 €) als außergewöhnliche Belastungen den Gesamtbetrag der Einkünfte (§ 2 Abs. 4 EStG) mindern. Der Höchstbetrag reduziert sich um eigene Einkünfte und Bezüge des Kindes, soweit diese 624 € jährlich übersteigen (§ 33a Abs. 1 Satz 5 EStG). Höhere Aufwendungen können auch nicht als außergewöhnliche Belastungen iSd § 33 EStG abgezogen werden (§ 33a Abs. 4 EStG).

Lösung Fall 48 (3) (Rn 1113): Die Eheleute M können ihre Aufwendungen für ihr **Kind B** (25 Jahre), für das sie keinen Anspruch auf einen Freibetrag nach § 32 Abs. 6 EStG haben, es aber gleichwohl monatlich mit 800 € unterstützen, nach Maßgabe des § 33a Abs. 1 Sätze 1, 5 EStG als außergewöhnliche Belastungen geltend machen. Die Abziehbarkeit der Aufwendungen (9600 €) ist aber grundsätzlich auf 9168 € beschränkt und wegen der eigenen Einkünfte des Kindes B noch um 1176 € (1800 € ./. 624 €) auf 7992 € zu mindern. 1125

Kinderbetreuungskosten (§ 10 Abs. 1 Nr 5 EStG): Zwei Drittel der nachgewiesenen (§ 10 Abs. 1 Nr 5 Satz 4 EStG) Kinderbetreuungskosten (höchstens jedoch 4000 € jährlich je Kind) können unter folgenden Voraussetzungen als **Sonderausgaben** abziehbar sein: 1126

Abzugsfähig sind Aufwendungen für Dienstleistungen zur Betreuung eines zum Haushalt des Steuerpflichtigen gehörenden Kindes, welches das 14. Lebensjahr noch nicht vollendet hat. Vom Abzug ausgenommen sind Aufwendungen für Unterricht, Sport und andere Freizeitbetätigungen (§ 10 Abs. 1 Nr 5 Satz 2 EStG). Es kommt nicht darauf an, ob die Aufwendungen erwerbsbedingt sind. Abzugsfähig sind auch Aufwendungen für Kinder, die wegen einer vor Vollendung des 25. Lebensjahres eingetretenen körperlichen, geistigen oder seelischen Behinderung außerstande sind, sich selbst zu unterhalten. 1127

Abzugsfähig sind nur *Betreuungskosten*, dh bei der Dienstleistung muss die persönliche Fürsorge für das Kind im Vordergrund stehen. Stellt der Steuerpflichtige zB eine Au-Pair-Kraft an, die sowohl die Kinder betreut als auch Hausarbeiten verrichtet, so kann er nur das Entgelt, das die Kinderbetreuung betrifft, geltend machen. Fehlt eine klare Zuordnung, so erkennt die Finanzverwaltung pauschal 50 % der Gesamtaufwendungen als Kinderbetreuungskosten an[596]. Aufwendungen für Unterricht, die Vermittlung besonderer Fähigkeiten sowie für sportliche und andere Freizeitbetätigungen sind nicht abziehbar (§ 10 Abs. 1 Nr 5 Satz 2 EStG). 1128

596 BMF v. 14.3.2012, BStBl I 2012, 307, Tz 7.

§ 6 Unternehmensteuerrecht

1129 Das Unternehmensteuerrecht bildet den Schwerpunkt der Steuerberatung und ist deshalb schon wegen der beruflichen Perspektiven von besonderer Bedeutung. Es existiert kein einheitliches Unternehmensteuerrecht, vielmehr sind die einschlägigen Rechtsvorschriften über verschiedene Gesetze (insb EStG, KStG, GewStG) verteilt. Den Kern des Unternehmensteuerrechts bildet die steuerliche Gewinnermittlung, die grundsätzlich nach einheitlichen Regeln abläuft, gleichgültig, wie das Unternehmen organisiert ist (Rn 856 ff). Erhebliche Besonderheiten ergeben sich aber aus der Rechtsform, die der Unternehmer gewählt hat. Ein rechtsformneutrales Steuerrecht gibt es nicht, ein solches Gebot lässt sich auch nicht aus Art. 3 Abs. 1 GG ableiten[1]. Mit der Wahl der Rechtsform wird deshalb auch über die steuerliche Belastung entschieden[2]. Im Folgenden wird zwischen der Besteuerung von Personengesellschaften (A.) und Kapitalgesellschaften (B.) unterschieden und sodann auf die Gewerbesteuer (C.) eingegangen, die gleichermaßen für alle Gewerbebetriebe gilt. Zur Besteuerung der Einzelunternehmer und zur Gewinnermittlung Rn 700 ff, 856 ff.

1130 Zwischen der Personengesellschaft und der Kapitalgesellschaft bestehen auch erhebliche **Belastungsunterschiede**. Kapitalgesellschaften zahlen 15 % Körperschaftsteuer (Rn 1302) und ca 14 % Gewerbesteuer (Rn 1336). Bei Personengesellschaften (Mitunternehmern) wird zwar die Gewerbesteuer auf die Einkommensteuer (pauschaliert) angerechnet (§ 35 EStG, Rn 662), dennoch kann die Höchstbelastung etwa 47 % betragen. Um die Belastung für Personengesellschaften (und für gewerbliche Einzelunternehmer) temporär zu mindern, gewährt § 34a EStG diesen eine **Thesaurierungsvergünstigung**. Danach besteht auch für Mitunternehmer von Personengesellschaften die Möglichkeit, nicht entnommene Gewinne mit einem begünstigten Einkommensteuersatz von 28,25 % zu versteuern, was annähernd der Thesaurierungsbelastung von Kapitalgesellschaften entspricht. Bei Entnahme in späteren Jahren fällt allerdings dann eine Nachsteuer iHv 25 % des begünstigten Gewinns an (Rn 657). Das entspricht wiederum der Nachbelastung, mit der Gewinnausschüttungen von Kapitalgesellschaften beim Anteilseigner (natürliche Person) besteuert werden (25 % Abgeltungsteuer, Rn 1312). So soll durch eine Vielzahl unterschiedlicher Regelungen zumindest annähernd eine Belastungsgleichheit hergestellt werden.

A. Besteuerung von Personengesellschaften

I. Überblick

1. Stellung der Personengesellschaften im Steuerrecht

1131 Für die Besteuerung von Personengesellschaften[3] gibt es – anders als bei Körperschaften, für die das KStG (Rn 1211 ff) gilt – kein eigenes Gesetz. Vielmehr sind auf die Besteuerung von Personengesellschaften grundsätzlich die allgemeinen Regeln des EStG anzuwenden; das Gesetz enthält jedoch einige **Sondervorschriften**:

---

1 BVerfG, 2 BvL 2/99, BVerfGE 116, 164 (197 ff); 1 BvR 2130/09, NJW 2010, 2116; aA *Hennrichs*, in: Tipke/Lang, § 10 Rn 4 mwN.
2 Dazu *Jacobs/Scheffler/Spengel*, Unternehmensbesteuerung und Rechtsform, S. 567 ff, 797 ff.
3 S. hierzu auch *Birk/Desens/Tappe*, Klausurenkurs, Übersicht zu Fall 7.

- § 15 Abs. 1 Satz 1 Nr 2 EStG: Umfang der Einkünfte (Rn 1170 ff),
- § 15 Abs. 3 EStG: Umqualifikation als Einkünfte aus Gewerbebetrieb (Rn 1155 ff),
- § 15a EStG: Verlustzurechnung bei beschränkter Haftung von Gesellschaftern (Rn 1175 ff),
- § 16 Abs. 1 Satz 1 Nr 2 EStG: Veräußerung eines Gesellschaftsanteils (Rn 730),
- § 16 Abs. 3 Satz 2–4 EStG: Realteilung einer Mitunternehmerschaft (Rn 1208),
- § 6 Abs. 3, 5 EStG: Buchwertfortführung bei Übertragungs- und Überführungsakten (Rn 1199 ff) und
- § 18 Abs. 4 Satz 2 sowie § 13 Abs. 7 EStG: Verweise auf einzelne Regelungen der § 15, § 15a EStG für Personengesellschaften, mit denen Einkünfte aus selbstständiger Arbeit oder aus Land- und Forstwirtschaft erzielt werden.

Bei genauer Betrachtung ist das häufig – und auch hier – verwendete Schlagwort „Besteuerung der Personengesellschaften" irreführend: Die Personengesellschaft als solche ist weder Steuersubjekt der Einkommen- noch der Körperschaftsteuer. Nach § 2 Abs. 1 Satz 1 EStG unterliegen der Einkommensteuer Einkünfte, die *der Steuerpflichtige* erzielt; steuerpflichtig sind gem. § 1 Abs. 1 Satz 1 EStG aber allein natürliche Personen, also die *Gesellschafter* der Personengesellschaft. **1132**

Daraus hatte die bis Anfang der 1970er-Jahre als herrschend anzusehende **„Bilanzbündeltheorie"** den Schluss gezogen, dass die Personengesellschaft für die Einkommensteuer „überhaupt nicht da" sei. Vielmehr sei die Besteuerung so vorzunehmen, als führe der einzelne Gesellschafter einen eigenen Betrieb in dem Umfang, wie es seinem Anteil an der Personengesellschaft entspricht. Die Bilanz der Personengesellschaft wurde dabei nur als Zusammenfassung von Einzelbilanzen der Gesellschafter betrachtet[4]. **1133**

Die heute überwiegend vertretene Auffassung von der Einordnung der Personengesellschaft in das System des Ertragsteuerrechts folgt dagegen einem „dualen Prinzip" aus einerseits relativer **Einheit der Personengesellschaft** und andererseits der aufgrund ihrer personalen Struktur gegebenen **Vielfalt der Gesellschafter**[5]. Dabei ist der Gedanke leitend, dass neben den genannten steuerlichen Normen (§ 1, § 2 EStG) auch die zivilrechtliche Betrachtung (Teilrechtsfähigkeit; vgl § 124 HGB für Personenhandelsgesellschaften und die Gesamthandslehre[6]) und die wirtschaftlichen Verhältnisse (Gesellschaft als Träger des Gewerbebetriebs[7]) nicht außer Acht gelassen werden dürfen. Die einkunftserzielende Tätigkeit wird von den Gesellschaftern in ihrer gesamthänderischen Verbundenheit ausgeführt, so dass sie *gemeinschaftlich* den Tatbestand einer Einkunftsart verwirklichen. Die Gesellschaft ist einkommensteuerlich „transparent" **(Transparenzprinzip)**. Allerdings wird *die Gesellschaft selbst* als Subjekt der Gewinnerzielung und Gewinnermittlung behandelt. Dies bedeutet, dass sowohl bei der *Qualifikation* der Einkünfte (dh ihrer Einordnung unter eine der Einkunftsarten sowie der Beurteilung der Einkünfteerzielungsabsicht) als auch bei der *Ermittlung* der Einkünfte die Gesellschaft als Einheit zu betrachten ist (sog. *partielle* **1134**

4 Vgl bereits RFH, VI A 422/37, RStBl 1937, 937.
5 BFH, GrS 4/82, BStBl II 1984, 751 (761 ff); GrS 7/89, BStBl II 1991, 691 (698 ff); GrS 3/92, BStBl II 1993, 616 (621 f); GrS 1/93, BStBl II 1995, 617 (620 ff).
6 BGH, II ZR 331/00, BGHZ 146, 341.
7 Ausf *Desens/Blischke*, in: KSM, EStG, § 15 Rn C 1–30.

Steuerrechtsfähigkeit der Personengesellschaft)[8]. Für den einzelnen Gesellschafter können sich jedoch davon abweichende Beurteilungen ergeben, da sich die Frage, ob und welche steuerbaren Einkünfte vorliegen, letztlich allein nach der Tatbestandsverwirklichung durch den Gesellschafter beantwortet, denn nur dieser ist (soweit er eine natürliche Person ist) einkommensteuerpflichtig[9] (vgl zB Rn 1157, 1165 ff).

1135 Die **Zurechnung der Gewinne** erfolgt unmittelbar an die Gesellschafter (in der Sprache des EStG: „Mitunternehmer").

Beispiel: Die A&B-OHG, an der A und B zu je 50 % beteiligt sind, stellt eine Handels- und Steuerbilanz auf, in der sie einen Gewinn aus Gewerbebetrieb iHv 100 000 € ermittelt. Einkommensteuerlich wird dieser zunächst einheitlich von der OHG ermittelte Gewinn jedoch nicht der Gesellschaft, sondern ihren Gesellschaftern nach dem Beteiligungsverhältnis zugerechnet (jeweils 50 000 € Einkünfte aus § 15 Abs. 1 Satz 1 Nr 2 EStG). – Bei der **Gewerbesteuer** ist dagegen allein die OHG selbst mit ihrem Gewerbeertrag steuerpflichtig (§ 5 Abs. 1 Satz 3 GewStG, Rn 1358). Auch umsatzsteuerlich ist sie Steuersubjekt (§ 2 UStG, Rn 1651).

2. Bedeutung der Mitunternehmerschaft

1136 Ist das Vorliegen einer Mitunternehmerschaft zu bejahen (Rn 1141 ff) und erzielt diese auch gewerbliche Einkünfte (Rn 1153 ff), dann ergibt sich die wichtigste Rechtsfolge aus § 15 Abs. 1 Satz 1 Nr 2 Satz 1 HS 2 EStG: Für den Gesellschafter werden auch **von der Gesellschaft bezogene Vergütungen** für Tätigkeiten oder für die Überlassung von Darlehen oder Wirtschaftsgütern (Sondervergütungen) zu Einkünften aus Gewerbebetrieb (Rn 1180 ff). Darüber hinaus werden nach der Rspr auch **Wertänderungen des iRd Beteiligung genutzten Vermögens** des Gesellschafters als gewerbliche Einkünfte erfasst (Rn 1184 ff).

Beispiel: Der Gesellschafter vermietet an seine Gesellschaft ein Grundstück für 5000 € monatlich. Wegen § 15 Abs. 1 Satz 1 Nr 2 Satz 1 HS 2 EStG sind dies nicht Einnahmen aus Vermietung und Verpachtung, sondern aus Gewerbebetrieb.

1137 **Sinn dieser Regelung** ist die (teilweise) *Gleichstellung* der Beteiligten an einer Personengesellschaft *mit einem Einzelunternehmer* sowie die Gleichbehandlung der Gesellschafter unabhängig davon, ob ihre Leistungen an die Gesellschaft in Form einer Gewinnbeteiligung oder eines schuldrechtlichen Entgelts abgegolten werden[10]. Auch Einzelunternehmer können ihren gewerblichen Gewinn nicht dadurch mindern, dass sie „aus ihrem Privatvermögen an ihr Betriebsvermögen" verzinsliche Darlehen geben oder Grundstücke vermieten. Ebensowenig können sie einen Unternehmerlohn vom Gewinn abziehen. Das Einkommensteuerrecht erkennt Verträge zwischen Gesellschafter und Gesellschaft an, lässt jedoch keine Auswirkungen auf die Höhe des gewerblichen Gewinns zu[11]. Insoweit dient die Regelung auch dem Erhalt der gewer-

8 BFH, GrS 4/82, BStBl II 1984, 751 (761): „Eine Personengesellschaft ist … insoweit Steuerrechtssubjekt, als sie in der Einheit ihrer Gesellschafter Merkmale eines Besteuerungstatbestandes verwirklicht, welche den Gesellschaftern für deren Besteuerung zuzurechnen sind".

9 *Desens/Blischke*, in: KSM, EStG, § 15 Rn C 19.

10 BFH, VIII R 53/94, BStBl II 1996, 515 (516); IV R 1/11, BStBl II 2017, 34; krit *Hallerbach*, FR 2016, 1117.

11 BFH, GrS 7/89, BStBl II 1991, 691 (698).

besteuerlichen Bemessungsgrundlage. Zugleich bewirkt die Umqualifikation in gewerbliche Einkünfte eine Steuerverhaftung des iRd Beteiligung genutzten *Vermögens, was zur Folge hat, dass die im Vermögen gebildeten* stillen Reserven (Rn 952) im Falle einer späteren Realisierung steuerbar sind.

Die Einkünfte der Mitunternehmerschaft (dazu gehören auch die genannten Sondervergütungen) sind gem. § 179 Abs. 2 Satz 2, § 180 Abs. 1 Nr 2 lit. a AO *gesondert und einheitlich festzustellen* (Rn 536 ff). Der Feststellungsbescheid ist Grundlagenbescheid für die Einkommensbesteuerung der Gesellschafter (dh bindend für deren Einkommensteuerbescheide, § 182 Abs. 1 AO); dies bedeutet insb, dass der Gesellschafter im Rahmen seiner Einkommensteuererklärung keine vom Feststellungsbescheid abweichende steuerliche Behandlung geltend machen kann. Er muss also seine Ausgaben, die er im Zusammenhang mit seiner Beteiligung geleistet hat, im Feststellungsverfahren geltend machen. **1138**

II. Anwendungsbereich des § 15 Abs. 1 Satz 1 Nr 2 EStG

Fall 49: S beteiligt sich an dem Großhandelsunternehmen des G als stiller Gesellschafter (§ 230 HGB). Nach den vertraglichen Vereinbarungen hat S eine Geldeinlage zu leisten und wird dafür zu 10 % an Gewinn und – bis zur Höhe der Einlage – am Verlust des Unternehmens beteiligt. Bei seinem Ausscheiden steht ihm eine Abfindung zu, die nach betriebswirtschaftlichen Unternehmensbewertungsmethoden zu ermitteln ist. Welche Einkünfte erzielt S? **Rn 1168** **1139**

Die Rechtsfolgen des § 15 Abs. 1 Satz 1 Nr 2 EStG treten ein, wenn (1) eine *Mitunternehmerschaft* iSd Gesetzes vorliegt und (2) diese Mitunternehmerschaft *Einkünfte aus Gewerbebetrieb* erzielt. **1140**

1. Vorliegen einer Mitunternehmerschaft

In § 15 Abs. 1 Satz 1 Nr 2 EStG sind die OHG und KG ausdrücklich als Mitunternehmerschaften (hier verstanden als Oberbegriff aller von § 15 Abs. 1 Satz 1 Nr 2 EStG erfassten Gesellschaftsformen) genannt. **1141**

Darüber hinaus erfasst die Norm aber auch „andere Gesellschaften". Für die Herleitung der Voraussetzungen einer Mitunternehmerschaft in diesen „unbenannten" Fällen sind die in der Norm genannten Gesellschaftsformen (OHG, KG) das Leitbild. Die Rspr fordert daher das (kumulative) Vorliegen von *drei Voraussetzungen*[12]: Es muss sich (a) um ein *zivilrechtliches Gesellschaftsverhältnis* handeln, (b) der Gesellschafter muss *Unternehmerrisiko* tragen und (c) *Unternehmerinitiative* entfalten. **1142**

Zu beachten ist aber, dass die drei Voraussetzungen nach der Rspr keine abschließende Definition bilden, sondern lediglich Merkmale eines *Typusbegriffs* des Mitunternehmers sind, auf die im Einzelfall im Rahmen einer Gesamtwürdigung verzichtet werden kann[13]. Ein Defizit bei der **1143**

12 StRspr, grundlegend BFH, GrS 4/82, BStBl II 1984, 751 (769).

13 BFH, VIII R 12/94, BStBl II 1997, 272; VIII R 63/13, BStBl II 2016, 383 mwN; krit zur Rechtsunsicherheit *Knobbe-Keuk*, Unternehmenssteuerrecht, S. 381 ff.

Mitunternehmerinitiative kann daher durch ein besonders ausgeprägtes Mitunternehmerrisiko ausgeglichen werden und umgekehrt. So sieht etwa die Rspr einen Komplementär (= stark ausgeprägte Initiative), der weder am Gewinn und Verlust der KG noch an deren Vermögen beteiligt ist (= kaum Risiko), dennoch als Mitunternehmer an[14].

a) Zivilrechtliches Gesellschaftsverhältnis

1144 Neben der OHG und KG kommen hier alle anderen (Personen-)Gesellschaftsformen des Zivilrechts in Betracht, namentlich die GbR nach §§ 705 ff BGB (auch als Innengesellschaft[15]), die stille Gesellschaft nach §§ 230 ff HGB, die Partenreederei nach §§ 489 ff HGB, die Partnerschaftsgesellschaft (PartGG) und die Europäische wirtschaftliche Interessenvereinigung (EWIV). Darüber hinaus sind aber auch Personenmehrheiten erfasst, die zivilrechtlich nicht als Gesellschaften eingeordnet werden, mit diesen aber wirtschaftlich vergleichbar sind, in denen also der Beteiligte Unternehmerrisiko trägt und Unternehmerinitiative entfalten kann (zB Bruchteils-, Erben-, Wohnungseigentümer- oder Gütergemeinschaft)[16].

1145 Aus dem Begriff des „Gesellschaftsverhältnisses" iSd § 15 Abs. 1 Satz 1 Nr 2 EStG fallen daher vor allem Kapitalgesellschaften (AG, GmbH) heraus. Die **GmbH & Co. KG** ist dagegen eine Personengesellschaft (KG), deren Gesellschafterin eine GmbH als Komplementärin ist.

1146 Im Übrigen führt auch eine Verknüpfung mehrerer schuldrechtlicher Vertragsbeziehungen (zB Dienst-, Darlehens- oder Pachtverträge; selbst bei gewinnabhängiger Vergütung) mangels eines Gesellschaftsverhältnisses grundsätzlich nicht zu einer Mitunternehmerschaft. Davon macht die Rspr allerdings in Sonderfällen eine Ausnahme und bejaht eine sog. **„verdeckte (oder faktische) Mitunternehmerschaft"**, wenn aufgrund des schlüssigen Verhaltens von einem Gesellschaftsverhältnis auszugehen ist und (insb bei Verträgen unter Angehörigen) Inhalt oder Durchführung der Austauschverträge nicht dem zwischen Fremden Üblichen entsprechen und eine offene oder verdeckte Beteiligung am Gewinn hinzukommt[17]. Mindestvoraussetzung ist dann aber, dass die Beteiligten einen auf den Abschluss eines entsprechenden Gesellschaftsvertrags gerichteten Bindungswillen haben, der sich nicht allein aus der bloßen wirtschaftlichen Machtposition eines Beteiligten ableiten lässt[18].

1147 Mitunternehmer kann auch sein, wer in eigenem Namen, aber für Rechnung eines anderen ein Einzelunternehmen führt, sofern er über die persönliche unbeschränkte Haftung hinaus ein Unternehmerrisiko trägt („Strohmann" bzw Treuhänder)[19]. Auch der Treugeber ist bei **Treuhandverhältnissen** idR Mitunternehmer[20].

1148 Häufig werden an Gesellschaften Kinder und andere Angehörige als nicht tätige Gesellschafter (vor allem als Kommanditisten und stille Gesellschafter) beteiligt, um die Einkünfte auf mehrere Personen verteilen und so Progressionsvorteile erzielen zu können. Auf derartige **„Familienpersonengesellschaften"** wendet die Rspr ihre allgemeinen Grundsätze über Rechtsverhältnisse zwischen Angehörigen an (zivilrechtliche Wirksamkeit, tatsächliche Durchführung, Fremdvergleich; Rn 328)[21]. Sind diese Anforderungen erfüllt, schadet es auch nicht, wenn die (Kom-

14 BFH, VIII R 74/03, BStBl II 2006, 595; IV R 41/14, BStBl II 2017, 1133 (GmbH & Still).
15 BFH, IV R 79/94, BStBl II 1996, 269; I R 35/14, BStBl II 2018, 33.
16 So BFH, GrS 4/82, BStBl II 1984, 751 (768); IV R 6/16, BStBl II 2019, 160.
17 BFH, IV R 65/94, BStBl II 1996, 66; II R 26/07, BStBl II 2009, 602; IV R 45/13, BFH/NV 2017, 459.
18 BFH, VIII R 2/03, BFH/NV 2003, 1564.
19 BFH, III R 21/02, BStBl II 2005, 168.
20 BFH, GrS 4/82, BStBl II 1984, 751; IV R 47/85, BStBl II 1989, 722; IV R 35/10, BFH/NV 2013, 1945; VIII B 75/14, BFH/NV 2016, 551.
21 BFH, IV R 83/06, BStBl II 2009, 798; IV R 27/13, BFH/NV 2016, 1559.

mandit-)Beteiligung dem Kind von dem zuvor als Einzelunternehmer tätigen Elternteil geschenkt worden ist[22]. Allerdings muss die Gewinnverteilung angemessen sein. Ist der Gewinnanteil des Kindes unangemessen hoch (durchschnittliche Rendite > 15 % des gemeinen Werts der Beteiligung), wird er anteilig dem Elternteil zugerechnet (Korrektur nach § 12 Nr 1 EStG).[23]

Aus § 15 Abs. 1 Satz 1 Nr 2 Satz 2 EStG ergibt sich, dass neben natürlichen und juristischen Personen (Beispiel: GmbH & Co. KG) auch Personengesellschaften, die ihrerseits wiederum Mitunternehmerschaften sind, als Mitunternehmer in Betracht kommen (sog. **doppelstöckige Personengesellschaft**, Rn 1182)[24]. **1149**

b) Mitunternehmerrisiko

Ein Gesellschafter trägt *Unternehmerrisiko*, wenn er am Erfolg oder Misserfolg, somit sowohl an Gewinn und Verlust als auch an den stillen Reserven (Wertsteigerungen, die in den Buchwerten der Bilanz nicht zum Ausdruck kommen, Rn 952) der Gesellschaft beteiligt ist[25]. Die Beteiligung an den stillen Reserven erfolgt durch einen Abfindungs- bzw Auseinandersetzungsanspruch des Gesellschafters bei Ausscheiden aus der Gesellschaft bzw bei ihrer Auflösung. Unternehmerrisiko idS ist bei Gesellschaftern einer GbR, OHG bzw KG einschließlich der Kommanditisten nach der gesetzlichen Ausgangslage gegeben. **1150**

Sehr praxisrelevant ist hier die Unterscheidung bei der *stillen Gesellschaft*: Nach dem Regelstatut der §§ 230 ff HGB erhält der stille Gesellschafter bei Auseinandersetzung der Gesellschaft lediglich seine Einlage zurück. In diesem Fall fehlt das Unternehmerrisiko; man spricht von einem „*typisch* still Beteiligten", der mit seinen Gewinnanteilen Einkünfte aus Kapitalvermögen (§ 20 Abs. 1 Nr 4 EStG) erzielt, also eher mit einem Darlehensgeber vergleichbar ist. Anders dagegen, wenn dem Beteiligten über das Gesetz hinausgehende Rechte zukommen, er an Gewinn und Verlust sowie an den stillen Reserven und am Geschäftswert beteiligt ist. Eine solche „*atypisch* stille Gesellschaft" ist eine Mitunternehmerschaft iSd § 15 Abs. 1 Satz 1 Nr 2 EStG, so dass der atypisch still Beteiligte gewerbliche Einkünfte erzielt[26]. **1151**

c) Mitunternehmerinitiative

Der Gesellschafter wird steuerrechtlich nur dann zum Mitunternehmer, wenn er eigene *Unternehmerinitiative* entfalten kann. Damit ist die Teilhabe an unternehmerischen Entscheidungen gemeint[27], vor allem Geschäftsführungs- und Vertretungsbefugnisse sowie Stimmrechte. Wegen der Erwähnung der KG in § 15 Abs. 1 Satz 1 Nr 2 EStG wird man dabei allerdings nicht mehr Rechte verlangen können, als nach dem gesetzlichen Leitbild der §§ 164 ff HGB einem Kommanditisten zustehen. Folglich bejaht man die Unternehmerinitiative schon dann, wenn ein *Mindestmaß* an Stimm- und Kontrollrechten gegeben ist. Andererseits ist jedoch auch der Komman- **1152**

---

22 BFH, IV R 114/91, BStBl II 1994, 635; VIII R 16/97, BStBl II 2001, 186 (188).

23 BFH, IV R 103/83, BStBl II 1987, 54 (57); IV R 83/06, BStBl II 2009, 798; zu Recht krit zur von der Rspr gesetzten sog. 15 %-Grenze *Hennrichs*, in: Tipke/Lang, § 10 Rn 81 mwN.

24 BFH, GrS 7/89, BStBl II 1991, 691 (699); IV R 43/12, BStBl II 2016, 517

25 BFH, VIII R 74/03, BStBl II 2006, 595; VIII R 63/13, BStBl II 2016, 383.

26 ZB BFH, IV R 41/14, BStBl II 2017, 1133; IV R 10/17, BFH/NV 2018, 1268 jeweils mwN; *Schiffers/Forst*, GmbHR 2019, 321.

27 BFH, VIII R 50/92, BStBl II 1994, 282 (285); II R 34/13, BStBl II 2015, 821.

ditist einer KG *kein* Mitunternehmer, wenn seine Rechte durch den Gesellschaftsvertrag deutlich unter das schon schwache gesetzliche Leitbild abgesenkt werden[28].

2. Erzielung von Einkünften aus Gewerbebetrieb

1153 Weitere Voraussetzung für die Anwendung des § 15 Abs. 1 Satz 1 Nr 2 EStG ist, dass Einkünfte aus Gewerbebetrieb vorliegen. Ist dies nicht der Fall, so kann es sich zwar dennoch um eine Mitunternehmerschaft handeln; diese erzielt dann aber Einkünfte aus Land- und Forstwirtschaft (vgl § 13 Abs. 7 EStG) oder aus selbstständiger Arbeit (vgl § 18 Abs. 4 Satz 2 EStG). Soweit auch die Voraussetzungen dieser Einkunftsarten nicht vorliegen, kann eine Personengesellschaft Einkünfte aus Vermietung und Verpachtung oder aus Kapitalvermögen erzielen (vermögensverwaltende Personengesellschaft, Rn 1162 ff).

a) Gewerbliche Tätigkeit (§ 15 Abs. 1 Satz 1 Nr 2, Abs. 2 EStG)

1154 Die Personengesellschaft muss grundsätzlich eine gewerbliche Tätigkeit ausüben, um unter § 15 Abs. 1 Satz 1 Nr 2 EStG zu fallen. Die Notwendigkeit einer gewerblichen Tätigkeit ergibt sich zwar – im Unterschied zu Nr 1 – nicht direkt aus dem Wortlaut der Nr 2, wohl aber im Umkehrschluss zu § 15 Abs. 3 Nr 1 EStG („wenn die Gesellschaft *auch* eine Tätigkeit iSd Abs. 1 Satz 1 Nr 1 ausübt"). Zu den Merkmalen des Gewerbebegriffs vgl § 15 Abs. 2 EStG (Rn 703 ff).

b) Teilweise gewerbliche Tätigkeit (§ 15 Abs. 3 Nr 1 EStG)

1155 Einen wesentlichen Unterschied zur Behandlung von Einzelunternehmern enthält § 15 Abs. 3 Nr 1 EStG: Diese Vorschrift ordnet an, dass Einkünfte einer Personengesellschaft, die nur teilweise eine originär gewerbliche Tätigkeit ausübt, einheitlich als Einkünfte aus Gewerbebetrieb zu qualifizieren sind **(„Abfärbung")**[29]. Nach dem Wortlaut („auch") muss es sich um eine eigenständige gewerbliche Tätigkeit handeln, die von mind einer weiteren Tätigkeit, auf die sich die Abfärbung auswirken soll, getrennt werden kann (Möglichkeit einer isolierenden Betrachtung)[30]. Auch das bloße Halten eines Anteils an einer gewerblich tätigen *anderen* Personengesellschaft führt nach § 15 Abs. 3 Nr 1 letzter HS EStG zur Abfärbung. Von § 15 Abs. 3 Nr 1 EStG nicht erfasst wird aber der Fall, dass ein *Gesellschafter* in seinem Sonderbereich gewerbliche Einkünfte erzielt. Die Norm stellt ausschließlich auf die Tätigkeit und Einkünfte der Gesellschaft selbst ab[31]. Sie bezweckt, die Abgrenzung der verschiedenen Tätigkeiten und die damit verbundenen Schwierigkeiten bei der Gewinnermittlung zu vermeiden und das Gewerbesteueraufkommen zu sichern[32] und wird als verfassungsgemäß angesehen[33].

---

28 BFH, GrS 4/82, BStBl II 1984, 751 (770); IV R 42/13, BFHE 259, 258.
29 Zur Fallbearbeitung *Birk/Desens/Tappe*, Klausurenkurs, Fall 7.
30 BFH, IV R 37/10, BFH/NV 2013, 910.
31 So BFH, XI R 31/05, BStBl II 2007, 378, zu § 15 Abs. 3 Nr 1 EStG aF.
32 BFH, IV R 43/00, BStBl II 2002, 152.
33 BVerfG, 1 BvL 2/04, BVerfGE 120, 1.

Beispiele: Steuerberatungs-GbR (an sich § 18 EStG) mit Kapitalanlagevermittlung[34]; Tanzschule (an sich § 18 EStG) mit Getränkeverkauf[35]; landwirtschaftlich tätige KG, die an einer gewerblich tätigen Personengesellschaft beteiligt ist[36]; ärztliche Gemeinschaftspraxis mit angeschlossener (gewerblicher) Augenklinik[37]. Um der Abfärbewirkung zu entgehen, wird in der Praxis die gewerbliche Tätigkeit auf eine personenidentische Schwestergesellschaft verlagert. Die Rspr hat dieses sog. *Ausgliederungsmodell* grundsätzlich anerkannt[38]. Liegt hingegen eine untrennbare, einheitliche Gesamttätigkeit vor, ist diese nach ihrem Schwerpunkt insgesamt einer Einkunftsart zuzuordnen[39].

Allerdings lässt der BFH bei *äußerst geringfügigen* gewerblichen Anteilen die Rechtsfolgen des § 15 Abs. 3 Nr 1 EStG nicht eintreten und begründet dies mit dem verfassungsrechtlichen Verhältnismäßigkeitsgrundsatz[40]. Nach der Rspr des BFH soll die gewerbliche Tätigkeit als „äußerst geringfügig" anzusehen sein, wenn die gewerblichen Nettoumsatzerlöse **3 %** der Gesamtnettoumsatzerlöse der Gesellschaft und – in Anlehnung an § 11 Abs. 1 Satz 3 Nr 1 GewStG (Rn 1406) – **24 500 €** im Veranlagungszeitraum **nicht** übersteigen[41]. Auch negative gewerbliche Einkünfte sollen nicht zur Abfärbung führen[42]. **1156**

Auch **Freiberufler** können sich zu einer Mitunternehmerschaft zusammenschließen. Bei gemeinschaftlicher freiberuflicher Berufsausübung (zB Anwalts- oder Steuerberater-Sozietät, ärztliche Gemeinschaftspraxis) liegen nach der Rspr bereits dann *in vollem Umfang* gewerbliche Einkünfte vor, wenn auch nur *ein* Beteiligter *berufsfremd* ist[43] (vgl auch Rn 753). Außerdem liegt ein Fall der Abfärbung dann vor, wenn eine Kapitalgesellschaft an einer Personengesellschaft als Gesellschafterin beteiligt ist, da Kapitalgesellschaften nach § 8 Abs. 2 KStG immer gewerbliche Einkünfte erzielen und somit in einer sonst freiberuflich tätigen Personengesellschaft als berufsfremd anzusehen sind[44]. Mit § 15 Abs. 3 Nr 1 EStG ist dieses Ergebnis kaum zu begründen, da es nicht um eine zusätzliche gewerbliche *Tätigkeit* der Gesellschaft geht, sondern die Mitunternehmer jeweils nur ihrer freiberuflichen bzw gewerblichen Tätigkeit nachgehen. Die Rspr führt den „Widerspruch zum Wesen des freien Berufs" und das Standesrecht zur Begründung an[45]. Teile der Literatur folgen dem nicht, sondern nehmen die Einkünftequalifikation erst auf der Ebene der Gesellschafter vor und kommen bei den Gesellschaftern, die die persönlichen Merkmale freiberuflicher Tätigkeit erfüllen, zu Einkünften aus § 18 EStG[46]. **1157**

34 BFH, I R 133/93, BStBl II 1995, 171.
35 BFH, IV R 31/94, BStBl II 1995, 718.
36 BFH, IV R 7/92, BStBl II 1996, 264.
37 BFH, IV R 43/00, BStBl II 2002, 152.
38 BVerfG, 1 BvL 2/04, BVerfGE 120, 1 (53 f); BFH, IV R 11/97, BStBl II 1998, 603.
39 BFH, IV R 60/95, BStBl II 1997, 567; XI R 19/05, BFH/NV 2007, 1315.
40 BFH, XI R 12/98, BStBl II 2000, 229.
41 BFH, VIII R 6/12, BStBl II 2015, 1002; VIII R 41/11, BStBl II 2015, 999; VIII R 16/11, BStBl II 2015, 996.
42 BFH, IV R 5/15, BFHE 261, 157 (164).
43 BFH, VIII R 254/80, BStBl 1985, 584; IV R 48/99, BStBl II 2001, 241; VIII R 69/06, BStBl II 2009, 642.
44 BFH, VIII R 73/05, BStBl II 2008, 681; VIII R 42/10, BStBl II 2013, 79.
45 Vgl BFH, I 84/55 U, BStBl III 1956, 103.
46 *Hennrichs*, in: Tipke/Lang, § 10 Rn 62; differenzierend *Desens/Blischke*, in: KSM, § 15 Rn C 85 ff.

1158 Als besonders misslich erweist sich diese Rspr im Erbfall, wenn ein Berufsträger von berufsfremden Erben beerbt wird. Jedenfalls in diesen Fällen wird man mit dem Hinweis auf fehlende Unternehmerinitiative des Laien-Miterben wenigstens Übergangsfristen zulassen müssen[47].

c) Gewerblich geprägte Personengesellschaft (§ 15 Abs. 3 Nr 2 EStG)

1159 § 15 Abs. 3 Nr 2 EStG erweitert den Anwendungsbereich von § 15 Abs. 1 Satz 1 Nr 2 EStG selbst auf solche Gesellschaften, die gar keine gewerbliche Tätigkeit entfalten, sofern es sich um **gewerblich geprägte Personengesellschaften** handelt[48]. Darunter versteht das Gesetz Personengesellschaften, bei denen ausschließlich Kapitalgesellschaften[49] (oder im Fall der mehrstöckigen Gesellschaft andere gewerblich geprägte[50] Personengesellschaften, § 15 Abs. 3 Nr 2 Satz 2 EStG) *persönlich haftende Gesellschafter* sind. Typisches Beispiel ist die GmbH & Co. KG[51]. Hinzukommen muss allerdings, dass zur *Geschäftsführung* nur diese Kapitalgesellschaften oder Nichtgesellschafter befugt sind[52]. Ist dagegen ein nicht persönlich haftender Gesellschafter (etwa ein Kommanditist) zur Geschäftsführung befugt, greift § 15 Abs. 3 Nr 2 EStG nicht ein (sog. „Entprägung“).

1160 Wegen dieser Voraussetzung kann der Steuerpflichtige durch entsprechende Gestaltung in aller Regel frei wählen, ob er den Tatbestand des § 15 Abs. 3 Nr 2 EStG erfüllt und damit gewerbliche Einkünfte erzielt („Gewerbebetrieb auf Antrag“). Dies kann für ihn trotz der damit verbundenen Steuerverstrickung des betrieblich genutzten Vermögens (dh im Gegensatz zum Privatvermögen Steuerbarkeit realisierter Wertsteigerungen) und der Gewerbesteuerbelastung in manchen Fällen (zB Erhalt von Investitionszulage, Aufschub der Versteuerung stiller Reserven durch Vermeidung einer Betriebsaufgabe) von Vorteil sein.

1161 Die Norm ist im heutigen Verständnis von der Stellung der Personengesellschaft im Steuerrecht (Rn 1134) ein Fremdkörper. Sie beruht noch auf der früheren Bilanzbündeltheorie: Unter deren Einfluss hatten RFH und BFH vertreten, dass die Verhältnisse des prägenden Gesellschafters maßgeblich für die gesamte Gesellschaft seien; die Komplementär-Kapitalgesellschaft erziele wegen § 8 Abs. 2 KStG aber immer Einkünfte aus Gewerbebetrieb. Diese *„Geprägerechtsprechung“* wurde 1984 im Zuge der Abkehr von der Bilanzbündeltheorie zu Recht aufgegeben[53]. Der Gesetzgeber verankerte sie dann ausdrücklich in § 15 Abs. 3 Nr 2 EStG.

d) Vermögensverwaltende Personengesellschaft

1162 Keine gewerbliche Tätigkeit üben rein **vermögensverwaltende** Personengesellschaften aus (zB Fondsgesellschaften) – sofern sie nicht nach § 15 Abs. 3 Nr 2 EStG gewerblich geprägt sind. Vermögensverwaltung liegt nach der stRspr vor, wenn sich die Tätigkeit als Nutzung von Vermögenswerten durch Fruchtziehung aus zu erhaltender Substanz darstellt (typisches Beispiel: Vermietung); hingegen liegt ein Gewerbebetrieb vor, wenn nach dem Gesamtbild der Betätigung die Umschichtung von Vermö-

47 So auch *Wacker*, in: Schmidt, EStG, § 18 Rn 45 ff mwN.
48 Zur Verfassungsmäßigkeit BVerfG, 1 BvL 2/04, BVerfGE 120, 1 (43 ff).
49 BFH, XI R 15/05, BStBl II 2007, 924: auch ausländische Kapitalgesellschaften.
50 BFH, IV R 37/99, BStBl II 2001, 162 (164): auch bei zugleich originärer Gewerblichkeit.
51 BFH, IV R 35/13, BStBl 2017, 116: nicht bei GbR mit natürlicher Person.
52 Zur Abgrenzung BFH, IV R 42/14, BStBl II 2017, 1126.
53 BFH, GrS 4/82, BStBl II 1984, 751 (761).

genswerten und deren Verwertung als Vermögenssubstanz in den Vordergrund tritt (typisches Beispiel: Handel)[54].

Für die vermögensverwaltende Personengesellschaft gilt § 15 Abs. 1 Satz 1 Nr 2 EStG nicht (keine Mitunternehmerschaft), sondern § 39 Abs. 2 Nr 2 AO. Ihre gemeinschaftlich erzielten Einkünfte (zB aus Vermietung und Verpachtung) werden durch Einnahme-Überschuss-Rechnung auf der Ebene der Gesellschaft ermittelt und den Gesellschaftern zugerechnet. **1163**

Der vermögensverwaltenden Personengesellschaft kommt also insoweit begrenzte Steuerrechtssubjektivität zu, als sie selbst Überschüsse oder Verluste aus einer Überschusseinkunftsart erzielt. Entsprechend der **sog. Bruchteilsbetrachtung** werden die einkommensteuerrechtlich relevanten Vorgänge und die zum Gesamthandsvermögen der Personengesellschaft zählenden Wirtschaftsgüter gem. § 39 Abs. 2 Nr 2 AO dem Gesellschafter nach Maßgabe seiner Beteiligungsquote zugerechnet[55]. Erzielt etwa die Personengesellschaft in gesamthänderischer Verbundenheit Einkünfte aus VuV (§ 21 EStG), so werden diese quotenmäßig den Gesellschaftern zugerechnet. Leistungsbeziehungen zwischen Gesellschaft und Gesellschaftern (zB Vermietung an den Gesellschafter durch die Gesellschaft) werden nur in dem Umfang anerkannt, in dem die Nutzung die Bruchteilsberechtigung des Gesellschafters übersteigt[56]. Verfügt die vermögensverwaltende Personengesellschaft somit über Kapitalbeteiligungen, so ist im Falle der Veräußerung für die Frage der Steuerpflicht des Veräußerungsgewinns nach § 17 Abs. 1 EStG (Rn 732 ff) entscheidend, ob die den Gesellschaftern quotenmäßig zuzurechnenden Anteile der Personengesellschaft an der Kapitalgesellschaft 1 % oder mehr betragen. Es kommt also nicht auf die Beteiligungshöhe der Personengesellschaft, sondern auf den anteiligen Bruchteil des Gesellschafters an[57]. Gesellschafter, die die Quote nicht erreichen, erzielen Einkünfte aus Kapitalvermögen nach § 20 Abs. 2 Satz 1 Nr 1 EStG (Rn 784 ff). Für gewerblich tätige Personengesellschaften wird § 39 Abs. 2 Nr 2 AO dagegen durch § 15 Abs. 1 Satz 1 Nr 2 EStG verdrängt[58]. **1164**

Ausnahmsweise kommt jedoch auf der Ebene der Gesellschafter eine **Umqualifizierung** in eine andere Einkunftsart in Betracht, etwa beim (gewerblichen) Grundstückshandel (Rn 713): Kommt man in einer *Gesamtbetrachtung* aus der eigenen Tätigkeit eines Gesellschafters und der ihm zuzurechnenden Tätigkeit der Gesellschaft zur Annahme der Gewerblichkeit des Grundstückshandels, erzielt (nur) der Gesellschafter insgesamt gewerbliche Einkünfte – einschließlich derjenigen aus der Beteiligung an der vermögensverwaltenden Gesellschaft („*Durchgriff*" durch die Personengesellschaft)[59]. Auch die Gewinnerzielungsabsicht kann erst bei einzelnen Gesellschaftern zu verneinen sein; die auf sie entfallenden Einkünfte – idR Verluste – sind dann nicht steuerbar[60]. **1165**

Halten bei einer vermögensverwaltenden Personengesellschaft einige Gesellschafter ihre Anteile im Betriebsvermögen **(Zebragesellschaft)**, sind die Einkünfte für beide Gruppen unterschiedlich zu ermitteln: Die Zebragesellschaft selbst erzielt Überschusseinkünfte, die gem. § 2 Abs. 2 Satz 1 Nr 2 EStG im Wege des Überschusses **1166**

---

54 Vgl BFH, X R 107-108/89 ua, BStBl II 1990, 1060; IV R 85/06, BStBl II 2009, 795; IV R 34/13, BStBl II 2017, 175 (Vermietung eines Einkaufszentrums kein Gewerbebetrieb).
55 BFH, IX R 68/01, BStBl II 2005, 324; IV R 44/09, BStBl II 2013, 142.
56 BFH, IX R 49/02, BStBl II 2004, 929.
57 BFH, VIII R 41/99, BStBl II 2000, 686 (688).
58 BFH, IX R 68/01, BStBl II 2005, 324.
59 BFH, GrS 1/93, BStBl II 1995, 617 (621); IV R 72/07, BStBl II 2009, 529.
60 BFH, IX R 49/95, BStBl II 1999, 468; X B 121/11, BFH/NV 2013, 1083.

der Einnahmen über die Werbungskosten zu ermitteln sind. Der Überschuss ist einheitlich und gesondert nach den Regeln der vermögensverwaltenden Gesellschaft festzustellen (§ 179 Abs. 2 Satz 2, § 180 AO; Rn 539) und den nicht gewerblich beteiligten Gesellschaftern anteilig zuzurechnen (§ 39 Abs. 2 Nr 2 AO)[61]. Für gewerblich beteiligte Gesellschafter erfolgt eine Umqualifizierung in gewerbliche Einkünfte (und die entsprechende Einkünfteberechnung) auf der **Ebene des Gesellschafters** (Rn 1242)[62]. Die für die Gesellschafter zuständigen Wohnsitzfinanzämter müssen nicht nur prüfen, ob auf Gesellschafterebene („außerhalb der Gesellschaft"[63]) betriebliche Einkünfte vorliegen, sie müssen auch deren Höhe ermitteln.

1167 In diesen Fällen lässt die Rspr den Grundsatz der Einheit der Personengesellschaft (Rn 1134) zugunsten einer auf die *einzelnen Gesellschafter abstellenden* Betrachtungsweise in den Hintergrund treten.

1168 **Lösung Fall 49** (Rn 1139): Stille Gesellschafter erzielen grundsätzlich Einkünfte aus Kapitalvermögen iSd § 20 Abs. 1 Nr 4 EStG. Gem. § 20 Abs. 1 Nr 4 Satz 1 HS 2 EStG liegen jedoch keine Einkünfte aus Kapitalvermögen, sondern aus einer gewerblichen Mitunternehmerschaft (§ 15 Abs. 1 Satz 1 Nr 2 EStG) vor, wenn S als Mitunternehmer anzusehen ist. Die stille Gesellschaft ist in § 15 Abs. 1 Satz 1 Nr 2 EStG nicht ausdrücklich genannt, aber eine „andere Gesellschaft" iSd Zivilrechts. S müsste weiter Unternehmerrisiko tragen und Unternehmerinitiative entfalten können. Unternehmerrisiko trägt S durch die Beteiligung am Verlust und durch die in der Abfindungsregelung zum Ausdruck kommende Beteiligung an den stillen Reserven des Unternehmens. Zur Möglichkeit der Unternehmerinitiative sagt der Gesellschaftsvertrag nichts. Dann kommt das gesetzliche Kontrollrecht des § 233 HGB zur Anwendung. Zwar ist damit nur ein Minimum an unternehmerischer Verantwortung möglich; die Norm entspricht jedoch wörtlich dem Kontrollrecht des Kommanditisten nach § 166 HGB. Wenn das Gesetz aber durch die ausdrückliche Erwähnung der KG in § 15 Abs. 1 Satz 1 Nr 2 EStG zum Ausdruck bringt, dass ein Kommanditist als Mitunternehmer anzusehen ist, wird man hinsichtlich der Unternehmerinitiative auch die identischen Rechte des stillen Gesellschafters ausreichen lassen müssen. Folglich ist S Mitunternehmer einer stillen Gesellschaft (die dann als „atypisch stille Gesellschaft" bezeichnet wird). Die im Großhandel tätige Gesellschaft erzielt auch gewerbliche Einkünfte, so dass S Einkünfte aus § 15 Abs. 1 Satz 1 Nr 2 EStG erzielt.

III. Bestandteile der Einkünfte bei Mitunternehmerschaft

1169 **Fall 50:** An der M-KG, einem mittelständischen Malerbetrieb, sind A als Komplementär und B als Kommanditist jeweils hälftig beteiligt. A hält ferner 20 % der Anteile an einer Wohnungsbau-GmbH, die Renovierungsarbeiten in ihrem Wohnungsbestand überwiegend durch die M-KG durchführen lässt; auf diese Arbeiten entfällt ca ein Viertel des Auftragsvolumens der KG. Auf Anraten eines Unternehmensberaters möchte die KG zur Hebung der Motivation ihrer Arbeitnehmer ein innovatives Mitarbeiterbeteiligungskonzept verwirklichen: Alle länger als ein Jahr beschäftigten Arbeitnehmer sollen aus Mitteln der Gesell-

61 BFH, IV R 44/09, BStBl II 2013, 142.
62 BFH, GrS 2/02, BStBl II 2005, 679.
63 BFH, GrS 2/02, BStBl II 2005, 679 (682).

schaft einen Kommanditanteil iHv 1000 € erhalten, mit dem die üblichen Rechte und Pflichten nach dem HGB verbunden sind. Wie ist der Sachverhalt steuerlich zu würdigen? **Rn 1210**

Die Einkünfte aus einer Mitunternehmerschaft sind *zweistufig* zu ermitteln: Zu den Einkünften gehören nach dem ersten HS des § 15 Abs. 1 Satz 1 Nr 2 Satz 1 EStG die *Gewinnanteile aus der Gesellschaft* (Rn 1173 ff), nach dem zweiten HS die *Sondervergütungen* (für Tätigkeiten, Darlehen, Überlassung von Wirtschaftsgütern, Rn 1178 ff)[64]. **1170**

Im Falle der Gewinnermittlung durch Betriebsvermögensvergleich (Rn 856 ff) ist dann folgendermaßen vorzugehen: Zunächst ist die Steuerbilanz der Gesellschaft aufzustellen. Diese besteht aus der Gesellschaftsbilanz und eventuell aus korrigierenden *Ergänzungsbilanzen* (Rn 1196 f) für einzelne Gesellschafter. Daraus ergeben sich dann die Gewinnanteile iSd HS 1 des § 15 Abs. 1 Satz 1 Nr 2 Satz 1 EStG *(erste Stufe)*. In der *zweiten Stufe* der Gewinnermittlung sind je nach Bedarf *Sonderbilanzen* für das Sonderbetriebsvermögen aufzustellen und die Sonderbetriebseinnahmen und -ausgaben der Gesellschafter zu erfassen (HS 2 des § 15 Abs. 1 Satz 1 Nr 2 Satz 1 EStG). Zur Ermittlung des dem einzelnen Gesellschafter zuzurechnenden Gewinns sind dann die Ergebnisse beider Schritte zu addieren. **1171**

Auch *Freiberufler* (Einkünfte aus § 18 Abs. 1 Nr 1 EStG) können eine Mitunternehmerschaft begründen. Sie können ihren Gewinn nach § 4 Abs. 3 EStG durch Überschussrechnung ermitteln (Rn 972 ff). Auch dabei wird die zweite Stufe (Sondervergütungen und Sonderbetriebsvermögen) in die Gewinnermittlung miteinbezogen, vgl den Verweis in § 18 Abs. 4 Satz 2 EStG auf § 15 Abs. 1 Satz 1 Nr 2 EStG (ebenso § 13 Abs. 7 EStG). Keine Mitunternehmerschaft ist dagegen die *vermögensverwaltende Personengesellschaft* (Rn 1162), deren Überschusseinkünfte nach §§ 8 ff EStG ermittelt werden. Da § 15 Abs. 1 Satz 1 Nr 2 EStG nicht anwendbar ist, gibt es auch keine zweite Stufe der Einkünfteermittlung. **1172**

1. Gewinnanteile aus der Gesellschaft (§ 15 Abs. 1 Satz 1 Nr 2 Satz 1 HS 1 EStG)

a) Ermittlung und Verteilung des Gewinns

Für die **Ermittlung** des Gewinns aus der Gesellschaft gelten die allgemeinen Gewinnermittlungsgrundsätze (§§ 4–7k EStG, Rn 856 ff). Zum Betriebsvermögen der Gesellschaft gehören *alle* Wirtschaftsgüter, die ihr steuerlich zuzurechnen sind; die Zurechnung beurteilt sich nach § 39 Abs. 1, 2 AO (Rn 317 ff). Die Widmung eines Wirtschaftsguts zu betrieblichen Zwecken wird idR durch den Ausweis der mit diesen Wirtschaftsgütern zusammenhängenden Aufwendungen und Erträgen in der Buchführung der Personengesellschaft und durch die Aktivierung dieser Wirtschaftsgüter zum Ausdruck gebracht[65]. Wird ein zum Betriebsvermögen der Gesellschaft gehörendes Wirtschaftsgut für private Zwecke des Gesellschafters entnommen, so wird es notwendiges Privatvermögen[66]. **1173**

Die **Gewinnverteilung** richtet sich nach dem Gesellschaftsvertrag (Gewinnverteilungsschlüssel) und kann zB nach der jeweiligen Beteiligung der Mitunternehmer am **1174**

64 Zur Fallbearbeitung *Birk/Desens/Tappe*, Klausurenkurs, Fall 6 und Fall 7.
65 BFH, IV B 22/01, BStBl II 2002, 690 (692).
66 BFH, VIII R 353/82, BStBl II 1988, 418; IV R 64/93, BStBl II 1996, 642.

Gesamthandsvermögen erfolgen. Im Gegensatz zu Kapitalgesellschaften kommt es für die Gewinnzurechnung beim Gesellschafter nicht darauf an, ob Gewinne „ausgeschüttet“ bzw entnommen worden sind: Die Personengesellschaft ist insoweit **„transparent“** (Rn 1134), als der Gewinn den Gesellschaftern direkt zugerechnet wird.

b) Zurechnung von Verlusten; Beschränkung des Verlustausgleichs in den Fällen des § 15a EStG und § 15b EStG

1175 Eine unmittelbare Zurechnung des Ergebnisses der Personengesellschaft an deren Gesellschafter findet auch statt, wenn die Gesellschaft keine Gewinne, sondern *Verluste* erzielt. Diese aufgrund der „Transparenz“ eintretende Rechtsfolge ist gerade der Vorteil der Personengesellschaft gegenüber der Kapitalgesellschaft, deren Verluste sich steuerlich mangels Ausschüttung für die Anteilseigner nicht auswirken.

1176 Allerdings findet ein Ausgleich von Verlusten gem. **§ 15a EStG** insoweit nicht statt[67], als ein Gesellschafter im Außenverhältnis[68] nur beschränkt haftet (idR nur bis zur Höhe seiner Einlage[69], zB bei Kommanditisten) und diese Haftsumme bereits durch zuvor zugerechnete Verluste erreicht ist. Das dann entstehende sog. *negative Kapitalkonto*[70] stellt keine wirtschaftliche Belastung dar, wenn nicht damit zu rechnen ist, dass der Gesellschafter deswegen durch Dritte oder Mitgesellschafter in Anspruch genommen wird. Wirtschaftlich belasten den Kommanditisten über seine Einlage hinausgehende Verlustanteile nur dann, wenn ihm später wieder Gewinnanteile zuzurechnen sind. Deshalb können die Verluste mit zukünftigen Gewinnen verrechnet werden und sind daher gem. § 15a Abs. 4 EStG gesondert festzustellen. Die Verlustnutzungsbeschränkung ist verfassungsgemäß[71].

1177 Wie § 15a soll auch **§ 15b EStG** die Betätigung sog. **Verlustzuweisungsgesellschaften** eingrenzen. Die Norm soll eine Mindestbesteuerung auch von „reichen Abschreibungskünstlern“ sicherstellen. Soweit sie im Zusammenhang mit einem „Steuerstundungsmodell“ (§ 15b Abs. 2 EStG) stehen, begründet § 15b EStG (ggf iVm § 13 Abs. 7, § 18 Abs. 4 Satz 2, § 20 Abs. 7, § 21 Abs. 1 Satz 2, § 22 Nr 1 HS 2 oder § 32b Abs. 1 Satz 3 EStG) ein *Verlustausgleichs- und -abzugsverbot* (Rn 622 f). Die Verluste dürfen nach § 15b Abs. 1 Satz 2 EStG lediglich mit positiven Einkünften aus „derselben Einkunftsquelle“ verrechnet werden. Ausnahmen hierzu enthält § 15b Abs. 3 EStG (Nichtaufgriffsgrenze). Auf Tatbestandsseite knüpft die Norm an die Verwirklichung gesetzlich nicht klar definierter Merkmale an („modellhafte Gestaltung“, „Einkunftsquelle“). Der Wortlaut lässt zwar viele Anwendungsfragen offen[72]. Gleichwohl soll § 15b EStG mit dem rechtsstaatlichen Bestimmtheitsgebot vereinbar sein[73]. Jedenfalls ist die Norm systematisch inkonsequent, da der Gesetzgeber auf der einen Seite Anreize für steuerlich begünstigte Investitionen schafft, auf der anderen Seite die sich aus der steuerlichen Begünstigung (zB hohe Abschreibungssätze) ergebenden Rechtsfolgen (steuerliche Verluste) nicht

67 Zur außerbilanziellen Korrektur *Dornheim*, DStZ 2015, 174.

68 BFH, VIII R 45/98, BStBl II 2002, 339 (unbeschränkte Haftung im Innenverhältnis unbeachtlich); VIII R 31/01, BStBl II 2002, 464 (zusätzliche vertragliche Haftung unbeachtlich).

69 Dazu BFH, IV R 47/13, BStBl II 2017, 391.

70 BFH, IV R 36/14, BStBl II 2017, 905: mit Ergänzungs-, aber ohne Sonderbilanz.

71 BVerfG, 2 BvR 375/00, HFR 2007, 274; BFH, VIII R 81/02, BStBl II 2004, 118; aA *Hennrichs*, in: Tipke/Lang, § 10 Rn 76 ff.

72 Dazu BFH, IV R 59/10, BStBl II 2014, 465; BMF v. 17.7.2007, BStBl I 2007, 542; *Dornheim*, Ubg 2013, 453; *Ronig*, NWB 2014, 1490; *Schuska*, DStR 2014, 825.

73 BFH, IV R 59/10, BStBl II 2014, 465; VIII R 7/13, BStBl II 2017, 700.

mehr berücksichtigt. Die bessere Lösung wäre, die Zahl der steuerlichen Subventionstatbestände zu vermindern[74].

2. Ergebnisse aus Sonderbereichen (§ 15 Abs. 1 Satz 1 Nr 2 Satz 1 HS 2 EStG)

Die zweite Stufe der Gewinnermittlung einer Mitunternehmerschaft wird „Sonderbereich" genannt; man spricht von „Sonderbilanzen", „Sonderbetriebsausgaben" usw. In die Sonderbilanz sind das Sonderbetriebsvermögen und die Sondervergütungen eines Mitunternehmers aufzunehmen. 1178

Sonderbilanzen werden allein zu dem Zweck aufgestellt, den – steuerlichen – Gewinn einer Personengesellschaft richtig zu ermitteln. Regelmäßig sind sie sehr kurz, da sie nur wenige Wirtschaftsgüter enthalten. Wird das einzige in einer Sonderbilanz enthaltene Wirtschaftsgut veräußert, muss für diesen Gesellschafter keine Sonderbilanz mehr geführt werden. 1179

a) Sonderbetriebseinnahmen und -ausgaben

Unmittelbar in § 15 Abs. 1 Satz 1 Nr 2 Satz 1 HS 2 EStG genannt sind die **Vergütungen**, die der Gesellschafter von der Gesellschaft für die Leistung von Diensten oder die Überlassung von Wirtschaftsgütern usw erhält. Diese Vergütungen stellen einerseits Betriebsausgaben (Aufwendungen) der Gesellschaft dar. Sie sind aber wegen § 15 Abs. 1 Satz 1 Nr 2 EStG auch dem einzelnen Gesellschafter als Einkünfte aus Gewerbebetrieb zuzurechnen und fließen dadurch auch in den einheitlich und gesondert festzustellenden (§ 179 Abs. 2 Satz 2, § 180 Abs. 1 Nr 2 lit. a AO) steuerlichen Gesamtgewinn der Mitunternehmerschaft ein. Dieser wird also nur anders aufgeteilt, ändert sich aber in der Summe nicht (wichtig für die Gewerbesteuer, vgl Rn 1362). 1180

§ 15 Abs. 1 Satz 1 Nr 2 EStG bewirkt eine **Umqualifizierung** der Einkünfte eines Mitunternehmers aus Leistungen an die Gesellschaft (zB aus Vermietung und Verpachtung) in solche aus Gewerbebetrieb. Durch schuldrechtliche Gestaltungen, wie bspw dem Abschluss von Dienstverträgen, können die Gewinneinkünfte der Mitunternehmer aus Gewerbebetrieb also nicht gemindert werden, wenn diese Leistungen einen Beitrag zur Förderung des Gesellschaftszweckes darstellen[75]. 1181

Nach *Satz 2* des § 15 Abs. 1 Satz 1 Nr 2 EStG werden Einkünfte auch dann umqualifiziert, wenn die Sondervergütungen nicht von derjenigen Gesellschaft gezahlt werden, an der der Gesellschafter *unmittelbar* beteiligt ist, sondern wenn er sie bei einer **mehrstöckigen Gesellschaft** von einer Gesellschaft erhält, an der er nur *mittelbar* über eine andere Personengesellschaft beteiligt ist (*Beispiel:* A ist Gesellschafter der A&B-OHG, die wiederum Komplementärin der X-KG ist. Von dieser X-KG erhält A eine Tätigkeitsvergütung.)[76]. Die schwer verständliche Norm ist die Reaktion des Gesetzgebers auf eine – verfehlte – gegenteilige Entscheidung des Großen Senats des BFH[77], bei deren Hinnahme eine Vielzahl von Gründungen mehrstöckiger Personengesellschaften den Grundsatz des § 15 Abs. 1 Satz 1 Nr 2 Satz 1 EStG hätte leer laufen lassen. 1182

74 *Birk/Kulosa*, FR 1999, 433; *Seer/Schneider*, BB 1999, 872.
75 BFH, IV R 14/06, BStBl II 2007, 942 (943).
76 Weitergehend BFH, I R 92/12, BFHE 256, 32: auch SBV I und II des mittelbar Beteiligten.
77 BFH, GrS 7/89, BStBl II 1991, 691; krit auch *Hennrichs*, in: Tipke/Lang, § 10 Rn 71, 143.

1183 Diesen *Sonderbetriebseinnahmen* können natürlich auch **Ausgaben** gegenüberstehen (*Beispiele:* Dem für die Gesellschaft tätigen Gesellschafter entstehen Fahrtkosten; für das der Gesellschaft überlassene Grundstück sind Schuldzinsen aufzubringen usw). An sich würde es sich bei derartigen Ausgaben um Werbungskosten zu den Einkünften aus nichtselbstständiger Arbeit bzw Vermietung und Verpachtung handeln. Wegen § 15 Abs. 1 Satz 1 Nr 2 EStG werden diese *Einkünfte* aber zu solchen aus Gewerbebetrieb; dann muss es sich folgerichtig bei den *Ausgaben* um *Sonderbetriebsausgaben* (§ 4 Abs. 4, § 15 Abs. 1 Satz 1 Nr 2 EStG) handeln.

Darüber hinaus sind Sonderbetriebsausgaben alle persönlichen Aufwendungen eines Mitunternehmers, die wirtschaftlich durch seinen Mitunternehmeranteil veranlasst sind[78].

Beispiel: A vermietet der A&B-OHG, an der er zu 50 % beteiligt ist, ein Grundstück für monatlich 5000 €. Aufwendungen (für AfA, Zinsen und Nebenkosten) entstehen bei A iHv 2000 € monatlich. Zusätzlich zahlt A jährlich 6000 € Zinsen für ein Darlehen, mit dem er das Grundstück finanziert hat. Die Handelsbilanz der OHG weist einen Gewinn von 100 000 € aus. Auf A entfallen zunächst 50 % des OHG-Gewinns (50 000 €). Zusätzlich führt die Vergütung für die Überlassung des Grundstücks bei ihm zu Sonderbetriebseinnahmen iHv 60 000 € jährlich, denen Sonderbetriebsausgaben von 24 000 € + 6000 € gegenüberstehen. Der steuerliche Gesamtgewinn der OHG beträgt folglich 130 000 €, von denen 80 000 € dem A und 50 000 € dem B zuzurechnen sind.

b) Sonderbetriebsvermögen

1184 Mit der unmittelbar durch das Gesetz angeordneten Erfassung von Sonderbetriebseinnahmen und -ausgaben hat es aber nicht sein Bewenden. Vielmehr werden auch die der Gesellschaft dienenden *Wirtschaftsgüter* des Gesellschafters als dessen *Sonderbetriebsvermögen* behandelt, so dass – anders als im Privatvermögen – auch Wertänderungen dieses Vermögens zu Einkünften aus Gewerbebetrieb führen[79].

1185 Dies wird mit der möglichst weitgehenden Gleichstellung von Gesellschafter und Einzelunternehmer begründet, bei dem betrieblich genutzte Gegenstände immer Betriebsvermögen sind. Zudem können Ertrag und Substanz eines Wirtschaftsguts im *gewerblichen* Bereich nicht getrennt werden: Wenn Erträge und Aufwendungen zu Betriebseinnahmen/-ausgaben führen, dann müssen auch die Wertänderungen dieses betrieblich genutzten Vermögens in die Einkünfteermittlung einfließen, auch wenn die Rechtsgrundlage dafür umstritten ist[80].

1186 Die Einordnung eines Wirtschaftsguts als Sonderbetriebsvermögen unterliegt **zwei Voraussetzungen**: Das Wirtschaftsgut muss dem Mitunternehmer steuerlich *zuzurechnen* sein (§ 39 AO) und es muss dem Betrieb der Personengesellschaft oder der eigenen Beteiligung *dienen*.

1187 Für die **Zurechnung** ist in erster Linie das zivilrechtliche Eigentum entscheidend (§ 39 Abs. 1 AO). Damit sind Wirtschaftsgüter erfasst, die im Eigentum des Gesellschafters (Allein- oder Bruchteilseigentum) stehen. Das kann zu komplexen **Bilanzie-**

78 *Wacker*, in: Schmidt, EStG, § 15 Rn 640.
79 StRspr seit RFH, VI A 1949/29, RStBl 1932, 388; VI A 1978/31, RStBl 1932, 624.
80 BFH, GrS 3/92, BStBl II 1993, 616 (622): § 4 Abs. 1 EStG. Ausf *Desens/Blischke*, in: KSM, § 15 Rn F 16 ff mwN; *Schneider*, Sonderbetriebsvermögen, 2010, S. 118 ff.

rungskonkurrenzen[81] führen: Lässt sich das Wirtschaftsgut mehreren (Sonder-)Betriebsvermögen zuordnen, muss bestimmt werden, welchem es ausschließlich zuzurechnen ist. Gehört ein Wirtschaftsgut eigentlich zu einem gewerblichen Einzelbetriebsvermögen des Mitunternehmers, soll es dennoch vorrangig seinem Sonderbetriebsvermögen zur Mitunternehmerschaft zuzurechnen sein; § 15 Abs. 1 Nr 2 EStG wird insoweit nicht nur als Einkünfte-Qualifikationsnorm, sondern auch als *Zurechnungsnorm* verstanden[82]. Wird dagegen ein Wirtschaftsgut zwischen zwei *gewerblichen Schwesterpersonengesellschaften* zur Nutzung überlassen, wird das Wirtschaftsgut dem Betriebsvermögen der Eigentümer-Personengesellschaft und nicht dem Sonderbetriebsvermögen der nutzenden Personengesellschaft zugerechnet[83]. Anders ist dies wiederum, wenn das Wirtschaftsgut zu einer *nicht-gewerblichen Gesamthandsgemeinschaft* gehört, bei der die Zurechnung nach § 39 Abs. 2 Nr 2 AO (Rn 321) nicht durch § 15 Abs. 1 Nr 2 EStG verdrängt wird. Hier wird das Wirtschaftsgut anteilig (sog. *Bruchteilsbetrachtung*) zum Sonderbetriebsvermögen des Gesellschafters der nutzenden Personengesellschaft zugeordnet, soweit er auch an der nicht-gewerblichen Gesamthand beteiligt ist[84].

Beispiel: A und seine drei Geschwister bilden eine Erbengemeinschaft nach ihrem verstorbenen Vater. Zur Erbmasse gehört ein Grundstück, das an eine KG vermietet ist, an der A als Kommanditist beteiligt ist. Das Grundstück gehört zu 25 % zum Sonderbetriebsvermögen des A in der KG.

Hinsichtlich der zweiten Voraussetzung unterscheidet man zwischen Wirtschaftsgütern, die dem **Betrieb der Personengesellschaft** dienen (üblicherweise als **Sonderbetriebsvermögen I** bezeichnet) und Wirtschaftsgütern, die der **eigenen Beteiligung des Mitunternehmers** dienen (**Sonderbetriebsvermögen II**)[85]. Rechtliche Konsequenzen hat diese Unterscheidung nicht. 1188

aa) Wirtschaftsgüter, die der Personengesellschaft dienen (Sonderbetriebsvermögen I). Diese weitgehend unbestrittene Fallgruppe umfasst vor allem die **der Gesellschaft zur Nutzung überlassenen Wirtschaftsgüter** (vermietete, aber auch unentgeltlich überlassene Grundstücke; der Gesellschaft gewährte Darlehen). Insoweit ist auch gewillkürtes Sonderbetriebsvermögen denkbar[86]. Daher kann der Mitunternehmer auch zB seinen Pkw, den er zu 30 % für Fahrten im Dienst der Gesellschaft einsetzt, iÜ aber privat nutzt, in seinem Sonderbetriebsvermögen halten. 1189

Zum *passiven* Sonderbetriebsvermögen I gehören alle Verbindlichkeiten, die unmittelbar mit aktiven Wirtschaftsgütern des Sonderbetriebsvermögens I zusammenhän-

---

81 Dazu BFH, VIII R 13/95, BStBl II 1998, 325 (326); IV R 59/04, BStBl II 2005, 830; IV R 34/09, BStBl II 2013, 471; *Stegemann*, DB 2012, 372.

82 BFH, I R 199/75, BStBl II 1979, 759 (759); III R 35/98, BStBl II 2001, 316 (319) jeweils mwN; aA *Söffing*, DB 2007, 1994; *Kerssenbrock*, BB 2000, 763: nur Qualifikationsnorm für WG, die ohne § 15 Abs. 1 Nr 2 EStG kein gewerbliches BV wären (sog. *Subsidiaritätsthese*); ebenfalls einschränkend bei *fremdüblichen Leistungen* des gewerblichen Eigenbetriebs eines Gesellschafters BFH, X R 24/10, BStBl II 2012, 498.

83 BFH, VIII R 63/93, BStBl II 1996, 93 (95 f); VIII R 61/97, BStBl II 1999, 483.

84 Vgl *Krumm*, in: Kirchhof/Seer, EStG, § 15 Rn 314, 358.

85 Vgl nur BFH, VIII R 236/81, BStBl II 1989, 37; VIII R 65/89, BStBl II 1991, 789.

86 *Desens/Blischke*, in: KSM, EStG, § 15 Rn F 341; aA *Krumm*, in: Kirchhof/Seer, EStG, § 15 Rn 327.

gen (zB Darlehen aus dem Erwerb des an die Gesellschaft vermieteten Grundstücks). Entsprechende Zinsen sind dann Sonderbetriebsausgaben[87].

1190 **bb) Wirtschaftsgüter, die der eigenen Beteiligung dienen (Sonderbetriebsvermögen II).** Zum Sonderbetriebsvermögen II gehören die Wirtschaftsgüter, die dem Gesellschafter durch Stärkung seiner Beteiligung zur Erzielung seines Gewinnanteils dienen. Wichtigster Anwendungsfall in der Praxis: Anteile des Kommanditisten einer GmbH & Co. KG an der Komplementär-GmbH.

1191 In diesen Fällen ist die GmbH alleinige persönlich haftende Gesellschafterin der KG und allein zur Geschäftsführung befugt; die Kommanditisten sind aber gleichzeitig an der GmbH beteiligt. Die Rspr ordnet die GmbH-Anteile jedenfalls dann dem Sonderbetriebsvermögen II des Kommanditisten zu, wenn dieser die GmbH durch die Höhe seiner Beteiligung beeinflussen kann[88] und die GmbH über die Geschäftsführung für die KG hinaus keinen wesentlichen eigenen Geschäftsbetrieb führt[89]. Dann könne der Kommanditist über seine Beteiligung an der GmbH die KG beeinflussen, so dass die Anteile an der GmbH seiner Beteiligung an der KG dienten. Teile der Literatur lehnen diese Rspr dagegen als Verstoß gegen den Grundsatz der Tatbestandsmäßigkeit der Besteuerung ab[90]. Das BVerfG hat allerdings keine verfassungsrechtlichen Bedenken gegen die Rechtsfigur des Sonderbetriebsvermögens II und behandelt dies als eine Frage der Auslegung des einfachen Rechts[91].

1192 Zum *passiven* Sonderbetriebsvermögen II gehören neben den Verbindlichkeiten, die unmittelbar mit aktiven Wirtschaftsgütern des Sonderbetriebsvermögens II zusammenhängen, vor allem Darlehen, die zur Finanzierung des Erwerbs der mitunternehmerischen Beteiligung aufgenommen werden und insofern der Beteiligung (aber nicht dem Betrieb der Personengesellschaft) dienen.

c) Gewinnermittlung im Sonderbereich

1193 Für den Sonderbereich gilt weder eine handelsrechtliche Buchführungspflicht (die Gesellschafter selbst sind keine Kaufleute iSd HGB) noch findet sich eine steuerrechtliche Anordnung der Buchführungspflicht, so dass man bei unbefangener Betrachtung zur Zulässigkeit der Gewinnermittlung nach § 4 Abs. 3 EStG käme.

1194 Die ganz überwiegende Literaturmeinung folgert aber aus der zusammenhängenden Regelung der Einkünfte *beider* Stufen in § 15 Abs. 1 Satz 1 Nr 2 EStG im Wege einer lückenfüllenden Erweiterung des § 5 Abs. 1 EStG, dass zur Sicherstellung der Wertekorrespondenz auch der Gewinn auf beiden Stufen nach derselben Methode zu ermitteln sei[92]. Wenn die Gesellschaft die Sondervergütungen periodengerecht nach Maßgabe der Grundsätze ordnungsgemäßer Buchführung von ihrem Ergebnis absetze, könnten sie beim Gesellschafter nicht im Wege einer Geldflussrechnung hinzugerechnet werden, weil sich sonst Brüche ergeben würden.

87 BFH, IV B 53/16, BFH/NV 2017, 1032.
88 BFH, IV R 1/12, BStBl II 2015, 705: regelmäßig kein Einfluss bei Beteiligungsquote unter 10 %.
89 StRspr seit BFH, IV R 139/67, BStBl II 1968, 152 (160); VIII R 12/99, BStBl II 2001, 825 (826).
90 *Hennrichs*, in: Tipke/Lang, § 10 Rn 137.
91 BVerfG, 1 BvR 1333/89, DStR 1993, 603 (604).
92 *Hennrichs*, in: Tipke/Lang, § 10 Rn 115; *Krumm*, in: Kirchhof/Seer, EStG, § 15 Rn 235.

Der BFH leitet die Buchführungspflicht dagegen aus der Vorschrift des § 141 AO her, wenn das *Gesamt*vermögen der Mitunternehmerschaft die dort genannten Grenzen übersteigt[93], was nicht überzeugen kann, idR aber zum selben Ergebnis führt.

Zwischen Gesellschaftsbilanz und Sonderbilanz ist abweichend vom Imparitätsprinzip (Rn 885) eine *korrespondierende Bilanzierung* erforderlich, um den Vorgaben des § 15 Abs. 1 Satz 1 Nr 2 EStG gerecht zu werden[94]. Wenn bspw die Gesellschaft in ihrer Bilanz wegen rückständiger Mietzahlungen eine Verbindlichkeit gegen den Gesellschafter ausweist, ist in der Sonderbilanz des Gesellschafters in gleicher Höhe eine Forderung anzusetzen. Dadurch neutralisieren sich etwaige Verluste und Gewinne und werden erst bei Beendigung der Mitunternehmerstellung realisiert. **1195**

3. Ergebnisse aus Ergänzungsbilanzen

Ergänzungsbilanzen sind immer dann zu bilden, wenn aufgrund bestimmter Vorgänge, wie etwa dem späteren Eintritt eines neuen Gesellschafters, dem einzelnen Gesellschafter ein Mehr- oder Weniger-Aufwand entsteht, der sich *nicht in seinem in der Gesamthandsbilanz ausgewiesenen Kapitalanteil niederschlägt*. Dies ist etwa dann der Fall, wenn ein Mitunternehmeranteil unter Vergütung von stillen Reserven erworben wird, der Gesellschafter also mehr aufwenden muss, als ihm Kapital in der Gesellschaftsbilanz gutgeschrieben wird. Anders als die Sondervergütungen gehören die Ergebnisse aus sog. „Ergänzungsbilanzen" einzelner Gesellschafter zur *ersten* Stufe der Einkünfte aus gewerblicher Mitunternehmerschaft (vgl Rn 1170)[95]. **1196**

Beispiel: A veräußert seinen 50 %-Anteil an der A&B-OHG an C. Das Kapitalkonto des A weist einen Buchwert von 500 000 € auf; C bezahlt aber 600 000 € für den Mitunternehmeranteil. Dieser Mehrbetrag entfällt auf ein Gebäude, das mit 300 000 € in der Bilanz steht, aber einen Teilwert von 500 000 € hat. Da C das Kapitalkonto des A in der Gesellschaftsbilanz zu übernehmen hat, kann dort nur ein Teilbetrag seiner Anschaffungskosten iHv 500 000 € dargestellt werden. Die auf die Vergütung der stillen Reserven des Gebäudes entfallenden Mehranschaffungskosten von 100 000 € hat C in einer Ergänzungsbilanz zu aktivieren und in der Folgezeit abzuschreiben. Diese Abschreibungen führen bei ihm zu negativen Ergebnisbeträgen aus der Ergänzungsbilanz[96].

Auf der anderen Seite erzielt A mit der Übertragung seines Anteils einen Veräußerungsgewinn (§ 16 Abs. 1 Satz 1 Nr 2, Abs. 2 EStG) iHv 100 000 €.

Das Beispiel zeigt, dass in einer Ergänzungsbilanz keine *Wirtschaftsgüter* aktiviert bzw passiviert werden, sondern lediglich rechnerische **Korrekturposten** zu Wirtschaftsgütern der Hauptbilanz (Im Beispiel *positive Ergänzungsbilanz*: Der Gesellschafter hat weniger gutgeschrieben bekommen, als er aufgebracht hat.). **1197**

Ergänzungsbilanzen kommen ferner zur Anwendung bei Einbringungsvorgängen (zB nach § 6 Abs. 5 Satz 3 und 4 EStG, § 24 UmwStG) und bei der Inanspruchnahme *personenbezogener Steuervergünstigungen* (zB bestimmte Sonderabschreibungen, vgl § 7a Abs. 7 EStG), wenn deren Voraussetzungen nicht bei sämtlichen Gesellschaftern vorliegen, so dass innerhalb der Per- **1198**

93 BFH, VIII R 142/85, BStBl II 1991, 401 (403 f); XI R 38/89, BStBl II 1992, 797 (798).

94 BFH, VIII R 13/99, BStBl II 2000, 612 mwN; IV R 1/15, BStBl II 2017, 943; IV R 44/14, BFH/NV 2018, 407; *Riedel*, FR 2017, 949; *Herbst/Stegemann*, DStR 2017, 2081.

95 Ausf *Desens/Blischke*, in: KSM, § 15 Rn F 31 ff, F 221 ff.

96 BFH, IV R 1/11, BStBl II 2017, 34; BMF v. 19.12.2016, BStBl I 2017, 34; *Paus*, FR 2015, 548.

sonengesellschaft nicht einheitlich verfahren werden kann. Auch für Anschaffungskosten, die die Einlage eines *persönlich haftenden Gesellschafters einer KGaA* übersteigen, ist eine Ergänzungsbilanz zu bilden[97].

4. Übertragungen von Wirtschaftsgütern bei Mitunternehmerschaften

1199 **Veräußerungsgeschäfte** über Wirtschaftsgüter *innerhalb* einer Mitunternehmerschaft zwischen der Gesellschaft und ihren eigenen Mitunternehmern werden heute im Gegensatz zur vormals herrschenden Bilanzbündeltheorie (Rn 1133) akzeptiert, wenn sie einem Fremdvergleich standhalten[98]. Bei Übertragungen von Wirtschaftsgütern ist nach den Beteiligten zu differenzieren zwischen Gesamthandsvermögen, Sonder- und Einzelbetriebsvermögen. Nach Art der Gegenleistung können sie entgeltlich, unentgeltlich oder gegen Gewährung oder Minderung von Gesellschaftsrechten eines Mitunternehmers erfolgen[99]. Für die Gewinnermittlung entscheidend ist, ob die Buchwerte des Veräußerers bei diesem zugrunde zu legen und beim Erwerber fortzuführen sind **(Buchwertverknüpfung)**, so dass beim Übertragenden kein Veräußerungsgewinn (und beim Übernehmenden kein AfA-Potential) entsteht, oder ob es durch den Ansatz der Anschaffungskosten bzw des Teilwerts zu einer Aufdeckung und Besteuerung der in den Wirtschaftsgütern enthaltenen **stillen Reserven** (Rn 952) kommt.

Beispiel: A überträgt ein Grundstück (Buchwert 100 000 €, Teilwert 200 000 €) aus seinem Einzelbetriebsvermögen unentgeltlich auf die A&B-OHG. Weil bei der unentgeltlichen Übertragung nach § 6 Abs. 5 Satz 3 Nr 1 iVm Satz 1 EStG der Buchwert anzusetzen und von der OHG fortzuführen ist, bleiben die stillen Reserven iHv 100 000 € trotz des Rechtsträgerwechsels unaufgedeckt und „springen“ bei unterstelltem 50 %-Anteil von B entsprechend seiner (unveränderten) Beteiligung an der OHG zur Hälfte iHv 50 000 € auf B über. Der Ansatz des Buchwertes erfolgt auch bei der Übertragung gegen Gewährung von Gesellschaftsrechten für A (Rn 1203 f).

1200 Die Aufdeckung und Besteuerung stiller Reserven erfolgt nach dem Realisationsprinzip grundsätzlich nicht schon bei jeder Wertsteigerung eines Wirtschaftsguts, sondern erst bei ihrer Manifestation in einer Außentransaktion (vgl Rn 951), also bei Vorliegen eines **Realisationstatbestandes**[100]. Ein solcher liegt offensichtlich bei *vollentgeltlichen* Veräußerungsgeschäften vor: Veräußert A das Grundstück zu fremdüblichen Bedingungen (Verkehrswert) an die OHG, erzielt A iHd stillen Reserven einen Veräußerungsgewinn. Dies gilt auch insoweit, als der veräußernde Gesellschafter über die Gesamthand weiterhin anteilig an dem Wirtschaftsgut beteiligt bleibt, was die Rspr zutreffend damit begründet, dass § 15 Abs. 1 Satz 1 Nr 2 EStG eine Spezialvorschrift zu § 39 Abs. 2 Nr 2 AO ist (der, isoliert betrachtet, das gegenteilige Ergebnis nahelegen würde)[101]. Ein weiterer Realisationstatbestand ist die *Entnahme* (§ 4 Abs. 1 Satz 2 iVm § 6 Abs. 1 Nr 4 EStG) eines Wirtschaftsguts in das Privatvermögen, die grundsätzlich mit dem Teilwert zu bewerten ist (Rn 962 f).

97 BFH, I R 41/16, BFHE 258, 246.
98 BFH, GrS 7/89, BStBl II 1991, 691 (699); GrS 3/92, BStBl II 1993, 616 (622).
99 Dazu BMF v. 8.12.2011, BStBl I 2011, 1279; *Strahl*, KÖSDI 2010, 17165.
100 Überblick zur Gewinnrealisierung bei *Hennrichs*, in: Tipke/Lang, § 9 Rn 400 ff.
101 BFH, GrS 7/89, BStBl II 1991, 691 (699).

Eine Besteuerung der stillen Reserven erfolgt ferner bei einer *Betriebsveräußerung* bzw einer 1201
Betriebsaufgabe (§ 16 Abs. 1, Abs. 3 Satz 1 EStG, Rn 724 ff), bei einer Überführung eines Wirtschaftsguts in eine ausländische Betriebstätte oder einer Verlegung eines gesamten Betriebes ins Ausland (§ 4 Abs. 1 Sätze 3, 4, § 6 Abs. 1 Nr 4 Satz 1 HS 2, § 16 Abs. 3a EStG; Rn 1505).

Da das EStG die Einkommensteuerpflicht an die einzelne natürliche Person knüpft 1202
(**Subjektsteuerprinzip**[102]), müsste es an sich auch bei jeder Verlagerung stiller Reserven auf eine andere Person zur Gewinnrealisierung kommen, so dass sie von demjenigen zu versteuern sind, bei dem sie entstanden sind, der sie also *erzielt* hat (vgl § 2 Abs. 1 Satz 1 iVm § 1 Abs. 1 Satz 1 EStG). Bei jeder **Veränderung der steuerlichen Zuordnung** von Wirtschaftsgütern (wie im Beispielsfall) käme es dann zur Aufdeckung stiller Reserven. Unterbleibt hingegen ein *Rechtsträgerwechsel*, wie bei der Überführung eines Wirtschaftsguts von einem Betriebsvermögen in ein anderes Betriebsvermögen desselben Steuerpflichtigen, kommt es zur Buchwertverknüpfung (§ 6 Abs. 5 Satz 1 und 2 EStG). Bei Überführung von Wirtschaftsgütern zwischen beteiligungsidentischen **Schwesterpersonengesellschaften** fehlt es aufgrund des Transparenzprinzips (Rn 1134) ebenfalls am Rechtsträgerwechsel, so dass die stillen Reserven nicht aufgedeckt werden[103].

Dennoch lässt das EStG auch in bestimmten Fällen des **Rechtsträgerwechsels** eine 1203
Buchwertverknüpfung zu. Diese Verlagerung stiller Reserven lässt sich folgendermaßen rechtfertigen: Zum einen fehlt bei Unentgeltlichkeit (oder Gewährung bzw Minderung von Gesellschaftsrechten) ein Liquiditätszufluss beim Übertragenden. Vor allem aber bleibt die *steuerliche Verstrickung* der Wirtschaftsgüter (und damit auch die spätere Erfassung der stillen Reserven) in einem anderen Betriebsvermögen erhalten, das unternehmerische Engagement wird lediglich in anderer Form fortgesetzt[104]. Ökonomisch sinnvolle Umstrukturierungen in vor allem mittelständisch geprägten Mitunternehmerschaften sollen damit erleichtert werden.

Auf diesen Erwägungen beruht die Bewertungsvorschrift in § 6 Abs. 5 Satz 3 1204
EStG[105]. Danach ist in allen Fällen, in denen das Wirtschaftsgut unentgeltlich oder gegen Gewährung bzw Minderung von Gesellschaftsrechten zwischen Einzelbetriebs- und Gesamthandsvermögen (Nr 1), zwischen Sonderbetriebs- und Gesamthandsvermögen (Nr 2) oder zwischen verschiedenen Sonderbetriebsvermögen (Nr 3) wechselt, die *Buchwertfortführung zwingend* vorgeschrieben, auch wenn es zu einer veränderten Zuordnung der stillen Reserven unter den Mitunternehmern kommt. In Nr 3 toleriert das Gesetz sogar die *vollständige* Verlagerung stiller Reserven auf einen anderen Mitunternehmer.

---

102 Dazu *Cropp*, Das Subjektsteuerprinzip als personaler Bezugspunkt einer Ertragsbesteuerung nach der Leistungsfähigkeit, 2016; *Danz*, Das Subjektsteuerprinzip in der Einkommensteuer, 2017.

103 BFH, IV B 105/09, BStBl II 2010, 971 (972); Nds. FG, 1 K 271/10, EFG 2012, 2106 (Rev. BFH Az IV R 28/12); FG Bad.-Württ., 13 K 1988/09, BB 2013, 369 (Rev. BFH Az I R 80/12); **aA** BFH, I R 72/08, BStBl II 2010, 471 (474); I R 80/12, BStBl II 2013, 1004 (Vorlage zum BVerfG, Az 2 BvL 8/13); zum Streit *Gosch*, DStR 2010, 1173; *Hennrichs*, FR 2010, 721; *Wendt*, FR 2010, 386.

104 *Wendt*, FR 2002, 53 (59).

105 Dazu BMF v. 8.12.2011, BStBl I 2011, 1279; *Reiser/Schierle*, DStR 2013, 113 (Verhältnis zu § 24 UmwStG); *Heurung/Bresgen*, GmbHR 2014, 187 (grenzüberschreitend).

1205 Nach der Absicht des Gesetzgebers sollen aber nur Umstrukturierungen unter Fortführung des unternehmerischen Engagements, nicht zur Vorbereitung einer Veräußerung oder Entnahme steuerneutral möglich sein. Daher enthält Satz 4 eine typisierte *Missbrauchsvermutung* in Form einer dreijährigen „Sperrfrist", innerhalb derer die Veräußerung oder Entnahme durch den Erwerber rückwirkend zur Aufdeckung der stillen Reserven beim Veräußerer führt, was eine Änderung der Steuerbescheide nach § 175 Abs. 1 Satz 1 Nr 2 AO erfordert. Nach § 6 Abs. 5 Satz 5 EStG scheidet eine Buchwertübertragung auch dann aus, wenn eine Kapitalgesellschaft an der Personengesellschaft beteiligt ist und durch die Übertragung der Anteile der Kapitalgesellschaft an dem Wirtschaftsgut begründet wird oder sich erhöht[106]. Hier gilt nach Satz 6 eine Behaltensfrist von sieben Jahren.

1206 Schwierigkeiten bereiten **teilentgeltliche Übertragungen**, die sich dadurch auszeichnen, dass das Entgelt hinter dem Verkehrswert zurückbleibt. Weitgehend Einigkeit besteht dahingehend, dass solche Geschäfte bei der Übertragung einzelner Wirtschaftsgüter in einen entgeltlichen Teil und einen unentgeltlichen Teil aufzuteilen sind (sog. *Trennungstheorie*)[107]. Der entgeltliche Teil ist dabei als Veräußerung und der *unentgeltliche* Teil als *Entnahme* (§ 4 Abs. 1 Satz 2 EStG) zu qualifizieren[108]. Letzteres soll nach dem IV. Senat des BFH aber nicht gelten, wenn die Übertragung *innerhalb* einer Mitunternehmerschaft erfolgt, weil dann das Wirtschaftsgut *nicht* das *Betriebsvermögen der Personengesellschaft* verlässt, zu dem neben dem Gesamthands- auch das Sonderbetriebsvermögen gehören soll[109]. Insoweit soll bereits – mangels Entnahme – dem Grunde nach ein Realisationstatbestand für den unentgeltlichen Teil fehlen. Die Folge ist, dass die Bewertungsvorschrift (§ 6 Abs. 5 Satz 3 EStG: Buchwertansatz) für *unentgeltliche* Übertragungen *innerhalb einer* Mitunternehmerschaft nur deklaratorisch wäre (nicht aber die Sperrfristen nach § 6 Abs. 5 Satz 4–6 EStG). Dagegen wirkt § 6 Abs. 5 Satz 3 EStG als die *spezielle* Bewertungsvorschrift (Buchwert) für *Entnahmen* (§ 6 Abs. 1 Nr 4 EStG: Teilwert) konstitutiv, soweit unentgeltlich zwischen zwei *verschiedenen* Betriebsvermögen übertragen wird (etwa Übertragungen zwischen Einzelunternehmen und Personengesellschaft [einschließlich Sonderbetriebsvermögen]) oder zwischen zwei Personengesellschaften (einschließlich deren Sonderbetriebsvermögen)[110].

1207 Umstritten ist jedoch, wie die (quotale) Höhe des entgeltlichen und unentgeltlichen Teils unter Berücksichtigung des Entgelts, des Buchwerts und des Verkehrswerts zu ermitteln ist[111]. Nach dem IV. Senat des BFH ergibt sich der unentgeltliche Teil aus der Differenz zwischen Verkehrswert und Entgelt (mindestens aber dem Buchwert), so dass der Buchwert allein beim entgeltlichen Teil mindernd zu berücksichtigen ist (sog. *modifizierte Trennungstheorie*)[112]. Dagegen errechnet die Finanzverwaltung die Quoten nach einer komplizierten Formel (sog. *strikte oder reine Trennungstheorie*)[113], nach der auch der Buchwert anteilig auf den entgeltlichen und unentgeltlichen Teil aufgeteilt wird, was stets zu einem höheren entgeltlichen Teil führt.

---

106 Dazu BFH, I R 44/12, BStBl II 2015, 450.

107 Dagegen ist nach der sog. *Einheitstheorie* keine Aufspaltung vorzunehmen (einheitlicher Vorgang). Zur Gewinnrealisierung kommt es nur, soweit das Entgelt den Buchwert übersteigt; für die Einheitstheorie bei der teilentgeltlichen Übertragung von Wirtschaftsgütern *Groh*, DB 2003, 1403.

108 BFH, IV R 1/08, BFHE 237, 503.

109 BFH, IV R 11/12, BFHE 239, 76.

110 BFH, IV R 1/08, BFHE 237, 503; IV R 11/12, BFHE 239,76.

111 Zum Streit BFH, X R 28/12, BStBl II 2016, 81 (nach Erledigung wegen Abhilfe durch FA [Anwendung der modifizierten Trennungstheorie] aufgehobener Vorlagebeschluss [GrS 1/16]); *Dorn*, FR 2019, 178; *Wendt*, DB 2013, 834; *Kulosa*, in: Schmidt, EStG, § 6 Rn 697; *Strahl*, FR 2013, 322; *Mitschke*, FR 2013, 314 (315 ff).

112 BFH, IV R 1/08, BFHE 237, 503; IV R 11/12, BFHE 239, 76.

113 BMF v. 8.12.2011, BStBl I 2011, 1279, Tz 15; v. 12.9.2013, BStBl I 2013, 1164.

Realteilung nennt man die Verteilung des gesamten Betriebsvermögens einer Mitunternehmerschaft auf die bisherigen Mitunternehmer bei Beendigung des Betriebs („echte" Realteilung bei Auflösung der Mitunternehmerschaft[114]), schließt aber auch das Ausscheiden eines Mitunternehmers (durch Aufgabe seines Mitunternehmeranteils) aus einer von den übrigen Mitunternehmern fortgeführten Mitunternehmerschaft ein, wenn der Ausgeschiedene als Sachwertabfindung einen (steuerverstrickten) Teilbetrieb[115] oder einzelne Wirtschaftsgüter[116] erhält („unechte" Realteilung)[117]. So liegt etwa auch eine Realteilung vor, wenn ein Rechtsanwalt eine (mit verbleibenden Berufsträgern fortbestehende) Anwaltssozietät verlässt, seinen Mandantenstamm mitnimmt und zukünftig allein praktiziert. Werden dabei Wirtschaftsgüter in ein anderes Betriebsvermögen der einzelnen Mitunternehmer übertragen, müssen diese deren Buchwerte fortführen, § 16 Abs. 3 Satz 2–4, Abs. 5 EStG. Ein Aufgabegewinn wie sonst bei einer Betriebsaufgabe (Rn 725) entsteht nicht. Dabei kommt es zu einer *Verschiebung stiller Reserven* insoweit, als ihre personelle Zuordnung nach der Aufteilung der Wirtschaftsgüter wertmäßig von der vorherigen Zuordnung entsprechend den Gesellschaftsanteilen abweicht. Das Gesetz toleriert also auch hier die Verlagerung stiller Reserven zwischen Mitunternehmern (Durchbrechung des Subjektsteuerprinzips)[118]. **1208**

Für die Übertragung von **betrieblichen Einheiten** (Betriebe, Teilbetriebe, Mitunternehmeranteile[119]) bestehen weitere Sonderregelungen (zu Betriebsveräußerungen Rn 724 ff, zu Umwandlungen Rn 1430 ff). Bei **unentgeltlichen Übertragungen** – also insb bei vorweggenommener Erbfolge – ermöglicht § 6 Abs. 3 EStG eine ertragsteuerneutrale Rechtsnachfolge bei betrieblichen Einheiten, so dass es zur interpersonellen Verlagerung stiller Reserven kommt. Die Neutralität setzt jedoch die Übertragung aller *funktional wesentlichen Betriebsgrundlagen* voraus, weil eine Zerschlagung des Betriebs gerade nicht privilegiert werden soll. Bei der Übertragung eines Mitunternehmeranteils müssen daher auch die funktional wesentlichen Betriebsgrundlagen aus dem Sonderbetriebsvermögen mitübertragen werden[120]. Die Rspr sieht es jedoch nicht als rechtsmissbräuchlich an (kein „Gesamtplan" iSd § 42 AO, Rn 332), wenn ein funktional wesentliches Wirtschaftsgut *kurz vor* der Übertragung (§ 6 Abs. 3 EStG) steuerneutral nach § 6 Abs. 5 EStG (Rn 1204 f) übertragen wird (und damit nicht mehr an der Übertragung nach § 6 Abs. 3 EStG teilnimmt)[121]. **1209**

Lösung Fall 50 (Rn 1169): Die Gewinnanteile aus der M-KG stellen bei A und B Einkünfte aus Gewerbebetrieb nach § 15 Abs. 1 Satz 1 Nr 2 EStG dar. Die Beteiligung des A an der Wohnungsbau-GmbH gehört nicht zum Gesamthandsvermögen, könnte aber notwendiges Sonderbetriebsvermögen des A im Rahmen seiner KG-Beteiligung darstellen: Die M-KG erhält einen erheblichen Anteil ihrer Aufträge von der Wohnungsbau-GmbH, so dass intensive Geschäftsbeziehungen bestehen. Zwar gewährt die 20 %-Beteiligung des A noch kei- **1210**

---

114 BFH, IV R 31/14, BStBl II 2019, 24; BMF v. 19.12.2018, BStBl I 2019, 6.

115 BFH, III R 49/13, BStBl II 2017, 37; BMF v. 19.12.2018, BStBl I 2019, 6; dazu *Wendt*, FR 2016, 536; *Siegel*, DB 2016, 2245; *Reiß*, FR 2017, 468, 554; *Bareis*, FR 2017, 561.

116 BFH, IV R 11/15, BStBl II 2019, 29; BMF v. 19.12.2018, BStBl I 2019, 6; dazu *Steiner/Ullmann*, StuW 2017, 320.

117 Dazu *Gragert*, NWB 2019, 476; *Stenert*, DStR 2019, 245.

118 *Seer*, in: Kirchhof/Seer, EStG, § 16 Rn 213; *Bareis*, DB 2016, 2973; *Siegel*, DB 2016, 2982.

119 UU reicht die Übertragung eines *Teils* des Anteils aus (§ 6 Abs. 3 Satz 1 HS 2 Alt. 2 EStG, s. BFH, IV R 12/15, BFHE 253, 556; § 20 UmwStG), nicht aber bei § 16 EStG (Rn 705).

120 BFH, IV R 22/13, BFH/NV 2016, 1438 mwN.

121 BFH, IV R 41/11, BFHE 238, 135; IV B 2/16, BFH/NV 2016, 1452.

nen beherrschenden Einfluss auf die GmbH; die Bedeutung dieser Beteiligung für die KG zeigt sich aber dennoch daran, dass die GmbH mit Renovierungsaufträgen überwiegend die KG betraut. Die Beteiligung des A an der GmbH dient folglich dem Betrieb der M-KG, so dass sie nach hM zu seinem notwendigen Sonderbetriebsvermögen gehört[122]. Damit stellen Gewinnausschüttungen aus dieser Beteiligung sowie realisierte Wertsteigerungen Sonderbetriebseinnahmen des A dar.

Aufgrund der von ihnen gehaltenen Kommanditanteile, die dem Regelstatut des HGB folgen, werden die Arbeitnehmer zu Mitunternehmern der M-KG (§ 15 Abs. 1 Satz 1 Nr 2 EStG); die relative Geringfügigkeit ihrer Beteiligung im Verhältnis zu ihrem Arbeitslohn ändert daran mangels geeigneter Abgrenzungskriterien nichts. Dadurch wird ihr Arbeitslohn in Sonderbetriebseinnahmen (Tätigkeitsvergütungen nach § 15 Abs. 1 Satz 1 Nr 2 Satz 1 HS 2 EStG) umqualifiziert, so dass dieser nunmehr den Gesamtgewinn der Mitunternehmerschaft erhöht. Dies hat erhebliche Auswirkungen auf die Gewerbesteuer. Auch die von der M-KG zu leistenden Arbeitgeberanteile zur Sozialversicherung sind iErg nicht mehr nach § 3 Nr 62 EStG steuerbefreit, sondern als Sonderbetriebseinnahmen der einzelnen Arbeitnehmer-Kommanditisten zu erfassen[123].

B. Besteuerung von Kapitalgesellschaften

I. Überblick

1211 1. Der Einkommensteuer als Ertragsteuer der natürlichen Personen, auch in ihrer Eigenschaft als Mitunternehmer, entspricht die Körperschaftsteuer als Ertragsteuer der in § 1 KStG genannten Körperschaften, Personenvereinigungen und Vermögensmassen (Rn 1219 ff). Diese Entsprechung kommt auch in der historischen Entwicklung zum Ausdruck: Die Besteuerung von natürlichen Personen und Kapitalgesellschaften war zunächst einheitlich im preußischen EStG von 1891 geregelt. Erst 1920 wurde auf Reichsebene ein erstes eigenständiges KStG geschaffen, das in der Folgezeit häufig geändert und zum 1.1.1977 sowie zum 1.1.2001 grundlegend reformiert wurde. Nach wie vor knüpft das KStG aber in weiten Bereichen an das EStG an (insb bei der Ermittlung des Einkommens; vgl § 8 Abs. 1 Satz 1, § 31 Abs. 1 KStG); eine eigene Regelung im KStG erfolgt nur bei Abweichungen vom EStG. Eine Übersicht über Regelungen des EStG und der EStDV, die auf Körperschaften anwendbar sind, enthält R 8.1 KStR 2015.

1212 2. Wie bei der Einkommensteuer hat der Bund die konkurrierende Gesetzgebung über das Körperschaftsteuerrecht (Art. 105 Abs. 2 iVm Art. 106 Abs. 3 Satz 1 GG); entsprechende Gesetze bedürfen der Zustimmung des Bundesrates (Art. 105 Abs. 3 iVm Art. 106 Abs. 3 GG). Das Aufkommen steht Bund und Ländern je zur Hälfte zu (Art. 106 Abs. 3 Satz 2 GG); einen Gemeindeanteil an der Körperschaftsteuer kennt das GG – anders als bei der Einkommensteuer – nicht. Die Körperschaftsteuer wird durch die Landesfinanzbehörden verwaltet (Art. 108 Abs. 2 GG).

122 BFH, XI R 18/93, BStBl II 1994, 296; VIII R 66/96, BStBl II 1998, 383; aA *Desens/Blischke*, in: KSM, § 15 Rn F 333: Anteile nur SBV bei hinreichendem Zusammenhang mit Sonderleistung iSd § 15 Abs. 1 Satz 1 Nr 2 Satz 1 HS 2 EStG.

123 BFH, GrS 1/70, BStBl II 1971, 177 (178); IV R 14/06, BStBl II 2007, 942 (943).

Das **Aufkommen** der Körperschaftsteuer beträgt im Jahr 2019 voraussichtlich 32,73 Mrd € und damit ca 4,1 % des prognostizierten gesamten Steueraufkommens 2019 iHv 793,7 Mrd €[124]. **1213**

3. Die Besteuerung der Kapitalgesellschaft erfolgt unabhängig von der des Anteilseigners (Trennungsprinzip[125], Rn 1266, 1305). Darin liegt der entscheidende Unterschied zur Behandlung der Personengesellschaften, deren Gewinn den Gesellschaftern anteilig und unmittelbar zugerechnet wird (Rn 1135, 1174). Solange der von der Kapitalgesellschaft erzielte und versteuerte Gewinn nicht an die Anteilseigner ausgeschüttet wird, sondern in der Gesellschaft verbleibt (sog. Thesaurierung), erfolgt keine Besteuerung beim Anteilseigner. Dieser erzielt eigene Einkünfte erst bei einer Gewinnausschüttung. Dann stellt sich aber das Problem der Doppelbelastung dieser Gewinne mit Ertragsteuern: Sie haben zunächst bei der Kapitalgesellschaft der Körperschaftsteuer unterlegen und sollen nun beim Anteilseigner nochmals mit Einkommensteuer belastet werden. **1214**

Das KStG von 1920 enthielt noch keine Lösung dieses Problems[126]. 1953 wurde, erzwungen durch wesentlich erhöhte Körperschaftsteuersätze (60 %), der sog. **gespaltene Körperschaftsteuertarif** eingeführt: Ausgeschüttete Gewinne unterlagen einem gegenüber dem Tarif für einbehaltene Gewinne deutlich ermäßigten Steuersatz (zuletzt 15 % statt 51 %). 1977 wurde die Doppelbelastung jedenfalls in Inlandsfällen durch ein **Anrechnungsverfahren** beseitigt: Unterlagen Gewinnausschüttungen einer Kapitalgesellschaft beim Anteilseigner der Einkommensteuer, so war die von der Gesellschaft gezahlte Körperschaftsteuer auf die Einkommensteuer des Anteilseigners anzurechnen (§ 36 Abs. 2 Satz 2 Nr 3 EStG aF)[127]. Das Verfahren war vergleichbar mit dem der Anrechnung einbehaltener Lohnsteuer bei einer späteren Einkommensteuer-Veranlagung eines Arbeitnehmers; allerdings wird dort eine für *eigene* Rechnung einbehaltene Steuer, beim Anrechnungsverfahren dagegen die Steuer eines *anderen* Steuerpflichtigen angerechnet. Dadurch richtete sich die wirtschaftliche Steuerbelastung des ausgeschütteten Gewinns iErg allein nach den persönlichen Verhältnissen und dem Steuersatz des Anteilseigners. **1215**

Ab **2001** wurde die Doppelbelastung in typisierter Form durch das **Halbeinkünfteverfahren** beseitigt. Der Körperschaftsteuersatz wurde auf 25 % gesenkt und war beim Anteilseigner nicht mehr anrechenbar (Definitivsteuer). Dividenden, die von natürlichen Personen als Anteilseigner vereinnahmt wurden, waren zur Hälfte steuerpflichtig (§ 3 Nr 40 EStG aF), im wirtschaftlichen Zusammenhang stehende Aufwendungen aber auch nur hälftig abziehbar (§ 3c Abs. 2 EStG aF). Für Körperschaften als Anteilseigner gilt seitdem die Steuerbefreiung nach Maßgabe des § 8b KStG (Rn 1244 ff). **1216**

Ab **2008** wurde der Körperschaftsteuersatz im Zuge des internationalen Steuerwettbewerbs auf 15 % gesenkt. Zudem wird seit **2009** bei der Besteuerung von natürlichen Personen als Anteilseigner (auch bei mittelbaren Beteiligungen über eine Personengesellschaft) zusätzlich danach unterschieden, ob die Anteile der ausschüttenden Körperschaft im Privatvermögen oder im Betriebsvermögen gehalten werden: **1217**

- Erträge aus Anteilen im *Privatvermögen* werden mit der **Abgeltungsteuer** iHv 25 % (zzgl. Solidaritätszuschlag) besteuert (§ 32d Abs. 1 EStG, Rn 781 ff).

124 BMF, Steuerschätzung Mai 2019, Tabelle 1 und 4 (http://www.bundesfinanzministerium.de).
125 Dazu *Böhmer*, StuW 2012, 33; krit *Schramm*, FR 2019, 346.
126 Dazu *Desens*, in: HHR, Dok KSt Anm. 6.
127 Umfassend dazu *Knobbe-Keuk*, Unternehmenssteuerrecht, S. 558 ff.

- Für Erträge aus Anteilen im *Betriebsvermögen* gilt ein **„Teileinkünfteverfahren“**: 60 % (statt ursprünglich 50 %) der Ausschüttung sind steuerpflichtig (§ 3 Nr 40 EStG) und korrespondierend 60 % der Betriebsausgaben abziehbar (§ 3c Abs. 2 EStG; Rn 1319 ff). Die höhere Besteuerung auf Ebene des Anteilseigners hat ihre Ursache in der geringeren Vorbelastung mit Körperschaftsteuer (15 % statt 25 %).

1218 4. Trotz dieser technischen Regelungen zur weitgehenden Vermeidung der Doppelbelastung war und ist das deutsche Unternehmensteuerrecht nicht rechtsformneutral[128]. An vielen körperschaftsteuerlichen, aber auch einkommensteuerlichen Sonderregelungen für die jeweiligen Steuersubjekte zeigt sich, dass die steuerlichen Belastungen von der Rechtsform des Unternehmensträgers abhängig sind. Hier liegt die Hauptursache für das Auftreten gesellschaftsrechtlicher Mischformen wie der GmbH & Co. KG: Das Gesellschaftsrecht wird weitgehend durch das Ausnutzen steuerlicher Gestaltungsmöglichkeiten vorangetrieben oder – je nach Blickwinkel – deformiert.

II. Die persönliche Steuerpflicht (Steuersubjekt)

1. Unbeschränkte Steuerpflicht (§ 1 KStG)

1219 Für die *unbeschränkte Körperschaftsteuerpflicht* müssen zwei Voraussetzungen erfüllt sein: Ein Steuersubjekt muss eine bestimmte **Rechtsform** aufweisen und **Geschäftsleitung oder Sitz im Inland** haben. Hauptanwendungsfall ist die Kapitalgesellschaft, also SE (Europäische Gesellschaft), AG, KGaA, GmbH und als deren Variante die UG (Unternehmergesellschaft, § 5a GmbHG).

1220 a) Wie ein Blick in den Katalog des § 1 Abs. 1 KStG zeigt, sind nicht allein Kapitalgesellschaften (§ 1 Abs. 1 Nr 1 KStG), sondern auch eine Vielzahl anderer Gebilde der unbeschränkten Körperschaftsteuerpflicht unterworfen. Dabei ist die zivilrechtliche Rechtsfähigkeit nicht unbedingt erforderlich, wie etwa § 1 Abs. 1 Nr 5 KStG (nichtrechtsfähige Vereine nach § 54 BGB) zeigt. Andererseits sind die in § 1 Abs. 1 KStG verwendeten Gesellschaftsbezeichnungen streng iSd Zivilrechts zu verstehen. Daher ist etwa die GmbH & Co. KG, die zivilrechtlich eine KG darstellt, trotz einer im Einzelfall (vor allem bei Publikumsgesellschaften) gesellschaftsvertraglich vereinbarten körperschaftlichen Binnenstruktur nicht körperschaftsteuerpflichtig (Rn 1145)[129].

1221 Körperschaften des öffentlichen Rechts (etwa Bund, Länder, Gemeinden) sind nur mit ihren **Betrieben gewerblicher Art (BgA)** unbeschränkt steuerpflichtig (§ 1 Abs. 1 Nr 6 KStG)[130]. Diese „Selbstbesteuerung“ des Staates rechtfertigt und gebietet der Umstand, dass sie mit privaten Unternehmen im Wettbewerb stehen und anderenfalls ungerechtfertigte *Wettbewerbsvorteile* hätten[131]. § 4 KStG bestimmt näher, was unter einem BgA zu verstehen ist, nämlich grundsätzlich die Ausübung einer *nachhaltigen wirtschaftlichen Tätigkeit*, die sich innerhalb der Gesamtbetätigung der juristischen Person hervorhebt (Abs. 1). Für die praktisch wichtigs-

128 *Hey*, in: Tipke/Lang, § 13 Rn 168 ff; *Desens*, Das Halbeinkünfteverfahren, 2004, S. 117 ff.

129 BFH, GrS 4/82, BStBl II 1984, 751 (759).

130 Dazu *Kahsnitz*, DStR 2019, 1017; StPfl iSd § 33 Abs. 1 AO (Rn 241) bleibt aber die Trägerkörperschaft, s. BFH, IV B 64/12, BFH/NV 2013, 514.

131 *Desens/Hummel*, StuW 2012, 225 (232); *Hüttemann*, Besteuerung der öffentlichen Hand, 2002, S. 6.

ten Fälle wird die Abgrenzung ausdrücklich geregelt: (Kommunale) *Versorgungsbetriebe* (Wasser, Gas, Elektrizität, Wärme ua) sind BgA (§ 4 Abs. 3 KStG). Werden solche von einer Kommune nicht als Eigenbetrieb geführt, sondern in einer privaten Rechtsform (etwa eine „Stadtwerke-GmbH"), ist die GmbH bereits selbst unbeschränkt steuerpflichtig (§ 1 Abs. 1 Nr 1 KStG) und die Beteiligung der Kommune an dieser GmbH zählt als BgA, wenn tatsächlich ein entscheidender Einfluss auf die laufende Geschäftsführung der GmbH ausgeübt wird[132]. Auf der anderen Seite gehören *Hoheitsbetriebe*, die *überwiegend* der *Ausübung der öffentlichen Gewalt* dienen, nicht zu den steuerpflichtigen BgA (§ 4 Abs. 5 KStG). Dass der gesetzliche Abgrenzungsmaßstab („überwiegend") zu schwierigen Abgrenzungsproblemen führt, ist offensichtlich[133]. Unter bestimmten Voraussetzungen erlaubt das Gesetz, gewinn- und verlustbringende Betriebe gewerblicher Art mit steuerlicher Wirkung zusammenzufassen (§ 4 Abs. 6 KStG)[134] und ermöglicht insoweit einen Verlustausgleich oder einen Verlustabzug (Rn 610 ff) nach Maßgabe des § 8 Abs. 8 KStG (sog. kommunaler Querverbund)[135]. Im Übrigen unterliegen (fiktive) Gewinntransfers gleich welcher Art von der Sphäre eines BgA (mit oder ohne eigener Rechtspersönlichkeit) zur Trägerkörperschaft des öffentlichen Rechts einer abgeltenden Kapitalertragsteuer iHv 15 % (§ 2 Nr 2 KStG; § 20 Abs. 1 Nr 10 lit. a oder b, § 43 Abs. 1 Nr 7b oder 7c, § 43a Abs. 1 Nr 1, § 44a Abs. 8 Nr 2 EStG)[136]. Eine vGA wird jedoch nach Maßgabe des § 8 Abs. 7, 9 KStG begünstigt (Rn 1281).

b) Die Begriffe „Geschäftsleitung" und „Sitz" sind in den § 10, § 11 AO definiert. **1222**
Geschäftsleitung ist der Mittelpunkt der geschäftlichen Oberleitung (§ 10 AO); dieser Begriff knüpft an die tatsächlichen Verhältnisse an. Der Sitz (§ 11 AO) wird dagegen durch formale Kriterien wie Satzung, Gesellschaftsvertrag, Gesetz usw bestimmt. Für die unbeschränkte Steuerpflicht reicht es aus, wenn die Geschäftsleitung *oder* der Sitz im Inland liegt. Kapitalgesellschaften, die ihre Geschäftsleitung im Inland, aber ihren Sitz im Ausland haben, was nach einem „Zuzug" der Gesellschaft durch Verlegung der Geschäftsleitung nach Deutschland passieren kann, nennt man *doppelt ansässige Kapitalgesellschaften*[137]. Für die Zuordnung der Besteuerungsrechte gilt eine solche Gesellschaft regelmäßig im Geschäftsleitungs-Staat als ansässig (vgl Art. 4 Abs. 3 OECD-MA, zu DBA Rn 1461 ff).

c) In der Gründungsphase einer Körperschaft ist zu differenzieren: Obwohl zB zwi- **1223**
schen der notariellen Beurkundung des GmbH-Vertrags und der Eintragung im Handelsregister noch keine GmbH, sondern eine Gesellschaft sui generis vorliegt, wird diese **Vorgesellschaft** zivilrechtlich weitgehend nach den Regeln des GmbHG behandelt. Daher stellt sie auch körperschaftsteuerlich gemeinsam mit der späteren GmbH ein einheitliches Steuersubjekt dar, sofern die Eintragung tatsächlich erfolgt[138]. Kommt es nicht zur Eintragung, so entfällt nachträglich die Körperschaftsteuerpflicht[139]. Dagegen ist die **Vorgründungsgesellschaft** (im Zeitraum zwischen mündlichen oder privatschriftlichen Vereinbarungen der späteren Gesellschafter und dem

---

132 Zur Abgrenzung R 4.1 (2) KStR 2015; *Schiffers*, DStZ 2016, 371.

133 BFH, I R 106/10, BStBl II 2012, 837 (Kindergarten als BgA); I R 22/11, BFH/NV 2012, 1334 (Beratung des Dualen Systems als BgA); vgl auch *Seer/Klemke*, BB 2010, 2015.

134 Dazu *Eversberg*, DStZ 2012, 278.

135 Dazu BMF v. 12.11.2009, BStBl I 2009, 1303; *Strahl*, DStR 2010, 193.

136 Dazu BMF v. 28.1.2019, BStBl I 2019, 97; *Bott*, DStZ 2015, 112.

137 Dazu *Schnitger*, IStR 2013, 82.

138 BFH, I R 118/78, BStBl II 1983, 247.

139 BFH, IV R 88/06, BStBl II 2010, 991; *L. Hummel*, in: Gosch, KStG, 4. Aufl 2019, § 1 Rn 35; aA *Streck*, in: Streck, KStG, 9. Aufl 2018, § 1 Rn 20.

formwirksamen Vertragsschluss) eine GbR bzw OHG, so dass auch steuerlich keine Körperschaftsteuerpflicht eintritt[140].

1224 Für das **Ende der Steuerpflicht** reicht die Löschung im Handelsregister (dh der Verlust der zivilrechtlichen Rechtsfähigkeit) allein noch nicht aus. Vielmehr besteht die Körperschaft steuerlich auch über diesen Zeitpunkt hinaus solange fort, wie sie noch über bilanzierungsfähige Vermögensgegenstände verfügt[141]. § 11 KStG enthält Sondervorschriften für die Ermittlung des Abwicklungsgewinns[142].

1225 Die Steuerpflicht kann auch dadurch enden, dass die Körperschaft ihren Sitz bzw ihre Geschäftsleitung ins Ausland verlegt. Hat die **Sitzverlegung** zur Folge, dass die Körperschaft in keinem EU/EWR-Staat mehr unbeschränkt steuerpflichtig ist, gilt sie nach § 12 Abs. 3 KStG als aufgelöst und es erfolgt eine Schlussbesteuerung nach § 11 KStG. § 12 Abs. 3 Satz 4 KStG bestimmt dazu ausdrücklich, dass allein der „Brexit" diese Rechtsfolge in Bezug auf Großbritannien und Nordirland nicht auslöst. Bei Wegzügen innerhalb des EU/EWR-Raums werden gem. § 12 Abs. 1 KStG nur die stillen Reserven aufgedeckt und besteuert, für die infolge des Wegzugs das deutsche Besteuerungsrecht ausgeschlossen oder beschränkt wird (Rn 1501 f).

2. Beschränkte Steuerpflicht (§ 2 KStG)

1226 *Beschränkt körperschaftsteuerpflichtig* sind nach § 2 Nr 1 KStG Körperschaften ohne Geschäftsleitung oder Sitz im Inland, soweit sie inländische Einkünfte iSd § 49 EStG (Rn 690 ff) erzielen.

1227 Der schwer verständliche § 2 Nr 2 KStG betrifft dagegen keine Sachverhalte mit Auslandsberührung, sondern solche Körperschaften, die nicht im Katalog des § 1 Abs. 1 KStG enthalten sind (insb juristische Personen des öffentlichen Rechts, soweit kein BgA vorliegt, Rn 1221), aber Einkünfte erzielen, die dem Steuerabzug unterliegen (zB Kapitalertragsteuer nach § 43 EStG) oder aus einer in § 2 Nr 2 HS 2 lit. a–c KStG genannten Wertpapierleihe oder Wertpapierpensionsgeschäften stammen.

3. Steuerbefreiungen (§ 5 KStG)

1228 Anders als das EStG enthält das KStG in § 5 nicht nur *sachliche*, sondern auch *subjektive* und *partielle* Steuerbefreiungen. Während **sachliche Steuerbefreiungen** (wie sie zB in § 3 EStG enthalten sind) jeweils nur die Steuerfreistellung *einzelner* Einnahmezuflüsse bewirken, unterliegen die genannten Körperschaften bei **subjektiven Steuerbefreiungen** mit *allen* ihren Einkünften, bei **partiellen Steuerbefreiungen** mit *Teilbereichen* ihrer Tätigkeit von vornherein nicht der Körperschaftsteuer. Die genaue Einordnung kann dabei durchaus Schwierigkeiten bereiten. Die in der Praxis bedeutsamste Steuerbefreiung stellt § 5 Abs. 1 Nr 9 KStG dar (gemeinnützige Körperschaften iSd §§ 51–68 AO, Rn 344 ff).

1229 Nach § 5 Abs. 2 Nr 1 KStG sind diese unbeschränkt steuerpflichtigen, aber subjektiv oder partiell steuerbefreiten Körperschaften mit Einkünften, die dem Steuerabzug (zB Kapitalertragsteuer nach § 43 EStG) unterliegen, dennoch *steuerpflichtig* (nicht zu verwechseln mit der beschränkten Steuerpflicht des § 2 Nr 2 KStG).

140 BFH, I R 174/86, BStBl II 1990, 91; *Desens/Blischke*, in: KSM, § 15 Rn C 40.
141 BFH, I R 202/82, BStBl II 1987, 308; I R 318/83 ua, BStBl II 1987, 310 (312).
142 Ausf *Bergmann*, Liquidationsbesteuerung von Kapitalgesellschaften, 2012.

4. Organschaft (§§ 14–19 KStG)

Erwirtschaftet eine Kapitalgesellschaft Verluste, so können diese aufgrund des Trennungsprinzips (Rn 1214, 1266, 1305) nicht mit positiven Einkünften ihrer Gesellschafter verrechnet werden. Eine Gewinn- und Verlustverrechnung zwischen Gesellschafter und Gesellschaft (und damit eine Aufhebung des Trennungsprinzips) kann aber durch die Bildung einer sog. Organschaft erreicht werden[143]. **1230**

Voraussetzungen einer Organschaft: Eine *Organschaft* iSd § 14 Abs. 1 KStG besteht, wenn sich eine Kapitalgesellschaft (Organgesellschaft) gegenüber einem anderen Unternehmen (Organträger), in das die Organgesellschaft finanziell eingegliedert ist, durch einen Ergebnisabführungsvertrag dazu verpflichtet, ihren ganzen Gewinn an ein anderes gewerbliches Unternehmen (Organträger) abzuführen und auch tatsächlich abführt. Die Voraussetzungen im Einzelnen: **1231**

(1) **Organgesellschaft** kann eine SE, AG, KGaA (§ 14 Abs. 1 KStG) oder eine andere Kapitalgesellschaft iSd § 17 Abs. 1 Satz 1 KStG (zB eine GmbH) sein. Sie muss ihre Geschäftsleitung (§ 10 AO, Rn 1222) im Inland und ihren Sitz (§ 11 AO, Rn 1222) in einem EU/EWR-Staat (einschließlich Deutschland) haben. Eine doppelte Ansässigkeit (Geschäftsführung und Sitz) ist nicht erforderlich und wäre unionsrechtswidrig, weil an einen Zuzug keine strengeren Anforderungen gestellt werden dürfen, nur weil die Gesellschaft im anderen EU-Staat gegründet wurde[144]. Danach kommt etwa eine nach UK-Recht (vor dem „Brexit", vgl § 12 Abs. 4 KStG) gegründete Limited, die ihre Geschäftsleitung nach Deutschland verlegt hat, als Organgesellschaft in Betracht. Voraussetzung wäre aber ein nach ausländischem Recht abzuschließender, schuldrechtlicher Ergebnisabführungsvertrag, der den Anforderungen des § 291 AktG möglichst nahe kommt[145]. Dagegen kann eine nach deutschem Recht gegründete GmbH (Sitz im Inland), die ihre Geschäftsleitung in einen EU/EWR-Staat verlegt (Wegzug), ebenso wie eine nur beschränkt steuerpflichtige (ausländische) Kapitalgesellschaft keine Organgesellschaft sein. Soweit damit auch die Verrechnung mit Gewinnen oder Verlusten aus einer *inländischen* Betriebstätte der Organgesellschaft versagt wird, für die Deutschland (auch nach DBA) das Besteuerungsrecht hat, verstößt diese Einschränkung uE gegen die Niederlassungsfreiheit (Art. 49 AEUV)[146]. **1232**

(2) Der **Organträger** kann als Träger eines gewerblichen Unternehmens eine natürliche Person, eine nicht von der Körperschaftsteuer befreite Körperschaft, Personenvereinigung, Vermögensmasse (§ 14 Abs. 1 Nr 2 Satz 1 KStG) oder eine *originär* gewerblich tätige Personengesellschaft[147] sein, wenn sie selbst die Anteile an der Organgesellschaft hält (§ 14 Abs. 1 Nr 2 Satz 2 und 3 KStG)[148]. An die Ansässigkeit werden dagegen keine Voraussetzungen mehr geknüpft, so dass auch ein beschränkt Steuerpflichtiger Organträger sein kann. Voraussetzung ist allein, dass die Organgesellschaft für die gesamte Dauer der Organschaft einer inländischen Betriebstätte des Organträgers zugeordnet ist, für die Deutschland (auch nach DBA) die Besteuerungsbefugnis hat (§ 14 Abs. 1 Nr 2 Satz 6 und 7 KStG). Damit wird die Regelung dem DBA-Diskriminierungsverbot aus Art. 24 Abs. 5 OECD-MA (Rn 1464) gerecht[149]. **1233**

---

143 Ausf *Prinz/Witt*, Steuerliche Organschaft, 2. Aufl 2019; *Witt*, Die Konzernbesteuerung, 2006.

144 Vgl EuGH, C-212/97, Slg. 1999, I-1459 *(Centros)*; C-208/00, Slg. 2002, I-9919 *(Überseering)*; C-167/01, Slg. 2003, I-10155 *(Inspire Art)*.

145 Nds. FG, 6 K 406/08, EFG 2010, 815; FG Rh.-Pf., 1 K 2406/07, EFG 2010, 1632; *Winter/Marx*, DStR 2011, 1101 (1103); *Schnitger*, IStR 2015, 772 (773); *Kessler/Arnold*, IStR 2016, 226 (231).

146 Vgl EuGH, C-18/11, IStR 2012, 847 *(Philips Electronics)*; ebenso *Schwenke*, ISR 2013, 41 (43).

147 BFH, IV R 50/09, BStBl II 2013, 494; I R 40/12, BStBl II 2014, 272.

148 Dazu *Mindermann/Lukas*, NWB 2013, 516.

149 Vgl BT-Drs 17/10774, S. 18; Reaktion auf BFH, I R 54, 55/10 ua, BStBl II 2012, 106.

1234 (3) **Finanziell eingegliedert** ist die Organgesellschaft in den Organträger, wenn der Organträger die Mehrheit der Stimmrechte hat (§ 14 Abs. 1 Nr 1 Satz 1 KStG). Mittelbare Beteiligungen über Mehrheitsbeteiligungen werden dabei mitgerechnet (§ 14 Abs. 1 Nr 1 Satz 2 KStG)[150]. Anders als bei der umsatzsteuerlichen Organschaft ist überdies weder eine wirtschaftliche noch eine organisatorische Eingliederung erforderlich.

1235 (4) Die **Verpflichtung zur Ergebnisabführung** (Gewinne und Verluste) muss auf Grundlage eines **Gewinnabführungsvertrags** iSd § 291 AktG erfolgen (§ 14 Abs. 1 Satz 1 KStG) und mindestens auf fünf Jahre geschlossen werden (§ 14 Abs. 1 Nr 3 KStG)[151]. Auch für andere Kapitalgesellschaften (zB GmbHs) gelten strikte Formvorgaben (vgl § 17 Abs. 1 Satz 2 Nr 2 KStG), die in der Praxis große Probleme bereiten[152].

1236 (5) Letztlich muss der *Gewinnabführungsvertrag* auch **tatsächlich durchgeführt** worden sein, dh es muss immer der gesamte Gewinn abgeführt werden (§ 14 Abs. 1 Nr 3 Satz 1 KStG). Bilanzierungsfehler bei der Organgesellschaft (zB fehlende Aktivierung eines Wirtschaftsgutes) können dazu führen, dass nicht der gesamte Gewinn abgeführt wird und es damit an der tatsächlichen Durchführung mangelt. § 14 Abs. 1 Nr 3 Satz 4 und 5 KStG fingiert bei solchen Fehlern unter weiteren Voraussetzungen die tatsächliche Durchführung[153]. § 14 Abs. 1 Satz 1 Nr 4 KStG beschränkt zudem die Gewinnrücklagenbildung bei der Organgesellschaft. § 14 Abs. 2 KStG legt eine *Unschädlichkeitsgrenze* für sog. **Ausgleichszahlungen** fest, die für den Verlust des Gewinnbezugsrechts an außenstehende Minderheitsgesellschafter der Organgesellschaft gewährt werden und damit die Höhe der tatsächlichen Gewinnabführung mindern[154].

1237 Als besonders problematisch erweist sich jedoch die neu gefasste **Missbrauchsbekämpfungsvorschrift** in § 14 Abs. 1 Satz 1 Nr 5 KStG, mit der verhindert werden soll, dass in die erweiterte Verlustverrechnungsmöglichkeit, die eine Organschaft ermöglicht, auch solche Verluste einbezogen werden, die auch im Ausland berücksichtigt werden (sog. *Double Dip*)[155]. Sie ist in ihrer Reichweite auch unionsrechtlich bedenklich[156]. Für die gewerbesteuerliche Organschaft gelten insoweit die gleichen Voraussetzungen (§ 2 Abs. 2 Satz 2 GewStG).

1238 **Rechtsfolge** des Bestehens einer Organschaft ist die Zurechnung des Einkommens der Organgesellschaft an den Organträger (Eingangssatz des § 14 Abs. 1 Satz 1 KStG). Der Hauptzweck einer Organschaft liegt darin, Gewinne und Verluste von Organträger und Organgesellschaft auf Ebene des Organträgers steuermindernd zu verrechnen (konsolidieren). Bei Gewinnabführungen wird dabei die Besteuerung nach dem Teileinkünfteverfahren (§ 3 Nr 40 EStG) oder durch § 8b Abs. 5 KStG (Rn 1248) vermieden. Offensichtlich ist die Durchbrechung des Trennungsprinzips bei der Verlustzurechnung. Eine dadurch etwaig entstehende Durchbrechung des Subjektsteuerprinzips rechtfertigt sich aber bereits aus dem Umstand, dass der Organträger die zugerechneten Verluste – verpflichtet durch den Ergebnisabführungsvertrag – auch tatsächlich zu tragen hat (Aufhebung der haftungsrechtlichen Abschirmwirkung). Darüber hinaus stünde es dem Gesetzgeber auch frei, vor allem finanziell eingegliederte Konzern-Kapitalgesellschaften wie Personengesellschaften – etwa aus

150 Dazu *Rödder*, JbFfSt 2012/13, 125.
151 BFH, I R 45/12, BStBl II 2014, 486; I R 51/15, BStBl II 2018, 30; I R 19/15, BStBl II 2019, 81.
152 BFH, I R 40/12, BStBl II 2014, 272; *Stangl/Brühl*, DB 2013, 538; *Mayer/Wiese*, DStR 2013, 629.
153 Dazu *Schneider/Sommer*, GmbHR 2013, 22; *Forst/Suchanek/Martini*, GmbHR 2015, 408.
154 Reaktion auf BFH, I R 93/15, BFHE 259, 49; zur Neuregelung *Hasbach*, DStR 2019, 81.
155 Dazu BFH, I R 92/12, BFHE 256, 32; *Weinberger*, IStR 2017, 970; *Benecke/Schnitger*, IStR 2013, 143 (145 ff); *Schaden/Polatzky*, IStR 2013, 131; *Wagner/Liekenbrock*, Ubg 2013, 133.
156 Vgl EuGH, C-18/11, IStR 2012, 847 *(Philips Electronics)*; *Scheipers/Linn*, IStR 2013, 139.

Gründen der Rechtsformneutralität – transparent zu besteuern, also Gewinne und Verluste in Konzernen unmittelbar der Konzernmutter zuzurechnen[157].

Das Bestehen einer Organschaft berührt – anders als bei der Umsatzsteuer – die persönliche Steuerpflicht der Organgesellschaft nicht. Die Zurechnung des Einkommens an den Organträger wird jedoch regelmäßig dazu führen, dass das Einkommen der Organgesellschaft 0 € beträgt. Für die Ermittlung des Einkommens der Organgesellschaft gelten einige Besonderheiten (§ 15 KStG). So werden etwa vororganschaftliche *Verlustvorträge* (§ 10d EStG) „eingefroren" und erst nach *Beendigung* der Organschaft oder bei der Entstehung eines *Sanierungsertrags* (§ 3a EStG) berücksichtigt (Nr 1). Im letzteren Fall gehen auch Verlustvorträge und andere Steuerminderungspositionen des *Organträgers* unter und das selbst dann, wenn die Sanierung innerhalb von fünf Jahren nach Beendigung der Organschaft erfolgt (Nr 1a)[158]. Überdies ist etwa bei *Gewinnausschüttungen*, die die Organgesellschaft vereinnahmt, grundsätzlich das Steuerregime des Organträgers maßgeblich (Nr 2)[159]. Gleiches gilt nach Nr 3 für die Zinsschranke (§ 8a KStG iVm § 4h EStG, Rn 1005) und für weitere Beschränkungen (Nr 2a, 4 und 5). *Verfahrensrechtlich* wird das zugerechnete Einkommen und damit zusammenhängende Besteuerungsgrundlagen (etwa auch die Voraussetzungen für das Vorliegen der Organschaft) gegenüber dem Organträger und der Organgesellschaft gesondert und einheitlich festgestellt (§ 14 Abs. 1 Satz 1 Nr 5 KStG, zur Wirkung Rn 535 ff). **1239**

III. Die Bemessungsgrundlage (Steuerobjekt)

Fall 51: A hält 75 % der Anteile an der B-GmbH und ist deren alleiniger Geschäftsführer. Der handelsrechtliche Jahresüberschuss der B-GmbH für das Wirtschafts- und Kalenderjahr 01 beträgt 100 000 €. Darin sind Zahlungen iHv 30 000 € für Gewerbesteuer und 70 000 € für Körperschaftsteuer enthalten. A bezieht für seine Geschäftsführertätigkeit ein monatliches Gehalt von 12 000 €. Die an der GmbH nicht beteiligte Ehefrau E des A erwirbt im Jahr 01 von der GmbH ein Grundstück für 200 000 €. Für vergleichbare Nachbargrundstücke werden üblicherweise Preise um 250 000 € erzielt. Wie ist der Sachverhalt ertragsteuerlich zu beurteilen? **Rn 1262, 1274** **1240**

1. Zu versteuerndes Einkommen, Einkommen und Gewinn

Bemessungsgrundlage der Körperschaftsteuer ist das *zu versteuernde Einkommen* (§ 7 Abs. 1 KStG). Dieses ergibt sich, wenn man das *Einkommen* iSd § 8 Abs. 1 Satz 1 KStG um die Freibeträge der § 24, § 25 KStG mindert (§ 7 Abs. 2 KStG). Hinsichtlich der Ermittlung des Einkommens verweist § 8 Abs. 1 Satz 1 KStG wiederum auf die allgemeinen Vorschriften des EStG und etwaige Spezialregelungen des KStG. **1241**

Als Jahressteuer wird die Körperschaftsteuer für jedes Kalenderjahr festgesetzt (§ 7 Abs. 3 KStG). Bei buchführungspflichtigen Körperschaften kann der Gewinn allerdings nach einem vom Kalenderjahr abweichenden Wirtschaftsjahr ermittelt werden (§ 7 Abs. 4 KStG).

157 Zu Reformvorschlägen *Ismer*, DStR 2012, 821; *Rödder*, Ubg 2011, 473.
158 Krit dazu *Desens*, FR 2018, 981 (991).
159 Dazu *Zinowsky/Joachimsen*, DStR 2016, 285.

2. Gewinn nach § 4, § 5 EStG als Ausgangsgröße

1242 Eine wichtige Modifikation enthält § 8 Abs. 2 KStG: Bei unbeschränkt Steuerpflichtigen iSd § 1 Abs. 1 Nr 1–3 KStG (das sind vor allem Kapitalgesellschaften) sind alle (steuerbaren) Einkünfte als Einkünfte aus Gewerbebetrieb zu behandeln. Diese *Umqualifizierung* gilt auch, wenn die Körperschaft zusammen mit anderen Steuerpflichtigen, die keine Einkünfte aus Gewerbebetrieb erzielen, an einer Einkunftsquelle (zB VuV) beteiligt ist (Rn 1166). Bei den Kapitalgesellschaften wird bei der Ermittlung der körperschaftsteuerlichen Bemessungsgrundlage der *Gewinn iSd § 4, § 5 EStG* daher als *Ausgangsgröße* zugrunde gelegt. Wegen der Maßgeblichkeit des Handelsrechts nach § 5 Abs. 1 EStG ist bei der Ermittlung des steuerlichen Gewinns zunächst vom *handelsrechtlichen Jahresüberschuss* (§ 275 HGB) auszugehen. Aus dem Verweis in § 8 Abs. 1 Satz 1 KStG folgt zudem, dass der Gewinn einer Körperschaft nicht durch Aufwendungen gemindert wird, die schon nach den Abzugsverboten aus § 3c Abs. 1 EStG (Rn 607) oder § 4 Abs. 4a, 5, 5b, 6, § 4h, § 4i, § 4j EStG (Rn 1002 ff) nicht abziehbar sind.

3. Spezielle sachliche Steuerbefreiungen des KStG

1243 Das KStG enthält einige über das EStG hinausgehende *Steuerbefreiungen*. So stellt § 8 Abs. 5 KStG satzungsmäßige **Mitgliederbeiträge** an Personenvereinigungen von der Körperschaftsteuer frei. Die größte praktische Bedeutung haben jedoch die Steuerbefreiungen in § 8b KStG.

a) Steuerbefreiung für Schachteldividenden (§ 8b Abs. 1 KStG)

1244 § 8b Abs. 1 Satz 1 KStG stellt *Gewinnausschüttungen* (Dividenden), die eine *Körperschaft* **von einer anderen Kapitalgesellschaft** bezieht, steuerfrei (§ 8b Abs. 1 KStG)[160], wenn die Beteiligung mind 10 % beträgt, sog. *Schachtelbeteiligung* (abgrenzend § 8b Abs. 4 KStG, Rn 1251).

1245 **Sinn dieser Befreiung** ist die *Vermeidung von Doppel- oder sogar Mehrfachbelastungen ausgeschütteter Gewinne*: Jede Körperschaft hat auf ihr zu versteuerndes Einkommen eine endgültige Körperschaftsteuer von 15 % zu entrichten **(Definitivbesteuerung)**. Gewinnausschüttungen können bei der Ermittlung des Einkommens der *ausschüttenden* Körperschaft nicht abgezogen werden (§ 8 Abs. 3 Satz 1 KStG). Bei einer Steuerpflicht der Gewinnausschüttung auch bei der *empfangenden* Körperschaft käme es zu einer Doppelbelastung bzw bei (nicht seltenen) mehrstufigen Beteiligungsketten sogar zu einer mehrfachen Belastung mit Körperschaftsteuer. Um die nur einmalige Belastung ausgeschütteter Gewinne mit Körperschaftsteuer sicherzustellen, bedarf es daher der Steuerbefreiung des § 8b Abs. 1 KStG für jede weitere zwischengeschaltete Körperschaft.

1246 Die Besteuerung ausgeschütteter Gewinne an *natürliche Personen* dient dagegen dazu, die Dividenden (ermäßigt) nachzubelasten, um – mit Blick auf die übrigen Einkünfte, die nicht mit der Körperschaftsteuer vorbelastet sind – typisierend eine Einmalbelastung herzustellen. Die Besteuerung wird also auf zwei Ebenen verteilt: auf die Ebene der Körperschaft (Vorbelastung)

160 Zur Fallbearbeitung *Birk/Desens/Tappe*, Klausurenkurs, Fall 8.

und die Ebene des Anteilseigners (Nachbelastung). Auf der Nachbelastungsebene (natürliche Person) unterliegen die Gewinnausschüttungen, je nachdem, ob sich die Anteile im Privat- oder Betriebsvermögen befinden, entweder der 25 %igen Abgeltungsteuer (§ 32d EStG) oder fließen – bei Anwendung des individuellen Steuersatzes – nach dem Teileinkünfteverfahren (§ 20 Abs. 1 Nr 1 und § 3 Nr 40 EStG, Rn 1319) nur zu 60 % in die Bemessungsgrundlage ein.

Trotz der Steuerfreistellung der Gewinnausschüttungen an Muttergesellschaften nach § 8b Abs. 1 Satz 1 KStG („... bleiben bei der Ermittlung des Einkommens außer Ansatz."), wird auf die Dividenden **Kapitalertragsteuer** erhoben (§ 43 Abs. 1 Satz 3 EStG). Diese wird bei inländischen Kapitalgesellschaften iRd Veranlagung zur Körperschaftsteuer angerechnet (§ 31 Abs. 1 KStG iVm § 36 Abs. 2 Nr 2 Satz 1 EStG). Bei ausländischen Muttergesellschaften kommt es zu keiner Veranlagung, so dass die Kapitalertragsteuer uU definitiv bleibt (§ 32 Abs. 1 Nr 2 KStG; Rn 1474). Innerhalb der EU wird der Muttergesellschaft die Kapitalertragsteuer jedoch erstattet, wenn sie eine Mindestbeteiligung von 10 % hält (§ 43b EStG – sog. Mutter-Tochter-Richtlinie, Rn 230, 1474). **1247**

Auf die Beteiligung entfallende **Aufwendungen** (vor allem Finanzierungskosten zum Erwerb der Beteiligung) sind grundsätzlich als Betriebsausgaben abziehbar. § 3c Abs. 1 EStG gilt trotz der Steuerfreiheit der Beteiligungserträge nach § 8b Abs. 1 KStG nicht (so ausdrücklich § 8b Abs. 5 Satz 2 KStG). **1248**

Denn bei *wirtschaftlicher* Betrachtung der gesamten Ausschüttungskette handelt es sich gerade nicht um steuerfreie Einnahmen, weil auf der Ebene der ausschüttenden Körperschaft bereits eine (Definitiv-)Besteuerung stattgefunden hat und bei einer Weiterausschüttung an eine natürliche Person noch eine (teilweise) Einkommensbesteuerung erfolgt (Rn 1309 ff). Allerdings gelten nach § 8b Abs. 5 Satz 1 KStG pauschal **5 %** der nach Abs. 1 steuerfreien Einnahmen als **nicht abziehbare** Betriebsausgaben. Diese Fiktion reduziert die Steuerfreiheit nach Abs. 1 iErg auf 95 %[161]. Dies gilt unabhängig von der Höhe der tatsächlich angefallenen Beteiligungsaufwendungen, die daneben abziehbar bleiben[162]. **1249**

Der Sinn dieser Regelung, die in Fachkreisen mittlerweile „Schachtelstrafe" heißt[163], bleibt unklar. Sie ist wohl als Zugeständnis für den Verzicht auf die Anwendung des § 3c Abs. 1 EStG zu verstehen. Bei „Durchschüttungen" in längeren Beteiligungsketten reduziert sie auf jeder Stufe die Wirkung der Steuerbefreiung des § 8b Abs. 1 KStG (sog. Kaskadeneffekt). **1250**

b) Steuerpflicht für Streubesitzdividenden (§ 8b Abs. 4 KStG)

Obwohl die aufgeführten Gründe, die für eine Steuerbefreiung von Gewinnausschüttungen sprechen (Rn 1245), ebenso für Beteiligungen gelten, bei denen eine Mindestbeteiligungshöhe von 10 % nicht erreicht wird (sog. Streubesitzbeteiligungen), sind diese von der Steuerbefreiung ausdrücklich ausgenommen (§ 8b Abs. 4 KStG). Damit ist auch schon der erste Kritikpunkt gegen diese Rückausnahme formuliert: Bei Streubesitzbeteiligungen kommt es zur vollen Doppelbelastung auf der Ebene der Körperschaften und damit ggf auch zu Mehrfachbelastungen („Kaskadeneffekt"). Damit ist **1251**

161 BFH, I R 29/15, BFH/NV 2017, 324 (Anwendung auch bei DBA-Freistellung).
162 BVerfG, 1 BvL 12/07, BVerfGE 127, 224: verfassungsgemäß; krit *Müller*, FR 2011, 309.
163 Vgl *Stangl*, DStR 2013, Beihefter zu Heft 4, 8 (11 ff) zu Streitfragen bei § 8b Abs. 5 KStG.

auch nicht mehr gewährleistet, dass eine Dividende, die eine natürliche Person bezieht, genau mit 15 % Körperschafteuer vorbelastet ist[164].

1252 Hintergrund der Steuerpflicht für Streubesitzdividenden ist die Umsetzung einer Entscheidung des EuGH. Dieser hatte für die zuvor geltende Rechtslage einen Verstoß gegen die Kapitalverkehrsfreiheit (Art. 63 AEUV) angenommen, weil Deutschland Streubesitzdividenden, die an eine EU-ausländische Kapitalgesellschaft ausgeschüttet wurden (mind 15 % Kapitalertragsteuer), höher besteuert hat als Streubesitzdividenden, die an eine inländische Kapitalgesellschaft ausgeschüttet wurden (maximal 0,75 % KSt)[165]. Aus fiskalischen Gründen hat sich der Gesetzgeber dazu entschieden, eine Gleichbehandlung durch eine höhere Besteuerung der inländischen Streubesitzdividenden herzustellen (maximal 15 % KSt). Da Beteiligungsaufwendungen allein von inländischen Anteilseignern geltend gemacht werden können, besteht insoweit eine unionsrechtswidrige Benachteiligung der ausländischen Anteilseigner fort[166]. Umgekehrt werden inländische Anteilseigner jedoch regelmäßig höher belastet, weil bei ihnen noch eine Gewerbesteuerbelastung hinzutritt[167].

1253 Maßgeblicher *Zeitpunkt* zur Beantwortung der Frage, ob eine 10 %-Beteiligung vorliegt, ist nicht der Tag der Gewinnausschüttung, sondern der *Beginn des Kalenderjahrs* (§ 8b Abs. 4 Satz 1 KStG), wobei ein unterjähriger *Erwerb einer 10 %-Beteiligung* als zu Beginn des Kalenderjahres erfolgt gilt (§ 8b Abs. 4 Satz 6 KStG)[168].

c) Steuerbefreiung von Veräußerungsgewinnen (§ 8b Abs. 2 KStG)

1254 § 8b Abs. 2 KStG stellt hingegen – unabhängig von der Beteiligungsquote – die **Veräußerung** von Kapitalanteilen steuerfrei[169]. Veräußerungsgewinn ist der Veräußerungspreis[170] abzüglich der Anschaffungskosten der Beteiligung (Buchwert) und der (durch die Veräußerung als auslösendes Moment veranlassten[171]) Veräußerungskosten (§ 8b Abs. 2 Satz 2 KStG). Aber auch hier wird der Veräußerungsgewinn – wie bei den Gewinnausschüttungen (dort durch § 8b Abs. 5 KStG) – auf 95 % reduziert, indem 5 % als nicht abziehbare Betriebsausgaben gelten (§ 8b Abs. 3 Satz 1 KStG)[172]. Allerdings bleibt es für Kredit- und Finanzdienstleistungsinstitute sowie für von diesen beherrschten Finanzunternehmen bei der Steuerpflicht, soweit die Anteile dem Handelsbestand (§ 340e Abs. 3 HGB) bzw dem Umlaufvermögen zuzuordnen sind (§ 8b Abs. 7 KStG).

1255 Die Kehrseite ist ein absolutes **Abzugsverbot** für (substanzbezogene) Gewinnminderungen an den Anteilen, etwa **Veräußerungsverluste** und **Teilwertabschreibungen**

164 *Desens*, DStR 2013, Beihefter zu Heft 4, 13 (14).

165 EuGH, C-284/09, Slg. 2011, I-9879 *(Komission/Deutschland)*.

166 *Desens*, DStR 2013, Beihefter zu Heft 4, 13 (15); *Rust*, DStR 2009, 2568 (2572) jeweils mit Verweis auf EuGH, C-234/01, Slg. 2003, I-5933 *(Gerritse)*.

167 *Desens*, DStR 2013, Beihefter zu Heft 4, 13 (15) mwN.

168 Zur strittigen Reichweite OFD Frankfurt v. 2.12.2013, GmbHR 2014, 447; *Schönfeld*, DStR 2013, 937; *Herlinghaus*, FR 2013, 529; *Adrian*, GmbHR 2014, 407; *Behrens/Renner/Faller*, DStZ 2014, 336.

169 Zur Fallbearbeitung (mit Übersicht) *Birk/Desens/Tappe*, Klausurenkurs, Fall 8.

170 Zu Kaufpreisänderungen BMF v. 24.7.2015, BStBl II 2015, 612; *Kutt*, FR 2016, 1092.

171 BFH, I R 45/13, BStBl II 2014, 719; I R 52/12, BStBl II 2014, 861; I R 64/14, BStBl II 2017, 182; enger *Riedel*, FR 2014, 356 (359): Unmittelbarkeit erforderlich.

172 BVerfG, 1 BvL 12/07, BVerfGE 127, 224 (verfassungsgemäß); BFH, I R 37/15, BStBl II 2018, 144 (keine 5 %-Besteuerung ohne inländische Betriebstätte); krit *Herbst/Kopec*, ISR 2019, 107.

(§ 8b Abs. 3 Satz 3 KStG). Dagegen bleiben Aufwendungen, die (noch) *durch das Halten* der veräußerten Beteiligung veranlasst sind (zB Finanzierungskosten, Verwaltungskosten), abziehbar (§ 8b Abs. 3 Satz 2 KStG: Kein § 3c Abs. 1 EStG). Daher sind etwa vergebliche Due-Dilligence-Kosten, die im Zusammenhang mit der Vorbereitung eines vergeblichen Anteilserwerbs stehen, voll abziehbar[173]. Das absolute Abzugsverbot (§ 8b Abs. 3 Satz 3 KStG) könnte ein Gesellschafter umgehen, wenn er die Gesellschaft anstatt mit (weiterem) Eigenkapital mit Fremdkapital ausstattet, also der Gesellschaft etwa ein Darlehen gewährt. Denn Substanzverluste aus einer Darlehensforderung (etwa Teilwertabschreibungen) sind keine Gewinnminderungen im Zusammenhang mit Kapitalanteilen (sondern im Zusammenhang mit der Darlehensforderung als selbstständiges Wirtschaftsgut) und werden daher nicht von § 8b Abs. 3 Satz 3 KStG erfasst[174]. Um solche Ausweichgestaltungen zu vermeiden, werden durch § 8b Abs. 3 Satz 4–8 KStG auch Gesellschafterdarlehen in das absolute Abzugsverbot einbezogen, wenn der Darlehensgeber mit mindestens 25 % beteiligt ist und die Darlehensgewährung keinem Fremdvergleich standhält. Korrespondierend bleiben etwaige Teilwertzuschreibungen (§ 6 Abs. 1 Nr 2 Satz 3 EStG) auf das Darlehen außer Ansatz (§ 8b Abs. 3 Satz 8 KStG).

Die Steuerbefreiung von Anteilsveräußerungen ist im Wesentlichen eine Konsequenz aus der Steuerfreistellung der Gewinnausschüttungen (§ 8b Abs. 1 KStG). Sie lässt sich dogmatisch mit der **These von der sog. Totalausschüttung** begründen und beruht auf der Überlegung, dass ein Veräußerungsgewinn aus der Übertragung von offenen und stillen Reserven der veräußerten Gesellschaft resultiert. *Offene Reserven* (Altgewinne) wurden bereits bei ihrer Entstehung mit Körperschaftsteuer vorbelastet und wären im Falle einer Ausschüttung steuerfrei (§ 8b Abs. 1 KStG). *Stille Reserven* (ebenso auch Gewinnerwartungen) sind zwar steuerlich noch nicht vorbelastet. Sie würden jedoch im Falle ihrer späteren Realisierung bereits auf Ebene der veräußerten Körperschaft besteuert werden. **1256**

Indes ist keinesfalls sichergestellt, dass die stillen Reserven später tatsächlich noch einmal (von der veräußerten Gesellschaft) versteuert werden[175]. Der Veräußerer der Anteile dagegen, in dessen Besitzzeit die stillen Reserven gebildet wurden, muss sie trotz Realisierung im Veräußerungsgewinn wegen § 8b Abs. 2 KStG *nicht* versteuern. Darin wird ein Verstoß gegen das Leistungsfähigkeits- und das Subjektsteuerprinzip gesehen[176]. Gleichwohl vermeidet § 8b Abs. 2 KStG auf einfache und praktikable Weise Doppelbelastungen und fügt sich daher systemgerecht in das Teileinkünfteverfahren ein[177]. **1257**

Daneben verfolgt der Gesetzgeber auch einen *Lenkungszweck* (Rn 199 ff): Veräußerungen sollen zur Schaffung betriebswirtschaftlich sinnvoller Beteiligungsstrukturen nicht durch die drohende Besteuerung (uU jahrzehntelang) aufgebauter stiller Reserven behindert werden. **1258**

Teilweise werden auch **verfassungsrechtliche Bedenken** (Art. 3 Abs. 1 GG) im Hinblick auf die abweichende Behandlung von Veräußerungsgewinnen aus Einzelunternehmen und Mitunternehmeranteilen geltend gemacht, die grundsätzlich voll steuerpflichtig sind[178]. Indes ist die Steuerbefreiung im System einer Definitivbesteuerung von Körperschaften konsequent, da **1259**

173 BFH, I R 72/11, BStBl II 2013, 343; *Stangl*, DStR 2013, Beihefter zu Heft 4, 8 (9 f).
174 BFH, I R 52/08, BStBl II 2009, 674.
175 Krit daher *Pezzer*, DStJG 25 (2002), 37 (56); *von Lishaut*, StuW 2000, 182 (192 f); *Bareis*, BB 2003, 2315 (2317 f); ausf *Desens*, Das Halbeinkünfteverfahren, 2004, S. 132 ff.
176 Vgl *Rödder/Wochinger*, FR 2001, 1253 (1256).
177 Vgl *Kanzler*, FR 2003, 1 (7 f); *Scheffler*, DB 2003, 680.
178 *Hey*, DStJG 24 (2001), 155 (199 ff).

sonst eine doppelte oder sogar mehrfache Steuerkumulation und damit eine Übermaßbesteuerung eintreten würde (Rn 1245). Eine Besteuerung der bei der Veräußerung von Einzelunternehmen und Mitunternehmeranteilen erzielten Gewinne ist hingegen erforderlich, weil dort weder eine Definitivbesteuerung noch eine weitere Steuerverhaftung der stillen Reserven stattfindet. Schon die Ausgangslage ist damit nicht vergleichbar. Die Erwägungen des Gesetzgebers für die Steuerbefreiung nach § 8b Abs. 2 KStG sind daher nicht sach- und damit auch nicht gleichheitswidrig (Art. 3 Abs. 1 GG).

4. Nichtabziehbare Aufwendungen nach § 10 KStG

1260 Nach § 10 KStG sind einige Aufwendungen bei der Ermittlung des Einkommens *nicht abziehbar*. Die Norm berücksichtigt, dass einerseits handelsrechtlich jeder Vermögensabfluss bei der Körperschaft zu einer Minderung des Jahresüberschusses führt, andererseits aber zur Vermeidung von Wettbewerbsverzerrungen die körperschaftsteuerliche Bemessungsgrundlage den Einkünften aus Gewerbebetrieb eines Einzelunternehmers oder Gesellschafters einer Personengesellschaft im Wesentlichen entsprechen muss.

1261 a) § 10 Nr 2 KStG schließt die Steuern vom Einkommen (zB eigene Körperschaftsteuer, Solidaritätszuschlag, Kapitalertragsteuer auf bezogene Erträge), sonstige Personensteuern (zB Erbschaftsteuer) und die Umsatzsteuer auf Entnahmen vom Abzug aus. Diese Steuern stellen handelsrechtlich Betriebsausgaben dar (vgl § 275 Abs. 2 Nr 14–16 HGB), wären aber auch bei der Ermittlung der einkommensteuerlichen Bemessungsgrundlage nicht abziehbar (§ 12 Nr 3 EStG). Das Abzugsverbot erstreckt sich auch auf die entsprechenden steuerlichen Nebenleistungen iSd § 3 Abs. 4 AO.

1262 In **Fall 51** (Rn 1240) sind die 70 000 € Körperschaftsteueraufwand gem. § 10 Nr 2 KStG bei der Ermittlung des Einkommens hinzuzurechnen. Die Gewerbesteuer (30 000 €) ist zwar keine Personensteuer, sondern eine Objektsteuer (Rn 1326). Dennoch ist sie nicht als Betriebsausgabe abzugsfähig (§ 8 Abs. 1 KStG iVm § 4 Abs. 5b EStG, Rn 1004).

1263 b) Nach § 10 Nr 3 KStG, der wortgleich mit § 12 Nr 4 EStG ist, sind Geldstrafen und sonstige Rechtsfolgen vermögensrechtlicher Art mit überwiegendem Strafcharakter vom Abzug ausgeschlossen.

1264 Wegen des personalen Charakters des deutschen Strafrechts können Strafen lediglich gegen natürliche Personen ausgesprochen werden. Geld*bußen*, die auch gegen juristische Personen verhängt werden können (§ 30 OWiG), sind aber bereits nach § 4 Abs. 5 Nr 8 EStG iVm § 8 Abs. 1 Satz 1 KStG vom Abzug ausgeschlossen. Daher hat diese Vorschrift nur einen sehr beschränkten Anwendungsbereich (vor allem die Einziehung mit Strafcharakter nach § 74 Abs. 2, § 75 StGB und ausländische Geldstrafen, sofern die jeweilige Rechtsordnung die Verhängung gegen juristische Personen zulässt).

1265 c) Bedeutsamer ist dagegen das in § 10 Nr 4 KStG statuierte Abzugsverbot für die Hälfte der Vergütungen an Mitglieder des Aufsichtsrats und ähnlicher Überwachungsorgane. Die Einschränkung des Betriebsausgabenabzugs soll überhöhten Vergütungen entgegenwirken[179].

179 BVerfG, 1 BvR 338/68, BVerfGE 34, 103 (verfassungsgemäß).

5. Abgrenzung zu Vorgängen, die durch das Gesellschaftsverhältnis veranlasst sind

Eines der umstrittensten Gebiete des Körperschaftsteuerrechts ist die Behandlung der **Beziehung zwischen Gesellschaft und Anteilseignern**. Vorgänge im Zusammenhang mit den Anteilseignern, die sich auf das Einkommen der Körperschaft auswirken, können ihre Ursache entweder in den gesellschaftsrechtlichen Beziehungen haben oder aber in anderen schuldrechtlichen Verträgen (zB Dienstvertrag, Darlehensvertrag, Kaufvertrag). Im ersten Fall handelt es sich um Gewinnausschüttungen oder Einlagen, die sich nicht auf das Einkommen auswirken dürfen (§ 8 Abs. 3 KStG). Im anderen Fall liegen Betriebsausgaben oder -einnahmen vor, da Verträge zwischen Gesellschaft und Anteilseignern grundsätzlich auch steuerlich maßgebend sind (**Trennungsprinzip**). **1266**

a) Verdeckte Gewinnausschüttung (§ 8 Abs. 3 Satz 2 KStG)

Die Einkommens*verteilung* hat auf die Einkommens*ermittlung* keinen Einfluss (§ 8 Abs. 3 Satz 1 KStG). Dies bedeutet, dass Gewinnausschüttungen bei der Ermittlung des Einkommens nicht einkommensmindernd berücksichtigt werden dürfen. Bei offenen Gewinnausschüttungen, also solchen, die auf einem den gesellschaftsrechtlichen Vorschriften entsprechenden Gewinnverteilungsbeschluss beruhen (zB Aktiendividende, Ausschüttung auf GmbH-Stammeinlagen), ist dies im Allgemeinen unproblematisch, da diese auch handelsrechtlich keine Auswirkung auf den Jahresüberschuss haben. Schwierigkeiten bereiten dagegen etwa Fälle, in denen der Gesellschafter einen **Vermögensvorteil** erhält, der einem *fremden Dritten* nicht gewährt worden wäre. Wird dieser Vermögensvorteil iRd Abwicklung eines zivilrechtlichen Vertragsverhältnisses gewährt, stellt sich die Frage, ob der Vermögensvorteil seine Ursache tatsächlich in diesem Vertrag oder nicht doch in dem Gesellschaftsverhältnis hat und nur der Form nach eine andere zivilrechtliche Gestaltung gewählt wird. Dividendeneinkünfte beim Anteilseigner sind stets mit der Körperschaftsteuer auf der Ebene der Körperschaft belastet. Deshalb ergeben sich idR Vorteile daraus, wenn Gewinnanteile nicht als Dividende ausgezahlt, sondern als Leistungsvergütung „getarnt" werden, die als Betriebsausgabe die körperschaftsteuerliche Bemessungsgrundlage mindern würden. Im letzteren Fall spricht man von einer **verdeckten Gewinnausschüttung**[180], die nach § 8 Abs. 3 Satz 2 KStG bei der Ermittlung des Einkommens ebenfalls nicht abgezogen werden darf, den handelsrechtlichen Jahresüberschuss aber bereits gemindert hat. Sucht man eine einkommensteuerliche Parallele, so kommt die Entnahme nach § 4 Abs. 1 Satz 1, 2 EStG, die ebenso wenig gewinnmindernd sein darf, der vGA recht nahe. **1267**

aa) Voraussetzungen

Die stRspr[181] definiert die vGA als **1268**

- eine Vermögensminderung oder verhinderte Vermögensmehrung,
- die durch das Gesellschaftsverhältnis veranlasst ist,

180 *Lange/Janssen*, Verdeckte Gewinnausschüttungen, 12. Aufl 2017; zur Fallbearbeitung (mit Übersicht) *Birk/Desens/Tappe*, Klausurenkurs, Fall 9.

181 Grundlegend BFH, I R 44/85, BStBl II 1989, 475; I R 73/85, BStBl II 1989, 522.

- sich auf die Höhe des Unterschiedsbetrags gem. § 4 Abs. 1 Satz 1 EStG auswirkt,
- in keinem Zusammenhang mit einer offenen Ausschüttung steht,
- wobei die Minderung des Unterschiedsbetrags objektiv geeignet sein muss, beim Gesellschafter einen sonstigen Bezug iSd § 20 Abs. 1 Nr 1 Satz 2 EStG auszulösen (sog. *Korrespondenzprinzip*)[182].

Die Voraussetzungen müssen kumulativ, aber nicht notwendig in einem VZ erfüllt sein.

1269 Eine **Vermögensminderung** liegt nur vor, wenn sich in der Steuerbilanz der Wert eines Aktivpostens mindert oder eines Passivpostens erhöht und dies nicht im Wege des Vorteilsausgleichs kompensiert wird. Dagegen liegt eine **verhinderte Vermögensmehrung** vor, wenn die Gesellschaft es zu Gunsten ihres Gesellschafters *unterlässt*, einen sich gem. § 4 Abs. 1 EStG in ihrer Steuerbilanz auswirkenden Vermögensvorteil zu erlangen[183]. Das kann etwa der Fall sein, wenn die Gesellschaft gegenüber dem Gesellschafter *verzichtet*, einen *Herausgabe- oder Schadensersatzanspruch* geltend zu machen[184], die Gesellschaft zugunsten des Gesellschafters auf eine *(vermeintliche) Forderung* der Gesellschaft gegenüber einem *Dritten verzichtet*[185] oder die Gesellschaft zugunsten des Gesellschafters eine ihr gebührende, sich konkret bietende *Geschäftschance* nicht nutzt[186].

Für die **objektive Eignung**, beim Gesellschafter einen Beteiligungsertrag iSd § 20 Abs. 1 Nr 1 Satz 2 EStG auszulösen, ist es für die vGA auf der Ebene der *Gesellschaft* unerheblich, ob und wann der Vermögensvorteil dem Gesellschafter tatsächlich zufließt[187]. Die Erfassung beim *Gesellschafter* setzt jedoch Zufluss voraus.

1270 Entscheidendes Kriterium für die Beurteilung eines Vermögensnachteils durch eine Vermögensminderung oder verhinderte Vermögensmehrung als vGA ist dessen **Veranlassung durch das Gesellschaftsverhältnis**.

Für die Prüfung arbeitet die Rspr mit den folgenden **Fallgruppen** und zudem für die praktisch häufigen Fälle (zB unangemessen hohe Geschäftsführergehälter oder Pensionszusagen) mit einer Reihe standardisierter Kriterien, denen allerdings lediglich Indizwirkung zukommt.

1271 (1) Ein **ordentlicher und gewissenhafter Geschäftsleiter** (§ 93 Abs. 1 Satz 1 AktG, § 43 Abs. 1 GmbHG) hätte die Vermögensminderung oder verhinderte Vermögensmehrung gegenüber einer Person, die nicht Gesellschafter ist, unter sonst gleichen Umständen nicht hingenommen[188]. Hält die Vermögensminderung dagegen diesem **Fremdvergleich** aus der Sicht des gedachten ordentlichen Geschäftsleiters stand, so spricht das für ihre betriebliche Veranlassung. Der Fremdvergleich hat den Zweck, eine beliebige Gewinnverlagerung ohne sinnvolle betriebliche Gründe auf die Gesellschafter mit der Folge einer eventuell günstigeren Besteuerung zu verhindern. Denn auch in kleinen mittelständischen Kapitalgesellschaften ist der Unternehmenserfolg

182 Seit 2002: BFH, I R 2/02, BStBl II 2004, 131; I R 19/11, BFHE 236, 452.
183 BFH, I R 6/04, BStBl II 2009, 197.
184 BFH, I R 155/94, BFHE 178, 371.
185 BFH, I R 183/75, BStBl II 1977, 571; VIII R 8/78, BStBl II 1981, 260.
186 BFH, I R 96/95, BFH/NV 1999, 1125; I R 155/94, BFHE 178, 371; I R 97/95, BFHE 181, 122; I R 14/96, BFHE 183, 459; I R 100/02, BFHE 203, 77.
187 BFH, I R 44/85, BStBl II 1989, 475; I B 6/15, BFH/NV 2016, 1496.
188 Zuerst BFH, I 261/63, BStBl III 1967, 626; VIII R 32/07, BFH/NV 2010, 1330.

nach dem Zweck des § 8 Abs. 3 Satz 2 KStG steuerlich grundsätzlich der Gesellschaft zuzurechnen[189]. IdR handelt es sich um Austauschverträge, bei denen die Körperschaft eine im Vergleich zur Leistung des Gesellschafters objektiv zu hohe Gegenleistung erbringt.

Beispiele: Typische *Vermögensminderungen* sind zu hohe Vergütungen für die Tätigkeit des Gesellschafter-Geschäftsführers, wobei alle erhaltenen Vorteile in die Beurteilung einzubeziehen sind (Gesamtausstattung), insb auch die in der Praxis verbreiteten gewinnabhängigen Tantiemen[190]; ferner Pensionszusagen, die nicht finanzierbar oder wegen zu kurzer verbleibender Zeit bis zum Eintritt in den Ruhestand nicht mehr erdienbar sind[191]. Typische *verhinderte Vermögensmehrungen* sind dagegen die Gewährung eines zinslosen Darlehens durch die Gesellschaft an den Gesellschafter oder der Kauf eines Gegenstands der Gesellschaft zu einem ungewöhnlich niedrigen Preis durch den Gesellschafter, wobei die Gesellschaft jeweils auf die Durchsetzung einer angemessenen Gegenleistung verzichtet.

Der erforderliche **Fremdvergleich** kann *intern* durchgeführt werden, wenn die Gesellschaft selbst vergleichbare Geschäfte mit Dritten tätigt. Anderenfalls ist ein *externer* Fremdvergleich zu vergleichbaren Geschäften einer anderen Gesellschaft anzustellen. Sind wegen der Besonderheit der zu überprüfenden Geschäfte keine aussagekräftigen Vergleichsbedingungen zu ermitteln, kann auf einen *hypothetischen* Fremdvergleich zurückgegriffen werden, der sich an den mutmaßlichen Überlegungen eines ordentlichen Geschäftsleiters orientiert[192]. Dabei ergibt sich regelmäßig eine *Bandbreite* fremdvergleichsgerechter Bedingungen, die nur bei Überschreiten ihrer Obergrenze zur Annahme einer vGA führt.

Da eine Kapitalgesellschaft nach der Auffassung der Rspr[193] *keine außerbetriebliche Sphäre* hat und daher alle Aufwendungen zunächst Betriebsausgaben sind, wird bei einer Gesellschaft, die mit einer bestimmten Tätigkeit dauerhaft Verluste erzielt (**Liebhaberei**, Rn 710), eine vGA angenommen, wenn die verlustbringende Tätigkeit *im Interesse der Gesellschafter* erfolgt, die ein ordentlicher und gewissenhafter Geschäftsführer nicht vorgenommen hätte[194]. **1272**

Beispiel: Eine GmbH unterhält Segelyachten, die sie zur Vercharterung anbietet, und erzielt damit nur Verluste. Erfolgt diese Tätigkeit im Interesse der Gesellschafter, liegt eine vGA vor und zwar nicht nur in Höhe der Verluste, sondern zusätzlich in Höhe einer angemessenen Vergütung bzw eines angemessenen Gewinnaufschlags für die verlustbringende Tätigkeit[195].

Es genügt, wenn der Vermögensvorteil bei einer dem Gesellschafter **nahe stehenden Person** (zB einem nahen Angehörigen oder einer konzernangehörigen Gesellschaft) eintritt. Entscheidend ist in diesem Fall, dass die Kapitalgesellschaft dem Dritten einen Vermögensvorteil zugewendet hat, den sie bei Anwendung der Sorgfalt eines **1273**

189 BFH, I R 37/01, BStBl II 2003, 418.

190 BFH, I R 46/01, BStBl II 2004, 132; I R 73/06, BStBl II 2008, 314; I R 79/08, BFHE 229, 129.

191 BFH, I R 39/12, BStBl II 2014, 174; I R 89/12, BStBl II 2014, 729; I R 12/07, BStBl II 2015, 409; I R 60/12, BStBl II 2015, 413; I R 76/13, BStBl II 2015, 665; dazu *Briese*, GmbHR 2015, 635.

192 BFH, I R 46/01, BStBl II 2004, 132 (134); zu „Dreiecksverhältnissen“ *Haussmann*, StuW 2014, 305; *Schwarz*, StuW 2015, 191; *Haussmann*, StuW 2015, 195; *Kollruss*, StuW 2015, 286.

193 BFH, I R 54/95, BFHE 182, 123; I R 32/06, BStBl II 2007, 961; I R 21/12, BStBl II 2014, 531; I R 50/16, BStBl II 2017, 324; krit *Desens/Blischke*, in: KSM, § 15 Rn A 82; aA *Nippert*, Die außerbetriebliche Sphäre der Kapitalgesellschaften im Körperschaftsteuerrecht, 2006.

194 BFH, I R 109/10 ua, BStBl II 2013, 1024; I R 8/15, BStBl II 2017, 214; noch Liebhaberei-Grundsätze heranziehend BFH I R 56/03, BFHE 208, 519.

195 BFH, I R 92/00, BFHE 199, 217; I R 54/95, BFHE 182, 123.

ordentlichen und gewissenhaften Geschäftsleiters einer Person, die dem betreffenden Gesellschafter nicht nahe steht, nicht gewährt hätte[196].

1274 Im **Fall 51** (Rn 1240) stellt daher der Preisvorteil, den die B-GmbH der Ehefrau E des Gesellschafters A beim Kauf des Grundstücks gewährt, eine vGA an Gesellschafter A dar: Der Kaufpreis (200 000 €) liegt deutlich unter dem Verkehrswert (250 000 €), ohne dass dafür ein anderer Grund als die gesellschaftsrechtliche Beziehung zum Ehemann ersichtlich wäre. Folglich ist dem Einkommen der B-GmbH die Differenz iHv 50 000 € außerbilanziell hinzuzurechnen. Dagegen ist das Geschäftsführergehalt angesichts der Ertragskraft der GmbH der Höhe nach als angemessen zu beurteilen.

1275 (2) Ist der Begünstigte **beherrschender Gesellschafter** und fehlt eine *zivilrechtlich wirksame, klare und im Voraus abgeschlossene Vereinbarung*, kommt es auf die Ausgewogenheit von Leistung und Gegenleistung nicht an (sog. *formeller Fremdvergleich*)[197]. Grund dafür ist, dass ein beherrschender Gesellschafter die Beschlussfassung der Gesellschafterversammlung jederzeit in seinem Sinne lenken kann. Mangels eines echten Interessengegensatzes in Angelegenheiten des Leistungsverhältnisses sollen rückwirkende Beeinflussungen des Gewinns der Körperschaft vermieden werden. Hinsichtlich der Beherrschung kommt es auf die Stimmrechte, nicht auf die Kapitalbeteiligung an[198]. Das gilt auch, wenn erst zwei Gesellschafter gemeinsam die Gesellschaft beherrschen, jedoch in Verfolgung gleichgerichteter Interessen handeln[199]. Bei Verstoß gegen diese Sonderkriterien wird vermutet, dass der Gesellschafter nicht auf schuldrechtlicher, sondern ausschließlich auf gesellschaftsrechtlicher Basis für seine Gesellschaft tätig geworden ist. Dies hat zur Folge, dass jede dennoch dafür von der Gesellschaft erbrachte Leistung unabhängig von ihrer Höhe in vollem Umfang eine vGA ist („totale vGA").

1276 (3) Diese Konsequenz („totale vGA") gilt auch in der folgenden, vom BFH entwickelten, Fallgruppe der **fehlenden Üblichkeit bzw Ernsthaftigkeit** einer Vereinbarung. Eine vGA kann nämlich auch dann vorliegen, wenn die Vereinbarung einem Fremdvergleich unter Einbeziehung der **Sicht des Gesellschafters** nicht standhält, weil ein Dritter ihr an dessen Stelle nicht zugestimmt hätte[200]. Dies gilt insb für Geschäfte, die die Gesellschaft einseitig begünstigen; hier versagt der Maßstab des ordentlichen Geschäftsleiters, der ihnen stets zustimmen würde. Bei Vereinbarungen jedoch, die vom üblichen Wirtschaftsgebaren so abweichen, dass sie als nicht ernsthaft gewollt anzusehen sind, liegt eine gesellschaftsrechtliche Veranlassung nahe.

Beispiele: Vergütung des Geschäftsführers nur durch eine Pensionszusage anstelle eines Gehalts („Nur-Pension")[201] oder nur durch Gewinntantieme („Nur-Tantieme")[202]; Pachtzins wird

196 BFH, I R 139/94, BStBl II 1997, 301; I R 61/07, BStBl II 2011, 62; VIII R 70/04, BFH/NV 2006, 722; I B 169/13, BFH/NV 2015, 234; VIII R 32/14, BFH/NV 2017, 1174.

197 BFH, I R 57/03, BStBl II 2011, 285; VIII R 45/11, BFH/NV 2015, 683; I R 74/15, BFH/NV 2018, 836 mwN (Konzern-Cash-Pool mit unbestimmter Zinsabrede); I R 77/16, BFH/NV 2019, 296 (unbestimmter Beratervertrag).

198 BFH, I R 112/72, BStBl II 1974, 694.

199 BFH, I R 44/00, BFH/NV 2002, 543; I R 50/03, BStBl II 2005, 524 („Familien-GmbH").

200 BFH, I R 147/93, BStBl II 1996, 204; VI R 66/09, BStBl II 2014, 491.

201 BFH, I R 147/93, BStBl II 1996, 204.

202 BFH, I R 54/91, BStBl II 1993, 311; I R 27/99, BStBl II 2002, 111.

von der Gewinnentwicklung der GmbH abhängig gemacht[203]; für Sonntags-, Feiertags- und Nachtarbeit des Gesellschafter-Geschäftsführers wird kein Gehalt, wohl aber ein Zuschlag gezahlt, um die Steuerfreiheit nach § 3b EStG zu erlangen[204].

b) Rechtsfolgen

Eine vGA soll genauso wie eine offene Gewinnausschüttung (Rn 1305 ff) besteuert werden. Sie löst daher sowohl auf Seiten der Gesellschaft als auch bei ihrem Empfänger Rechtsfolgen aus: **1277**

Die Rechtsfolge für die **ausschüttende Gesellschaft** ergibt sich aus § 8 Abs. 3 Satz 2 KStG: Wenn eine vGA das Einkommen nicht mindern darf, aber bei der Gewinnermittlung (etwa als Lohn- oder Zinsaufwand) bereits abgezogen worden ist, muss sie wieder hinzugerechnet werden. Ihre Hinzurechnung zum nach § 8 Abs. 1 Satz 1 KStG iVm §§ 4 ff EStG ermittelten Einkommen der Körperschaft erfolgt in einem zweiten Schritt *außerhalb der Steuerbilanz* und wirkt sich also auf diese selbst nicht aus[205]. Diese Gewinnerhöhung unterliegt dann ebenfalls der tariflichen Körperschaftsteuer nach § 23 Abs. 1 KStG iHv 15 %. **1278**

Beim **Empfänger** werden vGA grundsätzlich wie offene Gewinnausschüttungen behandelt. Bei privater Beteiligung liegen daher Einnahmen aus Kapitalvermögen iSd § 20 Abs. 1 Nr 1 Satz 2 EStG vor, die gem. § 32d Abs. 1 Satz 1 EStG dem 25 %igen Abgeltungsteuersatz unterliegen. Befindet sich die Beteiligung dagegen im Betriebsvermögen des Anteilseigners, unterliegt sie nach dem Teileinkünfteverfahren zu 60 % der Einkommensteuer gem. § 3 Nr 40 lit. d EStG (Rn 1319). Ist der Empfänger eine Körperschaft, unterliegt die vGA § 8b KStG (Rn 1244 ff). Die Erfassung der vGA beim Anteilseigner setzt allerdings den *Zufluss* der Einnahmen voraus[206], wobei ein geldwerter Nutzungsvorteil ausreichen kann[207]. Ob und wann ein solcher Zufluss vorliegt, ist unabhängig von der vGA auf der Ebene der Körperschaft zu entscheiden. Verbunden sind beide Ebenen nur durch das „Korrespondenzprinzip" (Rn 1268). Auch verfahrensrechtlich erfolgt die Feststellung der vGA bei der Körperschaft und den Anteilseignern unabhängig voneinander[208]. Wurde auf der Ebene der Körperschaft eine vGA dem Einkommen hinzugerechnet, so erfolgt beim Anteilseigner die Korrektur nach § 32a Abs. 1 KStG[209]. **1279**

Beim Anteilseigner kommt es darauf an, ob die vGA vor ihrer Aufdeckung bereits als steuerpflichtige Einnahme behandelt wurde, zB eine überhöhte Gehaltszahlung iRd Einkünfte aus nichtselbstständiger Arbeit. Dann führt die Aufdeckung der vGA – soweit verfahrensrechtlich noch möglich – zu einer Umqualifizierung des als vGA beurteilten (überhöhten) Teils der Gehaltszahlung in eine Gewinnausschüttung, für die das Teileinkünfteverfahren oder die Abgeltungsteuer greift, so dass es zu einer Ver- **1280**

203 BFH, I B 96/13, BFH/NV 2015, 237.
204 BFH, I R 24/04, BFH/NV 2005, 247; I B 55/09, BFH/NV 2010, 469.
205 BFH, I R 137/93, BStBl II 2002, 366; I R 43/01, BStBl II 2003, 416; I R 21/03, BStBl II 2005, 841.
206 BFH, VIII R 4/01, BFHE 207, 103.
207 BFH, I R 109/10 ua, BStBl II 2013, 1024 zur Nutzung einer Ferienwohnung.
208 BFH, VIII R 9/09, BStBl II 2013, 149 (KSt-Bescheid kein Grundlagenbescheid für den ESt-Bescheid des Gesellschafters hinsichtlich einer vGA).
209 BFH, VIII B 45/12, BStBl II 2012, 839; VIII R 30/12, BStBl II 2015, 858; *Stöber*, FR 2013, 448.

minderung der Steuerpflicht kommen kann; für Körperschaften gilt konsequent § 8b Abs. 1 KStG (Rn 1244 ff). Zu einer Erhöhung der Steuerbelastung des Anteilseigners führt indes die Aufdeckung solcher vGA, die ansonsten nicht als steuerpflichtige Einnahmen behandelt werden, zB ein vergünstigter Grundstücksankauf oder eine zinsgünstige Darlehensgewährung von Seiten der Gesellschaft. Die Erfassung der vGA führt vor allem wegen der Gewerbesteuer (Ebene der Gesellschaft) zu einer höheren Gesamtbelastung, so dass sie ihre Bedeutung auch bei Anwendung von Teileinkünfteverfahren und Abgeltungsteuer behält.

1281 Die Annahme einer vGA ist nicht auf Kapitalgesellschaften beschränkt; vielmehr können aus gesellschaftsrechtlichen Gründen zugewendete Vermögensvorteile bei jedem mitgliedschaftlich strukturierten Körperschaftsteuersubjekt auftreten, also auch bei Vereinen, Genossenschaften und grundsätzlich sogar bei Betrieben gewerblicher Art im Verhältnis zu ihren Trägerkörperschaften. § 8 Abs. 7 KStG enthält aber für letztere eine begünstigende Rechtsfolge für Dauerverlustgeschäfte im Interesse der Trägerkörperschaft (statt vGA-Rechtsfolgen, Rn 1272)[210].

1282 Eine einmal vorgenommene vGA kann nicht mehr rückgängig gemacht werden. Dies folgt aus § 38 AO, wonach Steueransprüche entstehen, sobald der Tatbestand verwirklicht ist, an den das Gesetz die Leistungspflicht knüpft. Eine spätere Rückzahlung des Vermögensvorteils durch den Gesellschafter ist daher als verdeckte Einlage (Rn 1283) zu behandeln[211].

c) Verdeckte Einlage

1283 Das Gegenteil einer vGA stellt die *verdeckte Einlage* dar[212]. Eine *Einlage* liegt vor, wenn ein Gesellschafter der Körperschaft einen Vorteil zuwendet, der von dieser nicht erwirtschaftet wurde, sondern seine Grundlage in dem bestehenden Gesellschaftsverhältnis hat. Das ist der Fall, wenn ein Nichtgesellschafter der Gesellschaft den Vermögensvorteil nicht eingeräumt hätte (Fremdvergleich). Nicht in das Nennkapital geleistete Einlagen sind dabei im sog. *steuerlichen Einlagekonto* auszuweisen (§ 27 KStG)[213]. Wird die Einlage nicht nach den Regeln des Gesellschaftsrechts (dh erstmalige Kapitalausstattung, spätere Kapitalerhöhung) vorgenommen, so spricht man von einer **verdeckten Einlage**[214]. Diese darf, da sie durch das Gesellschaftsverhältnis veranlasst ist, nicht den Gewinn, sondern lediglich die Kapitalrücklage der Gesellschaft (§ 272 Abs. 2 Nr 4 HGB) erhöhen, § 8 Abs. 3 Satz 3 KStG. Beim Gesellschafter liegen **nachträgliche Anschaffungskosten der Beteiligung** vor, die im Betriebsvermögen oder iRd Veräußerungstatbestände (§ 17, § 20 Abs. 2 Satz 1 Nr 1 EStG) auch im Privatvermögen steuerliche Auswirkung erlangen können. Hält der Gesellschafter die Beteiligung in seinem Betriebsvermögen, ordnet § 6 Abs. 6 Satz 2 EStG an, dass sich die Anschaffungskosten der Beteiligung um den Teilwert des eingelegten Wirtschaftsguts erhöhen. Dies führt also zu einer **Gewinnrealisation**, soweit

210 Dazu BFH, I R 56/15, BStBl II 2017, 498; VIII R 44/15, BFHE 263, 407.

211 BFH, I R 176/83, BStBl II 1987, 733; VIII R 10/07, BFH/NV 2009, 1815.

212 BFH, I 131/59 S, BStBl III 1960, 513; IV R 115/88, BStBl II 1990, 86; I R 80/96, BFH/NV 1998, 624.

213 Dazu *Ott*, DStZ 2016, 227.

214 Dazu *Dorn*, NWB 2019, 131.

der Teilwert den Buchwert des eingelegten Wirtschaftsguts übersteigt. Sind Teilwert und Buchwert identisch, ist die Einlage beim Gesellschafter ein erfolgsneutraler Aktivtausch (Wirtschaftsgut gegen erhöhte Anschaffungskosten der Beteiligung, Rn 862). Hält der Gesellschafter die Beteiligung im Privatvermögen, erhöht die Einlage die Anschaffungskosten der Beteiligung. Es handelt sich nicht um Werbungskosten bei den Einkünften aus Kapitalvermögen. Soweit die verdeckte Einlage trotzdem das Einkommen des Gesellschafters gemindert hat, erhöht sich korrespondierend das Einkommen der Gesellschaft (§ 8 Abs. 3 Satz 4 KStG)[215]. Verfahrensrechtlich ermöglicht **§ 32a Abs. 2 KStG** eine Änderung des Steuerbescheides der Körperschaft, wenn zuvor der Bescheid des Anteilseigners hinsichtlich einer verdeckten Einlage geändert wird[216].

Umstritten ist, welche Vermögensvorteile einlagefähig sind. Einhellig bejaht wird dies bei der Übertragung von Wirtschaftsgütern (Gesellschafter überträgt der Gesellschaft ein Wirtschaftsgut verbilligt oder unentgeltlich; Gesellschaft veräußert an Gesellschafter ein Wirtschaftsgut zu überhöhtem Preis). Wird dagegen ein zinsloses oder verbilligtes Darlehen vom Gesellschafter an die Gesellschaft gegeben, führt weder das Darlehen selbst noch der Zinsvorteil zu einer Einlage[217]. **1284**

Beispiel: A ist Alleingesellschafter der B-GmbH und gewährt dieser ein zinsloses Darlehen. Das Darlehen selbst führt bei A zu einer aktivierungspflichtigen Rückzahlungsforderung und bei der B-GmbH zur Passivierung einer Verbindlichkeit (jeweils steuerneutrale Vorgänge). Der Zinsvorteil ist kein Wirtschaftsgut und daher nicht einlagefähig. Hier zeigt sich der wesentliche Unterschied zur spiegelbildlichen vGA, die nicht die Hingabe eines Wirtschaftsguts voraussetzt, so dass etwa der Zinsvorteil aus einem zinslosen Darlehen, das die Gesellschaft dem Gesellschafter gewährt (= umgekehrter Fall), eine vGA darstellt (Rn 1271).

Eine verdeckte Einlage kann aber vorliegen, wenn ein Gesellschafter auf ein Darlehen, das er seiner Gesellschaft gewährt hat, **verzichtet**. Die hM differenziert hier aber danach, ob und in welchem Umfang das Darlehen noch **werthaltig** ist, weil nur der werthaltige Teil als ein einlagefähiges Wirtschaftsgut angesehen wird[218]. **1285**

Auf Ebene der *Gesellschaft* führt der Forderungsverzicht daher nur zu einer *verdeckten Einlage, soweit* das Darlehen noch *werthaltig* war (= Teilwert der Darlehensforderung). Der Wegfall der Rückzahlungsverbindlichkeit aus dem Darlehen auf der Passivseite der Bilanz der Gesellschaft löst dann als verdeckte Einlage, die den Gewinn nicht erhöhen darf (§ 8 Abs. 1 Satz 1 KStG iVm § 4 Abs. 1 Satz 1 EStG), *keine* Gewinnrealisation auf Ebene der Gesellschaft aus. Gleiches gilt spiegelbildlich auf Ebene des *Gesellschafters*, da der werthaltige Teil der ausgebuchten Darlehensforderung dann als nachträgliche Anschaffungskosten auf die Beteiligung qualifiziert wird (keine Verlustrealisation, sondern steuerneutraler Aktivtausch, Rn 862). **1286**

Soweit das Darlehen jedoch *nicht* mehr werthaltig war, führt die Ausbuchung der Verbindlichkeit auf Ebene der *Gesellschaft* nach den Bilanzierungsgrundsätzen zu einem Gewinn (Rn 902). Eine Ausnahme gilt aber unter den strengen Voraussetzungen der § 3a, § 3c Abs. 4 EStG für sog. *Sanierungsgewinne* (Rn 606). Auch auf Ebene des *Gesellschafters* liegen dann *keine* nachträglichen Anschaffungskosten auf die Beteiligung vor, so dass die Ausbuchung der Darlehensforderung in Höhe des *nicht* werthaltigen Teils zu einem Verlust führt, soweit dieser nicht bereits zuvor durch eine Teilwertabschreibung (§ 6 Abs. 1 Nr 2 EStG, Rn 833) auf die **1287**

215 Dazu *Mückl/Schnorberger*, DStR 2017, 2145.
216 BFH, I R 59/16, BFHE 262, 519.
217 BFH, GrS 2/86, BStBl II 1988, 348; IX R 4/16, BFH/NV 2017, 1309.
218 BFH, GrS 1/94, BStBl II 1998, 307.

Darlehensforderung berücksichtigt wurde. Der Verlust unterliegt beim Darlehensgeber/Gesellschafter jedoch dem Teilabzugsverbot (§ 3c Abs. 2 Satz 2–4 EStG für natürliche Personen mit Betriebsvermögen) oder bleibt sogar gänzlich unberücksichtigt (§ 8b Abs. 3 Satz 4–7 KStG für Körperschaften).

Beispiel: A ist Alleingesellschafter der B-GmbH, hält die B-GmbH-Beteiligung in seinem Betriebsvermögen und verzichtet gegenüber der B-GmbH auf die Rückzahlung eines Darlehens (10 000 €), das noch iHv 6000 € werthaltig war. Bei der B-GmbH führt der Verzicht zur Ausbuchung der Darlehensverbindlichkeit. IHv 6000 € führt der Verzicht zu einer steuerneutralen verdeckten Einlage und iHv 4000 € zu einem Gewinn, der unter den Voraussetzungen des § 3a, § 3c Abs. 4 EStG als sog. Sanierungsgewinn steuerfrei sein kann. Bei A ist die Darlehensforderung auszubuchen. IHd werthaltigen Teils (6000 €) erhöhen sich nachträglich die Anschaffungskosten an der B-GmbH-Beteiligung, so dass der Verzicht insoweit steuerneutral ist. IHd nicht werthaltigen Teils (4000 €) entsteht hingegen ein Verlust, der aber nach Maßgabe des § 3c Abs. 2 Satz 2–4 EStG durch eine außerbilanzielle Korrektur nur zu 60 % zu berücksichtigen ist. Hatte A auf die Darlehensforderung bereits zuvor eine Teilwertabschreibung auf den werthaltigen Teil (6000 €) vorgenommen, war bereits diese Teilwertabschreibung nach Maßgabe des § 3c Abs. 2 Satz 2–4 EStG nur zu 60 % zu berücksichtigen gewesen (ebenfalls durch eine außerbilanzielle Korrektur).

1288 § 17 Abs. 1 Satz 2 EStG stellt die verdeckte Einlage von Anteilen an einer Kapitalgesellschaft in eine andere Kapitalgesellschaft einer Veräußerung gleich, um eine Besteuerungslücke hinsichtlich der sich aus der Einlage ergebenden Wertsteigerung zu schließen[219]. Ohne diese Regelung könnte nämlich die Besteuerung nach § 17 Abs. 1 EStG durch die Einlagehandlung vermieden werden.

6. Sonderausgabenähnliche Abzugstatbestände

1289 Bei der Ermittlung des Einkommens werden einige Posten abgezogen, die nicht zum Gewinn iSd § 4, § 5 EStG, § 8 Abs. 1 Satz 1 KStG gehören und im Einkommensteuerrecht systematisch bei den Sonderausgaben eingereiht werden. Zwar kennt das Körperschaftsteuerrecht den Begriff der Sonderausgaben nicht; der Sache nach handelt es sich aber um *sonderausgabenähnliche Abzugstatbestände*.

1290 § 9 Abs. 1 Nr 2 KStG sieht einen **Spendenabzug** vor, der im Wesentlichen dem Sonderausgabentatbestand des § 10b EStG nachgebildet ist. Spenden mindern zwar den handelsrechtlichen Jahresüberschuss, sind aber nicht zwangsläufig Betriebsausgaben[220] und beeinflussen daher den steuerlichen Gewinn der Körperschaft nicht. Parteispenden von Körperschaften sind dagegen nicht abziehbar, um eine verfassungswidrige indirekte Vervielfachung der für natürliche Personen geltenden steuerlichen Höchstbeträge zu verhindern[221].

7. Verlustabzug (§ 8c und § 8d KStG)

1291 § 8c KStG beschränkt den **Verlustabzug** und stellt als **Missbrauchsvermeidungsvorschrift** eine Ausnahme von dem Grundsatz dar, dass in der Vergangenheit entstandene Verluste mit zukünftigen Gewinnen verrechnet werden können (§ 8 Abs. 1

219 Dazu BFH, IX R 7/16, BFH/NV 2017, 724.

220 *Hey*, in: Tipke/Lang, § 11 Rn 47.

221 BVerfG, 2 BvE 2/89, BVerfGE 85, 264.

Satz 1 KStG iVm § 10d EStG, Rn 612). Die Norm will verhindern, dass *„Verlustmäntel"* (substanzlose Kapitalgesellschaften mit hohen Verlustvorträgen) nur deshalb erworben werden, weil deren Altverluste zur steuermindernden Verrechnung mit neuen Gewinnen genutzt werden sollen (sog. **Mantelkauf** ohne Erhalt der wirtschaftlichen Identität auf Ebene der Gesellschaft). Dieser Zweck (Missbrauchsvermeidung) wird aber erst erkennbar, wenn man den *Grundtatbestand* der Ausnahmevorschrift (§ 8c Abs. 1 Satz 1–3 KStG) und die *Rückausnahmen* (§ 8c Abs. 1 Satz 4–8 KStG) als einen *einheitlichen Missbrauchsvermeidungstatbestand* begreift, der typisierend die genannten Missbrauchskonstellationen aufgreifen will.

Grundtatbestand – Untergang nicht genutzter Verluste bei einem „schädlichen Beteiligungserwerb" (§ 8c Abs. 1 Satz 1–3 KStG)[222]: Dieser ist gegeben, wenn 50 % der Anteile innerhalb eines Fünfjahreszeitraums auf einen einzelnen Erwerber, eine diesem nahestehende Person oder eine Personengruppe mit gleichgerichteten Interessen übertragen werden[223]. Eine Kapitalerhöhung, die zu einer Änderung der Beteiligungsquoten führt, steht einer Übertragung gleich (§ 8c Abs. 1 Satz 3 KStG). **1292**

Der Fünfjahreszeitraum beginnt mit der ersten Anteilsübertragung. Übertragungen innerhalb des Fünfjahreszeitraums sind zusammenzurechnen. Umstritten ist die Frage, ob den Anteilserwerben zwischenzeitliche Anteilsveräußerungen gegengerechnet werden können (sog. Saldobetrachtung), also letztlich kein schädlicher Beteiligungserwerb vorliegt, wenn der Erwerber zu keinem Zeitpunkt innerhalb der letzten fünf Jahre die 50 %-Grenze überschritten hat[224]. **1293**

Mit der Verwirklichung des Grundtatbestandes (§ 8c Abs. 1 Satz 1–3 KStG) liegt erst ein notwendiges, aber noch kein hinreichendes Merkmal für einen Missbrauch („Mantelkauf") vor. Letzteres ergibt sich nach der gesetzlichen Konzeption erst, wenn *keine Rückausnahme* einen schädlichen Beteiligungserwerb wieder ausschließt. Es gibt in § 8c KStG drei Rückausnahmen: **1294**

Rückausnahme „Konzernklausel" (§ 8c Abs. 1 Satz 4 KStG)[225]: Bei Anteilserwerben innerhalb eines Konzerns[226] (etwa zwischen Schwester- und Enkelgesellschaften) kann der Verlustvortrag nicht untergehen. Das ist folgerichtig, weil in solchen Fällen eine Verlustkonsolidierung auch durch eine Organschaft (Rn 1230 ff) möglich wäre. Missbräuchlich iS eines „Mantelkaufs" sind solche konzerninternen Umstrukturierungen offensichtlich nicht. **1295**

Rückausnahme „Stille-Reserven-Klausel" (§ 8c Abs. 1 Satz 5–8 KStG)[227]: Die sehr technisch formulierte und daher schwer verständliche Rückausnahme beruht zu- **1296**

222 Zu Anwendungsfragen BMF v. 28.11.2017, BStBl I 2017, 1645; *Suchanek/Rüsch*, Ubg 2018, 10; *Neumann/Heuser*, GmbHR 2018, 21; *Hörhammer*, DStR 2019, 847.

223 BFH, I R 30/15, BStBl II 2017, 921 zu „gleichgerichteten Interessen"; FG Düsseldorf, 6 K 3339/12 K, F, EFG 2015, 768, rkr: kein Erwerb bei Verkürzung der Beteiligungskette.

224 So etwa Nds. FG, 6 K 51/10, EFG 2012, 2311 rkr; *Adrian*, Ubg 2013, 8; aA BMF v. 28.11.2017, BStBl I 2017, 1645, Tz 16, 22.

225 *Suchanek/Hesse*, DStZ 2016, 27; *Hinder/Hentschel*, GmbHR 2017, 217.

226 FG Düsseldorf, 12 V 1531/18 A (G,F), EFG 2019, 379 – AdV: kein § 8c Abs. 1 Satz 4 Nr 3 KStG, wenn Konzernspitze *zwei* Personen (Eheleute) sind.

227 Dazu *Eisgruber/Schaden*, Ubg 2010, 73; *Wagner*, DB 2010, 2751; *Schnitger/Rometzki*, Ubg 2013, 1; *Klönne/Sauer/Schroer*, DB 2016, 1393; *Dube/Schilling*, DB 2019, 212.

nächst auf dem Gedanken, dass der Erwerb einer Beteiligung bei Vorhandensein von stillen Reserven auch aufgrund des zukünftigen Gewinnpotenzials erfolgt, das in diesen stillen Reserven schlummert. Überdies sind die stillen Reserven zum Zeitpunkt des Anteilserwerbs und damit im gleichen Zeitraum wie die Verluste entstanden. Die Verluste hätten also schon genutzt werden können, wenn das Gewinnpotenzial gehoben worden wäre. Daher geht diese Rückausnahme völlig zu Recht davon aus, dass kein schädlicher Beteiligungserwerb vorliegt, *soweit* die Verluste die stillen Reserven nicht übersteigen.

1297 **Rückausnahme Sanierungsklausel** (§ 8c Abs. 1a KStG): Nach dieser sog. *Sanierungsklausel* ist ein schädlicher Beteiligungserwerb zu verneinen, wenn die Sanierung auf „die Erhaltung der wesentlichen betrieblichen Strukturen“ abzielt (Arbeitsplätze, Einlage von wesentlichem Betriebsvermögen) und innerhalb von fünf Jahren weder der Betrieb eingestellt wird noch ein Branchenwechsel erfolgt. Dass insoweit – zumindest typisierend betrachtet – kein missbräuchlicher Mantelkauf vorliegt, ist offensichtlich. Es handelt sich auch *nicht* um eine *unzulässige Beihilfe* (Art. 107 AEUV)[228].

1298 Ursprünglich hatte der Gesetzgeber noch eine weitere *Rückausnahme* vorgesehen: Auch Beteiligungserwerbe von *Wagniskapitalgesellschaften* sollten (unter weiteren Voraussetzungen) nicht als schädliche Beteiligungserwerbe angesehen werden. Diese Rückausnahme ist aber nie in Kraft getreten, weil die EU-Kommission in ihr eine unzulässige Beihilfe (Art. 107 AEUV) gesehen und daher ihre Genehmigung versagt hat. Gerade bei *Start-up-Unternehmen* mit hohem Zukunftspotenzial, die anfangs noch hohe Verluste ausweisen und daher auf risikofreudige Finanzinvestoren angewiesen sind, ist dies ein erheblicher Nachteil. Eine „Rettung“ kann hier nur in § 8d KStG (Rn 1300) liegen.

1299 Bis 2007 wurde die Verlustnutzung noch durch die sog. **Mantelkaufregelung** (§ 8 Abs. 4 KStG aF) eingeschränkt. Danach war eine weitere Verlustnutzung nur bei Erhaltung der *rechtlichen* und *wirtschaftlichen* Identität möglich. Letztere lag insb dann nicht vor, wenn mehr als die Hälfte der Anteile an der Kapitalgesellschaft übertragen wurden und die Kapitalgesellschaft den Betrieb mit *überwiegend neuem Betriebsvermögen* fortführte. In der Praxis ist es jedoch nicht gelungen, das Betriebsvermögen-Kriterium sinnvoll zu konkretisieren[229]. Vor diesem Hintergrund ist die Regelung in § 8c KStG zu verstehen, mit der anhand anderer Kriterien typisierend die gleichen Missbrauchsfälle erfasst werden sollen. Die Norm nahm in ihrem ursprünglichen Grundtatbestand bereits bei einer Übertragung von *25 bis 50 %* der Anteile einen schädlichen Beteiligungserwerb an, der zu einem *anteiligen* Verlustuntergang führte. Das BVerfG sah diese niedrige Schwelle zu Recht als **verfassungswidrig** an (Verstoß gegen Art. 3 Abs. 1 GG)[230], weil sie für sich genommen nicht – auch nicht typisierend – den Rückschluss zulässt, dass sich auf Ebene der Gesellschaft die wirtschaftliche Identität ändert. Das FG Hamburg hält auch die 50 %-Schwelle für verfassungswidrig[231].

---

228 EuGH, C-203/16 P, IStR 2018, 552 *(Andres [faillite Heitkamp BauHolding])*; *Drüen*, DStR 2011, 289; *Schön*, JbFfSt 2012/13, 49; *de Weerth*, DB 2016, 682; *Seer*, GmbHR 2016, 394 (397); **aA** zuvor KOM v. 26.1.2011, 2011/527/EU; EuG, T-620/11, DStR 2016, 390 (*GFKL*); T-287/11, HFR 2018, 744 *(Heitkamp)*.

229 Anschaulich *Wassermeyer*, FR 2011, 752.

230 BVerfG, 2 BvL 6/11, BVerfGE 145, 106; dazu *Hörhammer*, FR 2018, 49; *Pauli*, FR 2017, 663; *Kahlert/Schmidt*, FR 2017, 758; *Röder*, FR 2018, 52; *Dorenkamp*, FR 2018, 83.

231 FG Hamburg, 2 K 245/17, EFG 2017, 1906: Vorlage zum BVerfG (Az 2 BvL 19/17) betreffend § 8c KStG aF (vor Einführung der Rückausnahmen in § 8c Abs. 1 Satz 4–8 und § 8d KStG).

Mit Wirkung zum VZ 2016 wurde § 8c KStG durch **§ 8d KStG** ergänzt[232]. Nach § 8d Abs. 1 Sätze 1, 2 KStG geht auch im Falle eines schädlichen Beteiligungserwerbs (§ 8c Abs. 1 Satz 1 KStG) der Verlustvortrag auf *Antrag* (§ 8d Abs. 1 Satz 5 KStG)[233] dann nicht unter, wenn die Körperschaft seit ihrer Gründung oder zumindest in den letzten drei Jahren *ausschließlich denselben Geschäftsbetrieb* (§ 8d Abs. 1 Sätze 3, 4 KStG) unterhalten hat und kein schädliches Ereignis iSd § 8d Abs. 2 KStG vorlag. Der Verlustvortrag wird dann als ein sog. *fortführungsgebundener Verlustvortrag* gesondert festgestellt (§ 8d Abs. 1 Satz 6–8 KStG). Wird der Geschäftsbetrieb jedoch zukünftig eingestellt oder liegt zukünftig ein anderes schädliches Ergebnis vor (zB Änderung der Zweckbestimmung oder Aufnahme eines zusätzlichen Geschäftsbetriebes; vgl § 8d Abs. 2 KStG), geht auch der noch zuletzt festgestellte fortführungsgebundene Verlustvortrag unter. Mit der Anknüpfung an die Fortführung desselben *Geschäftsbetriebes* knüpft § 8d KStG damit wieder unmittelbar an die wirtschaftliche Identität auf Ebene der Körperschaft an, verwendet aber andere Kriterien als noch § 8 Abs. 4 KStG aF (Rn 1299). 1300

8. Freibeträge (§ 24, § 25 KStG)

Letzte Stufe der Ermittlung des zu versteuernden Einkommens ist bei bestimmten Körperschaften der Abzug von *Freibeträgen* (§ 24, § 25 KStG). 1301

Kapitalgesellschaften erhalten keine Freibeträge (§ 24 Satz 2 Nr 1 KStG). Hauptsächlich kommen die Freibeträge daher Stiftungen, gemeinnützigen Vereinen mit steuerpflichtigem wirtschaftlichen Geschäftsbetrieb (§ 24 KStG: 5000 €) und für zehn Jahre den neu gegründeten land- und forstwirtschaftlich tätigen Genossenschaften oder Vereinen (§ 25 KStG: 15 000 €) zugute.

IV. Tarif

Die Körperschaftsteuer beträgt 15 % des zu versteuernden Einkommens (§ 23 Abs. 1 KStG). 1302

Dieser Steuersatz ist im Zuge des internationalen Steuersenkungswettbewerbs ausgehend von den bis 1989 geltenden 56 % ab dem VZ 1990 zunächst auf 50 %, ab 1994 auf 45 %, ab 1999 auf 40 % und ab 2001 in Zusammenhang mit der Einführung des Halbeinkünfteverfahrens schließlich auf 25 % gesenkt worden. Seit 2008 beträgt er nur noch 15 %. 1303

Im Gegensatz zum Einkommen- ist der Körperschaftsteuertarif nicht progressiv ausgestaltet. Es kommt auch nicht zur Berücksichtigung eines „Existenzminimums", weil das Leistungsfähigkeitsprinzip bei der Körperschaftsteuer keine Berücksichtigung persönlicher Elemente fordert.

Wie bei der Einkommensteuer ist zusätzlich ein Solidaritätszuschlag zu entrichten (§ 2 Nr 3, § 3 Abs. 1 Nr 1 SolZG). Er beträgt 5,5 % der Körperschaftsteuer (§ 4 SolZG). 1304

232 G v. 20.12.2016, BGBl I 2016, 2998; dazu *Röder*, DStR 2017, 1737; *Suchanek/Rüsch*, GmbHR 2018, 57; *Suchanek/Rüsch*, GmbHR 2019, 456; *Neyer*, BB 2017, 415.

233 FG Thüringen, 1 K 348/18; EFG 2018, 1907 (Rev. BFH Az I R 40/18): Antrag bis zur materiellen Bestandskraft des KSt-Bescheides möglich); zust *Heerdt*, DStR 2019, 198.

V. Die Behandlung von Ausschüttungen bei der ausschüttenden Körperschaft und beim Anteilseigner

1305 Wegen der eigenständigen Steuerpflicht der Körperschaft und ihrer Anteilseigner (Trennungsprinzip) wird der einmal erzeugte Gewinn grundsätzlich zweimal besteuert, nämlich auf der Ebene der Körperschaft und – nach Ausschüttung – auf der Ebene des Anteilseigners (Rn 1214). Wird diese Doppelbelastung in Kauf genommen, spricht man von einem **klassischen System**, wird der Anteilseigner vollständig entlastet, von einem **Freistellungssystem** und bei einer Entlastung der zur Ausschüttung verwendeten Gewinne auf Ebene der Körperschaften von einem **Dividendenabzugssystem**. Zudem kann die Doppelbelastung noch durch ein **(Voll-)Anrechnungssystem** vollständig vermieden werden. Darüber hinaus sind zahlreiche Systeme denkbar, die die Doppelbelastung zwar nicht vollständig vermeiden, aber zumindest abmildern, etwa auf Ebene der Körperschaft durch einen niedrigeren Steuersatz für ausgeschüttete Gewinne **(gespaltener Körperschaftsteuersatz)** oder durch eine pauschale Ermäßigung auf Ebene des Anteilseigners **(„Shareholder-Relief-System“)**. In Deutschland hat man nach über 20jähriger Geltung das Anrechnungssystem im Jahr 2001 durch ein Shareholder-Relief-System für natürliche Personen (sog. Halbeinkünfteverfahren[234]) und ein Freistellungssystem für Körperschaften (§ 8b Abs. 1, Abs. 5 KStG) als Anteilseigner ersetzt. Seit 2009 gilt für natürliche Personen ein **duales System**, so dass die Ausschüttungen entweder der **Abgeltungsteuer** iHv 25 % (Beteiligung im Privatvermögen) oder dem sog. **Teileinkünfteverfahren** (Beteiligung im Betriebsvermögen) unterliegen (Rn 1319 ff). Berücksichtigt man, dass die Abgeltungsteuer iHv 25 % unabhängig von einer körperschaftsteuerlichen Vorbelastung gilt (etwa auch für Zinsen, § 20 Abs. 1 Nr 7 EStG), gilt hier wieder ein *klassisches System*, bei dem die Doppelbelastung nicht gesondert berücksichtigt wird. Gleiches gilt seit 2013 für Streubesitzdividenden, die von Körperschaften vereinnahmt werden, deren Beteiligungsquote unter 10 % liegt (§ 8b Abs. 4 KStG).

1306 Die Gesamtheit der Normen des EStG und des KStG, die die Steuerbelastung beider Ebenen aufeinander abstimmen sollen, lässt sich zusammenfassend als *System zur Vermeidung der Doppelbelastung des Gewinns* begreifen. In das System von Abgeltungsteuer und Teileinkünfteverfahren einbezogen sind nicht nur Gewinnausschüttungen (offene wie verdeckte), sondern auch *Veräußerungsgewinne*, die mit der Veräußerung von Beteiligungen an Körperschaften (insb an AGs und GmbHs) erzielt werden (Rn 1254 ff und Rn 1316 ff).

1. Die Besteuerung der Körperschaft

1307 Auf die Steuerbelastung der ausschüttenden Körperschaft selbst hat eine Gewinnausschüttung grundsätzlich **keine Auswirkungen** (§ 8 Abs. 3 Satz 1 KStG). Es bleibt bei der Definitivbesteuerung des zu versteuernden Einkommens iHv 15 %, unabhängig davon, ob der Gewinn ausgeschüttet oder thesauriert wird.

1308 Die ausschüttende Körperschaft (oder die Depotbank des Anteilseigners) hat vom *Bruttobetrag* der Ausschüttung 25 % Kapitalertragsteuer einzubehalten und an das FA abzuführen (§ 43 Abs. 1 Satz 1 Nr 1, 1a, § 43a Abs. 1 Satz 1 Nr 1 EStG). Der Anteilseigner erhält also nur 75 %

234 Dazu *Desens*, Das Halbeinkünfteverfahren, 2004.

des auszuschüttenden Gewinns ausbezahlt. Ist der Anteilseigner eine natürliche Person, die die Beteiligung im Privatvermögen hält, hat dieser Kapitalertragsteuerabzug grundsätzlich abgeltende Wirkung (§ 43 Abs. 5 Satz 1 EStG, sog. **Abgeltungsteuer**, Rn 1311 ff).

Befindet sich die Beteiligung dagegen im Betriebsvermögen einer natürlichen Person oder einer Personengesellschaft, wird die Kapitalertragsteuer jedoch wie eine Steuervorauszahlung auf die Einkommensteuer des Anteilseigners angerechnet (§ 36 Abs. 2 Nr 2 EStG) und ggf auch erstattet (Rn 1319).

2. Die Besteuerung der Anteilseigner

Für die steuerliche Behandlung der Gewinnausschüttungen und Veräußerungsgewinne beim Anteilseigner[235] ist zunächst zu differenzieren zwischen Körperschaftsteuersubjekten und einkommensteuerpflichtigen (natürlichen) Personen. Letztere können ihre Beteiligung im Privat- oder im Betriebsvermögen halten. **1309**

Nach § 20 Abs. 1 Nr 1 Satz 3 EStG unterliegen die Bezüge jedoch nicht der Einkommensteuer, soweit dafür Eigenkapital iSd § 27 KStG (Rn 1283) als verwendet gilt[236]. Dabei handelt es sich um die Rückgewähr von Einlagen der Anteilseigner, die von der Körperschaft in besonderer Weise in einem steuerlichen Einlagekonto aufzuzeichnen und zu dokumentieren sind (§ 27 Abs. 3–5 KStG)[237]. Derartige Vorgänge stellen keine Gewinnausschüttungen, sondern lediglich Kapitalrückzahlungen dar und dürfen daher nicht zu steuerpflichtigen Einnahmen führen. Das gilt ausdrücklich auch bei einer Einlagenrückgewähr von EU-ausländischen Gesellschaften (§ 27 Abs. 8 KStG) und zur Wahrung der Kapitalverkehrsfreiheit (Art. 63 AEUV), die grundsätzlich auch gegenüber Drittstaaten gilt, ebenso bei Drittstaaten-Gesellschaften[238]. **1310**

a) Beteiligung im Privatvermögen

aa) Laufende Ausschüttungen. Ist der Anteilseigner eine **natürliche Person**, die ihre Beteiligung im **Privatvermögen** hält, sind die **Ausschüttungen** Einkünfte aus Kapitalvermögen (§ 20 Abs. 1 Nr 1 EStG). Dies gilt unabhängig davon, ob es sich um Anteile iSd § 17 EStG handelt. **1311**

Diese unterliegen einem einheitlichen Steuersatz von 25 % (§ 32d Abs. 1 Satz 1 EStG) zzgl. 5,5 % der Kapitalertragsteuer als Solidaritätszuschlag (§ 3 Abs. 1 Nr 5 SolZG) und ggf zzgl. Kirchensteuer. Die Kapitalertragsteuer hat die Kapitalgesellschaft oder die Depotbank des Anteilseigners bei der Ausschüttung einzubehalten (Rn 1308). Sie ist aber eine Steuer des Anteilseigners. Sie hat grundsätzlich abgeltende Wirkung und wird daher auch **Abgeltungsteuer** genannt (§ 43 Abs. 5 Satz 1 HS 1 EStG, Rn 781 ff). Die Anwendung der 25 %-Abgeltungsteuer auf körperschaftsteuerlich vorbelastete Dividenden ist im Binnensystem der Abgeltungsteuer systemwidrig, weil Zinsen, die beim Leistenden regelmäßig steuerlich abziehbar und daher nicht vorbelastet sind, ebenfalls mit der 25 %-Abgeltungsteuer belastet werden. **1312**

Allerdings gibt es ein **Optionsrecht** („auf Antrag") zur Anwendung des Teileinkünfteverfahrens (vgl Rn 1319), wenn der Steuerpflichtige zu *mindestens 25 %* an der Ka- **1313**

235 Zur Fallbearbeitung (mit Übersicht) *Birk/Desens/Tappe*, Klausurenkurs, Fall 8.
236 Dazu BFH, I R 96/15, BStBl II 2019, 283.
237 Dazu BFH, I R 30/16, BFHE 262, 347 mwN.
238 BFH, VIII R 47/13, BFHE 254, 390; VIII R 73/13, BFHE 254, 405 jeweils zur Einlagenrückgewähr von US-Gesellschaften (kein § 27 KStG, daher Beweislast beim Stpfl).

pitalgesellschaft beteiligt ist oder zu *mindestens 1 %* an der Kapitalgesellschaft beteiligt ist *und* durch eine berufliche Tätigkeit einen maßgeblichen unternehmerischen Einfluss auf die Kapitalgesellschaft hat (§ 32d Abs. 2 Nr 3 EStG, Rn 795).

1314 Die Funktionsweise der Abgeltungsteuer soll am folgenden Beispiel verdeutlicht werden (zum Teileinkünfteverfahren s. das Beispiel in Rn 1322):

I. Behandlung bei der Gesellschaft

Gewinn (nach Gewerbesteuer)			100 000 €
./.	Körperschaftsteuer 15 %	./.	15 000 €
=	Ausschüttung		85 000 €
./.	Kapitalertragsteuer 25% (§ 43 Abs. 1 Satz 1 Nr 1, 1a, § 43a Abs. 1 Satz 1 Nr 1)	./.	21 250 €
=	Nettoausschüttung		63 750 €

II. Behandlung beim Gesellschafter (Beteiligung im Privatvermögen)

Nettoausschüttung (keine weitere steuerliche Auswirkung, da durch Kapitalertragsteuerabzug in Form der Abgeltungsteuer abgegolten, § 43 Abs. 5 Satz 1 HS 1 EStG; Ausnahme: sog. Günstigerprüfung nach § 32d Abs. 6 EStG, Rn 803)	63 750 €

III. Gesamtsteuerbelastung

Körperschaftsteuer der Gesellschaft			15 000 €
+	Einkommensteuer des Gesellschafters	+	21 250 €
=	Gesamtsteuerbelastung		36 250 €

1315 Der Sparer-Pauschbetrag nach § 20 Abs. 9 Satz 1 EStG (Rn 793 ff) ist bei Gewinnausschüttungen nicht bereits im Abzugsverfahren nach § 44a Abs. 1 Satz 1 Nr 1 EStG zu berücksichtigen (nur „Genussrechte“[239]), sondern erst auf entsprechenden Antrag im Rahmen einer etwaigen Veranlagung (§ 32d Abs. 1, 4, 6 EStG).

1316 **bb) Veräußerung von Anteilen.** Gewinne aus der Veräußerung von Anteilen an Kapitalgesellschaften stellen wirtschaftlich eine Totalausschüttung dar und werden grundsätzlich den laufenden Gewinnausschüttungen gleich gestellt[240].

1317 Die privaten Anteilsveräußerungsgewinne sind ebenfalls Kapitaleinkünfte (§ 20 Abs. 2 Nr 1 EStG), die der **Abgeltungsteuer** iHv 25 % (§ 32d EStG) unterliegen (zu den Verlustverrechnungsbeschränkungen nach § 20 Abs. 6 EStG s. Rn 796 f).

1318 Dagegen werden Gewinne und Verluste aus der **Veräußerung von Anteilen iSv § 17 EStG** (mind 1 %-Beteiligung innerhalb der letzten fünf Jahre) nicht von der Abgeltungsteuer erfasst. Sie werden durch § 17 EStG als gewerbliche Einkünfte fingiert und sind daher nicht als Kapitaleinkünfte zu erfassen (§ 20 Abs. 8 EStG). Sie unterliegen dem Teileinkünfteverfahren (Rn 1319) und fließen zu 60 % in die Bemessungsgrundlage ein (§ 3 Nr 40 lit. a, § 3c Abs. 2 EStG).

239 *Intemann*, in: HHR, § 44a EStG Anm. 6 mwN.

240 Vgl *Hey*, in: Tipke/Lang, § 11 Rn 14; *Desens*, Das Halbeinkünfteverfahren, 2004, S. 133 ff.

b) Beteiligung im Betriebsvermögen

Wird die Beteiligung dagegen von einer **natürlichen Person** im **Betriebsvermögen** gehalten, stellen die Beteiligungserträge je nach Art des Betriebs Einkünfte aus Land- und Forstwirtschaft (§ 13 EStG), Gewerbebetrieb (§§ 15–17 EStG) oder selbstständiger Arbeit (§ 18 EStG) dar. Dies ergibt sich aus der Subsidiaritätsklausel des § 20 Abs. 8 EStG. Hier gilt der abgeltende Steuersatz iHv 25 % nicht, der nur für Einkünfte aus Kapitalvermögen anwendbar ist (§ 32d Abs. 1 Satz 1 EStG). Stattdessen ist das sog. **Teileinkünfteverfahren** anzuwenden[241]. Gewinnausschüttungen und Veräußerungsgewinne fließen zu 60 % in die Bemessungsgrundlage ein (§ 3 Nr 40 Satz 1 lit. a, b, § 3c Abs. 2 EStG). So wird die Vorbelastung mit der Körperschaftsteuer (15 %) typisierend berücksichtigt. Zur gewerbesteuerlichen Behandlung Rn 1391 ff. **1319**

Beteiligungseinkünfte von **Personengesellschaften** werden nach dem Transparenzprinzip (Rn 1134) von ihren *Gesellschaftern* nach den für diese jeweils geltenden Regelungen besteuert (§ 8b Abs. 6 KStG). Sie unterliegen also entweder dem Teileinkünfteverfahren, soweit der Gewinnanteil einer natürlichen Person als Mitunternehmer zugerechnet wird, oder § 8b KStG, soweit der Gewinnanteil einer Körperschaft als Mitunternehmerin zugerechnet wird. Das führt – trotz des Grundsatzes der Einheit der Personengesellschaft im Bereich der Gewinnerzielung und -ermittlung (Rn 1134) – zu einer Differenzierung bei der Gewinnermittlung, die abhängig von der Rechtsform der Gesellschafter ist (natürliche Person oder Körperschaft). **1320**

Entstehen dem Anteilseigner **Aufwendungen** im Zusammenhang mit den Einnahmen, so darf er diese korrespondierend nur zu 60 % als Betriebsausgaben abziehen (§ 3c Abs. 2 Satz 1 EStG). Unberücksichtigt bei der Anwendung dieses *Teilabzugsverbots* bleibt insoweit, dass die Erträge bereits mit Körperschaftsteuer (15 %) vorbelastet sind[242]. **1321**

Die Funktionsweise des Teileinkunfteverfahrens soll nachstehend an einem Beispiel verdeutlicht werden: **1322**

I. Behandlung bei der Gesellschaft

Gewinn			100 000 €
./.	Körperschaftsteuer 15 %	./.	15 000 €
=	Ausschüttungsbetrag		85 000 €
./.	Kapitalertragsteuer 25 % (§ 43 Abs. 1 Satz 1 Nr 1, 1a, Abs. 4, § 43a Abs. 1 Satz 1 Nr 1 EStG)	./.	21 250 €
=	Nettoausschüttung		63 750 €

II. Behandlung beim Gesellschafter (Beteiligung im Betriebsvermögen)

Nettoausschüttung			63 750 €
+	Kapitalertragsteuer (= Steuergutschrift)	+	21 250 €
=	zufließende Einnahmen		85 000 €
./.	nach § 3 Nr 40 EStG steuerfreier Teil (40 %)	./.	34 000 €
=	steuerpflichtige Einnahmen		51 000 €

241 Zur Fallbearbeitung *Birk/Desens/Tappe*, Klausurenkurs, Fall 8.
242 Zur Problematik (und Rechtfertigung) *Desens*, in: HHR, § 3c EStG Anm. 10.

bei einem angenommenen Steuersatz von 35 % ergibt sich eine Einkommensteuer iHv			17 850 €
./.	anzurechnende Kapitalertragsteuer (§ 36 Abs. 2 Nr 2 EStG)	./.	21 250 €
=	Steuererstattung		3 400 €

III. Gesamtsteuerbelastung

Körperschaftsteuer der Gesellschaft			15 000 €
+	Einkommensteuer des Gesellschafters	+	17 850 €
=	Gesamtsteuerbelastung		32 850 €

1323 Verändert man den – im Beispiel mit 35 % angenommenen – Steuersatz des Anteilseigners, so ändert sich auch die Gesamtsteuerbelastung. Allerdings kann sie auch dann, wenn der Anteilseigner *gar keine* Einkommensteuer zu zahlen hat, nie unter den von der Gesellschaft zu zahlenden Definitivsteuersatz iHv 15 % fallen.

c) Kapitalgesellschaften als Gesellschafter

1324 Gewinnausschüttungen, die eine Körperschaft von einer anderen Kapitalgesellschaft bezieht, sind entweder nach § 8b Abs. 1, Abs. 5 KStG zu 95 % steuerfrei (Mindestbeteiligung 10 %) oder nach § 8b Abs. 4 KStG (Beteiligung unter 10 %) voll steuerpflichtig (Rn 1244 ff). Die auf Gewinnausschüttungen erhobene Kapitalertragsteuer wird auf die Körperschaftsteuer angerechnet (vgl Rn 1244 ff). Veräußerungsgewinne sind zu 95 % steuerfrei (§ 8b Abs. 2, Abs. 3 Satz 1 KStG), Veräußerungsverluste dagegen überhaupt nicht zu berücksichtigen (§ 8b Abs. 3 Satz 3 KStG, Rn 1255). Die tatsächlichen Beteiligungsaufwendungen sind dabei in beiden Konstellationen voll abziehbar (§ 8b Abs. 3 Satz 2, Abs. 5 Satz 2 KStG, Rn 1248 ff, 1255). Wird die Beteiligung von einer Personengesellschaft gehalten, an der wiederum die Kapitalgesellschaft beteiligt ist, gelten diese Regeln auch für den Gewinnanteil der Kapitalgesellschaft (§ 8b Abs. 6 KStG, Rn 1320).

Zur gewerbesteuerlichen Behandlung Rn 1391 ff und zu den Besonderheiten bei grenzüberschreitenden Gewinnausschüttungen Rn 1473 f.

C. Die Gewerbesteuer

I. Überblick

1. Objektsteuer

1325 Unter den gegenwärtigen Ertragsteuern (Einkommen-, Körperschaft- und Gewerbesteuer) ist die Gewerbesteuer die älteste[243]: Sie wurde 1810 in Preußen mit den v. Stein/Hardenberg'schen Reformen (Gewerbefreiheit) eingeführt. Seit 1820 hat sie eine Gestalt, die der heutigen schon recht nahe kommt, und wird seitdem ohne Unterbrechung erhoben. Sie ist seit langem heftiger Kritik ausgesetzt, erweist sich aber aufgrund ihrer Ertragskraft und Bedeutung für die Finanzausstattung der Gemeinden als

243 Ausf *Zitzelsberger*, Grundlagen der Gewerbesteuer, 1990, S. 5–71.

besonders reformresistent, obwohl eine Reihe von Reformalternativen entwickelt wurden[244].

Im Gegensatz zur Einkommen- und Körperschaftsteuer ist die Gewerbesteuer keine Personensteuer (eine solche stellt erheblich höhere Anforderungen an die Steuerverwaltung, wofür Anfang des 19. Jahrhunderts die Zeit noch nicht reif war, Rn 20 ff), sondern eine *Objektsteuer (Realsteuer)*: Anknüpfungspunkt ist nicht ein Betriebsinhaber oder Unternehmensträger, sondern der Gewerbebetrieb selbst (§ 2 Abs. 1 Satz 1 GewStG). Auf die persönlichen Verhältnisse des Betriebsinhabers kommt es nicht an. Der Objektsteuercharakter und auch sein allmählicher Wandel zeigt sich an den (zT überholten, zT noch aktuellen) **Besteuerungsgrundlagen** der Gewerbesteuer: **1326**

– **Gewerbeertrag:** Ausgehend vom einkommen-/körperschaftsteuerlichen Gewinn (§ 7 Satz 1 GewStG) wird durch Hinzurechnungen und Kürzungen (§ 8, § 9 GewStG) eine fiktive Größe gebildet, die nicht mehr den tatsächlichen Ertrag, sondern die **Ertragskraft des Betriebs** anzeigen soll. Es ist jedoch die Tendenz zur Einschränkung dieser Gewinnkorrekturen (vgl zB § 8 Nr 1 GewStG, Rn 1368 ff) und damit zur Annäherung an den Gewinnbegriff zu beobachten. In die gegenteilige Richtung weist aber zB die gewerbesteuerliche Behandlung von Gewinnausschüttungen (§ 7 Satz 4, § 8 Nr 5, § 9 Nr 2a GewStG, Rn 1391). **1327**

– **Gewerbekapital:** Traditionell ging in die Bemessungsgrundlage der Gewerbesteuer auch das Kapital des Betriebs in einer ebenfalls durch Hinzurechnungen und Kürzungen modifizierten Form ein (§ 12, § 13 GewStG aF). Das sollte das Steueraufkommen der Gemeinden konstant halten und von Konjunkturschwankungen unabhängiger machen. Nachdem die sog. „Gewerbekapitalsteuer" in den neuen Bundesländern schon von deren Beitritt an nicht erhoben wurde, ist sie 1998 auch in den alten Bundesländern abgeschafft worden. **1328**

– **Lohnsumme:** Bis 1979 ging auch die Summe der im Betrieb anfallenden Löhne und Gehälter in die Bemessung der Gewerbesteuer ein (§§ 22–27 GewStG aF). Eine derart beschäftigungsfeindliche Steuerkomponente (Belastung der Beschäftigung von Arbeitnehmern mit einer Unternehmensteuer) passte im Zeitalter der Massenarbeitslosigkeit nicht mehr ins Steuersystem. **1329**

Insgesamt erkennt man einen Wandel der Gewerbesteuer von einer Objektsteuer mit mehrdimensionaler Bemessungsgrundlage hin zu einer reinen Objekt-Ertragsteuer, die sie heute darstellt. Die andere in Deutschland noch bestehende Objekt- bzw Realsteuer (vgl § 3 Abs. 2 AO) ist die Grundsteuer (Rn 70). **1330**

2. Äquivalenzprinzip

Die weit zurückreichende Tradition der Gewerbesteuer erklärt auch, warum sie durch ein Prinzip geprägt ist, das in dem vom Leistungsfähigkeitsprinzip beherrschten übrigen Steuerrecht schon lange keine Bedeutung mehr hat und heute eher im Gebührenrecht beheimatet ist: das *Äquivalenzprinzip* (Rn 32 ff). Danach sollen die Gewerbebetriebe zu den Lasten beitragen, die den Gemeinden durch ihr Vorhandensein entstehen (etwa Infrastrukturaufwendungen für Verkehrswege, Krankenhäuser, Schulen **1331**

244 Dazu *Hey*, StuW 2011, 131 (134 ff); *Kirchhof*, FR 2010, 961; *Oestreicher*, FR 2010, 965.

usw). Jedoch ist man sich heute darüber einig, dass aus dem Äquivalenzprinzip keine konkreten Ergebnisse für die *Auslegung* des gegenwärtigen GewStG *im Einzelfall* abgeleitet werden können. Strittig ist dagegen, ob das Äquivalenzprinzip auch heute noch als pauschale *Rechtfertigung* für die Gewerbesteuer *im Ganzen* angesehen werden kann[245].

1332 Verfassungsrechtlich bedenklich ist, dass die Gewerbesteuer einseitig nur *eine* Einkunftsart iSd EStG belastet, obwohl den Gemeinden Infrastrukturaufwendungen nicht nur für Gewerbebetriebe, sondern auch für Land- und Forstwirte und Bezieher von Einkünften aus selbstständiger Arbeit entstehen (man denke etwa an die – nicht der Gewerbesteuer unterliegende – Großkanzlei mit 200 Anwälten im Vergleich zum Ein-Mann-Büro des – gewerbesteuerpflichtigen – kleinen Handelsvertreters). Jedoch hat das BVerfG die Verfassungsmäßigkeit der Gewerbesteuer mehrmals bejaht[246]. Auch die vom Bund zur Erarbeitung von Reformvorschlägen eingesetzten Gemeindefinanzkommissionen sind sowohl 2003 als auch 2010/11 politisch am Widerstand der Gemeindevertreter gescheitert[247].

3. Finanzverfassung, Aufkommen und Verhältnis zu anderen Steuern

1333 Wie bei allen bedeutsamen Steuerarten hat der Bund die **konkurrierende Gesetzgebung** für die Gewerbesteuer (Art. 105 Abs. 2 GG); entsprechende Gesetze bedürfen der Zustimmung des Bundesrates (Art. 105 Abs. 3 iVm Art. 106 Abs. 6 GG). Das Aufkommen steht den Gemeinden zu (Art. 106 Abs. 6 GG), die über ihr Hebesatzrecht (Rn 1411 ff) auch Einfluss auf die Höhe der Gewerbesteuer nehmen. Bund und Länder sind allerdings seit 1970 über eine Umlage am Aufkommen der Gewerbesteuer beteiligt (§ 6 GemFinRefG), so dass sie keine reine Gemeindesteuer mehr ist.

1334 Die Gewerbesteuer als solche ist nicht verfassungsrechtlich garantiert. Den Gemeinden wird jedoch in Art. 28 Abs. 2 Satz 3 HS 2 GG eine „wirtschaftskraftbezogene Steuerquelle mit Hebesatzrecht" gewährt. Die einzige Steuer, die diese Voraussetzung derzeit erfüllt, ist die Gewerbesteuer. Sie könnte somit zumindest nicht ersatzlos entfallen.

1335 Das **Aufkommen** der Gewerbesteuer beträgt im Jahr 2019 voraussichtlich 55 Mrd €; dies entspricht ca 7 % des prognostizierten Gesamtsteueraufkommens 2019 von 793,7 Mrd €[248]. Sie gehört damit zu den bedeutenden Steuern; dies wird in der steuerpolitischen und wissenschaftlichen Diskussion, die sie häufig nur als Anhängsel der Einkommen- und Körperschaftsteuer behandelt, meist unterschätzt. Das hohe Aufkommen macht sie für die Gemeinden unverzichtbar, was die politischen Schwierigkeiten bei der Umgestaltung der Gewerbesteuer erklärt. Zudem entsteht so ein Anreiz für die Ansiedlung von Unternehmen: Gerade emittierende Industrien hätten es ohne ihre Gewerbesteuerzahlungen gewiss schwerer, die Akzeptanz der Standortgemeinden zu erreichen.

1336 Da eine Umgestaltung der Gewerbesteuer aus politischen Gründen nicht durchsetzbar erscheint, aber gleichwohl das Problem erkannt wurde, dass durch das Hinzutreten der Gewerbesteuer zur Einkommen- oder Körperschaftsteuer eine im internationalen

245 So BVerfG, 1 BvR 25/65, BVerfGE 26, 1 (10); 1 BvR 15/75, BVerfGE 46, 224 (236); 1 BvL 2/04, BVerfGE 120, 1 (37); krit *Hey*, in: FS Lang, 2010, S. 133 (152 f).

246 BVerfG, 1 BvR 33/74, BVerfGE 21, 54 (63);1 BvR 25/65, BVerfGE 26, 1 (7); 1 BvL 2/04, BVerfGE 120, 1; 1 BvL 8/12, BStBl II 2016, 557.

247 Vgl etwa *Deutscher Städtetag*, Die Gewerbesteuer – eine gute Gemeindesteuer, Fakten und Analysen, Heft 94 (2010); *Kuban*, FR 2010, 978.

248 BMF, Steuerschätzung Mai 2019, Tabelle 1 und 4 (http://www.bundesfinanzministerium.de).

Steuerwettbewerb zu hohe Gesamtbelastung für Unternehmen entsteht, sind bei der Einkommen- und Körperschaftsteuer entsprechende Ausgleichsmechanismen geschaffen worden. So beträgt etwa der Körperschaftsteuersatz nur deshalb 15 % (§ 23 Abs. 1 KStG, Rn 1302), weil die Gesamtbelastung für einbehaltene Gewinne aus Gründen der internationalen Vergleichbarkeit unter 30 % liegen soll (15 % KSt, ca 14 % GewSt). Ohne Gewerbesteuer würde der Körperschaftsteuersatz also bei knapp 30 % liegen. Um bei einkommensteuerpflichtigen Gewerbetreibenden die Doppelbelastung zu vermeiden, können diese die Gewerbesteuer pauschal auf ihre Einkommensteuer anrechnen (§ 35 EStG, Rn 662).

II. Steuergegenstand

Fall 52: Eine neu gegründete GmbH & Co. KG will einen Bekleidungs-Einzelhandel betreiben. Im Jahr 01 wird zunächst ein Ladenlokal erworben und umgebaut. Ferner werden erste Posten an Handelsware beschafft. Die Ladeneröffnung unter entsprechender Werbung erfolgt Anfang 02. Bei der Feststellung des Gewinns der KG für das Jahr 01 werden die angefallenen Aufwendungen, soweit sie nicht aktivierungspflichtig sind, als (vorweggenommene) Betriebsausgaben der KG berücksichtigt und führen bei den Gesellschaftern zu negativen Einkünften aus Gewerbebetrieb. Wie ist die KG gewerbesteuerlich zu behandeln? **Rn 1352** 1337

1. Inländischer stehender Gewerbebetrieb (§ 2 Abs. 1 GewStG)

Steuergegenstand ist jeder im Inland betriebene stehende Gewerbebetrieb (§ 2 Abs. 1 1338
Satz 1 GewStG). Das Gesetz lässt hier deutlich den **Objektsteuercharakter** der Gewerbesteuer erkennen: Im Gegensatz zu den Personensteuern wird nicht an die Person des Gewerbetreibenden oder an einen Unternehmensträger angeknüpft, sondern an den Betrieb selbst.

Dies hat zur Folge, dass mehrere Steuergegenstände vorliegen, wenn einer (natürlichen) Person 1339
mehrere voneinander unabhängige Betriebe oder Betriebstätten (§ 2 Abs. 1 Satz 3 GewStG) zuzurechnen sind (zB Foto-Fachgeschäft und Lotto-Annahmestelle)[249]. In diesem Fall sind die Freibeträge und Tarifvorteile für jeden Betrieb gesondert zu gewähren. Dafür findet allerdings kein Verlustausgleich statt. Anders ist es dagegen, wenn mehrere gleichartige Betriebe eine *wirtschaftliche Einheit* bilden[250]. Demgegenüber sollen mehrere Betriebe einer Personengesellschaft (und einer Kapitalgesellschaft) immer nur einen Gewerbebetrieb darstellen[251].

Der Steuergegenstand der Gewerbesteuer regelt zwar nur die sachliche Steuerpflicht, 1340
entspricht hinsichtlich seiner Bedeutung jedoch der persönlichen Steuerpflicht bei den Personensteuern. Drei Merkmale sind zu erfüllen:

a) Es muss sich um einen **Gewerbebetrieb** handeln. Hier verweist § 2 Abs. 1 Satz 2 1341
GewStG auf die Regelungen des EStG (Rn 700 ff). Die Verweisung umfasst sowohl den Begriff des Gewerbebetriebs (§ 15 Abs. 2 EStG), den Umfang der gewerblichen

249 Zur Abgrenzung BFH, X R 36/10, BFH/NV 2013, 252 (Einzelhandel und Photovoltaikanlage).
250 BFH, VIII R 310/83, BStBl II 1986, 719; XI R 63/96, BStBl II 1997, 573.
251 Zu Recht krit *Montag*, in: Tipke/Lang, § 12 Rn 12.

Einkünfte (§ 15 Abs. 1 EStG) als auch die „Abfärberegelung" des § 15 Abs. 3 EStG (Rn 1155)[252].

1342 Die so streitanfällige Abgrenzung zwischen den Einkunftsarten nach § 15 bzw § 18 EStG (Rn 750 ff) hat ihren wirtschaftlichen Hintergrund nicht etwa im Einkommensteuerrecht, sondern in der Sonderbelastung der Gewerbebetriebe durch die Gewerbesteuer. Die ebenfalls umstrittene Abgrenzung zwischen Gewerbebetrieb und Vermögensverwaltung (Rn 712 f) hat dagegen auch eigenständige einkommensteuerliche Konsequenzen (insb die Steuerpflicht von Veräußerungsgewinnen, Rn 1026 f).

1343 Die Tätigkeit der Kapitalgesellschaften, Genossenschaften und Versicherungsvereine auf Gegenseitigkeit gilt *stets und in vollem Umfang* als Gewerbebetrieb (§ 2 Abs. 2 Satz 1 GewStG, **Gewerbebetrieb kraft Rechtsform**), vgl die Parallelvorschrift des § 8 Abs. 2 KStG (Rn 1242). Gleiches gilt für andere juristische Personen des privaten Rechts, soweit sie einen wirtschaftlichen Geschäftsbetrieb iSd § 14 AO unterhalten (§ 2 Abs. 3 GewStG). Bei einer Organschaft (§§ 14 ff KStG, Rn 1230 ff) gilt die Organgesellschaft als Betriebstätte des Organträgers (§ 2 Abs. 2 Satz 2 GewStG, vgl auch die Sonderregelung in § 7a GewStG[253]).

1344 Im Falle der **Betriebsaufspaltung** (Rn 715 ff) ist auch das Besitzunternehmen am allgemeinen wirtschaftlichen Verkehr beteiligt und stellt daher wie das Betriebsunternehmen einen originären Gewerbebetrieb dar[254]. Anders ist es dagegen bei der **Betriebsverpachtung im Ganzen**: Hier können für die Einkommensteuer weiterhin gewerbliche Einkünfte vorliegen (Rn 737 ff), jedoch fehlt für die Gewerbesteuer der „werbende" (dh aktive und damit gerade nicht ruhende) Gewerbebetrieb[255].

1345 Auch die **zeitlichen Grenzen** für die Berücksichtigung betrieblichen Aufwands und Ertrags stimmen aus diesem Grund nicht überein: Während bei der Einkommensteuer bereits jede *Vorbereitungshandlung* zu Einkünften aus Gewerbebetrieb (ggf zu negativen Einkünften in Form vorweggenommener Betriebsausgaben, Rn 992) führt, werden Aufwand und Ertrag bei der Gewerbesteuer erst dann berücksichtigt, wenn *alle* Voraussetzungen des § 15 Abs. 2 EStG erfüllt sind[256]. Insb muss die werbende Tätigkeit aufgenommen sein. Eine Ausnahme gilt jedoch in den Fällen, in denen der notwendige Steuergegenstand „Gewerbebetrieb" bereits kraft Rechtsform *stets* fingiert wird (§ 2 Abs. 2 Satz 1 GewStG, Rn 1343). Bei Kapitalgesellschaften usw entsteht der Steuergegenstand daher spätestens mit der Eintragung im Handelsregister[257]; ggf auch schon eher, wenn eine Vorgesellschaft bereits (nicht notwendig originiär gewerbliche) Tätigkeiten entfaltet, die über bloße Vorbereitungshandlungen hinausgehen[258].

Beispiele: Die Anmietung eines Ladenlokals oder die Errichtung eines Fabrikgebäudes reichen noch nicht aus. Der Gewerbebetrieb beginnt erst mit der Ladeneröffnung oder dem Produktionsbeginn. Mietet jedoch eine GmbH das Ladenlokal an, ist auch eine vor Eröffnung anfallende Ladenmiete bei der Gewerbesteuer als betrieblicher Aufwand zu berücksichtigen.

---

252 BVerfG, 1 BvL 2/04, BVerfGE 120, 1 (verfassungsgemäß).
253 Reaktion auf BFH, I R 39/14, BStBl II 2015, 1052 (kein § 8b Abs. 5 KStG bei GewSt-Organschaft).
254 BFH, VIII R 240/81, BStBl II 1986, 296; IV R 8/97, BStBl II 1998, 478.
255 BFH, GrS 1/63 S, BStBl III 1964, 124; VIII R 80/03, BStBl II 2006, 591 (592).
256 BFH, IV R 5/02, BStBl II 2004, 464; IV R 54/10, BStBl II 2012, 927; *Behrens/Braun*, BB 2013, 926.
257 BFH, I R 244/74, BStBl II 1977, 561; IV R 23/07, BStBl II 1998, 745.
258 BFH, I R 81/15, BStBl II 2017, 1071; strenger noch BFH, I R 98/97, BStBl II 1993, 352.

Entsprechend *endet* die Berücksichtigungsfähigkeit von Aufwand und Ertrag, wenn die Voraussetzungen des § 15 Abs. 2 EStG nicht mehr erfüllt sind, also kein „werbender" Gewerbebetrieb mehr besteht. Nachträgliche Betriebseinnahmen oder Betriebsausgaben unterliegen daher nicht der Gewerbesteuer[259], soweit das Fortbestehen des Gewerbebetriebs nicht kraft Rechtsform (§ 2 Abs. 2 Satz 1 GewStG, Rn 1343) fingiert wird. Bei Kapitalgesellschaften endet die Gewerbesteuerpflicht daher erst mit dem Erlöschen der Rechtsfähigkeit, also mit Abschluss der Liquidation[260]. **1346**

Das Erfordernis des Bestehens eines „werbenden" Gewerbebetriebs einschließlich dessen Fiktion kraft Rechtsform (§ 2 Abs. 2 Satz 1 GewStG) wirkt sich auch auf die Gewerbesteuerpflicht von **Veräußerungs- und Aufgabegewinnen** aus. Demnach unterliegen Gewinne aus der Veräußerung oder Aufgabe von Gewerbebetrieben (§ 16 EStG) von *natürlichen Personen* nicht der Gewerbesteuer, von *Kapitalgesellschaften* aber schon[261]. Für *Personengesellschaften* enthält § 7 Satz 2 GewStG dagegen eine differenzierende Sonderregel. Soweit der Gewinn anteilig auf natürliche Personen als unmittelbar beteiligte Mitunternehmer anfällt, wird der Veräußerungs- oder Aufgabegewinn nicht von der Gewerbesteuer erfasst. Soweit dagegen eine Kapitalgesellschaft oder Personengesellschaft unmittelbar als Mitunternehmer beteiligt ist (und damit ggf. auch eine natürliche Person nur mittelbar), gehört der Veräußerungs- oder Aufgabegewinn des Betriebes (Nr 1) oder des Mitunternehmeranteils (Nr 2)[262] anteilig zum Gewerbeertrag. **1347**

§ 7 Satz 2 GewStG ist eine verfassungskonforme Missbrauchsbekämpfungsvorschrift[263], die verhindern soll, dass eine Kapitalgesellschaft die Gewerbesteuerpflicht von Veräußerungsgewinnen umgeht, indem sie die Wirtschaftsgüter zuvor steuerneutral (zB nach § 6 Abs. 5 Satz 3 EStG) auf eine (mehrstöckige) Personengesellschaft (sog. Objektgesellschaft) überträgt, die dann den gesamten Betrieb veräußert. **1348**

Die Frage, ob ein Veräußerungs- oder Aufgabegewinn vorliegt, ist wegen ihrer jeweils unterschiedlichen Zweckrichtungen bei der Gewerbesteuer anders zu beurteilen als bei der Einkommensteuer. Während bei der Einkommensteuer alle funktional wesentlichen Betriebsgrundlagen mitübertragen werden müssen (Rn 724 ff, 1208), kommt es bei der Gewerbesteuer darauf an, ob die persönliche Steuerpflicht des bisherigen Betriebsinhabers (§ 5 GewStG) fortbesteht oder nicht[264]. **1349**

Bei einem **Betriebsübergang** (§ 2 Abs. 5 GewStG) gilt der Betrieb als durch den bisherigen Unternehmer eingestellt; ein Übergang des Steuergegenstands auf den neuen Betriebsinhaber, der mit dem Objektsteuercharakter der Gewerbesteuer durchaus vereinbar wäre, findet also nicht statt. Das hat vor allem Bedeutung für den gewerbesteuerlichen Verlustabzug (§ 10a GewStG, Rn 1400 f). **1350**

Vorübergehende Betriebsunterbrechungen, die durch die Art des Betriebs veranlasst sind, heben die Steuerpflicht dagegen nicht auf (§ 2 Abs. 4 GewStG). Die Vorschrift erfasst vor allem Saisonbetriebe wie Eisdielen oder Zuckerfabriken. **1351**

259 BFH, IV R 68/77, BStBl II 1980, 658; IV R 30/15, BFH/NV 2017, 1191.
260 BFH, I R 28/00, BFH/NV 2001, 816; I B 29/12, BFH/NV 2013, 84.
261 RFH, I 40/40, RStBl 1940, 476; BFH, I R 27/01, BStBl II 2002, 155.
262 BFH, IV R 39/10, BStBl II 2019, 77 (auch bei Abfärbung nach § 15 Abs. 3 Nr 1 Alt. 2 EStG); IV R 39/11, BStBl II 2019, 131 (einschließlich SBV II).
263 BVerfG, 1 BvR 1236/11, NJW 2018, 1379; krit *Siebert/Sommer/Grün*, DStR 2019, 367.
264 BFH, III R 23/89, BStBl II 1994, 709; IV R 41/07, BStBl II 2010, 977.

1352 Im **Fall 52** (Rn 1337) betreibt die GmbH & Co. KG ein gewerbliches Unternehmen iSd § 15 Abs. 2 EStG (Bekleidungs-Einzelhandel). Sie unterliegt daher gem. § 2 Abs. 1 Satz 1, 2 GewStG der Gewerbesteuer. Fraglich ist jedoch, ab wann Aufwand und Ertrag der GmbH & Co. KG bei der Gewerbesteuer zu berücksichtigen sind. Grundsätzlich genügen Vorbereitungshandlungen unabhängig von ihrer einkommensteuerlichen Behandlung mangels Beteiligung am allgemeinen wirtschaftlichen Verkehr dafür nicht[265]. Eine Ausnahme davon enthält § 2 Abs. 2 Satz 1 GewStG: Die Tätigkeit der dort genannten Gesellschaften gilt *stets und in vollem Umfang* als stehender Gewerbebetrieb. Allerdings gehört die GmbH & Co. KG nicht zu den dort genannten Gesellschaften; insb handelt es sich nicht um eine Kapitalgesellschaft (Rn 1220). Die Einkünftequalifizierungsnorm des § 15 Abs. 3 EStG erfasst zwar auch die GmbH & Co. KG; dort heißt es aber: „Als Gewerbebetrieb gilt *in vollem Umfang* ...“; es fehlt die Hinzufügung „*stets*“. § 15 Abs. 3 EStG hat daher nur auf den *Umfang* des Gewerbebetriebs, nicht aber auf den *Beginn* der Berücksichtigung von Aufwand und Ertrag aus dem Betrieb Einfluss. Folglich bleibt es bei den allgemeinen Regeln: Bis zur Eröffnung des Ladenlokals im Jahr 02 hat die KG nur Vorbereitungshandlungen getätigt. Der im Jahr 01 bei der Gewinnfeststellung ausgewiesene Verlust kann deshalb gewerbesteuerlich nicht berücksichtigt werden.

1353 b) Das Merkmal des **stehenden** Gewerbebetriebs soll der Abgrenzung zu den Reisegewerbebetrieben dienen (§ 1 GewStDV), für die in § 35a GewStG und § 35 GewStDV Sonderregelungen bestehen.

1354 c) Ferner muss der Gewerbebetrieb **im Inland** betrieben werden.

1355 Dazu ist die Unterhaltung einer **inländischen Betriebstätte** erforderlich (§ 2 Abs. 1 Satz 3 GewStG iVm § 12 AO); auf die Ansässigkeit des Trägers des Gewerbebetriebes kommt es nicht an. Die Gewerbesteuer kennt daher – anders als das EStG oder KStG (Rn 681 ff, 1219 ff) – keine Unterscheidung zwischen unbeschränkter und beschränkter Steuerpflicht, sondern folgt wegen des Objektsteuer-Charakters (Rn 1325) und des Äquivalenzprinzips (Rn 1331) dem **Territorialprinzip** mit einem strikten Inlandsbezug[266]. Träger des Gewerbebetriebs können daher auch im Ausland ansässige natürliche Personen oder Rechtsgebilde sein. Letztere können sogar nach Maßgabe des § 2 Abs. 2 Satz 1 oder Abs. 3 GewStG kraft Rechtsform einen Gewerbebetrieb betreiben, wenn sie ihrem Wesen nach mit den dort genannten Rechtsformen vergleichbar sind[267]. Gleiches gilt bei gewerblich geprägten Personengesellschaften (§ 15 Abs. 3 Nr 2 EStG) über § 2 Abs. 1 Satz 2 GewStG, soweit kein DBA entgegensteht[268].

1356 Der Teil des Gewerbeertrags eines inländischen Unternehmens, der auf eine nicht im Inland belegene Betriebstätte iSd § 12 AO (Rn 1472) entfällt, unterliegt grundsätzlich nicht der Gewerbesteuer. Die maßgebliche Zuordnung von Erträgen zu einer inländischen Betriebstätte erfolgt invers, indem eine (positive) Zuordnung zu einer ausländischen (nicht im Inland belegenden) Betriebstätte desselben Unternehmens verneint wird (§ 9 Nr 3 GewStG), wobei hier bei dieser Abgrenzung allein § 12 AO maßgeblich ist[269]. Einkünfte aus einer Auslandsaktivität (Ausübung oder Verwertung) sind daher stets gewerbesteuerpflichtig, wenn allein im Inland eine Betriebstätte unterhalten wird, wofür eine Geschäftsleitungs-Betriebstätte (§ 12 Satz 2 Nr 1 AO) ausreicht, die auch die Privatwohnung sein kann[270]. Besteht zugleich eine ausländi-

265 BFH, IV R 49/15, BFHE 257, 441 (zu gewerblich geprägten Personengesellschaften).
266 BFH, I R 10/14, BStBl II 2015, 1049; I R 30/13, BStBl II 2017, 726.
267 BFH, I R 196/79, BStBl II 1983, 77; IV R 182/77, BStBl II 1981, 220.
268 BFH, I R 58/15, BFHE 260, 209.
269 BFH, I R 50/15, BStBl II 2017, 230.
270 BFH, I R 98/15, BFHE 260, 169 (FIFA-Schiedsrichter [gewerblich tätig]).

sche Betriebstätte, kommt es auf die konkrete Zuordnung an[271]. Für bestimmte Einkünfte, die der Hinzurechnungsbesteuerung (Rn 1493 ff) unterliegen, wird in § 7 Satz 8 und 9 GewStG fingiert, dass sie in einer inländischen Betriebstätte erzielt werden[272]. Eine Anrechnung ausländischer Steuern (vgl § 34c, § 34d EStG, Rn 1453) auch auf die Gewerbesteuer zur Vermeidung einer Doppelbesteuerung ist nach geltendem Recht uE zu Unrecht nicht möglich[273].

2. Steuerbefreiungen (§ 3 GewStG)

Die in § 3 GewStG genannten Steuerbefreiungen entsprechen weitgehend den Steuerbefreiungen des § 5 KStG (Rn 1228 f); der Katalog ist allerdings noch etwas länger. Ist im Falle einer Betriebsaufspaltung (Rn 715 ff, 1344) das Betriebsunternehmen von der Gewerbesteuer befreit, gilt das auch für das Besitzunternehmen[274]. 1357

3. Steuerschuldner (§ 5 GewStG)

Steuer*gegenstand* ist zwar der Betrieb als solcher; damit der Steuerzugriff aber auf eine *Person* gerichtet werden kann, legt § 5 Abs. 1 Satz 1 GewStG fest, dass Steuer*schuldner* der **Unternehmer** ist. Als Unternehmer gilt derjenige, für dessen Rechnung das Gewerbe betrieben wird (§ 5 Abs. 1 Satz 2 GewStG). Dies können auch **Personengesellschaften** sein; ihnen erkennt § 5 Abs. 1 Satz 3 GewStG insoweit steuerliche Rechtsfähigkeit zu. Bei der Europäischen wirtschaftlichen Interessenvereinigung (EWIV) sind dagegen ausdrücklich die Mitglieder Gesamtschuldner (§ 5 Abs. 1 Satz 4 GewStG). 1358

Wegen des vollstreckungsrechtlichen Hintergrunds dieser Vorschrift (Steuerschuldner und Vollstreckungsmasse sollen identisch sein) fallen darunter nur solche Gesellschaften, die *Gesamthandsvermögen* bilden können, also zB nicht die atypisch stille Gesellschaft[275]. 1359

III. Der Gewerbeertrag

Fall 53: Im Jahr 02 erzielt die GmbH & Co. KG (Fall 52) einen Verlust von 2000 €. Dabei wurden 100 000 € Darlehenszinsen für den Erwerb des Betriebsgrundstücks (der Einheitswert nach den Wertverhältnissen vom 1.1.64 beträgt 40 000 €) und Zinsen für einen Kontokorrentkredit iHv insgesamt 60 000 € als Betriebsausgaben abgezogen. Ferner zahlte die KG Leasingraten für einen betrieblich genutzten PKW iHv 12 000 € und Miete für ein Lagerhaus iHv 110 000 €. Wie hoch ist der Gewerbeertrag der KG im Jahr 02? **Rn 1396** 1360

Alleinige Bemessungsgrundlage der Gewerbesteuer ist der Gewerbeertrag. Diese Größe basiert auf dem **Gewinn** aus der Steuerbilanz, wird aber durch **Hinzurechnungen** und **Kürzungen** so verändert, dass sie – im Idealfall – die vorhandene Ertrags- 1361

271 BFH, I R 200/67, BStBl II 1971, 743; IV R 80/82, BStBl II 1985, 405; I R 4/02, BFH/NV 2004, 83.
272 Reaktion auf BFH, I R 10/14, BStBl II 2015, 1049; krit zur Regelung *Kahlenberg/Weiss*, IStR 2019, 81.
273 Ebenfalls krit *Eberhardt*, IStR 2019, 180; *Haarmann*, FS Gosch, 2016, 134; *Kessler/Dietrich*, IStR 2011, 108; *Becker/Loose*, IStR 2012, 57; aA *Eglmaier*, IStR 2011, 951.
274 BFH, X R 59/00, BStBl II 2006, 661; IV R 26/13, BStBl II 2016, 408.
275 BFH, VIII R 364/83, BStBl II 1986, 311 (316); X R 1/12, BStBl II 2016, 567.

kraft des Betriebs anzeigt. Diese Hinzurechnungen und Kürzungen stellen das materiell-rechtliche Kernstück des GewStG dar.

1. Gewinn nach EStG/KStG als Ausgangsgröße (§ 7 GewStG)

1362 Die Ermittlung des Gewerbeertrags (§ 7 GewStG) beginnt mit dem Ansatz des nach dem EStG (bei natürlichen Personen und Personengesellschaften) bzw KStG (bei juristischen Personen usw) ermittelten *Gewinns* aus dem Gewerbebetrieb. Der Gewerbeertrag bei Personengesellschaften entspricht der Summe der auf die einzelnen Mitunternehmer entfallenden Gewinnanteile einschließlich der Ergebnisse aus ihren Ergänzungs- und Sonderbilanzen (Rn 1173 ff)[276]. Auch die jeweilige **Gewinnermittlungsart** (Betriebsvermögensvergleich oder Einnahmen-Überschuss-Rechnung) richtet sich nach dem EStG (Rn 849 ff).

1363 In einer Personengesellschaft kann die Höhe des steuerlich zuzurechnenden Gewinnanteils für einen Mitunternehmer abhängig von seiner Rechtsform (natürliche Person oder Kapitalgesellschaft) unterschiedlich ausfallen. So sind etwa *Gewinnausschüttungen* (anteilig) im Falle einer Mindestbeteiligung von 10 % (vgl § 8b Abs. 4 KStG) nach § 8b Abs. 1 und 5 KStG (Rn 1244 f) und *Veräußerungsgewinne* nach § 8b Abs. 2 und 3 KStG (Rn 1254 ff) zu 95 % steuerfrei, soweit eine Kapitalgesellschaft Mitunternehmerin ist (§ 8b Abs. 6 Satz 1 KStG), während für natürliche Personen als Mitunternehmer das Teileinkünfteverfahren (40 % steuerfrei, § 3 Nr 40, § 3c Abs. 2 EStG) gilt. Das wirkt sich nach § 7 Satz 4 GewStG auch auf die Gewerbesteuer der Personengesellschaft aus. Für *Gewinnausschüttungen* wird die daraus folgende und für eine Objektsteuer systemwidrige Differenzierung anhand der Rechtsform der Mitunternehmer durch Hinzurechnungen (§ 8 Nr 5 GewStG) und Kürzungen (§ 9 Nr 2a, 7 GewStG) eliminiert (Rn 1319 ff). Für die *Anteilsveräußerungsgewinne*, die keiner weiteren Hinzurechnung oder Kürzung (§ 8, § 9 GewStG) unterliegen, gilt das jedoch nicht. Insoweit wird der Objektsteuercharakter der Gewerbesteuer (Rn 1325 ff) durch die systemwidrige Berücksichtigung *gesellschafter*bezogener Merkmale durchbrochen.

1364 Zu beachten ist, dass **keine verfahrensrechtliche Bindung** an den bei der ESt-/KSt-Veranlagung konkret angesetzten Gewinn besteht. § 7 GewStG verweist lediglich auf die Gewinnermittlungsvorschriften, so dass bei fehlerhafter ESt-/KSt-Veranlagung eine eigenständige gewerbesteuerliche Gewinnermittlung vorzunehmen ist[277]. Die Korrekturvorschrift des § 35b GewStG (Rn 1410) greift lediglich bei *Änderungen* der ESt-/KSt-Veranlagung, nicht aber bei Erst-Veranlagungen. Auch bei der Beurteilung der Frage, *ob* ein Gewerbebetrieb iSd § 2 GewStG vorliegt, besteht keine Bindung an die bei der ESt-/KSt-Veranlagung getroffene Entscheidung.

Für die **zeitliche Zurechnung**, insb bei abweichendem Wirtschaftsjahr, ist § 7 GewStG auch als Verweis auf § 4a EStG zu lesen.

2. Korrektur um Gewinnbestandteile, die nicht dem Objektsteuercharakter der Gewerbesteuer entsprechen

1365 Zwar sieht das GewStG eine Vielzahl von Hinzurechnungen und Kürzungen ausdrücklich vor, um den Steuerbilanzgewinn in den Gewerbeertrag umzuformen, jedoch können im Gewinn weitere Bestandteile enthalten sein, die nicht mit dem We-

276 BFH, GrS 3/92, BStBl II 1993, 616; IV R 54/04, BStBl II 2008, 742 mwN; *Desens/Blischke*, in: KSM, § 15 Rn F 47; aA *Knobbe-Keuk*, Unternehmenssteuerrecht, S. 756 ff.

277 BFH, I 139/54 S, BStBl III 1956, 4; X R 34/10, BStBl II 2012, 647 mwN.

sen der Gewerbesteuer als einer auf den *tätigen* Gewerbebetrieb bezogenen Objektsteuer (Rn 1325 ff) übereinstimmen. Diese sind auch ohne ausdrückliche gesetzliche Regelung vorab aus dem Gewinn auszuscheiden, um eine Beschränkung auf den *laufenden* Gewinn des Betriebs zu ermöglichen[278]. Das ist nicht immer einfach, weil die für die Gewerbesteuer geltenden Prinzipien nicht hinreichend definiert sind und zunehmend infrage gestellt werden (Rn 1331 f). Korrekturen sind namentlich bei den bereits erwähnten vorweggenommenen Betriebsausgaben, nachträglichen Betriebseinnahmen und Veräußerungs-/Aufgabegewinnen geboten (Rn 1345 ff).

3. Hinzurechnungen (§ 8 GewStG)

§ 8 GewStG sieht eine Reihe von Hinzurechnungen vor. Hinzurechnung bedeutet, dass der als Ausgangsgröße dienende Gewinn aus dem Gewerbebetrieb um bestimmte Beträge erhöht wird. Dabei dürfen nur solche Beträge wieder hinzugerechnet werden, die zuvor bei der Gewinnermittlung auch tatsächlich abgezogen wurden, wie sich aus dem Eingangssatz des § 8 GewStG ergibt. Das kann je nach der für die Einkommensteuer gewählten Gewinnermittlungsart zu unterschiedlichen Hinzurechnungszeitpunkten bei der Gewerbesteuer führen. **1366**

Die Hinzurechnungen sollen der Verwirklichung des Objektsteuercharakters der Gewerbesteuer, also der Ermittlung der *objektiven Ertragskraft* des Betriebs dienen. Hinzugerechnet werden daher bestimmte Finanzierungsaufwendungen (Nr 1) und Verluste (Nr 8). Auch rechtsformspezifische Belastungsunterschiede, die nicht an den Betrieb, sondern an den Träger des Betriebs anknüpfen, werden vor diesem Hintergrund korrigiert (Nr 4, 5, 9, 10 und 12). Teilweise korrespondieren Hinzurechnungen auch mit Kürzungen (etwa § 8 Nr 4 mit § 9 Nr 2b GewStG, § 8 Nr 5 mit § 9 Nr 2a, 7 GewStG, § 8 Nr 8 mit § 9 Nr 2b GewStG oder § 8 Nr 9 mit § 9 Nr 5 GewStG). **1367**

Im Folgenden wird auf die relevantesten Hinzurechnungen näher eingegangen.

a) Die wichtigste Vorschrift, die den Großteil aller Gewinnkorrekturen ausmacht, ist **§ 8 Nr 1 GewStG**. § 8 Nr 1 GewStG erfasst Entgelte des Betriebs für die Überlassung von Geld- und Sachkapital. Hintergrund ist, dass der (objektivierte) Gewerbeertrag nicht davon beeinflusst werden soll, ob der Betrieb sich durch Eigen- oder Fremdkapital finanziert[279]. Im letzteren Fall fällt zwar der steuerliche Gewinn wegen des Betriebsausgabenabzugs der Zinszahlungen geringer aus; der Betrieb hat aber die gleiche Ertragskraft wie ein durch Eigenkapital finanzierter. **1368**

Die Kehrseite der Hinzurechnung ist hier ihre einhergehende *Substanzbesteuerung*. Würde man dagegen alternativ bei der Eigenfinanzierung einen fiktiven Eigenkapitalzins kürzen, wäre ebenso ein objektivierter Ertrag abgebildet, der durch die Art der Finanzierung nicht beeinflusst wird. Rein aus fiskalischen Gründen wird zu Lasten der Steuerpflichtigen der umgekehrte Weg beschritten und die Gleichbehandlung durch die Hinzurechnung von Fremdfinanzierungsaufwendungen erreicht. **1369**

278 Grundlegend BFH, GrS 1/63 S, BStBl III 1964, 124 (126); seitdem stRspr.
279 BFH, XI R 65/03, BStBl II 2005, 102.

1370 § 8 Nr 1 GewStG zählt in den lit. a bis f mehrere Arten von Finanzierungsaufwendungen auf. Allen gemeinsam ist, dass sie nach § 8 Nr 1 GewStG nur zu 25 % hinzugerechnet werden und das auch nur, soweit sie 100 000 € übersteigen.

Die Ermittlung des Hinzurechnungsbetrages des § 8 Nr 1 GewStG vollzieht sich damit in **drei Schritten**:

1. Schritt: Bildung der Summe der Entgelte aus den jeweiligen Finanzierungsarten (lit. a–f)
2. Schritt: Abzug des Freibetrages iHv 100 000 € von der Summe der Entgelte
3. Schritt: Hinzurechnung von 25 % des verbleibenden Betrags zum Gewinn

1371 Die quotale Hinzurechnung (25 %) unter Berücksichtigung des Freibetrags stellt einen klaren **Systembruch** dar: Entweder sieht man Leistungen auf Fremdkapital als Indikator für Ertragskraft an – dann ist allein ihre *volle* Hinzurechnung systemgerecht. Oder aber man gelangt zu der Auffassung, Fremdkapital habe mit der Ertragskraft nichts zu tun – dann ist die Vorschrift *vollständig* abzuschaffen. Das unentschlossene „Teils-Teils" der geltenden Regelung ist ein politischer Kompromiss, der nur in dem Spannungsfeld zwischen dem weit verbreiteten Unbehagen an der Gewerbesteuer insgesamt und der Einsicht in ihre finanzpolitische Notwendigkeit gedeihen konnte (Rn 1332, 1336). Ihre Verfassungskonformität ist daher umstritten[280].

1372 aa) § 8 Nr 1 lit. a GewStG erfasst die **Entgelte für Schulden**. Das sind Gegenleistungen für zur Verfügung gestelltes Fremdkapital[281], also neben Zinsen auch andere Gegenleistungen (zB Disagio), wobei grundsätzlich jedes Schuldverhältnis isoliert betrachtet wird (sog. Saldierungsverbot)[282]. Ausdrücklich als Entgelte genannt werden Skonti oder wirtschaftlich vergleichbare Vorteile, die nicht dem gewöhnlichen Geschäftsverkehr entsprechen[283], so dass der Finanzierungseffekt im Vordergrund steht. Geschäftsübliche Skonti und Boni, insb Mengen-, Treue- und Umsatzrabatte, werden dagegen nicht hinzugerechnet.

Die Hinzurechnung verstößt nicht gegen die EU-Zins- und Lizenzgebührenrichtlinie (Rn 232), die nur vor einer Doppelbesteuerung beim Gläubiger schützt, aber nicht vor einem Abzugsverbot beim Schuldner[284].

1373 bb) § 8 Nr 1 lit. b GewStG rechnet die **Zinsanteile aus Renten und dauernden Lasten** hinzu. Ein wirtschaftlicher Zusammenhang mit der Gründung oder dem Erwerb des Betriebs ist nicht erforderlich (anders noch § 8 Nr 2 GewStG aF).

Da die Förderung der betrieblichen Altersversorgung nicht konterkariert werden soll, werden in Satz 2 Pensionsverpflichtungen des Arbeitgebers – neben Direktzusagen auch Aufwendungen zu einer externen betrieblichen Altersversorgung (Rn 819 ff)[285] – ausdrücklich ausgenommen.

280 Bejahend BFH, I B 128/12, BStBl II 2013, 30; III R 35/15, BStBl II 2018, 662 (Vb beim BVerfG anhängig, Az 1 BvR 2150/18); aA *Malzkorn/Rossa*, DB 2012, 1169; *Grünwald/Fritz*, DStR 2012, 2106; *Petrak/Karrenbrock*, DStR 2012, 2046.

281 BFH, I R 9/08, BStBl II 2010, 560 (auch Zinsanteil bei Erbbauzinsen).

282 Zu Ausnahmen vom Saldierungsverbot BFH, III R 37/17, BFHE 263, 252 (Cash-Pooling); dazu *Adrian/Fey/Hahn*, GmbHR 2019, 522.

283 GlE v. 2.7.2012, BStBl I 2012, 654, Tz 16 (Hinzurechnung des *gesamten* Abschlags); aA *Ritzer*, DStR 2013, 558 (560) mwN.

284 EuGH, C-397/09, Slg. 2011, I-6455 *(Scheuten Solar Technology)*; BFH, I R 30/08, BStBl II 2012, 507 (auch kein Verstoß gegen EU-Grundfreiheiten und DBA-Diskriminierungsverbote).

285 GlE v. 2.7.2012, BStBl I 2012, 654, Tz 27.

Die Hinzurechnung erfolgt auch, wenn die Zahlungen beim Empfänger der Gewerbesteuer unterliegen (anders noch § 8 Nr 2 GewStG aF). Die frühere Einschränkung, nach der eine Hinzurechnung ausschied, wenn die Zahlung beim Empfänger der Gewerbesteuer unterlag (sog. *Korrespondenzprinzip*), verstieß gegen die EU-Grundfreiheiten, da Leistungsbeziehungen mit EU-ausländischen Vertragspartnern (keine Gewerbesteuerpflicht, daher Hinzurechnung) gegenüber inländischen Vertragspartnern (Gewerbesteuerpflicht, daher keine Hinzurechnung) benachteiligt wurden[286]. Die Kehrseite des **Wegfalls des Korrespondenzprinzips** ist, dass es bei reinen Inlandsfällen zu einer Doppelbelastung mit Gewerbesteuer beim Zahlenden und beim Empfänger kommt. Das zeigt einmal mehr auf, dass eine system- und zugleich europarechtskonforme Umsetzung der Gewerbesteuer kaum möglich ist. **1374**

cc) Nach § 8 Nr 1 lit. c GewStG werden die **Gewinnanteile eines (typischen) stillen Gesellschafters** hinzugerechnet. Beim atypisch stillen Gesellschafter mindern die Gewinnanteile nicht den steuerlichen Gewinn der Gesellschaft (Rn 1151), so dass die Voraussetzungen des Eingangssatzes des § 8 GewStG nicht erfüllt sind (Rn 1366). **1375**

Die Hinzurechnung erfolgt auch, wenn die Gewinnanteile beim (typisch) stillen Gesellschafter selbst gewerbesteuerpflichtig sind, so dass es insoweit zur doppelten gewerbesteuerlichen Erfassung beim Empfänger und Zahlenden kommen kann (kein Korrespondenzprinzip, Rn 1374; anders noch § 8 Nr 3 GewStG aF).

dd) § 8 Nr 1 lit. d und e GewStG erfassen einen **Prozentanteil der Miet- und Pachtzinsen (einschließlich Leasingraten)** für die Benutzung von beweglichen (lit. d) und unbeweglichen Wirtschaftsgütern (lit. e) des Anlagevermögens, die im Eigentum eines anderen stehen[287]. Auch diese Hinzurechnung lässt sich grundsätzlich mit dem Objektsteuercharakter der Gewerbesteuer begründen: Es hat nämlich keinen Einfluss auf die objektive Ertragskraft eines Betriebs, ob der Unternehmer mit eigenem oder gemietetem Anlagevermögen wirtschaftet. Gerade der *Finanzierungsanteil* im Mietzins soll typisierend hinzugerechnet werden. **1376**

Die gesetzliche Formulierung ist ungenau: Wenn die Wirtschaftsgüter im Eigentum des Vermieters stehen, können sie im Gewerbebetrieb des Mieters regelmäßig kein Anlagevermögen sein (vgl § 39 AO). Gemeint sind daher solche Wirtschaftsgüter, die Anlagevermögen *wären*, wenn sie dem Betrieb zuzurechnen wären[288]. *Fiktionales Anlagevermögen* muss also nach seinem Zweck dem Gebrauch im Betrieb dienen (Rn 892), was anhand des konkreten Geschäftsgegenstands und den betrieblichen Verhältnissen zu bejahen ist, wenn der Steuerpflichtige das Wirtschaftsgut nach seinem Geschäftszweck ständig für den Gebrauch in seinem Betrieb hätte vorhalten müssen[289]. Werden demnach Immobilien angemietet, um diese auf Dauer weiter zu vermieten, liegt fiktionales Anlagevermögen vor[290]. Eine Durchführungsgesellschaft, die nach ihrem Geschäftszweck für Messeveranstalter aufgrund auftragsbezogener Weisungen Ausstellflächen an- und weitervermietet, muss diese Flächen hingegen nicht ständig vorhalten[291]. Dagegen soll ein Konzertveranstalter, der Hallen, Säle oder Stadien anmietet, nach seinem Ge- **1377**

286 EuGH, C-294/97, Slg. 1999, I-7447 *(Eurowings)* zu § 8 Nr 7 GewStG aF bei Leasing.
287 BFH, I R 70/12, BStBl II 2015, 289 (verfassungsgemäß); krit *Kohlhaas*, DStR 2015, 2805; grundlegend *Mohr*, Inkongruenzen bei der gewerbesteuerlichen Hinzurechnung, 2016.
288 Zur Anmietung von Gebäudeteilen *Sarrazin*, FR 2018, 176.
289 BFH, I R 57/15, BFHE 255, 280, IV R 24/11, BFHE 256, 526.
290 BFH, I R 70/12, BStBl II 2015, 289; BFH, IV R 55/10, BStBl II 2017, 722.
291 BFH, I R 57/15, BFHE 255, 280.

schäftszweck auf deren Verfügbarkeit angewiesen sein, so dass die Veranstaltungsimmobilien unabhängig von ihrer Vielzahl und der Kurzfristigkeit der Anmietung zum fiktiven Anlagevermögen gehören sollen[292]. Äußerst umstritten ist die Frage, ob auch Hotelzimmer, die ein Reiseveranstalter zur Erbringung seiner Reisedienstleistung kurzfristig anmietet, erfasst werden[293].

1378 Der Begriff der Miet- und Pachtzinsen ist wirtschaftlich zu verstehen und erfasst daher auch Aufwendungen für die Instandhaltung, Instandsetzung oder Versicherung, die der Mieter über seine gesetzliche Verpflichtung hinaus vertraglich übernommen hat, nicht aber laufende Betriebskosten[294].

1379 Vermietet der *Gesellschafter einer Personengesellschaft* Wirtschaftsgüter an die Gesellschaft, sind die Mietzinsen als Sondervergütung bereits im Gewinn der Personengesellschaft (§ 7 Satz 1 GewStG iVm § 15 Abs. 1 Satz 1 Nr 2 Satz 1 HS 2 EStG) enthalten (Rn 1362). Eine Hinzurechnung kann dann nach dem Eingangssatz des § 8 GewStG nicht mehr erfolgen (Rn 1366).

1380 In die Hinzurechnung einbezogen werden nicht die vollen Entgelte, sondern bei *beweglichen* Wirtschaftsgütern (lit. d) nur 20 % und bei *unbeweglichen* Wirtschaftsgütern (lit. e) 50 % der jeweiligen Entgelte. Insoweit wird der fiktive Finanzierungsanteil im Mietzins typisiert[295]. Berücksichtigt man, dass nach § 8 Nr 1 GewStG schon allgemein nur 25 % der Entgelte erfasst werden (Rn 1368), werden von den Mietzinsen für bewegliche Wirtschaftsgüter letztlich 5 % (25 % von 20 %) und für unbewegliche Wirtschaftsgüter 12,5 % (25 % von 50 %) hinzugerechnet.

Da die Hinzurechnung auch erfolgt, wenn die Miet- oder Pachtzinsen bei einem gewerblichen Empfänger selbst gewerbesteuerpflichtig sind, kommt es insoweit zur doppelten gewerbesteuerlichen Erfassung beim Empfänger und Zahlenden (kein Korrespondenzprinzip, Rn 1374; anders noch § 8 Nr 7 GewStG aF).

1381 ee) Nach § 8 Nr 1 lit. f GewStG unterliegen **25 % der Aufwendungen für die zeitlich befristete Überlassung von Rechten** (insb Konzessionen und Lizenzen) der Hinzurechnung[296], die aber von nicht erfassten nicht-personellen Dienstleistungen (zB Überlassung einer Internetplattform) abzugrenzen sind[297]. Ausdrücklich ausgenommen sind Lizenzen, die ausschließlich dazu berechtigen, daraus abgeleitete Rechte Dritten zu überlassen, also sog. Vertriebslizenzen.

Hier liegt der fiktive Finanzierungsanteil typisierend bei 25 %, so dass letztlich 6,25 % (25 % von 25 %) hinzugerechnet werden (Rn 1368 und 1380).

1382 b) § 8 Nr 8 GewStG ordnet die Hinzurechnung der **Verlustanteile an einer mitunternehmerisch tätigen Personengesellschaft** an. Die Norm erfasst nur solche Personengesellschaftsanteile, die ihrerseits vom Mitunternehmer in einem gewerblichen Betriebsvermögen gehalten werden. Sie beruht auf dem Gedanken, dass derartige – gewissermaßen von außen kommende – Verlustanteile die Ertragskraft des Gewerbebetriebs des Beteiligten nicht mindern. Zudem dient sie der Vermeidung einer dop-

292 BFH, IV R 24/11, BFHE 256, 526.
293 Dazu FG Münster, 9 K 1472/13 G, EFG 2016, 925 (Rev. BFH Az III R 22/16); krit *Kornwachs*, DStR 2017, 1568.
294 BFH, I R 43/14, BFH/NV 2016, 232; III B 160/17, BFH/NV 2019, 40.
295 Krit *Montag*, in: Tipke/Lang, § 12 Rn 27; *Köster*, DStZ 2008, 703 (706).
296 Dazu *Rapp*, FR 2017, 563.
297 BFH, III R 25/16, BFHE 261, 549; *Pinkernell*, FR 2017, 20.

pelten Auswirkung dieser Verluste. Gewerbesteuerlich werden die Verluste bereits beim Gewerbebetrieb der Personengesellschaft selbst erfasst.

Korrespondierend dazu ist der Gewinn aus dem Gewerbebetrieb nach **§ 9 Nr 2 GewStG** um Anteile am *Gewinn* aus einer im Betriebsvermögen gehaltenen Beteiligung an einer Personengesellschaft zu *kürzen*. **1383**

c) Nach § 8 Nr 9 GewStG sind **Spenden** uä von Körperschaftsteuersubjekten, die den Gewinn nach § 9 Abs. 1 Nr 2 KStG gemindert haben, wieder hinzuzurechnen. Die Vorschrift dient der *Gleichstellung mit natürlichen Personen* (auch als Mitunternehmer einer Personengesellschaft), bei denen Spenden nicht den Gewinn iSd § 7 Satz 1 GewStG gemindert haben, sondern erst als Sonderausgaben (§ 10b EStG) zu berücksichtigen sind (Rn 352). **1384**

§ 9 Nr 5 GewStG enthält dann einen nach dem Vorbild des § 10b EStG gestalteten, *eigenständigen gewerbesteuerlichen Spendenabzug*. Diese Norm hat nichts mit dem Objektsteuercharakter der Gewerbesteuer zu tun, sondern dient der Subventionierung der genannten, als förderungswürdig eingestuften Zwecke. **1385**

4. Kürzungen (§ 9 GewStG)

Die Kürzungen des § 9 GewStG verfolgen ähnliche Zwecke wie die Hinzurechnungen des § 8 GewStG: Sie sollen vor allem der Ermittlung der objektiven Ertragskraft des Gewerbebetriebs sowie der Vermeidung von Doppelbelastungen oder rechtsformspezifischen Ungleichbehandlungen dienen. Einzelne Kürzungen und Hinzurechnungen korrespondieren miteinander (Rn 1382 ff). **1386**

a) Die bedeutsamste Norm steht auch hier an erster Stelle: Nach § 9 Nr 1 Satz 1 GewStG ist die Summe des Gewinns und der Hinzurechnungen um **1,2 % des Einheitswerts des zum Betriebsvermögen gehörenden Grundbesitzes**[298] zu kürzen, sofern dieser nicht von der Grundsteuer befreit ist. Zweck ist zum einen die Vermeidung der Doppelbelastung mit den beiden Realsteuern Grundsteuer und Gewerbesteuer[299]: Die vom jeweiligen Hebesatz der Gemeinde abhängige Belastung durch die Grundsteuer wird typisierend mit 1,2 % des Einheitswerts angesetzt. Darüber hinaus soll auch eine Gleichstellung der mit eigenem bzw fremdem Grundbesitz wirtschaftenden Betriebe erreicht werden. **1387**

In dieser Norm liegt (neben der Grundsteuer) einer der letzten Anwendungsbereiche der längst überholten Einheitswerte nach den Wertverhältnissen vom 1.1.1964. Die Einheitswerte sind gem. dem etwas versteckten **§ 121a BewG** um 40 % zu erhöhen. **1388**

§ 20 GewStDV stellt klar, dass die Frage, ob Grundbesitz zum Betriebsvermögen gehört, nach den *ertragsteuerlichen Grundsätzen* zu beurteilen ist (bei gemischter Nutzung: *Aufteilung* entsprechend den Nutzungsanteilen) und *nicht* nach der davon abweichenden bewertungsrechtlichen Einordnung (bei gemischter Nutzung: *vollständige* Zuordnung *entweder* zum Grundvermögen *oder* zum Betriebsvermögen, § 99 BewG). **1389**

298 BFH, IV R 55/10, BStBl II 2017, 722 (nicht bei Zwischenvermietung, vgl aber Rn 1376 ff).
299 BVerfG, 1 BvR 25/65, BVerfGE 26, 1 (13).

1390 Für *vermögensverwaltende Grundstücksunternehmen*, die nur aufgrund ihrer Rechtsform (idR Kapitalgesellschaft, gewerblich geprägte Personengesellschaft, Rn 1343) gewerbesteuerpflichtig sind, gilt nach § 9 Nr 1 Satz 2 GewStG eine *erweiterte* Kürzung: Sie können den gesamten Gewinn aus der Verwaltung und Nutzung des eigenen Grundbesitzes abziehen, wenn sie *ausschließlich*[300] eigenen Grundbesitz verwalten und sich ihre Aktivität im Übrigen auf die nach der Norm zwar erlaubten, aber nicht begünstigten Tätigkeiten beschränkt. Die Kürzung greift auch, wenn der Grundbesitz über eine vermögensverwaltende Personengesellschaft (Rn 1162 ff) gehalten wird[301].

1391 b) § 9 Nr 2a (iVm § 8 Nr 5) GewStG enthält das sog. **gewerbesteuerliche Schachtelprivileg**. Danach gehören Gewinnanteile, die aus inländischen steuerpflichtigen Kapitalgesellschaften (uä) zufließen, nicht zum Gewerbeertrag, wenn die Beteiligung mind 15 % beträgt. Die Vorschrift dient der Vermeidung der Doppelbelastung mit Gewerbesteuer, die ansonsten sowohl bei der ausschüttenden Kapitalgesellschaft als auch beim Empfänger anfiele. Soweit der Gewerbebetrieb von einer natürlichen Person oder einer Personengesellschaft getragen wird, wird also die Teileinkünftebesteuerung (vgl § 3 Nr 40 EStG iVm § 7 Satz 4 HS 1 GewStG) gekürzt. Für Kapitalgesellschaften als Empfänger bleibt es bei der 95 %-Steuerbefreiung nach § 8b Abs. 1, 5 KStG iVm § 7 Satz 4 HS 2 GewStG (vgl § 9 Nr 2a Satz 4 GewStG).

1392 Ein ähnliches Schachtelprivileg enthält (der an Unübersichtlichkeit kaum zu überbietende) **§ 9 Nr 7 (iVm § 8 Nr 5) GewStG** für ausländische Tochter-(Kapital-)Gesellschaften[302]. Bei EU-ausländischen Tochtergesellschaften beträgt die Mindestbeteiligung 10 % (§ 9 Nr 7 Satz 1 HS 2 GewStG), was der Umsetzung der sog. Mutter-Tochter-Richtlinie (Rn 230) dient. Problematisch ist insoweit die Nichterfassung doppelt ansässiger EU-Kapitalgesellschaften[303]. Soweit bei Drittstaaten-Tochtergesellschaften neben einer Mindestbeteiligung von 15 % auch eine wirtschaftliche Aktivität der Tochter- oder Enkelgesellschaft verlangt (§ 9 Nr 7 Satz 1 HS 1, Satz 2–8 GewStG) wird, verstößt dieses Aktivitätserfordernis gegen die Kapitalverkehrsfreiheit (Art. 63 AEUV) [304], die insoweit auch bei Drittstaaten gilt, und ist daher nicht anzuwenden[305].

1393 Liegen die Voraussetzungen der § 9 Nr 2a, 7 GewStG nicht vor, sind die Gewinnausschüttungen *vollumfänglich gewerbesteuerpflichtig*. Die nationalen Steuer(teil)freistellungen (§ 3 Nr 40 EStG bzw § 8b Abs. 1 KStG [betrifft hier noch Beteiligungen zwischen 10 und 15 %, vgl § 8b Abs. 4 KStG] iVm § 7 Satz 1 und 4 GewStG, Rn 1362) werden dann – gemindert um die nicht abziehbaren Betriebsausgaben (§ 3c Abs. 2 EStG, § 8b Abs. 5 KStG)[306] – durch Hinzurechnung (**§ 8 Nr 5 GewStG**) wieder rückgängig gemacht[307]. Insoweit kommt es bei Inlandsfällen dann zu einer vollen Doppelbelastung mit der Gewerbesteuer, nämlich bei der ausschüttenden (inländischen) Kapitalgesellschaft einerseits und beim gewerblichen Empfänger andererseits[308].

300 Zu schädlichen Nebengeschäften *Rode*, FR 2018, 545 mwN.

301 BFH, GrS 2/16, BFHE 263, 225; dazu *Binder/Korff*, DStR 2019, 1120.

302 Dazu *Brühl*, FR 2019, 257.

303 Dazu *Kollruss*, IStR 2014, 51; *Meining*, GmbHR 2015, 1309; *Suchanek/Hannweber*, Ubg 2016, 441; vgl aber Hess. FG, 8 K 1279/16, EFG 2019, 199 (Rev. BFH Az I R 43/18): Kürzung nach § 9 Nr 2a GewStG.

304 EuGH, C-685/16, DStR 2018, 2016 (*EV*); dazu *Desens*, BB 2018, 2647.

305 GlE v. 25.1.2019, BStBl I 2019, 91.

306 BFH, I R 88/15, BFH/NV 2018, 231 (keine Minderung nicht abziehbarer TW-Abschreibungen).

307 BFH, I R 71/09, BStBl II 2011, 129 (aber nicht DBA-Freistellungen).

308 Krit *Desens*, Das Halbeinkünfteverfahren, 2004, S. 327 ff.

Bei der **Veräußerung von Kapitalanteilen** fließen vom Gewinn *60 %* (Teileinkünfteverfahren für natürliche Personen: § 3 Nr 40 Satz 1 lit. a, b, § 3c Abs. 2 EStG, Rn 1319) bzw *5 %* (95 %-Freistellung für Körperschaften: § 8b Abs. 2, 3 Satz 1 KStG, Rn 1324) in den *Gewerbeertrag* (§ 7 Satz 1 GewStG) ein. Besondere Hinzurechnungen oder Kürzungen gibt es hier nicht. **1394**

c) Zu § 9 Nr 2 GewStG (Gewinn aus einer Beteiligung an einer Personengesellschaft) und § 9 Nr 5 GewStG (Spenden uä) vgl die Erläuterungen zu den *korrespondierenden* Vorschriften des § 8 Nr 8 GewStG (Rn 1382) und § 8 Nr 9 GewStG (Rn 1384); zu § 9 Nr 3 GewStG (ausländische Betriebsstätten) Rn 1356. **1395**

Im **Fall 53** (Rn 1360) ist Ausgangsgröße der Verlust aus Gewerbebetrieb iHv 2000 €, § 7 Satz 1 GewStG. In Betracht kommen jedoch Hinzurechnungen nach § 8 Nr 1 GewStG: (a) Die Darlehenszinsen (100 000 €) für den Erwerb des Betriebsgrundstücks stellen Entgelte für Schulden dar. Sie unterfallen daher der Hinzurechnungsvorschrift des § 8 Nr 1 lit. a GewStG. (b) Die Zinsen für den Kontokorrentkredit (60 000 €) stellen ebenfalls Entgelte für Schulden dar. Nach § 8 Nr 1 lit. a GewStG werden auch die Zinsen für kurzfristige Verbindlichkeiten von der Hinzurechnung erfasst. Somit unterliegen auch die Kontokorrentzinsen der Hinzurechnung. (c) Der PKW steht im Eigentum eines anderen und wäre bewegliches Anlagevermögen der KG, wenn er der KG gehörte. Somit fallen die Leasingraten unter die Hinzurechnungsvorschrift des § 8 Nr 1 lit. d GewStG. Sie sind mit 20 % von 12 000 € = 2400 € in die Hinzurechnung mit einzubeziehen. (d) Die Miete für das Lagerhaus wird von § 8 Nr 1 lit. e GewStG erfasst, da es sich um ein unbewegliches Wirtschaftsgut handelt, das Anlagevermögen iS dieser Vorschrift darstellt. In die Hinzurechnung sind 50 % von 110 000 € = 55 000 € einzubeziehen. **1396**

Die Hinzurechnungen nach § 8 Nr 1 GewStG berechnen sich wie folgt (Rn 1370):

Darlehenszinsen	100 000 €
Kontokorrentzinsen	60 000 €
Leasingraten	2 400 €
Miete Lagerhaus	55 000 €
Hinzurechnung gesamt	217 400 €
abzgl. Freibetrag	./. 100 000 €
Hinzurechnungsbetrag	117 400 €
davon 25 %	**29 350 €**

Vor Anwendung des § 9 GewStG ergibt sich ein vorläufiger Gewerbeertrag iHv 27 350 € (– 2000 € + 29 350 €).

Gem. § 9 Nr 1 GewStG ist der Gewerbeertrag um 1,2 % des Einheitswerts des Betriebsgrundstücks zu kürzen. Der Einheitswert (40 000 €) ist zunächst nach § 121a BewG um 40 % zu erhöhen (56 000 €). Davon 1,2 % sind 672 €. Somit ergibt sich ein Gewerbeertrag von **26 678 €**.

Das Beispiel zeigt, dass auch bei einem einkommensteuerlichen Verlust durchaus ein positiver Gewerbeertrag vorliegen kann.

5. Gewerbeverlust (§ 10a GewStG)

Auch die Gewerbesteuer ist eine Abschnittsteuer (§ 14 GewStG). Daher kann sich aufgrund von Ergebnisschwankungen in dem einen Besteuerungszeitraum ein positiver, in einem anderen ein negativer Gewerbeertrag ergeben. Um hier eine Übermaßbesteuerung zu vermeiden, sieht § 10a GewStG vor, dass der Gewerbeertrag um et- **1397** waige Fehlbeträge aus den vorangegangenen Erhebungszeiträumen gekürzt wird. Bei einem Gewerbeertrag über 1 Mio € ist die Kürzung jedoch auf 60 % begrenzt (gewerbesteuerliche **Mindestbesteuerung**[309]). Anders als bei § 10d EStG (Rn 612) ist ein Verlustrücktrag nicht vorgesehen.

1398 Bis hierhin weist § 10a GewStG gegenüber § 10d EStG keine besonderen Probleme auf. Tückisch wird die Norm allerdings dann, wenn zwischen dem Eintritt des Verlusts und dem Abzugszeitpunkt Veränderungen im Unternehmen stattgefunden haben: Die Rspr fordert sowohl Unternehmensidentität als auch Unternehmeridentität[310].

1399 a) **Unternehmensidentität** bedeutet, dass ein Zusammenhang zwischen den Betätigungen des Unternehmens im Verlustentstehungs- und Anrechnungsjahr vorliegen muss. Die Rspr folgert dies aus dem Charakter der Gewerbesteuer als Objektsteuer[311]. Das Unternehmen, das den zuvor entstandenen Verlust abziehen will, muss sich als sachliche, finanzielle, wirtschaftliche und organisatorische Fortsetzung der bisherigen Tätigkeit darstellen. Dies ist idR bei der Fortführung bestehender Vertragsbeziehungen und Arbeitsverträge sowie bei einer vergleichbaren Zusammensetzung des Aktivvermögens der Fall.

Von Bedeutung ist dies vor allem für Einzelunternehmen. Für Körperschaftsteuersubjekte verweist § 10a Satz 10 GewStG auf § 8c, § 8d KStG, der auf einen Anteilswechsel innerhalb von Fünf-Jahres-Fristen abstellt (Rn 1291 ff).

1400 b) Ferner ist **Unternehmeridentität** erforderlich: Der Steuerpflichtige, der den Verlustabzug in Anspruch nimmt, muss den Verlust zuvor in eigener Person erlitten haben[312]. Für den Spezialfall des *Unternehmerwechsels* ist diese Anforderung im Gesetz geregelt: Nach § 10a Satz 8 iVm § 2 Abs. 5 GewStG ist ein Verlustabzug ausgeschlossen, wenn der Gewerbebetrieb im Ganzen auf einen anderen Unternehmer übergeht.

1401 Bei einer Personengesellschaft ist der Verlust nach § 10a Sätze 4, 5 GewStG den jeweiligen Mitunternehmern zuzurechnen. Mit Ausscheiden eines Gesellschafters entfällt damit auch der Verlustabzug anteilig[313].

IV. Festsetzung der Gewerbesteuer und Verfahren

1402 **Fall 54:** Der Gewerbeertrag der GmbH & Co. KG (Fälle 52 und 53) beträgt 26 678 €. Die Gemeinde, in der die Betriebstätte liegt, hat den Gewerbesteuer-Hebesatz auf 400 % festgesetzt. Wie hoch ist die zu zahlende Gewerbesteuer? **(Rn 1419)**

1403 Das Verfahren zur Festsetzung der Gewerbesteuer ist wegen der Beteiligung der Gemeinden mehrstufig und daher komplizierter als etwa bei der Festsetzung der Ein-

309 BFH, IV R 36/10, BStBl II 2013, 498 (verfassungsgemäß).
310 BFH, IV 666/55 U, BStBl III 1958, 210.
311 BFH, IV R 165/76, BStBl II 1977, 666; X R 20/89, BStBl II 1991, 25; IV R 86/05, BStBl II 2012, 145; IV R 31/13, BStBl II 2017, 482; IV R 2/14, BStBl II 2017, 1138.
312 BFH, GrS 3/92, BStBl II 1993, 616.
313 BFH, IV R 3/09, BStBl II 2013, 176; IV R 38/09, BStBl II 2013, 958.

kommensteuer. Es besteht aus bis zu drei Schritten, an deren Ende jeweils selbstständige Verwaltungsakte stehen:

- **Festsetzung des Gewerbesteuermessbetrags** durch das Finanzamt aufgrund der Ermittlung des Gewerbeertrags (§ 11, § 14 GewStG, Rn 1404 ff);
- falls der Betrieb Betriebstätten in mehreren Gemeinden unterhält: **Zerlegung des Messbetrags** in die Anteile, die auf die einzelnen Gemeinden entfallen (§§ 28–34 GewStG, Rn 1416 ff);
- schließlich **Festsetzung der Gewerbesteuer** durch die Gemeinde nach Anwendung ihres Hebesatzes (§ 16 GewStG, Rn 1411 ff).

1. Steuermessbetrag (§ 11 GewStG) und Steuermessbescheid (§ 14 GewStG)

Das Finanzamt kann noch nicht die endgültige Gewerbesteuer festsetzen, da diese vom Hebesatz der jeweiligen Gemeinde abhängt. Daher setzt es lediglich einen **Messbetrag** fest, auf den die Gemeinde dann ihren Hebesatz anwendet. § 184 AO enthält Sonderregelungen für Messbescheide; iÜ gelten aber die allgemeinen Vorschriften über Steuerbescheide. **1404**

Auf den ersten Blick verblüffend erscheint in diesem Zusammenhang § 184 Abs. 1 Satz 3 AO, der anordnet, dass „die Vorschriften über die Durchführung der Besteuerung *sinngemäß* anzuwenden“ seien: § 184 AO gehört selbst zum Vierten Teil (§§ 134–217) der AO, der amtlich mit „Durchführung der Besteuerung“ überschrieben ist. Die Vorschrift will deutlich machen, dass es sich beim Steuermessbescheid um einen besonderen Steuerverwaltungsakt (Rn 368) handelt. Dies hat etwa zur Folge, dass auf die Aufhebung oder Änderung solcher Bescheide nicht § 130, § 131 AO, sondern §§ 172 ff AO anwendbar sind (Rn 411 ff)[314]. **1405**

a) Nach § 11 Abs. 1 Satz 3 GewStG wird der Gewerbeertrag zunächst auf volle 100 € nach unten **abgerundet** und in bestimmten Fällen ein **Freibetrag** abgezogen: Natürliche Personen und Personengesellschaften erhalten – zur typisierenden Berücksichtigung eines fiktiven Unternehmerlohns – einen Freibetrag iHv 24 500 €; bestimmte Körperschaften einen solchen iHv 5000 €. Bei Kapitalgesellschaften wird kein Freibetrag gewährt. Wegen dieser Freibeträge fällt bei einer Vielzahl von Gewerbebetrieben gar keine Gewerbesteuer mehr an. **1406**

b) Auf den verbleibenden Teil ist die Steuermesszahl anzuwenden (§ 11 Abs. 1 Satz 2 GewStG). Diese beträgt nach § 11 Abs. 2 GewStG für alle Unternehmer einheitlich 3,5 %. **1407**

c) Der so ermittelte Steuermessbetrag ist auf volle Euro abzurunden (R 14.1 GewStR 2009) und wird nach § 14 GewStG, § 184 AO vom FA **festgesetzt**. **1408**

Nach den allgemeinen Vorschriften der AO wäre er durch das FA dem Steuerpflichtigen bekannt zu geben; § 184 Abs. 3 AO fordert zusätzlich eine „Mitteilung“ an die Gemeinde. In der Praxis übermittelt das FA – abgesehen von Zerlegungsfällen – aber auch die für den Steuerpflichtigen bestimmte Ausfertigung des Messbescheids zunächst an die Gemeinde, die ihn dann zusammen mit ihrem Steuerbescheid dem Steuerpflichtigen bekannt gibt[315].

314 BFH, VIII R 33/90, BStBl II 1992, 869 (870).
315 *Glanegger/Güroff*, GewStG, 9. Aufl 2017, § 14 Rn 6.

1409 Der Gewerbesteuermessbescheid ist **Grundlagenbescheid** *für die spätere Gewerbesteuerfestsetzung* und daher für diese *bindend* (§ 184 Abs. 1, § 182 Abs. 1 AO, Rn 441)[316]. Folglich kann ein Rechtsbehelf gegen die im Messbescheid getroffenen Festsetzungen nur Erfolg haben, wenn er gegen diesen Bescheid gerichtet ist (§ 351 Abs. 2 AO[317]); eine Anfechtung des späteren Gewerbesteuerbescheids genügt dafür nicht.

1410 Der Messbescheid ist von Amts wegen aufzuheben oder zu ändern, wenn der Einkommensteuer-, Körperschaftsteuer- oder Gewinnfeststellungsbescheid aufgehoben oder geändert wird und dies den Gewinn aus Gewerbebetrieb berührt (§ 35b GewStG). Dies bedeutet nicht, dass der ESt-Bescheid (usw) zum Grundlagenbescheid für den Gewerbesteuermessbescheid wird. Vielmehr ist § 35b GewStG eine **spezielle Korrekturvorschrift**, die den Normen der AO vorgeht. Eine Änderung des Gewinns aus Gewerbebetrieb bei den Personensteuern führt also stets auch zu einer Änderung der Gewerbesteuerfestsetzung.

2. Hebesatz und Steuerbescheid (§ 16 GewStG)

1411 a) Auf den Steuermessbetrag wendet die Gemeinde ihren **Hebesatz** an und setzt die so ermittelte Gewerbesteuer fest (§ 16 Abs. 1 GewStG). Der endgültige Steuerbetrag ergibt sich also als Produkt aus Steuermessbetrag und Hebesatz. Zur Vermeidung sog. Gewerbesteueroasen mit sehr geringen Hebesätzen bestimmt § 16 Abs. 4 Satz 2 GewStG einen **Mindesthebesatz von 200 %**[318]; vgl auch § 1 GewStG, der die Gemeinden zur Erhebung der Gewerbesteuer verpflichtet.

1412 Im Recht zur Festsetzung der Höhe des Hebesatzes liegt die **Bedeutung der Gewerbesteuer für die Finanzautonomie der Gemeinden**: Es handelt sich um den einzigen größeren gemeindlichen Einnahmeposten, der nicht (ausschließlich) von Entscheidungen des Bundes oder des Landes abhängt, sondern dessen Höhe die Gemeinden selbst beeinflussen können. Eine Beteiligung der Gemeinden an der Umsatzsteuer, die häufig als Ersatz für die Gewerbesteuer über die seit 1998 in Art. 106 Abs. 5a GG verankerte Umsatzsteuerbeteiligung hinaus in die Diskussion gebracht wird, könnte zwar iErg dasselbe Aufkommen für die Gemeinden erbringen, nähme ihnen aber einen Großteil ihrer Finanzautonomie.

1413 Die Gemeinden sind auch für die **Erhebung** und **Vollstreckung** der Gewerbesteuer zuständig. Das betrifft auch die Frage, ob die Gewerbesteuer aus Billigkeitsgründen (§ 163, § 227 AO, Rn 276 ff) erlassen werden kann (vgl aber § 184 Abs. 2 AO).

1414 Umgekehrt kann es wegen der unterschiedlichen Hebesätze für den **Unternehmer** von erheblicher Bedeutung sein, in welcher Gemeinde der Betrieb belegen ist. Im Allgemeinen steigt der Hebesatz mit der Größe einer Gemeinde an: In ländlichen Gemeinden bestehen die niedrigsten, in Großstädten die höchsten Hebesätze (zB München 490 %, Leipzig 460 %).

1415 b) **Rechtsbehelfe** gegen die Gewerbesteuerbescheide können sich wegen der Bindungswirkung des Messbescheids nur gegen die unrichtige Anwendung des Hebesatzes uä richten und sind daher in der Praxis selten. Für sie ist nicht der Finanzrechtsweg, sondern der Verwaltungsrechtsweg gegeben: § 1 Abs. 2 AO erklärt hinsichtlich

316 Zur Reichweite BFH, IV B 64/11, BFH/NV 2013, 512; IV R 31/13, BStBl II 2017, 482.

317 Die Anwendbarkeit dieser Norm für das Gewerbesteuerrecht ergibt sich aus § 1 Abs. 2 Nr 6 AO.

318 BVerfG, 2 BvR 2185/04 ua, BVerfGE 125, 141 (verfassungskonform).

der Realsteuern, soweit sie von den Gemeinden verwaltet werden, den Siebten Teil der AO (außergerichtliches Rechtsbehelfsverfahren) für nicht anwendbar. Es gelten also die allgemeinen Vorschriften der §§ 68 ff VwGO für das Vorverfahren und der §§ 40 ff VwGO für das Klageverfahren. Gegen Gewerbesteuermessbescheide ist hingegen der Finanzrechtsweg gegeben (§ 347 Abs. 1 Nr 1 iVm § 1 Abs. 1 AO, § 33 Abs. 1 Nr 1 FGO).

3. Zerlegung (§§ 28–34 GewStG)

a) Gerade bei größeren Betrieben kommt es häufig vor, dass **Betriebstätten**[319] **(§ 12 AO) in mehreren Gemeinden** unterhalten werden. In diesem Fall kann nicht eine Gemeinde allein ihren Hebesatz auf den ermittelten Gewerbesteuermessbetrag anwenden. Daher sieht § 28 GewStG vor, dass der Steuermessbetrag auf die beteiligten Gemeinden zu zerlegen ist. Zerlegungsmaßstab ist grundsätzlich nach § 29 Abs. 1 Nr 1, Abs. 2 und 3, § 31 GewStG das Verhältnis der erzielten Arbeitslöhne zueinander, die in den einzelnen Betriebstätten gezahlt werden[320]. Für Wind- oder Solarenergiebetriebe gilt ein anderer Maßstab (§ 29 Abs. 1 Nr 2 GewStG). Bei mehrgemeindlichen Betriebstätten kommt es auf die örtlichen Verhältnisse unter Berücksichtigung der Gemeindelasten an (§ 30 GewStG)[321]. Führt das zu einem *unbilligen Ergebnis*, ist nach einem Maßstab zu zerlegen, der den tatsächlichen Verhältnissen besser entspricht (§ 33 Abs. 1 GewStG). 1416

Damit wird nicht die Beschäftigung von Arbeitnehmern zum Anknüpfungspunkt für die Besteuerung gemacht (wie früher bei der Lohnsummensteuer; Rn 1329), sondern lediglich als Maßstab für die *Verteilung des Steueraufkommens* gewählt. Dies ist aufgrund des Äquivalenzprinzips wegen der den Gemeinden gerade durch die Beschäftigung von Arbeitnehmern entstehenden Lasten (Straßenbau, Infrastruktur) gerechtfertigt. 1417

Für das **Zerlegungsverfahren** enthalten §§ 185–190 AO Sondervorschriften; iÜ gelten aber die Vorschriften über Steuermessbeträge (§ 185 AO) und folglich die Normen über Steuerbescheide. Zuständig für die Zerlegung ist regelmäßig das Betriebsfinanzamt (§ 18 Abs. 1 Nr 2, § 22 Abs. 1 AO). Der Messbescheid ist Grundlagenbescheid iSd § 171 Abs. 10 AO für den Zerlegungsbescheid; dieser ist wiederum Grundlagenbescheid für den Gewerbesteuerbescheid. Für Rechtsbehelfe gegen den Zerlegungsbescheid ist der Finanzrechtsweg eröffnet. Nicht nur der Steuerpflichtige, sondern auch die Gemeinde kann durch eine fehlerhafte Zerlegung beschwert sein und daher Rechtsbehelfe einlegen. 1418

Im **Fall 54** (Rn 1402) ist der Gewerbeertrag (26 678 €) auf 26 600 € abzurunden. Der KG als Personengesellschaft steht ein Freibetrag iHv 24 500 € zu (§ 11 Abs. 1 Satz 3 Nr 1 GewStG), so dass zur Anwendung der Steuermesszahl nur noch 2100 € verbleiben. Für diesen Betrag ergibt sich nach Anwendung der Steuermesszahl iHv 3,5 % ein Steuermessbetrag iHv 73,50 € (3,5 % von 2100 €). Dieser ist auf 73 € abzurunden und vom Finanzamt festzusetzen. Da die KG nur *eine* Betriebstätte unterhält, ist eine Zerlegung nicht vorzuneh- 1419

319 Dazu BFH, I R 12/02, BStBl II 2004, 396 (Marktverkaufsstand keine Betriebstätte).

320 Dazu BFH, IV B 59/16, BFH/NV 2018, 229 zum fiktiven Unternehmerlohn; FG München, 6 K 2407/15, EFG 2019, 376 (Rev. BFH Az III R 3/19) zur Arbeitnehmerüberlassung.

321 Dazu BFH, I R 56/08, BStBl II 2010, 492 (Flughafen); *Heurung/Ferdinand/Gilson*, BB 2019, 411.

men. Die Gemeinde wird auf den Messbetrag ihren Hebesatz (400 %) anwenden (§ 16 GewStG) und Gewerbesteuer iHv 292 € (73 € x 400 %) festsetzen.

D. Überblick zum Umwandlungssteuerrecht

1420 **Fall 55:** A bringt einen Betrieb (Buchwert: 100, gemeiner Wert: 800) zum 1.6.01 in die B-GmbH ein. Die B-GmbH setzt den Betrieb mit Buchwerten (100) an und gewährt A als Gegenleistung neue Anteile. A veräußert am 20.8.04 die gewährten Anteile der B-GmbH für 1000. Welche Besteuerungsfolgen löst die Veräußerung bei A aus? **Rn 1438**

I. Einführung

1421 Die Gründe für ein Unternehmen, die wirtschaftliche Tätigkeit in einer anderen Rechtsform oder in einer anderen rechtlichen Zusammensetzung fortzuführen, können unterschiedlich sein. Häufig sind es veränderte Marktbedingungen oder Marktpositionen, die den Anlass zur **Umstrukturierung von Unternehmen** geben.

1422 Hat etwa eine Kapitalgesellschaft alle Anteile an einer anderen Gesellschaft erworben und will sie die Tätigkeitsbereiche beider Unternehmen aus wirtschaftlichen Gründen möglichst eng verzahnen, dann bietet es sich nicht gerade an, beide Gesellschaften rechtlich getrennt weiterzuführen. Vielmehr wird der Unternehmensleitung daran gelegen sein, möglichst rasch zu einem einheitlichen Unternehmensaufbau zu kommen, so dass die zwei existierenden juristischen Personen zu einer einzigen verschmolzen werden müssen. Manchmal werden jedoch auch umgekehrt große Unternehmen in kleinere Einheiten aufgespalten, weil man sich erhofft, dadurch flexibler am Markt operieren zu können. Zivilrechtliche und steuerrechtliche Bestimmungen können derartigen Umstrukturierungen im Wege stehen. Daher hat der Gesetzgeber Sonderregelungen zur Erleichterung und geordneten Abwicklung solcher Umwandlungen geschaffen.

1423 Die **zivilrechtlichen Grundlagen** sind im Umwandlungsgesetz (UmwG) geregelt. Dort wird die Umstrukturierung von Unternehmen vor allem durch Anordnung einer zivilrechtlichen *Gesamtrechtsnachfolge* (vgl § 20 Abs. 1 Nr 1 UmwG) erleichtert. Gleichzeitig ermöglicht die Gesamtrechtsnachfolge eine Kontinuität der Rechts- und Wirtschaftsbeziehungen, die bei einer Übertragung der einzelnen Vermögensgegenstände unter Auflösung des Unternehmens nicht zu erreichen wäre. Überdies bezweckt das UmwG auch einen Interessensausgleich zwischen den umzuwandelnden Unternehmen und Minderheitsgesellschaftern: Letztere werden durch erweiterte Informations- und Prüfungsrechte geschützt. Auf der anderen Seite erhalten die Unternehmen Rechtssicherheit gegenüber missbräuchlichen Anfechtungsklagen.

1424 Die **Gliederung** des UmwG folgt den unterschiedlichen zivilrechtlichen Arten der Umwandlung: Bei der **Verschmelzung** (§§ 2–122m UmwG) wird aus zwei rechtlich selbstständigen Unternehmen ein einheitliches: Dafür wird das gesamte Vermögen eines oder mehrerer Rechtsträger auf einen anderen Rechtsträger übertragen. Die übertragenden Rechtsträger erlöschen. Ihre Gesellschafter werden Gesellschafter des übernehmenden Rechtsträgers (Zentralnorm für diese Rechtsfolgen: § 20 UmwG). Dagegen wird bei einer **Spaltung** (§§ 123–173 UmwG) ein einheitliches Unternehmen geteilt: Bei der Unterform der *Aufspaltung* (§ 123 Abs. 1 UmwG) wird ein Rechtsträger in zwei oder mehrere Rechtsträger aufgespalten und geht selbst unter. Bei der *Abspaltung* (§ 123 Abs. 2 UmwG) geht nur ein Vermögensteil (etwa ein Betrieb) auf einen anderen Rechtsträger über. In beiden Fällen erhalten die *Gesellschafter* des übertragenden Rechtsträgers als Gegenleistung Gesellschaftsrechte am übernehmenden Rechtsträger. Bei der *Ausgliederung* (§ 123 Abs. 3 UmwG) erhält dagegen der *übertragende Rechtsträger selbst* als Gegenleistung die Gesellschaftsrechte. Die **Vermögensübertragung** (§§ 174–189 UmwG) entspricht der Verschmelzung bzw Spaltung, jedoch mit dem Unterschied, dass auf mindestens einer Seite öffentlich-rechtliche Rechtsträger oder Versicherungsgesellschaften beteiligt sind. Beim **Formwechsel** (§§ 190–304 UmwG) ist hingegen nur ein *einziger* Rechtsträger beteiligt, der lediglich eine andere Rechtsform erhält, so dass zivilrechtlich auch kein Vermögensübergang stattfindet.

Aus **steuerlicher Sicht**[322] stellen sich bei Umwandlungen zwei Kernprobleme: Erstens führt die *Übertragung von Wirtschaftsgütern bzw Betrieben* grundsätzlich zur Realisierung und damit zur *Besteuerung der stillen Reserven* (Rn 724, 1208). Zweitens sind stille Reserven bei Personengesellschaften wegen des *Transparenzprinzips* (Rn 1134) nur auf einer Ebene und bei Körperschaften wegen des *Trennungsprinzips* (Rn 1266) auf zwei Ebenen (Kapitalgesellschaft und Anteilseigner) steuerverhaftet: Wird daher eine Kapital- in eine Personengesellschaft umgewandelt, entfällt zugleich eine Besteuerungsebene, auf der bisher auch stille Reserven verhaftet waren. Im umgekehrten Fall entsteht eine solche Ebene hingegen neu. **1425**

Daran orientiert sich auch der **Aufbau** des UmwStG, der entsprechend rechtsformabhängig ist: Der *Zweite Teil* (§§ 3–8, § 10 UmwStG) regelt die **Verschmelzung einer Kapital- auf eine Personengesellschaft** (Wegfall einer Besteuerungsebene). Im *Dritten Teil* (§§ 11–13 UmwStG) wird die **Verschmelzung einer Kapital- auf eine Kapitalgesellschaft** geregelt. Der *Vierte Teil* (§§ 15–16 UmwStG) erfasst nur die zivilrechtliche Ab- oder Aufspaltung von Kapitalgesellschaften. Der *Fünfte Teil* (§ 18, § 19 UmwStG) betrifft die gewerbesteuerliche Behandlung. Als sog. **Einbringungen** erfasst das UmwStG hingegen Umwandlungen, in denen keine Besteuerungsebene wegfällt, sondern eine neue entstehen kann: Der *Sechste Teil* (§§ 20–23 UmwStG) regelt daher **Einbringungen in Kapitalgesellschaften**, was sich zivilrechtlich als *Ab-* oder *Aufspaltung* von Personen- auf Kapitalgesellschaften oder als *Ausgliederungen* auf Kapitalgesellschaften darstellen kann. Bei den im *Siebten Teil* (§ 24 UmwStG) normierten **Einbringungen in Personengesellschaften** handelt es sich zivilrechtlich um Verschmelzungen von Personengesellschaften und Ausgliederungen auf Personengesellschaften. Aus dieser Systematik erklärt sich auch, warum der zivilrechtliche **Formwechsel** nur in den Fällen geregelt wird, in denen eine Besteuerungsebene entfällt (§ 9 UmwStG) oder eine neue entsteht (§ 25 UmwStG). **1426**

Der Anwendungsbereich des UmwStG (vgl § 1 UmwStG) geht aber weit über den des UmwG hinaus. Erfasst werden auch zahlreiche Vermögensübertragungen, die zi- **1427**

322 Ausführlicher *Strauch*, Umwandlungssteuerrecht, 2. Aufl 2012 (mit Fallbeispielen).

vilrechtlich im Wege der *Einzelrechtsnachfolge* übergehen (etwa beim Anteilstausch nach § 21 UmwStG). Überdies wird mit dem UmwStG die *EU-Fusionsrichtlinie* (Rn 230) umgesetzt, was zum Anlass genommen wurde, den Anwendungsbereich generell für alle *grenzüberschreitenden Umwandlungen* innerhalb der EU/EWR-Staaten zu eröffnen[323], während sich das zivilrechtliche UmwG in seinen §§ 122a–122m auf grenzüberschreitende Verschmelzungen allein von Kapitalgesellschaften im EU/EWR-Raum beschränkt.

1428 Die übermäßige Komplexität der einzelnen Regelungen des UmwStG lässt sich durch ein „Hase-und-Igel-Spiel" zwischen findigen Beratern und dem Gesetzgeber erklären: Der Gesetzgeber gibt Steuervorteile, um wirtschaftlich **sinnvollen Umstrukturierungen** die **steuerlichen Hemmnisse** zu nehmen. Diese Vorteile haben natürlich die Fantasie der Steuerpflichtigen und ihrer Berater angeregt und zu immer ausgefeilteren Konstruktionen geführt, die weniger einer wirtschaftlich sinnvollen Umstrukturierung, sondern vielmehr der Erzielung größtmöglicher Steuerersparnis dienen. Der Gesetzgeber hat darauf mit der Einführung immer neuer „Missbrauchsbekämpfungsvorschriften" reagiert (etwa § 15 Abs. 2, § 18 Abs. 3 UmwStG), die mittlerweile mehr als die Hälfte des Normtextes ausmachen und unter denen die Verständlichkeit des Gesamtsystems stark leidet.

1429 Umwandlungen liegen regelmäßig komplexe Gestaltungen zugrunde. Um von vornherein ein Prozessrisiko zu minimieren, orientiert sich die Beratungspraxis schon bei der Gestaltung eng an der Verwaltungsauffassung. Diese wurde vom BMF Ende 2011 einheitlich im „Umwandlungssteuererlass 2011" veröffentlicht[324]. Berücksichtigt man jedoch, dass die Praxis bereits seit der Gesetzesreform 2006 auf diesen Erlass gewartet hat, ist der Erkenntnisgewinn eher gering, weil sich die Verwaltung zu vielen Fragen doch noch nicht positioniert hat.

II. Überblick über die steuerlichen Folgen (Umwandlungssteuergesetz)

1430 **Steuerliche Behandlung der Übertragung des Betriebsvermögens:** Zwar geht das UmwStG in allen Umwandlungsfällen grundsätzlich davon aus, dass Betriebsvermögen zum **gemeinen Wert** auf den übernehmenden Rechtsträger übertragen wird[325], so dass es zur Realisierung der stillen Reserven ohne echte Steuerersparnis kommt (§ 3 Abs. 1, § 11 Abs. 1, § 20 Abs. 2 Satz 1, § 21 Abs. 1 Satz 1, § 24 Abs. 2 Satz 1 UmwStG). Alternativ kann aber – unter besonderen Voraussetzungen – auch der **Buchwert** (oder ein **Zwischenwert**) angesetzt werden, so dass die Übertragung (teilweise) steuerneutral ist (§ 3 Abs. 2, § 11 Abs. 2, § 20 Abs. 2 Satz 2, § 21 Abs. 2 Satz 3, § 24 Abs. 2 Satz 2 UmwStG). Wesentliche Voraussetzung ist dabei regelmäßig, dass das *Besteuerungsrecht Deutschlands* am übertragenden Betriebsvermögen nach der Übertragung nicht *ausgeschlossen* oder *beschränkt* wird. Der übernehmende Rechtsträger führt die bei der Übertragung angesetzten Werte fort (sog. *Buchwertver-*

323 Zu unionsrechtlichen Einwirkungen *Desens*, in Musil/Weber-Grellet, Europäisches Steuerrecht, 2019, Kommentierung des UmwStG.

324 BMF v. 11.11.2011, BStBl I 2011, 1314; dazu *Förster*, GmbHR 2012, 237.

325 Dazu *Desens*, GmbHR 2007, 1202; *Jäschke*, FR 2010, 10.

knüpfung), so dass nicht realisierte stille Reserven beim übernehmenden Rechtsträger weiter steuerverstrickt bleiben (§ 4 Abs. 1 Satz 1, § 12 Abs. 1 Satz 1, § 20 Abs. 2, § 21 Abs. 2, § 24 Abs. 2 UmwStG). *Verlustvorträge* (zB § 10d EStG, Rn 612) gehen idR unter (§ 4 Abs. 2 Satz 2, § 12 Abs. 3 UmwStG).

**Verschmelzung von Kapitalgesellschaften auf Personengesellschaften (§§ 3–8, 1431
§ 18 UmwStG)[326]:** Mit der Übertragung wird zugleich eine Totalausschüttung der *offenen Rücklagen* der übertragenden und damit untergehenden Kapitalgesellschaft fingiert, die – ähnlich einer Liquidation – bei den Anteilseignern anteilig wie eine *Gewinnausschüttung* (Rn 1309 ff) besteuert wird (§ 7 UmwStG). In einem zweiten Schritt werden Anteilseigner, die ihre Anteile im Betriebsvermögen gehalten oder eine Beteiligung iSd § 17 EStG (Rn 732 ff) haben, an der Ermittlung eines sog. *Übernahmeergebnisses* beteiligt (vgl § 5 UmwStG). Das Übernahmeergebnis ergibt sich im Wesentlichen aus dem Unterschiedsbetrag des (anteilig zurechenbaren) Übernahmewertes der übertragenen Wirtschaftsgüter abzgl. des Wertes der eigenen Anteile an der übertragenden Kapitalgesellschaft (§ 4 Abs. 4 UmwStG) und abzgl. der offenen Rücklagen (§ 4 Abs. 5 UmwStG). Grundsätzlich wird dabei – aufgrund des Abzugs der offenen Rücklagen – ein *Übernahmeverlust* entstehen, der aber nur in besonderen Fällen steuerlich (zu 60 %) abziehbar sein kann (genauer § 4 Abs. 6 UmwStG). Entsteht ausnahmsweise ein *Übernahmegewinn*, wird dieser durch Verweis in § 4 Abs. 7 UmwStG wie eine *Kapitalanteilsveräußerung* besteuert (Rn 732 ff, 1316 ff).

**Verschmelzung von Kapitalgesellschaften auf andere Kapitalgesellschaften 1432
(§§ 11–13, § 19 UmwStG)[327]:** Da keine Totalausschüttung der offenen Rücklagen fingiert wird, folgt diese Verschmelzung konzeptionell eher einem *Tausch* anstatt einer Liquidation. Zur Besteuerung eines *Übernahmegewinns*, der wie ein Kapitalanteilsveräußerungsgewinn nach § 8b Abs. 2 KStG (Rn 1254) besteuert wird (§ 12 Abs. 2 UmwStG), kommt es dabei nur, soweit eine Tochter- auf eine Muttergesellschaft verschmolzen wird (sog. „up stream merger"). Bei allen übrigen Anteilseignern wird die Verschmelzung wie ein Anteilstausch behandelt (vgl § 13 UmwStG). Dieser ist steuerneutral, soweit die gewährten, neuen Anteile zum Buchwert der alten Anteile angesetzt werden, was – unter besonderen Voraussetzungen – auf Antrag möglich ist (vgl § 13 Abs. 2 UmwStG).

**Aufspaltung und Abspaltung von einer Kapitalgesellschaft auf andere Kapital- 1433
gesellschaften oder Personengesellschaften (§ 15, § 16 UmwStG)[328]** werden durch Verweis entsprechend einer Verschmelzung auf eine Kapitalgesellschaft (§ 15 Abs. 1 iVm §§ 11–13 UmwStG) oder auf eine Personengesellschaft (§ 16 Satz 1 iVm §§ 3 ff UmwStG) behandelt (Baukastenprinzip). Zudem sollen *Sonderregelungen* gewährleisten, dass der Anwendungsbereich auf *(interne) Umstrukturierungen* beschränkt bleibt. Ein sog. doppeltes Teilbetriebserfordernis (§ 15 Abs. 1 Satz 2 UmwStG) soll etwa verhindern, dass die Vergünstigung dazu genutzt wird, nur einzelne Wirtschafts-

326 Vertiefend *Lemaitre/Schönherr*, GmbHR 2007, 173; *Ley/Bodden*, FR 2007, 265; *Rödder*, DStR 2011, 1059; *Hruschka*, DStR 2012, Beihefter zu Heft 2, 4.

327 Vertiefend *Haritz*, GmbHR 2009, 1194; *Schmitt/Schlossmacher*, DB 2009, 1425; *Schumacher/Neitz-Hackstein*, Ubg 2011, 409; *Demuth*, KÖSDI 2012, 17784.

328 Vertiefend *Schmitt*, DStR 2011, 1108; *Neumann*, GmbHR 2012, 141; *Heurung/Engel/Schröder*, GmbHR 2012, 273; *Stahl*, KÖSDI 2012, 17815.

güter steuerneutral zu übertragen[329]. Auch Gestaltungen, die die Steuervorteile von Ab- und Aufspaltungen bei einer Veräußerung auf externe Personen nutzbar machen wollen, sollen verhindert werden (vgl § 15 Abs. 2 Satz 3–5 UmwStG).

1434 **Einbringung eines Betriebes in eine Kapitalgesellschaft (§ 20, § 22, § 23 UmwStG)[330]:** Wird ein Betrieb gegen die Gewährung von Anteilen steuerneutral in eine Kapitalgesellschaft eingebracht, stellen sich steuerlich zwei wesentliche Fragen. Erstens wäre eine Veräußerung des eingebrachten Betriebes stets steuerpflichtig gewesen. Eine Veräußerung der gewährten Kapitalanteile könnte aber ohne Sonderregelung der idR günstigeren Abgeltungsteuer von 25 % (§ 20 Abs. 2, 4, § 32d EStG) unterliegen. Daher gelten die gewährten Anteile *unabhängig von ihrer Beteiligungshöhe* als § 17-EStG-Anteile (§ 17 Abs. 6 Nr 1 EStG). Zweitens wäre die Veräußerung des eingebrachten Betriebes voll steuerpflichtig gewesen (idR § 16 EStG, Rn 724). Die Veräußerung der gewährten Kapitalanteile würde aber ohne Sonderregelung der Ermäßigungen durch das Teileinkünfteverfahren (Rn 1319 ff) oder durch § 8b Abs. 2 KStG (Rn 1254) unterliegen. § 22 Abs. 1 UmwStG löst dieses Problem, indem eine etwaige Veräußerung der gewährten Anteile sieben Jahre lang stückweise (jährlich um 1/7) in die Kapitalanteilsbesteuerung hineinwächst (s. ausführlicher die Lösung zu **Fall 55**, Rn 1438).

1435 **Einbringung von Kapitalanteilen in eine Kapitalgesellschaft – Anteilstausch – (§§ 21–23 UmwStG):** Werden Kapitalanteile gegen die Gewährung von Anteilen in eine Kapitalgesellschaft eingebracht (Anteilstausch), ist das steuerneutral (Buchwertansatz) nur möglich, wenn die eingebrachten Anteile eine Mehrheit der Stimmrechte vermitteln oder stärken (§ 21 Abs. 1 Satz 2 UmwStG). Der Anteilstausch ist äußerst international ausgerichtet: Das zeigt sich vor allem dadurch, dass eine steuerneutrale Einbringung zu Buchwerten auch dann möglich ist, wenn Deutschland das Besteuerungsrecht an den eingebrachten Anteilen verliert, solange Deutschland zumindest das Besteuerungsrecht an den gewährten Anteilen behält (iE § 21 Abs. 2 UmwStG).

1436 **Einbringung von Betrieben in eine Personengesellschaft (§ 24 UmwStG)[331]:** Da weder eine Besteuerungsebene wegfällt noch entsteht, beschränkt sich § 24 UmwStG im Wesentlichen darauf, die steuerliche Behandlung des übertragenden Betriebsvermögens zu regeln (s. bereits Rn 1430).

1437 **Formwechsel (§ 9, § 25 UmwStG):** Obwohl zivilrechtlich kein Vermögensübergang stattfindet, fällt beim Wechsel einer Kapital- in eine Personengesellschaft eine Besteuerungsebene weg, so dass die Vorschriften über die Verschmelzung auf eine Personengesellschaft (§§ 3–8, § 10 UmwStG) entsprechend anwendbar sind (§ 9 UmwStG). Wechselt hingegen eine Personen- in eine Kapitalgesellschaft, entsteht wie bei der Einbringung eines Betriebs in eine Kapitalgesellschaft eine neue Besteue-

329 Zum Teilbetriebsbegriff *Greil*, StuW 2011, 84; *Blumers*, BB 2011, 2204; *Claß/Weggenmann*, BB 2012, 552; *Feldgen*, Ubg 2012, 459.

330 Vertiefend *Desens*, DStR 2010, Beihefter zu Heft 46, 80; *Stangl*, GmbHR 2012, 253; *Pung*, GmbHR 2012, 158; zu Ersatzrealisierungstatbeständen (§ 22 Abs. 1 Satz 6 UmwStG) *Kessler*, Ubg 2011, 34; *Graw*, Ubg 2011, 603; zu Einbringungskosten *Ott*, DStR 2016, 777; zur sonstigen Gegenleistung (§ 20 Abs. 2 Satz 2 Nr 4 iVm Satz 4 UmwStG) *Schaaf/Hannweber*, DStZ 2016, 155.

331 Vertiefend *Niehus*, FR 2010, 1; *Strahl*, Ubg 2011, 433; *Jäschke*, GmbHR 2012, 601; *Krüger*, FR 2015, 1108; zur sonstigen Gegenleistung iSd § 24 Abs. 2 Satz 2 UmwStG *Richter*, DStR 2016, 840.

rungsebene, was die entsprechende Anwendung dieser Vorschriften (§§ 20–23 UmwStG) erklärt (§ 25 UmwStG).

In **Fall 55** (Rn 1420) hat A die gewährten Anteile der B-GmbH innerhalb von sieben Jahren nach der Einbringung (1.6.01) veräußert, nämlich am 20.6.04, so dass der Gewinn aufzuteilen ist in einen sog. *Einbringungsgewinn I*, der voll besteuert wird (vgl § 22 Abs. 1 UmwStG), und einen *Anteilsveräußerungsgewinn*, der dem Teileinkünfteverfahren (Rn 1319 ff) unterliegt. Der Einbringungsgewinn I wird rückwirkend auf den Einbringungsstichtag ermittelt und soll die stillen Reserven erfassen, die zu diesem Zeitpunkt im eingebrachten Betrieb vorhanden waren. Für jedes abgelaufene Kalenderjahr mindert sich der Einbringungsgewinn I aber um ein 1/7 (vgl § 22 Abs. 1 Satz 3 UmwStG): 1438

Ermittlung des voll steuerpflichtigen Einbringungsgewinns I:

Gemeiner Wert des eingebrachten Betriebes (Einbringungsstichtag)	800 €
Buchwert, mit dem die B-GmbH das Betriebsvermögen angesetzt hat	./. 100 €
Fiktiver Veräußerungsgewinn:	700 €
Abschmelzung bei Veräußerung am 20.6.04 um 3/7, verbleiben 4/7:	**400 €**

Überdies muss bei A ein *Anteilsveräußerungsgewinn* ermittelt werden. Damit es nicht zu einer Doppelbesteuerung kommt, erhöht der Einbringungsgewinn I *nachträglich* die *Anschaffungskosten* an den gewährten B-GmbH-Anteilen (§ 22 Abs. 1 Satz 4 UmwStG). Auch die B-GmbH kann den eingebrachten Betrieb in Höhe des Einbringungsgewinns nachträglich aufstocken und erhält so steuerneutral neues Abschreibungspotenzial (vgl § 23 Abs. 2 UmwStG). Die steuerliche Behandlung entspricht daher letztlich einer Einbringung, bei der in Höhe des Einbringungsgewinns I ein Gewinn erzielt wird.

Ermittlung des Anteilsveräußerungsgewinns:

Veräußerungspreis	1000 €
Ursprüngliche Anschaffungskosten (§ 20 Abs. 3 UmwStG):	./. 100 €
	900 €
Nachträgliche Anschaffungskosten (§ 22 Abs. 2 Satz 4 UmwStG), also der Einbringungsgewinn I:	./. 400 €
Veräußerungsgewinn:	500 €
Nach Teileinkünfteverfahren (§ 3 Nr 40, § 3c Abs. 2 EStG):	**300 €**

Zum Vergleich: Ohne Sonderregelung hätte A die Veräußerung anstatt mit 700 € (400 € + 300 €) lediglich mit 540 € (60 % von 900 €) versteuern müssen.

§ 7 Das Internationale Steuerrecht

Das Internationale Steuerrecht regelt Sachverhalte, die Auslandsberührung haben, also Sachverhalte, die in den Anwendungsbereich mehrerer Steuerrechtsordnungen fallen[1]. 1439

Im Zuge der Internationalisierung der Wirtschaft, aber auch der zunehmenden grenzüberschreitenden Mobilität der Menschen haben immer mehr Steuerfälle Auslandsbezug. Eröffnet ein Unternehmen eine Betriebstätte in einem anderen Staat, pendelt ein Arbeitnehmer von der Schweiz zur Arbeit nach Deutschland oder kauft sich ein Deut- 1440

1 Ausf *Schaumburg*, Internationales Steuerrecht, 4. Aufl 2017; *Frotscher*, Internationales Steuerrecht; *Haase*, Internationales und Europäisches Steuerrecht.

scher ein Ferienhaus in Österreich, so kommt es zu Besteuerungsansprüchen zweier (oder auch mehrerer) Staaten, mithin zur **Doppelbesteuerung**. Doppelbesteuerung ist aber nicht nur für den betroffenen Steuerpflichtigen ungerecht und führt zu übermäßiger Belastung, sie stört auch die freie wirtschaftliche Betätigung der Wirtschaftssubjekte, diskriminiert Auslandstätigkeit und ruft *Wettbewerbsverzerrungen* hervor. Deshalb liegt es auch im staatlichen Interesse, die Doppelbesteuerung zu vermeiden. Dies ist eine der Aufgaben des Internationalen Steuerrechts.

A. Besteuerung grenzüberschreitender Sachverhalte

1441 **Fall 56:** Im Einkommensteuerrecht gibt es zwei Grundsachverhalte bei grenzüberschreitender wirtschaftlicher Betätigung:

(1) A hat seinen Wohnsitz in Deutschland und bezieht hier seine Einkünfte. Daneben hat er aber noch Einkünfte (zB aus der Vermietung eines Ferienhauses) im Ausland. Wie werden die ausländischen Einkünfte versteuert?

(2) B hat seinen Wohnsitz im Ausland und bezieht dort seine Einkünfte. Daneben hat er aber noch Einkünfte (zB aus der Vermietung eines Ferienhauses) in Deutschland. Wie werden die inländischen Einkünfte versteuert? **Rn 1443**

1442 Nun wären diese Fälle leicht zu lösen, wenn in den Rechtsordnungen der Staaten generell das **Quellenprinzip** oder das **Wohnsitzprinzip** gelten würde, wenn also die Staaten sich darauf beschränken würden, entweder nur inländische Quellen oder nur das Einkommen der auf ihrem Gebiet Ansässigen zu besteuern. Dann würden sich die Besteuerungsansprüche der Staaten regelmäßig nicht überschneiden. Tatsächlich erheben aber die Staaten (mit wenigen Ausnahmen) Anspruch auf Besteuerung des gesamten Einkommens, welches der in ihnen ansässige Steuerpflichtige weltweit erzielt (**Welteinkommensprinzip**), und sie besteuern zusätzlich die Einkünfte, die Nichtansässige aus inländischen Quellen beziehen. MaW: Steuerpflichtige, die im Inland ihren Wohnsitz oder gewöhnlichen Aufenthalt haben (sog. Steuerinländer), werden zur Einkommensteuer auch für im Ausland erwirtschaftete Einkünfte herangezogen. Man nennt dies die **unbeschränkte Steuerpflicht** (§ 1 Abs. 1 EStG, Rn 681 ff). Steuerpflichtige, die im Inland weder Wohnsitz noch gewöhnlichen Aufenthalt haben (sog. Steuerausländer), werden mit den Einkünften besteuert, die sie (in den Grenzen des § 49 EStG) auf inländischem Territorium erzielen (**Quellenprinzip**). Das Quellenprinzip beruht auf dem Grundgedanken, dass eine territoriale Bindung der Einkunftsquelle zum jeweiligen Staat die Erhebung von Steuern rechtfertigt. Diese Bindung kommt idR durch die Belegenheit oder die Tätigkeit zum Ausdruck. Man nennt dies die **beschränkte Steuerpflicht** (§ 1 Abs. 4 EStG, Rn 690 ff). Damit kommt es zwangsläufig zu Doppelbesteuerungen:

1443 Im **Fall 56 (1)** (Rn 1441) besteuert die Bundesrepublik das gesamte Einkommen des A (§ 1 Abs. 1 EStG, Wohnsitzprinzip), der ausländische Staat besteuert das dort erzielte Einkommen (Quellenprinzip).

Im **Fall 56 (2)** besteuert die Bundesrepublik entsprechend dem Quellenprinzip das im Inland erzielte Einkommen (§ 1 Abs. 4 EStG), das Ausland besteuert gemäß dem Wohnsitzprinzip alle Einkünfte. Ein Teil des von A und B erzielten Einkommens wird also sowohl im Inland als auch im Ausland erfasst.

Die Kombination von *Wohnsitzprinzip* (Besteuerung der ansässigen Personen mit ihrem Welteinkommen, deshalb auch *Welteinkommensprinzip*) und *Quellenprinzip* (Besteuerung nicht ansässiger Personen, soweit sie Einkünfte aus inländischen Quellen haben) führt also zwangsläufig dazu, dass es zu doppelter Besteuerung derselben Einkünfte kommt, wenn der Steuerpflichtige in einem Staat ansässig ist und in einem anderen Staat die Einkünfte erzielt. Überdies kann allein das Welteinkommensprinzip zu einer Doppelbesteuerung führen, wenn ein Steuerpflichtiger zwei Wohnsitze (oder in einem Staat seinen Wohnsitz und im anderen Staat seinen gewöhnlichen Aufenthalt) hat (sog. *Doppelansässigkeit*). 1444

Ob das Welteinkommensprinzip oder das Quellenprinzip die sinnvollere Besteuerungsregel ist, ist umstritten[2]. Einerseits korrespondiert eine Besteuerung im Wohnsitzstaat nach dem Welteinkommen mit einer Besteuerung nach der *Leistungsfähigkeit* (Rn 35), die im Grundsatz auf das Gesamteinkommen einer Person angelegt ist. Das schließt aber nicht das Besteuerungsrecht des Quellenstaats aus und beantwortet damit auch nicht die Vorfrage, wie eine Konkurrenz der Steuerhoheiten zwischen Quellen- und Wohnsitzstaat aufzulösen ist. Legt man den Blick auf diese Vorfrage, spricht das eher für ein vorrangiges Besteuerungsrecht des Quellenstaates. Denn dort werden die öffentlichen Güter für die Erwirtschaftung der Leistungsfähigkeit in Anspruch genommen, so dass sich ein Steuerzugriff bereits dem Grunde nach aus dem *Äquivalenzprinzip* (Rn 32) rechtfertigt. 1445

Die Staaten wollen jedoch aus Gründen der Sicherung ihres Steueranspruchs nicht auf eine Besteuerung des gesamten Welteinkommens verzichten. Andererseits verfälscht die Doppelbesteuerung grenzüberschreitender wirtschaftlicher Tätigkeit den Wettbewerb und schwächt vor allem die heimische Wirtschaft. Es gibt deshalb nationale und internationale Regeln, mit denen versucht wird, die Doppelbesteuerung – die man zunächst durch einen zu weit gefassten Besteuerungsanspruch herbeigeführt hat – wieder zu beseitigen. In einem zweiten Schritt wird also der Besteuerungsanspruch wieder zurückgenommen. 1446

B. Maßnahmen zur Vermeidung der Doppelbesteuerung

Doppelbesteuerung entsteht wegen sich überschneidender Steueransprüche verschiedener Staaten. Sie wird entweder durch **einseitige nationale Regeln** oder durch **zweiseitige völkerrechtliche Verträge** (ganz oder teilweise) vermieden[3]. Dh, dass das Internationale Steuerrecht aus *drei Normgruppen* besteht[4]: 1447

1. Normgruppe: Es werden Besteuerungsansprüche aufgestellt, die auf Besteuerungssachverhalte zugreifen, welche außerhalb des nationalen Territoriums verwirklicht werden, oder welche auf Steuerausländer Anwendung finden, die im Inland Ein- 1448

2 Zur Diskussion *Schön*, StuW 2012, 213 (214 f); *Vogel*, DStZ 1997, 269 (273).
3 Zur Fallbearbeitung (mit Übersicht) *Birk/Desens/Tappe*, Klausurenkurs, Fall 10.
4 Zu den Regelungsebenen (einschließlich EU-Recht) *Lehner*, IStR 2019, 277.

künfte erzielen. **2. Normgruppe:** Durch nationales Steuerrecht wird für bestimmte Fallgruppen (einseitig) die dadurch verursachte Doppelbesteuerung entweder wieder rückgängig gemacht oder zumindest reduziert. **3. Normgruppe:** Durch internationale Verträge (Doppelbesteuerungsabkommen) wird versucht, die sich gegenseitig überschneidenden nationalen Besteuerungsansprüche aufeinander abzustimmen und dadurch Doppelbesteuerungen zu vermeiden.

1449 **Fall 57:** **(1)** A wohnt in Deutschland und hat dort Einkünfte aus Gewerbebetrieb. In Frankreich besitzt er ein Mietshaus und bezieht daraus Einkünfte aus Vermietung und Verpachtung. Nach § 1 Abs. 1 EStG ist er in Deutschland unbeschränkt einkommensteuerpflichtig, dh es werden alle Einkünfte erfasst, die A weltweit erzielt, somit auch die Mieteinkünfte in Frankreich.

(2) Der in Frankreich wohnende Regisseur R dreht einen Film in Deutschland, wobei er sich in Deutschland für zwei Monate aufhält. Das Honorar erhält er von der deutschen Filmgesellschaft. Da R nicht in Deutschland ansässig ist, ist er hier nur beschränkt steuerpflichtig (§ 1 Abs. 4 EStG). Steuerrechtlich erfasst werden nur seine in Deutschland erzielten Einkünfte (§ 49 Abs. 1 Nr 3 EStG).

In beiden Fällen kommt es zur Doppelbesteuerung: Im Fall **(1)** besteuert Frankreich die Mieteinkünfte nach dem Quellenprinzip (Deutschland nach dem Wohnsitzprinzip), im Fall **(2)** besteuert Frankreich das Honorar nach dem Wohnsitzprinzip (Deutschland nach dem Quellenprinzip). **Rn 1451**

1450 Wie wird in den genannten Beispielen (**Fall 57**, Rn 1449) die Doppelbesteuerung vermieden? Grundsätzlich gibt es zwei Methoden, die Doppelbesteuerung zu vermeiden, nämlich die *Anrechnungsmethode* und die *Freistellungsmethode*. Bei der **Anrechnungsmethode** kann unter bestimmten Voraussetzungen die im Ausland gezahlte Steuer auf die inländische Steuer angerechnet werden. Der Wohnsitzstaat sichert die Herstellung seines Besteuerungsniveaus, gleichgültig ob der inländische Steuerpflichtige im Inland oder Ausland wirtschaftlich tätig wird bzw investiert. Man spricht daher auch von *Kapitalexportneutralität*. Dagegen werden bei der **Freistellungsmethode** die im Ausland (von der ausländischen Steuer) erfassten Steuergüter von der inländischen Steuer freigestellt, dh sie gehen nicht in die „inländische" Bemessungsgrundlage ein[5]. Maßgeblich ist das Besteuerungsniveau im Quellenstaat. Das entspricht der Forderung einer *Kapitalimportneutralität*, weil im Quellenstaat investiertes Kapital unabhängig davon, ob es aus dem Quellenstaat selbst oder aus dem Ausland stammt, steuerlich gleichbehandelt wird[6].

1451 Bestünde im **Fall 57** (Rn 1449) kein Doppelbesteuerungsabkommen, so wäre es Sache des Wohnsitzstaates (im Fall **57/1** also Deutschland, im Fall **57/2** Frankreich), einseitig Maßnahmen zur Vermeidung der Doppelbesteuerung zu ergreifen (Rn 1453 ff). Besteht ein Doppelbesteuerungsabkommen, so teilt dies die nach nationalem Recht bestehenden Steueransprüche auf die Vertragsstaaten auf. Die Abkommensnormen beschränken also das nationale Steuerrecht inhaltlich, entweder indem sie die nach innerstaatlichem Recht begründete Steuerpflicht wieder zurücknehmen oder indem sich die Vertragsstaaten wechselseitig ver-

5 Dazu *Rombach*, FR 2019, 167.

6 Zu den ökonomischen Prinzipien im Internationalen Steuerrecht *Schön*, StuW 2012, 213 (215 f) mwN.

pflichten, für bestimmte Fälle die Steuern des anderen Staates auf die eigenen Steuern anzurechnen[7] (Rn 1461).

Die Doppelbesteuerung kann auf der Ebene des *nationalen Steuerrechts* (2. Normgruppe) oder auf der Ebene des *Völkervertragsrechts* (Doppelbesteuerungsabkommen, 3. Normgruppe) vermieden bzw reduziert werden. Das nationale Recht kann die im Ausland bezahlte Steuer bei der Bestimmung der inländischen Steuerlast berücksichtigen (idR durch Anrechnung, Rn 1454), das Völkervertragsrecht (DBA) kann noch weiter gehen und trotz Erfassung der ausländischen Einkünfte iRd inländischen Steuerpflicht diese iErg von der inländischen Steuer freistellen (Rn 1465). 1452

I. Unilaterale Maßnahmen (Steueranrechnung, Abzug bei der Ermittlung der Einkünfte)

Fall 58: Unternehmer U (unverheiratet) unterhält in einem ausländischen Staat, mit dem kein DBA besteht, eine Betriebstätte. Der Gewinn der Betriebstätte beträgt 18 000 €. Sein zu versteuerndes Einkommen (einschließlich der ausländischen Einkünfte) beträgt 100 000 €, was im Jahr 2019 zu einer tariflichen Einkommensteuer iHv 33 219 € (ohne SolZ) und einer Durchschnittsbelastung von 33,22 % führt. Der ausländische Staat besteuert den Gewinn mit ausländischer Einkommensteuer iHv 6600 €. Wie hoch ist die steuerliche Gesamtbelastung des U? **Rn 1457** 1453

Fall 59: Unternehmer U (unverheiratet) unterhält in den ausländischen Staaten A und B, mit denen kein DBA besteht, Betriebstätten. Der Gewinn beträgt in der Betriebstätte (Staat A) 18 000 € und in der Betriebstätte (Staat B) 9000 €. Sein zu versteuerndes Einkommen (einschließlich der ausländischen Einkünfte) beträgt 100 000 €, was im Jahr 2019 zu einer tariflichen Einkommensteuer iHv 33 219 € (ohne SolZ) und einer Durchschnittsbelastung von 33,22 % führt. Staat A besteuert den Gewinn der Betriebstätte mit ausländischer Einkommensteuer iHv 6600 €. Staat B besteuert den Gewinn mit ausländischer Einkommensteuer iHv 1800 €. Wie hoch ist die steuerliche Gesamtbelastung des U? **Rn 1458**

Nach dem Welteinkommensprinzip (Rn 1442) unterliegen alle in Deutschland ansässigen Personen mit sämtlichen Einkünften der deutschen Einkommensteuer, selbst wenn die Einkunftsquelle im Ausland liegt. Da das Ausland aufgrund des Quellenprinzips (Rn 1442) die dortigen Einkünfte ebenfalls besteuert, ist es Aufgabe des Ansässigkeitsstaats, die entstandene Doppelbesteuerung wieder zu beseitigen. Dies geschieht durch die **Anrechnung** der im Ausland bezahlten Steuer auf die im Inland zu entrichtende Steuer (§ 34c EStG). § 34c Abs. 1 Satz 1 EStG setzt voraus, dass (1) ein unbeschränkt Steuerpflichtiger (2) ausländische Einkünfte[8] (iSd § 34d EStG) bezieht und (3) mit ihnen zu einer der deutschen Einkommensteuer entsprechenden Steuer herangezogen wird. Die ausländische Steuer muss (4) festgesetzt und tatsächlich bezahlt worden sein und darf keinem Ermäßigungsanspruch mehr unterliegen. § 34c Abs. 1 Satz 2 EStG **begrenzt die Anrechnung** auf den Betrag, den die deutsche Steu- 1454

7 *Vogel*, in: Vogel/Lehner, DBA, 6. Aufl 2015, Einl 43.
8 Zur Ermittlung BFH, I R 61/14, BStBl II 2017, 48; I R 37/16, BStBl II 2019, 73.

erbelastung auf die konkreten ausländischen Einkünfte ergeben hätte (**Anrechnungshöchstbetrag**). Dieser errechnet sich nach folgender Formel: Durchschnittssteuersatz (= tarifliche Einkommensteuer/zu versteuerndes Einkommen) × ausländische Einkünfte. Kann ein Teil der ausländischen Steuern aufgrund des Anrechnungshöchstbetrages nicht angerechnet werden, bleibt es für den Steuerpflichtigen iErg bei dem Steuerniveau des höher besteuernden, ausländischen Staates.

1455 Die seit 2015 geltende Berechnungsformel verstößt nach wie vor[9] gegen die EU-Grundfreiheiten, weil bei der Ermittlung der inländischen Steuerbelastung auf die ausländischen Einkünfte der Grundfreibetrag (§ 32a Abs. 1 Satz 2 Nr 1 EStG, Rn 631) nicht hinreichend berücksichtigt wird, also nicht – wie bei den übrigen persönlichen Abzügen von der Bemessungsgrundlage (Sonderausgaben, agB etc) – anteilig auf inländische und ausländische Einkünfte aufgeteilt wird.[10]

1456 Die Höchstbetragsberechnung ist zudem nach § 34c Abs. 7 Nr 1 EStG iVm § 68a Satz 2 EStDV für jeden einzelnen Staat getrennt durchzuführen (**per country limitation**).

1457 Im **Fall 58** (Rn 1453) besteuert Deutschland das zu versteuernde Einkommen (100 000 €) mit 33 219 € (vor Anrechnung). U kann die ausländische Steuer (6600 €) auf die inländische Steuer anrechnen, soweit nicht der Anrechnungshöchstbetrag (§ 34c Abs. 1 Satz 2 EStG) überschritten wird. Der Anrechnungshöchstbetrag (Durchschnittssteuersatz x ausländische Einkünfte) beträgt vorliegend 5980 € (33,22 % von 18 000 €, gerundet). Da der Anrechnungshöchstbetrag (5980 €) die ausländische Steuer (6600 €) nicht übersteigt, ist die Anrechnung auf den Höchstbetrag (5980 €) begrenzt, so dass ein sog. Anrechnungsüberhang iHv 620 € entsteht. Die steuerliche Gesamtbelastung des U beträgt demnach 33 839 € (27 239 € inländische Steuer nach Anrechnung und 6600 € ausländische Steuer). Das Entstehen von Anrechnungsüberhängen zeigt auch, dass sich bei der Anrechnungsmethode nach § 34c Abs. 1 EStG die Gesamtbelastung immer aus dem Besteuerungsniveau des höher besteuernden Staates ergibt. Entsteht kein Anrechnungsüberhang, ist das Besteuerungsniveau Deutschlands maßgeblich. Die Entstehung des Anrechnungsüberhangs im Fall 58 ist jedoch unionsrechtswidrig, weil nach der Berechnungsformel der Grundfreibetrag (§ 32a Abs. 1 Satz 2 Nr 1 EStG) zu einseitig bei den ausländischen Einkünften berücksichtigt wird. Legt man eine unionsrechtskonforme Berechnungsformel zugrunde (tarifliche Einkommensteuer x ausländische Einkünfte/[zu versteuerndes Einkommen *./. Grundfreibetrag*])[11], hätte der Anrechnungshöchstbetrag 6583 € betragen (33 219 € x 18 000 €/[100 000 € ./. 9168 €]), so dass es nur zu einem Anrechnungsüberhang (ausländische Steuer 6600 €) von 17 € gekommen wäre. Die Gesamtsteuerbelastung hätte dann 32 236 € betragen – nur 17 € mehr als im reinen Inlandsfall.

1458 Im **Fall 59** (Rn 1453) besteuert Deutschland das zu versteuernde Einkommen (100 000 €) ebenfalls mit 33 219 € (vor Anrechnung). Die ausländische Steuer kann aber bis zur Höhe des Anrechnungshöchstbetrags (§ 34c Abs. 1 Satz 2 EStG) angerechnet werden. Der Anrechnungshöchstbetrag ist für die Steuern aus den Staaten A und B getrennt zu ermitteln

9 EuGH, C-168/11, IStR 2013, 275 *(Beker)*: Verstoß gegen Art. 63 AEUV, weil nach alter Formel (tarifliche ESt x ausländische EK/Summe der EK) die persönlichen Verhältnisse (Sonderausgaben, agB sowie personen- und familienbezogene Umstände) nicht hinreichend berücksichtigt wurden; BFH, I R 71/10, BStBl II 2015, 361; *Ismer*, IStR 2013, 297.

10 *Ismer*, IStR 2014, 925 (926); *Desens*, IStR 2015, 77; aA *Süflow-Schworck*, IStR 2015, 802.

11 Dazu ausf *Desens*, IStR 2015, 77 (80) mwN.

(per country limitation – § 34c Abs. 7 Nr 1 EStG iVm § 68a Satz 2 EStDV). Der Anrechnungshöchstbetrag für die Einkünfte aus der Betriebstätte im Staat A beträgt 5800 €, so dass bei einer ausländischen Steuer im Staat A (6600 €) ein Anrechnungsüberhang iHv 800 € entsteht (wie Fall 58). Der Anrechnungshöchstbetrag für Einkünfte aus dem Staat B beträgt 2990 € (33,22 % von 9000 €). Da die ausländische Steuer im Staat B nur 1800 € betragen hat, ist diese voll anzurechnen. Daraus ergibt sich eine Gesamtsteuerbelastung des U iHv 34 019 € (25 619 € inländische Steuer nach Anrechnung sowie 6600 € Steuern im Staat A und 1800 € Steuern im Staat B).

Ohne per country limitation (§ 34c Abs. 7 Nr 1 EStG iVm § 68a Satz 2 EStDV) hätte der Anrechnungshöchstbetrag 8969 € (33,22 % von 27 000 € [18 000 € + 9000 €]) betragen, so dass die gesamte ausländische Steuer iHv 8400 € (6600 € + 1800 €) hätte angerechnet werden können. Die Gesamtbelastung des U hätte dann 32 219 € betragen – wie im reinen Inlandsfall.

Statt der Anrechnung kann nach § 34c Abs. 2 EStG der **Abzug der ausländischen Steuer bei der Ermittlung der Einkünfte** gewählt werden. Diese Alternative empfiehlt sich insb dann, wenn durch die Anrechnung die Doppelbesteuerung nicht vermieden werden kann, etwa weil im Inland Verluste erzielt wurden. Hat im obigen **Fall 58** (Rn 1453) der Unternehmer U im Inland 18 000 € Verlust erzielt, so betragen die inländischen und ausländischen Einkünfte insgesamt 0 €. Es fällt keine deutsche Einkommensteuer an, so dass auch die Anrechnung ins Leere laufen würde. Wählt A den Abzug nach § 34c Abs. 2 EStG, so führt dies dazu, dass die ausländische Steuer wie eine Betriebsausgabe bei der Ermittlung der Summe der Einkünfte abzuziehen ist und folglich in Deutschland ein weiterer Verlust iHv 6600 € eintritt, der über § 10d EStG zurück- oder vorgetragen werden kann (Rn 612). Ein Abzug ist auch dann vorteilhaft, wenn die ausländische Steuer die auf die ausländischen Einkünfte entfallende deutsche Einkommensteuer deutlich übersteigt[12]. 1459

Aus den Worten „statt der Anrechnung (Abs. 1)" in § 34c Abs. 2 EStG ist zu schließen, dass die Steueranrechnung nach dieser Vorschrift nur möglich ist, wenn die Tatbestandsvoraussetzungen des § 34c Abs. 1 EStG vorliegen. Eine weitere Abzugsmöglichkeit für ausländische Steuern eröffnet § 34c Abs. 3 EStG. Danach können solche Steuerbeträge abgezogen werden, bei denen bestimmte Voraussetzungen des § 34c Abs. 1 EStG nicht vorliegen[13]. Insb ist es für den Abzug nach § 34c Abs. 3 EStG nicht erforderlich, dass die Steuern in dem Staat gezahlt wurden, aus dem die Einkünfte stammen. Es können also auch Steuern aus Drittstaaten abgezogen werden (zB Steuern auf Liefergewinne einer ausländischen Betriebstätte in einem Drittstaat). 1460

II. Bilaterale Maßnahmen (DBA)

Zur *3. Normgruppe* (Rn 1448) des Internationalen Steuerrechts zählen die **Doppelbesteuerungsabkommen** (DBA). Das sind (idR) zweiseitige völkerrechtliche Verträge zur Vermeidung der Doppelbesteuerung[14]. In den DBA verpflichten sich die Vertragsstaaten wechselseitig, diejenigen Steuern nicht oder nur in begrenzter Höhe zu 1461

12 *Kuhn*, in: HHR, § 34c EStG Anm. 110.
13 BFH, I R 73/14, BStBl II 2016, 887 (aber Identität der Steuersubjekte erforderlich).
14 Zur Umsetzung *Hölscheidt*, IStR 2017, 918.

erheben, die das Abkommen dem jeweils anderen Vertragsstaat zur ausschließlichen oder primären Nutzung zuweist. Die Vertragsstaaten verzichten uU also auf die Geltendmachung von Steueransprüchen, die ihnen nach ihrer nationalen Rechtsordnung zustehen. So ist bei Einkünften aus nichtselbstständiger Arbeit idR vorgesehen, dass der Beschäftigungsstaat besteuerungsberechtigt ist (vgl Art. 15 OECD-MA). Die Bundesrepublik hat mit 96 Staaten, dh mit allen wichtigen Industrienationen und Entwicklungsländern, DBA auf dem Gebiet der Steuern vom Einkommen und Vermögen abgeschlossen[15]. DBA gehen als Spezialnormen grundsätzlich den anderen Steuergesetzen vor (§ 2 AO). Der Gesetzgeber ist aber weder verfassungsrechtlich noch völkerrechtlich gehindert, diese Normen innerstaatlich wieder außer Kraft zu setzen (sog. Treaty Override)[16].

1462 DBA werden regelmäßig nach einem *Muster* abgeschlossen, das die OECD entwickelt hat und ihren Mitgliedern zum Abschluss empfiehlt. Die jüngste Fassung stammt aus dem Jahre 2017. Dem Musterabkommen ist ein offizieller Kommentar beigefügt, der die einzelnen Bestimmungen erläutert und von den im OECD-Steuerausschuss vertretenen Regierungssachverständigen der Mitgliedstaaten verfasst wurde. Das OECD-MA hat alle von Deutschland seit 1963 abgeschlossenen DBA maßgeblich beeinflusst. Musterabkommen und Musterkommentar werden deshalb als Auslegungshilfsmittel herangezogen[17].

1463 Im Rahmen des OECD-BEPS-Projekts (Aktionsplan 15) ist zudem ein mehrseitiges Übereinkommen *(multilaterales Instrument [MLI])* erarbeitet worden, das am 7.6.2017 von 67 Staaten unterzeichnet wurde und als Rahmenvertrag die einzelnen DBAs ergänzen soll[18].

1464 Das OECD-MA besteht aus sieben Kapiteln. Das I. Kapitel regelt den Geltungsbereich des Abkommens, benennt also die Personen und die Steuern, die unter das Abkommen fallen. Das II. Kapitel enthält Begriffsbestimmungen. Kapitel III und IV enthalten die sog. *Verteilungsnormen*, regeln also die Aufteilung der nach nationalem Recht bestehenden Besteuerungsrechte der Mitgliedstaaten, und zwar hinsichtlich der Einkommensteuer und der Vermögensteuer. Kapitel V regelt die Methoden zur Vermeidung der Doppelbesteuerung. Kapitel VI enthält ua Vorgaben für Verständigungsverfahren (Art. 25 OECD-MA)[19] und vor allem Gleichbehandlungsgebote (Art. 24 OECD-MA)[20]. Letztere untersagen zwar in den aufgeführten Fällen (etwa hinsichtlich der Ansässigkeit von Muttergesellschaften in Abs. 5) nur offene Diskriminierungen. Liegt eine solche aber vor, ist keine Rechtfertigung möglich. Außerdem sind Verbote von Fachgerichten unmittelbar anzuwenden, wovon der BFH seit jüngster Zeit auch Gebrauch macht[21]. Kapitel VII enthält Schlussbestimmungen.

---

15 Übersicht in BMF v. 17.1.2019, BStBl I 2019, 31. Die Übersicht erscheint jährlich im Januar neu.

16 BVerfG, 2 BvL 1/12, BVerfGE 141, 1; dazu *Lehner*, IStR 2016, 217; *Musil*, FR 2016, 297; *Mitschke*, DStR 2016, 377 jeweils mwN.

17 Zur Auslegung von DBA BFH, I R 44/16, BFHE 262, 354; *Gosch*, ISR 2013, 87; *Lang*, ISR 2015, 41.

18 Abrufbar: https://www.oecd.org/tax/treaties/beps-multilateral-instrument-text-translation-german.pdf; dazu *Schön*, IStR 2017, 681; *Grotherr*, FR 2017, 767; *Gradl/Kiesewetter*, IStR 2018, 1.

19 Dazu *Flüchter*, IStR 2012, 694; *Rasch*, ISR 2017, 43 (zum EU-Richtlinien-Vorschlag).

20 Dazu *Rust*, IStR 2013, 71.

21 BFH, I R 54, 55/10, BStBl II 2012, 106; I R 30/12, BStBl II 2014, 721.

Bei einem Abschluss eines DBA können die Staaten wählen, ob sie die Anrechnungs- oder Freistellungsmethode vereinbaren. Die USA zB folgen regelmäßig der Anrechnungsmethode und rechnen bei ihren Ansässigen Steuern, die sie im Ausland bezahlt haben, auf die – aus Sicht der USA – inländische Steuer an. Dagegen stellt Deutschland idR ausländische Einkünfte, für die der andere Staat das Besteuerungsrecht hat, von der deutschen Besteuerungsgrundlage frei und folgt damit der **Freistellungsmethode** (vgl Art. 23 A OECD-MA)[22]. Im Unterschied zur nach nationalem Recht geltenden Anrechnungsmethode (Rn 1450) verhindert damit das DBA bereits die Entstehung der Doppelbesteuerung, da es über die Vereinbarung der Freistellung bestimmter Steuergüter den (nach nationalem Recht bestehenden) Steueranspruch eines Staates von vornherein ausschließt. Umstritten ist jedoch, ob DBAs auch den Zweck haben, eine *doppelte Nichtbesteuerung* zu verhindern[23]. Solche können entstehen, wenn ein Staat bewusst auf sein Besteuerungsrecht verzichtet (sog. „virtuelle Doppelbesteuerung") oder ein Sachverhalt in den beiden Vertragsstaaten in der Weise unterschiedlich beurteilt wird, dass beide zu dem Ergebnis kommen, ihnen steht das Besteuerungsrecht nicht zu (sog. „negativer Qualifikationskonflikt"). Die gegenwärtige Steuerpolitik zielt eindeutig darauf ab, doppelte Nichtbesteuerungen unabhängig von ihrer Ursache und damit auch ungeachtet der Steuersouveränität anderer Staaten zu vermeiden[24]. Das geschieht ua durch Korrespondenz-, Switch-Over-, Subject-to-Tax- oder Remittance-base-Klauseln und Aktivitätsvorbehalte, die unilateral im nationalen Recht verankert (vgl vor allem § 50d Abs. 3[25], Abs. 8 und 9[26] EStG; ggf als Treaty Override [Rn 1461]) oder bilateral gerade in jüngeren DBA vereinbart werden[27]. **1465**

Besteht ein DBA, geht dies unilateralen Maßnahmen zur Vermeidung einer Doppelbesteuerung vor (§ 34c Abs. 6 Satz 1 EStG). Soweit ein DBA die Anrechnungsmethode wählt, sind die Regelungen in § 34c Abs. 1 Satz 2–5, Abs. 2 und 3 EStG (Rn 1454) nach Maßgabe der § 34c Abs. 6 Satz 2–6 EStG entsprechend anzuwenden. **1466**

Bei Anwendung der Freistellungsmethode werden die ausländischen Einkünfte zwar von der inländischen Steuer befreit, sie werden jedoch im Rahmen eines **Progressionsvorbehalts** (Rn 645 ff mit Rechenbeispiel) bei der Anwendung des Steuertarifs auf die inländischen Einkünfte wieder mitgerechnet (§ 32b Abs. 1 Satz 1 Nr 3, Satz 2 EStG). **1467**

22 S. die Verhandlungsgrundlage des BMF v. 17.4.2013, IStR 2013, Beihefter zu Heft 10, 46; dazu *Lüdicke*, IStR 2013, Beihefter zu Heft 10, 26; *Brunsbach/Endres/Lüdicke/Schnitger*, Deutsche Abkommenspolitik, ifst-Schrift 492, 2013.

23 Ablehnend *Lüdicke*, FR 2011, 1077; aA (wohl) *Hruschka/Schicketanz*, ISR 2015, 164.

24 Krit *Lehner*, FR 2011, 1087; *Schönfeld/Häck*, ISR 2013, 168.

25 Dazu EuGH, C-504/14 ua, DStR 2018, 119 *(Deister Holding)* – Verstoß gegen Mutter-Tochter-Richtlinie, (Rn 230); *Schnitger*, IStR 2018, 169; zur Übertragbarkeit auf § 50d Abs. 3 EStG nF BMF v. 4.4.2018, BStBl I 2018, 39.

26 Dazu BFH, I R 52/16, BStBl II 2019, 105.

27 Dazu BMF v. 20.6.2013, BStBl I 2013, 980; *Schönfeld*, IStR 2013, 757; *Stark/Jasper*, IStR 2013, 169; *Kollruss*, BB 2013, 157; *Kopec/Kudert*, IStR 2013, 498.

C. Formen grenzüberschreitender wirtschaftlicher Tätigkeit

1468 Grenzüberschreitende wirtschaftliche Tätigkeit kann in unterschiedlichen Formen erfolgen. **Vier Grundformen** lassen sich unterscheiden:

I. Direktgeschäft

1469 Die einfachste Form grenzüberschreitender wirtschaftlicher Tätigkeit ist das Direktgeschäft, also der gewerbliche Leistungsaustausch über die Grenze ohne festen Stützpunkt im Abnehmerland. Zu den Direktgeschäften zählen insb Warenlieferungen vom Ausland ins Inland oder gewerbliche Dienstleistungen an einen inländischen Abnehmer. Der ausländische Unternehmer bedient sich also bei seinem grenzüberschreitenden Leistungsaustausch weder einer Betriebstätte noch einer Tochtergesellschaft im Inland, sondern wickelt seine Geschäfte ohne inländischen Stützpunkt ab.

Beispiel: (1) A hat einen Laden in der Londoner Innenstadt und betreibt einen gut florierenden Handel mit englischem Tee. Von dort aus beliefert er in großem Umfang deutsche Stammkunden, ohne allerdings in Deutschland eine Niederlassung zu haben. (2) B ist ein im Ausland ansässiger Spitzensportler und tritt einige Male in Deutschland auf, wofür er hohe Honorare kassiert. Sind A und B in Deutschland steuerpflichtig?

1470 Nicht jede gewerbliche Betätigung von Steuerausländern im Inland führt zur beschränkten Steuerpflicht (Rn 690 ff). Vielmehr ist ein besonderer Inlandsbezug erforderlich, der jedenfalls immer dann hergestellt ist, wenn im Inland eine **Betriebstätte** unterhalten oder ein **ständiger Vertreter** bestellt ist (§ 49 Abs. 1 Nr 2 lit. a EStG). Beide Begriffe sind in § 12, § 13 AO definiert (Rn 1472). § 49 Abs. 1 Nr 2 lit. b–g EStG regelt darüber hinaus **Sonderfälle**, in denen bei Einkünften aus Gewerbebetrieb auch ohne Betriebstätte inländische Einkünfte angenommen werden können. So unterfallen nach § 49 Abs. 1 Nr 2 lit. d EStG Einkünfte, die durch im Inland ausgeübte künstlerische, sportliche, artistische, unterhaltende oder ähnliche Darbietungen erzielt werden, der beschränkten Steuerpflicht. § 49 Abs. 1 Nr 2 lit. e EStG erfasst die Veräußerung von Kapitalgesellschaften, soweit ein Inlandsbezug besteht (Geschäftsleitung oder Sitz im Inland [aa], inländische stille Reserven nach Umwandlungen [bb] oder inländisches Immobilienvermögen[28] [cc]). Unter § 49 Abs. 1 Nr 2 lit. f oder Nr 6 EStG (mit Pflicht zum Quellensteuerabzug beim inländischen Vertragspartner, § 50a Abs. 1 Nr 3 EStG) fallen ua Entgelte für Überlassung von Software und Datenbanken[29], nicht aber Entgelte für Onlinewerbung (Banner, Suchmaschinenwerbung)[30].

1471 Im og **Beispiel (1)** fallen die von A in Deutschland erzielten Einkünfte nicht unter die beschränkte Steuerpflicht (§ 49 Abs. 1 EStG), sie sind somit in Deutschland nicht steuerpflichtig. Im **Beispiel (2)** unterliegt B mit seinen Einkünften gem. § 1 Abs. 4 iVm § 49 Abs. 1 Nr 2 lit. d

28 Dazu *Binnewies*, AG 2019, 248.

29 Dazu BMF v. 27.10.2017, BStBl I 2017, 1448.

30 BMF und oberste Finanzbehörden der Länder, BT-Drs 19/9208, 2; *Haase*, DStR 2019, 761; *Nürnberg*, Ubg. 2019, 219; *Reichl/Wiedmann*, FR 2019, 201: Dienstleistung; aA *Hruschka*, DStR 2019, 88: Überlassung der Nutzung von Verfahren (Algorithmen); zu Österreich *Mayr*, BB 2019, 1245.

EStG der beschränkten Steuerpflicht, die in Form der Quellenbesteuerung (§ 50a Abs. 1 Nr 1 EStG) erhoben wird. Besteht zwischen dem ausländischen Staat und Deutschland ein DBA, so ist nach Klärung der beschränkten Steuerpflicht in Deutschland noch festzustellen, wie das einschlägige DBA die Ausübung ihrer nach nationalem Recht bestehenden Besteuerungshoheit „aufteilt". Nach Art. 17 Abs. 1 OECD-MA können Einkünfte, die eine in einem Vertragsstaat (hier: im Ausland) ansässige Person als Sportler im anderen Vertragsstaat (hier: Deutschland) erzielt, in Deutschland besteuert werden. Da Art. 17 OECD-MA keine ausschließliche Aufteilung vornimmt, hat der Wohnsitzstaat eine Maßnahme zu ergreifen, um die Doppelbesteuerung zu verhindern. Art. 23 OECD-MA sieht hierfür sowohl die Freistellungs- als auch die Anrechnungsmethode (Rn 1465) vor.

II. Betriebstätte/ständiger Vertreter

Nimmt die gewerbliche Tätigkeit einen bestimmten Umfang an, wird der Unternehmer im Exportland regelmäßig eine Betriebstätte gründen bzw einen ständigen Vertreter bestellen. Unter einer Betriebstätte ist gem. § 12 AO jede **feste Geschäftseinrichtung oder Anlage** zu verstehen, die der Tätigkeit des Unternehmens dient und über die der Unternehmer eine eigene (nicht nur vorübergehende) *Verfügungsmacht* hat[31], wie zB eine Werkstatt, eine Zweigniederlassung oder ein Warenlager (zum Begriff des ständigen Vertreters s. § 13 AO). Besteht mit einem Land ein DBA, so legt das DBA den Begriff der Betriebstätte eigenständig fest und geht der Definition des § 12 AO als lex specialis vor. Nach Art. 5 Abs. 1 OECD-MA bedeutet „Betriebstätte" eine feste Geschäftseinrichtung, durch die die Tätigkeit eines Unternehmens ganz oder teilweise ausgeübt wird. Abs. 2–7 enthalten nähere Spezifizierungen[32]. Die schwierige Gewinnabgrenzung und -zuordnung zwischen einem Unternehmen und seiner Betriebstätte bzw. zwischen mehreren Betriebstätten regeln § 1 Abs. 5 AStG und die Betriebsstättengewinnaufteilungsverordnung (BsGAV) iVm § 1 Abs. 6 AStG und richtet sich grundsätzlich nach dem *Fremdvergleichsgrundsatz* (Rn 1488). 1472

Beispiel: Der ausländische Unternehmer A mietet in Deutschland ein Lagerhaus, um seine Waren ausliefern zu können. Die sonstige geschäftliche Betätigung wird vollständig vom Ausland aus abgewickelt.

Das Warenlager ist nach § 12 Satz 2 Nr 5 AO eine Betriebstätte. Gem. § 1 Abs. 4 iVm § 49 Abs. 1 Nr 2 lit. a EStG ist A in Deutschland beschränkt steuerpflichtig. Die Einkünfte aus der inländischen Betriebstätte sind gesondert zu ermitteln. Dabei dürfen Betriebsausgaben nur insoweit abgezogen werden, als sie mit den inländischen Einkünften in wirtschaftlichem Zusammenhang stehen (§ 50 Abs. 1 Satz 1 EStG).

Besteht zwischen dem ausländischen Staat und Deutschland ein DBA, so bestimmt Art. 7 Abs. 1 OECD-MA, dass Unternehmensgewinne nur im Sitzstaat des Unternehmens besteuert werden, es sei denn, es besteht eine Betriebstätte in einem anderen Vertragsstaat. In diesem Fall können die Betriebstättengewinne im Betriebstättenstaat besteuert werden[33]. Was unter Betriebstätte zu verstehen ist, bestimmt Art. 5 OECD-MA teilweise abweichend von § 12 AO. Während § 12 Satz 2 Nr 5 AO auch Warenlager zu den Betriebstätten zählt, sind nach Art. 5

31 BFH, I R 30/70, BStBl II 2008, 922 mwN.

32 Dazu *Ditz/Quilitzsch*, FR 2012, 493; *Heggmair/Riedl/Wutschke*, IStR 2015, 92; *Kahle/Baschnagel/Kindich*, FR 2016, 193 (zu Server-Betriebsstätten).

33 BFH, I R 75/14, BFH/NV 2015, 1687 (auch nachträgliche Betriebsstätten-Einkünfte).

Abs. 4 lit. a OECD-MA Einrichtungen, die ausschließlich zur Lagerung von Waren dienen, keine Betriebstätten. Da somit nach Abkommensrecht A keine Betriebstätte in Deutschland hat, kann Deutschland seine nach rein innerstaatlichem Recht bestehende Besteuerungsbefugnis nicht ausüben (Art. 7 Abs. 1 OECD-MA).

III. Kapitalgesellschaft

1473 Kapitalgesellschaften sind rechtsfähige juristische Personen und als solche Subjekt der Körperschaftsteuer (Rn 1220). Der Gewinn unterliegt nur dann der Einkommensteuer, wenn er an Anteilseigner als natürliche Personen ausgeschüttet wird (Rn 1305). Für Gewinne ausländischer Kapitalgesellschaften, an denen Steuerinländer beteiligt sind, ergibt sich somit grundsätzlich eine **Abschirmwirkung** gegenüber dem deutschen Steuerzugriff (Ausnahme: Hinzurechnungsbesteuerung, Rn 1493 ff und reine funktions- und ausstattungslose *Briefkastengesellschaften*, die nur zum Zwecke der Herbeiführung der Abschirmwirkung errichtet werden[34]).

1474 Erzielt eine **ausländische Kapitalgesellschaft Einkünfte in Deutschland**, so unterliegen diese nur dann der deutschen Besteuerung, wenn der Tatbestand des § 49 EStG (auf den § 8 Abs. 1 KStG verweist) verwirklicht ist. Dies ist etwa dann der Fall, wenn in Deutschland eine Betriebstätte unterhalten wird (§ 49 Abs. 1 Nr 2 lit. a EStG, Rn 1472). Bezieht eine ausländische Kapitalgesellschaft **Dividenden** aus einer Beteiligung an einer inländischen Kapitalgesellschaft (Tochtergesellschaft), so handelt es sich zwar um inländische Einkünfte (§ 8 Abs. 1 KStG iVm § 49 Abs. 1 Nr 5 lit. a EStG). Diese sind grundsätzlich nach § 8b Abs. 1, 5 KStG zu 95 % steuerfrei (sog. Schachtelbeteiligung), es sei denn die Beteiligung liegt unter 10 % (§ 8b Abs. 4 KStG, Rn 1244 ff). Da auf die Dividenden aber eine zwar (teilweise) erstattungsfähige, aber gleichwohl abgeltend wirkende Kapitalertragsteuer erhoben wird, ergeben sich andere Ergebnisse, wie die nachfolgenden Beispiele zeigen[35].

Beispiele: (1) A wohnt im Ausland und bezieht Dividenden von der deutschen Volkswagen-AG. (2) Die ausländische AG Y ist mit 9 % an einer inländischen Kapitalgesellschaft Z beteiligt und bezieht daraus Dividenden. (3) Die EU-ausländische AG E ist mit 11 % an einer inländischen Kapitalgesellschaft K beteiligt und bezieht daraus Dividenden. Sind die Dividenden in Deutschland steuerpflichtig?

A (**Beispiel 1**) ist mit seinen inländischen Einkünften beschränkt steuerpflichtig (§ 1 Abs. 4 EStG). Hierzu zählen gem. § 49 Abs. 1 Nr 5 lit. a iVm § 20 Abs. 1 Nr 1 EStG die Gewinnanteile (Dividenden) aus Beteiligungen an Kapitalgesellschaften. Bei Ausschüttungen inländischer Kapitalgesellschaften wird in Deutschland 25 % Kapitalertragsteuer einbehalten, die – ebenso wie grundsätzlich in Inlandsfällen (§ 43 Abs. 5 Satz 1 EStG, Rn 781) – Abgeltungswirkung hat (§ 50 Abs. 2 Satz 1 EStG).

Besteht zwischen dem ausländischen Staat und Deutschland ein DBA, so kommt es zu einer Einschränkung der deutschen Besteuerungskompetenz. Nach Art. 10 Abs. 2 Satz 1 OECD-MA können Dividenden zwar auch im Sitzstaat der Gesellschaft, also im Quellenstaat besteuert werden, doch ist dieses Besteuerungsrecht der Höhe nach beschränkt. Nach Art. 10 Abs. 2

34 Grundlegend BFH, VIII R 11/77, BStBl II 1981, 339; *Gosch*, in: FS Reiß, 2008, S. 597.

35 Instruktive Fallstudie auch bei *Kudert/Rothe*, SteuerStud 2017, 165.

Satz 1 HS 2 OECD-MA darf die Besteuerung höchstens 15 % der Bruttodividende betragen. Zu beachten ist aber, dass der Steuerabzug von der Quelle gem. § 50d Abs. 1 Satz 1 EStG dennoch grundsätzlich zunächst in voller Höhe erfolgt. A kann jedoch nach § 50d Abs. 1 Satz 2 ff EStG eine Erstattung der überzahlten Beträge beantragen. Nur wenn der Schuldner der Kapitalerträge eine Freistellung im Steuerabzugsverfahren nach § 50d Abs. 2 EStG besitzt, kann der Steuerabzug von vornherein auf Basis des DBA vorgenommen werden.

Im **Beispiel (2)** sind die Ausschüttungen der Z an Y aufgrund der Rückausnahme in § 8b Abs. 4 KStG *nicht* nach § 8b Abs. 1 KStG steuerfrei. Auch hier kommt es zur Einbehaltung von 25 % Kapitalertragsteuer, die grundsätzlich Abgeltungswirkung hat (§ 32 Abs. 1 KStG), aber zu zwei Fünftel nach Maßgabe von § 44a Abs. 9 EStG erstattungsfähig ist, so dass die Dividende (auch ohne DBA) letztlich mit 15 % belastet wird. Das entspricht der 15 %-KSt-Belastung, die sich in vergleichbaren Inlandsfällen (Streubesitzdividenden) aus der Anwendung von § 8b Abs. 4, § 31 KStG ergibt (Rn 1251, 1324), so dass die Besteuerung insoweit unionsrechtlich *nicht* mehr[36] zu beanstanden ist. Ein Verstoß gegen die Kapitalverkehrsfreiheit (Art. 63 AEUV) liegt aber auch nach geltender Rechtslage noch vor, weil inländische Anteilseigner im Rahmen der Veranlagung ihre gesamten Beteiligungsaufwendungen geltend machen können, was ausländischen Anteilseignern verwehrt bleibt[37].

Im **Beispiel (3)** sind die Ausschüttungen der K an E zwar nach § 8b Abs. 1, 5 KStG zu 95 % steuerfrei. Die gleichwohl auf die gesamte Bruttodividende erhobenen 25 % Kapitalertragsteuer hat aber auch hier grundsätzlich Abgeltungswirkung (§ 32 Abs. 1 KStG). Sie wird jedoch nach Maßgabe der § 43b iVm § 50d Abs. 1 EStG (Mutter-Tochter-Richtlinie) vollständig erstattet, weil es sich um Ausschüttungen einer deutschen Tochtergesellschaft (K) an ihre im EU-Ausland ansässige Muttergesellschaft (E) handelt (Mindestbeteiligung 10 %). Außerhalb des Anwendungsbereichs der Mutter-Tochter-Richtlinie (Drittstaaten) kommt es hingegen nach wie vor zu einer Definitivbelastung von regelmäßig 15 % (§ 32 Abs. 1 Nr 2 KStG, § 44a Abs. 9 EStG), soweit ein DBA keine Reduzierung auf 5 % vorsieht (Art. 10 Abs. 2 lit. a OECD-MA [Mindestbeteiligung 25 %]). Dadurch werden Dividendenempfänger, die in Drittstaaten ansässig sind, gegenüber inländischen Empfängern von Schachteldividenden nach wie vor benachteiligt. Das führt zu einem Verstoß gegen die Kapitalverkehrsfreiheit (Art. 63 AEUV), die grundsätzlich auch gegenüber Drittstaaten gilt und hier auch nicht durch die (allein für EU-interne Sachverhalte geltende) Niederlassungsfreiheit (Art. 49 AEUV) verdrängt wird[38]. Denn die gesetzliche Begünstigung der Inländer (§ 8b Abs. 1, 5 KStG) greift wegen § 8b Abs. 4 KStG (mindestens 10 %) bereits in Konstellationen (Mindestbeteiligung von 10 %), in denen die Niederlassungsfreiheit (Art. 49 AEUV) noch nicht anwendbar ist („sicherer Einfluss" erst bei Mindestbeteiligung von 25 % [str][39]), so dass die Kapitalverkehrsfreiheit (Art. 63 AEUV) auch nicht verdrängt wird.

36 EuGH, C-284/09, Slg. 2011, I-9879 *(Kom./Deutschland)*: Verstoß gegen Art. 63 AEUV nach alter Rechtslage bis 2013.

37 EuGH, C-18/15, ECLI:EU:C:2016:549, Tz 23 ff *(Brisal)*; vgl. aber EuGH, C-10/14 ua, IStR 2015, 921, Tz 60 *(Miljoen)*: kein unmittelbarer Zusammenhang zwischen Gewinnausschüttung und Fremdfinanzierungsaufwand für die Kapitalanteile; dazu *Henze*, ISR 2016, 397 (401).

38 Zum Verhältnis von Art. 49 und 63 AEUV: EuGH, C-35/11, IStR 2012, 924, Tz 91 ff *(Test Claimants in the FII Group Litigation)*; C-47/12, IStR 2014, 724, Tz 29 ff *(Kronos)*; C-464/14, IStR 2017, 118, Tz 31 ff *(SECIL)*; *Desens*, DStR 2013, Beihefter zu Heft 4, 13 (16).

39 Bejahung eines „sicheren Einflusses" bei 25 %: EuGH, C-251/98, Slg. 2000, I-2728, Tz 20 *(Baars)*; C-31/11, IStR 2012, 723, Tz 25 ff *(Scheunemann)*; folgend BFH, I R 87/15, BFHE 259, 435; kein „sicherer Einfluss" bei 10 %: EuGH, C-282/12, IStR 2013, 871, Tz 22 *(Itelcar)*; C-47/12, IStR 2014, 724, Tz 35 *(Kronos)*; C-464/14, IStR 2017, 118, Tz 40 *(SECIL)*; folgend BFH, I R 75/16, BFHE 262, 502; aA noch BFH, I R 7/12, BStBl II 2013, 89; kein „sicherer Einfluss" bei 15 %: EuGH, C-504//16, DStR 2018, 119, Tz 79 f. *(Deister Holding)*; C-685/16, DStR 2018, 2016, Tz 40 *(EV)*; nicht zwangsläufig „sicherer Einfluss" bei 20 %: EuGH, C-6/16, BB 2017, 2340, Tz 41 f. *(Eqiom und Enka)*.

IV. Personengesellschaft

1475 Schwierige Fragen stellen sich, wenn bei der grenzüberschreitenden wirtschaftlichen Tätigkeit Personengesellschaften eingeschaltet sind[40]. Personengesellschaften sind nach deutschem Einkommen-/Körperschaftsteuerrecht keine Steuersubjekte, vielmehr werden die von der Personengesellschaft erzielten Einkünfte den Gesellschaftern (Mitunternehmern) zugerechnet und bei diesen anteilig der Einkommensteuer/Körperschaftsteuer unterworfen (Transparenzprinzip, Rn 1134). Dies hat zur Folge, dass der von der ausländischen Personengesellschaft (= Personengesellschaft mit Geschäftsleitung im Ausland) verwirklichte Besteuerungstatbestand (Gewinn) nach deutschem Steuerrecht dem Gesellschafter zugerechnet wird. Betreibt also die **Personengesellschaft im Ausland** ein gewerbliches Unternehmen und unterhält dort entsprechende Einrichtungen (Betriebstätte), so wird für Zwecke des deutschen Steuerrechts jeder Gesellschafter so behandelt, als unterhalte er die **Betriebstätte** selbst. Die ausländischen Einkünfte der Personengesellschaft, die auf den inländischen Gesellschafter entfallen, sind nach Maßgabe der deutschen Gewinnermittlungsregeln (§ 4, § 5 EStG, Rn 856) zu ermitteln und festzustellen. Das gilt auch für das Sonderbetriebsvermögen (Rn 1184) der Gesellschafter.

1476 Sind **im Ausland ansässige Gesellschafter an einer inländischen Personengesellschaft** beteiligt, die im Inland eine gewerbliche Betriebstätte unterhält, so ist umgekehrt der Gesellschafter nach § 49 Abs. 1 Nr 2 lit. a EStG (Einkünfte aus Gewerbebetrieb) beschränkt steuerpflichtig[41]. Zu diesen Einkünften zählen auch die in § 15 Abs. 1 Satz 1 Nr 2 EStG genannten Sondervergütungen bzw Sonderbetriebsvermögen (Rn 1180 ff)[42]. Besteht ein DBA, so kann die Frage, ob die Personengesellschaft im Inland gewerbliche Einkünfte erzielt, im EStG (etwa bei gewerblicher Prägung nach § 15 Abs. 3 Nr 2 EStG, Rn 1159 ff) abweichend vom DBA gelöst sein[43]. Grundsätzlich muss das abkommensrechtliche Verständnis Vorrang haben (Art. 3 Abs. 2 OECD-MA)[44].

1477 Für in § 50i EStG näher beschriebene Altfälle soll jedoch bei Einkünften, die erst durch eine Umqualifizierung nach § 15 Abs. 3 EStG als gewerblich anzusehen sind, dieses rein nationale Verständnis Vorrang haben[45]. Für die Behandlung von Sondervergütungen (§ 15 Abs. 1 Satz 1 Nr 2 EStG) regelt § 50d Abs. 10 EStG zudem, dass sie für Zwecke der Anwendung des DBAs ausschließlich als Teil des inländischen Unternehmensgewinns der verfügungsberechtigten Gesellschafter gelten, wenn sie in einem DBA nicht ausdrücklich geregelt werden[46]. Das soll selbst dann gelten, wenn die Sondervergütung nach dem DBA (vgl Art. 7 Abs. 1 OECD-MA) einer ausländischen Betriebstätte zuzuordnen ist (§ 50d Abs. 10 Satz 3 EStG)[47]. **§ 4i EStG** soll

40 Dazu *Beiser*, DStZ 2013, 99; *Töben*, FR 2016, 543; *Prinz*, GmbHR 2017, 553.

41 BFH, I R 67/12, BStBl II 2014, 172; *Engel/Hilbert*, IWB 2014, 106.

42 BFH, I R 47/12, BStBl II 2014, 770; I R 92/12, BFHE 256, 32 (doppelstöckige Gesellschaft); I R 58/15, BFHE 260, 209 (gewerbliche Prägung); *Wacker*, DStR 2019, 836.

43 Dazu *Töben*, FR 2018, 991; *Dötsch/Pung*, DB 2019, 146.

44 Jeweils zur gewerblichen Prägung (§ 15 Abs. 3 Nr 2 EStG) BFH, I R 81/09, BStBl II 2014, 754; II R 51/09, BStBl II 2014, 751; I R 46/10, BStBl II 2014, 764; I R 49/09, BStBl II 2011, 482; I R 95/10, BStBl II 2014, 760; BMF v. 26.9.2014, BStBl I 2014, 1258, Tz. 2.2.1.

45 Dazu BMF v. 5.1.2017, BStBl I 2017, 32; krit *Prinz*, DB 2013, 378; *Micker*, IWB 2013, 158; *Lüdicke*, FR 2015, 128; *Rödder*, DB 2015, 1422; *Ruoff*, in: FS Gosch, 2016, S. 365; *Liekenbrock*, DStR 2017, 177.

46 Krit *Kollruss*, FR 2015, 351; *Kollruss*, IStR 2018, 102.

47 Reaktion auf BFH, I R 74/09, BStBl II 2014, 788.

einen doppelten Betriebsausgabenabzug im In- und Ausland („double dip") verhindern, der vor allem bei Finanzierungszinsen entstehen kann, wenn sich ein beschränkt steuerpflichtiger Mitunternehmer an einer inländischen Personengesellschaft beteiligt und diese Beteiligung fremdfinanziert (SBV II, Rn 1190)[48].

Schwierigkeiten entstehen, wenn die ausländische Rechtsordnung die Personengesellschaft anders qualifiziert als das deutsche Recht (sog. **Qualifikationskonflikt**). **1478**

Beispiel: Der in Deutschland ansässige A ist Gesellschafter einer ausländischen Gesellschaft, die nach ausländischem Recht als Kapitalgesellschaft gilt, nach deutschem Recht aber die Kriterien einer KG erfüllt. Ist A Mitunternehmer (§ 15 Abs. 1 Satz 1 Nr 2 EStG) oder hält er Anteile an einer (ausländischen) Kapitalgesellschaft?

Seit der sog. *Venezuela-Entscheidung* des RFH[49] beurteilt die Rechtsprechung die **rechtliche Qualität der Gesellschaft** nach Typusmerkmalen, dh sie nimmt einen **Typenvergleich**[50] vor: Es wird untersucht, mit welcher Organisationsform des deutschen Rechts das ausländische Gebilde am ehesten vergleichbar ist, dementsprechend wird dann die Einordnung vorgenommen. Ist zB die Haftung nicht beschränkt, keine Fremdgeschäftsführung zulässig, sind die Anteile ohne Zustimmung der Gesellschafter nicht übertragbar, so spricht dies für die Annahme einer Personengesellschaft. Keine maßgeblichen Kriterien sind dagegen die Einordnung des ausländischen Staates, die Rechtsfähigkeit oder die Anzahl der Gesellschafter. Im og Beispiel ist trotz der abweichenden Qualifikation des Auslands eine Personengesellschaft anzunehmen, die Abschirmwirkung einer Kapitalgesellschaft (Rn 1473) greift nicht. **1479**

Ist zwischen den beteiligten Staaten kein DBA abgeschlossen worden, kann dies nachteilige Wirkungen auslösen. Die im ausländischen Staat bezahlte Körperschaftsteuer auf den Gewinn der Gesellschaft, die nach deutschem Recht als Personengesellschaft qualifiziert wurde, kann jedenfalls nach dem Wortlaut des § 34c Abs. 1 EStG nicht angerechnet werden, da keine *Personenidentität* besteht. Zu Recht will die überwiegende Auffassung die Anrechnung dennoch gewähren[51]. Zudem wird von der Finanzverwaltung vertreten, dass Gewinnauskehrungen, die im ausländischen Staat als Gewinnausschüttungen einer Quellenbesteuerung unterliegen, nicht angerechnet werden können, weil es sich aus deutscher Sicht um steuerlich nicht relevante Entnahmen handelt[52]. Dagegen spricht, dass der ausländische Staat die Gewinnausschüttung nur gesondert besteuert, weil er die Gesellschaft als intransparente Körperschaft qualifiziert. Ignoriert Deutschland diese ausländische Qualifikation, wäre es folgerichtig, dies auch bei der Anrechnung zu ignorieren; zumal neben einer Personenidentität (Schuldner der Quellensteuer sind Gesellschafter selbst) auch eine Identität der Bemessungsgrundlage vorliegt[53]. Denn die ausländische Quellensteuer ist nur eine besondere Erhebungsform der (ausländischen) Einkommensteuer der Gesellschafter. **1480**

48 Dazu *Bergmann*, FR 2017, 126; *Schnitger*, IStR 2017, 214; *Rüsch*, FR 2018, 299.

49 RFH, VI A 899/27, RStBl 1930, 444; folgend BFH, I R 34/08, BStBl II 2009, 263; BMF v. 26.9.2014, BStBl I 2014, 1258, Tz 1.2.

50 Dazu *Jacobs*, Internationale Unternehmensbesteuerung, 8. Aufl 2016, S. 491; *Martini*, IStR 2012, 441.

51 BMF v. 26.9.2014, BStBl I 2014, 1258, Tz 4.1.4.1; *Frotscher*, Internationales Steuerrecht, Rn 566 mwN.

52 BMF v. 26.9.2014, BStBl I 2014, 1258, Tz 4.1.4.1.

53 So auch *Frotscher*, Internationales Steuerrecht, Rn 564.

1481 Besteht ein DBA, so stellt sich zunächst die Frage, ob sich die Personengesellschaft auf das DBA berufen kann, welches gem. Art. 1 OECD-MA nur für „Personen“ (Art. 3 Abs. 1 lit. a OECD-MA) gilt, die in mindestens einem Vertragsstaat „ansässig“ sind **(Abkommensberechtigung)**. Aus deutscher Sicht ist dies nicht der Fall, da Personengesellschaften die Steuersubjekteigenschaft fehlt, was Voraussetzung für eine Ansässigkeit in Deutschland ist (Art. 4 OECD-MA)[54]. Abkommensberechtigt sind dann allein die einzelnen Gesellschafter, soweit diese nicht selbst eine Personengesellschaft sind[55]. Die abkommensrechtliche Qualifikation der Einkünfte (etwa Unternehmensgewinne nach Art. 7 OECD-MA) richtet sich dann nach der von der Personengesellschaft verwirklichten Tätigkeit[56].

1482 Umstritten ist, wie der sog. **subjektive Qualifikationskonflikt** zu lösen ist: Wendet der ausländische Staat das DBA auf die dort ansässige Personengesellschaft an (dort ansässig iSd Art. 4 Abs. 1 OECD-MA), stellt sich die Frage, ob diese abkommensrechtliche Einordnung auch Auswirkungen für die Abkommensberechtigung in Deutschland hat (sog. **Qualifikationsverkettung**)[57]. Dafür spricht, dass Art. 1 OECD-MA es für die Abkommensberechtigung ausreichen lässt, dass die Person in *einem* Staat ansässig ist. Art. 4 Abs. 1 OECD-MA bringt dabei zum Ausdruck, dass für die Ansässigkeit der Sitzstaat (Ort der Geschäftsleitung) maßgeblich ist[58]. Gegen eine solche Qualifikationsverkettung spricht jedoch, dass die Frage, welcher Person bestimmte Einkünfte nach steuerlichen Gesichtspunkten zuzurechnen ist, nicht Gegenstand der abkommensrechtlichen Zuordnung des Besteuerungssubstrats ist. Es handelt sich vielmehr um eine nach Art. 3 Abs. 2 OECD-MA unilateral eigenständig von Deutschland zu beantwortende Rechtsfrage[59].

D. Einkünfteverlagerungen und staatliche Abwehrstrategien

1483 International tätige Unternehmen, aber auch vermögende Einzelpersonen werden versucht sein, das **internationale Steuergefälle**[60] für sich auszunutzen, indem Einkünfte oder auch mit stillen Reserven behaftete Wirtschaftsgüter ins (niedriger besteuernde) Ausland verlagert werden[61]. Dem deutschen Staat geht so erhebliches Besteuerungsvolumen verloren, so dass der Gesetzgeber verschiedene Abwehrstrategien entwickelt hat[62]. Letztlich geht es dabei auch darum, den **Steuerwettbewerb zwischen Staaten** „fair“ auszugestalten[63].

54 BMF v. 26.9.2014, BStBl I 2014, 1258, Tz 2.1.2.
55 BFH, I R 74/09, BStBl II 2014, 788; BMF v. 26.9.2014, BStBl I 2014, 1258, Tz 2.1.2.
56 *Frotscher*, Internationales Steuerrecht, Rn 583.
57 Dazu näher *Frotscher*, Internationales Steuerrecht, Rn 346 f.
58 So *Spengel/Schaden/Wehrße*, StuW 2012, 105 (108, 117); *Brähler/Mayer*, IStR 2010, 678.
59 So BFH, I R 95/10, BStBl II 2014, 760; iErg auch BMF v. 26.9.2014, BStBl I 2014, 1258, Tz 2.1.1 und 4.1.4.1; *Wassermeyer*, FR 2010, 537; *Lüdicke*, IStR 2011, 91.
60 Dazu *Endres/Stellbrink*, StuW 2012, 96; *Hey*, DB 2018, 2951; *Schreiber/von Hagen/Pönnighaus*, StuW 2018, 239; *Kessler/Egelhof/Probst*, StuW 2018, 255; *Rathje/Wohlrabe*, IStR 2019, 1; *Ehlermann/Köhler*, ISR 2018, 37.
61 Anschaulich bei *Pinkernell*, StuW 2012, 369 zu Google.
62 Krit *Schönfeld*, IStR 2012, 215 (Missbrauchsvermeidung und EU-Recht).
63 *Kokott*, ISR 2017, 395; *Schaumburg*, ISR 2016, 371.

Weitere Anstöße kamen von der OECD (**„Base Erosion and Profit Shifting – BEPS“**)[64], deren politischen Ziele eine Besteuerung am Ort der *Wertschöpfung* bzw der *wirtschaftlichen Aktivität* und eine faire und effiziente Unternehmensbesteuerung sind. Vor allem geht es dabei um die Eindämmung von (aggressiven) Steuergestaltungen, mit denen sich grenzüberschreitend Steuervorteile erzielen lassen, die auf einer kombinierten Nutzung von nationalen Regelungslücken, Qualifikationskonflikten oder Begünstigungen beruhen. Ein besonderer Fokus der OECD liegt auf der Entwicklung von Konzepten zur sachgerechten Verteilung der Besteuerungsrechte bei digitalen Geschäftsmodellen[65]. Jüngster Vorstoß der OECD ist hier ein sog. Zwei-Säulen-Modell[66]: Einerseits sollen die Besteuerungsrechte des Absatzstaates auf Fälle ausgeweitet werden, in denen mangels physischer Präsenz keine Betriebstätte im herkömmlichen Sinne besteht (neue Zuordnung anhand von Nutzerbeteiligungen, „Marketing Intangibles“ oder anhand einer wesentlichen wirtschaftlichen Präsenz); andererseits soll eine weltweite Mindestbesteuerung sichergestellt werden. **1484**

Parallel hat die EU zunächst die Mutter-Tochter-Richtlinie (Rn 229) mit einer Korrespondenzregel[67] (2014) und einer eigenen Missbrauchsbekämpfungsvorschrift[68] (2015) verschärft. 2016 wurde schließlich eine umfangreiche Richtlinie zur Bekämpfung von Steuervermeidungspraktiken (**Anti Tax Avoidance Directive – ATAD**) erlassen[69], die (mit wenigen Ausnahmen) von den EU-Mitgliedstaaten bis zum 31.12.2018 umzusetzen war. Sie gilt nur für Körperschaften (Art. 1 ATAD) und gibt ein verbindliches Mindestschutzniveau (Art. 3 ATAD) vor. Die Richtlinie enthält Vorgaben für eine *Zinsschranke* (Art. 4 ATAD, Rn 1497)[70], die *Wegzugsbesteuerung* (Art. 5 ATAD, Rn 1501 ff), die *Hinzurechnungsbesteuerung* (Art, 7, 8 ATAD, Rn 1493 ff) sowie für *hybride Gestaltungen* (Art. 9 ATAD, Rn 1496 ff). Bereits 2017 wurde die Richtlinie um Vorgaben für *hybride Gestaltungen mit Drittländern* ergänzt (Art. 9a, 9b ATAD)[71]. Außerdem erhält Art. 6 ATAD eine allgemeine Missbrauchsbekämpfungsvorschrift, die weitgehend § 42 AO entspricht (Rn 330 ff)[72]. Ein eigener EU-Vorschlag, für eine „angemessene“ Besteuerung der digitalen Wirtschaft langfristig den Betriebstätten-Begriff auf „virtuelle“ bzw „signifikante digitale“ Betrieb- **1485**

64 Abrufbar unter: http://www.oecd.org/berlin/publikationen/beps-berichte.htm; dazu *Pinkernell*, FR 2013, 737; *Lang*, IStR 2013, 365; *Musil/Schulz*, DStR 2013, 2205; *Rödder/Pinkernell*, IStR 2013, 619; *Valta*, ISR 2014, 249 und 391; *Fehling*, FR 2015, 817; *Fuest/Spengel ua*, StuW 2015, 90; *Benz/Eilers*, IStR 2016, Beihefter zu Heft 4, 1; *Watrin/Thomsen*, StuW 2016, 3.

65 Instruktiv *Pinkernell*, Internationale Steuergestaltung und Electronic Commerce, ifst-Schrift 494, 2014; *Dölker*, BB 2019, 476.

66 OECD-Konsultationspapier „Adressing the Tax Challenges of the Digitalisation of the Economy" v. 13.2.2019, www.oecd.org/tax/beps/public-consultation-document-addressing-the-tax-challenges-of-the-digitalisation-of-the-economy.pdf; dazu *Esakova*, ISR 2019, 150; *Bauer/Fritz/Schanz/Sixt*, DStR 2019, 887 ff.

67 RL 2014/86/EU v. 8.7.2014, ABl EU Nr L 219, S. 40; dazu *Desens*, IStR 2014, 825; *Kahlenberg/Kopec*, StuW 2016, 159.

68 RL 2015/121/EU v. 27.1.2015, ABl EU Nr L 21, S. 1.

69 RL 2016/1164/EU v. 12.7.2016, ABl EU Nr L 193, S. 1; dazu *Jochimsen/Zinowsky*, ISR 2016, 318.

70 Dazu *Desens*, SWI 2018, 461; vgl. zur Zinsschranke im OECD-BEPS-Aktionsplan 4 *Dorenkamp*, StuW 2015, 345; *Staats*, IStR 2016, 135.

71 RL 2017/952/EU v. 29.5.2017, ABl EU Nr L 144, S. 1.

72 Dazu *Hey*, StuW 2017, 248; *Franz*, FR 2017, 1117.

stätten auszuweiten[73] und kurzfristig eine **„Digitalsteuer"** einzuführen[74], ist mangels politischer Einigung vorerst gescheitert.

1486 Auf die wichtigsten Abwehrstrategien Deutschlands in ihrer gegenwärtigen Ausgestaltung soll im Folgenden eingegangen werden:

I. Verrechnungspreise

1487 Multinationalen Konzernen bieten die sog. Verrechnungspreise großes Gewinnverlagerungspotenzial. Verrechnungspreise sind die Preise, die sich die **konzernangehörigen Unternehmen** untereinander für die erbrachten Lieferungen und Leistungen berechnen. Verlangt das Mutterunternehmen von dem im Ausland ansässigen konzernangehörigen Empfänger der Leistungen einen geringeren Preis als den Marktpreis, so lässt es diesem (verdeckt) einen Vermögenswert zukommen. Grundlage für diese Gestaltung ist der Umstand, dass es **keine internationale Konzernbesteuerung** gibt, sondern dass das jeweilige Konzernunternehmen als selbstständige Einheit in seinem Sitzland besteuert wird. Damit kann durch geschickte Wahl der Verrechnungspreise der Gewinn von einem Hochsteuerland zu einem Konzernunternehmen in einem Niedrigsteuerland transferiert werden, ohne dass sich der Konzerngesamtgewinn dadurch ändert. Verfahrensrechtlich müssen Verrechnungspreise sachgerecht dokumentiert werden (vgl § 90 Abs. 3 AO iVm Gewinnaufzeichnungsverordnung [GAufzV][75]). In Folge des BEPS-Projekts müssen zudem gem. § 90 Abs. 3 Sätze 2, 3, § 138a AO wesentliche Kennzahlen zwischen den Ländern ausgetauscht werden (sog. **Country-by-Country Reporting – CbCR**)[76].

Beispiel: Die in Deutschland ansässige Konzerntochter T eines in Zürich (Körperschaftsteuersatz 8,5 %) ansässigen Mutterunternehmens M bezieht von M Dienstleistungen und zahlt hierfür 130 000 €. Unter fremden Dritten hätte M allenfalls 100 000 € an Erlös erzielen können.

Entgelte für Dienstleistungen sind Betriebsausgaben (§ 4 Abs. 4 EStG), die den steuerpflichtigen Gewinn der T mindern. Durch die überhöhte Zahlung erhält M allerdings Zuwendungen, die ihren Grund nicht im Leistungsaustausch, sondern in der gesellschaftsrechtlichen Verbindung haben. Es handelt sich um Einkommensverwendung, die nach § 8 Abs. 3 KStG den Gewinn nicht mindern darf. Bei T sind also nur 100 000 € als Betriebsausgaben anzuerkennen, 30 000 € sind als **verdeckte Gewinnausschüttung** (vGA, Rn 1267) dem Gewinn der Konzerntochter hinzuzurechnen.

Erbringt umgekehrt T Leistungen an M zu einem Preis von 130 000 €, obwohl der Marktwert nur 100 000 € beträgt, so kann dies bei T nur eine Gewinnerhöhung von 100 000 € auslösen, iHv 30 000 € wird eine **verdeckte Einlage** (Rn 1283) angesetzt, die zu nachträglichen Anschaffungskosten der Beteiligung führt, welche zu aktivieren sind.

1488 Normative Instrumente zur Korrektur der Verrechnungspreise sind also auf nationaler Ebene in erster Linie die Vorschriften über die verdeckte Gewinnausschüttung

73 RL-Vorschlag EU-Kom. v. 21.3.2018, COM(2018) 147 final; dazu *Cloer/Gerlach*, FR 2018, 105; *van Lück*, ISR 2018, 158; *Rasch*, FR 2018, 441.

74 RL-Vorschlag EU-Kom. v. 21.3.2018, COM (2018) 148 final; dazu *Kelm/Müller*, WPg 2018, 587.

75 Dazu *Lange/Roßmann*, ISR 2017, 107.

76 Dazu BMF v. 11.7.2017, BStBl I 2017, 874; *Ditz/Quilitzsch*, DStR 2017, 281; *Lüdicke/Salewski*, ISR 2017, 99.

(Rn 1267) bzw verdeckte Einlage (Rn 1283). Zudem sieht § 1 AStG eine Korrektur der Leistungsabreden (einschließlich gewinnmindernde Substanzverluste im Zusammenhang mit Leistungsabreden[77]) anhand eines **Fremdvergleichs**[78] vor, die neben den Rechtsfolgen der anderen Vorschriften anzuwenden ist, wenn sie weitergehende Berichtigungen nach sich zieht.

Da § 1 AStG auf reine Inlandssachverhalte nicht anwendbar ist, führt die Korrektur bei EU-Sachverhalten zu einem **Verstoß gegen die Niederlassungsfreiheit (Art. 49 AEUV)**, wenn der Steuerpflichtige *sachbezogene und wirtschaftliche Gründe* für eine Abweichung vom Fremdvergleichsgrundsatz nachweisen kann[79]. In solchen Fällen ist § 1 AStG daher nicht anwendbar[80]. Umgekehrt können begünstigende Verrechnungspreise auch unzulässige Beihilfen (Art. 107 AEUV) darstellen[81]. 1489

Auf Abkommensebene regelt Art. 9 OECD-MA, dass der Gewinn nur in den Staaten besteuert werden darf, in denen er wirtschaftlich entstanden ist, wobei auch diese Vorschrift zur Gewinnabgrenzung einen Fremdvergleich vorsieht (**dealing at arm's length**)[82] und uE im Konfliktfall trotz § 1 Abs. 1 Satz 4 AStG vorgeht[83]. Wichtig ist insoweit aber, dass stets zunächst eine nationale Vorschrift bestehen muss, die die Möglichkeit zur Gewinnkorrektur eröffnet. Ein DBA kann die Steuerberechtigung nämlich nicht erweitern, sondern lediglich einschränken. 1490

Neben den Regelungen zu Verrechnungspreisen im Allgemeinen (§ 1 Abs. 1, 2, 3 Satz 1–8, Abs. 4 AStG, § 90 Abs. 3 AO) wird auch die Verlagerung von Geschäftschancen ins Ausland steuerlich erfasst (sog. **Funktionsverlagerung**). Danach ist bei der Verlagerung betrieblicher Funktionen ins Ausland eine Gesamtbetrachtung anhand eines sog. „Transferpakets" vorgesehen, um das „Gewinnpotenzial" zu ermitteln, das dann in Deutschland besteuert werden soll (§ 1 Abs. 3 Satz 9-12 AStG iVm Funktionsverlagerungsverordnung [FVerlV])[84]. 1491

Der **Fremdvergleichsgrundsatz** gilt ausdrücklich auch für die Gewinnabgrenzung zwischen inländischen und ausländischen *Personengesellschaften* (§ 1 Abs. 1 Satz 2 AStG)[85] sowie zwischen einem inländischen Unternehmen und seiner ausländischen *Betriebstätte* bzw zwischen einem ausländischen Unternehmen und seiner inländischen *Betriebstätte* (§ 1 Abs. 5 Satz 1 AStG, Rn 1472). Eigentlich unselbstständige Betriebstätten werden dafür als unabhängige und selbstständige Unternehmen fingiert (§ 1 Abs. 5 Satz 2 AStG). Dafür wird einer Betriebstätte in einem ersten Schritt anhand des Personals, das in einer Betriebsstätte tätig ist (sog. *Personalfunktionen*), das Vermögen, Chancen und Risiken sowie ein angemessenes Eigenkapital (Dotationskapital) zugeordnet (§ 1 Abs. 5 Satz 3 AStG). Auf Grundlage dieser Zuordnung sind dann 1492

77 *Beispiel*: Korrektur der Gewinnminderung durch Ausbuchung eines grenzüberschreitenden Konzerndarlehens (keine Fremdüblichkeit mangels Besicherung trotz Konzernrückhalt): BFH, I R 73/16, BFHE 263, 525; *Wacker*, FR 2019, 449.

78 Dazu *Greil*, StuW 2017, 159; *Greil/Fehling*, IStR 2017, 757.

79 EuGH, C-382/16, DStR 2018, 1221 (*Hornbach-Baumarkt*).

80 Dazu BMF v. 6.12.2018, BStBl I 2018, 1305 (nur bei Sanierungsmaßnahmen); krit *Eggert*, BB 2019, 417; *Kahlenberg*, IStR 2019, 335.

81 Dazu *Schamell*, ISR 2019, 28.

82 Zu aktuellen OECD-Vorschlägen *Esakova*, ISR 2019, 150.

83 Zur Sperrwirkung *Ditz/Haverkamp*, Ubg 2019, 101; keine Sperrwirkung beim Verlust von grenzüberschreitenden Konzerndarlehen: BFH, I R 73/16, DStR 2019, 1034 (Änderung der Rspr); BMF v. 30.3.2016, BStBl I 2016, 455; *Wacker*, FR 2019, 449.

84 Dazu BMF v. 13.10.2010, BStBl I 2010, 774; *Hentschel/Kraft*, IStR 2015, 193.

85 Dazu *Ditz/Tcherveniachki*, DB 2014, 203.

in einem zweiten Schritt die Art der Geschäftsbeziehungen zwischen dem Unternehmen und seiner Betriebstätte und die Verrechnungspreise für diese Geschäftsbeziehungen zu bestimmen (§ 1 Abs. 5 Satz 4 AStG). Näheres regelt auf Grundlage des § 1 Abs. 6 AStG die Betriebsstättengewinnaufteilungsverordnung (BsGaV)[86]. Insoweit wurde der sog. **Authorised OECD Approach (AOA)**[87] umgesetzt[88].

II. Hinzurechnungsbesteuerung

1493 Eine weitere Möglichkeit, Gewinne ins Ausland zu verlagern, um dort eine günstigere Besteuerung zu erreichen, besteht in der Gründung von Kapitalgesellschaften, die als selbstständige Steuersubjekte die Gesellschafter (Anteilseigner) grundsätzlich vor steuerlichem Zugriff abschirmen (sog. **Abschirmeffekt**, Rn 1473). Betreiben die Kapitalgesellschaften jedoch kein eigenes wirtschaftliches Engagement, sondern werden sie in den grenzüberschreitenden Lieferungs- und Leistungsverkehr nur zu dem Zweck eingeschaltet, Gewinne in einem Niedrigsteuerland anfallen zu lassen, soll dies durch die Hinzurechnungsbesteuerung nach §§ 7 ff AStG verhindert werden.

Beispiel: Der unbeschränkt Steuerpflichtige A gründet in einem Niedrigsteuerland eine Kapitalgesellschaft, in die er sein sämtliches Betriebsvermögen einbringt. Die Gesellschaft unterhält weder einen eigenen Geschäftsbetrieb noch eigene Räume oder Personal. Sie verpachtet das Betriebsvermögen an A, der im Inland einen Gewerbebetrieb unterhält. Die Pachtzahlungen setzt er als Betriebsausgaben in Deutschland ab, die Kapitalgesellschaft versteuert sie als Einnahmen zum Niedrigsteuersatz.

1494 Mit der Hinzurechnungsbesteuerung versucht der Gesetzgeber die Gewinnverlagerung zu vereiteln, indem er die Abschirmwirkung der Kapitalgesellschaft beseitigt. Nach § 7 Abs. 1 AStG werden Einkünfte, die eine Kapitalgesellschaft mit Sitz in einem **Niedrigsteuerland** erzielt, den unbeschränkt steuerpflichtigen deutschen Anteilseignern zugerechnet und in Deutschland besteuert, wenn die Anteilseigner zu **mehr als 50 %** an der Gesellschaft beteiligt sind und diese **passive Einkünfte** erzielt (sog. **Zwischengesellschaft**). Bei Zwischengesellschaften mit *Kapitalanlagecharakter* reicht eine Beteiligung von 1 % aus (§ 7 Abs. 6 AStG)[89]. Ein *Niedrigsteuerland* liegt vor, wenn die Ertragsteuerbelastung für die Einkünfte weniger als 25 % beträgt (§ 8 Abs. 3 AStG)[90]. Und schließlich spricht man von *passiven Einkünften*, wenn die ausländische Gesellschaft keinen wesentlichen Beitrag zur wirtschaftlichen Wertschöpfung leistet. § 8 Abs. 1 AStG zählt dabei nicht die passiven, sondern umgekehrt gerade die aktiven Einkünfte ausdrücklich auf[91]. Die Einkünfte der Zwischengesell-

86 Dazu BMF v. 22.12.2016, BStBl I 2017, 182; *Wassermeyer*, IStR 2015, 37; *Ditz/Luckhaupt*, ISR 2015, 418.

87 Abrufbar unter www.oecd.org/ctp/transfer-pricing/45689524.pdf.

88 Dazu *Girlich/Müller/Naumann*, ISR 2017, 229; zur Zukunft mit Blick auf BEPS (Rn 1484 f) *Wellmann/Junkers*, IStR 2017, 847.

89 EuGH, C-135/17, DStR 2019, 489 *(X-GmbH)*: Verstoß gegen Art. 63 AEUV auch bei Drittstaaten, soweit ein zwischenstaatlicher Informationsaustausch besteht und kein Gegenbeweis (keine rein künstliche Gestaltung) die Hinzurechnung ausschließen kann; dazu *Schnitger/Krüger/Nielsen*, IStR 2019, 340.

90 Krit *Reiser/Cortez*, ISR 2013, 77.

91 Krit *Cortez/Schmidt*, Ubg 2013, 13.

schaft (ggf. auch nachgeschalteter Zwischengesellschaften, § 14 AStG), die nach deutschem Steuerrecht zu ermitteln sind (§ 10 Abs. 3 AStG)[92], sind bei dem unbeschränkt Steuerpflichtigen mit dem Betrag anzusetzen, der sich nach Abzug der Steuern der ausländischen Gesellschaft ergibt (§ 10 Abs. 1 AStG). Insoweit ist dann nach § 10 Abs. 2 AStG eine fiktive Ausschüttung der Gesellschaft an ihren Gesellschafter anzunehmen.

A ist in dem genannten **Beispiel** (Rn 1493) also so zu stellen, als habe er die Einkünfte der Gesellschaft selbst bezogen. Schüttet die Gesellschaft später an ihn aus, so sind diese Gewinnausschüttungen nach § 3 Nr 41 lit. a EStG steuerfrei. Wäre A eine GmbH, wären wegen § 8b Abs. 5 Satz 1 KStG (Rn 1249) nur 95 % steuerfrei[93].

Aus unionsrechtlichen Gründen[94] enthält § 8 Abs. 2 AStG eine weitere Einschrän- **1495**
kung. Selbst wenn die Gesellschaft keine aktiven Einkünfte iSd § 8 Abs. 1 AStG erzielt, scheidet eine Hinzurechnungsbesteuerung bei Beteiligungen an Gesellschaften in der EU/EWR aus, wenn der Steuerpflichtige nachweist, dass die EU-/EWR-Gesellschaft nicht missbräuchlich dazwischen geschaltet ist. Trotz dieser Einschränkung bleibt die Hinzurechnungsbesteuerung – auch wegen der anstehenden Umsetzung von Art. 7, 8 ATAD (Rn 1485) – weiter reformbedürftig[95].

III. Gesellschafterfremdfinanzierung, Rechteüberlassung und hybride Finanzierungen

Ein beliebtes Instrument zur Gewinnverlagerung ist die Gesellschafterfremdfinanzie- **1496**
rung, mit der das unterschiedliche Steuerniveau in verschiedenen Staaten genutzt werden kann. Stattet der im Ausland ansässige Gesellschafter einer deutschen Kapitalgesellschaft diese statt mit Eigenkapital (überwiegend) mit **Fremdkapital** aus (sog. thin capitalisation), dann stellen die **Zinszahlungen auf der Ebene der Kapitalgesellschaft Betriebsausgaben** dar, die den Gewinn mindern. Der Gesellschafter seinerseits ist mit Zinszahlungen im Inland nur in den Fällen des § 49 Abs. 1 Nr 5 lit. c lit. aa EStG (darunter fallen ungesicherte Darlehen nicht) steuerpflichtig, kann also die Zinszahlungen zu dem im Ausland günstigeren Steuersatz versteuern (bei Eigenkapital wären es Kapitalerträge, also steuerpflichtige Dividenden, vgl § 49 Abs. 1 Nr 5 lit. a EStG).

Dieser Form der „Gewinnabsaugung" ins Ausland ist der Gesetzgeber entgegengetre- **1497**
ten: zunächst durch § 8a KStG (aF), der Zinszahlungen an Steuerausländer unter bestimmten Voraussetzungen zu verdeckten Gewinnausschüttungen (Rn 1267) umqualifizierte; dann – nach der EuGH-Entscheidung *Lankhorst-Hohorst*[96] – durch eine Be-

92 BFH, I R 94/15, BFHE 262, 79: Vorrang von Einkünftekorrekturen (Fremdvergleich); dazu *Mattern*, DB 2019, 83; *Kraft/Bildstein*, IStR 2019, 37.
93 BFH, I R 84/15, BStBl II 2018, 492.
94 EuGH, C-196/04, Slg. 2006, I-7995 *(Cadbury Schweppes)*.
95 Dazu *Kahlenberg/Prusko*, IStR 2017, 304; *Schönfeld*, IStR 2017, 721; *Haase*, Überlegungen zur Reform der Hinzurechnungsbesteuerung, ifst-Schrift 521, 2017; *Quilitzsch/Engelen*, FR 2018, 293; *Schnitger/Gebhardt*, IStR 2018, 213; *Dehne*, ISR 2018, 132; *Haase*, DStR 2019, 827; *Haase/Hofacker*, Ubg 2019, 260.
96 EuGH, C-324/00, Slg. 2002, I-11779 *(Lankhorst-Hohorst)*.

grenzung der steuerlichen Berücksichtigung von Finanzierungsaufwendungen (sog. **Zinsschranke**, § 4h EStG, § 8a KStG, Rn 1005).

Da die deutsche Zinsschranke augenscheinlich die Blaupause für die Zinsschranke in Art. 4 ATAD (Rn 1485) war, dürften sich lediglich im Detail Änderungen ergeben, namentlich beim weitergehenden Zinsbegriff (Fremdkapitalkosten iSd Art. 2 Abs. 2 ATAD) und ggf bei abweichenden Regelungen für Finanzunternehmen[97].

1498 Seit 2017 soll eine sog. **Lizenzschranke** (§ 4j EStG) eine Gewinnabsaugung im Zusammenhang mit Rechteüberlassungen verhindern[98]. Daher beschränkt § 4j EStG anteilig den Abzug von Lizenzaufwendungen, wenn der Lizenzgeber eine *nahestehende Person* iSd § 1 Abs. 2 AStG ist, die Lizenzerträge des Gebers im ausländischen Staat durch eine von der Regelbesteuerung abweichende Präferenzregelung[99] *niedrig besteuert* (weniger als 25 %) werden und soweit im ausländischen Staat *keine substanzielle Geschäftstätigkeit* iSd sog. Nexus-Ansatzes der OECD stattgefunden hat.

Zur näheren Bestimmung des sog. **Nexus-Ansatzes** verweist § 4j Abs. 1 Satz 4 EStG unmittelbar auf Kapitel 4 des OECD-Abschlussberichts zum BEPS-Aktionsplan 5 (2015)[100]. Nach dem dort näher bestimmten Nexus-Verhältnis liegt eine substanzielle Geschäftstätigkeit nur vor, soweit die Ausgaben für die Forschung und Entwicklung für das überlassene Recht anteilig gerade im ausländischen Staat angefallen sind (Quote).

1499 Ein weiteres Instrument sind sog. **hybride Finanzierungen**[101]. Hintergrund ist, dass es in der Autonomie jedes Staates liegt, ob er eine Kapitalüberlassung steuerrechtlich als Eigen- oder Fremdkapital qualifiziert, was zu sog. *negativen Qualifikationskonflikten* führen kann.

1500 Begreift etwa ein ausländischer Staat das Kapital, das einer dort ansässigen Körperschaft von einem Steuerinländer überlassen wird, als Fremdkapital und damit das Entgelt für die Kapitalüberlassung als steuerlich abziehbare *Zinsen*, wird das Entgelt im Ausland nicht steuerlich vorbelastet. Qualifiziert dagegen das deutsche Steuerrecht das hingegebene Kapital abweichend als Eigenkapital, wird das Entgelt in Deutschland wie eine *Dividende* behandelt, die grundsätzlich nach § 3 Nr 40 Satz 1 lit. d EStG (40 % steuerfrei) oder § 8b Abs. 1 Satz 1, Abs. 5 KStG (95 % steuerfrei) begünstigt wird (Rn 1244, 1319). Der Effekt kann etwa bei Zahlungen aufgrund von unverbrieften, aber eigenkapitalähnlichen Genussrechten entstehen, die in Luxemburg als Zinsen und in Deutschland als Dividenden behandelt werden (vgl § 20 Abs. 1 Nr 1 Satz 1 EStG)[102]. Daher werden die (teilweisen) Steuerfreistellungen für Gewinnausschüttungen (Teileinkünfteverfahren oder § 8b Abs. 1 KStG) nur gewährt, soweit die Bezüge das Einkommen der leistenden Körperschaft nicht gemindert haben (§ 3 Nr 40 Satz 1 lit. d Satz 2 EStG bzw § 8b Abs. 1 Satz 2 und 3 KStG, sog. **Korrespondenzprinzip**[103]). Das ist grundsätzlich fol-

---

97 *Rautenstrauch/Suttner*, BB 2016, 2391 (2395).

98 Dazu *van Lück*, IStR 2017, 388; *Schneider/Junior*, DStR 2017, 417; *Holle/Weiss*, FR 2017, 217; *Heil/Pupeter*, BB 2017, 795; *Hagemann/Kahlenberg*, FR 2017, 1125; *Kramer*, ISR 2018, 1; *Moser*, FR 2018, 309; *Pinkernell*, IStR 2018, 249.

99 Zu solchen sog. Patent-, Lizenz- oder IP-Boxen: *Raab*, SWI 2018, 125.

100 Zu beziehen unter OECD Publishing, Paris, http://dx.doi.org/10.1787/9789264258037-de.

101 Zu hybriden Gestaltungen allgemein *Rust*, ISR 2013, 241; *Rüsch*, DStZ 2015, 783; *Kahlenberg/Vogel*, StuW 2016, 288; *Kahlenberg/Oppel*, IStR 2017, 205.

102 *Kaltenberg*, IStR 2012, 837 (838) mwN.

103 Dazu *Pleil/Schwibinger*, StuW 2016, 15; *Wittenstein/Hilbert*, IWB 2019, 52; *Dierk/Loose*, IStR 2015, 221.

gerichtig, weil die (teilweisen) Freistellungen gerade aufgrund der Vorbelastung (vgl § 8 Abs. 3 KStG) gewährt werden (Rn 1244 ff, 1305)[104].

IV. Wegzug und Unternehmensverlagerung

Die weitestgehende Form, sich der deutschen Besteuerung zu entziehen, ist der Wegzug, da damit der **Verlust der unbeschränkten Steuerpflicht** (Rn 681 ff) einhergeht. Ein Staat, der die Bewegungsfreiheit seiner Bürger verfassungsrechtlich garantiert, kann den Wegzug nicht verhindern. Dies gilt insb in der Europäischen Union, die die Freizügigkeit der Unionsbürger anerkennt (Art. 21, Art. 45, Art. 49 AEUV). Der Staat kann aber versuchen, zur **Sicherung latent vorhandener Steueransprüche** Regelungen zu treffen, die diese latenten Ansprüche im Zeitpunkt des Wegzugs realisieren (sog. Entstrickung). Auch das deutsche Steuerrecht enthält derartige Vorschriften. Zu nennen sind hier insb: **1501**

– **Wegzug einer natürlichen Person:** § 6 AStG führt dazu, dass bei Beendigung der unbeschränkten Steuerpflicht durch Aufgabe des Wohnsitzes oder gewöhnlichen Aufenthalts, ein fiktiver Veräußerungsgewinn – bezogen auf Anteile iSd § 17 Abs. 1 Satz 1 EStG – zu versteuern ist[105]. Um den Vorgaben des EU-Rechts[106] gerecht zu werden, wird die geschuldete Steuer bei einem Wegzug innerhalb des Gemeinschaftsgebiets nach § 6 Abs. 5 AStG zinslos und ohne Sicherheitsleistung bis zu einer tatsächlichen Veräußerung der Anteile gestundet[107]. § 6 Abs. 8 AStG bestimmt dazu, dass allein durch den „Brexit" in Bezug auf Großbritannien und Nordirland die Stundung nicht nach § 6 Abs. 5 Satz 4 AStG widerrufen werden darf. **1502**

Der Gesetzgeber möchte mit der Regelung des § 6 AStG erreichen, dass die während der Besitzzeit aufgebauten stillen Reserven in den Anteilen nicht der deutschen Besteuerung entgehen. IRd nach einem Wegzug nur noch bestehenden beschränkten Steuerpflicht könnte die Besteuerung dieser stillen Reserven nämlich durch die Zuordnungsvorschriften eines bestehenden DBA eingeschränkt sein (vgl insb Art. 13 Abs. 5 OECD-MA).

– **Wegzug einer Körperschaft:** Verlegt eine Körperschaft ihre Geschäftsleitung oder ihren Sitz und scheidet sie dadurch aus der unbeschränkten Steuerpflicht in einem EU/EWR-Staat aus, gilt sie nach § 12 Abs. 3 KStG als aufgelöst und es erfolgt eine Schlussbesteuerung nach § 11 KStG. § 12 Abs. 3 Satz 4 KStG bestimmt dazu, dass allein der „Brexit" diese Rechtsfolge in Bezug auf Großbritannien und Nordirland nicht auslöst. Für Wegzüge *innerhalb* des EU/EWR-Raums gilt dagegen ein sog. **Betriebstättenvorbehalt**. Es werden gem. § 12 Abs. 1 KStG nur die stillen Reserven aufgedeckt und besteuert, für die infolge des Wegzugs das deutsche Besteuerungsrecht ausgeschlossen oder beschränkt wird[108]. Das ist insb dann nicht der Fall, wenn **1503**

104 Krit zur Reichweite *Desens*, DStR 2013, Beihefter zu Heft 4, 13; *Desens*, IStR 2014, 825.
105 Dazu BFH, I R 27/15, BStBl II 2017, 1194.
106 EuGH, C-9/02, Slg. 2004, I-2409 *(de Lasteyrie du Saillant)*; C-371/10, Slg. 2011, I-12273 *(National Grid Indus)*; BFH, I B 92/08, BStBl II 2009, 524; I R 88/07 ua, BStBl II 2016, 438; ebenso bei Wegzug in die Schweiz (Freizügigkeitsabkommen EU-Schweiz): EuGH, C-581/17, DStR 2019, 425 *(Wächtler)*.
107 Dazu *Hagemann/Kahlenberg/Höppner/Schuh*, FR 2019, 427; krit *Wacker*, IStR 2017, 926.
108 Dazu *Breithecker/Herbort*, StuW 2015, 156; *Eickmann/Mörwald*, DStZ 2009, 422.

die wegziehende Körperschaft eine Betriebstätte im Inland zurückbehält, der die betreffenden Wirtschaftsgüter zugeordnet werden können (vgl § 2 Nr 1, § 8 Abs. 1 Satz 1 KStG, § 49 Abs. 1 Nr 2 lit. a EStG, Art. 7 iVm Art. 5 OECD-MA). Gleiches gilt unabhängig von einer Betriebstätte für inländisches Immobilienvermögen (vgl § 49 Abs. 1 Nr 2 lit. f EStG, Art. 6 OECD-MA).

1504 Auch ohne Wegzug kann es zu einem Transfer eines latenten, aber noch nicht realisierten Gewinns ins Ausland kommen. Überführt ein inländisches Unternehmen **Wirtschaftsgüter des Anlagevermögens in eine ausländische Betriebstätte** oder wird ein **Betrieb ins Ausland verlegt**, so kommt es regelmäßig zum Ausscheiden dieser Wirtschaftsgüter aus der deutschen Steuerpflicht. Zwar fällt der Gewinn ausländischer Betriebstätten unter die deutsche Steuerpflicht (§ 1 EStG, § 1 KStG), doch können Betriebstättengewinne im Rahmen von DBA regelmäßig nur im Betriebstättenstaat besteuert werden (Rn 1472).

Beispiel: Der Unternehmer A hat eine Betriebstätte in Frankreich und überführt dorthin eine Maschine, die bereits auf den Erinnerungswert von 1 € abgeschrieben, tatsächlich aber noch 1000 € wert ist. Die französische Betriebstätte veräußert zwei Monate später diese Maschine für 1000 €. Da nach DBA-Frankreich Betriebstättengewinne nur in Frankreich besteuert werden dürfen, kann in Deutschland die Realisierung des Veräußerungsgewinns nicht erfasst werden (str für die zuvor in Deutschland entstandenen stillen Reserven, s. aber § 4 Abs. 1 Satz 4 EStG).

1505 Um derartige Gewinnverlagerungen ins Ausland zu verhindern, hat der BFH früher aus dem allgemeinen Entnahmetatbestand (§ 4 Abs. 1 Satz 2 EStG) einen **Entstrickungstatbestand** fingiert (sog. *finale Entnahmetheorie*)[109]. Diese Rechtsprechung hat der BFH aber mittlerweile aufgegeben[110]. Dafür sieht nun § 4 Abs. 1 Satz 3 EStG ausdrücklich vor, dass der **Ausschluss** oder die **Beschränkung** des Besteuerungsrechts Deutschlands[111] hinsichtlich des Gewinns aus der Veräußerung oder der Nutzung eines Wirtschaftsguts einer Entnahme für betriebsfremde Zwecke gleichsteht (Rn 964). Eine Verlagerung des gesamten Betriebes ins Ausland wird entsprechend einer Betriebsaufgabe gleichgestellt (§ 16 Abs. 3a EStG, Rn 727). Ob die Vorschriften zur Sofortversteuerung der stillen Reserven im *Zeitpunkt der Überführung des Wirtschaftsguts* führen, ist streitig[112]. Der Gesetzgeber hat auf die streitbedingte Unsicherheit mit einer gesetzlichen Fiktion reagiert: Nach dieser liegt ein Ausschluss des Gewinns aus der Veräußerung eines Wirtschaftsguts insb bei einer Überführung von einer inländischen in eine ausländische Betriebstätte vor (§ 4 Abs. 1 Satz 4 EStG), entsprechend auch bei *Betriebsverlagerungen* (§ 16 Abs. 3a EStG).

1506 Die stillen Reserven werden grundsätzlich durch Ansatz des *gemeinen Wertes* (Sonderregelung in § 6 Abs. 1 Nr 4 Satz 1 HS 2 EStG) versteuert. Soweit das Wirtschaftsgut einer **Betriebstätte desselben Steuerpflichtigen in einem anderen EU-Mitgliedstaat** zugeordnet werden kann, ermöglicht § 4g Abs. 1 EStG unbeschränkt Steuerpflichtigen die Bildung eines gewinnmindernden **Ausgleichspostens** in Höhe der

109 BFH, I 266/65, BStBl II 1970, 175.

110 BFH, I R 77/06, BStBl II 2009, 464; I R 99/08, BStBl II 2011, 1019; I R 28/08, BFH/NV 2010, 432.

111 BMF v. 26.10.2018, BStBl I 2018, 1104: auch bei passiver Entstrickung durch erstmalige DBA-Anwendung (keine Handlung des Stpfl. erforderlich); krit *Kessler/Spychalski*, IStR 2019, 193.

112 S. *Jacobs*, Internationale Unternehmensbesteuerung, 8. Aufl 2016, S. 255 mwN.

Differenz zwischen dem gemeinen Wert zum Zeitpunkt der (fiktiven) Entnahme und dem Buchwert[113].

Die Bildung eines solchen Ausgleichspostens erfolgt auf unwiderruflichen Antrag des Steuerpflichtigen und ist für jedes Wirtschaftsjahr einheitlich für sämtliche Wirtschaftsgüter (dh für alle in ausländische EU-Betriebstätten überführten Wirtschaftsgüter) auszuüben. Der Ausgleichsposten ist nach § 4g Abs. 2 Satz 1 EStG im Wirtschaftsjahr der Bildung und in den vier folgenden Wirtschaftsjahren zu jeweils einem Fünftel gewinnerhöhend aufzulösen. Er ist im vollen Umfang sofort aufzulösen, wenn das Wirtschaftsgut aus dem Betriebsvermögen des Steuerpflichtigen ausscheidet, aus der Besteuerungshoheit der EU-Staaten ausscheidet oder wenn die stillen Reserven aufgedeckt werden (§ 4g Abs. 2 Satz 2 EStG). § 4g Abs. 6 EStG bestimmt dabei ausdrücklich, dass allein der „Brexit" nicht zu einer Auflösung von Ausgleichsposten für in Großbritannien und Nordirland verstrickte Wirtschaftsgüter führt. Eine vergleichbare Regelung für *Betriebsverlagerungen* in einen anderen EU-Staat enthält § 36 Abs. 5 EStG. **1507**

Ob die § 4 Abs. 1 Satz 3, § 4g bzw § 36 Abs. 5 EStG den europarechtlichen Anforderungen genügen, war zunächst fraglich[114], da inländische Verlagerungen nach § 6 Abs. 5 Satz 1 EStG (Rn 1202) ohne Gewinnrealisierung möglich sind. Die Niederlassungsfreiheit (Art. 49 AEUV) verbietet es jedoch nach Auffassung des EuGH nicht, die Steuer auf nicht realisierte Gewinne bei Grenzübertritt *festzusetzen* und *gegen Sicherheitsleistung* zu stunden[115]. Mittlerweile ist vom EuGH auch geklärt, dass Streckungen auf fünf Jahre, wie sie auch in § 4g, § 36 Abs. 5 EStG vorgesehen sind, dem (unionsrechtlichen) Verhältnismäßigkeitsgrundsatz genügen[116]. **1508**

V. Grenzüberschreitende Verlustverrechnung

Die Gründung einer Kapitalgesellschaft führt dazu, dass entstandene Gewinne und Verluste grundsätzlich nur mit anderen Gewinnen oder Verlusten innerhalb der Kapitalgesellschaft verrechnet werden können. Das *Trennungsprinzip* (Rn 1214) verhindert eine Verlustübertragung auf das „hinter" der Kapitalgesellschaft stehende Rechtssubjekt. Von diesem Grundsatz gibt es im innerstaatlichen Recht eine Ausnahme: Gesellschafter und Gesellschaft können eine sog. **Organschaft** (§ 14 KStG) bilden, was dazu führt, dass sowohl Gewinne als auch Verluste auf den Organträger übertragen und nur bei diesem steuerlich erfasst werden (Rn 1230 ff). Abweichend vom Trennungsprinzip können in diesen Fällen somit Gewinne und Verluste zwischen zwei Rechtssubjekten verrechnet werden. Voraussetzung hierfür ist allerdings, dass die Organgesellschaft ihre Geschäftsleitung im Inland und Deutschland das Besteuerungsrecht über den zugerechneten Gewinn beim Organträger hat[117]. Dadurch **1509**

113 Dazu *Kahle/Eichholz*, FR 2015, 7.

114 Aufgearbeitet von *Mechtler/Spies*, ISR 2016, 430 und ISR 2017, 9.

115 EuGH, C-371/10, Slg. 2011, I-12273 *(National Grid Indus)* – Entstrickung durch Sitzverlegung; C-164/12, DStR 2014, 193 *(DMC)* – Entstrickung durch Einbringung von Mitunternehmeranteilen in eine Kapitalgesellschaft.

116 EuGH, C-657/13, DStR 2015, 1166 *(Verder Lab Tec)*; dazu *Kudert/Kahlenberg*, DB 2015, 1377; *Faller/Schröder*, DStZ 2015, 890; *Kahle/Beinert*, FR 2015, 585; *Mitschke*, IStR 2016, 125.

117 Dazu *Schönfeld*, IStR 2012, 368; *Gosch*, IWB 2012, 694; *Schwenke*, ISR 2013, 41; *Mitschke*, FR 2015, 1117; *Neurung/Schmidt/Kollmann*, GmbH 2016, 449.

wird ua verhindert, dass **Verluste einer ausländischen Organ-Tochtergesellschaft** mit den Gewinnen der inländischen Muttergesellschaft verrechnet werden können.

1510 Der EuGH hat die Beschränkung der grenzüberschreitenden Verlustberücksichtigung grundsätzlich gebilligt[118]. Zwar beschränke diese Regelung die Niederlassungsfreiheit des Art. 49 AEUV, sie sei jedoch zur *Wahrung der Ausgewogenheit der Aufteilung der Besteuerungsbefugnisse* und zur Vereitelung der *Gefahr einer doppelten Verlustberücksichtigung* gerechtfertigt, wenn gewährleistet ist, dass im Staat der Tochtergesellschaft eine anderweitige (zB spätere) Verlustnutzung möglich ist. Nur wenn die Organ-Tochtergesellschaft alle Möglichkeiten der Verlustverrechnung ausgeschöpft hat und auch zukünftig keine Möglichkeit des Verlustvortrags (Rn 612) besteht (etwa wegen Liquidation der Gesellschaft oder grenzüberschreitender Verschmelzung), ist der Staat der Muttergesellschaft verpflichtet, eine grenzüberschreitende Verlustverrechnung einzuräumen („Ausfallbürgschaft" des Ansässigkeitsstaates der Muttergesellschaft für sog. **finale Verluste** von im EU-Ausland ansässigen Tochtergesellschaften)[119].

1511 An der Gefahr einer doppelten Verlustberücksichtigung fehlt es von vornherein, wenn die Muttergesellschaft aufgrund von Verlusten ihrer ausländischen Tochter eine Teilwertabschreibung (Rn 873, 928) auf die von ihr gehaltene Beteiligung vornimmt. Die Abschreibung führt zu originären Verlusten der Mutter infolge der Wertminderung ihrer Beteiligung, die mit den von der Tochter erlittenen Verlusten nicht identisch sind[120]. Gleiches gilt, wenn es allein um die Besteuerung eingehender Dividenden bei der Muttergesellschaft durch deren Ansässigkeitsstaat geht[121].

1512 Eine weitere Möglichkeit grenzüberschreitender Verlustverrechnung bieten **ausländische Betriebstätten**. Nach dem Welteinkommensprinzip (Rn 1442) werden Gewinne und Verluste ausländischer Betriebstätten iRd unbeschränkten Steuerpflicht des Betriebsinhabers (Einzelunternehmer oder Kapitalgesellschaft) erfasst, so dass ein Ausgleich mit anderen Einkünften (Verlustausgleich, Rn 610) bei der Berechnung der Summe der Einkünfte (§ 2 Abs. 3 EStG) grundsätzlich möglich ist. Ob es letztlich zum Verlustausgleich kommt, hängt davon ab, ob mit dem Betriebstätten-Staat ein DBA mit Freistellungsmethode *(Freistellungs-Betriebstätte)* oder kein DBA bzw ein DBA mit Anrechnungsmethode *(Anrechnungs-Betriebstätte)* vereinbart wurde.

1513 Bei **Anrechnungs-Betriebstätten** lassen § 2a Abs. 1 und Abs. 2 EStG nur einen Ausgleich für Verluste ausländischer Betriebstätten mit positiven Einkünften der jeweils selben Art aus demselben Staat zu. Ein voller Verlustausgleich ist dagegen nur bei gewerblichen Betriebstätten möglich, die aktive Einkünfte iSd § 2a Abs. 2 Satz 1 EStG) erzielen[122]. Zur Wahrung der EU-Grundfreiheiten[123] gilt die Verlustverrech-

---

118 EuGH, C-446/03, Slg. 2005, I-10837 *(Marks & Spencer)*; C-337/08, Slg. 2010, I-1215 *(X-Holding BV)*; C-123/11, DStR 2013, 392 *(A Oy)*; C-39/13 ua, DStR 2014, 1333 *(SCA)* auch zu Ausnahmen.

119 Dazu *Schwenke*, Ubg 2010, 325; *Musil*, DB 2011, 2451; *Mitschke*, IStR 2013, 209; *Schiefer/Quinten*, IStR 2013, 261; *Cordewener*, EuZW 2015, 295.

120 Vgl EuGH, C-347/04, Slg. 2007, I-2647 *(Rewe Zentralfinanz)*.

121 EuGH, C-386/14, DStR 2015, 2125 *(Groupe Steria)*.

122 BFH, I R 182/87, BStBl II 1991, 136 (verfassungsgemäß); aA *Prokisch*, DStJG 28 (2005), 229 (234).

123 EuGH, C-152/03, Slg. 2006, I-1711 *(Ritter-Coulais)*; C-347/04, Slg. 2007, I-2647 *(Rewe Zentralfinanz)*; C-48/13, IStR 2014, 561 *(Nordea Bank)*.

nungsbeschränkung aus § 2a EStG aber nur gegenüber Drittstaaten, also nicht bei Betriebstätten im EU-Ausland (vgl § 2a Abs. 2 EStG).

Beispiel: A vertreibt hochwertiges Rapsöl in Deutschland und hat in einem Drittstaat (ohne DBA) eine Betriebstätte eröffnet, die im ersten Jahr Verluste macht. A kann die Verluste aus der ausländischen Betriebstätte mit den inländischen Gewinnen verrechnen. Die Einschränkung des Verlustausgleichs bei Drittstaaten nach § 2a Abs. 1 Satz 1 Nr 2 EStG gilt nicht, da die Betriebstätte der Lieferung von Waren dient (aktive Einkünfte, § 2a Abs. 2 Satz 1 EStG).

Werden ausländische Betriebstätteneinkünfte durch ein DBA freigestellt **(Freistellungs-Betriebstätte)**, so erfasst diese Freistellung grundsätzlich auch die im Ausland erwirtschafteten Verluste, dh die Freistellung schließt die Verlustberücksichtigung im Inland aus. **1514**

Ob der Ausschluss der Verlustberücksichtigung aufgrund einer *DBA-Freistellung* der Betriebstätteneinkünfte gegen die Niederlassungsfreiheit verstößt, ist umstritten[124]. Der EuGH ist zunächst davon ausgegangen, dass eine Nichtberücksichtigung grundsätzlich gerechtfertigt sei und nur in Ausnahmefällen zu einem Verstoß gegen die Niederlassungsfreiheit führen könne[125]. Lässt der Sitzstaat des Unternehmens den steuerlichen Abzug der ausländischen Betriebstättenverluste zu (so früher § 2a Abs. 3 EStG aF), so ergebe sich aus dem Gedanken der „Kohärenz" (Rn 220), dass er diesen Abzug durch eine nachfolgende Besteuerung der Auslandsgewinne (zB Veräußerungsgewinne) kompensieren könne[126]. Lässt er den Abzug nicht zu und können Verluste der Betriebstätte im ausländischen Staat aus *tatsächlichen* Gründen endgültig nicht berücksichtigt werden (etwa weil die Betriebstätte mangels Rentabilität geschlossen oder verkauft wird), ist der EuGH zunächst davon ausgegangen, dass im Sitzstaat des Unternehmens die Möglichkeit eingeräumt werden muss, die Verluste auszugleichen („Ausfallbürgschaft" des Ansässigkeitsstaates für sog. **finale Verluste** aus EU-ausländischen Betriebstätten)[127]. Zwischenzeitlich hat der EuGH jedoch bei ausländischen Betriebstätten, die nach einem DBA freigestellt werden, bereits eine *Vergleichbarkeit* mit inländischen Betriebstätten verneint, weil das Besteuerungsrecht allein im Inlandsfall ausgeübt werde (= schon keine Beschränkung des Schutzbereichs)[128]. Mittlerweile ist der EuGH wieder zurückgerudert, bejaht bei finalen Verlusten in *Freistellungs*-Betriebstätten die objektive Vergleichbarkeit und verlangt wieder ihre Berücksichtigung aus Gründen der Verhältnismäßigkeit[129].

Beispiel: A betreibt im EU-Ausland eine Betriebstätte, deren Besteuerung in Deutschland durch DBA freigestellt wird. Entsteht in der Betriebstätte ein Verlust, ist dieser Verlust grundsätzlich nur im Ausland zu berücksichtigen, etwa durch einen Verlustvortrag. Untersagt der ausländische Staat den Verlustvortrag, bleibt der Verlust bereits aus *rechtlichen* und nicht aus tatsächlichen Gründen endgültig unberücksichtigt, so dass auch Deutschland den Verlust nicht

---

124 *Hey*, in FS Gosch, 2016, 161; *Schnitger*, in: FS Endres, 2015, 361.

125 EuGH, C-414/06, Slg. 2008, I-3601 *(Lidl Belgium)*.

126 EuGH, C-157/07, Slg. 2008, I-8061 *(Krankenheim Ruhesitz am Wannsee)*.

127 EuGH, C-414/06, Slg. 2008, I-3601 *(Lidl Belgium)*; C-322/11, DStR 2013, 2441 *(K)*; BFH, I R 48/11, BFHE 244, 371.

128 EuGH, C-388/14, IStR 2016, 74, Tz 27, 64 f *(Timac Agro)*; vgl bereits EuGH, C-48/13, IStR 2014, 563, Tz 24 *(Nordea Bank)*; folgend BFH, I R 2/15, BStBl II 2017, 709.

129 EuGH, C-650/16, DStR 2018, 1353 *(Bevola); folgend* Hess. FG, 4 K 385/17, EFG 2018, 1876 (Rev. BFH Az. I R 32/18); dazu *Heckerodt*, IStR 2019, 171.

berücksichtigen muss. Gibt A dagegen seine Betriebstätte mit der Folge auf, dass vorhandene Verluste aus *tatsächlichen* Gründen nicht mehr im EU-Ausland geltend gemacht werden können, liegt ein Verstoß gegen die Niederlassungsfreiheit (Art. 49 AEUV) vor, wenn Deutschland die finalen Verluste nicht berücksichtigt.

1515 Die nicht-finalen ausländischen Verluste können daher nur iRd sog. negativen Progressionsvorbehalts berücksichtigt werden, es sei denn, mit der Betriebstätte werden nur passive Einkünfte erzielt (§ 32b Abs. 1 Satz 2 Nr 2 iVm § 2a Abs. 1 und 2 EStG, Rn 650). Anders als bei der Verlustverrechnung (Rn 1512) gilt der Ausschluss des negativen Progressionsvorbehalts auch für gewerbliche Betriebstätten in EU/EWR-Staaten, die passive Einkünfte erzielen. Zur Wahrung der EU-Grundfreiheiten[130] wird für gewerbliche EU/EWR-Betriebstätten mit passiven Einkünften nicht nur, wie früher, der negative Progressionsvorbehalt ausgeschlossen; vielmehr gilt der Ausschluss des Progressionsvorbehalts nach § 32b Abs. 1 S. 2 Nr 2 EStG auch bei positiven (passiven) Einkünften (Rn 650).

1516 Insgesamt sind die Möglichkeiten grenzüberschreitender Verlustverrechnung aus europäischer Perspektive unbefriedigend. Eine Lösung könnte das von der Kommission favorisierte Projekt einer **gemeinsamen konsolidierten Körperschaftsteuerbemessungsgrundlage (GKKB)** sein, das aber der Zustimmung aller Mitgliedsstaaten bedürfte (Rn 229).

§ 8 Erbschaft- und Schenkungsteuerrecht

1517 **Fall 60:** Der französische Staatsangehörige E aus Paris ist verstorben und hat ein Vermögen von 800 000 € hinterlassen, von dem 500 000 € in Frankreich und 300 000 € in Deutschland belegen sind. Erben sind seine Enkel A und B zu je 1/2. A hat seinen Wohnsitz in Deutschland, B in den USA. Sind die Erwerbe steuerpflichtig? **Rn 1528**

Fall 61: Unternehmer E hinterlässt seinem Sohn und einzigen Erben A ein erhebliches Vermögen, das im Wesentlichen aus einem Gewerbebetrieb und einem Grundstück besteht. Das Grundstück ist mit einer Villa (Wohnfläche: 190 qm) bebaut, in der E bis zu seinem Tode zusammen mit A und seiner Familie lebte. Ein hinsichtlich der Größe und Lage vergleichbares Objekt wurde vor kurzem für 1,2 Mio € verkauft. Zudem erbt A noch Geld im Wert von 20 000 € sowie Aktien mit einem Börsenwert von 30 000 €.

Der gemeine Wert des Betriebsvermögens des Gewerbebetriebs beträgt insgesamt 5 Mio €. Im Betriebsvermögen werden ua Streubesitzanteile an Kapitalgesellschaften im Wert von 450 000 € sowie 100 % der Anteile an der V-GmbH (gemeiner Wert 450 000 €; davon Verwaltungsvermögen iHv 40 000 €) gehalten. Der Wert des Betriebsgrundstücks beträgt 700 000 €. Zusätzlich werden weitere Grundstücksflächen im Wert von 400 000 € vermietet. Ferner verfügt der Gewerbebetrieb über Finanzmittel im Wert von 500 000 €. Demgegenüber stehen Schulden iHv 1 000 000 €. Im Gewerbebetrieb arbeiten 15 Angestellte, die einen Jahresverdienst von durchschnittlich 30 000 € erhalten.

130 Vgl EuGH, C-152/03, Slg. 2006, I-1711 *(Ritter-Coulais)*.

A, der durch den plötzlichen Tod des E überrascht wurde, möchte wissen, wie er sich möglichst steuergünstig verhalten kann. **Rn 1599**

Fall 62: Die in Trier lebende Witwe E verstirbt. Alleinerbin ist ihre 30-jährige Tochter T als einzige Angehörige. Zugunsten der Haushälterin H ist ein Vermächtnis iHv 15 000 € ausgesetzt. Die Erbschaft setzt sich wie folgt zusammen: ein mit einer Hypothek iHv 25 000 € belastetes vermietetes Einfamilienhaus in Trier (gemeiner Wert nach Vergleichswertverfahren 500 000 €), Hausrat (gemeiner Wert 20 000 €), ein Gewerbebetrieb (gemeiner Wert 1,1 Mio €) sowie Bankguthaben iHv 15 075 €. Weiterhin hat E eine Lebensversicherung iHv 100 000 € zugunsten der T abgeschlossen. Die Kosten für die Beerdigung etc betrugen 6000 €. Wie hoch ist die gegenüber T festzusetzende Erbschaftsteuer? **Rn 1616**

A. Allgemeines

I. Die Diskussion um die Erbschaftsteuer

Die Erbschaftsteuer war in den vergangenen Jahren ein verfassungsrechtliches wie steuerpolitisches Dauerthema[1]. Nachdem das BVerfG schon 1995 und 2006 das ErbStG für mit Art. 3 Abs. 1 GG unvereinbar und damit für **verfassungswidrig** erklärt hatte[2], hielt auch die 2009 eingeführte Neuregelung der verfassungsgerichtlichen Überprüfung nicht stand[3], so dass das ErbStG innerhalb von 20 Jahren drei Mal überarabeitet werden musste. 1518

Hintergrund der BVerfG-Entscheidungen war stets die **ungleiche Bewertung** verschiedener Vermögensarten[4]. Für die Ermittlung der ErbSt-Bemessungsgrundlage legte das ErbStG vor 2009 für eine Vielzahl von Wirtschaftsgütern (ua Betriebsvermögen, Grundbesitz und nicht börsennotierte Anteile) nicht realitätsgerechte Werte zu Grunde. Auf diese Weise ergab sich für Vermögen, das zB in einem Betrieb gebunden war, eine steuerliche Begünstigung[5]. 1519

Mit dem ErbStG 2009 wurde dann ein einheitlicher Maßstab für die Bewertung verschiedener Vermögensarten eingeführt, Verschonungsregelungen erst auf einer späteren Stufe geschaffen. Die **Steuerbefreiungen** auf der Verschonungsebene erwiesen sich aber als so weitreichend, dass die Gleichheit im Belastungserfolg teils noch stärker verfehlt wurde, als dies bei der Vorgängerregelung der Fall war. Aus diesem Grund stellte das BVerfG 2014 die **Verfassungswidrigkeit** der **Verschonungsregeln** fest[6]. Zwar sei die Verschonung von kleinen und mittleren Unternehmen grundsätzlich gerechtfertigt, bei größeren Unternehmen müsse aber eine gesonderte **Bedürfnisprüfung** durchgeführt werden[7].

2016 trat das neue ErbStG in Kraft[8]. Dieses nahm die weitreichenden Begünstigungen für Betriebsvermögen in Teilen zurück (Rn 1573 ff), erhielt das Verschonungs- 1520

1 Zur Gerechtigkeitsdebatte bei der ErbSt *Moes*, JZ 2017, 858.
2 BVerfG, 2 BvR 552/91, BVerfGE 93, 165; 1 BvL 10/02, BVerfGE 117, 1.
3 BVerfG, 1 BvL 21/12, BVerfGE 138, 136.
4 Vgl *Seer*, StuW 1997, 283 (288); *Osterloh*, in: Birk (Hrsg), Steuern auf Erbschaft und Vermögen, DStJG 22 (1999), 177 (184); *Birk*, ZEV 2002, 165.
5 Vgl BVerfG, 1 BvL 10/02, BVerfGE 117, 1 (38 ff); 2 BvR 552/91, BVerfGE 93, 165 (175 f).
6 BVerfG, 1 BvL 21/12, BVerfGE 138, 136; dazu ausf *Bernert*, Das Bundesverfassungsgericht und die Erbschaftsteuer, 2018, S. 104 ff.
7 Zur Kritik des BVerfG s. iE Rn 1573 ff, 1586 f.
8 BGBl I 2016, 2464 (2472); zur rückwirkenden Anwendung *Wachter*, DB 2019, 688 ff.

system jedoch im Grundsatz aufrecht. Es scheint daher nicht ausgeschlossen, dass sich das BVerfG in Zukunft ein weiteres Mal mit dem ErbStG beschäftigen wird.

1521 Das **Aufkommen** aus der Erbschaft- und Schenkungsteuer steht den Ländern zu (Rn 138) und wird für das Jahr 2019 auf rd 6,6 Mrd € geschätzt[9].

II. Charakter der Erbschaft- und Schenkungsteuer

1522 Der Erbschaft- bzw Schenkungsteuer unterliegen gem. § 1 Abs. 1 ErbStG Erwerbe von Todes wegen (§ 3 ErbStG) sowie Schenkungen unter Lebenden (§ 7 ErbStG); daneben werden auch Zweckzuwendungen (§ 8 ErbStG) und alle 30 Jahre das Vermögen bestimmter (Familien-)Stiftungen und Vereine (§ 9 Abs. 1 Nr 4 ErbStG) besteuert.

1523 Theoretisch gibt es zwei Möglichkeiten der Erbschaftsbesteuerung, die Nachlasssteuer und die Erbanfallsteuer[10]. Die **Nachlasssteuer** erfasst als „letzte Vermögensteuer" den Nachlass des Erblassers, es handelt sich also um den letzten Akt des steuerlichen Zugriffs auf die wirtschaftliche Leistungsfähigkeit des verstorbenen Steuerpflichtigen. Da der ungeteilte Nachlass der Besteuerung unterliegt, kann der Verwandtschaftsgrad zwischen Erblasser und Erben nicht berücksichtigt werden.

1524 Die Erbschaftsbesteuerung in Deutschland folgt dem Modell der **Erbanfallsteuer**. Bei der Erbanfallsteuer ist Besteuerungsgrundlage nicht die Höhe des Nachlasses, sondern die Bereicherung des einzelnen Erwerbers, soweit sie nicht steuerfrei ist (vgl § 10 Abs. 1 ErbStG). Die Steuer ist für jeden einzelnen Bedachten gesondert zu ermitteln, so dass im Falle eines progressiven Tarifs durch eine Verteilung des Nachlasses auf möglichst viele Erwerber die erbschaftsteuerliche Gesamtbelastung vermindert werden kann.

1525 Die Erbschaftsteuer ist eine **Stichtagsteuer**, dh alle Tatbestandsvoraussetzungen sind nach den Verhältnissen im Zeitpunkt der Steuerentstehung zu beurteilen. Bei Erwerben von Todes wegen entsteht die Steuer grundsätzlich mit dem Tode des Erblassers, bei Schenkungen unter Lebenden mit dem Zeitpunkt der Ausführung der Zuwendung, also im Zeitpunkt des Erfüllungsgeschäfts, bei Zweckzuwendungen mit dem Zeitpunkt des Eintritts der Verpflichtung des Beschwerten (§ 9 ErbStG)[11].

Auch der Wert des Vermögensanfalls (Rn 1543 f) wird zum Stichtag ermittelt. Tritt danach ein Wertverfall ein, wirkt sich dies grundsätzlich nicht auf die Steuerschuld aus. Allerdings ist das Finanzamt uU zu einer niedrigeren Steuerfestsetzung wegen sachlicher Unbilligkeit (Rn 278) verpflichtet[12].

9 BMF, I A 6, Ergebnis der 155. Steuerschätzung Mai 2019, Tabelle 4 (http://www.bundesfinanzministerium.de → Themen → Steuern → Steuerschätzung → Ergebnisse 155. Schätzung).

10 *Seer*, in: Tipke/Lang, § 15 Rn 2; *Schulte/Birnbaum*, Erbschaftsteuerrecht, Rn 29.

11 *Schulte/Birnbaum*, Erbschaftsteuerrecht, Rn 281 ff.

12 FG Düsseldorf, 4 K 3000/09 Erb, EFG 2010, 847 (rkr).

B. Steuerpflicht

I. Persönliche Steuerpflicht (§ 2 ErbStG) und Steuerschuldner (§ 20 ErbStG)

§ 2 iVm § 20 ErbStG regelt die persönliche Steuerpflicht. **Unbeschränkte Steuerpflicht** für den gesamten Vermögensanfall (in- und ausländisches Vermögen) tritt ein, wenn entweder der Erblasser/Schenker *oder* der Erwerber Inländer ist (§ 2 Abs. 1 Nr 1 ErbStG). Ist dagegen keiner der Beteiligten Inländer, besteht grundsätzlich nur eine **beschränkte Steuerpflicht** für das Inlandsvermögen iSd § 121 BewG und für hieran bestehende Nutzungsrechte (§ 2 Abs. 1 Nr 3 ErbStG). **1526**

Die beschränkte Steuerpflicht unterscheidet sich gegenüber der unbeschränkten Steuerpflicht, weil ua der Freibetrag nur anteilig gewährt wird (vgl § 16 Abs. 2 ErbStG, Rn 1601) und der Versorgungsfreibetrag (§ 17 ErbStG, Rn 1603) von Amtshilfe durch den Ansässigkeitsstaat abhängt (§ 17 Abs. 3 ErbStG). Die frühere **fiktive unbeschränkte Steuerpflicht** (§ 2 Abs. 3 ErbStG aF) ist entfallen[13]. **1527**

Wer Inländer ist, ergibt sich aus § 2 Abs. 1 Nr 1 Satz 2 ErbStG. Inländer sind insb alle natürlichen Personen, die ihren Wohnsitz (§ 8 AO) bzw gewöhnlichen Aufenthalt (§ 9 AO) im Inland haben, sowie juristische Personen, deren Geschäftsleitung (§ 10 AO) oder Sitz (§ 11 AO) im Inland liegt. Im **Fall 60** (Rn 1517) ist der gesamte Erwerb des A (400 000 €) einschließlich des in Frankreich belegenen Vermögens steuerpflichtig, denn A hat seinen Wohnsitz im Inland. Der Erwerb des B unterliegt dagegen nur mit dem anteiligen Inlandsvermögen iHv 150 000 € der Erbschaftsteuer (beschränkte Steuerpflicht), da weder B noch der Erblasser E Inländer iSd § 2 Abs. 1 Satz 2 ErbStG sind. **1528**

Die Frage der **subjektiven Steuerpflicht** (vgl Rn 89) wird – systematisch falsch, da es sich nicht um eine Vorschrift der Steuerfestsetzung und Erhebung (Abschnitt 4), sondern der Steuerpflicht (Abschnitt 1) handelt – erst durch § 20 ErbStG geregelt. Subjekt der Erbschaft- und der Schenkungsteuer ist danach in jedem Fall der Erwerber, bei einer Schenkung auch der Schenker, bei einer Zweckzuwendung auch der mit der Zuwendung Beschwerte, § 20 Abs. 1 Satz 1 ErbStG. Darüber hinaus enthält § 20 ErbStG in Abs. 1–7 noch zahlreiche **Sonderfälle**. **1529**

Ist neben dem Erwerber auch der Zuwendende – etwa der Schenker – Schuldner der ErbSt, so sind beide Gesamtschuldner iSd § 44 AO; aufgrund des Charakters der Schenkungsteuer als Bereicherungssteuer ist das Auswahlermessen (§ 5 AO; dazu oben Rn 388 ff) allerdings grundsätzlich dahingehend auszuüben, dass der Erwerber vorrangig in Anspruch zu nehmen ist[14].

Als Erwerber eines vererbten Vermögens können nicht nur natürliche Personen, sondern auch juristische Personen (insb Kapitalgesellschaften) Steuerschuldner sein[15]. Anders als im Falle des § 2 ErbStG[16] hat der BFH für § 20 ErbStG entschieden, dass eine nicht voll rechtsfähige **1530**

---

13 Neufassung durch StUmgBG v. 23.6.2017, BGBl I 2017, 1682.

14 BFH, II 282/58 U, BStBl III 1962, 323; II R 2/07, BStBl II 2008, 897; vgl auch BVerfG, 1 BvR 1509/10, BVerfGK 20, 177 (Nichtannahmebeschluss).

15 *Jochum*, in: Wilms/Jochum, ErbStG, § 20 Rn 31.

16 Ob Personengesellschaften (OHG, KG, GbR) Personenvereinigungen iSd § 2 Abs. 1 Nr 1 lit. d ErbStG sind, ist umstritten. Dazu *Richter*, in: Viskorf/Knobel/Schuck/Wälzholz, ErbStG, 5. Aufl 2017, § 2 Rn 21; *Weinmann*, in: Moench/Weinmann, Erbschaft- und Schenkungsteuer, § 2 Rn 9; *Meßbacher-Hönsch*, in: Wilms/Jochum, ErbStG, § 2 Rn 112 f. Der BFH hat die Frage für § 2 ErbStG noch nicht entschieden.

Personengesellschaft als Gesamthandsgemeinschaft nicht Steuerschuldner der Erbschaft- und Schenkungsteuer ist; abzustellen sei stattdessen auf die einzelnen Gesamthänder (Gesellschafter)[17].

II. Sachliche Steuerpflicht

1. Erwerb von Todes wegen (§ 3 ErbStG)

1531 § 3 ErbStG regelt abschließend die Vorgänge, die als Erwerb von Todes wegen der Erbschaftsteuer unterliegen. Hierzu gehören nicht nur die im 5. Buch des BGB (Erbrecht) geregelten Tatbestände (zB Erwerb durch **Erbanfall** oder Vermächtnis), sondern auch sonstige Erwerbe und Vorteile, die im Zusammenhang mit dem Tode einer Person anfallen[18]. Als Erwerb von Todes wegen gelten daher insb auch Schenkungen auf den Todesfall[19] (§ 2301 BGB, § 3 Abs. 1 Nr 2 ErbStG) und alle Vermögensvorteile, die aufgrund eines vom Erblasser geschlossenen Vertrages bei dessen Tod von einem Dritten unmittelbar erworben werden.

Verträge idS (§ 3 Abs. 1 Nr 4 ErbStG) sind zB freiwillige Lebens- und Rentenversicherungsverträge zugunsten eines im Vertrag benannten Dritten. Dieser erwirbt im Falle des Todes des Versicherungsnehmers einen unmittelbaren Anspruch auf die Versicherungssumme gegen die Versicherungsgesellschaft. Ist dagegen kein Begünstigter im Vertrag genannt, fällt die Summe beim Verstorbenen an und gehört damit zu dem über § 3 Abs. 1 Nr 1 ErbStG erfassten Nachlass.

1532 In § 3 Abs. 2 ErbStG fingiert das Gesetz über die Grundtatbestände des Abs. 1 hinaus eine Reihe von gleichgestellten Tatbeständen, die als vom Erblasser zugewendet gelten, wie zB den **Übergang von Vermögen auf eine vom Erblasser angeordnete Stiftung** (§ 3 Abs. 2 Nr 1 ErbStG).

1533 Nicht als Erwerb iSd § 3 ErbStG gilt nach § 5 ErbStG der Vermögenszuwachs, der einem Ehegatten oder Lebenspartner bei Beendigung des Güterstands der **Zugewinngemeinschaft** aufgrund des Zugewinnausgleichs (§ 1371, § 1372 BGB, § 6 LPartG) zusteht[20].

Da § 1371 Abs. 1 BGB den Ausgleich nicht von dem – nur möglicherweise – tatsächlich höheren Zugewinn des verstorbenen Ehegatten oder Lebenspartners abhängig macht, sondern einen pauschalierten Zugewinnausgleich vorsieht (sog. *erbrechtliche Abwicklung*), ist der Ausgleichsanspruch in diesem Fall für erbschaftsteuerliche Zwecke nach Maßgabe des § 1371 Abs. 2 BGB iVm § 1378 BGB *fiktiv* zu berechnen und

17 Grundlegend BFH, II R 95/92, BStBl II 1995, 81; aA noch BFH, II R 150/85, BStBl II 1989, 237 sowie mit Verweis auf die neue Zivilrechtsprechung wieder FG Münster, 3 K 2592/05 Erb, EFG 2007, 1037.

18 Beim sog. Erbvergleich muss der Erwerb auf erbrechtlichem Rechtsgrund beruhen; vgl BFH, II R 34/09, BStBl II 2011, 725: keine Steuerpflicht mangels erbrechtlichen Rechtsgrundes, wenn aufgrund eines Vergleichs eine Abfindung dafür bezahlt wird, dass die Erbenstellung nicht mehr bestritten wird.

19 Als solche gilt nach § 3 Abs. 1 Nr 2 Satz 2 ErbStG auch der sog. Anwachsungserwerb der Mitgesellschafter aufgrund einer Fortsetzungsklausel, dazu *Götzenberger*, BB 2009, 131; negative Erwerbe werden nicht erfasst, FG Münster, 3 K 1118/16, EFG 2019, 123 (Rev. BFH, Az II R 2/19).

20 Zur Möglichkeit der „Güterstandschaukel" BFH, II R 29/02, BStBl II 2005, 843; *Moench/Hübner*, Erbschaftsteuer, 4. Aufl 2019, Rn 391 [erscheint 8/2019].

der Nachlass insoweit zu kürzen (§ 5 Abs. 1 ErbStG). Wird der Zugewinn dagegen nach § 1371 Abs. 2 HS 1, § 1378 BGB auch rechnerisch *tatsächlich* ausgeglichen, weil § 1371 Abs. 1 BGB nicht eingreift (sog. *güterrechtliche Abwicklung*), so ist die tatsächliche Ausgleichsforderung in voller Höhe steuerfrei (§ 5 Abs. 2 Fall 2 ErbStG).

Das Gleiche gilt, wenn die Zugewinngemeinschaft **aus anderen Gründen als durch den Tod** eines Ehegatten oder Lebenspartners beendet wird (§ 5 Abs. 2 Fall 1 ErbStG). In Höhe der tatsächlichen Ausgleichsforderung liegt keine Schenkung unter Lebenden iSd § 7 ErbStG vor[21]. 1534

2. Schenkung unter Lebenden (§ 7 ErbStG)

§ 7 ErbStG regelt abschließend, wann eine Schenkung unter Lebenden vorliegt. 1535
Grundtatbestand ist § 7 Abs. 1 Nr 1 ErbStG, wonach unter einer Schenkung jede **freigebige Zuwendung** unter Lebenden zu verstehen ist, soweit der Bedachte durch sie auf Kosten des Zuwendenden bereichert wird. *Objektiv* muss ein rechtsgeschäftliches oder tatsächliches Handeln des Zuwendenden zu einer Minderung seines Vermögens (Entreicherung) und einer korrespondierenden endgültigen Bereicherung des Zuwendungsempfängers führen, wobei der Vermögenstransfer unentgeltlich zu erfolgen hat[22]. *Subjektiv* muss beim Zuwendenden ein Wille zur unentgeltlichen Bereicherung des Empfängers vorhanden sein[23].

Steuerbar sind außerdem ua Erwerbe aufgrund der Vollziehung einer Auflage (§ 7 1536
Abs. 1 Nr 2 ErbStG), vorweggenommene Erbregelungen (§ 7 Abs. 1 Nr 5, 7 ErbStG), Stiftungsgeschäfte unter Lebenden (§ 7 Abs. 1 Nr 8 ErbStG)[24], Auflösungen von Stiftungen (§ 7 Abs. 1 Nr 9 ErbStG)[25] sowie bestimmte Zuwendungen im Rahmen eines Gesellschaftsverhältnisses (§ 7 Abs. 5–8 ErbStG)[26].

§ 7 Abs. 8 ErbStG erfasst auch Leistungen an eine Kapitalgesellschaft, die dazu führen, dass 1537
sich der Wert der Kapitalanteile bei einem Anteilseigner der Kapitalgesellschaft erhöht[27]. Der Gesetzgeber hatte dabei wohl die Konstellation vor Augen, dass etwa ein Vater (= Zuwender) eine verdeckte bzw disquotale Einlage in eine Kapitalgesellschaft leistet, an der auch seine Tochter als Anteilseignerin (= Bedachte) beteiligt ist.

Soweit die Zuwendung auf dem Gesellschaftsverhältnis beruht und damit eine (offene oder verdeckte) Gewinnausschüttung vorliegt, ist dies jedoch allein ertragsteuerlich zu erfassen (Rn 1267 ff) und für die Annahme einer freigebigen Zuwendung kein Raum[28].

21 *Moench/Hübner*, Erbschaftsteuer, Rn 377 f.
22 Daran fehlt es beispielsweise bei der Übernahme einer Bürgschaft, BFH, II R 26/98, BStBl II 2000, 596.
23 *Götz*, in: Wilms/Jochum, ErbStG, § 7 Rn 12.
24 Dazu BFH, II R 45/09, BStBl II 2011, 732.
25 Dazu *Desens/Hummel*, DStZ 2011, 710.
26 Dazu ausf *Schulte/Birnbaum*, Erbschaftsteuerrecht, Rn 263 ff.
27 Vgl dazu die gleichlautenden Erlasse der obersten Finanzbehörden der Länder v. 14.3.2012, BStBl I 2012, 331; ausf mit Beispielen *Korezkij*, DStR 2012, 163; krit *Crezelius*, ZEV 2011, 393; speziell zu Sanierungsfällen *Viskorf/Haag*, DStR 2012, 1166.
28 BFH, II R 6/12, BStBl II 2013, 930; II R 42/16 ua, BStBl II 2018, 292, 296, 299; *Loose*, DB 2013, 1080; *Viskorf/Haag*, DStR 2013, 652; *Crezelius*, ZEV 2018, 106. Ländererlasse v. 20.4.2018, BStBl I 2018, 632.

1538 Der erbschaftsteuerliche Schenkungsbegriff ist mit dem zivilrechtlichen Schenkungsbegriff insofern nicht identisch, als es nicht allein auf eine rechtsgeschäftliche Einigung über die Zuwendung iSd § 516 BGB ankommt[29]. Entscheidend ist vielmehr der **einseitige Bereicherungswille** des Zuwendenden sowie die tatsächliche Bereicherung des Empfängers, auf die die Schenkungsteuer zugreift (Steuer auf den *Hinzuerwerb*, vgl Rn 61 ff). Liegt eine Schenkung iSd § 7 ErbStG vor, so ist danach zu prüfen, inwieweit der Erwerber nach § 10 ErbStG auch bereichert ist (s. Rn 1542 ff). Der Erwerber muss über die Bereicherung frei verfügen können. Daran fehlt es, wenn die Leistung lediglich im Rahmen eines gemeinsamen Konsums erbracht werden soll (zB gemeinsame Luxus-Kreuzfahrt)[30].

1539 Was *Gegenstand* der freigebigen Zuwendung ist, beurteilt sich nicht nur – wie im Zivilrecht – nach der Schenkungsabrede der Parteien, sondern vor allem nach der tatsächlichen Bereicherung, also nach dem, was der Bedachte endgültig erhalten hat und worüber er tatsächlich und (zivil-)rechtlich verfügen kann[31]. Da es um die Besteuerung des Vermögenszuwachses geht, steht schenkungsteuerrechtlich der Wert der tatsächlichen, endgültigen und rechtlich einwandfreien Zuwendung im Vordergrund. Das gilt vor allem dann, wenn die tatsächliche Zuwendung von der versprochenen Leistung abweicht.

1540 Von Bedeutung ist die Frage, was Gegenstand der Zuwendung sein soll, auch in den Fällen der sog. **mittelbaren Schenkung**. Eine solche liegt vor, wenn der Gegenstand, der zur Entreicherung des Zuwendenden führt, mit der Bestimmung zugewandt wird, ihn zum Erwerb eines bestimmten anderen Gegenstands zu verwenden, um den der Zuwendungsempfänger endgültig bereichert sein soll[32]. So ist eine mittelbare Schenkung zB dann gegeben, wenn der Beschenkte den erhaltenen Gegenstand dem Willen des Schenkers entsprechend veräußern und dann über den Veräußerungserlös verfügen soll. Häufiger ist jedoch der umgekehrte Fall, dass dem Bedachten Geld zugewendet wird und er dieses für den Erwerb eines genau bestimmten Gegenstandes einsetzen muss. Als ausgeführt iSd § 2 Abs. 1 Nr 1 ErbStG gilt die mittelbare Schenkung erst in dem Zeitpunkt, in dem der endgültige Bereicherungsgegenstand auf den Beschenkten übergeht[33].

1541 Eine derartige Vorgehensweise ist insb bei **mittelbaren Grundstücksschenkungen** steuerlich günstig[34]: Wird dem Bedachten ein Geldbetrag zugewendet, den dieser nur für den Erwerb oder die bereits konkretisierte Bebauung eines genau bestimmten Grundstücks verwenden darf, ist das Grundstück als Gegenstand der Zuwendung anzusehen, mit der Folge, dass nur der (niedrigere) Wert des Grundstücks der Steuer unterliegt. Bei zu Wohnzwecken vermieteten Grundstücken etwa führt dies zu einem Bewertungsabschlag von 10 % des Grundbesitzwertes (§ 13d Abs. 1 ErbStG; vgl dazu Rn 1598 ff).

Verpflichtet der Schenker den Beschenkten dagegen nur zum Erwerb irgendeines Grundstücks bzw zur Bebauung eines Grundstücks, ohne dass bereits konkrete Bauvorhaben bestehen, liegt eine *Geldschenkung unter einer Auflage* (dazu Rn 1561) vor, welche mit dem Nominalwert des

29 *Schulte/Birnbaum*, Erbschaftsteuerrecht, Rn 249.

30 FG Hamburg, 3 K 77/17, EFG 2018, 1559 (Rev. BFH, Az II R 24/18).

31 BFH, II R 50/88, BStBl II 1991, 32; II R 39/98, BFH/NV 2001, 908.

32 Vgl BFH, II R 26/13, BStBl II 2015, 239; *Seer*, in: Tipke/Lang, § 15 Rn 28; zum Zeitpunkt vgl FG München, 4 K 1464/15, EFG 2018, 786.

33 *Hauschild*, in: Preißer/Rödl/Seltenreich, Erbschaft- und Schenkungsteuer, 3. Aufl 2018, § 9, Kap 3.1.

34 Zur mittelbaren Grundstücksschenkung auch *Birk/Desens/Tappe*, Klausurenkurs, Fall 14; *Schulte/Birnbaum*, Erbschaftsteuerrecht, Rn 248, 251 f; *Seer*, in: Tipke/Lang, § 15 Rn 28.

zugewendeten Geldes anzusetzen ist. Die Schenkung gilt in diesem Fall mit der Geldhingabe als ausgeführt[35].

C. Ermittlung der Steuerbemessungsgrundlage

Bemessungsgrundlage ist gem. § 19 Abs. 1 ErbStG, der die Steuersätze regelt, der **Wert des steuerpflichtigen Erwerbs**. Als steuerpflichtiger Erwerb gilt gem. § 10 Abs. 1 Satz 1 ErbStG die **Bereicherung des Erwerbers**, soweit sie nicht nach § 5, § 13, § 13a, § 13c, § 13d, § 16, § 17 oder § 18 ErbStG **steuerfrei** ist. **1542**

Hieraus ergibt sich folgendes Berechnungsschema:

	Wert des gesamten Vermögensanfalls, § 10 Abs. 1 Satz 2 iVm § 12 ErbStG (iVm BewG)
./.	Nachlassverbindlichkeiten, § 10 Abs. 1 Satz 2 iVm § 10 Abs. 3–9, § 12 ErbStG (iVm BewG)
=	*Bereicherung des Erwerbers*
./.	sachliche Steuerbefreiungen, § 5, § 13, § 13a, § 13c, § 13d, § 18 ErbStG
./.	persönliche Steuerbefreiungen, § 16, § 17 ErbStG
=	*steuerpflichtiger Erwerb*, § 10 Abs. 1 ErbStG abgerundet auf volle 100 €, § 10 Abs. 1 Satz 6 ErbStG
=	*Bemessungsgrundlage*

I. Bereicherung des Erwerbers

Die Bereicherung des Erwerbers ist im **Zeitpunkt der Steuerentstehung** (§ 9 ErbStG, dazu oben Rn 1524 f) festzustellen (§ 11 ErbStG). Bereichert ist der Erwerber, soweit der *Wert des gesamten Vermögensanfalls* den Wert der *Nachlassverbindlichkeiten* (§ 10 Abs. 3–9 ErbStG) übersteigt (§ 10 Abs. 1 Satz 2 ErbStG). **1543**

1. Wert des Vermögensanfalls

a) Bewertungsgrundsätze

Für die Ermittlung des Wertes des gesamten Vermögensanfalls von Todes wegen verweist § 10 Abs. 1 Satz 2 ErbStG auf § 12 ErbStG. Gem. § 12 Abs. 1 ErbStG richtet sich die **Bewertung** nach den allgemeinen Vorschriften des Bewertungsgesetzes (BewG, Erster Teil), soweit nicht in § 12 Abs. 2–7 ErbStG etwas anderes bestimmt ist. Grundsätzlich ist somit gem. § 12 Abs. 1 ErbStG iVm § 9 Abs. 1 BewG der *gemeine Wert*, dh der im gewöhnlichen Geschäftsverkehr nach der Beschaffenheit des Wirtschaftsgutes erzielbare Veräußerungspreis (§ 9 Abs. 2 BewG), zugrunde zu legen[36]. **1544**

35 Zu weiteren Einzelheiten im Zusammenhang mit mittelbaren Grundstücksschenkungen s. BFH, II R 51/96, BFH/NV 1998, 1378; II R 44/02, BStBl II 2005, 188; *Hauschild*, in: Preißer/Rödl/Seltenreich, Erbschaft- und Schenkungsteuer, § 9, Kap 3.2; *Moench/Hübner*, Erbschaftsteuer, Rn 535 ff.

36 *Schulte/Birnbaum*, Erbschaftsteuerrecht, Rn 342 ff.

1545 – Der gemeine Wert soll dementsprechend gem. § 162 Abs. 1 Satz 1 BewG etwa bei der Bewertung des *Wirtschaftsteils* eines **land- und forstwirtschaftlichen Betriebs** zugrunde gelegt werden[37]. Allerdings greift diese Forderung nicht durch, weil die Ermittlung des gemeinen Werts nach § 162 Abs. 1 Satz 2 BewG unter der Annahme der *Betriebsfortführung* durch einen fiktiven Erwerber erfolgen soll[38]. Dementsprechend sehen § 162 Abs. 1 Satz 3, § 163 BewG eine Bewertung mit einem typisierten Rein*ertragswert*verfahren vor. Der Nachweis eines niedrigeren gemeinen Wertes ist nach § 165 Abs. 3 BewG zulässig.

Wohnteile des land- und forstwirtschaftlichen Betriebs sind nach § 167, §§ 182 ff BewG wie bebaute Grundstücke (Rn 1554) zu bewerten.

1546 – **Ausländischer Grundbesitz** und ausländisches **Betriebsvermögen** werden nach § 31 BewG bewertet (§ 12 Abs. 7 ErbStG). § 31 Abs. 1 Satz 1 BewG verweist für die Bewertung ausländischen Sachvermögens – ähnlich dem § 12 Abs. 1 ErbStG – auf die allgemeinen Bewertungsvorschriften, insb auf § 9 BewG und den *gemeinen Wert*[39].

1547 – **Wertpapiere** und Anteile an Kapitalgesellschaften, die an einer Börse gehandelt werden, werden nach § 12 Abs. 1 ErbStG iVm § 11 Abs. 1 Satz 1 BewG mit dem niedrigsten am Bewertungsstichtag für sie notierten *Kurswert* bewertet. Von Bedeutung ist die Vorschrift vor allem für **börsennotierte Aktien**.

– **Nicht börsennotierte Anteile** an Kapitalgesellschaften (insb an einer **GmbH**) sind nach § 12 Abs. 2 ErbStG mit ihrem nach § 11 Abs. 2 BewG ermittelten und nach § 151 Abs. 1 Satz 1 Nr 3 BewG gesondert festgestellten gemeinen Wert anzusetzen, der vorrangig aus Verkäufen unter fremden Dritten abzuleiten ist, die weniger als ein Jahr zurückliegen (vgl § 11 Abs. 2 Satz 2 BewG)[40]. Alternativ kann das vereinfachte Ertragswertverfahren angewandt werden (§ 199 Abs. 1 BewG).

1548 – Der Ansatz von **Geldvermögen, Forderungen und Schulden** erfolgt grundsätzlich mit dem Nennwert, sofern nicht besondere Umstände einen höheren oder geringeren Wert begründen (§ 12 Abs. 1 ErbStG iVm § 12 Abs. 1–3 BewG).

Zu einem niedrigeren Ansatz kommt es etwa bei unverzinslichen Darlehen (= Forderungen), deren Laufzeit mehr als ein Jahr beträgt. § 12 Abs. 3 BewG sieht in diesen Fällen eine Abzinsung des Nennwerts mit einem Zinssatz von 5,5 % vor[41].

1549 – Noch **nicht fällige Ansprüche aus Lebens-, Kapital- oder Rentenversicherungen** werden mit dem Rückkaufswert bewertet. Rückkaufswert ist der Betrag, den das Versicherungsunternehmen dem Versicherungsnehmer im Falle der vorzeitigen Auf-

37 Vgl zur Bewertung land- und forstwirtschaftlicher Betriebe auch *Halaczinsky*, ErbStB 2009, 130.

38 Konzeptionell entspricht die Bewertung nach § 162 Abs. 1 Sätze 1, 2 BewG dem Teilwert des § 6 Abs. 1 Nr 1 Satz 3 EStG, der teilweise sogar gleich definiert ist.

39 Damit wurde die Bewertung ausländischer Vermögensteile weitgehend der für inländische Vermögensteile geltenden Bewertung angenähert und die zuvor bestehende Ungleichbehandlung weitestgehend beseitigt; so auch *Hey*, DStR 2011, 1149 (1154). Zur Unionsrechtswidrigkeit der früheren Rechtslage s. EuGH, C-256/06, Slg. 2008, I-123 *(Jäger)*.

40 Ausf *Schulte/Birnbaum*, Erbschaftsteuerrecht, Rn 353 ff; zur Nichtberücksichtigung latenter Steuern *Paus*, FR 2019, 11 ff.

41 Auch dieser Zinssatz steht wegen der anhaltenden Niedrigzinsphase in der (verfassungsrechtlichen) Kritik (vgl Rn 287), s. FG Hamburg, 2 V 112/18, DStR 2019, 603.

hebung des Vertragsverhältnisses zu erstatten hat. Die Berechnung des Werts, insb die Berücksichtigung von ausgeschütteten und gutgeschriebenen Gewinnanteilen kann durch Rechtsverordnung geregelt werden (§ 12 Abs. 1 ErbStG iVm § 12 Abs. 4 BewG).

– Für **wiederkehrende bzw lebenslängliche Nutzungen und Leistungen** (zB **1550**
Renten, Wohn- und Nießbrauchsrechte) ist der nach § 12 Abs. 1 ErbStG iVm §§ 13 ff BewG zu ermittelnde Kapitalwert maßgebend.

– Ist ein Erbe durch einen Gesellschaftsvertrag dazu verpflichtet, seinen **Geschäftsanteil** an **1551**
einer Personengesellschaft oder GmbH **gegen einen Abfindungsanspruch** auf die Mitgesellschafter zu übertragen, richtet sich die Bewertung nach § 10 Abs. 10 ErbStG. Ist der (gemeine) Wert des Anteils höher als der Abfindungsanspruch – was in aller Regel der Fall sein wird –, so gehört nur der Abfindungsanspruch (der nicht wie ein Mitunternehmeranteil nach § 13a, § 13b oder § 19a ErbStG [Rn 1573 ff] begünstigt ist) zum Vermögensanfall iSd § 10 Abs. 1 Satz 2 ErbStG.

b) Betriebsvermögen

Der Begriff des *Betriebsvermögens* orientiert sich am Ertragsteuerrecht (vgl §§ 95 ff **1552**
BewG), geht jedoch über die Bestandteile des Gewerbebetriebs (§ 15 Abs. 1, 2 EStG) insofern hinaus, als das betrieblich genutzte Vermögen von Personengesellschaften, Kapitalgesellschaften und Freiberuflern gleich behandelt wird. Erbschaftsteuerlich wird so eine **rechtsformneutrale Bewertung** erreicht. Der Wert des Betriebsvermögens oder eines Anteils daran ist gesondert festzustellen (§ 12 Abs. 5 ErbStG iVm § 151 Abs. 1 Satz 1 Nr 2 BewG).

Die Bewertung erfolgt mit dem gemeinen Wert (§ 109 BewG), für dessen Ermittlung § 11 Abs. 2 BewG entsprechend gilt[42]. Der gemeine Wert ist vorrangig aus Verkäufen unter fremden Dritten abzuleiten, die weniger als ein Jahr zurückliegen. Ersatzweise ist eine andere, nichtsteuerliche Methode zur Ertragswertbewertung anzuwenden (vgl § 11 Abs. 2 Satz 2 BewG), wobei § 11 Abs. 2 Satz 4 BewG auf das sog. **vereinfachte Ertragswertverfahren**[43] (§§ 199–203 BewG) verweist[44].

c) Immobilien

Die Bewertung von Grundstücken (vgl § 19 Abs. 1 BewG) erfolgt zum Bewertungs- **1553**
stichtag (§ 11 ErbStG) unter Berücksichtigung der tatsächlichen Verhältnisse je nach Art der Immobilie (§ 12 Abs. 3 ErbStG iVm § 151 Abs. 1 Satz 1 Nr 1, § 157 Abs. 1 und 3 iVm §§ 176–198 BewG)[45].

Nach § 177 BewG ist der *gemeine Wert* zu Grunde zu legen. Bei *unbebauten Grundstücken* **1554**
(§ 178 BewG) bestimmt sich der (typisierte) gemeine Wert gem. § 179 Satz 1 BewG nach ihrer Fläche und den jährlich festzustellenden Bodenrichtwerten (hierzu § 196 BauGB).

42 Ausf *Schulte/Birnbaum*, Erbschaftsteuerrecht, Rn 624 ff.

43 Ausf etwa *Moench/Hübner*, Erbschaftsteuer, Rn 1003 ff.

44 Vgl dazu *Ramb*, SteuerStud 2013, 202. Während sich der in diesem Verfahren anzuwendende Kapitalisierungsfaktor bisher aus einem Basiszinssatz und einem Zuschlag von 4,5 % ergab, sieht der neue § 203 Abs. 1 BewG nun einen grds starren Kapitalisierungsfaktor iHv 13,75 % vor; krit *Zipfel/Lahme*, DStZ 2016, 566 (567 f).

45 Ausf *Schulte/Birnbaum*, Erbschaftsteuerrecht, Rn 525 ff.

Die Bewertung *bebauter Grundstücke* (§ 180 BewG) richtet sich nach der Art der Bebauung oder nach deren wirtschaftlicher Nutzung (vgl § 181 BewG). Für die Bewertung wird zwischen dem Vergleichswertverfahren (§ 183 BewG), dem Ertragswertverfahren (§§ 184–188 BewG) und dem Sachwertverfahren (§§ 189–191 BewG) unterschieden.

Nach dem **Vergleichswertverfahren** sind vorrangig *Wohnungseigentum, Teileigentum* sowie *Ein- und Zweifamilienhäuser* zu bewerten (§ 182 Abs. 2 BewG). Hierbei wird der Marktwert aus tatsächlich realisierten Kaufpreisen von anderen Grundstücken abgeleitet, die dem zu vergleichenden Grundstück nach Lage und Beschaffenheit ähneln (vgl § 183 BewG).

Soweit sich ein Vergleichspreis nicht ermitteln lässt, sind die Werte im **Sachwertverfahren** zu ermitteln (§ 182 Abs. 4 Nr 1 BewG). Bei diesem Verfahren wird der Wert mit Hilfe der Herstellungskosten des Gebäudes und des Bodenrichtwertes des (unbebauten) Grundstücks bestimmt (näher §§ 189–191 BewG).

Das **Ertragswertverfahren** ist für *Mietwohngrundstücke, Geschäftsgrundstücke und gemischt genutzte Grundstücke, für die sich auf dem örtlichen Grundstücksmarkt eine übliche Miete ermitteln lässt,* zu Grunde zu legen (§ 182 Abs. 3 BewG). Dabei ist ausgehend von der Jahresrohmiete (Rohertrag) und den Bewirtschaftungskosten der Gebäudereinertrag zu ermitteln, der entsprechend der Restnutzungsdauer des Gebäudes zu vervielfältigen ist (nach Anlage 21 zum BewG) und zum Bodenwert (§ 179 BewG) hinzugerechnet wird (näher §§ 184–188 BewG).

Für *andere Geschäftsgrundstücke und gemischt genutzte Grundstücke* sowie für alle *sonstigen bebauten Grundstücke* gilt das bereits beschriebene **Sachwertverfahren** (§ 182 Abs. 4 Nr 2, 3 BewG). Bestimmte Sonderfälle (Erbbaurechte uä) regeln die §§ 192–197 BewG.

1555 Bei allen Grundstücken besteht für die Steuerpflichtigen die Möglichkeit, einen **niedrigeren gemeinen Wert** nachzuweisen (§ 198 Satz 1 BewG), wobei der Nachweis aber grundsätzlich anhand der Wertermittlungsverordnung (WertVO) erfolgen muss, die nach § 199 Abs. 1 BauGB erlassen wird (§ 198 Satz 2 BewG).

2. Nachlassverbindlichkeiten

1556 Für die Ermittlung der tatsächlichen Bereicherung des Erwerbers ist der Wert des gesamten Vermögensanfalls gem. § 10 Abs. 1 Satz 2 ErbStG um die „nach den Absätzen 3 bis 9 abzugsfähigen Nachlassverbindlichkeiten" mit ihrem nach § 12 ErbStG iVm BewG festgestellten Wert zu kürzen.

Der Begriff „Nachlassverbindlichkeiten" für die Abzugstatbestände der Absätze 3 bis 9 des § 10 ErbStG ist zu eng gewählt. Die genannten Absätze enthalten Regelungen zu zahlreichen weiteren Positionen, die bei der Ermittlung des steuerpflichtigen Erwerbs zu berücksichtigen sind, so etwa die Vereinigung von Recht und Verbindlichkeit (Konfusion) und von Recht und Belastung (Konsolidation, § 10 Abs. 3 ErbStG) oder die Anwartschaft eines Nacherben (§ 10 Abs. 4 ErbStG).

1557 Die abzugsfähigen Nachlassverbindlichkeiten im erbschaftsteuerlichen Sinne[46] sind in § 10 Abs. 5 ErbStG geregelt. Hierzu gehören:

– Die vom Erblasser herrührenden Schulden, soweit sie nicht bereits bei der Bewertung des erworbenen Gewerbebetriebs, Mitunternehmeranteils oder land- und forst-

46 Noch enger sind Nachlassverbindlichkeiten im ursprünglichen, zivilrechtlichen Sinne (§§ 1967 ff BGB) zu verstehen: Dort werden unter Nachlassverbindlichkeiten nur solche Erblasserschulden und Erbfallschulden verstanden, die eine Vollstreckung in den Nachlass erlauben.

wirtschaftlichen Vermögens, mit dem sie in wirtschaftlichem Zusammenhang stehen, berücksichtigt wurden (§ 10 Abs. 5 Nr 1 ErbStG). Auch die Einkommensteuer eines laufenden VZ, nicht aber die latente Steuer, gehört zu den Nachlassverbindlichkeiten[47].

– Verbindlichkeiten aus Vermächtnissen, Auflagen und geltend gemachten Pflichtteilen und Erbersatzansprüchen (§ 10 Abs. 5 Nr 2 ErbStG).

– Bestimmte sonstige Kosten im Zusammenhang mit dem Erbfall (§ 10 Abs. 5 Nr 3 ErbStG), ua Beerdigungskosten sowie die unmittelbaren Kosten der Abwicklung, Regelung oder Verteilung des Nachlasses (zB die Kosten der Testamentseröffnung)[48]. Ohne Nachweis wird hier ein Pauschbetrag von 10 300 € berücksichtigt (§ 10 Abs. 5 Nr 3 Satz 2 ErbStG).

Nicht abzugsfähig sind Schulden und Lasten, soweit sie in wirtschaftlichem Zusammenhang mit steuerbefreiten Vermögensgegenständen oder mit nach § 13a und § 13c oder § 13d ErbStG befreitem Vermögen stehen (§ 10 Abs. 6 ErbStG). Gleiches gilt für die eigene Erbschaftsteuer (§ 10 Abs. 8 ErbStG), dem Beschwerten selbst zugutekommende Auflagen (zB die Auflage, das vererbte Haus zu renovieren, § 10 Abs. 9 ErbStG), Kosten für die Verwaltung des Nachlasses (§ 10 Abs. 5 Nr 3 Satz 3 ErbStG) und für sonstige Nachlasseigenschulden (zB die Kosten der Testamentsvollstreckung). **1558**

Obwohl Nachlassverbindlichkeiten im eigentlichen Sinne nur bei einem Erbfall auftreten können[49], ist ihre sinngemäße Berücksichtigung nach § 10 Abs. 3–9 iVm § 1 Abs. 2 ErbStG als Erwerbsaufwand auch bei einem Erwerb durch Schenkung unter Lebenden verfassungsrechtlich geboten und anerkannt (vgl unten Rn 1559)[50].

3. Besonderheiten bei einer Schenkung

§ 10 ErbStG enthält – anders als im Fall der Erwerbe von Todes wegen – keine Sonderregelungen darüber, wie die Bereicherung bei einer **Schenkung** iSd § 7 ErbStG zu ermitteln ist. IErg besteht Einigkeit darüber, dass § 10 Abs. 1 Satz 2 ErbStG entsprechend anzuwenden ist, dass also auch bei Schenkungen unter Lebenden die Abzugsposten des § 10 Abs. 3–9 ErbStG in Ansatz gebracht werden und das für die Bereicherung beim Erbfall geltende Berechnungsschema (Rn 1542) angewandt wird[51]. Insb können die im Zusammenhang mit der Durchführung der Schenkung entstandenen Erwerbskosten abgezogen werden[52]. **1559**

Besonderheiten sind bei einer **gemischten Schenkung** zu beachten. Eine gemischte Schenkung liegt vor, wenn der Beschenkte eine nicht gleichwertige Gegenleistung erbringt (zB Geldzahlung, Übernahme von Schulden) und dem Zuwendenden die fehlende Gleichwertigkeit bewusst ist, er also bzgl des Mehrwertes eine unentgeltliche Zuwendung erbringen will. Aufgrund des **1560**

47 BFH, II R 15/11, BStBl II 2012, 790; s. auch BVerfG, 1 BvR 1432/10, ZEV 2015, 426 (428).
48 Vgl dazu BFH, II R 31/08, BStBl II 2010, 491; *Götz*, ZEV 2010, 561.
49 So auch *Moench/Hübner*, Erbschaftsteuer, Rn 47.
50 So etwa Zahlungen zur Abwendung des Herausgabeanspruchs eines Pflichtteilsberechtigten, vgl BFH, II R 46/01, BStBl II 2004, 234.
51 Zum dogmatischen Streit, ob eine Regelungslücke vorliegt, s. *Meincke/Hannes/Holtz*, ErbStG, 17. Aufl 2018, § 10 Rn 20.
52 *Meincke/Hannes/Holtz*, ErbStG, § 10 Rn 63.

Vorhandenseins einer (nicht gleichwertigen) Gegenleistung kann zunächst die Frage aufkommen, ob bei dem Zuwendenden überhaupt ein Wille zur unentgeltlichen Bereicherung des Empfängers vorhanden war oder ob Leistung und Gegenleistung nicht vielmehr synallagmatisch miteinander verbunden sein sollten. Für die Beantwortung kommt es entscheidend auf einen **Vergleich** der Werte der zugewendeten Leistung und der Gegenleistung des Empfängers an, wobei aufgrund der Orientierung am Verkehrswert (dazu oben Rn 1543 ff) die Heranziehung zivilrechtlicher Maßstäbe[53] nicht mehr erforderlich ist. Der Wille zur Unentgeltlichkeit der Leistung fehlt, wenn sich der Zuwendende aus rechtlichen Gründen ernsthaft zur Leistung verpflichtet sah oder wenn er glaubte, dass seiner Leistung eine gleichwertige Gegenleistung gegenüber stand[54]. Bei einem **auffallenden Missverhältnis** von Leistung und Gegenleistung besteht dagegen die widerlegbare Vermutung, dass den Beteiligten dies bekannt war[55] und der Zuwendende demzufolge auch eine teilweise unentgeltliche Leistung erbringen wollte[56].

Für die Bewertung der schenkungsteuerlich relevanten Leistung ist die gemischte Schenkung in diesen Fällen nach den Verhältnissen der Verkehrswerte von Leistung und Gegenleistung in einen entgeltlichen und einen unentgeltlichen Teil aufzuteilen[57]. Der Schenkungsteuer unterliegt nur der unentgeltliche Teil[58].

1561 Ebenso wird die Bereicherung bei einer **Schenkung unter Leistungsauflage** behandelt[59]. Eine solche liegt vor, soweit dem Bedachten Aufwendungen auferlegt sind, die er unabhängig vom Innehaben des auf ihn übergegangenen Gegenstandes auch aus seinem persönlichen Vermögen erbringen kann. Das ist ua bei Geldleistungspflichten (zB Rentenzahlungen) der Fall, auch wenn sich deren Höhe nach den Erträgen des hingegebenen Gegenstandes bestimmt[60].

Wird der Bedachte dagegen verpflichtet, die Nutzungen an dem Zuwendungsgegenstand zeitlich befristet einem anderen zu überlassen (zB in Form von Nießbrauchs- oder Wohnrechten), liegt mangels eigener Aufwendungen keine Gegenleistung (und damit keine gemischte Schenkung), sondern eine **Schenkung unter Nutzungs- oder Duldungsauflage** vor[61]. Als Bereicherung gilt in diesem Fall der Wert der Zuwendung abzgl. des Kapitalwerts der Auflage[62].

II. Sachliche Steuerbefreiungen

1562 Die Steuerpflicht der Bereicherung kann aus *sachlichen Gründen*, die in §§ 13–13d ErbStG geregelt sind, entfallen[63]. Es handelt sich um Gründe, die die Art des zugewendeten Gegenstands oder die Verwendung des zugewendeten Vermögens betreffen.

53 So noch BFH, III 229/52 U, BStBl III 1953, 308 (309).

54 BFH, II 127/57 U, BStBl III 1957, 449 (450); II R 43/12, BStBl II 2015, 241 (247).

55 BGH, IVa ZR 154/80, NJW 1981, 1956; BFH, II R 41/08, BStBl II 2011, 363 (365).

56 Sog. objektivierende Theorie, vgl ausf *Götz*, in: Wilms/Jochum, ErbStG, § 7 Rn 13.

57 *Meincke/Hannes/Holtz*, ErbStG, § 10 Rn 23; *Schulte/Birnbaum*, Erbschaftsteuerrecht, Rn 511.

58 BFH, II R 176/78, BStBl II 1982, 83 (84); *Jochum*, in: Wilms/Jochum, ErbStG, § 10 Rn 47.

59 Die dem Bedachten auferlegten Aufwendungen für die Geld- oder Sachleistungen sind bei der Ermittlung der Bemessungsgrundlage herauszurechnen, so BFH, II R 37/87, BStBl II 1989, 524; II R 27/09, BStBl II 2011, 730. Vgl auch *Birk/Desens/Tappe*, Klausurenkurs, Fall 14.

60 BFH, II R 27/09, BStBl II 2011, 730; II B 122/17, BStBl II 2018, 660.

61 BFH, II R 27/09, BStBl II 2011, 730; dazu *Birk/Desens/Tappe*, Klausurenkurs, Fall 14. Fallbeispiele auch bei *Schulte/Birnbaum*, Erbschaftsteuerrecht, Rn 516, 519, 522.

62 *Seltenreich*, in: Preißer/Rödl/Seltenreich, Erbschaft- und Schenkungsteuer, § 7, Kap 2.5.3.2; bei (teilweiser) Begünstigung ist § 10 Abs. 6 ErbStG zu beachten, s. auch R E 7.4 ErbStR und *Götz/Immes*, Ubg 2015, 14.

63 Krit *Seer*, Ubg 2012, 376; Überblick bei *Ramb*, SteuerStud 2014, 273 (275).

1. Steuerbefreiungen nach § 13 ErbStG

Zu den allgemeinen sachlichen Steuerbefreiungen, die in § 13 ErbStG geregelt sind, gehören insb die folgenden Sachverhalte: **1563**

– Nach § 13 Abs. 1 Nr 1 ErbStG ist für Personen der Steuerklasse I (Rn 1605) der Erwerb von *Hausrat* (einschließlich Wäsche und Kleidungsstücke) bis zu 41 000 € (Nr 1 lit. a) und der Erwerb anderer *beweglicher körperlicher Gegenstände* (außer den in § 13 Abs. 1 Nr 1 lit. a, Nr 1 Satz 2 oder Nr 2 ErbStG genannten Gegenständen) bis zu 12 000 € steuerfrei (Nr 1 lit. b). Für Erwerber der Steuerklassen II und III (Rn 1605) gibt es nur eine zusammengefasste Freistellung von 12 000 € (§ 13 Abs. 1 Nr 1 lit. c ErbStG). Die Freistellungen stehen jedem Erwerber in voller Höhe zu. **1564**

– Der Erwerb von bestimmten *Kulturgütern* oder von *Grundbesitz*, deren Erhaltung im öffentlichen Interesse liegt, kann unter gewissen Voraussetzungen ganz oder zu 60 % bzw 85 % (bei Grundbesitz) steuerbefreit sein (§ 13 Abs. 1 Nr 2 und 3 ErbStG)[64]. **1565**

– Der Erwerb eines sog. **Familienheims** bei einer *Schenkung unter Lebenden* an den Ehegatten oder Lebenspartner (§ 13 Abs. 1 Nr 4a ErbStG) sowie beim *Erwerb von Todes wegen* durch den *Ehegatten oder Lebenspartner* (§ 13 Abs. 1 Nr 4b ErbStG) oder *die Kinder* wird steuerbefreit (§ 13 Abs. 1 Nr 4c ErbStG)[65]. Ein Familienheim ist nach der gesetzlichen Definition (§ 13 Abs. 1 Nr 4a Satz 1 ErbStG) jede Wohnung, die in einem beliebigen Grundstück zu eigenen Wohnzwecken genutzt wird[66]. Zusätzlich wird verlangt, dass das Familienheim insgesamt den Mittelpunkt des familiären Lebens darstellt[67]. Wird ein Teil des Grundstücks nicht durch den Erwerber zu eigenen Wohnzwecken genutzt, so unterliegt nur dieser Teil der Schenkungsteuer. **1566**

IRd § 13 Abs. 1 Nr 4a ErbStG, also bei Erwerb des Ehegatten oder Lebenspartners durch *Schenkung unter Lebenden* ist nur das Bestehen der Ehe oder Partnerschaft und damit weder eine Behaltensfrist noch eine Wertobergrenze oder ein bestimmter Güterstand Voraussetzung für die Steuerbefreiung. **1567**

Dagegen setzt die Steuerfreiheit des Erwerbs des Familienheims *von Todes wegen* durch den Ehegatten oder Lebenspartner (Nr 4b) oder die Kinder (Nr 4c) voraus, dass einerseits der Erblasser darin bis zum Erbfall eine Wohnung zu eigenen Wohnzwecken genutzt hat, es sei denn, dass er aus zwingenden Gründen (zB Pflege im Pflegeheim) an einer Selbstnutzung gehindert war und andererseits der Erwerber die Wohnung unverzüglich zu eigenen Wohnzwecken für den Zeitraum von zehn Jahren nutzt (§ 13 Abs. 1 Nr 4b Sätze 1, 5, Nr 4c Sätze 1, 5 ErbStG). Die Steuerfreiheit ist beim Erwerb durch Kinder zudem auf eine Wohnfläche von 200 qm begrenzt (§ 13 Abs. 1 Nr 4c Satz 1 ErbStG).

Verfassungsrechtliche Bedenken gegen die Regelungen der Nr 4a bis 4c des § 13 Abs. 1 ErbStG ergeben sich aus der Ungleichbehandlung des Ehegatten oder Lebenspartners bei Er- **1568**

64 R 42 Abs. 1 Satz 1 ErbStR beschränkt die Steuerbefreiung auf inländische Gegenstände. Diese Einschränkung wird als unionsrechtswidrig angesehen, s. *Hey*, DStR 2011, 1149 (1155).

65 Ausf *Schulte/Birnbaum*, Erbschaftsteuerrecht, Rn 591 ff.

66 *Moench/Hübner*, Erbschaftsteuer, Rn 223, 452 ff; *Schulte/Birnbaum*, Erbschaftsteuerrecht, Rn 595; bei Nutzung durch anderen Angehörigen s. BFH, II R 32/15, BStBl II 2017, 130.

67 BT-Drs 16/11107, S. 8; *Kobor*, in: Fischer/Pahlke/Wachter, ErbStG, 6. Aufl 2016, § 13 Rn 30; *Meincke/Hannes/Holtz*, ErbStG, § 13 Rn 25. Zum „Ferienhaus" BFH, II R 35/11, BStBl II 2013, 1051.

werb unter Lebenden (Nr 4a) und von Todes wegen (Nr 4b) und auch daraus, dass ein sachlicher Grund für die Privilegierung des Immobiliarvermögens gegenüber anderen Arten erworbenen Vermögens bei einem Erwerb der Kinder von Todes wegen (Nr 4c) fehlt[68]. Der Erwerb des Familienheims wird durch diese Regelung doppelt begünstigt, da neben der sachlichen Steuerbefreiung hohe persönliche Freibeträge (§ 16 ErbStG) gewährt werden (s. Rn 1601), die bereits der „Freistellung des Familiengebrauchsvermögens“[69] sowohl für Ehegatten als auch für Kinder dienen. Aufgrund der Regelung kann Grundvermögen von erheblichem Wert zum Verkehrswert besteuert oder aber auch ganz steuerfrei sein.

1569 – Vollständig steuerbefreit sind gem. § 13 Abs. 1 Nr 12 ErbStG freiwillige Zuwendungen unter Lebenden für den *angemessenen Unterhalt oder die Ausbildung* des Bedachten. Für Leistungen, die aufgrund einer gesetzlichen Unterhaltspflicht erbracht werden, gilt die Befreiung nicht; insoweit erfolgt die Leistung nicht freigebig und ist damit mangels Schenkungscharakters nicht steuerbar.

1570 – Auch *übliche Gelegenheitsgeschenke* sind nicht zu besteuern (§ 13 Abs. 1 Nr 14 ErbStG). Erfasst werden alle Geschenke, die nach der Verkehrsanschauung sowohl hinsichtlich des Anlasses als auch hinsichtlich ihres Wertes üblich sind, wie Geschenke zu Geburtstagen, Hochzeit, Abitur, Examen[70].

1571 – Geldzuwendungen unter Lebenden, die ein Pflegebedürftiger an seine Pflegepersonen erbringt, sind bis zur Höhe des *Pflegegeldes aus einer gesetzlichen oder privaten Pflegeversicherung* steuerfrei (§ 13 Abs. 1 Nr 9a ErbStG). Außerdem ist ein Erwerb bis zu 20 000 € steuerfrei, soweit er als *angemessenes Entgelt für Pflege oder Unterhalt des Erblassers* anzusehen ist (§ 13 Abs. 1 Nr 9 ErbStG).

1572 – In voller Höhe steuerbefreit sind *Zuwendungen an den Bund, ein Land, inländische Gemeinden, Religionsgemeinschaften, bestimmte steuerbegünstigte Einrichtungen oder politische Parteien und politisch aktive Vereine ohne Parteicharakter* sowie Zuwendungen, die ausschließlich Zwecken der obigen Gebietskörperschaften oder *kirchlichen, gemeinnützigen bzw mildtätigen Zwecken* dienen (§ 13 Abs. 1 Nr 15–18 ErbStG).

2. Steuerbefreiungen für Betriebsvermögen (§§ 13a, 13b, § 13c ErbStG)

1573 Nach der vom BVerfG erzwungenen Neuregelung enthalten die neuen § 13a, § 13b und § 13c ErbStG noch immer steuerliche Vergünstigungen für *Betriebsvermögen, land- und forstwirtschaftliches Vermögen* und für *Anteile an Kapitalgesellschaften.* Einige **Begünstigungen für Betriebsvermögen** (va § 13a, § 13b ErbStG aF) wurden aber abgebaut.

1574 Das System der Regelverschonung iHv 85 % (Rn 1587 ff) und der alternativen Optionsverschonung iHv 100 % des Betriebsvermögens (Rn 1593 ff) wurde grundsätzlich beibehalten, die Bestimmungen über das begünstigungsfähige Vermögen sowie die Voraussetzungen für dessen

68 Das Argument des Schutzes des gemeinsamen familiären Lebensraums, der die Steuerbefreiung im Falle des Erwerbs durch den Ehegatten bzw Lebenspartner rechtfertigt, kann im Falle des Erwerbs durch die (erwachsenen) Kinder nicht durchgreifen.

69 Gesetzentwurf zum ErbStRG, BT-Drs 16/7918, S. 37.

70 *Offerhaus/Renner*, in: Weinmann/Revenstorff/Offerhaus/Erkis, Erbschaft- und Schenkungsteuerrecht, 4. Aufl 2017, S. 178 (Rn 6 ff); *Jülicher*, in: Troll/Gebel/Jülicher/Gottschalk, ErbStG, § 13 Rn 165 ff.

Verschonung aber modifiziert. Das neue ErbStG hält am Begriff des **„Verwaltungsvermögens"** fest. Die Abgrenzung zwischen begünstigtem und nicht begünstigtem Vermögen wurde jedoch überarbeitet und das begünstigte Vermögen teilweise neu definiert (insb Berücksichtigung von Schulden, Einführung einer konsolidierten Verbundvermögensaufstellung [Rn 1582] sowie einer Investitionsklausel [Rn 1585]). Nach den Vorgaben des BVerfG entschärft wurde außerdem das sog. **Alles-oder-Nichts-Prinzip**, nach dem bei Überschreitung einer bestimmten Verwaltungsvermögensquote die Begünstigung entfiel (§ 13b Abs. 2 ErbStG aF). Stattdessen ist begünstigungsfähiges Betriebsvermögen nach neuem Recht grundsätzlich nur *insoweit* zu schonen, also begünstigt, als es kein Verwaltungsvermögen darstellt (Rn 1578 ff).

Die Lohnsummenklausel hat der Gesetzgeber angepasst und differenzierter ausgestaltet **1575**
(Rn 1589, 1594). Eine Freistellung von der Lohnsummenkontrolle gibt es nur noch für Betriebe mit nicht mehr als fünf Beschäftigten. Darüber hinaus ist die Anwendung der Regel- bzw Optionsverschonung nur noch für Erwerbe bis zu einem Unternehmenswert von 26 Mio € vorgesehen. Überschreitet der Wert des Erwerbs diese **Freigrenze**, muss sich der Erwerber einer Verschonungsbedarfsprüfung unterziehen oder alternativ eine abgeschwächte Verschonung des begünstigten Vermögens (Abschmelzmodell) hinnehmen. Gesellschaftsanteilen an (typisierten) Familienunternehmen kommt bei der Bestimmung des Unternehmenswerts ein Bewertungsabschlag iHv max 30 % zugute (Rn 1587).

a) Begünstigungsfähiges und begünstigtes Vermögen

Vor der Entscheidung, ob eine Begünstigung nach §§ 13a–13c ErbStG gewährt wer- **1576**
den kann, steht die Frage, welches Vermögen zum **begünstigungsfähigen Betriebsvermögen** gehört. Insofern ist der Katalog des § 13b Abs. 1 ErbStG entscheidend.

Zum begünstigungsfähigen Vermögen gehört zunächst der inländische Wirtschafts- **1577**
teil des **land- und forstwirtschaftlichen Vermögens** (§ 13b Abs. 1 Nr 1 ErbStG), dh tatsächlich land- und forstwirtschaftlich genutzte Flächen.

Begünstigungsfähig ist nach § 13b Abs. 1 Nr 2 ErbStG zudem **Betriebsvermögen** iSd §§ 95–97 BewG (vgl dazu Rn 1552), das einer Betriebsstätte innerhalb der EU oder des EWR dient, sowie nach § 13b Abs. 1 Nr 3 Satz 1 ErbStG **Anteile an Kapitalgesellschaften von mehr als 25 %** (Mindestbeteiligung), soweit der Erblasser oder Schenker an der Gesellschaft *unmittelbar* beteiligt war und die Gesellschaft zum Bewertungsstichtag (§ 11 ErbStG) Sitz oder Geschäftsleitung im Inland oder einem Land innerhalb der EU oder des EWR hatte.

Die Festlegung der Mindestbeteiligungsquote in § 13b Abs. 1 Nr 2 ErbStG schließt zugleich die Begünstigung von **Streubesitzanteilen** (unmittelbare **Beteiligung von nicht mehr als 25 %**) aus (vgl § 13b Abs. 4 Nr 2 Satz 1 ErbStG). Allerdings enthält § 13b Abs. 1 Nr 3 Satz 2 ErbStG eine sog. **Poolklausel**, die die Summierung kleinerer Gesellschaftsanteile zum Zwecke der Überschreitung der 25 %-Hürde unter den Voraussetzungen erlaubt, dass einerseits über die Anteile nur einheitlich verfügt werden kann und andererseits die Stimmrechte der gebundenen Gesellschafter gegenüber den nicht gebundenen Gesellschaftern nur einheitlich ausgeübt werden[71].

Der Gesetzgeber hatte ursprünglich vor Augen, nur das sog. **Produktivvermögen** zu **1578**
begünstigen. Da die Definition des Produktivvermögens mit kaum lösbaren Schwierigkeiten verbunden ist, hat er die Begünstigungen an den Betriebsvermögensbegriff

71 Näher *Schulte/Birnbaum*, Erbschaftsteuerrecht, Rn 698 ff, 761; außerdem zur Poolvereinbarung noch vor der neuesten ErbSt-Reform *Kreklau*, BB 2009, 748; *Lahme/Zikesch*, DB 2009, 527.

gekoppelt. Die Betriebsvermögenseigenschaft ist vom Steuerpflichtigen aber vielfach gestaltbar (gewillkürtes Betriebsvermögen, Rn 899; gewerbliche Prägung, Rn 1159), so dass mit dem Begriff des **Verwaltungsvermögens** ein Korrektiv eingebaut wurde, das zu einer Unterscheidung zwischen „gutem" und „schlechtem" Vermögen führt und – ungeachtet der verfassungsrechtlichen Einordnung insgesamt (Rn 1518) – mit Blick auf die Voraussetzungen, die das BVerfG an die Verfassungsmäßigkeit von Lenkungsnormen stellt (Rn 202 ff), verfassungsrechtlich problematisch ist[72].

1579 § 13b Abs. 2 Satz 1 ErbStG aF nahm das begünstigungsfähige Vermögen bislang *insgesamt* von der Steuerbefreiung (§ 13a ErbStG) aus, *wenn* der Anteil des sog. Verwaltungsvermögens mehr als 50 % (mehr als 10 % bei Option nach § 13a Abs. 8 ErbStG aF) des gesamten land- und forstwirtschaftlichen Vermögens, Betriebsvermögens oder Anteilsvermögens iSd § 13b Abs. 1 Nr 1–3 ErbStG ausmachte.

Da es durch dieses **Alles-oder-Nichts-Prinzip**, je nachdem, ob die 50 %-Grenze knapp über- oder unterschritten wird, zu gravierenden Unterschieden in der Besteuerung von Unternehmen mit ähnlicher Vermögensstruktur kommen konnte, ohne dass es eine Rechtfertigung dafür gegeben hätte, hielt das BVerfG die von § 13b Abs. 2 Satz 1 ErbStG aufgestellte Grenze für nicht mit der Verfassung vereinbar[73]. Hinzu kam, dass diese Grenze gestaltungsanfällig war.

1580 Das neue Erbschaftsteuerrecht wendet sich weitgehend vom Alles-oder-Nichts-Prinzip ab. Nach § 13b Abs. 2 Satz 1 ErbStG ist das begünstigungsfähige Vermögen nur noch begünstigt, *soweit* es kein (schädliches) Verwaltungsvermögen darstellt.

Wenn allerdings das Verwaltungsvermögen mindestens 90 % des gemeinen Werts des begünstigungsfähigen Vermögens beträgt, entfällt gem. § 13b Abs. 2 Satz 2 ErbStG die Verschonung des begünstigungsfähigen Vermögens vollständig.

Neu ist zudem, dass bei der Bestimmung des Verwaltungsvermögens nur noch das „Netto-Verwaltungsvermögen" zugrunde gelegt wird. Dementsprechend lässt § 13b Abs. 6 ErbStG eine Saldierung des Verwaltungsvermögens mit etwaig bestehenden Schulden zu. Ferner gewährt § 13b Abs. 7 Satz 1 ErbStG einen sog. „Schmutzzuschlag", so dass nicht begünstigtes Vermögen wie begünstigtes Vermögen behandelt wird, soweit es 10 % des Nettowerts des begünstigten Vermögens nicht übersteigt. Sog. junges Verwaltungsvermögen sowie junge Finanzmittel iSd § 13b Abs. 4 Nr 5 Satz 2 ErbStG (Rn 1582) sind von diesen Regelungen ausgeschlossen, § 13b Abs. 7 Satz 2, Abs. 8 Satz 1 ErbStG.

1581 Das **Verwaltungsvermögen**[74], das in § 13b Abs. 4 ErbStG definiert wird, umfasst die Arten von Vermögensgegenständen, die üblicherweise Gegenstand vermögensverwaltender Tätigkeiten (Rn 711 ff) sind, für deren Bewirtschaftung kein Gewerbebetrieb, sondern lediglich eine vermögensverwaltende Einrichtung erforderlich ist.

Nach § 13b Abs. 4 Nr 1 ErbStG gehören zunächst Grundstücke, Grundstücksteile sowie grundstücksgleiche Rechte und Bauten, die Dritten zur Nutzung überlassen wurden, also vor allem **vermietete Grundstücke**, zum Verwaltungsvermögen[75].

---

72 Dazu – bezogen auf die Situation des einflusslosen Gesellschafters – *Sedemund/Strnad*, BB 2010, 2282; s. auch *Piltz*, DStR 2015, 97 (101).

73 BVerfG, 1 BvL 21/12, BVerfGE 138, 136 (226 f).

74 Zum Verwaltungsvermögen näher *Thonemann-Micker*, DB 2016, 2312 (2317 ff); *Holtz*, NJW 2016, 3750 (3751 ff); *Riegel/Heynen*, BB 2017, 23 (24 ff).

75 Zum Fall einer Wohnungsvermietungsgesellschaft (§ 13b Abs. 4 Nr 1 lit. d] ErbStG) vgl BFH, II R 44/15, BStBl II 2018, 358; krit *Schönfeld/Riedel*, FR 2018, 341.

Eine weitere wichtige Form dieser Vermögensart stellen nach § 13b Abs. 4 Nr 2 ErbStG **Anteile an Kapitalgesellschaften** dar, wenn die unmittelbare Beteiligung des Erblassers oder Schenkers am Nennkapital **25 % oder weniger** beträgt und eine Poolvereinbarung iSd § 13b Abs. 1 Nr 3 Satz 2 ErbStG (dazu Rn 1577) nicht besteht. § 13b Abs. 4 Nr 4 ErbStG weitet diese Regelung auf alle **Wertpapiere und vergleichbaren Forderungen** aus[76]. **1582**

Die bisherige Regelung, wonach auch Beteiligungen an Mitunternehmerschaften zum Verwaltungsvermögen gehörten, wenn deren Verwaltungsvermögens-Quote mehr als 50 % betrug, ist nach neuem Recht überflüssig geworden und deshalb entfallen. Denn nach der neu eingeführten Verbundvermögensaufstellung gem. § 13b Abs. 9 ErbStG werden die Vermögensverhältnisse auf Konzernebene und nicht wie bisher nur auf Ebene der einzelnen Gesellschaft beleuchtet.

Zeitweise nicht erfasst waren hingegen Geldforderungen (zB Sichteinlagen, Spareinlagen und Festgeldkonten sowie sonstige Forderungen aus Lieferungen und Leistungen – auch zwischen verbundenen Unternehmen)[77]. Dies ermöglichte Gestaltungen (**„Cash-GmbH"**), bei denen gewerblich geprägte Gesellschaften (Rn 1159) die steuerfreie Übertragung von Geldvermögen möglich machten[78]. Nachdem der Gesetzgeber diese Lücke zunächst mit § 13b Abs. 2 Satz 2 Nr 4a ErbStG aF geschlossen hatte, ist die Regelung nun in § 13b Abs. 4 Nr 5 ErbStG enthalten[79]. **1583**

Ferner nicht begünstigt sind **Kunstgegenstände, wissenschaftliche Sammlungen, Bibliotheken sowie Oldtimer, Yachten** uä (§ 13b Abs. 4 Nr 3 ErbStG). Verwaltungsvermögen iSd § 13b Abs. 4 Nr 1–5 ErbStG, das dem Betrieb zum Bewertungszeitpunkt **weniger als zwei Jahre wirtschaftlich zuzurechnen** war (sog. junges Verwaltungsvermögen, § 13b Abs. 7 Satz 2 ErbStG), ist insofern nicht begünstigt, als es gem. § 13b Abs. 8 ErbStG nicht in die Saldierung mit Schulden einbezogen wird (Rn 1580).

Ausnahmen enthalten die Regelungen zum Verwaltungsvermögen inkonsequenterweise gerade für solche Gewerbebetriebe, deren „Hauptzweck" in der Verwaltung der genannten Vermögensarten besteht. So eröffnet der Gesetzgeber zB **Wohnungsvermietungsgesellschaften** (§ 13b Abs. 4 Nr 1 Satz 2 lit. d ErbStG)[80], **Kreditinstituten, Finanzdienstleistungsinstituten** und **Versicherungsunternehmen** (§ 13b Abs. 4 Nr 2, 4 ErbStG) sowie **gewerblich tätigen Kunsthändlern** (§ 13b Abs. 4 Nr 3 ErbStG) den Zugang zu den Steuervergünstigungen, die anderen Betrieben, die nur einzelne vermietete Grundstücke, Kapitalgesellschaftsanteile, Wertpapiere oder Kunstgegenstände uä im Betriebsvermögen halten, bewusst verwehrt wurden. Die Begünstigungswirkung ist nicht gleichheitsgerecht ausgestaltet und entspricht damit nicht den Vorgaben des BVerfG[81]. **1584**

Eine weitere nennenswerte Ausnahme von der Qualifizierung vermieteter Grundstücke als Verwaltungsvermögen besteht in bestimmten Fällen der vorübergehenden **Betriebsverpach-**

---

76 Unklar ist dabei jedoch, ob der Wertpapierbegriff des § 266 HGB oder des § 2 WpHG gemeint ist, der den Anforderungen eines modernen Gesetzes eher entspricht. Näher *Preißer*, in: Preißer/Rödl/Seltenreich, Erbschaft- und Schenkungsteuer, § 13a, § 13b, Kap 4.3.5.

77 Zur daraus folgenden Ungleichbehandlung BFH, II R 9/11, BStBl II 2012, 899 (911).

78 Beispiele bei BFH, II R 9/11, BStBl II 2012, 899 (911), daran anknüpfend BVerfG, 1 BvL 21/12, BVerfGE 138, 136 (243 ff); *Erkis/Mannek/van Lishaut*, FR 2013, 245.

79 Übersicht bei *Haar*, SteuerStud 2014, 89. Zur Anwendbarkeit auf Kryptowährungen (zB Bitcoin) vgl *Stein/Lupberger*, DStR 2019, 311.

80 Dazu *Pauli*, DB 2009, 641; *Warlich/Kühne*, DB 2009, 2062.

81 Zum Verbot einer willkürlichen oder zufälligen Begünstigungswirkung BVerfG, 1 BvL 10/02, BVerfGE 117, 1 (32 f).

tung (Betriebsunterbrechung, Rn 741), § 13b Abs. 4 Nr 1 Satz 2 lit. b ErbStG. Zudem sollen gem. dem neu eingeführten § 13b Abs. 4 Nr 1 Satz 2 lit. e ErbStG Grundstücke, die vorrangig überlassen werden, um dem Absatz eigener Produkte und Erzeugnisse zu dienen, kein Verwaltungsvermögen darstellen.

1585 Nicht zum Verwaltungsvermögen gehören gem. § 13b Abs. 3 ErbStG Altersvorsorgeverpflichtungen[82].

Im Übrigen sieht § 13b Abs. 5 ErbStG erstmals eine „Investitionsklausel" vor. Nach dieser soll Verwaltungsvermögen begünstigt behandelt werden, sofern es innerhalb von zwei Jahren nach dem Erbfall für betriebliche Zwecke investiert wird. Die Begünstigung wird allerdings nur gewährt, wenn die Investition aufgrund eines bereits *vor* Entstehung der Steuer gefassten Plans des Erblassers erfolgt und keine Ersatzbeschaffung von Verwaltungsvermögen vorgenommen wird[83].

b) Erwerb begünstigten Vermögens bis 26 Mio €, §§ 13a, 13b ErbStG

1586 Das frühere ErbStG sah für den Steuerpflichtigen zwei alternative **Verschonungssysteme** (Regel- und Optionsverschonung) vor, die auf alle Unternehmen anwendbar waren – unabhängig davon, wie groß die Unternehmen und der Erwerb waren. Zwar enthält das neue Erbschaftsteuerrecht weiterhin die Möglichkeit der Regel- und Optionsverschonung. Aufgrund der Kritik des BVerfG, das die Verschonung für unverhältnismäßig hielt, soweit bei dem Erwerb von großen Unternehmen nicht geprüft würde, ob es einer Verschonung überhaupt bedarf[84], bestimmt § 13a Abs. 1 Satz 1 ErbStG, dass die Verschonungsregelungen nur gelten, wenn der Wert des erworbenen begünstigten Vermögens (§ 13b Abs. 2 ErbStG) 26 Mio € nicht übersteigt[85]. Allerdings wird (typisierten) Familienunternehmen nach § 13a Abs. 9 ErbStG ein Bewertungsabschlag iHv bis zu 30 % zugestanden[86].

1587 **aa) Regelverschonung von 85 % (§ 13a Abs. 1–9 iVm § 13b Abs. 2 ErbStG).** Nach § 13a Abs. 1 Satz 1 ErbStG bleibt das begünstigte Vermögen zu 85 % steuerfrei (Verschonungsabschlag).

Darüber hinaus sieht § 13a Abs. 2 ErbStG für die übrigen 15 % des begünstigten Betriebsvermögens einen sog. **Abzugsbetrag** von bis zu 150 000 € vor[87].

Der Abzugsbetrag ist jedoch als **gleitende Freigrenze** ausgestaltet. Bis zu einem Wert von 150 000 € wird der Betrag vollständig abgezogen (§ 13a Abs. 2 Satz 1 ErbStG). Darüber hinaus verringert sich der Abzugsbetrag um 50 % des Betrags, der die Wertgrenze (150 000 €) übersteigt (§ 13a Abs. 2 Satz 2 ErbStG). Beträgt das nicht steuerfreie begünstigte Betriebsvermögen (15 %) daher mindestens 450 000 € (also das gesamte begünstigte Betriebsvermögen nach § 13b Abs. 2 ErbStG [100 %] mindestens 3 Mio €), ist daher überhaupt kein Abzug möglich (450 000 € ./. 150 000 € = 300 000 €/2 = 150 000 €; 150 000 € ./. 150 000 € = 0 €). Sinn der Regelung ist es, kleinere Betriebe, vor allem Handwerksbetriebe, von der aufwendigen

---

82 Dazu *Eisele*, NWB 2016, 2173 (2174 f).

83 Zur Investitionsklausel *Erkis*, DStR 2016, 1441 (1444); *Thonemann/Micker*, DB 2016, 2312 (2318).

84 BVerfG, 1 BvL 21/12, BVerfGE 138, 136 (202 ff).

85 Dabei ist der Wert mehrerer Erwerbe innerhalb von zehn Jahren zusammenzuzählen, § 13c Abs. 2 ErbStG.

86 Dazu ausf *Steger/Königer*, BB 2016, 3099; *Thonemann/Micker*, DB 2016, 2312 (2313 ff); krit *Wachter*, FR 2016, 690 (699 ff); *Erkis*, DStR 2016, 1441 (1445 f).

87 Dazu *Schulte/Birnbaum*, Erbschaftsteuerrecht, Rn 738 ff.

Wertermittlung zu Besteuerungszwecken zu entlasten[88]. § 13a Abs. 2 ErbStG wird daher auch **„Handwerkerklausel"** genannt.

Die **Voraussetzungen** für die Gewährung des **Verschonungsabschlags** und des **Abzugsbetrags** sind in den Absätzen 3–6 des § 13a ErbStG geregelt: **1588**

– § 13a Abs. 5 ErbStG versagt die Verschonung des begünstigten Betriebsvermögens, soweit der Erwerber – sei es aufgrund einer *letztwilligen oder rechtsgeschäftlichen Verfügung* des Erblassers oder Schenkers (§ 13a Abs. 5 Satz 1 ErbStG), sei es iRd *Erbauseinandersetzung* (§ 13a Abs. 5 Satz 2 ErbStG) – das Vermögen auf einen Dritten oder Miterben übertragen muss. Eine Verschonung des Betriebsvermögens kommt in solchen Fällen nur bei dem nachfolgenden Erwerber in Betracht, der als neuer Eigentümer die **Verantwortung für die Fortführung des Betriebes** trägt.

– Um die Steuerverschonung an einen Lenkungszweck (Erhalt von Arbeitsplätzen) **1589**
zu koppeln, enthält § 13a Abs. 3 Satz 1–5 ErbStG eine sog. **Lohnsummenklausel**: Die Summe der maßgebenden jährlichen Lohnsumme des Betriebs (Definition in § 13a Abs. 3 Satz 6–13 ErbStG) darf *innerhalb von fünf Jahren* nach dem Erwerb eine bestimmte *Ausgangslohnsumme* insgesamt nicht unterschreiten (Mindestlohnsumme). Nach § 13a Abs. 3 Satz 1 ErbStG beträgt diese Mindestlohnsumme grundsätzlich 400 % der Ausgangslohnsumme. Die Ausgangslohnsumme ist die durchschnittliche Lohnsumme der letzten fünf vor dem Zeitpunkt der Entstehung der Steuer endenden Wirtschaftsjahre (§ 13a Abs. 3 Satz 2 ErbStG).

Das Gesetz geht hier also von einem maßgeblichen Betrachtungszeitraum von fünf Jahren aus, in dem die summierten Löhne gemessen am Vergleichszeitraum vor dem Vermögensanfall höchstens um 20 % sinken dürfen.

Als Reaktion auf die Rspr des BVerfG[89] sieht der neue § 13a Abs. 3 Sätze 3, 4 ErbStG ein abgestuftes Regelungssystem vor. Danach sind Betriebe mit nicht mehr als fünf Beschäftigten von der Lohnsummenkontrolle ausgenommen (§ 13a Abs. 3 Satz 3 Nr 2 ErbStG). Betriebe mit mehr als fünf, aber nicht mehr als zehn Beschäftigten kommen in den Genuss der Regelverschonung, sofern sie innerhalb von fünf Jahren 250 % der Ausgangslohnsumme nicht unterschreiten (§ 13a Abs. 3 Satz 4 Nr 1 ErbStG). Bei mehr als zehn, aber nicht mehr als 15 Beschäftigten muss eine Mindestlohnsumme von 300 % der Ausgangslohnsumme innerhalb von fünf Jahren erreicht werden (§ 13a Abs. 3 Satz 4 Nr 2 ErbStG). Lediglich für Betriebe mit mehr als 15 Beschäftigten gilt weiterhin die Mindestlohnsumme von 400 %.

Unterschreitet am Ende des Betrachtungszeitraums die Summe der maßgebenden **1590**
jährlichen Lohnsummen die berechnete Mindestlohnsumme, sieht § 13a Abs. 3 Satz 5 ErbStG eine **anteilige Nachbesteuerung** entsprechend dem prozentualen Umfang der Unterschreitung vor[90]. Eine **Ausnahme** von der Lohnsummenregelung enthält § 13a Abs. 3 Satz 3 Nr 1 ErbStG, der die Lohnsummenklausel für unanwendbar erklärt, wenn die *Ausgangslohnsumme* 0 € beträgt.

– Als letzte Voraussetzung für die Gewährung der Begünstigungen verlangt § 13a **1591**
Abs. 6 ErbStG die Fortführung des Betriebs für eine Dauer von fünf Jahren **(Behal-**

88 BT-Drs 16/7918, S. 33 f.
89 BVerfG, 1 BvL 21/12, BVerfGE 138, 136 (216 ff, 220, 222 ff).
90 Zur Nachversteuerung ausf *Siegmund/Zipfel*, BB 2009, 641 und 804.

tensfrist). Zur Inanspruchnahme der Begünstigungen muss das Betriebsvermögen also im **Eigentum des Erwerbers** verbleiben. Die Rechtsfolge einer **anteiligen Nachbesteuerung** („soweit") wird ausgelöst etwa durch die Veräußerung des Betriebs oder wesentlicher Betriebsgrundlagen (§ 13a Abs. 6 Satz 1 Nr 1 ErbStG) bzw des land- und forstwirtschaftlichen Vermögens (§ 13a Abs. 6 Satz 1 Nr 2 ErbStG) oder von Anteilen an einer Kapitalgesellschaft iHv mindestens 25 % des Nennkapitals (§ 13a Abs. 6 Satz 1 Nr 4 ErbStG)[91] und durch Überentnahmen eines Gesellschafters aus dem Vermögen eines Gewerbebetriebs oder einer Mitunternehmerschaft (§ 13a Abs. 6 Satz 1 Nr 3 ErbStG).

1592 Gesetzlich nicht geregelt ist die Rechtsfolge eines **Doppelverstoßes** sowohl gegen die *Lohnsummenregelung* als auch gegen die *Behaltensfrist*. Mehrere Alternativen kommen in Betracht[92], so etwa die Verdrängung der Lohnsummenregelung durch die Rechtsfolge des zeitlich stets vorgelagerten Behaltensfrist-Verstoßes. Um dem Gesetzeszweck gerecht zu werden, scheint eine *parallele Anwendung beider Regelungen* unumgänglich, wobei entsprechend der zeitlichen Abfolge eine Kürzung wegen Unterschreitens der Mindestlohnsumme nur anteilig auf den bereits wegen Verstoßes gegen die Behaltensfrist gekürzten Verschonungsbetrag vorzugswürdig erscheint.

1593 **bb) Option: volle Verschonung (§ 13a Abs. 10 iVm Abs. 1–9, § 13b Abs. 2 ErbStG).** Unter verschärften Voraussetzungen und *unwiderruflich* kann ein Erwerber von Vermögen iSd § 13b Abs. 2 ErbStG anstelle der Regelverschonung von 85 % eine **Begünstigung des gesamten Vermögenswertes** nach Maßgabe des § 13a Abs. 10 ErbStG beantragen. Die Inanspruchnahme der Option, die angesichts der begünstigenden Wirkung des Abzugsbetrags bei der Regelverschonung (§ 13a Abs. 2 ErbStG) nur für größere Unternehmen von Interesse ist, setzt nach § 13a Abs. 10 Satz 2 ErbStG voraus, dass der Anteil des **Verwaltungsvermögens** am begünstigungsfähigen Vermögen nach § 13b Abs. 1 ErbStG im Zeitpunkt des Erwerbs **nicht mehr als 20 %** beträgt.

1594 Optiert ein Erwerber für die volle Verschonung (§ 13a Abs. 10 ErbStG), setzt er sich für die Zukunft verlängerten und verschärften Voraussetzungen aus: Die **Lohnsummenfrist** verlängert sich von fünf auf sieben Jahre (§ 13a Abs. 10 Nr 2 ErbStG). In diesem Gesamtzeitraum darf die Lohnsumme gem. § 13a Abs. 10 Nr 3–5 ErbStG, ähnlich wie bei der Regelverschonung, die Grenzen einer abgestuften Lohnsummenkontrolle nicht unterschreiten (bei mehr als 15 Beschäftigten 700 % in sieben Jahren statt 400 % in fünf Jahren; bei bis zu zehn Beschäftigten 500 % in sieben Jahren statt 250 % in fünf Jahren; bei bis zu 15 Beschäftigten 565 % in sieben Jahren statt 300 % in fünf Jahren). Zudem verlängert sich die **Behaltensfrist** ebenfalls von fünf auf **sieben Jahre** (§ 13a Abs. 10 Nr 6 ErbStG).

91 Dem steht die Aufhebung einer sog. Poolvereinbarung iSd § 13b Abs. 1 Nr 3 Satz 2 ErbStG (Rn 1577) gleich, § 13a Abs. 6 Satz 1 Nr 5 ErbStG.

92 Dazu mit unterschiedlichen Ergebnissen *Thonemann*, DB 2008, 2616 (2618); *Lüdicke/Fürwentsches*, DB 2009, 12 (15); *Schulte/Birnbaum*, Erbschaftsteuerrecht, Rn 777 ff.

c) Erwerb begünstigten Vermögens über 26 Mio €

In Reaktion auf die Forderung des BVerfG, es müsse geprüft werden, ob es überhaupt einer Verschonung bedürfe[93], hat der Gesetzgeber bei Erwerben mit einem Wert von über 26 Mio € folgende Wahlmöglichkeit geschaffen: **1595**

Der Erwerber kann einen Antrag entweder auf Ansetzung eines Verschonungsabschlags („Abschmelzmodell", § 13c Abs. 1 ErbStG) oder auf Erlass der Erbschaft- und Schenkungsteuer (verbunden mit einer Verschonungsbedarfsprüfung, § 28a Abs. 1 ErbStG) stellen. Daneben gewährt § 28 Abs. 1 ErbStG die Möglichkeit eines Antrags auf eine bis zu siebenjährige Stundung der Erbschaftsteuer, wobei im ersten Jahr ab der Festsetzung der Erbschaftsteuer die Stundung zinslos erfolgt.

Wählt der Erwerber das **Abschmelzmodell**, verringert sich der Verschonungsabschlag nach § 13a Abs. 1 bzw 10 ErbStG um einen Prozentpunkt je volle 750 000 €, die der Wert des begünstigten Vermögens iSd § 13b Abs. 2 ErbStG über die Freigrenze von 26 Mio € hinausgeht. Im Falle der Vollverschonung nach § 13a Abs. 10 ErbStG, entfällt der Verschonungsabschlag ab einem Wert des begünstigten Vermögens von 90 Mio € komplett, § 13c Abs. 1 Satz 2 ErbStG. **1596**

Entscheidet sich der Erwerber alternativ für den **Antrag auf Erlass** der auf das begünstigte Vermögen entfallenden Steuer nach § 28a Abs. 1 ErbStG, muss er nachweisen, dass er persönlich nicht in der Lage ist, die Steuer aus seinem verfügbaren Vermögen zu zahlen **(Verschonungsbedarfsprüfung)**. „Verfügbar" in diesem Sinne ist nach § 28a Abs. 2 ErbStG die Hälfte des gemeinen Werts des Vermögens, das bei der Erbschaft oder Schenkung übergegangenen und nicht zum begünstigten Vermögen iSd § 13b Abs. 2 ErbStG zählt, sowie des Vermögens, das im Zeitpunkt der Entstehung der Steuer beim Erwerber bereits vorhanden ist, im Falle einer Erbschaft oder Schenkung aber nicht zum begünstigten Vermögen iSd § 13b Abs. 2 ErbStG gehören würde. Der Erlass ist nach § 28a Abs. 4 ErbStG außerdem ua an die Bedingungen geknüpft, dass sowohl die Lohnsummenklausel gem. § 13b Abs. 10 iVm Abs. 3 Satz 2, 6–13 ErbStG als auch die Behaltensfrist nach § 13a Abs. 6 Satz 1 ErbStG eingehalten werden und der Erwerber innerhalb eines Zeitraums von zehn Jahren nach der Steuerentstehung nicht weiteres Vermögen durch Schenkung oder von Todes wegen erwirbt. **1597**

Die Ausgestaltung der Verschonungsbedarfsprüfung wird in der Literatur überwiegend kritisch gesehen. Insb die Komplexität der neuen Regelungen[94] sowie die Ausdehnung der Bedürfnisprüfung auf das Privatvermögen, die weder sachliche noch personelle Steuerbefreiungen vorsieht, erscheint unverhältnismäßig und führt zu Wertungswidersprüchen innerhalb der Systematik des ErbStG[95]. An der Einbeziehung von 50 % des gemeinen Wertes des bei der Übertragung nicht begünstigten Vermögens ist darüber hinaus problematisch, dass auf dieses nicht begünstigte Vermögen bereits Erbschaftsteuer gezahlt werden muss und es somit doppelt erfasst wird[96].

---

93 BVerfG, 1 BvL 21/12, BVerfGE 138, 136 (202 ff).

94 *Wachter*, FR 2016, 690 (697); *Thonemann/Micker*, DB 2016, 2312 (2319, 2322); *Holtz*, NJW 2016, 3750 (3754).

95 *Wachter*, DB 2015, 1368 (1375 f); *Crezelius*, ZEV 2016, 541 (545 f); *Thonemann/Micker*, DB 2016, 2312 (2321); *Viskorf/Löcherbach/Jehle*, DStR 2016, 2425 (2432).

96 *Stalleiken*, DB 2015, 2296 (2300); *Behling*, DB 2015, 2461 (2467).

3. Steuerbefreiung für zu Wohnzwecken vermietete Grundstücke (§ 13d ErbStG)

1598 Für zu Wohnzwecken vermietete Grundstücke, die im Inland oder einem Mitgliedstaat der EU oder des EWR belegen sind und nicht zum nach § 13a ErbStG begünstigten Vermögen gehören, sieht § 13d Abs. 1 ErbStG einen Bewertungsabschlag iHv 10 % des festgestellten gemeinen Wertes (nach Ertragswertverfahren; vgl Rn 1554) vor. Die vergünstigte Vererbung von privaten Bestandsimmobilien soll dazu beitragen, dass sich der Wettbewerbsnachteil gegenüber der institutionellen Konkurrenz verringert, die nicht durch die Erbschaftsteuer belastet sind[97].

Die Voraussetzungen an die Vermietung sind im Vergleich zum Einkommensteuerrecht gering. So ist es für die Begünstigung unschädlich, wenn der Erbe selbst Mieter des Grundstücks war und nunmehr zum Eigentümer wird. Desgleichen ist es mangels entsprechender gesetzlicher Anordnung in § 13d Abs. 2 ErbStG[98] unschädlich, wenn der Mietvertrag nicht einem Fremdvergleich (vgl dazu Rn 328) standhält.

4. Zusammenfassung zum System der Bewertung und Verschonung (Fall 61)

1599 Die gesetzliche Struktur des ErbStG gibt für die Wertermittlung eine *Zweiteilung von Bewertung und Verschonung* des Erwerbs vor. Bezogen auf die unterschiedlichen Vermögensgüter ergibt sich im **Fall 61** (Rn 1517) Folgendes:

a) Betriebsvermögen:

Die *Bewertung* des Betriebsvermögens ist an dessen gemeinem Wert auszurichten (§ 109 Abs. 1 Satz 1 BewG).

aa) Die Höhe des gemeinen Werts des Betriebsvermögens entscheidet über die Anwendbarkeit der Regel- bzw Optionsverschonung, die nur für Erwerbe bis zu einem Wert von 26 Mio € in Betracht kommt. Laut Sachverhalt beträgt der gemeine Wert des Betriebsvermögens hier 5 Mio €, so dass eine Verschonung nach § 13a Abs. 1–9, § 13b Abs. 2 ErbStG grundsätzlich möglich ist.

bb) Tatsächlich verschont wird gem. § 13b Abs. 2 Satz 1 ErbStG aber nur der Teil des begünstigungsfähigen Vermögens, der kein schädliches Verwaltungsvermögen darstellt (begünstigtes Vermögen). Um den Wert des begünstigten Vermögens zu bestimmen, muss zunächst der Wert des Nettoverwaltungsvermögens iSd § 13b Abs. 6 ErbStG ermittelt werden.

(1) Zum Verwaltungsvermögen gem. § 13b Abs. 4 ErbStG gehören die vermieteten Grundstücksflächen (§ 13b Abs. 4 Nr 1 ErbStG; 400 000 €) sowie die Streubesitzanteile (§ 13b Abs. 4 Nr 2 ErbStG; 450 000 €), nicht jedoch die Anteile an der V-GmbH. Finanzmittel gehören nach § 13b Abs. 4 Nr 5 ErbStG zum Verwaltungsvermögen, sofern sie 15 % des Betriebswertes nach Abzug des gemeinen Werts der Schulden übersteigen. Im Fall werden die Finanzmittel im Wert von 500 000 € bereits von den Schulden iHv 1 000 000 € aufgezehrt. Die Grenze von 750 000 € (15 % von 5 Mio €) wird demnach nicht überschritten, weshalb die Finanzmittel hier nicht zum Verwaltungsvermögen zu zählen sind. Allerdings ist aufgrund der Verbundvermögensaufstellung gem. § 13b Abs. 9 ErbStG auch das Verwaltungs-

97 BR-Drs 4/08, S. 57 f; vgl auch *Schulte/Birnbaum*, Erbschaftsteuerrecht, Rn 612 ff.

98 § 13d Abs. 2 ErbStG regelt die Fälle, in denen die Begünstigung nicht in Anspruch genommen werden kann, etwa im Falle der Pflicht zur Übertragung des Grundstücks auf einen Dritten durch letztwillige oder rechtsgeschäftliche Verfügung des Erblassers oder Schenkers.

vermögen der V-GmbH iHv 40 000 € in die Berechnung des Verwaltungsvermögens einzubeziehen. Insgesamt beträgt das Verwaltungsvermögen somit 890 000 €.

(2) Zur Bestimmung des Nettoverwaltungsvermögens ist sodann gem. § 13b Abs. 6 Satz 1 ErbStG der gemeine Wert des Verwaltungsvermögens um die verbleibenden anteiligen Schulden zu kürzen, deren Wert sich wiederum nach dem Verhältnis der des gemeinen Werts des Verwaltungsvermögens zum gemeinen Wert des Betriebsvermögens zuzüglich der nach Anwendung der Absätze 3 und 4 verbleibenden Schulden bestimmt, § 13b Abs. 6 Satz 2 ErbStG (Berechnung der anteiligen Schulden: 890 000 €/[5 000 000 € + 500 000 €] x 500 000 € = 80 909,1 €). Der Nettowert des Verwaltungsvermögens beträgt demnach rund 809 091 € (890 000 € ./. 80 909 €).

(3) Dieses Nettoverwaltungsvermögen wird gem. § 13b Abs. 7 ErbStG zT wie begünstigtes Vermögen behandelt, nämlich soweit sein Wert 10 % des um den Nettowert des Verwaltungsvermögens gekürzten Wert des gemeinen Werts des Betriebsvermögens nicht übersteigt. Rund 419 091 € ([5 000 000 € ./. 809 091 €] x 10 %) stellen damit unschädliches Verwaltungsvermögen dar.

(4) Durch Kürzung des Betriebsvermögenswerts (5 000 000 €) um das schädliche Verwaltungsvermögen (890 000 € ./. 419 091 € = 470 909 €) lässt sich sodann das begünstigte Vermögen iSd § 13b Abs. 2 ErbStG ermitteln, auf den gem. § 13a Abs. 1 ErbStG der Verschonungsabschlag iHv 85 % anzuwenden ist. Nach Anwendung des Verschonungsabschlags ergibt sich im Fall 61, dass der Erwerb iHv rund 3 849 727 € steuerfrei bleibt. Die anderen 15 % (679 363 €) sind nicht begünstigt. Der Abzugsbetrag nach § 13a Abs. 2 ErbStG kommt bei einem verbleibenden nicht begünstigten Vermögen ab 450 000 € nicht zur Anwendung.

cc) Die Verschonung wird indes nur gewährt, wenn (bzw soweit) die Voraussetzungen des § 13a Abs. 1, 3–6 ErbStG eingehalten werden:

- Das Vermögen darf nicht aufgrund einer letztwilligen oder rechtsgeschäftlichen Verfügung des Erblassers oder Schenkers oder im Rahmen einer Erbauseinandersetzung auf einen Dritten übertragen werden müssen (§ 13a Abs. 5 ErbStG).
- Die Mindestlohnsumme von 300 % der Ausgangslohnsumme (15 x 30 000 € = 450 000 € x 300 % = 1,35 Mio €) darf durch die Summe der jährlichen Lohnsummen in den nächsten fünf Jahren nicht unterschritten werden (§ 13a Abs. 2 Satz 1 ErbStG).
- Für die Dauer der Behaltensfrist von fünf Jahren darf der Betrieb nicht veräußert werden und A darf keine Entnahmen oberhalb der Grenzen des § 13a Abs. 6 Satz 1 Nr 3 ErbStG tätigen.

dd) Die Option einer Begünstigung von 100 % des Vermögens nach § 13a Abs. 10 ErbStG stünde A ebenfalls offen, da der Anteil des Verwaltungsvermögens am begünstigungsfähigen Vermögen nach § 13b Abs. 1 ErbStG nicht mehr als 20 % beträgt (§ 13a Abs. 10 Satz 2 ErbStG). Um steuerlich möglichst günstig zu stehen, könnte A folglich durch unwiderrufliche Erklärung eine Verschonung von 100 % des Erwerbs erreichen, wenn die Maßgaben des § 13a Abs. 10 ErbStG eingehalten werden.

b) Villa:

Die *Bewertung* des mit der Villa bebauten Grundstücks richtet sich gem. § 12 Abs. 1, 3 ErbStG iVm § 19 Abs. 1, § 151 Abs. 1 Satz 1 Nr 1, § 157 Abs. 1, 3 BewG nach §§ 176–198 BewG. Abzustellen ist gem. § 177 BewG auf den gemeinen Wert. Nach § 182 Abs. 2 BewG ist Wohnungseigentum grundsätzlich im *Vergleichswertverfahren* zu bewerten, bei dem für die Ermittlung des gemeinen Werts die Kaufpreise von Grundstücken heranzuziehen sind, die hinsichtlich der ihren Wert beeinflussenden Merkmale mit dem zu bewertenden Grundstück hinreichend übereinstimmen (§ 183 Abs. 1 Satz 1 BewG). Ein *Vergleichsgrundstück* idS wurde für 1,2 Mio € verkauft. Der gemeine Wert des mit der Villa bebauten Grundstücks beträgt damit ebenfalls 1,2 Mio €.

Von der Erbschaftsteuer *verschont* werden können Grundstück und Villa, wenn die sachliche Steuerbefreiung des § 13 Abs. 1 Nr 4c ErbStG für den Erwerb von Todes wegen des Eigentums an einem bebauten Grundstück durch Kinder eingreift. Dazu ist Folgendes zu beachten:

- A ist ein *Kind* des E iSd Steuerklasse I Nr 2 (§ 15 Abs. 1 ErbStG).
- *E* hat das Haus bis zu seinem Tode, dh bis zum Erbfall *zu eigenen Wohnzwecken genutzt*.
- *A* wird das Haus weiterhin *zu eigenen Wohnzwecken nutzen*; es handelt sich um das *Familienheim* des Erwerbers.
- Die *Wohnfläche übersteigt nicht 200 qm*.
- A muss die Wohnung für *zehn Jahre* ab dem Zeitpunkt des Erwerbs selbst zu Wohnzwecken nutzen, es sei denn, er ist dazu aus zwingenden Gründen gehindert (§ 13 Abs. 1 Nr 4c Satz 5 ErbStG).

Erfüllt A diese Voraussetzungen, bleiben Grundstück und Villa nach § 13 Abs. 1 Nr 4c ErbStG steuerfrei.

c) Geld und Aktien:

Die *Bewertung* des Bar- und Buchvermögens erfolgt zum *Nennwert*, der dem gemeinen Wert (§ 12 Abs. 1 ErbStG) entspricht.

Die Aktien sind Wertpapiere, die an einer deutschen Börse gehandelt werden. Ihre Bewertung erfolgt gem. § 12 Abs. 1 ErbStG iVm § 11 Abs. 1 Satz 1 BewG mit dem niedrigsten am Stichtag (§ 11, § 9 Abs. 1 Nr 1 ErbStG) für sie notierten Kurs.

Sachliche Steuerbefreiungen sind für diese Arten von erworbenem Vermögen nicht vorgesehen. Steuermindernd wirkt insofern aber der persönliche Freibetrag des § 16 Abs. 1 Nr 2 ErbStG iHv 400 000 €, der für dieses Vermögen in Anspruch genommen werden kann, wenn das übrige Vermögen bereits unter den oben genannten Voraussetzungen verschont wird.

III. Persönliche Steuerbefreiungen

1. Persönlicher Freibetrag (§ 16 ErbStG)

1600 Neben den sachlichen Steuerbefreiungen steht jedem Erwerber auch ein persönlicher Freibetrag zu (§ 16 ErbStG). Die Höhe des Freibetrags hängt bei *unbeschränkter Steuerpflicht* im Wesentlichen davon ab, zu welcher Steuerklasse (§ 15 ErbStG, Rn 1605) der Erwerber gehört.

1601 Ehegatten und Lebenspartner (beide Steuerklasse I) erhalten einen Freibetrag von 500 000 € (§ 16 Abs. 1 Nr 1 ErbStG). Bei 400 000 € liegt der Freibetrag für Kinder und Stiefkinder sowie – falls diese selbst schon verstorben sind – für deren Kinder (§ 16 Abs. 1 Nr 2 ErbStG). IÜ liegt der Freibetrag für Enkelkinder bei 200 000 € (§ 16 Abs. 1 Nr 3 ErbStG) und im Erbfall bei Eltern oder Voreltern als Erben bei 100 000 € (§ 16 Abs. 1 Nr 4 ErbStG). Die Erwerber der übrigen Steuerklassen II und III erhalten einen Freibetrag iHv 20 000 € (§ 16 Abs. 1 Nr 5, 7 ErbStG)[99].

99 Eine Gleichstellung der Steuerklassen II und III ist verfassungsmäßig, BFH, II R 9/11, BFH/NV 2015, 693.

Bei *beschränkter Steuerpflicht* wird der Freibetrag gem. § 16 Abs. 2 ErbStG[100] anteilig, bezogen auf das Inlandsvermögen iSv § 2 Abs. 1 Nr 3 ErbStG, gekürzt.

Die persönlichen Freibeträge stehen dem Erwerber grundsätzlich für jeden Erwerb aufs Neue zu. Allerdings werden die Erwerbe der letzten zehn Jahre zusammengerechnet, soweit diese von dem gleichen Zuwendenden stammen (vgl § 14 ErbStG, Rn 1610 ff)[101]. **1602**

2. Besonderer Versorgungsfreibetrag (§ 17 ErbStG)

Bei Erwerben von Todes wegen wird für bestimmte Personen neben dem persönlichen Freibetrag (§ 16 ErbStG) noch ein besonderer Versorgungsfreibetrag (§ 17 ErbStG) gewährt. **1603**

Zweck des besonderen Versorgungsfreibetrags ist es, die unterschiedliche erbschaftsteuerliche Behandlung der auf Gesetz, Arbeits- oder Dienstvertrag beruhenden Versorgungsbezüge einerseits (nicht steuerpflichtig) und den übrigen privaten Versorgungsbezügen andererseits (steuerpflichtig) auszugleichen. Zusätzlich soll auch denjenigen Hinterbliebenen, denen aus Anlass des Todes des Erblassers keine oder nur geringe Versorgungsbezüge zustehen, ein angemessener Ausgleich in Form steuerlicher Vorteile gewährt werden[102].

Dem überlebenden Ehegatten bzw Lebenspartner steht ein besonderer Versorgungsfreibetrag iHv 256 000 € zu (§ 17 Abs. 1 Satz 1 ErbStG). Kinder unter 27 Jahren erhalten einen nach Altersstufen gestaffelten Versorgungsfreibetrag zwischen 10 300 € und 52 000 €, und zwar für jeden Elternteil (§ 17 Abs. 2 Satz 1 ErbStG). Soweit dem Ehegatten bzw Lebenspartner oder dem Kind aus Anlass des Todes des Erblassers nicht der Erbschaftsteuer unterliegende Versorgungsbezüge zustehen, ist der jeweilige Versorgungsfreibetrag jedoch um den nach § 13 Abs. 1 bzw § 14 Abs. 1 BewG zu berechnenden Kapitalwert der Versorgungsbezüge zu kürzen (§ 17 Abs. 1 Satz 2 bzw Abs. 2 Satz 2 ErbStG)[103]. **1604**

D. Steuerberechnung

I. Steuerklassen (§ 15 ErbStG)

Jeder Erwerber ist nach seinem persönlichen Verhältnis zum Erblasser, hauptsächlich nach dem Grad seiner Verwandtschaft, einer von **drei Steuerklassen** zugeordnet (§ 15 ErbStG). Zur Steuerklasse I gehören der Ehegatte/Lebenspartner[104], die Kinder/Stiefkinder[105] sowie deren Abkömmlinge und bei Erwerben von Todes wegen auch die Eltern und Voreltern. Zur Steuerklasse II gehören die Eltern und Voreltern in den **1605**

100 StUmgBG v. 23.6.2017, BGBl I 2017, 1682.

101 Zum Versuch der wiederholten Inanspruchnahme des Freibetrags mittels Umgehung des § 14 ErbStG vgl *Birk/Desens/Tappe*, Klausurenkurs, Fall 14.

102 *Moench/Hübner*, Erbschaftsteuer, Rn 337; *Seer*, in: Tipke/Lang, § 15 Rn 104 f.

103 Zur Berechnung mit Fallbeispiel *Schulte/Birnbaum*, Erbschaftsteuerrecht, Rn 459, 463 ff.

104 Zur Gleichstellung der Lebenspartner im Erbschaftsteuerrecht vgl BVerfG, 1 BvR 611/07 ua, BVerfGE 126, 400; zur allgemeinen Entwicklung s. Rn 185.

105 Ein ehemaliges Adoptivkind ist im Verhältnis zu den Adoptiveltern nicht in Steuerklasse I einzuordnen, BFH, II R 46/08, BStBl II 2010, 554.

übrigen Fällen, die Geschwister[106] sowie deren Abkömmlinge ersten Grades, die Stiefeltern, Schwiegerkinder, Schwiegereltern und geschiedenen Ehegatten bzw Lebenspartner einer aufgehobenen Lebenspartnerschaft. Alle übrigen Erwerber gehören zur Steuerklasse III.

II. Steuersatz (§ 19 ErbStG)

1606 Die Erbschaftsteuer ist als **Stufentarif** ausgestaltet, bei dem sich die Steuerbelastung sowohl nach dem Wert des steuerpflichtigen Erwerbs (§ 10 ErbStG) als auch nach der Steuerklasse des Erwerbers (§ 15 ErbStG) richtet. Der Tarif ist *progressiv* ausgestaltet, dh die Steuersätze steigen mit der Höhe des Erwerbs; sie liegen zwischen 7 % (Eingangssteuersatz der Steuerklasse I) und 50 % (Endsteuersatz der Steuerklasse III).

	Steuersätze							
Steuerklasse I Ehegatten Kinder und Stiefkinder Enkel und Urenkel Eltern und Großeltern†	7	11	15	19	23	27	30	**Freibeträge** in € (s. Rn 1587 ff) Ehegatten/Lebenspartner: 500 000,–* Kinder: 400 000,–* Enkel: 200 000,– sonstige: 100 000,–
Steuerklasse II Geschwister Nichten und Neffen Stief- und Schwiegereltern Schwiegerkinder geschiedene Ehegatten	15	20	25	30	35	40	43	für alle Personen der Steuerklasse II: 20 000,–
Steuerklasse III alle übrigen Personen	30	30	30	30	50	50	50	für alle Personen der Steuerklasse III: 20 000,–
† Nur bei Erwerbern von Todes wegen, sonst Steuerklasse II.	bis einschl. 75 000,–	300 000,–	600 000,–	6 000 000,–	13 000 000,–	26 000 000,–	über 26 000 000,–	* Hinzu kommen ggf Versorgungsfreibeträge § 17 ErbStG (s. Rn 1603 f).

1607 Der Stufentarif ist so aufgebaut, dass der Steuersatz der erreichten Wertstufe für den gesamten steuerpflichtigen Erwerb gilt und nicht nur für den die vorhergehende Wertstufe übersteigenden Teil. Eine nur geringfügige Überschreitung einer Wertstufe kann dazu führen, dass die Steuererhöhung größer ist als der die Wertstufe übersteigende Mehrerwerb. Um derartige ungerechte Ergebnisse zu vermeiden, sieht § 19 Abs. 3 ErbStG einen **Härteausgleich** vor, demzufolge die auf den Mehrerwerb entfallende Steuer bei einem Steuersatz bis zu 30 % die Hälfte und bei einem Steuersatz über 30 % drei Viertel des Mehrerwerbs nicht übersteigen darf[107].

106 Diese sind, auch wenn sie zusammenleben, nicht den Ehe-/Lebenspartnern gleichzubehandeln, BFH, II R 65/11, BStBl II 2013, 633.

107 Beispiel zum Härteausgleich bei *Birk/Desens/Tappe*, Klausurenkurs, Fall 14 Rn 743; abweichende Berechnung bei *Meincke/Hannes/Holtz*, ErbStG, § 19 Rn 9. Näher *Schulte/Birnbaum*, Erbschaftsteuerrecht, Rn 474 ff.

III. Tarifbegrenzung (§ 19a ErbStG)

Für den nicht unter § 13a Abs. 1 oder § 13c ErbStG fallenden Teil des Betriebsvermögens, land- und forstwirtschaftlichen Vermögens oder Anteilsvermögens iSd § 13b Abs. 2 ErbStG, das durch eine natürliche Person der Steuerklasse II oder III steuerpflichtig erworben wird, sieht § 19a ErbStG teilweise eine sog. **Tarifbegrenzung** vor. Die Begrenzung ergibt sich durch Abzug eines Entlastungsbetrags. Dieser entspricht der Differenz zwischen der Steuer, die der Steuerpflichtige nach seiner Steuerklasse auf das fragliche Vermögen zu zahlen hätte, und der Steuer, die ein fiktiver Steuerpflichtiger der Steuerklasse I auf dieses Vermögen zahlen müsste (§ 19a Abs. 3, 4 ErbStG). Der Steuerpflichtige fällt also hinsichtlich des Erwerbs von nicht anderweitig begünstigtem Betriebsvermögen unabhängig von der verwandtschaftlichen Nähe zum Erblasser oder Schenker in die Steuerklasse I. Für die übrigen Besteuerungsmerkmale bleibt dagegen die tatsächliche Steuerklasse maßgebend. **1608**

Der *Zweck der Tarifbegrenzung* besteht darin, die Fortführung eines Betriebs nicht durch eine zu hohe Erbschaftsteuer- oder Schenkungsteuerbelastung zu gefährden, die nur deshalb entsteht, weil der Erblasser keine geeigneten Erben der Steuerklasse I hat und deshalb auf andere Personen ausweichen will oder muss. Systematisch ist die Tarifbegrenzung Teil der Begünstigungen des Betriebsvermögens, die in §§ 13a–13c ErbStG geregelt sind (dazu oben Rn 1573 ff). Werden die Behaltensfristen nach § 13a Abs. 6 bzw Abs. 10 ErbStG (fünf bzw sieben Jahre) nicht eingehalten, so fällt dementsprechend rückwirkend auch die Tarifbegrenzung weg (§ 19a Abs. 5 ErbStG). **1609**

IV. Berücksichtigung früherer Erwerbe (§ 14 ErbStG)

Alle Erwerbe, die jemand **innerhalb der letzten zehn Jahre** von derselben Person erhalten hat, werden bei der Steuerberechnung für den letzten Erwerb berücksichtigt, indem die Werte aller Erwerbe zusammengerechnet werden (§ 14 Abs. 1 Satz 1 ErbStG) und die Steuer für den **Gesamtbetrag** ermittelt wird. Damit nur der letzte Erwerb besteuert wird, wird die auf diesen Betrag entfallende Steuer wieder um die rechnerisch auf die früheren Erwerbe entfallende Steuer gekürzt (§ 14 Abs. 1 Satz 2 ErbStG). Die Steuer, die sich nach den geltenden Vorschriften für den Letzterwerb ohne Zusammenrechnung ergibt, bildet die Untergrenze der für den Letzterwerb zu entrichtenden Steuer (§ 14 Abs. 1 Satz 4 ErbStG). Ist die Steuer für die Vorerwerbe ausnahmsweise höher als die Gesamtsteuer (zB aufgrund von Steuerrechtsänderungen oder Steuerklassenwechsel), führt dies nicht zu einer Erstattung der „Mehrsteuer". Die Steuer für den Letzterwerb ist in diesen Fällen lediglich auf 0 € festzusetzen (§ 14 Abs. 1 Satz 3 ErbStG). Letztlich soll noch durch § 14 Abs. 3 ErbStG eine Übermaßbesteuerung verhindert werden, indem die durch den Letzterwerb veranlasste Steuer auf 50 % dieses Erwerbs beschränkt wird. **1610**

Der *Zweck der Vorschrift* besteht darin, den **persönlichen Freibetrag** (§ 16 ErbStG, Rn 1600 ff) nur einmal im Zehnjahreszeitraum zu gewähren und einen Gestaltungsmissbrauch zu verhindern, bei dem durch das Aufspalten einer Schenkung in mehrere kleine Schenkungen die Progression des Steuertarifs (§ 19 ErbStG, Rn 1606) unterlaufen wird[108]. **1611**

108 Vgl die Gesetzesbegründung zum ErbStRG, BT-Drs 16/7918, S. 36.

Zu Schwierigkeiten kann die Steuerberechnung nach § 14 ErbStG vor allem in solchen Fällen führen, in denen die Erwerbe unterschiedlichen steuerrechtlichen Regelungen unterliegen (zB nach einer Reform des ErbStG), da nun für die früheren Erwerbe und den Letzterwerb ggf unterschiedliche Rechtslagen zu berücksichtigen sind. Für die Steuerermittlung in diesen Fällen sind in § 14 Abs. 1 Satz 2–5, Abs. 2 ErbStG mehrere Grundsätze geregelt[109].

V. Mehrfacher Erwerb desselben Vermögens (§ 27 ErbStG)

1612 Erwirbt eine Person der Steuerklasse I von Todes wegen Vermögen, das in den letzten zehn Jahren bereits von einer Person der Steuerklasse I erworben worden ist und für das Schenkung- oder Erbschaftsteuer zu erheben war, wird die Steuer auf den Letzterwerb gem. § 27 ErbStG ermäßigt[110]. Hierdurch soll verhindert werden, dass das Familienvermögen durch mehrfache volle Besteuerung innerhalb kurzer Zeit in unangemessener Weise gemindert wird. Die Ermäßigung setzt voraus, dass der Vorerwerb *im Inland* der Erbschaftsteuer unterlegen hat[111].

Je nach zeitlichem Abstand zwischen den Erwerben (bis zehn Jahre) wird die auf das begünstigte Vermögen entfallende Steuer um 10 bis 50 % ermäßigt (§ 27 Abs. 1 ErbStG), höchstens jedoch um den Betrag, der sich bei Anwendung des Ermäßigungssatzes auf die Steuer ergeben würde, die der Vorerwerber entrichtet hat (§ 27 Abs. 3 ErbStG).

E. Steuerfestsetzung, Steuererhebung und Anrechnung auf Einkommensteuer

1613 Die Vorschriften über die Steuerfestsetzung und Erhebung (4. Abschnitt, §§ 20–35 ErbStG) befassen sich im Wesentlichen mit verfahrenstechnischen Fragen, die sich im Anschluss an die Wertermittlung und die Feststellung der Steuerlast stellen. So regelt § 21 ErbStG die Berücksichtigung von **im Ausland gezahlter** Erbschaft- und Schenkungsteuer. Diese wird auf die im Inland zu entrichtende Steuer angerechnet, soweit das Auslandsvermögen eines unbeschränkt Steuerpflichtigen (§ 2 Abs. 1 Nr 1 oder Abs. 3 ErbStG) auch der deutschen Einkommensteuer unterliegt (§ 21 Abs. 1 Satz 1 ErbStG)[112]. Vorrangig vor dieser unilateralen Anrechnung sind **DBA** heranzuziehen, die bei der Erbschaftsteuer aber viel seltener sind als bei der Einkommensteuer (s. Rn 1461)[113]. Sieht ein ErbSt-DBA eine *Anrechnung* vor, sind Abs. 1–3 entsprechend anzuwenden (§ 21 Abs. 4 ErbStG). Legt das ErbSt-DBA die *Freistellungsmethode* (s. Rn 1450) zugrunde, gilt zugleich ein *Progressionsvorbehalt* (§ 19 Abs. 2 ErbStG), der in seiner Wirkung mit dem einkommensteuerlichen Progressionsvorbehalt (§ 32b Abs. 1 Nr 3 EStG, dazu Rn 645 ff, 1467) vergleichbar ist.

---

109 Fallbeispiel bei *Schulte/Birnbaum*, Erbschaftsteuerrecht, Rn 478, 485.

110 Nach dem Wortlaut reicht es nicht aus, dass der Letzterwerber beim Ersterwerb der Steuerklasse I unterlegen hätte, vgl BFH, II B 27/11, BFH/NV 2011, 1881.

111 Einen Verstoß gegen die Kapitalverkehrsfreiheit (Art. 63 AEUV) sieht der EuGH in dieser Regelung nicht, EuGH, C-123/15, ZEV 2016, 524.

112 Dazu BFH, II R 58/09, BStBl II 2012, 40; *Schulte/Birnbaum*, Erbschaftsteuerrecht, Rn 876 ff.

113 Überblick bei *Meincke/Hannes/Holtz*, ErbStG, § 2 Rn 31–57.

Nach § 22 ErbStG ist von der Festsetzung der Erbschaftsteuer und der Schenkung- 1614
steuer abzusehen, wenn sie die Freigrenze von 50 € nicht übersteigt (**Kleinbetragsgrenze**). Besonderheiten gelten außerdem für die Besteuerung von Renten, Nutzungen und Leistungen (§ 23 ErbStG)[114]. § 28 ErbStG sieht die Möglichkeit einer **Stundung**, § 29 ErbStG die Möglichkeit des **Erlöschens** der Steuer mit Wirkung für die Vergangenheit vor. § 30 ErbStG verpflichtet den Erwerber und den Beschwerten einer Zweckzuwendung unabhängig vom Wert des Erwerbs zur **Anzeige** bei dem zuständigen FA. Auch der unentgeltliche Erwerb kleinster Beträge, die offensichtlich nicht der Besteuerung unterliegen, ist danach anzuzeigen, was in der Praxis kaum durchsetzbar sein dürfte. Nach § 31 Abs. 1 Satz 1 ErbStG kann zusätzlich ggf die Abgabe einer **Steuererklärung** verlangt werden.

Zur Vermeidung der Doppelbesteuerung insb von stillen Reserven (dazu Rn 952) mit 1615
Erbschaftsteuer und – bei deren Realisation – mit Einkommensteuer, sieht **§ 35b EStG** eine begrenzte **Anrechnung der Erbschaftsteuer auf die Einkommensteuer** vor[115]. Die Steuerermäßigung wird nur auf Antrag gewährt, ist zeitlich begrenzt und erfasst nur den Erwerb von Todes wegen[116].

Lösung Fall 62 (Rn 1517): T ist gem. § 2 Abs. 1 Nr 1 lit. a ErbStG unbeschränkt steuer- 1616
pflichtig. Der Erbanfall ist steuerbar nach § 1 Abs. 1 Nr 1 iVm § 3 Abs. 1 Nr 1 ErbStG, der Erwerb der Lebensversicherungssumme nach § 1 Abs. 1 Nr 1 iVm § 3 Abs. 1 Nr 4 ErbStG. Die Steuer entsteht gem. § 9 Abs. 1 Nr 1 HS 1 ErbStG mit dem Tode der E.

Wertermittlung:		
Einfamilienhaus (§ 182 Abs. 2, § 183 BewG, Vergleichswertverfahren)		500 000 €
Gewerbebetrieb (§ 109 Abs. 1, § 11 Abs. 2 BewG)	+	1 100 000 €
Hausrat	+	20 000 €
Bankguthaben	+	15 075 €
Lebensversicherungssumme	+	100 000 €
Wert des Vermögensanfalls (§ 10 Abs. 1 Satz 2 ErbStG):		*1 735 075 €*
Abzgl. Nachlassverbindlichkeiten (§ 10 Abs. 1 Satz 2, Abs. 3–9 ErbStG):		
Hypothek (§ 10 Abs. 5 Nr 1, Abs. 6 Satz 5, § 13d Abs. 1 ErbStG):	./. 90 % von 25 000 € =	22 500 €
Vermächtnis (§ 10 Abs. 5 Nr 2 ErbStG)	./.	15 000 €
Beerdigungskosten (§ 10 Abs. 5 Nr 3 ErbStG)	pauschal ./.	10 300 €
Bereicherung der T		*1 687 275 €*
Abzgl. Steuerbefreiungen:		
für Einfamilienhaus (§ 13d Abs. 1 ErbStG)	./. 10 % von 500 000 € =	50 000 €
für Gewerbebetrieb (§ 13a Abs. 1 Satz 1, § 13b Abs. 2 ErbStG)	./. 85 % von 1 100 000 € =	935 000 €*

114 Näher *Esskandari*, ZEV 2008, 324.

115 Dazu BFH, IX R 23/17, BStBl II 2018, 593; *Hechtner*, BB 2009, 486; *Rüsch*, FR 2019, 231.

116 Fällt derselbe Vorgang tatbestandlich unter die Einkommen- und Schenkungsteuer, muss eine Steuer regelmäßig zurücktreten; zum Vorrang der Schenkungsteuer bei einer zinslosen Stundung einer Zugewinnsausgleichsforderung s. BFH, VIII B 70/09, BFH/NV 2012, 229; II R 51/15, BFHE 262, 448; iErg auch bei der Auflösung einer Stiftung s. *Desens/Hummel*, DStZ 2011, 710.

verringerter Abzugsbetrag (§ 13a Abs. 2 Satz 1 und 2 ErbStG)		
	(1 100 000 ./. 935 000 = 165 000 €	
	165 000 ./. 150 000 = 15 000 €	
	15 000 € × 50 % = 7 500 €	
	150 000 ./. 7 500 =)	142 500 €
Hausrat (§ 13 Abs. 1 Nr 1 lit. a ErbStG)	./. höchstens 41 000 €	20 000 €
Persönlicher Freibetrag (§ 16 Abs. 1 Nr 2 ErbStG)	./.	400 000 €
Steuerpflichtiger Erwerb (§ 10 Abs. 1 ErbStG)		*139 775 €*
abgerundet auf volle 100 € (§ 10 Abs. 1 Satz 6 ErbStG)		139 700 €
Steuerklasse I (§ 15 Abs. 1 ErbStG)		
Steuersatz 11 % (§ 19 Abs. 1 ErbStG)		
Festzusetzende Steuer		15 367 €

* Aber: Möglichkeit der Nachversteuerung bei Verstoß gegen § 13a Abs. 3, Abs. 6 ErbStG.

** Kein Härteausgleich nach § 19 Abs. 3 ErbStG, weil die Mehrsteuer (10 1117 € [= 15 367 € ./. 5 250 €]) die Hälfte des Mehrerwerbs (32 350 € [= 139 700 € ./. 75 000 €]) nicht überschreitet (Rn 1607).

4. Teil

Besteuerung des Verbrauchs und des Rechtsverkehrs

§ 9 Überblick

Verbrauchsteuern belasten die Einkommens- und Vermögensverwendung, indem der Erwerb von Gütern und Dienstleistungen, die der privaten Bedürfnisbefriedigung dienen, besteuert wird[1]. Ob tatsächlich ein Verbrauch stattfindet, ist dabei irrelevant. **Verkehrsteuern** knüpfen an Akte des Rechtsverkehrs (zB Grundstückskaufvertrag) an und wollen den wirtschaftlichen Leistungsaustausch belasten. Vorläufer der heutigen Verbrauchsteuern waren die *Akzisen*; das waren Steuern auf bestimmte Genussmittel (Mahl- und Schlachtsteuern, Weinsteuern), die im ausgehenden Mittelalter große Bedeutung erlangten (s. Rn 17). Heute wird durch die Verbrauchsteuern nahezu der gesamte Aufwand für den gesamten privaten Konsum jedes Marktteilnehmers erfasst. 1617

Trotz der Anknüpfung an den Konsum wird rechtstechnisch nicht der Verbraucher (direkt) besteuert, vielmehr wird der Unternehmer besteuert, der das Gut am Markt dem Verbraucher zugänglich macht. Die Steuer wird dann über den Preis an den Verbraucher weitergegeben, sie wird übergewälzt. Verbrauchsteuern sind regelmäßig **indirekte Steuern**, dh Steuerträger (Verbraucher) und Steuerschuldner (Unternehmer) fallen auseinander. Verkehrsteuern wenden sich hingegen meist unmittelbar an die am Rechtsverkehr Beteiligten und sind deshalb regelmäßig als **direkte Steuern** (der Steuerschuldner ist auch der Steuerträger) ausgestaltet. 1618

Man unterscheidet die Umsatzsteuer als **allgemeine Verbrauchsteuer**[2] (§ 10), die Besteuerung spezieller Güter durch **besondere Verbrauchsteuern** (Rn 1620 ff) und die Besteuerung einzelner ausgewählter Rechtsverkehrsakte als **besondere Verkehrsteuern** (Rn 1625–1626). 1619

Die besonderen Verbrauchsteuern sind die *Energiesteuer*, Steuern auf *Alkohol und alkoholische Getränke*, auf *Tabakwaren*, *Kaffee* und *Strom* (Rn 75). Neben diesen bundesgesetzlichen Verbrauchsteuern, die – mit Ausnahme der Biersteuer (s. Art. 106 Abs. 2 Nr 4 GG) – alle dem Bund zustehen (Art. 106 Abs. 1 Nr 2 GG), gibt es auch **örtliche Verbrauch- und Aufwandsteuern**, die nach Art. 106 Abs. 6 GG den Gemeinden und Gemeindeverbänden zustehen. 1620

Mit Ausnahme der örtlichen Verbrauch- und Aufwandsteuern können alle Verbrauchsteuern den Waren- und Dienstleistungsverkehr über die Grenze beeinträchtigen. Art. 113 AEUV ver- 1621

1 Vgl BVerfG, 2 BvL 6/13, BVerfGE 145, 171 (217 ff).

2 Der Streit, ob die Umsatzsteuer als Verbrauch- oder Verkehrsteuer einzuordnen ist (s. Rn 74), ist durch Art. 1 Abs. 2 MwStSystRl europarechtlich entschieden (Verbrauchsteuer). Verfahrensrechtlich (zB § 169 Abs. 2 Satz 1 Nr 2 AO, s. Rn 261) wird die Umsatzsteuer jedoch als Verkehrsteuer angesehen; s. auch BFH, XI B 41/15, BFH/NV 2015, 1445.

pflichtet deshalb den Rat zur Verbrauchsteuerharmonisierung. Für die Umsatzsteuer ist dies geschehen durch die Mehrwertsteuer-Systemrichtlinie (MwStSystRl)[3] (dazu Rn 1635 ff). Eine weitgehende Harmonisierung auf dem Gebiet der besonderen Verbrauchsteuern wurde durch die Richtlinie 2008/118/EG[4] über das allgemeine System, den Besitz, die Beförderung und die Kontrolle verbrauchsteuerpflichtiger Waren (Verbrauchsteuer-Systemrichtlinie, dazu Rn 225) geschaffen. Im Energiesektor sind durch die Energiesteuerrichtlinie[5] (RL 2003/96/EG) die Besteuerung von Heiz- und Kraftstoffen sowie Strom harmonisiert worden.

1622 Die bundesgesetzlich geregelten Verbrauchsteuern sind weitgehend nach einem europarechtlich vorgegebenen System aufgebaut. Ein einheitliches Verbrauchsteuergesetz besteht aber bedauerlicherweise (noch) nicht[6]. Zudem werden die (speziellen) Verbrauchsteuern neben der Umsatzsteuer als allgemeine Verbrauchsteuer erhoben, so dass es zu einer *Kumulation* kommt.

Jede Erhöhung der Energiesteuer steigert die Bemessungsgrundlage der Umsatzsteuer, da die Umsatzsteuer an das Entgelt anknüpft, das für die Leistung (zB Kauf von Benzin beim Betanken des Autos) bezahlt wird. In dem Entgelt ist die Energiesteuer bereits enthalten (s. Rn 1696). Dennoch ist es nicht richtig, generell die Berechtigung von speziellen Verbrauchsteuern neben der Umsatzsteuer infrage zu stellen[7]. Denn die besonderen Verbrauchsteuern können im Gegensatz zur Umsatzsteuer gezielt bestimmte Verbrauchstatbestände steuerlich höher belasten, zB aus umwelt- oder gesundheitspolitischen Lenkungszwecken (Rn 197 ff).

1623 IE werden folgende **Steuerobjekte** durch bundesgesetzlich geregelte Verbrauchsteuern belastet:

- Tabakwaren (§ 1 TabStG)[8]
- Bier (§ 1 BierStG)
- Schaumwein und Zwischenerzeugnisse (§ 1, § 29 SchaumwZwStG)
- Alkopops (§ 1 AlkopopStG)
- Energieerzeugnisse (§ 1 Abs. 1 EnergieStG)[9]
- Kaffee und kaffeehaltige Waren (§ 1 KaffeeStG)
- Strom (§ 1 StromStG)

1624 **Steuersubjekt** (Steuerschuldner) ist idR der *Inhaber des Steuerlagers*. Das sind die Lagerstätten, in denen sich das Steuerobjekt befindet (zB § 14 Abs. 4 SchaumwZwStG; § 11 Abs. 4 KaffeeStG; § 14 Abs. 4 BierStG; § 15 Abs. 4 TabStG; § 8 Abs. 2 und § 9 Abs. 2 EnergieStG). Bei der Stromsteuer[10] ist Steuerschuldner der *Versorger*, der den Strom an den Letztverbraucher leistet, bzw der Eigenerzeuger (§ 5 Abs. 2 StromStG); bei den Energiesteuern ist der Steuerschuldner der *Lieferant* (zB Gaslieferant nach § 38 Abs. 2 EnergieStG und der im Steuergebiet ansässige Kohle-

3 RL 2006/112/EG v. 28.11.2006, ABl Nr L 347, S. 1; diese ersetzt die Richtlinie 77/388/EWG v. 17.5.1977, ABl EG Nr L 145, S. 1.
4 Diese RL v. 16.12.2008 hat die RL 92/12/EWG v. 25.2.1992, ABl EG Nr L 76, S. 1 ersetzt; dazu *Jatzke*, ZfZ 2009, 116.
5 RL 2003/96/EG v. 27.10.2003, ABl Nr L 283, S. 51 zur Restrukturierung der gemeinschaftlichen Rahmenvorschriften zur Besteuerung von Energieerzeugnissen und elektrischem Strom.
6 Zu den Gründen *Jatzke*, Das System des deutschen Verbrauchsteuerrechts, 1997, S. 31 f.
7 So aber *Tipke*, Steuerrechtsordnung II, S. 1049.
8 Zur Tabaksteuer *Scheuer*, ZfZ 2006, 2 ff; *Köthe/Knoll*, BB 2015, 1174.
9 Zur Entwicklung des Energiesteuerrechts *Hölscher*, RdE 2010, 48. Zur Kernbrennstoffsteuer s. Rn 75.
10 Die Stromsteuer wurde iRd ökologischen Steuerreform (1999) eingeführt und für verfassungsrechtlich zulässig gehalten, BVerfG, 1 BvR 1748/99 ua, BVerfGE 110, 274.

lieferant – § 32 Abs. 2 Nr 1 EnergieStG). **Steuerbemessungsgrundlage** ist die Menge oder der Wert. Der **Steuersatz** wird betragsmäßig (bezogen auf die Menge – vgl § 3 StromStG) oder in einem Prozentsatz der Gegenleistung bzw des Preises ausgedrückt (zB § 2 TabStG). Die Steuer *entsteht* regelmäßig dann, wenn der Steuergegenstand aus dem Steuerlager entfernt wird (zB § 15 Abs. 1 iVm Abs. 2 Nr 1 TabStG, § 14 Abs. 1 iVm Abs. 2 Nr 1 BierStG). Die Stromsteuer entsteht grundsätzlich, wenn Strom aus dem Versorgungsnetz entnommen wird (§ 5 Abs. 1 StromStG).

Spezielle **Rechtsverkehrsteuern** sind die *Grunderwerbsteuer* (dazu § 11)[11], die *Versicherungsteuer*, die die Zahlung des Versicherungsentgelts erfasst (§ 1 Abs. 1 VersStG)[12], die *Feuerschutzsteuer*, die an die Entgegennahme von Versicherungsentgelten (§ 1 Abs. 1 FeuerSchStG) und die *Rennwett- und Lotteriesteuer*[13], die an den Wettbetrag bzw den Preis der Lose anknüpft (§ 10 Abs. 1, § 17 RennwLottG). **1625**

Die auf Art. 106 Abs. 1 Nr 3 GG gestützte *Luftverkehrsteuer* (s. Rn 77) knüpft an bestimmte luftverkehrbezogene Vorgänge an (§ 1 LuftVStG) und ähnelt daher den Aufwandsteuern. Verfassungsrechtlich ist sie weder Aufwand- noch Rechtsverkehrsteuer, sondern eine sonstige auf motorisierte Verkehrsmittel bezogene Verkehrsteuer[14]. Als solche wird sie von der Verbrauchsteuer-SystRl (2008/118/EG) nicht erfasst und ist auch unionsrechtlich unbedenklich[15]. **1626**

§ 10 Umsatzsteuer

A. Entwicklung und Bedeutung der Umsatzsteuer

Die Umsatzsteuer ist eine der ergiebigsten Steuern. Ihr Aufkommen wird für 2019 auf rd 243 Mrd € geschätzt[1], das ist knapp ein Drittel des gesamten Steueraufkommens. Sie gehört nach Art. 106 Abs. 3, 4 GG zu den Gemeinschaftsteuern, an denen sowohl der Bund als auch die Länder und Gemeinden (vgl Art. 106 Abs. 5a GG) teilhaben. Die Aufteilung zwischen diesen Ebenen ist im Finanzausgleichsgesetz geregelt. Schließlich fließt ein Teil des Umsatzsteueraufkommens vorweg in den Haushalt der EU[2]. **1627**

11 Vgl BVerfG, 1 BvR 801/82, HFR 1983, 532 (532); BFH, II R 32/06, BFH/NV 2008, 1526; aA *Englisch*, in: Tipke/Lang, § 18 Rn 3: „Sonderumsatzsteuer“; *Stadie*, in: Rau/Dürrwächter, UStG, Einf Rn 782: besondere Verbrauchsteuer.

12 AA *Stadie*, in: Rau/Dürrwächter, UStG, Einf Rn 800: Verbrauchsteuer.

13 Ausf dazu *Birk/Brüggemann*, in: Dietlein/Hecker/Ruttig, Glücksspielrecht, 2. Aufl 2013, RennwLottG, § 10 ff.

14 BVerfG, 1 BvF 3/11, BVerfGE 137, 350; vgl auch BT-Drs 16/11741.

15 BFH, VII R 55/13, BFH/NV 2016, 690.

1 Einschl Einfuhrumsatzsteuer, s. BMF, Referat I A 6, Ergebnis der 155. Steuerschätzung Mai 2019, Tabelle 4 (http://www.bundesfinanzministerium.de → Themen → Steuern → Steuerschätzung).

2 Der Abrufsatz beträgt grds 0,3 % (für ua Deutschland von 2014–2020: 0,15 %), s. Art. 2 Abs. 4 Eigenmittelbeschluss 2014/335/EU v. 26.5.2014, ABl Nr L 168, S. 105 ff; zum neuen Vorschlag s. COM(2018) 325 sowie den Entwurf einer „Verhandlungsbox“ des Rates der EU (https://data.consilium.europa.eu/doc/document/ST-14759-2018-INIT/de/pdf).

1628 Ihre Rechtfertigung findet die Umsatzsteuer darin, dass die Höhe der Konsumnachfrage einen typisierten Rückschluss auf die individuelle Leistungsfähigkeit zulässt[3]. Die Nachfrage nach existentiell notwendigen oder wichtigen Gütern sollte deshalb gar nicht (Rn 1688 ff) oder ermäßigt (Rn 1700) besteuert werden. Teilweise wird die Rechtfertigung iSd Äquivalenzprinzips (Rn 32) auch darin gesehen, dass die Rechtsgemeinschaft Zugang zum Markt verschafft und dadurch Leistungsfähigkeit vermittelt[4].

I. Von der Allphasenbruttoumsatzsteuer zur Mehrwertsteuer

1629 Die Umsatzsteuer ist eine relativ junge Steuer (Rn 27). Sie knüpft an Akte des Wirtschaftsverkehrs (Leistungen) an, ist also der Form nach eine Verkehrsteuer[5]. Der Sache nach ist die Umsatzsteuer jedoch eine Verbrauchsteuer[6], da sie auf eine Überwälzung auf den Verbraucher angelegt ist (vgl §§ 10, 29 UStG) und auch durch den Vorsteuerabzug (§ 15 UStG, s. Rn 1703 ff) regelmäßig nur den Endverbraucher belastet. Unionsrechtlich ist sie als „eine allgemeine, zum Preis der Gegenstände und Dienstleistungen genau proportionale Verbrauchsteuer" ausgestaltet (Art. 1 Abs. 2 MwStSystRl). Sie geht zurück auf die 1918 eingeführte Allphasenbruttoumsatzbesteuerung, welche die Warenumsatz-Stempelsteuer ablöste[7]. Die **Allphasenbruttoumsatzsteuer**, die von *Johannes Popitz*[8] entwickelt wurde, beruhte auf folgenden Grundgedanken:

1630 Jeder einzelne Wirtschaftsvorgang, dh jede Leistung eines Unternehmers, auch wenn diese gegenüber einem anderen Unternehmer und nicht gegenüber dem privaten Verbraucher erbracht wird, wird von der Steuer erfasst *(Allphasenbesteuerung)*. Eine Ware, die also von der Produktion bis zum Verkauf an den Endverbraucher mehrere Handelsstufen durchläuft, wird in jeder dieser Phasen mit Steuer belastet.

1631 Wird die Steuer nun von Phase zu Phase kumulativ weitergegeben, so spricht man von der *Allphasenbruttoumsatzsteuer*. Erbringt der Unternehmer eine Leistung gegenüber einem anderen Unternehmer (Leistungsempfänger), so verbleibt die Umsatzsteuer des Vorumsatzes beim Leistungsempfänger als Kostenfaktor. Der Leistungsempfänger ist daher bestrebt, nicht nur die von ihm selbst geschuldete, sondern auch die auf seinen Eingangsumsätzen lastende Fremdumsatzsteuer bei der Preiskalkulation zu berücksichtigen.

Beispiel: Hersteller H liefert an den Großhändler G, dieser an den Einzelhändler E, dieser an den Endverbraucher V. Der Umsatzsteuer-Satz soll 10 %, die Gewinnspanne jeweils 100 betragen. H verkauft an G für 100 + 10 (USt). G muss bei gleichbleibender Gewinnspanne für 110

3 *Birk*, Die Umsatzsteuer aus juristischer Sicht, in: Kirchhof/Neumann (Hrsg), Freiheit, Gleichheit, Effizienz, 2001, S. 61 ff; *Schaumburg*, in: FS Reiß, 2008, S. 25, 31.
4 *Kirchhof*, DStR 2008, 1.
5 So BFH, II B 24/72, BStBl II 1973, 94 (96).
6 *Englisch*, in: Tipke/Lang, § 17 Rn 10.
7 Dazu *Pohmer/Pflugmann-Hohlstein*, UR 1993, 37; *Jacobs*, DStZ 2006, 654.
8 Dazu *Popitz*, Kommentar zum Umsatzsteuergesetz v. 26.7.1918, S. 5.

+ 100 = 210 + 21 (USt) an E verkaufen. E verkauft an V für 231 + 100 = 331 + 33,1 (USt). Das FA erhält von H 10, von G 21, von E 33,1 USt.

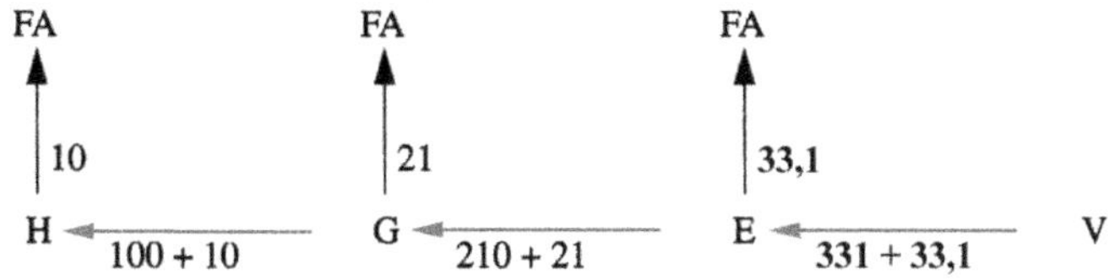

(Die Pfeile markieren die Zahlungsströme.)

Das Beispiel zeigt deutlich die negativen Eigenschaften der Allphasenbruttoumsatz- **1632**
steuer: (1.) Die Steuer kumuliert. Da die Umsatzsteuer mit dem Preis übergewälzt wird, geht sie in die Bemessungsgrundlage der nachfolgenden unternehmerischen Leistung mit ein. Es wird Umsatzsteuer auf die Umsatzsteuer erhoben. (2.) Die Preise steigen an oder die Gewinnspannen sinken. Bei gleich bleibenden Gewinnspannen (s. Beispiel) führt dies zu erheblichen preistreibenden Effekten. (3.) Die Höhe der Steuer ist abhängig von der Zahl der Handelsstufen. Je mehr Handelsstufen vorliegen, desto stärker wirkt sich der preistreibende Effekt aus. Dadurch werden insb kleinere Betriebe und Geschäfte benachteiligt, die nicht direkt vom Hersteller beliefert werden, sondern Waren über den Großhandel beziehen.

Die Allphasenbruttoumsatzsteuer, die bis zum 31.12.1967 in Deutschland erhoben wurde, führte zu erheblichen Wettbewerbsverzerrungen und benachteiligte den keinen Handelsketten angehörenden Einzelhandel („Tante-Emma Läden"). Das BVerfG hat sie deshalb wegen Verstoßes gegen Art. 3 Abs. 1 GG für verfassungswidrig erklärt[9].

Seit 1968 wird in Deutschland die Umsatzsteuer in der Form der **Allphasennettoum-** **1633**
satzsteuer (Mehrwertsteuer) erhoben. Der Grundgedanke ist, nur die Wertschöpfung auf der jeweiligen Produktions- und Handelsstufe (Mehrwert) zu erfassen. Die Steuerkumulierung wird vermieden und letztlich nur der private Verbraucher mit Umsatzsteuer belastet. Dies wird dadurch erreicht, dass die Unternehmer die ihnen in Rechnung gestellte Fremd-Umsatzsteuer vom FA zurückerhalten (sog. Vorsteuerabzug) und ihre Umsatzsteuer im Preis an den Endverbraucher weitergeben (s. Schaubild Rn 1642). Die fraktionierte Erhebung der Umsatzsteuer hat für den Staat den Vorteil, dass bei Ausfall eines Unternehmers nur dessen anteilige Umsatzsteuerschuld ausfällt.

Die Umsatzsteuer ist keine echte **Mehrwertsteuer im technischen Sinne**, auch wenn sie als **1634**
solche bezeichnet wird. Denn Bemessungsgrundlage (§ 10 UStG) ist nicht der in der jeweiligen Handelsstufe erwirtschaftete Mehrwert, sondern das jeweilige Gesamtentgelt ohne Umsatzsteuer. Da jedoch der Unternehmer (zB Käufer) von seiner Umsatzsteuerschuld die ihm von anderen Unternehmen (zB Verkäufern) in Rechnung gestellte Umsatzsteuer von seiner Umsatzsteuerschuld abziehen darf (Vorsteuerabzug nach § 15 UStG, s. Rn 1547), wird iErg nur der jeweilige Mehrwert besteuert (s. Beispiel Rn 1698).

9 BVerfG, 1 BvR 320/57 ua, BVerfGE 21, 12.

II. Umsatzsteuer in Europa

1635 Die Umsatzsteuer beruht heute weitgehend auf europäischem Recht. Art. 113 AEUV enthält einen ausdrücklichen **Harmonisierungsauftrag** bzgl der Umsatzsteuer zur Schaffung eines Binnenmarktes iSv Art. 26 Abs. 2 AEUV. Ausgangspunkt des heute in allen Mitgliedstaaten geltenden Mehrwertsteuersystems bildete die 6. EG-Richtlinie aus dem Jahr 1977[10], die inzwischen durch die **MwStSystRl** (s. Rn 1621) ersetzt worden ist[11]. Die MwStSystRl regelt die Vereinheitlichung der umsatzsteuerlichen Bemessungsgrundlage und des Vorsteuerabzugs innerhalb der EU. Zur Sicherung einer einheitlichen Auslegung der MwStSystRl wurde zudem eine EU-Durchführungsverordnung (MwStVO) erlassen[12].

1636 Anders als Verordnungen (vgl Art. 288 Abs. 2 AEUV) gelten Richtlinien nicht unmittelbar. Eine Richtlinie ist nur für den Mitgliedstaat hinsichtlich des zu erreichenden Ziels verbindlich, überlässt jedoch den innerstaatlichen Stellen die Wahl der Form und der Mittel (Art. 288 Abs. 3 AEUV). Es bedarf also immer einer Umsetzung in nationales Recht[13]. Nur ausnahmsweise kann sich der Steuerpflichtige unmittelbar auf die Richtlinie berufen: Weicht die nationale Regelung zuungunsten des Steuerpflichtigen von der Richtlinie ab, greift ein **Anwendungsvorrang** des EU-Rechts[14]. Das gilt einmal, wenn der nationale Gesetzgeber die Richtlinie nicht fristgerecht oder nicht richtlinienkonform umsetzt[15], und zum anderen dann, wenn die Richtlinie zwar ordnungsgemäß umgesetzt wurde, die nationalen Vorschriften aber nicht im Einklang mit der Richtlinie angewendet werden[16]. Voraussetzung dafür, dass sich der Steuerpflichtige unmittelbar auf die Richtlinie berufen kann, ist immer, dass diese *inhaltlich unbedingt und hinreichend genau* ist[17].

1637 Darüber hinaus haben sowohl die Finanzverwaltung als auch die Finanzgerichte bei der Anwendung und Auslegung der nationalen Umsatzsteuervorschriften stets die Vorgaben der MwStSystRl zu beachten. Dieses Gebot der **richtlinienkonformen Auslegung**[18] folgt zum einen aus der allgemeinen Pflicht zu unionstreuem Verhalten (Art. 4 Abs. 3 EUV) und zum anderen aus der Annahme, dass der mitgliedstaatliche Gesetzgeber im Zweifel die Richtlinie unionsrechtskonform umzusetzen beabsichtigte.

1638 Zur Vermeidung von Steuerausfällen durch Wegfall der Grenzkontrollen enthält die Amtshilfe-Verordnung[19] Regelungen zur gegenseitigen Amtshilfe der Steuerbehörden sowie zum Aufbau

10 RL 77/388/EWG v. 17.5.1977, ABl Nr L 145, S. 1.

11 RL 2006/112/EG v. 28.11.2006, ABl Nr L 347, S. 1 (66).

12 DVO (EU) Nr 282/2011 v. 15.3.2011, ABl Nr L 77, S. 1. Die Wahl der Handlungsform (Verordnung) wirft ein dogmatisches Problem auf: Sie wäre an sich unmittelbar verbindlich (vgl Art. 288 Abs. 2 Satz 2 AEUV), bezieht sich aber auf die Durchführung der MwStSystRl, die als Richtlinie grundsätzlich nur die Mitgliedstaaten nach Maßgabe des Art. 288 Abs. 3 AEUV bindet (s. Rn 1694). Als bloßer Annex zur MwStSystRl (Art. 397) dürfte sie auch keine weitergehende Bindungswirkung entfalten (aA *Tehler*, in: Rau/Dürrwächter, UStG, § 4 Nr 21 Rn 50).

13 EuGH, C-72/95, Slg. 1996, I-5403, Rn 55 *(Kraaijeveld)*; C-129/96, Slg. 1997, I-7411 *(Inter-Environnement Wallonie)*.

14 EuGH, C-8/81, Slg. 1982, 53 *(Becker)*; C-50/88, Slg. 1989, 1925 *(Kühne)*; C-150/99, Slg. 2001, I-493 *(Stockholm Lindöpark)*.

15 EuGH, C-8/81, Slg. 1982, 53 *(Becker)*.

16 EuGH, C-62/00, Slg. 2002, I-6325 *(Marks & Spencer)*.

17 EuGH, C-8/81, Slg. 1982, 53 *(Becker)*; für die ausf Richtlinien zur Umsatzsteuer ist diese Voraussetzung mit Ausnahme ausdrücklich eingeräumter Wahlrechte praktisch immer gegeben.

18 Dazu ausf *Roth*, EWS 2005, 385.

19 VO EU Nr 904/2010, ABl Nr L 268, S. 1.

eines *Umsatzsteuer-Erfassungs- und Kontrollverfahrens* innerhalb der EU. Dazu erhalten Unternehmer eine zusätzliche Umsatzsteuer-Identifikationsnummer (USt-ID). Neben der Pflicht, die von ihnen geschuldete Umsatzsteuer anzumelden (§ 150 Abs. 1 Satz 3 AO iVm § 18 Abs. 1 Satz 1 UStG, dazu Rn 1730), haben sie auch Angaben darüber zu machen, an welche Abnehmer mit welchen USt-ID sie welche Leistungen erbracht haben (zusammenfassende Meldung, § 18a UStG). Diese Angaben werden in zentralen Datenbanken erfasst und einem automatisierten Kontrollverfahren unterworfen.

Art. 96 ff MwStSystRl sehen eine Minimalharmonisierung der Steuersätze vor. Für **1639** die Normalumsätze ist in Art. 97 Abs. 1 MwStSystRl derzeit ein Mindeststeuersatz von 15 % vorgesehen[20], für bestimmte privilegierte Umsätze gilt nach Art. 99 Abs. 1 MwStSystRl ein Mindestsatz von 5 %. Die Richtlinie lässt allerdings eine Reihe von Ausnahmeregelungen zu (Art. 102 ff MwStSystRl).

Die Mitgliedstaaten konnten sich bislang nicht auf eine von der Kommission vorgeschlagene **1640** Bandbreite der Steuersätze verständigen[21]. Im aktuellen Aktionsplan zur Reform der Umsatzsteuer wird die Problematik der unterschiedlichen Steuersätze aufgegriffen, dennoch ist noch nicht abzusehen, ob es zu einer Vollharmonisierung der Steuersätze oder aber zu einer Liberalisierung kommt[22]. Die Regelsteuersätze schwanken aktuell zwischen 17 und 27 %[23]. Luxemburg: 17 %; Malta: 18 %; Deutschland, Rumänien und Zypern: 19 %; Bulgarien, Estland, Frankreich, Großbritannien, Österreich und Slowakei: 20 %; Belgien, Niederlande, Lettland, Litauen, Spanien und Tschechien: 21 %; Italien und Slowenien: 22 %; Irland, Polen und Portugal: 23 %; Finnland und Griechenland: 24 %; Dänemark, Kroatien und Schweden: 25 % sowie Ungarn: 27 %.

Es sind auch einige Vorschläge gemacht worden, das 1993 eingeführte komplizierte System **1641** der Besteuerung des innergemeinschaftlichen Erwerbs durch eine Regelung zu ersetzen, die einen grenzüberschreitenden Vorsteuerabzug zulässt (dazu Rn 1684); ein unter den Mitgliedstaaten konsensfähiges Konzept gibt es jedoch noch nicht[24]. Vielmehr wurde in der MwStSystRl das Bestimmungslandprinzip übergangsweise übernommen. Ein Ende dieser „Übergangsregelung" (Art. 402 Abs. 1 MwStSystRl) war lange Zeit nicht in Sicht. Inzwischen hat die Kommission erste Pläne veröffentlicht, die Regelungen mit dem Ziel einer konsequenten Einführung des Bestimmungslandprinzips zu reformieren[25].

III. Funktionsweise und Rechtsgrundlagen der Umsatzsteuer

Die Umsatzsteuer sollte für den Unternehmer kostenneutral sein und grundsätzlich **1642** nur den privaten Endverbraucher belasten. Da sie in jeder Phase einer unternehmerischen Leistung erhoben wird (Allphasennettoumsatzsteuer, s. Rn 1633), kann eine Kostenneutralität im unternehmerischen Bereich nur hergestellt werden, wenn die Belastung mit Umsatzsteuer aus erhaltenen Leistungen wieder rückgängig gemacht

20 RL 2016/856/EU v. 25.5.2016, ABl Nr L 142, S. 12.
21 Dazu *Englisch*, in: Tipke/Lang, § 17 Rn 399.
22 Mitteilung der Kommission v. 7.4.2016, COM(2016), 148; Follow-up zum Aktionsplan im Bereich der Mehrwertsteuer, COM(2017) 566, S.7 f.
23 Aktuelle Übersicht unter https://europa.eu/youreurope/business/taxation/vat/vat-rules-rates/index_de.htm.
24 Dazu *Englisch*, in: Tipke/Lang, § 17 Rn 449 ff.
25 Mitteilung der Kommission v. 7.4.2016, COM(2016), 148 und COM(2017) 566; zuletzt COM(2018) 329.

wird (sog. Vorsteuerabzug) und die für die ausgeführten Leistungen geschuldete Umsatzsteuer im Preis weitergegeben wird.

Beispiel: Hersteller H liefert an den Großhändler G, dieser an den Einzelhändler E, dieser an den Endverbraucher V. Der Umsatzsteuer-Satz beträgt 19 %. H verkauft an G für 100 + 19 (USt). G bezahlt 119; 19 (USt) erhält er jedoch vom FA zurück. Er verkauft weiter an E für 200 + 38 (USt). E bezahlt 238; 38 (USt) erhält er jedoch vom FA zurück. Er verkauft weiter an V für 300 + 57 (USt). V ist als Endverbraucher mit 57 Umsatzsteuer belastet, H, G und E sind als Unternehmer nicht belastet. Die ihnen in Rechnung gestellte Umsatzsteuer (Vorsteuer) erhalten sie vom FA zurück, die von ihnen geschuldete Umsatzsteuer wälzen sie im Preis der Leistung über.

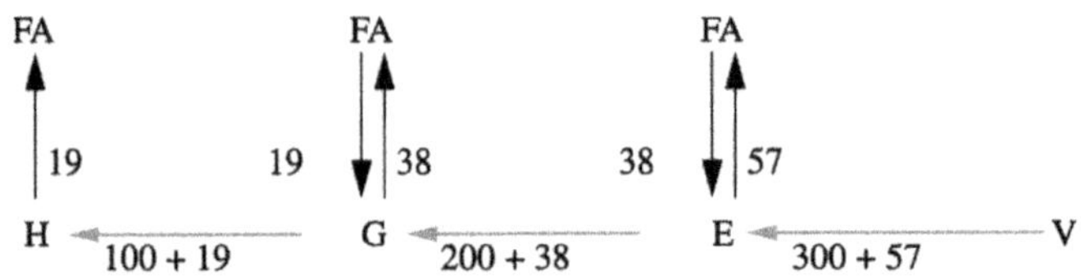

(Die Pfeile markieren die Zahlungsströme.)

Das FA erhält somit von H 19, von G 19 und von E 19, das sind jeweils 19 % der in jeder Handelsspanne erfolgten Wertschöpfung von 100. Versteuert wird also immer nur der neu geschaffene Mehrwert, Steuerträger ist aber am Ende der Verbraucher, der die Umsatzsteuer im Preis mitbezahlt.

1643 Bei genauerer Betrachtung ist die Umsatzsteuer für die Unternehmer nicht vollständig kostenneutral. Die Unternehmer werden nämlich zwangsweise zur Erhebung der Umsatzsteuer herangezogen („Steuereinsammlungsgehilfen“[26]), weil eine direkte Besteuerung der Verbraucher aus technischen Gründen nicht möglich ist[27]. Betrachtet man daher die intendierte Belastungswirkung (Verbraucher), schulden die Unternehmer eigentlich keine eigene, sondern eine fremde Steuer, nämlich die des Verbrauchers. Gleichwohl sollen sie etwa das Risiko tragen, wenn sie ihre Eingangs- oder Ausgangsumsätze umsatzsteuerrechtlich fehlerhaft beurteilen[28].

1644 Wie aus dem Beispiel deutlich wird, unterscheidet das Umsatzsteuerrecht die Begriffe der

- Umsatzsteuer,

das ist der Betrag, den ein Unternehmer idR aus seinen Ausgangsleistungen schuldet und seinem Leistungsempfänger in Rechnung stellt (s. § 14 Abs. 4 Nr 8 UStG). Im Beispiel weist H in seiner Rechnung an G 19, G in seiner Rechnung an E 38 Umsatzsteuer aus.

- Vorsteuer,

das ist der Umsatzsteuerbetrag, den der Unternehmer bei seinen Eingangsleistungen an den Vorunternehmer gezahlt hat; im Beispiel hat G an H 19, E an G 38 Umsatzsteuer bezahlt. Diese Beträge, also die bezahlte „fremde“ Umsatzsteuer, erhalten sie vom FA zurück (s. § 15 UStG).

---

26 Vgl EuGH, C-271/06, Slg. 2008, I-771 Rn 21 *(Netto-Supermarkt)*: Der Steuerpflichtige fungiere „als Steuereinnehmer für Rechnung des Staates und im Interesse der Staatskasse“; BFH, V R 16/16 ua, DStR 2017, 777 (779).

27 Vgl *Hummel*, AöR 135 (2010), 573 (576 f).

28 Daher zum Erfordernis eines Vertrauensschutzes auch iRd Vorsteuerabzuges s. Rn 1707.

- Zahllast,

das ist der Saldo aus der Umsatzsteuerschuld nach Verrechnung mit dem Vorsteuervergütungs- bzw -erstattungsanspruch. Diese Position ist aber lediglich eine Rechengröße. Im Beispiel zahlen G und E an das FA jeweils 19 (G: 38 ./. 19 = 19, E: 57 ./. 38 = 19). Daraus ergibt sich, dass nur der jeweilige *Mehrwert* (die Wertschöpfung, die im Beispiel je 100 beträgt) durch den Unternehmer zu versteuern ist.

Diese Begriffe und ihre Funktionsweise sollen anhand des nachfolgenden Beispiels nochmals verdeutlicht werden. Ausgegangen wird von einem fiktiven Urerzeuger, dessen Wertschöpfung 1500 € beträgt. Die Ware durchläuft danach zwei Handelsstufen, die Wertschöpfung soll jeweils 500 € betragen. **1645**

Phasen		VoSt	USt	Zahllast
1. Fiktiver Urerzeuger				
Bruttoeinkaufspreis	–			
./. Umsatzsteuer (= Vorsteuer)	–			
Nettoeinkaufspreis	–			
Wertschöpfung	1500			
Verkaufspreis (netto)	1500			
+ 19 % Umsatzsteuer	285		285	285
Verkaufspreis (brutto)	1785			
2. Großhändler				
Bruttoeinkaufspreis	1785			
./. Umsatzsteuer (= Vorsteuer)	285	285		
Nettoeinkaufspreis	1500			
Aufschlag (Wertschöpfung)	500			
Verkaufspreis (netto)	2000			
+ 19 % Umsatzsteuer	380		380	95
Verkaufspreis (brutto)	2380			
3. Einzelhändler				
Bruttoeinkaufspreis	2380			
./. Umsatzsteuer (= Vorsteuer)	380	380		
Nettoeinkaufspreis	2000			
Aufschlag (Wertschöpfung)	500			
Verkaufspreis (netto)	2500			
+ 19% Umsatzsteuer	475		475	95
Verkaufspreis (brutto)	2975			
4. Verbraucher	2975			

Die gesamte Wertschöpfung von 2500 € löst eine Umsatzsteuerschuld von 475 € (= 19 % von 2500 €) aus. Diese Umsatzsteuerbelastung ist von der Zahl der beteiligten Personen und durchlaufenden Handelsspannen unabhängig. Sie wird über den Preis an den Verbraucher übergewälzt. Die Unternehmer sind mit der Umsatzsteuer nicht belastet: Die in Rechnung gestellte Umsatzsteuer (= Vorsteuer) erhalten sie zurück, die geschuldete Umsatzsteuer reichen sie an den Leistungsempfänger im Verkaufspreis (brutto) weiter.

1646 Verschafft man sich einen Überblick über die **Systematik** und die *wesentlichen Bestimmungen* des Umsatzsteuerrechts, so ergibt sich folgendes Bild (und Prüfungsschema):

I. Ermittlung der steuerpflichtigen Umsätze	
Steuerbare Umsätze:	§§ 1–1c UStG
./. steuerfreie Umsätze	§ 4, § 4b, § 5 UStG
(ohne Umsätze, die durch Option steuerpflichtig werden, § 9 UStG):	
II. Ermittlung der Umsatzsteuer	
Bemessungsgrundlage:	§ 10, § 11, § 17 UStG
× Steuersatz	§ 12 UStG
Entstehung und Schuldner der Umsatzsteuer:	§ 13, § 13a, § 13b UStG
III. Ermittlung der abzugsfähigen bzw zu korrigierenden Vorsteuer	§ 15, § 14, § 15a UStG
IV. Ermittlung der Umsatzsteuerzahllast	
Umsatzsteuerschuld (s. II.)	§ 16 UStG
./. Vorsteuerbeträge (s. III.)	
ergibt den an das FA abzuführenden Steuerbetrag:	
V. Erhebung der Umsatzsteuer	
Steuervoranmeldung:	§ 18 Abs. 1 Satz 1 UStG
Steuervorauszahlung:	§ 18 Abs. 1 Satz 4 UStG
Steueranmeldung:	§ 18 Abs. 3 UStG

B. Die Ermittlung der Umsatzsteuer

I. Der Steuertatbestand

1647 *Steuersubjekt* (1.) ist bei der Umsatzsteuer grundsätzlich der leistende Unternehmer (§ 13a Abs. 1 Nr 1 UStG). *Steuerobjekt* (2.) sind die in § 1 Abs. 1 UStG genannten steuerbaren Umsätze, die steuerpflichtig oder steuerfrei (3.) sein können. Die *Bemessungsgrundlage* (4.) ist regelmäßig die Gegenleistung abzgl. der darin enthaltenen Umsatzsteuer (= Entgelt iSv § 10 Abs. 1 UStG). Der *Steuersatz* (5.) beträgt derzeit grundsätzlich entweder 19 % oder 7 % (§ 12 Abs. 1 oder Abs. 2 UStG).

1. Steuersubjekt

1648 Steuersubjekte sind die in § 13a und § 13b UStG genannten Personen. Grundsätzlich ist der **leistende Unternehmer** Steuerschuldner (§ 13a Abs. 1 Nr 1 UStG)[29].

1649 In bestimmten Fällen (etwa bei grenzüberschreitenden sonstigen Leistungen zwischen Unternehmern innerhalb der EU, § 13b Abs. 1 UStG[30]) wird die Steuerschuld vom Leistenden auf den **Leistungsempfänger** verlagert, wenn er Unternehmer oder eine juristische Person ist (§ 13b Abs. 5 Satz 1 UStG). Solche **Steuerschuldverlagerungen** (auch „Reverse-Charge-Mo-

29 Beim innergemeinschaftlichen Erwerb (Rn 1683) neuer Fahrzeuge (§ 1b UStG) kann es jedoch auch eine Privatperson sein (§ 13a Abs. 1 Nr 2 UStG).

30 Weitere Fälle sind in § 13b Abs. 2 Nr 1–11 UStG geregelt.

dell" genannt) bieten sich vor allem zur Sicherung der Besteuerung an[31]. Dies gilt für betrugsanfällige Umsätze (zB Nr 6–11) und allgemein dann, wenn die Erhebung der Steuer beim Leistenden unmöglich oder jedenfalls mit technischen Schwierigkeiten (Amtshilfe) verbunden ist, etwa weil er nicht in dem Land ansässig ist, in dem der Umsatz zu versteuern ist. Zudem entsteht ein Vereinfachungseffekt für den Leistenden, da er sich nicht im Bestimmungsland um die Erfüllung steuerrechtlicher Pflichten kümmern muss.

Bestrebungen, bei Leistungen zwischen Unternehmen generell auf ein Reverse-Charge-Modell umzustellen, was nur auf europarechtlicher Ebene geschehen könnte, hatte die Europäische Kommission lange abgelehnt[32]. Allerdings haben die Mitgliedstaaten seit kurzem gem. Art. 199c MwStSystRl die Möglichkeit (befristet bis zum 30.6.2022), unter bestimmten Bedingungen und nach einer einstimmigen Ermächtigung durch den Rat eine generelle Umkehrung der Steuerschuldnerschaft (Reverse-Charge) für Umsätze ab einem Schwellenwert von 17 500 € einzuführen. Andere Reformüberlegungen gehen dahin, zwischenunternehmerische Umsätze von der Umsatzsteuer grundsätzlich auszunehmen und nur die Leistung an den Endverbraucher zu besteuern[33].

Der **Unternehmerbegriff** ist einer der zentralen Begriffe im Umsatzsteuerrecht. Er hat nicht nur Bedeutung für die Festlegung des *Steuerschuldners* (§ 13a Abs. 1 Nr 1 UStG) und des *Leistungsortes* (vgl § 3a Abs. 1 und Abs. 2 UStG); er ist auch Tatbestandsmerkmal für das Vorliegen eines *steuerbaren Umsatzes* (§ 1 Abs. 1 Nr 1, 4, 5 UStG iVm § 1a Abs. 1 Nr 2, 3 UStG) und für die *Vorsteuerabzugsberechtigung* (§ 15 Abs. 1 Satz 1 UStG). **1650**

Nach § 2 Abs. 1 Satz 1 UStG ist Unternehmer, wer eine *gewerbliche oder berufliche Tätigkeit selbstständig ausübt*. Dies können neben natürlichen und juristischen Personen auch Personengesellschaften sein. Für die Unternehmereigenschaft ist unerheblich, ob es sich um einen ausländischen Unternehmer handelt (vgl § 21 Abs. 1 Satz 2 AO iVm UStZuStV). Gewerblich oder beruflich ist dabei jede nachhaltige Tätigkeit zur Erzielung von Einnahmen, auch wenn die Gewinnerzielungsabsicht fehlt (§ 2 Abs. 1 Satz 3 UStG). **1651**

Gewerbliche Tätigkeit ist allerdings nicht iSd § 15 EStG zu verstehen. So ist auch die Vermögensverwaltung eine unternehmerische Tätigkeit (Umkehrschluss aus § 4 Nr 12 lit. a UStG). Die weite Auslegung des Unternehmerbegriffs ergibt sich auch aus Art. 9 MwStSystRl.

Das Merkmal der **Selbstständigkeit** wird in § 2 Abs. 2 UStG negativ umschrieben, indem dort Fälle genannt werden, in denen aufgrund einer gewissen Weisungsabhängigkeit davon auszugehen ist, dass die Tätigkeit unselbstständig ausgeübt wird. **1652**

Allgemein lässt sich sagen, dass eine selbstständige Tätigkeit vorliegt, wenn sie auf eigene Rechnung und auf eigene Verantwortung ausgeübt wird[34]. Arbeitnehmereigenschaft (§ 1 Abs. 1, 2 LStDV) und Selbstständigkeit (§ 2 Abs. 1 Satz 1 UStG) schließen sich aus (Art. 10 MwStSystRl)[35]. Jedoch gibt es bei der Beurteilung der Selbstständigkeit keine Bindung an die ertragsteuerlichen Grundsätze. Auch ein Geschäftsführer einer GmbH kann Leistungen (an die GmbH) selbstständig erbringen[36]. Als unselbstständig wird die Tätigkeit einer juristischen Per-

---

31 Näher *Nolz/Melhardt*, in: FS Kofler, 2009, S. 483; *Matheis/Groß/Vogl*, DStR 2006, 214.

32 Mitteilung der Kommission v. 19.7.2006, COM(2006) 404.

33 *Kirchhof*, Bundessteuergesetzbuch, 2011, §§ 101, 105 (S. 814).

34 BFH, XI R 47/96, BStBl II 1997, 255 (256); V R 29/03, BStBl II 2005, 730.

35 *Jakob*, Umsatzsteuer, Rn 99 ff; *Englisch*, in: Tipke/Lang, § 17 Rn 37 f.

36 BFH, V R 29/03, BStBl II 2005, 730; XI R 70/07, BStBl II 2008, 912; krit *Stadie*, in: Rau/Dürrwächter, UStG, § 2 Rn 158 ff, 297 ff.

son[37] behandelt, die als Organgesellschaft finanziell, wirtschaftlich und organisatorisch in das Unternehmen eines Organträgers eingegliedert ist (**umsatzsteuerrechtliche Organschaft**, § 2 Abs. 2 Satz 1 Nr 2 UStG). Leistungen innerhalb der Organschaft unterliegen daher nicht der Umsatzsteuer.

1653 Die Tätigkeit muss *nachhaltig* zur Erzielung von Einnahmen erfolgen (§ 2 Abs. 1 Satz 3 UStG)[38]. Eine **Gewinnerzielungsabsicht** ist dem Wortlaut nach nicht erforderlich, so dass grundsätzlich auch kostendeckendes oder sogar verlustbringendes Tätigwerden die Unternehmereigenschaft begründen kann[39]. Das Merkmal der Nachhaltigkeit, das eine bestimmte Dauer und Planmäßigkeit der Leistungserbringung beinhaltet, soll typische private Verwertungshandlungen bei Gelegenheit aus dem Bereich der Steuerbarkeit ausgrenzen. Bei dem Unternehmerbegriff iSd § 2 UStG soll es sich um einen sog. (offenen) **Typusbegriff** handeln[40]. Entscheidend für die Unternehmereigenschaft ist danach das *Gesamtbild*[41]. Beteiligt sich der Leistende wie ein Händler am Markt (zB durch Werbemaßnahmen, gezielte Einkäufe zur Weiterveräußerung, Unterhalten eines Geschäftslokals etc), ist er regelmäßig Unternehmer. Abzustellen ist immer auf die *konkrete Tätigkeit.*

1654 **Beispiele:** (1) A schafft sich für private Urlaubsfahrten ein Wohnmobil an und nutzt es überwiegend für sich und seine Familie. Daneben vermietet er es einige Male im Jahr an fremde Dritte. Er meldet den Gewerbebetrieb „Vermietung von Wohnmobilen" an und macht die bezahlte Umsatzsteuer als Vorsteuer geltend.

Die Tatsache, dass keine Überschüsse erzielt werden, also in einkommensteuerlicher Hinsicht Liebhaberei (dazu Rn 688) vorliegt, schließt die Unternehmereigenschaft nicht aus (§ 2 Abs. 1 Satz 3 UStG). A muss jedoch nachhaltig zur Erzielung von *Einnahmen* tätig werden. Bei der Beurteilung dieses Merkmals ist auf das Gesamtbild der Verhältnisse abzustellen. Dabei spielen die Dauer und die Intensität des Tätigwerdens, die Beteiligung am Markt, die Zahl der ausgeführten Umsätze, das planmäßige Tätigwerden und das Unterhalten eines Geschäftslokals eine Rolle. Da A nur ein einziges seiner Art nach für die Freizeitgestaltung geeignetes Fahrzeug angeschafft hat und es überwiegend für private Zwecke nutzt, fehlt es am Merkmal der „nachhaltigen Tätigkeit zur Erzielung von Einnahmen". A ist nicht Unternehmer iSd § 2 Abs. 1 UStG[42]. Auch iSd Art. 9 MwStSystRl liegt dann keine wirtschaftliche Tätigkeit vor, die zur Begründung der Unternehmereigenschaft erforderlich ist.

(2) B ist Beamter und sammelt seit seinem 15. Lebensjahr Briefmarken. Der Wert seiner Sammlung beträgt ca 100 000 €. Innerhalb von zwei Jahren versteigert er die gesamte Sammlung bei eBay und erzielt daraus einen Erlös von ca 150 000 €.

Der Verkauf wäre umsatzsteuerpflichtig, wenn B Unternehmer wäre (§ 1 Abs. 1 Nr 1 Satz 1, § 2 Abs. 1 UStG). B ist (insoweit) selbstständig tätig. Unternehmer ist B jedoch nur, wenn er in typischer, wirtschaftlich relevanter Weise am Marktgeschehen teilnimmt, also wie ein Händler am Markt auftritt. Der Verkauf einer privaten Sammlung durch ihren Inhaber über eine Aukti-

---

37 Juristische Personen idS können auch Personengesellschaften sein, dazu BFH, V R 25/13, BFH/NV 2016, 500; *Hummel*, UR 2010, 207 (209 ff).

38 Weitergehend aber die Ermächtigung in Art. 12 MwStSystRl für gelegentliche Grundstückslieferungen; der deutsche Gesetzgeber hat von dieser Kann-Bestimmung keinen Gebrauch gemacht.

39 *Jakob*, Umsatzsteuer, Rn 120.

40 *Offerhaus*, UR 1991, 279; *Giesberts*, UR 1993, 279; ähnlich *Englisch*, in: Tipke/Lang, § 17 Rn 33, § 5 Rn 53.

41 BFH, V R 86/87, BStBl II 1991, 776; V R 23/93, BStBl II 1997, 368 (370). Zur Abgrenzung zwischen Privatveräußerung und unternehmerischer Tätigkeit *Roth/Loose*, UR 2014, 169 ff.

42 Vgl BFH, V R 23/93, BStBl II 1997, 368.

onsplattform ist aber nicht mit dem typischen Verhalten eines Händlers vergleichbar, selbst wenn die von B gewählte Verkaufsform nicht nur von Privaten, sondern auch von Händlern genutzt wird. B tritt nicht wie ein Händler „regelmäßig und planmäßig am Markt auf", der seinen Verkauf von langer Hand plant und bereits im Erwerbszeitpunkt Veräußerungsabsicht hat. B ist nicht Unternehmer iSd § 2 Abs. 1 UStG[43].

(3) Die A-GbR bestand vom 1.10. bis 30.11. und wurde mit dem alleinigen Ziel gegründet, die Gründung der B-AG vorzubereiten (sog. *Vorgründungsgesellschaft*). Zur Erfüllung dieses Gesellschaftszwecks mietete die A-GbR Büroräume an, richtete diese ein und erwarb Anlagegüter. Außerdem machte sie Werbung für die B-AG, wozu sie ein Geschäftslokal unterhielt[44].

Die A-GbR übte eine selbstständige Tätigkeit aus (§ 2 Abs. 1 Satz 1 UStG). Zweifel bestehen an der Nachhaltigkeit iSv § 2 Abs. 1 Satz 3 UStG, da diese eine auf Dauer angelegte Tätigkeit zur Erzielung von Entgelten voraussetzt. Bei wertender Gesamtbetrachtung handelt es sich bei der Vornahme von **unternehmensbezogenen Vorbereitungshandlungen** jedoch um eine typische wirtschaftliche Tätigkeit, bei der insb ein privater Endverbrauch ausgeschlossen ist. Daher ist die A-GbR bei typisierender Betrachtungsweise unternehmerisch tätig geworden. Ihr steht damit der Vorsteuerabzug nach § 15 UStG zu.

Auf die Größe und den Umfang des Unternehmens sowie auf die Höhe des Umsatzes kommt es nach § 2 UStG nicht an. Auch **Kleinunternehmer** iSd § 19 Abs. 1 UStG sind daher Unternehmer. Allerdings sieht § 19 Abs. 1 Satz 1 UStG für diese eine Sonderregelung – keine Erhebung der Umsatzsteuer – vor (dazu Rn 1663). Darauf, ob eine **Tätigkeit verboten** ist, kann es ankommen, wenn sich auf Grund des Verbots keine Wettbewerbsverzerrungen ergeben (zB Drogenhändler). In diesen Fällen würde die USt mangels Überwälzbarkeit den Händler definitiv belasten (anders zB Hehler), so dass insoweit keine steuerbare Leistung angenommen wird (Rn 323). **1655**

Auch **juristische Personen des öffentlichen Rechts** können Unternehmer sein. Soweit sie allerdings Tätigkeiten ausüben, die ihnen iRd öffentlichen Gewalt obliegen, geht § 2b Abs. 1 Satz 1 UStG[45] grundsätzlich davon aus, dass jPdöR keine Unternehmereigenschaft besitzen. Von dieser Regel macht § 2b Abs. 1 Satz 2 UStG eine Ausnahme: Satz 1 soll nicht gelten, sofern die Behandlung als Nichtunternehmer zu größeren Wettbewerbsverzerrungen führen würde. Ausdrückliche Vorgaben, wann solche größeren Wettbewerbsverzerrungen insb *nicht* vorliegen, enthalten § 2b Abs. 2, 3 UStG (zB Umsatzgrenze 17 500 € in § 2b Abs. 2 Nr 1 UStG). Sie sind als unwiderlegbare Vermutungen formuliert, wirken aber wegen des unionsrechtlichen Anwendungsvorrangs letztlich nur als Regelbeispiele[46]. § 2b Abs. 4 UStG enthält zudem eine Aufzählung von Fällen, in denen juristische Personen des öffentlichen Rechts stets als Unternehmer gelten. **1656**

Beispiel: Die Gemeinde G betreibt unter dem Rathaus eine Tiefgarage, in der sie Parkplätze für Mitarbeiter und Besucher, aber auch für die Öffentlichkeit zur Verfügung stellt. Für die Be-

43 Vgl BFH, X R 23/82, BStBl II 1987, 744; *Jakob*, Umsatzsteuer, Rn 116 ff; anders BFH, V R 8/89, BStBl II 1993, 379 (Erben eines Kunstsammlers); V R 2/11, BStBl II 2012, 634 (Vielzahl unterschiedlicher Gegenstände); FG Köln, 14 K 188/13, EFG 2015, 1103 (Bierdeckelsammlung).

44 BFH, V R 84/99, BStBl II 2005, 155 (156).

45 Übersicht bei *Heidner*, DB 2019, 1049 ff; ausf. zur Neuregelung *Wiesch*, Die umsatzsteuerliche Behandlung der öffentlichen Hand, 2016.

46 Weil Art. 13 Abs. 1 MwStSystRl keine der in § 2b Abs. 2 oder 3 UStG normierten Ausnahmen enthält, sind diese nur richtlinienkonform, soweit zielgenau solche Fälle erfasst werden, in denen tatsächlich keine größeren Wettbewerbsverzerrungen iSd Art. 13 Abs. 1 UAbs. 2 MwStSystRl entstehen.

nutzung erhebt sie (auf öffentlich-rechtlicher Grundlage) Gebühren; insgesamt ergibt sich im Jahr ein Umsatz iHv 8000 €. Obwohl die Gemeinde mit der Tiefgarage wirtschaftlich tätig ist, liegt keine größere Wettbewerbsverzerrung vor, weil die Umsatzgrenze des § 2b Abs. 2 Nr 1 UStG nicht überschritten wird[47].

1657 Regelmäßig wird der leistende Unternehmer die Umsatzsteuer auf das Entgelt aufschlagen und die Vorsteuer nach § 15 Abs. 1 Nr 1 UStG von der Umsatzsteuer abziehen (s. Rn 1547), so dass er iErg nicht belastet ist. Vor allem wegen des Vorsteuerabzugs kann sich die Umsatzsteuerpflicht für die öffentliche Hand auch vorteilhaft auswirken.

1658 Mit der seit 2016 geltenden Neuregelung hat der Gesetzgeber die umsatzsteuerrechtliche Behandlung juristischer Personen des öffentlichen Rechts an Art. 13 MwStSystRl angepasst, da sich die Vorgängervorschrift § 2 Abs. 3 UStG mit der Anknüpfung an den körperschaftsteuerlichen Betrieb gewerblicher Art (Rn 1150) von der unionsrechtlichen Vorgabe unterschied. § 2b Abs. 1 Satz 1 UStG dient (wie der bisherige § 2 Abs. 3 UStG) der Wettbewerbsneutralität zwischen der öffentlichen Hand und privaten Unternehmen[48]. Verstöße gegen den Grundsatz der steuerlichen Neutralität können uU im Wege der *Konkurrentenklage* geltend gemacht werden[49].

2. Steuerobjekt

1659 Steuerobjekt sind die in § 1 Abs. 1 UStG genannten Umsätze. Diese Umsätze sind *steuerpflichtig*, wenn die einzelnen Tatbestandsmerkmale der in § 1 Abs. 1 Nr 1, 4 und 5 UStG genannten Alternativen gegeben sind, keine *nicht steuerbare Geschäftsveräußerung* (§ 1 Abs. 1a UStG) vorliegt, der *Leistungsort im Inland* liegt (§ 3 Abs. 5a ff, §§ 3a ff UStG) und wenn keiner der in § 4, § 5 UStG aufgeführten *Befreiungstatbestände* einschlägig ist (dazu Rn 1688 ff).

Steuerbare Umsätze

Leistungsaustausch	Entnahme und unentgeltl. Leistungen	Einfuhr	Innergemeinschaftlicher Erwerb
§ 1 Abs. 1 Nr 1; § 3 Abs. 1 und 9 UStG	§ 1 Abs. 1 Nr 1; § 3 Abs. 1b und 9a UStG	§ 1 Abs. 1 Nr 4 UStG	§ 1 Abs. 1 Nr 5; § 1a und § 1b UStG
Lieferung und sonstige Leistung gegen Entgelt	Leistungsabgabe für außerunternehmerische Zwecke	Einfuhr in das Inland aus dem Drittlandsgebiet (§ 1 Abs. 2a Satz 3 UStG)	Lieferung von Gegenständen aus dem übrigen Gemeinschaftsgebiet (§ 1 Abs. 2a UStG) ins Inland (§ 1 Abs. 2 UStG)

47 Vgl BMF BStBl I 2016, 1451 (1455).

48 Vgl BFH, V R 41/10, BFHE 235, 554; V R 1/11, BFHE 236, 235; *Hüttemann*, Die Besteuerung der öffentlichen Hand, 2002, S. 1.

49 EuGH, C-430/04, Slg. 2006, I-4999 *(Feuerbestattungsverein Halle)*; BFH, VII R 4/11, BStBl II 2012, 541.

a) Besteuerung des Leistungsaustauschs (§ 1 Abs. 1 Nr 1 UStG)

Fall 62: A ist Inhaber eines Schneidereibetriebs in Hamburg. Von Zeit zu Zeit fährt er zu einigen Kunden in die Schweiz, um dort Aufträge anzunehmen. Die Maße der Kunden nimmt er mit nach Hamburg, wo die Anzüge genäht werden. Die fertigen Anzüge verschickt er an seine Kunden. Kann das FA von ihm Umsatzsteuer verlangen? **Rn 1678** **1660**

Das UStG erfasst in § 1 Abs. 1 Nr 1 **Lieferungen** und **sonstige Leistungen**, die ein Unternehmer im Inland gegen Entgelt im Rahmen seines Unternehmens ausführt. **Oberbegriff** beider Tatbestände ist die **Leistung**. Unter einer *Leistung iSd Umsatzsteuerrechts* ist jedwede Verschaffung (durch Tun oder Dulden) eines **verbrauchbaren Nutzens** zu verstehen[50]. Davon abzugrenzen sind **nichtverbrauchbare Vorteile**, wie etwa **Geldzahlungen**[51] (Ausnahme Sammlermünzen), eine **Geldersparnis** oder der **Ersatz von Geldvermögensschäden** (entgangener Gewinn, Verzugsschaden etc). Hier findet kein Transfer eines Konsumgutes statt. Ein verbrauchbarer Vorteil des Leistungsempfängers liegt auch nicht vor, wenn lediglich im öffentlichen Interesse eine (staatliche) Prämie gewährt wird, ohne dass einem konkret individualisierbaren Abnehmer ein wirtschaftlicher Vorteil entsteht[52]. **1661**

Die Ausführung der Lieferung oder sonstigen Leistung (vgl § 1 Abs. 1 Nr 1 UStG) bzw die Verschaffung des verbrauchbaren Nutzens setzt grundsätzlich ein freiwilliges (bzw willentliches) Verhalten des Leistenden voraus (ausdrückliche Ausnahme in § 1 Abs. 1 Nr 1 Satz 2 UStG)[53]. **1662**

Für *Kleinunternehmer* (im Inland ansässige Unternehmer, deren Gesamtumsatz im Vorjahr die Grenze von 17 500 € nicht überstiegen hat und deren Gesamtumsatz im laufenden Kalenderjahr 50 000 € voraussichtlich nicht übersteigen wird) gibt es eine Sonderregelung: Bei ihnen wird die USt nicht erhoben (§ 19 Abs. 1 UStG). Ihnen steht aber auch kein Vorsteuerabzug (s. Rn 1703) zu (§ 19 Abs. 1 Satz 4 UStG). Der Kleinunternehmer kann aber auf die Inanspruchnahme dieser Freibetragsregelung verzichten und sich der Regelbesteuerung unterwerfen (§ 19 Abs. 2 UStG). Dies ist stets dann vorteilhaft, wenn er die geschuldete USt ohne Probleme „weitergeben“ kann, da dann sein Leistungsentgelt nicht geschmälert wird und er andererseits die bezahlte USt (Vorsteuer) vom FA erstattet erhält[54]. **1663**

aa) Lieferungen (§ 3 Abs. 1 UStG). Lieferungen sind gem. § 3 Abs. 1 UStG Leistungen, durch die ein Unternehmer oder in seinem Auftrag ein Dritter dem Abnehmer die *Verfügungsmacht* über einen Gegenstand verschafft. Gegenstände iSd § 3 Abs. 1 UStG sind Sachen iSd § 90 BGB, aber auch Güter, die wie Waren gehandelt werden (zB Energie und Wärme), nicht jedoch Rechte[55]. Verschaffung der Verfügungsmacht bedeutet den willentlichen Wechsel der tatsächlichen Sachherrschaft durch unbeding- **1664**

50 *Stadie*, in: Rau/Dürrwächter, UStG, Einf Rn 143 ff und 164 ff; *Hummel*, UR 2008, 569 (571).

51 BFH, XI R 6/09, BStBl II 2011, 831; *Reiß*, UR 2008, 58 (66); *Giesberts*, UR 1988, 137 (139).

52 EuGH, C-215/94, Slg. 1996, I-959 *(Mohr)*; vgl auch BFH, V R 74/98, BFH/NV 2000, 240; V R 12/00, BFH/NV 2001, 494; V B 34/07, BFH/NV 2008, 1895.

53 *Reiß*, Umsatzsteuerrecht, Rn 31; *Ruppe/Achatz*, öUStG, 5. Aufl 2018, § 1 Rn 20; *Giesberts*, UR 1976, 61 (69); *Nieskens*, in: Rau/Dürrwächter, UStG, § 1 Rn 435 ff; aA *Stadie*, UStG, § 1 Rn 44 ff; *Hummel*, UR 2008, 569 (572).

54 Zur Ermittlung des Gesamtumsatzes im Falle der Differenzbesteuerung nach § 25a UStG s. Vorlage BFH, XI R 7/16, ECLI:DE:BFH:2018:U.070218.XIR17.17.0 (EuGH-Az: C-388/18).

55 *Englisch*, in: Tipke/Lang, § 17 Rn 100 mwN.

te und endgültige Überlassung der Substanz, einschließlich des Werts und Ertrags des Gegenstands[56]. Sie ist jedoch nicht gleichzusetzen mit der formellen Eigentumsübertragung[57]. So ist etwa die Übertragung abhanden gekommener Sachen ebenso eine Lieferung wie Leasinggeschäfte, an deren Ende das Eigentum übergeht[58], während die Sicherungsübereignung[59], Sale-and-lease-back-Geschäfte[60] oder einfache Mietverhältnisse die Voraussetzungen noch nicht erfüllen[61].

Schließen mehrere Unternehmen über die Lieferung desselben Gegenstands einen Vertrag ab, wird der Gegenstand aber nicht „durchgereicht", sondern vom ersten Unternehmer an den letzten Abnehmer direkt geliefert (sog. *Reihengeschäft*, s. § 3 Abs. 6 Satz 5 UStG, Rn 1671), so liegen dennoch zwischen den einzelnen Unternehmen Umsatzgeschäfte vor[62].

1665 **bb) Sonstige Leistungen (§ 3 Abs. 9 UStG).** Sonstige Leistungen sind gem. § 3 Abs. 9 UStG Leistungen, die keine Lieferungen sind. Darunter fallen vor allem *Dienstleistungen*, etwa Beratungsleistungen, die Vermietung von Grundstücken, Überlassung von Gegenständen oder Vermittlungsleistungen[63]. Weitere Beispiele finden sich in § 3a Abs. 3, 4 UStG.

1666 **cc) Gegen Entgelt (§ 1 Abs. 1 Nr 1 UStG).** Die Lieferung oder sonstige Leistung muss *gegen Entgelt* erbracht werden (§ 1 Abs. 1 Nr 1 UStG). Voraussetzung ist also grundsätzlich ein Leistungsaustausch. Was unter Entgelt zu verstehen ist, bestimmt § 10 Abs. 1 Sätze 2, 3 UStG: Dazu gehören alle Aufwendungen, die der Leistungsempfänger oder ein Dritter tätigt, um die Leistung des Unternehmers zu erhalten, jedoch abzgl. der Umsatzsteuer. Umstritten ist, ob die Gegenleistung mit der Leistung final[64] („*um* die Leistung zu erhalten") oder lediglich kausal („*weil* geleistet worden ist") verknüpft sein muss. Der Wortlaut in § 1 Abs. 1 Nr 1 UStG („gegen Entgelt") lässt beides zu. Gleiches gilt für Art. 73 MwStSystRl („[...] Gegenleistung [...], die der Lieferer oder Dienstleistungserbringer für diese Umsätze vom Erwerber oder Dienstleistungsempfänger oder einem Dritten erhält oder erhalten soll"). Schließlich spricht der Belastungsgrund der Umsatzsteuer dafür, auch lediglich kausale Aufwendungen für den Konsumguttransfer zu erfassen[65].

1667 Wird eine Aufwendung dagegen lediglich aus karitativen oder ähnlichen mildtätigen Gründen erbracht, ohne dass es dem Zuwendenden auf den Erhalt der Leistung ankommt, so liegt kein Leistungsaustausch vor[66].

56 Vgl BFH, V R 22/03, BStBl II 2006, 727 mwN; V R 11/03, BStBl II 2007, 63; *Reiß*, StuW 1981, 81 (82); *Lange*, UR 2004, 574 (576); *Ruppe/Achatz*, öUStG, § 3 Rn 33.

57 Vgl Art. 14 Abs. 1 MwStSystRl: „Befähigung, *wie* ein Eigentümer (...) zu verfügen"; EuGH, C-453/03, Slg. 2005, I-10423 *(ABNA)*; C-63/04, Slg. 2005, I-11087 *(Centralan Property)*; BFH, V R 11/03, BStBl II 2007, 63; *Reiß*, StuW 1981, 81 (82).

58 EuGH, C-118/11, HFR 2012, 454 *(Eon Aset)*; C-209/14, HFR 2015, 819 *(NLB Leasing)*.

59 *Englisch*, in: Tipke/Lang, § 17 Rn 98; *Leonard*, in: Bunjes, UStG, 17. Aufl 2018, § 3 Rn 82; *Hummel*, UR 2007, 757.

60 BFH, V R 12/15, BStBl II 2017, 188.

61 Vgl Abschn 3.5 Abs. 5–7 UStAE.

62 BFH, XI R 74/95, BStBl II 1997, 157 (159).

63 BFH, XI R 72/93, BStBl II 1995, 518.

64 BFH, V R 133/93, BStBl II 1997, 335; *Ruppe/Achatz*, öUStG, § 1 Rn 67; *Beiser*, UR 1999, 49 (50 f).

65 BFH, V R 60/05, BStBl II 2009, 486; *Nieskens*, in: Rau/Dürrwächter, § 1 Rn 504; *Reiß*, Umsatzsteuerrecht, Rn 34; *Englisch*, in: Tipke/Lang, § 17 Rn 122; *Hummel*, UR 2008, 569 (572).

66 EuGH, C-16/93, NJW 1994, 1941 f.

Beispiel: Straßenmusiker M zieht mit seiner Drehorgel umher und bittet vorbeigehende Passanten um „Spenden", indem er seinen Hut zieht und auf die stets zur Hälfte gefüllte Sammelbüchse zeigt. Tourist T, der Mitleid mit dem ärmlich gekleideten Mann empfindet, legt 10 € in die Sammelbüchse und geht anschließend sofort weiter. Liegt ein Leistungsaustausch iSd § 1 Abs. 1 Nr 1 UStG vor?

Das Musizieren ist eine sonstige Leistung iSd § 3 Abs. 9 UStG (Dienstleistung). Diese wurde jedoch von M nicht gegen Entgelt erbracht. Zum einen bestand nämlich zwischen M und T keinerlei Vereinbarung. T zahlte freiwillig und bestimmte die Höhe der Zuwendung allein. Außerdem besteht zwischen der musikalischen Darbietung und der Spende des T kein unmittelbarer Zusammenhang. T hat M nicht gebeten, für ihn zu musizieren und zahlte offensichtlich (sofortiges Weitergehen) nicht aufgrund der musikalischen Darbietung, sondern aus persönlichen Motiven. Spenden begründen noch keinen Leistungsaustausch iSd § 1 Abs. 1 Nr 1 UStG.

Der Ersatz von Aufwendungen genügt für die Annahme einer Gegenleistung, jedoch **1668**
gehören **durchlaufende Posten** nicht zum Entgelt (§ 10 Abs. 1 Satz 6 UStG). Durchlaufende Posten unterscheiden sich von der Berechnung von Auslagen (= Gegenleistung) dadurch, dass die Zahlung des Unternehmers im fremden Namen und für fremde Rechnung erfolgt, während der Unternehmer Auslagen als eigene Kosten bezahlt und mit dem Entgelt weiterberechnet[67].

Bei **Schadensersatzleistungen** fehlt es regelmäßig an einer Leistung des Geschädig- **1669**
ten. Der Schadensersatz wird allein dafür gewährt, dass der Geschädigte eine Einbuße an seinen Rechtsgütern erlitten hat, ohne dass dem ein willentliches Verhalten des Geschädigten vorausgegangen ist, und stellt deshalb kein Entgelt iSd § 1 Abs. 1 Nr 1 UStG für eine *Leistung* des Geschädigten dar. Jedoch gilt das nur, wenn die Zahlung des Leistenden auf gesetzlicher oder vertraglicher Verpflichtung beruht *(echter Schadensersatz)*. Zu bejahen ist das Merkmal des Leistungsaustauschs dagegen, wenn die Ersatzleistung tatsächlich die (teilweise) Gegenleistung für eine Lieferung oder sonstige Leistung des Geschädigten darstellt *(unechter Schadensersatz)*. Beseitigt zB der Geschädigte im ausdrücklichen Auftrag des Schädigers den Schaden selbst und stellt diesem dann eine Rechnung, so liegt ein Leistungsaustausch vor[68].

Erwirbt jemand im Wege der **Zwangsversteigerung** einen Gegenstand, so ist hierin **1670**
ein Leistungsaustausch zwischen dem insolventen Unternehmer und dem Ersteigerer zu sehen. Das Handeln des Insolvenzverwalters wird im Verhältnis zu Dritten dem Unternehmer zugerechnet[69]. Wird bei einer **Sicherungsübereignung** nach Eintritt des Sicherungsfalles das Sicherungsgut durch den Sicherungsnehmer im eigenen Namen veräußert, so liegen im Zeitpunkt der Veräußerung zwei Leistungsaustausche vor. Zum einen liefert der Sicherungsnehmer an den Käufer, zum anderen findet zeitgleich eine Lieferung des Sicherungsgebers an den Sicherungsnehmer statt[70].

Im *Regelfall* handelt es sich bei dem Entgelt um eine *Geldleistung* (Bar- oder Buch- **1671**
geld). Diese ist zwangsläufig immer als Gegenleistung anzusehen, da Geld selbst kein Verbrauchsgut ist (Charakter der Umsatzsteuer als Verbrauchsteuer). Erbringt der

67 BFH, V R 37/08, BStBl II 2009, 873 (Sozialversicherungsbeiträge); *Reiß*, Umsatzsteuerrecht, Rn 286.
68 BFH, V 37/62 S, BStBl III 1965, 303.
69 BFH, V R 62/01, BStBl II 2002, 559; V R 115/87, BStBl II 1991, 817; V R 139/76, BStBl II 1986, 500.
70 BFH, V 208/64, BStBl II 1968, 68; V R 2/71, BStBl II 1975, 622; V R 20/04, BStBl II 2006, 931.

Empfänger einer Lieferung oder sonstigen Leistung jedoch anstelle einer Geldleistung als Gegenleistung seinerseits eine Lieferung oder sonstige Leistung, so handelt es sich um einen **Tausch**[71] (§ 3 Abs. 12 Satz 1 UStG) oder **tauschähnlichen Umsatz**[72] (§ 3 Abs. 12 Satz 2 UStG). Der Wert der Gegenleistung bestimmt sich nach § 10 Abs. 2 Satz 2 UStG[73].

Beispiel: Teppichhändler U überlässt Immobilienmakler I einen edlen Perserteppich (üblicher Verkaufspreis: 2000 € + 380 €). Verabredungsgemäß vermittelt I ihm dafür kostenlos eine Wohnung in exklusiver Lage. Die übliche Courtage hätte 3000 € + 570 € betragen.

I erbringt eine sonstige Leistung iSd § 3 Abs. 9 UStG. Bei der Gegenleistung handelt es sich um eine Lieferung (§ 3 Abs. 1 UStG), so dass ein tauschähnlicher Umsatz (§ 3 Abs. 12 Satz 2 UStG) vorliegt. Für die Bemessungsgrundlage gilt gem. § 10 Abs. 2 Satz 2 UStG als Entgelt der Wert der Lieferung des U. I schuldet daher Umsatzsteuer iHv 380 €.

U erbringt eine Lieferung, Gegenleistung ist die sonstige Leistung des I. Damit liegt auch für U ein tauschähnlicher Umsatz vor. Bemessungsgrundlage ist der Wert der Vermittlungsleistung. Die Umsatzsteuerschuld beträgt damit für U 570 €.

1672 Bis zur Einführung von § 3 Abs. 13–15 UStG wurde der Verkauf von **Wertgutscheinen** (zB Geschenkgutscheine) als Tausch (Tausch von Zahlungsmitteln) angesehen und stellte selbst (noch) keine Leistung im umsatzsteuerlichen Sinne dar.[74] Jetzt unterscheidet das Gesetz entsprechend der sog. Gutschein-Richtlinie[75] zwischen Einzweck- und Mehrzweck-Gutscheinen: Bei **Einzweck-Gutscheinen**, wenn also schon im Zeitpunkt der Ausstellung alle Umstände für die umsatzsteuerliche Einordnung feststehen (zB Lieferung einer bestimmen Ware), wird die Umsatzbesteuerung bereits bei Ausgabe des Gutscheins durchgeführt (§ 3 Abs. 14 UStG). Ist im Falle eines **Mehrzweck-Gutscheins** (§ 3 Abs. 15 UStG) noch nicht klar, was später mit dem Gutschein erworben wird, erfolgt eine Besteuerung erst mit der Einlösung, also der späteren Erbringung der eigentlichen Leistung (Bemessungsgrundlage: § 10 Abs. 1 Satz 6 UStG)[76].

1673 **dd) Leistungsort (§ 3 Abs. 5a, 6–8; §§ 3a–3g UStG).** Die Unterscheidung zwischen Lieferung und sonstiger Leistung hat Bedeutung für die Festlegung des *Leistungsorts*. Steuerbar ist die Lieferung oder sonstige Leistung nur, wenn sie *im Inland ausgeführt* wird (§ 1 Abs. 1 Nr 1 UStG), wenn sich also der Leistungsort im Inland befindet. Wird der Gegenstand der *Lieferung* durch den Lieferer, den Abnehmer oder einen beauftragten Dritten befördert oder versendet, so gilt als Leistungsort grundsätzlich der Ort, an dem die *Beförderung oder Versendung beginnt* (§ 3 Abs. 6 Satz 1 UStG).

---

71 BFH, V R 10/08, BStBl II 2010, 879 mit Ablehnung der Kritik von *Stadie*, UR 2009, 745: MwStSystRl sehe Besteuerung des Tausches nicht vor. – Jedoch stellt Art. 73 MwStSystRl ab auf „alles, was den Wert der Gegenleistung bildet“, so dass es ausreicht, wenn die Gegenleistung in Geld ausgedrückt werden kann; vgl EuGH, C-330/95, Slg. 1997, I-3801, Rn 23 *(Goldsmith)*; C-380/99, Slg. 2001, I-5163, Rn 17 *(Bertelsmann)*.

72 EuGH, C-410/17, ECLI:EU:C:2019:12 *(A Oy)*.

73 Ermittlung an Hand von subjektiven Werten aus Empfängersicht, s. BFH, XI R 21/16, BStBl II 2018, 505; krit *Reiß*, UR 2018, 822 ff.

74 Vgl BT-Drs 19/4455, S. 58.

75 RL 2016/1065, ABl Nr L 177, S. 9, jetzt Art. 30a, 30b MwStSystRl.

76 Näher *Englisch*, ifst-Schrift 515 (2017), S. 9 ff; *Thiele/König*, UR 2018, 933; *Huschens*, DB 2019, 446.

Wird der Gegenstand nicht befördert oder versendet (so bei der Lieferung von unbeweglichen Gegenständen, zB Grundstücken oder bei Übergabesurrogaten, § 929 Satz 2, § 930, § 931 BGB)[77], so ist Leistungsort grundsätzlich der Ort der *Verschaffung der Verfügungsmacht* (§ 3 Abs. 7 Satz 1 UStG)[78].

Wenn mehrere Unternehmer nacheinander über einen Gegenstand Umsatzgeschäfte **1674** abschließen, aber nur zwischen dem ersten und dem letzten Unternehmer in der Kette ein Verfügungsgeschäft stattfindet **(Reihengeschäft)**, wird nach § 3 Abs. 6 Satz 5 UStG die Beförderung oder Versendung nur *einer* der Lieferungen zugeordnet (sog. bewegte Lieferung). Welche der Lieferungen die „bewegte" ist, bestimmt sich nach § 3 Abs. 6 Satz 6 UStG[79]. § 3 Abs. 6 Satz 6 HS 1 UStG enthält eine Vermutung dahingehend, dass der Ersterwerber bei der Beförderung oder Versendung als Abnehmer der Vorlieferung und nicht als Lieferer an den letzten Abnehmer tätig wird. In diesem Fall ist also die erste Lieferung die bewegte Lieferung. Die Vermutung kann indes gem. § 3 Abs. 6 Satz 6 HS 2 UStG widerlegt werden[80]. Maßgeblich ist letztlich die Verschaffung der Verfügungsmacht[81]. Für die bewegte Lieferung (Beförderungs- oder Versendungslieferung) bestimmt sich der Leistungsort nach § 3 Abs. 6 Satz 1 UStG. Nur bei ihr kommt die Steuerbefreiung für Ausfuhrlieferungen (§ 6 UStG) oder für innergemeinschaftliche Lieferungen (§ 6a UStG) in Betracht. Bei allen anderen Lieferungen in der Reihe findet keine Beförderung oder Versendung statt (ruhende Lieferungen), für diese ruhenden Lieferungen bestimmt sich der Ort nach § 3 Abs. 7 Satz 2 UStG.

Beispiel: U1 mit Sitz in Düsseldorf kauft von U2 (Berlin) eine Baumaschine. U2 kauft bei U3 (Frankreich), U3 bei Fabrikant F (Spanien). F lässt die Maschine direkt zu U1 transportieren. Wo liegt jeweils der Leistungsort? Was ändert sich, wenn U1 die Maschine in Spanien bei F abholt?

Die Lieferung des F an U3 erfolgt in Spanien (§ 3 Abs. 6 Sätze 1, 5 UStG). Die weiteren Lieferungen von U3 an U2 und von U2 an U1 sind der Beförderung *nachfolgende Lieferungen* und gelten gem. § 3 Abs. 7 Satz 2 Nr 2 UStG als in Deutschland ausgeführt, da die Beförderung in Düsseldorf endet. Holt U1 die Maschine bei F ab, ist die Beförderung der dritten Lieferung U2 an U1 zuzuordnen, alle vorangehenden Lieferungen sind ruhende Lieferungen. Hier liegt der Lieferort für alle Lieferungen in Spanien (Beginn der Beförderung, § 3 Abs. 6 Sätze 1, 5, § 3 Abs. 7 Satz 2 Nr 1 UStG)[82].

Eine besondere Regelung für Warenlieferungen, die vom leistenden Unternehmer be- **1675** fördert oder versendet werden, trifft § 3c UStG, die sog. **Versandhandelsregelung** (für Lieferungen an Nicht-Unternehmer)[83]. Der Ort der Lieferung wird hiernach für Lieferungen größeren Umfangs (vgl § 3c Abs. 3 UStG) in das Bestimmungsland verlagert, um Wettbewerbsverzerrungen, die sich aus den unterschiedlichen Steuersätzen

77 *Reiß*, Umsatzsteuerrecht, Rn 71; *Leonard*, in: Bunjes, UStG, 17. Aufl 2018, § 3 Rn 225.

78 Vgl Art. 31 f MwStSystRl.

79 Ab 1.1.2020 werden die Sätze 5 und 6 des § 3 Abs. 6 UStG durch den inhaltlich ähnlichen Art. 36a MwStSystRl ergänzt, vgl dazu *Salder/von Streit*, UR 2019, 201. In einem neuen § 3 Abs. 6a UStG sollen diese Regelungen übernommen werden.

80 BFH, XI R 30/13, BFHE 249, 336; XI R 15/14, BFHE 249, 343; s. auch EuGH, C-587/10, DStR 2012, 2014 *(VSTR)*; *Heuermann*, DB 2015, 1303.

81 FG Rh.-Pf., 3 K 1364/15, DStRE 2017, 933.

82 Weitere instruktive Beispiele in Abschn 3.14 UStAE.

83 Vgl Art. 34 Abs. 2 Satz 2 MwStSystRl; *Kußmaul/Hilmer*, IStR 2006, 333 (335).

innerhalb der EU ergeben würden, zu verhindern. Andernfalls würden sich Versandhandelsunternehmen – daher der Name der Regelung – in dem Land des niedrigsten Steuersatzes niederlassen und von dort alles versenden.

1676 Der Ort der sonstigen Leistung ist in den §§ 3a ff UStG geregelt. Das Gesetz unterscheidet in § 3a Abs. 1, 2 UStG grundsätzlich zwischen Dienstleistungen, die an einen **Unternehmer** und solchen, die an einen **Endverbraucher** erbracht werden. Bei sonstigen Leistungen, die an einen Endverbraucher erbracht werden, gilt grundsätzlich, dass sie dort ausgeführt werden, wo der *leistende Unternehmer* seinen Sitz hat bzw wo sich seine Betriebsstätte[84] befindet, aus der die Leistung ausgeführt wird (§ 3a Abs. 1 UStG, Ursprungslandprinzip). Sonstige Leistungen an einen Unternehmer werden grundsätzlich an dem Ort erbracht, wo der *Empfänger* sein Unternehmen betreibt oder eine Betriebsstätte hat, an die die Leistung ausgeführt wird (§ 3a Abs. 2 UStG, Bestimmungslandprinzip). Innerhalb der EU findet in den Fällen des § 3a Abs. 2 UStG eine Steuerschuldverlagerung (s. Rn 1648) auf den Empfänger statt (vgl Art. 196, Art. 44 MwStSystRl, für Deutschland § 13b Abs. 1 iVm Abs. 5 Satz 1 HS 1 UStG).

1677 Von diesen Grundsätzen enthalten jedoch § 3a Abs. 3–8, § 3b und § 3e UStG eine ganze Reihe von Ausnahmen, die vorrangig anzuwenden sind. So werden etwa Telekommunikations-, Rundfunk- und Fernsehdienstleistungen sowie elektronisch erbrachte Dienstleistungen an einen Verbraucher abweichend von Abs. 1 an dessen Wohnort ausgeführt (§ 3a Abs. 5 UStG, Art. 58 MwStSystRl)[85].

Vor der Einführung des Bestimmungslandprinzips für elektronische Dienstleistungen an Verbraucher (Art. 58 MwStSystRl) ab 2015 entschied der Sitz des (Tochter-)Unternehmens, das zB Musik-, Film- oder sonstige Downloads anbot, über den anwendbaren Steuersatz, so dass ein Standort zB in Luxemburg mit dem niedrigsten Steuersatz in der EU von damals 15 % (jetzt: 17 %) vorteilhaft war. Nach der Änderung der MwStSystRl ist diese Gestaltungsmöglichkeit entfallen.

1678 **Lösung Fall 62** (Rn 1660): Das FA kann Umsatzsteuer verlangen, wenn ein umsatzsteuerpflichtiger Leistungsaustausch im Inland vorliegt (§ 1 Abs. 1 Nr 1 UStG). A ist Unternehmer gem. § 2 Abs. 1 Satz 1 UStG. Fraglich ist, ob eine Lieferung oder eine sonstige Leistung vorliegt. Bei der Fertigung der Anzüge durch A handelt es sich um Verarbeitung von selbst beschafften Stoffen, deren Leistung an Dritte gem. § 3 Abs. 4 UStG als Lieferung, nämlich als Werklieferung anzusehen ist. Nach § 3 Abs. 6 Satz 1 UStG gilt diese Lieferung dort als ausgeführt, wo die Versendung beginnt, also im Inland. Da es sich jedoch um eine Ausfuhrlieferung iSd § 6 Abs. 1 Nr 1 UStG handelt, ist diese gem. § 4 Nr 1 lit. a UStG steuerfrei (s. noch Rn 1527–1528).

---

84 Zur Abgrenzung EuGH, C-419/14, DStRE 2016, 547. Der Begriff der Betriebsstätte richtet sich nicht nach § 12 AO, sondern nach Art. 44, 45 MwStSystRl; BFH, V B 47/02, BFH/NV 2003, 830.

85 Weil in diesen Fällen ein Unternehmer in einer Vielzahl von EU-Staaten umsatzsteuerliche Erklärungspflichten zu erfüllen hätte, findet sich in § 18h UStG eine verfahrensrechtliche Erleichterung (sog. Mini-One-Stop-Shop, MOSS). Diese verfahrensrechtliche Erleichterung soll ab 2021 auch für Versandhandelsumsätze eingeführt werden: Art. 2 Nr 16 und 23 der ÄnderungsRL (EU) 2017/2455, v. 5.12.2017. Aktuell geplant ist eine Erweiterung des One-Stop-Shop-Verfahrens auf alle Lieferungen, vgl COM(2018) 329.

b) Besteuerung unentgeltlicher Leistungen (§ 1 Abs. 1 Satz 1, § 3 Abs. 1b und Abs. 9a UStG)

Der Unternehmer, der Gegenstände aus seinem Unternehmen privat entnimmt oder solche unentgeltlich für private Zwecke zuwendet, verhält sich wie ein Verbraucher und ist deshalb in umsatzsteuerlicher Hinsicht diesem gleichzustellen. Sofern solche Gegenstände wegen des dem Unternehmer zustehenden Vorsteuerabzugs (dazu Rn 1703) nicht mit Umsatzsteuer belastet sind, muss eine entsprechende Besteuerung erfolgen, um einen unversteuerten Endverbrauch zu verhindern. Die Gleichstellung dieser Vorgänge mit umsatzsteuerpflichtigen Lieferungen (vgl § 3 Abs. 1b UStG) oder sonstigen Leistungen (§ 3 Abs. 9a UStG) stellt den Unternehmer also so, als würde er an sich selbst als Endverbraucher einen steuerpflichtigen Umsatz ausführen[86]. Sie bewirkt, dass der Vorsteuerabzug – bei Nutzungsentnahmen allerdings nur sukzessive – wieder rückgängig gemacht wird, die bezahlte Umsatzsteuer (= Vorsteuer) also als endgültige Belastung des Unternehmers als Endverbraucher verbleibt. Ort der Leistung (s. Rn 1675) ist wegen der Gleichstellung mit den entgeltlichen Leistungen regelmäßig das Unternehmen bzw die Betriebstätte, von der sie ausgeführt wird (Art. 26 iVm Art 43 MwStSystRl). 1679

Beispiel: Werkzeughändler U schenkt seinem Sohn V einen Werkzeugkasten, den er vorher vom Großhändler G für sein Unternehmen erworben hatte. Die ihm in Rechnung gestellte USt hat er als Vorsteuer abgezogen (§ 15 Abs. 1 Satz 1 Nr 1 UStG). Nach § 3 Abs. 1 UStG hat U mit der Schenkung eine Lieferung ausgeführt, denn V hat die Verfügungsmacht über den Werkzeugkasten erhalten. Es fehlt jedoch am Entgelt, so dass § 1 Abs. 1 Nr 1 UStG nicht erfüllt ist. § 3 Abs. 1b Satz 1 Nr 1 UStG stellt diesen Vorgang jedoch einer Lieferung gegen Entgelt gleich. Im Ergebnis treten also die gleichen umsatzsteuerlichen Folgen ein, wie wenn U den Werkzeugkasten gleich für seinen Sohn gekauft hätte. U hat für die Übergabe des Werkzeugkastens an V Umsatzsteuer zu entrichten, die nach dem Einkaufspreis zuzüglich etwaiger Nebenkosten bemessen wird (§ 10 Abs. 4 Satz 1 Nr 1 UStG). 1680

c) Einfuhr aus dem Drittlandsgebiet (§ 1 Abs. 1 Nr 4 UStG)

Bis 1992 waren grundsätzlich alle Lieferungen in andere Länder mit Leistungsort im Inland (§ 3 Abs. 6–8 UStG) als Ausfuhrlieferungen umsatzsteuerfrei (§ 4 Nr 1 lit. a, § 6 UStG). Eine Umsatzbesteuerung fand in dem Staat statt, in dem der Liefergegenstand an den Endverbraucher gelangte. Der Einfuhrstaat erhob regelmäßig auf die eingeführten Waren Umsatzsteuer (sog. Einfuhrumsatzsteuer) und stellte so die allgemein in dem Bestimmungsland bestehende Umsatzsteuerbelastung her. Die Regel, die diesem Verfahren zugrunde liegt, nennt man deshalb das **Bestimmungslandprinzip** (Rn 1641). 1681

Seit 1993 gelten die genannten Grundsätze nur noch für Lieferungen in sog. Drittländer (§ 1 Abs. 2a Satz 3 UStG), also in Länder, die weder Inland iSd § 1 Abs. 2 UStG noch übriges Gemeinschaftsgebiet iSd § 1 Abs. 2a Sätze 1, 2 UStG sind. Lieferungen in Drittländer sind als *Ausfuhrlieferungen* steuerfrei (§ 4 Nr 1 lit. a, § 6 UStG). Dementsprechend sind *Einfuhrlieferungen*, also Lieferungen aus Drittländern, umsatzsteuerpflichtig (§ 1 Abs. 1 Nr 4 UStG). Einfuhrumsatzsteuerpflichtig sind nicht nur die Unternehmer, für die die entrichtete Umsatzsteuer als Vorsteuer abzugsfähig ist (§ 15 1682

86 *Jakob*, Umsatzsteuer, Rn 415.

Abs. 1 Satz 1 Nr 2 UStG, s. Rn 1547), sondern auch Nichtunternehmer. Bei privaten Endverbrauchern entsteht daher (systemkonform) eine definitive Umsatzsteuerbelastung. Für das Besteuerungsverfahren gelten die zollrechtlichen Vorschriften sinngemäß (§ 13a Abs. 2, § 21 Abs. 2 UStG).

d) Die Besteuerung des innergemeinschaftlichen Erwerbs (§ 1 Abs. 1 Nr 5, § 1a, § 1b UStG)

1683 Art. 26 AEUV verpflichtet die Mitgliedstaaten zur Beseitigung der Grenzkontrollen, so dass eine Besteuerung bei der Einfuhr und eine Steuerentlastung bei der Ausfuhr (s. oben Rn 1527–1528) nicht möglich ist. An die Stelle der Einfuhrumsatzsteuer (§ 1 Abs. 1 Nr 4 UStG) tritt bei Importen aus einem anderen EU-Staat der Tatbestand des *innergemeinschaftlichen Erwerbs* (§ 1 Abs. 1 Nr 5, § 1a UStG). Die steuerfreie Ausfuhrlieferung (§ 4 Nr 1 lit. a UStG) wird für den Export in einen anderen EU-Staat zu einer steuerfreien *innergemeinschaftlichen Lieferung* (§ 4 Nr 1 lit. b iVm § 6a UStG).

1684 Damit bleibt es für den kommerziellen Warenverkehr zwischen den Mitgliedstaaten bei der Geltung des *Bestimmungslandprinzips*[87]. Im Bestimmungsland gleichen sich Erwerbsbesteuerung und Vorsteuerabzug aus. Im Ursprungsland erfolgt durch Steuerbefreiung *und* Vorsteuerabzug durch den exportierenden Unternehmer eine vollständige Umsatzsteuerentlastung[88]. Während die Einfuhrumsatzsteuer alle Warenbewegungen zwischen den Mitgliedstaaten erfasste, setzt § 1 Abs. 1 Nr 5 iVm § 1a UStG grundsätzlich eine Lieferung[89] voraus und beschränkt den Personenkreis, der den Erwerbstatbestand verwirklichen kann, auf Unternehmer und juristische Personen (§ 1a Abs. 1 Nr 2 UStG). Für den nichtkommerziellen Warenverkehr mit Nichtunternehmern s. Rn 1687.

1685 **Beispiel:** Unternehmer H liefert an den Exporteur E für 100 + 19 (USt). Dieser liefert steuerfrei (§ 4 Nr 1 lit. b iVm § 6a UStG) an den Importeur I nach Dänemark für 200. I muss auf den innergemeinschaftlichen Erwerb in Dänemark 25 % USt bezahlen, die er aber als Vorsteuer bei seiner Umsatzsteuererklärung wieder geltend machen kann. Er veräußert die Ware an den Endverbraucher V für 300 + 25 % USt (dort geltender Umsatzsteuersatz).

(Die Pfeile markieren die Zahlungsströme.)

---

87 IdS auch EuGH, C-245/04, Slg. 2006, I-3227, Rn 40 *(Eder)*; C-409/04, Slg. 2007, I-7797, Rn 34 und 36 *(Teleos)*; C-430/09, Slg. 2010, I-13335, Rn 43 *(Euro Tyre Holding)*. Zu Nachweispflichten EuGH, C-587/10, DStR 2012, 2014 *(VSTR)*; C-21/16, DStR 2017, 490 *(Euro Tyre)*.

88 Art. 138 iVm Art. 169 MwStSystRl; dem entspricht für den umgekehrten Fall § 4 Nr 1 lit. b iVm § 6a iVm § 15 Abs. 3 Nr 1 lit. a UStG.

89 Ebenso ein Verbringen eines Unternehmensgegenstands (vgl § 1a Abs. 2 UStG).

Das Beispiel zeigt, dass die Besteuerung des innergemeinschaftlichen Erwerbs nicht zu einer Beseitigung, sondern nur zu einer Verlagerung der Steuergrenzen „in die Betriebe" geführt hat. **1686**

Diese Regelung wird deshalb zu Recht heftig kritisiert[90]. Vorschläge zum Übergang auf ein Prinzip des Gemeinsamen Marktes, welches dem Erwerber einen grenzüberschreitenden Vorsteuerabzug gewährt, sind von der Kommission unterbreitet worden, sie setzen aber voraus, dass in einem sog. *Clearing-Verfahren* zwischen den Mitgliedstaaten die Verzerrungen im Umsatzsteueraufkommen beseitigt werden[91]. Denn die Verwirklichung des *Prinzips des Gemeinsamen Marktes* würde dazu führen, dass die importierenden Länder die von den exportstarken Ländern eingenommene Umsatzsteuer vergüten, also ausländische Steuern aus nationalen Mitteln erstatten müssten. Wie lange die heute gültige, aber als Zwischenlösung gedachte Regelung Bestand haben wird, ist derzeit nicht absehbar[92]. Aktuelle Planungen der Kommission sehen die Einführung eines endgültigen Mehrwertsteuersystems auf Grundlage des Bestimmungslandprinzips zum 1. Juli 2022 vor.[93]

Beim innergemeinschaftlichen *nichtkommerziellen Warenverkehr*, bei dem der Abnehmer *kein Unternehmer* iSd § 2 Abs. 1 Satz 1 UStG ist, folgt die Besteuerung allerdings schon heute dem **Ursprungslandprinzip**, dh der private Abnehmer zahlt die Umsatzsteuer im Land des Erwerbs (Ausland), es kommt zu keiner Besteuerung im Bestimmungsland. Eine Ausnahme stellt der innergemeinschaftliche Erwerb neuer Fahrzeuge dar, wobei nach § 1b UStG auch für private Erwerber das Bestimmungslandprinzip verwirklicht ist. Für den **Versandhandel**, dh bei Warenlieferungen, die vom leistenden Unternehmer versendet werden, wird der Ort der Lieferung ins Bestimmungsland verlegt, um Wettbewerbsverzerrungen und Aufkommensverschiebungen zu verhindern (vgl § 3c UStG). **1687**

Beispiel: Der Franzose A kauft sich bei einem Besuch in Trier im Geschäft des U ein antikes Möbelstück für 5000 € + 950 € USt und befördert es in seinem Pkw nach Frankreich.

U tätigt eine im Inland steuerbare Lieferung (§ 1 Abs. 1 Nr 1, § 3 Abs. 1 UStG). Ort der Lieferung ist Trier (§ 3 Abs. 6 Satz 1 UStG). Die Lieferung ist nicht gem. § 4 Nr 1 lit. b, § 6a UStG steuerfrei, da der Abnehmer kein Unternehmer ist (§ 6a Abs. 1 Satz 1 Nr 2 lit. a UStG). Bei der Verbringung des Möbelstücks nach Frankreich liegen die Tatbestandsvoraussetzungen des innergemeinschaftlichen Erwerbs nicht vor (§ 1a UStG). Der Erwerb des Möbelstücks ist also nur im Ursprungsland Deutschland umsatzsteuerpflichtig.

3. Steuerbefreiungen

Fall 63: Der Blinde A stellt in seinem Ein-Mann-Betrieb Holzspielzeug für Kinder her und veräußert diese an verschiedene ortsansässige Großhändler. Wegen der gestiegenen Nachfrage lässt er von B eine neue Werkstatt einrichten. B stellt A hierfür 100 000 € zzgl. 19 000 € Umsatzsteuer in Rechnung. In seiner Umsatzsteuererklärung für 01 erklärt A steuerpflichtige Umsätze iHv 50 000 € aus den in seinem Betrieb verkauften Waren. Außerdem begehrt A den Abzug von 19 000 € Vorsteuer. Zu Recht? **Rn 1693** **1688**

90 Hintergründe bei *Reiß*, Umsatzsteuerrecht, Rn 174 mwN.
91 Dazu *Englisch*, in: Tipke/Lang, § 17 Rn 399, 449.
92 S. näher zum Diskussionsstand *Englisch*, in: Tipke/Lang, § 17 Rn 449 ff.
93 COM(2018) 329.

1689 Die *Steuerpflicht* setzt neben einem steuerbaren Umsatz iSd § 1 Abs. 1 UStG voraus, dass für diesen Umsatz kein Befreiungstatbestand der §§ 4–5 UStG einschlägig ist. Greift eine Steuerbefreiung, so entsteht die Umsatzsteuer nicht.

Beispiel: V vermietet ein ihm gehörendes Mehrfamilienhaus an verschiedene Mieter zu Wohnzwecken. Er ist als Vermieter selbstständig und nachhaltig tätig, also Unternehmer iSd § 2 Abs. 1 UStG. Die Vermietungsleistungen fallen unter § 1 Abs. 1 Nr 1 Satz 1 UStG (sonstige Leistungen). Die Vermietungsleistungen sind somit *steuerbar*, sie sind jedoch gem. § 4 Nr 12 lit. a UStG von der Umsatzsteuer befreit, also nicht *steuerpflichtig*.

1690 Befreiungen von der Umsatzsteuer werden aus unterschiedlichen Gründen gewährt. In den meisten Fällen liegt die gesetzgeberische Motivation in der *Vermeidung einer Doppelbesteuerung* oder in *sozialpolitischen Erwägungen*[94]. Zur ersten Gruppe gehören vor allem die Steuerbefreiungen bei grenzüberschreitenden Lieferungen, also für Ausfuhrumsätze (§ 6 UStG) oder innergemeinschaftliche Lieferungen (§ 6a UStG), aber auch die übrigen Tatbestände von § 4 Nr 1–5 UStG. Diese Vorschriften stehen in besonderem Maße unter dem Einfluss des Unionsrechts (MwStSystRl) und dienen der Umsetzung des Bestimmungslandprinzips (dazu Rn 1641). Zur zweiten Gruppe zählen etwa § 4 Nr 12 UStG (Grundstücksvermietung), § 4 Nr 14–17 UStG (Gesundheitsvorsorgeleistungen) sowie § 4 Nr 20–23 UStG (Umsätze kultureller Einrichtungen). Hier sollen dem Verbraucher – iS einer Verwirklichung des Sozialstaats – diese Leistungen jedenfalls auf der letzten Stufe umsatzsteuerfrei zur Verfügung gestellt werden. Daneben gibt es noch eine Reihe weiterer, sehr unterschiedlicher Gründe für die Befreiungen, die sich jedoch kaum systematisieren lassen.

1691 Die Unterscheidung zwischen nicht steuerbaren Umsätzen (vgl § 1 UStG) und steuerfreien Umsätzen (vgl § 4 UStG) ist nicht nur theoretischer Natur, sondern hat vor allem für den Vorsteuerabzug (§ 15 UStG) Bedeutung. Auch bei Eingangsleistungen, die der Unternehmer *zur Ausführung nicht steuerbarer Umsätze verwendet* (wenn etwa der Ort der Leistung nicht im Inland liegt), kann dennoch ein Vorsteuerabzug nach § 15 Abs. 1 UStG möglich sein[95], solange diese iRd Unternehmens erfolgen. Für *steuerfreie* Umsätze sieht § 15 Abs. 2 Satz 1 Nr 1 UStG dagegen grundsätzlich einen Ausschluss des Vorsteuerabzugs vor. Allerdings ist nicht in allen Fällen von Steuerbefreiungen der Vorsteuerabzug ausgeschlossen. Man unterscheidet zwischen sog. **unechten Steuerbefreiungen** – diese schließen nach § 15 Abs. 2 UStG den Vorsteuerabzug aus – und sog. **echten Steuerbefreiungen**, bei denen der Vorsteuerabzug erhalten bleibt (§ 15 Abs. 3 UStG). Für den innergemeinschaftlichen Erwerb von Fahrzeugen gilt ferner ein eingeschränkter Vorsteuerabzug (§ 15 Abs. 4a UStG).

1692 Hat der leistende Unternehmer für steuerfreie Umsätze umsatzsteuerpflichtige Vorleistungen empfangen, ist er insoweit belastet und muss den Wert der nicht abziehbaren Vorsteuer über das Entgelt an den Leistungsempfänger weitergeben. Das kann zu einem Wettbewerbsnachteil führen. Um diesen zu vermeiden, sieht § 9 Abs. 1 UStG für bestimmte an sich steuerfreie Umsätze die Möglichkeit vor, auf die Steuerbefreiung zu verzichten, wenn der Umsatz an einen anderen Unternehmer für dessen Unternehmen ausgeführt wird[96]. Macht der Unternehmer von dieser **Option** Gebrauch, so ist der eigentlich steuerbefreite Umsatz als steuerpflichtig zu behandeln. Der leistende

94 Dazu *Reiß*, Umsatzsteuerrecht, Rn 224.
95 Arg. e § 15 Abs. 2 Satz 1 Nr 2 UStG.
96 Grundlage für die Vorschrift ist Art. 137 MwStSystRl.

Unternehmer erhält sich dadurch den **Vorsteuerabzug**. Für den Leistungsempfänger hingegen neutralisiert sich die anfallende Umsatzsteuer durch dessen Vorsteuerabzug (§ 15 UStG). Der Verzicht bezieht sich nur auf den jeweils ausgeführten Umsatz, nicht aber auf alle Umsätze, die von dem betreffenden Befreiungstatbestand erfasst werden *(Einzeloption)*.

§ 9 Abs. 1 UStG setzt zunächst einen nach § 4 Nr 8 lit. a–g, Nr 9 lit. a, Nr 12, 13 oder 19 UStG **steuerfreien Umsatz** voraus. Dieser muss von dem leistenden (optierenden) Unternehmer *an einen anderen Unternehmer für dessen Unternehmen* erbracht worden sein. Darüber hinaus darf die Option nicht nach § 9 Abs. 2 oder 3 UStG ausgeschlossen sein. Der Unternehmer muss den Umsatz „als steuerpflichtig behandeln". Das geschieht, wenn er dem Leistungsempfänger den Umsatz unter gesondertem Ausweis der Umsatzsteuer in Rechnung stellt oder in seiner Steueranmeldung als steuerpflichtig behandelt[97]. 1693

Lösung Fall 63 (Rn 1687): Der Vorsteuerabzug setzt einen steuerbaren und steuerpflichtigen Umsatz voraus (§ 15 Abs. 1 Satz 1 Nr 1 UStG). Der Verkauf der Spielzeuge stellt eine Lieferung iSd § 3 Abs. 1 UStG gegen Entgelt dar. A erbringt diese selbstständig und nachhaltig zur Einnahmeerzielung und ist damit Unternehmer iSv § 2 UStG. Da A die Leistung im Inland erbracht hat, liegt ein steuerbarer Umsatz vor. Der Umsatz ist jedoch nach § 4 Nr 19 lit. a Satz 1 UStG von der Umsatzsteuer befreit. Damit ist der Vorsteuerabzug gem. § 15 Abs. 2 Nr 1 UStG ausgeschlossen. A könnte jedoch wirksam nach § 9 Abs. 1 UStG auf die Steuerbefreiung verzichtet haben. Die Umsätze von Blinden gehören zu den in § 9 Abs. 1 UStG genannten Umsätzen. A erbrachte diese gegenüber Großhändlern, also anderen Unternehmern, für deren Unternehmen. Indem A in seiner Steuererklärung den Vorsteuerabzug begehrt, hat er die Umsätze als steuerpflichtig behandelt. Da die Einrichtung der Werkstatt eine sonstige Leistung iSd § 3 Abs. 9 UStG darstellt und diese von B für das Unternehmen des A erbracht wurde, steht A der Vorsteuerabzug nach § 15 Abs. 1 Satz 1 Nr 1 UStG wieder offen. Die von A geschuldete Umsatzsteuer beträgt 9500 € (50 000 € × 19 %). Nach Abzug der Vorsteuer (19 000 €) ergibt sich ein Betrag von ./. 9500 €. In dieser Höhe hat A einen Vorsteuervergütungsanspruch gegen das FA (dazu Rn 1717). 1694

4. Die Bemessungsgrundlage

Die Bemessungsgrundlage beim Leistungsaustausch und beim innergemeinschaftlichen Erwerb ist das **Entgelt** (§ 10 Abs. 1 Satz 1 UStG). Entgelt ist alles, was der Leistungsempfänger oder ein Dritter aufwendet, um die Leistung zu erhalten, jedoch abzüglich der Umsatzsteuer (§ 10 Abs. 1 Sätze 2, 3 UStG)[98]. Ob die Leistung wertmäßig zutreffend abgegolten wurde, ist – mit Ausnahme der Mindestbemessungsgrundlage nach § 10 Abs. 5 iVm Abs. 4 UStG bei Leistungen an nahe stehende Personen[99] – nicht entscheidend. Auch Auslagen, die vom Leistenden dem Leistungsempfänger berechnet werden (zB Reisekosten, Telefonkosten etc), gehören zum Entgelt. 1695

97 BFH, V R 126/92, BStBl II 1995, 426; eine ausdrückliche Erklärung gegenüber dem FA ist nicht mehr erforderlich; näher dazu *Reiß*, Umsatzsteuerrecht, Rn 232.

98 Besondere Verbrauchsteuern, wie etwa die Mineralölsteuer, können hingegen Bestandteil des Entgelts sein, vgl Rn 1620.

99 Zum damit verfolgten Ziel, Steuerhinterziehung oder -umgehung zu vermeiden, s. EuGH, C-63/96, Slg. 1997, I-2847 *(Skripalle)*.

Beispiel: Rechtsanwalt A hat eine Honorarforderung gegenüber B iHv 2000 €. Zusätzlich macht er Auslagen für eine Bahnfahrt iHv 200 € (ohne USt) geltend. Bemessungsgrundlage für die USt sind 2200 € (§ 10 Abs. 1 Sätze 1, 2 UStG). A muss B also 2200 € zzgl. 418 € USt (19 %) in Rechnung stellen. Die 38 € USt, die er beim Erwerb der Fahrkarte bezahlt hat, kann er als Vorsteuer mit seiner USt-Schuld verrechnen.

1696 **Unentgeltliche Wertabgaben aus dem Unternehmen** (Entnahmen, unentgeltliche Zuwendungen) behandelt das Gesetz entweder als fiktive Lieferung gegen Entgelt (§ 3 Abs. 1b UStG) oder als fiktive sonstige Leistung (§ 3 Abs. 9a UStG). Dadurch wird – entsprechend dem Verbrauchsteuercharakter der Umsatzsteuer – ein unversteuerter (privater) Letztverbrauch verhindert[100]. Die Bemessungsgrundlage richtet sich grundsätzlich nach dem Einkaufspreis zzgl. der Nebenkosten für den Gegenstand (§ 10 Abs. 4 Nr 1 UStG) bzw nach den bei der Ausführung dieser Umsätze entstandenen Ausgaben (§ 10 Abs. 4 Nr 2 und 3 UStG). Die Umsatzsteuer gehört nicht zur Bemessungsgrundlage (§ 10 Abs. 4 Satz 2 UStG).

Beispiel: Geschäftsinhaber U entnimmt seinem Laden Lebensmittel für private Zwecke, die er vorher für 100 € zzgl. 19 € Umsatzsteuer eingekauft hat.

Bemessungsgrundlage des gem. § 1 Abs. 1 Nr 1, § 3 Abs. 1b UStG umsatzsteuerpflichtigen Vorgangs ist der Einkaufspreis (§ 10 Abs. 4 Nr 1 UStG). Da die Anschaffung zunächst für sein Unternehmen erfolgte, konnte er die ihm in Rechnung gestellte Umsatzsteuer als Vorsteuer abziehen (§ 15 Abs. 1, § 16 Abs. 2 Satz 1 UStG). Dieser Vorsteuerabzug wird durch die Einbeziehung dieses Vorgangs in die umsatzsteuerliche Bemessungsgrundlage wieder rückgängig gemacht, so dass im Endeffekt U hinsichtlich der entnommenen Lebensmittel wie jeder private Verbraucher mit Umsatzsteuer belastet ist.

1697 Die Bemessungsgrundlage für die **Einfuhr**, die gem. § 1 Abs. 1 Nr 4 UStG Einfuhrumsatzsteuer auslöst, ist der Wert des eingeführten Gegenstands, wie er sich nach den jeweiligen Vorschriften über den Zollwert bemisst (§ 11 Abs. 1 UStG).

1698 Eine Besonderheit gilt für die Veräußerung von **Gebrauchtwaren**. Gelangt ein Gegenstand, der bereits einmal der Umsatzsteuer unterworfen wurde, erneut an einen Unternehmer, der diesen seinerseits weiterveräußert, so würde die Lieferung ein und desselben Gegenstandes zweimal besteuert, ohne dass ein Vorsteuerabzug zur Anwendung käme. Für die Besteuerung von *Wiederverkäufern* sieht § 25a UStG deshalb das System der sog. **Differenz- oder Margenbesteuerung** vor[101]. Abweichend von § 10 Abs. 1 UStG ist Bemessungsgrundlage dabei nicht das Entgelt, sondern die Differenz (Marge) zwischen Verkaufs- und Einkaufspreis (§ 25a Abs. 3 UStG).

Beispiel: Gebrauchtwagenhändler G kauft „von privat" einen gebrauchten Kombi für 5950 € und verkauft diesen für 7140 € an eine Privatperson.

G erwirbt als Wiederverkäufer (§ 25a Abs. 1 Nr 1 UStG) einen beweglichen körperlichen Gegenstand durch Lieferung im Gemeinschaftsgebiet (§ 25a Abs. 1 Nr 2 Satz 1 UStG). Da der Erwerb von einer Privatperson erfolgte, liegt kein steuerbarer Umsatz vor, so dass keine Umsatzsteuer erhoben wurde (§ 25a Abs. 1 Nr 2 Satz 2 lit. a UStG). Die Bemessungsgrundlage beträgt

---

100 *Englisch*, in: Tipke/Lang, § 17 Rn 153 (und Rn 156 zur möglichen alternativen Vorsteuerberichtigung).

101 Anders als Art. 314 MwStSystRl ist der Anwendungsbereich von § 25a UStG nicht auf Gebrauchtgegenstände, Kunstgegenstände, Sammlungsstücke und Antiquitäten begrenzt; die Vorschrift gilt prinzipiell auch für neue Gegenstände.

daher gem. § 25a Abs. 3 UStG 1000 € (= 1190 € [7140 ./. 5950]/1,19). Die geschuldete Umsatzsteuer beträgt damit 190 €. Hätte G den Wagen von einem Unternehmer gekauft (5000 € zzgl. 950 € Umsatzsteuer), so hätten seiner Umsatzsteuer iHv 1140 € ein Vorsteuerabzug iHv 950 € gegenübergestanden. Die Zahllast beträgt also wiederum 190 €. Im Fall der Differenzbesteuerung unterbleibt zudem gemäß § 14a Abs. 6 Satz 2 UStG ein Ausweis der Umsatzsteuer in der Rechnung (s. Rn 1715), weil der Kunde ansonsten aus der Rechnung die Marge des Gebrauchtwagenhändlers ablesen könnte.

Die Besteuerung von **Reiseleistungen** (§ 25 Abs. 1 Satz 1 UStG) folgt ebenfalls dem Prinzip der Differenzbesteuerung. Bemessungsgrundlage ist gem. § 25 Abs. 3 Satz 1 UStG die Differenz zwischen dem vom Reisekunden[102] gezahlten Reisepreis und dem Betrag der vom Reiseveranstalter aufgewendeten Reisevorleistungen. **1699**

Beim Tausch oder bei tauschähnlichen Umsätzen gilt nach § 10 Abs. 2 Satz 2 UStG als Bemessungsgrundlage (Entgelt) der Wert des jeweils anderen Umsatzes (s. Rn 1671).

5. Der Steuersatz

Der auf die Bemessungsgrundlage anzuwendende Regelsteuersatz beträgt 19 % (§ 12 Abs. 1 UStG). Dieser Steuersatz ermäßigt sich auf 7 % für die in § 12 Abs. 2 Nr 1–13 UStG genannten Umsätze, also insb für die *Lieferung* der in der *Anlage 2 zum UStG* aufgeführten Gegenstände (Nr 1), wie etwa Lebensmittel, Druckereierzeugnisse oder Körperprothesen[103]. **1700**

Da allein die *Lieferung* etwa von Lebensmitteln ermäßigt wird, stellt sich ein streitanfälliges[104] Abgrenzungsproblem, wenn zugleich Restaurant- oder Verpflegungs*dienstleistungen* erbracht werden, die nicht ermäßigt zu besteuern sind. Bei bloßer Zubereitung oder Beförderung der Speisen soll noch eine ermäßigte Lieferung vorliegen; treten jedoch „andere unterstützende Dienstleistungen" hinzu, prägen diese die gesamte Leistung, die dann insgesamt nicht ermäßigt ist (vgl Art. 6 MwStVO). **1701**

Der ermäßigte Steuersatz gilt auch für die *Vermietung* von in der Anlage 2 aufgeführten Gegenständen sowie für die in § 12 Abs. 2 Nr 3–13 UStG aufgeführten Umsätze. Dazu zählen etwa bestimmte kulturelle Leistungen (§ 12 Abs. 2 Nr 7 UStG) und manche Formen der Personenbeförderung (§ 12 Abs. 2 Nr 10 UStG). Für Hotelübernachtungen hat sich der Gesetzgeber 2010 entschieden, nur die Vermietungsleistung zu ermäßigen (§ 12 Abs. 2 Nr 11 Satz 1 UStG)[105], jedoch nicht etwaige Nebenleistungen (zB Frühstück, § 12 Abs. 2 Nr 11 Satz 2 UStG)[106]. Auf diese Weise werden allerdings einheitliche Leistungen künstlich aufgespalten[107]. **1702**

Ein überzeugendes System (vgl bereits Art. 98 iVm Anhang III MwStSystRl) ist hinter den Steuerermäßigungen nicht zu erkennen[108].

---

102 Zu Reiseleistungen an Unternehmer s. EuGH, C-380/16, ECLI:EU:C:2018:76 *(Kom./Deutschland)*.

103 Die früher geltende Ermäßigung für die Lieferung von Kunstgegenständen ist entfallen (mit Ausnahme der in § 12 Abs. 2 Nr 12 und Nr 13 UStG genannten Fälle), dafür neue Variante bei der Differenzbesteuerung gem. § 25a Abs. 3 Satz 2 UStG.

104 Vgl zu Streitfällen EuGH, C-231/94, Slg. 1996, I-2395 *(Faaborg-Gelting Linien)*; C-497/09 ua, Slg. 2011, I-1457 *(Bog ua)*; BFH, V R 66/09, BStBl II 2013, 250; BMF v. 20.3.2013, BStBl I 2013, 444.

105 Auf die politisch umstrittene Ermäßigung des Steuersatzes für Hotelübernachtungen haben viele Kommunen mit entsprechenden Aufwandsteuern reagiert (Rn 77).

106 Zur Abgrenzung BMF v. 5.3.2010, BStBl I 2010, 259.

107 EuGH, C-463/16, ECLI:EU:C:2018:22 *(Stadion Amsterdam CV)*; vgl *Oldiges*, DB 2018, 541.

108 Krit daher *Englisch*, UR 2010, 400; *Ismer/Kaul/Reiß/Rath*, DStR 2010, 1970.

II. Der Vorsteuerabzug (§ 15 UStG)

1703 Der **Vorsteuerabzug** ist das technische Mittel, um den zunächst mit Umsatzsteuer belasteten Unternehmer wieder zu entlasten, indem ihm ein Vergütungsanspruch (dazu oben Rn 239, 312 ff) gegenüber dem FA eingeräumt wird[109]. Mit dem Vorsteuerabzug wird erreicht, dass nur iHd jeweiligen Wertschöpfung (Mehrwert) eine Zahllast entsteht und dass keine Wettbewerbsverzerrung aufgrund einer Kumulationswirkung erfolgt (Prinzip der Neutralität der Mehrwertsteuer, s. Rn 1642).

1704 Der Anspruch auf Vorsteuerabzug ist in § 15 UStG geregelt. § 15a UStG sieht für bestimmte Fälle, in denen sich die für den Vorsteuerabzug relevanten Verhältnisse verändert haben, eine Korrektur des Vorsteuerabzugs vor[110]. § 15 UStG enthält *anspruchsbegründende* (§ 15 Abs. 1 UStG) und *anspruchsausschließende* (§ 15 Abs. 1a, 1b und 2 UStG) Tatbestände. Darüber hinaus sieht § 15 Abs. 3 UStG für bestimmte eigentlich vom Vorsteuerabzug ausgeschlossene Umsätze Rückausnahmen vor. In diesen Fällen bleibt es bei der Abziehbarkeit nach § 15 Abs. 1 UStG.

1705 Der *Leistungsempfänger* kann nach § 15 Abs. 1 Satz 1 UStG einen Vorsteuerabzug geltend machen für: Lieferungen und sonstige Leistungen (Nr 1), eingeführte Gegenstände iSd § 1 Abs. 1 Nr 4 UStG (Nr 2), iRd innergemeinschaftlichen Erwerbs erworbene Gegenstände (Nr 3), Leistungen iSd § 13b UStG (Nr 4) sowie für Umsätze iSd § 13a Abs. 1 Nr 6 UStG (Nr 5). In allen Fällen setzt der Vorsteuerabzug voraus, dass der Leistungsempfänger **Unternehmer** ist, der Umsatz **für sein Unternehmen erfolgt** ist und die Steuer **gesetzlich geschuldet** ist. Im praktisch relevantesten Fall (§ 15 Abs. 1 Satz 1 Nr 1 UStG) ist zudem eine **Rechnung** iSd § 14, § 14a UStG erforderlich (Satz 2). Im Folgenden wird nur der Vorsteuerabzug anhand der Voraussetzungen des § 15 Abs. 1 Satz 1 Nr 1 UStG dargestellt.

1. Unternehmereigenschaft des Leistungsempfängers

1706 Der Vorsteuerabzugsberechtigte (Leistungsempfänger) muss *Unternehmer* (s. Rn 1650) sein (§ 15 Abs. 1 Satz 1 UStG). Die Unternehmereigenschaft kann bereits mit Beginn der ersten Vorbereitungshandlung zu bejahen sein. Dies gilt auch dann, wenn noch keine Ausgangsumsätze stattgefunden haben, solange *objektive Anhaltspunkte* dafür bestehen, dass der Vorsteuerabzugswillige eine selbstständige Tätigkeit nachhaltig ausüben will, da Art. 168 MwStSystRl die sofortige Abziehbarkeit von Vorsteuerbeträgen gebietet[111]. Selbst wenn der Unternehmer erfolglos bleibt, es also überhaupt nie zu Ausgangsumsätzen kommt, ist trotzdem der Vorsteuerabzug vorzunehmen[112].

---

109 *Englisch*, in: Tipke/Lang, § 17 Rn 308; zwischen Vergütungs- und Erstattungsanspruch differenzierend *Stadie*, UStG, § 16 Rn 30.

110 S. dazu das Schaubild von *Grebe/Raudszus*, SteuerStud 2019, 75 und BMF v. 12.4.2007, BStBl I 2007, 466.

111 EuGH, C-110/94, Slg. 1996, I-857 *(Inzo)*.

112 EuGH, C-110/94, Slg. 1996, I-857 *(Inzo)*.

2. Unternehmereigenschaft des Leistenden

Auch der *Leistende* muss (ein anderer) *Unternehmer* sein (§ 15 Abs. 1 Satz 1 Nr 1 UStG). Ist das nicht der Fall, so steht dem auf die Unternehmereigenschaft des Leistenden vertrauenden Leistungsempfänger ein Vorsteuerabzug zu. Einen diesbezüglichen Gutglaubensschutz sieht das Gesetz zwar nicht ausdrücklich vor[113]. Jedoch gebietet der sowohl verfassungsrechtlich als auch unionsrechtlich verankerte Grundsatz des Vertrauensschutzes, den gutgläubigen Leistungsempfänger zu schützen. Denn die Unternehmer werden zwangsweise zur Erhebung der Umsatzsteuer herangezogen („Steuereinsammlungsgehilfen", s. Rn 1642). Sie dürfen dann nicht auch noch uneingeschränkt das Risiko eines Steuerausfalls durch Steuerhinterziehungen eines Dritten tragen[114]. Ein entsprechender Vertrauensschutz ist daher spätestens als Billigkeitsmaßname (§ 163, § 227 AO) zu berücksichtigen[115]. **1707**

3. Leistung für das Unternehmen

Die Leistung muss *für das Unternehmen* des Vorsteuerabzugsberechtigten erfolgt sein (§ 15 Abs. 1 Satz 1 Nr 1 UStG). Der Umsatz, für den Vorsteuer abgezogen werden soll, darf also nicht dem nichtunternehmerischen Bereich des Leistungsempfängers zuzuordnen sein. Bei Lieferungen von Gegenständen, die sowohl für unternehmerische als auch für private Zwecke genutzt werden sollen *(gemischt genutzte Gegenstände)*, stellt sich die Frage, welchem Bereich – dem unternehmerischen oder dem nichtunternehmerischen – diese zuzuordnen sind. Die materiellen Kriterien für die Zuordnung sind erheblich weiter als die aus dem Ertragsteuerrecht bekannten Grundsätze über die Zuordnung eines Wirtschaftsguts zum Betriebsvermögen (dazu Rn 897 ff). **1708**

Bei nicht teilbaren gemischt genutzten Gegenständen soll der Leistungsempfänger eine **Zuordnungsentscheidung** treffen können und den Gegenstand entweder ausschließlich seiner unternehmerischen oder ausschließlich seiner nichtunternehmerischen Sphäre zuordnen *oder* aber eine Aufteilung im Verhältnis zur tatsächlichen Verwendung vornehmen[116]. **1709**

Die Ausübung dieses *Zuordnungswahlrechts*[117] erfolgt idR konkludent durch Geltendmachen oder Unterlassen des Vorsteuerabzugs. Lediglich falls der Unternehmer den Gegenstand zu weniger als 10 % für sein Unternehmen nutzt, gilt die Lieferung nach § 15 Abs. 1 Satz 2 UStG als nicht für das Unternehmen ausgeführt. Hat der Steuerpflichtige beim Erwerb des Gegenstands eine Zuordnungsentscheidung getroffen, so ist iRd Vorsteuerabzugs nur der seinem Unternehmen zugeordnete Teil des Gegenstands zu berücksichtigen. **1710**

113 BFH, V R 15/07, BStBl II 2009, 744; XI R 51/07, BFH/NV 2010, 256; V R 63/07; BFH/NV 2009, 1473.

114 IErg auch *Achatz*, DStJG 32 (2009), 461 (476 ff); *Englisch*, UR 2009, 181.

115 BFH, V R 15/07, BStBl II 2009, 744; V R 23/14, BStBl II 2015, 914 (917).

116 EuGH, C-291/92, Slg. 1995, I-2775 *(Armbrecht)*; C-415/98, Slg. 2001, I-1831 *(Bakcsi)*; C-269/00, Slg. 2003, I-4101 *(Seeling)*; C-515/07, Slg. 2009, I-839 *(VNLTO)*.

117 Vgl zu den Grenzen des Wahlrechtes bei einer nichtwirtschaftlichen Tätigkeit EuGH, C-515/07, Slg. 2009, I-839 *(VNLTO)*; BFH, V R 38/09, BStBl II 2012, 68; *Küffner/von Streit*, DStR 2012, 636.

Beispiel: Apotheker U kauft einen PKW, den er zu 30 % betrieblich und zu 70 % privat nutzt. Dennoch möchte er gern in vollem Umfang vom Vorsteuerabzug profitieren.

U kann in seiner Steuervoranmeldung den Vorsteuerabzug geltend machen. Er trifft damit konkludent eine Zuordnungsentscheidung. Trotz überwiegend privater Nutzung wird der Wagen für umsatzsteuerliche Zwecke dem unternehmerischen Bereich zugeordnet. Die Lieferung erfolgte damit *für das Unternehmen* des U, so dass ihm in voller Höhe der Vorsteuerabzug nach § 15 Abs. 1 Satz 1 Nr 1 UStG zusteht. Hinsichtlich der nicht unternehmerisch genutzten Teile liegt eine „Entnahme" vor, die nach § 3 Abs. 9a Nr 1 UStG als steuerpflichtige Leistung gilt und nach § 10 Abs. 4 Satz 1 Nr 2 UStG ratierlich bemessen wird (Nutzung im Voranmeldungszeitraum)[118]. Das Beispiel zeigt auch das Problem des Wahlrechts: Durch den Vorsteuerabzug für den privaten Teil wird U letztlich ein zinsfreier Kredit gewährt, der erst *ratierlich* durch die Entnahmebesteuerung „zurückgezahlt" wird. Für ertragsteuerliche Belange hat die Zuordnungsentscheidung indes keine Bedeutung.

1711 Eine Sonderregel trifft § 15 Abs. 1b UStG für gemischt genutzte Grundstücke. Unabhängig vom Umfang der unternehmerischen Verwendung ist hier der Vorsteuerabzug auf die Verwendung des Grundstücks für Zwecke des Unternehmens beschränkt[119].

1712 Sonstige Leistungen sind bei sowohl privater als auch unternehmerischer Verwendung im Verhältnis zur jeweiligen Verwendung aufteilbar. Das Gleiche gilt für die Lieferung von *mehreren vertretbaren* Gegenständen. Für sonstige Leistungen gilt auch die 10 %-Grenze des § 15 Abs. 1 Satz 2 UStG nicht.

4. Abzug der gesetzlich geschuldeten Steuer

1713 Zum Vorsteuerabzug berechtigt nur die *gesetzlich geschuldete Steuer*. § 15 Abs. 1 Satz 1 Nr 1 UStG stellt insoweit klar, dass die nach § 14c UStG unrichtig oder unberechtigt ausgewiesene Steuer nicht zum Vorsteuerabzug berechtigt. Der Gesetzgeber hat Vorsorge gegen den unberechtigten bzw missbräuchlichen Ausweis der Umsatzsteuer in einer Rechnung getroffen, indem er einerseits auf eine an sich nicht geschuldete, aber dennoch ausgewiesene Umsatzsteuer trotzdem zugreift (§ 14c Abs. 1 und 2 UStG), andererseits aber den Vorsteuerabzug ausschließt.

Beispiel: Der Mathematiklehrer L verkauft seinen Computer an den Rechtsanwalt R für 2000 € zzgl. 380 € USt. Schuldet L USt und kann R die USt als Vorsteuer abziehen?

Die Lieferung des L ist kein umsatzsteuerpflichtiger Vorgang, da L kein Unternehmer ist (§ 1 Abs. 1 Nr 1, § 2 UStG). Er war nicht berechtigt, in der Rechnung Umsatzsteuer auszuweisen (§ 14 Abs. 2 Satz 1 UStG). Dennoch schuldet er diesen Betrag gem. § 14c Abs. 2 Satz 1 UStG. R kann gem. § 15 Abs. 1 Satz 1 Nr 1 UStG die gesondert ausgewiesene USt nur dann als Vorsteuer abziehen, wenn er Unternehmer ist und den Computer von einem anderen Unternehmer für sein Unternehmen erworben hat. L ist kein Unternehmer. Es bestehen auch keine Anhaltspunkte, dass R darauf vertrauen konnte, die Leistung nicht von einer Privatperson, sondern von einem Unternehmer zu beziehen (s. Rn 1707). Folglich steht R, obwohl er selbst Unternehmer ist und L für diesen Vorgang Umsatzsteuer schuldet, kein Vorsteuerabzug zu. Hat R den Vorsteuerabzug nicht durchgeführt, kann L beim FA eine Berichtigung des geschuldeten Steuerbe-

118 Vgl dazu EuGH, C-72/05, Slg. 2006, I-8297 *(Wollny)* und Abschn 15.2c Abs. 2 lit. b UStAE.

119 § 15 Abs. 1b UStG wurde mit dem JStG 2010 eingefügt; durch die Neuregelung endet das „Seeling-Modell", das auf der (zweifelhaften) Rspr des EuGH, C-269/00, Slg. 2003, I-4101 *(Seeling)* basierte; s. dazu *Sterzinger*, BB 2010, 1958; *von Streit/Zugmaier*, DStR 2010, 524.

trags nach § 14c Abs. 2 Sätze 3, 5 UStG vornehmen, da in diesem Fall eine Gefährdung des Steueraufkommens beseitigt ist (§ 14c Abs. 2 Satz 4 UStG).

5. Rechnung, § 14 UStG

§ 15 Abs. 1 Satz 1 Nr 1, Satz 2 UStG verlangt ferner, dass der Leistungsempfänger im Besitz einer *Rechnung iSd § 14, § 14a UStG* ist. **Rechnung** ist nach § 14 Abs. 1 Satz 1 UStG jedes Dokument, mit dem eine Lieferung oder sonstige Leistung abgerechnet wird. Leistet ein Unternehmer an einen anderen Unternehmer für dessen Unternehmen, ist er gem. § 14 Abs. 2 Satz 1 Nr 2, Satz 2 UStG *verpflichtet*, über den Umsatz eine Rechnung auszustellen. **1714**

Die Rechnung muss als **Pflichtangaben** ua Name und Anschrift von Leistendem[120] und Leistungsempfänger, Art, Umfang und Zeitpunkt der Leistung sowie eine Steuernummer oder USt-Identifikationsnummer des Leistenden enthalten (§ 14 Abs. 4 UStG). Außerdem muss der Steuersatz und der auf das Entgelt entfallende Steuerbetrag (= Vorsteuer) gesondert ausgewiesen sein (§ 14 Abs. 4 Nr 8 UStG)[121]. Eine Berichtigung der Rechnung (§ 31 Abs. 5 UStDV) wirkt auf den Zeitpunkt der ursprünglichen Ausstellung zurück[122]. **1715**

Eine Rechnung kann mit Zustimmung des Empfängers auch auf elektronischem Wege übermittelt werden (§ 14 Abs. 1 Satz 7, Abs. 3 UStG). Die Wirkung einer Rechnung hat auch eine vom Leistungsempfänger ausgestellte **Gutschrift**[123] (§ 14 Abs. 2 Satz 2 UStG). Für Rechnungen über **Kleinbeträge** bis 150 € sieht § 33 UStDV eine Vereinfachung hinsichtlich der Mindestangaben vor (vgl auch § 14 Abs. 6 Nr 3 UStG).

6. Ausschluss des Vorsteuerabzugs

Ausgeschlossen ist der Vorsteuerabzug nach § 15 Abs. 1a UStG für sog. *Repräsentationsaufwendungen*, für die ein ertragsteuerliches Abzugsverbot besteht (s. § 4 Abs. 5 Satz 1 Nr 1–4, 7 EStG), sowie für die private Lebensführung betreffenden Aufwendungen (vgl § 12 Nr 1 EStG). Die Vorschrift setzt die inhaltliche Vorgabe des Art. 176 MwStSystRl um. Nach § 15 Abs. 2 Nr 1 UStG ist der Vorsteuerabzug für steuerfreie Umsätze ausgeschlossen, wobei § 15 Abs. 3 Nr 1 UStG für einige (echte) Steuerbefreiungen Rückausnahmen vorsieht (dazu Rn 1691). **1716**

Überschreiten die Vorsteuerbeträge aus Fremdumsätzen die Umsatzsteuer aus Eigenumsätzen, so kann sich nach Durchführung des Vorsteuerabzugs nach § 15 UStG ein Negativsaldo ergeben. Nach Ansicht des BFH entsteht dann eine „negative Umsatzsteuerschuld“[124], die zu einem Steuervergütungsanspruch (Rn 239, 312 ff) führt. Geht man dagegen davon aus, dass bereits der Umsatzsteueranspruch und der Vorsteuervergütungsanspruch selbstständige Ansprüche aus dem Steuerschuldverhältnis sind **1717**

---

120 Eine wirtschaftliche Tätigkeit muss an dieser Adresse nicht ausgeübt werden, EuGH, C-374/16, ECLI:EU:C:2017:867 *(Geissel);* vgl Abschn 14.5 Abs. 3 Satz 5 UStAE.

121 Zu den Anforderungen iE *Michel*, DB 2019, 2957.

122 BFH, V R 26/15, BFHE 255, 348; EuGH, C-518/14, ECLI:EU:C:2016:691 *(Senatex).*

123 Zu Fragen des Widerrufs und deren Rechtsfolgen vgl *Hummel*, UR 2012, 497 ff.

124 BFH, VII R 3/97, BStBl II 2000, 46; VII R 4/08, BStBl II 2010, 257.

(vgl § 37 AO), ergibt sich ein anderes Bild: Die „negative Umsatzsteuerschuld" ist dann nichts anderes als der überschießende Teilbetrag des ursprünglichen Vorsteuervergütungsanspruchs, der nach der Saldierung mit dem Umsatzsteueranspruch übrig geblieben ist. Der ursprüngliche Umsatzsteueranspruch ist durch die Saldierung hingegen erloschen.

Beispiel: Rechtsanwalt R hat gerade seine Kanzlei eröffnet und erhebliche Anschaffungen getätigt. Im Jahr 01 beträgt die Summe der USt (Vorsteuer) aus den ihm in Rechnung gestellten Leistungen 15 000 €. Gegenüber Mandanten hat er nur Leistungen iHv 50 000 € zzgl. 9500 € USt abgerechnet. Nach § 16 Abs. 2 Satz 1, § 15 Abs. 1 Nr 1 UStG kann er von den 9500 € USt 15 000 € Vorsteuer abziehen. Es bleibt ein Negativsaldo von 5500 €, die er vom FA zurückerhält. Seine Umsatzsteuerschuld beträgt zwar 9500 €. Sie ist aber durch die Saldierung erloschen. Der Vorsteuervergütungsanspruch (ursprünglich 15 000 €) erlischt durch die Saldierung um 9500 €, so dass das FA an R noch 5500 € zu zahlen hat.

1718 Das System des sofortigen Vorsteuerabzugs sowie die Möglichkeit, ggf eine Steuervergütung zu erlangen, bieten in hohem Maße Anreiz zum Missbrauch[125]. Eine häufige Variante ist das Ausstellen einer Rechnung mit offenem Steuerausweis, obwohl kein entsprechender steuerpflichtiger Umsatz stattgefunden hat. Gegen diese Missbrauchsgefahr ist der Gesetzgeber mit Einführung der **Ausstellerhaftung** in § 14c Abs. 2 UStG vorgegangen (dazu Rn 1713).

1719 Komplizierter sind die Fälle des sog. **Karussellbetrugs**. Dabei wird zwar zunächst Umsatzsteuer in Rechnung gestellt. Entweder werden die entsprechenden Umsätze dann aber nicht deklariert oder die Steuer wird schlichtweg nicht abgeführt. Der Steuerschuldner ist dann regelmäßig nicht auffindbar (sog. „missing trader"). Erschwert wird die Aufklärung dadurch, dass mehrere Vorlieferer planmäßig und grenzüberschreitend unter Ausnutzung der offenen Grenzen des Binnenmarktes zusammenwirken. Der deutsche Gesetzgeber hat darauf mit einem zweifelhaften Haftungstatbestand (§ 25d UStG) reagiert, nach dem auch Unternehmer in Anspruch genommen werden können, die selbst gar nicht am Betrug beteiligt waren, aber zumindest eine Kenntnis von einem solchen in vorangegangenen Umsätzen hätten haben müssen (Sorgfaltsverstoß). Anstatt gegen die Betrüger selbst vorzugehen, soll der Schaden also auf an sich rechtstreue Unternehmer verlagert werden, indem deren Sorgfaltspflichten erhöht werden. § 25d UStG steht daher zu Recht in der Kritik[126] und ist auch unionsrechtlich bedenklich[127]. Ein anderer Ansatz zur Abwehr solcher betrügerischen Geschäfte ist die **Umkehr der Steuerschuldnerschaft** (*reverse charge*) nach § 13b Abs. 5 iVm § 13b Abs. 2 UStG. Hier schuldet der Leistungsempfänger auch die Umsatzsteuer, so dass Umsatzsteuerschuld und Vorsteuerabzug in einer Person zusammenfallen. Einen zusätzlichen Haftungstatbestand zur Vermeidung von Umsatzsteuerausfällen beim Online-Handel hat der Gesetzgeber mit § 25e UStG geschaffen.

125 Eingehend zur Missbrauchsanfälligkeit des Umsatzsteuerrechts s. *Englisch*, in: Tipke/Lang, § 17 Rn 461 ff; *Kemper*, UR 2006, 569; *Henze*, DStJG 32 (2009), 247.

126 *Englisch*, in: Tipke/Lang, § 17 Rn 466; *Widmann*, DB 2002, 166 (168); *Forster/Schorer*, UR 2002, 361. § 25d UStG soll durch einen neuen § 25f UStG ersetzt werden.

127 Vgl zum Maßstab für die Inanspruchnahme eines nicht selbst am Betrug beteiligten Unternehmers EuGH, C-354/03, Slg. 2006, I-483 *(Optigen)*; C-80/11, ECLI:EU:C:2012:373 *(Mahagében und Dávid)*.

III. Die zeitliche Zuordnung der Umsätze und der Vorsteuer

Fall 64: Unternehmer G verkauft und liefert an Unternehmer E im Jahr 01 einen Warenposten und erteilt eine Rechnung über 1000 € zzgl. 190 € Umsatzsteuer. Der Kaufpreis wird im Jahr 02 bezahlt. Wann muss G für die Lieferung Umsatzsteuer bezahlen, wann kann E den Vorsteuerabzug geltend machen? **Rn 1728** 1720

Der Unternehmer muss die gegenüber dem FA geschuldete Umsatzsteuer und den Vorsteuervergütungsanspruch selbst berechnen (§ 18 Abs. 1 Satz 1 UStG). Um diese Berechnung durchzuführen, muss er wissen, welchem Voranmeldungszeitraum die jeweils anfallende Umsatzsteuer zuzurechnen ist. Denkbare Zuordnungskriterien sind der Zeitpunkt der Ausführung der Leistung, der Rechnungserstellung oder der Bezahlung durch den Leistungsempfänger. 1721

1. Entstehung der Steuer (§ 13 UStG)

Den Zeitpunkt der **Entstehung der Steuer** regelt § 13 UStG. Er hängt bei Lieferungen und sonstigen Leistungen (§ 1 Abs. 1 Nr 1 UStG) davon ab, ob die Steuer nach *vereinbarten Entgelten* (sog. **Sollbesteuerung**, § 13 Abs. 1 Nr 1 lit. a UStG)[128] oder nach *vereinnahmten Entgelten* (sog. **Istbesteuerung**, § 13 Abs. 1 Nr 1 lit. b UStG) zu berechnen ist[129]. Den gesetzlichen Regelfall bildet die Steuer nach *vereinbarten Entgelten* (vgl § 16 Abs. 1 UStG, Art. 63 MwStSystRl). Die Umsatzsteuer entsteht in diesem Fall mit dem Ablauf des Voranmeldungszeitraums (dazu unten Rn 1731), in dem die Leistung *ausgeführt* worden ist (§ 13 Abs. 1 Nr 1 lit. a UStG). Es kommt also nicht darauf an, wann die Umsatzsteuer tatsächlich vom Leistungsempfänger bezahlt worden ist. Das ist durchaus problematisch, weil der Leistende die Umsatzsteuer ggf bis zur Zahlung des Leistungsempfängers vorfinanzieren muss und dadurch in Liquiditätsschwierigkeiten geraten kann[130]. Fällt der Schuldner mit der Entgeltzahlung aus, so ist die Besteuerungsgrundlage nach § 17 Abs. 2 Nr 1 UStG zu berichtigen (Rn 1724). 1722

Unter den in § 20 UStG genannten Voraussetzungen kann das FA auf Antrag gestatten, das Kriterium der *Vereinnahmung* des Entgelts zum Anknüpfungspunkt für den Steuerentstehungszeitpunkt zu machen. In diesen Fällen entsteht die Steuer unabhängig vom Zeitpunkt der Ausführung der Leistung mit Ablauf des Voranmeldungszeitraums (dazu unten Rn 1731), in dem das Entgelt vereinnahmt wird (§ 13 Abs. 1 Nr 1 lit. b UStG). 1723

2. Änderung der Bemessungsgrundlage (§ 17 UStG)

Ändert sich die Bemessungsgrundlage eines bereits ausgeführten Umsatzes, so ist der geschuldete (und evtl bezahlte) Steuerbetrag nach § 17 Abs. 1 Satz 1 UStG zu berichtigen. Auf der anderen Seite hat der Unternehmer, an den der betreffende Umsatz aus- 1724

128 Zum daraus resultierenden Problem der „Vorfinanzierung" BFH, V R 51/16, BFHE 258, 505 (EuGH Az C-548/17); *Bilsdorfer*, SteuerStud 2018, 7.

129 Instruktiv *Zugmaier*, SteuerStud 2012, 725.

130 Vgl EuGH, C-548/17, ECLI:EU:C:2018:970 *(baumgarten sports & more)*; zur grundsätzlich berechtigten Kritik am Sollprinzip s. *Stadie*, in: Rau/Dürrwächter, UStG, Einf Rn 201 ff.

geführt worden ist, seinen Vorsteuerabzug zu korrigieren (§ 17 Abs. 1 Satz 2 UStG). Die Berichtigung erfolgt gem. § 17 Abs. 1 Satz 7 UStG in dem Besteuerungszeitraum, in dem die Änderung eingetreten ist. Es ändert sich *nicht* rückwirkend die bereits festgesetzte Steuer. Es handelt sich daher nicht um eine spezielle Korrekturnorm zu §§ 172 ff AO, mit denen bereits bestandskräftige Steuerbescheide rückwirkend geändert werden können. Eine Änderung der Bemessungsgrundlage nach § 17 Abs. 1 UStG kommt zB bei nachträglicher Minderung des (Kauf-)Preises (Gewährleistungsfälle) oder bei Gewährung von Rabatten oder Skonti in Betracht.

1725 Nicht immer ist auch der Vorsteuerabzug des Leistungsempfängers zu berichtigen, sondern nur, wenn dieser durch die Berichtigung der Bemessungsgrundlage wirtschaftlich begünstigt wurde (§ 17 Abs. 1 Satz 3 UStG). Erstattet der erste Unternehmer in einer **Leistungskette** dem Endverbraucher einen Teil des von diesem gezahlten Entgelts oder gewährt einen Preisnachlass, so mindert sich dadurch die Bemessungsgrundlage des ersten, nicht aber des zweiten Unternehmers in der Leistungskette[131].

Beispiel: Zur Absatzförderung gibt Hersteller H Gutscheine aus, bei deren Vorlage den Endkunden ein Preisnachlass iHv 20 € auf den von diesen gezahlten Kaufpreis gewährt wird. Die Rückvergütung erfolgt ohne Beteiligung der Zwischenhändler. Löst ein Kunde den Gutschein gegenüber H ein, so mindert sich dadurch die Bemessungsgrundlage für die jeweilige Lieferung an den nächsten Unternehmer in der Lieferkette (Zwischenhändler). Der Vorsteuerabzug des Zwischenhändlers bleibt indes unverändert (§ 17 Abs. 1 Satz 3 UStG). Handelt es sich bei dem Endkunden um einen Unternehmer, so hat dieser seinen Vorsteuerabzug zu berichtigen (§ 17 Abs. 1 Satz 4 UStG). Aus § 3 Abs. 13–15 UStG folgt nichts anderes, weil die Gutscheine nur zu einem Preisnachlass berechtigen und daher keine Gutscheine im Sinne der Gutschein-RL (Rn 1672) sind (§ 3 Abs. 13 Satz 2 UStG).

1726 In den in § 17 Abs. 2 UStG genannten Fällen findet § 17 Abs. 1 UStG entsprechende Anwendung. Ist das Entgelt uneinbringlich[132] geworden, so wird dies wie eine Änderung der Bemessungsgrundlage behandelt (§ 17 Abs. 2 Nr 1 UStG). Dasselbe gilt für den Fall, dass eine Lieferung oder sonstige Leistung nicht ausgeführt (§ 17 Abs. 2 Nr 2 UStG) oder rückgängig gemacht wird (§ 17 Abs. 2 Nr 3 UStG).

Anders als eine Rückabwicklung des Vertrages ist die **Rücklieferung** der gelieferten Ware zu beurteilen. In diesen Fällen liegt eine weitere Lieferung vor, die für sich eine steuerpflichtige Leistung darstellt[133].

3. Zeitliche Zuordnung der Vorsteuer

1727 Nach § 16 Abs. 2 Satz 1 UStG sind von der Umsatzsteuer – unabhängig davon, ob die Soll- oder Istbesteuerung anzuwenden ist (Rn 1722 f) – Vorsteuerbeträge abzuziehen, soweit sie in den *Besteuerungszeitraum* fallen. Welche Vorsteuerbeträge in den Besteuerungszeitraum fallen, richtet sich nach § 15 UStG. Danach ist maßgebend ent-

131 BFH, V R 46/05, BStBl II 2007, 186 (187); *Specker*, UR 2009, 1 (4); vgl auch EuGH, C-317/94, Slg. 1996, I-5339 *(Elida Gibbs)*; C-427/98, Slg. 2002, I-8315 *(Kom./Deutschland)*.

132 Zum Begriff der Uneinbringlichkeit BFH, V R 14/08, BStBl II 2011, 988; großzügiger dagegen Art. 90 MwStSystRl und *Hummel*, UR 2015, 213 (221 ff).

133 BFH, V R 75/77, BStBl II 1982, 233 (234) – siehe auch *Birk/Desens/Tappe*, Klausurenkurs, Fall 13.

weder *Rechnungserteilung und Ausführung der Leistung* (§ 15 Abs. 1 Nr 1 Satz 1 UStG) oder *Rechnung und Zahlung vor Ausführung der Leistung* (§ 15 Abs. 1 Nr 1 Satz 3 UStG). Ändert sich die abzugsfähige Vorsteuer nachträglich, so findet § 17 Abs. 1 Satz 2 UStG Anwendung (dazu oben Rn 1724 ff). Ergibt sich aufgrund der Änderung der tatsächlichen Verhältnisse (dh einer geänderten Nutzung eines angeschafften Wirtschaftsgutes) ein anderer Vorsteuerbetrag, so ist § 15a UStG anzuwenden.

Lösung Fall 64 (Rn 1720): Die Lieferung des G ist in der Voranmeldung bzw Steueranmeldung des Jahres zu erfassen, in dem die Steuerschuld entstanden ist. Unterliegt G der Sollbesteuerung (Regelfall, § 13 Abs. 1 Nr 1 lit. a UStG), so ist dies das Jahr 01. Es kommt nicht darauf an, dass die Bezahlung erst im Jahr 02 erfolgt ist. 1728

E kann die Vorsteuerbeträge abziehen, die in den Besteuerungszeitraum fallen (§ 16 Abs. 2 Satz 1 UStG). Nach § 15 Abs. 1 Nr 1 UStG ist für den Abzug der Vorsteuer erforderlich, dass entweder die Leistung ausgeführt und eine Rechnung erteilt wurde (Satz 1) oder dass – vor Ausführung der Leistung – eine Rechnung erteilt und Zahlung geleistet worden ist (Satz 3). G hat an E die Waren geliefert und auch eine Rechnung erteilt. Folglich kann E (obwohl noch keine Bezahlung erfolgt ist) im Jahr 01 gem. § 16 Abs. 2 Satz 1, § 15 Abs. 1 Nr 1 Satz 1 UStG die Vorsteuer abziehen (sog. Sofortabzug).

C. Verfahren der Steueranmeldung und Veranlagung

Fall 65: Der Einzelhändler E hat im Januar 01 für Umsätze 3800 € an Umsatzsteuer berechnet und vereinnahmt. Seine Umsatzsteuerschuld für das vorangegangene Kalenderjahr betrug 40 000 €. Wie hat er weiter zu verfahren? **Rn 1733** 1729

Die Umsatzsteuer ist eine Jahressteuer. Der Unternehmer hat grundsätzlich für das Kalenderjahr eine Steuererklärung abzugeben, in der er die zu entrichtende Zahllast oder den zu seinen Gunsten verbleibenden Überschuss (Umsatzsteuer abzgl. Vorsteuer, s. Rn 1646) berechnet. Das Gesetz bezeichnet dies in § 18 Abs. 3 UStG als **Steueranmeldung**. Die Steueranmeldung ist eine Steuererklärung (§ 150 Abs. 1 Satz 3 AO), die die Wirkung einer *Steuerfestsetzung unter Vorbehalt der Nachprüfung* (dazu Rn 519 ff) hat (§ 168 Satz 1 AO). Eine Steuerfestsetzung durch Steuerbescheid (§ 155 AO) ist nur erforderlich, wenn sie zu einer abweichenden Steuer führt (§ 167 Abs. 1 Satz 1 AO). Die Zahlung der Steuer wird einen Monat nach Eingang der Steueranmeldung *fällig* (§ 18 Abs. 4 Satz 1 UStG). Das FA kann iRd Festsetzungsfrist (§ 169 AO, dazu Rn 259 ff) die – durch die Steueranmeldung erfolgte – Steuerfestsetzung jederzeit ändern (§ 18 Abs. 4 Satz 2 UStG, § 164 Abs. 2 Satz 1 AO). 1730

Der Unternehmer hat im Laufe des Kalenderjahres bereits **Voranmeldungen** abzugeben, in denen er die für die Voranmeldungszeiträume zu entrichtende Umsatzsteuer selbst berechnet (§ 18 Abs. 1 Satz 1 UStG). Seit 2005 sind die Voranmeldungen grundsätzlich auf elektronischem Wege zu übermitteln (§ 18 Abs. 1 Satz 1 UStG)[134]. Voranmeldungszeitraum ist grundsätzlich das Kalendervierteljahr (§ 18 Abs. 2 Satz 1 UStG). 1731

134 Zur Verfassungsmäßigkeit BFH, XI R 33/09, BStBl II 2012, 477.

Beträgt jedoch die Steuer für das vorangegangene Kalenderjahr mehr als 7500 €, so ist Voranmeldungszeitraum der Kalendermonat (§ 18 Abs. 2 Satz 2 UStG). Beträgt die Steuer für das vorangegangene Kalenderjahr nicht mehr als 1000 €, kann das FA den Unternehmer von der Verpflichtung zur Abgabe der Voranmeldungen und Entrichtung der Vorauszahlungen befreien (§ 18 Abs. 2 Satz 3 UStG). Für *Existenzgründer* gilt diese Vereinfachungsregelung nicht. Sie müssen in den ersten beiden Jahren ihrer unternehmerischen Tätigkeit monatliche Voranmeldungen abgeben (§ 18 Abs. 2 Satz 4 UStG).

1732 Die Vorauszahlung ist gem. § 18 Abs. 1 Satz 4 UStG am 10. Tag nach Ablauf des Voranmeldungszeitraums *fällig*. Entspricht die Summe der Vorauszahlungen der Steueranmeldung nach Ablauf des Kalenderjahrs, so ist mit Abgabe der Jahreserklärung keine Zahlung mehr zu leisten. Ergibt sich eine Abweichung zugunsten des FA (Nachzahlung), so wird dieser Unterschiedsbetrag einen Monat nach Eingang der Steueranmeldung fällig (§ 18 Abs. 4 Satz 1 UStG).

1733 **Lösung Fall 65** (Rn 1729): E hat zunächst eine Steuervoranmeldung abzugeben. Da die Umsatzsteuer im vorangegangen Kalenderjahr mehr als 7500 € betrug, ist der Voranmeldungszeitraum der Kalendermonat (§ 18 Abs. 2 Satz 2 UStG). E hat die Umsatzsteuer (3800 €) bis zum 10.2.01 anzumelden (§ 18 Abs. 1 Satz 1 UStG). Die Zahlung (Steuervorauszahlung) wird am 10.2.01 fällig (§ 18 Abs. 1 Satz 4 UStG). Nach Ablauf des Kalenderjahres 01 hat E bis spätestens zum 31.7.02 (§ 149 Abs. 2 AO) eine Steueranmeldung für das Kalenderjahr abzugeben (§ 18 Abs. 3 Satz 1 UStG). Weicht die darin errechnete Steuer von der Summe der monatlichen Vorauszahlungen zu seinen Lasten ab, so wird der Unterschiedsbetrag einen Monat nach Eingang der Steueranmeldung fällig (§ 18 Abs. 4 Satz 1 UStG).

§ 11 Grunderwerbsteuer

1734 **Fall 66:** A ist zu 40 % an der X-OHG beteiligt. Aufgrund finanzieller Schwierigkeiten sieht er sich gezwungen, ein ihm gehörendes Grundstück in Bayern (Wert: 200 000 €) an die Gesellschaft zu veräußern. Diese möchte ihrem Gesellschafter entgegenkommen, macht bei dem Geschäft allerdings zur Bedingung, die Grunderwerbsteuer nicht tragen zu müssen. A erklärt sich damit einverstanden. Am 30.5.01 wird der Kaufvertrag zwischen A und der X-OHG geschlossen und am 20.7.01 das Grundstück übereignet. Nachdem sich jedoch die Vermögensverhältnisse des A nicht bessern, veräußert dieser zudem am 10.6.06 seine Gesellschaftsbeteiligung. In welcher Höhe besteht eine Grunderwerbsteuerpflicht des A?

Abwandlung: Vier Monate nach der Übereignung stellt sich heraus, dass das Grundstück bereits bei der Übereignung stark kontaminiert war. Unter diesen Umständen möchte die X-OHG an dem Vertrag nicht festhalten und tritt vom Kaufvertrag zurück. Was kann A gegen die vom FA bereits festgesetzte Grunderwerbsteuer unternehmen? **Rn 1760**

1735 Die Grunderwerbsteuer als wichtigste Rechtsverkehrsteuer (geschätztes Aufkommen für 2019: 15,4 Mrd €[1]) knüpft an den **inländischen Grundstücksverkehr** an (§ 1

1 BMF, I A 6, Ergebnis der 155. Steuerschätzung Mai 2019, Tabelle 4 (http://www.bundesfinanzministerium.de → Themen → Steuern → Steuerschätzung).

GrEStG) und soll die wirtschaftliche Leistungsfähigkeit von Veräußerer und Erwerber erfassen, die in der Durchführung dieser Verkehrsakte zum Ausdruck kommt[2]. Ob dieser Gedanke als Rechtfertigung tragfähig ist, wird im Schrifttum zu Unrecht bezweifelt[3]. Denn derjenige, der den Markt zu Grundstückserwerbsvorgängen nutzt, offenbart regelmäßig (Vermögens-)**Leistungsfähigkeit** (der Erwerber verfügt über Erwerbspotenzial, der Veräußerer schichtet sein Vermögen um), die einen – jedenfalls mäßigen – Steuerzugriff rechtfertigen kann. Das Grunderwerbsteuergesetz geht typisierend vor, ein Gewinn oder auch nur ein wirtschaftlicher Umsatz ist nicht Voraussetzung der Steuerbarkeit[4].

Dazu kommt, dass der Grundstücksverkehr nicht der **Umsatzsteuer** unterliegt (§ 4 **1736**
Nr 9 lit. a UStG), wenngleich nicht verkannt werden darf, dass in die Bemessungsgrundlage der Grunderwerbsteuer über den Wert des Bauwerks die mit Umsatzsteuer vorbelasteten Bauleistungen mit eingehen, so dass insoweit eine mittelbare Doppelbelastung eintritt[5].

A. Persönliche Steuerpflicht (§ 13 GrEStG)

Persönlich steuerpflichtig und damit Steuerschuldner sind die am Erwerbsvorgang als **1737**
Vertragsteile beteiligten Personen (§ 13 Nr 1 GrEStG). Das sind regelmäßig **Käufer** und **Verkäufer**. In der Praxis wird in den Kaufverträgen jedoch häufig vereinbart, dass der Käufer die Grunderwerbsteuer zu tragen hat. Neben natürlichen und juristischen Personen können bei der Grunderwerbsteuer auch teilrechtsfähige Personengesellschaften (zB GbR, OHG) und Gesamthandsgemeinschaften[6] Steuersubjekt sein (vgl § 5, § 6 GrEStG)[7]. Liegt dem Erwerbsvorgang **kein schuldrechtlicher Vertrag** zugrunde, so richtet sich die Steuerpflicht nach § 13 Nr 2–6 GrEStG. Da die Steuerschuldner jeweils gemeinsam für die Steuer haften, handelt es sich bei ihnen um Gesamtschuldner (§ 44 AO, §§ 421 ff BGB).

B. Sachliche Steuerpflicht

Sachlich steuerpflichtig sind Rechtsvorgänge, die auf die Übertragung des Eigentums **1738**
an inländischen Grundstücken bzw bestimmter Rechte an Grundstücken gerichtet sind (§ 1 GrEStG).

---

2 BT-Drs 8/2555, S. 7; BT-Drs 9/251, S. 12; vgl auch Rn 80 f.
3 *Tipke*, Steuerrechtsordnung II, S. 1017 ff.
4 *Gottwald/Behrens*, Grunderwerbsteuer, 5. Aufl 2015, Rn 1.
5 Dazu EuGH, C-156/08, Slg. 2008, I-165 *(Vollkommer)*: kein Verstoß gegen Unionsrecht; BFH, II R 7/12, BStBl II 2013, 86.
6 Vgl zur Erbengemeinschaft BFH, II R 141/74, BStBl II 1976, 159; II R 46/12, BStBl II 2014, 536.
7 *Englisch*, in: Tipke/Lang, § 18 Rn 53; *Viskorf*, in: Boruttau, GrEStG, 18. Aufl 2016, § 13 Rn 75.

I. Steuergegenstand

1. Grundstück (§ 2 GrEStG)

1739 Grundstücke iSd GrEStG sind gem. § 2 Abs. 1 Satz 1 GrEStG Grundstücke iSd bürgerlichen Rechts. Erfasst werden unbebaute und bebaute Grundstücke (§§ 946 ff, §§ 93 ff BGB). Anders als im Zivilrecht werden nach § 2 Abs. 1 Satz 2 Nr 1 GrEStG Maschinen oder sonstige Betriebsanlagen nicht dazu gerechnet. Daher bleibt bei einer Grundstücksveräußerung die Lieferung von Betriebsanlagen umsatzsteuerpflichtig (s. § 4 Nr 9 lit. a UStG). Erbbaurechte und Gebäude auf fremdem Boden stehen gem. § 2 Abs. 2 Nr 1, 2 GrEStG Grundstücken iSd GrEStG gleich.

2. Erwerbsvorgänge

1740 Die Erwerbsvorgänge sind in § 1 GrEStG abschließend aufgezählt.

a) Kaufvertrag und sonstige Verpflichtungsgeschäfte (§ 1 Abs. 1 Nr 1 GrEStG)

1741 Der Kaufvertrag, der den Anspruch auf Übereignung eines Grundstücks begründet, bildet den häufigsten Fall eines steuerbaren Erwerbsvorgangs. Da die Grunderwerbsteuer an das Bestehen dieses Anspruchs anknüpft, muss der Vertrag zivilrechtlich wirksam sein. Ist der **Kaufvertrag nichtig** (zB § 311b Abs. 1 Satz 1, § 125 Satz 1 BGB), scheidet er als tauglicher Besteuerungsvorgang aus. Wird dennoch die **Auflassung** erklärt (§ 311b Abs. 1 Satz 2 BGB), führt dies nach § 1 Abs. 1 Nr 2 GrEStG zur Steuerpflicht[8].

1742 Wird der Kaufvertrag **rückgängig gemacht**[9], bevor das Eigentum an den Erwerber übergegangen ist (zB durch Rücktritt), so führt dies nicht automatisch zum Wegfall der Steuerpflicht. Der Steuerpflichtige kann aber beantragen, dass die Steuer nicht festgesetzt oder die Festsetzung aufgehoben wird, wenn die Rückgängigmachung durch Vereinbarung (Aufhebung), Ausübung eines vorbehaltenen Rücktritts- oder Wiederkaufrechts innerhalb von zwei Jahren erfolgt ist oder wenn die Rückgängigmachung auf der Nichterfüllung der vertraglich vereinbarten Bedingungen beruht (§ 16 Abs. 1 GrEStG). Voraussetzung für die Anwendung des § 16 GrEStG ist nach Abs. 5, dass der ursprüngliche Erwerbsvorgang gem. §§ 18–20 GrEStG (s. Rn 1759) fristgerecht und in allen Teilen vollständig angezeigt war.

b) Eigentumsübergang ohne Verpflichtungsgeschäft (§ 1 Abs. 1 Nr 2–4 GrEStG)

1743 Die Auflassung ist gem. § 1 Abs. 1 Nr 2 GrEStG Anknüpfungsmerkmal der Besteuerung, sofern ihr kein Rechtsgeschäft vorausgeht, das einen Übereignungsanspruch begründet. Ebenfalls subsidiär zum Verpflichtungsgeschäft sind der bloße Eigentumserwerb zB durch hoheitliche Enteignung (§ 1 Abs. 1 Nr 3 GrEStG)[10] und das Meistgebot im Zwangsversteigerungsverfahren (§ 1 Abs. 1 Nr 4 GrEStG).

---

8 Dazu BFH, II R 83/85, BStBl II 1989, 989 (990); II R 19/02, BFH/NV 2005, 1368.

9 Zur Rückgängigmachung eines Erwerbsvorgangs bei anschließendem Anteilsverkauf BFH, II R 10/16, BStBl II 2019, 176.

10 Zur Ausnahme in S. 2 (Baulandumlegung) vgl BVerfG, 1 BvR 2880/11, BVerfGE 139, 1.

c) Zwischengeschäfte, Erwerb der Verwertungsbefugnis (§ 1 Abs. 1 Nr 5–7, Abs. 2 GrEStG)

Um Umgehungen der Grunderwerbsteuerpflicht durch zivilrechtliche Sondergestaltungen zu vermeiden, erfasst § 1 Abs. 1 Nr 5–7 GrEStG auch erwerbsähnliche Rechtsgeschäfte, zB den Anspruch auf Abtretung von Übereignungsansprüchen. **1744**

Allgemeiner Auffangtatbestand ist schließlich § 1 Abs. 2 GrEStG, wonach subsidiär zu § 1 Abs. 1 GrEStG Rechtsvorgänge der Grunderwerbsteuer unterliegen, die die rechtliche oder wirtschaftliche Verwertungsbefugnis über ein Grundstück begründen.

d) Anteilsübergang und -vereinigung bei Gesellschaften (§ 1 Abs. 2a, Abs. 3 GrEStG)

Grunderwerbsteuer kann auch anfallen, wenn sich der Gesellschafterbestand einer grundstücksbesitzenden Personengesellschaft innerhalb von fünf Jahren unmittelbar oder mittelbar ändert[11]. Denn wer allein oder zusammen mit anderen neuen Gesellschaftern mindestens 95 % der Anteile am Gesellschaftsvermögen erwirbt, erlangt auch die wirtschaftliche Verfügungsmacht über deren Grundstücke[12]. In solchen Fällen fingiert § 1 Abs. 2a GrEStG einen Grundstückserwerb[13] und unterwirft ihn der Steuer (abweichende Bemessungsgrundlage: § 8 Abs. 2 Nr 3 GrEStG, Rn 1755 f). **1745**

Beispiel: A betreibt eine Spedition in der Form einer GmbH & Co. KG, in deren Gesellschaftsvermögen sich mehrere Grundstücke befinden. Er hält als Kommanditist 80 % der Gesellschaftsanteile der KG und zugleich 100 % des Gesellschaftsvermögens der A-GmbH, die ihrerseits mit 20 % an der KG beteiligt ist. Nach der Gründung der Spedition im Jahr 01 läuft das Geschäft miserabel. Er veräußert daraufhin im Jahr 04 sowohl die KG- als auch die GmbH-Beteiligung an C. IErg wechseln 100 % der Gesellschaftsbeteiligung einer Personengesellschaft mit Grundstücksbesitz den Gesellschafter (80 % unmittelbar, 20 % mittelbar). Der Vorgang ist folglich nach § 1 Abs. 2a Satz 1 GrEStG grunderwerbsteuerbar.

Aktuell ist geplant, die Frist auf zehn Jahre zu verlängern und die Beteiligungsquote auf 90 % herabzusetzen[14]. Ein neuer § 1 Abs. 2b GrEStG soll auch Änderungen im Gesellschafterbestand von Kapitalgesellschaften erfassen (mind 90 % innerhalb von zehn Jahren)[15]. Damit will der Gesetzgeber auf Gestaltungen reagieren, die als „Share Deals" bezeichnet werden. Diese bauen darauf auf, dass Erwerbe unterhalb des Schwellenwerts von 95 % bislang nicht steuerbar sind (sog. RETT-Blocker-Strukturen)[16]. Der Investor erwirbt also gezielt nicht die ganze **1746**

---

11 Zur mittelbaren Änderung des Gesellschafterbestandes durch schuldrechtliche Bindungen BFH, II R 49/12, BStBl II 2016, 57 mit Anm. *Rutemöller*, BB 2015, 2058; II R 18/14, BFHE 151, 492.

12 Zur (ua dem § 327a AktG entlehnten) 95 %-Grenze *Schanko*, UVR 2016, 16 (18); vgl aber *Drüen*, Ubg 2018, 605 (615): „nachgelieferter Begründungsversuch".

13 Zur daraus folgenden ertragsteuerlichen Behandlung der GrESt BFH, IX R 50/13, BStBl II 2015, 260; zur Bilanzierung auch *Schmudlach*, DB 2015, 703 (706).

14 https://www.bundesfinanzministerium.de/Content/DE/Gesetzestexte/Gesetze_Gesetzesvorhaben/Abteilungen/Abteilung_IV/19_Legislaturperiode/Gesetze_Verordnungen/G-E-Mobilitaet/1-Referentenentwurf.pdf, S. 210 f; hierzu *Drüen*, Ubg 2018, 605 ff, 673 ff und 2019, 65 ff; *Scheffler/Hey*, ifst-Schrift 530 (2019); *Hirschberg/Schaflitzl*, Ubg 2019, 253 ff, 315 ff.

15 Referentenentwurf https://www.bundesfinanzministerium.de/Content/DE/Gesetzestexte/Gesetze_Gesetzesvorhaben/Abteilungen/Abteilung_IV/19_Legislaturperiode/Gesetze_Verordnungen/G-E-Mobilitaet/1-Referentenentwurf.pdf, S. 60.

16 RETT = Real Estate Transfer Tax (= Grunderwerbsteuer), vgl zu entsprechenden Gestaltungen BT-Drs 17/13359; *Fischer*, in: Boruttau, GrEStG, 18. Aufl 2016, § 1 Rn 1002.

(Grundstücks-)Gesellschaft, sondern nur 94,9 %, die übrigen 5,1 % verbleiben entweder in der Hand des Verkäufers oder werden von einem Dritten übernommen (häufig eine Investmentbank). Nach Ablauf der Fünf-Jahres-Frist kann der (Haupt-)Investor dann auch die Restanteile übernehmen, ohne Grunderwerbsteuer auszulösen. Ob die geplanten Maßnahmen ausreichend sind, um solche Umgehungsgestaltungen wirksam zu verhindern, bleibt abzuwarten[17].

1747 In ähnlicher Weise möchte § 1 Abs. 3 GrEStG verhindern, dass die Grunderwerbsteuer, die bei einer Veräußerung von Grundstücken gem. § 1 Abs. 1 Nr 1 GrEStG anfallen würde, dadurch umgangen wird, dass an Stelle der Veräußerung der Grundstücke alle oder zumindest 95 % der Gesellschaftsanteile in einer Hand vereinigt werden und somit die im Vermögen der Gesellschaft befindlichen Grundstücke mittelbar übergehen. Dies gilt sowohl für Personen- als auch für Kapitalgesellschaften. § 1 Abs. 3a GrEStG erfasst auch mittelbare Beteiligungen, die zuvor zur Steuervermeidung dienen konnten. Auch hier soll die Grenze auf 90 % gesenkt werden.

Beispiel: Die A & B-GmbH ist Eigentümerin mehrerer Grundstücke. 60 % der GmbH-Anteile gehören dem Gesellschafter A und die übrigen 40 % seinem Geschäftspartner B. B möchte seinen Gesellschaftsanteil an A veräußern. Der Vertrag, durch den der Anspruch auf Übertragung des Gesellschaftsanteils begründet wird, hat zur Folge, dass 100 % der Anteile in der Hand des A vereinigt werden. Dies erfüllt den Tatbestand des § 1 Abs. 3 Nr 1 GrEStG.

1748 Erhebliche Bedeutung erlangt § 1 Abs. 3 GrEStG bei **Unternehmensumstrukturierungen**. Hier löst die unmittelbare oder mittelbare Vereinigung von mindestens 95 % der Anteile an einer Gesellschaft bzw der Übergang der Anteile auf einen anderen Rechtsträger grundsätzlich Grunderwerbsteuer aus[18].

1749 Geht ein Grundstück von einer Gesamthand auf eine andere Gesamthand über, so wird die Steuer nicht erhoben, wenn die Anteile der Gesamthänder am Vermögen in beiden Gesamthandsgemeinschaften deckungsgleich sind (§ 6 Abs. 3 iVm Abs. 1 GrEStG). Diese Vergünstigung gilt jedoch nicht, wenn sich der Anteil eines Gesamthänders am Vermögen der erwerbenden Gesamthand innerhalb von fünf Jahren nach Übergang des Grundstücks vermindert (§ 6 Abs. 3 Satz 2 GrEStG).

II. Steuerbefreiungen (§§ 3–7 GrEStG)

1750 Nicht grunderwerbsteuerpflichtig sind[19]

- der Erwerb eines Grundstücks mit einer Bemessungsgrundlage bis 2500 € – Steuerfreigrenze bei Bagatellfällen (§ 3 Nr 1 GrEStG),
- Grundstücksübertragungen durch Schenkung[20] oder Erbfall (§ 3 Nr 2, 3 GrEStG),
- Grundstückserwerbe unter Ehegatten, Lebenspartnern[21] oder in gerader Linie verwandten Personen (§ 3 Nr 4–7 GrEStG),

---

17 Vgl https://www.bundestag.de/dokumente/textarchiv/2019/kw07-pa-bau-share-deals-587592 sowie die Fallgestaltungen bei *Broemel/Mörwald*, DStR 2018, 1521 ff.

18 Vgl *Gottwald*, BB 2000, 69 mwN. Bestimmte konzerninterne Umstrukturierungen sind gem. § 6a GrEStG von der Grunderwerbsteuer befreit, dazu EuGH, C-374/17, ECLI:EU:C:2018:1024 *(A-Brauerei)*.

19 Systematischer Überblick bei *Förster*, SteuerStud 2009, 9.

20 Zum praktisch bedeutsamen Fall der Schenkung unter Auflage BFH, II R 38/12, BStBl II 2014, 479.

21 Vgl BVerfG, 1 BvL 16/11, BVerfGE 132, 179 (192).

- der Rückerwerb eines Grundstücks durch den Treugeber (§ 3 Nr 8 GrEStG),
- spezielle Grunderwerbe durch öffentlich-rechtliche Körperschaften (§ 4 GrEStG), insb bei Öffentlich-Privaten-Partnerschaften (§ 4 Nr 5 GrEStG),
- bestimmte Umwandlungsvorgänge innerhalb eines Konzerns (§ 6a GrEStG).

Grundstücksumsätze, die zwischen einer Personengesellschaft oder Formen einer Gesamthand einerseits und ihren Mitgliedern andererseits erfolgen, werden anteilig von der Steuerpflicht befreit, §§ 5–7 GrEStG. **1751**

III. Bemessungsgrundlage und Steuersatz (§ 8, § 9 und § 11 GrEStG)

Bemessungsgrundlage der Grunderwerbsteuer ist der **Wert der Gegenleistung** (§ 8 Abs. 1 GrEStG). Sie umfasst alles, was der Erwerber als Entgelt für das Grundstück gewährt oder der Veräußerer als Entgelt für die Veräußerung des Grundstücks empfängt[22]. Beim Kaufvertrag sind dies der Kaufpreis sowie sonstige Leistungen des Käufers (zB Übernahme der Übergabekosten[23]) und dem Verkäufer vorbehaltene Nutzungen (zB das Wohnrecht), § 9 Abs. 1 Nr 1 GrEStG. Der *Umfang* der Gegenleistung richtet sich nicht allein nach dem zivilrechtlichen Verpflichtungsgeschäft, sondern erfasst alles, was kausal wegen des Erwerbs aufgewendet wird[24]. Kauft der Erwerber ein *bebautes Grundstück*, so bezieht sich der grunderwerbsteuerliche Erwerbsvorgang auf diesen einheitlichen Leistungsgegenstand[25]. **1752**

Um eine künstliche Aufspaltung des Erwerbs in einen Verkauf des Grundstücks und nachträgliche Bauleistungen durch den Verkäufer zu verhindern, nimmt die Rspr hier einen **„einheitlichen Erwerbsgegenstand“**[26] an. Danach fließen mitverkaufte Dienst- bzw Werkleistungen (etwa Renovierungen) in die Bemessungsgrundlage hinein, wenn sie als Teile eines einheitlichen, auf den Erwerb eines bebauten Grundstücks gerichteten Vertragswerkes anzusehen sind. **1753**

Zu der Gegenleistung nach § 9 Abs. 1 GrEStG können gem. § 9 Abs. 2 GrEStG **nachträgliche Zusatzleistungen** hinzutreten, die die Bemessungsgrundlage erhöhen. Solche liegen etwa vor, wenn ein Arbeitnehmer seinem Arbeitgeber, der ihm ein Grundstück unter Verkehrswert verkauft hat, über längere Zeit Leistungen als Ausgleich für diese Vergünstigung gewährt (§ 9 Abs. 2 Nr 1 GrEStG)[27]. **1754**

Der Wert dieser Leistung wird zum Zeitpunkt des Wirksamwerdens dieses Geschäftes festgestellt[28]. Dabei ist die Grunderwerbsteuer selbst nicht Teil der Bemessungsgrundlage (§ 9 Abs. 3 GrEStG).

Ausnahmsweise ergibt sich die Bemessungsgrundlage jedoch nicht aus dem Wert der Gegenleistung, sondern nach § 8 Abs. 2 GrEStG aus den **Grundbesitzwerten** gem. **1755**

---

22 BFH, II R 95/86, BStBl II 1990, 186; II R 80/92, BStBl II 1995, 903 (906); II R 23/10, BStBl II 2011, 932.

23 *Loose*, in: Boruttau, GrEStG, 18. Aufl 2016, § 9 Rn 276.

24 BFH, II R 71/88, BStBl II 1990, 228; II R 36/08, BFH/NV 2010, 2304. Erstattete Erwerbsnebenkosten können die Bemessungsgrundlage mindern, BFH, II R 1/12, BStBl II 2013, 637

25 BFH, II R 42/04, BFH/NV 2007, 760; dazu *Rutemöller*, BB 2013, 983.

26 Vgl dazu BFH, II R 9/14, BStBl II 2015, 660 (661 f).

27 BFH, II 172/64, BStBl II 1969, 668.

28 *Pahlke*, in: ders., GrEStG, 5. Aufl 2014, § 8 Rn 42.

§ 151 Abs. 1 Satz 1 Nr 1 iVm § 157 Abs. 1–3 BewG. Dies ist insb der Fall, wenn eine Gegenleistung nicht vorhanden oder nicht zu ermitteln ist (§ 8 Abs. 2 Nr 1 GrEStG), aber auch in den Fällen des § 8 Abs. 2 Nr 3 GrEStG („Share Deal", Rn 1745).

1756 § 8 Abs. 2 Nr 1 GrEStG stellt hinsichtlich der Bewertung von Grundstücken eine Ungleichbehandlung gegenüber § 8 Abs. 1, § 9 GrEStG dar: Obwohl keine Gegenleistung anfällt, wird der Erwerb besteuert. § 8 Abs. 2 Nr 1 GrEStG wurde daher als systemfremd bezeichnet und mit Blick auf Art. 3 Abs. 1 GG für verfassungswidrig gehalten[29]. Eine Rechtfertigung ergibt sich jedoch aus dem Gedanken der Rechtsverkehrsteuer: Die Grunderwerbsteuer will die wirtschaftliche Leistungsfähigkeit erfassen, die in der Durchführung des Erwerbsgeschäfts zum Ausdruck kommt (s. Rn 1735). Dabei kann es keinen Unterschied machen, ob eine Gegenleistung ausdrücklich gewährt wird oder nicht. § 8 Abs. 2 Nr 1 GrEStG stellt deshalb einen notwendigen **Ergänzungstatbestand** dar[30].

Der Höhe nach musste die Bewertung jedoch angepasst werden. Das bisherige Bewertungsverfahren auf Grundlage der §§ 138 ff BewG führte zu einer deutlichen Unterbewertung des Grundvermögens und damit gegenüber der Regelbemessungsgrundlage nach § 8 Abs. 1 GrEStG, die sich am Verkehrswert des Grundbesitzes orientiert, zu einer erheblichen und sachlich nicht gerechtfertigten Ungleichbehandlung[31]. Mit dem neuen Verweis im § 8 Abs. 2 GrEStG wird auf die im Zuge der ErbSt-Reform (Rn 1519 f) neu gefassten Bewertungsvorschriften nun auch für grunderwerbsteuerliche Zwecke zurückgegriffen.

1757 Durch die Anwendung des **Steuersatzes** auf die Bemessungsgrundlage ergibt sich schließlich der geschuldete Steuerbetrag. Der Steuersatz beträgt gem. § 11 Abs. 1 GrEStG grundsätzlich 3,5 %. Allerdings können die Länder, denen nach Art. 106 Abs. 2 Nr 3 GG auch das Aufkommen zusteht, davon abweichende Steuersätze festlegen (Art. 105 Abs. 2a Satz 2 GG).

Von dieser Möglichkeit haben die meisten Länder Gebrauch gemacht. Der Steuersatz beträgt derzeit 4,5 % in Hamburg, 5 % in Baden-Württemberg, Bremen, Mecklenburg-Vorpommern, Niedersachsen, Rheinland-Pfalz und Sachsen-Anhalt sowie 6 % in Berlin und Hessen. Nordrhein-Westfalen, Brandenburg, das Saarland, Schleswig-Holstein und Thüringen haben mit 6,5 % den zur Zeit höchsten Steuersatz bei der Grunderwerbsteuer. Lediglich Bayern und Sachsen sind noch bei dem „alten" Steuersatz von 3,5 % geblieben.

C. Entstehung, Fälligkeit und Durchsetzung des Steueranspruches

1758 Die Grunderwerbsteuer **entsteht** regelmäßig mit der Verwirklichung des Erwerbsvorgangs (Regelfall: Abschluss des Kaufvertrags)[32], in Sonderfällen (s. § 14 GrEStG) mit Eintritt der Bedingung oder mit Erteilung der Genehmigung. Sie wird grundsätzlich einen Monat nach der Bekanntgabe des Steuerbescheids **fällig** (§ 15 Satz 1 GrEStG).

---

29 *Englisch*, in: Tipke/Lang, § 18 Rn 64.

30 BFH, II R 99/70, BStBl II 1972, 503 (504); II R 9/92, BStBl II 1995, 268.

31 BVerfG, 1 BvL 13/11 ua, BVerfGE 139, 285 (302); dazu *Loose*, DB 2016, 75.

32 *Pahlke*, in: ders., GrEStG, 5. Aufl 2014, § 14 Rn 3; *Viskorf*, in: Boruttau, GrEStG, 18. Aufl 2016, § 14 Rn 11.

Der zügigen Verwirklichung des Steueranspruchs dient § 22 GrEStG. Danach darf die Eintragung des Erwerbers in das Grundbuch erst erfolgen, wenn das FA **bescheinigt**, dass der Eintragung keine steuerrechtlichen Bedenken entgegenstehen. Dies ist gem. § 22 Abs. 2 Satz 1 GrEStG der Fall, wenn die Steuer entrichtet, sichergestellt oder gestundet wurde bzw keine sachliche Steuerpflicht besteht. **1759**

Darüber hinaus bestehen für Käufer und Verkäufer ebenso wie für Gerichte, Behörden und Notare gem. § 18 und § 19 GrEStG Pflichten, Rechtsvorgänge mit Grundstücksbezug dem FA anzuzeigen.

Lösung Fall 66 (Rn 1734): **1760**

I. Grundfall

1. Sachliche Steuerpflicht: A hat mit der X-OHG einen Kaufvertrag über ein Grundstück im Inland (Bayern) geschlossen, der gem. § 1 Abs. 1 Nr 1 GrEStG einen steuerbaren Erwerbsvorgang darstellt.

Dieser ist, da eine Steuerbefreiung nach § 3, § 4 GrEStG nicht vorliegt, steuerpflichtig.

2. Persönliche Steuerpflicht: A ist (auch) Steuerschuldner nach § 13 Nr 1 GrEStG. Er hat den Betrag mit Fälligkeit der Steuer, also einen Monat nach Bekanntgabe des Steuerbescheids (§ 15 Satz 1 GrEStG), zu entrichten.

3. Steuerermäßigung: Da ein Übergang an die Gesamthand vorliegt, kommt die Steuerermäßigung nach § 5 Abs. 2 GrEStG in Betracht. A hat als Alleineigentümer eines inländischen Grundstückes dieses an die OHG als Gesamthand veräußert. In der Höhe seiner Beteiligung an der Gesamthand (40 %) wird folglich die Steuer gem. § 5 Abs. 2 GrEStG grundsätzlich nicht erhoben. Etwas anderes könnte sich jedoch gem. § 5 Abs. 3 GrEStG ergeben, wenn A innerhalb von fünf Jahren nach dem Übergang des Grundstücks an die OHG seinen Anteil am Vermögen der Gesamthand vermindert hat. A hat am 10.6.06 seine Beteiligung veräußert. Entscheidend für den Fristbeginn ist dabei der Zeitpunkt des Entstehens der Steuer. Dieser lag, da gem. § 38 AO, § 1 Abs. 1 Nr 1 GrEStG die Steuer mit dem Vertragsschluss entstand, am 30.5.01 und nicht bei der Übereignung am 20.7.01 vor. Folglich liegt die Anteilsveräußerung am 10.6.06 außerhalb der Fünfjahresfrist. Die Steuer ermäßigt sich um 40 %.

4. Bemessungsgrundlage, Steuererhebung: Die Bemessungsgrundlage gem. § 8, § 9 GrEStG, die sich nach dem Wert der Gegenleistung bemisst, beläuft sich auf 200 000 €. Sie unterliegt einem Steuersatz von 3,5 % (Bayern, Rn 1757), § 11 Abs. 1 GrEStG. Dies ergibt 7000 € abzgl. 40 % (2800 €), also 4200 €.

II. Abwandlung: A könnte die Aufhebung des Steuerbescheids nach § 16 Abs. 2 Nr 3 GrEStG beantragen. Danach wird, wenn der Veräußerer das Eigentum an dem veräußerten Grundstück zurückerwirbt, auf Antrag sowohl für den Rückerwerb als auch für den vorausgegangenen Erwerbsvorgang die Steuerfestsetzung dann aufgehoben, wenn das dem Erwerbsvorgang zugrunde liegende Rechtsgeschäft rückgängig gemacht wird.

Die X-OHG hat ordnungsgemäß den Rücktritt gem. § 437 Nr 2, § 323 Abs. 1 BGB erklärt und durchgeführt. Der Kaufvertrag wurde demnach rückabgewickelt und ferner auch das Eigentum an dem Grundstück von der OHG an A zurückübereignet. Auf den Antrag des A hin hat das FA gem. § 16 Abs. 2 Nr 3 GrEStG folglich die bereits festgesetzte Steuer aufzuheben.

Stichwortverzeichnis

Die Angaben beziehen sich auf die Randnummern.